3月3日　东南大学校长张广军与来访的著名物理学家、诺贝尔奖获得者、东南大学名誉教授丁肇中亲切座谈。

4月6日至8日　东南大学党委书记易红赴云南省楚雄州和南华县调研定点扶贫相关工作。

3月26日　东南大学2016年第一期研究生毕业典礼暨学位授予仪式在四牌楼校区大礼堂举行。

4月16日至17日　第七届全国高等医学院校大学生临床技能竞赛(华东赛区)在南京医科大学举行。东南大学代表队获得了华东赛区特等奖。

4月21日　东南大学建筑学院周琦教授主持设计的作品——"人民日报社大楼"获得了米兰国际设计建筑类金奖。

5月13日　英国埃塞克斯大学校长Anthony Forster教授一行来东南大学访问。

5月22日　东南大学机械工程学院在九龙湖校区焦廷标馆举行"百年机械发展论坛"主题大会庆祝机械学科成立100周年。

5月23日　芬兰驻华大使MarjaRislakki女士和赫尔辛基市市长JussiPajunen先生共同向东南大学校友方海教授、周浩明教授颁授了"芬兰狮子骑士团骑士勋章"。

5月24日　东南大学在四牌楼校区举行仪式,聘请诺贝尔生理学或医学奖获得者、美国加利福尼亚大学伯克利分校细胞生物学家兰迪·谢克曼教授为名誉教授。

5月30日　东南大学在九龙湖校区焦廷标馆举行"你的青春我作伴"—2016年辅导员工作感悟分享暨离岗辅导员欢送活动。

6月6日　东南大学在四牌楼校区大礼堂举行建校114周年庆祝大会。

6月19日、21日　东南大学分别在九龙湖校区焦廷标馆和四牌楼校区大礼堂举行2016届本科生毕业典礼暨学位授予仪式。

6月27日　东南大学庆祝中国共产党成立95周年暨表彰大会在四牌楼校区群贤楼三楼报告厅隆重举行。

7月2日　东南大学与南京市江北新区管委会签署全面战略合作协议。

7月13日　中国共产党东南大学第十四次代表大会胜利闭幕。

7月25日　东南大学与甘肃省人民政府在兰州市签署全面战略合作协议。

7月26日　东南大学聘请著名数学家、哈佛大学终身教授丘成桐为"名誉教授"。

8月29日　东南大学2016级本科生开学典礼在九龙湖校区体育馆隆重举行。

9月4日　东南大学"至善西行"公益旅行项目获得江苏省志愿服务展示交流会最高奖项"特别荣誉奖"。

9月9日　东南大学与华为技术有限公司举行战略合作协议签约仪式。

9月13日　东南大学与南京医科大学签署战略合作协议。

9月19日　"2016东南大学新生文化季"开幕式隆重举行。

9月20日　第十八届海峡两岸信息技术研讨会在东南大学四牌楼校区举行。

9月23日　东南大学与南京市江宁区签署全面战略合作协议。

9月30日　由连云港市人民政府、东南大学、淮海工学院共同主办的"2016年连云港市——东南大学产学研合作对接洽谈会"在连云港市成功举行。

10月14日　中国教育后勤协会江苏省部分高校后勤改革座谈会在东南大学召开。

10月15日　东南大学承办的"2016安全协议进展国际会议"(PSP2016)在中国无线谷成功举行。

11月3日　东南大学国家发展与政策研究院揭牌,著名经济学家、东南大学经济管理学院名誉院长华生教授担任研究院院长。

11月14日　美国科学院院士、美国工程院院士、美国艺术与科学院院士、英国皇家化学会会士,哈佛大学 DavidA. Weitz 教授受聘为东南大学客座教授。

12月4日　东南大学与故宫博物院在四牌楼校区签署合作框架协议。

12月9日 诺贝尔奖获得者丁肇中发布AMS实验五年成果；东南大学在AMS数据处理与分析方面作出重要贡献。

12月12日 2016"东南大学新生文化季"闭幕式暨新生文艺汇演在九龙湖校区焦廷标馆剧场隆重举行。

12月14日　东南大学与中国航空工业集团公司签署全面合作框架协议。

12月17日　由最高人民法院司法大数据研究基地主办，东南大学法学院承办的"司法大数据应用与研究"研讨会在江苏南京召开。

12月21日　东南大学与瑞典乌普萨拉大学签订合作协议。

12月17日　由最高人民法院司法大数据研究基地主办,东南大学法学院承办的"司法大数据应用与研究"研讨会在江苏南京召开。

12月25日 "海外学者中国行——东南大学海外青年学者论坛"在四牌楼校区举行。

12月30日 东南大学新年音乐会奏响经典,德国斯图加特交响乐团倾情献演。

东南大学年鉴

(2016)

东南大学校长办公室 编

东南大学出版社
·南京·

图书在版编目(CIP)数据

东南大学年鉴. 2016 / 东南大学校长办公室编. —南京：东南大学出版社，2021.3
 ISBN 978-7-5641-9485-7

Ⅰ.①东… Ⅱ.①东… Ⅲ.①东南大学－2016－年鉴 Ⅳ.G649.285.31－54

中国版本图书馆 CIP 数据核字(2021)第 057510 号

东南大学年鉴
Dongnan Daxue Nianjian

东南大学出版社出版发行
(南京四牌楼 2 号　邮编 210096)
出版人：江建中
网　　址：http://www.seupress.com
电子邮件：press@seupress.com
全国各地新华书店经销　江苏凤凰数码印务有限公司印刷
开本：787 mm×1092 mm　1/16　印张：65　彩插：20 面　字数：1585 千字
2021 年 3 月第 1 版　2021 年 3 月第 1 次印刷
ISBN 978-7-5641-9485-7
定价：228.00 元

本社图书若有印装质量问题，请直接与营销部联系。电话：(传真)025-83791830

主　　审　冀　民

主　　编　姜平波
副 主 编　赵　光

主要编写人员（以姓氏笔画为序）

丁　苏　　刘海涛　汤咏梅　许启彬　李　昕　李丹凝
李国锦　李建梅　李庭红　杨盈珂　吴　敏　吴　婵
吴明全　张建树　周　林　郑苗苗　赵会泽　郝庆九
胡　娟　贺　庆　夏建春　徐　军　徐继红　高　明
黄红富　董世坤　焦淑琳　舒晓梅　滕　航

目 录

概况 …………………………………………………………………………… (1)
学校概况 …………………………………………………………………… (1)
机构与干部 ………………………………………………………………… (4)
党群系统 ………………………………………………………………… (4)
中国共产党东南大学第十四届委员会组成名单 ……………………… (4)
中国共产党东南大学纪律检查委员会组成名单 ……………………… (5)
东南大学第八届教代会暨第十五届工会委员会组成人员名单
……………………………………………………………………… (5)
共青团东南大学第十九届委员会名单 ………………………………… (6)
党群系统机构及干部名单 ……………………………………………… (7)
中共东南大学各校区工委、基层党委、党总支、直属党支部及干部名单 … (9)
行政系统 ………………………………………………………………… (13)
校长及校长助理 ………………………………………………………… (13)
行政机构及干部名单 …………………………………………………… (13)
院系干部名单 …………………………………………………………… (16)
直(附)属单位及负责人名单 …………………………………………… (20)
各级人大代表、政协委员、民主党派成员、省政府参事任职情况及有关机构设
置 ………………………………………………………………………… (21)
2016年成立或调整的各类委员会、领导小组名单 …………………… (25)

重要文件与讲话 ……………………………………………………………… (42)
中共东南大学委员会2015年工作总结和2016年工作要点 ……………… (42)
中共东南大学委员会2016年上半年工作小结和下半年工作补充要点 …… (50)
东南大学2015年工作总结和2016年工作要点 …………………………… (56)
东南大学2016年上半年工作总结和下半年工作补充安排 ……………… (63)
立足高校实际　全面履职尽责　为创建世界一流大学提供坚强的保障
——在中共东南大学第十四次代表大会上的工作报告 ………………… (70)
始于初心　止于至善
——在东南大学2016级本科生开学典礼上的讲话 ……………………… (82)

在东南大学2016级春季入学研究生开学典礼上的讲话……(85)
新征程　新使命
　　——在东南大学2016年本科生毕业典礼暨学位授予仪式上的讲话……(87)
勇担使命　筑梦未来
　　——在东南大学2016年研究生毕业典礼暨学位授予仪式上的讲话……(90)
一路有你　共筑未来
　　——在东南大学建校114周年庆祝大会上的讲话……(93)
开启新征程　谱写新华章　为把东南大学早日建成世界一流大学而努力奋斗
　　——在中国共产党东南大学第十四次代表大会上的报告……(96)
立足谋篇布局　深化综合改革　为"十三五"事业良好开局而努力奋斗
　　——东南大学第七届教职工代表大会第五次全体会议工作报告……(111)
全面深化综合改革　全力推进创新发展　为早日实现世界一流大学的"东大梦"而努力奋斗
　　——在东南大学第八届教职工代表大会暨第十五届工会会员代表大会上的报告
　　……(117)
肩负新使命　迈上新征程
　　——在2017年新年茶话会上的讲话……(126)
东南大学博士研究生指导教师遴选办法(修订)……(132)
东南大学财经工作领导小组议事规则……(135)
东南大学采购管理办法(暂行)……(138)
东南大学关于进口产品采购管理的规定……(145)
东南大学国库集中支付管理办法(暂行)……(147)
东南大学基本建设项目竣工财务决算管理办法(暂行)……(151)
东南大学教职工退休暂行办法……(153)
东南大学科研项目劳务费用管理暂行办法……(154)
东南大学实验室技术安全管理办法……(155)
东南大学硕士研究生指导教师遴选办法(修订)……(161)
东南大学危险化学品管理办法……(163)
东南大学仪器设备管理办法……(168)
东南大学专职科研系列人员聘用管理办法(试行)……(172)
东南大学资金结算管理办法……(175)

发展规划工作……(179)
综述……(179)

党建与思想政治工作……(181)
党风廉政建设与纪检监察工作……(181)
组织工作……(186)
宣传思想工作……(191)

安全保卫工作 …………………………………………………………… (193)
  统战工作 ………………………………………………………………… (195)
  国防教育人民武装工作 ………………………………………………… (199)
  老干部工作 ……………………………………………………………… (202)
  工会工作 ………………………………………………………………… (203)
  共青团工作 ……………………………………………………………… (205)

学科建设与研究生教育 …………………………………………………… (212)
  综述 ……………………………………………………………………… (212)
  2016—2017年度博士学位研究生招生专业及指导教师 ……………… (215)
  2016—2017年度硕士学位研究生招生学科、专业 …………………… (220)
  入选江苏省2016年度普通高校学术学位研究生科研创新计划项目名单(省立省助)
   ……………………………………………………………………………… (223)
  入选江苏省2016年度普通高校学术学位研究生科研创新计划项目名单(省立校助)
   ……………………………………………………………………………… (225)
  入选江苏省2016年度研究生学术交流项目名单 ……………………… (233)
  入选江苏省2016年度研究生教育教学改革研究与实践课题 ………… (233)
  入选江苏省2016年度普通高校专业学位研究生实践创新计划项目名单(省立省助)
   ……………………………………………………………………………… (233)
  入选江苏省2016年度普通高校专业学位研究生科研创新计划项目名单(省立校助)
   ……………………………………………………………………………… (235)
  入选2016年度江苏省研究生工作站名单 ……………………………… (237)
  入选2016年度江苏省优秀研究生工作站名单 ………………………… (238)
  江苏省优秀博士学位论文获奖名单(2016) …………………………… (242)
  江苏省优秀学术型硕士学位论文获奖名单(2016) …………………… (243)
  江苏省优秀硕士专业学位论文获奖名单(2016) ……………………… (244)
  2016年博士学位授予名单 ……………………………………………… (245)
  2016年学术型硕士学位授予名单 ……………………………………… (248)
  2016年硕士专业学位授予名单 ………………………………………… (256)
  2016年度江苏省优秀研究生课程 ……………………………………… (263)

科技工作 …………………………………………………………………… (264)
  综述 ……………………………………………………………………… (264)
  2016年国际合作项目 …………………………………………………… (269)
  2016年重大专项表 ……………………………………………………… (270)
  2016年江苏省自然科学基金项目表 …………………………………… (270)
  2016年国防科技项目情况 ……………………………………………… (276)
  2016年国防科技活动大事记 …………………………………………… (277)
  2016年各部委项目 ……………………………………………………… (279)

2016年江苏省环保科研课题 …… （280）
　　2016年度高等学校科学研究优秀成果奖 …… （280）
　　2016年国家重点研发计划课题 …… （281）
　　2016年国家重点研发计划项目 …… （282）
　　2016年度国家科学技术奖奖励项目 …… （300）
　　2016年度江苏省科学技术奖奖励项目 …… （301）
　　2016年度其他级别科学技术奖奖励项目 …… （303）
　　2016年东南大学专利授权表 …… （305）
　　2015年被SSCI、SCI、EI、CPCI-S收录论文统计（2016年发布） …… （386）

人文社会科学研究工作 …… （387）
　　综述 …… （387）
　　2016年人文社会科学主要科研统计表 …… （405）

本科教育 …… （416）
　　综述 …… （416）
　　本科专业设置一览表 …… （422）
　　第一批"国家级精品资源共享课"获批名单 …… （425）
　　2016年获江苏省重点教材立项建设项目 …… （426）
　　2016年新增国家级视频公开课建设项目 …… （427）
　　2016年国家级虚拟仿真实验教学中心 …… （427）
　　2016年医学教学基地名单 …… （427）
　　2016年国家级大学生创新创业训练计划项目立项信息一览表 …… （430）
　　2016年江苏省高等学校大学生创新创业训练计划项目立项信息一览表 …… （437）
　　2016年文化素质教育中心讲座及活动一览表 …… （444）
　　2016届本科毕业生名册 …… （447）
　　2016年"基于教师科研的SRTP项目"立项结果一览表 …… （466）
　　2016年通过专业评估 …… （476）
　　2016年通过专业认证 …… （476）
　　2016年校级SRTP结题优秀项目一览表 …… （476）

国际交流合作与港澳台合作 …… （490）
　　综述 …… （490）
　　2016年与国（境）外高等院校及科研机构合作交流一览表 …… （494）
　　2016年授予国（境）外（或地区）学者名誉教授、客座教授和名誉顾问名单 …… （499）
　　2016年举办国际会议情况 …… （501）
　　2016年出国（境）人员名单一览表 …… （502）

人才与人事工作 (585)

- 综述 (585)
- 院士名录 (587)
- "万人计划"专家名单 (588)
- "千人计划"专家名单 (589)
- "青年千人计划"专家名单 (589)
- 全国杰出专业技术人才名单 (590)
- "长江学者奖励计划"特聘教授、讲座教授名单 (590)
- "长江学者奖励计划"青年学者名单 (592)
- 人事部"百千万人才工程"入选人员名单 (592)
- 江苏省"333高层次人才培养工程"第五期培养对象名单 (593)
- 江苏省突出贡献青年专家名单 (596)
- 江苏特聘教授名单 (596)
- 2016年度江苏省"六大人才高峰"入选人员名单 (597)
- 2016年度江苏省双创人才入选人员名单 (598)
- 2016年新聘兼职专家名单 (598)
- 2016年晋升高级专业技术职务人员名单 (599)
- 2016年专任教师专业技术职务和年龄情况 (603)
- 2016年专任教师专业技术职务和学位情况 (603)
- 博士后科研流动站一览表 (604)
- 2016年年底在站博士后名单 (606)
- 2016年博士后获中国博士后科学基金特别资助情况 (609)
- 2016年博士后获中国博士后科学基金面上资助情况 (609)
- 2016年博士后获江苏省博士后科研资助计划资助情况 (611)
- 2016年中国博士后"香江学者计划"人员名单 (613)
- 2016年中国博士后创新人才支持计划人员名单 (613)
- 2013—2015年中国博士后国际交流计划派出项目人员名单 (613)
- 2016年调入引进人员名单 (613)
- 2016年离校人员名单 (614)
- 2016年退休人员名单 (615)
- 2016年死亡人员名单 (616)

学生工作 (617)

- 综述 (617)

实验室建设与设备管理 (623)

- 综述 (623)
- 2015—2016年度实验室利用情况统计 (627)

2015—2016 年度教学科研仪器设备分布情况统计 ……………………………… (635)

财务与审计工作 ……………………………………………………………………… (637)
　　财务工作 ………………………………………………………………………………… (637)
　　审计工作 ………………………………………………………………………………… (644)

继续教育 ……………………………………………………………………………… (647)
　　综述 ……………………………………………………………………………………… (647)
　　2016 年远程教育专业设置一览表 ……………………………………………………… (648)
　　2016 年远程教育学生人数统计表 ……………………………………………………… (648)
　　2016 年成人教育专业设置一览表 ……………………………………………………… (649)
　　2016 年成人教育学生人数统计表 ……………………………………………………… (649)
　　2016 年远程教育高起专毕业生名单(春季) …………………………………………… (649)
　　2016 年远程教育专升本毕业生名单(春季) …………………………………………… (652)
　　2016 年远程教育高起专毕业生名单(夏季) …………………………………………… (657)
　　2016 年远程教育专升本毕业生名单(夏季) …………………………………………… (658)
　　2016 年成人教育业余高起专毕业生名单 ……………………………………………… (661)
　　2016 年成人教育业余专升本毕业生名单 ……………………………………………… (661)
　　2016 年成人教育函授高起专毕业生名单 ……………………………………………… (666)
　　2016 年成人教育函授专升本毕业生名单 ……………………………………………… (666)

教学科研服务工作 ……………………………………………………………………… (672)
　　图书馆 2016 年工作综述 ……………………………………………………………… (672)
　　档案馆 2016 年工作综述 ……………………………………………………………… (675)
　　出版社 2016 年工作综述 ……………………………………………………………… (678)
　　学报(自然科学版)2016 年工作综述 …………………………………………………… (680)
　　学报(哲学社会科学版)2016 年工作综述 ……………………………………………… (681)
　　学报(医学版)2016 年工作综述 ………………………………………………………… (681)
　　网络与信息中心 2016 年工作综述 …………………………………………………… (682)

后勤管理与基建工作 …………………………………………………………………… (684)
　　总务处 2016 年工作综述 ……………………………………………………………… (684)
　　基本建设处 2016 年工作综述 ………………………………………………………… (689)

医疗卫生工作 …………………………………………………………………………… (694)
　　东南大学附属中大医院 2016 年工作综述 …………………………………………… (694)

资产经营与管理工作 …………………………………………………………………… (700)
　　综述 ……………………………………………………………………………………… (700)

合作共建与校友会工作 ………………………………………………………………… (702)
　　基金会 2016 年工作综述 ……………………………………………………………… (702)

2016年东南大学教育基金会奖助项目设置一览表 ……………………………… (703)
校友总会2016年工作综述 ……………………………… (710)

校区与院系及其他 ……………………………… (747)

 丁家桥校区 ……………………………… (747)
 建筑学院 ……………………………… (748)
 机械工程学院 ……………………………… (751)
 能源与环境学院 ……………………………… (754)
 信息科学与工程学院 ……………………………… (756)
 土木工程学院 ……………………………… (760)
 电子科学与工程学院、微电子学院 ……………………………… (763)
 数学系 ……………………………… (772)
 自动化学院 ……………………………… (774)
 计算机科学与工程学院、软件学院 ……………………………… (776)
 物理系 ……………………………… (777)
 生物科学与医学工程学院 ……………………………… (781)
 材料科学与工程学院 ……………………………… (782)
 人文学院 ……………………………… (785)
 艺术学院 ……………………………… (787)
 法学院 ……………………………… (792)
 经济管理学院 ……………………………… (801)
 电气工程学院 ……………………………… (804)
 外国语学院 ……………………………… (806)
 体育系 ……………………………… (807)
 化学化工学院 ……………………………… (814)
 交通学院 ……………………………… (815)
 仪器科学与工程学院 ……………………………… (817)
 医学院 ……………………………… (822)
 公共卫生学院 ……………………………… (825)
 马克思主义学院 ……………………………… (828)
 吴健雄学院 ……………………………… (830)
 海外教育学院 ……………………………… (833)
 东南大学无锡分校 ……………………………… (837)
 东南大学成贤学院 ……………………………… (841)
 东南大学苏州研究院 ……………………………… (846)
 东南大学建筑研究所 ……………………………… (848)
 学习科学研究中心 ……………………………… (848)
 智能运输系统(ITS)研究中心 ……………………………… (850)

生命科学研究院······(852)

奖励与表彰······(856)
2016年获上级表彰的先进集体、先进个人名单······(856)
东南大学校级荣誉名单······(863)
2016年科研成果获奖情况······(864)
2016年本科教学奖励金获奖名单······(870)
2015—2016学年本科生各类学科竞赛获奖名单······(871)
2016年度学习优秀生名单······(899)
2017届推荐免试攻读硕士学位研究生名单······(906)
2012级七年制生物医学工程专业本硕连读学生名单······(915)
2011级七年制临床医学专业本硕连读学生名单······(917)
2016年江苏省本科优秀毕业设计(论文)评选获奖情况······(920)
2016届校级优秀毕业设计(论文)名单······(921)
2015—2016学年三好研究生、优秀研究生干部、单项奖和先进班集体名单···(926)
2016届第一批优秀硕士毕业生名单······(942)
2016届第二批优秀硕士毕业生名单······(944)
2015—2016学年江苏省级三好学生、优秀学生干部和先进班集体名单······(948)
2015—2016学年本科生先进班集体、三好学生标兵、优秀学生干部和三好学生名单
······(951)
2016届优秀本科毕业生名单······(961)
2016届国防生表彰名单······(963)
2015—2016学年东南大学获国家奖学金学生名单······(964)
2015—2016学年校长奖学金表彰名单······(971)
2015—2016学年奖教金、奖学金获奖名单······(976)
2016届到基层就业的本科生表彰名单······(1010)
2016届最具影响力毕业生表彰名单······(1012)

大事记······(1013)

概 况

学 校 概 况

东南大学是中央直管、教育部直属的全国重点大学,是"985工程"和"211工程"重点建设的大学之一。学校坐落于历史文化名城南京,占地面积5 888亩,建有四牌楼、九龙湖、丁家桥等校区。

东南大学是我国最早建立的高等学府之一,素有"学府圣地"和"东南学府第一流"之美誉。东南大学前身是创建于1902年的三江师范学堂。1921年经近代著名教育家郭秉文先生竭力倡导,以南京高等师范学校为基础正式建立国立东南大学,成为当时国内仅有的两所国立综合性大学之一。郭秉文先生出任首任校长,他周咨博访、广延名师,数十位著名学者、专家荟萃东大,遂有"北大以文史哲著称、东大以科学名世"之称誉。1928年学校改名为国立中央大学,设理、工、医、农、文、法、教育等7个学院,学科之全、规模之大为全国高校之冠。1952年全国院系调整,学校文理等科迁出,以原中央大学工学院为主体,先后并入复旦大学、交通大学、浙江大学、金陵大学等校的有关系科,在中央大学本部原址建立了南京工学院。1988年5月,学校复更名为东南大学,校庆日为每年6月6日(原国立东南大学校庆日)。2000年4月,原东南大学、南京铁道医学院、南京交通高等专科学校合并,南京地质学校并入,组建了新的东南大学。

东南大学不断探索办学、育人之道,积淀了优良深厚的历史传统。从两江优级师范学堂"嚼得菜根、做得大事"的理念,到"民族、民主、科学"的南高精神;从国立东南大学"止于至善"的校训,到国立中央大学"诚、朴、雄、伟"之学风,到南京工学院"严谨、求实、团结、奋进"的校风,百余年来,东南大学为发展科学、振兴中华而自强不息、追求卓越的奋斗精神,激励着每一个东大人去创造辉煌的业绩。

经过一百多年的创业发展,如今的东南大学已成为一所以工科为主要特色,理学、工学、医学、文学、法学、哲学、教育学、经济学、管理学、艺术学等多学科协调发展的综合性、研究型大学。全日制在校生31 470人,其中研究生15 017人。专任教师2 700余人,具有博士学位的教师2 200余人,占教师总数的比例为80.3%,正、副高级职称1 900余人,博士生指导教师934人,硕士生指导教师2 028人,两院院士12人,国务院学位委员第七届学科评议组成员13人,入选国家"万人计划"专家16人,入选国家"千人计划"专家21人,"青年千人计划"专家28人,"长江学者奖励计划"特聘教授、讲座教授45人,"长江学者奖励计划"青年学者项目10人,国家级教学名师奖获得者5人,"万人计划"教学名师3人,国家杰出青年科学基金获得者43人,国家"十二五""863计划"主题专家3人、国家科技计划专项专家1人、国家重大专项专家2人,人事部"百千万人才工程"国家级人选22人,全国十大青年法学家2人。

目前,学校设有29个院(系),拥有76个本科专业,30个博士学位一级学科授权点,49个硕士学位一级学科授权点,5个国家一级重点学科(涵盖15个二级学科),5个国家二级重点学科,1个国家重点(培育)学科,13个江苏高校优势学科建设工程二期项目立项学科(群),1个江苏省重点序列学科,17个"十三五"江苏省重点学科,30个博士后科研流动站。此外,学校还拥有3个国家重点实验室,3个国家工程研究中心,2个国家工程技术研究中心,11个教育部重点实验室,5个教育部工程研究中心,并以此为依托形成了一批重点科研基地。近年来,学校大力加强学科建设,取得丰硕成果。在2012年第三轮全国学科评估中,15个学科进入前20%,有12个学科进入全国前7位,有10个学科位列全国前5位,其中生物医学工程、交通运输工程、艺术学理论等3个学科位列全国第1位,建筑学、电子科学与技术、风景园林学等3个学科位列全国第2位,土木工程、城乡规划学等2个学科位列全国第3位,信息与通信工程位列第4位,仪器科学与技术位列第5位,动力工程及工程热物理位列第6位,公共卫生与预防医学位列第7位,排名第1的学科数并列全国高校第7位。工程学、材料科学、数学、物理学、化学、临床医学、计算机科学、生物与生物化学、药理学与毒理学、神经科学与行为科学等10个学科进入ESI世界前1%,其中工程学位列45位、计算机科学位列65位。

在长期的办学实践中,东南大学坚持"育人为本"的办学理念,不断加大教学投入,深化教育教学改革,努力推进素质教育,着力培养学生的创新精神、创业意识和创新创业能力。学校在坚持"重基础、重实践、重素质"本科教育教学传统的同时,又进一步提出"卓越化、国际化、研究型"本科教育教学的新境界。东南大学是教育部"卓越工程师教育培养计划"和"国家大学生创新性实验计划"首批实施高校;是首批国家级创新创业教育改革示范高校;是教育部、卫计委第一批"卓越医生教育培养计划"项目试点高校之一,是拔尖创新医学人才培养模式改革试点和五年制临床医学人才培养模式改革试点学校之一。学校共有5个专业入选国家级综合改革试点项目,23个专业入选国家特色专业建设点,36门课程获首批"国家级精品资源共享课"荣誉称号;8个实验中心入选国家级实验教学示范中心及建设点,3个中心入选国家级虚拟仿真实验教学中心。52位教授当选新一届全国教学指导委员会委员,其中5位教授当选高等学校相应专业教学指导委员会主任委员。11个团队入选国家级教学创新团队。连续三届获得国家级教学成果一等奖。学校建有12个国家级人才培养模式创新实验区和12个国家级工程实践教育中心。学校建有一大批校内外实践基地,课外科技文化活动丰富多彩。每年立项各级大学生科研训练计划项目1 500余项,组织参加各级各类学科竞赛90余项,并取得优异成绩。荣获2016年美国大学生数学建模竞赛国际级一等奖、第五届中国教育机器人大赛国家级特等奖、第十一届全国大学生交通科技大赛国家级一等奖。荣获2016年全国大学生电子设计竞赛模拟电子系统设计专题邀请赛(TI杯)国家级一等奖,并获得本届竞赛最高奖"TI杯";2016年全国大学生数学建模比赛国家级一等奖,并获得本届竞赛最高奖"高教杯"。学校曾入选教育部"全国高校实践育人创新创业基地"。在"挑战杯"全国大学生课外学术科技作品竞赛中,东南大学曾两次夺得总分第一、捧获"挑战杯",是京沪两地以外唯一两次获此殊荣的高校。

在研究生教育方面,东南大学以"培养高素质拔尖创新人才"为己任,积极推进研究生教育教学改革,不断转变教学模式,优化课程体系。近年来,学校打造了一批荣获"小平科技创新团队"等表彰的学生创新创业俱乐部,培育的优秀学子获得各种奖项。其中许德旺同学获得"中国大学生自强之星"标兵,孙俊同学获得中国青少年科技创新奖等重要荣誉。学校共获得全国百篇优秀博士学位论文20篇,全国百篇优秀博士学位论文提名奖31篇。2007年起,学校连续开展了"国家建设高水平大学公派出国留学项目"的选拔和推荐工作,共派出研究生1 335名,其中攻读博士学位411人。同时积极开展广泛的国内外学术交流,大力推进联合办学:与澳大利亚蒙纳士大学合作的东南大学-蒙纳士大学苏州联合研究生院是教育部批准的第一个中外联合研究生院,已正式招生771人,已毕业276人;与法国雷恩第一大学的合作,开辟了研究生培养和科研合作的新渠道。

东南大学以"科教兴国"为己任,从民国经济和社会发展的需要出发,积极开展基础研究、应用基础研究和重大战略高技术研究,已成为在国内外具有较大社会影响的高新技术研究和辐射的重要基地。2011—2016年共牵头获得国家级科技奖项17项,其中2011年获得国家技术发明一等奖1项、2014年获得国家科技进步一等奖1项。2016年,科研经费到款20.038亿元。发明专利申请2 497件,发明专利授权1 231件,申请PCT专利50件。SCI收录论文2 456篇,位列全国高校第19位;EI收录论文2 554篇,排名第14位。近五年共牵头获得教育部高校人文社会科学优秀成果奖16项,其中一等奖1项;牵头获得江苏省人民政府哲学社会科学优秀成果奖64项,其中一等奖11项;牵头获得国家社会科学基金113项,其中重大项目4项。

学校服务地方经济建设成效显著。江苏省内高校科技工作为江苏服务情况统计结果显示,东南大学在科技项目及团队、科技经费、科技基地、"四技"经费、科技成果转化及科技项目验收鉴定、专利情况、科技成果获奖等七项指标中每年均位列前茅,而且多数指标居全省高校第一。东南大学国家大学科技园作为科技成果转移转化、创新创业人才培养、高新技术企业培育和发展战略性新兴产业的平台,目前,创新创业载体达20余万平方米,在园企业300余家,毕业企业1 000余家,已成功培育了以江苏金智科技股份有限公司、途牛旅游网等为代表的一批高新技术企业。

东南大学是我国具有较大国际影响力的大学之一。改革开放以来,国际交流活动更加活跃,已与英国剑桥大学、美国麻省理工学院、马里兰大学、里海大学、瑞士苏黎世联邦理工学院、日本东北大学、德国慕尼黑工业大学、乌尔姆大学、澳大利亚蒙纳士大学、法国雷恩第一大学、瑞典皇家理工学院、俄罗斯莫斯科国立鲍曼技术大学等100多所大学和研究机构签订了合作交流协议。在校留学生人数达到1 813人,其中学历留学生1 313人,占总人数的72.4%;留学研究生495人,占学历留学生比例37.7%;学历留学生和留学研究生数均居全省第一。学校在美国和白俄罗斯设有3个孔子学院。

自 2006 年夏季起,学校主教学区迁至九龙湖校区,由此掀开了东南大学发展史上崭新的一页。九龙湖校区位于江宁经济技术开发区南部,总面积 3 752.35 亩。九龙湖校区建筑规划以东南大学的历史文脉为依据,采取公共核心教学组团与专业教学族群组团相结合的校园建筑形态,形成中西合璧、绿色开放的森林之城和活力之城。九龙湖校区已建成教学区、科研实验区、行政区、本科生生活区、研究生生活区、教师生活区、后勤保卫区等,总建筑面积约 78.97 万平方米。目前,学校图书馆面积 6.69 万平方米,藏有各类图书资料 417.4 万册。

今日的东南大学将秉承优良办学传统,按照"开拓创新、争先进位"的跨越式发展思路,坚持改革引领、创新发展,坚持分类支持、协调发展,坚持国际视野、竞争发展,依据"打造强势工科、强化优势理科、发展精品文科、建设特色医科"的一流学科发展战略,凝心聚力,团结奋进,力争在 2020 年前后建设成为国际知名高水平研究型大学,在 2030 年前后跻身世界一流大学行列。(2017 年 4 月更新)

机构与干部

党群系统

中国共产党东南大学第十四届委员会组成名单

书　　　记　易　红
常务副书记　刘京南(—2016.04)　刘　波(2016.04—)
副　书　记　刘　波(—2016.04)　刘鸿健(—2016.04)　郑家茂(2016.04—)
　　　　　　任利剑(2016.04—)
常 务 委 员　(以姓氏笔画为序)
　　　　　　丁　辉　王保平　仲伟俊(2016.07—)　任利剑(2016.04—)　刘　波
　　　　　　刘京南(—2016.04)　刘鸿健(—2016.04)　李　鑫(2016.07—)
　　　　　　吴　刚(2016.04—)　沈　炯(—2016.07)　张广军　林萍华(—2016.04)
　　　　　　易　红　金保昇(2016.07—)　周佑勇(2016.07—)　郑家茂
　　　　　　浦跃朴(—2016.07)　黄大卫
委　　　员　(以姓氏笔画为序)
　　　　　　丁　辉　王　炜　王志功(—2016.07)　王保平　毛惠西(2016.07—)
　　　　　　冯建明(2016.07—)　仲伟俊(2016.07—)　任卫时(2016.07—)
　　　　　　任利剑(2016.04—)　刘　波　刘乃丰　刘京南(—2016.07)
　　　　　　刘鸿健(—2016.04)　孙岳明(2016.07—)　李　鑫(2016.07—)
　　　　　　李久贤(2016.07—)　吴　刚(2016.04—)　时巨涛(—2016.07)
　　　　　　沈　炯(—2016.07)　张广军　陆　挺(2016.07—)　陆祖宏

林萍华(—2016.07) 易 红 金保昇(2016.07—)
周佑勇(2016.07—) 郑家茂 钟文琪(2016.07—)
赵启满(—2016.07) 胡汉辉(—2016.07) 袁久红(2016.07—)
顾忠泽(2016.07—) 郭广银(—2016.07) 郭小明(2016.07—)
高建国(—2016.07) 浦跃朴(—2016.07) 黄大卫
雷 威(2016.07—) 管 平(—2016.07)

中国共产党东南大学纪律检查委员会组成名单

书　　记　刘京南(—2016.04) 任利剑(2016.04—)
副 书 记　吴荣顺
委　　员　(以姓氏笔画为序)
　　　　　王 军(2016.07—) 史兰新(—2016.07) 朱小良
　　　　　任利剑(2016.04—) 任祖平 华为国(2016.07—)
　　　　　刘 静(2016.07—) 刘京南(—2016.07) 李 涛(2016.07—)
　　　　　李久贤(—2016.07) 李和渝(2016.07—) 张 星(—2016.07)
　　　　　吴荣顺 陈宝安(—2016.07) 周 勇(2016.07—)
　　　　　孟 红(2016.07—) 孟 新(2016.03—) 孟怀义(—2016.07)
　　　　　赵林度(2016.07—) 施建宁(—2016.07) 秦 霞 郭小明(—2016.07)
　　　　　冀 民(2016.07—)

东南大学第八届教代会暨
第十五届工会委员会组成人员名单

一、东南大学第八届教职工代表大会执行委员会委员　(25名,以姓氏笔画为序)
　　　　卫平民　　王承慧(女)　　任卫时　　任利剑
　　　　刘 攀　　刘乃丰　　　　华为国　　仲伟俊
　　　　汤勇明　　孙伟锋　　　　李久贤　　李新德
　　　　张 宇　　张建琼(女)　　张福保　　范 斌
　　　　周 勇　　周建成　　　　封卫东　　钱 华
　　　　贾民平　　郭小明　　　　曹玖新　　董 帅
　　　　童小东

二、东南大学第十五届工会委员会委员　(29名,以姓氏笔画为序)
　　　　马民华　　王萃寒(女)　　凤启龙　　吕 霞(女)
　　　　任卫时　　华为国　　　　刘建利　　江伟新
　　　　李 涛(人文学院)　　　　李 晶(女)　　时 斌
　　　　吴 娟(女)　陆 海　　　　陈 坚　　陈金喜

　　　　　　　张立武　　　　张翠英（女）　　张赛娟（女）　　邰扣霞（女）
　　　　　　　邱振清　　　　赵嘉宁（女）　　姚红红（女）　　秦文虎
　　　　　　　高庆华（女）　黄　鹏　　　　　符影杰　　　　　董梅芳（女）
　　　　　　　蒋明霞（女）　蔡国军

三、东南大学第十五届工会经费审查委员会委员（7名，按姓氏笔画为序）
　　　　　　　刘　岚　　　　张宇欣　　　　　张福保　　　　　周建成
　　　　　　　郝艳娟　　　　高庆华　　　　　黄　鹏　　　　　董世坤

四、东南大学第八届教职工代表大会校务民主管理与监督委员会委员（11名，按姓氏笔画为序）
　　　　　　　卫平民　　　　王　珏　　　　　冯建明　　　　　冯莉莉
　　　　　　　刘　攀　　　　华为国　　　　　李久贤　　　　　李宏生
　　　　　　　钱　华　　　　袁曦临　　　　　董　帅　　　　　董世坤

五、东南大学第八届教职工代表大会提案工作委员会委员（11名，按姓氏笔画为序）
　　　　　　　冯国强　　　　刘　岚　　　　　吴　娟　　　　　吴　涓
　　　　　　　吴凌尧　　　　陆　海　　　　　金志军　　　　　姜平波
　　　　　　　秦文虎　　　　曹玖新　　　　　蔡国军　　　　　董世坤

六、东南大学第八届教职工代表大会执行委员会主任、副主任、秘书长
　　主　　　任　任利剑
　　副　主　任　刘　攀　曹玖新
　　秘　书　长　华为国

七、东南大学第十五届工会委员会主席、副主席
　　主　　　席　华为国
　　副　主　席　陆　海　张赛娟

八、东南大学第十五届工会经费委员会主任、副主任
　　主　　　任　张宇欣
　　副　主　任　刘　岚　张福保

共青团东南大学第十九届委员会名单

书　　　记　周勇
副　书　记　陆挺　赵剑锋
常　务　委　员（以姓氏笔画为序）
　　　　　　王安懿（女）　付小鸥（女）　纪　静（女）　杨文燮　宋美娜（女）　张　华
　　　　　　张　璐（女）　陆挺　周勇　周文娜（女）　赵剑锋
委员会委员　丁小丽　王安懿　王玲艳　凤启龙　生沛文　付小鸥　孙文倬
　　　　　　纪　静　李花　杨文燮　邱峰　宋美娜　张华　张璐
　　　　　　陆挺　陆娟　罗磊　周勇　周文娜　赵剑锋　袁琴

袁煜昶　钱怡君　徐志芳　彭　丽

党群系统机构及干部名单

党委办公室
　　主　　任　仲伟俊(—2016.10)　冯建明(2016.10—)
　　副 主 任　周　虹(兼)　杨树东(兼,—2016.03)　李昭昊　赵会泽(兼)
　　　　　　　李黎藜(兼,2016.11—)
　　副处长级秘书　赵会泽

党委统战部
　　部　　长　仲伟俊(—2016.10)　冯建明(2016.10—)
　　副 部 长　杨树东(—2016.03)　周　虹(兼)　李黎藜(2016.11—)

党委发展规划部
　　部　　长　冯建明(—2016.10)　梅汉成(2016.10—)
　　副 部 长　张　胤(兼)

党　校
　　校　　长　郭广银(兼)
　　副 校 长　孟　新(兼)(—2016.03)　李　鑫(兼)(2016.03—)

社会主义学院
　　院　　长　郭广银(兼)
　　副 院 长　孟　新(兼)(—2016.03)　李　鑫(兼)(2016.03—)

党委组织部
　　部　　长　孟　新(—2016.03)　李　鑫(2016.03—)
　　副 部 长　邢纪红
　　组 织 员　陆　玲　李庭红　施春陵

党委宣传部
　　部　　长　毛惠西
　　副 部 长　施　畅　李小男
　　《东南大学报》主编　宋业春

纪委办公室
　　主　　任　吴荣顺(兼)
　　副 主 任　李吉海
　　纪 检 员　李　瑛(兼)　夏建春　李冬梅(2016.03—)

党委武装部
　　部　　长　姜亚辉

党委学生工作部
　　部　　长　孙莉玲
　　副 部 长　张晓坚
　　心理咨询中心主任　孙莉玲(兼)

党委研究生工作部
　　部　　长　金保昇(—2016.10)　钟文琪(2016.10—)
　　副 部 长　赵松立

党委保卫部
　　部　　长　任祖平
　　副 部 长　吴　扬(兼)　刘培高(兼)　李建平(兼)

党委老干部处
　　处　　长　张俊琴
　　副 处 长　胡建人
　　丁家桥校区办公室主任　胡建人(兼)

工会
　　主　　席　华为国
　　副 主 席　刘国兴(—2016.06)　张赛娟　陆　海(2016.06—)
　　兼职副主席　吴国新　贾民平

团委
　　书　　记　陆　挺
　　副 书 记　张　璐
　　大学生艺术指导中心主任　洪海军

中共东南大学各校区
工委、基层党委、党总支、直属党支部及干部名单

丁家桥校区工委
　　书　　记　张立武
　　副 书 记　王　亮

建筑学院党委
　　书　　记　陆卓谟
　　副 书 记　李向锋

机械工程学院党委
　　书　　记　张志胜
　　副 书 记　王　斌

能源与环境学院党委
　　书　　记　朱小良
　　副 书 记　司凤琪

信息科学与工程学院党委
　　书　　记　李久贤
　　副 书 记　孙　威

土木工程学院党委
　　书　　记　刘　静
　　副 书 记　张豪裕

电子科学与工程学院、集成电路学院党委（—2016.06）
电子科学与工程学院、微电子学院党委（2016.06—）
　　书　　记　施建宁
　　副 书 记　宋晓燕

数学系党委
　　书　　记　吴映红
　　副 书 记　曹海燕

自动化学院党委
　　书　　记　袁晓辉
　　副 书 记　金立左

计算机科学与工程学院、软件学院党委
　　书　　记　程　光
　　副 书 记　裴　峰

物理系党委
　　书　　记　王勇刚
　　副 书 记　潘勇涛

生物科学与医学工程学院党委
　　书　　记　洪宗训
　　副 书 记　周　平

材料科学与工程学院党委
　　书　　记　杨树东(2016.03—)
　　副 书 记　李　磊

人文学院党委
　　书　　记　李　涛
　　副 书 记　何　熠

经济管理学院党委
　　书　　记　仲伟俊(2016.10—)
　　副 书 记　陈志斌(主持工作,—2016.10)　祝　虹

电气工程学院党委
　　书　　记　顾永红
　　副 书 记　杨　蕙

外国语学院党委
　　书　　记　马　强
　　副 书 记　汤顶华

化学化工学院党委
　　书　　记　蒋　波

副 书 记 陆 娟

交通学院党委
　　书　　　记　秦　霞
　　副 书 记　陈 怡

仪器科学与工程学院党委
　　书　　　记　王　军
　　副 书 记　张　力

公共卫生学院党委
　　书　　　记　李　涛
　　副 书 记　凤启龙(2016.01—)

附属中大医院党委
　　书　　　记　刘乃丰(兼)
　　副 书 记　陈宝安
　　附属中大医院纪委书记　陈宝安(兼)

医学院党委
　　书　　　记　谭东伟
　　副 书 记　程　斌

无锡分校党委
　　书　　　记　徐　悦(—2016.11)
　　副 书 记　殷　缨

继续教育学院党委
　　书　　　记　封卫东

成贤学院党委
　　书　　　记　李和渝(—2016.11)　徐　悦(2016.11—)
　　副 书 记　王　荣

苏州研究院党委
　　书　　　记　顾　芳
　　副 书 记　于向军

校机关党委
　　书　　记　吴　娟

离休干部党委
　　书　　记　钱炳昌
　　副 书 记　张　楠　殷　立

丁家桥校区离休干部党委
　　书　　记　方明宇
　　副 书 记　付逊芳　胡建人

后勤党工委
　　书　　记　何　林
　　副 书 记　邱佳川

产业党工委
　　书　　记　周　勇
　　副 书 记　王松林

体育系党总支
　　书　　记　王　强

吴健雄学院党总支
　　书　　记　雷　威（兼）
　　副 书 记　钟　辉

艺术学院党委
　　书　　记　王和平
　　副 书 记　徐　进

法学院党委
　　书　　记　孟　红
　　副 书 记　高　歌

马克思主义学院党委
　　书　　记　袁久红（兼）（—2016.11）
　　副 书 记　袁健红

图书馆党总支
  书　　记　黄松莺

东南大学医院直属党支部
  书　　记　李向阳

生命科学研究院直属党支部
  书　　记　邱振清

行 政 系 统

校长及校长助理

校　　　长　张广军
常务副校长　王保平(2016.04—)
副　校　长　林萍华(—2016.04)　浦跃朴(—2016.08)　刘　波(兼)(—2016.04)
　　　　　　郑家茂(—2016.04)　沈　炯(—2016.08)　王保平(—2016.04)
　　　　　　黄大卫　吴　刚(2016.04—)　金保昇(2016.08—)　周佑勇(2016.08—)
总 会 计 师　丁　辉
校 长 助 理　刘乃丰

行政机构及干部名单

校长办公室
  主　　任　李　鑫(—2016.03)　金志军(2016.03—)
  副 主 任　姜平波　芮振华
  合作共建办公室主任　李　鑫(—2016.03)　金志军(2016.03—)
  网络与信息中心主任　金志军
  　　　　副主任　王　健

国际合作处(港澳台办公室)
  处　　长　梅汉成(2016.03—2016.11)
  副 处 长　梅汉成(—2016.03)　王　利(—2016.11)　叶智锐(2016.11—,主持工作)
  　　　　　许克琪(2016.11—)
  兼职副处长　李启明
  港澳台办公室主任　梅汉成(2016.03—2016.11)

副主任　王　利(兼)(—2016.11)　叶智锐(2016.11—,主持工作)
　　　　　　许克琪(兼)(2016.11—)

研究生院
　　院　　　长　沈　炯(兼)
　　常务副院长　金保昇(—2016.10)　钟文琪(2016.10—)
　　副 院 长　袁榴娣
　　兼职副院长　王修信　董寅生　苟少华
　　学科建设办公室主任　郭　彤
　　　　　兼职副主任　张为公(兼)
　　研究生招生工作办公室主任　宛　敏
　　研究生培养办公室主任
　　　　　兼职副主任　舒华忠(兼)
　　研究生学位办公室主任　顾兴中(2016.01—)
　　研究生管理办公室主任　赵松立(兼)

教务处
　　处　　　长　雷　威(—2016.10)　孙伟锋(2016.10—)
　　副 处 长　朱　明　王栓宏　吴　涓　沈孝兵
　　兼职副处长　丁德胜(兼)　梅姝娥(兼)
　　教育技术中心主任　姜昌金

科研院
　　常务副院长　孙岳明
　　副 院 长　张晓兵
　　基础研究与海外合作办公室主任　费庆国(—2016.02)
　　先进技术与装备办公室主任　费庆国(2016.02—)
　　应用技术办公室主任　郝勇生(2016.05—)
　　高新技术与社会发展办公室主任　叶智锐(—2016.11)
　　重大专项与协同创新办公室主任　任　刚(—2016.01)
　　科研成果与基地管理办公室主任　方　红
　　先进技术与装备院(国防科学技术院)院长　孙岳明(兼)
　　　　　　　　　　　　　　　　　副院长　费庆国(2016.02—)
　　　　　　　　　　　　　　　　　　　　　王继刚(挂职西藏民族学院科研处副处长3年)
　　应用技术院院长　张晓兵(兼)
　　　　　副院长　郝勇生(兼)(2016.05—)

社会科学处
  处   长 周佑勇(—2016.10)
  副 处 长 甘　锋 邵永生(2014.09挂职新疆医科大学人文社科部副主任3年)
       陈志斌(2016.10—,主持工作)

人事处
  处   长 郭小明
  副 处 长 达飞鹏 刘明芬 吴凌尧
  兼职副处长 孙子林(兼)

学生处
  处   长 孙莉玲
  副 处 长 蔡　亮 江雪华 宋健刚

发展委员会
  处   长 浦跃朴(兼)
  常务副主任 刘松玉
  副 主 任 李　爽 米永强(保留正处级待遇) 姚志彪

发展规划处
  处   长 冯建明(兼)(—2016.10) 梅汉成(2016.10—)
  副 处 长 张　胤

保卫处
  处   长 任祖平
  副 处 长 吴　扬 刘培高(兼) 李建平

财务处
  处   长 任卫时
  副 处 长 张晓红 孙红霞 刘　岚 王绍灵
  校园一卡通管理中心主任 高　进

审计处
  处   长 冀民
  副 处 长 季永华 张宇欣
  兼职副处长 周　勤(兼)

监察处
　　处　　　长　吴荣顺
　　副 处 长　李　瑛　李吉海(兼)
　　监 察 员　夏建春　李冬梅(2016.03—)

总务处
　　处　　　长　梁书亭
　　副 处 长　章荣琦　冯国强　周建华　沈建辉　丁　乐(兼)

基本建设处
　　处　　　长　李维滨
　　副 处 长　汤　磊

保密办公室
　　主　　　任　吴　刚(兼)(2016.09—)
　　常务副主任　孙岳明(兼)
　　副 主 任　周　虹　陈　镭

资产经营管理处
　　处　　　长　江　汉
　　副 处 长　过秀成　单　良

实验室与设备管理处
　　处　　　长　熊宏齐
　　副 处 长　孟正大　刘加彬

丁家桥校区管理委员会
　　主　　　任　张立武
　　党政办公室主任　王　亮(兼)
　　保卫办公室主任　刘培高
　　后勤办公室主任　丁　乐

院系干部名单

建筑学院
　　院　　　长　韩冬青
　　副 院 长　冷嘉伟　石　邢　葛　明　张　彤　孙世界　李向锋(兼)

机械工程学院
　　院　　　长　倪中华
　　副 院 长　陈云飞　张志胜(兼)　孙蓓蓓　殷国栋　王　斌(兼)
　　工业发展与培训中心主任　张远明

能源与环境学院
　　院　　　长　钟文琪
　　副 院 长　黄亚继　朱光灿　李舒宏　肖　睿　司凤琪(兼)

信息科学与工程学院
　　院　　　长　洪　伟
　　副 院 长　崔铁军(—2016.01)　高西奇　张在琛　黄永明　陆卫兵(2016.03—)
　　　　　　　孙　威(兼)

土木工程学院
　　院　　　长　吴　刚(—2016.07)　王景全(2016.07—)
　　副 院 长　叶继红(—2016.11)　舒赣平　童小东　王景全(—2016.07)
　　　　　　　张豪裕(兼)

电子科学与工程学院、集成电路学院(—2016.06)
电子科学与工程学院、微电子学院(2016.06—)
　　院　　　长　孙伟锋(—2016.12)
　　副 院 长　孙立涛(2016.12—,主持工作)　汤勇明　王著元　仲雪飞　宋晓燕(兼)

数学系
　　主　　　任　曹进德
　　副 主 任　林金官(—2016.05)　陈文彦　虞文武　李玉祥(2016.07—)
　　　　　　　曹海燕(兼)

自动化学院
　　院　　　长　王保平(兼)　(2016.12—)
　　副 院 长　魏海坤(主持工作,—2016.12)　孙长银　李世华　金立左(兼)

计算机科学与工程学院
　　院　　　长　罗军舟
　　副 院 长　曹玖新　舒华忠　耿　新　李　伟　裴　锋(兼)

软件学院
  院   长 罗军舟（兼）
  副 院 长 曹玖新 舒华忠 耿 新 李 伟 裴 锋（兼）

物理系
  主   任 杨永宏
  副 主 任 戴玉蓉 邱 腾 倪振华 潘勇涛（兼）

生物科学与医学工程学院
  院   长 顾忠泽
  副 院 长 徐春祥 谢建明 赵祥伟 周 平（兼）

材料科学与工程学院
  院   长 薛 烽
  副 院 长 张亚梅 沈宝龙 储成林 李 磊（兼）

人文学院
  院   长 王 珏
  副 院 长 王 俊 乔光辉 王 兵 何 熠（兼）

艺术学院
  院   长 王廷信
  副 院 长 崔天剑 李轶南 徐 进（兼）

法学院
  院   长 刘艳红
  副 院 长 欧阳本祺 李煜兴 高 歌（兼）

经济管理学院
  院   长 赵林度
  副 院 长 周 勤 张玉林 舒 嘉 祝 虹（兼）

电气工程学院
  院   长 赵剑锋
  副 院 长 吴在军 高 山 黄允凯 杨 蕙（兼）

外国语学院
  院   长 陈美华

副 院 长 刘克华 马冬梅 朱善华 汤顶华(兼)

体育系
    主 任 蔡晓波
    副 主 任 沈 辉 金 凯 王青禾

化学化工学院
    副 院 长 刘松琴 周建成 杨 洪 陆 娟(兼)

交通学院
    院 长 刘 攀
    副 院 长 陆 建 程建川 钱振东 顾兴宇 陈 峻 陈 怡(兼)

仪器科学与工程学院
    院 长 宋爱国
    副 院 长 李宏生 王立辉 严如强 张 力(兼)

医学院
    院 长 刘乃丰(兼)
    副 院 长 孙子林 王立新 赵春杰 姚红红 程 斌(兼)

公共卫生学院
    院 长 尹立红
    副 院 长 金 辉 梁戈玉 凤启龙(兼)(2016.01—)

吴健雄学院
    院 长 易 红(兼)
    常务副院长 雷 威
    副 院 长 况迎辉 钟 辉(兼)

海外教育学院
    院 长 邱 斌
    副 院 长 徐 健
    白俄罗斯孔子学院院长 许克琪(—2016.11)

马克思主义学院
    院 长 袁久红
    副 院 长 盛凌振 叶海涛 袁健红(兼)

直(附)属单位及负责人名单

图书馆
  馆 长 顾建新
  副 馆 长 范 斌 李爱国 钱 鹏

档案馆
  馆 长 钱杰生
  副 馆 长 李宇青 刘云虹
  校史研究室主任 刘云虹(兼)

高等教育研究所
  所 长 冯建明(兼)(—2016.10) 梅汉成(兼)(2016.10—)

学报(自然科学版)编辑部
  主 编 毛善锋

学报(哲学社会科学版)编辑部
  主 编 徐 嘉

学报(医学版)编辑部
  主 编 唐 萌

继续教育学院
  院 长 许映秋
  副 院 长 曹效英 王燕蓉

校医院
  院 长 卫平民
  副 院 长 龚丽萍 叶 伟

无锡分校
  校 长 沈 炯(兼)
  常务副校长 张继文
  副 校 长 刘 威 殷 缨(兼)

苏州研究院
  院   长 沈 炯(兼)
  常务副院长 张为公
  副 院 长 李成明

常州研究院
  院   长 王保平(兼)(2016.03—)
  副 院 长 张小松

附属中大医院
  院   长 滕皋军
  副 院 长 刘必成 邱海波 卢 斌 陈 明

学习科学研究中心
  名誉主任 韦 钰
  副 主 任 郑文明(主持工作) 刘晓芸 柏 毅 钱卫平

生命科学研究院
  院   长 谢 维
  副 院 长 韩俊海

成贤学院
  院   长 郑家茂(兼)
  常务副院长 郑建勇

(组织部 李庭红)

各级人大代表、政协委员、民主党派成员、省政府参事任职情况及有关机构设置

各级人大代表

  全国十二届人大代表： 易 红 崔铁军
  江苏省十二届人大代表：马向真(常委)
  南京市十五届人大代表：张建琼
  鼓楼区十七届人大代表：汤文浩
  玄武区十七届人大代表：吕晓迎 李建清 陈永平
  江宁区十六届人大代表：黄大卫

各级政协委员

全国十二届政协委员： 洪 伟
江苏省十一届政协委员： 罗立民(常委,科技) 舒华忠(教育)
何小元(党派) 周 勤(党派) 薛 涛(党派)
滕皋军(党派) 肖国民(常委,科技) 李启明(党派)
尹立红(党派) 赵春杰(党派) 王雪梅(教育)
刘灿铭(党派) 达庆利(常委,宗教) 吴智深(常委,教育)
王建国(教育)
南京市十三届政协委员：许苏明(常委) 仇向洋 陈庆宁 杨永宏 陈 薇
鼓楼区十二届政协委员：王彩莲
玄武区十二届政协委员：赵剑锋(政协副主席) 孔令龙 徐盈之
浦口区四届政协委员： 王大勇
江宁区十一届政协委员：陈文彦(常委)

全国第九届伊斯兰教协会副会长：达庆利(2011.09)
江苏省第六届伊斯兰教协会会长：达庆利(2013.11.28)
全国中央文史馆馆员：陶思炎(2011.02)

民主党派成员、侨联成员在各级组织任职情况

民盟十一届中央委员：刘灿铭
农工十五届中央委员：成 虎
九三十三届中央委员：罗立民

农工党十五届中央科技工作委员会委员：吴智深

民主党派成员、侨联成员在中央、江苏省、南京市的任职情况

(各民主党派省委换届于2012年6—7月完成)
民革十届江苏省委员会常委：马向真
民盟十一届江苏省委员会常委：肖国民
委员：梅姝娥
民建八届江苏省委员会委员：苟少华
民进九届江苏省委员会常委：尹立红
委员：吴国新
农工党十一届江苏省委员会副主任委员：吴智深
常委：何小元
委员：孙子林
农工党江苏省直属工委副主任委员：贾民平

农工党江苏省科教文委主委:黄培林
　　　　　　　　副主任委员:刘松琴
　　　　　　　　委员:衡　伟
农工党江苏省中青委副主任委员:陈惠苏
　　　　　　　　委员:张绍东
农工党江苏省经济联络委副主任委员:林保平
　　　　　　　　委员:高建明
农工党江苏省妇女委员会委员:徐　隽
　　　　　　　　委员:王玉华
农工党江苏省医卫委副主任委员:刘志勇
　　　　　　　　副主任委员:孙子林
致公党五届江苏省委员会常委:赵春杰
　　　　　　　　委员:薛　涛
九三七届江苏省委员会副主任委员:罗立民
　　　　　　　　委员:王修信　刘胜利
江苏省归国华侨联合会六届常委:吕晓迎

省、市政府参事任职情况

江苏省政府参事室聘任参事:高祥生　缪昌文(中共)　林保平
　　　　　　　　成　虎　徐康宁(中共)
南京市政府参事室聘任参事:许苏明(2011—2016 年)

民主党派东南大学机构设置

民革二届东南大学总支部委员会(24 人)(2016 年 12 月 27 日换届)
　主 任 委 员:马向真
　副主任委员:周　勤　马坤岭

民盟东南大学委员会(221 人)(2014 年 6 月 26 日换届)
　主 任 委 员:肖国民
　副主任委员:钱瑞明　梅姝娥　王世和　薛星美　魏家泰
　委　　　员:王秋严　陆建明　周子华　何　平　金志军　徐立臻
　　　　　　　杨舒惠　吴祖民　康学军　毛世怀　陈文彦　丁建东

民建一届东南大学总支部委员会(22 人)(2012 年 12 月 5 日成立总支并换届)
　主 任 委 员:李启明
　副主任委员:苟少华　滕皋军
　委　　　员:周革利　朱纪军

民进四届东南大学委员会(50人)(2012年5月7日换届)
　　主 任 委 员：尹立红
　　副主任委员：董寅生　郭　毅　曹玖新
　　委　　　员：孙　瑾　郭　斐　韩俊海　梁衡弘　戴启明　高　冲

农工四届东南大学委员会(120人)(2016年11月29日换届)
　　主 任 委 员：徐春祥
　　副主任委员：孙子林　陈惠苏
　　委　　　员：徐春祥　孙子林　陈惠苏　王玉华　糜长稳　章美华
　　　　　　　　蔡永胜　刘松琴　张绍东

致公党三届东南大学总支委员会(38人)(2011年12月27日换届)
　　主 任 委 员：赵春杰
　　副主任委员：李智群　薛　涛
　　委　　　员：马民华　程明霞

九三三届东南大学委员会(172人)(2013年5月18日换届)
　　主 任 委 员：王修信
　　副主任委员：赵剑峰　刘胜利　舒华忠　叶行舟
　　委　　　员：戴　丽　祁争建　辛海洋　郑意楠　柳　萍
　　　　　　　　徐启平　徐盈之　施智祥　俞　燕　袁榴娣

社会团体机构设置

东南大学侨联四届(2012年12月8日换届)
　　名 誉 主 席：林中达　林金明
　　主　　　席：吕晓迎
　　副　主　席：李先宁　丁锡宁　李　丽
　　委　　　员：孙清江　李俐平

东南大学无党派知识分子联谊会(2014年1月8日成立)
　　会　　　长：崔铁军(信息)
　　副　会　长：杨永宏(物理)　田玉平(自动化)　肖　睿(能环)　李维滨(基建处)
　　秘　书　长：杨永宏(物理)(兼)
　　副 秘 书 长：李黎藜(统战部)　何　勇(经管)

2016年成立或调整的各类委员会、领导小组名单

关于调整教职工大病医疗互助委员会成员名单的通知

2016年1月5日

各校区,各院、系、所,各处、室、直属单位:

因工作需要,经研究决定,对校教职工大病医疗互助委员会成员作如下调整:

主 任 委 员	张赛娟
副主任委员	卫平民
委 员	（以姓氏笔画为序）
	卫平民　　刘　岚　吴　荣　张　楠
	张宇欣　　张赛娟　陈　明　费　祎
	龚乐年
办公室主任	龚丽萍
办公室秘书	傅敢峰　孔文梅

校发〔2016〕1号

关于调整我校体育运动委员会成员名单的通知

2016年3月16日

各校区,各院、系、所,各处、室、直属单位:

因人员变动和工作需要,经研究决定,对校体育运动委员会成员作如下调整。（以姓氏笔画为序）

主　　　任	刘　波
副 主 任	任祖平　华为国　孙莉玲　李　鑫　陆　挺
	金保昇　梁书亭　雷　威　蔡晓波
委　　　员	卫平民　王　荣　王栓宏　王　斌　凤启龙
	司凤琪　刘晓芸　江雪华　汤顶华　孙红霞
	孙　威　李小男　李向峰　李　磊　杨　蕙
	何　熠　宋晓燕　张　力　张豪裕　陆　娟
	陈　怡　金立左　周　平　赵松立　钟　辉
	祝　虹　徐　进　徐　健　高　歌　曹海燕
	程　斌　裴　锋　潘勇涛
秘 书 长	沈　辉

校发〔2016〕39号

关于调整校务委员会成员的通知

2016 年 4 月 5 日

学校各部门、单位：

因工作需要，经研究决定，对校务委员会成员进行调整，现将调整后的校务委员会成员名单公布如下：

主 任 委 员　易　红
副主任委员　张广军　陈笃信
委　　　员　（以姓氏笔画为序）

丁　辉　王　炜　王志功　王建国　王保平
尤肖虎　冯建明　吕志涛　仲伟俊　任卫时
华为国　刘　波　刘乃丰　刘京南　刘鸿健
齐　康　许德旺　孙　伟　孙忠良　孙岳明
孙载阳　李　鑫　杨树林　吴介一　吴荣顺
沈　炯　张广军　张耀明　陆祖宏　陈笃信
林萍华　易　红　金保昇　周佑勇　郑家茂
赵启满　钟训正　徐康宁　郭广银　浦跃朴
黄大卫　谢　维　蒲森林　熊宏齐　缪昌文
樊和平

秘 书 长　李　鑫（兼）

校发〔2016〕75 号

关于调整 2016 年重大科技项目岗职务评审委员会成员名单的通知

2016 年 5 月 16 日

各校区，各院、系、所，各处、室、直属单位，各学术业务单位：

经研究，2016 年重大科技项目岗职务评审委员会成员名单调整如下：

主 任 委 员　吴　刚
委　　　员　（按姓氏笔画为序）

王　炜　孙岳明　吴　刚　张晓兵　陆　巍
罗军舟　洪　伟　倪中华　徐晓苏　郭小明
韩冬青

校发〔2016〕92 号

关于调整学校就业工作委员会成员的通知

2016年6月3日

学校各有关部门、单位:

因工作需要和人事变动,经研究,决定调整学校就业工作委员会成员。调整后的成员名单如下:

主　　　任　张广军
副 主 任　郑家茂　沈炯　吴刚
成　　　员　(按姓氏笔画排序)
　　　　　　毛惠西　仲伟俊　任卫时　任祖平　江汉
　　　　　　孙岳明　孙莉玲　李鑫　陆挺　金志军
　　　　　　金保昇　姜亚辉　郭小明　梅汉成　梁书亭
　　　　　　雷威
秘　　　书　宋健刚

学校就业工作委员会下设学生就业指导中心,其日常工作由学生处协调负责。

校发〔2016〕116号

关于公布2016年东南大学岗位聘用与考核委员会成员名单的通知

2016年10月25日

各校区,各院、系、所,各处、室、直属单位,各学术业务单位:

经研究,成立2016年东南大学岗位聘用与考核委员会,现将成员名单如下:

主 任 委 员　张广军　易红
副主任委员　王保平
成　　　员　(按姓氏笔画为序)
　　　　　　丁辉　王建国　王保平　任利剑　刘乃丰
　　　　　　刘波　孙伟锋　孙忠良　孙岳明　吴刚
　　　　　　张广军　陆祖宏　易红　金保昇　周佑勇
　　　　　　郑家茂　钟文琪　郭小明　樊和平
秘　　　书　姜平波

校发〔2016〕250号

关于调整学校档案工作委员会成员的通知

2016年11月11日

各校区,各院、系、所,各处、室、直属单位,各学术业务单位:

因工作需要,现对学校档案工作委员会成员进行调整,调整后的成员名单如下:

主 任 委 员　周佑勇

| 副主任委员 | 吴荣顺　金志军 |
| 委　　　员 | （按姓氏笔画排列） |

　　　　　　毛惠西　冯建明　任卫时　任祖平　孙伟锋
　　　　　　孙岳明　孙莉玲　李维滨　李　鑫　张立武
　　　　　　钟文琪　姚志彪　顾建新　钱杰生　郭小明
　　　　　　梅汉成　梁书亭　熊宏齐　冀　民

校发〔2016〕258号

关于调整学校图书馆工作委员会成员的通知

2016年12月13日

各校区,各院、系、所,各处、室、直属单位,各学术业务单位：

　　因工作需要,现对学校图书馆工作委员会成员进行调整,调整后的成员名单如下：

主 任 委 员　周佑勇
副主任委员　顾建新
委　　　员　（按姓氏笔画排序）

　　　　　　王立新　许映秋　任卫时　孙伟锋　孙岳明
　　　　　　孙莉玲　刘继军　严如强　冷嘉伟　张在琛
　　　　　　邱　斌　邱祉伟　陈志斌　钟文琪　唐　萌
　　　　　　徐春祥　郭小明　郭易木　黄学良　董　群
　　　　　　谢　维　童小东　雷　威

校发〔2016〕280号

关于成立城乡规划专业评估领导小组和工作组的通知

2016年1月22日

学校各有关部门、单位：

　　住房城乡建设部即将对我校城乡规划专业进行专业评估,为贯彻"以评促建、以评促改、评建结合、重在建设"的精神,认真开展自评工作并做好迎接专家组对我校城乡规划专业进行评估考察的各项准备工作,特成立城乡规划专业评估领导小组和工作组,现将成员名单公布如下：

（一）领导小组

组　　　　长　郑家茂
副 组 长　韩冬青　陆卓谟　雷　威
成　　　　员　（按姓氏笔画排序）

　　　　　　达飞鹏　朱　明　刘加彬　江雪华　孙世界
　　　　　　孙红霞　阳建强　芮振华　李小男　李爱国
　　　　　　沈建辉　姜昌金

| 秘　　　书 | 朱　明（兼） |

（二）工作组

组　　　长	韩冬青　陆卓谟　段　进
副　组　长	阳建强　孙世界　张　彤　李向锋
成　　　员	（按姓氏笔画排序）

孔令龙　王承慧　王海华　白　颖　刘博敏
江　泓　朱仁兴　陈晓东　沈建化　周明阳
姜宇平　高　晶　陶岸君　徐宏武　殷　铭
熊国平

| 秘　　　书 | 王承慧（兼） |

校发〔2016〕20号

关于成立进一步严肃财经纪律　深入开展"小金库"专项治理工作领导小组的通知

2016年3月21日

各校区，各院、系、所，各处、室、直属单位，各学术业务单位：

严肃财经纪律，深入开展"小金库"专项治理工作，是贯彻落实中央八项规定精神的重要举措，根据《关于进一步严肃财经纪律　深入开展"小金库"专项治理工作的通知》（教财司函〔2016〕136号）文件精神，经研究，成立东南大学进一步严肃财经纪律，深入开展"小金库"专项治理工作领导小组。成员名单如下：

组　　　长	张广军
副　组　长	刘京南　丁　辉
成　　　员	（按姓氏笔画排序）

任卫时　仲伟俊　吴荣顺　李　鑫　冀　民

| 秘　　　书 | 李　瑛　刘　岚 |

校发〔2016〕60号

关于成立省级品牌专业建设领导小组和工作小组的通知

2016年4月2日

学校各有关部门、单位：

根据《省教育厅关于做好2016年江苏省专业建设工程一期建设相关工作的通知》（苏教高函〔2016〕2号）和《省政府办公厅关于印发江苏高校品牌专业建设工程实施方案的通知》（苏政办发〔2014〕86号）文件精神，为加强我校建筑学等八个省级品牌专业建设工程一期建设项目和资金管理，保证建设任务的顺利实施和取得突破性的成果，高标准地通过全国或国际专业认证，引领和带动我校其他专业的建设与发展，特成立省级品牌专业建设领导小组和工作组。现将成员名单公布如下：

(一) 领导小组

组　　　长　郑家茂
副 组 长　雷　威
成　　　员　（以姓氏笔画为序）
　　　　　　尤肖虎　任卫时　刘　攀　孙伟锋　顾忠泽
　　　　　　孙莉玲　吴　刚　宋爱国　陆　挺　郭小明
　　　　　　韩冬青　熊宏齐　滕皋军　冀　民
秘　　　书　朱　明

(二) 工作小组

1. 建筑学省级品牌专业建设工程项目工作组：

组　　　长　韩冬青
副 组 长　鲍　莉　孙世界　李向峰
成　　　员　（以姓氏笔画为序）
　　　　　　王承慧　朱　雷　李　华　李　哲　李　飚
　　　　　　沈　颖　费　祎　夏　兵　徐小东　傅秀章
秘　　　书　焦　键　张　敏

2. 信息工程省级品牌专业建设工程项目工作组：

组　　　长　尤肖虎
副 组 长　张在琛
成　　　员　（以姓氏笔画为序）
　　　　　　王　蓉　王志功　王霄峻　朱鹏程　孙　威
　　　　　　孙连友　李文渊　杨晓辉　张圣清　张树林
　　　　　　张毅锋　苗　澎　孟　桥　赵　力　徐平平
　　　　　　徐琴珍　殷晓星　戚晨皓　樊祥宁
秘　　　书　苗慧贤

3. 土木工程省级品牌专业建设工程项目工作组：

组　　　长　吴　刚
副 组 长　童小东
成　　　员　（以姓氏笔画为序）
　　　　　　李德智　杨小丽　吴　京　张培伟　陆金钰
　　　　　　宗周红　戴国亮
秘　　　书　王建梅

4. 电子科学与技术省级品牌专业建设工程项目工作组：

组　　　长　孙伟锋
副 组 长　仲雪飞　柏宁丰
成　　　员　（以姓氏笔画为序）
　　　　　　万　能　朱　利　刘　旭　杨兰兰　张　萌
　　　　　　董志芳

秘　　　书　周　涛　朱　萍

5. 生物科学与医学工程省级品牌专业建设工程项目工作组：

组　　　长　顾忠泽
副　组　长　谢建明
成　　　员　（以姓氏笔画为序）
　　　　　　万遂人　付德刚　孙　啸　李志勇　张　宇
　　　　　　周　平　赵兴群
秘　　　书　李敏俐

6. 交通工程省级品牌专业建设工程项目工作组：

组　　　长　刘　攀
副　组　长　陈　峻　程建川　陈　怡
成　　　员　（以姓氏笔画为序）
　　　　　　王　昊　王　炜　曲　栩　刘志远　杨　敏
　　　　　　陈　茜　陈学武　季彦婕　黄晓明　梁衡弘
秘　　　书　王　卫

7. 测控技术与仪器省级品牌专业建设工程项目工作组：

组　　　长　宋爱国　王　军
副　组　长　王立辉　张　力
成　　　员　（以姓氏笔画为序）
　　　　　　丁小丽　王爱民　王慧青　严如强　张　涛
　　　　　　金世俊　金伟明　祝学云　郭向阳　黄丽斌
　　　　　　崔建伟
秘　　　书　祝雪芬

8. 医学影像学省级品牌专业建设工程项目工作组：

组　　　长　滕皋军
副　组　长　王立新　张建琼　李　澄　邓　钢
成　　　员　（以姓氏笔画为序）
　　　　　　王　林　刘斌　李　嘉　何仕诚　居胜红
　　　　　　钟　英　郭金和　焦　蕴
秘　　　书　谢　波

校发〔2016〕71号

关于成立国有资产清查领导小组的通知

2016年4月25日

学校各部门、单位：

　　为了进一步规范和加强我校国有资产管理，遵照教育部《转发〈财政部关于开展2016年全国行政事业单位国有资产清查工作的通知〉和〈财政部关于印发行政事业单位资产清查核实管理办法的通知〉的通知》（教财司函〔2016〕88号）文件要求，加快推进国有资产清查工作，经研究决定，成立国有资产清查领导小组。小组成员名单如下：

组　　　长　张广军
副 组 长　刘京南　丁　辉
成　　　员　（以姓氏笔画为序）
　　　　　　任卫时　江　汉　李维滨　吴荣顺　顾建新
　　　　　　郭小明　梁书亭　熊宏齐　滕皋军　潘久松
　　　　　　冀　民
秘书单位：学校国有资产监督管理委员会办公室特此通知。

校发〔2016〕84号

关于调整学校突发事件应急处置工作领导小组的通知

2016年5月18日

学校各部门、单位：

因工作需要，经研究，决定调整学校突发事件应急处置工作领导小组，调整后的学校突发事件应急处置工作领导小组成员名单如下：

组　　　长　易　红　张广军
副 组 长　王保平　浦跃朴　郑家茂　黄大卫
成　　　员　（按姓氏笔画为序）
　　　　　　卫平民　毛惠西　尹立红　仲伟俊
　　　　　　任卫时　任祖平　刘乃丰　许映秋
　　　　　　孙岳明　孙莉玲　李　鑫　吴　娟
　　　　　　邱　斌　何　林　张立武　张俊琴
　　　　　　陆　挺　金志军　金保昇　顾　芳
　　　　　　徐　悦　梅汉成　梁书亭　雷　威
　　　　　　滕皋军　熊宏齐

领导小组下设工作办公室，负责全面协调、组织全校突发事件的应急处置工作。
办公室主任　金志军（兼）
秘　　　书　刘丽勤

校发〔2016〕94号

关于调整东南大学法制工作领导小组成员的通知

2016年6月5日

各校区，各院、系、所，各处、室、直属单位，各学术业务单位：

因工作需要及人员变动，经研究决定，现将东南大学法制工作领导小组及其下设办公室成员名单调整如下：

组　　　长　张广军　易　红
副　组　长　王保平　刘　波　郑家茂
成　　　员　（以姓氏笔画为序）
　　　　　　冯建明　仲伟俊　任卫时　任祖平　华为国
　　　　　　江　汉　孙岳明　孙莉玲　李　鑫　吴　娟
　　　　　　吴荣顺　陆　挺　金志军　金保昇　周佑勇
　　　　　　郭小明　梁书亭　雷　威　冀　民
办公室主任　金志军
办公室副主任　施建辉　芮振华
办公室成员　步　兵（兼）　朱长宝（兼）　王新绳
　　　　　　何涵嫣　丛　宾

校发〔2016〕99号

关于成立东南大学定点扶贫工作领导小组的通知

2016年5月24日

学校各部门、单位：

为深入贯彻落实中央扶贫开发会议和《中共中央　国务院关于打赢扶贫攻坚战的决定》精神，按照国务院扶贫办等九部门《关于进一步完善定点扶贫工作的通知》（国开发办〔2015〕27号）及教育部相关要求，进一步推进我校定点扶贫工作，经研究决定，成立东南大学定点扶贫工作领导小组。小组成员名单如下：

组　　　长　易　红
副　组　长　王保平
成　　　员　（以姓氏笔画为序）
　　　　　　冯建明　仲伟俊　江　汉　许映秋　孙岳明
　　　　　　孙莉玲　李　鑫　陆　挺　金志军　金保昇
　　　　　　周　勇　梁书亭　雷　威　滕皋军　潘久松
秘　　　书　芮振华

校发〔2016〕100号

关于调整学校信息公开工作领导小组及相关工作机构成员的通知

2016年5月27日

学校各部门、单位：

因工作需要，经研究决定，调整学校信息公开工作领导小组及相关工作机构成员。调整后的成员名单如下：

（一）学校信息公开工作领导小组

组　　　长　王保平

成　　　员　（按姓氏笔画排序）
　　　　　　毛惠西　仲伟俊　任卫时　任祖平　华为国
　　　　　　孙岳明　孙莉玲　李　鑫　吴荣顺　张俊琴
　　　　　　陆　挺　金志军　金保昇　姜亚辉　郭小明
　　　　　　梅汉成　梁书亭　雷　威　冀　民
秘　　　书　刘丽勤

（二）学校信息公开工作办公室

主　　　任　金志军
副　主　任　姜平波　周　虹　施　畅　陈　镭　王　健
成　　　员　刘丽勤　李　震　陶　桦　王新绳

（三）学校信息公开工作监督检查办公室

主　　　任　吴荣顺
成　　　员　李吉海　张赛娟　季永华

校发〔2016〕104号

关于成立东南大学国家示范性微电子学院建设工作领导小组的通知

2016年6月3日

学校各部门、单位：

为尽快满足国家集成电路产业发展对高素质人才的迫切需求，根据《教育部　国家发展改革委　科技部　工业和信息化部　财政部　国家外专局关于支持有关高校建设示范性微电子学院的通知》（教高函〔2015〕6号）精神，经校长办公会讨论决定，成立东南大学国家示范性微电子学院建设工作领导小组。小组成员名单如下：

组　　　长　张广军
副　组　长　王保平　吴　刚　沈　炯
成　　　员　（以姓氏笔画为序）
　　　　　　王志功　任卫时　孙伟锋　孙岳明　孙莉玲
　　　　　　时龙兴　金宝昇　洪　伟　郭小明　雷　威

校发〔2016〕106号

关于调整学校本科生招生工作领导小组成员的通知

2016年6月3日

学校各部门、单位：

因工作需要，经研究，决定调整学校本科生招生工作领导小组，调整后的学校本科生招生工作领导小组成员名单如下：

组　　　长　郑家茂
副　组　长　任利剑

成　　　员　（按姓氏笔画为序）
　　　　　　孙莉玲　吴荣顺　雷　威　蔡　亮
秘　　　书　张　涌

校发〔2016〕117号

关于调整学校全国大学外语四六级考试领导小组和考风考纪工作领导小组成员的通知

2016年6月10日

各校区，各院、系、所，各处、室、直属单位，各学术业务单位：

因工作需要，现将学校全国大学外语四六级考试工作领导小组和考风考纪工作领导小组成员调整如下：

（一）全国大学外语四六级考试工作领导小组

组　　　长　吴　刚
副　组　长　雷　威
成　　　员　（按姓氏笔画排列）
　　　　　　卫平民　王栓宏　毛惠西　任祖平　孙岳明
　　　　　　孙莉玲　芮振华　吴荣顺　陈美华　金保昇
　　　　　　梁书亭

（二）全国大学外语四六级考试工作考风考纪领导小组

组　　　长　郑家茂
副　组　长　孙莉玲
成　　　员　（按姓氏笔画排列）
　　　　　　王栓宏　任祖平　江雪华　吴荣顺　陈美华
　　　　　　金保昇　姜昌金　袁榴娣　雷　威

校发〔2016〕120号

关于成立东南大学养老保险推进工作领导小组及工作小组的通知

2016年6月12日

学校各部门、单位：

根据国务院及江苏省对机关事业单位养老保险工作的具体要求，经研究决定，成立东南大学养老保险推进工作领导小组及工作小组。

（一）领导小组成员名单如下：

组　　　长　张广军
副　组　长　王保平　丁　辉
成　　　员　（按姓氏笔画为序）
　　　　　　任卫时　华为国　李　鑫　吴荣顺　郭小明

　　　　　　钱杰生
秘　　　书　刘明芬
(二) 工作小组成员名单如下：
组　　　长　郭小明
副 组 长　刘明芬　刘岚　邢纪红
成　　　员　(按姓氏笔画为序)
　　　　　　仇维昌　李清　何萌　吴荣　殷振球
　　　　　　高莹　各部门人事秘书
秘　　　书　王海萍

校发〔2016〕127号

关于调整东南大学财经工作领导小组成员的通知

2016年6月27日

各校区，各院、系、所，各处、室、直属单位，各学术业务单位：

因工作需要及人员变动，经研究决定，现将东南大学财经工作领导小组成员名单调整如下：

组　　　长　张广军
副 组 长　王保平　丁辉　任利剑
成　　　员　(以姓氏笔画为序)
　　　　　　仲伟俊　任卫时　吴荣顺　金志军　郭小明
　　　　　　冀民

校发〔2016〕154号

关于调整中央高校改善基本办学条件专项资金领导小组、工作小组成员的通知

2016年7月5日

各校区，各院、系、所，各处、室、直属单位，各学术业务单位：

因工作需要及人员变动，经研究决定，现将中央高校改善基本办学条件专项资金领导小组、工作小组成员名单调整如下：

(一) 领导小组
组　　　长　张广军　易红
成　　　员　王保平　刘波　郑家茂　丁辉　黄大卫
　　　　　　吴刚

(二) 工作小组
组　　　长　王保平
副 组 长　丁辉　黄大卫　吴刚
成　　　员　(以姓氏笔画为序)

　　　　　毛惠西　冯建明　仲伟俊　任卫时　任祖平
　　　　　孙岳明　孙莉玲　李维滨　陆　挺　金志军
　　　　　金保昇　顾建新　梁书亭　雷　威　熊宏齐
　　　　　冀　民
　　改善基本办学条件专项资金办公室设在财务处，办公室主任　任卫时

校发〔2016〕164号

关于调整中央高校改善基本办学条件专项资金领导小组、工作小组成员的通知

2016年7月15日

各校区，各院、系、所，各处、室、直属单位，各学术业务单位：

　　为了认真落实教育部国有资产管理专项检查反馈意见，遵照《教育部办公厅关于做好国有资产管理专项检查发现问题整改工作的通知》（教财司函〔2016〕20号）文件要求，经研究决定，成立东南大学国有资产管理专项检查发现问题整改工作领导小组。领导小组成员名单如下：

　　组　　　长　张广军
　　副 组 长　沈　炯　丁　辉　黄大卫　吴　刚
　　成　　　员　（以姓氏笔画为序）
　　　　　　　　任卫时　江　汉　梁书亭　熊宏齐　潘久松
　　秘 书 单 位　国资委办公室

校发〔2016〕167号

关于成立临床医学专业认证领导小组和工作组的通知

2016年8月23日

学校各有关部门、单位：

　　教育部临床医学专业认证工作委员会即将对我校临床医学专业进行认证，为贯彻"以评促建、以评促改、评建结合、重在建设"的精神，认真开展自评工作并做好迎接专家组对我校临床医学专业进行认证考察的各项准备工作，特成立临床医学专业认证领导小组和工作组，现将成员名单通知如下：

（一）领导小组

　　组　　　长　吴　刚
　　副 组 长　刘乃丰　谭东伟　雷　威
　　成　　　员　（按姓氏笔画排序）
　　　　　　　　王立新　毛惠西　任卫时　孙莉玲　张立武
　　　　　　　　金志军　姜昌金　顾建新　郭小明　熊宏齐
　　秘　　　书　朱　明

(二) 工作组

组　　　长　刘乃丰　谭东伟
副　组　长　王立新　程斌　孙子林　赵春杰　姚红红
成　　　员　(按姓氏笔画排序)
　　　　　　王　琳　王运涛　王美美　邓　刚　石　然
　　　　　　吕海芹　何道伟　陈平圣　吴志龙　李金虎
　　　　　　李国宏　张明辉　芦慧霞　季　红　杨兵全
　　　　　　周家华　罗　萍　骆益民　胡向阳　桑加红
　　　　　　徐旭东　唐秋莎　袁榴娣　龚文涛　巢　杰
　　　　　　谢　波　窦　骏　樊　红
秘　　　书　李金虎(兼)　胡向阳(兼)　谢波(兼)

校发〔2016〕178号

关于成立东南大学完善科研经费使用管理工作领导小组的通知

2016年8月23日

各校区，各院、系、所，各处、室、直属单位，各学术业务单位：

为了进一步完善我校科研经费使用管理，落实《关于进一步完善中央财政科研项目资金管理等政策的若干意见》文件精神，经研究决定，成立东南大学完善科研经费使用管理工作领导小组。领导小组成员名单如下：

组　　　长　丁　辉
副　组　长　吴　刚
成　　　员　(以姓氏笔画为序)
　　　　　　仲伟俊　任卫时　孙岳明　吴荣顺　郭小明
　　　　　　金志军　周佑勇　冀　民
秘　　　书　王绍灵

校发〔2016〕179号

关于成立计算机科学与技术专业认证领导小组和工作组的通知

2016年8月30日

学校各有关部门、单位：

教育部即将对我校计算机科学与技术专业进行工程教育专业认证，为贯彻"以评促建、以评促改、评建结合、重在建设"的精神，认真开展自评工作并做好迎接专家组对我校计算机科学与技术专业进行认证考察的各项准备工作，特成立计算机科学与技术专业认证领导小组和工作组，现将成员名单通知如下：

(一) 领导小组

组　　　长　吴　刚

| 副　组　长 | 罗军舟　程　光　雷　威 |
| 成　　　员 | （按姓氏笔画排序） |

毛惠西　任卫时　孙莉玲　金志军　姜昌金
顾建新　郭小明　梁书亭　舒华忠　熊宏齐

秘　　　书　朱　明

（二）工作组

组　　　长　罗军舟　程　光
副　组　长　舒华忠　裴　峰
成　　　员　（按姓氏笔画排序）

王　伟　孔佑勇　朱　凯　李　雯　杨全胜
张竞慧　金远平　姜龙玉　洪小丽　徐少芸
徐立臻　龚　俭　鲍旭东　翟玉庆　熊润群

秘　　　书　吕　倩

校发〔2016〕190号

关于成立东南大学内部控制建设领导小组的通知

2016年8月31日

各校区，各院、系、所，各处、室、直属单位，各学术业务单位：

为进一步完善内部控制，提高内部管理水平，根据《行政事业单位内部控制规范（试行）》（财会〔2012〕21号）、《关于全面推进行政事业单位内部控制建设的指导意见》（财会〔2015〕24号）和《教育部直属高校经济活动内部控制指南（试行）》文件精神，经研究决定，成立东南大学内部控制建设领导小组。现将领导小组成员名单公布如下：

组　　　长　张广军
副　组　长　王保平　丁　辉　任利剑
成　　　员　（以姓氏笔画为序）

冯建明　仲伟俊　任卫时　孙岳明　孙莉玲
江　汉　吴荣顺　李维滨　周佑勇　金志军
金保昇　顾建新　郭小明　梅汉成　梁书亭
雷　威　熊宏齐　潘久松　冀　民

校发〔2016〕192号

关于调整学校研究生奖助学金工作领导小组的通知

2016年11月7日

各校区，各院、系、所，各处、室、直属单位，各学术业务单位：

因工作需要，现对学校研究生奖助学金工作领导小组进行调整，调整后领导小组成员名单如下：

组　　　长　金保昇
副　组　长　郑家茂　丁　辉
成　　　员　（按姓氏笔画排序）
　　　　　　任卫时　刘松玉　孙岳明　吴荣顺　陈志斌
　　　　　　钟文琪　胡汉辉　赵松立　袁榴娣
秘　　　书　徐　隽

校发〔2016〕256号

关于调整公共管理硕士(MPA)教育领导小组和MPA中心成员的通知

2016年11月30日

各校区，各院、系、所，各处、室、直属单位，各学术业务单位：

因工作需要，现对东南大学公共管理硕士(MPA)教育领导小组和MPA中心成员进行调整。调整后的成员名单如下：

东南大学公共管理硕士(MPA)教育领导小组

组　　　长　金保昇
副　组　长　王　珏　钟文琪　袁榴娣
组　　　员　（按姓氏笔画排序）
　　　　　　王　兵　李　涛　季玉群　宛　敏
　　　　　　袁久红　盛凌振　顾兴中　樊和平
秘　　　书　王　华

东南大学MPA中心(挂靠人文学院)

主　　　任　王　珏　李　涛
副　主　任　王　兵　季玉群
执行副主任　季玉群(兼)
委　　　员　许苏明　杨　煜　宛　敏　盛凌振　顾兴中
　　　　　　靳　力　王　华
办公室主任　靳　力(兼)

校发〔2016〕273号

关于调整学校中央高校基本科研业务费专项资金领导小组、办公室成员的通知

2016年12月12日

各校区，各院、系、所，各处、室、直属单位，各学术业务单位：

因工作需要，经研究决定，现将学校中央高校基本科研业务费专项资金领导小组、办公室成员进行调整，调整后的成员名单如下：

（一）领导小组

组　　　长　王保平

副　组　长　丁　辉　吴　刚　周佑勇
成　　　员　（以姓氏笔画为序）
　　　　　　任卫时　孙岳明　孙伟锋　陈志斌　金志军
　　　　　　郭小明　钟文琪
基本科研业务费专项资金办公室设在科研院，办公室主任　孙岳明　任卫时

校发〔2016〕278号

关于成立学校全国大学英语四六级考试考务考纪领导小组的通知

2016年12月12日

各校区，各院、系、所，各处、室、直属单位，各学术业务单位：

为进一步加强我校全国大学英语四六级考务管理，严肃考试纪律，确保考试安全平稳实施，现成立学校全国大学英语四六级考试考务考纪领导小组，小组成员名单如下：

组　　　长　金保昇　郑家茂
副　组　长　孙伟锋　孙莉玲
成　　　员　（以姓氏笔画为序）
　　　　　　卫平民　王栓宏　毛惠西　任祖平　江雪华
　　　　　　孙岳明　芮振华　吴荣顺　陈美华　钟文琪
　　　　　　姜昌金　梁书亭

校发〔2016〕279号

重要文件与讲话

中共东南大学委员会
2015年工作总结和2016年工作要点

一、2015年工作总结

2015年,校党委按照中央统一部署,在教育部、江苏省委省政府的领导下,深入学习贯彻落实党的十八届三中、四中、五中全会和习近平总书记系列重要讲话精神,以中国特色社会主义理论体系为指导,以立德树人为根本任务,以加快特色发展和内涵发展、提高质量为主线,以改革创新为动力,以深入开展"三严三实"专题教育、制订并实施综合改革方案、编制"十三五"事业发展规划为抓手,持续深化作风建设,不断推进学校事业发展,各项工作取得新进展。

1. "三严三实"专题教育扎实开展

(1)精心制订专题教育方案。根据中央统一部署,校党委成立专题教育工作协调小组,制订周密的专题教育方案,在全校处级以上领导干部中认真开展"三严三实"专题教育。对完成好教育活动的专题党课、专题学习研讨、专题民主生活会、整改落实和立规执纪等4个关键内容做出了具体安排,确保专题教育与推动学校和各单位工作紧密结合。

(2)认真落实专题教育各环节任务。校党委书记讲授专题党课,校领导班子带头开展"三严三实"专题教育,坚持高标准、严要求,带头学习提高,带头查摆解决"不严不实"问题。各基层党组织书记立足本职岗位讲授专题党课,引导广大党员干部真正从思想上、工作上、作风上严起来、实起来,把"三严三实"要求体现在履职尽责、做人做事的方方面面。学校领导班子坚持问题导向,严肃认真开好专题民主生活会,认真开展批评和自我批评,增强了班子的凝聚力、战斗力。

(3)着力抓好问题整改落实。领导班子成员对照"三严三实"的要求,认真查摆在修身做人、用权律己、干事创业,遵守政治纪律、政治规矩和组织纪律,落实党风廉政建设主体责任和监督责任,理想信念、党性修养等方面存在的问题和差距,结合自身实际认真分析原因,并提出了今后的努力方向和改进措施。同时,班子成员还对照会前征求到的意见、分管工作中存在的具体问题以及上年度民主生活会提及的问题,建立和完善整改落实台账,以"钉钉子"精神,坚持不懈地抓好后续整改工作。

2. 理论学习和思想宣传工作持续加强

(4) 思想理论建设有力加强。牢牢掌握意识形态工作的领导权、管理权、话语权,坚持和完善党委理论学习中心组和领导干部集中学习制度。全年举行校理论学习中心组学习8次,全校中层以上领导干部集中学习5次。及时组织中层及以上领导干部深入学习十八届三中、四中、五中全会精神和习近平总书记系列重要讲话精神,学习党和国家新的教育方针政策,充分把握新形势下高等教育办学规律。

(5) 新闻宣传和新媒体建设有效提升。围绕国家科技奖励、纪念"抗战胜利暨世界反法西斯战争胜利70周年"、智库建设和新当选院士、113周年校庆、"中国大学生自强之星标兵""挑战杯"竞赛等新闻题材,做好新闻宣传工作。在《新闻联播》等中央级媒体发稿量进一步增加,中央级媒体报道338篇,中央电视台相关报道22次。与新华社江苏分社、凤凰网江苏频道建立战略合作伙伴关系。成立东南大学新媒体工作室,官方微博、微信综合影响力位居全国高校前列,网络宣传工作形成特色。全年共出版发行《东南大学报》31期,推出学习党的十八届五中全会精神、纪念抗战胜利70周年等专栏,发表专题报道20多篇。

3. 综合改革和发展规划编制工作顺利推进

(6) 启动实施综合改革方案。《东南大学综合改革方案》获教育部审核通过。进一步明确了综合改革进程与任务分解,21项年度改革任务启动实施并顺利推进。进一步完善了学部制,加强了学部建设,完成了新一届学部组建工作。组建了新的学术委员会、学位委员会。启动了教师遴选办法改革,全面实施新进教师弹性聘期制度。建立并启动了学科定期监控和评估制度,并进行了第一轮动态调整。综合改革试点学院各项改革工作有序推进。结合学校实际和综合改革试点工作经验,其他院系积极落实综合改革方案,在体制机制改革创新、内部治理结构、人才培养模式、师资队伍建设等方面,确定了各自的改革重点并启动了实施工作。

(7) 完成"十三五"事业发展规划纲要编制。成立了"十三五"规划编制领导小组,通过深入学习和广泛调研,准确研判国际国内高等教育形势,认真分析总结学校发展现状、发展经验和存在不足,完成规划草案,提出了学校"十三五"期间的发展思路、目标及主要举措。规划草案完成后,先后召开老领导老同志、院系部门负责人和学科专家、教代会执委、党外代表人士、青年教师、学生代表等各层面的座谈会,充分听取意见建议,广泛凝聚共识。经校长办公会、党委常委会审议,党委全委会审定,正式通过《东南大学"十三五"事业发展规划纲要》。

4. 干部队伍建设和基层组织建设不断强化

(8) 干部队伍建设不断强化。扎实推进干部工作的科学化、规范化、制度化建设,坚持按照习近平总书记提出的好干部标准选人用人,进一步完善干部选拔任用的各个环节,启动了"组织管理信息系统"干部选拔网上推荐报名工作,切实提高干部岗位的匹配度和选拔任用工作的公信度。中层干部轮岗交流、岗位调整28人次。启动22个岗位的公开选拔和民主推荐程序,考察竞岗人选39人,参加考察测评1 148人次,考察谈话805人次。新提任中层干部35人,其中组织推荐方式任用14人,竞争上岗方式任用21人。

根据中组部要求,做好领导干部报告个人有关事项工作,规范领导干部出国事项,开展副处级以上党政领导干部因私出国(境)证件管理工作、在企业兼职(任职)的摸底排查和清理规范工作、配偶已移居国(境)外人员情况、参加社会化培训等专项排查清理工作。全年抽查核实拟提拔干部人选个人有关事项报告23人,集中保管领导干部因私出国(境)证件近400本,清理领导干部在校外企业兼职31人,规范领导干部在校属企业兼职(任职)26人。

(9) 基层党组织和党员队伍建设不断加强。认真做好基层党委、党总支、直属党支部换届选举,目前已完成29个单位的党组织换届。开展基层党组织书记抓基层党建工作述职评议考核工作,举行了述职评议考核大会,10位基层党组织书记现场述职,30位基层党组织书记书面述职。各级党组织进一步落实党建工作主体责任。开展最佳党日活动评比,评出先进典型25例,有力带动了服务型党组织建设。对2013年党建研究立项的12个项目结题验收,并评审确定新一批校党建研究项目15个,有力促进了基层党组织工作创新。全面开展党员组织关系排查工作。全年发展党员1 483人。

5. 立德树人根本任务不断落实

(10) 核心价值观教育和文化育人工作持续开展。全面推进"社会主义核心价值观宣传月"系列活动,通过团日活动、社会实践、征文比赛等各类形式,推进核心价值观进一步入脑入心。校党委主要领导亲自为学生做社会主义核心价值观辅导报告。开展核心价值观教育示范团支部评比,遴选出10个示范团支部。1人获评"中国大学生自强之星标兵",1人获评"江苏好青年",1人获评"感动南京年度人物"。进一步完善"文化育人"体系,继续开展好"新生文化季""最具影响力毕业生评选""'正·青年'十佳研究生评选""我的讲台我的娃"等品牌活动,提升文化育人效应。圆满承办"中国大学生自强之星""2014江苏省大学生年度人物暨高校辅导员年度人物"等颁奖典礼。开展了"全国高校军事课(识图用图)教学检验"活动。邀请各界名家来校举办高水平人文讲座近70场,举办各类高水平演出多场。

(11) 学生思想政治工作队伍建设持续推进。按照"政治强、业务精、纪律严、作风正"的标准,招聘选拔专兼职辅导员31名。完善多层次辅导员职业技能培训体系,组织学生工作干部140人参加教育部网络培训课程、57人参加省部级国内外培训、20人参加心理咨询师及职业规划师资格培训,稳步推进学生工作队伍职业化发展。举办"辅导员工作感悟分享会暨2015年离岗辅导员欢送会"等活动,提升辅导员职业技能和职业荣誉感。1人获2014年"江苏省高校辅导员年度人物"。

(12) 实践育人工作成效显著。成功入选"全国高校实践育人创新创业基地"。圆满举办学生学术科技节,开展六大类233项学生科技创新活动。成功承办2015年全国青少年高校科学营。扎实开展创业大讲堂等品牌活动,邀请多名企业精英、知名校友来校交流。在第十四届"挑战杯"竞赛中勇夺"优胜杯",在"挑战杯"竞赛"智慧城市"专项赛中获得最高奖项。全面系统改革社会实践工作体系,多个学生社会实践团队和公益实践项目获国家级和省级奖励。

6. 党风廉政建设和反腐倡廉工作有力加强

(13) 严明党的纪律,以强化考核问责为重点,落实党风廉政建设责任制。成立党风廉政建设和反腐败工作领导小组,进一步加强对党风廉政建设和反腐败工作的领导,切实推动两个责任落地生根。通过新任中层集体向学校党政主要负责人递交党风廉政建设责任书,推进责任的传导和落实。坚持将年度目标考核与落实党风廉政建设两个责任情况一并考核,并将基层党组织反腐倡廉建设作为基层党建工作的重要内容。继续完善廉政风险防控体系,加强招标、招生、基建、干部选拔任用、三公经费等重点领域和关键环节的监督检查。切实整改经营性资产管理中存在的问题,扎实推进经营性资产的规范化管理。

(14) 持续加强廉洁廉政理论和文化建设。向全校中层领导干部及基层党支部发放《中国共产党廉洁自律准则》《中国共产党纪律处分条例》合订本,积极开展纪律教育和监督。以江苏省高校哲学社会科学重点研究基地为依托,成立全国高校首个"反腐败法治研究中心",进一步加强反腐败的理论与实践互动互融,不断提高纪检监察工作的科学化水平。开展党风廉政建设教育月、廉政文化作品展等活动,推进廉洁校园建设,不断净化育人环境。以"推进高校重点领域风险防控"为主题,深化警示教育和岗位廉政风险教育。

7. 和谐校园建设持续推进

(15) 校园民主建设不断深化。出台了《东南大学二级教职工代表大会实施办法》,着力推动院系二级教代会建设。召开了党代会年会和教代会全会,党代会、教代会机制得到坚持和完善。启用网络提案管理系统,教职工代表行使民主权利的渠道更加畅通。举办了社会主义学院研修班和基层党委统战委员专题培训班。加强参政议政渠道建设,组织民主党派、侨联和无党派知联会等党外代表人士围绕"双一流"建设和"十三五"事业发展规划开展专题调研。

(16) 校园民生进一步改善。积极开展"送温暖"工作和劳模慰问活动。持续做好教职工大病医疗互助工作,发放补助金358万余元,补助会员646名。关爱教职工身体健康,组织开展免费义诊。完善教职工利益协调和诉求表达机制,维护教职工的合法权益,积极受理教职工职称申诉和岗位聘任申诉。着力建设"五位一体"学生资助帮扶体系,提供勤工助学岗位1321个,发放奖助学金2310余万元,获全国高校学生资助工作绩效考评优秀。举办了首届教职工荣休典礼。

(17) 平安校园建设持续推进。坚持以人为本和"防范、管理、教育、服务"四大职能并重的安全保卫工作理念,着力推进"江苏省平安校园示范校"建设。举办消防知识培训和演练,培训新生3957人次,培训教职工4100余人次。建设完善校园110报警指挥、消防监控、视频监视、多点联动防盗报警、门禁控制等系统。

2015年,学校各项事业发展再创佳绩。进入ESI全球前1%的学科数增至8个,其中工程学进入前1‰,位居世界第58位。国家自然科学基金项目数和国家杰出青年科学基金资助项目数均取得历史最好成绩。新当选中国工程院院士1名。科研项目总经费超过18亿元,较上年增长8.6%。SCI收录论文2 160篇,比上一年增加370篇。专任教师具有博士学位比例达到80%。在校海外留学生人数达到1 813人,其中学位留学生1 313人,占总人数的72.4%。财务、审计、基本建设、后勤服务和管理、资产管理、校友和基金会、图书档案、学报、异地办学、独立学院、继续教育、附属中大医院的医疗教学科研等各项工作均取得长足发展。

二、2016年工作要点

2016年校党委总体工作思路是:以中国特色社会主义理论为指导,深入贯彻落实党的十八大,十八届三中、四中、五中全会精神和习近平总书记系列重要讲话精神,紧紧围绕世界一流大学建设的总目标,以全面深化综合改革、全面依法依规治校、全面从严治党为主线,以巩固拓展"三严三实"专题教育成果、深入实施综合改革方案、启动实施"十三五"事业发展规划纲要、召开第十四次党代会为重点,团结和带领全校师生员工,上下一心、群策群力、奋发有为,加快推进世界一流大学和世界一流学科建设,努力开创"十三五"改革发展新局面。

1. 着力加强理论学习和宣传思想建设,为学校改革发展营造良好的思想和舆论环境

(1)切实提高理论学习实效。进一步学习贯彻落实党的十八届三中、四中、五中全会精神和习近平总书记系列重要讲话精神,巩固拓展党的群众路线教育实践活动和"三严三实"专题教育成果。进一步加强全校党员干部理论学习的指导与服务,制订全校理论学习年度指南,建设理论学习专家学者库,推进理论学习菜单式选学,促进基层党委切实担当好教职工理论学习的主体责任。(党委宣传部、马克思主义学院、各基层党委)

(2)强化意识形态工作责任,巩固思想舆论阵地。根据中央要求,制定并实施关于加强和改进学校意识形态工作的实施办法,进一步落实学校党政领导班子意识形态工作责任,建立意识形态工作联席会议制度,健全定期分析研判通报机制。深入开展好"中国梦"、社会主义核心价值观、"四个全面"战略布局、"五大发展理念"等党的创新理论宣传解读活动,不断增强马克思主义和中国特色社会主义理论体系的说服力、吸引力和感染力,牢牢把握学校思想舆论阵地的领导权和管理权。(党委宣传部、马克思主义学院)

(3)加强新闻宣传和文化建设,切实提升学校品牌。出台学校新闻发布工作管理办法,规范新闻发布工作。建立新闻突发事件应急反应机制以及网络舆情应急反应机制,加强新闻舆情应急制度建设。推出新闻宣传线索联系表,健全校内各类通讯员队伍,拓展新闻线索征集渠道。加强策划,通过议题设置和策划,增强学校网络新闻宣传舆论引导力。深化与新华社江苏分社等媒体机构的战略合作,建立新闻培训专家库。出台东南大学文化建设与品牌提升计划实施方案,加强学校视觉形象识别系统的推广应用。用好学校网站及"三微一端"等新媒体平台,加强对网络舆论的引导,凝聚改革发展正能量。(党委宣传部)

2. 深入推进学校重大改革发展事项,加快推进"双一流"建设

(4)紧密对接国家统筹推进"双一流"战略,制定适合学校发展的世界一流大学和一流学科建设计划。大力推进"双一流"建设,凝练重点方向,集聚重要人才,承接重大项目,产出重大成果,打造一批国内领先、国际影响卓越、具有引领作用的品牌学科。选择若干优势学科(群)予以重点支持,集中资源和政策支持使其率先跻身世界一流或进入世界一流前列。选择部分成长性好的新兴交叉学科和理学、医学与生命科学、人文社会科学学科中的部分优势学科方向予以重点支持,使其达到国内领先水平。立足世界一流大学建设目标,加强学科分类管理,加大学科布局和调整力度,构建更加科学合理的学科生态体系。(发展规划部(处)、研究生院、各院系、各有关部处)

(5)深入实施"十三五"事业发展规划纲要。按照"十三五"事业发展规划纲要,推进学校各项发展任务。在学校总体规划的基础上,加强衔接和集成,制定和完善各机关部处发展规划实施意见和院系"十三五"事业发展分规划,制定"十三五"事业发展规划纲要实施细则与"六大支撑计划"。增强"六大支撑计划"和"十三五"事业发展分规划对学校事业发展规划纲要的支撑,确保"十三五"事业发展规划纲要的可操作性与执行性。加强"十三五"事业发展规划纲要的宣传解读,凝聚全校师生改革发展共识。细化事业发展规划纲要年度实施任务,强化规划执行进度管理。(发展规划部(处)、各院系、各有关部处)

(6)深入推进学校综合改革。围绕一流学科、一流院系建设目标,结合"十三五"事业发展规划纲要,深入贯彻落实《东南大学综合改革方案》,进一步加快推进院系综合改革,在体制机制改革创新、内部治理结构、人才培养模式、师资队伍建设等方面,确定改革重点并加快实施。进一步加大试点学院的综合改革力度,确保取得综合改革新成效。按照先行先试、重点突破的原则,启动学校管理服务综合改革,遴选机关部处进行改革试点,加快推进学校治理结构和治理能力现代化。(发展规划部(处)、各院系、各有关部处)

3. 从严加强领导干部队伍和基层党组织建设,筑牢改革发展的组织基础

(7)以校级行政领导班子换届和学校党代会召开为契机,进一步提升校领导班子办学理校能力和水平。按照中央和上级部门的安排与部署,完成校级行政领导班子换届,坚持和完善党委领导下的校长负责制,优化校领导班子结构,增强班子整体能力。筹备召开中共东南大学第十四次代表大会,加强党代会筹备工作,做好党委工作报告、纪委工作报告的起草、新一届代表和党委班子的选举等各项工作,把召开十四次党代会和全面深化综合改革、贯彻实施"十三五"事业发展规划纲要结合起来,拓展和充实发展战略,凝聚力量和信心,加快推进世界一流大学和世界一流学科建设。(党委组织部、党委办公室、纪委办公室、各基层党组织)

(8)从严加强干部队伍建设。认真贯彻落实中央颁布的《党政领导干部选拔任用工作条例》,全面修订和完善学校中层领导干部选拔任用工作条例,拓宽选人用人视野和渠道,构建有效管用、简便易行的干部选任机制。进一步完善干部民主推荐、民主测评和考察制度。进一步加大年轻干部的培养力度,切实加强后备干部队伍建设。继续依托省委党校办好党政干部培训班。按照好干部标准,做好从严管理干部的各项干部监督工作。切实加强和改进干部考核,进一步完善考核内容,改进考核方式,强化考核结果运用。做好援藏、援疆、滇西扶贫等各类挂职干部选派和对口支援工作。(党委组织部、校长办公室、纪委办公室)

(9)从严加强基层党组织建设。以建设基层学习型、服务型党组织为重点,进一步健全完善院系党政共同负责制,增强全面从严治党新形势下服务师生和院系发展的能力和水平,充分发挥基层党组织的政治核心作用和战斗堡垒作用。做好最佳党日活动评选等各项表彰工作。整合资源,拓宽渠道,持续做好党支部书记、骨干教师、党员发展对象、入党积极分子等培训工作。加强对全资、控股企业的党的领导,切实履行"一岗双责"。(党委组织部、各基层党组织、产业党工委)

(10)从严加强党员队伍建设。不断健全教育、管理、监督、服务"四位一体"的党员队伍先进性建设长效机制。继续做好党员组织关系排查工作。认真执行党费收缴与管理使用、组织关系接转等日常管理制度,加强和改进对流动党员的管理。进一步完善党员发展质量保障体系,加大在优秀中青年骨干教师、学科(专业)带头人以及海外归国人员中发展党员的力度。(党委组织部、各基层党组织)

4. 加强立德树人协同体系建设,增进拔尖创新人才培养合力

(11)进一步提升学生综合素质,坚定理想信念。坚守立德树人根本任务,持续开展"我的中国梦"主题教育、"与信仰对话"等品牌活动。完善网络育人体系,发挥校内新媒体平台作用,形成线上线下互动互补的思想政治教育格局。优化思想政治理论课课程设计和教学编班,提升教学实效。加强创新创业教育体制机制建设,进一步提升学生创新创业素质和能力。加强对学生的价值引领和塑造,引导学生树立远大志向,培育社会责任感和报效祖国意识,鼓励毕业生在国家重点建设行业和领域建功立业。(党委学工部、党委研工部、团委、马克思主义学院)

(12)持续加强文化育人和实践育人工作。坚持以先进文化立魂、以优秀文化育人的理念,进一步完善"文化育人"体系。设立国学讲堂,弘扬中华优秀传统文化。持续开展好"新生文化季""最具影响力毕业生评选""我的讲台我的娃""'正·青年'优秀研究生评选"等品牌活动,开展"毕业文化季"系列活动。成立"志愿者学校",加强对志愿者工作的指导和培训,弘扬志愿者精神。规范社会实践学分认定和管理,开展社会实践启动仪式和表彰工作。以顶尖赛事带动学生创业创新,全面启动第十五届"挑战杯"竞赛备赛工作。积极筹备"创业冬令营",做好2016年"创青春"全国大学生创业大赛参赛工作。继续做好新生军训和大学生国防教育工作。(党委学工部、党委研工部、党委武装部、团委)

(13)进一步加强辅导员队伍建设。贯彻落实《关于进一步加强和改进新形势下高校宣传思想工作的意见》精神,切实加强辅导员队伍建设,探究更加科学、有效的辅导员职业化、专业化培养体系。推进本科生和研究生工作的融合,增强研究生思想政治教育工作的有效性和针对性。完善辅导员工作室和辅导沙龙制度,丰富活动形式,扎实提升辅导员专业知识和职业技能。(党委学工部、党委研工部、团委)

5. 着重提升党风廉政和反腐倡廉工作,为一流大学建设提供坚强的纪律和作风保证

(14)巩固深化党风廉政责任制。实行党风廉政建设承诺签字背书制度,促进各单位党政主要负责人认真履行第一责任人的职责,领导班子成员严格落实"一岗双责"。完善对领导干部进行提醒、函询和诫勉谈话的办法。按照要求抽查核实领导干部个人事项报告情况,修订出台《东南大学关于实施党风廉政建设责任追究的办法》。(纪委办公室、监察处)

(15) 持续推进作风建设,切实执行"六项纪律"。深入落实中央八项规定精神,坚决查处违反中央八项规定的行为。加强对中央关于厉行节约、公务接待、公车配备、办公用房等规定执行情况的监督检查,严肃查处顶风违纪问题。完成公务接待问题整改工作,进一步完善财务管理制度和办法,明晰标准、细化规范、强化执行。完善学术不端行为处理办法。推进纪律检查机制和组织创新,探索在二级单位建立纪检专门工作机构。积极实践监督执纪"四种形态",加大对违纪和腐败案件查处力度,以实际行动迎接中央巡视组的巡视检查。(纪委办公室、监察处、审计处)

(16) 加强廉洁教育和廉政文化建设。深入开展党性、党风、党规、党纪和廉洁教育。开展《中国共产党廉洁自律准则》和《中国共产党纪律处分条例》专项教育,增强广大党员特别是党员领导干部贯彻执行的自觉性和坚定性。深入开展校园廉洁文化活动,大力推进校园廉政文化建设,加强大学生廉洁教育。积极发挥高校廉政研究和文化引领作用,推动反腐倡廉的理论创新和实践创新。(纪委办公室、监察处)

6. 加强各项保障体制机制建设,进一步促进和谐校园建设

(17) 积极推进民主校园建设。进一步完善学校民主管理和民主监督的形式和方法。认真完成教职工代表大会的换届工作,落实二级教职工代表大会实施办法,确保二级教代会的实体合法、程序合法。协助民主党派、侨联、无党派知联会加强自身建设,加大党外代表人士培养、使用和推荐力度,为2017年各级人大、政协、民主党派换届工作打好基础。加强党委对群团组织的领导,发挥好工会、共青团、学生会、研究生会、退离休协会等群众组织的桥梁纽带作用。(校工会、党委统战部、团委、人事处、党委老干部处)

(18) 不断加强校园民生建设。完善教职工关爱、维权服务体系,做好"送温暖"、教职工大病医疗互助等基础性服务。推进工会工作重心下移,扩大服务范围和服务对象。健全学生工作服务体系,探索实施学生事务一站式服务。加强关工委成员的遴选,健全关工委对学生思想政治教育的支持机制。加大与社区的合作共建工作,协助社区提高服务离退休干部工作水平。创新机关作风建设和考评方法,推出机关服务专项提升计划,增强面向服务对象的考核评价,不断提升机关服务质量和效能。(校工会、党委学工部、学生处、党委老干部处、机关党委)

(19) 持续推进平安校园建设。进一步加强"江苏省平安校园示范校"建设,加强对师生的防火、防盗、防骗、防爆、防恐教育,全面做好学校安全隐患排查和危化品的管理工作。加强信息报送工作,发挥好学校高端智库的政策咨询作用,做好专家建言类信息报送。进一步加强和改进保密工作,落实保密工作职责,完善保密领导体制,加强保密教育培训,持续提高保密技术防范和保密管理能力。(党委保卫部、实验与设备处、党委办公室、保密办)

抄送:各校区,各院、系、所,各处、室,直属单位,各学术业务单位

东南大学党委办公室　　　　　　　　　　　　　　2016年2月17日印发

中共东南大学委员会2016年上半年工作小结和下半年工作补充要点

一、上半年工作小结

2016年上半年，校党委以中国特色社会主义理论为指导，深入贯彻党的十八大，十八届三中、四中、五中全会精神和习近平总书记系列重要讲话精神，紧紧围绕世界一流大学建设总目标，全面落实立德树人根本任务，认真开展"两学一做"学习教育，顺利召开学校第十四次党代会，凝心聚力、开拓奋进，加快世界一流大学和一流学科建设，年初确定的各项任务不断推进。

1. 学校第十四次党代会顺利召开

（1）认真组织、精心筹备，学校第十四次党代会顺利召开。第十四次党代会总结了上一个五年的改革发展成就和经验，结合学校实际，进一步明确了未来五年的发展目标、"三个战略重点""三条发展原则"和主要发展任务，进一步增强了全校师生员工的凝聚力、向心力。选举产生了第十四届党委领导班子和纪委领导班子，校党委的领导核心作用和办学治校能力进一步增强。

2. "两学一做"学习教育扎实开展

（2）精心制定"两学一做"学习教育实施方案。根据中央统一部署，校党委成立了学习教育工作领导小组，制定了周密的实施方案，推动党内教育从"关键少数"向广大党员拓展、从集中性教育向经常性教育延伸。在学习教育中，注重结合学校实际创新活动形式，强调示范性、针对性和有效性，确保学习教育与推动学校各项工作紧密结合。

（3）积极组织开展"两学一做"学习教育。召开了"两学一做"学习教育动员大会，采取视频会议的形式，直接面向学校所有基层党组织书记和党支部书记进行动员，做好"两学一做"学习教育的总体部署和安排。面向全体师生党员发放学习材料16 000余本，创新采用"校领导＋联络员＋基层党组织"形式，加强对学习教育的指导。校领导班子成员先后到所在支部上专题党课。开通了"两学一做"专题网站，建立了"两学一做"学习教育专家库，邀请首批13名专家精心准备主题理论宣讲，学习教育取得初步成效，基层党组织战斗堡垒作用和党员先锋模范作用进一步发挥。

3. 理论学习和思想宣传工作不断加强

（4）理论学习进一步强化。围绕习近平总书记系列重要讲话精神、《中国共产党章程》《中国共产党廉洁自律准则》《中国共产党纪律处分条例》和全国"两会"精神等内容，加强理论学习。坚持和完善校理论学习中心组学习制度，先后举行校理论学习中心组学习4次，全校中层以上领导干部集中学习3次。

(5) 新闻宣传工作进一步提升。围绕新闻宣传的"重点、节点、热点",精心宣传了"院士笔记"、自主招生和毕业季等系列新闻,收到良好的效果。在各大媒体发稿500余篇,中央级媒体相关报道95篇。学校百度相关新闻搜索篇数比上年同期增长1/4。着力强化新闻宣传队伍能力建设,举办媒介素养与传播力建设专题培训班。推出社会媒体与学校专家联动新模式,建立了东南大学媒体热点专家库,7人入选江苏省南京市"信息公开专家库"。学校新媒体综合影响力继续位居省内高校第一,获"江苏教育系统优秀官方微信奖"和"教育宣传先进单位"称号。

(6) 品牌提升和文化建设进一步加强。加快推进学校品牌提升与文化建设的长效机制建设,起草了《品牌提升支撑计划实施方案》《品牌提升计划2016—2020年行动方案》。在九龙湖校区建成并投入使用4块室外超大LED显示屏,围绕"两学一做"学习教育、践行社会主义核心价值观、114周年校庆、学生文化活动等主题,发布宣传视频42个、宣传海报66幅。

4. 组织建设和干部队伍建设持续深化

(7) 干部队伍建设不断强化。进一步完善干部选拔任用各个环节,继续实行推荐预告以及党委委员、纪委委员、中层正职推荐干部制度和干部推荐责任制等制度,进一步提高干部岗位的匹配度和选拔任用工作的公信度。拓宽选人用人的视野和渠道,完善聘任程序,首次面向全球公开招聘学院院长。积极做好援藏、援疆、滇西扶贫等各类挂职干部选派和对口支援工作,选派援藏干部3人、滇西扶贫挂职干部1人。持续深化干部监督管理工作,认真组织了领导干部个人有关事项报告集中填报和综合分析工作。全面完成了全校的干部人事档案专项审核工作,确保干部人事档案真实、准确、完整、规范。

(8) 基层党组织建设和党员队伍建设不断加强。按照党中央"控制总量、优化结构、提高质量、发挥作用"的总体要求,发展党员575人,预备期满转正党员639人。继续做好党员发展对象、预备党员等培训工作,培训发展对象1 174人、预备党员807人。做好最佳党日活动评选等各项表彰工作,2个党日活动获江苏省高校"最佳党日活动"优胜奖,评选表彰了74个先进基层党组织、117名优秀共产党员、25名优秀党务工作者,2名同志获评"江苏省教育系统优秀党务工作者",4名同志获评"江苏省教育系统优秀共产党员"。

5. 综合改革和规划实施工作加快推进

(9) 进一步加强规划实施和推进综合改革方案的落实工作。进一步完善《东南大学"十三五"事业发展规划纲要》,正式上报教育部备案审核。完成全校各院系"十三五"分规划审核备案工作。完成"十三五"规划"六大支撑计划"制定工作。对《东南大学综合改革方案》2016年工作任务进行分解,落实到全校各职能部门。启动了校部机关和直附属单位职能优化重组及校、院系二级管理工作,进一步推进现代大学治理体系建设。启动了"双一流"建设方案的编制工作,进一步明确"双一流"建设的目标和路径。

6. 立德树人工作进一步强化

(10) 核心价值观教育和文化育人工作持续推进。开展"文化育人"专项活动120余项,举办高水平人文讲座30余场,有效提升校园文化品位和层次。评选了"中国大学生自强之星""江苏好青年""最有影响力毕业生""正·青年"等。举办了"我感受的东南大学校园文化"征文评比、"东大好青年"颁奖仪式暨精英学子分享交流、第十八届研究生支教团出征仪式等系列活动,进一步激发学生的荣誉感。

(11)"双创"育人工作进一步深化。持续举办学生科技节,开展科技讲座、学术交流、科技活动、竞赛评比等四大类活动245项,累计参与学生超过1万人次。不断发挥"挑战杯"竞赛的科技创新育人作用,进一步完善了学生团队、专业教师、职能部门之间充分沟通的机制与平台。坚持实施"创青春"创业能力提升工程,获"创青春"省赛金奖6项、银奖1项,取得历史最好成绩。开设精品选修课程"大学生创业理论与实践",开展一系列高层次学生创业活动,培育学生创业社团,提升学生创新创业能力。

(12)实践育人工作有力提升。组织近2 000名学子分别回访中学母校、扎根社区、进驻科研机构,开展形式多样、内容丰富的寒假社会实践专项活动。遴选102支校级重点团队、500余支社会实践小分队,开展主题鲜明的暑期社会实践活动。加强对社会实践工作的指导,编写社会实践选题指南和调研报告撰写指南。6位应届毕业生入选苏北计划和西部计划志愿者。成功入选全省首批"省级志愿服务培训基地"并获得2015年度江苏省青年志愿服务事业贡献奖。

(13)学生思想政治工作队伍建设继续强化。加强辅导员队伍建设,公开招聘选拔13名专职辅导员。加强业务培训,开展各类主题业务学习和辅导员工作沙龙6次,选派13位辅导员参加教育部及教育厅辅导员示范培训班。举办了"你的青春我作伴"辅导员工作感悟分享暨离岗辅导员欢送活动。3名辅导员分别荣获全国辅导员职业能力大赛二等奖、全国辅导员年度人物提名奖、江苏高校辅导员年度人物奖。

7. 党风廉政建设稳步推进

(14)廉政责任体系不断完善。坚持依纪依规治党,推进依法治校,建立健全党风廉政建设责任体系。按照《中共教育部党组关于直属高校进一步贯彻落实党委领导下的校长负责制等若干事项的通知》要求,严格执行"三重一大"决策制度,开展对院系"三重一大"决策制度执行情况的监督检查。深入推进全面从严治党向基层延伸,切实将党风廉政建设"两个责任"落到实处。印发《东南风清——党员干部党纪党规手册》,编写《忠诚 干净 担当——新时期东南大学纪检监察工作纪实》。与学校官方微信合作开展党风廉政教育,持续开展教育部第五届高校廉政文化作品征集活动,营造了风清气正的校园氛围。

(15)执纪监督力度持续强化。推进纪律检查、行政监察和业务监管深度融合,重点加强对干部选拔任用、招生录取、基本建设、物资采购、财务管理、科研经费、校办企业、学术诚信等领域监督检查。坚持纪严于法、纪在法前,探索实践监督执纪"四种形态"。制定《关于规范谈话函询办理工作的暂行办法》,扩大谈话、函询、诫勉范围。以校检共建为平台,积极参与检察部门共建工作,把职务犯罪预防工作提到前面。

(16)廉政作风建设有力加强。加强对落实中央八项规定情况的监督检查,强化领导干部公务接待、办公用房、公务用车、兼职兼薪、因公因私出国(境)等情况的监督。加强师德师风和学风建设,推进改进作风建设常态化。加大对违纪和涉及"四风"问题的查处力度,抓好执纪监督,提高纪律执行力,维护纪律严肃性。

8. 和谐校园建设扎实推进

（17）校园民主和民生建设不断完善。协助民主党派基层组织做好换届工作，为2017年人大、政协、各民主党派省级以上组织换届打好基础。积极落实二级教职工代表大会实施办法，13个院系成立了二级教代会，28个部门工会完成换届工作。接收教代会提案36份，其中立案21份，建议14份，并积极落实办理。成功举办了第二十三届教职工田径运动会等文体活动。表彰"三育人"积极分子78名，工会积极分子81名，工会先进集体8个。

（18）平安校园建设继续深化。完善安全管理制度，坚持校园安全定期检查和整改工作，及时排除各类安全隐患，严格规范危化品管理及特种设备管理。做好日常安全巡查、节假日前提醒、重点部位实时监控、重大活动安全保障等工作，维护校园秩序安全稳定。通过微信、校园网、电子屏等平台，加大安全知识的宣传教育，切实提高师生安全意识。完成九龙湖校区、丁家桥校区的车牌识别系统更新换代和三个校区的联网调试工作。加强日常保密管理，重点完成了对全校门户网站的保密检查，进一步规范了网络信息发布的保密审查程序。

二、下半年工作补充要点

下半年，学校党委将按照年初确定的总体工作思路和工作要点，以深化综合改革为动力，深入贯彻落实学校第十四次党代会精神，以"十三五"事业发展规划纲要为纲领，以实施"双一流"建设方案为路径，以持续深入开展"两学一做"学习教育为抓手，坚持实施全面从严治党、全面深化综合改革、全面依法治校，加快推进世界一流大学和一流学科建设进程。

1. 持续开展"两学一做"学习教育，切实增强理论学习和宣传思想工作

（1）继续深入推进"两学一做"学习教育。采取定点监测、随机抽查、听取汇报、专项调研、参加学习讨论、列席组织生活会等方式进行检查指导，深入了解学习教育开展情况和实际效果，及时总结推广基层的创新做法和先进经验。把组织开展学习教育作为履行党建主体责任的重要任务，作为党建工作述职评议考核的首要内容。重点抓好个人学习和集体学习、召开党支部专题组织生活会以及开展民主评议党员工作。（党委组织部、党委办公室、党委宣传部、各基层党委）

（2）持续加强思想建设和理论学习。认真学习贯彻习近平总书记在庆祝中国共产党成立95周年大会上的重要讲话精神。加强对学校第十四次党代会精神的宣传和解读，使广大师生全面深刻理解党代会报告精神，为学校全面推进世界一流大学和一流学科建设统一思想、凝聚共识，营造良好的舆论氛围和思想基础。严格落实意识形态责任制等规章制度，切实管好校内论坛、讲座、出版物、网络等各级各类思想宣传阵地，进一步加强理论宣讲专家库的建设，牢牢把握意识形态工作的领导权、管理权、话语权。（党委宣传部、马克思主义学院、各院系）

（3）大力提升宣传工作。出台学校新闻发布工作管理办法，规范新闻发布工作。推进"新闻宣传专家论坛"建设，持续性地开展全校新闻业务培训。畅通新闻投稿和新闻线索提供渠道，重点开展与中央级、全国性媒体的联系与合作，加大新媒体宣传力度。探索融媒体时代校报办报新模式，突出思想性和文化性，弘扬主旋律，讲好东大故事。加强校园网络文化建设，做好学校中文网站主页改版和英文网站建设。完善网络舆情应对机制，形成宣传部门统筹、各部门分工负责的网络舆情应对机制。推动各二级单位逐渐建立网络舆情队伍、完善协作处置机制。（党委宣传部、各相关职能部门、各院系）

2. 继续做好干部队伍建设和基层党组织建设

（4）不断深化干部人事制度改革。修订学校中层领导干部选拔任用工作条例，构建有效管用、简便易行的干部选任机制。推动干部轮岗交流，加强中层干部的党政交流、机关院系交流，不断增强干部队伍活力。进一步加大年轻干部的培养力度，切实加强后备干部队伍建设。继续做好援藏、援疆、援滇等各类挂职干部选派工作。进一步完善考核内容，改进考核方式，切实加强干部考核工作。（党委组织部）

（5）持续抓好基层党组织建设。继续做好基层党组织换届选举工作，推进全校基层党支部换届工作。继续开展"最佳党日活动"评选工作，做好党内年终统计工作。举办新任中层干部培训班、预备党员培训班、党员发展对象培训班，组织好统一考核工作。（党委组织部、各基层党委）

3. 着力深化综合改革，加快推进"双一流"建设

（6）完善规划体系建设，深化体制机制改革。认真落实"十三五"规划"六大支撑计划"，加大对院系"十三五"分规划实施情况的督促检查。加大《东南大学综合改革方案》实施情况的督办督查，全面深化各主要领域综合改革，确保年度综合改革任务全面完成。推进优化内部治理结构，不断提升大学治理水平。调整校部处机关的机构设置，推动管理服务部门优化重组，完善跨部门协调机制，确保分工清晰、精干高效。出台《东南大学校、院系二级管理实施办法》，完善内部治理结构。加强服务师生平台和运行机制建设，为广大师生提供专业、便捷、高效的服务。（党委发规部、各相关职能部门、各院系）

（7）加快推进"双一流"建设。完成"双一流"建设方案的编制工作，加强学科顶层设计，优化学科布局，谋划新兴学科。完善并实施"一流学科攀升计划"，以建设一流学科为目标，大力推进"双一流"建设，凝练重点方向，集聚重要人才，承接重大项目，产出重大成果，打造一批国内领先、国际有影响力、具有引领作用的品牌学科。（"双一流"建设领导小组）

4. 持续加强立德树人工作，提升学生思想政治教育工作水平与实效

（8）进一步提升学生思想引领工作。继续推进社会主义核心价值观的宣传教育，做好精品项目建设的督导、支持和结项审核，完善主题教育活动成效评估机制。探索有效形式，加强新媒体网络思政平台建设，弘扬主旋律、传播正能量。继续完善辅导员培养体系，开展好校内辅导员职业技能大赛、优秀辅导员评选及专职辅导员考核工作。创新形式、建强队伍、完善机制，进一步加强研究生思想政治教育工作。（党委学工部、党委研工部、团委）

（9）着力做好文化育人和创新创业实践育人工作。坚持"以先进文化立魂、以优秀文化育人"的理念，进一步完善"文化育人"体系，持续开展好"新生文化季""我的讲台我的娃"等品牌活动。推进大学生志愿者工作，加强对志愿者工作的指导和培训。规范社会实践学分认定和管理，开展社会实践表彰工作。进一步完善以"挑战杯"和"创青春"赛事为代表的大学生创新创业实践活动体系，推动学生的创新创业活动。继续做好新生军训、大

学生国防教育和征兵工作。(党委学工部、党委研工部、党委武装部、团委)

5. 全面深化党风廉政建设

(10) 继续完善党风廉政建设责任体系。按照新一届党委、纪委工作要求,进一步健全符合东大校情的党风廉政建设责任体系。严格落实"党政同责、一岗双责",重点督促基层党组织肩负起从严治党的主体责任。适时重新签订党风廉政建设责任书,确保党风廉政建设责任落到实处。切实贯彻《中国共产党问责条例》,制定学校责任追究办法,强化责任追究。认真落实纪委书记向中纪委驻教育部纪检组汇报工作要求,及时制定工作方案,细化任务清单。(纪委办公室、监察处)

(11) 持续强化监督执纪。全面践行监督执纪"四种形态",制定符合学校实际的实施办法。坚决整治各种顶风违纪行为和隐形变异的"四风"问题。督促各个部门、院系认真排查、梳理党风廉政建设的风险点,及时发现问题并解决问题。推进学校二级单位纪检机构建设,聘任新一届党风党纪监督员、特邀监察员。适时召开学校党风廉政建设工作会议,专题研讨并推进相关工作。通过改进工作、完善制度和健全机制,继续提升党风廉政建设的整体水平和质量。(纪委办公室、监察处、审计处)

(12) 不断加强党风廉政教育和廉政文化建设。借助学校官方微信、《东南大学报》、校园网以及校检合作共建平台等,持续拓展党风廉政宣传教育的思路和途径。以反腐败法治研究中心为平台,以承担课题项目为抓手,积极发挥高校廉政研究和文化引领作用,推动反腐倡廉理论创新和实践创新。加强纪检干部培训,继续提高监督执纪问责能力。深化大学生廉洁教育,组织动员学生参与全国大学生廉洁知识问答。(纪委办公室、监察处)

6. 进一步推进和谐校园建设

(13) 加强校园民主和民生建设。开展基层党委统战委员培训工作,进一步提升基层党委统战工作能力。持续协助民主党派基层组织做好换届工作。完善、规范教职工大病医疗互助工作。全面完成院系二级教代会成立及部门工会换届工作。组织召开东南大学第八届教代会暨第十五届工代会。筹备召开东南大学第二十次团代会,进一步夯实学校共青团基层组织建设,推出共青团干部联系青年学生制度,开展共青团工作沙龙等系列活动。完善机关作风建设考评办法,调整充实机关作风建设监督员队伍,完善机关作风建设监督机制,提升机关工作人员的服务意识和服务质量。(党委统战部、工会、机关党委、党委老干部处、团委)

(14) 做好平安校园建设。以平安校园建设示范高校创建工作为抓手,进一步完善校园安全稳定工作的体制机制建设,进一步提升校园安全稳定的人防、技防和物防的水平。针对网络诈骗高发的形势,进一步做好防范教育机制建设。继续完善校园稳定工作机制,加强教育和培训,落实好突发事件应急处置预案。进一步修订各项保密制度,加强日常保密教育和规范管理,为迎接保密认证检查夯实基础。(稳定工作领导小组、党委保卫部、保密办等)

抄送:各校区,各院、系、所,各处、室、直属单位,各学术业务单位

东南大学党委办公室　　　　　　　　　　　　　　　　2016年8月19日印发

东南大学 2015 年工作总结和 2016 年工作要点

一、2015 年工作总结

2015 年是"十二五"事业发展规划的收官之年。在党的十八大和十八届三中、四中、五中全会及习近平总书记系列重要讲话精神的指引下,在教育部、江苏省委省政府的关心领导下,学校领导班子带领全体师生员工解放思想、勇于改革,各部门、单位围绕学校中心工作扎实履职、励精图治,改革创新呈现新活力,各项事业获得新进展,和谐校园建设取得新成效,为推进世界一流大学和一流学科建设打下了坚实的基础。

(一)进一步深化综合改革,内部治理结构更趋完善

学校始终坚持锐意改革,矢志创新,现代大学制度建设和内部治理结构更趋合理,依法治校能力显著提升。深入实施《东南大学章程》,制定颁发了东南大学新董事会章程。《东南大学综合改革方案》上报教育部,已审核通过并正式实施,进一步明确了改革进程与任务分解;顺利完成了《东南大学"十三五"事业发展规划纲要》的编制,为未来五年的改革发展确定了总体目标、发展思路、发展原则及战略重点。遵照《东南大学学术委员会章程》改选成立了新一届学术委员会,其中不担任党政领导职务和院(系)主要负责人的专任教授比例占 58%,教授治学的作用日益凸显。

(二)学科建设与研究生培养水平大幅提高

学校不断加强学科内涵建设,优化学科布局,推进一流学科快速发展。进入 ESI 全球前 1% 的学科数增至 8 个,其中工程学进入前 1‰,位居世界第 58 位;在《美国新闻和世界报道》发布的"全球最佳大学排行榜"中,工程学科位居第 22 位,计算机学科排名第 34 位,较上一年均有明显提升。进一步推进研究生教育综合改革,大力提升研究生培养质量。制定了《东南大学学位授权点合格评估和动态调整实施办法》,进一步规范学位授予点的评估与调整,全面实施博士生招生制度改革。获江苏省优秀博士学位论文 6 篇。309 名研究生入选江苏省普通高校研究生创新工程项目,获批 51 家江苏省企业研究生工作站。新增博士生指导教师 56 人。84 名校外研究生导师获聘江苏省第三批产业教授,在全省高校中位列第一。

(三)本科教学与人才培养成果日益丰硕

学校进一步深化本科教育教学改革,推动人才培养模式及体制机制创新,着力提升教育教学质量。入选国家"万人计划"教学名师 1 人。获批成为国家示范性微电子学院 9 个首批建设高校之一。8 个专业入选江苏高校首批品牌专业建设工程,位居全省第一。新增学士学位授权专业 7 个。信息工程专业在全国率先通过工程教育认证现场考查。获批国家级实验教学示范中心和虚拟仿真实验中心建设项目各 1 个。获批江苏省高等学校重

点教材11部。获得江苏省高等教育教改研究立项课题14项,项目总数位居全省第一。设立SRTP(本科生科研训练计划)项目1 683项,其中国家级大创项目122项,省级大创项目148项。在各类大学生学科竞赛中,5 783人次获得不同级别的奖项,其中获得国际级奖项152人次,国家级奖项403人次。获得全国大学生电子设计竞赛一等奖数位列全国第一。本科生理科录取分数线高出当地重点本科线100分以上的省市18个,较上一年数量增长50%,生源质量进一步提升。2015届毕业生年终就业率为98.8%。

(四)科学研究与科技服务能力显著增强

学校始终坚持以创新为灵魂,鼓励原始创新、协同创新,优化配置各方资源,科学研究水平和服务经济社会发展能力再上新台阶。牵头获"973计划"项目1项、"863计划"课题5项、国家科技支撑计划课题3项。获国家自然科学基金项目321项,较上一年增加48.6%,年增幅位居全国第一。获国家杰出青年科学基金资助项目6项,位列全国高校第五。获国家优秀青年科学基金资助项目3项。国家自然科学基金立项数和国家杰出青年科学基金资助立项数,均取得历史最好成绩。科研项目总经费到账18.01亿元,较上一年增长8.6%。SCI收录论文2 160篇,比上一年增加370篇,排名第19位;EI收录论文2 170篇,比上一年增加201篇,排名第10位;表现不俗论文820篇,比上一年增加184篇,排名第21位。入选年度百篇最具影响力国际学术论文1篇。发明专利申请2 120件,授权1 260件。获国家社科基金项目32项,并列全国第12位。获教育部人文社会科学研究项目18项。获江苏省高校哲学社会科学研究重大重点项目6项,其中重大项目3项,立项总数及重大项目数均居全省第一。获批江苏省首批重点高端智库2个。获第43届瑞士日内瓦国际发明展览会特别金奖1项、金奖1项、铜奖1项。作为第一完成单位获教育部2015年度高等学校科学研究成果奖(科学技术)9项,获奖总数并列全国第六,其中一等奖4项。获得第七届高等学校科学研究优秀成果奖(人文社会科学)11项。获江苏省科技成果奖8项,其中一等奖4项,位居全省第一。申报江苏省重大科技成果转化项目65项,立项23项,立项数位居全省高校第一。教育部"信息显示与可视化国际合作联合实验室"获得立项建设。

(五)师资队伍建设与人事工作成效明显

继续坚持"人才强校"战略,加大人才引进力度,加快青年教师培养,不断优化教师队伍整体结构。新当选中国工程院院士1名。3人获评"长江学者奖励计划"特聘教授,5人获评首批"长江学者奖励计划"青年学者。新增"青年千人计划"专家7人,"万人计划"青年拔尖人才4人,国家"百千万人才工程"2人,全国杰出专业技术人才1人,IEEE Fellow(国际电气与电子工程师协会会士)2人。49人获批校内特聘教授,21人获批校内青年特聘教授。引进具有博士学位的教师101人,其中具有海外博士学位的有47人,专任教师具有博士学位比例达到80%。获评2015年度博士后综合评估优秀流动站6个,位列全省第一。全面实施新进教师两个聘期"非升即走"的聘用管理制度。根据国家文件精神,调整了离退休人员的离退休费标准、事业单位在职人员的养老保险改革工资和提租补贴比例,提高了教职员工的工资收入。

（六）国际合作交流与港澳台工作不断推进

学校坚定不移地走国际化办学的强校道路,积极借鉴世界一流大学的办学经验,不断提升办学国际化程度。东南大学-蒙纳士大学苏州联合研究生院运行良好,与法国雷恩第一大学的合作办学进展顺利,与19所国(境)外著名大学等签署合作交流协议。新增"111计划"重点引智基地1个。派出赴国(境)外交流学生2300余名,较上一年增长9.5%,其中公派留学博士生184名,位居全国第三。派出1000多名教师赴国(境)外参加国际学术会议、交流和访问。召开国际学术会议27次,邀请1000多名外国专家来校讲学和合作研究。在校留学生人数达到1813人,其中学历留学生1313人,占总人数的72.4%;留学研究生495人,占学历留学生比例37.7%;学历留学生和留学研究生数均居全省第一。

（七）围绕学校中心工作,其他各项工作进展良好

按照中央统一部署,"三严三实"专题教育扎实推进,整改落实工作进展有序,严字当头、干事创业、风清气正的氛围更加彰显。认真贯彻落实教育部关于办公用房、公务用车和公务接待等专项检查的精神和要求,对全校各单位相关工作进行核查清理,并进行严格整改。

此外,校园民生不断改善,民主渠道进一步畅通。安全稳定工作卓有成效,有力地保障了各项工作的开展。财务运行情况良好,财政总收入38.2亿元,较上一年增长13%。校园文化建设进一步加强,各种审计监察规范有效,对外宣传取得新进展,依法治校工作扎实推进。机关服务意识进一步增强,服务质量有所提高。教育基金会获得"全国先进社会组织"称号,是全国两所获此殊荣的高校之一,各类捐赠到款总额4700多万元。进一步调整后勤服务体制机制,形成新型后勤服务管理架构,完成教育部专项工程14项。学校基本建设有序推进,国有资产经营管理更加规范,大学科技园孵化载体和公共服务平台建设继续提升,信息公开工作得到教育部充分肯定,数字化校园建设和对口支援等相关工作顺利推进。附属中大医院医疗服务和教学科研等各项事业取得较快发展。各校区、各院(系)、各直附属单位在学校领导下顺利开展工作,均取得较好的成绩。

二、2016年工作要点

2016年是我校"十三五"事业发展的开局之年,是站在新的历史起点上谋篇布局、改革创新的关键之年。面对"双一流"建设和"双创"教育改革的历史使命和时代要求,面对高等教育竞争日趋激烈的发展态势,创新发展、内涵发展、跨越发展的挑战与机遇并存,在改革中寻求突破、在创新中获取动力的任务更为紧迫和艰巨。

2016年工作的总体要求是:深入贯彻落实党的十八大和十八届三中、四中、五中全会精神,牢固树立和贯彻落实"五大发展理念",全面贯彻党的教育方针,对接国家统筹推进"双一流"建设新战略,服务国家发展新需求,扎根中国大地办大学。坚持改革引领、创新发展,坚持分类支持、协调发展,坚持国际视野、竞争发展。以"立德树人"为根本,以提高质量为核心,以改革创新为动力,以"人才强校"为战略,以强化科研组织为突破,以高端国

际合作为关键,传承东大百年优良传统,全面实施综合改革方案和"十三五"事业发展规划纲要,优化结构,创新机制,激发活力,大力推进"双一流"建设,努力实现我校"十三五"事业发展的良好开局。

(一) 切实提高人才培养质量

坚持以"立德树人"为根本,深化内涵建设,启动实施"双创人才培养计划",切实提升人才培养质量。深入推进招生制度改革,组织策划积极有效的招生宣传,合理调整各省份本科生生源计划,探索有效的自主招生模式,切实提高本科生生源质量。推动硕士研究生学术学位和专业学位分类入学考试试点工作。进一步提高博士生生源质量,积极争取扩大博士生招生规模。进一步深化博士生招生制度改革,完善博士生选拔制度和招生指标分配办法。

完善"十三五"本科人才培养规划和研究型大学高素质"创新创业人才培养生态"建设方案,不断优化各专业人才培养目标和专业生态,启动对全部专业的认证/评估。进一步深化吴健雄学院人才培养改革,探索开展荣誉学院拔尖创新人才培养新方法。加强教师教学发展工作,进一步强化课程负责人制度,完善课程组建设机制。加快构建与国际认证对接的课程体系,进一步加强全英文授课专业及课程建设,聘请国外教授开设课程70门以上。加强课程中心建设,重点建设8—10门本科生慕课课程。推动本硕博培养一体化,打通本研选课体系。召开全校本科教学工作会议,认真总结经验,研讨人才培养的新思路、新举措,启动论证本科生院建设方案,做好2017年本科教学审核评估前期准备工作。实施院(系)教学工作考核与年度本科教学质量报告制度,完善教学质量评价体系和教育质量保障体系。强化大学生实践能力培养体系建设,积极申报国家级实验教学示范中心或虚拟仿真实验教学中心。加快推进学生管理标准化改革,设置学生事务一站式服务中心,建设网上办理各项学生事务的预约系统。

着力提升研究生教学质量,推进案例教学和案例编写,启动江苏省慕课中心建设,试点建设1—2个专业的系列慕课及一批慕课课程。推进产学研结合培养专业学位研究生,启动专业学位校内评估。完善校内培养过程质量保障,推进硕士研究生集中开题,试点博士研究生资格考试与分流淘汰。出台《东南大学研究生导师招生资格年审办法》,以岗位为导向修订博士生导师遴选办法,加快优秀中青年教师成长,建设一支高水平的导师队伍。提高学位授予质量,制定体现学校发展目标和人才培养特色的高水平学位标准,完善博士生激励政策和资助体系。服务国家战略发展人才需求,启动实施国家重大专项博士生班计划。

强化大学生职业发展规划教育,瞄准国家战略性行业和领域,调整就业结构,加强对学生选择国家重点行业和重要岗位就业的价值引领和氛围营造。

(二) 全力实施"人才强校"战略

持续推动"人才强校"战略,深化人事综合改革,大力构筑一流人才高地。启动实施"高端师资倍增计划",建立健全各类高端人才引进与培养的岗位设置和体制机制,进一步加大对高端人才的支持力度。完善优秀青年教师资助计划,制定目标导向的培养举措。

进一步完善东南大学青年特聘教授岗位条例和特聘教授岗位制度。修订完善海外人才"上岗教授"和"上岗副教授"岗位计划,进一步加大海内外人才引进力度。进一步明确院(系)作为人才引进和培育的主体地位,加大院(系)在人才引进和培育等方面的考核,营造全员引才、聚才、育才的良好氛围和生态。进一步提高海外博士学位比例,年度引进150名新教师。力争新增"千人计划"专家3—4人、"长江学者"4—5人,"青年千人计划"专家、"长江学者奖励计划"青年学者和"万人计划"青年拔尖人才15—20人。做好江苏省双创团队、双创个人、江苏省特聘教授、"333工程""青蓝工程"和"六大人才工程"等人才建设项目。

进一步优化人员队伍结构和校内岗位设置,实施岗位分层分类管理制度,加快推进定岗定编工作。继续推动机关和直附属单位的改革,精简机构、提升效率。改革人事薪酬制度,完善教师激励机制,构建以岗位绩效工资为主体,协议工资、项目工资等并存的多元化薪酬体系。采取多样化岗位薪酬待遇标准,积极推进专职科研队伍建设。修订完善突出成果奖励政策,激发广大教师和专职科研人员的积极性与主动性。修订《东南大学博士后考核条例》,吸引国外高水平大学的优秀博士来我校从事博士后工作。深入推进学术特区的拓展建设,探索实施多元化用人模式、薪酬体系、奖励激励等制度。结合院(系)综合改革的进程,推进和完善新进教师"弹性聘期"制度。根据国家政策继续推进养老制度改革。

(三)着力强化科研组织与管理

紧紧瞄准国际学术前沿和国家重大需求,启动实施"原创能力突破计划",科学谋划、精心组织,布局科研发展战略,优化科研组织结构,大力组织承担国家重大科技计划项目,力争获得年度科研项目总经费20亿元。组织申报国家级科技成果奖15项,其中牵头9项,争取获奖4—5项;培育省部级、行业学会科技成果一等奖,力争获奖9—10项。申报国家自然科学基金1300项,力争立项330项,获资助金额2.5亿元;争取获得国家杰出青年科学基金项目4—5项、优秀青年科学基金项目5—6项。力争获得国家基金委创新研究群体1—2个。发明专利申请量和授权量继续保持国内高校前列,PCT专利50件,高价值专利100件。积极组织国家重大科学基础设施论证和建设,大力加强国家级科研基地建设,积极开展国家实验室和国家重点实验室、2011协同创新中心、国际合作联合实验室、引智基地申报工作,力争国家实验室有实质性进展,新建国家重点实验室1个。做好国家重点实验室2017年绩效评估以及国家工程(技术)研究中心验收工作。设立国防科研发展基金,整合校内资源,组织谋划标志性的国防重大科研计划,推动我校国防科研进入部属高校前列。设立人文社科发展基金,启动论证"文科大师计划",着力加快人文社科国际化进程,积极推进教育部跨学科基地及重点智库建设工作。设立交叉学科发展基金,启动论证国际化的基础与交叉科学研究院建设方案,引进国际化高端人才,实施学术特区政策,推动基础、新兴和交叉科学研究发展,产生原创性成果。

完善科技成果管理,健全知识产权标准化管理体系,做好高价值专利的跟踪、评价、转化及二次开发。进一步提升产学研合作质量,加强与行业龙头企业合作,新建10家校企产学研联合研发中心。提高异地研究院、省产业研究所的产学研合作与技术转移成效。

(四) 全面推进一流学科建设

启动实施"一流学科攀升计划",加强学科顶层设计,优化学科布局,充分发挥学科发展责任主体作用。强化人才培养与科学研究的双轮驱动,以高水平的人才培养与科学研究推动高水平学科建设。设立一批世界一流学科建设项目,构建若干开放共享的重大科研平台。坚持以优势工科为依托,以产出原创性成果为目标,促进多学科交叉研究和人才培养,形成鼓励和支持新兴、交叉学科快速成长的机制与环境,实现多学科协调发展。

针对新一轮学科评估的评估方法和指标设置特点,结合学校学科的发展状况,着眼全局,整合资源,争取在第四轮全国学科评估中再获佳绩。修订并落实发表 SCI、SSCI、A&HCI 收录论文的奖励办法,加强对高水平论文的奖励力度。加速提升 ESI 学科排名,争取工程学提升至 55 位,计算机科学提升至 95 位,数学进入前 100 位,材料科学进入前 150 位。新增 ESI 前 1‰学科 1 个。针对不同学科的特点,采取差异化的学科评估办法和人才评价指标,改革人才考核评聘方式,试行以学科或研究团队的综合评价方式。做好院士候选人的服务工作,为 2017 年院士评选奠定良好基础。

(五) 大力推进体制机制改革

以改革创新为动力,依据《东南大学章程》及综合改革方案、"十三五"事业发展规划纲要,不断优化内部治理结构,合理配置校内资源,构建具有东大特色的现代大学制度,充分激发办学活力、提高办学效益。以深化人事分配制度改革、建设高水平师资队伍为突破口,全面深化各主要领域综合改革。制定世界一流大学和一流学科建设方案。制定"十三五"事业发展规划纲要实施细则,落实院(系)"十三五"规划,分解细化年度工作计划。切实加强院(系)自身建设,健全院(系)内部治理机构,完善院(系)制度建设。推动学校管理重心下移,配合院(系)综合改革试点工作,逐步下放副高及以下专业技术职务评审权限到院(系),试点下放正高专业技术职务评审权限至部分院(系)。调整校部处机关机构设置,推动管理服务部门优化重组,完善综合事务跨部门协调机制,确保分工清晰、精干高效。出台异地教学科研机构管理办法。

(六) 加快提升国际合作内涵与层次

以高端国际合作为关键,做强发展增量。进一步深化合作、提高质量、推动发展,加快推进国际化进程。启动实施"卓越大学伙伴计划",力争在与世界著名大学开展实质性深层次校际合作上有所突破。积极邀请世界著名学者来校进行合作研究,进一步提升师资队伍国际视野。争取国家外专局支持,积极申报建设国际化示范学院。进一步提高东南大学-蒙纳士大学苏州联合研究生院和联合研究院的合作质量和办学水平。申报成立东南大学雷恩研究生学院。

落实完成 4 个国家引进智力"111 计划"专项所设定的各项工作。聘请 200 名左右高水平外籍教师来校授课,聘请 10 名左右国际顶尖专家学者来校讲学,邀请 300 名以上的高水平外籍教师来校短期讲学和合作研究。加大国际交流和联合培养力度,重点做好高水平大学研究生和本科生留学项目,提升师生出国(境)学习、交流的比例。派出 1 000 人次教师出国进修、学习和参加国际学术会议等,出国学习和交流的学生达到2 600人次。开拓招生渠道,进一步扩大留学生规模,提高留学生培养层次与质量。着力实施"中国政府来华留学卓越奖学金"——东南大学"'一带一路'可持续基础设施工程硕士项目"。举办"东南大学第一届国际文化周"。进一步做好孔子学院工作。

(七)努力推进"美丽东大"建设

坚持以人为本,改善办学条件,加强民生建设,优化办学环境,启动实施"东大品牌提升计划",为学校改革发展提供坚强保障。进一步明确九龙湖、四牌楼、丁家桥等各校区功能定位,制订各校区发展规划,启动和完善各校区基本建设整体规划。

加快推动校园重大工程建设。建成桃园学生宿舍(二期)、土木交通教学科研楼;完成桃园食堂主体工程;完成九龙湖校区信息电子教学综合楼设计、招标及桃园学生宿舍(三期)和游泳馆的可行性研究报告;启动九龙湖校区生物科学与医学教学综合楼、文科综合楼、留学生楼建设的前期调研。加快推进四牌楼校区校史馆建设,开展档案史料征集,完成布展等工作。逐步完善信息基础设施建设,扩大无线网覆盖范围,提升校园网带宽和用户容量。

(八)统筹推进其他各项工作

切实发挥校、院(系)两级教代会的民主管理和民主监督作用,建立健全涉及师生权益的听证、申诉等权利保障机制。完善学校内部监督体系,继续加强财务规范管理。完善学校经营性资产管理体制。积极探索多元化筹集办学资源的渠道和方式。进一步推进校友会工作,为校友搭建与母校交流合作的平台。建立健全"公益性投入与市场化运营相结合"的后勤运行保障体制机制,积极推进节能监控平台建设。完成九龙湖校区学生宿舍洗浴节能改造。加强国有资产监管和规范化建设,加强对信息公开情况的监督检查,继续推动对招投标、招生录取、基本建设、科研经费使用与管理、学校全资和控股企业等廉政风险点的动态监控。加强管理信息一体化网络建设,优化学校官方主页,做好二级网站和英文网站维护。继续加强校园安全、稳定及综合治理工作,着力推进江苏省"平安校园"示范校建设。继续积极支持附属中大医院发展,推进中大医院新门急诊楼项目,提高医疗服务和教学科研水平。

2015年取得的成绩凝结着全体东大人的心血和智慧,2016年的奋斗目标呼唤着我们的责任与担当。在新的一年,我们务必进一步增强忧患意识、使命意识,着眼大局,科学谋划,抓住机遇,敢于挑战。我们要继续认真贯彻落实党的十八大和十八届三中、四中、五中全会精神,始终牢记"双一流"建设的神圣使命,深入推进综合改革,增强办学的内生动力和创新活力,迈好步、开好局,有干劲、有作为,加快推动学校实现内涵式跨越发展,为民族复兴的"中国梦"和世界一流的"东大梦"做出新的更大贡献!

抄送:各党工委,各基层党委、党总支、直属党支部,党委各部、委、办、工会、团委

东南大学校长办公室　　　　　　　　　　　　　　　　　　　2016年2月18日印发

东南大学 2016 年上半年工作总结和下半年工作补充安排

一

2016 年是"十三五"事业发展规划的开局之年。学校上半年认真贯彻落实党的十八大及十八届三中、四中、五中全会和习近平总书记系列重要讲话精神,以"五大发展理念"引领学校发展,立足"十三五"开局,围绕年度工作要点,凝心聚力,开拓创新。以"推动人才强校、深化综合改革"为主题,以"提高教育质量、推动内涵发展"为主线,以"创新体制机制、推进国际合作、培育新兴交叉、强化科研组织"为重点,努力夯实学校"双一流"建设基础。在全校师生员工共同努力下,各项工作获得较好成绩、取得重要进展。

(一)进一步加强办学顶层设计,"十三五"规划体系更趋完善

坚持以改革创新为动力,以"双一流"建设为目标,学校持续推进发展规划和谋篇布局。《东南大学"十三五"事业发展规划纲要》上报教育部并正式实施;基本编制完成并启动实施"十三五"规划的"六大支撑计划";编制完成并启动实施 29 个院(系)"十三五"发展规划;启动推进"双一流"建设,编制"双一流"建设方案,进一步明确"双一流"建设的蓝图和路径。坚持狠抓落实、强化执行,细化分解了 2016 年学校和 29 个院(系)的工作要点及具体指标,进一步明确了综合改革与各项工作的责任和任务。改进行政领导班子议事制度和议事规则,健全配套制度,严格落实党委领导下的校长负责制,为学校改革发展提供了坚强保障。

(二)继续推进内涵发展,学科建设与研究生教育工作取得新成绩

进一步优化学科布局,积极鼓励和支持基础、新兴、交叉学科发展;深入推进研究生教育综合改革,做好研究生招生、培养、学位与管理工作;组织完成五大门类 31 个一级学科参加全国第四轮学科评估申报;组织完成"双一流"年度建设项目论证立项。药理学与毒理学首次进入 ESI 全球前 1‰,进入 ESI 全球前 1% 的学科数增至 9 个,其中工程学上升至第 44 位,计算机科学上升至第 72 位,数学上升至第 98 位。获批"网络空间安全"一级学科博士学位授权点。完成 2016 年江苏省硕士学位授权一级学科点评估和"十三五"省重点学科申报。大力推进博士生招生制度改革,本科直博、硕博连读和申请考核等三类优质生源的比例达到 77%,比上年增加 17%。获批江苏省各类研究生创新工程项目 326 项。启动江苏省慕课中心建设。新增研究生全英文课程 40 门。获批"国家建设高水平大学公派出国留学项目"研究生 179 名,其中攻读学位 55 人、联合培养 124 人,获批国家留学基金委博士生导师短期访问项目 34 人。

（三）深化教育教学改革，本科教学与人才培养工作取得新进展

进一步推动本科人才培养模式及体制机制创新，着力提升本科教育教学质量。大力推动吴健雄学院和文科实验班人才培养模式和管理体制改革。成立新一届校教学委员会。完成本科生招生工作，理科录取分数线高出当地一本线100分以上的省市24个，较上年增长1/3，生源质量进一步提高。新增国家级虚拟仿真实验教学中心和国家级实验教学示范中心各1个，新增国家级"精品视频公开课"6门，入选首批"国家级精品资源共享课"34门，入选总数位列全国高校第6位。入选2016年度江苏省教学名师2人。扎实推进"卓越工程师教育培养计划"和工程人才培养模式改革，新增校企合作实践基地12个。新增校精品慕课课程15门。分别获2016年美国大学生数学建模竞赛一等奖、第十一届全国大学生交通科技大赛一等奖、第二届全国高校云计算应用创新大赛一等奖。与法国"N+i"工程师学校联盟签署合作协议，并与其所属8所法国工程师学校，以及美国凯斯西储大学签署"3+2"联合培养协议。30个交流项目、49名本科生获国家留学基金委资助赴国（境）外进行课程学习或科研实习。

（四）着力提升创新能力，科学研究与科技服务工作取得新突破

进一步加强科研制度建设和科研组织，提升科研服务水平和组织协调能力，大力推进高层次科研项目、基础交叉科研平台、团队建设和产学研结合等工作。首次入选"十三五"期间"国防科工局-教育部共建高校"，在国防特色学科和专业建设、国防学科实验室、军工科研任务和与军工企事业合作等方面获得新的发展平台。与航天九院十三所、中国核动力研究设计院、中国电子科技集团第二十九所、上海航天技术研究院签订战略合作协议。3个项目通过国家科技奖第二轮会评答辩。申报国家自然科学基金项目1 320项，获批资助项目295项，其中，重点项目6项、重大仪器专项3项。2人获得国家杰出青年科学基金项目，3人获得优秀青年科学基金项目。获批国家重点研发计划专项牵头项目4项、牵头课题18项，以及各部委项目13项。入选第七届教育部科技委学部委员9人、军委科技委专家2人。获批教育部霍英东教育基金高等院校青年教师基金资助与青年教师奖各1项。入选科技部2015年创新人才推进计划人才培养示范基地。申请中国发明专利1 100项、PCT专利30项。国家实验室和国家重点实验室论证与申报工作进展顺利。"高分辨率对地观测系统江苏数据与应用中心"、江苏省"高档数控机床及智能装备"制造业创新中心、"东南大学智慧城市研究院"以及"东南大学国家发展与政策研究院"等交叉研究院、中心建设稳步推进。制定出台《东南大学院系校企联合研发中心管理暂行办法》《东南大学专利转让、许可管理暂行办法》。组织完成2015—2016年度质量管理体系的内部审核、管理评审，通过中国新时代认证中心对我校质量管理体系军品的综合评议和民品再认证。获批国家社科基金26项，"中国特色社会主义发展研究院""道德发展智库"两个江苏省重点高端智库发展顺利，影响力逐步提升。

（五）加快人事制度改革，高水平师资队伍建设成效明显

以"优化结构、创新机制、激发活力"为深化改革主线，制定"十三五"师资队伍规划和

"高端师资倍增计划",大力实施"人才强校"战略,组织完成"千人计划""长江学者"等国家人才计划推荐申报工作。新增"万人计划"科技创新领军人才2人、哲学社会科学领军人才1人、教学名师1人。入选江苏省第五期"333工程"第一和第二层次32人,位列全省第一。新增江苏省特聘教授3人、江苏省"青蓝工程"科技创新团队1个、中青年学术带头人9人、优秀青年骨干教师7人。积极推进人事制度改革,启动《突出成果奖励条例》《海内外引进人才高级专业技术职务评聘暂行办法》《专职科研人员队伍管理办法》《博士后研究人员管理条例》的修订工作。启动化学化工学院和自动化学院院长全球招聘工作。启动学校各类人员的定岗定编工作,顺利完成各类专业技术职务评审。博士后管理持续优化,目前在站博士后564人,其中统招统分博士后103人,外籍博士后35人。制定出台了《东南大学教职工退休暂行办法》,全面开展事业编制教职工养老保险参保信息核定工作。

(六)大力推进国际化步伐,积极推进国际合作与港澳台工作

大力实施国际化战略,积极推进高层次国际交流、国际重大科技项目合作、与国际知名高水平大学合作办学和具有国际影响力的海外高水平创新人才引进。东南大学-蒙纳士大学苏州联合研究生院合作办学稳步推进,129名同学顺利获得双硕士学位。与法国雷恩第一大学联合申报研究生学院工作进展顺利。积极推进国家外专局"国际化示范建筑学院"项目申报。与澳大利亚墨尔本大学等13个国(境)外高校签署战略合作协议。聘请诺贝尔生理学或医学奖获得者兰迪·谢克曼教授、哈佛大学丘成桐教授等国际顶级专家来校讲学交流,聘请来校讲学、授课以及合作研究的国外专家690名。派出赴国(境)外参加学术会议和合作交流的教师689人,派出赴国(境)外攻读学位、短期进修和学习交流的学生673名。"一带一路"可持续基础设施工程硕士项目完成首批学生录取。6门课程获批江苏省留学生全英文精品课程,位列全省第一。三所孔子学院建设良好,注册汉语学生达3 400人,较上年同期增加13.3%。

(七)围绕学校中心工作,其他各项事业进展顺利

完善监督机制,规范权力运行,强化源头治理,严肃财经纪律,中层行政负责人签订"党风廉政建设责任书",完善责任体系。二级教代会制度建设稳步推进,民主管理和民主监督渠道进一步畅通。经济责任审计积极推进,国有资产清查专项工作顺利开展。进一步健全和完善学校国有资产的管理和绩效考核,积极推进国有经营性资产的规范化运营和建设。

大力推进开放办学和产学研工作,进一步加强与政府及大型企业战略合作。分别与南京江北新区、甘肃省签订战略合作协议,与南京市政府签订推动科技与产业深度融合合作协议。对口支援与定点扶贫工作扎实推进。信息公开工作测评成绩位列教育部直属高校第一。设立学生事务校长特别助理,进一步扩大学生参与校园民主管理的权利。

积极落实16项教育部专项工程,改善基本办学条件,大力开展节约型校园和校园环境建设。完成九龙湖校区学生宿舍空气源热泵洗浴模式节能安全改造等工程、信息电子教学综合楼设计招标、桃园学生宿舍9—10舍和游泳馆可行性研究报告编制。启动九龙湖校区护校河污水整治工程,以及桃园食堂二期工程。积极落实早组织、早排除、早整改的"三早"措施,校园防汛工作成效显著。

教育基金会设立奖助学金项目205项,总金额1 278万元。新签各类捐赠协议54份,总金额5 218万元。设立"东南大学海外交流基金"。完成校史馆建设的筹备工作。附属中大医院不断改革创新,各项事业取得新成绩。

上半年,学校各项工作稳步推进,为全面实现全年工作目标打下了坚实基础。下半年,我们需要进一步坚定信心,改革进取,扎实有效地推进各项工作。

二

2016年下半年工作的基本思路,是继续贯彻党的十八大及十八届三中、四中、五中全会和习近平总书记系列重要讲话精神,按照"十三五"事业发展规划纲要,在学校第十四次党代会精神的指引下,紧紧围绕年度工作计划,大力推进综合改革,着力破除体制机制障碍,真抓实干、奋发有为,善始善终、善作善成,不断提升学校办学水平和综合实力。下半年学校要重点推进和完成的工作任务:

(一)进一步提高人才培养质量

深入落实"立德树人"根本任务,着力实施"双创人才培养计划",大力推进教育教学综合改革,切实提升人才培养质量。下半年召开全校本科教学工作会议,认真总结经验,充分研讨人才培养的新思想、新思路、新举措,制定出台教学约束与激励政策。进一步推进吴健雄学院、文科试验班人才培养改革,加强通识教育并试点"书院制"人才培养模式,探索拔尖创新人才培养新途径。继续加强教师教学发展工作,进一步强化课程负责人制度,完善课程组建设机制。强化教学过程管理和监控机制建设,进一步提高课堂教学质量,启动对全部专业的论证/评估。实施院(系)教学工作考核与年度本科教学质量报告制度,完善教学质量评价体系和教育质量保障体系。进一步加强全英文授课专业及课程建设,加快构建与国际认证对接的课程体系。加强课程中心建设,进一步推动本硕博培养一体化,打通本研选课体系。全面启动2017年本科教学审核评估建设工作,确保2017年高质量完成本科教学审核评估。启动论证本科生院建设方案。

进一步提高博士生生源质量和积极争取扩大博士生招生规模。以培养质量和绩效为导向,进一步完善研究生招生指标分配办法,全面推进博士申请考核招生方式,启动国家重大专项博士生班招生。制定出台《东南大学研究生导师招生资格年审办法》,以岗位为导向修订博士生导师遴选办法,加快优秀中青年教师成长,建设一支高水平的导师队伍。持续提升研究生教学质量,推进案例教学和案例编写,试点建设5门江苏省慕课课程。完善博士生激励政策和资助体系,提高学位授予质量,完成《东南大学博士研究生科研成果考核标准》修订。继续支持研究生出国参加国际学术会议、短期研学和交流,推进研究生教育国际化。

继续强化大学生职业发展规划教育,瞄准国家战略性行业和领域调整就业结构,加强对学生选择国家重点行业和重要岗位就业的价值引领和氛围营造。

(二) 全力实施"人才强校"战略

深化人事综合改革,持续推动"人才强校"战略,大力推进并实施"高端师资倍增计划"。构建协议年薪和岗位绩效并存的高端人才动态薪酬体系,进一步加强高端人才的引进和培养力度,全力做好"千人计划""外专千人""长江学者"等国家人才计划推荐申报后续工作。加强优秀青年教师的引进和培养力度,推动院(系)完善青年教师指导和帮助体系。改革人事薪酬制度,完善教师激励机制。修订《突出成果奖励条例》《海内外引进人才高级专业技术职务评聘暂行办法》,加大院(系)在人才引进和培育等方面的考核,营造全员引才、聚才、育才的良好氛围和生态。进一步优化师资队伍结构和校内岗位设置,实施岗位分层分类管理制度,加快推进定岗定编工作。采取多样化岗位薪酬待遇标准,积极推进专职科研队伍建设。修订博士后管理相关办法。根据国家政策规定稳步推进我校事业编制人员养老保险及医疗保险改革工作。

(三) 持续强化科研组织与管理

紧紧瞄准国际学术前沿和国家重大需求,以强化科研组织为导向,进一步优化科研组织结构,推进科研管理体制机制改革,激发科技创新活力。继续推动国家实验室、国家重点实验室(中心)、2011协同创新中心、国际合作联合实验室、引智基地论证与申报工作。继续推动交叉科学研究院(中心)和研究平台的建设,实质性推进全校多学科融合。着力引进国际化高端人才,实施学术特区政策,启动论证并推动国际化的基础与交叉科学研究院建设,实质性推进基础、新兴和交叉科学研究发展。整合校内资源,积极推进全校公共基础仪器设备的共建共享。大力推动军民融合,服务国防建设,努力构建国防军工科研、国防学科实验室、专业建设和学科发展的新格局。进一步提升产学研合作质量,加强校企联合科研机构和地方技术转移中心建设。试点建立"文科学术特区",着力推进文科平台智库建设,启动论证"文科大师计划"。加快推动人文社科国际化进程。启动组织下一年度大项目和大成果论证。

(四) 全面推进一流学科建设

以建设一流学科为目标,加强学科顶层设计,优化学科布局,谋划新兴学科,着力打造"强势工科、优势理科、精品文科、特色医科"。全力做好第四轮学科评估的后续工作,力争在新一轮学科评估中获得佳绩。推动完成"双一流"年度学科建设项目,努力构建若干开放共享的重大科研平台。加大激励政策导向与实施力度,加速提升ESI学科排名。促进多学科交叉研究和人才培养,形成鼓励和支持新兴、交叉学科快速成长的机制与环境,实现多学科协调发展。继续针对不同学科的特点,采取差异化的学科评估办法和人才评价指标,改革人才考核评聘方式,试行以学科或研究团队的综合评价方式。继续做好院士候选人的服务工作,为2017年院士评选奠定良好基础。

(五) 大力推进体制机制改革

继续以体制机制改革为核心,以深化人事分配制度改革、建设高水平师资队伍为突破口,全面深化学校综合改革,推进优化内部治理结构,不断提升大学治理水平。充分激发办学活力、提高办学效益,着力构建"多学科融合、产学研结合、理工文医综合、国际化联合"的办学生态。继续加强院(系)自身建设,健全院(系)内部治理机构,完善院(系)制度建设,制定出台《东南大学校院(系)二级管理实施办法》。大力推动学校管理重心下移和院(系)综合改革试点工作。调整部处机关机构设置,推动管理服务部门优化重组,完善综合事务跨部门协调机制,确保分工清晰、精干高效。制定异地教学科研机构管理办法。健全和完善校级学术组织的运行机制,充分发挥学术组织在学科建设、学术评价、学术发展中的核心作用。充实学部职能,发挥好学部在整合学科资源、促进学科交叉、选择新的科研方向上的作用。

(六)加快提升国际合作内涵与层次

坚持"全球高端、实质合作、引领发展"的指导思想,贯彻落实《关于做好新时期教育对外开放工作的若干意见》和《推进共建"一带一路"教育行动》文件精神,进一步加强与世界一流大学合作,拓展与"一带一路"沿线著名高校合作。积极推动与麻省理工学院、苏黎世联邦理工学院共建研究基地。积极筹建中英工科大学联盟、"一带一路"历史名城高校联盟。积极推动东南大学-蒙纳士大学苏州联合研究生院及联合研究院的建设与发展。积极做好东南大学和雷恩第一大学联合研究生学院申报的后续工作。大力推进国家外专局"国际化示范建筑学院"项目申报及与瑞典乌普萨拉大学合作工作。着力实施"一带一路"可持续基础设施工程硕士项目,做好与赞比亚大学"20+20"项目相关工作。进一步加大派出教师赴国(境)外参加学术会议与合作交流,以及学生出国访学、学术交流和攻读学位的力度。办好首届东南大学国际文化周。

(七)继续推进"美丽东大"建设

坚持以人为本,改善办学条件,加强民生建设,优化办学环境。根据九龙湖、四牌楼、丁家桥等各校区功能定位,调整和完善各校区基本校园建设整体规划。加快推动校园重大工程建设。在建基建项目3项:九龙湖校区桃园学生宿舍年底竣工交付,土木交通教学科研楼办公楼部分年底基本完成,桃园食堂二期主体工程年底完成。新建基建项目6项:九龙湖校区信息电子教学综合楼施工图设计和施工招标年底完成,桃园学生宿舍9—10舍、游泳馆教育部立项与设计招标年底完成,九龙湖校区生医教学综合楼、能环教学综合楼、留学生楼前期调研和可研报告初稿编制年底完成。启动四牌楼校区国家文物保护民国风情校园改造、九龙湖校区绿色文化校园景观升级改造。完成16项校区基础设施改造及房屋维修工程。初步完成九龙湖校区污水整治和护校河治理一期工程。加快推进四牌楼校区校史馆建设,继续开展档案史料征集,推进数字档案馆建设。逐步完善信息基础设施建设,扩大无线网覆盖范围,提升校园网带宽和用户容量。

(八)统筹推进其他各项工作

继续完善学校内部监督体系,突出监督执纪重点,强化责任追究。继续加强对特殊类型招生、工程建设、科研经费以及校办企业等领域的风险预警和管控。修订《东南大学教职工处分暂行规定》,进一步严肃校纪校规。

继续加强开放办学,拓展办学资源,大力推进与政府及大型企业战略合作。完成国有资产清查工作,推行预算信息化管理。贯彻落实《关于进一步完善中央财政科研项目资金管理等政策的若干意见》精神。大力推动师生综合服务中心建设,建设网上办理师生事务预约系统。加强国资经营和监管制度建设,服务学校创新创业教育和科技成果转移转化。推动海外和地方校友分会建设,完成校友总会校友综合服务管理系统建设。进一步加强实验室技术安全体系建设。进一步完善网络安全体系建设,推进校园信息化工作。继续加强校园安全、稳定及综合治理,深入开展"平安校园"示范校建设。继续支持附属中大医院建设与发展。

学校各单位和机关各部门,特别是各级领导干部,要抢抓机遇,真抓实干,不断增强谋划力、执行力,不断增强谋事创业的激情和干劲,紧紧围绕学校中心工作,勇担使命、奋发有为,凝神聚力、深化改革,确保圆满完成2016年度工作计划,为"十三五"事业发展迈好步、开好局,为早日实现世界一流大学的"东大梦"而努力奋斗。

抄送:各党工委,各基层党委、党总支、直属党支部,党委各部、委、办,工会、团委。
东南大学校长办公室   2016年8月20日印发

立足高校实际　全面履职尽责
为创建世界一流大学提供坚强的保障

——在中共东南大学第十四次代表大会上的工作报告

（征求意见稿）

2016 年 6 月

各位代表、同志们：

受中共东南大学第十三届纪律检查委员会的委托，我现在向中共东南大学第十四次代表大会报告第十三次党代会以来纪委的工作情况和今后的工作建议，请予审议。

一、过去五年的工作

第十三次党代会以来的五年，是学校坚持快速发展、特色发展、内涵发展、和谐发展，各项事业取得新的重要进展的五年，也是党风廉政建设和反腐败斗争循序渐进、成效显著的五年。

五年来，在教育部纪检组、省纪委、省教育纪工委和学校党委的坚强领导下，校纪委全面贯彻落实党的十七大、十八大和中央纪委历次全会精神，根据教育系统党风廉政建设和反腐败斗争的总体要求，认真履行党章赋予的职责，紧紧围绕学校中心工作和改革发展大局，积极探索新形势下开展党风廉政建设和反腐败斗争的新思路、新举措，坚持全面从严治党，聚焦监督执纪问责，为中国特色世界一流大学建设进程的推进提供了坚强的政治保证。

（一）以强化责任为重点，党风廉政建设责任制有效落实

学校党委认真贯彻落实上级有关文件精神，严格执行《东南大学党委意识形态工作责任制实施方案》，不断增强管党治党意识，切实落实管党治党责任，始终将党风廉政建设和反腐败斗争作为学校党建工作和全面从严治党的重要内容。在学校和全体师生的共同努力下，构建了完善成熟的党风廉政建设责任体系，党政抓全面、纪委抓协调、部门抓深入、基层抓延伸的良好局面持续巩固和发展。

1. 校党政主要负责同志带头履行"一岗双责"

学校党政主要负责同志切实担负起党风廉政建设和反腐败斗争的政治责任，党委主要负责人自觉履行党风廉政建设主体责任第一责任人的职责，真正做到了党风廉政建设和反腐败重要工作亲自部署、重大问题亲自过问、重点环节亲自协调、重要案件亲自督办。领导班子其他成员严格按照"一岗双责"的要求，不仅对所在岗位应当承担的具体业务工作负责，而且对所在岗位应当承担的党风廉政建设责任制负责。

2. 通过三个机制严明纪律、明确规矩

建立思想保障机制。及时传达学习中央纪委、教育部纪检组和江苏省纪委相关会议和文件精神,将党的各项纪律要求纳入校、院(系)两级理论学习中心组、中层干部学习、基层党委书记会等内容;学校党政、纪委主要负责同志带头上廉政党课,开展廉政谈话。建立组织保障机制。成立学校党风廉政建设和反腐败工作领导小组,研究部署学校党风廉政建设各项工作;坚持定期召开党风廉政建设专题会议和纪委全委会,分析研判学校当前党风廉政建设和反腐败工作形势,提出工作措施和意见建议。五年来,学校党委常委会专题研讨相关议题18次,校纪委召开纪委全委会13次。建立制度保障机制。制定《中共东南大学委员会关于贯彻落实党风廉政建设党委主体责任和纪委监督责任的实施意见》,明确责任内容,确保责任落实。

3. 突出"三个环节"进行压力传导

突出责任分解环节。认真落实责任制下管一级、分层负责、统筹协调的工作原则。通过校党政主要负责同志与新任中层干部签订廉政承诺书、领导干部个人有关事项报告等方式,形成了分层抓落实、责任共承担的工作格局。突出责任考核环节。以责任考核推动责任落实,在坚持年度考核的同时,结合院系行政换届工作,开展新一轮责任制巡视检查工作,相关经验做法受到教育部好评并被作为典型推广;借助接受上级巡视、领导干部述职述廉、召开民主生活会等途径,对领导班子贯彻执行党风廉政建设责任制情况进行深度考核。突出责任追究环节。将责任制考核与年度目标考核、党建述职考核相结合,推动党风廉政建设责任制向基层延伸。对于履行党风廉政建设主体责任、"一岗双责"不到位的领导班子及领导干部,进行严格的责任追究,责任追究结果与干部选拔、年度考核、机关作风建设等相结合。

(二)构建党风廉政宣传教育大宣教格局,党员干部拒腐防变能力切实增强

坚持教育在前、预防在先、抓早抓小、挺纪在前,通过完善机制、打造品牌、创新方式,构建了党风廉政宣传教育"大宣教"的工作格局,确保廉洁教育在党员领导干部和广大师生范围的全覆盖。

1. 党风廉政宣传教育机制更加健全、平台更加完善

以创先争优、党的群众路线教育实践活动、"三严三实"专题教育等为契机,将党员领导干部廉洁从政、廉洁用权、廉洁修身、廉洁齐家的理想信念教育融入学校思想政治教育工作的总体部署。坚持反腐倡廉教育联席会议机制,在宣传部、学工部、研工部、团委、工会等相关职能部门的配合下,廉洁教育效果明显。通过"校检合作"平台开展警示教育,组织重点领域、关键岗位工作人员参观反腐倡廉警示教育基地、参加检察院警示教育大会、观看警示教育片等形式,用身边事教育身边人,全面提升廉洁教育的针对性。

2. 成功推出党风廉政宣传教育品牌与特色做法

以"党风廉政宣传教育月"和"校园廉洁文化活动周"两个品牌为重点,开展廉洁教育,弘扬廉洁文化,确保反腐倡廉教育的常态化。坚持"逢新必教"的特色做法,对新任中层领导干部以任前谈话、在新任中层领导干部培训班上廉洁教育课等形式,扎实有效地上好"新人"的"廉政教育第一课"。五年来,围绕"党内两项新法规、纪律建设、预防职务犯罪、重点领域风险防控、师德师风建设"等主题,开展专题学习或主题报告11次,夯实了党员干部和教职工廉洁自律和"不想腐"的思想基础。

3. 党风廉政宣传教育的思路和途径持续拓展和丰富

充分利用学校网络、纪委网站、校报校刊等舆论宣传阵地,深刻解读党风廉政建设和反腐败工作的相关政策法规,刊登党员领导干部和广大师生廉洁教育学习心得等。将廉政文化建设纳入校园文化建设的总部署,通过举行廉洁知识竞赛答题、编印党纪党规手册、创作廉洁教育漫画、举办廉洁书法绘画比赛、创作廉政微电影和视频等活动,传播廉洁文化理念。积极参加全国廉政文化作品征集暨廉洁教育系列活动并获得好评,以活动教育干部和师生牢固树立廉洁意识和反腐观念。

(三) 坚持源头治理,制度"笼子"有效强化了权力制约

学校坚持着眼全局,立足长远,按照《东南大学章程》的要求,充分发挥制度在惩治和预防腐败体系建设中的保障作用,通过健全体系、督促执行、制度预警等方式,健全和完善了党员领导干部"不能腐"的长效机制。

1. 完善了惩治和预防腐败的体系建设

制定《中共东南大学委员会贯彻落实〈建立健全惩治和预防腐败体系2013—2017年工作规划〉实施意见》,配合、督促有关部门把制度建设贯穿于管理的各个环节。修订出台《东南大学"三重一大"决策制度实施办法》,推进二级院(系)制定、执行本单位的"三重一大"制度和党政联席会议制度。系统梳理学校党风廉政建设和反腐败的工作制度和有关文件,并对部分文件进行补充和修订,编印《党风廉政和反腐败法规制度选编》,分发至全校二级单位。目前,学校已经形成了较为完善的、符合学校实际的制度体系。

2. 党风廉政建设和反腐败制度的贯彻执行切实有效

以保障学校改革发展为根本目标,紧盯问题易发多发的关键环节,切实加强了对《东南大学"三重一大"决策制度实施办法》《东南大学关于贯彻落实〈党政机关厉行节约反对浪费条例〉的规定》《东南大学关于招生工作的纪律规定》等制度执行情况的监督检查和责任追究。开展了落实《廉政准则》和"十不准""三重一大决策"制度、基本建设规范化管理等专项检查,推动各项制度要求在基层的落实和执行,真正做到了以监督促执行、以检查促落实。

3. 以制度和纪委工作的预警功能从源头上预防了腐败的滋生

积极发挥制度中的问责规定和约束、预警功能的作用,对违反制度规定的相关责任人,给予党纪处分和组织处理。推行新任处级领导干部到纪检监察部门挂职锻炼制度,通过参与纪委工作警示新任处级干部,督促其增强廉洁意识。五年来先后有14名新任处级干部参加挂职锻炼,该工作的先进经验得到教育部的好评。

(四)以作风建设为抓手,以监督检查为保障,内控机制不断完善

学校党委、纪委着眼于新形势、新任务和新要求,把贯彻落实中央八项规定精神作为改进工作作风、纠正"四风"的突破口,明确纪律要求,强化监督检查,完善内控机制,开展专项治理,坚持常抓不懈,成效明显。

1. 推进作风建设的常态化

坚决贯彻落实中央八项规定精神,紧密结合群众路线教育实践活动抓"四风",形成了挺纪、检查、查处、整改的纠风工作机制。注重立规矩、建制度、促规范,制定并严格落实《东南大学领导班子密切联系师生、加强作风建设的十项制度》等。在重要节日节点,通过信息平台、网络、会议等多种形式和渠道,强调和重申廉洁自律有关规定,不断强化纪律意识。加强对中央八项规定精神及学校相关规定,领导干部公务接待、办公用房、公务用车、兼职兼薪、因公因私出国(境)等的落实情况的监督检查,加强对师德师风和学风建设的监督检查。针对"四风"问题,开展专项治理,对涉及"四风"问题的信访举报进行认真核查,党员干部守纪律、讲规矩的意识进一步增强。

2. 加强监督管理,重点领域风险防控做法突出

坚持"在参与中监督,在监督中服务"的原则,重点加强对干部选拔任用、招生录取、基本建设、物资采购、财务管理、科研经费、校办企业、学术诚信等领域的监督检查,干部选任监督机制作为教育系统创新做法在部属高校会议上宣传推广。五年来,共参与120余个岗位的中层干部选拔任用监督工作,参与学校自主组织的招标、议标1 000余项。按照"转职能、转方式、转作风"的要求,加强对监督部门的"再监督",对存在问题的单位和部门,下达监察建议书,相关经验做法编印成书在全省范围宣传推广。

3. 专项治理和检查防范办学风险

坚持把专项治理和监督检查作为规范特定业务领域工作的出发点和落脚点,注重把工作重点放在发现和揭示问题上,真正做到了"解决一个问题、健全一批制度、规范一个领域"。五年来,顺利完成教育部等上级部门开展的规范教育收费、治理"小金库"、中央八项规定等20余项治理和检查工作。

(五)践行"四种形态",纪律审查综合效用全面凸显

学校纪委认真落实从严治党、严格执纪原则,注重抓早抓小,动辄则咎,发现苗头性问题及时咬耳扯袖,触犯纪律及时处理,切实做到了惩戒与教育的相结合。

1. 信访举报工作程序更加完善

畅通信访举报渠道,建立了"信""访""网""电"四位一体的举报网络。按照"有问题要查清、没问题要澄清"的要求,及时受理,第一时间核实信访件反映的问题,做到了件件有回音、件件有落实。按照拟立案、初核、函询谈话、暂存、了结等五类标准分类处置,规范管理,加大上级部门交办案件查处力度。健全问题线索处置集体研究和决策机制,推进案件联合审理制度,加强与省纪委、教育纪工委的案件联合审理,增强办案合力。及时调整纪检监察案件审理工作小组成员,推动审理工作规范化。完善信访基础性制度体系,出台《关于规范谈话函询办理工作的暂行办法》,提高了信访工作的科学化水平。

2. 纪律审查工作扎实有效

坚持首接负责制,按照"减少存量,遏制增量"的总要求,整合力量,加大办案力度,坚持全员办案,认真核实师生员工来信来访线索,对涉及领导干部违纪违法和群众反映强烈的问题,综合运用监督执纪"四种形态",实现重大信访"零暂存"。综合运用纪律处分和组织处理等手段,努力实现政治效果、社会效果和法纪效果的有机统一。根据有关规定对相关人员进行约谈和组织处理,2010年9月以来,共收到信访件234件,纪律处分19人次,组织处理9人次,发出监察建议书3份,挽回直接经济损失310余万元。

3. 以查促防的效用鲜明

对苗头性、倾向性问题及时采取信访约谈、诫勉谈话、函询等方式进行批评教育、责令纠正、治病救人。坚持基层党委书记例会、党委部门负责人会对信访举报查处情况通报制度,强化纪律意识和警示震慑作用。注意从管理和制度层面查找发现问题,有效促进了机制体制的完善。

(六)队伍建设持续加强

按照"打铁还需自身硬,信任不能代替监督"的要求,切实加强纪委干部队伍建设,不断增强从事党风廉政建设和反腐败斗争工作的履职能力和水平,为学校事业的科学发展提供坚强的干部队伍保障。

1. 部门学习型机关建设成果频出

充分利用学校作为综合大学的资源优势以及学科优势开展理论研究,与法学院合作成立全国高校第一家"反腐败法治研究中心"。目前,该平台整合校内外学术资源开展的理论研究工作已在学术界和实务界产生良好影响,并成功入选江苏高校哲学社会科学重点研究基地。学校纪检从业人员积极结合联系实际开展理论研究,发表纪检监察理论文章15篇,8篇论文获得省级奖励,承担课题12项。

2. 部门工作的科学化水平持续增强

牢牢把握党风廉政建设和反腐败工作的规律和特点,积极探索新形势下学校纪委工作的新思路。出台《东南大学基层党组织纪检委员工作职责(试行)》《关于规范谈话函询办理工作的暂行办法》等,提升纪检工作科学化水平。在监督执纪问责工作中采用"AB角"制,健全了纪检部门内控措施。学校纪检监察工作还多次被教育部《教育纪检监察》等刊物推介报道。总结经验,查找不足,编写《忠诚　干净　担当——新时期东南大学纪检监察工作纪实》。

3. 纪委干部的综合素养不断提升

每一位纪委干部都努力做到认真学习领会上级纪委、教育部对党风廉政建设和反腐败工作的新要求和新举措,并将最新的精神贯彻落实到工作中。严守政治纪律和政治规矩,敢于铁面执纪,自觉当好党的纪律的坚定拥护者、模范执行者、有力监督者。带头反对"四风",主动接受监督,牢固树立"监督者更要接受监督"的意识,以自身综合素养的不断提升服务于学校的各项中心工作。

五年多来,在上级纪委和学校党委的领导下,在行政的大力支持下,在广大党员干部和师生员工的理解、支持和配合下,学校纪委认真履职尽责,始终把服从和服务学校改革发展大局放在党风廉政建设和反腐败斗争的首要位置,坚定不移地为保障学校改革与发展服务,为维护师生员工合法权益和干部队伍健康成长服务。学校从源头上防治腐败的各项工作不断推进,党员干部的自律意识、责任意识、主动接受监督意识不断增强,内部管理更加规范,"立德树人、风清气正"的校园文化氛围和育人环境正在逐步形成。

二、过去五年多的工作体会

过去五年多的党风廉政建设和反腐败工作的实践告诉我们:

——必须坚持党委统一领导,党政齐抓共管。五年多的工作实践表明,学校的党风廉政建设和反腐败斗争离不开学校党委的统一领导、相关职能部门的分工负责以及全体师生员工的大力支持。正因为有了强有力的工作体制和机制,我们的多项工作才能开展的有声有色并赢得了上级部门的赞誉。

——必须坚持服务于学校教育教学和改革发展大局。只有把党风廉政建设和反腐败工作放在学校的世界一流大学建设的整体布局中来谋划、部署和推进,将其融入学校的教学、科研和管理工作并落实到办学治校的各个环节,党风廉政建设和反腐败工作才能切实发挥作用,为学校的发展保驾护航。

——必须坚持统筹推进惩治和预防腐败体系建设。只要坚持"标本兼治、综合治理、惩防并举、注重预防"的党风廉政建设和反腐败工作方针,立足学校实际,构建符合学校作为一所学术业务单位特点的惩治和预防腐败体系,才能有效遏制校园腐败现象的发生。

——必须坚持创新工作与狠抓落实相结合。面对新形势下学校党风廉政建设和反腐败斗争呈现出的新特点、新情况,纪委坚持改革创新精神,通过转职能、转方式、转作风,狠抓对重点部门、重大事项、关键环节监督责任的落实,探索从源头上预防和治理腐败的新途径、新方法、新手段,切实有效地避免了工作失误,降低了学校违纪违法行为的发生频率,为学校的改革与发展贡献了力量。

同时,我们也清醒地认识到,学校党风廉政建设和反腐败工作还存在着一些薄弱环节和需要着力加以解决的问题:部分党员干部的宗旨意识还较为淡薄,理想信念还不够坚定,职务犯罪、违法违规等现象在校园内仍时有发生;"两个责任"的落实在学校层面已经形成共识,但在基层党组织和职能部处层面还有待进一步深化;党风廉政建设和反腐败工作更多的关注点还是在行政权力运行的层面,未来会结合学校特点,加强向学术权力运行层面的转变。此外,纪律审查工作的方式、方法还有需要继续完善的地方,明辨是非和弘扬校园正气工作还要继续推进,纪检监察工作的队伍建设还需继续加强等。对这些问题我们一定会高度重视,尽最大的努力加以改进,并不断解放思想、开拓创新,以更强的责任感和使命感,以更大的决心、更坚定的态度、更有力的措施,凝聚更多、更强大的正能量服务于学校的事业发展。

三、对下一届纪律检查委员会工作的建议

各位代表、同志们:

未来几年是学校大力实施"十三五"事业发展规划、全面深化综合改革、加快推进世界一流大学和世界一流学科建设的关键时期。作为学校党建工作的有机组成部分和世界一流大学建设的重要保障,今后一段时期,党风廉政建设和反腐败工作将继续立足学校实际,深入贯彻落实党的十八大、十八届三中、四中、五中全会以及习近平总书记系列重要讲话精神,牢牢把握中央纪律检查委员会历次全会对党风廉政建设和反腐败工作提出的新要求,在上级纪委和学校党委的领导下,进一步加强教育引导,完善制度体系,改进纪律审查方式,旗帜鲜明地明辨是非,继续推进作风建设,持续优化干部队伍,全面履职尽责,为学校各项事业的发展提供坚强的政治保证。

(一)以廉洁教育为抓手,营造清正廉洁的育人环境

廉洁教育是学校党建工作的重要组成部分,是党风廉政建设和反腐败斗争的基础性工作,是惩治和预防腐败体系的重要内容,是有效预防腐败的重要手段。我们要通过完善工作格局、强化纪律教育以及分类施教等方式,夯实党员领导干部和广大师生廉洁修身的思想基础。

1. 继续完善反腐倡廉大宣教的工作格局

将反腐倡廉教育纳入学校党建工作的总体部署,深入宣传党的十八大、习近平总书记关于严明党的纪律和规矩的重要论述以及中央纪委全会精神,引导广大党员干部和师生准确把握新形势下党风廉政建设和反腐败工作的总体思路和基本要求,切实增强廉洁意识。进一步完善反腐倡廉教育联席会议制度,将基层党组织代表纳入联席会议单位,促进联席会议单位在廉洁教育工作中积极作用的全面发挥。推进反腐倡廉教育向基层延伸,督促基层党组织切实担负起廉洁教育的主体责任。

2. 挺纪于前营造更加优良的校园政治生态

结合"两学一做"学习教育、社会主义核心价值观的培育和践行等工作,在全体师生中深入开展理想信念教育,使他们坚定对中国特色社会主义的道路自信、理论自信、制度自信,为国家培养更加可靠、合格的接班人。把《党章》《准则》和《条例》等纳入校、院(系)两级理论学习中心组、党课、党校教育课程、党员学习计划中,使党员领导干部自觉遵循党章这个总章程和总规矩,坚守共产党人的精神追求。通过新任中层干部任前谈话、纪委书记为新任中层干部上廉政党课等方式,开展严守政治纪律和政治规矩教育,强化看齐意识。在专职教师中强调"学术研究无禁区,课堂讲授有纪律"的原则,牢牢把握意识形态工作领域的领导权、管理权。

3. 分类施教打造积极、健康、向上、可持续的校园学术生态

在新进教职工的入职教育等工作中,纳入以教师职业道德、学术道德等为内容的廉洁从业教育,教育广大教师将科研诚信、学术自律内化为为人师表的一种习惯,培养能够自觉遵守学术规范,有能力引领学科发展方向、深入开展学科前沿研究的东南大学新一代学术带头人。在教师的职称评审、导师遴选、项目申报、奖励评定等工作中,将是否遵守学术道德及学术规范列入评价体系,引导教师自觉抵制学术不正之风。将廉洁教育纳入人才培养体系,利用开学初、学期末考试、毕业论文答辩等时间节点,对学生开展诚信教育,探索针对毕业生中即将赴公职岗位的群体开展廉洁教育的有效途径,确保立德树人的根本任务落到实处。

(二)以制度建设为核心,深入推进学校依法依规治校

推进以《东南大学章程》为核心的现代大学制度体系建设,是提高学校的大学治理能力的必然要求。未来五年,我们要将党风廉政建设和反腐败工作的各项规章制度纳入学校的大学制度体系,推进相关制度的与时俱进,确保学校办学和管理工作的有章可循、有据可依。

1. 着力健全党风廉政建设的责任体系

强化责任担当,推动全面从严治党向学校基层党委的深度延伸,形成一级抓一级、层层抓落实的责任传导体系。学校党委,各职能部门、各基层党委、直属党支部、教工和学生党支部都要肩负党风廉政建设和反腐败工作的主体责任。校党委书记和校长要积极履行党风廉政建设第一责任人职责,特别是学风建设和学术不端行为查处第一责任人职责。校领导班子成员及各级领导干部要严格落实"党政同责""一岗双责",按照分工抓好职责范围内的党风廉政建设工作。

2. 通过问责倒逼党风廉政建设主体责任的履行

出台《中共东南大学委员会关于党风廉政建设责任制责任追究办法》,以强有力的问责传导压力,倒逼学校各级党组织和党员领导干部履行好管党治党责任。要将党员领导干部履行党风廉政建设主体责任、"一岗双责"及遵守党的政治纪律和政治规矩情况,作为领导班子和领导干部年度考核、干部选拔任用、党风廉政建设责任制巡视检查及机关作风建设考评的重要依据。

3. 继续完善惩治和预防腐败体系建设

对现有的《中共东南大学委员会贯彻落实〈建立健全惩治和预防腐败体系 2013—2017 年工作规划〉实施意见》执行情况进行摸底,确保任务分解落到实处。根据当前党风廉政建设和反腐败斗争的新形势、新任务,逐步建立以制约和监督权力运行为核心,内容科学、程序严密、配套完备、有效管用的党风廉政建设和反腐败工作的制度体系,持续构建不敢腐、不能腐、不想腐的体制机制。

4. 持续发挥民主集中制、民主监督在学校现代大学制度建设中的积极作用

扎实推进以《东南大学章程》为龙头的现代大学制度建设,把廉洁性要求融入制度建设,推进制度的廉洁性评估。继续坚持民主集中制,完善"三重一大"决策制度和领导班子议事制度。切实发挥党内监督、教代会监督、民主党派监督、群众监督以及舆论监督的作用,把权力关进制度的"笼子",推动依法依规治校。

(三) 以改进纪律审查方式为指针,持续探索"四种形态"效用全面发挥的新途径

监督执纪问责是党风廉政建设和反腐败斗争的重要组成部分。要积极践行"四种形态",坚持挺纪在前,用好教育批评、组织监督、纪律检查和立案审查等方法,努力做到抓早抓小,不搞不教而诛,为学校的"双一流"建设保驾护航。

1. 积极践行"四种形态"

把践行"四种形态"作为检验工作的标准和关心爱护党员干部的重要手段运用到纪律审查工作中。对干部身上出现的苗头性、倾向性问题,要早提醒早纠正,让咬耳扯袖、红脸出汗成为常态,党纪轻处分、组织调整成为大多数,重处分、重大职务调整的是少数,而严重违纪涉嫌违法立案审查的只是极少数。特别是要做到宽严相济,对于问题界于相邻两种形态之间的,要力求通过本人的觉悟和组织的帮助,使其彻底整改、重建忠诚,从后一种形态向前一种形态转化。

2. 着力增强监督的实效

突出严管就是厚爱,严格日常管理监督,抓住重要时间节点,进行教育提醒,使广大党员特别是党员领导干部牢记各项廉洁自律要求和党的纪律底线。进一步畅通监督渠道,激发广大师生的监督正能量。建立常态化督促检查机制,探索实行督查情况通报和问题整改反馈机制。充分发挥纪检监察部门对"监督的再监督,检查的再检查"的职能,强化学校各级党政领导班子的内部监督制约机制,督促管理部门在关键环节切实落实自我监督制约措施,以"三转"带动监督实效的提升。

3. 切实发挥纪律审查的综合效用

提高思想政治水准和把握政策能力,充分发挥理想信念和政策的感化教育作用,确保谈话函询成为监督执纪常态。健全函询回复材料签字背书和审查机制,仔细核查函询回复的真实性。聚焦主业,集中力量查办违规违纪问题和违法案件。强化"一案双查",坚持零容忍、不设限、全覆盖。对专项移交件中涉及的违反中央八项规定精神问题坚持快查快办,严查深究,把违反"六大纪律"和发生在师生员工身边的违规违纪问题作为纪律审查重点,形成震慑效果。

(四)以关爱教职工为出发点,旗帜鲜明地明辨是非

教师是高等教育履行人才培养、科学研究、社会服务、文化传承创新四大功能的中坚力量,更是社会主义现代化建设的骨干力量。党风廉政建设和反腐败工作要坚持"以人为本",最大限度地保护广大教职工从事教学、科研、管理工作的积极性。

1. 强化廉政风险防控

继续在干部选拔任用、招生录取、基本建设、物资采购、财务管理、科研经费、校办企业、学术诚信等重要领域、重点部位和关键环节查找风险点,有针对性地制定廉政风险防范措施,形成前期预防、中期监控、后期管理的"三道"防线,寓监督于服务,以狠抓政策落实强化相关人员的腐败风险意识。在以上重点领域和关键岗位工作人员范围,定期开展法律法规、财经纪律教育以及预防职务犯罪等方面的专题教育,筑牢他们抗腐防变的思想道德防线。

2. 旗帜鲜明地明辨是非

在坚决维护大学校园积极健康、和谐向上的育人环境的基础上,党风廉政建设和反腐败工作要努力做到旗帜鲜明地辨别是非、传递正能量。对检举、控告不实的,必须分清是错告还是诬告:如经核查确属错告,应在征得当事人同意的情况下,在一定范围内予以澄清是非,消除对被错告者造成的影响,并教育错告者;如经核查属于诬告,应该根据相关的管理规定对诬告者追究责任,严肃处理,真正做到惩恶扬善、正风肃纪。

3. 把实现好、维护好、发展好最广大师生的根本利益作为工作的出发点和落脚点

继续推进党务公开、校务公开、信息公开,确保广大教职工对校情、校务的知情权。着力解决师生反映强烈的突出问题,坚决纠正损害师生利益的不正之风,协助党委破除影响学校发展的体制机制问题,团结全体师生员工凝心聚力、集成创新,以最大的合力、最强的战斗力,信心百倍地共同建设世界一流大学。

(五)以作风建设涵养优良校风,全面弘扬校园正气

作风建设是党风廉政建设和反腐败斗争的一项长期性、基础性工作,更是凝魂聚气的"固本工程"、除疾祛病的"生命工程",事关党的生死存亡、事业发展的兴衰成败。要全面加强作风建设,以良好的作风建设带动更加优良的学风、校风的保持与提升。

1. 持续推动作风建设的常态化长效化

深化党的群众路线教育实践活动、"三严三实"专题教育成果，定期开展作风建设"回头看"，严防"四风"反弹。推动校内专项治理常态化，协助党委破除影响学校改革发展的体制机制障碍。明确政治意识、大局意识、核心意识、看齐意识，特别是强化政治纪律、组织纪律、廉洁纪律、群众纪律、工作纪律、生活纪律，督促和引导广大党员干部养成纪律自觉，内化于心，外化于行，形成尊崇党章、遵守党纪的良好习惯，并以身作则，积极发挥自己在广大师生中的模范带头和先锋表率作用。

2. 持之以恒地落实中央八项规定精神

全面贯彻落实中央八项规定精神和学校制定的实施细则，确保相关规定落到实处。抓住关键节点，对违反中央八项规定精神的问题发现一起、查处一起、通报一起。结合中央八项规定精神的落实，协助学校党委持续开展机关作风建设，发挥管理育人、服务育人在学校人才培养中的积极作用。

3. 拓展思路加强廉洁文化建设

将廉洁文化建设纳入学校校园文化建设的总体布局，注重弘扬中华民族优秀的传统文化和优良家风，明确地告知广大师生什么是对、什么是错，培育风清气正的校园文化生态。以每年一度的全国高校廉政文化作品征集暨廉洁教育系列活动为契机，开展校园廉洁文化活动周活动，打造廉洁文化作品，营造廉洁的育人环境。充分利用学校官方微博、微信、校园网、校报等校园媒体，宣传廉洁典型，传播廉洁故事，使廉洁理念深入人心。

（六）加强纪检监察干部队伍建设，进一步提升履职能力和水平

纪检监察干部肩负着维护党纪政纪、推进党风廉政建设和反腐败斗争的重要职责，更是这项工作的具体执行者。面对党风廉政建设和反腐败斗争的新形势、新挑战，学校的纪检监察干部要以更高的标准、更严的纪律要求自己，牢固树立忠诚于党、忠诚于纪检事业的政治信念，切实履行好党章赋予的职责，做到"忠诚、干净、担当"，以出色的工作成果服务于学校教育教学与改革发展大局。

1. 进一步优化纪检监察专职干部队伍

要以深化"三转"为根本点，聚焦中心任务，突出主责主业，着力避免工作职能泛化弱化问题。"打铁还需自身硬"，正人先正己，要坚持自我净化、自我革新、自我提高永远在路上，自觉接受党组织和师生员工的监督。要敢于监督、敢于负责，严格执纪、廉洁执纪、公正执纪，树立新时期纪检监察干部形象。

不断加强理论学习，增强业务素养，开展纪检监察工作研究，持续提升工作质效。

2. 推进院系层面二级纪委建设

继续推进学校各二级单位党组织设立纪委的工作，探索由党政副职、党支部书记等担任二级纪委兼职纪委书记的可行性,争取实现纪检监察组织在学校二级单位的全覆盖。定期到二级单位调研,贴近师生开展工作,确保纪检监察工作的"以人为本"。

3. 充分发挥学校职能部门、纪委委员和兼职监察员的积极作用

密切与职能部门的联系,通过走访、座谈、研讨等形式,督促职能部门按照党风廉政建设责任制的要求履行职责,确保纪委"再监督"职能落到实处。采取集中培训、以会代训和协同办案等方式,提升兼职纪检监察干部队伍的业务能力。

各位代表、同志们,高校党风廉政建设和反腐败斗争是建设有中国特色高等教育体系、完善现代大学制度的重要内容。纪委全面履职尽责,更是持续加强学校党建工作、提升大学治理能力和推进世界一流大学和一流学科建设的内在需求。让我们高举中国特色社会主义伟大旗帜,以邓小平理论、"三个代表"重要思想、科学发展观为指导,深入贯彻落实习近平总书记系列重要讲话精神,进一步深化"三转",强化监督执纪问责,在上级纪委和学校党委的坚强领导下,紧紧依靠学校各级党组织、广大党员干部和全体师生员工,不断取得党风廉政建设和反腐败斗争的新成效,为东南大学早日实现世界一流大学的"东大梦"做出应有的贡献!

始于初心　止于至善

——在东南大学2016级本科生开学典礼上的讲话

校长　张广军

（2016年8月29日）

亲爱的同学们，老师们：

大家好！

今天是属于东大的节日，来自祖国各地的3 967名本科生新同学和首批入学的119名海外留学本科生新同学，迈进了东大校门，相聚在九龙湖畔，共同见证成为东大人的神圣时刻。在此，我代表易红书记和全体师生员工对你们的到来表示最衷心的祝贺和最热烈的欢迎！

"得天下英才而育之"是大学的荣誉，是教师的快乐，而有机会培养出超越自己的学生是教师最大的幸福。你们都是这个时代脱颖而出的佼佼者，感谢你们在人生的美好时光选择东大作为你们新的人生起点和梦想舞台！从今天起，我们将在百年名校东南大学、在这片放飞梦想的热土共同书写始于初心、止于至善的东大故事！

今年是"十三五"开局之年，也是奥运之年。在这个五彩斑斓的夏天，你们经历了高考的洗礼、圆梦的欣喜，见证了女排精神与"洪荒之力"，也收获了坚毅的自信。在这一级新生中，有42位"00后"。信息科学与工程学院张雨嵩同学是23名少年生中年纪最小的，只有14周岁，他高考成绩超出河北省一本线60分。人文学院曾可鑫同学来自山西运城贫困家庭，她拥有坚强的毅力和不懈的坚持，并得到了社会爱心帮扶和东大精准资助，她是1 093名农村孩子圆梦东大的杰出代表。汪远东同学在高三之初便坚定了考取东大建筑学专业的奋斗目标，最后三个月实现了100分的超越，终于梦想成真。你们的学姐周羿霖同学在奥运游泳赛场努力拼搏，获得女子200米蝶泳第五名的好成绩。我坚信，你们每个人都是自己的冠军，也都会在东大享有人生出彩的机会。

何谓大学之大？应在于大师之大、大爱之大，也在于使命之大、学问之大、文化之大。文化是构成一所大学的生命底色，传承千年文脉的东南大学历经三江师范学堂、国立东南大学、国立中央大学、南京工学院等重要历史发展时期，文化积淀深厚，教育历史悠久。"东揽钟山紫气，北拥扬子银涛，六朝松下听箫韶"，这就是东大人文化自信的根基，也是东大人114年始终喷薄跃动、薪火相传的初心。

东大人的初心是科学名世。创新是世界一流大学的灵魂。国立东南大学郭秉文校长力主"平衡"办学理念，广延名师，一时科学巨匠俊彦云集、人文大师灿若星河，让上世纪20年代的国立东南大学声名鹊起。东大曾是中国科学社的大本营，是中国自然科学的发祥地，开创了科技进步的诸多先河，茅以升、严济慈、竺可桢、李四光、杨廷宝、吴有训等先生曾在此执教，赢得了"东大以科学名世"之美誉。同时，东大还曾是学衡派的诞生地，是现代儒学复兴的策源地,李叔同、陶行知、马寅初、吴宓、徐志摩、闻一多、徐悲鸿、张大千等先生也曾任教于此,赢得了"东大文史哲教授,实在不亚于北大"之称赞。114年来,一代代东大人矢志创新,在推动国家科技进步、坚守中国传统文化进程中发挥了重要的引领作用。

东大人的初心是人才报国。强国崛起与发展无一不依赖其教育质量与发展能力。在上世纪那个民族危机深重的时刻,一代代东大人肩负民族大义,勇担强国使命。张之洞先生力主创办三江师范学堂,以"兴学图强";两江师范学堂监督李瑞清先生倡导"嚼得菜根、做得大事",勉励学生要顶天立地;南高师江谦校长提出"有信心,乃知非教育不足以救国;有信力,乃知非实行教育不足以救国";国立中央大学罗家伦校长在国家抗战、民族危难之际,毅然提出《中央大学之使命》,即"为中国建立有机体的民族文化",在西迁重庆后培养了祖国栋梁、保存了华夏文脉。114年来,东南大学英豪辈出,先后培养出了200多位院士,也培养出"中国居里夫人"吴健雄、首位"建筑界诺贝尔奖"——普利兹克奖中国得主王澍这样的杰出校友。

东大人的初心是止于至善。"大学之道,在明明德,在亲民,在止于至善。"东南大学始终坚守大学之道,坚持"立德树人"。南高师以"诚"为训、以"德"为高,国立东南大学以"止于至善"为校训,国立中央大学强调"诚朴雄伟",今日东南大学传承"止于至善"之校训。114年的办学历程,东大见证了中国近现代高等教育发展史,也见证了"止于至善"精神成长史,在东大人身上彰显的是内化于心的至善追求和至善情怀。不忘初心,方得始终。近年来,东大人不忘"科学名世"之神圣责任,在国家新能源、新材料、电子信息、生物医药、节能环保等多个战略性领域自主创新,实现了一批重大原创性突破。近五年,共牵头获得15项国家级科技奖励,其中,尤肖虎教授、吕志涛院士团队分别获得国家技术发明一等奖和国家科技进步一等奖。近年来,东大人不忘"人才报国"之崇高使命,大力推进"人才强校"战略,着力提升人才培养质量,创新创业精英人才不断涌现。2014年获国家级教学成果一等奖1项、二等奖5项,总数并列全国高校第8位。

传承历史是为了创造更加美好的未来。李瑞清老校长曾以"视教育若性命,学校若家庭,学生为子弟"自勉,今日东大将以"瞄准前沿、服务战略、师生为本、人才为先"追求卓越、建设一流,让你们在学习的课堂、实践的课堂和文化的课堂间阔步前行,在东大古老而青春的舞台上砺翅飞翔。在这个创新的时代,学校将以培养你们成为国家的优秀建设者和领军人才为使命和责任,而你们应如何做好一名优秀的东大人,如何度过这段不悔的青春?在此,我想用三个词与大家分享和共勉。

一是"至高使命"。东大历史上的学衡派代表柳诒徵先生在《论大学生之责任》中说到,即使"最小最近之事,亦当引以为责,分头并进,各殚所能"。当今世界和中国正处于深刻转型期,创新成为引领发展的第一动力。创新的事业呼唤创新的人才,希望你们勇于担当起前辈先贤为祖国和民族立心、立命的使命感和责任感,把个人的成长与祖国的命运、时代的使命融为一体,铸成"天生我材必有用"的人生之志,历练以小我成就大我的家国情怀,瞄准前沿,直面挑战,锐意创新,在为社会、为国家、为人类进步的奋斗进程中实现自我价值。

二是"至中智慧"。"中也者,天下之大本也;和也者,天下之达道也。"中和体现中国文化和哲学思想,是一种承认世界多元化、思想多元化、包容融合的为人处事之道。东大历史上"诚"之校训,内含着"诚者不勉而中"的意蕴,郭秉文老校长力求四个"平衡"办学思想,并以"钟山之崇高,玄武之恬静,大江之雄毅"形容东大校风,也彰显了中庸之思想。希望同学们能够勇于开拓创新、超越自我,并在学习和生活中做到不偏不倚,顺势而为。你们不仅要学会知识,更重要的是要学会思考,升华思想,塑造正确的价值观,习得辩证的思维方式,不断增长求真、向善、尚美的大智慧。

三是"至善境界"。小胜靠力,中胜靠智,大胜靠德。止于至善是大学之道的最高境界,彰显了东大永远追求卓越的精神气质。高尚的道德情操和崇高的大爱精神是一个人最美的品格,是获取成功的基石。罗家伦老校长曾在《道德的勇气》一文中说,要在修养锻炼之中,养成一种至大至刚的"浩然之气"。"上善若水",泽被万物而不争名利,与人无争却又容纳万物。人生之道,莫过于此。最小的善行胜过最大的善念,希望同学们传承东大人求实务实、宁静致远的高贵品格,心存敬畏,慎独慎行,与人为善,不为利所缚、不为欲所惑,勿以恶小而为之,勿以善小而不为,努力让善良与崇高成为你们的习惯。

欲戴王冠,必承其重。同学们,至高的使命、至中的智慧、至善的境界,是我们对大学也是对人生的一种理解与追求。我相信大家对这三点会有更多的思考与行动。

同学们,一代人才一代使命,实现中国梦、建设"双一流"的新篇章要靠你们来续写!在"十三五"开局之年,远大艰巨的奋斗目标呼唤着你们的责任与担当,静待花开的大学生活期待着你们的珍惜与绽放。始于初心,止于至善。最后,我想再次说出与你们在录取通知书上的约定:让我们在东大一起遇见最优秀的自己,书写最动听的故事,筑就最美好的未来!

谢谢大家!

在东南大学 2016 级春季入学研究生开学典礼上的讲话

校长 张广军

(2016 年 3 月 11 日)

亲爱的同学们,老师们:

大家好!

今天是东大的节日,在这充满生机和希望的早春时节,我们相聚在四牌楼校区大礼堂,共同见证 2016 级春季入学研究生开学典礼,迎来了 295 名博士研究生和 719 名在职硕士研究生。我首先代表易红书记,代表学校全体师生员工,向你们加入东南大学表示衷心的祝贺和热烈的欢迎!

三个多月前,我和大家一样有幸进入东南大学,并深刻体悟到她厚重的历史底蕴、高远的科学追求和至善的文化特质。你们来自不同的地方、怀着不同的梦想,通过你们的刻苦努力成为了优秀的东大人。你们是一个富有青春活力和知识的群体,蕴含着巨大的创新潜力,也预示着东大的无限生机。"得天下英才而育之"是大学的荣誉,是教师的快乐,而有机会培养出超越自己的学生是教师最大的幸福。感谢你们在人生最好的时光选择东大,我相信你们在走入东大、融入东大之后,会发现令人心动的课堂,会感受到令人神往的学术探索,也会沐浴到让人感动的荣光。

同学们,当今世界和中国正处于深刻的转型期,创新驱动是当代发展的特征。新一轮科技和工业革命正在孕育兴起,学科交叉与融合已成为科学研究的驱动力,催生着传统学科焕发新的生机,培育着新兴学科快速发展,并推动着国际大科学合作,特别是经济社会发展中的许多重大问题也愈加强烈地依赖于科技创新的能力。历史告诉我们,人类社会的每一次科技突破都会催生社会生产力的深刻变革,推动着人类文明迈向新的更高台阶。历史还告诉我们,强国崛起与发展无一不依赖其教育质量与发展能力,一个国家拥有的什么样的大学基本决定了其现在和发展的能力;而大学的能力则取决于其所传承和创造知识的能力,取决于其服务国家重大需求和国际学术前沿的竞争力。

同学们,今天你们来到东大就即将肩负起东大的这种历史责任和使命,你们应该如何准备?你们期待的下一个转折点是什么?

今天,为了使各位更好地把握人生转折点,我用两个问题,与大家共同思考。

第一个问题,研究生阶段的意义和价值是什么?

从人才成长规律看,25—35 岁期间是人生中最富有创造力与激情的时期,许多科学家和著名学者的成功大多源于研究生期间的发现及其养成的永无止境的探索精神,例如波动力学创始人、量子力学奠基人之一的德布罗意,32 岁时以"物质波理论"获博士学位,并以此在 37 岁获 1929 年诺贝尔奖;量子物理学家康普顿,24 岁获博士学位,并持续探索

7年,发现了X射线散射效应,33岁获得1927年诺贝尔奖。据统计分析,要成为一流科学家,没有博士阶段严格规范的科学训练几乎是不可能的。

我认为,对学者和大学而言,知识的应用与创造同样重要,但对于杰出的学者和大学而言,知识创造的价值却远大于知识应用的价值。在我看来,0到1的距离远大于1到1万的距离!因此,保持对未知问题的冲动和永恒追求才是知识创造的源泉,也充分体现了研究生阶段的意义和价值。无论今后各位在何种岗位,研究生时代的思考与行动将与你们的成功成正比,因为,这是你最富有创造力和激情的难忘时代。

第二个问题是,成为东大人的你们应该如何思考和行动?

入学东大,你们就是学校命运共同体的重要组成部分,是学校发展依靠的生力军,是学校人才培养和科学研究双轮驱动的践行者。在此,我想用三个词与大家分享和共勉。

第一个词是"视野",vision。视野决定方向,目标源于视野,而高度和视角决定了视野。视野是一种智慧,也是一种思想。爱默生说过:"怎样思想,就有怎样的生活。"

第二个是"勇气",courage。勇气坚定信念,信念决定勇气,是一种品质。直面挑战的勇气、敢于担当的作风使我们在任何困难面前不畏艰难,并体验着成功前的孤独。

第三个是"心态",mentality。小胜靠力,中胜靠智,大胜靠德。通往成就之路是困难而寂寞的,需要一种境界,坚守积极而淡定的心态可以品味人生的乐趣,并领略包容差异的深远。

同学们,志存高远的视野、不畏艰险的勇气、乐观豁达的心态,是我们对人生的一种理解与追求。我相信在座的各位对这三个词会有更多的思考与行动。东南大学"止于至善"的校训百余年来一直激励着东大人"以科学名世,以人才报国",始终坚持与时代同呼吸,与祖国共命运。

同学们,一代人才一代使命,东大未来的新篇章要靠东大人续写!2016年是"十三五"开局之年,学校远大的奋斗目标呼唤着我们的责任与担当。让我们共同努力,为了美丽动听的东大故事,潜心深耕,奋发前行!

祝愿各位在东大转型、超越,并创造未来!

谢谢大家!

新征程　新使命

——在东南大学2016年本科生毕业典礼暨学位授予仪式上的讲话

校长　张广军

（2016年6月19、21日）

亲爱的同学们，尊敬的各位来宾、校友，老师们：

大家好！

美好的六月是属于东大的校庆季、感恩季和毕业季，今天我们相聚在九龙湖畔隆重举行2016年本科生毕业典礼暨学位授予仪式。首先，我代表易红书记和全校师生员工向本次毕业的4 075名本科生表示最热烈的祝贺！向辛勤培育、为你们成长默默奉献的所有老师与员工们表示最衷心的感谢！向今天到场与我们共同见证这个神圣时刻、一起分享这份荣光自豪的各位来宾和亲朋好友们致以最诚挚的敬意！

虽然与同学们相处短暂，我仍能想象你们四年的东大时光，一定是丰富多彩、值得回忆的。四年前，青春洋溢但略显稚嫩的你们或满怀憧憬或忐忑不安地迈进了东大的校门，从此便与东大的命运紧紧相连。

四年的时光，你们探求新知，放飞梦想。在教学楼、在图书馆、在大讲堂，在九曲桥、在宿舍、在体育场，你们或春诵夏弦、或冥思苦想、或谈笑风生、或黯然彷徨，无论何时何地，无论何种方式，东大都已成为你们共同的名字，成为你们追求自由的舞台，成为你们实现梦想的家园。我相信你们也都会体验着、感悟着她那厚重的历史底蕴、崇高的科学追求和"止于至善"的文化特质。

四年的时光，你们砥翅东南，全面成长。领略名师风采、激荡创新火花、涵养人文情怀、历练国际视野、担当社会责任，你们付出了艰辛的努力，收获了可喜的进步。在本届毕业生中有233位同学获得国家奖学金，22位同学获得"江苏省三好学生"称号，14位同学获得"江苏省优秀学生干部"称号，10个班集体获得"江苏省先进班集体"称号，还有10位同学被评选为"最有影响力毕业生"。你们用自己的青春铺就了奋斗的历程，用自己的勤勉铸就了成功的榜样。信息科学与工程学院的孙佳琛同学曾获得美国大学生数学建模大赛国际一等奖，是主持各类学校活动的"金话筒"，更是一名志在报国的优秀国防生。数学系的毕成同学不仅成绩优秀，发表SCI论文、EI论文各1篇，还组织了"至善黔程""行走的力量"、南京支教论坛等系列支教活动，获得中国青年志愿服务项目大赛银奖，并被美国哥伦比亚大学录取。我相信，每一位同学都在四年的时间里书写了美丽动听的东大故事，刻下了青春无悔的东大记忆。在你们身上体现的是东大人"嚼得菜根、做得大事"的高贵品格和"止于至善"的不懈追求，同时也是东大坚持"立德树人"的真实写照。

四年的时光，你们热诚奉献，见证发展。你们是东大命运共同体的重要组成部分，是学校各项事业快速发展的奉献者和见证者。从尤肖虎教授团队获得国家技术发明一等奖到吕志涛院士团队获国家科技进步一等奖,四年获15项国家科技大奖,你们见证了东大科技创新水平的不断跃升。2012年教育部学科评估中,3个学科排名全国第一,位居全国第7位,进入ESI世界前1‰的学科从7个增至9个,你们见证了东大学科实力的稳步提高。作为国内首所研究生培养层次的中外合作办学机构,东南大学-蒙纳士大学苏州联合研究生院从正式成立到首届学生毕业,你们见证了学校走国际化强校之路的坚定步伐。从教育部首批颁布《东南大学章程》到推进学校综合改革,再到"十三五"规划付诸实施,你们见证了学校锐意改革、加快现代大学制度建设的坚强决心。同时,你们也见证了以王建国院士为代表的高端人才队伍的不断壮大,见证了以摘得普利兹克建筑奖的王澍校友为代表的杰出校友为母校增光添彩的荣耀时刻。

"人生的道路虽然漫长,但要紧处常常只有几步,特别是当人年轻的时候",同学们,在大学毕业这个重要的岔路口,你们最后一次考试题应该就是人生的选择题。美国电影《肖申克的救赎》中有句经典的台词,"生命可以归结为一种简单的选择:或忙于真正的生活,或一步一步走向死亡。"你们会选择安逸享乐的生活,还是选择一个奉献与冒险的人生?我想,无论你们选择了读研深造还是步入社会,真正的生活一定是经过反思、有价值的生活,一定是与时代、与国家的命运紧紧相连的生活。

立足时代前沿,我们必须清醒地认识到,当今世界和中国正处于深刻的转型期。随着经济全球化、文化多样化、社会信息化日趋深入,创新已成为引领发展的第一动力。如何紧紧追随创新大潮,何以全力投身创新洪流,这应该是每位同学做出新选择、开启新征程、肩负新使命的大前提。

为了使各位同学更好地把握人生转折点,我用四个问题与大家共勉。

第一,是否有引领未来的目标?目标决定未来的方向。在今年全国科技创新大会上,华为创始人、总裁任正非表示"感到前途迷茫,找不到方向",他的理由是"华为正逐步攻入行业的无人区:无人领航,无既定规则,无人跟随",出人意料,令人深思。在未来的人生道路上,同学们也许同样会面临着因为找不到目标和方向而"迷茫"的困境,而是否有引领未来的目标、有超越他人的方向,决定着未来能否成为领航者,并获得竞争优势。东大历史上的学衡派代表柳诒徵先生在《论大学生之责任》中说到,即使"最小最近之事,亦当引以为责,分头并进,各殚所能","以人才报国"是东大的目标。在国家深入推进创新驱动战略、渴求精英人才、期盼创新人才的新时代,希望你们争做引领国家未来的精英人才,勇于树立为社会、为国家、为人类进步奋斗的宏伟目标,把个人的成长与祖国和时代的使命融为一体。

第二,是否有独辟蹊径的智慧?社会是个充满矛盾的复杂系统,需要超越性的智慧和处理各种矛盾的技能。古人讲:"中也者,天下之大本也;和也者,天下之达道也。"要增长智慧,就要把握中庸之道的内涵,体悟辩证思维的精髓。学会看到硬币的两面、人性的两面,勇于打破惯性束缚,独辟创新蹊径。我记得有位心理学家曾做过这样一个富有启示意义的试验:他将一条鳄鱼与一群小鱼放入一个玻璃箱的两端,中间用足够坚硬的透明玻璃隔开,一开始鳄鱼很自然地向小鱼冲去并被玻璃板挡住,这样重复了12次后鳄鱼服输了,即使把玻璃挡板打开,鳄鱼也再没有发起进攻直到最后饿死。希望同学们能够保持清醒敏锐的认知,多动脑,巧思考,勤观察,不断超越自我、实现自我。

第三，是否有"止于至善"的大爱？小胜靠力，中胜靠智，大胜靠德。高尚的道德情操和崇高的大爱精神是一个人最美的品格，是获取成功的基石。希望同学们走入社会后，继续做"止于至善"的践行者与传承者，坚守道德底线，健全完美人格，引领大爱风尚，追求崇高境界，不为利所缚、不为欲所惑，拒做"精致的利己主义者"。同时，最小的善行胜过最大的善念，希望同学们将"止于至善"的校训精神外化为实际的善行，心存敬畏，方能"身有所正，言有所规，行有所止"。希望你们懂得感恩，与人为善，做到内诚于心，外信于人，做到表里如一，知行合一，努力实现"心如天地者明，行如绳墨者章"的崇高境界。

第四，是否有持之以恒的勇气？新征程意味着新机遇，同时也会荆棘密布，充满风险。通往成功之路往往是困难而寂寞的，甚至会面临着痛苦或者厄运，希望同学们能够拥有直面挑战的勇气、敢于担当的作风。鲁迅先生说过："伟大的心胸，应该表现出这样的气概——用笑脸迎接悲惨的厄运，用百倍的勇气去应付一切不幸。"痛苦是最好的课堂，也是人生没有下课铃声的课堂，它能淬炼坚强的意志，唤醒内心的潜力。不忘初心，方得始终。希望你们在人生的路上学会坚忍不拔，持之以恒，不坠青云之志，并享受成功前的孤独和幸福。

爱国诗人艾青曾有诗云："为什么我的眼里常含泪水？因为我对这土地爱得深沉。"我曾在学校 BBS 上看到一篇《怀念东大》的短文，一位毕业两年的校友感慨毕业时的百感交集已慢慢沉淀，却仍念念不忘彼时在四牌楼的点点滴滴，他甚至要将校名的某个字嵌入子女的名字，希望他的孩子也会深深地爱上这个地方。这就是校友对母校真切的情感，令人动容。

同学们，追随"一路有你"的校庆主题，你们即将迈出校门，成为东大的新校友。你们即将开启新的征程，肩负新的使命，成为未来的筑梦者。希望你们牢记国家使命，勇于担当社会责任，始终追求至善境界，为实现中华民族伟大复兴的"中国梦"做出更大贡献。同时，母校也将在"十三五"奋力启航，再创佳绩，希望你们一如既往地关心支持母校的发展，与建设世界一流大学和一流学科的"东大梦"相伴相行。同学们，我们永远是命运共同体，母校是你们永恒的精神家园，母校的大门永远向你们敞开，期盼你们常回家，期待我们再相逢！

祝愿各位同学在新的征程中转型、超越，并创造美好的未来！谢谢大家！

勇担使命 筑梦未来

——在东南大学2016年研究生毕业典礼暨学位授予仪式上的讲话

校长 张广军

（2016年6月18日）

亲爱的同学们，尊敬的各位来宾、校友，老师们：

大家好！

美好的六月是属于东大的校庆季、感恩季和毕业季，今天我们相聚在四牌楼校区大礼堂，隆重举行2016年研究生毕业典礼暨学位授予仪式。首先，我代表学校向134名获得博士学位和2 680名获得硕士学位的研究生同学们表示最热烈的祝贺！向悉心指导、辛勤培育你们的导师们和为你们成长默默奉献的所有老师与员工们表示最衷心的感谢！向今天到场与我们共同见证这个神圣时刻、一起分享这份荣光和自豪的各位来宾和亲朋好友们致以最诚挚的敬意！

几年前，青春洋溢的你们满怀豪情地迈进了东大的校门，从此便与东大的命运紧紧相连，并深刻感悟着她厚重的历史底蕴、崇高的科学追求和至善的文化特质。如果可以穿越时光，我可以想象你们这些年在六朝松下、九龙湖畔春诵夏弦、笔耕不辍的动人场景。在实验室里，你们钻研真理的堂奥，铸就了科研的潜质和能力；在科技节上，你们展示创新的成果，收获了创新的艰辛与自信；在人文大讲堂，你们省思人生的价值，育成了大爱的品格与情怀；在学科赛场，你们碰撞智慧的火花，历练了开放的视野和勇气；在体育场上，你们跃动青春的身影，展现了合作的风范与活力。我坚信，在东大度过的每段时光，你们都用责任、才智和激情为自己全面的成长、为学术自由的追求、为学校快速的发展而奉献与超越。

这些年，你们在科研的道路上瞄准目标，找准方向，孜孜以求，取得了创新性的科研成果。本次获得博士学位的134位毕业生共发表了179篇SCI论文、139篇EI论文。其中，生物医学与工程学院的张园园同学读博期间潜心研究新型纳米材料的制备及其在生物检测中的应用，共发表14篇SCI论文，影响因子累积达到26.6，并参与申请了5项国家发明专利。信息科学与工程学院的游检卫同学也是收获满满，共发表SCI论文9篇，EI论文14篇，国际会议论文6篇，曾获得研究生数模竞赛一等奖，博士研究生国家奖学金2次，宝钢奖学金优秀奖1次，同时他积极将理论成果与工程应用相结合，为多家研究机构研发出数款大型三维仿真软件。

这些年，你们秉承东大"止于至善"的校训精神，自强不息，厚德载物，积极投身公益志愿活动，用爱心担当社会责任。土木工程学院的许德旺同学将苦难砌成进步的台阶，成绩优秀，全面发展，积极担当西部支教和青奥会志愿者，被评为江苏省优秀共产党员、优秀学生干部、十佳青年志愿者、百名好青年，并成为东大历史上首位团中央"全国大学生自强之星标兵"。法学院的苏小妹同学自发投身民间公益组织"大山小爱"，为7所学校组织输送了14

批300多名支教志愿者,走访100余所贵州乡村小学,带领100多名孩子参加"走出大山"城市体验营活动,她坚信"最小的善行抵过最大的善念",她用实际行动诠释"止于至善"的内涵。

"艰难困苦,玉汝于成。"夜晚,实验室和图书馆的灯光总是最迷人的,我相信每一位同学都在刻苦攻关、孜孜以求的科研道路上沐浴过它。我也相信,每位同学成功的背后一定是付出了百倍的努力。灯光下映照着你们的汗水,甚至是委屈的泪水。可以想象,你们一定苦读了无数的文献,一定尝试了无数的实验,甚至在西部支教时也一定体验了无数的孤独和辛酸。在你们身上,体现的是东大人"嚼得菜根、做得大事"的高贵品格。在此,我再次代表学校向你们用青春、智慧和汗水为东大和社会做出的贡献、奉献的爱心表示由衷的感谢!

研究生是东大命运共同体的重要组成部分,是学校科研创新的生力军,是学校改革发展的奉献者和见证者。这些年,包括各位同学在内的全体东大人凝心聚力,锐意创新,取得了可喜的成就,体现出学校发展的新活力、新态势,为我们矢志创建世界一流大学和一流学科奠定了坚实的基础。

"立德树人"是大学之根本。学校坚持创新育人之道,以提高人才培养质量为目标,以"卓越化、国际化、研究型"为新的境界,形成了"重基础、重实践、重素质"的育人传统和严谨求实的教风学风。人才培养质量显著提升,为国家培养了大批拔尖创新人才。在国家教学成果奖、特色专业建设、精品课程、教学创新团队、人才培养模式创新实验区等人才培养指标上位居全国高校前列。

学科建设是学校发展的龙头。近年来,学校依托工科优势,多学科协调发展、融合发展,学科建设取得重大突破。在最新一轮全国学科评估中,10个学科位列全国前五,其中,3个学科位列全国第一,3个学科位列全国第二,2个学科位列全国第三。学校进入ESI全球前1%的学科数增至9个,多个学科世界排名稳步上升,其中工程学上升至44位,计算机科学上升至72位,数学上升至98位,学科的国际影响力和国际声誉不断增强。

科技创新是大学义不容辞的责任和使命,也是推动大学进步的不竭动力。基于"科学名世"的深厚传统,近年来学校的科技创新能力明显增强。五年内共牵头获得国家级科技奖15项,其中,国家技术发明一等奖和国家科技进步一等奖各1项。学校的发明专利申请和授权量连续多年稳居全国高校前五,2015年位列全国第三。2015年科研项目总经费到账18.01亿元。

人才是支撑发展的第一资源。清华大学第一任校长梅贻琦老先生曾经说过一句非常经典的话:"大学之大,非大楼之大,乃大师之大。"近年来,学校坚持"人才强校"战略,师资队伍建设成效明显。近五年来,学校新增院士3人,"千人计划"专家12人,"青年千人计划"专家22人,"万人计划"8人,"万人计划"青年拔尖人才5人,"长江学者"12人,"长江学者奖励计划"青年学者5人,杰青12人,优青17人,国家"百千万人才工程"4人,高端人才队伍已具备较大规模。

机遇与挑战总是相伴相生。一个人在每时每刻都可能面临着不同的人生境遇,同样,一所大学也必须时刻直面世界的风云变幻,始终瞄准国家的大势走向。我们必须看到,世界和中国正处于深刻的转型期,经济全球化、文化多样化、社会信息化日趋深入,全球高等教育发展和科技创新呈现出新的发展态势。适应新常态、把握新常态、引领新常态,成为当前和今后一个时期高等教育和科技创新必须面对的大逻辑。因此,面对"双一流"建设和"双创"教育改革的历史使命和时代要求,面对高等教育竞争日趋激烈的发展态势,创新发展、内涵发展、跨越发展的挑战与机遇并存,在改革中寻求突破、在创新中获取动力的任务更为紧迫和艰巨。

习近平总书记在今年的全国科技创新大会上明确指出,实现中华民族伟大复兴的中国梦,必须坚持走中国特色自主创新道路。国家将深入实施创新驱动战略,把创新理念作为引领发展的第一动力,学校也将在"十三五"事业发展的开局之年站在新的历史起点上谋篇布局、改革创新。那么,即将毕业的同学们未来如何在更大的格局中创新发展?如何在创新大潮中开启新的征程?

送别之际,我想与你们共同思考这些命题,并提出三点希望与大家共勉。

一是要勇担使命。历史告诉我们,强国崛起与发展无一不依赖其教育质量与发展能力,一个国家拥有什么样的大学基本决定了其现在和发展的能力,而大学的能力则取决于其所传承和创造知识的能力,取决于其服务国家重大需求和国际学术前沿的竞争力。当前,国家原始创新能力不足、科技贡献度较低成为制约国家和社会发展的瓶颈。东大历史上的学衡派代表柳诒徵曾在《学衡》杂志上专文阐述《论大学生之责任》,指出即使"最小最近之事,亦当引以为责,分头并进,各殚所能"。你们是东大的优秀学子,更是国家创新驱动战略的主力军,无论身处何处,都要胸怀国家,勇于承担国家使命。希望同学们增强内心的危机感和使命感,与时代同呼吸,与祖国共命运,把人生理想融入为实现中华民族伟大复兴的"中国梦"的奋斗中。

二是要学会宽容。不拒众流,方为江海。宽容是一种主张"和而不同"、追求和谐包容的处世哲学与人生智慧。达尔文曾经说过:"存在的物种既不是最聪明的,也不是最强壮的,而是最适应变化的物种。"学会宽容大度,懂得"宽猛相济",是适应变化的必经之路。正如典故"六尺巷"所传递的正能量,宽容是一种信任,一种谅解,一种"让他三尺又何妨"的豁达。在大学里,"立德树人"要尊重个性,宽容缺点;科研创新也要尊重规律,宽容失败。希望同学们走进社会后,多一点尊重,少一点伤害;多一点气度,少一点抱怨;多一点宽容,少一点狭隘。把尊重他人的自由、寻求与他人的共识内化为为人处世的哲学,在进退有度、游刃有余的思想境界中实现成长,相信你们以后会更深刻地理解,为什么"比天空更宽阔的是人的胸怀"。

三是止于至善。小胜靠力,中胜靠智,大胜靠德。在一定程度上,一个人、一所大学的发展轨迹正是这个人、这所大学价值观的体现和折射。"大学之道,在明明德,在亲民,在止于至善。"从"诚"到"诚朴"再到"止于至善",东大历史上的校训就生动地体现了大学之道的精髓。一代代东大人以训为则,不断追求卓越、至善的崇高境界。希望同学们走入社会后,继续做"至善"的践行者与传承者:一要坚守底线,淡泊名利,完善人格;二要引领风尚,心怀大爱,不忘初心,不负良心。创新永无止境,追求"至善"境界也永远在路上,希望同学们像校训昭示的那样,始终追求"至善",不断引领创新发展的新境界。

追随"一路有你"的校庆主题,你们即将迈出校门,成为东大的新校友,你们即将开启新的征程,成为未来的筑梦者。希望你们牢记国家使命,勇于担当社会责任,在创新发展中增长宽容智慧、追求至善境界,为实现中华民族伟大复兴的"中国梦"做出更大贡献。同时,母校也将在"十三五"奋力启航,再创佳绩,希望你们一如既往地关心、支持母校的发展,与建设世界一流大学和一流学科的"东大梦"相伴相行。同学们,我们永远是命运共同体,母校是你们永恒的精神家园,母校的大门永远向你们敞开,期盼你们常回家,期待我们再相逢!

祝愿各位同学在新的征程中转型、超越,并创造美好的未来!谢谢大家!

一路有你 共筑未来

——在东南大学建校 114 周年庆祝大会上的讲话

校长 张广军

（2016 年 6 月 6 日）

尊敬的各位领导、各位来宾、各位校友，老师们、同学们：

大家上午好！

古松披新绿，梧桐映礼堂。在清新明丽的初夏时节，在属于全体东大人的共同节日，我们欢聚在雄伟典雅的四牌楼校区大礼堂，共同庆祝东南大学 114 周年华诞。在此，请允许我代表学校向长期以来关心、支持和帮助学校发展的各位领导和各界友人表示最热烈的欢迎和最衷心的感谢！向在各个工作岗位竭诚奉献的全校师生员工、离退休老同志，向心系母校、回馈母校的海内外校友表示最崇高的敬意和节日的祝福！

今年校庆的主题是"一路有你"。114 年来，一代代东大人风雨兼程、砥砺前行，历届校友真诚守望、勠力同心，社会各界关怀爱护、倾力支持，合力铸就了东南大学事业发展的命运共同体，携手走出了一条办学创业、勇攀高峰的奋进之路。114 年来，学校始终坚守"止于至善"的大学之道，紧紧围绕国家和社会发展需求，坚持以立德树人为核心，以改革创新求发展，以服务贡献求支持，开创了一大批重大科技创新的先河，培育了一大批社会精英与华夏栋梁，赢得了"以科学名世，以人才报国"的广泛赞誉。感谢"一路有你"，感恩风雨相伴。建校 100 年时，学校在大礼堂前修建了涌泉池，寓意后人要不忘父母养育之恩、师长培育之恩和社会襄助之恩。东南大学的每一分收获、每一次进步、每一个成就，都离不开"你"的倾心尽力，离不开"你"的辛勤付出，离不开"你"的聪明才智。如今，面对创建世界一流大学和一流学科的新征程，东大的发展依然要依靠师生员工、广大校友和社会各界友人的鼎力支持。今天刘国耀夫妇将作为杰出校友代表回馈母校总价值 4 300 万元的捐赠并讲述他们的东大故事，我也再次代表学校向一路陪伴、始终支持母校发展的海内外校友致以最诚挚的敬意！

过去的一年是学校事业发展继往开来、开拓创新的关键之年，"十二五"胜利收官，"十三五"顺利开局。一年来，学校解放思想、锐意进取，大力实施综合改革方案和"十三五"规划，着力制定推进"六大支撑计划"，深入推动院（系）改革先行试点，不断创新体制机制，进一步完善内部治理结构。学校的改革创新呈现出新的活力，各项事业发展获得了新的进步，为推进世界一流大学和一流学科建设打下了坚实的基础。

这一年，学科建设取得重大突破。学校坚持提升学科内涵、优化学科布局、强化动态调整，在 2012 年最新一轮学科评估取得佳绩的基础上，ESI 世界学科排名不断提升。根据今年 5 月的最新排名，药理学与毒理学首次进入世界前 1‰，成为第 9 个进入世界前 1‰的学科，同期多个学科世界排名也稳步上升，其中工程学上升至 44 位，计算机科学上升至 72 位，数学上升至 98 位。此外，在《美国新闻和世界报道》2016 年"全球最佳大学排行榜"中，工程学科位居第22位,计算机学科排名第34位,学科的国际影响力和国际声誉不断增强。

这一年,人才培养工作成效显著。围绕"卓越化、国际化、研究型"的培养目标,深化本科教育教学改革,着力提升人才培养质量,落实"立德树人"根本任务。学校成为国家示范性微电子学院9个首批建设高校之一。新增国家"万人计划"教学名师1人。在各类大学生学科竞赛中,5 783人次获得不同级别的奖项,其中获得国际级奖项152人次、国家级奖项403人次。获得全国大学生电子设计竞赛一等奖数位列全国第一。全面实施了博士生招生制度改革,研究生教育综合改革不断推进。获江苏省优秀博士学位论文6篇。获批51家江苏省企业研究生工作站。84名校外研究生导师获聘江苏省第三批产业教授,在全省高校中位列第一。

这一年,科技创新能力不断增强。牵头获批"973计划"项目1项、"863计划"课题5项、国家科技支撑计划课题3项、国家自然科学基金项目321项、国家社科基金项目32项。获国家杰出青年科学基金6项、国家优秀青年科学基金3项。发明专利申请2 120件,授权1 260件,位列全国第三。作为第一完成单位获教育部2015年度高等学校科学研究成果奖(科学技术)9项,获奖总数并列全国第六,其中一等奖4项。获得第七届高等学校科学研究优秀成果奖(人文社会科学)11项。科研经费到款超过18亿元。教育部"信息显示与可视化国际合作联合实验室"获批立项建设。9人当选第七届教育部科学技术委员会学部委员。

这一年,高水平师资队伍持续壮大。目前,学校专任教师总数达到2 700多人,80%的专任教师具有博士学位,47%的专任教师具有长期或一年以上海外经历。新当选中国工程院院士1名。3人获评"长江学者奖励计划"特聘教授,5人获评首批"长江学者奖励计划"青年学者。新增"青年千人计划"7人,"万人计划"青年拔尖人才4人,国家"百千万人才工程"2人,全国杰出专业技术人才1人,IEEE Fellow 2人。由院士、长江学者和杰出青年基金获得者等组成的高端人才队伍已具有较大规模。

这一年,国际化办学步伐不断加快。共与19所国(境)外著名大学等签署合作交流协议,派出赴国(境)外交流学生2 300余名,其中公派留学博士生184名,位居全国第三。现有各类来华留学生1 800余人,其中学历生1 300余人,占总人数比例超过70%;留学研究生490余人,占学历留学生比例近40%;学历留学生和留学研究生数均居全省第一。东南大学-蒙纳士大学苏州联合研究生院进展顺利。"当代城乡环境整合技术创新引智基地"入选教育部和国家外国专家局"111计划"。获批"'一带一路'可持续基础设施工程硕士项目"。

过去的成绩凝聚着全体东大人的智慧和心血,未来的发展呼唤着我们的责任与担当。大学的形态、功能和使命随着历史的演进而不断丰富、发展和拓展,什么样的大学是成功的大学?不论根据什么标准,一般要具备三个基本要素:一是要有崇高的办学理念和明确的办学目标;二是要有一批高质量、负责任的学术群体;三是要有持续优化的组织制度和文化生态。面对"双一流"建设的历史使命,面对高等教育百舸争流、千帆竞发的新机遇、新挑战,学校将在"十三五"开局之年紧紧围绕"五大发展理念",按照"十三五"规划和综合改革方案,以"推动人才强校、深化综合改革"为主题,以"提高教育质量、推动内涵发展"为主线,以"创新体制机制、推进国际合作、培育新兴交叉、强化科研组织"为重点,全力推动一流人才培养、一流学科攀升、一流师资建设等各战略领域取得新进展、新成效,为此,学校将在以下三个方面率先探索、着力突破。

一是深入落实"立德树人"根本任务。"培养什么人、怎样培养人"是教育的根本问题和永恒主题。十八大报告明确提出要把"立德树人"作为教育的根本任务。学校将坚持人才培养这一核心使命，切实将一流的学科、科研、师资资源转变为人才培养优势，为学生搭建全面成长的舞台，不断探索"止于至善"的育人之道。今年学校将持续推进教育教学改革，切实提升人才培养质量。积极推动招生制度改革，提高本科生和研究生生源质量。进一步推进吴健雄学院和人文科学试验班人才培养改革，探索荣誉学院拔尖创新人才培养新模式。召开全校本科教学工作会议，认真总结经验，研讨人才培养的新思路、新举措。启动论证本科生院建设方案，积极探索本科生院、研究生院和科研院"三位一体"的办学格局。着力提升研究生教学质量，完善博士生激励政策和资助体系。以岗位为导向修订博士生导师遴选办法，加快优秀中青年教师成长，建设一支高水平的导师队伍。启动实施国家重大专项博士生班计划，服务国家战略发展人才需求。

二是着力突破"人才强校"战略重点。得人才者兴，失人才者衰。人才是支撑发展的第一资源，人才是强校之本，拥有怎样的人才资源，决定一所学校的未来。今年学校持续推动"人才强校"战略，深化人事综合改革，大力构筑一流人才高地。启动实施"高端师资倍增计划"，建立健全各类高端人才引进与培养的岗位设置和体制机制，进一步加大对高端人才的支持力度。通过凝聚"人才强校"战略共识，设计更加开放的人才政策，不惟地域引进人才，不求所有开发人才，不拘一格用好人才。既要做到"识才、爱才、敬才、用才"，又要做到"求才、惜才、容才、举才"，充分释放各类人才活力，用战略眼光持续汇聚和培育一流人才，进一步形成崇尚学术、尊重人才的良好生态和政策优势。

三是充分激发"创新驱动"科技活力。科技兴则民族兴，科技强则国家强。习近平总书记在全国科技创新大会、两院院士大会、中国科协第九次全国代表大会上明确提出，在我国发展新的起点上，要把科技创新摆在更加重要的位置。未来国家也将赋予高校开展科研更大的自主权，学校将始终与国家发展和民族振兴同向同行。今年学校紧紧瞄准国际学术前沿和国家重大需求，启动实施"原创能力突破计划"，科学谋划、精心组织，布局科研发展战略，优化科研组织结构，大力组织承担国家重大科技计划项目。学校将紧紧抓住学科这一龙头，加强顶层设计，优化学科布局，着力打造"强势工科""优势理科""精品文科"和"特色医科"，努力实现"多学科融合""理工文医综合""产学研结合""国际化联合"，大力推动基础、新兴与交叉学科和研究方向的谋划布局，不断提高学科发展水平和高水平学科数量，力争在第四轮学科评估中取得新突破。

老师们、同学们、校友们，"惟以心相交，方成其久远"。校庆期间，学校围绕"一路有你"主题开展了一系列的校庆活动，其中让人感动的是征集了66对校友夫妻，讲述他们在东大读书、相遇、毕业、工作的点点滴滴，从六朝松下到九龙湖畔，他们的幸福令人动容。在新的历史时期，在这片古老而又年轻的学府圣地，已浩然升腾起建设"双一流"的东大梦，奏响了一所百年学府向着宏伟理想不息奋进的交响乐章。让我们以党的十八大，十八届三中、四中、五中全会和习近平总书记系列重要讲话精神为指引，以促进人类文明进步为追求，以服务国家社会为己任，不断增强"双一流"建设的使命感、责任感、紧迫感，勇于担当，凝心聚力，奋发有为，为实现扎根中国大地创建世界一流大学的"东大梦"和中华民族伟大复兴的"中国梦"，合力书写光辉的时代篇章，共同筑就属于东大的美好未来！

谢谢大家！

开启新征程　谱写新华章
为把东南大学早日建成世界一流大学而努力奋斗

——在中国共产党东南大学第十四次代表大会上的报告

易　红

（2016年7月12日）

各位代表、同志们：

现在，我代表中国共产党东南大学第十三届委员会向大会做工作报告，请审议。

中国共产党东南大学第十四次代表大会，是学校在大力实施"十三五"事业发展规划纲要、全面深化综合改革、加快推进世界一流大学和一流学科建设的关键时期召开的一次重要会议。

大会的主题是：高举中国特色社会主义伟大旗帜，以中国特色社会主义理论体系为指导，深入学习贯彻党的十八大、十八届三中、四中、五中全会和习近平总书记系列重要讲话精神，深入贯彻落实中央"四个全面"战略布局和"五大发展理念"，深入开展"两学一做"学习教育，巩固拓展党的群众路线教育实践活动和"三严三实"专题教育成果，带领全校共产党员和广大师生员工，解放思想、深化改革，全面提升办学水平和综合实力，为把东南大学早日建成世界一流大学而努力奋斗！

一、第十三次党代会以来的工作和体会

五年多来，学校党委在教育部、江苏省委省政府的正确领导下，围绕中心抓党建，抓好党建促发展，党政密切配合，团结带领全校师生员工，紧紧围绕世界一流大学建设目标，开拓奋进、矢志创新，坚定不移地走以创新为主导的研究型大学的发展道路，坚定不移地走与国家和区域经济建设和社会发展相结合的建设道路，坚定不移地走国际化办学的强校道路，以优良的党风带动政风、校风、学风，促进学校事业快速发展、特色发展、内涵发展、和谐发展，学校党的建设和改革发展取得新的重要进展。

（一）五年来学校的党建工作

五年来，学校党委认真落实管党治党责任，全面加强从严治党，党委把方向、谋大局、抓大事、促发展的能力不断增强，为学校改革发展提供了坚强有力的政治保证。

——思想理论建设和宣传工作有力加强。五年来，学校党委牢牢抓住思想理论建设这一根本，着力推进学习型组织建设，进一步完善校、院系两级理论学习中心组制度和教职工理论学习制度，认真学习贯彻落实党的十七大、十八大精神和习近平总书记系列重要讲话精神。制定并实施了《东南大学党委加强意识形态工作责任制实施方案》，牢牢把握意识形态工作的领导权话语权。进一步坚定了广大师生的中国特色社会主义道路自信、

理论自信、制度自信。不断创新宣传工作方法，拓宽宣传渠道，建立了新媒体形势下的宣传策划机制，微博、微信等新媒体平台建设走在全国高校前列，对外宣传报道数量、质量进一步提高，学校的知名度、美誉度不断提升。

——领导干部队伍建设不断强化。五年来，学校始终坚持和完善党委领导下的校长负责制，起草了党委领导下校长负责制实施办法和党委全委会议事规则。实施了党委常委会定期研究学校改革发展重大战略问题制度和党委部门定期向常委会专题报告工作制度。每年召开战略发展研讨会和工作研讨会，总结改革发展经验，谋划改革发展思路和举措。进一步优化干部队伍结构，修订完善《东南大学中层领导干部选拔任用工作条例》。创新干部选拔任用的各个环节，建立和完善了干部工作信息化平台。实行了党委委员、中层正职推荐干部制度和干部推荐责任制度，着力提高干部岗位匹配度和选用工作公信度。加大了党外干部选拔力度，中层干部党外人士的比例进一步提高。顺利完成了院系行政领导班子换届工作，院系领导班子年龄、学科、学缘等结构进一步优化。积极选派干部参与援疆、援藏、挂职、扶贫、科技镇长团、对口支援等工作，一批干部得到锻炼，能力得以提高。

——党管人才工作取得新成效。五年来，学校党委坚持党管人才原则，大力实施人才强校战略，牢固树立科学的人才观，加快构建富有活力的人才机制。完善了学校人才工作领导体系和服务体系，对人才工作进行总体规划，建立健全人才发展、评价考核、选拔使用、流动配置、激励保障等相关人才制度。持续深化人事制度改革，转变人事管理与服务观念，实现从人事管理向人力资源开发转变，科学构建岗位体系，实施人员分类管理，深化职员制改革。积极争取国家重大人才工程项目支持，高端人才队伍不断壮大。大力推进学术特区建设，探索高层次人才聚集、人才政策和体制机制改革创新的方法和举措。

——基层组织建设有力夯实。根据中央部署，扎实深入开展了"创先争优""基层组织建设年"教育实践活动，以先进典型带动基层组织建设，表彰了一批先进基层组织、优秀党务工作者和优秀党员。研究、动员和部署"两学一做"学习教育，推动党内教育从"关键少数"向广大党员拓展、从集中教育向日常教育延伸。顺利完成了基层党组织换届工作，增设了统战委员、纪委委员，基层组织功能进一步健全。开展了基层党组织书记抓基层党建工作述职评议考核，推动基层党组织落实党建主体责任。出台了《东南大学党支部工作条例》《东南大学特邀党建组织员工作条例（试行）》《东南大学关于加强新形势下发展党员和党员管理工作的实施意见》，修订了《中共东南大学委员会发展党员工作实施细则》等，进一步规范基层党建和党员发展工作，党员发展质量进一步提高。学校党委组织部获评"全国组织系统先进集体"。

——立德树人根本任务不断推进。五年来，学校党委认真落实立德树人根本任务，着力培养社会主义合格建设者和可靠接班人。新成立了马克思主义学院，马克思主义理论学科建设和师资队伍建设进一步加强，学生思想政治理论课程质量进一步提高。构建了价值观研究平台、专题式研究型教学、网络自主研学、实践体验认识"四位一体"的大学生核心价值观教育新模式。构建了具有东大特色的社会实践体系，学生社会实践工作获"全国社会实践先进单位"和"全国高校实践育人创新创业基地"多项荣誉。探索形成了"生活实践教育学园"等品牌实践活动。以志愿服务工作为载体，东大青年志愿者积极参与研究生支教、亚青会、南京青奥会等重大活动,受到社会各界高度评价和广泛赞誉。体育和国防教育形成特色品牌。采取多种措施,提升学生工作服务水平,学生辅导员队伍建设得到进一步加强。关工委在关心、教育下一代工作上进展顺利。不断加强共青团组织建设,学校共青团组织覆盖面、凝聚力和影响力不断扩大。

——深入开展党的群众路线教育实践活动和"三严三实"专题教育,作风建设持续深化。党的十八大以来,学校党委坚持日常教育与集中教育有机统一,严格按照中央部署,结合学校实际扎实开展党的群众路线教育实践活动。通过认真开展党的群众路线教育实践活动,充分听取了师生意见建议,查找了存在的"四风"问题,出台了一系列制度规定,确定并完成了校级领导班子五大类74项整改任务,解决了一批师生关心的突出问题,作风建设取得明显实效。根据中央统一部署,在全校处级以上领导干部中深入开展了"三严三实"专题教育。认真开展党委书记带头讲专题党课、专题学习研讨、专题民主生活会和组织生活会、强化整改落实和立规执纪等各项工作,制定了整改任务清单和整改台账,扎实推进整改任务落实,教育实践活动成果得到持续巩固和拓展。

——党风廉政建设和反腐败斗争成效显著。学校党委积极履行全面从严治党主体责任,将党风廉政建设和反腐败斗争与学校中心工作一起部署、一起落实、一起检查、一起考核。强化责任担当,校党政主要负责人带头履行"一岗双责",校党委书记自觉履行落实全面从严治党主体责任的第一责任人的职责。将反腐倡廉宣传教育纳入学校宣传思想工作的总体部署,坚持反腐倡廉宣传教育联席会议制度,构建党风廉政宣传教育大宣教的工作格局,筑牢党员干部防腐拒变的思想防线。切实完善党风廉政建设和反腐败斗争的制度体系,制定《中共东南大学委员会贯彻落实〈建立健全惩治和预防腐败体系2013—2017年工作规划〉实施意见》,修订《东南大学"三重一大"决策制度实施办法》等文件。始终把贯彻落实中央八项规定精神作为改进工作作风、纠正"四风"的突破口,强化风险防控,开展专项治理,自我约束、自我规范的内控机制作用不断显现。注重抓早抓小,纪律审查程序完善规范,监督执纪工作扎实推进,以查促防效用鲜明。重视纪检监察干部队伍建设,不断提升党风廉政建设和反腐败斗争的履职能力与水平。

——和谐校园建设扎实推进。五年来,学校党委坚持"以人为本"理念,扎实推进和谐校园建设,营造了和谐共生的校园文化生态。

大力推进"文化校园"建设,先进大学文化建设成效明显。成立了校史编纂委员会和校史研究室,完成校史馆一期工程建设。初步建立了校标、校徽、校训等视觉形象识别系统。培育和打造了"新生文化季"等校园文化活动品牌。成功举办了庆祝建校110周年系列活动,东大人的凝聚力、向心力和自豪感进一步提升。学校微博育人新平台获教育部高校"校园文化建设优秀成果特等奖"。

大力推进"民主校园"建设,师生民主权利得到保障。深入推进党务公开、校务公开和信息公开,在教育部信息公开事项测评中排名第一。坚持和完善了党代会年会和教代会年会制度,建成了教代会电子提案系统。进一步充分发挥工会、共青团、学生会、研究生会和退离休协会工作的桥梁纽带作用。坚持领导班子成员联系民主党派及与党外代表人士交流制度和定期专题研讨统战工作制度。统战管理信息系统获中央统战部2013年度"实践创新成果奖"。

大力推进"温馨校园"建设，校园民生不断改善。根据国家文件精神和学校财力，多次调整增加教职工收入。机关服务师生意识进一步增强，服务质量不断提高。完成了四牌楼、丁家桥校区电力增容、配电设施改造和学生宿舍空调安装工程。构建了较为完备的学生资助体系，获"全国高等学校学生资助工作先进单位"。

大力推进"法治校园"建设，依法办学成效显著。依照国家法律法规和学校章程不断完善校内规章制度，严格落实各项议事决策制度。进一步健全了师生申诉处理机制，依法维护教职工和学生的合法权益。

大力推进"平安校园"建设，学校安全稳定工作水平整体提升。着力推进"平安示范校"建设，建设了校园110报警指挥、消防监控、车辆门禁和道闸管理、多点联动报警、视频监控等系统。保密领导体制和管理机制不断完善，保密技术防范水平和管理能力不断提升。

（二）五年来学校的改革发展工作

五年来，学校党委在履行党建第一责任的同时，力促发展第一要务，党政密切配合，全校师生携手奋进，改革创新呈现新活力，各项事业取得新进展，整体办学实力不断增强，国内国际影响力不断扩大。

——以规划引领综合改革，内部治理结构不断完善。颁布实施了《东南大学章程》，成为全国首批6个获教育部核准实施的大学章程之一，受到社会广泛关注和好评。依法制定了《东南大学学术委员会章程》《东南大学学位评定委员会章程》和《东南大学教学委员会章程》，调整并健全学术组织机构职责，新一届学术委员会中不担任党政领导职务和院系主要负责人的专任教授比例占58%。出台了《东南大学二级教职工代表大会实施办法》，着力推进二级教代会建设。结合学校实际和综合改革试点工作经验，制定了《东南大学综合改革方案》，并获教育部审核通过。进一步明确了综合改革进程与任务分解，各项改革任务启动实施并顺利推进。制定并实施了《东南大学"十二五"改革和发展规划纲要》，制定了《东南大学"十三五"事业发展规划纲要》，确定了未来五年改革发展的总体目标、发展思路、发展原则及战略重点。启动了"双一流"建设方案的制定工作。

——人才培养质量显著提升。坚持以提高质量为核心，深化教育教学改革。修订了《本科人才培养方案》，出台并实施《关于进一步提高本科课程教学质量的实施意见》，认真开展评教工作，坚持校领导和同行专家听课制度，建立健全课堂教学质量监控机制。颁布实施了学生出国出境交流学习的相关规定和关于进一步规范研讨课程教学要求实施办法，推进教育教学国际化进程和以启发式、互动式、探讨式为特征的研究型教学。进一步推进精品课程、国家级实验教学示范中心等教学改革项目的建设工作。大力推进博士生招生制度改革，全面实施了博士生导师招生资格年度审核制度。通过创新人才培养模式和体制机制，教育教学和人才培养工作取得新进展。国家级精品资源共享课、国家级规划教材、国家级实验教学示范中心等各类本科教学工程改革项目均位列全国高校前10位。五年来，获得全国百篇优秀博士学位论文数从前一个五年的2篇增至11篇，其中2013年获得4篇，并列全国第5位和江苏省内高校第一。在最近一轮国家高等教育教学成果奖评选中，获一等奖1项、二等奖5项，获奖总数并列全国高校第8位。

——高水平师资队伍建设取得新进展。出台并实施了专业技术岗位晋升、专业技术职务评聘、在职教职工管理、用人激励机制及公派出国考核管理等一系列文件,加强人事绩效考核。加大了高水平人才引进工作力度,教师岗位面向海内外公开招聘。启动实施新进专任教师合同聘用制度,提高了新进教师科研启动费、购房货币化补贴和首聘期房租补贴,出台系列政策完善了35岁以下优秀青年教师、青年特聘教授和特聘教授支持体系。通过人事制度改革,学校师资队伍建设取得新成效。五年来,院士引进和培养、"千人计划"专家、长江学者增选等高层次人才工程工作取得新进展。专任教师总数达到2 700多人,其中具有博士学位的教师占教师总数的比例从2010年的60.8%增至80%。具有海外一年以上学习和工作经历的专任教师占教师总数的比例大幅提高到47.4%。

——学科建设迈上新台阶。坚持综合性大学的发展思路,继续加强高峰学科建设,提高建设成效,强化了领先优势。重点支持若干新兴交叉学科和理学、医学与生命科学、人文社会科学学科中的部分优势学科方向,促进上述学科的快速发展。修订了《东南大学"985工程"管理办法》等系列管理文件,调整了"985工程"三期建设思路,高绩效完成"985工程"三期建设。通过优化重组、完善布局和加强内涵建设,学科建设取得明显成效。在第三轮全国学科评估中,位列全国第一的学科数由上一轮的1个增加到3个,从上一轮位列全国高校第18位升至第7位;另有3个学科位列全国第二,排名前两位的学科总数并列全国高校第7位。进入ESI世界前1%的学科数从五年前的2个增至9个,工程学进入世界前1‰,位列全球第44位。

——科学技术创新和社会服务能力持续增强。加强科研体制机制改革,以国家级科研基地建设和重大科技项目为重点,大力提升学校科技创新和服务社会的能力。出台了学校国家科技重大专项经费管理暂行办法、基本科研业务费管理办法和实施细则等管理制度。加强科研设备管理与共享机制建设,集中资源重点建设影响全局和支撑全校的公共科技创新平台。积极引导横向科研向承接重大任务、解决企业关键技术难题、推动行业进步的方向发展。五年来,学校牵头获得的国家级科技奖励从前一个五年的6项增至15项,获奖数位列江苏省内高校第一,其中2011年获得国家技术发明一等奖1项,实现了江苏省获该奖项零的突破,2014年获得国家科技进步一等奖1项。专利申请量和授权量连续多年稳居全国高校前5位,位列江苏高校第一,发明专利授权从2010年的375件增至2015年的1 351件,增幅达到260%。2015年统计的SCI论文收录2 160篇,较五年前增长84.5%。五年来单独或联合在 *Science* 和 *Nature* 系列刊物上发表文章从上一个五年的4篇增至30篇。国家社科基金立项从37项增至98项,增幅达165%。其中,2015年获国家社科基金年度项目32项,总数并列全国高校第12位。2013年获教育部高校人文社会科学优秀成果奖一等奖1项,实现了获国内人文社科优秀成果最高奖项零的突破。每年到校科研经费始终位列江苏高校第1位,2015年科研经费到款超过18亿元,近五年科研经费到款总数较前一个五年增长87.2%。

——国际化办学水平大幅提升。加大国际交流合作力度,提高国际合作层次,积极推进与世界一流大学的全面合作。不断加强对外宣传和海外高层次人才引进力度,扩大师资队伍中外籍知名专家和海外留学人员的规模。进一步提高海外留学生层次,不断提升留学生培养质量。通过国际化办学,国际合作交流工作取得新突破。东南大学-蒙纳士大学苏州联合研究生院成为国内首个正式获批的研究生教育中外合作办学机构,两届毕业生顺利完成学业。东南大学雷恩研究生学院申报工作顺利推进。学生每年出国(境)交流人数从五年前的506人增至2 300人,增长约3.5倍。在校海外留学生人数从五年前的917人增至1 813人,总数翻了近一番;其中学历留学生1 313人,占总人数的72.4%,较五年前增长1倍多;留学研究生495人,较五年前增长近2倍;学历留学生和留学研究生数均居全省第一。

——其他工作进展顺利。校园基础设施建设稳步推进,育人环境和办学条件不断完善。完成了材料化工教学科研楼、九龙湖体育馆、学生宿舍等生活服务设施的建设,新增建筑面积8.5万平方米。在建土木交通教学科研楼、桃园学生宿舍和食堂等项目,合计建筑面积7.3万平方米。数字化校园平台建设取得明显成效,管理服务、图书信息等方面的数字化水平进一步提升。五年来,筹集社会资金累计约3.5亿元,教育基金会获"全国先进社会组织"称号。此外,学校财务、审计、资产管理、产业、图书档案、学报、成贤学院、继续教育、附属中大医院医疗教学科研等各项工作均取得长足发展。学校办学向更高层次和水平迈进的基础更加坚实。

各位代表,过去的五年,学校改革发展取得的辉煌业绩,为我们建设世界一流大学打下了坚实的基础。这些成绩的取得,离不开党的正确领导,离不开教育部、江苏省委省政府及社会各界的关怀支持,离不开全校共产党员和广大师生的团结奋斗,离不开离退休老领导、老同志和广大校友的关心帮助。借此机会,请允许我代表中共东南大学第十三届委员会,向各级领导和社会各界人士、向全校共产党员和师生员工、向离任的学校党政领导和离退休同志、向各民主党派、无党派人士和海内外广大校友致以崇高的敬意和衷心的感谢!

第十三次党代会以来,学校上下开拓创新,团结奋进,成绩令人振奋。第十三次党代会以来的办学实践使我们深切体会到:

必须始终坚持管党治党、从严治党。全面加强党的领导和党组织建设,发挥好党委的领导核心作用、基层党委的政治核心作用、党支部的战斗堡垒作用和党员先锋模范作用,为学校发展提供坚强的思想和组织保证。

必须始终坚持服务国家、面向世界。我们要时刻铭记国家赋予的历史使命和重大责任,要紧紧围绕国家发展战略,放眼全球高等教育发展来确立学校的奋斗目标。

必须始终坚持改革创新、开拓奋进。坚持科学发展、内涵发展,全面深化综合改革,全面提高办学质量,始终不渝地办人民满意的教育。

必须始终坚持以人为本、凝聚智慧。推进学校改革发展,必须凝聚全校的智慧和力量,坚持办学以教师为本、育人以学生为本,充分发动和依靠师生。

我们清醒地认识到,我们的工作与建设世界一流大学的奋斗目标、与党和人民的期待相比仍有不少差距:接近或达到世界一流水平的学科仍然偏少,新兴、交叉学科发展速度相对缓慢;高层次人才总量依然不足,有国际影响力的学术带头人、知名学者和创新团队尤其缺乏;解决国家重大战略需求和人类科学前沿问题的原始创新能力不足;拔尖创新人才培养模式尚需进一步改革和完善,人才培养质量与经济社会发展的要求还有一定距离;学校内部治理结构、管理体制和运行机制仍有待优化;领导干部对世界一流大学建设规律的认识和把握需要进一步深化,谋划和推进"双一流"建设的能力需要进一步增强;基层党组织的政治引领作用和党支部的战斗堡垒作用、党员的先锋模范作用还需要进一步发挥。如何进一步加大改革创新力度,在更加激烈的国际国内竞争格局中快速地提升学校的办学实力和影响力,仍然是东南大学必须重点解决好的关键问题。

二、今后五年的奋斗目标与主要任务

（一）改革发展的目标、原则与战略重点

人类社会的发展表明,大国崛起与大学兴起相辅相成,大学作为科技第一生产力和人才第一资源的重要结合点,已经成为社会进步的引领者、科技创新的源泉以及高层次人才培养的主要基地。时代发展给予我们光荣与梦想,更赋予我们责任与使命。早日建成世界一流大学,是全体东大人的共同理想,也是党和国家赋予东南大学的光荣使命。

1. 学校改革发展面临的形势

从现在起到2020年,是我国实现第一个百年目标的攻坚阶段,也是东南大学加快推进世界一流大学建设的重要时期。在新的历史条件下,我们要从全球高等教育竞争、国家改革发展、区域经济社会发展的大背景、大格局、大舞台中前瞻谋划,科学布局学校事业发展。

现代科学技术迅猛发展,信息、生物、空间、新能源、新材料等科学技术的交叉融合,正引发新一轮科技革命和产业变革,我们应当发挥学科优势,优化战略布局,加强学科交叉,积极介入国际学术前沿,不断提升原始创新能力,产出更多原创成果,在推动现代科技创新和人类文明进步中做出应有贡献。

建设世界一流大学和世界一流学科已经成为一项重大国家教育发展战略。中国要全面建成小康社会,实现民族伟大复兴,就必须推动一批大学和学科进入世界一流行列或前列。东南大学应当紧跟世界高等教育的发展潮流,积极响应国家战略,抓住历史机遇,勇挑历史重担,在我国推进世界一流大学和世界一流学科建设的大格局中有所作为。

中央部署实施的"一带一路"倡议,将给国际产业布局带来深刻变革。"大众创业、万众创新""中国制造2025"已成为推动中国经济社会发展的新引擎。长江经济带、江北新区、苏南国家自主创新示范区建设将使东南大学在服务区域经济建设和社会发展过程中扮演更为重要的角色。我们必须以支撑创新驱动战略、服务经济社会为导向,进一步夯实学科基础,大力提升科技服务水平,不断提高拔尖创新人才培养质量,持续增强服务国家和区域经济社会发展的能力。

人才资源成为决定国家和区域竞争力的关键因素。在日趋激烈的高端人才国际竞争中,中国的大学一方面要全面提高人才培养质量,另一方面要努力成为吸引全球高端人才的窗口,着力打造人才高地,汇聚高端人才。东南大学必须更加牢固地树立"人才强校"发展理念,引进与培养并举,不断壮大国际知名学者队伍,并力争为国家培养更多的优秀创新创业人才。

2. 学校的发展目标

建设世界一流大学任重道远，需要毫不懈怠、持之以恒地艰苦奋斗。经过认真研讨论证，学校确立了发展目标：

到2020年左右，学校人才培养、科学研究、社会服务、文化传承创新能力显著提升，3—4个学科（群）率先跻身世界一流学科行列，工程学进入世界一流前列，东大特色的现代大学制度和文化体系初步形成，国际声誉和影响力大幅度提高。

到2030年左右，一批学科（群）进入世界一流学科行列或前列，东大特色的现代大学制度和文化体系趋于完善，办学水平和综合实力全面提升，学校整体跻身世界一流大学行列。

在今后的一段时期内，我们要把握好"三个战略重点"，加快实现学校的发展目标。

一是一流人才培养。以"立德树人"为宗旨，以培养一流创新创业人才为导向，积极汇聚优质教学资源，深化一流大学人才培养机制和教学模式改革，加强学生的个性化和国际化培养，积极开展社会主义核心价值观教育，大力推进创新创业教育，培养更多适应国家经济社会发展需要、具有国际视野和国际竞争力的一流人才。

二是一流学科建设。大力加强优势学科的国际竞争能力建设，力争在ESI等国际知名学科排行中取得重要突破。加大高峰学科建设力度，进一步确立其国内领先优势。重点支持若干新兴交叉学科和理学、医学与生命科学、人文社会科学学科中的部分优势学科方向，使其达到世界一流水平。

三是一流师资建设。加大人事制度改革力度，结合"弹性聘期"和新型薪酬体系构建工作，设立新的一流师资培养和选聘办法，面向全球引进一批高层次学术带头人和学术后备人才，持续加大青年教师培养力度，显著提升师资队伍整体水平。到2020年，建成由数十位国际知名学术带头人和知名学者为龙头、一批活跃在国际学科前沿的高端学者为主体、一大批具有较大学术潜力的青年教师为后备的高水平师资队伍。

围绕"三个战略重点"，我们要团结和带领全体共产党员和全校师生员工，拓展发展思路，坚持"三条发展原则"，奋力推动事业发展迈上新台阶。

——坚持改革引领，创新发展。以提升拔尖创新人才培养质量、培育优秀创新成果和加强体制机制创新为导向，加大人才培养、科学研究、学科建设、队伍建设、国际合作、资源配置、管理服务等各项工作的改革力度，形成鼓励创新、扶持创新、竞相创新的良好氛围和工作机制，以只争朝夕、奋勇争先的创新热情和拼搏精神谋求东南大学新发展，奠定东南大学新优势。积极响应国家和区域的创新驱动战略，以引领、服务国家发展为己任，发挥大学在教育、科技、文化、社会事业中的引领作用，加强大学对国家和区域经济社会发展的服务工作，在创新驱动战略中寻求新的发展机遇，做出新的历史贡献。

——坚持分类支持，协调发展。选择若干优势学科（群）予以重点支持，集中资源和政策支持这些优势学科（群）率先跻身世界一流学科行列或前列。遴选部分成长性好的新兴交叉学科和理学、医学、人文社会科学等学科中的部分优势学科方向予以重点支持，使其达到世界一流水平。从建设世界一流大学的长远目标出发，加强学科分类管理，加大学科布局和学科调整力度，形成更高水平、更为合理的学科生态体系。学校其他领域的工作也将依照这一策略,在注重协调发展、实施面上支持的同时,优先解决好发展瓶颈问题,力求在若干领域或方向上取得重点突破。

——坚持国际视野,竞争发展。继续加快国际化办学步伐,学习借鉴世界一流大学的办学经验,加快引进海外一流人才,努力提高人才培养国际化水平,打造具有重要国际影响力的学术与文化交流平台,广泛与世界一流大学建立战略合作伙伴关系,主动融入国际高等教育大环境。增强全球定位和国际竞争意识,参照国际知名大学通行的学术规则、竞争机制和评价标准,鼓励师生勇于登上国际舞台,踊跃参与国际竞争,大力提升学校的国际学术影响力,力争在人才培养和科学研究的全球合作与竞争中取得重要突破。

为加快东南大学世界一流大学建设进程,实现创新发展、协调发展、竞争发展,我们要着重从四个方面加强保障。

一是全面推进从严治党。坚持思想建党与制度治党紧密结合,加强学习型、创新型、服务型党组织建设,使党组织始终成为带领学校事业发展的坚强领导核心。完善常委会、全委会议事和决策机制。深化干部人事制度改革,构建有效管用、简便易行的选人用人机制。有序推进党内民主和校园民主建设,稳步推进党务公开,持续推进党的作风建设和反腐倡廉建设,切实提高学校党建的科学化水平。

二是全面深化综合改革。将贯彻实施"十三五"事业发展规划与深化综合改革工作结合起来,以事业发展规划引领综合改革的方向,以全面深化综合改革促进事业发展规划的实施。通过全面深化综合改革,解决好影响和制约学校事业长远发展的体制机制障碍和关键瓶颈,构建具有中国特色和东大特点、与世界一流大学建设要求相适应的现代大学制度体系,促进学校各项事业跃上新台阶,综合实力进一步增强,为创建世界一流大学奠定更加坚实的基础。

三是全面推进依法治校。加快推进以《东南大学章程》为基础的校内制度体系建设。坚持和完善党委领导下的校长负责制,健全党委统一领导、校长依法行使职权、党政分工合作、运转协调高效的工作机制。进一步简政放权,落实院系主体地位,加强各级各类学术组织建设,形成具有东大特色的学术管理体系。加强民主管理,推进信息公开,主动接受政府和社会监督,形成公开、规范、自律的办学机制。

四是全面优化办学环境。进一步牢固树立"以人为本"的办学理念,大力加强校园文化、环境氛围、学校品牌和校内民主民生等软实力建设,更加关心师生员工特别是广大学生和青年教师,努力提高服务师生、造福师生的能力,不断提升师生员工的荣誉感、凝聚力和向心力。提升硬件建设水平,持续改善办学条件。

(二)今后五年改革发展的主要任务

面向2020年的发展目标,我们要以高度的使命感、责任感,以全面深化综合改革为动力,以"十三五"事业发展规划纲要为行动纲领,以实施"双一流"建设方案为路径,全面提升学校的综合竞争力。

1. 加快建设现代大学制度,完善学校内部治理结构

以《东南大学章程》为基础,加快建设具有东大特色的世界一流大学制度体系。健全和完善党委领导下校长负责制各项配套制度,党政协调、形成合力,促进各项事业全面发展。加强工会、教代会、学代会、研代会等群众组织建设。建立健全涉及师生权益的听证、申诉等机制,健全完善各类座谈会、通报会制度和机关作风建设各项考评制度,保障师生对学校重大事项的知情权、参与权。推动学校管理重心下移,形成分工科学、运转顺畅高效的管理架构和运行机制,激发学部、院系等基层学术组织的创新活力。以夯实教学基层组织建设和组建学院内部新型科研机构为重点,创新院系教学科研管理体制机制。推动党政管理部门的优化重组,完善分工清晰、精干高效的跨部门综合事务协调机制。健全和完善校级学术组织的运行机制,充分发挥学术组织在学科建设、学术评价、学术发展中的核心作用。充实学部职能,发挥好学部在整合学科资源、促进学科交叉、选择新的科研方向上的作用。

2. 深化人才培养模式和培养机制改革,培养一流拔尖创新人才

以大力提升人才培养质量为核心,构建个性化人才培养模式,完善创新型人才培养体系建设。通过深化人才培养机制和教学模式改革,培养具有远大的志向、健全的人格、健康的体魄、宽广的国际视野、扎实的知识基础和优秀的创新能力,能够报效祖国、引领社会、造福人类的栋梁之材。

实施"双创人才培养计划",围绕国家创新驱动战略,把创新创业教育理念融入人才培养全过程,着力构建创业教育与专业教育、理论教育与实践教育深度融合的创新创业教育体系。制订科学灵活的人才培养方案,完善人才培养方案的评估与动态调整机制。探索改革学籍管理制度,扩大学生专业选择、课程修读等自主选择空间。建立多元化的人才培养特区,探索教学管理与卓越创新创业人才培养新模式。完善专业定期评估与调整办法,切实加强专业动态调整工作。完善学生国际化培养制度,大幅度提高学生跨国、跨文化的沟通交流能力。做好本科教学审核评估工作。全面构建以学生为主体、教师为主导的"做、学、研、创"相结合的研究型教学模式。完善交叉学科研究生培养的制度体系,为多学科交叉融合培养创新人才创造条件,拓展产学研联合培养模式,建立符合世界一流大学发展规律、具有东大特色的研究生培养机制。构建新型教学质量保障体系,建立适合国情、校情、与国际接轨的教育质量标准和认证体系。构建多元化教师教学培养与评价机制。持续深化文化素质教育,进一步完善文化素质教育课程体系。汇集校内外优质资源,拓展多种内容和形式的艺术教育与实践活动。

3. 强化顶层设计和发展规划,加快推进世界一流学科建设

坚持高端定位,完善学科布局,调整学科结构,明确重点,分类支持,集中力量建设若干世界一流学科和一批世界一流学科方向。

实施"一流学科攀升计划",遵循学科发展规律,瞄准建设世界一流学科的战略目标,进一步调整和优化学科结构与布局,不断加强学科内涵建设,打造"强势工科、优势理科、精品文科、特色医科",积极推进工、理、文、医学科交叉,形成多学科协调发展、科学合理的学科生态。进一步明确各一级学科建设的责任主体,赋予院系更多的学科建设自主权。积极推进学科绩效评估,完善学科动态调整制度,建立学科发展优胜劣汰的激励和约束机制。加强国际专业认证,开展学科国际评估,提升学科国际知名度。不断提高学科发展水平和高水平学科数量,进入 ESI 学科排名的学科数迅速增加,在 ESI 的排名位次显著提高,争取在第四轮学科评估中取得新突破。

4. 加强人事制度改革,打造国际高水平师资队伍

全面深化人事制度改革,进一步优化师资队伍结构。努力建设一支潜心学术研究、具有国际影响力、体现东大风范并与世界一流大学和一流学科建设相适应的一流师资队伍。

实施"高端师资倍增计划",加大海内外优秀人才引进力度。紧密结合国家战略导向和学校建设世界一流学科的迫切需求,建立健全各类高端人才发现、吸引、培养、使用的机制。完善青年教师培养和指导体系,力争更多的资源支持中青年教师发展。改进与完善教师遴选办法,采用与国际接轨的师资评价、选聘机制。建立定岗定编的原则和办法,推进专任教师岗位的分类管理。探索部门考核和团队考核模式,完善并实施专职研究人员的合同制聘任。完善管理岗位职员制相关政策。建立规范化的考核激励机制和相应的薪酬调整机制。理顺学校与二级单位责权利关系,稳步推进学校对二级单位、院系对教职工的考核激励工作。

5. 坚持顶天立地科研方针,大力开展科学技术创新和社会服务

紧紧围绕国际学术前沿、行业共性核心技术以及新兴尖端技术,瞄准国家、区域经济建设和社会发展重大战略需求开展高水平科学研究,产出一流科研成果,大力提升科技服务能力。

实施"原创能力突破计划",统筹校内科技资源,实现跨院系、跨学科、跨领域的合作,力争取得世界级原创性科技成果。鼓励和支持人文社科围绕重大全球问题、重大现实问题开展研究,建设一批高端智库。面向学术共性需求,建设重大科研设施群和学术研究共享平台。积极探索军民融合战略下的国防科研建设和管理的新机制,力争进入国防科研先进行列。完善产学研合作体系和运行管理方式,加快推进科技成果转移转化。建立健全各级各类科研机构的评价、考核、激励体系。充分学习借鉴世界一流大学科研管理和科技成果转移转化经验,完善各类科研政策和科研服务制度。积极创造条件,支持附属中大医院、成贤学院的建设发展。

6. 全面深化国际合作,不断提升国际化办学水平

坚定不移地实施国际化办学强校战略,不断健全国际交流合作体制机制,以国际化办学带动学校人才培养、科学研究、师资队伍、管理水平和制度文化建设再上新台阶,进一步扩大国际影响。

实施"卓越大学伙伴计划",深化与世界一流大学的战略性合作。进一步提高东南大学-蒙纳士大学苏州联合研究生院的办学水平和招生规模,增强东南大学-蒙纳士大学联合研究院的合作质量。努力办好孔子学院,持续提升其品牌影响力。支持院系探索丰富多样、富有成效的国际交流与合作模式。参照国际可比性指标,建立健全国际交流与合作考核评价制度。进一步加大聘请外籍教师力度,使教师队伍国际化水平走在国内高校前列。拓宽留学生的招生渠道,加快留学生培养基础设施建设,扩大留学生培养规模。探索建立留学生和本国学生统一管理的体制机制,建设多元文化交融的国际化校园。进一步提高国际学术交流与合作的层次和水平,不断提升学校的全球影响力。加大对教师出国(境)访问、讲学、合作研究和参加重要国际学术会议的支持力度。鼓励和支持更多学生出国(境)学习、交流和参加国际学术会议,吸引更多的国际交流生来校访学。鼓励支持教师到重要国际学术组织和国际学术刊物任职,加入各类具有较大影响力的国际组织。加强与世界500强企业的交流合作,进一步开拓校企合作空间。

7. 推进资源配置模式改革,全面提高办学资源效益

拓宽资源来源渠道,优化资源配置,提高办学资源效益,为学校可持续发展和校园民生建设提供有力保障。

大力争取各级政府在专项经费上的投入。充分发挥董事会、基金会、校友会、院系和知名学者在筹措资源上的重要作用,实现社会捐赠长期可持续增长。进一步建立与大型企业长期稳定的合作关系,显著增强资金筹措能力。盘活存量资金,优化资源配置,努力使资产保值增值。强化校内资源的统筹机制,完善学校公共资源的有偿使用和补偿机制。推行二级单位预算改革,增强院系统筹使用经费的能力。完善内部控制规范建设,健全校、院系两级财务公开制度,建立健全校、院系、个人三级经费监管体系。建立健全内部控制规范建设评估和监督工作,建立财务安全预警机制,实施二级单位定期风险评估制度。加大学校闲置资产的开发使用力度,实现闲置资产的规范经营和效益最大化。依托学校重点学科的技术优势和人才优势,积极转化科技成果、孵化高科技项目和培育高新技术企业。按照现代企业制度要求,完善学校经营性资产的管理体制和经营机制。

8. 持之以恒加强和谐校园建设,为改革发展营造良好的校园生态

加快推进校园文化建设。统筹规划校园文化建设,努力培育具有东大特色和底蕴的大学文化,大力提升学校的核心影响力和美誉度。深入推进校史编修及史料文物征集工作,加快校园文化景观建设、持续推广视觉形象识别系统应用,完善校园文化传播体系建设,塑造校园系列典型人物,加大海外文化交流与传播力度。加强体育文化建设,倡导健康的校园生活方式。

加快推进校园民主建设。进一步健全校园民主管理体制机制,切实发挥校、院系两级教职工代表大会的民主管理和民主监督作用,实现二级教代会院系全覆盖。建立健全党委统一领导、统战部门牵头协调,各有关部门、基层党委各负其责的统战工作协同机制。鼓励和支持党外人士参与学校民主管理,努力为党外人士和民主党派参政议政创造条件。拓展民主渠道,充分发挥工会、共青团、学生会、研究生会、退离休协会等群团组织的桥梁纽带作用。

加快推进校园法治建设。遵循《东南大学章程》,建立健全适应学校发展需要的各类办学制度,规范各类办学活动,实现办学治校的科学化、规范化和法治化。持续开展普法宣传教育,增强各级领导班子和领导干部依法治校意识、管理服务人员依法行政与服务意识、广大师生员工依法维权意识,使学法、守法、依法办事、按制度办事成为每个师生员工的自觉行为。

加快推进校园民生建设。试点设立行政服务中心,推行与师生相关重要事务一站式服务。完善后勤服务体制机制,打造与世界一流大学建设相适应的后勤保障体系。关心学生学习生活和教师事业发展,按照上级文件精神,积极创造条件提高教职工待遇,关怀离退休干部和教职工。进一步完善学校安全保卫、保密工作的综合管理平台和监控系统。建立全方位、多层次、综合性的信息服务体系,深化对教学、科研、管理以及校园生活的信息技术支持。提升数字化图书馆、数字化档案馆的建设水平,升级完善校园信息门户系统,加强管理信息一体化网络建设。推进学校基本建设,启动建设新的院系教学大楼、学生宿舍、留学生楼、游泳馆及生活配套设施等一批重点工程。做好四牌楼校区文物保护规划、修缮等工作。

三、以改革创新精神全面加强党的建设

坚持全面从严治党,加强思想理论建设,加强领导班子和干部队伍建设,持之以恒改进作风,深入推进党风廉政建设,为中国特色世界一流大学建设提供坚强的保证。

(一)切实加强思想理论和宣传工作,牢牢把握意识形态工作的领导权、话语权

进一步把握意识形态工作的领导权、话语权,以思想引领、舆论推动、精神激励促进学校发展,进一步增强中国特色社会主义道路自信、理论自信、制度自信、文化自信。坚守底线思维,弘扬主旋律,传播正能量,确保课堂、论坛、讲座风清气正。不断深化习近平总书记系列重要讲话精神的学习教育。创新理论学习形式和方法,大力提升学校干部职工理论素养,深入探索和把握建设中国特色世界一流大学的规律。依托哲学社会科学学科和基地,加强专家队伍建设,推进思想理论研究和思想宣传工作。

实施"品牌提升计划",创新学校新闻宣传工作机制,构建学校宣传思想工作大格局,进一步加强新闻宣传工作队伍建设。适应"互联网+"和云时代特点,加强网络文化阵地和新媒体宣传平台建设与管理,推送和提升学校品牌,不断提高学校的知名度、美誉度,不断优化建设中国特色世界一流大学的舆论环境。

(二)切实加强领导班子与干部队伍建设,进一步提升推动科学发展的领导力、谋划力、执行力

制定和实施党委领导下的校长负责制实施办法,坚持和完善党委领导下的校长负责制,充分发挥党委领导核心作用,保证校长依法行使职权。健全领导班子战略研讨机制,不断提升领导班子顶层设计和战略谋划能力。制定党委全委会议事规则,完善党委常委会议事决策规则,坚持和完善决策前的调研制和论证制、决策中的票决制和决策后的责任制,提高领导班子科学决策水平。进一步加强党委常委会决议、校长办公会决议的督办工作,推进决策的执行。完善领导班子成员经常性沟通制度,健全党委统一领导、党政分工合作、协调运行的工作机制。坚持和完善校领导班子民主生活会制度,健全党内生活制度。

坚持"党管干部"原则,落实从严治党、从严管理干部的要求,修订《东南大学中层领导

干部选拔任用条例》，按照好干部"二十字标准"，完善干部选拔任用的程序与环节，努力形成系统完备、科学规范、有效管用、简便易行的选人用人制度体系。进一步完善党政领导干部任期制，完善干部交流、轮岗和回避制度，积极推进学校内部党政之间、院系与机关之间的干部交流。坚持和完善"多层次、广覆盖、重实效"的教育培训体系，采取灵活多样、分类分层的培训方式，着力提高干部素质和能力。建设数量充足、结构合理、担当重任、素质优良的年轻后备干部队伍。持续加强党外干部培养和使用力度。建立健全干部监督制度，强化党建考核，健全领导班子和领导干部考核评价机制。

（三）切实加强基层党组织和党员队伍建设，不断夯实世界一流大学建设的组织基础

以服务改革发展为重点，加大学习型、创新型、服务型组织建设。完善基层党组织设置，提高院系基层党组织服务院系改革和发展的能力。全面贯彻落实上级部门关于"学党章党规、学系列讲话，做合格党员"学习教育安排部署，结合"十三五"事业发展规划纲要、"双一流"建设和全面综合改革实践，开展好学习教育工作。积极探索和着力构建学习教育的长效机制，创新基层组织学习教育方式，增强基层组织活动效果，教育引导全体党员立足岗位奉献，勇于担当作为。严格党内组织生活制度，提高组织生活质量。坚持和完善党支部"三会一课"制度、民主评议党员制度、民主生活会制度、党内谈心制度等。不断健全教育、管理、监督、服务"四位一体"的党员队伍先进性建设长效机制。按照"控制总量、优化结构、提高质量、发挥作用"的方针，积极慎重地做好发展党员的工作，加大从优秀大学生和青年教师特别是一线学术骨干中发展党员的力度。切实加强党员的理想信念教育，坚持举办党员发展对象培训班、预备党员培训班、各类党支部书记培训班、青年骨干教师培训班，规范教学管理，丰富培训内容，保证培训实效。

（四）切实加强和改进大学生思想政治教育，不断落实立德树人根本任务

认真落实立德树人根本任务，坚守培养社会主义建设者和接班人的时代使命，紧紧围绕拔尖创新人才培养目标，坚持把知识传授、能力培养、价值塑造、文化育人融为一体，不断加强思想政治教育体系和文化育人体系建设，培育一流人才。

加强对学生思想政治教育的组织领导，优化制度设计，合理配置资源，建立"立德树人"协同育人体系。深化思想政治理论课课程体系研究和教学改革创新，提高思想政治理论课教学的针对性和实效性。充分用好第二课堂，深入开展丰富多元的党团活动、社会实践活动、志愿服务活动和校园文化活动，引导学生自觉践行社会主义核心价值观。加强辅导员、班主任队伍建设，进一步做好学生思想政治工作。进一步做好关工委相关工作。强化"引领、服务、关爱、助力"的学生工作理念，着力构建满足学生需求、充满青春活力、富有东大特色的学生工作体系，有效促进学生自我学习、自我服务、自我成才。

（五）切实加强制度建设，巩固拓展作风建设成果

深入贯彻落实中央八项规定精神，建立健全长效机制，持之以恒纠正"四风"，巩固和拓展党的群众路线教育实践活动和"三严三实"专题教育成果，推动作风建设常态化。坚持和完善领导干部密切联系师生十项制度，持续不断加强作风建设。

坚持完善师德建设长效机制。立足"教师为本,师德为魂"的德育建设目标,教育全校教师严守"红七条",弘扬"止于至善"的东大精神,传承东大人的大爱情怀。科学提升师德建设水平。构建科学高效、权责明晰、协同合作的师德建设工作体系,稳步推进严谨笃学、潜心钻研的学术道德建设。构建预防为先、防建并举的师德监督体系,形成并完善教师道德规范保障系统。进一步完善机关作风建设考评办法,提高机关的管理水平和服务能力。

(六)切实加强党风廉政建设与反腐败斗争,营造风清气正的优良校园氛围和育人环境

进一步落实《中共东南大学委员会关于贯彻落实党风廉政建设党委主体责任和纪委监督责任的实施意见》,制定《中共东南大学委员会关于党风廉政建设责任制责任追究办法》,持续完善具有东南大学特色的惩治和预防腐败制度体系,切实加强对党风廉政建设和反腐败斗争的领导。

充分利用学校官方微博、微信、校园网等多种途径开展廉洁教育。结合"两学一做"学习教育,推动全面从严治党向基层延伸。运用好监督执纪"四种形态",继续加强在干部选拔任用、招生录取、基本建设、科研经费等重要领域、重点部位和关键环节的监督工作,坚决保护教职工干事创业的积极性。不断推动作风建设的常态化、长效化,探索廉政文化建设的新途径。进一步构建更加健全的纪检工作网络和机制,加强与地方纪检、司法机关以及兄弟高校的合作与交流,持续优化纪检监察专职干部队伍。

各位代表,同志们!止于至善创辉煌,开拓进取谱新篇。让我们紧密团结在以习近平同志为核心的党中央周围,以促进人类文明进步为追求,以服务国家社会为己任,以人才培养为中心,以文化传承为使命,以改革创新为动力,不忘初心、继续前进,凝神聚力、奋发有为,扎根中国大地建设世界一流大学,为国家富强、民族振兴、人类文明进步做出更多更大的贡献!

大会秘书组　　　　　　　　　　　　　　　　　　　2016 年 7 月 12 日印发

立足谋篇布局　深化综合改革
为"十三五"事业良好开局而努力奋斗

——东南大学第七届教职工代表大会第五次全体会议工作报告

校长　张广军

各位代表，老师们、同志们：

今天，东南大学第七届教职工代表大会第五次全体会议隆重开幕。首先，我代表学校党政对大会的胜利召开表示热烈的祝贺！向在座的各位代表、老师，并通过你们向一年来辛勤耕耘在教学、科研、管理、医疗、服务等各个岗位的全校教职员工表示衷心的感谢和诚挚的问候！

根据大会议程，我向大会作学校行政工作报告，请各位代表审议。

一、2015 年学校行政工作

2015 年是"十二五"事业发展规划收官之年，学校改革发展充满生机与希望。在党的十八大和十八届三中、四中、五中全会及习近平总书记系列重要讲话精神指引下，在教育部、江苏省委省政府的关心领导下，学校领导班子带领全体师生员工解放思想、抢抓机遇，励精图治、勇于改革，各部门、单位围绕学校中心工作扎实履行职责，改革创新呈现新活力，各项事业获得新进展，和谐校园建设取得新成效，为世界一流大学和一流学科建设打下了坚实的基础。

（一）进一步深化综合改革，内部治理结构更趋完善

学校始终坚持锐意改革，矢志创新，现代大学制度建设和内部治理结构更趋合理，依法治校能力显著提升。深入实施《东南大学章程》，制定颁发了东南大学新董事会章程；《东南大学综合改革方案》上报教育部，已审核通过并正式实施，进一步明确了改革进程与任务分解；顺利完成《东南大学"十三五"事业发展规划纲要》编制，为未来五年的改革发展确定了总体目标、发展思路、发展原则及战略重点；遵照《东南大学学术委员会章程》改选成立了新一届学术委员会，其中教授比例占 58%，教授治学的作用日益凸显。

（二）学科建设与研究生培养水平大幅提高

学校不断加强学科内涵建设，优化学科布局，推进一流学科快速发展。进入 ESI 全球前 1% 的学科数增至 8 个，其中工程学进入前 1‰，位居世界第 58 位；在《美国新闻和世界报道》发布的"全球最佳大学排行榜"中，工程学科位居第 22 位，计算机学科排名第 34 位，较上一年均有明显提升。进一步推进研究生教育综合改革，大力提升研究生培养质量。制定了《东南大学学位授权点合格评估和动态调整实施办法》，进一步规范学位授予

点的评估与调整;博士生招生制度改革全面落实。获江苏省优秀博士学位论文6篇。309名研究生入选江苏省普通高校研究生创新工程项目,获批51家江苏省企业研究生工作站。84名校外研究生导师获聘江苏省第三批产业教授,在全省高校中位列第一。

(三) 本科教学与人才培养成果日益丰硕

学校进一步深化本科教育教学改革,推动人才培养模式及体制机制创新,着力提升教育质量。入选江苏高校首批品牌专业建设工程8个,获批学士学位授权专业7个。获批国家级虚拟仿真实验中心1个,获得江苏省高等教育教改研究立项课题14项,项目总数位居全省第一,获批2015年江苏省高等学校重点教材11部,设立SRTP项目1 683项。在各类学生竞赛中,5 783人次获得不同级别的奖项,其中获得国际级奖项152人次,国家级奖项403人次。本科生理科录取分数线高出当地重点本科线100分以上的省市18个,较2014年数量增长50%,生源质量进一步提升。2015届毕业生年终就业率为98.8%。

(四) 科学研究与科技服务能力显著增强

学校始终坚持以创新为灵魂,鼓励原始创新、协同创新,优化配置各方资源,科学研究水平和服务经济社会发展能力再上新台阶。牵头获"973计划"项目1项、"863计划"课题5项、国家科技支撑计划课题3项。申报国家自然科学基金项目1 168项,较上年增加56.8%,其中立项310项,较上年增加46.9%,年增幅位居全国第一。获国家杰出青年科学基金资助项目6项,位列全国高校第5位,国家自然科学基金项目数和国家杰出青年科学基金资助项目数,均取得历史最好成绩。科研项目总经费到账18.01亿元,较上年增长8.6%。SCI收录论文2 160篇,比上一年增加370篇,排名第19位;EI收录论文2 170篇,比上一年增加201篇,排名第10位;表现不俗论文820篇,比上一年增加184篇,排名第21位;入选2014年度百篇最具影响力国际学术论文1篇。发明专利申请2 120件,授权发明专利1 260件。获国家社科基金项目32项,并列全国第12位。获教育部人文社会科学研究项目18项。获江苏省高校哲学社会科学研究重大重点项目6项,其中重大项目3项,立项总数及重大项目数均居全省第一。获批江苏省首批重点高端智库2个。获第四十三届瑞士日内瓦国际发明展览会特别金奖1项、金奖1项、铜奖1项。作为第一完成单位获教育部2015年度高等学校科学研究成果奖(科学技术)9项,获奖总数并列全国第六,其中一等奖4项。获得第七届高等学校科学研究优秀成果奖(人文社会科学)11项。获江苏省科技成果奖8项,其中一等奖4项,位居全省第一。申报江苏省重大科技成果转化项目65项,立项23项,立项数位居全省高校第一。教育部"信息显示与可视化国际合作联合实验室"获得立项建设。

(五) 师资队伍建设与人事工作成效明显

继续坚持"人才强校"战略,加大人才引进力度,加快青年教师培养,不断优化教师队伍整体结构。新增中国工程院院士1名。3人获评"长江学者奖励计划"特聘教授(已公示),5人获评首批"长江学者奖励计划"青年学者(已公示)。新增"青年千人计划"7人,"万人计划"青年拔尖人才4人,国家"百千万人才工程"2人,国家杰出专业技术人员1

人。引进具有博士学位的教师101人,其中具有海外博士学位47人,专任教师具有博士学位比例达到80%。获评2015年度博士后综合评估优秀流动站6个,位列江苏省榜首。

(六)国际合作交流与港澳台工作不断推进

学校坚定不移地走国际化办学的强校道路,积极借鉴世界一流大学的办学经验,不断提升办学国际化程度。东南大学-蒙纳士大学苏州联合研究生院运行良好,与法国雷恩第一大学的合作办学进展顺利,与19所国外(境外)著名大学等签署合作交流协议。完成3个"111计划"重点引智基地。先后派出赴国(境)外交流学生2 300余名,较上年增长9.5%,其中公派留学研究生184名,位居全国第3位;共派出1 000多名教师赴国(境)外参加国际学术会议、学术交流和访问。召开国际学术会议27次,邀请1 000多名外国专家来校讲学、合作研究。在校海外留学生人数达到1 813人,其中学历留学生1 313人,占总人数的72.4%;留学研究生495人,占学历研究生比例37.7%。

(七)围绕学校中心工作,其他各项工作进展良好

按照中央统一部署,"三严三实"专题教育扎实推进,整改落实工作进展有序,严字当头、干事创业、风清气正的氛围更加彰显。认真贯彻落实教育部关于办公用房和公务用车清理整改的精神和要求,对学校各校区办公用房和公务用车进行核查清理,严禁超标用房,对腾退办公用房进行统一管理、统筹使用;严禁超标使用公务车。

此外,校园民生不断改善,民主渠道建设进一步加强;安全稳定工作卓有成效,有力地保障了各项工作的开展;财务运行情况良好,财政总收入38.2亿元,较上年增长13%,为学校改革、发展、民生提供了有力保障。校园文化建设进一步加强;各种审计监察规范有效;对外宣传取得新进展;依法治校工作扎实推进;机关服务意识进一步增强,服务质量有所提高;教育基金会获得"全国先进社会组织"称号,是全国两所获此殊荣的高校之一,各类捐赠到款总额4 721.6万元;进一步调整后勤服务体制机制,形成新型后勤服务管理架构,完成教育部专项工程14项;学校基本建设有序推进;国有资产经营管理更加规范;大学科技园孵化载体和公共服务平台建设继续提升;信息公开工作得到教育部充分肯定,数字化校园建设、对口支援等有关工作顺利推进。附属中大医院医疗服务和教学科研等各项事业取得较快发展。各校区、各院系、各直附属单位在学校领导下顺利开展工作,均取得较好成绩。

过去一年,学校各项事业发展虽然呈现出良好的发展势头,但我们也应清醒地认识到,接近或达到世界一流水平的学科仍然偏少,新兴、交叉学科发展方向还不明晰、发展速度相对缓慢;高端人才总量依然不足,有国际影响力的学术带头人、知名学者和创新团队尤其缺乏;解决国家重大战略需求和科学前沿问题的重大项目较少等。如何进一步加大改革创新力度,在更加激烈的国际国内竞争格局中实现跨越式内涵发展,是"十三五"时期东南大学必须重点解决好的关键问题。我们需要增强发展的紧迫感和使命感,立足谋篇布局,深化综合改革,着力体制机制建设,力争在2016年取得更大更有效的突破。

二、2016年拟重点推进的行政工作

2016年是我校"十三五"事业发展的开局之年,是站在新的历史起点上谋篇布局、改革创新的关键之年。面对建设"双一流"大学的历史使命和时代要求,面对高等教育竞争日趋激烈的发展态势,创新发展、跨越发展的挑战与机遇并存,在改革中寻求突破、在创新中获取动力的任务更为紧迫和艰巨。

我们的工作思路是:深入贯彻落实党的十八大和十八届三中、四中、五中全会精神,充分运用"五大发展理念",对接国家统筹推进"双一流"新战略,服务国家发展新需求,扎根中国大地办学。坚持改革引领、创新发展,坚持分类支持、协调发展,坚持国际视野、竞争发展。以"立德树人"为根本,以提高质量为核心,以改革创新为动力,以"人才强校"为战略,以强化科研组织为突破,以高端国际合作为关键,传承东大百年优良传统,全面实施综合改革方案和"十三五"事业发展规划,优结构、创机制、激活力,大力推进"双一流"建设,努力实现我校"十三五"事业良好开局。

(一)以"立德树人"为根本,切实提升人才培养质量

大学以学生为本,一流大学必须培养一流的人才。学校坚持以"立德树人"为根本,以培养拔尖创新人才为目标,依托学校深厚的文化底蕴、多学科的综合平台、高水平的科学研究,深化一流大学人才培养机制和教学模式改革,致力于知识的传授、能力的提升和价值观的塑造,开创科教融合、协同育人的新局面,培养更多具有远大理想、高尚情怀、国际视野和国际竞争力的创造型人才和学术领军人才。

继续深化招生录取制度、培养机制和教学模式改革。立足学校大宣传格局加强招生宣传,不断吸引优质生源。实施"双创人才培育计划",探索具有东大特色的创新创业教育新模式。打造本科生与研究生课程选修通道,加强高水平课程建设,构建科研与教学相长的教学模式,全面实施研究型教学,实现启发式、研讨式、互动式课程教学。着力拓展本硕博一体化和卓越化、国际化、研究型人才培养新渠道,开拓产学研联合培养模式,鼓励并创造条件让本科生更多参与科研项目,在科研锻炼中开阔视野,提升学术和实践能力。建立与国际接轨、激励约束并重的教学质量评价标准体系和教育质量保障体系。以就业促发展,瞄准国家战略性行业和领域调整就业结构,引领学生树立为国担当的大志向、大视野、大情怀。

(二)以深化综合改革为主线,不断加强体制机制改革

深化综合改革是贯穿和推动高等教育发展全局的主线。依据《东南大学章程》,不断完善现代大学制度,不断优化内部治理结构,着力完善体制机制设计。严格坚持党委领导下的校长负责制,切实完善党委领导、校长负责、教授治学、民主管理的内部治理模式。严格落实"三重一大"决策制度,依法依规治校,规范办学行为。紧紧围绕既定办学目标,全面实施《东南大学综合改革方案》。

坚持以质量为核心、以绩效为导向,进一步凝练办学思路,进一步加强谋篇布局和顶层设计,优结构、创机制、增活力。构建"可视、公开、激励、约束"的管理体制和运行机制,

优化各类办学结构,破除体制机制障碍,挖掘潜力、释放活力、增强动力。通过重心下移、权力下放、责权结合,合理配置校内权力和资源,优化绩效考核机制。深化行政管理体制和机构改革,形成分工科学、运转高效的校、院(系)管理架构。积极支持试点学院的综合改革,使院(系)真正成为学科建设和学院治理的主体。

(三)以"人才强校"为核心,努力构筑一流人才高地

校以人才而立,校以人才而兴。人才是第一资源,贯穿人才培养、科学研究、社会服务和文化传承创新各个环节,特别是高端人才已成为决定学校未来发展的关键因素。

2016年及整个"十三五"期间,我们要大力推动"人才强校"战略,以高端人才撬动全局发展。坚持引育并重并举,不断创新高层次人才的引进和培育机制,快速构筑一流人才高地。通过改革人事薪酬制度、完善教师激励机制,积极为青年教师创造机会、搭建平台,为他们打通事业上升通道,为青年教师成长提供较为优越的发展环境。进一步优化人才结构,优化校内岗位设置,实施岗位分层分类管理与培养制度,完善同行评议机制。结合学科发展需要和岗位需求,积极探索和采用新型的聘任方式,继续推进新进教师"弹性聘期"制度。探索建立规范化的薪酬调整机制和相应的考核激励机制,对于杰出人才,根据其层次和不同学科的特点,通过"一事一议"决定聘期和薪酬。改革职称评聘和考核工作,下放考核权限和部分职称评审权。

(四)以强化科研组织为突破,带动高水平学科发展

面对当前科技发展迅猛态势,惟有抢占前沿制高点,大力提升核心竞争能力,才能在"双一流"建设中占有一席之地。我们要紧紧瞄准国际学术前沿和国家重大需求,深入实施创新驱动发展战略,强化科研组织管理,在战略必争领域前瞻部署,增强科学研究的针对性、主动性和前沿性。大力推进科研管理体制机制改革,提升各类科研资源整合调配能力,大力推进协同创新,激发科技创新活力。整合学校优势资源积极申报国家大项目,吸引、汇集大团队,攻克、解决大问题,培育、凝结大成果,力争在原始创新和集成创新上获得重大突破。进一步推进新型科研机构建设,加强"学术特区"扩展与深化工作。

加强以科研带动学科建设,以高水平科研带动高水平学科发展。高水平的科研项目、科研平台、创新团队,特别是具有世界影响力的高端人才,将有力地促进学科发展。制定科学的学科发展规划,优选学科发展新方向。坚持以优势工科为依托,以产出原创性成果为目标,促进理工、医工、文工之间开展交叉研究,形成鼓励和支持新兴、交叉学科快速成长的机制与环境,实现多学科协调发展,打造科学合理的高水平学科生态。针对新一轮学科评估的评估方法和指标设置特点,结合学校学科的发展状况,赶前谋划、提早布局,争取在新一轮学科评估中再获佳绩。

(五)以高端国际合作为关键,加快推进国际化进程

国际化是世界一流大学的重要标志和评价指标。我们要增强全球定位和国际竞争意识,主动融入国际高等教育大环境,继续推进全方位、多层次、宽领域的国际合作办学水平。参照世界一流大学通行的学术规则、竞争机制和评价标准,加快构建适应国际化发展形势与要求的体制机制、管理办法及配套措施,鼓励师生踊跃参与国际竞争,大力提升学校国际竞争力。进一步提高东南大学-蒙纳士大学苏州联合研究生院和联合研究院的合作质量、办学水平。进一步探索与世界顶尖大学开展实质性、深层次的校际合作,建立多种形式的国际合作载体和平台,深化国际合作交流内涵。进一步提升聘请高水平外籍教师的比例,通过国家引进智力"111计划"专项,吸引更多的大师级专家来校讲学或合作科研。加大国际交流和联合培养力度,重点做好高水平大学研究生和本科生留学项目,提升师生出国(境)学习、交流比例。在扩大留学生规模的基础上,进一步提高留学生培养层次。

同时,我们将科学合理定位各校区功能,制订详细的规划建设方案,提高校园的整体规划和建设水平。持续改善办学条件,优化教师教学、科研工作环境,促进信息资源共享。完善学校内部监督体系,继续规范财务核算管理,深入推进全面预算管理。完善学校经营性资产管理体制。创新后勤服务机制,提高服务保障能力。坚持共享发展,增强师生员工的获得感、认同感,激发师生员工投身学校改革发展的热情和积极性。进一步探索民主管理的形式和方法,切实发挥校、院(系)两级教代会的民主管理和民主监督作用。健全师生权益保障体系,建立健全涉及师生权益的听证、申诉等权利保障机制,保障师生对学校重大事项的知情权、参与权。健全科学合理的办学资源保障机制,积极探索多元化筹集办学资源的渠道和方式。充分发挥工会、共青团、退离休协会、学生会、研究生会等群众组织的桥梁纽带作用,不断加强对上述群众组织的指导和帮助,使之成为校园民主建设的重要力量。大力推进校务、院(系)务公开、信息公开等工作,提高决策的透明度,增进学校与教职工之间的沟通和理解,增强学校凝聚力。

各位代表,老师们、同志们,过去的成绩,凝结着全体东大人的心血和智慧;未来的发展,更呼唤着我们的责任与担当。一所有理想、有追求的大学,只有抓住机遇、敢于挑战,应势而动、顺势而为,才能赢得发展的先机。我们要继续认真贯彻落实党的十八大和十八届三中、四中、五中全会精神,牢记"双一流"大学建设的神圣使命,深入推进综合改革,增强办学的内生动力和创新活力,紧紧抓住实施"十三五"发展规划的重要机遇,迈好步、开好局,有干劲、有作为,为民族复兴的"中国梦"和世界一流的"东大梦"做出新的更大的贡献!

全面深化综合改革　全力推进创新发展
为早日实现世界一流大学的"东大梦"而努力奋斗

——在东南大学第八届教职工代表大会暨第十五届工会会员代表大会上的报告

张广军

(2016年12月22日)

尊敬的各位代表、同志们：

大家上午好！

今天，我们在这里隆重召开东南大学第八届教职工代表大会暨第十五届工会会员代表大会。首先，我代表学校向大会的召开表示热烈的祝贺！向各位参会代表，并通过你们向所有为学校建设和发展做出积极贡献的广大教职员工表示崇高的敬意！向应邀参加大会的各位领导表示热烈的欢迎和诚挚的感谢！

本次会议是在学校第十四次党代会确立今后五年的奋斗目标与主要任务、大力实施"十三五"事业发展规划、全面深化综合改革、加快推进世界一流大学和一流学科建设的关键时期召开的一次盛会，对学校下一阶段的发展具有重大意义。下面，我就学校过去五年的工作情况和未来五年的工作任务向大会报告，请大家审议。

一、过去五年主要工作回顾

上一届两代会以来的五年正值"十二五"期间，在教育部、江苏省委省政府的关心指导下，全校师生员工团结一心、努力进取，深入学习贯彻习近平总书记系列重要讲话和十八大及十八届三中、四中、五中、六中全会精神，贯彻落实学校"三个坚定不移"发展战略，开拓创新，争先进位，努力把握高等教育发展规律，不断探索高水平大学建设之路，办学水平、办学质量和办学效益明显提高，综合实力显著增强，为推进世界一流大学和一流学科建设打下了坚实的基础。

（一）着力实施大学章程，内部治理结构日趋完善

2013年11月，教育部核准颁布了《东南大学章程》等全国首批6所高校大学章程。当前学校正加快推进章程的实施，推动依法治校和现代大学制度建设，进一步完善内部治理结构。

学校以大学章程引领现代大学制度建设，坚持和完善党委领导下的校长负责制，健全党委领导、校长负责、教授治学、民主管理的工作机制，明确学校的制度框架、治理结构以及各主体的权力义务范围，进一步理顺党委权力、行政权力、学术权力各自在学校内部治理结构中的权责和关系，进一步确定学校、院（系）管理体制和运行机制，明确学校与院（系）各自的管理范围和责权利关系。推进试点学院综合改革，制订简政放权的具体措施，

将部分权力下放给院(系),使院(系)真正成为学科建设和院(系)治理的主体。进一步坚持和完善民主管理制度,不断扩大广大师生员工的知情权、参与权和监督权,充分发挥工会、教代会、团代会和学代会民主监督的作用。结合教育部制定的《高等学校学术委员会规程》,调整并健全学术委员会、学位委员会、教学委员会等学术机构的职责,修订完善并颁布实施《东南大学学术委员会章程》《东南大学教学委员会章程》和《东南大学学位评定委员会章程》。2016年启动了内部控制体系建设工作,积极完善高效率、高质量、高协同的服务机制。

(二)深化教育教学改革,人才培养质量显著提升

五年来,学校围绕"高层次、复合型、多样性、国际化"的拔尖创新人才培养目标,按照"强基础、强实践、强能力、重素质、创一流"的改革思路,坚持以提高质量为核心,努力培养拔尖创新人才,全面提升学生的综合素质和创新实践能力。

修订了《本科人才培养方案》,出台并实施《关于进一步提高本科课程教学质量的实施意见》,认真开展评教工作,坚持校领导和同行专家听课制度,建立健全课堂教学质量监控机制。颁布实施了学生出国出境交流学习的相关规定和关于进一步规范研讨课程教学要求实施办法,推进教育教学国际化进程和以启发式、互动式、探讨式为特征的研究型教学。五年来,学校共有5个专业入选国家级综合改革试点项目,36门课程获"国家级精品资源共享课"荣誉称号,14门课程获"国家级精品视频公开课"荣誉称号,17个专业获批开展国家级卓越工程师培养计划,2个专业获批开展国家级卓越医师培养计划。8个实验中心入选国家级实验教学示范中心,3个实验中心入选国家级虚拟仿真实验教学中心。52位教授当选新一届全国教学指导委员会委员,其中5位教授当选主任委员、7位教授当选副主任委员。41种64本教材获批"十二五"普通高等教育本科国家级规划教材。在最近一轮国家级教学成果奖评选中获一等奖1项,成为连续三届获此荣誉的少数高校之一;另获二等奖5项,获奖总数并列全国高校第8位。本科生在各级各类竞赛中成绩喜人,在2015全国大学生电子设计竞赛中获10个一等奖和8个二等奖,一等奖数位列全国高校第一。获2015年第十四届"挑战杯"全国大学生课外学术科技作品竞赛"优胜杯"。获2016年"创青春"全国大学生创业大赛5项金奖,金奖总数位列全国第二。入选教育部"全国高校实践育人创新创业基地"。

积极推进研究生教育综合改革,研究生培养质量稳步提高。构建了本科直博、硕博连读、申请—考核等多样化招生模式。制定了研究生招生指标分配办法、导师招生资格年度审核办法。全面推进研究生分类培养模式改革,修订了学术学位和专业学位研究生培养方案,构建了硕博一体化的研究生课程体系。积极推进教学质量检查和评估,健全完善网上评教系统。探索研究生培养模式改革试验基地建设,建成"江苏省企业研究生工作站"303家。扎实推进研究生国际化培养,建成15个全英文授课专业,完善博士生出国研学、参加国际会议的资助机制。设立并实施优秀博士学位论文培育基金计划。五年来,获教育部博士生学术新人奖30人,获全国百篇优秀博士学位论文数从前一个五年的2篇增至11篇;在全国研究生数学建模竞赛中,15个团队获一等奖、238个团队获二等奖、190个团队获三等奖,参赛数与获奖数连续五年全国第一,并蝉联"优秀组织奖"。

（三）推进人事制度改革，队伍建设成效明显

五年来，学校高层次人才引育取得较大突破，人才队伍结构逐步优化，激励保障措施日趋完善。积极推行高层次人才全球招聘制度，大力提高新进专任教师科研启动费、购房货币化补贴。出台建设学术特区实施意见，获建城市科学技术与工程研究院学术特区。完成并启动"十三五"师资队伍建设规划和高端师资倍增计划，讨论通过了首席教授、青年首席教授等高层次人才计划实施方案，调整和重新构建了至善青年学者等青年教师支持体系。修订并完善了东南大学职称条例、突出成果奖励条例、专业技术岗位人员和管理岗职员的晋级条件。加强了青年骨干教师公派出国的考核。

学校新增院士2人、"万人计划"11人、"千人计划"专家11人、"长江学者奖励计划"特聘教授和讲座教授14人、"青年千人计划"19人、"长江学者奖励计划"青年学者10人、"万人计划"青年拔尖人才5人，共引进海内外具有博士学位的专任教师592人。学校现有专任教师2 767人，具有教授职称人数778人，副教授职称人数1 148人；具有博士学位的教师占教师总数的80.3%；45岁以下的教师占教师总人数比例为60%。青年教师基本具有博士后或海外留学经历；教师中具有一年及以上海外留学经历的占师资队伍总人数比例接近50%。

（四）促进学科结构优化，学科建设成果突出

坚持综合性研究型大学的发展思路，保持工科持续发展优势，加快推进学科结构优化。获批"信息与电子""先进制造"两个领域工程博士专业学位授权点，成为全国首批开展工程博士专业学位授权工作的25个试点单位之一。继续加强高峰学科建设，提高建设成效，组建了人文社会科学、理学、电子信息、土建交通、机能材化、电仪控制、生命科学与医学七大学部。2014年，江苏高校优势学科建设工程立项学科（群）由一期项目11个增至二期项目13个。重点支持若干新兴交叉学科和理学、医学与生命科学、人文社会科学学科中的部分优势学科方向，促进上述学科的快速发展。修订了《东南大学"985工程"管理办法》等系列管理文件，调整了"985工程"三期建设思路，高绩效完成"985工程"三期建设。在第三轮全国学科评估中，位列全国第一的学科数由上一轮的1个增加到3个，从上一轮位列全国高校第18位升至第7位；另有3个学科位列全国第二，排名前两位的学科总数并列全国高校第7位。进入ESI世界前1%的学科数从五年前的2个增至9个，其中工程学从2012年的第137位提升到第44位，进入世界前1‰，计算机科学由第321位提升到第69位。

（五）推进科研体制机制改革，创新能力持续增强

加强科研体制机制改革和科研组织，以国家级科研基地建设和重大科技项目为重点，大力提升学校科技创新和服务经济社会发展的能力。制定出台了学校国家科技重大专项经费管理暂行办法、基本科研业务费管理办法和实施细则。加强科研设备管理与共享机制建设，集中资源重点建设影响全局和支撑全校的公共科技创新平台。积极引导学校科研向承接国家重大任务、解决企业关键技术难题、推动行业进步的方向发展。每年到校科

研经费始终位列江苏省高校第1位,近五年科研经费到款总数超过75亿元,较前一个五年增长87.2%。学校牵头获批的国家级科技奖励从前一个五年的6项增至15项,获奖数位列江苏省内高校第一,其中2011年获国家技术发明一等奖1项,实现了江苏省获该奖项零的突破,2014年又获国家科技进步一等奖1项。专利申请量和授权量连续多年稳居全国高校前5位,位列江苏高校第一。授权发明专利从2011年的434件增至2015年的1 351件,增幅超过211%。2015年统计的SCI论文收录2 456篇,较五年前增长84.5%。五年来,新增国家杰出青年科学基金12项,国家优秀青年科学基金项目19项,单独或联合在Science和Nature系列刊物上发表文章从上一个五年的4篇增至30篇。有计划有重点地推进协同创新中心的组织策划工作,共创建8个协同创新中心,"无线通信技术协同创新中心"获批国家"2011计划"协同创新中心。2016年首次入选"十三五"期间"国防科工局-教育部共建高校",在国防特色学科和专业建设、国防学科实验室、军工科研任务和与军工企事业合作等方面获得新的发展平台。大力推进开放办学和产学研合作,进一步加强与政府及大型企业战略合作,已与贵州省、甘肃省、南京江北新区、江宁区等政府部门,与中国航空工业集团、上海航天技术研究院、航天九院十三所、中国核动力研究设计院、中国电子科技集团第二十九所、故宫博物院、南京医科大学、华为技术有限公司等大型企事业单位签订战略合作协议,与南京市政府签订推动科技与产业深度融合合作协议。积极推进校企产学研联合研发中心的工作,共建成100余家产学研研发中心。国家社科基金立项从37项增至98项,增幅达165%,其中2015年获国家社科基金年度项目32项,总数并列全国高校第12位。2013年获教育部高校人文社会科学优秀成果奖一等奖1项。东南大学中国特色社会主义发展研究院和道德发展智库获批为江苏省首批重点高端智库。最高人民法院全国首家"人民法院大数据研究基地"在东南大学成立。

(六) 加大国际合作力度,国际化水平大幅提高

进一步提高国际合作层次,拓展国际合作领域,积极推进与世界一流大学的全面合作。通过国际化办学,国际合作交流工作取得新突破。东南大学-蒙纳士大学苏州联合研究生院成为国内首个正式获批的研究生教育中外合作办学机构,联合研究生院已在工业设计工程、计算机技术、交通运输工程、国际商务和外国语言学及应用语言学等5个专业开展联合培养硕士工作,已有两届学生完成学业、顺利毕业。东南大学雷恩研究生学院申报工作顺利推进,并接受了教育部组织的专家评审。此外,与德国乌尔姆大学、瑞典皇家理工学院、瑞士苏黎世联邦理工学院、英国伦敦大学学院、美国田纳西大学等20余所高校开展了学生联合培养,与国外高校及企业新签订了100多项合作协议。每年出国(境)交流学生人数从五年前的506人增至2 300人,增长约3.5倍。2016年9月学校加入"一带一路"高校联盟。

留学生工作再上新台阶,在校海外留学生人数从五年前的917人增至1 813人,总数增长近1倍,其中学历留学生1 313人,占总人数的72.4%;留学研究生495人,较五年前增长近2倍,学历留学生和留学研究生数均居全省第一。孔子学院建设取得新进展,3所孔子学院分别获得"年度全球先进孔子学院",并有4人获年度"孔子学院先进个人奖",在中方承办孔子学院的大学中位居前列。

(七) 民生工程稳步推进,办学条件显著改善

学校稳步推进民生建设,切实改善教职工待遇。制定并实施新的岗位绩效津贴方案,出台单位综合考核及年度奖励性岗位绩效津贴分配办法,在职人员年均收入(不包括科研酬金)较五年前增长近1倍。根据国家政策,提高了离退休人员工资和生活补贴,平均每人每月增加3 000元,受惠总人数超过3 400人,大幅度整体提高了离退休人员的待遇。提高了公积金缴存比例、个人缴存基数上限和新职工房贴发放金额,公积金缴存比例由20%提高到24%,个人缴存基数上限由10 900元上调至18 200元,住房补贴由18%提高至20%。完善教职工大病医疗互助工作制度,医疗补助人次和金额逐年增加,2011到2015年共有2 893人次获得补助,补助金额共计1 492万余元。

调整并完善后勤运行体制与保障机制,成立总务处。完成四牌楼和丁家桥校区的电力增容改造,学生宿舍全部加装空调。增设四牌楼校区教师专用餐厅,加固改造和出新校舍20万平方米,九龙湖校区种植大树2 000株,提升绿化景观5万平方米。与南京市江宁区签订东大幼儿园江宁分园共建项目,东大幼儿园江宁分园将落户江宁开发区,为青年教师提供子女就近入园。

加快实施校园基础设施建设,育人环境和办学条件不断完善。建设完成九龙湖校区学生宿舍、研究生宿舍一号院、材料化工教学科研楼、体育馆、研究生宿舍三号院、桃园学生宿舍等6项工程,四牌楼校区的科技产业孵化楼、博士后公寓2期等两项工程,合计建筑面积约10.58万平方米,完成投资约3.97亿元。目前在建土木交通教学科研楼、桃园食堂、信息电子教学综合楼等3项工程,合计建筑面积约11.53万平方米,计划总投资约6.28亿元。

数字化校园平台建设取得明显成效,管理服务、图书信息等方面的数字化水平进一步提升。五年来,筹集社会资金累计约3.5亿元,教育基金会获"全国先进社会组织"称号。积极推进信息公开、对口支援工作,信息公开工作在教育部75所直属高校信息公开事项测评中排名第一。

此外,学校财务管理、资产管理、审计监察、产业、图书档案、学报、继续教育、成贤学院、附属中大医院医疗教学科研等各项工作均取得长足发展。成绩的取得,凝聚着全体师生员工的爱校热忱、聪明才智和辛苦付出,在此谨向大家致以崇高的敬意和衷心的感谢!

各位代表、同志们,当前东南大学的改革创新不断深化,发展势头持续向好,综合实力和社会影响力日益提升,实现建成世界一流大学的"东大梦"已展现出令人振奋的美好前景。但与当今世界一流大学相比,我们还面临许多困难和挑战,主要表现为:接近或达到世界一流水平的学科仍然偏少,新兴、交叉学科发展速度相对缓慢;高层次人才总量依然不足,有国际影响力的学术带头人、知名学者和创新团队尤其缺乏;解决国家重大战略需求和科学前沿问题的原始创新能力不足;拔尖创新创业人才培养模式尚需进一步改革和完善,人才培养质量与经济社会发展的要求还有一定距离;学校内部治理结构、管理体制和运行机制仍有待优化。如何进一步加大改革创新力度,在更加激烈的国际国内竞争格局中快速提升学校的核心竞争力,是今后一段时期必须重点解决好的关键问题。

二、今后五年主要工作任务

未来五年,是我国实现第一个百年目标的决胜阶段,中国社会将经历令人瞩目的伟大变革。面对前所未有的机遇与挑战,我们要深入贯彻落实"四个全面"战略布局和"五大发展理念",贯彻落实"双一流"战略决策,始终坚持党的领导,牢牢把握社会主义办学方向,全面贯彻党的教育方针,扎根中国大地办学,努力建成具有中国特色和东大气派的世界一流大学。

未来五年,也是东南大学加快推进"双一流"建设的重要时期。在新的历史条件下,在改革中寻求突破、在创新中获取动力的任务更为紧迫和艰巨。我们要以时不我待的开拓进取精神,从全球高等教育竞争、国家改革发展、区域经济社会发展的大背景、大格局、大舞台中前瞻谋划、科学布局、积极响应,瞄准国际前沿,服务国家战略,抢抓、珍惜历史机遇,勇担、履行时代使命。

未来五年,我们要紧紧围绕学校第十四次党代会确立的"早日建成世界一流大学"的总体目标和今后五年改革发展的主要任务,坚持改革引领、创新发展,坚持分类支持、协调发展,坚持国际视野、竞争发展,按照"瞄准前沿、服务战略、师生为本、人才为先"的办学思路,以"推动人才强校、深化综合改革"为主题,以"提高教育质量、推动内涵发展"为主线,以实施多学科融合、理工文医综合、产学研结合和国际化联合"四合"战略,以及实现人才培养、科学研究、师资队伍、国际合作"四个突破"为重点,努力实现第十四次党代会确立的未来五年发展目标,即到2020年左右,学校人才培养、科学研究、社会服务、文化传承创新能力显著提升,3—4个学科(群)率先跻身世界一流学科行列,其中工程学进入世界一流前列,东大特色的现代大学制度和文化体系初步形成,国际声誉和国际影响力大幅度提高。

(一)加快提升人才培养质量

只有培养出一流人才的高校,才能够成为世界一流大学。坚持以"立德树人"为根本,落实培养德智体美全面发展的社会主义事业建设者和接班人重大任务。积极汇聚优质教学资源,深化一流大学人才培养机制、课程体系和教学模式改革,进一步实施"双创人才培养计划",把创新创业教育理念融入人才培养全过程,着力构建创业教育与专业教育、理论教育和实践教育深度融合的创新创业教育体系。深入推进招生制度改革,切实提高本科生生源质量。建立多元化的人才培养特区,进一步深化吴健雄学院、文科试验班和少年生班的人才培养改革,完善荣誉学院拔尖创新人才培养模式。完善专业定期评估与调整方案,着力建成国内外有重要影响力的专业。全面深化课程教学改革,实施研究型教学,使启发式、研讨式、互动式教学成为课程教学的常态。加强课程中心建设,加快构建与国际认证对接的课程体系,不断加强全英文授课专业及课程建设。构建多元化教师教学培养与评价机制。完善人才培养方案的评估与动态调整机制,打通本、硕、博一体化培养通道。加强教学质量保障体系、教育质量标准评价和认证体系建设,认真做好2017年本科教学审核评估。强化大学生实践能力培养体系建设,深化学生管理和服务改革。

进一步深化研究生教育综合改革,着力提升研究生教育质量和水平。持续推进博士生招生制度改革,完善博士生激励政策和资助体系,进一步提高博士生生源质量,并争取扩大博士生招生规模,健全博士生招生指标分配和动态调整机制。推进建设一支高水平的导师队伍，完善研究生导师遴选办法，加快优秀中青年教师成长，发挥高端师资在研究生培养中的引领作用。实施研究型教学模式改革，大力推进案例库和慕课建设，提升研究生教学质量。全面推进教学质量检查和评估，完善研究生中期考核和淘汰机制，构建研究生培养过程质量保障体系。进一步优化研究生申请学位的成果要求，提高学位授予质量。服务国家战略发展人才需求，全面实施国家重大专项博士生班计划，为国家战略性行业和领域培养一批工程科技和工程管理方面的高层次领军人才。深入推进"全国研究生创新实践系列活动"，创立系列研究生学术品牌活动。

强化大学生职业发展规划教育，瞄准国家战略性行业和领域调整就业结构，不断加强对学生选择国家重点行业和重要岗位就业的价值引领和氛围营造。

（二）加快构筑一流人才高地

人才资源是第一资源，而且是战略资源。持续推动"人才强校"战略，大力实施"高端师资倍增计划"，深化人事综合改革，以"优化结构、创新机制、激发活力"为指导方针，立足校内、深化海外、重点高端、面向未来，显著提升师资队伍整体水平，形成高端人才、优秀中青年、骨干教师多层次、多类别具有活力的一流师资队伍。健全各类高端人才引进与培养的岗位设置和体制机制，进一步加大海内外人才引进力度、高端人才支持力度、青年教师培养力度。进一步明确院（系）作为人才引进和培育的主体地位，加大院（系）在人才引进和培育等方面的考核，既要"识才、爱才、敬才、用才"，又要"求才、惜才、容才、举才"，营造全员引才、聚才、育才的良好氛围和生态。推进全球招聘制度，完善同行评议机制，进一步提高新进教师海外博士学位比例。结合院（系）综合改革的进程，推进和完善新进教师"弹性聘期"制度。进一步优化师资队伍结构和校内岗位设置，实施岗位分层分类管理。完善教师考核激励机制，构建以岗位绩效工资为主体，协议工资、项目工资等并存的多元化薪酬体系，建立规范化的考核激励机制和相应的薪酬调整机制。根据国家有关政策，及时推进绩效工资改革，规范校内教职员工收入，整体提高教职工收入水平，使得教职工收入待遇与学校事业同步发展。

（三）加快优化科技创新格局

创新是世界一流大学的灵魂，是引领发展的第一动力。紧紧瞄准国际学术前沿和国家重大需求，深入实施"原创能力突破计划"，努力打造高水平科技创新格局。进一步强化战略布局，主动布局基础、前沿、新兴与交叉科研方向和重大研究计划，积极谋划国家级科研基地、重大科研平台、重大基础设施、重大项目等论证和立项。进一步强化科研组织，持续优化多元化的校内学术生态、科研模式和体制机制，加强顶层设计、整合有效资源、实现重点突破，努力形成大团队、大平台、大项目、大成果。加强国家实验室、国家重点实验室和工程中心、国家级智库等基地立项和建设；强化区域地方战略性研究院布局，深入推进校企产学研联合研发中心、异地研究院、省产业研究所建设，进一步提升产学研合作质量；瞄准空间、海洋、生命科学、脑科学、大数据医疗、网络空间安全、智能制造、智慧城市、高分卫星数据分析与应用等开展基础、新兴与交叉学科研究和平台建设，积极探索学校"三位一体"的科研格局。以国防科工局-教育部共建为契机，大力推动军民融合，加强战略导向,服务国防建设,努力构建国防军工科研、国防重点实验室和研究中心、专业建设和学科发展的新格局。推动全校大型仪器设备共建共享的公共基础科研平台建设。着力加快人文社科国际化进程。进一步加强协同创新中心建设,加快推进科技成果转移转化,健全知识产权标准化管理体系,做好高价值专利的跟踪、评价、转化及二次开发。

(四)加快提升学科建设水平

一流学科是一流大学的基础。深入实施"一流学科攀升计划",加强学科顶层设计,优化学科布局,打造"强势工科、优势理科、精品文科、特色医科",积极推进理工文医学科交叉,形成多学科协调发展、科学合理的学科生态。充分发挥学科发展责任主体作用,赋予院(系)更多的学科建设自主权,积极推进学科绩效评估,建立学科发展优胜劣汰的激励和约束机制,不断加强学科内涵建设。强化人才培养与科学研究的双轮驱动,以高水平的人才培养与科学研究推动高水平学科建设。设立一批世界一流学科建设项目,构建若干开放共享的重大科研平台。坚持以优势工科为依托,以产出原创性成果为目标,积极培育新兴交叉学科,设立交叉学科建设专项支持计划,积极支持新兴交叉学科建设,鼓励不同学科的教师跨院(系)进行新兴交叉领域的合作研究和人才培养,形成促进新兴交叉学科快速发展的机制和环境。加强国际专业认证,开展学科国际评估。大力加强优势学科的国际竞争能力建设,力争在 ESI 等国际知名学科排行中取得重要突破,进入 ESI 学科排名的学科数迅速增加,在 ESI 的排名位次显著提升。

(五)加快推进体制机制改革

坚持和完善党委领导下的校长负责制,健全党委统一领导、校长依法行使职权、党政分工合作、运转协调高效的工作机制。以改革创新为动力,合理配置校内资源,加快构建以《东南大学章程》为基础、具有东大特色的现代大学制度。实施依法治校,加强内部控制体系建设,优化学校内部治理结构。以体制机制改革为核心,以深化人事分配制度改革为突破口,以调动全体师生员工积极性为重要标志,全面深化各主要领域综合改革,着力破除体制机制障碍。积极推动学校管理重心下移,努力实现由"校办院"向"院办校"转变,落实院(系)主体地位,形成分工科学、运转顺畅高效的管理架构和运行机制。推动党政管理部门的优化重组,完善分工清晰、精干高效的跨部门综合事务协调和通力合作机制。加强民主管理,推进信息公开,主动接受政府和社会监督,形成公开、规范、自律的办学机制。加强各级各类学术组织建设,健全和完善校级学术组织的运行机制,激发学部、院(系)等基层学术组织的创新活力,充分发挥学术组织在学科建设、学术评价、学术发展中的核心作用,形成具有东大特色的学术管理体系。

(六)加快拓展国际合作内涵

高端国际合作是建设一流大学的突破口。学校将坚定不移走国际化强校的道路,以高端国际合作为关键,以"全球高端、实质合作、引领发展"为指导方针,立足亚太、深化欧洲、重点北美、辐射拉非,形成全方位、有重点、多层次、宽领域、高水平的国际交流合作新格局。进一步实施"卓越大学伙伴计划",深化合作、提高质量、推动发展,不断推进从"点对点"到"面对面"合作模式的转型升级,力争在与世界著名大学开展实质性深层次校际合作上有所突破,加快推进国际化进程。加强引智基地建设,加大聘请外籍教师的力度,落实完成4个"111计划"专项各项工作。加强世界著名学者来校进行合作研究力度,进一步提升师资队伍国际视野。进一步提高东南大学-蒙纳士大学苏州联合研究生院和联合研究院的合作质量和办学水平。推进申报、建设建筑国际化示范学院、雷恩研究生学院。不断开拓招生渠道,进一步扩大留学生规模,大幅度增加学位留学生数量,提高留学生培养层次与质量。围绕国际合作战略,着力实施"中国政府来华留学卓越奖学金"——东南大学"'一带一路'可持续基础设施工程硕士项目"。努力办好三所孔子学院,持续保持孔子学院办学的品牌影响力。

(七)努力推进民生建设及其他工作

牢固树立"以人为本"的办学理念,加快实施"东大品牌提升计划",加强校园文化、环境氛围、学校品牌和校内民主民生等软实力建设。持续改善办学条件,优化办学环境,着力提升硬件建设水平,为学校改革发展提供坚强保障。关心教职员工特别是广大学生和青年教师,努力提高服务师生的能力,不断提升师生员工的荣誉感、凝聚力和向心力,调动干事创业的积极性。改进完善大病医疗互助办法,提高大病互助支持力度,学校支持大病互助资金将由原来每年80万元增加到160万元,着力解决教职员工的医疗后顾之忧。根据国家和学校政策改善和提高在职教职员工福利标准与待遇,从2017年开始在职教职员工节日及生日慰问标准由180元提高到1 300元。

切实发挥校、院(系)两级教代会的民主管理和民主监督作用,建立健全涉及师生权益的听证、申诉等权利保障机制,保障师生对学校重大事项的知情权、参与权。完善学校内部监督体系,继续加强财务规范管理。积极探索多元化筹集办学资源的渠道和方式。进一步推进校友会工作,为校友搭建与母校交流合作的平台。进一步完善后勤服务体制机制,健全与一流大学建设相适应的后勤保障体系,努力建设现代、绿色、智慧校园。加强国有资产监管和规范化建设,完善学校经营性资产管理体制。继续推动对招投标、招生录取、基本建设、科研经费使用与管理、学校全资和控股企业等廉政风险点的动态监控。加强管理信息一体化网络建设,优化学校官方主页,做好二级网站和英文网站维护。继续加强校园安全、稳定及综合治理工作,着力推进江苏省"平安校园"示范校建设。继续支持附属中大医院发展,提高医疗服务和教学科研水平。

各位代表、同志们,新的征程已经开始,新的任务艰巨而繁重。早日建成世界一流大学是全体东大人的共同梦想,也是"止于至善"的大学之道,更是党和国家赋予东南大学的光荣使命。我们必须勇担使命、团结拼搏,以持之以恒的改革勇气、敢为人先的创新精神、艰苦创业的坚定意志、奋发有为的进取意识,不断增强完成目标任务的自信和决心,不断增强推动发展的谋划力和执行力,不断增强谋事创业的激情和干劲,为早日实现建成世界一流大学的"东大梦",提高我国高等教育发展水平,增强国家核心竞争力,实现中华民族伟大复兴的"中国梦"而努力奋斗!

最后,预祝大会取得圆满成功!

谢谢大家!

肩负新使命　迈上新征程

——在2017年新年茶话会上的讲话

校长　张广军

尊敬的各位老领导，尊敬的老师们、同学们、校友们，朋友们：

在喜迎元旦佳节的美好时刻，我们欢聚一堂，分享一年收获，共话新年愿景。首先我代表学校党政，向辛勤耕耘、奋发有为的全校教职员工，向刻苦求学、创新成长的莘莘学子，向爱校荣校、无私奉献的离退休老同志，向心系母校、回报母校的海内外校友，向关心支持、鼎力帮助学校发展的社会各界人士，一并致以亲切的问候、诚挚的谢意和新年的祝福！

过去的一年是"十三五"事业发展的开局之年，是谋篇布局、改革创新的关键之年。一年来，在党的十八大，十八届三中、四中、五中、六中全会和习近平总书记系列重要讲话精神，以及学校第十四次党代会精神的指引下，在教育部、江苏省委省政府的关心指导下，学校领导班子带领全体师生员工，以"五大发展理念"引领学校发展，进一步加强办学顶层设计，实施"十三五"事业发展规划及六大支撑计划，启动"双一流"建设，全面深化综合改革，大力推动"人才强校"战略，学校各项事业发展取得新进展，和谐校园建设取得新成效。

一、现代大学制度建设和内部治理结构更趋合理

以大学章程引领现代大学制度建设，坚持和完善党委领导下的校长负责制，健全党委领导、校长负责、教授治学、民主管理的工作机制，改进行政领导班子议事制度和议事规则，明确学校的制度框架、治理结构以及各主体的权力义务范围。推进试点学院综合改革，强化院（系）学科建设和治理的主体责任。进一步坚持和完善民主管理制度，不断扩大广大师生员工的知情权、参与权和监督权。启动学校内部控制体系建设，积极完善高效率、高质量、高协同的服务机制。

二、学科建设与研究生教育工作取得新成绩

继续推进内涵发展，进一步优化学科布局，确立"强势工科、优势理科、精品文科、特色医科"建设目标，启动"一流学科攀升计划"。五大门类31个学科参加全国第四轮学科评估。药理学与毒理学首次进入ESI全球前1‰，进入ESI全球前1%的学科数增至9个，其中工程学上升至第44位，计算机科学上升至第69位。在U. S. News世界大学排名中，工程学位居第23位，计算机学科排名第29位；在ARWU世界大学学术排名中，工程/技术与计算机科学（工科）排名第20位，国内第5位。依托"网络空间安全"一级学科成立网络空间安全学院。17个学科获批"十三五"江苏省重点学科。

深入推进研究生教育综合改革，研究生培养质量稳步提高。推进博士生招生制度改

革,修订了博士/硕士生导师遴选办法、博士生招生指标分配办法、博士生导师招生资格年审管理办法,启动国家重大专项博士生班计划、博士新生奖学金和博士生学制改革。获批江苏省各类研究生创新工程项目 322 项。获江苏省优秀博士学位论文 13 篇、优秀硕士学位论文 27 篇。新增研究生全英文课程 43 门。获批"国家建设高水平大学公派出国留学项目"研究生 194 名,其中攻读学位 55 人、联合培养 139 人,获批国家留学基金委博士生导师短期访问项目 34 人。

三、本科教学与人才培养工作取得新进展

继续深化本科人才培养改革,着力推进创新创业教育,全面提升本科教育教学质量。大力推动吴健雄学院、文科试验班和少年生班人才培养模式和管理体制改革,成立新一届校教学委员会。本科生生源质量进一步提高,毕业生年终就业率达 98.9%,位居全国高校前列。新增国家级虚拟仿真实验教学中心和国家级实验教学示范中心各 1 个,新增国家级"精品视频公开课"6 门,入选"国家级精品资源共享课"36 门,入选数位列全国高校前列。入选宝钢优秀教师特等奖 1 人、江苏省教学名师 2 人。获批省级重点教材 14 部,位列全省高校第一。在全国大学生电子设计竞赛中获 10 个一等奖和 8 个二等奖,一等奖数位列全国高校第一;在"创青春"全国大学生创业大赛中获 5 项金奖,金奖总数位居全国第二。"九龙 5G 创业谷"入选国家级众创空间。与法国"N+i"工程师学校联盟签署合作协议,并与其所属 8 所法国工程师学校,以及美国凯斯西储大学签署"3+2"联合培养协议。

四、科学研究与科技服务工作实现新突破

进一步加强科研制度建设和科研组织,着力提升科研创新能力,大力推进重大科研项目、基础交叉科研平台、创新团队建设和产学研合作等工作。牵头获 2016 年度国家科学技术奖 3 项,其中自然科学、技术发明和科技进步二等奖各 1 项;牵头获教育部 2016 年度高等学校科学研究成果奖(科学技术)5 项,其中一等奖 2 项;牵头获 2016 年度江苏省科学技术奖 8 项,其中一等奖 5 项,位居全省第一。获批国家自然科学基金项目 303 项,其中重点项目 6 项、重大仪器专项 3 项、杰青项目 2 项、优青项目 3 项;获批国家重点研发计划专项牵头项目 6 项、牵头课题 21 项;获批军委科技委、军委装备发展部、教育部等国防科研项目 56 项;获批国家社科基金 26 项。入选第七届教育部科技委学部委员 9 人、军委科技委专家 4 人。获批教育部霍英东教育基金高等院校青年教师基金资助与青年教师奖各 1 项。2015 年度 SCI 收录论文 2 456 篇,比上一年增加 234 篇,排名第 19 位;EI 收录论文 2 554 篇,比上一年增加 384 篇,排名第 14 位;表现不俗论文 903 篇,比上一年增加 83 篇,排名第 21 位。发明专利申请 2 406 项,已授权 1 226 件,PCT 专利申请 50 项。承担"江苏省重大科技成果转化项目"22 项,位列全省第一。首次入选"十三五"期间"国防科工局—教育部共建高校"。与中国航空工业集团、上海航天技术研究院、航天九院十三所、中国核动力研究设计院、中国电子科技集团第二十九所、故宫博物院、南京医科大学、华为技术有限公司等大型企事业单位签订战略合作协议,与南京市政府签订推动科技与产业深度融合合作协议。积极推进国家实验室和国家重点实验室立项工作,获批高分辨率对地观测系统江苏数据与应用中心、江苏省"高档数控机床及智能装备"制造业创新中

心和全国首家最高人民法院司法大数据研究基地。东南大学智慧城市研究院、空间科学与技术研究院、国家发展与政策研究院等交叉科学研究院建设稳步推进,东南大学未来地下空间研究院、丘成桐中心、东南大学-威斯康星大学智能网联交通联合研究院等基础与前沿国际化科研机构论证进展顺利。学校科研团队在我国载人航天工程、第5代移动通信技术、AMS实验、500米口径球面射电望远镜、国学中心建设等重大战略领域做出积极贡献。

五、师资队伍建设和人事工作取得新成效

进一步加快人事制度改革,优化结构、创新机制、激发活力,制定"十三五"师资队伍规划和"高端师资倍增计划",大力实施"人才强校"战略。新增欧洲科学院院士1人,"长江学者"2人,"长江学者奖励计划"青年学者5人,"青年千人计划"专家6人,"万人计划"专家4人。入选汤森路透2016全球高被引科学家2人。新增江苏特聘专家3人,江苏省突出贡献中青年专家1人,江苏省双创团队1个,江苏省双创人才6人,江苏省双创博士8人,入选江苏省"333工程"66人,第一和第二层次入选数位列全省第一。积极推进人事制度改革,制定出台了首席教授、青年首席教授、文科资深教授条例和"至善青年学者计划",以及师资队伍建设行动措施,举办首届海外青年学者论坛,进一步加大人才引进和培育力度。全面启动绩效工资和薪酬体系改革,构建以岗位绩效工资为主体,年薪制、协议工资、项目工资等并存的多元化工资体系。制定出台了专职科研人员队伍管理办法,修订了突出成果奖励条例、海内外引进人才高级专业技术职务评聘暂行办法。全面开展事业编制教职工养老保险参保信息核定工作。

六、国际合作与港澳台工作呈现新面貌

大力实施国际化办学战略,积极推进高层次国际交流、国际重大科技项目合作、与国际知名高水平大学合作办学和具有国际影响力的海外高水平创新人才引进。东南大学-蒙纳士大学苏州联合研究生院获批"江苏省中外合作办学高水平示范性建设工程培育点"。积极推进国家外专局"国际化示范建筑学院"项目申报,与法国雷恩第一大学联合申报研究生学院工作进展顺利,"器官芯片学科创新引智基地"入选"111计划"。与澳大利亚墨尔本大学、瑞典乌普萨拉大学等17个国(境)外高校签署战略合作协议。聘请1 000余名外国专家来校讲学和合作研究,全年派出1 200余名教师和2 000多名本科生和研究生。外国留学生人数达1 849人,其中学位生1 402人,学位留学生比例达到75.8%,继续位居江苏第一。"一带一路"可持续基础设施工程硕士项目完成首批学生录取。三所孔子学院建设良好,注册汉语学生达4 500多人。加入"一带一路"高校联盟。

七、围绕学校中心工作,其他各项事业迈上新台阶

"两学一做"学习教育顺利开展,党风廉政监督机制和责任体系进一步完善。召开第八届教职工代表大会暨第十五届工会会员代表大会,选举产生了新一届教代会执委会和工会委员会。实现了院(系)教代会全覆盖,提高了在职教职工福利标准,完善了大病互助资助办法。设立学生事务校长特别助理,进一步扩大学生参与校园民主管理的权利。经

济责任审计积极推进,国有资产清查专项工作顺利开展。进一步健全和完善学校国有资产的管理和绩效考核,积极推进国有经营性资产的规范化运营和建设。

大力推进开放办学,积极拓展办学资源,与甘肃省、云南省、河北省、南京江北新区和江宁区等政府部门签订战略合作协议。对口支援与定点扶贫工作扎实推进,信息公开工作测评成绩位列教育部直属高校第一。

积极落实 16 项教育部专项工程。完成九龙湖校区学生宿舍节能安全改造等工程,以及土木交通教学科研楼办公楼 A 区(办公楼)、B 区(试验楼)主体工程和桃园学生宿舍建设。编制完成九龙湖游泳馆、桃园学生宿舍(9—10 号)可行性研究报告并通过教育部评估。完成九龙湖校区信息电子教学综合楼招标设计,以及生医学教学综合楼、能环教学综合楼、留学生楼的建设前期调研工作。启动九龙湖校区护校河污水整治工程及桃园食堂二期工程。完成基建投资近 1 亿元。推进师生综合服务大厅和校园快递中心建设。新签捐赠协议 84 份,总额 6 160 万元,校友总会获第四届"高校校友工作优秀单位"。设立"东南大学海外交流基金",推进校史馆建设。附属中大医院不断改革创新,各项事业取得新成绩。

2016 年成绩的取得凝聚着全体师生员工的智慧和奋斗,为"双一流"建设打下了坚实的基础。新的一年,面对国家战略发展的新机遇和新需求,面对高等教育千帆竞发、百舸争流的新态势和新挑战,深化综合改革、全面推进"双一流"建设的任务将更加艰巨,勠力同心、团结奋进的渴求将更加迫切。我们要紧紧围绕学校第十四次党代会确立的"早日建成世界一流大学"的总体目标和今后五年改革发展的主要任务,按照"瞄准前沿、服务战略、师生为本、人才为先"的办学思路,以"推动人才强校、深化综合改革"为主题,以"提高教育质量、推动内涵发展"为主线,以实施多学科融合、理工文医综合、产学研结合和国际化联合"四合"战略,以及实现人才培养、科学研究、师资队伍、国际合作"四个突破"为重点,凝心聚力,奋发有为,力争在新的一年取得新的更大突破。

新的一年,我们要继续把牢社会主义办学方向。我们将深入贯彻落实党的十八大和习近平总书记重要讲话精神,贯彻落实全国高校思想政治工作会议精神,以"五大发展理念"引领学校教育事业新的发展,牢牢把握社会主义办学方向,扎根中国大地办学,努力创建中国特色世界一流大学。坚持和完善党委领导下的校长负责制,贯彻落实学校第十四次党代会精神,持续巩固拓展"两学一做"学习教育成果,立足全局,科学谋划,主动服务国家战略,抢占国际前沿,深入推进创新创业教育,全面提升科技创新能力,积极为提高我国高等教育发展水平,增强国家核心竞争力做出东大贡献。

新的一年,我们要继续坚持"立德树人"根本任务。只有培养出一流人才的高校,才能够成为世界一流大学。学校将深化创新创业教育,进一步实施"双创人才培养计划",把创新创业教育理念融入人才培养全过程,着力构建创业教育与专业教育、理论教育和实践教育深度融合的创新创业教育体系。以迎接 2017 年本科教学审核评估为契机,深化人才培养机制和教学模式改革,加强教学质量保障体系建设。进一步深化研究生教育综合改革,构建研究生培养过程质量保障体系,进一步打通本研一体化培养通道。瞄准国家战略性行业和领域进一步加强学生的职业发展规划和引导。

新的一年,我们要继续全面深化综合改革。以体制机制改革为核心,以深化人事分配制度改革为突破口,以调动全体师生员工积极性为重要标志,全面深化各主要领域综合改革,着力破除体制机制障碍。大力加强院(系)综合改革力度,全面深化试点学院综合改革工作,积极推动学校管理重心下移,努力实现由"校办院"向"院办校"转变,落实院(系)主体地位,形成分工科学、运转顺畅高效的管理架构和运行机制。推进内部控制体系建设,优化学校内部治理结构,完善现代大学制度。

岁月不居,时不我待。老师们、同学们、校友们,学校第十四次党代会确立了早日建成世界一流大学的总体目标和宏伟蓝图,这是全体东大人的共同梦想,也是"止于至善"的大学之道,更是党和国家赋予东南大学的光荣使命。站在2017年和迎来建校115周年的历史新起点,伴随着铿锵有力的新春脚步,我们将秉承东大"以科学名世,以人才报国"的责任与追求,肩负新使命,迈上新征程,以持之以恒的改革勇气、敢为人先的创新精神、艰苦创业的坚定意志、奋发有为的进取意识,凝心聚力,开拓创新,同心建设东南大学的命运共同体,为早日建成有中国特色和东大气派的世界一流大学,实现中华民族伟大复兴"中国梦"做出新的更大的贡献!

最后,衷心祝愿大家元旦快乐,身体健康,阖家幸福,万事如意!

谢谢大家!

关于公布《东南大学行政印章目录》的通知

2016 年 3 月 28 日

学校各部门、单位：

根据《东南大学行政印章管理规定》（校发〔2015〕167 号）要求，全校各部门、单位的行政印章均需报校长办公室备案，现根据各部门、单位所报备的《东南大学部门印章管理责任书》，编制《东南大学行政印章目录》，并做如下说明：

一、自本目录公布之日起，学校各部门、单位所留存的未被列入本目录的任何行政印章均为无效印章，任何单位或个人使用该等印章之行为均为无效行为，学校不认可其法律效力，各部门、单位应按照《东南大学行政印章管理规定》所规定的程序办理印章注销手续。

二、各部门、单位行政印章的变更、增刻、注销等事项，均需按照《东南大学行政印章管理规定》从办公系统完成申请、审批、报备等程序，否则由该章的直接责任人或者该部门、单位的行政负责人承担印章管理责任。校长办公室根据行政印章的变更情况，实时更新《东南大学行政印章目录》，并在全校范围内主动公开。

三、行政印章的第一责任人及直接责任人发生变更情形的，应当在变更之日起 15 日内向校长办公室报备变更并呈交新的部门印章管理责任书，否则原责任人与现责任人共同对该行政印章的使用承担管理责任。

四、学校下属的、具有独立法人资格的企业、事业单位及其他组织的行政印章未编入本目录，由各单位自行参照《东南大学行政印章管理规定》制定印章管理规则，并妥善管理使用本单位的行政印章。

附件：各部门印章管理责任书、印章使用管理细则

东南大学　　　　　　　　　　　　　　　　　　　　　　　　校发〔2017〕65 号

东南大学博士研究生指导教师遴选办法(修订)

2016 年 12 月 26 日

为进一步提高研究生指导教师队伍的素质和水平,保证研究生培养质量,根据国家有关政策、法规和文件,结合我校实际情况,特制定本办法。

一、博士研究生指导教师遴选的基本原则

(一)应有利于为国家培养经济建设、科技进步和社会发展所需要的高层次专门人才。

(二)应有利于学校学科建设的发展和学科结构的调整。

(三)应遵循坚持标准、公正合理、择优上岗的原则。

二、博士研究生指导教师资格申请人应具备的基本条件

(一)应熟悉国家有关研究生教育的政策法规,教书育人、为人师表,具有高尚的科学道德和严谨的治学态度,以及强烈的创新意识和良好的团队精神。身体健康状况良好,能认真履行导师职责,每年能保证有半年以上时间在国内指导研究生。

(二)应是本学科领域中学术造诣较深且在教学、科研一线岗位上工作的具有博士学位的副教授(不含上岗副教授)及以上专业技术职务(或相当专业技术职务),且具有硕士研究生指导教师资格的我校在岗人员。年龄一般不超过 59 岁。

三、博士研究生指导教师资格申请人应具备的业务条件

(一)任现职以来(超过 5 年按近 5 年算),教授(或相当专业技术职务)应新增(主持过或正在主持)1 项基础研究或高技术研究的省部级以上重点科研项目(见附件);副教授(或相当专业技术职务)应新增主持或正在主持 1 项国家自然科学基金或国家社会科学基金。

(二)申请人分工学和医学、理学、人文社科和艺术类、管理学学科,任现职以来(超过 5 年按近 5 年算)应分别达到下列条件之一。

1. 工学和医学。发表高水平论文、获科研奖励等情况达到以下条件之一:① 发表论文被 SCI、SSCI、A&HCI 收录 3 篇(收录论文限第一作者,下同);② 发表论文被 SCI、SSCI、A&HCI 收录 2 篇,且获省部级以上科研奖励 1 项(国家奖前 7 名,省部一等奖前 5 名,省部二等奖前 3 名);③ 发表论文被 SCI、SSCI、A&HCI 收录 2 篇,且作为第一发明人获授权发明专利 2 项。

对于建筑学、城乡规划学、风景园林学科,申请人应至少发表 1 篇 SCI、SSCI、A&HCI 收录论文,除此之外,在学科最高级期刊(《建筑学报》《城市规划》《中国园林》)上发表论文 1 篇可等效为 1 篇 SCI、SSCI 或 A&HCI 论文。

2. 理学。发表高水平论文、获科研奖励等情况达到以下条件之一:① 发表论文被 SCI、SSCI、A&HCI 收录 4 篇;② 发表论文被 SCI、SSCI、A&HCI 收录 3 篇,且出版专著

1部或国家级规划教材1部(专著或国家级规划教材限第一作者,下同);③ 发表论文被SCI、SSCI、A&HCI 收录2篇,且获省部级以上科研奖励1项(国家奖前7名,省部一等奖前5名,省部二等奖前3名);④ 发表论文被 SCI、SSCI、A&HCI 收录2篇,且作为第一发明人获授权发明专利2项。

3. 人文社科和艺术类。发表高水平论文、获科研奖励等情况达到以下条件之一:① 发表论文被 SCI、SSCI、A&HCI 收录2篇;② 发表论文被 SCI、SSCI、A&HCI 收录1篇,且获省部级以上科研奖励(国家奖前7名,省部一等奖前5名,省部二等奖前3名,省部三等奖第1名);③ 发表论文被 SCI、SSCI、A&HCI 收录1篇,且出版专著或国家级规划教材1部;④ 发表 CSSCI 论文8篇,且出版专著或国家级规划教材1部。

4. 管理学学科。发表高水平论文、获科研奖励等情况达到以下条件之一:① 发表论文被 SCI、SSCI、A&HCI 收录3篇;② 发表论文被 SCI、SSCI、A&HCI 收录2篇,且获省部级以上科研奖励(国家奖前7名,省部一等奖前5名,省部二等奖前3名,省部三等奖第1名);③ 发表论文被 SCI、SSCI、A&HCI 收录2篇,且出版专著或国家级规划教材1部。

为鼓励申请人发表高质量论文,发表高水平论文(JCR 分区表中相应学科领域 Q1 或 Q2 区的期刊论文)1篇可等效2篇 SCI、SSCI、A&HCI 论文。

为了更好地体现质量优先的原则,鼓励教师从事前沿科学研究,撰写高水平学术论文,对申报期限内在 Science 和 Nature 等国际权威杂志上发表论文的申请人,对其论文数量可不作要求;对获奖级别、数量超过规定者,或有其他重要成果(教学成果、教材奖等)者,对其论文数量的要求可适当降低。总之,应从总体上综合衡量申请人是否具备了博士研究生指导教师的基本条件。

(三)正在从事较高水平的科研工作或重要的工程技术工作。目前承担有国家或省部级的重点项目、国家自然科学(社会科学)基金项目或其他有重要意义的项目,申请人为项目负责人,有较充足的用于培养博士研究生的经费。

(四)有培养研究生的经验,系统主讲过一门研究生课程或本科生核心课程,教学质量良好,且在近5年内指导的硕士研究生没有论文抽检不合格或涉及学术不端的情况。

(五)对引进的特殊人才采取特殊政策:① 引进的院士直接具有博导资格;② 引进的其他高端人才(千人、长江、四青等)在正式入职后,由本人或所在院(系)提出申请,研究生院审核,并定期组织学校专家评议组评审。若未通过,则按本办法规定的基本程序参评。

(六)跨一级学科申请人必须与所申请学科有合作科研项目,并且学科所在院(系)已经为申请人准备好了培养博士研究生所必备的基本条件。

(七)外单位在我校的兼职教授(或相当专业技术职务),除应具备基本条件之外,应是本学科领域中的知名专家学者(如两院院士等)或与学校有协议约定的,并与申请学科有着长期密切的联系与合作。

(八)从外单位调入我校的博士研究生指导教师,如果是"985"高校确定的博士研究生指导教师资格,参照本办法第三—(五)—②条规定参评;如果是非"985"高校确定的博士研究生指导教师资格,则应按本办法规定的基本程序参评。

四、博士研究生指导教师资格申报、遴选的基本程序

（一）申请人向申请学科所在的学位评定分委会（以下简称"分委会"）提交《东南大学博士研究生指导教师资格申请表》（以下简称《申请表》）以及附件材料。分委会秘书应对《申请表》所填内容进行核对，并集中提交至人事处审核确认学位和职称、科研院或社会科学处审核确认科研成果、教务处审核确认本科教学情况和研究生院审核确认研究生教学情况。在此基础上，分委会开会对符合"博士研究生指导教师资格申请人应具备的基本条件"申请人的材料进行评议，经投票表决，获赞成票超过分委会到会人数的2/3（含2/3）者，同意将其提交至学校专家评议组讨论。经分委会主席和院（系）党政领导签注意见后，将《申请表》（一式三份）、申请材料汇总表、分委会表决票、分委会表决汇总表交研究生院学科建设办公室。研究生院学科建设办公室汇总后，将申请人的《申请表》进行公示。

（二）研究生院学科建设办公室对各分委会递交的申请材料给予复审，并在此基础上组织校内专家成立学校专家评议组，对符合"博士研究生指导教师资格申请人应具备的基本条件"申请人的材料进行评议和投票表决，获赞成票超过到会专家数的2/3（含2/3）者即通过该申请人的资格申请，确认其具备博士研究生指导教师资格。研究生院学科建设办公室将通过专家评议组评审的申请人名单上网公示。公示期满，学校将对无异议者发文公布其具备了博士研究生指导教师资格。

（三）对已经具备博士研究生指导教师资格的人员，学校将定期对其进行动态考核。

本办法由研究生院负责解释。

本办法自颁布之日起执行。

东南大学校长办公室　　　　　　　　　　　　　　校发〔2016〕299号

东南大学财经工作领导小组议事规则

2016年10月17日

第一章　总　则

第一条　为加强学校经济管理,规范学校财经管理工作程序,建立科学、高效、有序的经济管理体系,推进财经工作领导小组决策科学化、民主化,防范决策风险,根据《教育部关于进一步推进直属高校贯彻落实"三重一大"决策制度的意见》(教监〔2011〕7号)、《东南大学"三重一大"决策制度实施办法》(东大委〔2011〕35号)等文件精神,结合学校实际,制定本规则。

第二条　学校财经工作领导小组(以下简称"财经小组")是经校长授权处理学校财经工作的议事机构,在校长的领导下开展工作。

第二章　组织机构

第三条　财经小组成员由校领导及监察处、党委办公室、校长办公室、审计处、人事处、财务处等有关职能部门负责人担任,小组设组长一名,副组长若干名,成员若干名。

作为财经小组成员单位的职能部门可根据工作需要进行调整,由校长办公会研究确定。担任财经小组成员的单位负责人如因岗位或职务变动需要个别调整时,由财经小组秘书单位提名,报校长办公会审批。

第四条　财务处为财经小组秘书单位。

第三章　工作职责

第五条　财经小组的职责为:

(一)审议学校年度综合预算和年度财务决算报告,并定期听取财务处关于预算执行情况和学校财务状况的汇报;

(二)提出或审议学校拟颁布的财务管理规章制度、经济分配政策,研究财务机构的设置及财会人员的管理办法;

(三)审议和组织重大经济决策的分析论证;

(四)向校长办公会、党委常委会提出财务情况报告、分析和建议供决策;

(五)审批5万元以上至50万元以下的预算调整事项;

(六)审议学校财经工作的其他事项。

第六条　财经小组审批学校年度预算的权限:学校各单位申报预算调整(包括追加预算、临时增加预算项目)的权限为累计5万元(含5万元)至50万元(不含50万元)。

预算调整累计超过50万元(含50万元)的,经财经小组审议后,报校长办公会审批。

预算调整低于5万元(不含5万元)的,由申请部门签署意见后,报财务处处长审批。

学科建设专项资金(如"985工程"、统筹支持一流大学和一流学科建设、省优势学科建设经费等)按相应的学科建设专项经费管理办法实施管理。

第七条　财经小组可审议学校的经济政策方案以及国家政策规定调整的职工福利、社会保障等方案，对于涉及职工权益且影响重大的收入分配、职工福利待遇、奖励和社会保障调整方案，应按照规定提交相应审议机构讨论决定。

第八条　有关国有资产配置、处置，对外投资、出租出借、产权登记等事项按国家和学校有关资产管理规定执行。

第九条　财经小组根据学校实际情况，对学校决策机构授权审批的预算内大额资金使用和大额度资金运作事项，可授权财务处负责人作为学校预算内大额资金使用及学校银行账户内资金调度审批人。

第十条　审议校长办公会交办的其他经济工作。

第四章　议事规程

第十一条　财经小组根据需要召开领导小组会议。由秘书单位财务处及时做好安排工作。

第十二条　财务处应提前做好会议议题的收集工作，并及时将会议召开时间、议题通知财经小组各成员。

第十三条　财经小组会议出席成员必须达到全体成员的2/3以上才能召开。对于需要审议决定的事项，需全体成员过半数同意方为通过。

第十四条　财经小组会议议题应以会议的形式集体研究决策。不得以传阅会签或个别征求意见等方式代替会议决定。

第十五条　财经小组会议应严格按照预定议题进行，坚持一题一议。除紧急情况外，不得临时动议，不得由个人或少数人临时决定重大事项。紧急情况下由个人或少数人临时决定的，决定人应对决策负责，事后应及时报告并按程序予以追认，事后审议未获追认的，应当撤销前述决定。

第十六条　会议决策中意见分歧较大或者发现有重大情况尚不清楚的，如无时限要求，应暂缓决策，待进一步调查研究或论证、交换意见后，再提交会议决策。

第十七条　财经小组成员因故不能出席会议的，需向组长请假。不能出席会议的成员，对会议所列议题的具体意见或建议可在会议之前提出。

第十八条　财经小组可根据需要邀请有关单位及人员列席财经小组会议。

第十九条　财经小组工作程序如下：

（一）各单位在经过前期调研和充分论证的基础上，向财经小组提交项目报告，报告交至秘书单位财务处；

（二）财务处会同有关部门对各单位提交的项目报告进行初审（必要时，请专家论证），初步确定会议议题；

（三）财经小组组长或被授权人对初审结果进行审核，并确定列入财经小组全体会议讨论的议题；

（四）财经小组坚持科学民主决策原则，召开全体会议，进行议事决策；

（五）财经会议决定事项由校长或授权分管财务校领导签发后执行。财经小组决议由财务处代章；

（六）财经小组会议议题事项决策的情况由秘书单位会后以纪要的形式发至校领导；并完整详细留下以记录、纪要、决定、备忘录等形式的文字性资料，做好存档备查工作。

第二十条　财经小组决定事项由财务处负责跟踪落实，对重要决定事项的落实情况，在下次财经小组会上通报。监察处、审计处依据职责对决策执行情况进行监督检查，发现问题，及时报告，提出纠正建议。

第二十一条　对财经小组决定事项给国家、学校造成重大经济损失和严重后果的，应依纪依法追究相关负责人的责任。

第二十二条　除涉密事项外，财经会议决定事项应按照《高等学校信息公开办法》（教育部令第29号）等有关规定予以公开。

第五章　附　则

第二十三条　本规则由学校授权财务处负责解释。

第二十四条　本规则自发布之日起执行。

东南大学校长办公室

东南大学采购管理办法(暂行)

2016 年 12 月 29 日

第一章 总 则

第一条 为规范学校采购工作,提高资金使用效益,维护国家和学校利益,促进廉政建设,依据《中华人民共和国招标投标法》《中华人民共和国政府采购法》《中华人民共和国招标投标法实施条例》《中华人民共和国政府采购法实施条例》《政府采购非招标采购方式管理办法》《教育部政府采购管理暂行办法》等有关法律法规,结合学校实际情况,制定本办法。

第二条 本办法所称采购,是指以合同方式有偿取得货物、工程和服务的行为。

第三条 学校采购活动采用"学校自主采购和委托社会代理采购"相结合;采用"集中采购和分散采购"相结合。

第四条 学校采购活动应当遵循公开、公平、公正原则;评标过程和资料等应当遵循保密原则。

第五条 所有参与采购工作的人员均应遵守国家相关法律、法规、规章,按规定的权限、程序开展工作,坚持原则,廉洁自律,保守秘密,主动接受监督。

第六条 在遵守国家政策、法律法规的前提下,涉及学校采购的相关部门应紧密配合、通力合作,力求采购到"性价比高"的货物、工程和服务,力争为创一流学科、一流大学提供有力保障。

第二章 组织机构及职责

第七条 学校成立采购领导小组,由分管采购中心的校级领导担任组长,监察、财务部门负责人为副组长,审计处、财务处(采购中心)以及有关职能部处的负责人作为成员。

第八条 采购具体工作由采购中心、采购监督小组、业务主管部门和项目单位按职责分工组织实施。采购中心挂靠财务处。采购监督小组由监察处、审计处、财务处副处级及以上人员组成,监察处为组长单位。采购业务主管部门主要有实验室与设备管理处、总务处、基本建设处、科研院、保卫处、图书馆、校医院、网络与信息中心等其他相关单位组成。项目单位为具有项目资金使用权的部门或院(系)。

第九条 采购领导小组主要职责为:

(一)领导学校采购管理工作。

(二)对学校的采购工作实行宏观管理,审定批准学校采购工作的有关规章制度。

(三)听取采购中心、采购监督小组和业务主管部门、项目单位的工作汇报,讨论确定采购工作中的重大或重要事项,属于"三重一大"的重大事项报校长办公会或校常委会讨论决定。

(四)对于特殊项目和重大项目的采购,可委派领导小组成员,作为采购项目工作的责任人直接参与并负责采购工作的全过程。

第十条 采购中心负责学校采购工作的组织和管理,为采购项目各参与主体提供服务平台。主要工作职责：

（一）贯彻招投标法律法规和方针政策，起草学校有关采购方面的规章制度。

（二）在校内采购的项目，有以下职责：

1. 根据接收资料等情况，制定采购日程计划。
2. 负责审查申请书，确认采购项目资金来源。
3. 区分不同情况，发布采购公告或信息。
4. 属于资格预审的项目，根据公告信息接收报名，并将报名单位转发采购监督小组、业务主管部门。
5. 发售采购文件，并转发经业务主管部门审核过的采购文件的澄清（或答疑）材料。牵头协调组织法制办、业务专家等会审校内采购招标重大项目的资格条件及采购文件。
6. 准备、组织有关专家进行开标评标活动。
7. 公示特殊（或重大）项目的评审结果。
8. 按规定签发中标通知书。
9. 协助项目单位（或业务主管部门）签订合同并备案。
10. 采购资料整理归档。

（三）负责组建评委专家库。

（四）非招标合同签订并登记备案。

（五）协助业务主管部门执行财政部、教育部的"政府采购计划系统"，并完成无明确业务主管部门的工作。

（六）协助处理采购项目相关的质疑、投诉。

（七）协同处理采购工作中出现的情况或问题。

（八）完成学校采购领导小组交办的其他事项。

（九）其他。

第十一条 采购监督小组按照法律法规和学校规定对采购工作的全过程进行监督。主要工作职责：

（一）监督采购过程是否符合相关程序和规定。

（二）监督潜在投标人的确定。

（三）组建评标委员会（或谈判小组），评委原则上从专家库中随机抽取，项目单位评委除外。

（四）监督开标、评标、定标过程。

（五）统一接收并回复采购过程中的质疑、投诉和举报，及时通知相应部门。根据反映问题的线索类型，涉及采购过程中违反廉洁纪律的由采购监督小组直接处理，其他问题分别交由相关部门（采购中心、业务主管部门、项目单位）办理。

（六）参与采购项目的考核及合同项目完成后的验收；对项目合同的签订、执行情况和决算进行监督。

（七）监督业务主管部门和项目单位对中标人或供应商考核。

（八）协同处理采购过程中出现的情况或问题。

（九）完成学校采购领导小组交办的其他事项。

（十）其他。

第十二条 采购业务归口主管部门单位是主体参与方之一。主要工作职责：

（一）根据主管部门和学校要求，制定相应的管理制度，并加强宣传。

（二）负责办理采购项目前置（校内、校外）审批手续。

（三）负责完成财政部、教育部"政府采购计划管理系统"采购申请、审批上报、采购执行等工作。

（四）负责专家库的评委推荐工作。

（五）负责委托社会代理机构采购事宜。

（六）审核校内采购招标项目的资格条件及采购文件。

（七）资格预审的项目，对潜在投标人名单审核并确认。

（八）负责审核采购文件的答疑，并及时将确认澄清的内容转发至采购中心。

（九）参与开标、评标（或谈判）、定标过程。

（十）协助处理采购项目相关的质疑、投诉。

（十一）负责审核合同，再到采购中心办理登记备案手续。

（十二）组织对完工项目进行验收，并对中标人或供应商进行考核。

（十三）负责项目完成后的资料收集、整理、归档。

（十四）协同处理采购工作中出现的情况或问题。

（十五）其他。如：负责组织相应项目的论证（如采购需求、采购方式等）；改变采购方式公示等。

第十三条 项目单位为采购工作的第一责任人，责任范围包括项目前期的准备、采购的参与、合同的签订、执行、验收整个过程。主要工作职责：

（一）负责项目的立项和资金落实。

（二）负责项目前期的市场调研、论证。

（三）按业务主管部门要求提供前置审批材料。

（四）起草并确认技术指标、参数等及其他技术性文件（包括工程类项目采购所需的图纸、清单、公共房修缮申请表等）。

（五）接收采购文件等答疑（或澄清），并及时联系、上报业务主管部门。

（六）选派一名副高（或副处）及以上的人员代表项目单位参加评标委员会（或谈判小组）。

（七）确定中标人后，到采购中心取走中标人有关资料，并负有保密义务。

（八）配合处理采购项目相关的质疑、投诉。

（九）起草合同并提交业务主管部门等有关部门审查。

（十）负责合同履行及组织项目验收。按采购文件和合同的规定处理履约保证金、质保金等结算事宜。

（十一）参与对中标人或供应商的考核。

（十二）其他。

第十四条 学校对采购项目业务具体划分范围如下：

（一）实验室与设备管理处：仪器设备及维保、软件、实验材料（含化学品）、其他货物等。

（二）总务处：建筑修缮、装修改造、绿化与景观工程、物业管理、水电气设施、道路的维修改造、家具采购等。

（三）基本建设处：新建工程的设计、勘察、监理、施工等。

（四）网络与信息中心：网络工程等。

（五）图书馆：各类图书、期刊、电子出版物等。

（六）科研院：科研、协作、技术开发、技术咨询、技术服务及科技成果转让等。

（七）其他：本部门视同业务主管部门，如保卫处的门卫管理、消防器材等；校医院的药品采购等。

第十五条　法定公开招标项目，评标委员会由校内外有关技术、经济等方面的专家组成，成员人数为5人以上单数，其中技术、经济等方面的专家不得少于成员总数的2/3。

评标专家应符合下列条件：（一）具有相关专业高级职称或者同等专业业务水平；（二）熟悉有关法律法规，并具有与采购项目相关的实践经验；（三）能够认真、公正、诚实、廉洁地履行职责。

第三章　基本规则及程序

第十六条　采购方式：预算资金20万元及以上采购项目，一般采用公开招标方式；在符合条件时，采用邀请招标、竞争性谈判、竞争性磋商、单一来源采购、询价采购等方式。

第十七条　采购范围和标准：预算资金20万元以下的通用设备采购，使用实验室与设备管理处"网上竞价系统"进行采购，按《东南大学网上竞价采购管理办法》（校发〔2014〕64号）要求执行。

预算资金20万元以下的专用设备原则上通过"网上竞价系统"进行采购，实验材料、化学品采购和管理根据实验室与设备管理处另行管理办法执行；工程、服务、家具、材料及未通过"网上竞价系统"的专用设备等由项目单位按照相关管理办法自行组织采购。属于此类的采购规则，由项目业务归口主管部门负责制定并发布（项目业务归口主管部门未及时发布相关管理规定的，暂按照原管理办法执行），项目单位负责实施并到采购中心备案。预算资金20万元及以上至120万元的货物（设备、家具、材料等）、服务、工程由学校组织采购。

特种设备（电梯、压力锅炉等）委托社会代理机构组织采购；预算资金120万元及以上的货物（科研设备除外）、服务、工程，应委托社会代理机构组织采购。在委托时，由项目单位到财务处办理资金确认后，再到采购中心备案，完成备案确认后方可进行委托代理。

基建项目由基本建设处根据相关规定确定采用委托社会代理机构或校内组织采购。

有保密要求的采购项目由先进技术与装备研究院按规定组织采购。

第十八条　科研仪器设备的采购，按中共中央办公厅、国务院办公厅印发《关于进一步完善中央财政科研项目资金管理等政策的若干意见》（中办发〔2016〕50号）和财政部《关于完善中央单位政府采购预算管理和中央高校、科研院所科研仪器设备采购管理有关事项的通知》（财库〔2016〕194号）文件执行。

第十九条　属于中央预算单位政府集中采购目录中的品目（计算机、打印机、空调等），实行政府集中采购。涉及本条采购的具体实施细则，由实验室与设备管理处另行制定。

第二十条　各归口职能管理部门应加强采购预算管理，合理预测采购需求，提高预算编制的科学性和准确性，严格规范预算调整，强化采购预算的执行。

设备采购预算归口实验室与设备管理处管理,按照财政部、教育部有关要求编制学校设备采购预算,具体设备采购预算管理办法由实验室与设备管理处另行制定。

各采购项目在预算资金已确认落实的条件下,才能启动采购程序。(见附件1)

第二十一条　若涉及进口产品、危险品、文物、经营性资产、新项目规划以及采用单一来源等采购项目,业务主管部门须制定管理规定,并及时对外发布。在启动采购前,业务主管部门须先办理报批手续,得到批复后再启动采购程序。

预算资金50万元及以上的进口产品须履行审批手续,按《东南大学关于进口产品采购管理的规定》(校发〔2016〕3号)要求执行。

单一来源等采购须履行审批手续,按《加强单一来源等采购方式管理的规定》(校发〔2016〕114号)要求执行。

第二十二条　采购项目发布平台要求:

一、属于法定公开采购项目(包括货物、服务和工程)。

(一)采购公告(含委托社会代理机构采购项目)必须发布在"中国政府采购网"。(若为进口机电产品的采购公告必须同时发布在"中国政府采购网"和"中国国际招标网")

(二)单一来源采购项目(公开招标失败而变更的或符合条件而直接申请单一来源)必须在"中国政府采购网"上进行公示。若委托代理社会机构采购的,可由其直接在"中国政府采购网"上公示;校内组织采购的项目,根据实际情况,业务主管部门向校采购中心提出书面材料,由校采购中心公示(由实验室与设备管理处负责可直接公示的设备、材料、维保等项目除外)。同时,业务主管部门按《加强单一来源等采购方式管理的规定》(校发〔2016〕114号)要求提供相应资料。

二、潜在投标人不足3家的非法定公开采购项目,要求在社会媒体(如江苏省政府采购网等)上发布采购公告。

三、无论法定公开采购还是非法定公开采购项目,采购公告应多平台发布。

第二十三条　法定公开招标项目不得以不合理的条件限制、排斥潜在投标人或者投标人。招标人有下列行为之一的,属于以不合理条件限制、排斥潜在投标人或者投标人:

(一)就同一招标项目向潜在投标人或者投标人提供有差别的项目信息。

(二)设定的资格、技术、商务条件与招标项目的具体特点和实际需要不相适应或者与合同履行无关。

(三)依法必须进行招标的项目以特定行政区域或者特定行业的业绩、奖项作为加分条件或者中标条件。

(四)对潜在投标人或者投标人采取不同的资格审查或者评标标准。

(五)限定或者指定特定的专利、商标、品牌、原产地或者供应商。

(六)依法必须进行招标的项目非法限定潜在投标人或者投标人的所有制形式或者组织形式。

(七)以其他不合理条件限制、排斥潜在投标人或者投标人。

第二十四条　法定公开招标项目常见的时间规定:

资格预审文件或者招标文件的发售期不得少于5日;自招标文件开始发出之日起至投标人提交投标文件截止之日止,最短不得少于20日;对已发出的招标文件进行必要的澄清或者修改的,应当在招标文件要求提交投标文件截止时间至少15日前;公示期不得少于3日等。

第二十五条　各部门(含院系)做到统筹安排,力求减少采购批次,节约成本,提高效率。项目单位不得"先使用""先服务""先施工"后,再进行采购;不得"无预算"先采购;不得"化整为零"规避公开招标而采购。

第二十六条　预算资金120万元及以上或特殊项目的采购公告(资格条件)、采购文件,原则上由业务主管部门委托法制办进行法律审查。

法制办经法律审查,对采购公告(资格条件)、采购文件以及合同(本办法第三十一条)有保留意见或建议的,由业务主管部门责成项目单位修改并确认;对于法制办提供的审查意见,项目单位认为不需要修改的,提交书面说明并由负责人签字确认,业务主管部门审核后提交采购监督小组,采购监督小组组织法制办等业务专家会审,最终以会审意见执行。

第二十七条　在采购过程中涉及的质疑、投诉和举报:

若不涉及违纪的,(一)预算资金120万元以下的一般性项目,根据内容分别采取以下方式处理:1. 业务主管部门和项目单位释疑或修改;2. 根据情况决定是否组织复议。(二)预算资金120万元及以上或特殊项目由联席会议(联席会一般由财务处、审计处、监察处、法制办、业务主管部门等组成)讨论处理,或报请学校采购领导小组讨论决定或授权处理。

若涉及违纪的,由校监察处依据相关规定另行处理。

在质疑、投诉、举报未调查核实前,由采购监督小组视具体情况通知(采购中心、业务主管部门、项目单位)暂停招标等采购活动。

第二十八条　采购项目特殊情况的处理:

(一)属于每年均需发生(如电梯等设备维保、门卫管理等)且资金能确保落实的项目,采购服务期限一般为3年,合同一年一签。

(二)预算资金50万元及以下,经社会媒体发布采购公告而供应商(潜在投标人)不足3家的采购项目,由相关业务主管部门组织采购。属于此类的采购规则,由业务主管部门制定发布。

(三)项目单位且为业务主管部门的,履行项目单位职责和业务主管部门职责。

无明确业务主管部门的采购项目,项目单位视为业务主管部门,履行项目单位职责和业务主管部门职责。

(四)采购过程中,遇到新的情况、新问题或存在一般性争议时,根据具体情况采用会商(会商一般由采购中心、采购监督小组、法制办、业务主管部门等组成),或联席会议(联席会一般由财务处、审计处、监察处、法制办、业务主管部门等组成)讨论解决;涉及重大事项(或存在较大争议)时,上报学校采购领导小组讨论决定或授权处理。

第二十九条　采购程序(见附件2)。

第四章　合同签订与档案管理

第三十条　凡属于学校采购范围的项目按照评标结果和采购文件的内容签订书面合同,以明确权利和义务。

第三十一条　金额120万元及以上或特殊项目的内贸合同由业务主管部门审核后,

原则上再委托法制办进行法律审查并出具《法律意见书》。委托社会代理机构采购的内贸合同,由业务主管部门审核后,凭《中标通知书》和《法律意见书》再到采购中心办理合同手续。外贸公司与外商签订的外贸合同,由实验室与设备处负责审核把关。(法律审查处理要求见本办法第二十六条)

第三十二条　项目单位从评标现场带走相关资料(如招标文件、中标候选人的投标文件、U盘等)应加强保管。人员发生变动时,须做资料交接。相关资料不得外泄。

第三十三条　采购中心整理归档采购的相关资料。

第三十四条　查阅、复印、借用相关档案的规定:

项目单位查阅或复印本部门相关资料,须提供经项目负责人签字并加盖部门公章的书面申请,采购中心予以登记。相关资料原则上均不予外借。

监察处(或纪委)、审计处等校内部门查阅、复印、借用资料,须提供经办人签字并加盖部门公章的书面申请,经采购中心主任审批。

公检法等校外部门查阅、复印、借用资料须提供书面申请,须经财务处处长审批。

对于外借的资料借阅部门须指定专人保管,对其完整性负责,并及时归还采购中心。

第五章　监督与问责

第三十五条　各单位应当加强对本单位采购行为的管理,项目负责人、经办人等对采购行为的真实性、完整性、合规性负责;法定公开招标项目不得以不合理的条件限制、排斥潜在投标人或者投标人。

第三十六条　采购工作的业务归口主管部门,应当认真履行审核、把关的职责;严禁故意拆分、规避公开招标、不按规定程序进行采购的行为。

第三十七条　各单位应当自觉接受校内外各级审计检查部门对采购活动及相关经费支出的审计监督。

第三十八条　违反本办法规定,对直接责任人和相关负责人,学校按相关规定给予行政处分。涉嫌违法的,移交司法机关处理。

第六章　附　则

第三十九条　国家对采购工作有新规定的,从其规定。

第四十条　学校二级法人单位参照本采购管理办法执行。

第四十一条　本办法由采购中心负责解释。

第四十二条　本办法自文件发布之日起执行,原《东南大学招标管理办法》(校通知〔2008〕37号)同时废止,学校其他管理规定与本办法不一致的,以本办法为准。

东南大学校长办公室　　　　　　　　　　　　　　　　校发〔2016〕285号

东南大学关于进口产品采购管理的规定

2016 年 1 月 11 日

根据财政部《关于印发〈政府采购进口产品管理办法〉的通知》(财库〔2007〕119 号)、财政部办公厅《关于政府采购进口产品管理有关问题的通知》(财办库〔2008〕248 号)和教育部《关于〈国务院办公厅关于印发中央预算单位 2015—2016 年政府采购目录及标准的通知〉的通知》(教财司函〔2014〕658 号)等文件精神,为进一步加强我校进口产品采购管理工作,规范进口产品采购行为,结合我校实际,特制定本规定。

一、适用范围

使用财政性资金采购政府集中采购目录以内的或采购限额标准以上的进口产品须经教育部审核后上报财政部审批,限额标准为采购项目所属项目金额超过 50 万元人民币;非财政性资金采购进口产品参照执行。

我校财政专用资金采购政府集中采购目录以内的产品,原则上不得采购进口产品,除符合《政府采购法》第十条规定的情形外。政府集中采购目录(以国家每年度最新发布为准)以内产品主要有以下类别:1. 台式计算机、便携式计算机、计算机软件、服务器、计算机网络设备等;2. 复印机、多功能一体机、打印设备、传真机、扫描仪等;3. 数码摄像机、照相机等摄影器材;4. 空调、电视机等家电设备;5. 投影仪、视频会议系统及会议室音频系统等;6. 电梯、交通工具等。

二、报批形式

目前,财政部对进口产品采购主要有以下两种形式进行审批:

(一)列入教育部进口产品目录内的进口产品采购实行备案报批制,实验室与设备管理处会同项目单位等部门通过教育部政府采购网进行备案审批。

(二)未列入教育部进口产品目录内的进口产品,实行一事一报审批制,采购时需要提交如下材料:1. 申请单位正式公函(产品清单);2. 政府采购进口产品申请表;3. 政府采购进口产品专家论证意见表;4. 论证专家签到表;5. 律师证扫描件。

三、组织实施

实验室与设备管理处为我校进口产品(含设备、软件等)的采购管理业务主管部门,审核进口产品的范围,指导项目单位准备相关资料,负责购置计划论证及进口产品报批报备工作;财务处负责项目经费预算和项目执行后的上报工作。未进行审批或审批未通过的产品项目,不得进行采购。

各项目单位采购进口产品时应严格按照国家有关规定执行,项目实施前必须进行充分调研和论证。由于对未列入教育部进口产品目录内的产品实行一事一报审批制,审批周期长,为加强财政专项资金管理,确保专项资金顺利执行,对当年财政预算购置的进口产品,原则上仅采购教育部进口产品目录内的产品,同时鼓励采购国产产品。

按照教育部的要求,实验室与设备管理处将于每年 10 月发文布置下一年度的教育部进口产品采购目录编制工作,各项目单位应高度重视,认真组织落实,力争下一年度拟采购的进口产品都能进入教育部进口产品采购目录,以便于项目顺利实施。

本规定由财务处、实验室与设备管理处负责解释,自发布之日起正式实施。

东南大学校长办公室　　　　　　　　　　　　　　　　　　　　　校发〔2016〕3 号

东南大学国库集中支付管理办法(暂行)

2016 年 12 月 5 日

第一章 总 则

第一条 为加强财政资金管理与监督,提高财政资金使用效益,规范学校国库集中支付行为,根据教育部《关于实施财政国库管理制度改革的通知》(教财司函〔2007〕12 号)、《东南大学预算管理办法》(校发〔2015〕207 号)、《东南大学财务管理办法》(校发〔2015〕203 号)等文件精神,结合我校教学、科研实际情况,制定本办法。

第二条 国库集中支付是指财政拨款资金不再拨付学校,而是通过财政部在中国人民银行及其代理银行设立的国库单一账户体系存储、支付和清算。学校只能依据获得批准的用款额度办理资金的使用。支付款项时,由学校提出申请,经相关规定的审核机构审核后,将资金通过单一账户体系支付给收款人。

第三条 国库集中支付分为财政直接支付和财政授权支付两种方式。

财政直接支付是指由财政部向中国人民银行和代理银行签发支付指令,代理银行根据支付指令通过国库单一账户体系将资金直接支付到收款人或用款单位账户。

财政授权支付是指学校按照财政部的授权,向代理银行签发支付指令,代理银行根据支付指令,在财政部批准的用款额度内,通过国库单一账户体系将资金支付到收款人账户。

第四条 本办法适用于中央财政通过教育部下达我校的教育经费拨款、科研经费拨款、住房改革经费拨款、基本建设经费拨款和其他经费拨款的支付管理。

第二章 管理职责

第五条 财务处全面负责国库集中支付的管理与监督工作,具体职责主要是:
(一)负责制定学校国库集中支付管理规章制度、操作流程。
(二)负责国库集中支付资金的财务管理和会计核算工作。
(三)负责学校"零余额账户"的设立、使用和管理。
(四)负责根据教育部批复的预算控制数,确定实行国库集中支付的具体项目。
(五)负责将教育部批复的额度及时拨付并通知经费职能管理部门及用款单位。
(六)负责监督、检查各预算项目年度、季度国库集中支付额度的执行情况。
(七)负责办理国库集中支付项目资金的归垫事宜。
(八)负责银行对账工作。
(九)负责办理与国库集中支付有关的其他事宜。

第六条 学校职能部门:研究生院、教务处、科研院、社科处、人事处、实验室与设备管理处、基本建设处、总务处、图书馆等,按照各部门负责领域的管理职能,协助其做好国库集中支付工作。

学校各相关职能部门的主要职责是:

（一）负责编制所分管经费的用款计划并按时报送财务处，督促具体用款单位和项目按批复的计划执行。

（二）负责分管项目的预算、用款计划的审核，确保分管项目保质保量完成执行进度。

第七条 预算项目负责人在国库集中支付管理中的主要职责是：

（一）项目负责人对项目在整个国库集中支付中的行为负总责。

（二）按项目进度及时编制预算及用款计划并报分管部门审批，并严格按批复的计划执行。

（三）负责办理国库集中支付业务所需的有关资料，确保材料的真实性、合法性、时效性，确保项目按时保质保量完成。

第三章 零余额账户管理

第八条 "零余额账户"是财政部为预算单位开设的、用于反映、核销预算单位实行国库集中支付资金用款额度的收入和支出的专用银行账户。该账户每日发生的支付由代理银行垫付，当日营业终了前代理银行与国库进行清算，清算后该账户存款余额为零。

第九条 "零余额账户"可以办理转账、提取现金等结算业务，除经教育部、财政部批准的款项外，不得违反规定向学校其他账户、上级主管单位账户和所属下级单位账户划转资金，不得支付国家规定不得使用财政资金列支的费用。

第十条 "零余额账户"由财务专人管理，负责印鉴的保管、与银行对账等业务。

第四章 用款计划管理

第十一条 用款计划是在教育部、财政部批准的预算范围内，根据财政拨款进度、事业发展和项目进度编制的资金执行进度计划。

第十二条 用款计划的编制原则

（一）用款计划的编制要符合实际，基本支出用款计划按均衡性原则编制，项目支出用款计划按照项目实施进度编制。

（二）用款计划根据学校下达的年度预算数和财政拨款进度编制。

（三）用款计划的编制应考虑上年结余，按照各项目当年预算数和上年结余数的合计额度确定当年实际用款计划。

第十三条 用款计划一经上报，原则上不作调整。因特殊情况确需调整的，用款单位应提出书面申请，经主管部门批准后方可执行。

第十四条 各单位应及时向财务处编报本年度用款计划。

第十五条 财务处在收到各单位和项目报送的用款计划后，应及时完成审核和批复工作。

第十六条 各单位和项目应严格执行批复的用款计划，支付款项时必须按项目实际完成进度支付，严禁超项目完工进度支付、严禁提前支付。违反规定而造成学校损失的，将依法追究有关责任人的责任。

第五章 支付程序

第十七条 财政直接支付程序

（一）执行国库直接支付的项目和金额由财政部、教育部根据预算和用款计划每年核定。

（二）使用财政直接支付额度时，用款单位应按照批复的预算和用款计划，提出直接支付申请，并附有关支付凭证报财务处。

支付凭证包括但不限于：项目立项批复资料、项目所在年度的部门预算批复、支付申请的情况说明、购货合同、工程建设合同或中标供货合同等文件及票证、工程建设项目有关文件资料。支付预付工程款，需提供预付工程款支付凭证、工程进度款审批单；支付工程结算款，需提供工程价款结算单及工程款支付证书；支付设备、材料款，需提供设备、材料采购清单、票据等。

（三）经财务处初审后，按规定填写打印《中央基层预算单位财政直接支付申请书》，连同支付凭证以网上审批的形式依次报财政部驻江苏财政监察专员办事处、教育部、财政部逐级审批。

（四）财政直接支付申请经财政部批准后，根据财政部发出的清算与支付指令，代理银行直接将款项支付到收款单位。

第十八条 财政授权支付程序

使用财政授权支付额度时，用款单位应在批复的用款额度内，按预算规定的经费用途及会计核算的有关要求，在财务处办理报销手续和资金支付业务。相关程序按学校财务报销制度和要求办理。

第六章 会计核算

第十九条 根据财政国库管理制度改革的要求，依据《高等学校会计制度》，财务处结合学校内部核算的需要，在科目体系中设置"零余额账户用款额度""财政应返还额度——财政直接支付/财政授权支付"等会计科目，用来核算国库集中支付的相关业务。

第二十条 对于涉及"零余额账户"收入、支出和年底余额上缴的账务处理，应严格按财政部、教育部有关规定办理，正确使用会计科目进行核算，不得跨资金来源，类、款、项进行国库集中业务核算。

第二十一条 建立"零余额账户"对账制度，专人负责定期、及时与教育部、财政部及银行对账，做到账账相符、账实相符。

第七章 资金归垫

第二十二条 属于下列情况之一的，可以在财政授权用款额度或财政直接支付用款计划下达之前，申请使用本单位资金先行垫付：

（一）经国务院批准并限时开工的基建投资项目支出。

（二）基建投资项目的前期费用。

（三）重大紧急突发事项支出。

（四）其他按规定允许垫付的支出。

第二十三条　各单位（项目）在资金垫付前，应将拟垫付的事项、原因等情况报财务处，待履行校内相关审批程序后，财务处根据学校统一安排按规定上报教育部，待教育部批复后通知各申请单位（项目）办理。

第二十四条　各单位（项目）收到已垫付资金项目的财政授权支付额度或财政直接支付用款计划后，可提出资金归垫申请，并提供相关批复文件、合同、发票及银行结算证明等资料办理归垫。

第八章　绩效与监督

第二十五条　学校对专项国库资金的使用实行执行进度考评制度。使用国库专项资金的项目，学校均设有执行进度考核时点要求，执行进度和规范使用的考核结果与次年预算下拨项目安排挂钩，并不断完善绩效激励机制。

第二十六条　使用国库资金的单位及单位负责人应对资金使用的合法性、合理性、真实性和相关性负责，并承担相应的法律责任。

第二十七条　学校将不定期组织有关职能部门对各单位的国库资金使用效益和资金管理等情况进行监督检查，如发现有违规行为，以及因管理不善导致资金浪费、资产毁损、效益低下的，学校将暂停其经费使用，限期整改。对情节严重的责任人员，将按国家和学校有关规定追究责任。

第九章　附　则

第二十八条　此前规定与本办法不一致的，按本办法执行。

第二十九条　本办法未尽事宜，按国家法律、法规、规章和规范性文件、学校相关规章制度的规定执行。

第三十条　本办法由学校授权财务处负责解释。

第三十一条　本办法自发布之日起执行。

东南大学校长办公室　　　　　　　　　　　　　　　校发〔2016〕277号

东南大学基本建设项目竣工财务决算管理办法(暂行)

2016年10月31日

第一章 总 则

第一条 为规范我校基本建设项目竣工财务决算(以下简称"竣工财务决算")管理工作,提高资金使用效益,根据财政部《基本建设财务规则》(财政部令第81号)、财政部《关于印发〈基本建设项目竣工财务决算管理办法〉的通知》(财建〔2016〕503号)、教育部《关于转发财政部〈基本建设项目竣工财务决算管理办法〉的通知》(教财司函〔2016〕513号)等有关文件规定,结合我校实际情况,特制定本办法。

第二条 本办法适用于我校经教育部批复立项的基本建设项目竣工财务决算。

第三条 竣工财务决算是基本建设项目竣工后,学校在基本建设会计核算基础上编制的,反映竣工项目建设成果的总结性文件,是学校正确核定新增固定资产价值、办理固定资产交付使用手续的依据。竣工财务决算应做到编报及时,数字准确,内容完整。

第四条 竣工财务决算编报审批程序:学校基本建设部门、审计处、财务处确认建设工程款项清理完毕后,委托社会中介机构进行评审并出具正式审核报告;财务处负责将完成审核的竣工财务决算资料报送教育部审批;学校根据教育部竣工财务决算批复办理固定资产财务转账及产权登记手续。

第二章 竣工财务决算编制条件和要求

第五条 基本建设项目完工可投入使用或者试运行合格后,应当在3个月内编报竣工财务决算。特殊情况确需延长的,中小型项目不得超过2个月,大型项目不得超过6个月。

第六条 建设项目一般不得预留尾工工程,确需预留尾工工程的,尾工工程投资不得超过批准的项目概(预)算总投资的5%。学校基建部门依据预留尾工工程的合同、审计报告、其他未尽事宜说明等相关资料试算应预留尾工工程金额,报经学校基本建设领导小组讨论后,报学校党委常委会或校长办公会通过,基建财务科预留项目尾工工程款。

第七条 竣工财务决算编制条件:

(一)工程项目已经完成竣工验收可投入使用或者试运行合格;

(二)已经完成工程款项结算;

(三)已经完成账务清理或完成预留尾工工程;

(四)竣工财务决算的编制资料完整、无误。

第八条 竣工财务决算评审前,财务处负责准备的资料主要包括:

(一)分年度建设项目财务报表;

(二)基本建设项目拨款及资金使用情况相关资料;

(三)会计凭证、总账及明细账册、报表等财务档案资料;

(四)基本建设项目债权债务明细资料;

（五）甲供材料结算情况（含退回甲供材料及结余材料情况）及甲供材料明细表和甲乙双方确认的签字凭证复印件；

（六）基建财务管理制度及办法。

第九条 竣工财务决算评审前，建设部门负责准备的资料主要包括：

（一）项目可行性研究报告；

（二）投资估算或初步设计及概算、投资调整等批准文件；

（三）招投标文件；

（四）与决算项目相关的历年投资计划和预算下达文件；

（五）勘察设计合同、工程承包合同、监理合同、材料及设备采购合同、工程签证单、监理报告、工程预决算审计报告、经监理机构等有关各方签字认可的竣工验收报告、项目工程价款结算清单和竣工决算报告，以及项目各种建筑物、设备、材料、工具、器具等实物清单、项目各类账表；

（六）单项工程竣工验收证明书。

第十条 项目竣工财务决算的内容主要包括：项目竣工财务决算报表、竣工财务决算说明书、中介机构审核报告及相关资料。

第三章 竣工财务决算上报和固定资产移交

第十一条 竣工财务决算实行"先审核，后审批"的报审原则。竣工财务决算经学校建设部门、财务处确认后送社会中介机构进行评审，审核费用从项目工程成本中列支。

第十二条 中介机构在项目竣工财务决算审核阶段结束后，出具《建设项目竣工财务决算审核报告》征求意见稿，财务处及学校建设部门一般应在10个工作日内提交反馈意见，并与中介机构及时沟通、协调，中介机构出具正式审核报告。

第十三条 财务处负责将完成审核的竣工财务决算资料报送教育部审批。报送资料应包括学校上报函、项目立项、可行性研究报告、初步设计报告及概算、概算调整批复文件的复印件；项目历年投资计划及财政资金预算下达文件的复印件；审计、检查意见或文件的复印件；其他与项目决算相关资料。

第十四条 教育部下达竣工财务决算批复之日起30日内，学校建设部门负责填列固定资产移交清单，交到学校资产管理部门，财务处依据固定资产移交清单办理资产产权登记。

第四章 附 则

第十五条 本办法由财务处负责解释。

第十六条 本办法自发布之日起施行。

东南大学校长办公室　　　　　　　　　　　　　　校发〔2016〕252号

东南大学教职工退休暂行办法

2016年6月2日

由于国家实行机关事业单位养老保险制度改革,根据江苏省人力资源和社会保障厅、江苏省财政厅《关于印发江苏省省级机关事业单位工作人员养老保险制度改革实施办法的通知》(苏人社发〔2016〕93号)文件精神,结合我校实际情况,现特制定本办法。

一、退休时间的规定

1. 我校工作人员的退休时间执行国务院〔1978〕104号文件规定:男年满60周岁、女年满55周岁的干部和男年满60周岁、女年满50周岁的工人,连续工龄满10年,都可以办理退休手续。

2. 根据中共中央组织部、人力资源和社会保障部联合发的《关于机关事业单位县处级女干部和具有高级职称的女性专业技术人员退休年龄问题的通知》(组通字〔2015〕14号)规定,事业单位中担任党务、行政管理工作的相当于正、副处级的女干部和具有高级职称(含正、副高级)的女性专业技术人员,年满60周岁退休。此类人员如本人申请,可以在年满55周岁时自愿退休。

3. 我校博士生导师的退休年龄继续按校发〔2013〕28号《关于高级专家退休年龄补充规定的通知》文件规定执行,即由国务院学位委员会审批通过的博士生导师(不分性别),如身体条件许可,单位工作需要,可年满70周岁退休;非国务院学位委员会审批通过的正高级职称的博士生导师(不分性别),如身体条件许可,单位工作需要,可年满65周岁退休;其他博士生导师的退休年龄按人社部规定执行。因学科发展等特殊需要的学科带头人,本人身体许可,经校长办公会讨论可延迟退休。

4. 如国家退休政策发生变化,学校按照国家规定执行。

二、退休手续办理

1. 按照上述退休时间规定,教职工到达退休年龄的下月起正式退休领取养老金。各单位应及时上报到达退休年龄人员名单及相关材料至人事处办理退休手续。

2. 到达退休年龄人员中符合延迟退休条件的高级知识分子,如单位工作需要且本人愿意延迟退休,由本人提出书面申请,单位签署意见并盖章后报人事处,由人事处报经校长办公会审议后,按校长办公会决议办理延迟退休或正常退休手续。

本办法自2016年8月1日起施行,由人事处负责解释。以往规定与本办法不一致的,均以本办法为准。

东南大学校长办公室　　　　　　　　　　　　　　　　　　　　校发〔2016〕107号

东南大学科研项目劳务费用管理暂行办法

2016 年 12 月 30 日

为进一步规范我校科研项目(以下简称"项目")劳务费的使用和管理,提高劳务费使用效益,稳定科研队伍,推动学校科研工作健康有序发展,根据《关于进一步完善中央财政科研项目资金管理等政策的若干意见》(中办发〔2016〕50 号)及财政部、国家自然科学基金委员会《国家自然科学基金资助项目资金管理办法》(财教〔2015〕15 号)精神,结合我校实际,制定本办法。

一、劳务费的定义和预算

在科研项目执行过程中,因研究工作的需要可以发放科研劳务报酬即劳务费。劳务费不设比例限制,由项目承担单位和项目负责人在预算额定范围内根据实际情况编制。

二、劳务费开支对象

项目组成员中在本校没有工资性收入的在校研究生、博士后、访问学者和项目聘用的研究人员(国外短期合作人员、外单位兼职科研人员和退休人员)、科研辅助人员等均可开支劳务费,聘用人员的社会保险补助费用纳入劳务费科目列支。聘用人员的使用和管理必须严格按照《东南大学非学校编制人员使用管理暂行规定》(校通知〔2009〕12 号)相关规定执行。

对于项目成员中包含外单位合作人员的,如依项目合作需要,确需向其开支劳务费的,需提供并依照项目立项时的劳务费预算和合作内容明确的合同执行。

三、劳务费开支标准

参与项目的研究生、博士后及项目聘用人员的劳务费开支标准,参照当地科学研究和技术服务业同类从业人员平均工资水平,根据其在项目研究中承担的工作任务量和工作时间等因素,合理确定。其中财政专项资金按学校相关规定执行。访问学者劳务费根据实际情况列支。

项目组应对发放的劳务费建立台账,包括参与工作内容、工作时间、工作量、考核情况等内容。

四、劳务费发放要求

由项目负责人根据人员实际工作情况,编制发放清单及金额,对聘用人员建立工资专户,并报相关管理部门备案。劳务费直接发放到人员个人银行卡上,不得直接发放现金。劳务费发放流程按学校现行相关规定执行。

五、其他

1. 本办法适用于东南大学科研项目,由科研院、社科处负责解释。
2. 本办法自发布之日起施行。学校原有相关规定若与本办法不一致的,以本办法为准。

东南大学校长办公室　　　　　　　　　　　　　　　　　　　　校发〔2016〕306 号

东南大学实验室技术安全管理办法

2016年11月17日

第一章 总 则

第一条 为保障师生员工人身与财产安全,维护教学、科研等工作的正常秩序,根据《高等学校实验室工作规程》(原国家教委令第20号)的相关规定及国家有关法律法规,特制定本办法。

第二条 学校贯彻"安全第一、预防为主"的方针,根据"谁使用、谁负责,谁主管、谁负责"的原则,全面落实实验室安全管理责任体系。建立健全实验室安全管理长效机制,实现实验室安全工作的常态化管理。

第三条 本办法适用于学校范围内开展教学、科研工作的各级各类实验室或场所。创建安全稳定的实验室工作环境是全校各级领导以及广大师生员工的共同责任和义务。

第四条 实验室安全工作是教师、实验技术人员和管理人员岗位评聘、晋职晋级、年度考核、评奖评优的重要指标之一,与教职工、学生评奖评优挂钩,实行"一票否决制"。

第二章 实验室安全管理职责

第五条 学校设立实验室技术安全工作委员会,主任委员由分管副校长担任,成员由校各有关职能部门和相关单位负责人组成。实验室技术安全工作委员会对全校实验室安全工作实施统一领导、组织协调、监督检查。

第六条 实验室与设备管理处是学校实验室安全技术工作的主要职能部门,按国家有关法律法规和学校要求,在学校实验室技术安全工作委员会的指导下开展实验室安全管理工作,主要职责为:制定、完善学校实验室安全规章制度;传达上级部门的有关文件精神;组织检查各单位实验室安全管理制度、安全责任制、安全事故防范措施以及安全教育与准入制落实等情况,并督促实验室安全问题与隐患的整改。

第七条 各实验室所在单位主要负责人是本单位的实验室安全工作第一责任人,全面负责本单位的实验室安全工作,各单位分管负责人作为实验室安全工作第二责任人。各单位安全责任人的主要职责为:

(一)建立健全本单位实验室安全责任体系,签订实验室安全责任书,制定本单位实验室安全工作计划并组织实施。

(二)根据本单位专业、学科特点,制定实验室安全管理制度及实施细则、技术规范、操作规程、安全事故应急预案、安全教育培训计划等。

(三)对本单位的实验室进行安全风险评估,根据风险类别和等级,配备必要的安全防护用品与设施。

(四)定期组织本单位的实验室安全教育及宣传,创建实验室安全文化,落实实验室安全准入制度。

(五)定期组织本单位的实验室安全检查,对发现的实验室安全问题与安全隐患进行整改。

第八条　各实验室负责人是本实验室的安全责任人。实验室安全责任人的主要职责是：

（一）建立健全本实验室安全责任体系，落实每个分室（或课题组）以及实验室房间的安全责任人，签订实验室安全责任书。

（二）负责在本实验室学习或工作的教师、实验人员、学生和外访人员的安全培训工作，严格执行实验室安全准入制。

（三）负责本实验室规章制度、操作规程、安全警示、安全标识、安全措施、个人防护、环境卫生等制度的落实。

（四）掌握本实验室主要涉及的危险因素与安全隐患以及事故应急处置方法。督促本实验室所涉及的危险化学品、特种设备、生物、辐射、实验废弃物、仪器设备以及水电等日常安全管理。

（五）组织、督促各实验分室（或课题组）以及实验室房间安全责任人定期对本实验室安全问题进行自查与整改。

第九条　所有在实验室工作或学习的人员均对实验室安全和自身安全负有不可推卸的责任。一旦进入实验室，必须严格遵守各项安全管理制度，严格按照实验操作规程开展相关实验，了解实验室安全应急程序和处置方法，配合各级安全责任人做好实验室安全工作，排除安全隐患，避免安全事故的发生。

第三章　实验室安全管理内容

第十条　实验室环境安全管理

（一）每个实验室房间必须张贴安全警示牌，标明实验室名称、责任人、有效联系电话等信息，便于督查和联系。

（二）实验室应建立卫生值日制度。实验室内的仪器设备、材料、工具等物品应分类摆放整齐，及时清理实验室内外的废旧物品和垃圾，不堆放与实验室工作无关的物品。

（三）加强环境保护，应选用环境无害的或减少环境危害的实验方案，尽可能减少实验室废弃物的排放。学校定期收集和处理有毒有害废液和废物，处理工作实施"分类收集、定点存放、专人管理、集中处理"的原则。各单位不得随意排放有毒、有害气体和倾倒有毒、有害化学废液，不得随意掩埋、丢弃固体化学废物、实验动物尸体和器官。实验室废弃物管理工作的具体细则详见《东南大学实验室排污管理办法》。

（四）各单位须安排专人负责实验室钥匙的配发和管理，不得私自配置钥匙或借给他人使用；各单位或各实验大楼须保留一套所有房间的备用钥匙，由各单位办公室或大楼值班室保管，以备紧急之需。

（五）严禁在实验室区域吸烟、烹饪、用膳，不得让与工作无关的外来人员进入实验室，不得在实验室内留宿和进行娱乐活动等。实验结束或离开实验室时，相关人员必须按规定采取结束或暂离实验的措施，并查看仪器设备、水、电、气和门窗关闭等情况。

第十一条　危险化学品安全管理

各单位在使用危险化学品时，必须严格按照国家法律法规以及学校的相关规定执行，加强对所有涉及危险化学品的实验室在购买、运输、储存、使用、处置等过程的安全监督与管理。各单位特别是要加强剧毒品、易燃易爆、易制毒、易制爆化学品的使用和管理,采取可靠的防范措施,做好详细台账记录,具体细则详见《东南大学危险化学品管理办法》。

第十二条 实验室生物安全管理

生物安全主要涉及病原微生物安全、实验动物安全、转基因生物安全等方面。各单位要按照《病原微生物实验室生物安全管理条例》(中华人民共和国国务院令第424号)、国家质量技术监督检验检疫总局《实验室生物安全通用要求》(GB 19489—2004)和《江苏省实验动物管理办法》(省政府45号令)、《东南大学实验室生物安全管理规定》要求执行。

第十三条 实验室辐射安全管理

辐射安全主要包括放射性同位素(密封放射源和非密封放射性物质)和射线装置的安全。各涉辐单位必须按照国家法规和学校的相关规定,在获取环保部门颁发的《辐射安全许可证》后方能开展相关工作;需加强涉辐场所安全及警示设施的建设,加强辐射装置和放射源的采购、保管、使用、备案等管理,规范涉辐废弃物的处置。涉辐人员需定期参加辐射安全与防护知识培训,持证上岗,定期参加职业病体检和接受个人剂量监测,具体细则详见《东南大学放射性同位素与射线装置防护管理办法》。

第十四条 仪器设备安全管理

各单位要加强仪器设备操作人员的业务与安全培训,制定和严格执行仪器设备特别是高精仪器设备、高速运转设备、高温高压设备、超低温及其他特种实验设备的操作规程,落实相应的防护措施。对有故障的仪器设备要及时检修,仪器设备的维护保养和检修等要有记录。对精密仪器、大功率仪器设备、使用强电的仪器设备要定期检查线路,采取必要的安全防范措施。对服役时间较长以及具有潜在安全隐患的仪器设备应及时维修,必要时进行报废处置,消除隐患。

特种设备应按有关规定办理注册登记手续,操作人员应持证上岗,保持设备的完好状态并做好定期检验,详细记录设备的使用状况及维护保养记录,具体细则详见《东南大学特种设备安全管理暂行规定》。

第十五条 实验室水电安全管理

各单位应定期检查实验室上下水管路、化学冷却冷凝系统的橡胶管等,避免发生因管路老化、堵塞等情况造成的安全事故。

实验室内应使用空气开关并配备必要的漏电保护器;电气设备应配备足够的用电功率和电线,不得超负荷用电;电气设备和大型仪器须接地良好,对电线老化等隐患要定期检查并及时排除。实验室固定电源插座未经允许不得拆装、改线,不得乱接、乱拉电线,不得使用闸刀开关、木质配电板和花线。

第十六条 实验室消防安全管理

实验室必须配备适用足量的消防器材,放置于易取用处,定期检查,及时更新,保持良好状态。实验人员须了解本实验室中各类易燃易爆物品的特性及相关消防知识,熟练掌握各类消防器材的使用方法,了解实验室内水、电、气阀门和消防器材、安全出口的位置。实验室内应保持消防通道的畅通。实验室消防安全管理工作的具体细则详见《东南大学消防安全管理制度》。

第十七条　实验室安全防护

对压力容器、电气、焊接、细菌疫苗等操作，以及存在振动、噪声、高温、辐射放射性物质、强光闪烁等场所，要制定严格的操作规程，落实相应的安全防护措施。

各实验室应根据潜在危险因素配备烟雾报警、监控系统、通风系统、防护罩、紧急喷淋、危险气体报警等安全设施和防护用品，并做好设施和用品的维护、保养、检修、更新等工作。各种安全设施不准借用或挪用。

第十八条　对以上条款未涵盖的实验室安全工作按国家有关实验室安全法律法规和规章制度执行。

第四章　实验室安全培训与准入

第十九条　实验室安全培训与准入是各级各类人员掌握实验室安全知识、提高实验室安全意识的有效途径。全校范围内所有教学、科研实验室均实行实验室安全准入制度，相关人员必须参加并通过学校或所在单位组织的实验室安全准入考试后，方可进入实验室工作学习。

第二十条　各单位应当根据专业、学科特点制定实验室安全年度培训计划，定期、不定期组织本单位相关人员进行实验室安全培训，并做好培训记录，存档备案。

安全培训可以采用多种形式，如利用"实验室安全培训及考核系统"培训、聘请校内外专家讲座、外出学习考察、参加专门的校外培训、安全知识竞赛、安全知识宣传海报、安全预案的演练等。鼓励各单位制定具有本单位特色的安全培训办法，开展各类安全教育活动。

凡在实验室进行工作或学习的所有人员都应参加安全培训，各单位特别要加强新生、新入职人员、实验室管理人员等的安全培训。各单位从事特种设备、设施操作的人员、放射性同位素和射线装置操作人员等特殊岗位人员还应按照规定参加专业从业资格培训，并取得相应作业资格，严禁无证操作。

第二十一条　各单位可根据专业、学科特点，要求实验指导教师和实验技术人员在课前专门讲解本课程或实验环节中存在安全风险点与安全事故应急措施等，加强对学生在实验室开展实验过程中的安全指导。

第五章　实验室安全检查与整改

第二十二条　实验室与设备管理处应根据学校安全工作整体要求，制定全校实验室年度安全检查计划并组织实施，还应根据具体情况组织临时性的实验室安全专项或全面的实验室安全检查。各单位应根据自身情况建立实验室安全检查制度，组织定期、不定期的实验室安全检查。各单位应建立实验室安全检查台账，记录每次检查情况以及隐患的整治情况。

第二十三条　实验室安全督导负责督促指导学校实验室安全管理、实验室安全责任体系建立、实验室安全隐患整改工作，进行不定期的巡查、暗访，及时查找实验室安全隐患，提出整改建议。实验室安全督导聘任及相关工作依照《东南大学实验室技术安全督导工作条例》执行。

第二十四条　各单位应积极主动配合学校组织的实验室安全检查。对实验室安全检查中发现的安全隐患能整改的要立整立改,对短期内无法整改的要有事故防范办法,并制定后续整改办法。在检查中发现的较重大的安全隐患,学校下发《实验室安全隐患整改通知书》,要求限期整改,并对整改结果进行跟踪和复查。各实验室应有实验室安全日常巡查制度,及时发现本实验室中存在的安全隐患,及时整改。

第六章　实验室安全预案与事故处理

第二十五条　各单位应根据《东南大学实验室技术安全事故应急预案》的整体要求和本单位实际情况,制定适合本单位的实验室安全事故应急预案,并定期进行演练。

第二十六条　实验室发生安全事故时,应立即启动应急预案,采取积极有效的应急措施,防止危害扩大蔓延,同时保护好现场,及时上报。对事故瞒报、不报的单位和个人,将追究相关人员责任。

第二十七条　实验室在承担校外教学、科研实验任务时,应加强安全教育,明确安全事故责任。

第七章　实验室安全责任追究

第二十八条　实验室安全责任追究对象有:直接责任人、实验室(课题组)负责人、院(系)单位负责人、责任单位。

第二十九条　实验室安全责任追究种类有:书面检查、通报批评、取消评奖评优、经济赔偿和处罚、行政处分、移送司法机关等。追究种类可以单独使用,也可以合并使用。需要给予党纪处分的按照有关规定执行。

第三十条　对涉及以下行为之一但未造成严重后果的,学校视情节给予相关责任人书面检查或通报批评,给予责任单位通报批评。对涉及以下行为之一且造成严重后果的,学校视情节给予相关责任人行政处分,同时取消其一年内各类评奖评优资格;给予责任单位行政处分和经济处罚,同时取消其一年内各类评奖评优资格;对于造成经济损失的,由责任单位和相关责任人赔偿相应损失。

(一)实验室管理制度不健全、安全责任不明确,经上级机关或学校职能部门下发整改通知书两次以上不整改的;

(二)违反国家法律法规、学校和本单位实验室安全管理规定进行危险操作,或指使、强令他人违规冒险进行危险性操作的;

(三)不服从、不配合实验室安全监督、检查和管理的;

(四)未根据要求及时排查、消除实验室安全隐患的,或未组织、督促、协助消除实验室安全隐患的;

(五)发现实验室安全隐患未及时采取整改措施和报告上级部门,或接到相关报告后未采取有效措施的;

(六)责任单位未进行实验室安全设施定期检修和维护的;

(七)责任单位未严格执行实验室安全准入制的;

(八)违章购买、租用、储存、使用压力容器、危险性气瓶以及其他特种设备的;

（九）未经备案私自购买使用剧毒、易制毒、易制爆或其他危险性化学品的；

（十）随意倾倒实验废液和丢弃实验废弃物的；

（十一）未经安全许可私自购买或转让放射性物质或设备的；

（十二）私自开展动物实验或进行病菌培养的；

（十三）实验过程擅自脱岗，造成仪器设备损坏或其他安全事故的；

（十四）发生造成财产损失或人身伤害的实验室安全事故后隐瞒不报，或不如实报告事故情况，或未及时将事故报告上级领导和有关职能部门的；

（十五）事故发生后，为隐瞒、掩饰事故原因，推卸责任，故意破坏或伪造事故现场的。

第三十一条　因个人违反相关安全法规和安全管理规定以及安全操作规程，导致发生实验室安全事故，自身受到伤害的，后果自负。实验室安全责任事故中涉嫌犯罪的，依法移送司法机关追究刑事责任。

第三十二条　发生安全事故后，按"谁主管、谁负责"的原则，由责任事故所在单位根据本办法确定事故原因和责任人，提出初步处理意见，报学校实验室与设备管理处、保卫处。

第三十三条　学校实验室技术安全工作委员会根据相关监管部门事故认定意见、核实事故损失后的意见以及事故单位初步处理意见，提出追究直接责任人、实验室（课题组）负责人、院（系）单位负责人、责任单位的初步处理意见，报校长办公会讨论做出处理决定。

第三十四条　学校做出处理决定后，及时通知事故责任单位，事故处理结果由所在单位负责人及时通知事故责任人。若事故责任人对事故的认定与处理有不同意见，在接到处理决定后5个工作日内以书面形式向学校提出申诉。

第八章　附　则

第三十五条　各单位应根据本办法，结合实际情况制定相应管理规定或实施细则。

第三十六条　本办法自印发之日起施行，由实验室与设备管理处、保卫处负责解释。

东南大学校长办公室　　　　　　　　　　　　　　　　校发〔2016〕263号

东南大学硕士研究生指导教师遴选办法(修订)

2016 年 12 月 24 日

为进一步提高研究生指导教师队伍的素质和水平,保证研究生培养质量,根据国家有关政策、法规和文件精神,结合我校实际情况,特制定本办法。

一、硕士研究生指导教师资格申请人应具备的基本条件

(一)应熟悉国家有关研究生教育的政策法规,教书育人、为人师表,具有高尚的科学道德和严谨的治学态度,以及强烈的创新意识和良好的团队精神。身体健康状况良好,能认真履行导师职责,每年能保证有半年以上时间在国内指导研究生。

(二)应是教学、科研一线岗位上工作的具有硕士及以上学位的副教授及以上专业技术职务(或相当专业技术职务)的我校在岗人员。年龄一般不超过 55 岁。

二、硕士研究生指导教师资格申请人应具备的业务条件

(一)申请人分理、工、医学,艺术学、管理学和人文社科类学科,任现职以来(超过 3 年按近 3 年算)应分别达到下列条件。

1. 理、工、医学。发表高水平论文、获科研奖励等情况达到以下条件之一:① 发表论文被 SCI、SSCI、A&HCI 收录 1 篇(收录论文限第一作者,下同);② 获省部级以上科研奖励 1 项(国家奖前 7 名,省部一等奖前 5 名,省部二等奖前 3 名);③ 作为第一发明人获授权发明专利 2 项;④ 出版专著或国家级规划教材 1 部(专著或国家级规划教材限第一作者,下同)。

2. 艺术学、管理学和人文社科类学科。发表高水平论文、获科研奖励等情况达到以下条件之一:① 发表论文被 SCI、SSCI、A&HCI 收录 1 篇;② 出版专著或国家级规划教材 1 部;③ 获省部级以上科研奖励 1 项(国家奖前 7 名,省部一等奖前 5 名,省部二等奖前 3 名,省部三等奖第 1 名);④ 发表论文被 CSSCI 收录 3 篇。

为了更好地体现质量优先的原则,鼓励教师从事前沿科学研究,撰写高水平学术论文,对申报期限内在国际权威杂志上发表论文的申请人,对其论文数量可不做要求;对获奖级别、数量超过规定者,或有其他重要成果(教学成果奖等)者,对其论文数量的要求可适当降低。总之,应从总体上综合衡量申请人是否具备了硕士研究生指导教师的基本条件。

(二)主持适合研究生做学位论文的科研项目,有较充足的用于培养硕士研究生的经费。

(三)对于教学、科研一线岗位上具有博士学位的讲师,同时满足如下两项条件,可申请硕士研究生指导教师资格:

1. 近 3 年主持 2 项基础研究或高技术研究重点科研项目(见附件),其中至少 1 项国家自然科学基金或国家社会科学基金;

2. 近 3 年发表第一作者论文被 SCI、SSCI、A&HCI 收录 3 篇。

（四）从外单位调入我校的硕士研究生指导教师，经本人或所在院（系）申请、研究生院审核、主管校长审批，确认其具备硕士研究生指导教师资格。

三、硕士研究生指导教师资格申报、遴选的基本程序

（一）每年9月上旬，申请人向申请学科所在的学位评定分委员会（以下简称"分委会"）提出申请，填写《东南大学硕士研究生指导教师资格申请表》（以下简称《申请表》）。分委会秘书应对《申请表》所填内容进行核对，并集中提交至人事处审核确认职称和学位、科研院或社会科学处审核确认科研成果、教务处审核确认本科教学情况和研究生院审核确认研究生教学情况。在此基础上，分委会开会对符合"硕士研究生指导教师资格申请人应具备的基本条件"申请人的材料进行评议，经投票表决，获赞成票超过分委会到会人数的2/3（含2/3）者，同意其提交至学校专家评议组讨论。经分委会主席和院（系）党政领导签署意见后，于10月15日前将《申请表》（一式两份）、申请材料汇总表、分委会表决票、分委会表决汇总表交研究生院学科建设办公室。

（二）研究生院学科建设办公室对各分委会递交的申请材料给予复审，并在此基础上组织校内专家成立专家评议组，对符合"硕士研究生指导教师资格申请人应具备的基本条件"申请人的材料进行评议和投票表决，获赞成票超过到会专家数的2/3（含2/3）者即通过该申请人的资格申请，确认其具备硕士研究生指导教师资格。

学校对已获得资格的申请人发文公布其具备了硕士研究生指导教师资格。

本办法由研究生院负责解释。

本办法自颁布之日起执行。

东南大学校长办公室　　　　　　　　　　　　　　　　校发〔2016〕297号

东南大学危险化学品管理办法

2016 年 11 月 17 日

第一章 总 则

第一条 为加强我校危险化学品的安全管理,规范实验室排污处理,严防事故发生,确保师生员工人身及财产安全,保证学校教学和科研工作顺利进行,根据《危险化学品安全管理条例》(2011 年国务院令第 591 号)、《易制毒化学品管理条例》(2005 年国务院令第 445 号)、《废弃危险化学品污染环境防治办法》(2005 年国家环境保护总局令第 27 号)、《江苏省教育科研和医疗单位剧毒化学品治安安全管理规定》(苏公规〔2013〕4 号)等相关规定,结合我校实际情况,特制定本办法。

第二条 本办法所指的危险化学品参考由国家安全监管总局会同工业和信息化部、公安部、环境保护部、交通运输部、农业部、国家卫生计生委、质检总局、铁路局、民航局联合制定发布的《危险化学品目录(2015 版)》,是指具有毒害、腐蚀、爆炸、燃烧、助燃等性质,对人体、设施、环境具有危害的剧毒化学品和其他化学品。

第三条 凡购买、储存、使用、回收及处置危险化学品的校内单位和个人必须严格遵守本办法。

第二章 管理体制

第四条 危险化学品安全管理实行学校、学院(系、所、中心)、实验室三级管理体制。实验室与设备管理处、保卫处是危险化学品管理的主管部门。实验室与设备管理处负责危险化学品的采购审核、使用监管及回收处置等工作,保卫处负责危险化学品的申报审核、监督协查等工作。

第五条 按照"谁主管、谁负责,谁使用、谁负责"的原则,各学院(系、所、中心)的主要负责人是本单位危险化学品安全管理的第一责任人,分管负责人是第二责任人,与学校签订《东南大学实验室安全责任书》,对本单位的危险化学品安全工作全面负责。实验室主任(或课题组负责人)为该实验室(或课题组)直接责任人,与本学院(系、所、中心)签订实验室级安全责任书。实验室下属的每个房间明确具体责任人,与实验室主任(或课题组负责人)签订房间级安全责任书,做到责任层层落实,岗位职责分明。

第六条 各学院(系、所、中心)设立专(兼)职化学品安全管理员,负责本单位危险化学品的采购审核、安全监管等工作,预防事故发生。

第七条 校内具有独立法人主体资格的科研机构和校办企业从事化学品生产、购买、存放、使用、运输、处置等活动的,必须执行国家有关部门的规定,自行承担相应责任,其管理不在本办法规定范围内。

第三章 采购管理

第八条 各单位必须在国家许可的危险化学品经营单位采购危险化学品,严禁从没有合法资质的经营单位采购危险化学品,严禁任何单位和个人私自接收或转让危险化学品。

第九条　各单位危险化学品采购人员须签订《东南大学危险化学品安全承诺书》。每次采购危险化学品的数量原则上应控制为一周内的使用量,尽可能减少实验室内因储存危险化学品引起的不安全因素。

第十条　危险化学品包括"管制类"化学品和"非管制类"化学品两种,"管制类"化学品包括剧毒化学品、易制毒化学品和易制爆化学品,其中剧毒化学品见《危险化学品目录》,易制毒化学品见《易制毒化学品的分类和品种目录》,易制爆化学品见《易制爆危险化学品名录》。"非管制类"化学品指除"管制类"化学品之外的其他化学品。

第十一条　"管制类"化学品必须按照国家有关规定办理相关手续,同时必须办理校内审批手续方能进行采购。

(一)剧毒化学品采购国家实行许可管理制度,未取得《剧毒化学品购买凭证》许可前,任何单位和个人不得通过任何渠道私下违规采购和使用。

(二)易制毒化学品国家实行分类管理和许可审批制度,学校定期将全校所需使用的易制毒化学品品种、数量集中向公安机关提交采购计划申请,审批通过后取得备案证明,全校采购的易制毒化学品品种、数量、时间必须在备案证明允许范围内。

校内用户在学校取得备案证明的前提下才能申请采购易制毒化学品,同时按要求办理校内审批手续,校内审批流程为:1. 用户提交易制毒化学品采购申请单,由所在单位审核;2. 单位审核通过后由保卫处审核;3. 保卫处审核通过后由实验室与设备管理处审核,三方审核通过后方能正常采购。

(三)易制爆化学品采购按国家规定,采购人须向供货单位提供身份证复印件和易制爆危险化学品合法用途说明,说明由所在学院核实采购人身份后开具。

易制爆化学品采购必须办理校内审批手续,审批流程如下:1. 用户提交易制爆化学品采购申请和相关材料,由所在单位进行审核,审核依据为:① 是否具备储存条件(配备防盗保险柜,加装视频监控,详见本办法第十八条);② 是否超量购买;③ 是否明确专门责任人;2. 单位审核通过后由保卫处审核;3. 保卫处审核通过后由实验室与设备管理处审核,三方审核通过后方能正常采购。

易制爆化学品在购买后5日内由学校将所采购的易制爆化学品品种、数量以及采购人、使用场所等流向信息报公安机关备案。

第十二条　"非管制类"化学品国家无特别管理规定,采购信息提交实验室与设备管理处登记备案,无需另外办理校内审批手续。

第十三条　校内危险化学品采购实行在线采购和线下自购两种方式,其中"管制类"化学品和"非管制类"化学品采用不同的采购方式进行管理。

第十四条　易制毒、易制爆等"管制类"化学品实行在线采购方式,即通过"东南大学化学品管理平台(以下简称"平台")"在线采购,且必须从学校指定的管制类化学品协议供应商处采购。用户登录"平台"提交采购申请单,申请单分别由采购人所在单位、保卫处和实验室与设备管理处在线审核,审核通过后供应商方能供货。"管制类"化学品采购完成后,"平台"生成《东南大学化学品购买清单(管制类)》由责任人和所在单位分管领导签字,单位盖章,确认账物相符,"清单"作为财务报销必备凭证之一。

第十五条 "非管制类"普通化学品采购可在线采购或线下自购。

(一) 从已进驻"平台"的供应商处采购化学品,必须在线采购,"平台"生成的《东南大学化学品购买清单(普通类)》由责任人和所在单位分管领导签字,单位盖章,确认账物相符,"清单"作为财务报销必备凭证之一。

(二) 从未进驻"平台"的供应商处采购化学品,允许线下自购,同时必须在"平台"上进行"自购登记"。进行"自购登记"的采购单,需经所在单位审核、实验室与设备管理处备案。"平台"生成的《东南大学化学品购买清单(自购类)》由责任人和所在单位分管领导签字,单位盖章,确认账物相符,且自购试剂清单中不包含"管制类"化学品,"清单"作为财务报销必备凭证之一。

第十六条 "平台"生成的各类《东南大学化学品购买清单》作为化学品发票财务报销必备凭证之一,"清单"上的试剂名称、金额、数量等信息必须与发票相对应。

第四章 储存与使用管理

第十七条 剧毒化学品校内各单位不得私下违规储存和使用。

第十八条 使用易制爆化学品的单位,必须确保所在单位或实验室内部有符合易制爆化学品储存要求的设施,使用单位根据自身教学科研使用情况及实验室分布状况,原则上采取集中式储存管理。

集中式储存要求:易制爆化学品必须储存在墙体和屋顶间封闭的专用仓库,并明确专人管理;仓库安装坚固的防盗窗(间距小于 10 厘米)、制式防盗门;门口张贴易制爆危险化学品警示标识,安装通风装置,保持仓库干燥;配备必要的防护、消防设施;仓库必须安装与保卫处值班室相连的视频监控系统,覆盖仓库内部及出入口,并保证处于正常使用状态,图像记录保存时间不少于 30 天。

若本单位仅有部分实验室使用少量易制爆化学品,可以储存在专用防盗保险柜内,保险柜容量应确保足够储存本实验室易制爆化学品常用量,保险柜重量小于 340 公斤的要将其固定在混凝土地面或墙壁上,并加装同上要求的视频监控系统。

对于采购人首次提交的易制爆化学品采购申请,由所在单位对其储存条件进行初审,并提交实验室与设备管理处和保卫处现场验收,确认储存场所和设施符合国家规定的易制爆化学品治安防范要求,并得到公安部门认可通过后方允许采购和使用。

第十九条 各单位实验室存放危险化学品必须安全可靠,防火防盗。实验室应配备危险化学品专用存放柜,严格分类,定位、定点有序存放,做到零整分开,不得混放、混装,应有准确的使用计量和详细的标记。

第二十条 各实验室必须建立详细的危险化学品台账,危险化学品登记、领用、使用、回收、处置等环节必须及时、准确做好记录,做到账物相符、账账相符。危险化学品采购人员可以通过"平台"进行使用台账登记管理。

第二十一条 危险化学品使用人员对自身安全负直接责任。严禁将危险化学品随意带出实验室。严禁将食品和饮料等带入实验室。严禁闲杂人等进入实验室。严禁携带危险化学品进入公共场所和其他重要场所。

第二十二条　危险化学品使用人员应严格按照规程和要求进行操作，使用危险性较大的化学品，必须两人或两人以上同时在场，相互监督，确保安全，并及时做好使用记录，随时接受学校和公安部门的检查。

第五章　回收及处置管理

第二十三条　为降低对环境的污染，实验室须遵循"减少废物产生、合理利用和无害化处置"的原则，选用无污染或少污染的新工艺、新设备，尽可能采用无毒、无害或低毒、低害的危险化学品。

第二十四条　实验过程中产生的废气、废液、废渣、粉尘等要求做到无害化回收，必须排放的，须经过净化处理，使其有害物质浓度降到国家和环保部门规定的排放标准之内。严禁将可能污染环境的化学废液、废渣倒入下水道，或将危险化学废弃物（包括受沾染的容器具）随意弃置、填埋。

第二十五条　各实验室的危险化学废液应及时收集、分类存放并张贴标签，储存容器必须密封且没有破损。严禁将危险化学废弃物与生物废弃物、放射性废弃物等其他危险废弃物一起混装回收。严禁将危险化学废弃物与生活垃圾混放。

第二十六条　学校定期或根据实际需要统一收集和处置危险化学废弃物。需要处置危险化学废弃物的单位，及时统计危险化学废弃物类别及数量等相关信息，经所在单位审核盖章后，提交申请至学校实验室与设备管理处。实验室与设备管理处汇总后上报环保部门审批，委托专业废弃物处置公司进行无害化处置。

第六章　安全检查及应急预案

第二十七条　各单位应严格执行国家和学校有关危险化学品安全管理的法规、制度。加强危险化学品日常安全管理，建立危险化学品日常安全检查制度，定期或不定期组织检查，查找安全隐患，杜绝事故发生。

第二十八条　各单位必须积极配合学校和上级部门的安全检查，不得拒绝和阻挠。对于检查过程中提出的隐患整改要求，必须及时反馈并落实整改。

第二十九条　凡进入实验室的人员必须严格遵守危险化学品安全管理制度。每日最后离开的人员要做好房间的安全检查，若发现存在安全隐患，或有危险化学品丢失、被盗等情况，必须保护好现场，并立即向实验室与设备管理处、保卫处报告。

第三十条　各单位应制定危险化学品事故应急预案，配备应急救援器材，定期组织演练。事故应急预案必须张贴上墙。剧毒品、易制毒、易制爆等"管制类"危险化学品事故应急预案应报实验室与设备管理处、保卫处备案。

第三十一条　发生危险化学品事故时，各单位应按照事故应急预案立即采取措施，组织救援，防止事故蔓延、扩大，并立即向实验室与设备管理处、保卫处上报。

第三十二条　对发生危险化学品事故的单位和个人，依照国家相关法规和学校有关规定进行处理。

第七章 奖 惩

第三十三条 学校对严格执行危险化学品管理办法的使用单位及个人给予表彰和奖励。

第三十四条 对违反规定的有关单位和人员,学校将视情节轻重给予相应的处罚。因违反规定导致重大安全隐患或造成安全事故的,学校将给予相应行政处分和经济处罚,构成犯罪的移交司法机关依法追究刑事责任。

第八章 附 则

第三十五条 本办法自发布之日起施行,原《东南大学危险化学品管理办法(试行稿)》(校通知〔2009〕11号)同时废止。学校所公布的其他规定或办法与本办法不一致或有抵触的,以本办法为准。本办法若与上级主管部门的文件规定不一致或有抵触的,以上级文件为准。

第三十六条 本办法由实验室与设备管理处、保卫处负责解释和修订。

东南大学校长办公室　　　　　　　　　　　　　　　　校发〔2016〕264号

东南大学仪器设备管理办法

2016 年 6 月 16 日

第一章 总 则

第一条 为了适应教育事业的发展需要,加强学校仪器设备的管理,提高其使用效益,根据国家财政部《事业单位财务规则》、教育部《高等学校仪器设备管理办法》等有关规定,结合我校实际,特制定本办法。

第二条 全校仪器设备管理体制实行归口、分类、分级管理。

教育部高教司编发的《高等学校固定资产分类及编码》中规定的仪器仪表、机电设备、电子设备、印刷机械、卫生医疗机械、文体设备、标本模型、文物及陈列品、工具量具及器皿等仪器设备归实验室与设备管理处分管。

第三条 本办法所称"仪器设备"是指:单价在 1 000 元以上(其中:专用设备单位价值在 1 500 元以上),耐用期为一年以上,能独立使用的仪器设备及其单价在 1 000 元(含1 000 元)以上的附件。单位价值虽未达到规定标准,但是耐用时间在一年以上的大批同类物资,作为仪器设备固定资产管理。

第二章 分管机构及职责

第四条 分管实验室与设备管理处的校长主管全校仪器设备工作。实验室与设备管理处归口管理仪器设备工作,其主要职责是:

1. 制定仪器设备管理的规章制度和办法。
2. 规划布局大型装备共享平台,促进大型仪器设备的开放共享。
3. 在学校招标工作领导小组的指导下,组织全校仪器设备的采购工作。
4. 审核办理仪器设备固定资产增加、报废、调拨、丢失、损坏以及转让工作,提出仪器设备固定资产处置意见。
5. 监督检查学校仪器设备管理、维护以及使用情况。
6. 组织学校仪器设备固定资产的清查和信息统计工作。
7. 组织培训和考核仪器设备固定资产管理人员。
8. 组织开展仪器设备使用管理绩效考核工作。

第五条 各院(系)、部、处是学校仪器设备管理的二级管理单位,其职责是:

1. 各二级管理单位必须明确 1 名主要负责人分管仪器设备管理工作,对本单位的仪器设备负有全面的管理责任。
2. 配备专人负责仪器设备管理,保证仪器设备账、物相符,定期进行仪器设备的检查和信息统计。
3. 认真贯彻执行学校仪器设备管理的规章制度,根据需要制定实施细则。
4. 保证本单位固定资产的安全、完整。

第三章 仪器设备的购置、验收

第六条 学校各单位购置仪器设备,须按规定提出申请,由相关部门进行审批后,方可采购。仪器设备采购,必须严格执行《东南大学招标管理办法》《东南大学特殊仪器设备采购管理办法》的有关规定。

第七条 学校大型仪器设备规划论证领导小组对各单位提出的大型仪器设备(单价10万元以上设备)建设方案进行论证审批,并对单价40万元以上大型仪器设备进行逐台论证;各学科和实验室根据大型仪器设备建设方案和经费划拨情况对拟采购大型仪器设备进行广泛的调研,提出拟采购仪器设备的详细指标及配置要求;大型仪器设备采购专家组对拟采购的大型仪器设备的先进性、必要性、管理方案、维护条件和预期效益进行论证,确定采购方案。详见《东南大学大型仪器设备管理办法》(校通知〔2010〕188号)。

第八条 进口仪器设备(包括国外捐赠),均由实验室与设备管理处负责办理有关申报审批、外贸合同签订、免税申请、报关、商检、索赔、返修等手续,免税进口仪器设备的采购规定及程序详见《东南大学科教用品免税进口货物管理规定》(校通知〔2011〕128号)。

第九条 仪器设备按合同要求到货后,需经使用单位验收并签写验收单后,方可进行付款和建账。

第十条 各使用单位负责仪器设备到货签收,包括清点数量、察看外观等,发现短缺、破损做好确认记录,以便理赔。

第十一条 仪器设备的质量技术验收,一律由各使用单位负责,验收完毕,填写验收单。单价40万元以上的仪器设备,各单位应成立以使用人为主的验收小组,实验室与设备管理处派人参加共同验收。合同规定需要国内外生产厂商派人员参加安装、调试验收的,应在仪器设备到货后通知厂商按规定时间参加验收,并做好验收记录。

第十二条 使用单位必须在仪器设备到货后3个月内开箱验收,合同对验收期限有特殊规定的,按合同规定执行。10万元以上和所有免税进口设备、军工项目设备的验收报告单,须交实验室与设备管理处备案。使用单位如不能按期验收,应书面报告实验室与设备管理处。

第十三条 对验收不合格的仪器设备,使用单位应及时向实验室与设备管理处报告,在规定验收期限内向供方或运输单位提出交涉,办理退、换、补、赔等手续。

第十四条 对于需要商检的仪器设备,由实验室与设备管理处通知商检部门进行商检,未得到允许之前,使用部门不得自行开箱安装。

第十五条 实验室设备与管理处负责保存采购过程中的相关资料(如:大型贵重仪器可行性论证报告、免税申请等);仪器设备在交付使用时,使用单位应及时将设备的使用说明书等有关资料进行整理,妥善保存。

第四章 仪器设备的建账

第十六条 不论通过何种渠道(如:购买、捐赠、调拨等)取得的仪器设备,也不论使用何种经费采购的仪器设备均须在实验室与设备管理处进行建账登记后,财务部门方可予以报销(仪器设备属外单位的按相关规定办理)。

第十七条 仪器设备固定资产需建立在教学、科研、机关及各部门的实体(如:实验室、办公室），必须明确使用责任人和管理责任人，使用责任人和管理责任人必须是东南大学在职教师，不得虚挂虚列。

第十八条　仪器设备验收合格后，必须尽快办理仪器设备固定资产建账手续。

第十九条　仪器设备的调拨、报废、丢失等变动必须按照有关制度在实验室与设备管理处办理相应的手续，及时进行账务调整，确保账账相符。

第五章　仪器设备的使用和考核

第二十条　实验室与设备管理处和各使用单位必须有本单位完整的仪器设备固定资产账，仪器设备借入、借出应办理相应手续并设立备查登记簿。各级管理人员必须定期（每年）对本单位仪器设备账物进行核对，保持账物相符，账账相符。实验室与设备管理处定期（每年）组织仪器设备资产管理工作检查。

第二十一条　要充分发挥仪器设备的使用效益，对长期不投入使用的仪器设备和重复购置利用率低下的仪器设备，要查明原因，对确系人为原因造成闲置的，应追究责任，必要时将其设备在校内调拨、调剂。

第二十二条　凡经海关批准免税进口的科教用品（包括捐赠），在监管年限内，必须在学校办理固定资产登记，并直接用于本单位的科学研究、教学和科技开发活动，未经海关许可不得擅自转让、抵押、质押、移作他用或者进行其他处置。如果转移使用场所，必须经上级主管海关同意。

第二十三条　使用仪器设备，必须严格遵守操作规程。操作人员使用大型仪器设备，必须经过技术培训，经技术考核合格后方可上机操作。鼓励大型仪器设备开放共享，各单位应对可共享的设备在本单位主页上发布。

第二十四条　大型仪器设备要逐台建立技术档案，包括安全操作规程、安装调试、保养维修和使用记录等，详见《东南大学大型仪器设备管理办法》。

第二十五条　仪器设备使用管理人员要按不同仪器设备的性能和要求，加强仪器设备的保养和维护，定期校验技术指标，确保其应有的性能和精密度。特种仪器设备和军工仪器设备需根据相关上级管理部门和保密工作的要求定期送检，监测报告、日常维护记录等资料报实验室与设备管理处备案。

第二十六条　放射装置、压力容器等相关特殊仪器设备的管理办法，按照上级主管单位的有关规章制度执行。

第二十七条　仪器设备使用责任人在办理退休、出国、调动等离岗手续前，必须到所在单位办理仪器设备清点交接手续，并报实验室与设备管理处备案。

第二十八条　通过建立严格的考核制度，制定科学的考核指标，采取有效的考核方式，组织开展仪器设备使用管理考核工作，特别要加强对大型仪器设备的考核。考核结果与实验技术人员工作量考核挂钩，并作为分配仪器设备购置、运行和维护经费的依据。

第二十九条　仪器设备使用管理的考核内容包括：仪器完好率、仪器使用率、开放共享、功能开发、账物管理、安全环保、相关成果等内容。

第六章　仪器设备的处置

第三十条　仪器设备固定资产的处置行为包括无偿调拨（划转）、对外捐赠、出售、出让、转让、置换、报废、报损等。

第三十一条　各使用单位对闲置、多余、淘汰的仪器设备应及时进行调剂、调拨等处理,学校设备管理部门有权对校内仪器设备进行合理调配,院系设备管理部门有权对本院系的仪器设备进行合理调配。

第三十二条　为了减少重复购置,提高设备利用率,学校鼓励闲置设备在校内单位合理流动,提倡借用和资源共享。各单位之间的仪器设备调剂,经仪器设备所在部门主管负责人同意后,到实验室与设备管理处办理调拨手续。大型仪器设备的调剂,经实验室与设备管理处批准后方可办理调拨手续。

第三十三条　校外调拨仪器设备,须向实验室与设备管理处提出申请,并报分管校长审核,报校国有资产管理领导小组审批同意后,方可办理相关手续。

第三十四条　学校的任何单位或个人,不得擅自以无偿调拨(划转)、对外捐赠、出售、出让、转让、置换等形式将学校的仪器设备、基础设施抵充社会公司资产或向社会公司投资。

第三十五条　学校的任何单位或个人,不得擅自将仪器设备用于个人或单位谋利的工具,若违反规定,经查实,将没收违法所得,并按《东南大学教职员工处分暂行规定》追究责任。

第三十六条　仪器设备的报废,由使用单位填写《东南大学仪器设备报废审批表》,报实验室与设备管理处审批;凡需报废的仪器设备,均须专家进行技术鉴定,并根据财政部规定备齐相关材料,按规定限额要求履行审批手续。详见《东南大学仪器设备处置管理暂行办法》(校通知〔2013〕4号)。

第三十七条　仪器设备经上级主管部门批准报废后,由实验室与设备管理处进行实物处理,办理财务销账手续。任何使用单位或个人不得擅自留用或处置。在实物处理前,使用单位不得任意拆卸,特殊情况需自行处理或留用的须经实验室与设备管理部门批准。

第三十八条　仪器设备发生损坏、丢失事故,所在单位应立即上报。属于损坏的,由实验室与设备管理处组织技术鉴定小组做出技术鉴定,并依据赔偿制度提出意见,报主管处长审批;属于被盗或其他重大事故的,立即报学校保卫处,由保卫处组织调查,写出丢失情况的报告,并根据财政部规定备齐相关材料,按规定限额要求履行审批手续。详见《东南大学仪器设备处置管理暂行办法》。

第三十九条　仪器设备固定资产的处置必须经上级主管部门审批后方可办理财务销账手续,详见《东南大学固定资产处置管理暂行办法》(校通知〔2013〕3号)。

第七章　附　则

第四十条　本办法适用于一切占有、使用学校仪器设备的单位和个人。

第四十一条　本办法由实验室与设备管理处负责解释和修订;本办法若有与上级主管部门的文件规定有抵触的以上级文件为准。

第四十二条　本办法自发布之日起施行。原《东南大学仪器设备管理办法》(校通知〔2012〕58号)即行废止。

东南大学校长办公室　　　　　　　　　　　　　　　　校发〔2016〕142号

东南大学专职科研系列人员聘用管理办法(试行)

2016 年 12 月 22 日

第一章 总 则

第一条 为完善我校专业技术人员队伍结构,进一步推动我校科研工作,加强科研队伍建设,提升学校参与国家重大项目和争创高水平科研成果的能力,发挥学校科研人才在服务经济社会、促进科技进步中的作用,学校决定设置专职科研系列岗位,特制定本办法。

第二条 专职科研系列人员是指学校根据科研工作的需要,在学校科研机构和团队,以及学校与地方政府共建研究院(以下简称"地方研究院")等单位,按聘用制聘用为专职从事科学研究工作的非事业编制人员,以及按劳动合同使用,参与科研项目研究或为科研项目服务的劳务派遣人员。

第二章 岗位设置与聘用条件

第三条 学校根据科研工作需要,按照"总量控制、按需设岗、按岗聘用、合同管理、合理流动"的原则设置专职科研系列岗位。

第四条 专职科研系列岗位设置在有明确科研目标任务,并有充足研究资金的科研团队、科研平台以及地方研究院。根据科学研究的内容、目标与任务,分设三类岗位:

A 类岗位,学校全额资助岗位。主要设立在基础研究的专职科研岗位,合同约定,完成学校要求的科研任务和考核指标。

B 类岗位,学校差额资助岗位。学校承担科研人员的基础性薪酬,奖励性薪酬由项目支出,主要设立在应用基础研究、重大专项和重大科研任务的专职科研岗位,合同约定,完成科研项目和学校要求的指标任务。

C 类岗位,科研项目资助岗位。基础性薪酬和奖励性薪酬由科研团队项目支出,主要设置在"2011"科研项目团队、地方产业研究院、技术推广和企业合作项目。

第五条 专职科研系列岗位分研究员、副研究员、助理研究员、研究助理四个级别岗位,其中研究员、副研究员、助理研究员岗位为中高级岗位,中高级岗位人员以非在编人事代理方式聘用;研究助理岗位为初级岗位,初级岗位人员以劳务派遣方式使用,在科研项目中从事临时性辅助性的工作。

第六条 岗位聘用基本条件

研究员岗位:首聘时年龄不超过 50 岁,海外助理教授及以上,或特别优秀的海外名校博士,或国内著名高校、研究机构具有副高及以上职称,发表多篇高水平研究论文,国内申请者至少主持过 1 项国家级项目。

副研究员岗位:首聘时年龄不超过 45 岁,海内外知名大学、研究机构优秀博士后或博士,发表多篇高水平研究论文,国内申请者至少主持过 1 项部省级及以上科研项目。

助理研究员岗位:首聘时年龄不超过 40 岁,具有博士学位。

研究助理岗位:首聘时年龄不超过 30 岁,原则上应具有本科及以上学历。

第三章 岗位聘用的组织与程序

第七条 学校成立"专职科研系列人员岗位核定、岗位设置与聘用委员会"(以下简称"专职科研系列人员岗位聘用委员会"),负责专职科研系列人员的岗位核定、岗位设置与岗位聘用有关工作,决定有关事宜。委员会主任由校长任命,成员由学校委派,由学校主管领导、相关职能部门主要负责人和各学科专家组成。委员会授权人事处负责全校专职科研人员聘用、考核及薪酬发放等工作的组织和管理。

第八条 专职科研系列A类和B类岗位的设置需要经过学校专职科研系列人员岗位聘用委员会讨论决定,一般在基础研究、应用基础研究,以及一些重大项目、重要平台基地的起步阶段给予相应支持。由学校指导签订聘用合同,明确聘期的科研任务,加强聘期考核。C类岗位的设置与要求、年度用人计划和聘用程序等由科研团队和项目负责人自主设置,报学校人事处、财务处审核备案。

第四章 聘期管理与考核

第九条 专职科研系列岗位为有固定期限聘用岗位,合同聘期一般应与项目起止时间一致,合同期满,考核合格,有新的科研项目支撑和科研经费支持的可以续聘,原则上专职科研人员聘用期限不超过6年,超过6年的各类各级别的专职科研人员聘用一律须再次经学校审核确定。

第十条 专职科研人员受聘期内按合同约定的专业技术岗位聘用,聘期内可以申报学校相应学科的专业技术职务。

第十一条 专职科研人员受聘期内可根据学校规定和相关流程申请学校相应学科的专任教师岗位。

第十二条 专职科研系列人员在受聘期内可以以所聘用的研究员、副研究员、助理研究员和研究助理名义对外申报各类基金项目。

第十三条 专职科研系列人员在受聘期内因工作需要,在不影响工作的前提下,经院系(或学校直属科研机构)同意,可申请短期出国(境)进行学术交流或合作研究。

第十四条 专职科研系列人员考核分年度绩效考核和聘期考核。

1. 年度绩效考核:A类和B类岗位的年度绩效考核由人事处和科研团队共同根据聘用合同中的科研任务和要求对聘用人员进行考核并发放奖励性绩效津贴;C类岗位由科研团队自主进行年度绩效考核,将考核结果和年度绩效津贴发放意见报学校人事处、财务处备案。

2. 聘期考核:由人事处组织专家和科研团队共同根据聘用合同中的科研任务和工作要求进行考核,并将考核结果报至学校专职科研系列人员岗位聘用委员会,根据考核结果与双方意向确定是否续签聘用合同。

第十五条 聘用合同的签订、变更、解除和终止根据合同约定条件和国家有关规定执行。

第十六条 专职科研系列人员在受聘期内出现违法违纪行为的,按国家法律法规和学校有关规定处理。

第十七条　申诉处理。专职科研系列人员可就考核和纪律处分等方面的问题,在公布结果后的5个工作日内,向学校申诉处理工作部门提出书面申诉,并提供相关证明材料。超出前述规定期限提起申诉的,学校可不予受理。

学校根据书面申诉,应当在5个工作日内成立申诉处理小组,成员由纪委监察部门、工会、人事处和有关学科专家组成。申诉处理小组应在成立之日起15个工作日内完成调查,形成调查意见,并通知申诉人。调查意见送达后,申诉人应当按照调查意见执行,对调查意见不服的可向上级主管部门进一步申诉或者向仲裁机构申请仲裁。申诉人若无改变调查意见认定事实的新证据,学校不再受理重复申诉。

第五章　薪酬与福利

第十八条　专职科研系列人员薪酬实行协议工资制,由基础性薪酬和奖励性薪酬组成。

第十九条　专职科研系列人员薪酬要严格遵守国家财经纪律,体现学科行业差异和市场价值导向。人事处负责定期发布专职科研系列各类各级岗位人员的薪酬待遇建议标准。

第二十条　专职科研系列人员为学校非事业编制人员,人事档案不进入学校,按国家有关规定参加社会保险,离职或退休后享受社会保险相关待遇。

第六章　地方研究院的专职科研系列人员的聘用与管理

第二十一条　地方研究院参照学校专职科研系列岗位设置的程序进行岗位设置,报学校人事处备案。

第二十二条　地方研究院聘用的专职科研人员按照学校专职科研系列人员聘用条件和程序进行使用,由地方研究院聘用。

第二十三条　地方研究院聘用的专职科研系列人员,薪酬待遇全部由地方研究院承担。专职科研人员的管理与考核由地方研究院负责。

第七章　附　则

第二十四条　本办法依据国家、地方和学校有关规定、政策制定。如相关规定、政策发生调整,按新规定、政策执行。此前有关规定与本办法不一致的,以本办法为准。

第二十五条　本办法自公布之日起执行,由人事处负责解释。

抄送:各党工委,各基层党委、党总支、直属党支部,党委各部、委、办,工会、团委。

东南大学校长办公室　　　　　　　　　　　　　　　　　　校发〔2016〕294号

东南大学资金结算管理办法

2016 年 12 月 14 日

第一章 总 则

第一条 为加强学校资金安全管理工作,提高资金安全管理意识,防范财务风险,建立健全相应的管理制度,根据《关于全面推进管理会计体系建设的指导意见》(财会〔2014〕27 号)、《高等学校会计制度》(财会〔2013〕30 号)、《事业单位会计制度》(财会〔2012〕22 号)等文件规定,制定本办法。

第二条 本办法资金是指学校拥有的以货币资金形态存在的资产,主要包括现金、银行存款和其他货币资金。

第三条 主管财务工作的校领导对学校的资金管理工作负责;财务处是学校一级财务机构,财务处负责人对校级资金管理和安全负责。财务处结算科为资金管理执行科室,对日常资金管理和安全负责。学校独立核算单位和二级独立法人单位对本单位资金管理工作负责。

第二章 岗位分工及授权批准

第四条 资金结算岗位按不相容职务相分离的原则,设置现金出纳、银行出纳、出纳复核岗位。

出纳岗位负责保管库存现金、银行支票等有编号的银行结算凭证,办理货币资金结算、银行转账业务和网银转账业务;复核岗位负责复核资金结算票据,对货币现金的账簿记录和实际结算金额进行核对,检查出纳员开出的银行结算票据金额、日期、抬头等是否与原始凭证一致。出纳人员不得兼任制单、审核、会计档案保管和收入、支出、费用、债权债务账目的登记工作。

各岗位应按照各自的职责、分工和权限负责管理货币资金,确保相互制约和监督,不得由一人办理资金结算业务的全过程。

第五条 选派持有《会计从业人员资格证书》和具备良好职业道德,忠于职守,廉洁奉公,遵纪守法,客观公正的会计人员办理货币资金业务。严禁未经授权人员办理资金结算业务或直接接触货币资金。

办理货币资金业务的会计人员工作期限原则上不超过 5 年,满 5 年必须轮换。轮换时应填写《会计工作交接表》,并由财务处分管处长及科室负责人负责监交。

第六条 资金结算人员应当根据《东南大学财务管理办法》(校发〔2015〕203 号)等文件规定的资金结算授权批准制度规定,在职责范围内,按照审核复核后的凭证办理货币资金结算业务。对于审批人超越授权范围审批的货币结算业务,经办人员应拒绝办理。

第七条 货币资金支付业务应按照以下规定程序办理。

(1)支付申请。单位有关部门或个人用款时,应当提前向项目负责人提交资金支付申请,注明款项的用途、金额、预算、支付方式等内容,并附有效经济合同或相关证明材料。

（2）支付审批。项目负责人根据其职责、权限和相应程序对支付申请进行审批。属于"三重一大"事项的，还应实行集体决策和审批。对不符合规定的资金支付申请，审批人应当拒绝批准。

（3）支付审核和复核。审核人应当对批准后的资金支付申请进行审核，审核资金支付申请的批准范围、权限、程序是否正确，手续及相关单证是否齐备，金额计算是否正确，支付方式、支付单位是否妥当等。审核无误后，编制记账凭证，经复核人员批准后，交出纳人员办理支付手续。

（4）办理支付。出纳人员应当根据审核复核后的记账凭证，按规定办理资金支付手续，及时登记现金和银行存款日记账。

第三章 现金和银行存款的管理

第八条 财务部门应加强现金库包内库存限额的管理。现金出纳应严格按照库存限额执行，并依据实际需要将库存限额尽可能压到最低，超过库存限额的现金应及时存入银行。需要增加或减少库存现金限额，应按规定手续向开户银行提出申请。

第九条 严格按照国家、学校现金结算的相关规定合理确定现金开支范围，不属于现金开支范围的业务应通过银行办理转账结算。

第十条 出纳人员应每天进行一次现金盘点，确保现金账面余额与实际库存相符。发现不符，应查明原因，及时做出处理。严禁擅自挪用、借出货币资金，严禁白条抵库。

第十一条 为强化内控制度，财务结算人员不得参与无现金报账信息管理、财务凭证编制等不相兼容的工作。

加强大额支付内控管理制度，网银授权签署管理执行分级授权管理模式。

第十二条 各部门取得的货币资金收入必须及时入账，不得以任何名义将各类公款收入按个人储蓄方式或以个人名义存入银行，不得私设"小金库"，不得账外设账，严禁收款不入账，严禁坐收坐支现金。

第十三条 加强银行账户的管理。严格按照《支付结算办法》《教育部直属高校和事业单位银行账户管理暂行办法》等国家有关规定，以及学校银行账户管理规定，开立、变更或撤销银行账户要严格履行报批、备案程序；严格按照规定办理存款、取款和结算；定期检查、清理银行账户的开立及使用情况，发现问题，及时处理。

第十四条 加强对银行结算凭证的填制、传递及保管等环节的管理与控制，不得签发空白支票。

第十五条 办理转帐支票、银行承兑汇票等委托收款业务，应由银行出纳审核该支票的金额、出票日期、印鉴以及用途等是否符合中国人民银行《支付结算办法》的有关规定，审核通过后再由委托经办人员在东南大学交支票登记本上登记相关信息，交由银行出纳人员填写银行进账单，经出纳复核人员复核后，提交开户银行办理收款业务；审核不通过的支票等委托收款业务财务部门不予办理。

资金支出结算时，收款单位必须与发票、合同一致；如不一致，需提供加盖单位公章的工商变更函复印件，否则不予办理。

资金到款结算复核时，到款单位、合同、发票必须为同一单位，如不一致应提供加盖单位公章的工商变更函复印件或根据合同法等相关规定办理合同变更手续。

各部门办理资金结算人员必须是本单位人员,外单位人员不予办理。

第十六条　严格遵守银行结算纪律,不得签发没有资金保证的票据或远期支票;不得签发和转让没有真实交易和债权债务的票据;不得受理外单位人员直接办理的银行票据委托收款业务。

第十七条　定期存款单等银行有价单据应由专人保管,每笔存取需有流水登记。大额定期存单业务应由财务结算人员在银行柜面办理,不得委托他人办理。每月与银行账逐笔核对,保证账实相符。

第十八条　指定专人每月及时核对所有银行账户,编制银行存款余额调节表,做到银行存款账面余额与银行对账单调节相符。对于日常使用的网银和国库账户,应缩短对账周期,及时处理支付失败,加强内控管理。对未达账项,应查明原因,及时通知到相关人员,同一笔未达账项原则上不能超过3个月。

认真落实银行对账单"双签"制度。根据教育部、财政部教财〔2002〕2号《关于清理检查直属高校资金往来情况,加强资金管理,确保资金安全的通知》规定,"各校的财务处长对每月的银行对账单必须认真审核,审核签字后,再交由本校的审计部门负责人复核签字,并报经主管财务的校(院)长或总会计师审签后与当月的会计凭证一同保存"。"双签"制度是保证资金安全的内控制度,也是强化经济责任的有效手段。

第四章　票据及有关印章的管理

第十九条　财务部门应加强与取得货币资金相关的票据的管理,明确各种票据的购买、保管、领用、注销等环节的职责权限和程序。

从银行购入票据必须专设支票购买登记簿和进行计算机管理,防止空白票据的遗失和被盗用,对于过期作废和打印错误的空白支票应严格执行作废登记手续,在支票作废登记簿上登记,每半年由结算科科长审查核对后监督销毁。对于已签发的支票遗失,应按照《中华人民共和国票据法》和《银行结算办法》等规定正确、及时采取有效措施,避免经济损失。

第二十条　财务部门应加强银行预留印鉴和有关印章的管理。财务专用章、财务负责人章、收费专用章以及银行U盾应分别设专人保管。其中个人名章由本人或其授权人员保管。

对于电子支付必须确保系统安全,建立健全支付权限管理制度,加强分级支付额度管理,银行U盾和用于财务系统支付的专用密钥及密码必须由本人保管,密码严禁泄露。

严禁一人保管支付款项所需的全部印章和U盾。

第二十一条　所有银行空白票据必须与银行预留印鉴分开保管。每个工作日终了应将银行预留印鉴印章与各类空白银行票据存放在不同的地方,防止遗失和被盗用。

第二十二条　实行不定期的查库制度,设立查库单,对现金及银行票据进行盘点抽查,确保现金账面余额与实际库存现金相符,票据库存情况与票据系统内未领用情况相符。查库要做出查库记录,由查库人员和出纳人员双签。

第五章　监督检查

第二十三条　学校财务部门应自觉接受校内外各级审计检查部门对资金结算业务的审计监督。

第二十四条　按照财政部、教育部、财政部驻江苏省财政检查专员办事处文件要求做好银行账户年检工作。

第二十五条　对于在监督检查过程中发现的货币资金结算管理内部控制情况与上述各条款不符时,财务部门应当及时采取措施,并予以纠正和完善。

第二十六条　对在货币资金结算管理过程中违反规定给学校造成损失的,依法依规追究相关部门和人员的责任。涉嫌违法的,移交司法机关处理。

第六章　附　则

第二十七条　本办法未尽事宜,国家、学校有明确规定的,从其规定。

第二十八条　学校二级独立核算单位和二级独立法人单位资金结算管理参照本办法执行。

第二十九条　本办法由财务处负责解释。

第三十条　本办法自印发之日起施行。

东南大学校长办公室　　　　　　　　　　　　　　　　　　校发〔2016〕282号

发展规划工作

综　　述

2016年是"十三五"的开局之年,发展规划部(处)、高教所全体成员同心协力,按照学校的有关要求,努力加强研究型、学习型、服务型机关建设,为学校的改革和发展做出了应有的贡献。

配合"十三五"规划,适时推出"六大支撑计划"。按照"十三五"规划的指导思想和基本精神,发展规划部(处)、高教所与教务处、研究生院、人事处、科研院、国际合作处、宣传部等"六大支撑计划"的牵头单位多次协调,并就支撑计划进行反复修改,最终及时地推出了"六大支撑计划"。

完成《东南大学二级机构设置调整方案(征求意见稿)》。为进一步规划机关部处、直属单位、附属单位等的权责,进一步完善学校内部治理结构,发展规划部(处)、高教所在研究国内同类高校的普遍做法,并深入相关部处调研走访的基础上,完成《东南大学二级机构设置调整方案(征求意见稿)》,为学校机构改革提供决策参考。

完成《东南大学校区定位及功能规划》。为进一步提高校区使用效率,节约办学成本,促进学校各项事业健康快速发展,发展规划部(处)、高教所在既有的校区功能定位以及专家报告的基础上,通过大量调研走访,完成了《东南大学校区定位及功能规划》,为学校校区调整提供决策参考。

修订《东南大学院(系)综合改革试点方案》。为进一步总结试点学院改革成果,推广试点学院改革经验。按照学校的要求,发展规划部(处)、高教所认真研究,进一步修订了《东南大学院(系)综合改革试点方案》,使试点学院在人才培养、队伍建设、治理结构等方面的改革经验推广到更多的院系。

起草《东南大学推进校院二级管理实施意见(讨论稿)》。进一步明晰学校、学院关系,使学院真正成为学科建设和学院治理的主体。发展规划部(处)、高教所在对国内外高校进行调查研究的基础上,起草了《东南大学推进校院二级管理实施意见(讨论稿)》,并就"讨论稿"多次与院系进行协调。

完成本科教学基本状态数据采集工作。根据教育部《关于普通高等学校本科教学评估工作的意见》(教高〔2011〕9号)等文件要求,我省自今年起开展全省高校本科教学基本状态数据采集工作。按照教育厅及学校的有关要求,发展规划部(处)、高教所精心组织调动全校力量,历时两个月,完成本科教学基本状态数据采集工作。该项工作时间紧、任务重,涉及全校教师、学生和学科、科研等众多的数据。

编辑《高教信息参考》,为学校的发展提供信息服务。随着我国"双一流"建设的推进,大学之间的竞争越发激烈。发展规划部(处)、高教所研究决定自2016年9月起,编辑发布《高教信息参考》。《高教信息参考》旨在以国际高等教育发展趋势以及国内外高水平大学的改革动态为主题,为我校"双一流"建设提供信息参考和决策服务。

积极谋划为学校开展第三方评估,提高学校美誉度。发展规划部(处)、高教所不断加强与国内著名大学的沟通和交流。深入上海交通大学、浙江大学、重庆大学、南京师范大学进行调研,同时接待了中国人民大学、南京师范大学、上海交通大学、中国农业大学、华中农业大学等,了解兄弟高校建设世界一流的主要做法和改革经验。同时,不断加强与U. S. News排名、ARWU排名以及TIMES排名等的沟通,尽量提供我校最好的数据,同时,找出我校与世界一流大学的差距与不足,为学校争先进位,早日建成世界一流大学,积极谋划。

(撰稿人:陆妍蓉　审稿人:张　胤)

党建与思想政治工作

党风廉政建设与纪检监察工作

2016年是学校"十三五"事业发展的开局之年,在党的十八大和十八届三中、四中、五中、六中全会精神和习近平总书记系列重要讲话精神指引下,在上级纪委和学校党委的正确领导下,学校纪检监察工作面对新的形势和任务,坚持高站位、宽视野,始终将党风廉政建设作为推动学校事业发展、提升大学治理水平的重要内容,认真贯彻中央全面从严治党要求和学校十四次党代会提出的战略部署,创新工作思路,加大工作力度,进一步完善符合学校特色的党风廉政建设责任体系,主动谋划、勇于担当、履职尽责、积极作为,努力营造风清气正的政治生态和学术生态。一年来,纪检监察各项工作扎实推进,党风廉政建设整体水平不断提升。

一、创新党风廉政建设责任体系,推动责任落实

1. 强化责任意识

深入学习党章、党规、党纪和习近平总书记系列重要讲话精神,推动学党章、听党课、抓党建、促党风等活动,组织开展多主题、多层面的专题学习,抓好纪律教育。组织开展十八届六中全会精神专题学习,加强对《关于新形势下党内政治生活的若干准则》《中国共产党党内监督条例》两项法规的学习贯彻,通过多种方式在基层党组织中组织观看大型电视专题片《永远在路上》,围绕学习十八届六中全会精神和党内新出台的法规制度,在东南大学报开辟专栏,组织专家撰写文章,加强理论引领和政策宣讲,强化"四个意识"。2016年全年,围绕相关主题,提议组织校中心组理论学习4次。

2. 完善责任体系

创新责任体系建设,提升整体工作水平。以学校十四次党代会为契机,全面梳理、回顾近年来党风廉政建设的相关经验和做法,根据当前形势和任务,立足学校实际,提出未

来五年相关工作的总体思路和举措,加强责任体系建设的顶层设计。开展签订党风廉政建设责任书仪式,按照中央最新要求,对既有责任体系进行完善和提升,推动"党政一把手与校领导班子其他成员""校领导班子成员与职能部处主要负责人"签订责任书,进一步构建以"党政同责、一岗双责、层层落实、重在基层"为基本内容的、符合校情的党风廉政工作机制和责任体系。此项举措是对2014年公布的《中共东南大学委员会关于落实党风廉政建设党委主体责任和纪委监督责任的实施意见》中规定的责任体系的一次更具操作性的设计和补充,对整体推动学校建设和发展将产生重要影响。

3. 深化责任落实

严明党的纪律,夯实管党治党责任。组织参加教育系统党风廉政建设视频会议,及时贯彻落实会议精神,明确学校年度反腐倡廉工作的责任要求和内容,推动责任落实;召开东南大学2016年度党风廉政建设工作会议,通过学校党政主要负责人、分管校领导分别做主题报告的形式,重申要求,强化意识,明确责任,传导压力,凝聚共识;结合"两学一做"专题教育,校领导班子成员给所在支部、联系单位党员干部上廉政党课,强化广大党员的责任担当意识。

4. 创新责任机制

深入贯彻全面从严治党,积极探索作为基层教学科研单位抓好责任落实的新途径、新举措。创新性开展开列一份问题清单、开展一轮专题调研和进行一次工作汇报"三个一"工作,通过扭住校领导班子这一关键少数,面向全校二级单位,突出问题导向,采取带队调研、听取汇报、开列清单、查摆问题、及时整改等方式和举措,实现了广大党员领导干部责任意识的再强化,推动了全校各单位业务工作和党风廉政建设的同频共振和协同融合,构建了横向到边、纵向到底的责任体系和上下联动的工作机制,有利于相关工作的常态化以及风清气正的校园政治生态和学术生态的形成,也成为基层党组织党风廉政建设工作的重要抓手;持续开展年度党风廉政责任制年度考核,按照中央和部党组最新要求以及在调研检查过程中二级单位所发现的薄弱点,适时调整责任制考核内容和方式,与年度部门单位综合考核、党建述职考核和机关作风考评相结合,将其纳入院系民主生活会主要议题,以考核和问责推整改、促优化,在坚持中深化,在深化中坚持,不断提升大学治理水平和能力。

二、完善党风廉政宣传教育格局,营造风清气正的校园氛围

1. 不断深化机制平台

贯彻全国高校党建工作会议精神,将廉洁教育作为大学思想政治教育的重要组成部分,进一步完善大宣教格局。召开反腐倡廉教育联席会议,加强工作部署、评选廉政作品、深化协同联动,提升党风廉政宣传教育整体实效;强化"校检合作"机制,组织纪委委员以及财务处、科研院、学生处等重点领域关键岗位人员赴江苏省浦口监狱开展党风廉政建设警示教育活动,参加玄武区预防职务犯罪协会6所高校"校检合作座谈会",加强合作,实

现法制教育资源共享;坚持在基层党委书记会、党委部门负责人会上通报信访举报查处情况相关做法和机制,用身边事教育身边人。

2. 持续打造特色品牌

宣传教育工作常抓不懈,继续打造具有东大特色的宣教品牌,努力做到在不断坚持中有亮点、在持续推进中增实效。结合"两学一做"专题教育,组织开展党风廉政宣传教育月,在全校中层干部范围内开展"反腐倡廉,任重道远"宣传教育主题报告会,筑牢党员领导干部拒腐防变思想防线;组织编印《东南风清——党员干部党纪党规手册》,并分发给广大党员干部以增强其遵守纪律、践行纪律的主动性和自觉性;面向全校师生及教职员工开展第五届全国高校廉政文化作品征集暨廉洁教育系列活动,征集作品163件,其中舞蹈作品《爱莲说》、微电影作品《给成长的奖学金》获得江苏省教育工委优秀廉政文化作品一等奖;以省纪委"寻找身边的老严"征文评选活动为契机,积极发现先进、学习榜样,弘扬正气;组织学生参与南京市"天翼杯"知识产权情景剧大赛,强化法制教育,参赛作品荣获二等奖;坚持"逢新必教",将廉政教育纳入新任中层干部和新生党员入学教育培训内容,切实将纪律规矩挺在前面。

3. 丰富扩展途径渠道

利用学校官方微信平台、校报、校园网等舆论宣传阵地,提高廉洁文化传播的影响力和覆盖面。在东南大学官方微信开通"东南风清"栏目,推出多期专题微信,营造风清气正的校园环境。

三、积极践行监督执纪"四种形态",深化综合施治

1. 完善纪律审查程序机制,全程留痕,规范执纪

坚持科学执纪,依法依规执纪。优化组织力量,按照"减少存量,遏制增量"要求,加强人员力量配备,推进调查、审理相分离,充实案件检查小组力量,实现优势互补,凝聚办案合力。规范线索处置管理,坚持问题线索统一管理、全程留痕。建立"日清、周议、月报、季结、年析"制度。按照迎接巡视标准和要求,开展新一轮的线索排查,清理问题线索111件。严格按照拟立案、初核、函询谈话、暂存、了结五类标准分类处置,规范管理。2016年全年,按照上级纪委要求,上报相关数据材料15次。深化联合审理制度,贯彻中央要求,加强与江苏省纪委、教育纪工委的案件联合审理,提升自身业务水平,推动审理工作规范化。

2. 构建谈话函询工作体系,咬耳扯袖、治病救人

准确把握中央精神,正确处理"树木"和"森林"的关系,坚持"惩前毖后、治病救人"原则,努力发挥谈话函询的唤醒、教育、震动功能,突出维护整片"森林"健康的执纪导向。充分发挥谈话函询作用,创新谈话方式,对出现苗头性、倾向性问题,委托所在基层党组织主要负责人或者所在单位负责人对其进行谈话;就上级和学校自身开展的各类检查中发现

的薄弱环节或轻微违纪问题,及时对有关责任人开展约谈或函询,进行提醒谈话、批评谈话或诫勉谈话,向责任单位发出监察建议书,推进改善工作。2016年全年,学校纪委综合运用各类检查审计和查信办案反映的信息,提醒谈话54次,诫勉谈话4次,谈话函询17人次,通报批评9人次,发出监察建议书4份。

3. 发挥监督执纪综合效用,关口前移、综合施策

完善学校教职员工廉政信息,动态掌握,有效运用,做到情况明、底数清。2016年全年完成干部廉政回函56人次。充分运用"四种形态"开展工作,坚持抓早抓小,防微杜渐,加强日常监管;对有违纪行为尚未违法的党员干部,及时做出处理。认真核实每一份信访举报,并协助驻教育部纪检组、江苏省纪委开展相关信访调查工作。2016年共受理信访件61件,其中问题线索50件,业务范围外11件,受党纪政纪处分9人次,责任追究66人次。

四、不断加强源头治理,加大监督力度

1. 完善制度体系

紧扣中央全面从严治党、依规治党的这一主线,立足助推学校"双一流"大学建设,将推进学校反腐倡廉制度体系建设作为提升现代大学治理体系和治理能力现代化的重要内容,先后制定出台了《中共东南大学委员会 中共东南大学纪律检查委员会贯彻落实监督执纪"四种形态"的实施意见》《东南大学党委领导下的校长负责制实施办法》等多个统领性文件;根据中央最新精神以及学校形势发展,出台《关于进一步完善院系、直附属单位"三重一大"决策制度的指导意见》,统筹推进学校反腐倡廉制度体系,提升制度建设整体水平;规范纪委全委会议事决策程序,修订出台了《中共东南大学纪律检查委员会议事决策规则》《关于规范谈话函询办理工作的暂行办法》等制度,规范和优化工作流程,健全工作机制,进一步提高纪检工作的科学化、规范化水平。

2. 推进风险防控

建立健全风险防控机制,深化内控机制建设。协同财务处,以问题排查为重点,推动在全校范围开展部处、院系等二级单位廉政风险点和内控机制薄弱环节排查工作,并将排查工作与行政的内控机制建设工作有机结合,使党风廉政的制度建设更好地融入以东南大学章程为龙头的现代大学制度体系。根据梳理出的廉政风险点和内控薄弱环节,对各单位相关问题进行逐条反馈,提出整改举措,有力提升了学校廉政风险防控整体能力和水平。以迎接巡视为契机,认真制定相关工作方案,协同党委办公室,对我校2012年6月至今接受的部分专项检查情况进行"回头看"工作,督促整改,强化落实,完善机制,提升水平。

3. 强化监督检查

不断深化纪检监察部门"三转",既突出加强对重点领域、关键环节的监督检查,又着眼于通过"解决一个问题、健全一批制度、规范一个领域"的方式提高整体管理水平和风险

防控能力。以迎接教育部、省纪委相关检查为契机,深入开展"校内接待场所预付款问题""严肃财经纪律,深入开展小金库专项治理""科研管理中权力寻租问题""外逃人员排查"等专项检查14次,查找不足,及时整改,规范管理。配合南京市预防职务犯罪局"高校科研经费使用和管理"相关调研,组织协调科研院、财务处、重大项目负责人等参加座谈会,强化意识,加强监管。根据政府采购相关制度,协同财务处、审计处修订学校招投标采购管理办法,完善招投标专家库建设。2016年,参与招投标监督228项,涉及金额14 585万元。

4. 紧抓作风建设

深入贯彻中央精神,围绕作风建设,出台制度,明确要求,狠抓节点,强化问责。先后开展落实中央八项规定精神"回头看"、违规吃请和公款吃喝问题等专项检查和整治;在重要时间节点,通过会议、文件、微信等多种方式,强调和重申廉洁自律有关规定;对涉及"四风"问题的信访举报,及时受理,直查快办。

五、加强自身队伍建设,提高履职能力

1. 配齐配强人员队伍

将具有法律、经济管理等专业背景的专家充实进新一届纪委委员队伍中,围绕学习中央最新会议精神、研讨学校年度纪检工作安排、重要制度出台征求意见、违规违纪人员处分决定等事项,全年先后召开全委会4次,充分发挥纪委委员在学校纪检工作中的作用;新进副处级纪检员、监察员和工作人员各1名,及时补齐空缺编制,进一步提高战斗力和凝聚力;及时启动新一届党风党纪监督员、特邀监察员聘任工作,推荐学校3名法律专家参加江苏省人民检察院人民监督员工作。

2. 加强业务能力学习

认真开展"两学一做"专题教育,按照"忠诚、干净、担当"标准,认真落实机关作风建设要求,切实加强自身建设,注重提升政治素质和业务能力,认真学习中央最新精神,深入贯彻学校十四次党代会精神,进一步深化"三转",推进理念思路、方式方法创新,加强纪检干部培训,努力提高监督执纪问责能力。全年先后参加2016年教育系统纪委书记、监察处长培训,中国纪检监察学院第79期执纪审查业务培训,教育系统纪检干部专题培训,全省高校纪检监察干部培训,高校纪检干部学习党的十八届六中全会精神专题研修等学习培训多次,实现在职人员培训的全覆盖。通过参与教育部、江苏省相关工作,实现展示形象、促进学习、服务学校的作用。全年来,被抽调参与教育部巡视和江苏省作风检查2人次,参与江苏省纪工委信访工作和省艺考统考巡视检查工作2人次,参与教育部纪检组以案代训1人次,学校纪委主要负责同志当选江苏省纪委委员。加强学习交流,昆明理工大学、浙江大学等兄弟高校来我校学习调研,取长补短,共同提高。

3. 提高廉政理论水平

注重具体实践的理论化、纪检工作的科学化，坚持联系实际开展理论研究，参加中国高等教育学会廉政分会和江苏省教育纪检监察学会的相关学术交流和研讨；配合法学院，成功召开"全国法治反腐学术研讨会"；作为组长单位，牵头召开2016年教育部直属高校纪委第四片组党风廉政理论研讨会，采取片组成员高校与会议举办地驻地高校共同参与的形式，扩大影响，深化交流，共同提高；参加中国人民大学第三届全国廉政建设理论研究学术研讨会和学习贯彻党的十八届六中全会精神暨高校廉政研究机构研讨会，进一步扩大自身影响；2016年，获江苏省优秀纪检监察论文二等奖1篇，在教育部《教育纪检监察》刊登文章2篇，成功申报江苏省高校哲学社会科学专题研究项目1项。

组 织 工 作

2016年，党委组织部全面贯彻落实党的十八大和十八届五中、六中全会精神，深入学习贯彻习近平总书记系列重要讲话精神，不断增强"政治意识、大局意识、核心意识、看齐意识"。在学校党委的领导下，紧紧围绕创建世界一流大学这一中心任务，深入开展"两学一做"学习教育，认真做好党委和行政副职换届工作，继续强化干部人事工作的科学化、规范化、制度化建设。努力推进基层党组织建设，认真做好党费收缴补缴、失联党员排查和党员违纪违法情况排查工作。组织指导基层党组织换届工作，加大对干部、党员、入党积极分子等的教育培训力度。做好人才工作，不断加强自身建设和机关作风建设，努力开创组织工作新局面。

一、加强党的思想政治建设和作风建设，扎实开展"两学一做"学习教育

为贯彻落实全面从严治党要求，巩固和拓展党的群众路线教育实践活动和"三严三实"专题教育成果，推动党内教育从"关键少数"向广大党员拓展，组织部根据中央的统一部署，在校党委的统一领导下，细化实施方案，抓好统筹落实，以《东南大学在全校党员中开展"两学一做"学习教育实施方案》《关于"两学一做"学习教育若干具体问题的说明（一）》和《"两学一做"学习教育基层党组织一把手职责任务清单》等文件为指导，牵头组织实施在全校党员中认真开展"两学一做"学习教育。

通过精心组织，使"两学一做"学习教育呈现"细、实、新、强、严"的特点，取得明显成效。一是组织指导"细"。区别领导班子和党员干部、普通党员的不同情况，针对不同层次、不同类型党组织的特点，提出不同的要求，不搞"一刀切"。在学校党委召开"两学一做"学习教育动员大会的基础上，党委组织部举办基层党委秘书专题培训会，并编发"两学一做"学习教育工作指导手册，做到"精细化"指导。二是学以致用"实"。在组织"两学一做"学习教育工程中，坚持问题导向，结合工作实际，要求各基层党组织围绕"学习系列讲话、强化'四个意识'""做'四讲四有'合格党员"等专题开展学习研讨活动，做到学习教育基本覆盖全体党员。要求每个基层党组织和党支部集中学习至少2次。根据江苏省委组织部要求，各党支部开展了"新时期共产党员思想行为规范"等专题研讨。通过"两学一

做"学习教育,着重推动全体党员学以致用、知行合一,着重解决基层党组织建设中存在的问题。针对部分学院查摆出的基层组织建设涣散的问题,进行了重点整改。三是学习方法"新"。创新学习教育的方式方法,充分利用现代信息技术手段,将自主学习和集体学习相结合,线上学习和线下学习相结合,针对不同对象、不同领域、不同群体采取切合实际、易于接受的方式方法,确保学习触及灵魂、入脑入心。四是舆论引导"强"。及时掌握各基层学习教育进展情况,深入挖掘先进典型和特色做法,请宣传部建设"两学一做"专题网站,并把先进典型和特色做法通过媒介推广宣传。五是协调督导"严"。加强对基层学习教育督导力度,先后数次补充发文,对基层推进学习教育的主要任务、时间进度、内容形式等,逐一细化明确、做出具体安排。10月底组织成立了11个学习教育集中检查小组,分别前往各基层党组织检查了解学习教育开展情况。通过学习教育,基层党组织战斗堡垒作用和共产党员先锋模范作用得以充分发挥,有力地推动了世界一流大学和一流学科建设。

二、精心组织,认真筹备,顺利召开校第十四次党员代表大会

根据教育部党组关于高校党委换届选举工作的统一部署,和省教育工委的要求,在学校党委的领导下,组织部精心组织、认真筹备校第十四次党代会。在党委各部门和广大基层党组织的共同努力下,从代表的选举、两委候选人的产生,到大会各项议程的进行等都能做到准备充分、组织到位、程序规范。经过紧张的筹备,校第十四次党代会于7月份顺利召开,圆满完成了各项议程,大会取得了圆满成功。这次大会,为学校大力实施"十三五"事业发展规划纲要、全面深化综合改革,凝心聚力、谋篇布局,为加快推进世界一流大学和一流学科建设做了组织上和政治上的准备。

三、推进干部人事工作的科学化、规范化、制度化,做好干部的培养、选用、管理和监督工作

深入学习习近平总书记重要讲话精神,严格贯彻执行中央《党政领导干部选拔任用工作条例》,坚持条件,严格程序,进一步提高选人用人工作规范化程度,继续推动干部工作制度化建设。截至2016年底,我校共有处级领导干部283人,其中正处级领导干部86人,平均年龄50.52岁;副处级领导干部197人,平均年龄45.76岁。处级领导干部中具有高级职称的有216人,比例为76.33%;具有研究生学历的有227人,比例为80.21%,其中有博士学位的163人,比例为57.60%;党外干部40人,比例为14.13%,干部队伍结构不断得到优化。

1. 坚持党管干部,做好干部选拔任用培养工作。一是深入学习习近平总书记重要讲话精神,营造良好氛围,牢固树立正确选人用人导向。学校党委深入学习并坚持用习近平总书记重要讲话精神统领选人用人工作,干部工作中更加突出党管干部原则,更加突出发挥学校党委的组织领导和把关作用,更加突出培养选拔好干部的鲜明导向,更加突出从严管理监督干部,最大限度地把干部的积极性凝聚到学校事业的发展上来。二是坚持从严治党,过程公开,进一步提高选人用人公信度。学校党委坚决贯彻中央从严治党、从严治吏方针,坚持民主、公开、公平、公正,主动接受各方面监督,努力匡正选人用人风气,不断提高选人用人公信度。三是坚持条件,严格程序,进一步提高选人用人工作的规范化程

度。依靠制度选人用人,是充分发挥学校党委遴选把关作用、切实选准用好干部的重要保障。学校党委贯彻执行《党政领导干部选拔任用工作条例》等政策法规,不打折扣、不搞变通,推动干部选拔任用工作制度化、规范化。2016年全年任用副处级以上干部37人,其中平级调整28人,新提拔任用9人。启动了18个岗位的选拔和推荐程序,其中,2个学院院长岗位采用全球公开招聘方式,6个岗位采用民主推荐方式,10个岗位采用竞争上岗方式。考察岗位人选24人次,考察谈话达600余人次,参加考察测评1 230余人次。对拟任职干部征求纪委意见29人次、征求财务处意见22人次。试用期满经测评正式任用干部19人。进行了2016年党务科级干部选拔和评聘工作,对17名晋升人员进行了网上测评,7人晋升正科,10人晋升副科。

  2. 坚持从严治党,强化干部日常监督管理。一是认真抓好领导干部报告个人有关事项工作。根据中组部有关文件要求,于2016年年初开展了2015年度领导干部报告个人有关事项工作,对全校中层干部(含调研员)的342份报告表的信息进行了汇总、信息录入、综合分析,并对填写存在问题的表进行求证;认真完成了2014、2015年度随机抽查工作和2016年度的重点抽查核实比对工作,并对核查中存在的问题,按上级要求分别进行了查核处理;对23名拟提拔为副处级及以上干部的考察对象人选,开展了重点抽查核实工作;按照《关于组织人事部门对领导干部进行提醒、函询和诫勉的实施细则》的规定要求,进行了组织提醒谈话和诫勉谈话,认真做好日常基础数据统计和信息维护工作,有序推进该项工作顺利进行。二是严格执行领导干部出国报批制度,集中管理好收缴的领导干部因私出国(境)证件,严格执行登记备案和申领手续。按照中组部、教育部关于领导干部因私出国(境)管理的有关规定和要求,对校中层以上领导干部400多本因私出国(境)证件实行集中管理,严格执行因私出国(境)的审批手续,全年共有150多人次履行因私出国(境)审批及护照使用归还手续。同时对学校200多名中层以上领导干部因公出国(境)进行政审。三是继续开展中层领导干部人事档案专项审核工作,于2016年上半年顺利完成318名干部档案的审核工作,并按时完成总结报告并上报教育部。四是全面推行中层正职领导干部离任经济责任审计制度,不断规范权力运行监督机制,不断提高领导干部依法行政意识、责任意识和效益意识,有效促进干部队伍的廉政建设,全年共向审计处发出离任审计通知单14份。

  3. 严格执行干部工作"一报告两评议"制度。按照中组部、教育部的统一要求,在2016年度春季中层干部大会上,校党委对我校2015年度干部选人用人工作情况进行了报告,与会人员听取大会报告后对我校2015年度选人用人工作情况和新选拔任用的党政干部进行了民主评议和测评,测评结果及相关总结报告及时上报教育部。通过"一报告两评议"使广大师生员工在干部选人用人工作上,既有发言权,又有评议权,营造了群众监督的良好环境和氛围。

  4. 积极配合中组部、江苏省委组织部进行校级领导干部的选拔推荐、考察工作,学校行政领导班子换届民主测评、推荐工作及非中管高校正职后备干部、校级副职后备干部的推荐工作。全年共组织3次推荐测评大会,同时安排好个别谈话、借阅干部人事档案、相关材料的提供等。经过民主推荐,我校有2名干部交流、提拔到其他中管高校、省属高校任职,有3名干部新提任到校级领导岗位任职。

四、继续做好基层党组织和党支部换届工作，加强基层党组织建设和党员队伍建设

1. 加强基层党组织建设和党员队伍建设，充分发挥党建工作的龙头作用。贯彻落实《关于加强和改进高校基层党支部建设的意见》，优化党组织设置，创新活动方式，强化阵地保障，创建服务型党组织。进一步探索扩大党内民主，完善党内情况通报、情况反映、重大决策征求意见制度，坚持党代会年会制度，探索党员旁听基层组织会议、党代会代表列席党委全委会的具体做法。

2. 认真做好基层党组织和党支部换届工作。将党组织的换届作为全体党员学习和贯彻落实党组织选举工作条例、党的领导干部选拔任用工作条例的过程；作为加强从严治党、深化干部人事制度改革的实践过程；作为对全体党员进行民主集中制教育的过程。充分发挥党组织推动发展、服务群众、凝聚人心、促进和谐的作用。认真指导各单位的党组织及支部换届工作。

3. 组织开展基层党组织书记抓基层党建工作述职评议考核工作。贯彻落实习近平总书记关于落实全面从严治党责任、加强党的基层组织建设的重要指示精神，按照中组部文件要求，在全校组织开展基层党组织书记抓基层党建工作述职评议考核工作，包括深入调研摸底、撰写述职报告、述职报告审核定稿、召开述职评议大会、强化评议结果反馈运用等。通过述职评议考核，积累经验、查找问题、落实整改，促进各级党组织进一步落实党建工作主体责任，特别是党组织书记履行好党建工作第一责任人职责。

4. 进一步加强发展党员和党员管理工作。规范党员组织关系管理，开展党员组织关系排查工作。按照党中央"控制总量、优化结构、提高质量、发挥作用"的发展党员总体要求，根据江苏省委教育工委的部署要求，结合各基层党委现有的培养对象人数、近几年发展党员数以及今年拟发展党员数等情况，下达了2016年度发展党员指导性计划。全年全校共发展党员1 575人，其中学生党员1 555人，教职工党员20人。

5. 开展评优树先活动。在"七一"前夕，评选表彰了一批先进集体与个人，其中：74个基层党组织被评为东南大学先进基层党组织；117名同志被评为东南大学优秀共产党员；25名同志被评为东南大学优秀党务工作者；2名同志被评为江苏省教育系统优秀党务工作者；4名同志被评为江苏省教育系统优秀共产党员。

6. 开展2015—2016学年"最佳党日活动"评选工作。在各基层党组织认真推荐的基础上，经党办、纪委、宣传部等部门联合评审，共评选出"最佳党日活动"一等奖5个（其中"走进小西湖社区，复兴老城南旧事——小西湖片区改造党日活动"和"正心于身·明德天下"两个党日活动上报参加2016年度江苏省委教育工委"最佳党日活动"评选）、二等奖13个、三等奖14个。通过表彰，激励全校基层党组织以党日活动为载体，结合学校中心工作，组织开展主题突出、立意新颖、形式多样、内容丰富、参与率高的支部活动，充分发挥基层党组织的政治核心作用和战斗堡垒作用。

五、不断加强和改进党校工作，开展多层次、广覆盖、重实效的教育培训

1. 坚持和完善"多层次、广覆盖、重实效"的党员教育培训体系，整合资源，拓宽渠道，充分发挥党校主阵地作用,着力增强党员党性,提高党员素质。实施党委常委带头上党课制度,进一步完善制度建设,充实党课内容,健全师资队伍。

2. 加强干部教育培训工作。选派了3名中层干部参加中组部、教育部及江苏省教工委举办的培训班,选派了12名中层干部参加由9所高校联合委托江苏省委党校举办的"高校党政干部培训班",选派1名教职工党支部书记参加了"第四期江苏省高校教职工党支部书记示范培训班"。

3. 不断加强党员、入党积极分子的教育培训工件。举办了第二十一、二十二期预备党员培训班,共培训预备党员1 855人。全年举办两期发展对象培训班,培训学员2 150余人。按照党校发展对象培训班"统一计划、统一教材、统一备课、统一大纲、统一考核"的要求,对培训班的考核形式做了调整,考核采取笔试闭卷考试的方式进行,每学年统一组织两次考试。

利用数字化信息平台,将发展党员工作的环节纳入信息系统中,报名、审核、成绩录入等环节均在系统中完成,提高了工作效率,又有利于信息的保存。

六、发挥学校人才优势,积极做好定点扶贫、援疆、援藏等工作,为经济社会发展服务

开展了中组部、教育部援藏、定点联系滇西边境山区挂职干部、到村任第一书记和第九批"科技镇长团"成员推荐工作,促进校地之间的交流与合作,为区域经济建设和社会发展做出积极贡献。选拔推荐中组部、教育部援藏干部、人才3人;定点联系滇西边境挂职干部1人;选拔推荐省委组织部驻丰县工作队员(到村第一书记)1人;科技镇长团成员10人,其中团长1人。并组织学校和相关部门领导赴云南、新疆、西藏、陕西等地慰问挂职干部。接受教育部、省教育工委等2所有关地方高校挂职干部共2人。为来校挂职的干部做好住宿安排、送岗、鉴定等工作。

七、加强学习和调查研究,建设学习型服务型组工团队,提升服务水平

认真执行机关学习制度,加强组织部成员的政治理论学习,不断深化学习内容,深入学习十八大和十八届五中、六中全会精神,提高政治理论素养。组织部支部组织认真学习《党章》《习近平总书记系列重要讲话读本》(2016年版)、《党内政治生活的若干准则》和《加强领导干部作风建设学习读本》等,进一步坚定理想信念。在加强自学的同时,邀请易红书记和郭广银书记在支部上党课,使每位党员对《党章》和"习近平总书记系列重要讲话"有了更深的认识,思想境界有了进一步的提高。在加强理论学习的同时,加强调查研究,主动学习国内外著名高校办学经验,了解一流大学的发展势态;到兄弟高校组织部门进行调研,学习他们的先进经验和做法,同时邀请兄弟高校组织部门到我校进行交流,传经送宝。

在坚持学习调研的同时,不断提高履职能力,定期深入基层,不断加强与院系之间的联系。强化服务意识,继续贯彻执行首问负责制,对于来电、来函、来访做到热情接待,更加注重工作的效果和质量。把树立"讲党性、重品行、做表率"的组工干部形象与机关作风建设紧密结合起来,充分发挥好组织部的职能作用。以党组织管理和党员管理为切入点,

继续推进组织工作的全面信息化,并已逐步覆盖干部任免、考评,党内评优、评奖等日常工作。通过监控党员日常管理、实时提醒待办事宜、综合查询人员信息等功能设计,极大地简化了办事流程,努力把服务师生的工作做得更细、更实、更到位,不断优化服务质量。

（组织部　李庭红）

宣传思想工作

2016年,党委宣传部深入贯彻落实党的十八大和十八届三中、四中、五中、六中全会精神,学习贯彻全国高校思想政治工作会议精神和习近平总书记系列重要讲话精神,围绕学校中心工作,扎实有效地开展宣传思想工作。

一、思想政治教育卓有成效

1. 加强干部理论集中学习。制订并顺利完成2016年东南大学干部及教职工理论学习计划,结合传达学习全国"两会"精神、十八届六中全会精神、全国高校思政工作会议精神以及"两学一做"学习教育等重大主题,举行7次校理论学习中心组学习、6次全校中层以上领导干部集中学习。

2. 多措并举开展教职工理论教育。为全体中层干部、师生党员购买并发放《习近平总书记系列重要讲话读本》《中国共产党章程》《中国共产党的九十年》等学习材料16 000余本。编印十八届六中全会、全国高校思政工作会议等学习资料汇编500余册。开通"两学一做"专题网,更新维护至善理论网。成立"两学一做"学习教育专家库,组织首批13名专家开展主题宣讲。

3. 完成校党委和领导交办的重要文件材料起草工作。先后起草《东南大学党委关于学习宣传贯彻党的十八届六中全会精神的通知》《东南大学党委关于贯彻落实意识形态责任制情况的报告》《东南大学党委关于"两学一做"学习教育情况的报告》《加强组织　结合实际　突出特色　扎实推进东南大学"两学一做"学习教育出成效》等材料。编写2014、2015年度学校年鉴宣传思想工作部分的内容。

4. 配合学校其他党建工作。围绕学校第十四次党代会,从党建与思想政治、校园文化建设等八大主题,撰写系列稿件、制作海报展板,营造良好氛围。宣传部4人作为校领导联络员和检查组联络员,参与了全校"两学一做"学习教育中期检查工作。获得2016年校机关先进党支部等荣誉。

二、内外宣传水平全面提升

1. 宣传工作机制不断完善。实施新闻编辑值班制,完善学校主页新闻的编辑、审核与发布机制,快讯报道速度、准确率均有大幅提升。修订《东南大学新闻发布工作管理办法》（试行稿）。举办两期"东南大学新闻宣传专家论坛——媒介素养与传播力建设"专题培训班。建立东南大学媒体热点专家库,向江苏省、南京市报送"信息公开专家库"7人。发布每季度《东南大学各院系部门新闻宣传贡献率排行榜》。继续深化媒体合作平台建设,和凤凰网江苏频道、新华社江苏分社等深度合作。

2. 主题宣传策划形成特色。试行厨房式新闻生产模式,校内校外、新媒体与传统媒体联动,围绕"三点式"(重点、节点、热点)新闻宣传做文章,策划宣传了"最牛女生宿舍""学霸情侣""大白教授""院士笔记""院士学霸宿舍"等报道专题,在中央电视台、新华社等中央媒体和门户网站、新媒体平台同步开展宣传。走基层挖线索,与仪科学院、自动化学院、医学院、公共卫生学院等联动,策划推出"中国第一台机器人在东大诞生""卓越医生培养计划"等系列报道。

3. 内外宣"量""质"稳步提升。截止到12月中旬,在各大媒体外宣发稿近1 000篇,包括平面媒体480余篇、网络媒体400余篇、电视媒体100余篇,其中中央级媒体相关报道200篇、中央电视台相关报道10篇。百度相关学校新闻搜索量比上年同期提升1/4。获得2015年度江苏教育宣传先进单位称号。《东南大学报》发挥党报职能、聚焦中心,做好主题报道,围绕学校"双一流"建设、"十三五规划"等主题,开设《两学一做》《梅庵穿越》等专栏,刊发系列报道,全年共出版校报31期,21件校报作品在全国和江苏省好新闻评比中获奖。

4. 电视宣传片制作水准有所提升。制作发布《巍巍学府　至善东南——庆祝东南大学建校114周年》《凝心聚力谋发展　五年跨越展新篇——庆祝东南大学第十四次党代会召开》《2016年新闻集锦》等6部电视宣传片,协助公共卫生学院、法学院、教育基金会、外国语学院等拍摄宣传片。制作2016年新版学校宣传折页。

三、品牌提升与文化建设扎实开展

1. 稳步推进"十三五规划"东大品牌提升支撑计划工作。起草《东南大学品牌提升支撑计划实施方案》及《行动方案》,经校党委常委会讨论通过。修订完善《东南大学"十三五"期间文化建设规划纲要》。

2. 申报相关文化奖项。撰写上报《东南大学2013—2015年度省文明校园创建工作报告》,撰写《爱国奉献担当　铸魂铸心铸人——东南大学数十载坚持打造国防育人文化工程》,申报教育部第九届高校校园文化建设优秀成果奖。申报江苏省委宣传部全省宣传思想文化工作创新成果奖。

3. 管理维护室外文化设施。在九龙湖校区建成并投入使用4块室外超大LED显示屏,全年共发布210余个宣传视频和宣传海报。继续做好四牌楼南门海报栏的管理工作。开展四牌楼文昌天桥桥名网上征集活动。

4. 打造融媒体时代校园新广播。校广播台全年累计播音时长14 200分钟,制作并播出540期节目,为20余个院系运动会提供播音支持。举办第二届校园配音大赛,共吸引250余组选手报名,参与投票观众5 200余人。

四、新媒体与网络建设蓬勃进步

1. 新媒体综合影响力继续位居省内高校第一,获得2015年度江苏省教育系统新媒体建设优秀单位。官方微信获江苏省教育系统优秀官方微信奖,官方微博获首届全国高校名站名栏评选活动"全国高校优秀网站名栏"奖。官方微信粉丝4.9万人,全年发布微信208条,40篇文章阅读量超1万,两次位居全国高校微信公众号综合影响力单周第一。

新浪微博粉丝14.5万人,全年编发博文1 132条,累计发文8 218条。

2. 继续推进学校中英文网站建设。全年编发学校主页新闻700条、20余万字、超200幅配图,编发通知公告等各类信息120多条,媒体东大新闻865条。制作并发布"两学一做"学习教育专题网站,发布基层动态、学习资料等信息300多条。译发英文新闻91篇,累计访问量20余万。全面启动中英文主页改版工作,即将于近期上线。

3. 继续加强网络舆情工作。全年编写网络舆情专报和简报355篇,在全国"两会"召开、江苏高考考生聚集省教育厅等特殊敏感重要舆情事件中,参与教育部舆情值班。预警并处置四牌楼博士生宿舍调整等十余起校内舆情事件,发出校内舆情通报表6篇。根据教育部统一部署,组织开展网上引导工作,形成工作周报并上报教育部。虎踞龙蟠BBS人气指数继续稳居全国高校BBS前列,日均访问21万人次;全年各部处在BBS发布校务公告60条,发布讲座信息200条。

安全保卫工作

2016年,我校的安全保卫工作在学校党政的正确领导下,在省、市政府有关部门的大力支持下,在全校各学院、各部门和广大师生的积极参与、不懈努力下,安全责任制进一步落实,校园安全防范网络进一步完善。一年中,我们以维护校园稳定为中心,以服务师生为前提,以防火防盗为重点,加强信息工作,精心组织、周密部署,协同全校各单位,着眼立查立改,深入开展校园安全治理活动和系列主题宣传教育活动,查事故隐患,抓隐患治理,着重开展以消防、交通、实验室为主的清查行动,坚持对各校区楼宇、食堂、校车、学生宿舍和实验室等定期检查,及时整治化解安全隐患,使学校的安全保卫工作不断取得新成就。乔华云、钱舵等5位同志被南京市公安局授予2016年度先进个人。

一、高强度完成安全管理的日常工作

2016年度认真处理各类来人来电咨询36 000余人次,整理查阅档案材料11 800余份,装订档案材料80本。网上发布通知信息147条,文章浏览次数为90 572次,为全校师生做好各项安全服务、管理和咨询工作。

办理出国(境)手续588人次、政审135人次,在东南大学微信公众号上推送安全信息168条,电子显示屏发送安全提醒61条,向公安机关报送信息快报21期,校园BBS关于安全问题的发、回帖20条。

审核校外办理一卡通人员身份信息1 270人,办理离校登记4 920人,新生入学登记8 946人,新生落户1 151人,毕业生户口迁出1 327人。借用、归还、补办《常住人口登记表》2 145人次,变更户口项目225次,为师生开具落户通知单107份,因户籍变动开具证明53份。

审核易制毒化学试剂购买申请982起、动火申请20起、施工申请107起,各校区更新维护到期各类灭火器共11 085具。

认真做好62起校园大型活动(另外小型活动322起)和87场次校园招聘会的安全保障。认真审批海报99份、场地租用备案1 756次,接待、处理各类大小案件(包括物品丢失)57起,推回保管并返还未锁自行车4辆,返还师生遗失手机2部、一卡通5个、钱包5个。认真检查并统计校区各单位自管监控9次、宿舍区门禁系统28次,根据安全需要新增摄像头8台、更换18台、维修好7台。协助处理上访事件13次,协助江苏电视电影拍摄取景5次。

二、优化校园交通管理,保障校内交通安全

努力做好校内交通管理,全面建成机动车车牌识别系统,完成九龙湖、丁家桥校区的车牌识别系统的施工,并完成三个校区的联网工作,使全校车辆管理统一,方便师生出行。同时科学、严格执行校内机动车辆的审核流程,确保校园交通井然有序。2016年1—10月审核校园车辆门禁667个,新办243个,更新车辆信息587次。

全面优化交通设施,危险区域安装了隔离栏,设置了提示、提醒牌,主要道口设置了车辆减速带,设置了车辆行驶警示标志,交通安全大为改观,全年交通事故明显下降,有效地保障了师生的校内交通安全。

积极协助公共自行车在校园的推广,使得我校在进行军训、大型教研活动中由于公共自行车的使用成了一道亮丽的风景。同时,学生使用自行车的成本下降,深得学生们的欢迎。

三、积极整顿校园环境,规范清理无主废旧自行车

清理废旧自行车4批次,清理"僵尸车"3辆,妥善查处违章车辆1 277次,保持文明整洁的校园环境。

四、深化警校合作,规范师生户籍管理

推广南京市公安局微信公众号和东南大学平安校园微信公众号,为师生提供办证服务指南,便于学生办理相关手续;同时与南京市公安局联网,利用微信积极开展新生安全宣传教育。

为方便九龙湖校区学生就近办事,通过和南京市公安局江宁分局协调,解决了2016年新生在江宁区百家湖派出所落户的问题。先后邀请成贤街社区居委会和大石桥社区居委会工作人员到校为学生办理居住证。随着公安户籍制度改革,及时调整管理模式,规范了学生在校期间户口迁入、迁出的工作流程和新进教职工的落户流程。

五、落实校园反恐防暴安全教育工作

积极应对严峻复杂的反恐形势,关注校园师生员工的思想动态和相关信息,每天跟进最新网络数据。抓校内"重点人头",跟踪敏感预警,加强反暴反恐演练,工作稳健扎实。

六、安全教育形式多样并扎实有效

认真组织各类消防培训和消防演练14次,积极做好2016级5 052名本科新生和硕士新生的安全培训工作和安全知识测试。硕士新生测试合格率95%,本科新生测试合格率99.5%,其中214名同学取得了满分,人数几乎是2015年的10倍。东南大学新生代表队在南京片区安全知识大赛复赛中成功晋级,进入决赛,最终获得江苏省第四届大学生

安全知识竞赛二等奖。利用消防月、减灾日等契机,进行消防疏散演练和防震逃生演练,增强师生员工的防灾减灾的意识和抵御灾害的技能。

每周在九龙湖校区开展紧急情况报警及响应演练,使得在九龙湖校区出现任何意外情况时,保安人员能够在5分钟之内到场,并能够采取相应保护现场的措施,提高了应急处突的能力,提升了校园的安全度。

七、加强部门沟通与协调,努力提高工作成效

保卫处加强与学工处的工作融合,保卫处派副处长参加学工处的领导工作例会,及时通报学校整体安全状况,反馈学生对学校安全管理工作的意见及建议,现已形成机制,极大地提高了工作成效,深受部门双方同志们的好评。

保卫处与教育技术中心合作,充分利用教室内监控系统,对学生物品遗失及被盗进行追查,取得了较好的成效,得到了学生的赞扬。

八、加大对重点要害部位和实验室的检查、督促整改的力度

清理化学试剂空瓶,妥善处理低燃点化学品,完善实验室和仓库管理,加装监控,双人双锁,严格落实各项规章制度。督促跟踪隐患的整改。

九、加强安保体系建设,提升技防水平

认真贯彻高校安全保卫工作"预防为主"的主要方针,坚持"打、防、控"一体化。加大科技创安体系建设,确保学校的重点、要害部位的物、技防率均达到100%。建设完善校园110报警指挥系统、消防监控系统、视频监视系统、多点联动防盗报警系统、门禁控制系统,使技防水平上了新台阶。

就高校的发展而言,今后的安全治理工作更加任重道远。保卫处将以高度的责任心,牢记"以人为本"的理念和"安全责任重于泰山"的意识,坚持优化长效机制,继续做好学校稳定工作;以积极的工作态度、热情的服务精神,抓好安全治理工作,提高校园整体安全水平。

统 战 工 作

2016年,党委统战部在校党委的领导下,以加强基层组织建设,构建大统战格局为主线,完成了以下几项工作。

一、积极开展自查,贯彻落实党的统一战线方针政策

根据中央统一战线工作领导小组《开展贯彻落实中央关于统一战线一系列重大决策部署调研检查的通知》精神及江苏省委统战部《关于开展贯彻落实中央和省委统一战线一系列重大决策部署督查的通知》要求,在自查我校贯彻落实《中国共产党统一战线工作条例》的基础上形成报告,内容包括七大部分:开展党外知识分子思想政治工作的情况;民主党派和无党派人士工作;民族工作;宗教工作;港澳台海外统一战线工作;党外代表人士队伍建设;党委对统战工作的领导。

二、加强党委领导,成立统一战线工作领导小组

为全面贯彻落实中央统一战线工作会议精神和《中国共产党统一战线工作条例(试行)》,建立健全党委统一领导,统战部门牵头协调,各有关部门、基层党委各负其责的工作协调机制,切实做好我校新时期党的统一战线工作,充分发挥统一战线的优势,凝聚共识、凝聚人心、凝聚智慧、凝聚力量,成立了东南大学统一战线工作领导小组。由校党委书记担任组长,分管统战工作的常务副书记及常务副校长担任副组长,成员有党委统战部部长、党办主任、党委组织部部长、宣传部部长、学工部部长、研工部部长、保卫部部长、人事处处长、港澳台办主任及院系党委书记代表等。

三、协助加强党派组织建设,做好各级各类换届工作

今年是各党派基层组织的换届年,民革、农工已经顺利完成换届,选举产生了新一届基层组织领导班子。民盟因时间原因不参加本轮换届。当前,区级政协换届已经结束,我校协商推荐六名同志分别担任玄武区、鼓楼区、江宁区和浦口区的政协委员,其中一名任政协副主席,一名任常委。

支持党派开展品牌活动。协助致公党开展第七届"引凤工程"活动,农工党开展"教师节义诊"活动。协助民建成立省直工委第一个医卫支部。

四、深入基层开展调研,加强自身学习

积极开展"摸情况,学经验"的调研活动。一是由易红书记和刘波常务副书记分别召开了两次党外代表人士座谈会,听取大家对学校建设的意见建议。统战部分别走访了各民主党派、侨联基层组织,听取关于学校统战工作,党派自身建设及换届工作开展的意见建议。二是到基层学院开展调研,目前已走访了电气学院、文学院、交通学院。三是参加卓越联盟高校统战工作会议,学习交流外校先进的工作经验。四是配合省宗教局召开我校宗教工作调研座谈会,深入了解我校师生员工的信教情况。

(统战部 李黎藜)

附件

各级人大代表、政协委员、民主党派成员、省政府参事任职情况及有关机构设置

一、各级人大代表

全国十二届人大代表:易 红 崔铁军
江苏省十二届人大代表:马向真(常委)
南京市十五届人大代表:张建琼
鼓楼区十七届人大代表:汤文浩
玄武区十七届人大代表:吕晓迎 李建清 陈永平
江宁区十六届人大代表:黄大卫

二、各级政协委员

全国十二届政协委员：洪　伟

江苏省十一届政协委员：罗立民（常委，科技）　舒华忠（教育）　何小元（党派）
　　　　　　　　　　　周　勤（党派）　薛　涛（党派）　滕皋军（党派）
　　　　　　　　　　　肖国民（常委，科技）　李启明（党派）　尹立红（党派）
　　　　　　　　　　　赵春杰（党派）　王雪梅（教育）　刘灿铭（党派）
　　　　　　　　　　　达庆利（常委，宗教）　吴智深（常委，教育）　王建国（教育）

南京市十三届政协委员：许苏明（常委）　仇向洋　陈庆宁　杨永宏　陈　薇

鼓楼区十二届政协委员：王彩莲

玄武区十二届政协委员：赵剑锋（政协副主席）　孔令龙　徐盈之

浦口区四届政协委员：王大勇

江宁区十一届政协委员：陈文彦（常委）

全国第九届伊斯兰教协会副会长：达庆利（2011年9月）

江苏省第六届伊斯兰教协会会长：达庆利（2013年11月28日）

全国中央文史馆馆员：陶思炎（2011年2月）

三、民主党派成员、侨联成员在各级组织任职情况

民盟十一届中央委员：刘灿铭

农工十五届中央委员：成　虎

九三十三届中央委员：罗立民

农工党十五届中央科技工作委员会委员：吴智深

（各民主党派省委换届于2012年6—7月完成）

民革十届江苏省委员会常委：马向真

民盟十一届江苏省委员会常委：肖国民
　　　　　　　　　　　　　委员：梅姝娥

民建八届江苏省委员会委员：苟少华

民进九届江苏省委员会常委：尹立红
　　　　　　　　　　　　委员：吴国新

农工党十一届江苏省委员会副主任委员：吴智深
　　　　　　　　　　　　　　　　常委：何小元
　　　　　　　　　　　　　　　　委员：孙子林

农工党江苏省直属工委副主任委员：贾民平

农工党江苏省科教文委主委：黄培林
　　　　　　　　副主任委员：刘松琴
　　　　　　　　　　　委员：衡　伟

农工党江苏省中青委副主任委员：陈惠苏
　　　　　　　　　　　　委员：张绍东

农工党江苏省经济联络委副主任委员:林保平
　　　　　委员:高建明
农工党江苏省妇女委员会委员:徐　隽
　　　　　委员:王玉华
农工党江苏省医卫委副主任委员:刘志勇
　　　　　副主任委员:孙子林
致公党五届江苏省委员会常委:赵春杰
　　　　　委员:薛　涛
九三七届江苏省委员会副主任委员:罗立民
　　　　　委员:王修信　刘胜利
江苏省归国华侨联合会六届常委:吕晓迎

四、省、市政府参事任职情况
　　江苏省政府参事室聘任参事:高祥生　缪昌文(中共)　林保平　成　虎　徐康宁(中共)
　　南京市政府参事室聘任参事:许苏明(2011—2016年)

五、民主党派东南大学机构设置
民革二届东南大学总支部委员会(24人)(2016年12月27日换届)
　　主任委员:马向真
　　副主任委员:周　勤　马坤岭

民盟东南大学委员会(221人)(2014年6月26日换届)
　　主任委员:肖国民
　　副主任委员:钱瑞明　梅姝娥　王世和　薛星美　魏家泰
　　委员:王秋严　陆建明　周子华　何　平　金志军　徐立臻
　　　　　杨舒惠　吴祖民　康学军　毛世怀　陈文彦　丁建东

民建一届东南大学总支部委员会(22人)(2012年12月5日成立总支)
　　主任委员:李启明
　　副主任委员:苟少华　滕皋军
　　委员:周革利　朱纪军

民进四届东南大学委员会(50人)(2012年5月7日换届)
　　主任委员:尹立红
　　副主任委员:董寅生　郭　毅　曹玖新
　　委员:孙　瑾　郭　斐　韩俊海　梁衡弘　戴启明　高　冲

农工四届东南大学委员会(120人)(2016年11月29日换届)
　　主任委员:徐春祥
　　副主任委员:孙子林　陈惠苏
　　委员:徐春祥　孙子林　陈惠苏　王玉华　糜长稳　章美华　蔡永胜
　　　　　刘松琴　张绍东

致公党三届东南大学总支委员会(38人)(2011年12月27日换届)
　　主任委员:赵春杰
　　副主任委员:李智群　薛　涛
　　委员:马民华　程明震

九三三届东南大学委员会(172人)(2013年5月18日换届)
　　主任委员:王修信
　　副主任委员:赵剑峰　刘胜利　舒华忠　叶行舟
　　委员:戴　丽　祁争建　辛海洋　郑意楠　柳　萍
　　　　　徐启平　徐盈之　施智祥　俞　燕　袁榴娣

六、社会团体机构设置

东南大学侨联四届(2012年12月8日换届)
　　名誉主席:林中达　林金明
　　主席:吕晓迎
　　副主席:李先宁　丁锡宁　李　丽
　　委员:孙清江　李俐平

东南大学无党派知识分子联谊会(2014年1月8日成立)
　　会长:崔铁军(信息)
　　副会长:杨永宏(物理)　田玉平(自动化)　肖　睿(能环)　李维滨(基建处)
　　秘书长:杨永宏(物理)(兼)
　　副秘书长:李黎藜(统战部)　何　勇(经管)

国防教育人民武装工作

在学校党委的正确领导下,在部门全体人员的共同努力下,在学校其他部门的协作下,武装部、军事教研室圆满完成2016年本科生的教学任务和国防教育研究生的培养、征兵工作和学生军训工作,为适应建设"双一流"大学作出了自己的贡献。

一、完成2016年度本科生军事理论教学和国防教育研究生培养工作,并参加省师资培训

全年完成45个本科生教学班的军事理论课和4门通识课的教学任务。教师按照教学规范认真备课、制作课件,紧密联系军事形势发展实施教学,传授基本原理、揭示事物本质,维护国家安全、统一,明辨是非,弘扬爱国精神,增强国防意识。

通过全国研究生统考和专业面试,今年招收了3名国防教育方向研究生。这3名研究生本学期接受了教育与教学理论的学习。

按照省教育厅工作计划,1名教师全程参加江苏省军事课教师培训,其他教师旁听相关内容,听取了5场由军事院校和地方院校专家作的军事战略和周边安全形势讲座,观摩了6名荣获省授课竞赛一等奖教师的授课,对军事理论课教学内容设计有很好的借鉴意义。

二、2016年级学生军训计划周密、考核量化、勇于创新,安全顺利取得预期效果

2016级学生军训时间在8月27日至9月17日进行。首次使用微信公众号全过程、全方位、实时推送军训动态,充分调动了每个军训连排、每个学院、每个学生的积极性,引起学生家长、亲友都来关注东南大学军训,关注量超过万人。首次通过现场演讲、展示军事技能、网上投票的方式选出了东南大学"军训之星"。我们这套做法及评分计算方法被省教育厅全部采用。

纪念红军长征胜利80周年活动、江苏省首届大学生"军训之星"评选工作得到了近百所高校的热烈响应和参赛,全省掀起轰轰烈烈的"军训之星"评选活动,全国各大媒体作了报道,影响海内外。我们选出的"军训之星"——自动化学院2016级安学伟同学参加全省"军训之星"竞赛,以现场评分第一、网络投票得分第三的成绩夺得一等奖,并荣获江苏省"军训之星"称号。

作为纪念红军长征胜利80周年活动的另一部分2016全省学生军训摄影作品比赛,我校选送军训摄影作品获得2个一等奖;选送征文参加2016全省学生国防征文比赛获得1个一等奖。

按照教育部人防知识要列入军事课程体系的要求,军事教研室将"人民防空"编入今年《大学军事教程》教材,并在军训中进行了防空演练。

三、姜亚辉部长代表江苏省高校参加全国学生军训工作座谈会并作大会发言

姜亚辉部长受省教育厅委托代表江苏省高校参加军委国防动员工作部5月份在郑州召开的全国学生军训工作座谈会,并作大会发言。反映江苏高校特别是东南大学学生军训现状、基本经验和所取得的成绩,指出了存在的问题,尤其是课程建设、教师职称依托等困境,并提出了加强军训工作、改善军事课师资力量建设和大学生征兵工作的意见和建议,受到军委国防动员工作部与会领导的充分肯定。

四、征兵工作取得新成绩,7名本科在校生、毕业生携笔从戎,圆梦军营

根据国家征兵工作命令,今年征兵工作于3月初启动。我校根据军委国防动员部、教育部的文件精神下发了学校征兵工作通知,借鉴兄弟学校的做法制定了学校征兵工作实施意见,健全了征兵工作领导机构,运用横幅、海报、手册、网络和微信群等方式进行大学生征兵政策宣传。军事教研室李有祥老师还作了"好男儿要当兵"的讲座。经过学生自愿

报名、网上登录和我部确认,有10名学生报名参军,其中有2名是在校研究生,另有1名女研究生报名参军(第二批),从体检情况来看,我校兵员身体素质合格率不理想。经过体检和政审,总共有7名学生获得批准,他们分别加入陆军、空军和武警部队履行光荣使命。

6月江苏省在我校九龙湖校区召开全省征兵工作现场调研会,军地共同研究破解大学生征兵工作难题,我校在会上献言献策。

五、组织学生积极参加全省征兵口号征集活动获得佳绩

按照省征兵工作办公室要求,在校园内进行征集征兵口号活动,征集到征兵口号2 200多份约6 000条口号。经过部门全体老师的筛选,选出30条向全校师生公布征求投票,有1 000多人参与了网络投票,遴选出20条上报省征兵办公室参加评选。我校获得一等奖1名,二等奖3名的好成绩。武装部对获奖学生在网上公布,并发放了奖励。

六、人防工程设施通过市、区两级抽查合格

我校人防工程设施共有9处,按照属地管理的原则分别属于玄武区、鼓楼区、江宁区和浦口区管辖。今年4月初,由市、区两级人防办公室联合对我校四牌楼校区(含生活区)2个人防工程设施进行了抽查,全部合格。联合检查组对我校人防工程管理比较满意。

七、开展国防教育活动,董本植老部长获得教育部关心下一代教育工作先进个人

董本植老师退休前是学校武装部部长,20世纪80年代从陆军指挥学院转业到我校,献身国防教育30年,今年已有83岁。他退休后义务为各高校、企业、社区等单位作国防教育(国家安全形势)讲座和讲党课。董老讲课生动、充满激情、慷慨激昂,载誉四方。我们编辑了董老国防教育30周年画册作为申报材料,并作历史档案保存。

3月下旬,我们接待了由省教育厅安排的扬州宝应化川中学国防教育试点班120名学生来东大参观,听一次国防教育讲座(主讲人董本植:朝鲜半岛核危机与中国周边安全),参观吴健雄纪念馆、九龙湖校区、南京国防园和南京理工大学兵器馆。结束时,来自宝应的中学生和教师感到很有收获。

此外,3名教师应邀在校内外作了26场次国家安全和国防教育讲座。我们还利用军事地形学在师生中开展识图用图——定向比赛活动,在运动中学习国防技能,受到师生的青睐。

八、省教育厅推荐我校向教育部申报"国防教育特色学校"

由于我校多年来的国防教育工作扎实、成绩突出,被江苏省教育厅推荐为全省本科院校唯一代表申报教育部"国防教育特色学校"。这是对我校多年来国防教育工作的肯定、鼓励,也是鞭策。

九、其他方面工作

为响应国家建设"双一流"大学的发展战略,大学办学将进行重大改革,这对大学治校

能力、治理结构、干部队伍与组织建设、人才培养以及廉政与反腐、保障体制机制等建设都提出了新的要求,学校的国防教育和武装工作也概莫能外。故此,我们对高校国防教育和武装工作作了一些调研工作,考察了省内外包括国内一流大学的国防教育和武装工作情况,为迎接改革做准备。

根据学校党委的工作部署,我部积极组织"两学一做"教育活动,学习党章、遵守党章,做新形势下的合格党员,创新党课形式,请董本植老部长作"95周年党的历程"讲座,全体在职、退休党员对共同关心的问题参加讨论,会场气氛活泼、讨论热烈,大家都感到这样的党课形式好,都肯定党的发展历程和党领导人民所走的强国道路。结合"两学一做"教育活动和军事理论课的备课需要,我们外出调研、考察历史遗迹,参观古田会议旧址、福州船政局、马江海战遗址等地,进行现地备课,增强感性认识,加深对历史事件的地理环境和历史背景认识。

按照学校办公室调整方案,我部在4月中旬完成了从九龙湖校区行政楼到保卫处楼的办公室搬迁工作,行政和教学工作保持正常运行。

东南大学武装部军事教研室
2016.12.26

老干部工作

2016年中共中央办公厅、国务院办公厅联合发文《关于进一步加强和改进离退休干部工作的意见》(中办发〔2016〕3号),老干部处认真贯彻落实中办发〔2016〕3号文及省部有关老干部工作文件精神。

一、围绕一个中心、开展为党的事业增添正能量活动

老干部处按照学校党委统一部署要求,通过离休干部党委,组织离休干部深入开展"学党章党规、学系列讲话、做合格党员"学习教育活动。老干部处紧扣"展示阳光心态、体验美好生活、畅谈发展变化"主题,围绕为党的事业增添正能量活动的中心工作,开展了一系列的活动:七一前夕,老干部处党支部牵手公共卫生学院研究生党支部到国防园观看了《弘扬革命传统 建设美丽南京——纪念中国共产党成立95周年图片展》;举办了"纪念红军长征胜利80周年"书画作品展暨书法绘画进校园进家庭活动;开展了"不忘初心,励志前行——抗战老兵、抗美援朝老兵亲述历史"活动;"与大学生村官手牵手"活动以及老干部处创立的微信公众号,通过电子媒体传播正能量系列活动等。

二、统筹两个方面、积极引导发挥离退休干部优良作风

老干部处不仅负责离休干部及退休厅局级干部的服务与管理工作,也是学校关工委秘书处。今年,我们继续开展了东南大学关工委工作常态化建设合格单位考核,全校6个二级关工委申报,即将进行验收。我们还通过推荐离退休老同志担任兼职辅导员、教学督导和科研督导等,发挥他们在青年学生教育引导、青年教职工"传帮带"、贫困学子关爱等方面的积极作用。我校关工委承办了教育部关工委"院士回母校"活动;我校关工委被评

为全国教育系统关心下一代工作先进集体,董本植老师荣获"全国教育系统关心下一代工作先进个人"的光荣称号;我校关工委网站被评为江苏省教育系统关心下一代工作委员会优秀网站二等奖;我校关工委参加了江苏省教育系统关心下一代工作委员会开展的"党在我心中""勤俭节约,从我做起"主题征文活动。

三、保证三个送达、完善创新离退休干部服务管理模式

根据2015年机关作风建设过程中老干部反映的养老困难等问题,老干部处制定了"送学习、送温暖、送服务"的"三送"服务管理模式,确保离休干部各项政治生活待遇落到实处,完善推进"三送"服务,探讨创新离退休服务管理模式。

(撰稿人:冯建芬)

工 会 工 作

2016年,校工会在学校党委的领导下,以党的十八大、十八届六中全会精神和习近平总书记系列讲话精神为指导,贯彻落实中央党的群团工作会议指示,切实保持和增强工会组织的政治性、先进性、群众性,开展"两学一做"教育活动,充分发挥工会的桥梁和纽带作用,服务学校发展的要求,回应教职员工的需求,围绕学校"十三五"发展规划纲要和"双一流"建设发展大局,认真履职、改革创新,切实做好各项工作。

一、关注教职工的实际需求,提供优质服务,做好教职工的"贴心人",助推和谐校园建设

1. 情系身患大病的教职工,面对大病医疗互助工作中出现的新问题,校工会认真调研,不断修改完善工作办法,并争取学校行政对该项工作新增80万元的支持。
2. 根据学校要求,工会积极推进,顺利完成了增加教职工福利的报告工作。
3. 做好一年两次的福利发放工作,发挥校福利委员会、招投标办、法制办的作用,从源头把好采购关。发放过程中,努力做到通知到位、发放及时,保障将学校的关怀及时准确地发放到每一位教职工手中。
4. 关心困难教职工和劳动模范的生活,代表学校党政和上级工会组织开展专项"送温暖"活动。
5. 合理有序维护教职工合法权益,积极处理教职工的职称申诉和岗位聘任申诉工作。
6. 关心青年教职工的婚恋问题,组织我校青年教工参加联谊活动。

二、全面推进和完成校、院(系)两级教代会工作,顺利召开"两代会",推进校园民主管理工作

1. 根据《东南大学教职工代表大会实施办法》和《东南大学二级教职工代表大会实施办法》文件精神,在2015年与院党委书记和部门工会主席座谈二级教代会事宜并达成建设二级教代会共识的基础上,2016年校工会全面推进我校的二级教代会成立和建设工

作,共有27个院(系)单位召开了首届二级教代会第一次会议,顺利完成学校深化教育综合改革要求,实现院系二级教代会全覆盖的任务,将民主管理工作切实地落到了基层。

2. 12月,在前期各项筹备工作基础上,顺利召开东南大学第八届教职工代表大会暨第十五届工会会员代表大会,完成换届工作,选举产生新一届教代会执委会、工会委员会和经费审查委员会。"两代会"代表听取并审议了校行政工作报告、校财务工作报告、"两代会"报告、经费审查报告和提案工作报告,保障了教职工代表的知情权和参与权。顺利完成七届五次教代会的提案落实工作和八届一次教代会的提案征集工作。

三、依法建章立制,严格执行程序,保障工会、教代会各项工作的规范化

1. 严格按照《东南大学工会财务会计管理办法(暂行)》要求,财务工作做到有章可循。
2. 进一步完善教师节光荣榜、"三育人"积极分子等评奖评优的规则,工作不断规范化。
3. 编制详细的二级教代会实施流程图及相应的解释说明,保障二级教代会工作的规范化。
4. 逐步推进工会网络信息化体系建设,拟定建设计划,继续优化和改进提案系统、短信平台,正在推进工会各项活动报名平台建设,简化工作流程,提高工作效率。

四、评选优秀标兵、树立先进典型,发挥榜样的引领作用

1. 发掘活跃在教学、管理、服务各条战线的优秀人才和育人事迹,评选出78名"三育人"积极分子。
2. 积极协助党办、校办召开教师节年度表彰大会,并根据职能部门、院(系)上报的获奖名单,依标准制作表彰光荣榜。
3. 向上级组织推荐优秀个人和集体。2016年,我校一位女教职工荣获"江苏省三八红旗手",一位女教职工荣获"江苏省五一巾帼标兵",一位教职工荣获"江苏省教育工作先进个人",一位教职工荣获"江苏省先进工作者"称号。

五、丰富文体活动,创新工作模式,助推校园文化建设

1. 为进一步丰富校园文化生活,从教职工的需求出发,组织主题活动、发展品牌化活动项目,促进教职工身心健康。2016年,工会举办了第二十三届教职工田径运动会,乒乓球、羽毛球、首届教职工篮球比赛以及定向越野等活动,组织参与在宁直属高校的教职工羽毛球比赛并获得男子团体比赛第三名的好成绩。
2. 教职工合唱团积极为校庆、军训新生演出,代表学校参加"长三角"重点高校的合唱交流演出。
3. 组织女教职工举办了庆"三八"关爱女工健康体能检测和环湖走等系列活动;发挥"女知联"特殊群体的作用,积极开展具有针对性的活动并举办了室内健身沙龙讲座等。
4. 为了更好地发挥校工会、基层工会之间的互补作用,切合教职工的需求,扩大教职工活动的参与面,2016年校工会改革文体活动管理模式,推出了工会主办、基层工会承办活动的新举措,并成功举办"渔乐无穷"等5项活动,获得广大教职工的好评。

六、加强自身建设，学习先进经验，提高服务教职工的能力水平

1. 组织学习了党的十八大以来的文件精神、中央党的群团会议精神和"两学一做"，进一步提升了工会干部的政治意识和工作能力。
2. 成功举办两期至善学堂，通过有计划的定期、规范的教学与实践课程的设置，对工会专兼职干部进行业务理论与实践能力的系列培训。
3. 通过参加教育部直属高校工会、卓越联盟高校工会以及在宁医药高校工会工作会议等，学习先进经验，发表了工作论文并获得一等奖。
4. 接待了三峡大学等省内外多所高校的调研交流团体。我校也前往浙江大学、大连理工大学等大学进行调研交流等工作，与各兄弟高校交流了各自的经验和做法。

（撰稿人：丁　苏　审稿人：李　鑫）

共青团工作

在校党委和上级团组织的正确领导下，东南大学共青团2016年继续深入学习和宣传贯彻习近平总书记系列重要讲话精神，深入引导团员青年培育和践行社会主义核心价值观，认真贯彻落实中央党的群团工作会议精神，坚持"立德树人"，围绕育人中心工作，以综合改革为契机，以思想引领为切入点和着力点，以成长服务为出发点和落脚点，紧密结合全团"凝聚青年、服务大局、当好桥梁、团要管团"四维工作格局，切实加强和改进学校共青团各项工作和建设，凝心聚力、开拓进取、全心投入、扎实工作，不断推进各项改革进度和提高各项工作成效。现将东南大学共青团2016年具体工作总结如下。

一、以学习宣传贯彻习近平总书记系列重要讲话精神和培育践行社会主义核心价值观为主线，深入开展思想引领工作

1. 深入打造"四进四信"工作体系。坚持把学习宣传和贯彻落实习近平总书记系列重要讲话精神作为校团委的首要政治任务，以学习宣传贯彻讲话精神统揽团学思想引领工作。面向专兼职团干部和主要学生干部举办多期专题读书班和学习班，认真学习习近平总书记系列讲话精神。结合建党95周年、红军长征胜利80周年纪念活动、全国高校思想政治工作会议等重要事件，组织团员青年开展学习总书记系列重要讲话精神专场活动。依托团干部"1+100"联系基层团支部、社团及网络等多样化新型建团等专项行动，深入推进习近平总书记系列重要讲话精神进支部、进社团、进网络、进团课系列活动，帮助广大团员青年自觉强化对讲话精神的学习领会，引导他们成为讲话精神的忠实研究者、积极传播者和坚定实践者。
2. 深入开展社会主义核心价值观主题活动。继续按照《关于在全校团员青年中深入开展培育和践行社会主义核心价值观活动的通知》要求，系统开展丰富多彩的主题活动，激励广大团员青年深入了解社会主义核心价值观，并将其转化为鼓舞自身前行的精神动力和指导实践的行为规范。从优秀团员青年中遴选"校长事务助理"，架设广大团员青年和学校主要领导沟通的桥梁。邀请包括诺贝尔奖获得者丁肇中教授、教育部原副部长韦钰院士、张乃通院士、黄培康院士、缪昌文院士、王景全院士，清华大学历史系彭林教授等众多

名家来校举办"与信仰对话"高层演讲近70场。结合培育和践行社会主义核心价值观主题，举办"我的青春故事"分享会、"我的讲台我的娃——支教背后的故事"报告会等传统品牌活动，深入推进全校共青团的思想引领工作。结合重要节日和时事热点，成功开展"我和国旗合个影"线上线下教育活动、"国家烈士纪念日"主题教育活动、"一二·九"运动81周年座谈会，继续探索培育和践行社会主义核心价值观活动的新途径、新载体、新模式。

3. 努力扩大团员青年思想引领工作覆盖面。结合实施"校长文化专项经费""磐石计划组织建设专项经费""活力团支部"评比等工作，引导全校各级团组织积极开展培育和践行社会主义核心价值观活动。"校长文化专项经费"资助和引导院系团委开展了包括"第八届东南大学纪念南京大屠杀遇难同胞系列活动"、"show青春·正能量"核心价值观系列宣传活动、"阳光下的法治"法律宣传系列活动、JOIN艺术团"荟萃·艺堂"系列演出、"薪火相承，爱传东南"感恩奉献志愿服务活动等在内的59项培育和践行社会主义核心价值观活动。"磐石计划组织建设专项经费"重点资助和引导基层团支部开展了"忆往昔革命峥嵘""回望初衷——'向阳花'相伴成长西部助学爱心项目"等社会主义核心价值观主题教育活动11项。结合相关评选活动在全校范围遴选出能源与环境学院030143团支部等10个东南大学践行社会主义核心价值观"活力团支部"。

4. 大力选树各类青年先进模范典型。注重选树东大青年中的先进模范典型，发挥其示范辐射效益，在各种评比中获得佳绩。校团委书记陆挺当选为江苏省优秀团干，土木工程学院孟畅同学当选全国优秀共青团员，校团委叶菁当选全国社会实践先进个人，交通学院陶涛同学获评中国青年志愿者优秀个人。此外，吴健雄学院申怡飞同学在团中央和全国学联举办的"寻访中国大学生自强之星"活动中荣获"中国大学生自强之星"荣誉称号，成为全国少有的获得这一殊荣的少年生。

二、以深入推进校园文化建设为重点，着力构建"文化育人"第二课堂体系

5. 继续打造精品活动。连续第六年举办"东南大学新生文化季"，深入开展校园文化品牌活动。通过东南大学学生团体联合招新、"初识东南"系列名家高层演讲、"我的青春故事"讲述大学生活、"我爱东大"校史知识竞赛、"中华赞"经典诵读大赛、"我的讲台我的娃"支教背后的故事、新生文艺汇演等七大版块在内的数十场活动，让2016级新生在入学之初就充分感受东南大学深厚的文化底蕴、崇高的精神追求和多彩的校园生活。借助东南大学"人文大讲堂"平台，邀请著名物理学家、诺贝尔奖获得者丁肇中教授、中国工程院院士王建国教授、香港大学李焯芬教授、北京大学朱苏力教授、南京大学莫砺锋教授、著名阮咸演奏家冯满天等文化名家举办高层次人文讲座50余场，全面提升校园文化品位和层次。依托"校长文化专项经费"，支持全校各级团学组织开展了包括第四届微电影大赛、从传统走来——"崇明杯"演讲比赛、"似水流年"校园歌手大赛、"行走的力量"公益实践活动、第二届"发声东南"之"中山浩气——纪念孙中山先生诞辰150周年青年论坛"、震"摄"东南图文大赛等在内的220项丰富多彩的校园文化活动。

6. 积极弘扬传统文化。引导和支持全校各级团组织和学生组织开展包括"中华赞"经典诵读大赛在内的弘扬中华优秀传统文化的活动50余项。邀请清华大学彭林教授、台湾慈济大学林安梧教授、中央党校钟国兴教授等知名学者开设中国传统文化讲堂。邀请

傅景华、郭立中、王旭东、金保方、王长松等著名中医养生专家开设主题为"传统文化与中医养生"的系列讲座,引起了社会各界的广泛关注。举办了大型昆曲演出《春江花月夜》,以及评弹、京剧、锡剧、扬剧、古琴等系列民族艺术的精品演出十余场。

7. 重点突出核心工作。按照团中央统一部署,积极开展"走下网络、走出宿舍、走向操场"主题群众性课外体育锻炼活动,以此加强对身体健康素质和积极向上的生活理念的重视,大力倡导"每天锻炼一小时,健康工作五十年,幸福生活一辈子"的理念。推动院系团委和基层团支部开展"春到九龙"风筝节、"情满东南"师生趣味运动会、环九龙湖自行车赛等丰富多彩的"三走"系列活动。

三、以全面完善创新创业工作体系为核心,重点培育拔尖创新人才

8. "创青春"全国赛位列全国高校第二。在2016"创青春"全国大学生创业大赛中,我校创业计划赛项目《蓝维光网科技有限责任公司创业计划书》《PocketLab 口袋实验室》《博恒医疗器械有限责任公司创业计划》,创业实践赛项目《南京海得逻捷信息科技有限公司》,公益创业赛项目《"至善西行"公益旅行项目》全部获得金奖。我校以5个金奖的优异成绩并列全国第二,金奖总数刷新了江苏高校在"创青春"大赛上的最高纪录。四川电视台、《中国青年报》特别报道了我校相关创业项目。本届竞赛经过省赛选拔、国赛角逐,共有220所高校399件作品进入终审决赛。在备赛工作中,校团委通过团队组建、初赛答辩、导师配备、理论指导、模拟答辩、资金扶持等一系列举措,从百余件大学生创业项目中遴选了12支重点备赛团队,搭建了学生团队、专业教师、创业导师、职能部门之间充分沟通的机制与平台,并举行多次模拟答辩和阶段性成果展示汇报会,进一步推动了以"挑战杯""创青春"为龙头的拔尖创新优秀人才培养体系构建。

9. 大力开展校园学术科技活动。成功举办"挑战杯"校级赛事,从近70件申报项目中遴选了20个一般备赛项目和10个重点备赛项目,备赛工作取得阶段性成果。抓住"科技育人、创新驱动"的主线,举办以"秉承学术之魂·勇担兴邦之责"为主题的2016东南大学学生科技节,通过开展科技讲座、学术交流、科技活动、竞赛评比等四大类246项活动,整合成系列化、多层次的全校性科技活动,营造了浓郁的科技创新氛围。成功举办2016年全国青少年高校科学营东南大学分营活动,接待360名优秀高中生参与其中,多措并举,让他们感受了东南大学深厚的历史底蕴和科学精神,收到了显著成效,产生了广泛的社会影响,获得中国科协青少年科技中心荣誉表彰。全力筹建了面向全体学生的多学科、立体化、集中式的大学生创新创业成果展,江苏省委副书记、南京市委书记吴政隆等省市领导的来校参观调研,进一步激发和塑造了我校大学生的双创意识,营造浓郁的创新创业的氛围。

10. 继续加大学生创业指导扶持力度。坚持构建以创业竞赛为核心的竞赛育人模式,在关注启蒙意识、传授知识、提升技能等创业教学层面工作的同时,将部分注意力转向科技成果转化、初创项目孵化、资金政策扶持等创业实践层面的工作,以市场化为导向,以实践为目标,着力打通学生创业教学与创业实践之间的通道。重点依托校友力量提升大学生创业项目指导扶持力度,在学生创业项目申报、指导、评审等多个环节引进校友资源,邀请李家华、蔺雷等知名学者,沙敏、辛柯俊等杰出创业校友返校开展创业大讲堂、创业沙龙等系列活动,组建校友层面的大学生创业导师团队。积极培育大学生创业协会等创新创业类社团俱乐部,推动大学生创业协会发起并加入全国大学生创新创业联盟。

四、以广泛开展志愿服务社会实践活动为抓手,积极打造实践育人平台

11. 社会实践工作影响广泛。继续打造以"三下乡"暑期社会实践为主,寒假"回访母校谢师恩"主题社会实践为辅,课外志愿服务、公益活动等常规社会实践相结合的工作格局。组织近2 000名同学在2016年寒假举办了以"回访母校谢师恩"为主题的社会实践活动,引导学生回到自己的母校开展形式多样、内容丰富的寒假社会实践活动,提升了东南大学的影响力。在2016年暑期社会实践里,紧密围绕"青春建功'十三五'·携手共筑中国梦"的年度主题,以培育和践行社会主义核心价值观为重点,确定了8个重点大类,共发动组建各类项目团队526支(其中全国重点团队1支,省级重点团队14支),确定校级重点团队134支,参与人数达到5 000余人。2016年全面实现了社会实践"管理项目化、运作团队化、考核学分化"的改革目标,通过校级立项、网络双选等形式逐级申请立项,通过编写选题指南、报告指南等有效指导学生实践专业化、规范化,通过PU平台进行逐级报备表彰。举行社会实践表彰大会,表彰先进典型,分享成功经验,将社会实践优秀案例汇编成册。东南大学暑期社会实践工作在各级评比中喜获佳绩。校团委荣获暑期"三下乡"社会实践活动"全国先进单位"和"省先进单位",校团委叶菁荣获全国先进个人,信息科学与工程学院许涵荣获"江苏省十佳使者"称号,建筑学院"故园故人故事:南京名人故居"调查团等6支团队荣获"省级优秀团队"称号,法学院李波等5位团干部荣获"省级先进工作者",交通学院黄杰等7位同学荣获"省级先进个人",计算机科学与工程学院、软件学院《互联网时代下的公益图书馆发展调研》、物理系《立体城市的交通发展特点——以山城重庆为例》荣获"省级优秀调研报告",土木工程学院推荐的"河南省新乡市太阳村儿童救济中心基地"荣获"省级优秀社会实践基地"。

12. 研究生支教团工作稳步推进。完善招募选拔、培训教育、出征送行、支教服务、慰问看望、总结表彰等环节的工作体系。通过支教知识培训、校史校情专题讲座、团队意识培养、历届支教队员座谈、教育心理培训、教学观摩等课程对我校第十八届研究生支教团成员开展全面深入的系统培训。确定内蒙古准格尔旗、江西共青城、云南南华、新疆石河子为东南大学研究生支教团西部支教服务点。在2016届本科生毕业典礼上专项表彰22名即将奔赴西部地区工作的研究生支教团成员,并举行出征仪式为支教队员壮行。今年我校研究生支教团的规模继续保持在22人,招募规模位居全国高校前列。在第十九届研究生支教团的招募过程中,严格按照"公开招募、自愿报名、择优选拔"的原则,在学院考核的基础上精心组织笔试、面试、体检等相关工作,对报名学生的思想政治素质、学习成绩、在校表现、志愿服务经历等进行综合考察,择优选拔,最终确定了22名东南大学研究生支教团成员。东南大学研究生支教团成员蒋烨琳同学被江西共青城团市委评为"共青城市优秀团员",常成同学获得准格尔旗"最美志愿者"。承办"青春之声——我的青春,我的讲台"江苏省西部计划研究生支教团巡回宣讲活动启动仪式暨首场活动,获得团中央、团省委领导的集中关注。

13. 志愿公益服务活动蓬勃开展。以东南大学研究生支教团西部支教服务点为布局核心,推动全校志愿服务活动蓬勃开展。信息科学与工程学院"梦想支教团"、土木工程学院"爱在共青城"活动、支教协会"至善黔程"等都取得了社会的广泛好评。与成贤街社区、

翠竹园社区、世凹桃源周村社区等进行志愿服务共建,打造精品实践品牌和志愿服务品牌,形成了"院院有品牌,个个有特色"的工作目标。东南大学在第十一届中国青年志愿者评选中获得历史性的突破,取得了优异成绩:校团委荣获优秀组织奖,交通学院陶涛同学获得优秀个人奖,交通学院"向阳花"相伴成长爱心实践活动获得优秀项目奖。参加了江苏省志愿服务展示交流会,其中,至善西行公益旅游项目获得特别荣誉奖。信息科学与工程学院梦想支教团获得2016年江苏省青年公益项目大赛志愿服务类项目三等奖。信息科学与工程学院尹浩浩、建筑学院王奕阳同学被评为"江苏省优秀青年志愿者",法学院"东南法苑"项目被评为"江苏省优秀志愿项目",东南大学青年志愿者协会荣获"江苏省青年志愿服务行动组织奖",东南大学荣获"志愿服务事业贡献奖"。此外,各级媒体广泛关注我校志愿服务活动,东南大学志愿者们向全社会展现了卓越的志愿能力和良好的精神风貌。

五、以全面实施强基固本行动为基础,稳步有效推进组织建设工作

14. 积极开展五四表彰活动。围绕学校育人的根本目标,发挥先进模范的示范引领作用,圆满完成五四表彰工作,共评选出6个五四红旗团委、2个国旗团支部、1个国旗团支部提名、15个特级团支部、43个甲级团支部、32个先进团支部、4名东南大学青年五四奖章(教师、学生各2名)、10名优秀团务工作者、142名优秀团干部、757名优秀团员。通过分级评比、评优和表彰,青年团员和团员干部的责任感得到进一步提升,团组织的战斗力得到进一步增强。此外,我校一批集体和个人获得团中央和团省委多项五四表彰奖励:土木工程学院2013级学生孟畅荣获"全国优秀共青团员"称号;信息科学与工程学院学生孙佳琢、化学化工学院学生梁爽荣获"江苏省优秀共青团员"称号;吴健雄学院613131团支部荣获"江苏省五四红旗团支部"称号;东南大学团委荣获"江苏省五四红旗团委"称号。

15. 持续加强基层团组织的建设。以"磐石计划"(组织建设专项)为载体,深入实施高校基层"团支部"活力提升工程,有效提升基层团组织的运行活力、工作开展活力和团员的参与活力。围绕学习习近平总书记系列重要讲话精神"四进四信"活动、"走下网络,走出宿舍,走向操场"群众体育锻炼活动、"践行社会主义核心价值观""廉洁教育——大学生诚信专题"、建党95周年、红军长征胜利80周年、"五四运动"97周年、孙中山先生诞辰150周年等9个主题,广泛开展有意义的团日活动。共有来自24个院系的311个申报项目,最终评选出117个项目作为"磐石计划"立项项目。圆满完成2015年第一期(长期)、第二期及2016年第一期(短期)项目的结项工作。

16. 深化青年马克思主义者培养工程。持续深入实施"青年马克思主义者培养工程",于8月中旬至10月中旬举办了2016年东南大学第一期大学生骨干研习营,231名营员参加了研习营的各项活动,完成了集中理论学习、社会调研、红色教育、交流研讨、实践训练、观摩体验、班级讨论、报告撰写等相关工作。在第一期工作基础上,于10月下旬正式启动2016年东南大学第二期大学生骨干研习营,创新性地将研习营培训环节与第一课堂选修课程相结合,开创了东南大学大学生领导力培养的全新模式。举办专兼职团干部专题研讨班,内容涉及工作辅导、经验分享、主题讨论、实践调研等,进一步提高团干部的思想政治素质、政策理论水平、创新实践能力和组织协调能力。举办新任团支部书记培训班,帮助各院系148名新任团支部书记熟悉和了解团支部干部的职责和工作范围,更快

地适应基层团支部建设需求，充分发挥他们在基层团支部中的领导作用，增强他们的全局意识、服务意识与责任意识，全面提升基层团支部的活力。

六、以发挥学生组织自主性与创造性为目标，不断加强和改进对学生组织的指导和监督

17. 深入开展学生代表大会制度改革试点工作。准确把握《关于加强和改进高校学生会研究生会建设的指导意见》的基本要求，依照《中华全国学生联合会章程》，按照共青团江苏省委学校部关于改革试点工作的总体部署，制定了东南大学学生代表大会制度改革方案，探索成立学生代表大会常设机构，建立学生代表大会提案工作制度，进一步规范学生代表大会召开频率及流程，明确学生代表大会议事规则和学生代表大会选举方案，改进学生代表大会人员构成，建立学生代表大会联系制度。

18. 指导学生会工作。充分发挥学生会在丰富校园文化、服务同学成长中的重要作用，指导学生会举办迎新系列活动、啦啦操大赛、十佳歌手大赛、"向经典致敬"诵读竞赛、"吾爱吾师"——我最喜爱的老师评选、宿舍文化节、领跑大学路、饮食文化月、淘书节等各类活动32大项。指导学生会接受并处理学生投诉共700余起，为学生提供勤工助学岗位约350个。组织基础课程薄弱的学生与优秀学生结对进行学习辅导200余对，组织学生会干部开展以社会调研、理论研究、专题座谈等为形式的内部学习活动，组织定期与各高校交流学习活动。加强学生会内部培训机制与新媒体平台建设，累计发布活动预告、教务资讯、热点社评、服务追踪等信息1 000余条，并将学生会新媒体平台打造成为学生意见、建议以及构建校园文化的重要征集渠道。指导学生会按照相关文件精神的要求，圆满召开第二十五次学生代表大会。校学生会荣获2016年度迎新季全省高校"最苏学生会"荣誉称号。

19. 指导研究生会工作。认真落实《中华全国学生联合会关于加强和改进高校学生会研究生会建设的指导意见》的要求，举办东南大学第九次研究生代表大会，圆满完成换届选举工作。组织研究生骨干学习习总书记系列重要讲话精神10次，指导研究生会开展"弘扬社会主义核心价值观"系列活动10场。指导研究生会树立青年学生榜样，策划并举办第二届"正·青年"东南大学杰出研究生评选大赛；树立良好师德师风典范，打造第六届"我最喜爱的研究生导师"评选大赛。指导研究生会举办学生科技节、辩论赛、十佳歌手大赛、周末舞会、研究生四大体育联赛、国际文化周等活动300余场。指导研究生会举办"3·15"维权调研、研究生生活质量调研、校园文化调研、九龙湖校园快递调研、食堂卫生情况调研等调研活动20余次。指导研究生会广泛收集研究生在科研、学习、生活等诸多方面的意见和要求，及时向有关部门反馈并汇集为维权白皮书，累计处理学生投诉80余起。指导研究生会积极开拓新媒体平台，微信公众号粉丝数量突破45 000人，在全国学联发起的高校研究生会微信排行中稳居全国前五，多次在排行榜登顶，在校内外营造了良好的舆情氛围，展现了东南大学研究生的风采。指导校研究生会继续抓好传统宣传媒介，重新改版研究生会网站，出版活动预告40期、《研究生会系统简报》6期、《善研》杂志4期、年度风采录3期、Hello,SEU新生手册，累计受众20 000余人次。校研究生会荣获2016年度迎新季全省高校"最苏研究生会"荣誉称号。

20. 指导学团联工作。指导学团联围绕年度重点主题举办"百团大战"学生团体联合招

新、新年游园会、"社团巡礼节"等文体活动450余场。指导学生团体联合会重新设计、排版《东南大学2016年学生团体风采集锦》。指导学生团体联合会召开全体学生社团会长大会4次，并与五大类社团分别召开社长座谈沙龙5次，讨论并解决了学生社团现阶段所遇到的诸如经费申请、场地申请、赞助申请、物资借用等10余项问题。指导学生团体联合会帮助解决了所有校级学生社团的指导单位以及指导老师的问题。指导学生团体联合会积极调研各学生社团对当前学团联管理工作的意见，对"我最喜爱的学生团体"评比、学生团体星级评比、十佳学生团体评比等具体考核条例做了补充与修正。指导学生团体联合会积极开拓学生社团宣传平台，拓宽新媒体宣传阵地，持续完善学团联微信公众平台，加强学团联微信平台与社团微信平台的联系，融入更多社团板块加大社团推广力度，同时将一部分工作网络公开化。指导学团联召开学生团体代表大会，对学生团体联合会各项章程做出修订，并顺利完成换届选举工作。指导学团联积极组织社团参评相关奖项。定向协会获评"全国百佳体育公益社团"称号。力魔车队获得"2016江苏最具影响力社团"荣誉称号。

东南大学共青团的多项工作均在2016年度取得突破。在校党委和上级团组织的正确领导下，在全校各职能部门的通力协作下，在校团委全体同仁及各院系全体团学战线同志的奋力拼搏下，东南大学共青团工作在2016年里取得了一系列的进步，社会影响在2016年度中进一步扩大。团中央书记处第一书记秦宜智、团中央书记处书记傅振邦、团中央学校部部长杜汇良等领导均曾关注东南大学共青团工作，团中央学校部副部长李骥、团中央志工部副部长王明学、团省委副书记司勇、姜东等领导均来校调研和指导工作。各种媒体多次关注东南大学共青团相关重点工作，发稿量达到200余篇，将东南大学共青团的声音传播出去。中央电视台关注东南大学共青团工作，《中国青年报》、新华社、新浪网、腾讯网、中国青年网、中国新闻网等媒体多次报道东南大学共青团工作的相关成绩。江苏电视台、南京电视台、《新华日报》《扬子晚报》《金陵晚报》《现代快报》等地方媒体持续聚焦东南大学共青团工作。校团委的微信订阅号"青年东大说"多条微信点击量过万，单条微信"最美的校庆礼物——SEU Timelapse 2016 至美东南首次发布"点击量超过10万。"青年东大说"在上级评选中多次名列前茅，已成为广受东大青年欢迎的"青春集结号"。由校团委集中力量编撰的《2016东南大学共青团大事记》《东南大学共青团2016新闻集锦》《青年东大说微信书》等作品，全面展示了东南大学共青团的工作成绩，受到了社会各界的充分肯定。

东南大学共青团将在新的一年里继续紧扣时代主题，进一步凝心聚气、强基固本，努力在增强思想引领实效、促进服务学生成长成才方面推出新的举措，更加自觉、更有成效地组织和引导东大青年为实现跻身世界一流大学的"东大梦"和中华民族伟大复兴的"中国梦"而努力奋斗！

共青团东南大学委员会
2017年1月1日

学科建设与研究生教育

综　　述

一、学科建设工作

1. 学科国际声誉稳步提升。2016年5月，我校的药理学与毒理学首次进入ESI学科排名世界前1‰，使我校进入ESI学科排名的学科数增至9个；截止到2016年11月份，这9个进入ESI排名的学科位次不断前移，其中工程学提升到44位、计算机科学提升到69位、材料科学提升到155位、数学提升到101位、化学提升到302位、物理学提升到445位、生物学与生物化学提升到746位、病理学与毒理学提升到669位、临床医学提升到1 133位。

2. 在U.S.News世界大学排名中，工程学位居第23位，计算机学科排名第29位；在ARWU世界大学学术排名中，工程/技术与计算机科学（工科）排名位居第20位，国内排名第5位。

3. 组织17个一级学科申报"十三五"江苏省重点学科，全部入选。

4. 经过多轮次的动员、研讨和论证，组织完成了第四轮学科评估材料的申报工作（共计31个一级学科）。

5. 组织各院系积极申报第四批江苏省产业教授，推荐20人参评，其中19人已通过省内评审。

6. 组织我校8个相关学科参加2016年江苏省硕士学位授权一级学科点评估；组织法律、工商管理、公共管理、会计四个专业学位参加由国务院教育督导委员会办公室组织的专业学位水平评估试点工作，并按期提交了相关材料。

7. 组织完成"东南大学一流学科建设规划"和"一流学科攀升计划"的编制工作，为我校的学科建设提供了指导性文件。

8. 完成了2016年中央高校建设一流大学（学科）和特色发展引导专项资金预算制定和执行管理（本年度的中央财政拨款3.58亿元）。

9. 获批"网络空间安全"一级学科博士学位授权点并依托学科点成立网络空间安全学院。

10. 落实2017年新增院士遴选候选人13人,并为首次申报者提供院士申报政策和流程等方面的咨询服务。

11. 修订完善东南大学研究生硕士/博士指导教师遴选办法。

12. 维护、更新了学位中心专家库中我校1 786位专家(导师)的信息。

二、研究生招生工作

1. 重视并加大招生宣传力度,招收推荐免试研究生工作再创佳绩,录取校内外推免生1 500名,其中来自"985"和"211"高校的有1 373名,为历史最好。

2. 继续推进研究生招生制度改革:2017年取消博士公开招考,全面实行申请考核制;根据学术学位和专业学位的不同特点,在建筑、医学等部分学院试点硕士生分类招生考试。

3. 围绕国家发展战略,按照"双一流"建设目标,以培养质量和绩效为导向,制定出台了《东南大学博士研究生招生指标分配办法(试行)》,并从2017年博士招生开始试行。

4. 为进一步加强博士生导师队伍建设,强化岗位意识,制定出台了《东南大学博士生导师招生资格年度审核工作办法(试行)》。

三、研究生培养工作

1. 完成本年度2 262个教学班教学任务、非全日制研究生公共课程考务工作和研究生2 376人次的英语四、六级报名和考试的相关工作。

2. 获批江苏省各类研究生创新工程322项。

3. 2016年被国家留学基金委录取公派研究生194名,被录取短期访问的博士生导师34人。

4. 积极开展国内外学术交流,遴选拟资助博士生373人参加国际学术会议和短期访学。资助全英文教学课程43门,邀请50余名国外知名大学教授来我校进行全英文授课。选派一批研究生到国外知名大学进行交流学习。

5. 加强研究生教育教学改革,积极推进慕课课程建设,先期遴选5门课程进行试点,目前已完成招标工作。

6. 加大对优秀博士学位论文的培育力度,遴选出80项优博基金项目及10个培育对象,并进行跟踪培育、管理和服务。

7. 组织开展全校研究生教学检查,对研究生培养的各环节进行全面检查。

8. 完成了对2012级直博生、2013级(秋季)博士生、2014级(春季)博士生及部分因故批准延期考核的往届737名博士生的中期考核工作。完成了对2014级的3 342名硕士研究生的中期考核与筛选工作。

四、研究生学位工作

1. 在2016年度江苏省优秀学位论文评选中,我校获优秀博士学位论文13篇、优秀硕士论文27篇的优异成绩。

2. 我校自主设计了本、硕、博3个学位层次共10类学位证书内芯和3种封套,并于2016年3月起使用新版学位证书。省学位办已把我校作为优秀典型案例上报教育部。

3. 严格遵守学位论文送审"双盲"原则,2016年送审博士学位论文1 668本、硕士学位论文1 051本;接受评阅外校博、硕士学位论文1 590本。

4. 2016年审核552位博士研究生的学位(毕业)论文答辩申请材料。

5. 组织召开了校学位评定委员会第十四届第六、七、八、九次会议,2016年共授予博士学位550人,授予硕士学位3 909人,其中授予留学生学位总数为68人;完成了四批硕士和前三批博士的学位证书发放,并将我校2016年度四批授学位数据实时上报到教育部学位中心。

6. 完成授予学位学生4 501份档案的整理与归档,分批次向国图、中情所、CNKI(中国知网)、校图、档案馆报送了共13 947本论文。

7. 组织报送了被江苏省教育评估院抽中的119名研究生的学位论文材料。

五、研究生管理工作

1. 精心组织迎接3 900多名硕士和680余名博士新生分别于春季、秋季报到入学(分布在九龙湖、四牌楼、丁家桥和苏州、无锡等校区),并顺利完成入学注册、选课等环节。

2. 学籍管理工作规范有序。2016年研究生毕业3 854人,其中硕士生3 335人,博士生519人;研究生休学39人、退学103人、休学复学20人。完成了4 672名新生的网上学籍注册和10 614名在校研究生的网上学年注册,以及毕业研究生的学历注册。

3. 全年制作毕业证书12批次,为学生就业、出国、升学提供了便利条件。

4. 2016年获研究生国家奖学金354人,其中博士生109人,硕士生245人。信息科学与工程学院2014级博士生刘硕荣获2016年度"宝钢优秀学生特等奖";医学院2013级陈玖、2016级陈润哲,物理系2013级南海燕三名博士生获2016年度"宝钢优秀学生奖"。

共发放学业奖学金10 099万元,其中博士研究生学业奖学金1 893.4万元,硕士研究生学业奖学金8 205.6万元。

共评定校友奖、助学金106项,获奖研究生672人次,奖助金额达270.44万元。

共评选出硕士优秀毕业生271人,校级优秀研究生干部418人,校级三好研究生811人,校级研究生先进班级11个。获"江苏省三好学生"7人,获"江苏省优秀研究生干部"9人,获"江苏省先进班集体"荣誉称号的有7个班级。

5. 2016年共选拔、派遣了研究生助管约461人次,服务55个部门,发放助管报酬81万余元;在本科高等数学课程和研究生外语课程中设立研究生助教岗位,选拔、招聘高数助教77名、研究生外语课程助教110名(含外籍留学生29名),共计发放酬金76万余元。完成新生贷款376人,老生续放款561人,共计放款1 060万余元。

2016—2017年度博士学位研究生招生专业及指导教师

学科门类	学科（一级学科）	专业（二级学科）	指导教师（以姓名拼音为序）
哲学（01）	哲学	（按一级学科招生）	董　群　樊和平　马向真　乔光辉　王　珏　王　珂　魏福明　夏保华　徐　嘉　许建良　岳　璐
经济学（02）	应用经济学	（按一级学科招生）	陈淑梅　胡汉辉　华　生（兼）　刘修岩　邱　斌　邵　军　吴利华　徐康宁　徐盈之　张宗庆　周　勤
		金融学	董　斌　刘晓星　周　勤
法学（03）	法学	（按一级学科招生）	龚向和　刘艳红　孟鸿志　汪进元　肖　冰　周少华　周佑勇
	马克思主义理论	马克思主义基本原理	高晓红　刘　魁　袁健红　袁久红
		思想政治教育	陈美华　李霄翔　廖小琴　刘　魁　许苏明
理学（07）	数学	（按一级学科招生）	曹进德　陈建龙　李铁香　李玉祥　梁金玲　林金官　林文松　刘继军　卢剑权　孙志忠　唐达林　王冠军　王栓宏　徐君祥　余星火　虞文武
	物理学	（按一级学科招生）	陈世华　董　帅　董正高　范吉阳　郭　昊　侯净敏　李　旗　吕　准　倪振华　邱　腾　施智祥　汪　军　王金兰　徐春祥　徐明祥　徐庆宇　薛　鹏　杨文星　叶　巍　翟　亚　周海清
	生物学	（按一级学科招生）	柴人杰　巢　杰　樊　红　方　明　韩俊海　加正平　林承棋　刘向东　陆　魏　潘玉峰　谢　维　袁榴娣　张建琼　赵春杰　周子凯
工学（08）	力学	固体力学	郭小明　何小元　李兆霞　糜长稳　杨福俊
		工程力学	郭　力　郭小明　何小元　靳　慧　李兆霞　吕令毅
	机械工程	（按一级学科招生）	毕可东　陈　南　陈云飞　费庆国　韩　良　贾民平　蒋书运　李　普　刘　磊　罗　翔　倪中华　沙　菁　史金飞　帅立国　苏　春　孙蓓蓓　汤文成　王兴松　幸　研　许飞云　薛澄岐　易　红　殷国栋　张建润　张志胜　周忠元
	光学工程	（按一级学科招生）	崔一平　顾　兵　雷　威　李　青　李晓华　娄朝刚　吕昌贵　屠　彦　王春雷　王琦龙　王著元　夏　军　恽斌峰　张晓兵　张　雄（外籍）　赵志伟　朱　利
	仪器科学与技术	（按一级学科招生）	蔡体菁　陈俊杰　陈熙源　程向红　李宏生　李建清（兼）　李　旭　刘锡祥　潘树国　秦文虎　宋爱国　宋光明　王爱民　王立辉　王　庆　吴　涓　夏敦柱　徐晓苏　严如强　杨　波　杨功流（兼）　张广军　张　彤　张为公　赵立业

(续　表)

学科门类	学科(一级学科)	专业(二级学科)	指导教师(以姓名拼音为序)
工学 (08)	材料科学 与工程	(按一级学科招生)	陈　锋　陈惠苏　陈　坚　储成林　丁　辉 董寅生　方　峰　高建明　郭丽萍　郭新立 蒋建清(兼)　蒋金洋　李　敏　刘加平 刘玉付　缪昌文　潘钢华　潘　冶　钱春香 邵起越　沈宝龙　孙　伟　孙正明　涂益友 薛　烽　余新泉　张亚梅　张友法　张云升 周　健　朱鸣芳
		材料物理与化学	丁收年　付大伟　付德刚　付国东　苟少华 顾忠泽　姜　勇　雷立旭　李新松　林保平 刘松琴　娄永兵　骆培成　祁争健　钱　鹰 任丽丽　孙柏旺　孙岳明　王明亮　王雪梅 王怡红　王志飞　卫　伟　吴东方　谢一兵 熊仁根　杨　洪　叶恒云　游雨蒙　张　闻 张一卫　张　毅　张袁健　周建成　周钰明 诸海滨
	动力工程及 工程热物理	(按一级学科招生)	蔡　亮　陈晓平　陈亚平　陈永平(兼) 陈振乾　段伦博　段钰锋　归柯庭　黄亚继 金保昇　李舒宏　李益国　梁　财　梁彩华 陆　勇　潘　蕾　钱　华　邵应娟　沈德魁 沈　炯　沈来宏　盛昌栋　司风琪　宋　敏 王培红　向文国　肖　睿　熊源泉　许传龙 杨建刚　杨林军　殷勇高　余艾冰　袁竹林 张　军　张小松　张亚平　张耀明　赵伶玲 钟文琪　仲兆平　周克毅
		★能源环境工程	陈晓平　段钰锋　归柯庭　黄亚继　金保昇 肖　睿　熊源泉　钟文琪　仲兆平
	电气工程	(按一级学科招生)	陈　武　陈　中　程　明　窦晓波　樊　英 房淑华　高丙团　高赐威　高　山　顾　伟 胡敏强(兼)　花　为　黄学良　黄允凯 蒋　平　金　龙　李　扬　林鹤云　林明耀 陆于平　马伟明(兼)　汤　奕　王蓓蓓 王　政　吴在军　徐青山　余海涛　张建忠 赵剑锋　郑建勇
	电子科学与技术	物理电子学	崔一平　顾　兵　雷　威　李　青　李晓华 娄朝刚　吕昌贵　孙小菡　屠　彦　王春雷 王琦龙　王著元　夏　军　肖金标　恽斌峰 张　彤　张晓兵　张雄(外籍)　赵志伟　朱利
		电路与系统	陈莹梅　樊祥宁　胡庆生　黄风义　李文渊 李智群　孟　桥　苗　澎　吴建辉　杨　春 张　萌　朱　恩
		微电子学与 固体电子学	丁德胜　黄庆安　陆生礼　秦　明　单伟伟 尚金堂　时龙兴　孙立涛　孙伟锋 汪正平(兼)　吴建辉　徐　峰　杨　春 杨　军　张　萌

(续 表)

学科门类	学科(一级学科)	专业(二级学科)	指导教师(以姓名拼音为序)
工学(08)	电子科学与技术	电磁场与微波技术	曹振新　陈继新　陈志宁(兼)　程　强　崔铁军　窦文斌　郝张成　洪　伟　胡三明　华　光　蒋卫祥　陆卫兵　马慧锋　孙忠良　王海明　吴　柯　徐金平　殷晓星　余旭涛　赵洪新　周健义　朱晓维
		★集成电路设计	丁德胜　李　冰　陆生礼　单伟伟　时龙兴　孙伟锋　杨　军
	信息与通信工程	(按一级学科招生)	陈　明　丁　崤　方世良　高西奇　衡　伟　黄永明　金　石　刘　楠　孟　桥　潘志文　裴文江　盛　彬　宋铁成　汪　茂(兼)　王俊波　王　桥　王　炎　徐平平　许　威　杨绿溪　尤肖虎　张　华　张在琛　赵春明　赵　力　赵新胜　郑福春　郑　军　郑文明　邹采荣(兼)
		★信息安全	程　光　胡爱群　黄　杰　康　维
	控制科学与工程	(按一级学科招生)	曹进德　达飞鹏　费树岷　郭　雷(兼)　李　俊　李　奇(兼)　李世华　李新德　路小波　孙长银　田玉平　汪　峥　魏海坤　武玉强(兼)　严洪森　杨　俊　余星火　翟军勇　张凯锋　张侃健　张　亚
		导航、制导与控制	蔡体菁　程向红　田玉平　徐晓苏　张　涛
	计算机科学与技术	(按一级学科招生)	曹玖新　陈汉武　程　光　高志强　耿　新　蒋嶷川　李宝生(兼)　李必信　李小平　李幼平　罗军舟　罗立民　倪巍伟　漆桂林　芮　勇(兼)　舒华忠　宋爱波　陶　军　汪　芸　王红兵　杨　明
	建筑学	(按一级学科招生)	陈　薇　程泰宁　戴　航　董　卫　韩冬青　冷嘉伟　李　飚　孟建民(兼)　彭昌海　齐　康　单　踊　石　邢　王建国　王彦辉　张　宏　张十庆　张　彤　郑　炘　周　琦　周　颖
	土木工程	(按一级学科招生)	Mohammad Noori　曹双寅　陈锦祥　陈忠范　戴国亮　丁汉山　丁幼亮　范圣刚　冯　健　冯若强　龚维明　郭　彤　郭正兴　惠　卓　李爱群　李维滨　梁书亭　刘伟庆(兼)　刘　钊　罗　斌　吕令毅　缪长青　潘金龙　秦顺全(兼)　邱洪兴　舒赣平　万春风　汪　昕　王　浩　王景全　吴　刚　吴　京　吴智深　徐赵东　杨才千　叶继红　张继文　张　建　赵　坚　周　臻　朱　虹　宗周红
		岩土工程	蔡国军　邓永锋　杜广印　杜延军　洪振舜　刘松玉　缪林昌　童立元　章定文　朱志铎
		市政工程	傅大放　黄　娟　杨小丽
		供热、供燃气、通风及空调工程	蔡　亮　陈亚平　陈永平(兼)　陈振乾　李舒宏　梁彩华　钱　华　殷勇高　张小松

(续 表)

学科门类	学科(一级学科)	专业(二级学科)	指导教师(以姓名拼音为序)
工学 (08)	土木工程	桥梁与隧道工程	黄 侨　万 水　王克海(兼)　王文炜　杨 明
		★土木工程建造与管理	郭正兴　李启明　李维滨
		★土木工程材料	陈惠苏　高建明　郭丽萍　李 敏　刘加平 缪昌文　潘钢华　钱春香　孙 伟　张亚梅 张云升
	化学工程与技术	(按一级学科招生)	程 林　丁收年　付大伟　付国东　苟少华 黄 凯　姜 勇　雷立旭　李新松　林保平 刘松琴　娄永兵　骆培成　祁争健　钱 鹰 任丽丽　孙柏旺　孙岳明　王明亮　王怡红 卫 伟　吴东方　肖国民　谢一兵　熊仁根 杨 洪　张一卫　张袁健　周建成　周钰明 诸海滨
	交通运输工程	(按一级学科招生)	陈 峻　陈淑燕　陈先华　陈学武　陈一梅 程建川　程 琳　邓永锋　杜延军　高 英 顾兴宇　郭建华　过秀成　洪振舜　黄 卫 黄晓明　季彦婕　李铁柱　李文权　刘 攀 刘志远　陆 建　马 涛　缪林昌　倪富健 潘玉利(兼)　钱振东　冉 斌　任 刚 孙 璐　王 昊　王 炜　项乔君　谢远长 徐宿东　杨 军　杨 敏　叶智锐　张 磊 张 永　章定文　赵永利
		★交通测绘与信息技术	高成发　胡伍生　翁永玲
	环境科学与工程	(按一级学科招生)	陈晓平　段伦博　段钰锋　归柯庭　黄亚继 金保昇　李先宁　吕锡武　沈德魁　沈来宏 盛昌栋　宋海亮　宋 敏　肖 睿　熊源泉 杨林军　余艾冰　余 冉　张 军　张亚平 赵伶玲　钟文琪　仲兆平　朱光灿
	生物医学工程	(按一级学科招生)	白云飞　陈 扬　陈 战　葛丽芹　葛芹玉 顾 宁　顾万君　顾忠泽　何农跃　何思渊 黄宁平　吉 民　李志勇　刘 宏　刘宏德 刘全俊　卢晓林　陆祖宏　吕晓迎　钱卫平 孙剑飞　孙清江　孙 啸　唐达林　王进科 王雪梅　吴富根　夏 强　肖鹏峰　肖忠党 熊 非　徐春祥　杨 芳　张天柱　张 宇 赵祥伟　赵远锦
		★学习科学	邓慧华　蒋 犁　康学军　周仁来(兼)
		★神经信息工程	卢 青　王海贤　韦 钰　禹东川　郑文明
	城乡规划学	(按一级学科招生)	董 卫　段 进　李百浩　王建国　王兴平 吴 晓　阳建强　杨俊宴
	风景园林学	(按一级学科招生)	陈 薇　成玉宁　冷嘉伟　石 邢　王晓俊 郑 炘
	软件工程	(按一级学科招生)	陈汉武　高志强　耿 新　李必信　李小平 漆桂林　王红兵　张敏灵　周德宇

(续 表)

学科门类	学科(一级学科)	专业(二级学科)	指导教师(以姓名拼音为序)
	网络空间安全	(按一级学科招生)	曹玖新　程　光　胡爱群　黄　杰　蒋嶷川 康　维　梁金玲　卢剑权　罗军舟　倪巍伟 潘志文　陶　军　汪　芸　王　炎　杨　明 虞文武　张敏灵
	工程博士领域 (085200)	电子与信息	时龙兴　尤肖虎等
		先进制造	戴先中　汤文成等
医学 (10)	基础医学	免疫学	窦　骏　高大庆　李淑锋　刘培党　沈传来 沈传陆　王大勇　王立新　姚红红　袁榴娣 张建琼
	临床医学	内科学	巢　杰　陈宝安　陈立娟　陈平圣　樊　红 郭凤梅　黄培林　李　玲　刘必成　刘乃丰 刘志红(兼)　马根山　马坤岭　邱海波 施瑞华　孙子林　汤成春　汤日宁　王少华 王书奎(兼)　杨　毅　姚玉宇　张晓良 赵　伟(兼)　郭怡菁
		儿科	郭怡菁
		神经病学	柏　峰　郭怡菁　谢春明　闫福岭　袁勇贵 张志珺
		影像医学与核医学	郭金和　居胜红　刘培党　马根山　滕皋军
		临床检验诊断学	高大庆　沈艳飞　王立新　吴国球
		外科学	陈陆馗　陈　明　嵇振岭　芮云峰　王运涛 吴小涛　杨建军　于振坤(兼)　周家华
		妇产科学	陈　明　窦　骏
		肿瘤学	陈宝安　郭金和　黄培林　沈传来　唐秋莎 王彩莲　吴国球　张海军
	公共卫生与 预防医学	流行病与卫生统计学	巢健茜　刘　沛　沈孝兵　卫平民
		劳动卫生与 环境卫生学	陈　瑞　梁戈玉　刘　冉　浦跃朴　吴　魏 尹立红　张　娟
		营养与食品卫生学	康学军　孙桂菊　许　茜
		卫生毒理学	唐　萌　王大勇　薛玉英
管理学 (12)	管理科学与工程	(按一级学科招生)	陈良华　陈伟达　陈志斌　邓小鹏　韩瑞珠 何建敏　何　勇　胡汉辉　李爱国　李德智 李　东　李廉水(兼)　李　敏　李启明 李四杰　刘新旺　吕鸿江　梅姝娥　舒　嘉 王海燕　王文平　吴　芃　吴应宇　徐泽水(兼) 薛巍立　袁竞峰　张建坤　张玉林　赵林度 仲伟俊　庄亚明
		★金融工程	何建敏　刘晓星　庄亚明
艺术学 (13)	艺术学理论	(按一级学科招生)	甘　锋　李蓓蕾　龙迪勇　沈亚丹　汪小洋 王廷信　谢建明(兼)　徐习文　徐子方 郁火星

注:标"★"的为自主设置的二级学科。

2016—2017年度硕士学位研究生招生学科、专业

学术学位招生学科、专业

学科门类	学科(一级学科)	学科、专业(二级学科)
哲学	哲学	
经济学	应用经济学	金融学
法学	法学	
	政治学	政治学理论
	社会学	
	马克思主义理论	
教育学	教育学	
	心理学	
	体育学	
文学	中国语言文学	
	外国语言文学	英语语言文学;日语语言文学;外国语言学及应用语言学
理学	数学	
	物理学	
	化学	
	生物学	生物物理学
	统计学	
工学	力学	
	机械工程	
	光学工程	
	仪器科学与技术	
	材料科学与工程	材料物理与化学
	动力工程及工程热物理	动力工程及工程热物理(能源环境工程)
	电气工程	
	电子科学与技术	物理电子学;电路与系统;微电子学与固体电子学 电磁场与微波技术;电子科学与技术(集成电路设计)
	信息与通信工程	
	控制科学与工程	导航、制导与控制
	计算机科学与技术	

（续　表）

学科门类	学科（一级学科）	学科、专业（二级学科）
工学	建筑学	
	土木工程	岩土工程；市政工程；供热、供燃气、通风及空调工程；桥梁与隧道工程；土木工程（土木工程材料）；土木工程（土木工程建造与管理）
	测绘科学与技术	
	化学工程与技术	
	交通运输工程	
	环境科学与工程	
	生物医学工程	生物医学工程（神经信息工程）；生物医学工程（学习科学）
	城乡规划学	
	风景园林学	
	软件工程	
	网络空间安全	
医学	基础医学	
	临床医学	内科学；儿科学；神经病学；精神病与精神卫生学；影像医学与核医学；临床检验诊断学；外科学；妇产科学；眼科学；耳鼻咽喉科学；肿瘤学；麻醉学；急诊医学
	公共卫生与预防医学	流行病与卫生统计学；劳动卫生与环境卫生学；营养与食品卫生学；卫生毒理学
	中医学	中医内科学
	药学	药理学
	护理学	
管理学	管理科学与工程	
	工商管理	会计学；旅游管理
	公共管理	
	图书情报与档案管理	
艺术学	艺术学理论	
	美术学	
	设计学	

专业学位招生类别、领域

学科门类	类别	领域
经济学	金融	
	应用统计	
	国际商务	
法学	法律	法律（非法学） 法律（法学）
社会工作	社会工作	
汉语国际教育	汉语国际教育	
应用心理	应用心理	
文学	翻译	英语笔译
工学	建筑学	
	工程	机械工程 光学工程 仪器仪表工程 材料工程 动力工程 电气工程 电子与通信工程 集成电路工程 控制工程 计算机技术 软件工程 建筑与土木工程 水利工程 化学工程 交通运输工程 环境工程 生物医学工程 工业设计工程 物流工程
	城市规划	
	风景园林	
医学	临床医学	
	公共卫生	
	护理	
管理学	工商管理	
	公共管理	
	会计	
	工程管理	
艺术学	艺术	美术 艺术设计

入选江苏省2016年度普通高校学术学位研究生科研创新计划项目名单(省立省助)

序号	院系	编号	申请人	项目名称	项目类型	研究生层次	导师
1	数学系	KYZZ16_0112	高月凤	伪核逆在具有对合的环中的研究	自然科学	博士	陈建龙
2	数学系	KYZZ16_0113	王琨	具有退化情形的KAM理论及其应用	自然科学	博士	徐君祥
3	数学系	KYZZ16_0114	李德浩	随机分数阶系统的状态估计及其在神经网络中的应用	自然科学	博士	梁金玲
4	数学系	KYZZ16_0115	李若霞	分数阶忆阻神经网络的动力学分析	自然科学	博士	曹进德
5	数学系	KYZZ16_0123	郝红霞	时变半参数随机波动率模型的统计推断	自然科学	博士	林金官
6	物理系	KYZZ16_0116	张骏杰	新型低维材料超导与声子输运的理论研究	自然科学	博士	董帅
7	物理系	KYZZ16_0117	牛相宏	新型量子点材料光学性质的理论研究	自然科学	博士	王金兰
8	物理系	KYZZ16_0118	刘少鹏	非线性介质的光学非线性及其相关现象的研究	自然科学	博士	杨文星
9	物理系	KYZZ16_0119	詹翔	基于线性光学的复杂量子态的制备及应用	自然科学	博士	薛鹏
10	生命科学研究院	KYZZ16_0120	公丕海	lncRNA UCA1结合EZH2抑制E-cadherin的表达影响胃癌转移的研究	自然科学	博士	樊红
11	生命科学研究院	KYZZ16_0121	程乾	果蝇PTIP蛋白的功能研究	自然科学	博士	方明
12	生命科学研究院	KYZZ16_0122	程诚	α-PIX基因对小鼠听力损失的作用机制	自然科学	博士	柴人杰
13	学习科学中心	KYZZ16_0124	田飞	孤独症儿童尿液exosome中RNA差异表达分析	自然科学	博士	葛芹玉
14	学习科学中心	KYZZ16_0125	彭苏浩	社会排斥对意图理解的影响及其神经机制	自然科学	博士	邓慧华
15	公共卫生学院	KYZZ16_0136	孟醒	Hif-1a通路在苯致骨髓造血抑制中的作用和分子机制	自然科学	博士	浦跃朴
16	公共卫生学院	KYZZ16_0137	孟庆涛	PM 2.5诱导肿瘤微环境乙酸代谢影响结直肠癌发展的机制研究	自然科学	博士	陈瑞
17	公共卫生学院	KYZZ16_0138	李成云	长链非编码RNA在胃癌发生发展中的作用机制及生物标志研究	自然科学	博士	梁戈玉
18	医学院	KYZZ16_0126	李森	miR-7agomir通过影响CD 44表达下调乳腺癌干细胞亚群的机制研究	自然科学	博士	窦骏
19	医学院	KYZZ16_0127	韩冰	Sigma-1R/miR-143/PUMA通路在甲基苯丙胺致血脑屏障损伤中的作用	自然科学	博士	姚红红

(续　表)

序号	院系	编号	申请人	项目名称	项目类型	研究生层次	导师
20	医学院	KYZZ16_0128	黄　嘉	TRIM32改善压力诱导心肌肥厚的分子机制研究	自然科学	博士	马根山
21	医学院	KYZZ16_0129	张曦文	ARDS时Wnt/β-catenin-p130/E2F4调控细胞周期影响MSC向肺泡上皮分化的机制研究	自然科学	博士	邱海波
22	医学院	KYZZ16_0130	邓齐文	miR-199a-5p作为卒中相关性肺炎标志物及其机制研究	自然科学	博士	闫福岭
23	医学院	KYZZ16_0131	顾丽华	基于同步ERP-fMRI探究aMCI工作记忆损伤以及认知储备对其影响	自然科学	博士	张志珺
24	医学院	KYZZ16_0132	公卫刚	视空间学习训练对PR5小鼠认知功能影响及其机制研究	自然科学	博士	任庆国
25	医学院	KYZZ16_0133	仲斌演	基于经皮椎体成形术病例大样本数据库的系列临床研究	自然科学	博士	滕皋军
26	医学院	KYZZ16_0134	高　蓉	miR-21和miR-146a在肿瘤细胞来源自噬小体(TRAP)诱导巨噬细胞极化中的作用及机制研究	自然科学	博士	王立新
27	医学院	KYZZ16_0135	凌志新	HOTAIR/EZH2/miR-193a环路调控去势抵抗前列腺癌上皮间质转化	自然科学	博士	陈　明
28	经济管理学院	KYZZ16_0100	王美昌	高速铁路的经济发展效应：基于多维空间尺度的实证研究	人文社科	博士	徐康宁
29	经济管理学院	KYZZ16_0101	赵　迪	本土与全球价值链分工"竞合"下的生产服务业发展研究	人文社科	博士	张宗庆
30	经济管理学院	KYZZ16_0139	邬松涛	基于信息复杂网络与Multi-Agent心理交互的股市风险传染研究	自然科学	博士	何建敏
31	经济管理学院	KYZZ16_0141	吴　亮	重构企业正式和非正式网络一致性：基于CAS视角的分析	自然科学	博士	吕鸿江
32	经济管理学院	KYZZ16_0140	杨浩昌	制造业聚集与技术创新	自然科学	博士	李廉水
33	法学院	KYZZ16_0102	朱　军	社会权的限制及其合宪性研究	人文社科	博士	龚向和
34	法学院	KYZZ16_0103	翟　冬	社会自我规制法治理念下我国工程监理制度重构	人文社科	博士	周佑勇
35	法学院	KYZZ16_0105	刁　舒	互联网金融法治问题研究——基于法治的供给侧改革视角	人文社科	博士	施建辉
36	法学院	KYZZ16_0106	高　磊	《刑法修正案(九)》新增网络犯罪的相对主义司法适用研究	人文社科	博士	刘艳红
37	马克思主义学院	KYZZ16_0104	崔立颖	历史唯物主义视域下的中国道路研究	人文社科	博士	袁久红
38	马克思主义学院	KYZZ16_0107	赵　娟	有机马克思主义与中国高等教育改革的有机化进路探析	人文社科	博士	许苏明
39	人文学院	KYZZ16_0096	覃小妮	《黄帝内经》的"形神"思想研究	人文社科	博士	许建良

(续 表)

序号	院系	编号	申请人	项目名称	项目类型	研究生层次	导师
40	人文学院	KYZZ16_0097	米进忠	《维摩诘经》与《坛经》"不二"思想之比较研究	人文社科	博士	董 群
41	人文学院	KYZZ16_0098	路高学	秦始皇政治合法性建构路径研究	人文社科	博士	许建良
42	人文学院	KYZZ16_0099	安汝杰	"非遗"视角下少林功夫的文化生态研究	人文社科	博士	乔光辉
43	艺术学院	KYZZ16_0108	董甜甜	多元艺术思想下的扁平化交互设计研究	人文社科	博士	凌继尧
44	艺术学院	KYZZ16_0109	侯 力	卡罗尔艺术伦理学及其影响研究	人文社科	博士	谢建明
45	艺术学院	KYZZ16_0110	王诗晓	经济新常态下江苏民间艺术产业范式转型研究	人文社科	博士	汪小洋
46	艺术学院	KYZZ16_0111	谢九生	古代"艺术"列传研究	人文社科	博士	李蓓蕾

入选江苏省2016年度普通高校学术学位研究生科研创新计划项目名单（省立校助）

序号	院系	编号	申请人	项目名称	项目类型	研究生层次	导师
47	建筑学院	KYLX16_0231	王锡惠	东南亚湄公河流域古都形制源流探究	自然科学	博士	董 卫
48	建筑学院	KYLX16_0232	成 实	基于动态随机视点的城市开放空间量化评价方法研究	自然科学	博士	王建国
49	建筑学院	KYLX16_0233	林 岩	基于城市形态学的"自下而上"的城市设计途径研究	自然科学	博士	王建国
50	建筑学院	KYLX16_0234	葛 欣	城市边缘性街区的量形表述体系研究	自然科学	博士	韩冬青
51	建筑学院	KYLX16_0235	裴逸飞	基于集群视角下的徽州传统村落更新营造研究	自然科学	博士	冷嘉伟
52	建筑学院	KYLX16_0237	田志超	算法与知识库驱动的建筑节能优化设计技术和工具研究	自然科学	博士	石 邢
53	建筑学院	KYLX16_0292	兰文龙	管控视角下的城市设计技术方法研究	自然科学	博士	段 进
54	建筑学院	KYLX16_0293	陆小波	中型平原水网城市空间形态原型规律研究	自然科学	博士	杨俊宴
55	建筑学院	KYLX16_0294	马 婕	基于动态可视化的空间行为与景观形态互动研究	自然科学	博士	成玉宁
56	建筑研究所	KYLX16_0236	马 程	社会经济转型背景下农村居住空间形态演变机制研究——以南京、镇江为例	自然科学	博士	齐 康

（续　表）

序号	院系	编号	申请人	项目名称	项目类型	研究生层次	导师
57	机械工程学院	KYLX16_0186	李　烈	减振镗杆动力学特性及优化设计研究	自然科学	博士	孙蓓蓓
58	机械工程学院	KYLX16_0187	孙小肖	基于机器视觉服务机器人定位与抓取关键技术研究	自然科学	博士	韩　良
59	机械工程学院	KYLX16_0188	周　蓉	基于触觉传感系统的机器人自主行为学习认知模型	自然科学	博士	张志胜
60	能源与环境学院	KYLX16_0199	张书平	稻壳热解多联产及其产物改性应用的基础研究	自然科学	博士	熊源泉
61	能源与环境学院	KYLX16_0200	孙　朝	多功能钙基吸附剂制备与化学链制氢协同二氧化碳捕集	自然科学	博士	向文国
62	能源与环境学院	KYLX16_0201	姚　婷	燃煤烟气吸附剂的汞脱除特性及再生机理研究	自然科学	博士	段钰锋
63	能源与环境学院	KYLX16_0202	徐俊超	燃煤PM2.5在水汽中的核化长大特性研究	自然科学	博士	张　军
64	能源与环境学院	KYLX16_0203	谢立宇	煤沥青小球氧化不熔化过程的多尺度模拟研究	自然科学	博士	钟文琪
65	能源与环境学院	KYLX16_0204	王　佳	微波加热条件下生物质共催化热解制油及其提质研究	自然科学	博士	仲兆平
66	能源与环境学院	KYLX16_0282	吴俊康	纳米颗粒对污水生物脱氮系统的影响及群体感应调控机制	自然科学	博士	余　冉
67	能源与环境学院	KYLX16_0283	黄荣廷	氨法脱硫过程中气溶胶的生成及控制研究	自然科学	博士	杨林军
68	信息科学与工程学院	KYLX16_0215	包远鑫	低功耗CMOS温度感应电路研究	自然科学	博士	李文渊
69	信息科学与工程学院	KYLX16_0220	黄　菲	宽带毫米波MIMO信道测量仪的研究	自然科学	博士	周健义
70	信息科学与工程学院	KYLX16_0221	徐　浩	D2D通信系统中的资源管理技术研究	自然科学	博士	陈　明
71	信息科学与工程学院	KYLX16_0222	章跃跃	软件定义移动网中资源分配算法研究	自然科学	博士	沈连丰
72	信息科学与工程学院	KYLX16_0223	任　红	分布式天线系统中的能效问题研究	自然科学	博士	刘　楠
73	信息科学与工程学院	KYLX16_0224	江　浩	三维空间多天线MIMO空时统计信道建模研究分析	自然科学	博士	张在琛
74	信息科学与工程学院	KYLX16_0225	高小钦	基于量子无线多跳网络的研究	自然科学	博士	盛　彬 张在琛

(续 表)

序号	院系	编号	申请人	项目名称	项目类型	研究生层次	导师
75	信息科学与工程学院	KYLX16_0226	闫 文	面向海量数据的多域数据挖掘与深度学习及其分析平台实现	自然科学	博士	杨绿溪
76	土木工程学院	KYLX16_0184	严 洁	功能梯度涂层对退让接触应力的调控机理理论分析	自然科学	博士	糜长稳
77	土木工程学院	KYLX16_0185	王 猛	瞬态荷载作用下树脂基复合材料多尺度损伤研究	自然科学	博士	费庆国
78	土木工程学院	KYLX16_0238	徐 江	滨海半成岩高承压水区域锚碇基础全生命周期安全控制与环境影响研究	自然科学	博士	龚维明
79	土木工程学院	KYLX16_0239	邓会元	软土地区吹填围垦对邻近桥梁桩基的长期影响研究	自然科学	博士	戴国亮
80	土木工程学院	KYLX16_0245	陈 尧	考虑多种失稳模态的π形构件轴压稳定承载力性能研究	自然科学	博士	舒赣平
81	土木工程学院	KYLX16_0246	周立明	基于区域分布传感的结构性能三层次评估方法	自然科学	博士	张 建
82	土木工程学院	KYLX16_0247	徐业守	多尺度下黏弹性材料的耗能机理研究	自然科学	博士	陈锦祥
83	土木工程学院	KYLX16_0248	杨晓燕	底部带BRB的摇摆墙框架结构抗震设计方法研究	自然科学	博士	吴 京
84	土木工程学院	KYLX16_0249	杨玉立	膜曝气微生物燃料电池厌氧氨氧化脱氮研究	自然科学	博士	杨小丽
85	土木工程学院	KYLX16_0250	曹宝雅	考虑残余应力影响的正交异性钢桥面板疲劳性能优化设计方法	自然科学	博士	丁幼亮
86	土木工程学院	KYLX16_0251	赵瀚玮	基于结构监测数据的大跨高铁桥梁动力学机理与状态评估研究	自然科学	博士	李爱群
87	土木工程学院	KYLX16_0252	陈文文	多层轻钢龙骨式复合剪力墙整体结构抗火研究	自然科学	博士	叶继红
88	土木工程学院	KYLX16_0253	朱汉波	既有大跨桥梁基于全概率理论的抗震性能评估方法研究	自然科学	博士	缪长青
89	土木工程学院	KYLX16_0254	刘峰成	单层空间网格结构节点拓扑优化及冗余特性研究	自然科学	博士	冯若强
90	土木工程学院	KYLX16_0255	赵玉亮	磁流变阻尼器减震结构减震性能研究	自然科学	博士	徐赵东
91	土木工程学院	KYLX16_0256	曹志亮	地铁上盖物业振动舒适度及控制研究	自然科学	博士	郭 彤
92	土木工程学院	KYLX16_0257	杨 建	装配式RC/ECC组合联肢剪力墙地震作用下的协同工作机理研究	自然科学	博士	梁书亭
93	土木工程学院	KYLX16_0258	陶天友	台风作用下大跨度索承桥梁非平稳效应实测研究	自然科学	博士	王 浩

(续 表)

序号	院系	编号	申请人	项目名称	项目类型	研究生层次	导师
94	土木工程学院	KYLX16_0259	李明鸿	双层钢管混凝土组合墩柱的抗爆性能和损伤评估方法研究	自然科学	博士	宗周红
95	土木工程学院	KYLX16_0262	江焕芝	基于钢-纤复合连接件的预制混凝土夹芯保温墙板性能研究	自然科学	博士	郭正兴
96	土木工程学院	KYLX16_0303	谷甜甜	政府购买居家养老服务的风险识别与防范研究	自然科学	博士	张建坤
97	电子科学与工程学院	KYLX16_0189	代倩	非极性 AlGaN 材料生长及紫外 LED 制备技术研究	自然科学	博士	张雄（外籍）
98	电子科学与工程学院	KYLX16_0213	黄倩倩	新型钙钛矿量子点发光二极管的制备与研究	自然科学	博士	雷威
99	电子科学与工程学院	KYLX16_0214	齐志央	新型纳米光阴极的器件结构及其发射机理研究	自然科学	博士	屠彦
100	电子科学与工程学院	KYLX16_0216	吉宇	医疗用原子磁力计的自旋弛豫调控和微型化基础研究	自然科学	博士	尚金堂
101	电子科学与工程学院	KYLX16_0217	闫浩	微电子机械微波信号集成检测系统	自然科学	博士	廖小平
102	电子科学与工程学院	KYLX16_0218	夏委委	透射电子显微镜下锂离子电池阳极材料结构演变原位研究	自然科学	博士	徐峰
103	电子科学与工程学院	KYLX16_0219	朱重阳	基于原位透射电子显微学的石墨烯表界面微传感机制研究	自然科学	博士	徐峰
104	数学系	KYLX16_0179	王和	拉格朗日多智能体系统鲁棒有限时间一致性及其应用	自然科学	博士	虞文武
105	数学系	KYLX16_0183	段凤君	基于随机过程的退化数据分析与试验设计	自然科学	博士	王冠军
106	自动化学院	KYLX16_0227	王佐	面向新能源的电力电子变换器抗干扰控制研究与应用	自然科学	博士	李奇
107	自动化学院	KYLX16_0228	彭良红	复杂动态信道下信息物理系统安全理论研究	自然科学	博士	孙长银
108	自动化学院	KYLX16_0229	孙建坤	非线性采样系统的主动抗干扰控制理论及其应用研究	自然科学	博士	李世华
109	计算机科学与工程学院	KYLX16_0230	许艺凡	时空关联的机会社会网络中数据分发机制的研究	自然科学	博士	陶军
110	计算机科学与工程学院	KYLX16_0295	吴天星	基于双语主题模型的跨语言层次分类体系匹配的研究	自然科学	博士	漆桂林

(续 表)

序号	院系	编号	申请人	项目名称	项目类型	研究生层次	导师
111	物理系	KYLX16_0180	王英华	特异材料中等离激元定向传输的研究	自然科学	博士	董正高
112	物理系	KYLX16_0181	边志浩	量子行走的实验研究	自然科学	博士	薛 鹏
113	生物科学与医学工程学院	KYLX16_0284	王德龙	自组装有序微纳结构转印及其应用研究	自然科学	博士	赵祥伟
114	生物科学与医学工程学院	KYLX16_0285	王 莉	过氧化氢催化反应的发光催化剂研究	自然科学	博士	陈 扬
115	生物科学与医学工程学院	KYLX16_0286	叶 正	组织工程支架体外扩增脐血造血干细胞及其机制研究	自然科学	博士	肖忠党
116	生物科学与医学工程学院	KYLX16_0287	胡鹏程	反离子水凝胶研究	自然科学	博士	卢晓林
117	生物科学与医学工程学院	KYLX16_0288	王 欢	基于硼酸印迹光子晶体微球的非标记多元肿瘤标记物检测	自然科学	博士	赵远锦
118	生物科学与医学工程学院	KYLX16_0289	宣红云	基于层状有序结构应用于抗生素检测研究	自然科学	博士	葛丽芹
119	生物科学与医学工程学院	KYLX16_0290	李程程	高产纤维素酶的里氏木霉工程菌构建及其与酵母菌共培养产乙醇	自然科学	博士	陈 战
120	生物科学与医学工程学院	KYLX16_0291	蒋耀文	水热法一步制备碳纳米球及其抗菌应用	自然科学	博士	吴富根
121	材料科学与工程学院	KYLX16_0196	赵 丽	氧化石墨烯的改性及其对水泥基材料的强化研究	自然科学	博士	郭新立
122	材料科学与工程学院	KYLX16_0197	周立初	超大形变珠光体钢丝中渗碳体微结构研究	自然科学	博士	方 峰
123	材料科学与工程学院	KYLX16_0198	史相如	类金刚石膜动态力学性质与摩擦学性能关联性研究	自然科学	博士	陈 坚
124	电气工程学院	KYLX16_0205	潘非非	基于钝体绕流的压电能量收集系统	自然科学	博士	金 龙
125	电气工程学院	KYLX16_0206	夏天琦	透平机械用多相高速永磁电机驱动关键技术的研究	自然科学	博士	黄允凯
126	电气工程学院	KYLX16_0207	王海涛	电动汽车用磁增速式弧形永磁电机研究	自然科学	博士	房淑华
127	电气工程学院	KYLX16_0208	蒋佳明	高压断路器圆筒型永磁直线电机操动机构设计与研究	自然科学	博士	林鹤云

(续 表)

序号	院系	编号	申请人	项目名称	项目类型	研究生层次	导师
128	电气工程学院	KYLX16_0209	李培帅	计及不确定性的主动配电网鲁棒优化运行研究	自然科学	博士	胡敏强
129	电气工程学院	KYLX16_0210	宋 梦	大规模空调负荷聚合建模及储能调控技术	自然科学	博士	高赐威
130	电气工程学院	KYLX16_0211	楼冠男	基于多逆变器并联自治型微电网关键技术研究	自然科学	博士	顾 伟
131	电气工程学院	KYLX16_0212	徐俊俊	计及不确定性的主动配电网区间状态估计研究	自然科学	博士	吴在军
132	化学化工学院	KYLX16_0193	高丙莹	超轻石墨烯气凝胶的制备、性能及应用研究	自然科学	博士	任丽丽
133	化学化工学院	KYLX16_0194	王承俊	咔唑三苯胺-氟硼二吡咯聚集诱导荧光增强及近红外探针	自然科学	博士	钱 鹰
134	化学化工学院	KYLX16_0195	印 杰	低温制备柔性透明多元硫化物及其光电化学性能研究	自然科学	博士	孙岳明
135	化学化工学院	KYLX16_0263	黄晓超	康普瑞汀与铂(IV)杂化物的多功能抗肿瘤生物活性研究	自然科学	博士	苟少华
136	化学化工学院	KYLX16_0264	王歆竹	茄属植物红果龙葵新颖化学成分的分离及抗肿瘤活性研究	自然科学	博士	廖志新
137	化学化工学院	KYLX16_0265	阮朝晖	三维结构富介孔碳/氮化钛/氮掺杂泡沫碳的增强型储能研究	自然科学	博士	谢一兵
138	化学化工学院	KYLX16_0266	陈依漪	环境友好型聚醚水处理剂ESA-APEM的研究	自然科学	博士	周钰明
139	交通学院	KYLX16_0240	吴子龙	盐分溶脱环境下天然沉积软黏土结构性形成机制与本构模型	自然科学	博士	邓永锋
140	交通学院	KYLX16_0241	曹智国	水泥固化/稳定化重金属污染土的碳化效应	自然科学	博士	章定文
141	交通学院	KYLX16_0242	伍浩良	MgO激发高炉矿渣-膨润土系竖向隔离墙材料的防污性能研究	自然科学	博士	杜延军
142	交通学院	KYLX16_0243	翁佳兴	多真空作用面的真空预压法加固深厚软土地基研究	自然科学	博士	洪振舜
143	交通学院	KYLX16_0244	李洪江	复杂场地条件桩基水平承载及其卸荷响应研究	自然科学	博士	刘松玉
144	交通学院	KYLX16_0260	朱忠锋	FRP格栅/ECC复合约束混凝土墩柱本构关系模型研究	自然科学	博士	王文炜
145	交通学院	KYLX16_0261	万世成	预应力CFRP板加固钢-混凝土组合梁桥锚固体系与计算方法研究	自然科学	博士	黄 侨
146	交通学院	KYLX16_0267	刘 嵩	高速铁路无砟轨道全断面沥青混凝土防水封闭层研究	自然科学	博士	杨 军
147	交通学院	KYLX16_0268	江 磊	冻土区沥青路面一体化热传导结构研究	自然科学	博士	王声乐

(续 表)

序号	院系	编号	申请人	项目名称	项目类型	研究生层次	导师
148	交通学院	KYLX16_0269	殷锴	极端风暴潮作用下沙质海滩剖面演变研究	自然科学	博士	徐宿东
149	交通学院	KYLX16_0270	石庄彬	基于系统分析和优化方法的城市轨道交通拥挤客流管理	自然科学	博士	钱振东
150	交通学院	KYLX16_0271	闫冬梅	动态交通分配与交通信号控制的耦合优化研究	自然科学	博士	郭建华
151	交通学院	KYLX16_0272	饶文明	大规模城市道路交通网络动态OD估计技术	自然科学	博士	夏井新
152	交通学院	KYLX16_0273	吴家明	信号交叉口借道左转设计运行效率与交通安全分析	自然科学	博士	刘攀
153	交通学院	KYLX16_0274	顾欣	基于交通冲突的高速公路互通立交线形设计安全性分析	自然科学	博士	项乔君
154	交通学院	KYLX16_0275	马捷	基于贝叶斯方法的分层优化公交OD估计模型研究	自然科学	博士	程琳
155	交通学院	KYLX16_0276	郑美娜	基于步行出行模式的土地利用混合指数开发	自然科学	博士	过秀成
156	交通学院	KYLX16_0277	黄迪	基于大数据的多模式公共交通网络规划方法研究	自然科学	博士	刘志远
157	交通学院	KYLX16_0278	李林超	基于多源异构数据融合的高速公路旅行时间预测技术研究	自然科学	博士	冉斌
158	交通学院	KYLX16_0279	王义	不确定环境下城市应急交通疏散主动控制方法研究	自然科学	博士	任刚
159	交通学院	KYLX16_0280	王超	地面公交停靠站通行能力分析与安全评价	自然科学	博士	叶智锐
160	交通学院	KYLX16_0281	蒋曦	考虑通过能力的物流园区功能区布局优化研究	自然科学	博士	毛海军
161	仪器科学与工程学院	KYLX16_0190	陈大鹏	面向移动终端的多模式力/触觉再现与交互系统研究	自然科学	博士	宋爱国
162	仪器科学与工程学院	KYLX16_0191	邵思羽	基于深度学习的旋转机械故障诊断方法研究	自然科学	博士	严如强
163	仪器科学与工程学院	KYLX16_0192	孙慧玉	四旋翼飞行器编队飞行的双边遥操作系统研究	自然科学	博士	宋光明
164	生命科学研究院	KYLX16_0182	李萍	表观遗传调控在神经元经典MHC Ⅰ类分子组成型和诱导型表达中的作用机制研究	自然科学	博士	张建琼
165	医学院	KYLX16_0296	于复超	S1P介导PI3K/Akt在慢性间歇低氧内皮功能障碍中的修复机制研究	自然科学	博士	童嘉毅
166	医学院	KYLX16_0297	赵宇	活性维生素D降低DN大鼠肾组织巨噬细胞浸润机制研究	自然科学	博士	张晓良

（续　表）

序号	院系	编号	申请人	项目名称	项目类型	研究生层次	导师
167	医学院	KYLX16_0298	刘　静	联合干预肝细胞氧和氧化应激感受器逆转肝纤维化的实验研究	自然科学	博士	陈平圣
168	医学院	KYLX16_0299	李慧娟	LncRNA ASncmtRNA-2在早产儿视网膜病变内皮细胞损伤中的作用机制	自然科学	博士	蒋　犁
169	医学院	KYLX16_0300	钱方媛	IL-23/Th17轴参与皮肌炎发病的机制研究	自然科学	博士	谢春明
170	医学院	KYLX16_0301	李三红	联合使用Bazedoxifene与HPA拮抗剂治疗结肠癌的临床实验研究	自然科学	博士	嵇振岭
171	医学院	KYLX16_0302	谢志阳	ASIC1a调控内质网应激在退变椎间盘中的作用机制研究	自然科学	博士	吴小涛
172	经济管理学院	KYLX16_0171	郝良峰	基于空间溢出效应的中国城市集聚经济收敛性及实证研究	人文社科	博士	邱　斌
173	经济管理学院	KYLX16_0172	周　岩	中国融入全球价值链的空间差异及区域协调研究	人文社科	博士	陈淑梅
174	经济管理学院	KYLX16_0173	王贤梅	共享视角下有线电视业可持续发展：路径演化、绩效评价与规制创新	人文社科	博士	胡汉辉
175	经济管理学院	KYLX16_0174	施震凯	交通基础设施对国际贸易影响的网络效应和溢出效应	人文社科	博士	邵　军
176	经济管理学院	KYLX16_0176	石广平	基于异质投资者行为的资产价格波动研究	人文社科	博士	刘晓星
177	经济管理学院	KYLX16_0304	李姗姗	竞争市场中供应中断的动态策略研究	自然科学	博士	何　勇
178	经济管理学院	KYLX16_0305	王诗雨	互联网环境下干预性竞争对企业财务风险的影响研究	自然科学	博士	陈志斌
179	经济管理学院	KYLX16_0306	吴　凡	内部资本市场环境引入对债务结构的影响研究	自然科学	博士	陈良华
180	法学院	KYLX16_0175	庆　丽	我国宪法基本权利条款的个案直接适用性研究	人文社科	博士	汪进元
181	人文学院	KYLX16_0169	杜海涛	论黑格尔"伦理公正"思想及其现实意义	人文社科	博士	樊和平
182	人文学院	KYLX16_0170	隋婷婷	道德判断影响因素的实验伦理学研究	人文社科	博士	姚新中
183	艺术学院	KYLX16_0177	李　坤	媒介环境学派艺术传播思想研究	人文社科	博士	甘　锋
184	艺术学院	KYLX16_0178	杨光影	"互联网＋文化产业"视域下的宋画艺术传播研究	人文社科	博士	沈亚丹

入选江苏省 2016 年度研究生学术交流项目名单

序号	承办院系	中心名称	课题名称	备注
1	能源与环境学院	江苏省能源科技研究生创新与学术交流中心	长三角研究生能源论坛"以供给侧结构性改革引领能源转型与创新"	交流中心特色项目
2	土木工程学院	江苏省土木工程研究生创新与学术交流中心	首届江苏省工程管理研究生学术论坛	交流中心特色项目

入选江苏省 2016 年度研究生教育教学改革研究与实践课题

序号	主持人所属院系	编号	课题名称	主持人
1	研究生院	JGZD16_002	江苏省学位与研究生教育质量信息平台建设研究	金保昇
2	研究生院	JGZZ16_003	构建多维度国际化研究生培养模式的探索与实践	袁榴娣
3	研究生院	JGZZ16_004	以学科评估推进拔尖创新人才培养的实践与探索	何正球
4	建筑学院	JGZZ16_005	面向工业化建造、性能与设计的建筑学研究生教学改革研究与实践	张 宏
5	人文学院	JGZZ16_006	MPA 专业学位论文特色、规范和标准研究	魏福明
6	医学院	JGLX16_001	基于临床医学专业学位研究生规范化培训和国际化科研训练的拔尖创新人才培养模式探讨	刘乃丰
7	法学院	JGLX16_002	司法共建型法学研究生创新教育模式研究	刘艳红
8	外国语学院	JGLX16_003	非英语专业研究生学术英语教学模式改革与实践	陈美华
9	机械工程学院	JGLX16_080	从科学的高度培养国际化高端设计人才	薛澄岐

入选江苏省 2016 年度普通高校专业学位研究生实践创新计划项目名单（省立省助）

序号	院系	编号	申请人	项目名称	项目类型	研究生层次	导师
1	学习科学中心	SJZZ16_0024	臧显怡	基于小学科学教育标准的小学生科学素养评测方案研究	人文社科	硕士	柏 毅
2	学习科学中心	SJZZ16_0025	王小乐	科学概念转变的脑机制研究	人文社科	硕士	柏 毅 朱艳梅

（续 表）

序号	院系	编号	申请人	项目名称	项目类型	研究生层次	导师
3	公共卫生学院	SJZZ16_0033	汪 岩	炎症因子在汽车尾气颗粒物致大鼠学习记忆损伤中的作用研究	自然科学	硕士	唐 萌
4	公共卫生学院	SJZZ16_0034	张 妍	ERK/p38/JNK MAPK 信号通路在原花青素抑制脂多糖激活神经小胶质细胞中的作用	自然科学	硕士	张小强
5	公共卫生学院	SJZZ16_0035	陈 林	职业性铅接触对健康危害的风险评估	自然科学	硕士	杨 红
6	公共卫生学院	SJZZ16_0036	成 晨	棕榈液油、可可脂和橄榄油对健康人群血脂亚组分的影响	自然科学	硕士	孙桂菊
7	公共卫生学院	SJZZ16_0037	李 圳	愤怒驾驶现状及其对道路交通安全影响的研究	自然科学	硕士	张徐军
8	公共卫生学院	SJZZ16_0038	常 倩	江苏省大气污染死因时间序列分析	自然科学	硕士	陈晓东
9	公共卫生学院	SJZZ16_0039	马翠荣	2006—2014年江苏省伤害时间趋势及城乡模式差异分析	自然科学	硕士	余小金
10	公共卫生学院	SJZZ16_0040	陶慧文	不同医保下老年人社会经济特征与健康公平性的研究	自然科学	硕士	张 晓
11	公共卫生学院	SJZZ16_0041	朱媛媛	体温远程连续监测系统在疫苗Ⅰ期临床试验中的应用	自然科学	硕士	朱凤才
12	医学院	SJZZ16_0042	陈 阳	环状 RNA 对孤立性肺结节恶性度的预测研究	自然科学	硕士	韩淑华
13	医学院	SJZZ16_0043	卞荣荣	哮喘的脑功能异常：基于多模态脑成像研究	自然科学	硕士	袁勇贵
14	医学院	SJZZ16_0044	丁 双	重组 Abraxane®/Herceptin® 纳米药物的构建及其对 HER-2 阳性乳腺癌的抗肿瘤作用研究	自然科学	硕士	张海军
15	医学院	SJZZ16_0045	鲁 荐	血细胞微粒在慢性肾炎进展中的作用及药物疗效观察	自然科学	硕士	马坤岭
16	医学院	SJZZ16_0046	李红霞	克罗恩病患者雌激素表达水平的临床意义研究	自然科学	硕士	陈 洪
17	医学院	SJZZ16_0047	葛路遥	自噬活动在慢性间歇低氧大鼠颏舌肌中的作用	自然科学	硕士	朱晓莉
18	医学院	SJZZ16_0048	贾贝贝	妊娠期糖尿病状态下的 AGEs-RAGE 系统对胎盘紧密连接的影响及其机制研究	自然科学	硕士	蒋 犁
19	医学院	SJZZ16_0049	张佩丽	超声微泡造影对术前诊断为子宫肌瘤患者的临床诊断价值	自然科学	硕士	沈 杨
20	法学院	SJZZ16_0026	舒 畅	我国贪污受贿罪的特别宽宥与终身监禁制度研究	人文社科	硕士	欧阳本祺
21	法学院	SJZZ16_0027	胡玉阁	行政机关负责人出庭应诉制度研究	人文社科	硕士	孟鸿志

(续 表)

序号	院系	编号	申请人	项目名称	项目类型	研究生层次	导师
22	法学院	SJZZ16_0028	唐慧文	城市道路的路权分配及其保障机制研究	人文社科	硕士	李煜兴
23	人文学院	SJZZ16_0029	施衙茹	"V-下"结构中的高频动词与对外汉语教学——以老舍作品为例	人文社科	硕士	王 珂
24	苏州联合研究生院	SJZZ16_0030	杨 欢	本地化行业的发展对MTI专业素质的要求	人文社科	硕士	高圣兵
25	苏州联合研究生院	SJZZ16_0031	沈万莉	MTI毕业生就业现状调查研究（以江苏高校为例）	人文社科	硕士	高圣兵
26	苏州联合研究生院	SJZZ16_0032	袁金明	东南大学MTI特色人才培养模式研究	人文社科	硕士	罗天妮

入选江苏省2016年度普通高校专业学位研究生科研创新计划项目名单（省立校助）

序号	院系	编号	申请人	项目名称	项目类型	研究生层次	导师
1	数学系	KYZZ16_0112	高月凤	伪核逆在具有对合的环中的研究	自然科学	博士	陈建龙
2	数学系	KYZZ16_0113	王 琨	具有退化情形的KAM理论及其应用	自然科学	博士	徐君祥
3	数学系	KYZZ16_0114	李德浩	随机分数阶系统的状态估计及其在神经网络中的应用	自然科学	博士	梁金玲
4	数学系	KYZZ16_0115	李若霞	分数阶忆阻神经网络的动力学分析	自然科学	博士	曹进德
5	数学系	KYZZ16_0123	郝红霞	时变半参数随机波动率模型的统计推断	自然科学	博士	林金官
6	物理系	KYZZ16_0116	张骏杰	新型低维材料超导与声子输运的理论研究	自然科学	博士	董 帅
7	物理系	KYZZ16_0117	牛相宏	新型量子点材料光学性质的理论研究	自然科学	博士	王金兰
8	物理系	KYZZ16_0118	刘少鹏	非线性介质的光学非线性及其相关现象的研究	自然科学	博士	杨文星
9	物理系	KYZZ16_0119	詹 翔	基于线性光学的复杂量子态的制备及应用	自然科学	博士	薛 鹏
10	生命科学研究院	KYZZ16_0120	公丕海	lncRNA UCA1结合EZH2抑制E-cadherin的表达影响胃癌转移的研究	自然科学	博士	樊 红
11	生命科学研究院	KYZZ16_0121	程 乾	果蝇PTIP蛋白的功能研究	自然科学	博士	方 明

(续 表)

序号	院系	编号	申请人	项目名称	项目类型	研究生层次	导师
12	生命科学研究院	KYZZ16_0122	程 诚	α-PIX 基因对小鼠听力损失的作用机制	自然科学	博士	柴人杰
13	学习科学中心	KYZZ16_0124	田 飞	孤独症儿童尿液 exosome 中 RNA 差异表达分析	自然科学	博士	葛芹玉
14	学习科学中心	KYZZ16_0125	彭苏浩	社会排斥对意图理解的影响及其神经机制	自然科学	博士	邓慧华
15	公共卫生学院	KYZZ16_0136	孟 醒	Hif-1a 通路在苯致骨髓造血抑制中的作用和分子机制	自然科学	博士	浦跃朴
16	公共卫生学院	KYZZ16_0137	孟庆涛	PM 2.5 诱导肿瘤微环境乙酸代谢影响结直肠癌发展的机制研究	自然科学	博士	陈 瑞
17	公共卫生学院	KYZZ16_0138	李成云	长链非编码 RNA 在胃癌发生发展中的作用机制及生物标志研究	自然科学	博士	梁戈玉
18	医学院	KYZZ16_0126	李 淼	miR-7agomir 通过影响 CD44 表达下调乳腺癌干细胞亚群的机制研究	自然科学	博士	窦 骏
19	医学院	KYZZ16_0127	韩 冰	Sigma-1R/miR-143/PUMA 通路在甲基苯丙胺致血脑屏障损伤中的作用	自然科学	博士	姚红红
20	医学院	KYZZ16_0128	黄 嘉	TRIM32 改善压力诱导心肌肥厚的分子机制研究	自然科学	博士	马根山
21	医学院	KYZZ16_0129	张曦文	ARDS 时 Wnt/β-catenin-p130/E2F4 调控细胞周期影响 MSC 向肺泡上皮分化的机制研究	自然科学	博士	邱海波
22	医学院	KYZZ16_0130	邓齐文	miR-199a-5p 作为卒中相关性肺炎标志物及其机制研究	自然科学	博士	闫福岭
23	医学院	KYZZ16_0131	顾丽华	基于同步 ERP-fMRI 探究 aMCI 工作记忆损伤以及认知储备对其影响	自然科学	博士	张志珺
24	医学院	KYZZ16_0132	公卫刚	视空间学习训练对 PR5 小鼠认知功能影响及其机制研究	自然科学	博士	任庆国
25	医学院	KYZZ16_0133	仲斌演	基于经皮椎体成形术病例大样本数据库的系列临床研究	自然科学	博士	滕皋军
26	医学院	KYZZ16_0134	高 蓉	miR-21 和 miR-146a 在肿瘤细胞来源自噬小体（TRAP）诱导巨噬细胞极化中的作用及机制研究	自然科学	博士	王立新
27	医学院	KYZZ16_0135	凌志新	HOTAIR/EZH2/miR-193a 环路调控去势抵抗前列腺癌上皮间质转化	自然科学	博士	陈 明
28	经济管理学院	KYZZ16_0100	王美昌	高速铁路的经济发展效应：基于多维空间尺度的实证研究	人文社科	博士	徐康宁
29	经济管理学院	KYZZ16_0101	赵 迪	本土与全球价值链分工"竞合"下的生产服务业发展研究	人文社科	博士	张宗庆

（续　表）

序号	院系	编号	申请人	项目名称	项目类型	研究生层次	导师
30	经济管理学院	KYZZ16_0139	邹松涛	基于信息复杂网络与 Multi-Agent 心理交互的股市风险传染研究	自然科学	博士	何建敏
31	经济管理学院	KYZZ16_0141	吴　亮	重构企业正式和非正式网络一致性：基于 CAS 视角的分析	自然科学	博士	吕鸿江
32	经济管理学院	KYZZ16_0140	杨浩昌	制造业聚集与技术创新	自然科学	博士	李廉水
33	法学院	KYZZ16_0102	朱　军	社会权的限制及其合宪性研究	人文社科	博士	龚向和
34	法学院	KYZZ16_0103	翟　冬	社会自我规制法治理念下我国工程监理制度重构	人文社科	博士	周佑勇
35	法学院	KYZZ16_0105	刁　舒	互联网金融法治问题研究——基于法治的供给侧改革视角	人文社科	博士	施建辉
36	法学院	KYZZ16_0106	高　磊	《刑法修正案（九）》新增网络犯罪的相对主义司法适用研究	人文社科	博士	刘艳红
37	马克思主义学院	KYZZ16_0104	崔立颖	历史唯物主义视域下的中国道路研究	人文社科	博士	袁久红
38	马克思主义学院	KYZZ16_0107	赵　娟	有机马克思主义与中国高等教育改革的有机化进路探析	人文社科	博士	许苏明
39	人文学院	KYZZ16_0096	覃小妮	《黄帝内经》的"形神"思想研究	人文社科	博士	许建良
40	人文学院	KYZZ16_0097	米进忠	《维摩诘经》与《坛经》"不二"思想之比较研究	人文社科	博士	董　群
41	人文学院	KYZZ16_0098	路高学	秦始皇政治合法性建构路径研究	人文社科	博士	许建良
42	人文学院	KYZZ16_0099	安汝杰	"非遗"视角下少林功夫的文化生态研究	人文社科	博士	乔光辉
43	艺术学院	KYZZ16_0108	董甜甜	多元艺术思想下的扁平化交互设计研究	人文社科	博士	凌继尧
44	艺术学院	KYZZ16_0109	侯　力	卡罗尔艺术伦理学及其影响研究	人文社科	博士	谢建明
45	艺术学院	KYZZ16_0110	王诗晓	经济新常态下江苏民间艺术产业范式转型研究	人文社科	博士	汪小洋
46	艺术学院	KYZZ16_0111	谢九生	古代"艺术"列传研究	人文社科	博士	李蓓蕾

入选 2016 年度江苏省研究生工作站名单

序号	设站院系	江苏省研究生工作站名称	合作高校	总负责导师
1	机械工程学院	常州东风轴承有限公司	东南大学	倪中华
2	机械工程学院	南京港机重工制造有限公司	东南大学	贾民平
3	机械工程学院	和和机械（张家港）有限公司	东南大学	帅立国
4	能源与环境学院	无锡市政设计研究院有限公司	东南大学	余　冉

（续　表）

序号	设站院系	江苏省研究生工作站名称	合作高校	总负责导师
5	能源与环境学院	江苏省住房和城乡建设厅科技发展中心	东南大学	陈振乾
6	土木工程学院	江苏东阁不锈钢制品有限公司	东南大学	舒赣平
7	土木工程学院	江苏华江祥瑞现代建筑发展有限公司	东南大学	郭正兴
8	电子科学与工程学院	苏州智浦芯联电子科技股份有限公司	东南大学	孙伟锋
9	自动化学院	江苏省特种设备安全监督检验研究院无锡分院	东南大学	费树岷
10	计算机科学与工程学院	江苏飞搏软件股份有限公司	东南大学	曹玖新
11	计算机科学与工程学院	南京合智信息技术有限公司	东南大学	曹玖新
12	生物科学与医学工程学院	江苏尤佳手套有限公司	东南大学	张天柱
13	材料科学与工程学院	江苏宝钢精密钢丝有限公司	东南大学	方　峰
14	材料科学与工程学院	江阴中南重工有限公司	东南大学	余新泉
15	材料科学与工程学院	南京晨光艺术工程有限公司	东南大学	董寅生
16	材料科学与工程学院	江苏新澎复合材料有限公司	东南大学	孙正明
17	经济管理学院	南京九州会计咨询有限公司	东南大学	陈志斌
18	化学化工学院	博昱科技（丹阳）有限公司	东南大学	周钰明
19	化学化工学院	常州华威新材料有限公司	东南大学	王育乔
20	化学化工学院	科梅林（南京）新材料有限公司	东南大学	王育乔
21	交通学院	江苏省交通节能减排工程技术研究中心	东南大学	叶智锐
22	交通学院	江苏现代路桥有限责任公司	东南大学	赵永利
23	医学院	南京市第二医院	东南大学	周家华
24	医学院	徐州市中心医院	东南大学	孙子林
25	法学院	江苏省设备成套有限公司	东南大学	高　歌
26	法学院	江苏省南京市江宁区人民检察院	东南大学	李　川

入选2016年度江苏省优秀研究生工作站名单

序号	设站院系	江苏省研究生工作站名称	合作高校	总负责导师	设站时间
1	能源与环境学院	中国能源建设集团江苏省电力设计院有限公司	东南大学	金保昇	2009
2	土木工程学院	苏交科集团股份有限公司	东南大学	吴　刚	2009
3	化学化工学院	江海环保有限公司	东南大学	周钰明	2010
4	化学化工学院	斯迪克新型材料（江苏）有限公司	东南大学	周钰明	2012
5	交通学院	江苏省交通规划设计院股份有限公司	东南大学	黄晓明	2010

东南大学文件

校发〔2016〕16 号

关于公布 2016 年度
新增博士研究生指导教师名单的通知

各院、系、所,各处、室、直属单位,各学术业务单位:
　　根据《关于印发〈东南大学博士研究生指导教师遴选办法〉的通知》(校通知〔2013〕39号)的有关规定,学校遴选和确认 56 位教师为 2016 年度新增博士研究生指导教师,具体名单公布如下:
　　　　动力工程及工程热物理:陆　勇、邵应娟、余艾冰
　　　　环境科学与工程:朱光灿
　　　　信息与通信工程:许　威、汪　茂(兼职)
　　　　土木工程:万春风、杜广印、汪　昕
　　　　电子科学与技术:赵洪新、蒋卫祥、马慧锋、张　萌、胡三明、陈志宁(兼职)
　　　　数学:卢剑权、李铁香
　　　　控制科学与工程:张　亚、杨　俊
　　　　软件工程:张敏灵
　　　　计算机科学与技术:杨　明
　　　　生物医学工程:熊　非、何思渊
　　　　化学工程与技术:张　毅、叶恒云、黄　凯、程　林、游雨蒙
　　　　哲学:岳　璐
　　　　马克思主义理论:廖小琴、许前飞(兼职)
　　　　管理科学与工程:袁竞峰、薛巍立、吴　芃
　　　　交通运输工程:马　涛、刘志远、谢远长
　　　　电气工程:窦晓波、汤　奕、马伟明(兼职)
　　　　艺术学理论:龙迪勇、郁火星
　　　　免疫学:刘培党、高大庆、李淑锋
　　　　临床医学:王运涛、芮云峰、陈立娟、汤日宁、施瑞华、于振坤(兼职)
　　　　公共卫生与预防医学:张　娟、沈孝兵、薛玉英
　　　　生物学:周子凯、林承棋

(此页无正文)

东南大学
2016 年 1 月 22 日

东南大学校长办公室　　　　　　　　　　　　　　　　　　2016 年 1 月 22 日印发

东南大学文件

校发〔2015〕237号

关于公布2016年度新增硕士研究生指导教师名单的通知

各院、系、所，各处、室、直属单位，各学术业务单位：

根据《关于印发〈东南大学硕士研究生指导教师遴选办法〉的通知》（校通知〔2013〕82号）的有关规定，学校遴选和确认102位教师为2016年度新增硕士研究生指导教师。现将名单公布如下：

建筑学：金　坤、李永辉、王　正、朱　渊
机械工程：周一帆、王建立、张　艳、孙桂芳（2014年12月）
动力工程及工程热物理：张会岩
信息与通信工程：安　良、俞　菲、罗昕伟、王闻今、武其松、燕　锋、赵涤燹、彭林宁
电子科学与技术：唐　路、刘震国、陈　鹏、余　超、胡三明、万　能、李　晨、曹　鹏
光学工程：芮光浩
土木工程：黎　冰、张文明、赵学亮、秦庆东、刘志彬、熊　文、Mohamed F. M. Fahmy
管理科学与工程：宁　延
力学：王　莹
数学：杨　明
统计学：张　鑫
物理学：侯吉旋、王　进、周智勇
控制科学与工程：陈杨杨、杨万扣、周　波、钱　堃、曹向辉
计算机科学与技术：郝勇生、东　方、杨冠羽、胡轶宁
软件工程：汪　鹏
生物医学工程：董　健、林凤鸣、陈　怡
材料科学与工程：白　晶、周雪峰、代云茜
化学：游雨蒙
哲学：刘　敏
社会学：洪岩壁
法学：钱小平、王禄生
应用经济学：冯　伟
电气工程：肖华锋、周　赣、曲小慧
教育学：崔　军
外国语言文学：吴之昕

交通运输工程：陈　茜、罗　桑、马永锋、胡晓健、陆振波、李豪杰、刘志远、谢远长
仪器科学与技术：徐宝国、祝雪芬
艺术学理论：龙迪勇
基础医学：张爱凤、严春光
临床医学：吕林莉、李　嘉、乔立兴、陶庆松、刘加成、施瑞华（2015年7月）、于振坤（兼职）、曾彩虹（兼职）、朱维铭（兼职）、刘新峰（兼职）、宋　勇（兼职）、申　翼（兼职）、王汉东（兼职）、邵加庆（兼职）、任建安（兼职）、张龙江（兼职）、汪芳裕（兼职）
公共卫生与预防医学：金　辉
生物学：林　岚、郝　睿、李　健、林承棋

东南大学
2015年12月9日

（主动公开）

东南大学校长办公室　　　　　　　　　　　　　　　　　2015年12月9日印发

江苏省优秀博士学位论文获奖名单（2016）

序号	院系	姓名	学号	学科名称	论文题目	指导教师	获奖年度
146	建筑学院	张 愚	049366	建筑设计及其理论	城市设计互动思维与方法：以基于用地开发强度决策支持系统的城市空间形态优化控制为例	王建国	2016
147	机械工程学院	项 楠	119037	机械制造及其自动化	螺旋流道惯性微流控芯片粒子操控机理及功能应用研究	倪中华	2016
148	能源与环境学院	卜昌盛	119056	动力工程及工程热物理	煤颗粒流化床富氧燃烧机理研究	段钰锋	2016
149	电子科学与工程学院	宗慎飞	109179	光学工程	靶向端粒酶的SERS光学肿瘤诊疗技术基础研究	崔一平	2016
150	电子科学与工程学院	刘斯扬	119234	微电子学与固体电子学	高压SOI-pLDMOS器件可靠性机理及模型研究	孙伟锋	2016
151	物理系	马 亮	119297	凝聚态物理	石墨烯纳米结构的生长机理、可控制备与分子设计	王金兰	2016
152	生物科学与医学工程学院	田正山	119302	生物医学工程	氧化石墨烯功能化应用研究	徐春祥	2016
153	材料科学与工程学院	吴继礼	109308	材料科学与工程	富铈基块体非晶合金的设计、制备与性能研究	潘 冶	2016
154	人文学院	何 菁	119581	伦理学	工程伦理的道德哲学研究	董 群	2016
155	经济管理学院	朱 斌	119366	管理科学与工程	基于偏好关系的决策方法及应用研究	徐泽水	2016
156	交通学院	李志斌	109437	交通运输工程	快速道路可变限速控制技术	王 炜	2016
157	交通学院	徐铖铖	109436	交通运输工程	高速公路交通流运行状态与交通安全关系研究	王 炜	2016
158	医学院	柏盈盈	129529	影像医学与核医学	内皮祖细胞和p38 MAPK抑制剂联合治疗糖尿病小鼠缺血性脑卒中及其影像学评价	居胜红	2016

江苏省优秀学术型硕士学位论文获奖名单(2016)

序号	院系	姓名	学号	学科名称	论文题目	指导教师	获奖年度
207	机械工程学院	戴 卿	120159	机械制造及其自动化	微流道中粒子黏弹性聚焦机理研究	易 红	2016
208	能源与环境学院	钟兆承	120409	动力工程及工程热物理	相变窗动态传热过程的数值模拟与实验研究	李舒宏	2016
209	信息科学与工程学院	郑心如	120639	信息与通信工程	大规模MIMO系统导频设计和信道估计技术研究	张 华	2016
210	土木工程学院	曹志亮	120983	土木工程	外置耗能式自定心混凝土桥墩抗震性能研究	郭 彤	2016
211	电子科学与工程学院	杨 旭	121134	物理电子学	Ge MOS界面调控与器件工艺集成研究	张 雄(外籍)	2016
212	数学系	钟 杰	121278	应用数学	耦合布尔网络的同步与控制问题研究	卢剑权	2016
213	自动化学院	王智慧	121332	控制理论与控制工程	一类不确定非线性系统的输出反馈采样控制	翟军勇	2016
214	生物科学与医学工程学院	姚 珊	123552	生物医学工程	二氧化钛/氧化石墨烯一维光子晶体薄膜的制备及其应用研究	葛丽芹	2016
215	生物科学与医学工程学院	覃 伟	121647	生物医学工程	纳米簇复合材料在生物检测和成像中的应用研究	王雪梅	2016
216	人文学院	平 娜	122955	中国古代文学	李白金陵情结研究	张天来	2016
217	经济管理学院	周甜甜	121849	管理科学与工程	产业生态经济系统生态经济相互作用关系及布局优化研究	王文平	2016
218	电气工程学院	柏晶晶	122125	电气工程	应对电能质量预警的在线决策支持技术研究	顾 伟	2016
219	化学化工学院	陈东华	122333	化学工程与技术	铂纳米簇的合成及其在生物医学研究中的应用	王雪梅	2016
220	化学化工学院	向三明	122311	化学工程与技术	具有抗烧结催化性能纳米金催化剂的制备与反应性能研究	张一卫	2016
221	交通学院	薄煜琳	122391	岩土工程	粒化高炉矿渣和氧化镁固化铅污染粘土的强度、溶出及微观特性的研究	杜延军	2016
222	仪器科学与工程学院	胡海桦	122601	仪器科学与技术	多自由度力反馈技术研究	李会军	2016
223	生命科学研究院	张 然	122764	遗传学	MeCP2通过CREB/miR-132通路在疼痛传递中发挥镇痛作用	蒋礼阳	2016

江苏省优秀硕士专业学位论文获奖名单（2016）

序号	院系名称	姓名	学号	专业学位类别	专业领域	论文题目	学校指导教师	企业指导教师	获奖年度
23	建筑学院	吴雪鏊	120136	风景园林硕士	风景园林	当代佛教文化景区引导片区设计研究——以南京牛首山北入口为例	成玉宁	李浩年	2016
24	信息科学与工程学院	王加锋	120797	工程硕士	工程硕士（电子与通信工程）	多模多标准系统中小数分频器的设计	樊祥宁	王 荣	2016
25	计算机科学与工程学院	吴天星	123105	工程硕士	工程硕士（软件工程）	构建中文大规模开放链接模式关键问题的研究	漆桂林	江 春	2016
26	计算机科学与工程学院	朱利旻	121526	工程硕士	工程硕士（计算机技术）	车载自组织网络中RSU部署和控制方案的研究	陶 军	王宏宇	2016
27	经济管理学院	王诗雨	132036	会计硕士	会计硕士	产品市场竞争程度、融资约束与企业现金流风险	陈志斌	江建平	2016
28	经济管理学院	张 杰	131776	金融硕士	金融硕士	金融素养与养老规划——基于微观调查数据的实证研究	朱 涛	赵伟雄	2016
29	电气工程学院	王广江	122194	工程硕士	工程硕士（电气工程）	高可靠性模块化串联系统输入均压控制策略研究	窦晓波	陈 祥	2016
30	电气工程学院	佟明昊	122168	工程硕士	工程硕士（电气工程）	五相磁通切换型永磁电机的控制策略与驱动系统研究	程 明	范小斌	2016
31	交通学院	邵 娟	122534	工程硕士	工程硕士（交通运输工程）	路段容量和路票约束下的交通网络均衡模型	程 琳	王芙蓉	2016
32	学习科学研究中心	徐 燕	133213	教育硕士	教育硕士（科学与技术教育）	学生科学素养评测框架的国际比较研究	柏 毅	张 健	2016

2016年博士学位授予名单

学历博士研究生（共550人）

专业	姓名
伦理学	宋君修　马正华　闫茂伟　李丹丹　胡芮
科学技术哲学	陈娟　王发友
区域经济学	王书斌
金融学	庄雷
产业经济学	李鹏
国际贸易学	韩会朝　吴飞飞
马克思主义基本原理	徐明君　文苑仲　吴耀国　周忠学　岳彩领　张一雄　徐彰
思想政治教育	庄紫园　王水维　孟新　李琳　储陈城　邓远萍　杨文燮
数学	王毅　李燕　游弥漫　鹿道伟　黄承代　孙红　李同兴
应用数学	石爱菊
物理学	王子路　王国祥　舒华兵　郝祺　汪萨克　秦赛　陈喜芳　邵健　南海燕　郭喜涛　周苇
凝聚态物理	张艳　王昱坤　吴文娟
生物学	刘安　吴华彰　夏静　胡姣姣　施可　贺祖宏　王洁　瓦克斯
遗传学	刘睿　钱进军
统计学	赵彦勇
固体力学	代祥俊
工程力学	赵超凡　崔璟　孙宾　竺明星　李彦斌
机械制造及其自动化	李磊　李明　徐春冬　张海涛　刘晨曦　刘金锋　马建　冯慧慧　倪俊　赵转哲　徐楠楠　袁志山　赵君爱　姜迪
机械电子工程	贾山　尹东富　吴青聪　鞠文静　陈恺　路新亮
机械设计及理论	比莱西　裘英华
车辆工程	左万里　欧阳天成
机械工程（工业设计）	姚干勤　邵将
机械工程（制造业工业工程）	郝会兵
仪器科学与技术	王东霞　熊鹏文　汤传业　乔贵方　杨帆　贾贞　范延军　徐露　王东　王熙赢　张红　邹升　乐英高　吴常铖
材料科学与工程	饶席　夏咏梅　赵鹏　孙家书　冯攀　於孝牛　顾春平

(续 表)

专业	姓名
材料物理与化学	李光华 成焕仁 宋 铂 田 芳 薛金娟 王忠霞 班鑫鑫 冯 超 闻 辉 沈 宇 艾德楠
材料学	何小芳 赵素晶
材料科学与工程 （生物材料与组织工程）	徐 晨
动力工程及工程热物理	沈超群 曹 俊 李蔚玲 牛淼淼 王昕晔 吴梁玉 李 健 朱红霞 周英贵 李庆伟 陈 瑶 王晓佳 陈云富 宋建忠 王 卉 马吉亮 王 乾 邵珊珊 周 强 郭万军 王程遥 姚 峰 顾 慧 折晓会 马 强 胡 珺
电气工程	靳 宏 宁玉宝 曹 武 张宸宇 杭 俊 包宇庆 王瑞霞 陆旦宏 蔡 超 余文杰 孙建龙 张 淦 陈 琛 於 锋 闻 程 赵纪龙 章心因 陆姚泉 林克曼 赵 国 张 洋 张 蔚 台流臣 孟高军 吕振宇 阳 辉 施 烨 孙 乐 王青松
物理电子学	朱圣清 邵国键 陈仲珊 严 静 杨洪权 李若舟 廖 晨
电路与系统	张明科 王 冲 王俊椋 马 力 祁友杰 王显海 周正华 王建新
微电子学与固体电子学	朱 方 陈 蓓 徐 涛 徐海燕 张春伟 张允武 毕恒昌
电磁场与微波技术	张 慧 孙引进 周 晓 李允博 游检卫 陈书文 齐美清 牟 星 凯立德 盖 川 齐宏业 杨俊越 余旭明 普莱姆
电子科学与技术 （集成电路设计）	钱丽丽 王 侃 张太之
信息与通信工程	彭张节 王 楠 王小明 姚 帅 王金元 张 雷 吴 琼 卢从慧 姚 誉 萨利赫 谢树京 徐寅飞 秦 东 周同驰 宋 康 梁 天 彭天亮 丁小羽 李世党 薛 昀 张明轩 郭子钰 周天清 尤 力 孟 鑫 魏 浩 曹 娟 蒋慧琳 王 毅 孔 磊 张昕然
通信与信息系统	吴 博 阿 格
控制理论与控制工程	李 东 王瑞华 庞国臣 刘熔洁 林 屹 查雯婷 兰奇逊 胡建强 杜 涛 王振宇 李 明 张中才
检测技术与自动化装置	毕云蕊 王会明
系统工程	谭玉顺 张 鹏 徐小玲
模式识别与智能系统	邵海见 李 峻
导航、制导与控制	朱立华 钱学武
计算机科学与技术	王万元 阿 汉
计算机系统结构	尹 星 张庭秀
计算机软件与理论	邱 栋 付雪峰 刘 倩 阮 越 樊继豪
计算机应用技术	沈 虹 陆 悠 金嘉晖 蒋 健 单 冯 黄永锋 李兆峰 夏 怒 王 辉 王红林 龚奇源

（续　表）

专业	姓名
计算机科学与技术 （图像处理与科学可视化）	李碧草　黄　敏　王同罕　张俊峰
建筑学	刘文丹尔　陈　饶　李闽川
建筑历史与理论	石红超　杨　俊
建筑设计及其理论	叶蔚冬　王　玉　蒋博雅　丛　勐　李慧希　宣　蔚　韩　颖　李　晨 舒　欣　陈　鑫
建筑技术科学	张　华　姚　刚
土木工程	周甲佳　杨亚强　黄兴淮　郝建兵　凌志彬　吴东岳　齐　念　王　维 杨苏杭　吴　畅　陈春超　詹　玚　潘宇翔　孙　建　于建兵　金晓飞 王少杰　宋良龙　冯玉龙　丁晓燕　马涌泉　李秉南　陈　泉　王海涛 杨　洋　吴必涛　杨　超　霍少磊
岩土工程	张　涛　闫　超
结构工程	刘　伟　杜二峰
市政工程	熊江磊
供热、供燃气、通风及空调工程	李彦军
防灾减灾工程及防护工程	操礼林　高　鹏
桥梁与隧道工程	孙俊祖　郑尚敏　黄　辉
土木工程 （土木工程建造与管理）	邓勇亮　郑永峰　汤　磊　季　闯
化学工程与技术	夏　勇　傅雯倩　马帅帅　姚贵阳　李艳丽　翟立海　张奥开　张义东
应用化学	殷　俊　徐　威　石萍萍　王啸天　张林群　范叶丽　俞佳超　卢　倩
交通运输工程	王　涛　李　健　卡玛力　戴光远　陈伟荣　王宝杰　杜银飞　陆丽丽 张　婧　李子木　欧祖敏　肖恢翚　张志刚　史国刚　郭延永　李培庆 高　磊　程　龙　褚昭明　张　帆　于　谦　石文博　张瑞坤　华雪东 侯现耀　殷凤军　丁　玲　赵　德　窦雪萍　韩　飞　江　航　刘卫东
环境科学与工程	张　波
生物医学工程	吴长宇　刘　星　卢文卜　张园园　牟忠德　周　飞　刘慈慧　马晓冬 周宇轩　程　瑶　丁　啸　仲启凤　吴宏文　王悦悦　潘　旻　任　发 王新蕾　陆嘉逢　李　光　陈　柱　曹小卫　牟贤波　邹燕琪　马晓娥 裴　璇　杨　洋　柏婷婷　胡　克　吴　昊　银　涛　宋丽娜　王宏银 谭生伟　朱彦熹
生物医学工程（学习科学）	邱文教　齐星亮　杨　瑾　周一峰　史　战　马　磊　刘亚鹏　邹吉林
生物医学工程（制药工程）	宗　玺　罗洋辉　吕爱锋　王志梅
城市规划与设计	严　巍　汤　晋
城乡规划学	胡昕宇

（续　表）

专业	姓名
风景园林学	袁旸洋
免疫学	徐明杰　莫南德　王小英　余文敏　王　伟　王新刚　侍方方
内科学	叶冬青　刘　苒　李晓莉　鄢高亮　王庆捷　文继月　左鹏飞　徐　伟 孙　红　王　栋　夏文清　陆文彬　傅　聪　焦云根　严雪娇　朱冬冬 曲青蓉　曹玉涵　杨家悦
神经病学	王燕娟　于　淼
影像医学与核医学	赵登玲　陈宇辰　王　玲　张　皓
临床检验诊断学	应后群
外科学	王小虎　王永辉　时　睿　刘春辉　陶　陶　蔡　峰　韦继南　张舒龙
肿瘤学	郭莉婷　高　维　杨　蕊
劳动卫生与环境卫生学	张　华　杨　淼　孙蓉丽　廖　娟　韦海燕
营养与食品卫生学	唐华丽
卫生毒理学	姜明霞
管理科学与工程	杨　洋　何厚全　陈　娜　顾建强　赵　江　李敬涛　刘子怡　李永发 苏江华　蒋黎晅　朱建国　滕铁岚　朱依曦　方　玲　朱树婷　王效容 秦晋栋　朱兆珍　刘　颖　黄晓红　万　欣　张芊芊　朱　乾　丁振华 徐常萍　陈　斐　孙莉玲　季良玉　束　慧　陈黎明　赵　娜　穆斯法 程中华
管理科学与工程 （金融工程）	隋　新　汤正洪　吴　亮　姚登宝
艺术学理论	李　韬
艺术学	徐巧慧　程波涛

2016年学术型硕士学位授予名单

一、学历硕士研究生（共1 888人）

专业	姓名
哲学	王　娟　陆　嫄　郑宏峰　贾浩然　江　刚　赵聪妹　张　丽　赵小丽 沈铖贤　沈丽娜
国民经济学	高嘉颖　胡姚雨　杨英超　许　耀　奚欣明　陈灵波　王春月
区域经济学	李丹阳　牟小慧　高晶晶　潘　苗　翟　斌　吕孝翠　刘秋皇
金融学	丁雨佳　吕夏梦　马　燕　汪文洁　夏　丹　夏　霁　谢婷婷　陈　婕 杨琛珠　阮瑞草
产业经济学	陈玟洁　金永曦　孙柔嘉　魏　良　崔　琪　李诗南　王　波　于　颖

(续 表)

专业	姓名							
国际贸易学	沙麦德	卞海丽	刘 玲	刘 茜	潘国秀	宋 萍	张盛丹	徐继军
	张 玲	时 娇	刘 靖	宋杉尼	李世飒	黄清大	纳尔迪	尼 果
	罗蕊谷	莎 诺	佧 觅	阿迪亚	丽 娜	薇 安	卢 克	邦 特
	德拉科	刘筱雅	维 安	诺 平	泰 伯	戴安娜	哈 格	朱 瑞
	莎 贝							
法学	任 玲	李 昂	安 宁	方 豪	高 歌	高 亭	杭慭燕	任 正
	张 新	陈晓云	高 婷	李秀武	梁露露	林冰冰	刘素云	田文胜
	汪珍珍	孙 婷	姬嫣晴	刘效清	李 柳	刘 青	赵建平	郭思琪
	丁云霞	王国国	邢晓文	张雪洁	杨柳芳	于金兰	贾春雨	王维新
民商法学	周 利	马圣菊						
政治学理论	丁媛静	胡芬芬	王 娜	金盈盈	沈 俊	赵姗姗	柳 奇	杜 博
	吕卫丽							
社会学	孙文佳	吴羽西	王 骋	赵英姿	赵云凤			
马克思主义理论	陈 晨	尹 晴	解明桃	李安君	沈银平	贾苗苗	王琼琼	吴 洁
	高嘉遥							
课程与教学论	刘琴琴							
高等教育学	陈红红	臧婷婷	王 慧	史 敏	武丽民	吕 哲	侯振荣	吴 丽
职业技术教育学	卞晶晶							
教育技术学	刘枳杉	王乔峰	林娉婷					
应用心理学	余 欢	刘 渊	詹方园	林启修	张 硕	宋 森	张明波	季 爽
	赵 蕾	杨 柳	杨雪莉					
体育学	江小牛	许 琼	於晓慧					
中国古代文学	孙爱琪	马汉如	张秀蓉	高 阳	李书杰	赵 引		
中国现当代文学	吴宏阳	汪楚红	王凯莉	杭欣竹				
英语语言文学	宋园园	李 楠	加迪尔	林 婷	马晶晶	苏佳茜	易选志	张诗卉
	倪梦蕾	何顺义	伦少云					
日语语言文学	张 旸	李淑钰	戴贤倩	唐 莉	张淑华	张金婷	王 帅	李懿哲
外国语言学及应用语言学	汪程程	惠 然	江韦韦	李 静	卫美林	于晓茹		
数学	丁程丹	时欣利	尹新鸽	周 成	杨 盼	崔文标	王玉欢	王彦婷
	李学艳	祝 云	刘亚亚	吕玉砂	孙朋举	郝宗艳	洪维维	李 锋
	成 飞	王佶嘉	张 青					
物理学	崔瑞军	陶伟伟	田 舰	徐振宇	陈玉明	臧 杰	赵凡宇	杨文波
	马 翠	曹伟伟	杨 倩	曹志敏	李 娜	高 滨	刘莎莎	张 杨
化学	孟一帆	杨丽静	陆慧佳	马媛媛	杨双双	赵 芳	郭云霞	王芳芳
	熊丽娜	张 辛	靳 燕	耿 斌	张 伟	张雪红	张瑞敏	汪会婷
	冀静静	郭想丽	杨婧婧	丁晶晶	侯雪莉	刘俊秀	彭映莲	
分析化学	张 昭	邱金丽	余 甜	王 萨				
生理学	卢海英	申 培						

（续　表）

专业	姓名
神经生物学	钱媛媛　朱跃华　张菁云
遗传学	宋　丹　诸　萍　陶娜娜　张雪婷　李　敏　彭亚琴　吴晨曦　夏明媚 张少丹　张晨晨　苏明钊　钱付平
生物化学与分子生物学	赵　贵　周雪峰　蔡秀秀　俞勇林　万　超　单海涛　张冬冬　王　强 赛　德
生物物理学	潘孝宇　陈艳华　王婉洁　邢廷康　满馨遥　干　萍　汪久海
生态学	徐　丽　杨雪梅　孙洪芹
统计学	江晨阳　刘冰婷　王　欢　徐　单　俞维嘉　张莉萍　李建超　张佩佩 罗　昊　蒋丽怡
力学	葛天媛　蒋令闻　廖　涛　胡昊容　李　杰　刘　麟　孙骁晓　王若竹 刚　毅　耿臻岑　邵凯凯　宫维佳　宋静然　范芷若　汪　璇　郭　飞
机械制造及其自动化	张兴文　沈彦佑　蔡鹏鹏　蔡兆文　陈华宇　丁　琦　孔　炤　李　伟 林元载　陶亚楠　王　立　王　亚　杨雪健　祝凯方　余彬彬　刘　通 刘　威　佟光勋　晏腾飞　陈晓杰　陈一山　宋培培　吴　丹　吴星裕 梅仁友　魏有莹　安树阳　鲍先同　陈　思　高　远　宗　辉　李　倩 张　诚　邢　强　金雷过　巴耀铖
机械电子工程	单　晖　龚成明　黄　栋　李　佳　李　翔　刘熠宇　马振兴　沈博文 孙小刚　肖　宇　叶富阳　张俊卿　郑燕南　鈤文权　郭　冬　吴　竞 张书轶　周　斌　黄娣娣　李　响　徐德成　吉奉公　王一铖　杨伟洁 张广星　汪　岳　谢　冬　张　琪
机械设计及理论	赵　扬　丁　豪　王长宝　邹益人　陈永伟　徐　伟　芮正明　李志翔 马　斌　王兆民　朱　林　宋小闯　李　媚　沈轲飚
车辆工程	刘元强　陶　锋　陈明胜　张成杰　王震宇　陆苏杰　李　冲　崔　政
机械工程（工业设计）	陈慧娟　王俊超
机械工程（工业工程）	钮　伟　施杨梅　谈　适　王晓林　许　颖
光学工程	范可泉　沈学可　林　军　陈燕达　樊　恺　韩晓东　胡　琳　王赵冲 徐晓靓　袁泽嵘　陆敏玉　王　洁　周　婷　李玲玲　薛　洁　龚　艳 秦海林　冯丽丽　胡成园　刘达辉　许丹凤　郭　琦　胡志扬　丁　森
仪器科学与技术	曹家梓　李博维　李居康　吕昌远　孙觉非　王　宇　王正俊　谢雨宁 唐　建　周　波　郭海鹏　曹　阳　曹　宇　陈　诚　丁　凯　甘立初 胡异炜　鞠玲玲　林　清　陆　浩　万峰华　杨　茜　张　开　张　瑞 李　桢　王曜初　魏　风　杨　明　葛士建　徐　伟　孙雪雪　吕才平 刘　伟　章　研　王行军　冯增涛　王　玲　郑　波　李程程　白凤蕊 董丹丹　张　浩　杨业刚　张　也　余亿田　张　帅　李爱华
材料科学与工程	何　菲　陈　婧　王燕清　胡以云　卞司晗　钱琳灵　孙中跃　王韬涛 王　俊　韦雅玲　杨圣晨　张玉玲　彭　丹　成　强　顾苏楠　陈雷雷 陆　冶　邵　怡　吴　雨　曾从远　丁亚九　曹天骥　邓晨皓　丁燕青 黄　凯　吕长月　邵理翔　谭　臻　王　林　项　桦　虞文奇　周冰凌 刘　杰　陈　玲　汤永田　刘文林　张　威　刘　诚　刘玉静　张惠敏 高　琳　金　晶　安力佳　李朋洋　刘　辉　王彭生　王文蕊　张　涛
材料物理与化学	陶俊杰　马　昀　王同振　杨晓青　林金中　叶沐阳　李　丹　戴　斌 李春梅　顾　清

(续 表)

专业	姓名							
动力工程及工程热物理	林 祥	林博群	余 帆	胡驾纬	章斐然	高 玲	陈 波	王 玺
	王 芸	杨 康	张 弘	张清风	赵 杰	郑卫东	孙高峰	籍晓洋
	郭占伟	樊 双	胡春红	黄维冬	嵇文秀	林 涛	刘 剑	唐志炳
	王志芳	徐 奇	张 政	赵晓军	丁佐榕	曹 政	陈飞翔	陈南锟
	陈 伟	顾玉顺	黄秀勇	黄永平	李新阳	鲁洁明	吕 潇	莫浩浩
	苏 凯	孙尚哲	孙 文	王明超	王永文	徐 民	姚卫刚	章程明
	周弼辉	周 驰	周元兴	谭 浩	刘嘉伟	钱 磊	王 伟	陈经纬
	姜业正	吕 进	杜鸿飞	王 超	孟 强	程 梅	姚余善	房久正
	王泽宇	姚书恒	刘玉兰	陶成飞	孟庆堃	李 达	王 帅	邢甜媛
	张 林	张孟臣	张 振	赵 静	仲亚飞	杨文超	董晨鹏	李 建
	刘 腾	徐孟毅	张帅毅	孔 羽	王 婷	焦 健	许 康	赵德材
	胡江海	汤可怡	严思伟	王志军	王 瑞	刘凌沁	谢小亮	
电气工程	陈 曦	高 蕾	李安娜	倪海妙	陈 晋	顾 浩	钱 程	苏嘉彬
	滕 琳	杨 湘	方 洁	陈 斌	陈璐瑶	丁继为	冯祎鑫	高 君
	高 翔	郭瑞兴	韩俊林	季秋谣	焦系泽	荆 彧	景无为	李柄汝
	李瀚霖	陆 军	鹿泉峰	马 天	孟学阳	潘樟惠	唐沂媛	王嘉楠
	王萌萌	王文帝	王 洋	王 瑜	王志贺	徐忞慧	殷慧兰	袁 简
	张 旭	张亚光	赵 辉	周铖铖	周荣宗	朱 峰	朱海勇	朱 朱
	诸晓骏	段灵杰	李 博	孔龙涛	梁欢利	韩洪豆	石 磊	谈亚栋
	薛 帅	杨佳驹	杨震男	姚 勋	张施展	张文虎	周翀锐	钱 超
	徐鸣飞	杨雪纯	汪楚暑	贾 蒙	庞吉年	陈怡然	陆增洁	陈 健
	戴玉臣	林英俊	叶 飞	段小鹏	唐 楠	王 标	冯燕钧	任庆桦
	李 峰							
物理电子学	高小钦	罗 辉	邱俊华	汪 佳	徐 超	代彦伟	李运荣	康 建
	梁天慧	陆凤军	夏明宇	蔡媛媛	陈 蕾	冯艳梅	户玎岚	李 媛
	刘硕硕	路 宇	闵 晓	施 桦	王国东	徐驭帆	于彩茹	陈国华
	何圆圆	马小丹	陈燕燕	王天明	张 春	荆 霞	位慧静	王东鹏
	王稼祎	刘 波	王 翼	吴安全				
电路与系统	祁 磊	曹 健	陈 浩	陈 雨	罗 汀	石捷锋	唐 攀	王许莲
	赵 越	白雪城	曹裕荣	陈悦鹏	付佳伟	付玉信	彭振宁	王晓莉
	叶 鹏	梁 伟	叶庭祥	孙楚洋	陈颜积	李剑宏	王 浩	吴庆楠
	姜 军	彭金龙	桂继勇	蒋 健	李 晨	刘 俊	王少飞	徐志丽
	陈子洋	陈萍萍	吴里程	周 洲	郭 娜	吴集辉	郭仲亚	付宇鹏
微电子学与固体电子学	林志伦	卜昕阳	曹海燕	丁 杰	黄克琴	黄 智	瞿 晓	康志强
	李小泉	刘 灿	苏 玲	王 强	杨 凯	姚红燕	刘学文	程 超
	程 康	丁 杰	丁 瑞	黄 慧	黄学勤	李 硕	孟 炜	秦 梅
	任力争	王思慧	王小虎	徐 峰	薛笑波	于天骥	张 俊	陈宏博
	高晓峰	浦 浩	仝振阳	刘金岑	范献军	黄 燕	高 帅	邢朝进
	余兆国	肖哲飞	张晓明	付君宇	黄 兰	万中原	沙 漠	包宏权
	周雷雷	奚锦程	徐 亮	余翩翩	周建军	卜亮宇	桂小冬	张 亚
	闵 婧							

（续　表）

专业	姓名
电磁场与微波技术	唐小芳　颉宇川　丁文其　季　松　王镇雷　袁云辉　何沐昕　齐冯伟 汪　明　徐海健　曾绍祥　周　圆　邓　阳　王　晔　柳卫天　王　想 陈海兵　洪希依　刘艳青　史慧萍　夏晓岳　徐白冰　张志宏　朱颖申 朱月月　单佳炯　杜　璟　陆慧颖　王　莹　项　曦　张梦妮　黄爱华 曹翰林　方来旺　王宏慧　左　罡　孔故生　汪志伟　李　冰　韦　伟 焦弼峰　刘　尧　古伟辉　郑晓光　翁圣晖　张庆拙
电子科学与技术 （集成电路设计）	韩婷婷　程　李　王超凡　李玉强　郭　昱　张　远　高建银　吴书晨
信息与通信工程	翟志军　吴海龙　谭雨凤　曹　磊　杜杉杉　樊智猛　贾子昱　李　媚 李　倩　李　涛　刘　方　马春华　孟小祥　秦伟微　沈汉文　石　宇 陶于阳　王国鹏　王亚青　吴　满　吴　宪　徐鹏骏　张　俊　张立碧 张田静　张亚萍　赵锦程　郑志探　朱　磊　路万里　刘松吟　郝胜男 林　宇　王　佳　吴　昊　闵　绪　黄文倩　王瀚庆　刘建伟　孙清华 杨伟民　邱　朗　杨　陈　吴兆青　张宝庭　陈洋洋　陈弋羽　程　林 范　利　高吕炀　葛　烨　荆　丽　李　峥　梁凌轩　陆　莹　吕正荣 马春利　苏　菲　孙　慧　王纪娟　王　瑾　吴　波　吴晨阳　吴戈林 徐　凯　杨　欢　杨灼其　张皓月　张　静　朱清豪　朱　万　徐志江 崔文明　丁　振　张家典　邹尚璋　李元稳　张东旭　范　松　陈雪倩 陈　智　蒋纯杰　巨晓正　李双龙　刘　晶　吕　亮　聂阳宁　施昱阳 王　奇　王　宇　闻晨鹭　项　楠　徐　成　杨　昆　易　骁　余登高 袁　杰　张清华　郑丽武　周翠翠　王　佩　朱从贤　冯　超　杨　帆 张陈梅　李海静　李　超　官　伟　郑华文　喻冠霖　马士民　彭江飞 薛儒麟　刘珊珊　赵　洋　王　胜　赵冬雪　张贵生　王　丰　杨　熙 郑文君　王　希　彭　珊　杨　旭　朱昂昂　欧阳星辰
信息与通信工程 （信息安全）	朱筱赟　韩心梓　刘影彤　陈先棒　樊子娟　李　凡　张远方　许佩佩 周　磊　高　元　黎洁昕　王　润　张　亮　许金乐　邵　阳
控制理论与控制工程	李正轩　高　凡　谷　伟　顾丽娜　黄大伟　嵇达勇　蒋小华　焦一平 金　璐　居　青　柯　霞　李　璐　年雪洁　吴　斌　吴亭苇　杨　骁 赵丹丹　郑　雯　朱文龙　张　鑫　赵忠辉　李金文　傅环欢　徐余慧 程光敏　黄栖萍　黄　威　吕士文　戴鲜强　周奇凡　朱叶盛　吕敏虎 徐　祥　宗跃阳　葛　尉　夏凌晨　周　义　雷亚帅　王小龙　金　涛 刘俊权　周　煜　韩明瑞　陈之杰　李青淋　杨明亮　朱坤云　管广鹏 钱自强　丁锁辉　李桂璞　姚　叶　沙少冲
检测技术与自动化装置	贺国睿　黄洲荣　季赛平　李　超　沈后威　赵行晟　沈天益　王　炜 刘春雪
系统工程	周　成　唐亚波　乔域镁　王明贤　胡姣洁　石大义　马保雨　王亚楠 黄志成　黄　鑫　刘　芬
模式识别与智能系统	胡崇晗　黄飞燕　李　多　李文强　刘金花　石停停　王亚运　谢　可 尤卫卫　虞金花　杨丽华　周　卓　陈　静　万东成　藏恒星　李晓琴 吕　磊　汪媛媛　徐　达　徐叶帆　董清泉
导航、制导与控制	陈立平　施成功　王　乐　王阳阳　李　锦　张　健　田泽鑫

(续 表)

专业	姓名
计算机科学与技术	蔡凯臻 陈 琪 陈 浤 陈玉祥 顾明珠 何 菁 胡弘晋 胡毅通 黄志勇 刘 莉 刘悦晨 吕丹彦 罗继明 宁秀芳 潘松杜 钱 唯 谭诚伟 王玉祥 魏敏娜 温 潇 吴一娜 杨丹榕 张骏雪 张凌峰 张亦俊 张子奕 周素珍 周 颖 朱翔鹰 丁涛勇 金才园 金 磊 李 森 刘建华 吴 越 吴自勉 章彬彬 赵 权 吴 丹 张成新 季俊杰 吴 帅 滕晓程 陈 鉴 王媛瑗 严 峥 于 菲 张晓露 黄 灿 朱良梅 罗 浩 吴国成 陈 虎 董 浩 贺润国 李富豪 李 刚 尹 劼 倪振宇 赵 莉 袁志伟 邵明路 刘骏涛
计算机应用技术	黄斐乔 沃世木
建筑学	李梦雯 田梦晓 翟 炼 段伟文 胡 楠 许碧宇 吕 伟 温珊珊 黄 璐 何涛波 胡星星 王晨杨 张正普 纪天卫
建筑历史与理论	郭子君
土木工程	祁永成 茅建校 周海飞 周宇凌 颜 峰 许德旺 陈立栋 褚 云 冯 波 付 康 傅正平 高 蒙 郭小军 侯士通 雷文杰 李红兵 李芮秋 刘道永 潘 瑞 尚 卫 沈海彬 孙 岩 索 思 覃作伟 唐 彪 陶 然 万鉴霄 汪 逊 王 俊 王 希 吴明俊 吴 涛 夏 晨 谢康宇 邢 拓 徐 晨 轩 鹏 殷 茹 于 强 张慧娟 章玉婷 赵 哲 朱松松 俎相杰 郭大伟 王骁宇 卞任远 陈 阳 戴金琛 谷 雨 潘 睿 孙文隽 王春峰 谢 昆 徐 鲍 于 宙 赵晶晶 陆飞龙 林 丽 钱晓军 王小伟 陈 军 单奇峰 葛李强 潘胜军 朱 萍 唐永辉 林迪南 江乾伟 张 洋 刘 路 梁 娜 于 杰 张 武 王 巍 张 欣 黄利波 葛艳丽 刘凌锋 庞熙熙 张剑锋 张欣欣 张涌泉 周 超 周厚林 孔 错 周枫枫 陈 锐 林坤洪 郑艺杰 徐启智 郭继清
岩土工程	于博伟 耿功巧 吴义阳 刘倩雯 吕晨炜 许 敏 杨 靓 田文斌 王 超 王佳奇 谢 伟 郑灿政 王康达
市政工程	李润青 刘蕴哲 王其东 周亚子 李奎鹏 熊永磊 卜 倍
供热、供燃气、通风及空调工程	陈谢磊 高迎梅 吕 楠 张 青 赵赛男 周 伟 范鹏杰 周 琦
桥梁与隧道工程	李 健 李沛丰 王晓春 邹 韵 汪训剑 徐营营 芦旭朝 周建涛
土木工程(土木工程材料)	王丹芊
土木工程 (土木工程建造与管理)	刘 辉 尹晨光 贾 宁 栗雨蒙 陈 诚 韩 娱 兰晶晶 汤晗昕 王默晗 阳 南 林 强 刘 卉 李晓英 张 超 宋 斌 李朝静
港口、海岸及近海工程	陈 艳 高苏洋 唐月明
大地测量学与测量工程	王松寒 杨 祥 仲 洁 韩 伟 靳晓东 吴 波
地图制图学与地理信息工程	费 雪 庄 敏 薛亚星
化学工程与技术	吴 镇 肖为引 续元妹 耿高丽 王千里 王延斌 滕宏程 顾先涛 佘晨光 李婷婷 刘艳梅 安双双 崔美芳 靳 晶 徐 阳 康静宜 付晓琴 刘青玲 尚秋伟 王圣之 谢海姣 邢雪婷 邱亚文 刘晓梦 李雪静 谷一冉 赵 文 董孟姣 吴 旋 陈 浩 周治萍 徐 晨 孙志强 曹多军 卓 倩 邰芸翠 张 科 吴昉华 刘见见 王连广 樊文景 牛艳芳 陈国庆 李雪爱 于海燕 周丽君 顾美萍 刘仕艳 梁美玲 吴 冕 张志龙

(续 表)

专业	姓名
道路与铁道工程	张 勐　彭 龙　高 昂　龚 玄　郭怡绮　胡晨媛　孟凡奇　汪洪波 王昊鹏　王天宇　谢胜加　徐 凯　张海泉　陈 程　戴逸清　戴 震 娄深鑫　牛 哲　尚 旻　于智光　张 晗　朱海洋　蒋梦雅　周亚东 孙铭鑫　高 权　缪鹏辉
交通信息工程及控制	徐世鹏　赵晓晓　金建刚　于丰泉　潘阳阳　王 拓　田浩洋　刘玲慧
交通运输规划与管理	王友普　林 浩　郑 元　奚振平　纵彦凯　乌 达　吴圆圆　曹雪柠 陈 晨　陈 恺　崔 莹　何 鹏　蒋咏寒　李梦甜　刘志广　蒲 翔 徐 茜　许 秀　尤雨婷　曾 霞　张旻沁　张 宁　张思俊　张文珺 余 兴　滕法利　唐 超　童小龙　刘 凯　葛志鹏　陈海祥　刘 兵
载运工具运用工程	江云剑　刘 敏　孙佳然　史登峰　郜 健　吴 进　谢覃禹　陈爱伟 巫诚诚
交通运输工程 (交通地下工程)	李立业
环境科学与工程	王龙飞　钱晓晓　杨可昀　赵 艳　程思超　成昌艮　殷志平　唐心红 杨 春　张 晓　李传扬
生物医学工程	李奇维　鲁孜恒　张 琳　余 晶　王洪建　许天姝　张 彬　黄晨玥 唐 阳　彭 昊　韦玲玲　任姣雨　袁骏杰　尚贤丹　马腾飞　武 斯 姚红兵　吴 江　方 巧　何红日　李 玲　陆留平　路丽民　马超龙 王亚菲　张艳艳　张 月　朱 蕊　张睿雄　孙 湘　谢昱昊　柳 臻 威泽万　梁正辉　李 艳　姚佳丽　张亚景　喻聪龙　王 乐　毕正扬 顾澄宇　苏美娜　高帅锋　谷宝华　何嘉琪　柯瑞昌　王雨荷　张婉君 林振亚　刘 尧　高玉洁　黄蓉蓉　杨 曦　贾正阳　马孚骁　薛爱国 慈 铖　乔子晏　徐令仪　苏小清　刘凌洁　胡松涛　高 珅　张壮壮 郭 靖　李中源　马赛罗　陈 肖　李 杨　崔花婷　黄海诚　吴沛泽 缪婉琳　康嘉兴　张 捷　邹捷萌　傅 笛　蒋浩君
生物医学工程(学习科学)	李晓萌　朱婧宇　沈翔宇
生物医学工程 (神经信息工程)	杨 情　戴惟嘉　陈鸿雁　张 正　李杨韬　刘宇灏　王子彦　王新军
城乡规划学	熊伟婷　曹伯威　冯 莹　郝凌佳　孔 斌　王里漾　徐晓曦　国子健 李欣路　路 天　刘鹏程　汤林浩　王皓冰　蔡培祺　徐扬波　马 奔 赵 情　杨 攀　路思远
风景园林学	刘 悦　钱慧逸　王琳琳　王 冉　王雨晨　单梦婷　刘常宁　缪 丹
软件工程	曹 岑　李 娟　徐良成　周立凤　姜雨晴　许 辉　宋佩红　程文耀 王叔应　周敏敏
人体解剖与组织胚胎学	金海振
免疫学	刘宏翔　李晓娥　杨姣姣　吴松彦　张一鸣　许斯筠
病原生物学	彭杰夫
病理学与病理生理学	刘 辉　张丽娜
内科学	赵纪益　陈 兵　何文多　杨 迎　孔文杰　朱月红　郝娜娜　刘海飞 刘怡然

（续　表）

专业	姓名
儿科学	刘慧娟
神经病学	吴　超　威　克　徐　华
影像医学与核医学	丁蓉蓉　冯国栋　黄亚青　陈　婷　李英豪　张　炜　杨　雯　李卫民
外科学	陈　尧　闫　凯　闵　波　康新桂　王　京　朱厚毅　王心音
妇产科学	陈　茜　陈丽琴
眼科学	翟羽佳
耳鼻咽喉科学	刘川川
肿瘤学	李璐璐　郑英慧
麻醉学	陈旭辉
急诊医学	朱　尚　陈栋玉　房启占　邹丽绢
流行病与卫生统计学	宣　杨　王晓康　承晓华　邓景景　陈　宇　姚宁宁　袁　瑞　郭　艳
劳动卫生与环境卫生学	卢青青　王　凡　于德财　高志奎　田　亮　邱斐斐　劳灿山　张敏辉
营养与食品卫生学	李晓晴　杨碧漪　杨　贤　曹正颖
卫生毒理学	昂盛骏　张帮勇　应佳丽
中医内科学	丁　阳
药理学	沈　凯　李恩泽
护理学	谢樱姿　周碧云　蔡　雪
管理科学与工程	崔少东　杨方方　张　峰　薛　梅　董乾东　白　洁　武　彤　孙文婷 张　华　高　雅　陈恺文　陈　茜　陈琴琴　范　洁　高小慧　纪沿光 李凌君　蒲德才　魏强龙　徐　鑫　杨一帆　张亚开　方隆祥　麻景新 邱作舟　杨　涛　张　磊　虞永军　郑绪蓬　陈思彬　朱丽菲　吕　冰 王英豪　杜　滔　黄秋萍　张青青　朱　悦　郑　娟　朱　莹　曹素贞 胡顺珍　刘　竹　王　维　庄　园　李　媛　张丽媛　杜明威　杨　宇 金杰平　陈媛媛　江芬芬　高　敏　崔丽华　甘清华　周丽君　李丽霞 殷　俊　谢晨辉　胡淑玉　杨庆渝　李立雪
会计学	蔡钰萍　笪彦雯　戴其丽　范丽琴　郭章翠　李申伟　施　瑶　胡隽婧 傅熺祾　胡　璇　巴娟娟　范思萌
企业管理	黄莉娟　李雨佳　徐晓捷　张　饮　周　洁　周事泽　周馨怡　陈　圆 朱晓红　孙凡茜　张　欣　黄承星　王时杰　崔海明　刘钦光　夏然之 张赫挺　蔡梦航　谢国明
旅游管理	储　光　季亚婷　杨　忆　侯凤娅　强大双　彭健怡　张　娇　张　妍 李　娜　宋文杰
技术经济及管理	欧双双　姜　马　童　瑶　张思嘉
行政管理	周柯全　谢天添　陈骏峰　徐冠男　江　帆　李丹再　王　书　陈　丽 刘　颖　吕世婷　吴　桐　张伟栋

(续 表)

专业	姓名
社会保障	杨 靓　张文杰　马永华
图书情报与档案管理	杜开敏　殷 晴　张 烨　王 鑫
艺术学理论	胡沁心　许 箐　曾 馨　朱 玉　宋 冰　郭婧文　杨项讷　杨 洋 王天舒
美术学	李 杰　费婧苗　周歆怡　周予希　卞扬扬　彭昱萌　王宏琳　宋艳玉 王俊博　宋希晗　韩 坤
设计学	周 健　李 安　王 琳　戴 卓　岑画眉　董心宜　方 言　厉曙光 唐 乐　王 建　王小彤　王子乔　周 怡　朱艾琪　汪欣元　黄丹妮 任淑愉　李 安

二、非学历硕士研究生(共48人)

同等学力

专业	姓名
内科学	严 星　石春晖　葛正辉　胥 娟　吴心池　李腾飞　张永强　俞海燕 汤 瑜　陈汝红　黄 英　何英平　华 琼　周 丹　胡 晶　查丽芬
儿科学	袁奇超　陈 秀　施 燕　包伟丽
神经病学	笪 正
影像医学与核医学	吴宇强　王 东　王 旭　郑勇强　葛海燕　李福明　严旦红
临床检验诊断学	王 璐　高卫亚
外科学	潘忠军　薛林强　龚 海　睢正辉　杨元强　吴 松　景 岚　周立建 孔丹辉　李 杰　薛 诚
肿瘤学	丁丽芳　林 峰　周立莉　吴 丹　吕 叶　杨 荣
麻醉学	邵 钢

2016年硕士专业学位授予名单

一、学历硕士研究生(共1 515人)

专业(领域)	姓名
金融硕士	梁 睿　谭 诚　吴宣文　徐明瑜　袁箐雯　周哲羽　程 万　李 顾 张 弛　李苏乔　张 晨　肖国健　蒋 慧　邹长海
应用统计硕士	陈天鹏　樊 帅　孔 佩　夏 泳　朱玉君　李翠停　王颖颖　夏 一 潘瑞平　徐文洪
国际商务硕士	王 成　何阳亮　张 娟　潘 丹　林 泽　周哲骋　徐 鑫　郭兰君 夏王玉　严璐洁　蔡玲娥　王莉莉　曾 莉　万雨晴　胡运恒　蒋 艺 李 爽　崔 锋　谷涛涛　聂 影　梅 雨　方正伟　顾婷婷　甄成成 荆新瑜　蔡晓晓　王传英　葛雅谦　陈瑞静　曹 玲

(续 表)

专业（领域）	姓名
资产评估硕士	黄俊超　彭　丹　杨建超　黄雅云　张馨月　李苹苹　张秀霞
法律硕士（非法学）	杜巧莉　方耀东　沈小海　宋　佳　苏　雷　张伟宁　吴佳慧　毕　天 高　洁　何田川　夏小洁　项　珍　徐　月　朱小幔　訾　隽　沈　蕾 于燕娟　张　航　孙明月　于　静　陈　垚　曹丁允　何丽丽　李奕廷 汪　丹　苏小妹　王明志　徐　亮　刘若男　王　婧　孟诗逸　秦晓璐 常莎莎　王亚晶
法律硕士（法学）	方悦颖　顾　菲　侯　甜　胡国麟　朱　君　刘　啸　陈玉蓉　黄杨阳 王雨洁　李博琳　胡　敏　杨露曼　孙祥花　李　雪　冉文春子
教育硕士（科学与技术教育）	姜　宁　沈康维　张叶欣　董　宇　吕泽恩　马林阁　顾乃景　杨　甜 朱丽娜　江筱一　叶苏雯　田　丹
翻译硕士（英语笔译）	杜　杨　许媛媛　付小燕　罗欣蓓　周彬彬　苏晓燕　张雪黎　徐　迈 邱　爽　谢香香　朱秀娟　张凤霞　沈韵秋　陆艺文　马宇聪　谢　静 徐　娆　王佳佳　许广君　刘　静　李　鸿　李顺雅　汪亚玲　李　煦 邴照宇　赵晓雪　张　濛　张玉洁　黄　晨　是晓红　孙立平　周　艳 陈　乐
建筑学硕士	季　欣　杨浩腾　姚　远　闫　楠　吕明扬　晁　阳　陈　振　黄　潇 黄怡平　刘　琦　刘　焱　吕思扬　吕一明　钱世奇　孙昱晨　王婧姝 巫文超　莘博文　杨佳蓉　原　满　张锦松　周　骁　傅　娆　刘洁莹 卢　倩　陈　晓　李佳程　刘鹤群　刘宇澄　王晓晨　张　琦　沈宇驰 时　楠　尤　艺　沈骁茜　张　涵　张胜亚　刘九三　杜　晗　陈雅婷 李雪倩　唐秋萍　涂　愚　许妍妍　邹建国　李　诚　王　任　王　杨 吴　晖　徐正平　宁飞戈　毛　律　金海波　邱文浩　张倩倩　郑　星 朱韵卉　郑天宇　易飞宇
工程硕士（机械工程）	曹亚琪　储雨奕　戴玉东　林　宁　沈　涛　滕子健　王鹏飞　吴庆波 乔家鹏　艾凌风　唐　伟　邓　锟　翟德山　顾　超　宋亚军　陈　奎 沈　晨　曾瑞韬　杜方辉　吴　杰　赵　威　计怡峰　陈剑飞　励炳炳 凌　剑　李健文　陆亚运　汪　振　刁　梁　蒋元涛　张　中　查　闯 王　攀　吕财海　黄桂东　刘景笑　亓培培　姜利彬　匡梦良　吴　昊 杨波涛　王俊生　蔡　迪　杨　青
工程硕士（仪器仪表工程）	戴　栋　邓允朋　黄丹丹　李　娜　李　松　张俪园　朱碧玉　暴旭凯 丁文涛　黄　骏　李　亨　王　磊　叶　航　胡　森　马　莉　王　凯 钱佳斌　杨圆圆　臧　昊　赖泊能　刘　杰　倪佩圳　宋　清　胡炳伦 杨　燕　石宏飞　万倩倩　郭敬磊　李慧康　邓　鹏　匡立刚　毛　琪 易荣武　孔　婷　刘　花　张　强　桑鹏程　沈　飞　周　峰
工程硕士（材料工程）	卢秋晖　吕　娇　刘宝良　赵甜甜　冯　赛　李　琦　王欢欢　张夜雨 付明华　孙　浩　张　伟　李晓松　王楚妍　杨　勇　陈起文　司先军 朱方梁　沈鲁威　刘　林　李亚飞　孙艳华　陆文婷　李发亮　苏永丽 王善冬　王少华　杨　琳　周　颖　丁　聪　叶　勇　张方圆
工程硕士（动力工程）	韩致旭　王　威　杨明涛　徐洁月　赵　淼　张艺斌　朱炳辉　吴黎锋 陈倩文　陆　彬　陈　伟　苏银海　鹿浩伟　仇秋玲　张洪源　袁言言 罗　闯　邓　华　何成洋　林　特　钱晓颖　阮　浩　吴倩芸　陈俊丞 陈　晨　饶义本　朱炳朋　田　权　邵　彬　解李杨　李　可　屈会力 陈　婷　梁修凡　邵陈希　沈子婧　谈晨伟　易思强　张婉婧　黄　郑 王天琦　尹国晔　邵彦铭　蔡文昕　邵　洋　薛　源　朱方兵　张　瑞 张勉照

(续 表)

专业（领域）	姓名								
工程硕士（电气工程）	张文婷 辛 欢 李玲玉 吴小刚 张嘉文 季永超 陈 辉	蔡秀花 杨 康 陆苏青 杨正和 祝卫霞 张发飞 张加岭	陈维舟 袁 飞 缪旭瑞 殷佳尉 居静瑶 章 立 王学庆	戴桂木 张 莉 任洪强 张良杰 周 欣 程 骏 刘传德	丁小叶 左 帆 宋骁磊 张松波 郭 宇 王亚鲁 孙厚涛	胡洛瑄 甘子松 万杰星 张 欣 仇式鸥 王绶芳	沈蛟骁 曹育硕 王艺钢 郑 奕 胡 汉 张向阳	沈 湛 崔光鲁 吴 佳 朱 旭 赵 晔 刘 欢	
工程硕士（电子与通信工程）	高成才 薛 妹 费 亚 朱传奇 柳 信 胥陈彧 韩文清 庞 巧 赵星宇 张新兵 冯可荣 潘 浩 章曹超	何玉娇 阳 析 李 浩 罗 卉 盛旭嫣 张晓燕 秦艳荣 申 旻 郑 舟 束佳明 邹 游 颜秀丽	贺 凯 张丹昱 刘玉飞 刘明阳 孙 裕 赵安晓 倪广源 粟 勇 王 欢 陶丽娟 宋传磊 顾何平	李峰灯 张 逊 彭孜剑 陈 灿 万望桃 赵真灵 傅随道 王何浚 杜 周 夏 婷 鲁宁宁 程一帆	王有东 张 俊 任 重 成芬芬 王淑朋 仇瑞腾 顾潇腾 夏海洋 魏 斌 彭 鹏 王诗琦 邢月秀	夏 睿 陈 务 吴建军 段晓霞 王自立 王恒康 桂安祥 徐立洲 胡 琪 朱亚平 晏俊虎 顾玉莲	徐达武 聂礼通 朱承志 嵇 丹 项 宁 王建敏 孔瑞溪 徐 祥 刘 磊 李 磊 吴祥龙 田 震	许 月 王晓明 詹马俊 赖婷婷 肖富生 余光识 黎 杰 赵海东 孙吉元 钱 进 程宏振 李加才	
工程硕士（集成电路工程）	龚 宇 孟 苑 张泽旭 郑文杰 杨 帆 唐豪杰 李德骏 嵇宇剑 徐 力 袁家兴 孙陈超 尹 俊 王梦远 李 鑫 席 伟 凌爱民 庄德坤 鲁文婷	韩 雪 姚克奇 刘 奇 卢家恺 杨苗苗 王 尧 陶 冲 刘 杨 徐 晓 袁德军 黄晓敏 何贵翔 李 飞 伍彦文 袁玉帛 徐天娇 史俊达 郭 新	潘颜玲 陈海波 马 骁 杜益成 姚 群 钟 见 王发刚 孟 楠 许浩博 施家鹏 谢尚策 涂 强 余少博 司沈丹 马 俊 徐 寅 宋林峰 高宇文渊	叶 然 张昆仑 陆扬扬 马荣晶 张培培 吴承恩 赵 敏 钱文明 朱志青 嵇彦斌 潘龙龙 卢致鹏 刘鲲鹏 孙传奇 徐 凯 陈苗苗 张 洋	姜 源 马 艳 涂平平 毛宏斌 刘佳杰 王佳丽 王美亚 宋 科 张文龙 许连高 李 辉 王 凯 汪康宁 周志琪 张 余 刘 学 张仁辰	陶永鹏 陈 帅 谭燕林 倪丹丹 王 艳 倪 蕤 许 阳 朱泳翰 许其罗 刘 宁 娄庆庆 刘从振 畅灵库 姜 伟 赵荣琦 王 浩	鲁 扬 汪伟江 汪晶晶 宋晓芸 李海著 王科迪 张龙飞 王 军 岳宇靖 徐 俊 张 艺 孔维广 胡俊杰 杜奕宏 王 凡 顾秋萍 潘胜民	梁栋梁 陈 玄 王 晨 汪芮合 崔 洋 黄权杰 戎 越 王启俊 田 洋 顾春德 蔡鹏程 高 艳 喻 慧 张彬彬 杜 清 王剑峰 邹 萌	
工程硕士（控制工程）	梁明锋 吴金蔚 李 聪 肖大伟 律 帅 陈 晨	陈含思 吴子然 孙 博 傅华强 朱传林 张盼盼	陈洪骏 周 啸 吴 津 万 林 徐梦远 高新鹏	付立友 赵 敏 杨德石 缪 锐 杨 杨	柳 迪 何硕彦 王 凯 刘从文 董 娴	沈 堉 刘云久 周鹏程 张 众 肖 宇	王碧波 秦苏林 姚乔兵 曲志兵 伍 丹	王 哲 姜 瑶 刘灵娟 吴 佳 成 名	

(续 表)

专业（领域）	姓名							
工程硕士（计算机技术）	王泽雨	成文辉	何彬彬	周　寻	孙伟伟	王小芦	曹　磊	贾治中
	姜　峰	蒋　荣	史　亮	吴雪松	梅　宁	沈佳阳	孙　松	鲍冉冉
	李少芳	陈修圣	何　建	戴　健	毛　宇	洪亚萍	刘江涛	司马强
	沈　斌	刘智勇	胡兴国	黄　华	张贵林	苗意益	祝　琪	丁頫洋
	许维新	曹健伟	吴金晓	刘　珅	杨胜松	胡一非	程　杨	刘一童
	陈彬彬	江　泽	翁承豪	史国伟	殷弼民	吕　伟	卓　越	陈茂榕
	叶敬宁	吕力兢	戴　晶	余达明	高鹏杨	花云程	杨　阳	黄桂成
工程硕士（软件工程）	孟密密	沈　青	王志鹏	叶　果	夏俪萌	柳晶晶	张添玉	刘梓良
	冯学磊	张　乐	张　扬	罗雄文	尹博文	赵彩红	江　南	王义灿
	刘文亮	李晨锋	祖兆月	周士捷	熊　伟	张　茜	杜凤旭	王　玏
	刘助奎	苏　伟	钱翠翠	郑华江	黄　箭	朱燕燕	杨　璟	刘太云
	张靖阳	张京晶	郭斌彬	祝晓龙	黄　亚	何　磊	谭建锋	赵丹丹
	石冠楠	曹寅翔	庄小龙	郁　浩	孔喜龙	陈　波	朱倩婧	张从谦
	熊　峰	齐　萌	华啸秋	闻　俊	徐李荔	周益超	闵　敏	翟　浩
	王培宇	黄　帆	冯　雪	童思原	周璟阳	刘储元	胡　海	徐新运
	刘克桥	夏　骏	高亚超	严　石	张智为	周　凯	郑晓萌	卢婷婷
	王梓轩	王星标	符仕聪	高　明	陈龙珑	崔朋旭	陈薛全	鹿纯祯
	孙　伟	陈志强	杨　旺	张童飞	孙　浩	陆皆晟	吴亚军	朱王彪
	申宇星	陆易凡	孙　飞	冷　晴	王心洁	王浩然	张　琪	熊奥斯
	郑永坤	张　力	杨志豪	孟谨谨	袁骏成	高　铉	朱爱娟	李　密
	杨伟光	刘雪清	李振威	王　祥	张　健	尹玉成	陈　鑫	赵小燕
	钱　琪	王　言	曾　磊	杨　扬	王亚伟	沈延麒	张　雄	李艳青
	刘小兵	高伟杰	支连意	张　雷	吴昊雨	徐士程	赵士博	沈天绪
	凌升杭	张　婷	苏炜淞	孙　鹜	韩应栋	周靖捷	李　宁	丁佳丽
	罗　凯	周啸天	徐道成	郭丽冉	朱韶松	熊　玲	许辉强	朱志勇
	程启帆	张俊杰	牛煜荣	王　昕	夏春辉	胡津瑞	凌质亿	
工程硕士（建筑与土木工程）	常晓亮	陈昊天	付帅锋	龚康明	桂鹤阳	郭　训	何佶轩	黄克虎
	卢　硕	秦诗达	王　超	王　宁	吴瑞尧	徐夏炎	尹寒青	尹　科
	张　倩	章佳娟	赵明月	周　晨	朱学武	邱亚猛	孙　浩	李德猛
	付绍明	王　飞	张　泉	汪茉莉	魏　明	尹德强	葛　扬	罗加腾
	闫冠伍	周　翔	杨　骏	王孝洋	陈　浩	顾　杰	洪　东	金云东
	沈智琪	徐伟周	田　飞	张　波	邵燕萍	沈　龙	张悦洋	左　鹏
	王　宁	王光达	熊学超	徐振宽	尚晓华	许　阳	梅明星	吴世萍
	李俊俊	向金华	刘　昶	万维民	魏程峰	邵佳妮	田宝升	汪　晨
	张　凡	马　力	邱　笑	陈　曦	史锦程	吴靖远	陈云漭	张　克
	范俊康	孟建国	赵　飞	余少君	曹　天	武啸龙	隆　彭	刘博韬
	李天福							
工程硕士（水利工程）	马耀鲁	陈　俊	毛礼磊					
工程硕士（测绘工程）	付　杰	潘　栋	李露露	蔡冬梅	邓家栋			
工程硕士（化学工程）	凌　洋	王　维	陈　思	赵文苹	孙成芳	陈　静	丁木生	左　波
	葛　阳	陈　耀	仝玉柱	李　宁	戚文秀	方　宜	卢　静	王　佳
	武　楠	吕永峰	姜治涛	宋　菲	李　强	姚洪涛	张　成	王　磊
	彭　静	张兆杭	张丽娟	谢彬彬	李伟杰	陈海华	章能能	杨亚冬
	严　翔	许　明	黄欢欢	沈骏龙	张　舵	章仟益	郭　庆	

（续　表）

专业（领域）	姓名
工程硕士（交通运输工程）	潘　浩　曹菁菁　王飔奇　张文川　石琦玉　温肖博　李园园　徐广超 陈玉婷　陈倪雄　董　琳　盖靖元　胡海晓　焦丽亚　金世安　李苗华 马春景　王达琳　王　乔　夏　凌　夏　雪　杨　迪　翟建勋　张　弛 张美慧　周　顺　左快乐　李荣彪　胡　波　齐行知　陆力文　蔡婷婷 查蓉昕　霍　敏　刘　俊　张文涛　张照俊　王晓怡　谢　羚　王彬彬 向　磊　赵世鹏　孙文博　魏金川　辛建霞　王　雷　陈晓实　戴骏晨 房增耀　宁　丹　孙　威　陈珊珊　林海山　张　猛　赵　昕　顾敏佳 黄　皓　许日丰　房　琳　邓杨杨　董长印　周　源　廖志龙　丁雨蕾 冯　斐　严　杰　申红飞　田　涛　黄　凯　刘志统　施　科　袁明波 马　骐　刘贝贝　栾　鑫　程启秀　王　斌
工程硕士（环境工程）	郭婉秋　姚一思　赵　娟　韩璐瑶　李晓琦　汤桂勤　蒯梦霞　王　卫 张　伟　耿　冰　周晓莉　沈　翔　孙　奇　张守凤　陈然然　蔡云东 陈　胜　蔡士盼　温涛源　杨　瀚
工程硕士（生物医学工程）	孙琪琛
工程硕士（工业设计工程）	杨　骁　郭　峰　方　凯　杨宝玲　葛　涛　孔赛赛　梁　旺　李向荣 张　强　曹水婧　方祥俊　龙云飞　熊诗琴　赵方文　王泽宇　宋文歌 刘鲁军　张雯君　汪浥洲　贾木超　王培玉　孙雯倩　陈兆建　梅雷萌 王雪梅　甘　翔　李　岩
工程硕士（物流工程）	李　梦　齐　伟　王　明　成慧玲　庞磊磊　陈　娅　左娇娇　蒋　兵 郭世挺　裴　健　赵俊晨　禹梦雅　朱　琳　王明明　张　艳
城市规划硕士	万　历　杜星月
临床医学硕士（内科学）	次　央　夏祖耀　钟　钰　莫　婷　安吉丽　瑞德万　沙　青　田家伟 安瓦福　史瑞乐
临床医学硕士（儿科学）	白　杨
临床医学硕士（神经病学）	段颖慧　唐林云
临床医学硕士（影像医学与核医学）	程　晰　王　超　杜瑞杰　朱海雪　李丽环　王　琦　古朴塔　戴来义 赛尔时
临床医学硕士（临床检验诊断学）	高天丽
临床医学硕士（外科学）	李文超　魏金鑫　陈翔潋　孔　君　麦　诺　毕卡师　莱　玛
临床医学硕士（妇产科学）	莎　幂
临床医学硕士（肿瘤学）	纳　什
临床医学硕士（急诊医学）	王丽晖
临床医学硕士（全科医学）	许兴华

(续 表)

专业（领域）	姓名							
临床医学硕士(本硕连读)	李 琛	唐羽裳	马 钰	裴 颖	王徐溢	支朦朦	李彦楠	叶果馨
	程 莹	胡 玲	李梦晴	陈润哲	程子芸	张萌萌	王三妹	郑 曦
	耿冬雪	缪成成	沙 翔	汤 浩	周海峰	马剑波	毛 幸	邱 晨
	张志恒	赵谊宁	李淑子	赵旻雯	吴海红	朱 珠	罗嘉莉	刘诗阳
	朱 越	卢 清	虞大凡	朱 琳	杨益莲	姜 焱	谭芷英	田 甜
	赵 琼	朱梓瑜	冯烨军	熊 轶	朱亚军	钱 益	张 程	陈 彬
	徐未民	张云鹏	张 钊	郝滋辰	陈梦珠	余 苗	徐 慧	韩晓清
	崔 晶	康树敏	刘 宇	朱丽玲	罗 诺	董 雪	张 丽	王玉连
	缪 健	薛松林	杨 辉	周 培	张海荣	葛增乐	程天宇	谷 斑
	邵成杰	王成龙	陈 成	卢 程	倪清涛	顾雅雯	高 慧	李小雨
	董红静	孙 梦	王如菊	韩鲜艳	李 坦	姜 烨	蔡 阳	戴王娟
	杨 岚	周晓明	朱剑楠	陈 露	唐日波	陈 浩	周铭钦	潘 驰
	张 煜	韩 力	谢杰锋	姜 伟	陈 辉	王 朝	董 健	周 榴
公共卫生硕士	彭凡立	王炎炎	赵跃媛	周 洋	嵇冬静	杨维维	陈金枝	张丽娟
	闫 丽	王春蕾	刘庆东	阎欣然	张 鑫	杨文文		
工商管理硕士	蓝 波	火金超	乔 强	孙红平	钟月华	柏 彬	陈安生	陈敏文
	陈永刚	成珊珊	董琦琦	董仁彪	范超民	高华田	高 燕	高杨阳
	顾爱峰	顾晓艳	何佳驹	洪唯钟	侯亚奇	胡建全	胡永强	华锦泓
	黄 甜	纪 辉	纪小燕	贾 茹	贾唯伟	江 静	蒋 波	蒋洪亮
	蒋英娜	金鸣凤	孔爱明	李飞龙	李金剑	李 娟	李 贤	李 源
	廉志洁	刘敏颂	刘 洋	刘振昊	吕丽丽	罗嘉程	马靖坤	马宜文
	茅志浩	么锦春	裴孟昌	彭 文	钱鹏程	乔星金	曲晓然	沈耀华
	施 露	史朝晖	孙冰青	孙林美	孙 竹	唐 杰	王 彬	王 芳
	王 冠	王 婧	王 康	王小舟	王兴德	王义群	韦亚光	奚鸣华
	向静静	熊 锋	修宇昆	杨 斌	杨 明	于 晨	袁 涛	曾春福
	曾亚楠	张德晓	张浩元	张 倩	张小云	张 欣	张杏祥	张 雪
	张燕萍	张 漾	张 智	赵冰峰	赵 琳	赵 扬	赵 颖	周 晨
	周文俊	朱文沁	朱 岩	庄 磊	邹铭杰	郭 亮	陆 斌	汪 浩
	王 彬	章 科	张馨月	胡 旸	施静怡	王 洁	王新放	朱 娜
公共管理硕士	王 寅	贝静雯	陈 威	储 意	甘 露	纪项迪	金 莹	孙金海
	王 华	王 岚	王苏珂	王 威	王文芹	武 鹏	辛丙连	叶 洁
	尹梦乔	张锦辉	朱 媛					
会计硕士	陈希云	凤 行	宫长娥	刘鹏飞	倪菁菁	沈 双	王 朗	孙静玉
	黄菁菁	黄 莹	李晶晶	钱俞莹	秦於蒙	沈永平	印玉丽	朱莉斯
	朱 翔	姚 菲	夏丽琼	吴奕颉	崔舜雯	虞和燕	汪小琳	张凯丽
	金 凯							
工程管理硕士	谷子磊							
艺术硕士(美术)	洪道阳	丁 媛	宋礼静	何国华	程俊敬	胡建杰	肖雪娇	
艺术硕士(艺术设计)	何炜洝	彭乙健	周亦珂	焦瑞雯	孙俊青	蒋琳琳	岳 畅	周 珺
	郑斐匀	傅凯凯	张庚洁	李 帅	袁子壹			

二、非学历硕士研究生(共458人)

专业(领域)	姓名							
法律硕士	尹普普	吴玉英	鲍观民	孙　燕	蔡晓文	冯　春	朱明智	侯　岩
	孙　越	白少舫	张　蔚	殷　明	高　杉	裴华英	周　曙	马薛萍
	张　伦	刘苏漫	丁　丽	吴青松	周小红	王　辉	张亚俊	魏　荣
	李　韵	李海滢	林方圆	韦　钰	马宇飞	王鲁宁	曹　莉	唐魏伟
	卢　倩	姚玉龙	程　欣	孙　锋	张早早	顾燕飞	周　恒	蒋佳沂
	崔　镭	李　艳	王灼龙	王　尉				
工程硕士(机械工程)	管利飞	钱晓江	楼永锋	李　军	沈晓飞	陈　震	丁志刚	杨林初
	胡兆东	张　云	王中原	郭静瑜	陈毅宏	赵耀军	陈承新	张永林
	涂金臣	陆秋琪						
工程硕士(材料工程)	胡　进	王盼盼						
工程硕士(动力工程)	杨　兵	曲增杰	黄校春					
工程硕士(电气工程)	王　煜	朱英凯	马　兵	黄厚明	刘　晓	施　渊	徐　辉	刘青松
	黄　冰	吕小华	谈　康	孙雷雷	曾元静	叶　子	鲁　斌	王劲松
	王澜蓉	陈国伟	徐晟宇	李懂理	高　松	夏永平	吴美研	居　康
	唐新安	钱　程	肖伟锋	刘　倩	赵　伟	金淋芳	戴学森	周　建
	邓君华	廖文健	王郁垒	徐　卓	苑　超	颜旭辉	江　淞	郑　琪
	段接宁	战　洋	陈　韬	李　津	袁　田	阎　浩	王　洁	陈　昕
	童　隽	孙永先	邓春华	苗　亚	严冰融	左　强	罗易东	金　晟
工程硕士(电子与通信工程)	顾　旭	张　莫	袁阳周	刘　健	李　雪	刘　懿	仇建民	陈斯聪
	姚炯阳	朱彤童						
工程硕士(集成电路工程)	刘　杰	刘小青						
工程硕士(控制工程)	裘艳群	樊　亮	李　庆	陈天一	夏生健	李　萍	郭中益	张小明
	张　帆	胡嘉骥	黄玉洁	张义华	毕开旻	张　礼	杨　健	黄菁颖
	许彦卿	孙世杰	任宝军	幸　玲				
工程硕士(计算机技术)	南　翔	胡劲松	袁　剑	高　韧	张　华	徐彩云	周　昕	
工程硕士(软件工程)	徐庆送	谭佳怀	乔　瑜	翟立群	沈迪修	潘文杰	魏志军	杨俊彦
	胡忠林	吴　鑫	张　帆	黄　慧	陈志钢	胡　鼎	黄　杰	赵　纲
	黄春豪	马建军	张小国	陈　波	李东冬	王晓琦	沈衍冰	徐晓东
	江海龙	王　菲	陆文彬	赵珉钰	汪　峰	李　菁	杨　健	陈云龙
	刘　洋	唐云梅	房振伟	王　伟	冯　劭	程　鹏	吴　波	周　方
	周　皓	马　骏	胡　琼	刘世军	郝小俊	章根红	李洪全	倪晓阳
	刘　健	赵　金	丁　卉	唐新达	徐　良	张　彭	尹海浪	付　超
	高赢平	曾文斌	鲁宁凯	陆海浪	倪　晨	万玉建	马　丽	曹　笛
工程硕士(建筑与土木工程)	徐从将	缪昌铅	王　露	周春燕	黄　维	张馨允	顾志兴	许继法
	夏　征	王　彪	沈有洋	王植林	仇　丽	朱　滨	黄　川	孙　垚
	詹忠锜	符晓锋	黄晓刚	时庆龙	张　磊	刘　军	何　超	李　杨
	邓风亭	郭荣华	戴庆峰	吴　赟	杨恺甲	余　灿	陈灿斌	项郑通
	诸鑫星	黄丽君	姜东升	沈俊超				
工程硕士(交通运输工程)	张肃泼	杨晓勇	蒋靖然	杨建超	宗旭辉	陈国佳	韩玉雷	张　倩
	何　炜	汪　亮	徐　来	李爱芳	徐业庄	黄　侃	陆　洋	范兴东
	张　严	魏　巍	朱大彪	王　辉	郑　珺	余　腾	卢　勇	周向丽
	杨瀚清	余　杰	李　钊	陈智慧	李　攀	杨小平	尤　力	刘玉恒
	朱静洁	李志宇	汪　超	徐　冉	刘鸣枫	陈中华	娄树蓉	王建刚
	张　扬							

(续 表)

专业(领域)	姓名
工程硕士(生物医学工程)	吴正平　仇　凯　周子越
工程硕士(工业工程)	李继龙　唐志强　石网兵　沙　林　闫龙虎　杨海荣　张田群
工程硕士(项目管理)	张冀皖　周新水　徐飞科　陈晓航　方　鸥　冯雪飞　黄　莹　黄大炜 付晓杰　徐鹏程　马柏扬　裴　治　刘志军　苗华云　史　旻　金　娜 杨钢凤
工程硕士(物流工程)	叶　芳　邢　烁　吕　薇　吴姗姗　王桂梅
风景园林硕士	刘佳琦　杨成珠　钟　曙
公共卫生硕士	夏　莉　赵　静　张秋月　叶　宁　施阳宁　唐庆庭　丁玉婷　姚启萍 秦维章　周　娟　陈正平　赵　霄　张益兰　封竹兵　刘　辉　朱　慧 丁　荣　魏云娟　梁　静　杨建洲　王乐年　周　耀　许海兵　张之婧 闻　纯　杜国平　徐　南　邓　莉　武广红　汤从智　程　慧　陈　艳 王　熙
高级管理人员工商管理硕士	许永存　蒋志强　胡平平　李青松　丁　寅　林　珂　夏宇星　赵善禄 张　俊　龙　艺　臧　胜　李明权　王玉刚　李晓阳　黄　辉　司梁清
公共管理硕士	徐　萍　赵　祎　王　新　吴　蕾　田亚伟　邵　东　荀华凤　周向峰 姜　洁　李　曼　勾宗朋　胥成鑫　黄小凤　王愿华　王恋星　申洪艳 董文军　仲巧林　陈　琳　刘一鸣　眭　桦　吕　钦　徐　辉　孙秀芝 黄　莺　耿娟娟　张　英　王　罂　樊德平　杨卫星　符海琴　赵　俊 任　锋　范　仲　龚　敏　阚智华　李　毅　陈令才　金　亮　厉业栋 王彭琨　蔡润娴　柏　添　鲍　伟　杨　琳　周　荣　潘　俊　夏　天 罗旋旋　田晓映　王　臻
艺术硕士(美术)	张良彬　刘开生　张　铭
艺术硕士(艺术设计)	周洪波　董　佳　徐　健　魏松云　陈青阳　袁　娜　徐立荔　王　起 孙　猛　黄　瑞　曹　青　沈瑞贵　谢思思　仇　玲　胡苏阳　徐　文 陆照清

2016年度江苏省优秀研究生课程

序号	所属院系	课程名称	负责人
1	建筑学院	现代景观设计理论与方法	成玉宁
2	机械工程学院	车辆系统动力学与控制	殷国栋
3	土木工程学院	水资源管理	傅大放
4	集成电路学院	射频集成电路设计基础	李智群
5	交通学院	交通运输管理与控制	陈　峻
6	医学院	危重病医学	杨　毅

科 技 工 作

综 述

2016年全校科技工作紧紧围绕学校建设与发展总体工作目标,紧密结合国家统筹推进"创建世界一流大学,创建世界一流学科"建设的战略决策大针方针,在学校党政领导指导下,全院人员团结一致努力发奋工作,全面完成了年度各项工作预定目标和任务,取得了较为突出的成绩。全校科技工作呈现跨越式发展与提高,全校科研经费达20.038亿元。在2016年国家科学技术奖评选中,我校牵头获得3个国家二等奖,自然科学奖、技术发明奖、科技进步奖各1项,合作申报获得国家科技进步奖特等奖1项、国家自然科学奖二等奖1项、国家科技进步奖二等奖1项,部省级一等奖获奖数保持较高水平,江苏省奖牵头获一等奖数量全省第一。2015年度SCIE收录论文2 456篇,比2014年增加296篇;EI收录论文2 554篇,比2014年增加384篇;表现不俗论文903篇,比2014年增加83篇。发明专利申请已达到2 404件,授权发明专利1 194件,PCT专利申请50件,国外专利申请11件,国外专利授权3件。

国家自然科学基金获得资助303项目,获资助经费1.76亿元,立项率21.83%。江苏省自然科学基金立项资助92项,其中省杰青7项,省优青5项,面上项目32项,青年基金48项,获得资助总金额2 230万元。国际合作项目方面,获批教育部霍英东教育基金高等院校青年教师基金资助与青年教师奖各一项,南京市留学人员科技活动项目择优资助3项,国际合作横向项目16项。东南大学-蒙纳士大学苏州联合研究生院、各联合研究中心积极申报政府与企业科研项目,合作项目总经费超过2 000万元,国家重点研发计划共有6个牵头项目获科技部立项支持,立项经费为1.355 7亿元;21个牵头课题获科技部立项支持(含我校牵头项目隶属的7个课题),立项经费为8 982.46万元(除我校牵头项目中的课题,其余14个课题立项经费为5 494万元);省重点研发计划(产业前瞻与共性关键技术)立项4项(含重点项目子课题1项),立项经费为560万元;省重点研发计划(社会发展)项目立项4项,立项经费为320万元;省重点研发计划(现代农业)项目立项2项,立项经费为300万元。参与承担的重大专项项目5项,参与国务院各部委项目20项,横向项目1 299项,合同金额8.04亿元,具体内容总结如下。

一、抓实基础管理，争取更多项目

2016年度经积极动员，全年共申报各类基金项目1 388项，申报项目组织涵盖了数理科学部、化学科学部、工程与材料科学部、管理科学部、地球科学部、信息科学部、生命科学部、医学科学部等8个学部。申请类别包括：面上项目734项、青年科学基金项目378项、国家杰出青年科学基金35项、优秀青年科学基金78项、重点项目32项、创新研究群体7项、联合基金项目14项、国际(地区)合作与交流项目39项、海外及港澳学者合作研究基金28项、重大仪器专项11项、重大研究计划15项。获得国家自然科学基金委批准资助303项目，资助总经费达到1.76亿元(直接经费)，立项率21.83%。其中面上项目立项169项，青年基金项目立项97项。同时获得资助的项目有：国际合作5项，仪器专项3项，重点项目6项，海外港澳学者项目8项，应急管理项目3项，优秀青年基金3项，杰出青年基金2项，重大研究计划5项。完成了2016年度江苏省自然科学基金的申报。经校内专家的评审遴选，共计申报省杰青14项、省优青8项、面上项目40项(以上项目为限项申报)、青年基金107项。已获公示江苏省自然科学基金立项资助92项，其中省杰青7项(含无锡分校1项)，省优青5项、面上项目32项，青年基金48项，拟获得资助总金额2 230万元。完成了基本科研业务费2016年的项目组织管理工作。在协调全校基本科研业务费下达工作的同时，完成了基础科研扶持项目的申报、评审、合同签订及经费下达工作。基础科研扶持类项目260项，其中高水平论文53项、杰青培育10项、优青培育17项、群体培育2项、试点学院改革项目17项。完成了东南大学中央高校基本科研业务费2015—2016年的工作实施情况的汇总上报工作。在国际合作方面，本年度组织申报科技部中国与美国、中国与新加坡、中国与俄罗斯、中国与日本、中国与匈牙利政府间科技合作项目，中英研究与创新桥计划合作项目，大陆与台湾联合资助项目，共15项。南京市留学人员科技活动项目择优资助5项，获批教育部霍英东教育基金高等院校青年教师基金资助与青年教师奖各一项，办理国际合作横向项目16项。在校际合作与基地建设方面，我校积极推进东南大学-蒙纳士大学苏州联合研究院的建设工作，各联合研究中心积极申报政府与企业科研项目，合作项目总经费超过2 000万元，申报的器官芯片学科创新引智基地获得立项批准。

二、抓国家大项目，追踪科技前沿

(一) 国家重点研发计划

完成了国家重点研发计划试点专项、第一类和第二类专项共42个专项的申报工作。试点专项(6个)、第一类和第二类专项(36个)共42个专项已经全部启动。我校在"数字诊疗装备研发""大气污染成因与控制技术研究""干细胞转化及研究""纳米科技""蛋白质机器与生命过程调控""绿色建筑及建筑工业化""公共安全风险防控与应急技术装备""战略性先进电子材料""云计算和大数据""精准医学研究""重大慢性非传染性疾病防控研究"共11个专项牵头申报项目17项(包括青年项目2项)，共有10个项目进入第二轮评审(包括青年项目1项)。经过视频答辩，共有6个项目获科技部立项支持，立项经费为1.355 7亿元。

同时,共有 21 个牵头课题获科技部立项支持(包括我校牵头项目隶属的 7 个课题),立项经费为 8 982.46 万元(除我校牵头项目中的课题,其余 14 个课题立项经费为 5 494 万元)。

(二) 省厅项目

完成了 2016 年度省重点研发计划(产业前瞻与共性关键技术)项目的申报,根据申报指南的规定,我校共上报 13 项(包括重点项目子课题 5 项),省科技厅立项 4 项(包括重点项目子课题 1 项),立项经费为 560 万元。完成了 2016 年度省重点研发计划(社会发展)项目的申报,根据申报指南的规定,我校共上报 6 项,省科技厅立项 4 项,立项经费为 320 万元。完成了 2016 年度省重点研发计划(现代农业)项目的申报,根据申报指南的规定,我校共上报 5 项,省科技厅立项 2 项,立项经费为 300 万元。

组织申报了江苏省环保科研课题项目,根据申报指南的规定,我校共上报 6 项,省环保厅立项 3 项。

三、抓实重大专项全面协同创新

(一) 重大专项工作

1. 2016 年我校申报各类重大专项课题 10 项,申报国家各部委项目 30 项;我校参与承担的重大专项项目 5 项,参与国务院各部委项目 20 项。
2. 已完成我校牵头承担 03 专项 4 个项目全部验收工作。
3. 推荐 03 专项、水专项、国家海洋局及江苏省海洋局指南项目 10 项。
4. 申报江苏省高档数控机床与智能装备制造业创新中心 1 个,获得资助经费 3 000 万元,并协助中心申报法人工作,另外协助东南大学—无锡集成电路技术研究所和东南大学—南京生物材料与医疗器械研究所完成教育部国有资产登记手续,协助东南大学-无锡集成电路技术研究所通过江苏省产业技术研究院组织的验收,获得补助经费近 1 000 万元。

(二) 协同创新工作

1. 做好教育部协同创新中心的管理工作,完成了教育部《创新发展情况表》的填报及协同中心的最新简介的上报。
2. 做好省级协同创新中心的管理工作,协助各省级中心完成了 2016 年度工作计划与经费预算,完成了省教育厅和财政厅对省级协同创新中心的绩效评估,我校获得 1 个 A、3 个 B,按照评估结果省教育厅进行下一个为期四年的经费支持。
3. 做好 2017 年教育部协同创新中心的申报准备工作。

四、抓军工项目为强军服务

(一) 优化外部发展环境

申报成功"国防科工局—教育部共建高校",为推进军民融合型科研发展打下良好基础,配合学校与中航工业集团、航天科技集团八院、航天科技集团九院十三所、中国核动力研究设计院、中国电子科技集团二十九所等签署了合作协议,依托信息学院、电子学院、仪器学院等,与军工集团科研院所成立了5个联合实验室,作为深化双方合作的窗口与平台。

(二)强化内部能力建设

组织申报国防特色学科,共有6个学科方向通过评审,通过特色学科申报,引导更多院系参与国防科研,逐步提升国防科研队伍体量,组织申报"高分专项江苏数据与应用中心",顺利通过江苏省遴选并上报国防科工局,引导交通等优势学科进入国防科研领域,组织论证空间研究院、海洋研究院等国防类新型科研机构,积极对接国家重大战略,打造新的国防科研增长点。组织两个教育部B类实验室参加教育部评估,评估结果均为良好,"以评促建",强化B类实验室积聚作用。通过中国新时代认证中心对我校质量管理体系民品、军品监督审核,通过军代室对我校装备承制单位资格监督审核,通过国防科工局委托江苏省国防工办组织的安全达标评审。

(三)细化科研组织管理

组织申报军委科技委、军委装备发展部、国家国防科技工业局、教育部等各类军工项目,牵头申报的项目已获批56项,其中前沿创新项目在数学、物理、化学、材料等基础学科实现突破,新签订横向合同137项,合同总额8 000余万元。

五、抓科技转化发展国家经济

(一)东南大学技术转移中心建设

1. 在科技部对国家技术转移示范机构2015年度工作考核中,东南大学技术转移中心考评结果为优秀,这是我校技术转移中心在三年一次的全国性考核评价中连续获得优秀,参加江苏省科技厅组织的全省高校技术转移中心综合绩效考评,成绩优良,获得省科技厅80万元经费支持,南京市科委对我校技术转移中心绩效奖励100万元。

2. 新成立东南大学技术转移临海分中心、姜堰分中心、南京江北中心、马鞍山中心、德州中心、大丰分中心、东台分中心等7家地方分中心,还有几家正在洽谈中,如云南中心、烟台中心、甘肃中心、徐州中心、丹阳分中心、昆山分中心等。

3. 探索技术转移新模式,尝试实行技术转移特派员计划,推动建立特派员选拔、考核和淘汰机制,为加强和发挥东南大学技术转移地方(分)中心的作用,促进学校科技成果的转移转化,建设高素质的科技成果转移转化人才队伍,应用院面向全校征集40余位教师作为兼职科技特派员,与分中心专职人员和地方科技局共同开展工作。

4. 新型科研机构

2016年8—12月,组织完成了"东南大学未来地下空间研究院""东南大学-威斯康星'智能网联交通'联合研究院""东南大学丘成桐中心""东南大学智慧城市研究院"4个校内新型科研机构的各项推进事宜,其中东南大学智慧城市研究院批准成立。

5. 科研基地日常化管理

组织完成了我校3家国家重点实验室2015年年报统计上报工作和11家教育部重点实验室2015年度考核报告的审核上报工作。组织完成了我校17家国家级、省部级科技创新平台2015年度建设运行情况调查工作。组织完成了2016年江苏省创新平台调研表的填报工作和高等教育质量监测国家数据平台基地部分的填报工作。组织完成了"十三五"教育部重点实验室重点建设指南的征集工作。完成我校 26 家省部级科研基地 2016 年基本科研业务费的下拨工作,并密切关注经费的使用情况,及时通知各个基地的相关负责人,督促经费合理、科学的使用。组织完成了省、部级重点实验室 2015 年基本科研业务费的实施总结工作。完成了 3 个国家重点实验室 2016 年专项建设经费使用情况的督促工作。组织完成了生物电子学国家重点实验室主任和混凝土及预应力混凝土结构教育部重点实验室学术委员会的换届工作。协助完成了 2016 年度高校科研实验室安全检查工作。审核批准了校内外重点实验室开放课题 155 项、科技外协合同 53 项。

(二) 知识产权管理方面

1. 通过《高等学校知识产权管理规范》的验收,借助该管理规范的贯彻工作,主要做了以下几件事:

(1) 规范东南大学知识产权管理制度类文件,包括《东南大学专利基金管理办法》《东南大学科研奖励与绩效评价办法》的相关条款、《东南大学聘用合同》的相关条款、《东南大学技术职称评定办法》的相关条款、《东南大学关于研究生发表学术论文的规定》相关条款。

(2) 制定知识产权管理程序类文件,包括《东南大学知识产权管理手册》《东南大学知识产权工作手册》,其涵盖了知识产权所有的管理规则以及申请流程、知识产权经费使用流程、转让合同签订流程、合同审批流程等。

2. 知识产权的培育与运用

(1) 进行高价值专利培育,与代理事务所专人对接各项目组,对项目立项、研究生开题,进行专利信息分析。实时跟踪各项目组、课题组,不定期对项目组人员进行知识产权讲座、座谈,对项目组人员进行培训和提醒。

(2) 邀请优秀专利代理人参加介入我校的专利管理、挖掘、布局、培训和检索。

(3) 东南大学知识产权办与东南大学科技园合作开展专利池的建设,目前以先进制造业、通信、微机械等领域积极谋划构建相关领域的专利池。

3. 2016 年发明专利申请已达到 2 404 件,授权发明专利 1 194 件,PCT 专利申请 50 件,国外专利申请 11 件,国外专利授权 3 件,各项指标全部超过上年。

4. 进行了东南大学专利代理业务准入机构招标工作。

5. 修改了我校专利申请的资助办法。

(三) 专利管理方面

1. 2016 年我校发明专利申请 2 404 件,发明专利授权 1 194 件,截止到 2016 年年底我校有效发明专利数量为 4 665 件。

2. 在教育部科技发展中心公布的"2016 年获发明专利授权量前 50 名高校"和"至 2016 年底有效发明专利量前 50 名高校中",我校发明专利授权量位居全国高校第 5 位,至 2016 年底有效发明专利数位居全国高校第 4 位。

3. PCT 专利申请 50 项,国外专利授权 3 项。

4. 完成了新一届东南大学专利代理业务准入机构遴选招标工作。制定修改了东南大学专利资助办法。

2016年国际合作项目

序号	外资单位类项目	项目所属学院	项目名称	项目负责人	项目经费/万元
1	国际合作项目（外资单位）	能源与环境学院	超临界循环流化床富氧燃烧电站可行性研究	段伦博	28
2	国际合作项目（外资单位）	能源与环境学院	干煤粉增压富氧燃烧特性研究	段伦博	34.7
3	国际合作项目（外资单位）	信息科学与工程学院	Performance/Cost Analysis for 45/5.8 GHz High-speed Wireless Communications System for Multiple Airport Remote Parking Areas	余超	74.9309
4	国际合作项目（外资单位）	信息科学与工程学院	Concurrent Dual-band Envelope Tracking Power Amplifier Modeling and Validation	余超	19.715611
5	国际合作项目（外资单位）	信息科学与工程学院	Keysight Early Career Professor Award	陈继新	66.48
6	国际合作项目（外资单位）	信息科学与工程学院	高频信道建模以及特征分析	吴炳洋	10
7	国际合作项目（外资单位）	信息科学与工程学院	未来无线传输技术—2016	徐平平	165
8	国际合作项目（外资单位）	电子科学与工程学院	On-chip DC-DC Converter Design for Cellular IoT Application Using 55 nm CMOS Technology	孙伟锋	22
9	国际合作项目（外资单位）	电子科学与工程学院	Full Protocol Stack Development, Testing and Integration for Narrowband Cellular IoT Terminals	刘昊	65
10	国际合作项目（外资单位）	电子科学与工程学院	Radio Frequency Module IP Development	吴建辉	22
11	国际合作项目（外资单位）	电子科学与工程学院	Development of the Protocol Stack Software for Bluetooth Low Energy (BLE) Host	刘昊	56
12	国际合作项目（外资单位）	电子科学与工程学院	全桥电源模块EMI建模分析与优化	钱钦松	3.45
13	国际合作项目（外资单位）	电子科学与工程学院	主观画质评价方法的研究	李晓华	43
14	国际合作项目（外资单位）	材料科学与工程学院	Development of Computational Code for Material Property Generator (MatGen)—Phase II	廖恒成	52

2016年重大专项表

序号	专项名称	课题编号	课题名称	课题负责人	所在学院	我校经费/万元
1	新一代宽带无线移动通信网	2016zx03001011	5G低功耗深覆盖海量连接技术方案与试验系统研发	潘志文	信息学院	75.87
2	高档数控机床与基础制造装备	2016zx04004008	滚动直线导轨滚道磨削过程中的加工稳定性评估与工艺优化研究	汤文成	机械学院	51.45
3	新一代宽带无线移动通信网	2016zx03001014	5G Q波段通信技术方案和试验系统研发	余 晨	信息学院	132.69
4	新一代宽带无线移动通信网	2016zx03001014—002	5G高频段通信技术方案与Q波实验段系统研发	余 晨	信息学院	156.00
5	新一代宽带无线移动通信网	2016zx03001022	基于5G网络的室内分布式定位技术研发	王 炎	信息学院	84.71

2016年江苏省自然科学基金项目表

序号	项目类型	项目编号	项目名称	项目负责人	所在单位	我校经费/万元
1	杰出青年	BK20160024	量子信息处理器的设计与开发	薛 鹏	物理系	100
2	杰出青年	BK20160025	后天获得行为的神经机制研究	潘玉峰	生命科学研究院	100
3	杰出青年	BK20160026	超级转录延伸复合物SEC在婴幼儿白血病中的作用机制研究	林承棋	生命科学研究院	100
4	杰出青年	BK20160027	新型ECC/钢管混凝土组合结构抗震性能及设计理论研究	潘金龙	土木工程学院	100
5	杰出青年	BK20160028	富碳材料设计、合成及其新能源应用	张袁健	化学化工学院	100
6	杰出青年	BK20160029	分子基铁电材料的功能性调控及其薄膜器件的探索	游雨蒙	化学化工学院	100
7	杰出青年	BK20160002	重大土木工程结构的智能监测与健康诊断	张 建	土木工程学院	100

(续表)

序号	项目类型	项目编号	项目名称	项目负责人	所在单位	我校经费/万元
8	优秀青年	BK20160073	超小上转纳米晶的异常发光温度特性及应用研究	邵起越	材料科学与工程学院	50
9	优秀青年	BK20160072	微纳机电器件封装中的热设计研究	毕可东	机械工程学院	50
10	优秀青年	BK20160069	5G密集蜂窝无线网络关键技术研究	王家恒	信息科学与工程学院	50
11	优秀青年	BK20160070	乳腺癌信号和转录调控网络研究	陈礼明	生命科学研究院	50
12	优秀青年	BK20160071	基于遗传因素集聚效应探讨不同AD风险人群神经调节环路的共病机制	柏峰	中大医院	50
13	面上项目	BK20161430	面向多源异构网络文本的事件抽取研究	周德宇	计算机科学与工程学院	10
14	面上项目	BK20161420	碱激发胶凝材料中耐蚀钢筋的电化学行为与腐蚀产物研究	施锦杰	材料科学与工程学院	10
15	面上项目	BK20161419	直流脉冲电场诱导纳米碳相变与金刚石合成机理	张法明	材料科学与工程学院	10
16	面上项目	BK20161426	透平机械用多相高速永磁电机驱动关键技术的研究	黄允凯	电气工程学院	10
17	面上项目	BK20161418	高可靠性模块化多变换器串联型系统控制策略基础研究	陈武	电气工程学院	10
18	面上项目	BK20161431	高速宽带光组件及模块光、热、电磁多物理场互作用机理研究	刘旭	电子科学与工程学院	10
19	面上项目	BK20161429	氮化硅集成微波光子滤波器快速可重构研究	恽斌峰	电子科学与工程学院	10
20	面上项目	BK20161425	双定子磁通切换混合励磁盘式电机及控制系统研究	郝立	自动化学院	10
21	面上项目	BK20161427	着色旅行商问题理论与应用研究	李俊	自动化学院	10
22	面上项目	BK20161435	NLRP3炎症小体及其活化因子与冠心病MACEs关联的孟德尔随机化研究	王莉娜	公共卫生学院	10
23	面上项目	BK20161438	Smo/Bcr-Abl双靶向的尼洛替尼衍生物设计、合成与抗血液恶性肿瘤活性研究	蔡进	化学化工学院	10
24	面上项目	BK20161415	氧化石墨烯修饰的多级孔负载纳米金属催化剂的设计及其油脂加氢脱氧性能研究	魏瑞平	化学化工学院	10
25	面上项目	BK20161424	建筑遗址保护与展示设施的环境控制策略量化研究	李永辉	建筑学院	10

(续 表)

序号	项目类型	项目编号	项目名称	项目负责人	所在单位	我校经费/万元
26	面上项目	BK20161421	排水沥青路面空隙衰变机理与关键养护技术研究	马 涛	交通学院	10
27	面上项目	BK20161417	基于动力指纹的桥梁基础冲刷形态识别理论与方法	熊 文	交通学院	10
28	面上项目	BK20161423	供氢介质辅助木质素催化热转化制备芳烃化合物的研究	沈德魁	能源与环境学院	10
29	面上项目	BK20161414	MOF气体敏感材料制备及其气体污染分子的传感和净化	陈 扬	生物科学与医学工程学院	10
30	面上项目	BK20161413	基于金属纳米簇电化学发光的高性能结合蛋白传感器的设计与应用	姜 晖	生物科学与医学工程学院	10
31	面上项目	BK20161412	子流形刚性及其相关问题	潮小李	数学系	10
32	面上项目	BK20161422	新型径向开合盖顶屋盖结构形态分析及其行进过程动力性能研究	陆金钰	土木工程学院	10
33	面上项目	BK20161411	界面力学行为与纳米复合材料性的映射关系研究	糜长稳	土木工程学院	10
34	面上项目	BK20161410	金属纳米颗粒-量子点复合材料中超快线性和非线性光动力学及其调控	杨文星	物理系	10
35	面上项目	BK20161428	水声通信中的稀疏信号处理理论与技术研究	戚晨皓	信息科学与工程学院	10
36	面上项目	BK20161416	MALAT1-SP1的转灵反馈环路在肺癌转移中作用机制的研究	李淑锋	医学院	10
37	面上项目	BK20161436	TRIM8在心肌肥厚中的作用及机制研究	陈立娟	中大医院	10
38	面上项目	BK20161437	NLRP3介导细胞周期阻滞在肾脏缺血/再灌注损伤后肺纤维化修复中的作用机制研究	刘 宏	中大医院	10
39	面上项目	BK20161434	MEG3在前列腺基底细胞转分化及恶性转化中的作用及机制研究	许 斌	中大医院	10
40	面上项目	BK20161432	滋养细胞焦亡在子痫前期发病中的作用及机制研究	于 红	中大医院	10
41	面上项目	BK20161433	HGF激活mTOR信号通路促进ARDS肺微血管内皮修复的机制研究	杨 毅	中大医院	10
42	面上项目	BK20161439	miR-218-5p靶向调控PI3K/Akt/mTOR信号通路诱导骨关节炎软骨细胞凋亡的分子机制研究	陆 军	中大医院	10

科技工作

(续表)

序号	项目类型	项目编号	项目名称	项目负责人	所在单位	我校经费/万元
43	面上项目	BK20161440	肥胖状态下白色脂肪棕色化转变的PET成像研究	王 玉	中大医院	10
44	面上项目	BK20161441	Exosome转运p120ctn介导肝癌侵袭转移的分子机制	程张军	中大医院	10
45	青年项目	BK20160682	基于"重要性-绩效性"分析法的南京民国历史住区保护规划实施评估方法及优化策略研究	张四维	建筑研究所	20
46	青年项目	BK20160679	计及配网阻抗动波动性的混合分布式发电系统谐振模态及稳定域的研究	洪芦诚	电气工程学院	20
47	青年项目	BK20160674	主动配电系统多形式分区牵制协同群控研究	柳 伟	电气工程学院	20
48	青年项目	BK20160673	基于集中-分散混合控制的新型永磁直线电机牵引系统关键技术研究	王 伟	电气工程学院	20
49	青年项目	BK20160678	含FACTS交直流系统的次同步振荡分析及协调控制策略研究	赵 欣	电气工程学院	20
50	青年项目	BK20160694	不同过金属表面在生长BCN二维材料过程中的作用机理研究	胡小会	电子科学与工程学院	20
51	青年项目	BK20160691	功率SiC-VDMOS器件可靠性机理及寿命模型研究	刘斯扬	电子科学与工程学院	20
52	青年项目	BK20160702	低温低压液态环境下纳米金刚石的合成、表征及纯化的研究	苏 适	电子科学与工程学院	20
53	青年项目	BK20160671	汽车拖车组合系统中汽车转向和悬架特性对车身摆振的影响研究	张 宁	机械工程学院	20
54	青年项目	BK20160664	基于三乙基苯类甘露糖受体配合物的金属配位构建及生物学评价	赵 健	化学化工学院	20
55	青年项目	BK20160670	基于离子液体电解质的双电层电容器储电机理的实验研究	阚亚鲸	机械工程学院	20
56	青年项目	BK20160695	面向多个云数据中心的数据布局优化研究	熊润群	计算机科学与工程学院	20
57	青年项目	BK20160683	建筑服务系统需求特性的定量刻画及技术适宜性分析	周 欣	建筑学院	20
58	青年项目	BK20160685	面向车路协同环境的高速公路可变限速优化控制方法研究	曲 栩	交通学院	20
59	青年项目	BK20160676	考虑活动地点时空可达性的多模式公交网络均衡问题研究	付 晓	交通学院	20
60	青年项目	BK20160681	轨道交通桥梁中低频噪声预测方法及减振降噪研究	宋晓东	交通学院	20

(续 表)

序号	项目类型	项目编号	项目名称	项目负责人	所在单位	我校经费/万元
61	青年项目	BK20160686	ATIS条件下混合交通流逐日动态演化规律与收费策略研究	周博见	交通学院	20
62	青年项目	BK20160672	铁基载氧体捕集二氧化碳还原机制研究	陈时熠	能源与环境学院	20
63	青年项目	BK20160688	面向鼻病治疗的气固两相流仿生实验与数值模拟	陈晓乐	能源与环境学院	20
64	青年项目	BK20160684	循环流化床/双洗化床热转化过程污染物排放的数值模拟研究	谢 俊	能源与环境学院	20
65	青年项目	BK20160677	热态稠密非球形颗粒气固系统的数理建模与GPU模拟方法	张 浩	能源与环境学院	20
66	青年项目	BK20160669	等相对湿度线溶液除湿系统的流程构建原理研究	张 伦	能源与环境学院	20
67	青年项目	BK20160687	微重力对泡沫金属内池沸腾相变传热影响的研究	施 娟	能源与环境学院	20
68	青年项目	BK20160666	转录延伸因子AFF3对X染色体失活的调控机制	罗卓娟	生命科学研究院	20
69	青年项目	BK20160665	海马杏仁核参与的神经环路在新型场景恐惧记忆提取中的作用及其机制的研究	杨 鑫	生命科学研究院	20
70	青年项目	BK20160661	Finsler几何中的椭圆算子与曲率流	沈 斌	数学系	20
71	青年项目	BK20160662	几类特殊代数上的Gorenstein投射模	姚玲玲	数学系	20
72	青年项目	BK20160660	分数阶扩散方程的谱方法超收敛分析和应用	赵 璇	数学系	20
73	青年项目	BK20160663	薄壁空心球及其不同堆积形式和连接方式下组合结构的力学性能实验研究	戴美玲	土木工程学院	20
74	青年项目	BK20160675	基于螯合态Fe₃O₄MNPs的硫酸根自由基技术去除吡唑酮类药物的过程及机制研究	谈超群	土木工程学院	20
75	青年项目	BK20160689	丛枝菌根:控制农田氮磷输出的新理念	张淑娟	土木工程学院	20
76	青年项目	BK20160692	基于物理层特征的无线通信安全技术	彭林宁	信息科学与工程学院	20
77	青年项目	BK20160701	基于稀疏贝叶斯学习的水下分布式目标DOA估计	武其松	信息科学与工程学院	20
78	青年项目	BK20160680	基于毫米波准单片集成电路的PIN管开关技术研究	许正彬	信息科学与工程学院	20

(续表)

序号	项目类型	项目编号	项目名称	项目负责人	所在单位	我校经费/万元
79	青年项目	BK20160698	面向5G的超大调制带宽功率放大器的带外失真建模及抑制研究	余 超	信息科学与工程学院	20
80	青年项目	BK20160690	面向5G通信应用的CMOS毫米波Doherty功率放大器关键技术研究	赵漾燚	信息科学与工程学院	20
81	青年项目	BK20160706	基于肽电荷反转的双功能靶向运载系统的构建及初步应用	范小波	医学院	20
82	青年项目	BK20160667	增强子样LINC00651抑制E-cadherin促进胃癌细胞侵袭转移作用机制的研究	刘秀芳	医学院	20
83	青年项目	BK20160699	面向水下滑翔器的惯性导航误差模型和融合滤波算法研究	黄浩乾	仪器科学与工程学院	20
84	青年项目	BK20160697	基于相对信息的行人再标识与跟踪方法的基础研究	李 潍	仪器科学与工程学院	20
85	青年项目	BK20160700	基于人类认知稀疏样本概念学习的驾驶疲劳状态评估	李煜鹏	仪器科学与工程学院	20
86	青年项目	BK20160668	低功耗GNSS接收机中的智能跟踪算法研究	汤新华	仪器科学与工程学院	20
87	青年项目	BK20160696	超宽带RSS/TOF室内跟踪定位的自适应贝叶斯估计研究	阳 媛	仪器科学与工程学院	20
88	青年项目	BK20160693	高精度离焦光栅投影影像快速三维测量技术研究	郑东亮	自动化学院	20
89	青年项目	BK20160704	靶向调控内皮祖细胞实现影像指导下治疗糖尿病并发脑梗死的实验研究	柏盈盈	中大医院	20
90	青年项目	BK20160703	钩藤散改善T2DM诱导认知障碍的药效物质基础与作用机理研究	牛一民	中大医院	20
91	青年项目	BK20160705	miR-214靶向Twist1介导Twist1介导上皮间质转化在大肠癌细胞bevacizumab耐药的机制	王雪晴	中大医院	20
92	青年项目	BK20160707	cHSA-PEO-Gd-DOX自组装核壳结构材料的构建及其对乳腺癌靶向成像及治疗的评价	左 智	中大医院	20

2016年国防科技项目情况

一、2016年GF973计划项目(在研):8项

973牵头课题:1项,王保平;
973二级课题:1项,孙小菡;
973三级课题:6项,李宏生、黄风义、周小阳、张剑锋、徐赵东、汪芸、廖恒成。

二、GF863项目:5项(在研)

信息科学与工程学院:程强,70万元;周小阳,15万元;俞文明,20万元。
仪器科学与工程学院:宋爱国,30万元;李会军,20万元。

三、GF重大专项(参加,在研):2项

能源与环境学院:陈永平,40万元(在研);
生物科学与医学工程学院:顾忠泽,30万元(在研)。

四、其他GF国家级项目(新增及2016年在研项目)

序号	项目类型	负责人	学院	起止时间	金额/万元
1	预研	程 强	信息	2016—2020	100
2	预研	黄丽斌	仪科	2016—2020	394
3	预研	李宏生	仪科	2016—2020	295
4	预研	杨 春	电子	2016—2020	307
5	预研	胡国华	电子	2016—2017	150
6	预研	胡国华	电子	2016—2020	344
7	预研	恽斌峰	电子	2016—2020	302
8	预研	恽斌峰	电子	2016—2020	349
9	预研	张 彤	电子	2016—2020	321
10	预研	崔铁军	信息	2016—2020	150
11	预研	杨 洪	化工	2016—2020	400
12	预研	孙伟锋	电子	2016—2020	150
13	预研	王 磊	电子	2016—2020	290
14	预研	廖小平	电子	2016—2020	240
15	预研	尚金堂	电子	2016—2020	210
16	预研	李彦斌	机械	2016—2020	40

(续 表)

序号	项目类型	负责人	学院	起止时间	金额/万元
17	预研	张友法	材料	2016—2020	120
18	预研	周小阳	信息	2016—2017	30
19	预研	陈 晖	信息	2016—2017	20
20	基础科研	费庆国	机械	2016—2017	240
21	技术基础	周忠元	机械	2016—2018	160
22	技术基础	薛澄岐	机械	2016—2018	50
23	装发教育部联合基金重点基金	崔铁军	信息	2016—2018	500
24	装发教育部联合基金一般基金	张志强	电子	2016—2017	100
25	装发教育部联合基金一般基金	费庆国	机械	2016—2017	100
26	装发教育部联合基金青年基金	孙桂芳	机械	2016—2017	80
27	创新(重大)	周 宾	能环	2014—2016	490
28	创新(重大)	胡国华	电子	2014—2016	470
29	创新成果转化	张 彤	电子	2014—2016	780
30	创新(重大)	曹振新	信息	2015—2017	459

2016年国防科技活动大事记

1. 3月8日,装备发展部某局领导至我校调研。
2. 4月21日,我校与航天九院十三所签署战略合作协议。
3. 4月22日,我校与中国核动力研究设计院签署战略合作框架协议。
4. 4月22日,我校与中国电子科技集团公司第二十九研究所签署战略合作协议,并签订共建联合实验室协议。
5. 5月18日,中国航空工业集团公司科技质量部魏金钟部长一行至我校调研。
6. 6月2日—4日,我校通过中国新时代认证中心的质量体系民品和军品监督审核。
7. 6月14日,我校与上海航天技术研究院(航天八院)签署战略合作协议。
8. 6月,国家国防科技工业局、教育部联合发文,确定我校为"十三五"期间"国防科工局—教育部共建高校",这是东南大学首次进入"国防科工局—教育部共建高校"行列。
9. 12月4日,上海卫星工程研究所张伟所长一行至我校调研。
10. 12月14日,我校与中国航空工业集团公司签署全面合作框架协议,并与中航六零七所、六三七所签订共建联合实验室协议。
11. 12月15日,我校通过装备承制单位资格监督审核工作。
12. 12月16日,中国电科二十八所吴振锋副所长至我校调研。

五、科研基地

"微惯性仪表与先进导航技术""水声信号处理"2个教育部重点实验室2016年均已顺利通过了教育部评估,评估结果"良好",正常运行中。

六、100万元以上GF横向

序号	项目名称	负责人	金额/万元
1	×××	钱　澄	846
2	×××	钱　澄	731.766
3	×××	李连鸣	500
4	×××	倪江生、金伟明	288
5	×××	钱　澄	282
6	×××	李连鸣	260
7	×××	徐晓苏	258
8	×××	徐晓苏	258
9	×××	钱　澄	236.88
10	×××	周小阳	200
11	×××	徐晓苏	182
12	×××	徐晓苏	182
13	×××	倪江生、金伟明	144
14	×××	钱　澄	140
15	×××	徐金平	140
16	×××	孙伟锋	138
17	×××	王霄峻	115
18	×××	徐晓苏	104
19	×××	徐晓苏	104
20	×××	周小阳	100

2016年各部委项目

序号	专项名称	课题编号	课题名称	课题负责人	所在学院	我校经费/万元
1	启德基餐饮健康基金	[2015]353	储存条件和时间对烹调前后蔬菜中硝酸盐、亚硝酸盐和维生素C含量的影响及一种新型深冻锅菜肴的研究	孙桂菊	公共卫生学院	20
2	民航科技创新项目		机场水泥混凝土道面加铺沥青层关键技术研究	张 磊	ITS	15
3	交通运输部建设科技项目	交科技发〔2010〕334号 2015318j33080	南京地铁城市轨道交通网络化营运风险防控与示范	任 刚	交通学院	56
4	铁总	Z2013-038-A	自密实沥青凝土工程试验与再制研究	陈先华	交通学院	77.106
5	国家新闻出版广电总局		中国近代建筑文化遗产保护与利用平台开发的管理系统设计与开发	周 琦	交通学院	12
6	中国工程院咨询项目	2016-xy-21	恶劣环境下土木工程材料长寿命策略及措施研究	缪昌文（余伟、刘加平参与）	材料学院	34.75
7	中国工程院咨询项目		海洋桥梁工程轻质、高强、耐久材料战略研究	吴智深	土木学院	18
8	交通部西部交通科技项目	2016-xz-13	跨海大桥主墩基础模态损伤识别技术研究	熊 文	交通学院	6
9	国土资源部		西北边境地区通行条件影响因素遥感监测方法	戚浩平	交通学院	30
10	住建部执业资格注册中心项目	2016-xy-53	2016年度全国一级建造师题库建设与研究	陆惠民	土木学院	1.5
11	中国工程院咨询项目		中国县域城镇化研究	王建国	建筑学院	18
12	中科院西北高原生物研究所		藏茵陈有效部位退黄保肝作用及其机理研究	廖志新	化工学院	12
13	中国工程院咨询项目		恶劣环境下实现土木工程材料长寿命的策略	佘 伟	化工学院	13.6
14	中国工程院咨询项目		恶劣环境下实现土木工程材料长寿命的技术保证	刘加平	化工学院	11.62
15	交通部成果科技推广目录		排水降噪沥青路面规模化应用技术	陈先华	交通学院	0
16	中国科普研究所		公民技术素质大纲——"生物医疗技术"	叶兆宁	生医学院	7

(续表)

序号	专项名称	课题编号	课题名称	课题负责人	所在学院	我校经费/万元
17	中科院创新交叉团队计划		沉积物中三维导电网络的构建与性能研究	赵志伟	电子科学与工程学院	26
18	中国科普研究所		公民技术素质大纲——"材料与制造"	郭新立	材料学院	7.3
19	交通运输部信息化技术研究项目	2015364x12040	区域交通运输信息资源一体化服务PASS层关键技术及应用研究	冉斌	交通学院	45

2016年江苏省环保科研课题

序号	项目类别	项目名称	项目负责人	立项部门	经费/万元	所在院系
1	环保科研课题	江苏平原区水乡典型村落污水治理与资源化利用新技术研究与应用	李先宁	江苏省环保厅	50	能源与环境学院
2	环保科研课题	燃煤排放烟气汞在线监测系统研究与应用	段钰锋	江苏省环保厅	40	能源与环境学院
3	环保科研课题	复合重金属污染场地修复技术研发应用示范	杜延军	江苏省环保厅	65	交通学院

2016年度高等学校科学研究优秀成果奖

序号	项目名称	主要完成人	奖励类别	获奖等级	主要完成单位	院系
1	认知障碍发生机制和早期预警与干预研究	张志珺(东南大学)、徐林(中国科学院昆明动物研究所)、陈晓春(福建医科大学)、谢春明(东南大学)、潘晓东(福建医科大学)、袁勇贵(东南大学)、同福岭(东南大学)、毛格格(中国科学院昆明动物研究所)	自然科学奖	一等奖	东南大学、中国科学院昆明动物研究所、福建医科大学	中大医院
2	力触觉临场感机器人关键技术	宋爱国、李会军、来光明、崔建伟、李建清、徐宝国、卢伟	技术发明奖	一等奖	东南大学	仪器科学与工程学院
3	多智能体系统分布式协同控制	虞文武、曹进德、温广辉、陈关荣	自然科学奖	二等奖	东南大学、香港城市大学	数学系

(续表)

序号	项目名称	主要完成人	奖励类别	获奖等级	主要完成单位	院系
4	公交主导型城市综合交通网络协同设计关键技术及其应用	王炜、任刚、杨敏、殷广涛、季彦婕、马林、陈学武、李文权、胡晓健、王昊、叶敏、华雪东、赵德、王茜、李海波	科技进步奖	二等奖	东南大学、中国城市规划设计研究院、南京全司达交通科技有限公司	交通学院
5	基于地文大区和活态遗产的江苏段大运河遗产保护技术创新与应用	陈薇、朱光亚、李新建、吴晓、董卫、阳建强、诸葛净、王建国、刘博敏、白颖、胡石、朱剑青、邓浩、沈旸	科技进步奖	二等奖	东南大学	建筑学院
6	一体成型多尺度高精度空芯线圈电流测量新技术及应用	李红斌、王忠东、陈庆、杨世海、陈刚、周赣（东南大学）	技术发明奖	一等奖（合报）	华中科技大学、国网江苏省电力公司电力科学研究院、东南大学	电气工程学院

2016年国家重点研发计划课题

序号	课题编号	课题名称	项目负责人	经费/万元	所在院系
1	2016YFB0101803	电动汽车与智能电网、分布式能源融合关键技术研究	黄学良	364	电气工程学院
2	2016YFB0900404	分布式可再生能源发电集群实时仿真和测试技术	顾伟	405	电气工程学院
3	2016YFB0401201	直观式和投影式显示器件性能与视觉健康关联性测试机理研究	屠彦	510	电子科学与工程学院
4	2016YFB0400904	紫外探测阵列读出电路与成像系统集成技术	孙伟锋	1125	电子科学与工程学院
5	2016YFC0100901	自动核酸提取和高通量微滴阵列制备关键技术开发	孙岳明	102	化学化工学院
6	2016YFD0700905	智能控制	殷国栋	120	机械工程学院
7	2016YFC0700102	绿色建筑实际性能与设计预期差异机理研究	石邢	320	建筑学院
8	2016YFC0700203	南方地区高大空间公共建筑绿色设计新方法与技术协同优化	张彤	269	建筑学院
9	2016YFC0800201	复杂荷载环境下滨海软弱土损伤仿机制与测试、评价体系	刘松玉	310	交通学院
10	2016YFB0600802	加压富氧和化学链燃烧理论与方法	钟文琪	750	能源与环境学院

（续表）

序号	课题编号	课题名称	项目负责人	经费/万元	所在院系
11	2016YFC0201105	柔形态/浓度高精度在线监测技术研发及应用示范	段钰锋	479	能源与环境学院
12	2016YFC0700305	间歇模式下集散式供暖空调系统构建与优化运行关键技术研发	张小松	640	能源与环境学院
13	2016YFA0501602	纳米器件中蛋白质机器电阻抗谱检测和液态电镜成像技术	陆祖宏	730	生物科学与医学工程学院
14	2016YFF0100802	高精度微流控多通道芯片开发	刘宏	100	生物科学与医学工程学院
15	2016YFC0701401	装配式混凝土结构新型连接节点及基本性能	冯健	606	土木工程学院
16	2016YFC0701703	装配式建筑关键节点连接高效施工及验收技术研究与示范	郭正兴	470	土木工程学院
17	2016YFC1305701	2h-UG联合FPG、AGEsP单独或联合FPG在中国人群糖尿病筛查诊断中的价值	孙子林	281	中大医院
18	2016YFC1305702	糖尿病前期人群早期干预	王蓓	90	公共卫生学院
19	2016YFB1001301	多通道感知融合的触控与体感交互技术与设备	宋爱国	1 021.46	仪器科学与工程学院
20	2016YFC0303006	三分量磁力仪的捷联姿态测量系统的姿态算法研究	蔡体菁	40	仪器科学与工程学院
21	2016YFC1306702	MDD高危个体和患者多层面客观诊断标记研究	袁勇贵	250	中大医院

2016年国家重点研发计划项目

序号	项目编号	项目名称	项目负责人	经费/万元	所在院系
1	2016YFA0501600	纳米器件中蛋白质机器构象时空信号检测和应用研究	陆祖宏	2 208	生物科学与医学工程学院
2	2016YFB0401200	新型显示视觉健康研究	王保平	1 500	电子科学与工程学院
3	2016YFB1001300	云端融合的自然交互设备和工具	宋爱国	4 643	仪器科学与工程学院
4	2016YFC0701400	装配式混凝土工业化建筑技术基础理论	吴刚	3 848	土木工程学院
5	2016YFC1306700	抑郁障碍临床诊断、干预与转归的客观标记物研究	张志珺	787	中大医院
6	2016YFC1305700	糖尿病的危险因素早期识别、早期诊断技术与切点研究	孙子林	571	中大医院

2016 年国家自然科学基金项目表

序号	项目负责人	单位	项目名称	项目类别	单位批准金额/万元
1	张 弦	01 建筑学院	基于结构逻辑的建筑形式生成方法研究	青年科学基金项目	20.00
2	焦 键	01 建筑学院	改良应力波无损检测技术在木构历史建筑保护中的应用研究	青年科学基金项目	20.00
3	戴 忱	01 建筑学院	基于土壤和地下水环境风险评价的海绵城市建设模式优化研究——以苏南平原水乡地区为例	青年科学基金项目	20.00
4	殷 铭	01 建筑学院	城镇密集地区高铁站点对区域城市格局演化的作用机理研究:以长三角为例	青年科学基金项目	20.00
5	袁旸洋	01 建筑学院	风景园林水环境参数化设计研究	青年科学基金项目	17.00
6	吴锦绣	01 建筑学院	高校既有校园建筑性能提升与空间长效优化模式研究	面上项目/常规面上项目	62.00
7	石 邢	01 建筑学院	优化算法和知识库驱动的方案阶段建筑节能设计与技术工具原型研究	面上项目/常规面上项目	62.00
8	李向锋	01 建筑学院	基于性别差异的养老设施空间适应性优化策略研究	面上项目/常规面上项目	62.00
9	唐 斌	01 建筑学院	基于多系统整合的当代城市高密度传统街区适应性更新机制与方法研究	面上项目/常规面上项目	62.00
10	徐小东	01 建筑学院	苏南地区乡村空间结构量化评价及动态演变机制研究	面上项目/常规面上项目	62.00
11	李 华	01 建筑学院	1950s—1990s 中国建筑转译引进理论及重构实践的研究	面上项目/常规面上项目	62.00
12	李新建	01 建筑学院	整合传统与现代技术的密集型历史聚落火灾蔓延仿真模拟及性能化防控设计方法	面上项目/常规面上项目	62.00
13	孙世界	01 建筑学院	基于空间生产-消费全过程的旧城空间再生研究	面上项目/常规面上项目	62.00
14	巢耀明	01 建筑学院	新城区居住就业空间协调发展机制及规划调控研究——以苏南地区为实证	面上项目/常规面上项目	51.00
15	周文竹	01 建筑学院	老城边缘区空间更迭对交通出行变化的影响机理及反馈优化研究	面上项目/常规面上项目	62.00
16	顾 凯	01 建筑学院	游观体验视角下的明清江南园林假山景境营造研究	面上项目/常规面上项目	62.00
17	张 宁	02 机械工程学院	汽车-拖车组合系统中车轮摆振与车身摆振的耦合机理研究	青年科学基金项目	20.00
18	胡 涛	02 机械工程学院	面向肿瘤标志物检测的三维纳米传感器制备方法与特性研究	青年科学基金项目	20.00
19	陆荣生	02 机械工程学院	面向生物标记物高灵敏核磁共振检测的多层微流控探头的研究	青年科学基金项目	20.00

(续　表)

序号	项目负责人	单位	项目名称	项目类别	单位批准金额/万元
20	阚亚鲸	02机械工程学院	高性能双电层电容器储能机理的实验与理论研究	青年科学基金项目	20.00
21	易　红	02机械工程学院	面向糖尿病研究的血糖血脂无创监测核磁共振仪器的研制	国家重大科研仪器研制项目/自由申请	660.00
22	蒋书运	02机械工程学院	高速水润滑动压螺旋槽轴承电主轴动力学设计理论与方法研究	重点项目	280.00
23	贾民平	02机械工程学院	融合疲劳现象学与奇异谱分解的起重机损伤识别及寿命预测研究	面上项目/常规面上项目	62.00
24	王金湘	02机械工程学院	考虑驾驶员特性的网联车辆行驶路径规划和路径跟踪控制	面上项目/常规面上项目	62.00
25	汤文成	02机械工程学院	基于LPV理论的高速滚珠丝杠进给系统运动及振动主动控制方法研究	面上项目/常规面上项目	62.00
26	沙　菁	02机械工程学院	纳米孔单分子医疗诊断器件的关键技术研究	面上项目/常规面上项目	64.00
27	杨决宽	02机械工程学院	基于界面热阻的尺寸效应探讨声子在界面上的输运机制	面上项目/常规面上项目	77.00
28	周　香	02机械工程学院	混波室与暗室抗扰度测试相关性研究	面上项目/常规面上项目	65.00
29	苏　春	02机械工程学院	面向客户化定制的多部件产品柔性延长质保理论研究	面上项目/常规面上项目	48.70
30	周一帆	02机械工程学院	多单元制造系统维修和生产的分布式联合优化	面上项目/常规面上项目	48.00
31	施　娟	03能环学院	微重力条件下泡沫金属内池沸腾相变传热过程的研究	青年科学基金项目	20.00
32	陈时熠	03能环学院	稀土金属修饰铁基载氧体深度还原抑制析碳机理研究	青年科学基金项目	20.00
33	谢　俊	03能环学院	可燃固废/煤双流化床热转化过程的LES-DCM数值模拟研究	青年科学基金项目	20.00
34	张　浩	03能环学院	气固流化床非球形颗粒传热机制的多尺度建模研究	青年科学基金项目	20.00
35	陈晓乐	03能环学院	吸湿性PM颗粒呼吸道运动的CFD-DEM数值模拟与仿生实验	青年科学基金项目	20.00
36	顾　塞	03能环学院	木质素催化热转化制备芳香族化合物的机理研究	海外及港澳学者合作研究基金/两年期资助项目	18.00
37	李益国	03能环学院	"热力系统动态特性、诊断与控制"学科发展战略	应急管理项目/科学部综合管理项目/科技活动项目	10.00
38	梁彩华	03能环学院	超疏水翅片结霜初期表面特性与热气流综合作用除霜机理研究	面上项目/常规面上项目	74.00

(续 表)

序号	项目负责人	单位	项目名称	项目类别	单位批准金额/万元
39	苏志刚	03 能环学院	超(超)临界燃煤机组非线性压制与抗干扰受限控制方法研究	面上项目/常规面上项目	60.00
40	周克毅	03 能环学院	管内流场对流动加速腐蚀的影响机理研究	面上项目/常规面上项目	60.00
41	陈振乾	03 能环学院	超声波对可变形多孔介质内热湿传递过程影响的研究	面上项目/常规面上项目	60.00
42	金保昇	03 能环学院	耦合纯氧气化的燃煤化学链燃烧分离CO_2的基础研究	面上项目/常规面上项目	65.00
43	刘 倩	03 能环学院	双流化床生物质分级热解/在线提质制液体燃料的方法与机理	面上项目/常规面上项目	60.00
44	黄亚继	03 能环学院	高岭土表面官能团吸附重金属氯化物机理及高效活化研究	面上项目/常规面上项目	60.00
45	韦红旗	03 能环学院	含硫废气改性炭基吸附剂烟气脱汞及再生机理研究	面上项目/常规面上项目	60.00
46	刘道银	03 能环学院	纳米颗粒团聚流化的微观机理和模型研究	面上项目/常规面上项目	60.00
47	佟振博	03 能环学院	细颗粒雾化过程机理与多尺度数值建模研究	面上项目/常规面上项目	60.00
48	许传龙	03 能环学院	光场显微成像微尺度流动可视化及三维流场测量方法研究	面上项目/常规面上项目	80.00
49	张会岩	03 能环学院	生物质碱性纳米片断键—酸性微孔择形协同催化热解制取单苯环类化合物的基础研究	面上项目/常规面上项目	50.00
50	徐国英	03 能环学院	纳米流体非均匀不稳定集热对流形态及传热特性研究	面上项目/常规面上项目	60.00
51	沈德魁	03 能环学院	双溶剂-复合催化剂体系下木质素液相解聚制备高价值酚类化合物的研究	面上项目/常规面上项目	60.00
52	梁 财	03 能环学院	超高压给料粉体力学行为及流动特性研究	面上项目/常规面上项目	60.00
53	余 冉	03 能环学院	纳米颗粒对生物脱氮系统的联合胁迫效应与群体感应耦合调控作用研究	面上项目/常规面上项目	62.00
54	王晓燕	04 信息学院	水声直扩信号截获检测与伪码周期估计方法研究	青年科学基金项目	22.00
55	罗昕炜	04 信息学院	舰船辐射噪声信号弱调制线谱检测与估计研究	面上项目/常规面上项目	65.00
56	李 涛	04 信息学院	基于量化可信模型的信息系统智能安全机制研究	青年科学基金项目	21.00
57	彭林宁	04 信息学院	光通信系统基于物理层指纹的识别与认证安全技术研究	青年科学基金项目	22.00

(续　表)

序号	项目负责人	单位	项目名称	项目类别	单位批准金额/万元
58	史锋峰	04 信息学院	蜂窝网络中 D2D 通信的干扰控制技术研究	青年科学基金项目	22.00
59	余　超	04 信息学院	基于星座变换的 5G 超大调制带宽功率放大器的带内数字线性化研究	青年科学基金项目	22.00
60	党　建	04 信息学院	基于滤波器组多载波的强度调制直接检测光通信理论与关键技术研究	青年科学基金项目	16.00
61	王　侃	04 信息学院	基于纠缠态的无线量子通信网络组网与路由问题研究	青年科学基金项目	19.00
62	宋　喆	04 信息学院	基于 GPU/CPU 异构平台的微波毫米波集成电路高性能全波算法研究	青年科学基金项目	19.00
63	燕　锋	04 信息学院	基于同调理论的无线传感器网络 k 重覆盖若干算法研究	青年科学基金项目	19.00
64	姜　禹	04 信息学院	基于射频指纹的无线目标识别与定位技术研究	青年科学基金项目	21.00
65	洪　伟	04 信息学院	5G 大规模 MIMO 数字多波束阵测量原理研究与仪器研制	国家重大科研仪器研制项目/自由申请	753.00
66	王　奕	04 信息学院	低损耗太赫兹导波结构及其微加工技术	海外及港澳学者合作研究基金/两年期资助项目/	18.00
67	崔铁军	04 信息学院	基于人工表面等离激元的微波器件与系统	重点项目	265.00
68	李春国	04 信息学院	面向 5G 的云接入网络架构物理层无线传输关键技术研究	面上项目/常规面上项目	58.00
69	王海明	04 信息学院	毫米波多用户大规模 MIMO 信道估计理论方法研究	面上项目/常规面上项目	58.00
70	窦文斌	04 信息学院	超高温条件下介质材料复介电常数测量理论与技术研究	面上项目/常规面上项目	60.00
71	刘震国	04 信息学院	小口径低剖面高性能圆极化 Fabry-Perot 谐振天线阵列及其应用于多波束反射面的馈源研究	面上项目/常规面上项目	58.00
72	朱晓维	04 信息学院	Q 波段高速宽带无线通信发信机的关键技术研究	面上项目/常规面上项目	62.00
73	陆卫兵	04 信息学院	可重构石墨烯超表面对电磁波相位动态调控研究	面上项目/常规面上项目	60.00
74	赵　力	04 信息学院	极端环境下应激情感语音特征分析与识别的研究	面上项目/常规面上项目	63.00
75	陈莹梅	04 信息学院	100—500 Gb/s 超高速并行光收发器件模型、宽带及光电集成技术研究	面上项目/常规面上项目	62.00
76	赵涤燹	04 信息学院	5G 无线回传系统中 CMOS 毫米波大功率多模功率放大器关键技术研究	面上项目/常规面上项目	65.00

(续 表)

序号	项目负责人	单位	项目名称	项目类别	单位批准金额/万元
77	唐 路	04 信息学院	纳米 CMOS 工艺高速数模混合锁相环频率合成器非理想特性模型研究	面上项目/常规面上项目	60.00
78	李连鸣	04 信息学院	面向 60 GHz 通信-雷达应用的可配置毫米波锁相环系统	面上项目/常规面上项目	63.00
79	金 石	04 信息学院	多天线无线传输理论与关键技术	国家杰出青年科学基金	350.00
80	戴美玲	05 土木学院	薄壁空心球及其不同堆积形式和连结方式下组合结构的压缩力学性能实验研究	青年科学基金项目	22.00
81	邓 琳	05 土木学院	卤代硝基甲烷在紫外/氯共同消毒过程中生成与降解的特性及机制	面上项目/常规面上项目	65.00
82	张 琦	05 土木学院	基于三维连续-非连续协同模型的片理状隧洞围岩精细分析方法研究	青年科学基金项目	18.00
83	许 妍	05 土木学院	多氯联苯在典型沉积物中的微生物厌氧脱氯降解及其强化机制研究	面上项目/常规面上项目	67.00
84	谈超群	05 土木学院	新型螯合态 Fe_3O_4 MNPs 合成及其催化过氧单硫酸盐降解乙酰苯胺类药物的机理研究	青年科学基金项目	20.00
85	韩依璇	05 土木学院	中小桥梁快速测试与诊断的方法创新	青年科学基金项目	20.00
86	Ozbakkaloglu Togay	05 土木学院	Mechanical Behavior of Novel FRP-waste-Based Concrete Composite Structural Systems Under Different Loading Conditions	国际(地区)合作与交流项目/国家自然科学基金外国青年学者研究基金/	16.00
87	王 莹	05 土木学院	大跨桥梁缆索疲劳-腐蚀耦合所致性能劣化的多尺度描述和可靠度分析	面上项目/常规面上项目	62.00
88	郭正兴	05 土木学院	基于成组耗能棒的局部预应力装配式混凝土框架抗震性能与设计方法	面上项目/常规面上项目	64.00
89	秦卫红	05 土木学院	高性能复合材料加固钢筋混凝土框架结构抗连续倒塌性能研究	面上项目/常规面上项目	62.00
90	王春林	05 土木学院	基于耗能杆连接的装配式混凝土框架抗震性能与功能可恢复研究	面上项目/常规面上项目	64.00
91	汪 昕	05 土木学院	预应力 FRP 齿连接模壳-混凝土组合桥面板在长期荷载下的损伤机理和性能研究	面上项目/常规面上项目	62.00
92	王景全	05 土木学院	FRP 型材-混凝土板桁组合梁节点连接静力失效与疲劳断裂机理研究	面上项目/常规面上项目	62.00
93	宗周红	05 土木学院	爆炸及地震作用下双层钢箱-混凝土组合墩柱动力灾变性能研究	面上项目/常规面上项目	66.00
94	龚维明	05 土木学院	珊瑚礁地质钢管桩贯入机理与承载特性研究	面上项目/常规面上项目	62.00
95	郭 彤	05 土木学院	基于自适应多重摩擦摆的高层建筑隔震及其优化设计方法研究	面上项目/常规面上项目	62.00

（续 表）

序号	项目负责人	单位	项目名称	项目类别	单位批准金额/万元
96	张文明	05土木学院	风-桥非线性自激系统内共振能量转移机理及应用基础研究	面上项目/常规面上项目	62.00
97	成于思	05土木学院	基于人工智能技术的建设工程施工合同漏洞机理及检测模型研究	青年科学基金项目	18.00
98	袁竞峰	05土木学院	PPP项目收益的形成机理、动态评估与调节机制研究	面上项目/常规面上项目	49.30
99	徐赵东	05土木学院	结构抗震	国家杰出青年科学基金	350.00
100	胡小会	06电子学院	基于第一性原理计算研究过渡金属表面BCN二维材料的生长机制	青年科学基金项目	22.00
101	尹奎波	06电子学院	悬空单层金属及金属氧化物二维晶体的原位制备及稳定性研究	面上项目/常规面上项目	66.00
102	万 能	06电子学院	应力场下铁酸铋材料的相结构、畴结构和原子极化特性的亚埃尺度研究	面上项目/常规面上项目	66.00
103	尚金堂	06电子学院	高性能微半球壳谐振子结构调控机理及封装研究	面上项目/常规面上项目	62.00
104	徐 涛	06电子学院	基于电子辐照的纳米结构构筑及机理研究	青年科学基金项目	22.00
105	张若虎	06电子学院	集成微波任意波形发生中的多波形高速更新研究	青年科学基金项目	19.00
106	刘斯扬	06电子学院	碳化硅基功率VDMOS器件可靠性机理及寿命模型研究	青年科学基金项目	23.00
107	张志强	06电子学院	高功率在线式MEMS集成微波驻波计基础研究	青年科学基金项目	20.00
108	黄晓东	06电子学院	双栅非晶InGaZnO非易失性薄膜晶体管存储器的研究	青年科学基金项目	21.00
109	杨 春	06电子学院	微波光纤链路的相位噪声机制与抑制方法的研究	面上项目/常规面上项目	58.00
110	陈 静	06电子学院	双面发射的叠层式白光量子点发光二极管器件的制备与研究	面上项目/常规面上项目	62.00
111	孙伟锋	06电子学院	自保护型SOI-LIGBT器件ESD应力下的响应特性及模型研究	面上项目/常规面上项目	62.00
112	廖小平	06电子学院	自供电低功耗热电-光电集成微传感器在物联网射频收发组件中的应用基础研究	面上项目/常规面上项目	62.00
113	徐 申	06电子学院	多模式隔离型单管AC-DC集成芯片控制策略及算法研究	面上项目/常规面上项目	60.00
114	周再发	06电子学院	考虑工艺偏差的MEMS器件设计方法研究	面上项目/常规面上项目	16.00
115	王著元	06电子学院	针对急性白血病细胞检测的核酸适体型SERS多通道微流控芯片	面上项目/常规面上项目	60.00

(续 表)

序号	项目负责人	单位	项目名称	项目类别	单位批准金额/万元
116	姚玲玲	07 数学系	几类代数上的 Gorenstein 投射模	青年科学基金项目	19.00
117	刘国华	07 数学系	张量范畴的模范畴	青年科学基金项目	19.00
118	王丽艳	07 数学系	基于吸收光谱的多介质参数成像的正则化理论和算法研究	青年科学基金项目	19.00
119	杜 睿	07 数学系	分数阶对流扩散方程的格子 Boltzmann 方法研究	青年科学基金项目	20.00
120	张福保	07 数学系	基于变分方法的几类椭圆方程组的多解问题的研究	面上项目/常规面上项目	48.00
121	何 薇	07 数学系	算子组的投射谱及其拓扑与几何	面上项目/常规面上项目	48.00
122	李玉祥	07 数学系	非线性 Keller-Segel 方程的定性研究	面上项目/常规面上项目	48.00
123	王冠军	07 数学系	随机环境下系统的可靠性分析与维修策略研究	面上项目/常规面上项目	48.00
124	孙志忠	07 数学系	纳米尺度多层薄膜热传导数学模型及其高精度数值算法	面上项目/常规面上项目	48.00
125	王海兵	07 数学系	带斜导数边界条件的偏微分方程定解问题的边界反演	面上项目/常规面上项目	48.00
126	曹婉容	07 数学系	求解刚性及非线性随机延迟微分方程的数值方法	面上项目/常规面上项目	48.00
127	温广辉	07 数学系	具有切换有向通信拓扑的多自主体系统分布式控制与优化问题研究	面上项目/常规面上项目	62.00
128	虞文武	07 数学系	复杂网络控制的几个关键基础问题	面上项目/常规面上项目	62.00
129	梁金玲	07 数学系	2-D 时变网络系统在事件驱动机制下的状态估计与牵制控制研究	面上项目/常规面上项目	62.00
130	聂小兵	07 数学系	基于忆阻的分数阶时滞神经网络的多稳定性分析与控制	面上项目/常规面上项目	62.00
131	钱春江	08 自动化学院	非线性系统采样输出反馈控制及其应用	海外及港澳学者合作研究基金/两年期资助项目/	18.00
132	曹丁财	08 自动化学院	基于光谱图像的人眼视觉颜色认知研究	海外及港澳学者合作研究基金/两年期资助项目/	18.00
133	潘 泓	08 自动化学院	融合浅层模型和深度网络的视觉特征学习研究	面上项目/常规面上项目	58.00
134	陈杨杨	08 自动化学院	基于局部信息的广义编队包围控制、协作估计与避障	面上项目/常规面上项目	62.00

(续　表)

序号	项目负责人	单位	项目名称	项目类别	单位批准金额/万元
135	汪　峥	08 自动化学院	生鲜农产品库存、价格及质量综合控制与优化	面上项目/常规面上项目	60.00
136	严洪森	08 自动化学院	存在返工的定点装配车间生产计划与调度的集成优化研究及应用	面上项目/常规面上项目	61.00
137	董　恺	09 计算机学院	基于室内 WiFi 环境的用户自激发式弱定位方法研究	青年科学基金项目	21.00
138	熊润群	09 计算机学院	面向分布式异构云数据中心的数据布局优化研究	青年科学基金项目	21.00
139	胡晓艳	09 计算机学院	基于网络编码的信息中心网络研究	青年科学基金项目	21.00
140	耿　新	09 计算机学院	基于机器学习的人类属性识别	优秀青年科学基金项目	130.00
141	罗军舟	09 计算机学院	工业互联网体系结构及关键技术研究	重点项目	285.00
142	王红兵	09 计算机学院	服务系统在线可靠性预测方法及关键技术研究	面上项目/常规面上项目	63.00
143	漆桂林	09 计算机学院	基于图的并行 OWL 本体推理方法研究	面上项目/常规面上项目	16.00
144	吴巍炜	09 计算机学院	群智感知中绿色可信的数据收集调度算法研究	面上项目/常规面上项目	63.00
145	杨　鹏	09 计算机学院	创新内容标识技术与互联网内容治理	面上项目/常规面上项目	16.00
146	施智祥	10 物理系	铁硫族超导体强磁场下超导性能的改善及途径研究	国际(地区)合作与交流项目/合作交流/NSFC-JSPS(中日)	20.00
147	Kumar Ashwini	10 物理系	Magneto-electric Properties of Rare Earth Orthoferrite Perovskite: $RFeO_3$	国际(地区)合作与交流项目/国家自然科学基金外国青年学者研究基金	16.00
148	郭　昊	10 物理系	带有无序效应的超冷费米原子气体的物性研究	面上项目/常规面上项目	60.00
149	施智祥	10 物理系	高分辨迁移率谱方法研究铁基超导体的多带效应及相关机理	面上项目/常规面上项目	67.00
150	董　帅	10 物理系	非赝立方结构磁性化合物拓扑磁电物理研究	面上项目/常规面上项目	67.00
151	薛　鹏	10 物理系	基于时间域的量子行走及其应用的实验研究	面上项目/常规面上项目	72.00
152	唐达林	11 生医学院	仿真流固耦合心脏计算模型在虚拟手术、手术方案优化及疗效预测中的应用	面上项目/信息与数学领域交叉类项目	62.00
153	顾忠泽	11 生医学院	面向航天医学的纸微纳流控分析	重点项目	290.00

(续表)

序号	项目负责人	单位	项目名称	项目类别	单位批准金额/万元
154	吴富根	11 生医学院	细胞表面疏水锚定的物理化学基础	面上项目/常规面上项目	65.00
155	姜晖	11 生医学院	纳米簇中金属混合价态和细胞内氧化还原电对的偶联及荧光成像研究	面上项目/常规面上项目	65.00
156	张军毅	11 生医学院	太湖蓝藻群体颗粒附生细菌的宏基因组学研究	青年科学基金项目	19.00
157	黄炎	11 生医学院	基于代谢组学的金、银纳米粒子细胞毒性分子机理研究	青年科学基金项目	20.00
158	黄宁平	11 生医学院	心肌组织芯片构建的新方法研究	面上项目/常规面上项目	25.00
159	程文龙	11 生医学院	基于形貌可控铜纳米晶的柔性传感器件研究	海外及港澳学者合作研究基金/两年期资助项目	18.00
160	吉民	11 生医学院	近红外二区小分子染料的功能化修饰及其在肿瘤诊疗中的应用	面上项目/常规面上项目	58.00
161	肖忠党	11 生医学院	CAR-T 细胞外泌体抗肿瘤及作为靶向药物载体的研究	面上项目/常规面上项目	56.00
162	马明	11 生医学院	基于磁性纳米颗粒的特异性靶向乳腺癌磁感应增强红外热成像研究	面上项目/常规面上项目	56.00
163	袁晨晨	12 材料学院	铁磁性非晶合金宏观塑性的电子结构起源	青年科学基金项目	20.00
164	陶立	12 材料学院	二维硅烯材料及器件的界面调控机理研究	青年科学基金项目	20.00
165	高云	12 材料学院	基于多尺度方法的高性能混凝土自收缩机理研究	青年科学基金项目	20.00
166	蒋金洋	12 材料学院	牺牲混凝土损伤演化的原位表征与多尺度数值仿真	国际(地区)合作与交流项目/合作交流/NSFC-RS(中英)	10.00
167	沈宝龙	12 材料学院	高性能铁磁性块体非晶合金的探索与结构性能研究	重点项目	300.00
168	孙正明	12 材料学院	Ag-MAX 电接触材料的制备与性能研究	面上项目/常规面上项目	60.00
169	张友法	12 材料学院	仿生非均匀润湿性表面结露和融霜微滴动态传递特性研究	面上项目/常规面上项目	60.00
170	潘冶	12 材料学院	基于非晶合金的复合金属氧化物制备与光催化性能	面上项目/常规面上项目	60.00
171	戎志丹	12 材料学院	多元掺合料、混杂纤维与集料对超高性能水泥基材料动态行为的协同效应研究	面上项目/常规面上项目	62.00

（续　表）

序号	项目负责人	单位	项目名称	项目类别	单位批准金额/万元
172	张云升	12材料学院	高触变混凝土设计方法与形成机理研究	面上项目/常规面上项目	62.00
173	施锦杰	12材料学院	海洋环境下低合金钢筋在碱激发矿渣混凝土中的耐蚀性与腐蚀机理	面上项目/常规面上项目	62.00
174	周　敏	14经管学院	基于双边市场机制的医疗服务资源动态协调管理研究	青年科学基金项目	15.00
175	朱冬梅	14经管学院	基于大数据的互联网借贷平台信用风险传染及其监控研究	青年科学基金项目	15.00
176	汪敏达	14经管学院	群体冲突发生的社会偏好机制研究——基于行为博弈实验的进路	青年科学基金项目	17.00
177	葛沪飞	14经管学院	市场融合中应用场景嵌入性对共建企业商业模式协同演化的影响机理研究	青年科学基金项目	17.00
178	鞠传静	14经管学院	制度嵌入视角下的建设项目弹性安全管理形成机理研究	青年科学基金项目	17.00
179	陈丰龙	14经管学院	世界经济景气波动对中国出口平稳发展的冲击效应及其传导机理与政策应对研究	青年科学基金项目	17.00
180	赵　萱	14经管学院	基于互补型供应商重复博弈视角的供应链动态协调策略研究	海外及港澳学者合作研究基金/两年期资助项目	18.00
181	张玉林	14经管学院	考虑参与方信息不对称及参与方行为的平台定价研究	面上项目/常规面上项目	48.00
182	李守伟	14经管学院	基于金融关联超网络的银企风险传染及其控制研究	面上项目/常规面上项目	46.00
183	黄　超	14经管学院	基于主题挖掘的旅游运营商个性化推荐策略及其优化研究	面上项目/常规面上项目	48.50
184	赵林度	14经管学院	基于"健康数据银行"的决策大数据价值生成原理及服务模式研究	面上项目/常规面上项目	49.30
185	薛巍立	14经管学院	数据驱动的个性化医疗服务决策优化研究	面上项目/常规面上项目	48.00
186	杜运周	14经管学院	自恋人格、多层次制度逻辑与众创空间内创业者战略选择及效果研究	面上项目/常规面上项目	48.00
187	陈志斌	14经管学院	政府会计国家治理功能的实现机理、路径与策略研究	面上项目/常规面上项目	48.00
188	刘晓星	14经管学院	大数据驱动的金融风险管理与监控研究	面上项目/常规面上项目	51.00
189	柳　伟	16电气工程学院	主动配电系统分区分布式牵制群控技术研究	青年科学基金项目	19.00
190	曹　武	16电气工程学院	基于多VSC交互并联拓扑的统一并网接口层共性基础问题研究	青年科学基金项目	21.00

(续 表)

序号	项目负责人	单位	项目名称	项目类别	单位批准金额/万元
191	王伟	16 电气工程学院	非对称初级永磁直线电机牵引系统运行机理与控制方法研究	青年科学基金项目	21.00
192	吴在军	16 电气工程学院	计及不确定性的主动配电网自适应鲁棒优化运行研究	面上项目/常规面上项目	58.00
193	陆于平	16 电气工程学院	预防风电场不确定性弱馈源脱网保护策略研究	面上项目/常规面上项目	58.00
194	曲小慧	16 电气工程学院	LED 照明系统高可靠运行关键技术的研究	面上项目/常规面上项目	64.00
195	陈武	16 电气工程学院	高可靠性模块化多变换器串并联系统控制策略研究	面上项目/常规面上项目	65.00
196	赵健	19 化工学院	基于甘露糖靶向的糖受体类铂抗肿瘤配合物的研究	青年科学基金项目	20.00
197	吉远辉	19 化工学院	难溶性药物在生物相关性介质中溶解度和溶解机理的研究	青年科学基金项目	20.00
198	刘松琴	19 化工学院	单细胞活性分子时空分辨光学分析系统	国家重大科研仪器研制项目/自由申请	556.00
199	陶纬国	19 化工学院	抗体介导的智能释放铂药胶束的制备及生物活性的研究	海外及港澳学者合作研究基金/两年期资助项目	18.00
200	付大伟	19 化工学院	分子基相变双稳态存储和传感材料的光电性质研究	面上项目/常规面上项目	65.00
201	肖国民	19 化工学院	调控性芳构化类沸石咪唑酯骨架化合物(ZIFs)催化剂的制备及其催化机理研究	面上项目/常规面上项目	64.00
202	吴东方	19 化工学院	多孔沸石的合成、成型及孔结构与机械强度的研究	面上项目/常规面上项目	70.00
203	张一卫	19 化工学院	基于双硅层空腔结构调控与聚合物网点固载的"类分子筛"型纳米 Au 簇催化剂的构筑及反应性能研究	面上项目/常规面上项目	64.00
204	李乃旭	19 化工学院	基于半导体晶面协同效应 Z 型光催化剂的设计合成与光催化性能研究	青年科学基金项目	20.00
205	周钰明	19 化工学院	基于高旋光聚炔与半导体量子片叠层自组装红外微波兼容材料的辐射性能及调控机制研究	面上项目/常规面上项目	62.00
206	刘志彬	21 交通学院	典型复杂地质条件下泡沫化表面活性剂强化曝气修复机理及应用研究	面上项目/常规面上项目	67.00
207	蔡国军	21 交通学院	基于 CPTU 原位测试的软弱土空间变异性特征与应用研究	面上项目/常规面上项目	62.00
208	于先文	21 交通学院	高可靠性的 GNSS 载波精密定位全概率整数解的关键算法研究	面上项目/常规面上项目	65.00

（续 表）

序号	项目负责人	单位	项目名称	项目类别	单位批准金额/万元
209	吴 恺	21交通学院	考虑土应力状态与温度效应的CPTU离散元数值模拟研究	青年科学基金项目	19.00
210	王 菲	21交通学院	温度对重金属污染土固化稳定长期性能影响机理与控制研究	青年科学基金项目	20.00
211	李大韦	21交通学院	考虑活动日程的多模式交通网络广义路径选择建模	青年科学基金项目	20.00
212	宋晓东	21交通学院	基于逆边界元法的轨道交通桥梁全空间低频噪声研究	青年科学基金项目	22.00
213	陈 峻	21交通学院	基于广义交通枢纽的城市多模式交通网络协同规划理论与方法	重点项目	252.00
214	刘 攀	21交通学院	2016工程与可持续城市发展学术研讨会	国际(地区)合作与交流项目/出国(境)参加双(多)边会议/NSFC-BHKAEC(京港学术交流中心)	1.60
215	付 晓	21交通学院	基于时空可达性的多模式公交网络中出行者活动及出行行为研究	青年科学基金项目	18.00
216	周博见	21交通学院	考虑出行惯性的交通流逐日动态演化规律与收费策略研究	青年科学基金项目	18.00
217	阳 媛	22仪科学院	基于UWB-TOF测距的室内3D定位贝叶斯估计研究	青年科学基金项目	20.00
218	莫凌飞	22仪科学院	基于多维集成学习的日常人体活动类型识别研究	青年科学基金项目	18.00
219	张 莹	22仪科学院	新型自供电无线传感器网络的智能能量管理系统	海外及港澳学者合作研究基金/两年期资助项目	18.00
220	曾 洪	22仪科学院	上肢运动意图的脑电深度学习识别与任务导向递归贝叶斯估计解码研究	面上项目/常规面上项目	61.00
221	徐宝国	22仪科学院	跨模态双向感知神经康复系统研究	面上项目/常规面上项目	63.00
222	王 晨	ITS	面向道路交通安全设计的交通冲突链现象解析研究	青年科学基金项目	20.00
223	钱振东	ITS	钢桥面铺装细观纹理抗滑机理及性能衰减演化研究	面上项目/常规面上项目	62.00
224	唐 萌	公卫学院	基于代谢组学的碲化镉(CdTe)量子点对小胶质细胞神经毒性机制的研究	面上项目/常规面上项目	60.00
225	马 超	公卫学院	"二保合一"背景下城乡医保一体化理论构建、制度评估及对策研究——基于选择性平等框架下的分析	青年科学基金项目	17.00

(续　表)

序号	项目负责人	单位	项目名称	项目类别	单位批准金额/万元
226	梁戈玉	公卫学院	lncRNA调控PI3K-Akt-mTOR信号通路在胃癌发生中的作用机制及生物标志研究	面上项目/常规面上项目	65.00
227	王少康	公卫学院	黄曲霉毒素、伏马菌素和亚硝胺在食管癌前病变过程中的联合作用及维生素C的干预作用研究	面上项目/常规面上项目	50.00
228	张　红	公卫学院	全谷物调控TLR4/NF-κB通路改善T2DM肠道菌群紊乱和慢性炎症作用的研究	面上项目/常规面上项目	50.00
229	许　茜	公卫学院	壬基酚膳食暴露致卵巢癌发生风险的定量评估	面上项目/常规面上项目	75.00
230	张　婷	公卫学院	内质网应激与线粒体活性氧簇代谢障碍在量子点诱导肝毒性中的作用及机制研究	面上项目/常规面上项目	55.00
231	王莉娜	公卫学院	NEK7/NLRP3炎症小体活化通路基因型-表型与冠心病MACEs关联的队列研究	面上项目/常规面上项目	50.00
232	余小金	公卫学院	多结局Bayesian联合生存模型及糖尿病并发症预测研究	面上项目/常规面上项目	50.00
233	张四维	建筑研究所	基于IPA分析法的民国历史住区保护更新实施评估方法与优化策略研究：以南京为例	青年科学基金项目	20.00
234	刘力娟	生科院	果蝇突触粘附分子Neurexin调节突触生长的机制研究	青年科学基金项目	20.00
235	潘玉峰	生科院	行为调控的神经机制	优秀青年科学基金项目	130.00
236	张子超	生科院	智力障碍相关蛋白PQBP1通过调控eEF2磷酸化介导蛋白质翻译的机制研究	面上项目/常规面上项目	57.00
237	陆　巍	生科院	研究活动依赖的NMDA受体膜转运的马达蛋白及其在突触可塑性中的功能	面上项目/常规面上项目	67.00
238	林承棋	生科院	转录延伸因子ELL3在胚胎干细胞染色质可塑性中的作用机制研究	面上项目/常规面上项目	65.00
239	杨　鑫	生科院	一种新型场景相关恐惧记忆提取模式中海马微环路的作用及其机制的研究	青年科学基金项目	17.00
240	赵林泓	生科院	抗CD44纳米抗体/砷偶联物靶向治疗AML的作用及机制研究	青年科学基金项目	17.30
241	柴人杰	生科院	听觉异常与平衡障碍	优秀青年科学基金项目	130.00
242	李锦华	生科院	小肽MRF通过桥联ATF2和CDK9复合物整合炎症和纤维化信号通路促进糖尿病肾病的发生和发展	面上项目/常规面上项目	58.00
243	禹东川	学习中心	基于近红外脑功能成像技术的孤独症谱系障碍儿童社会功能评估	面上项目/常规面上项目	63.00

（续 表）

序号	项目负责人	单位	项目名称	项目类别	单位批准金额/万元
244	朱艳梅	学习中心	创新能力发展的脑认知机制及教育政策研究	应急管理项目/科学部综合管理项目/研究项目	16.00
245	康学军	学习中心	空气颗粒物暴露致儿童神经损伤的标识物分析及应用研究	面上项目/常规面上项目	55.00
246	沈艳飞	医学院	富勒烯功能材料的界面组装及其在乳腺癌早期诊断中的应用	面上项目/常规面上项目	65.00
247	苏振毅	医学院	抑制 Abin-1 蛋白在克服结肠癌对化疗药耐药性中的作用和机制研究	面上项目/常规面上项目	60.00
248	王立新	医学院	肿瘤细胞释放分泌型自噬小体诱导 M2 型巨噬细胞极化及其免疫调节作用的机制研究	面上项目/常规面上项目	60.00
249	朱丽娟	医学院	海马 RASD1 调控应激诱导的焦虑行为的神经机制	面上项目/常规面上项目	57.00
250	方申存	医学院	ciR-0000064/LRRC8D 通路参与矽肺纤维化的研究	青年科学基金项目	16.00
251	潘平雷	医学院	原发性不宁腿综合症脑功能网络的节律性变化研究	青年科学基金项目	18.00
252	范小波	医学院	新型自组装纳米协同靶向抗耐药菌作用的研究	青年科学基金项目	17.30
253	张 媛	医学院	circRNA1463 介导甲基苯丙胺致小胶质细胞自噬和凋亡的机制研究	青年科学基金项目	17.30
254	刘莉洁	医学院	噪声性听力损失对认知功能的损伤效应及其海马相关机制研究	面上项目/常规面上项目	58.00
255	樊 红	医学院	DNMT3A2 通过 lncRNA-TRERNA1-E-cadherin 轴在胃癌侵袭转移中作用机制研究	面上项目/常规面上项目	57.00
256	姚红红	医学院	LncRNA-I14Rik 靶向 miR-143 调节脑卒中血脑屏障损伤的作用及机制研究	面上项目/常规面上项目	63.00
257	朱新建	医学院	miR-23a 靶向调控 ADAM10 基因在颞叶癫痫中的作用及其机制研究	面上项目/常规面上项目	25.00
258	吕林莉	中大医院	巨噬细胞 Mincle 受体活化在蛋白尿致肾小管间质炎症中的作用及机制研究	面上项目/常规面上项目	61.00
259	刘 苒	中大医院	转铁蛋白受体单克隆抗体修饰的靶向载药纳米粒抗淋巴瘤效应的研究	青年科学基金项目	18.00
260	鄢高亮	中大医院	整合素连接激酶调控低氧诱导肺动脉平滑肌细胞表型转换的机制	青年科学基金项目	17.50
261	张志刚	中大医院	西罗莫司药物洗脱涂层疝补片材料的构建及其抗粘连性能研究	青年科学基金项目	17.00

(续 表)

序号	项目负责人	单位	项目名称	项目类别	单位批准金额/万元
262	吴海露	中大医院	氯吡格雷损伤胃黏膜上皮细胞机制及其靶向基因研究	青年科学基金项目	17.00
263	谭佳成	中大医院	褪黑素对 PAR-2 介导胰蛋白酶损伤食管上皮连接屏障的作用研究	青年科学基金项目	17.00
264	刘 丹	中大医院	Foxp3+调节性 T 细胞致病性转化在蛋白尿诱导的肾小管间质炎症中的作用研究	青年科学基金项目	19.00
265	孙 玲	中大医院	锌指蛋白 A20 调节泛素羧基末端水解酶-L1 表达在狼疮性肾炎足细胞损伤中的作用研究	青年科学基金项目	17.00
266	蔡君艳	中大医院	肝脏内源性硫化氢调节胆固醇代谢的机制	青年科学基金项目	17.00
267	耿磊钰	中大医院	髓鞘发育关键基因 QKI 与早年负性生活事件相互作用影响抑郁症发生及抗抑郁治疗的表观遗传学研究	青年科学基金项目	17.00
268	朱丽华	中大医院	基于 EPOR-ERK 信号通路探讨 EPO 干预早产儿脑白质损伤中血管新生的机制	青年科学基金项目	17.00
269	张世军	中大医院	基于 MRI 的压力负荷过载性心肌纤维化的评价研究	青年科学基金项目	17.00
270	卢 瞳	中大医院	靶向 LOX-1 分子探针的构建及其评价 2 型糖尿病性动脉粥样硬化的多模态影像研究	青年科学基金项目	17.00
271	赵 振	中大医院	乳腺癌上皮间质转化（EMT）多模态靶向分子成像及活体影像疗效监测研究	青年科学基金项目	18.00
272	柏盈盈	中大医院	影像指导内皮祖细胞基因干预治疗糖尿病并发脑梗死的实验研究	青年科学基金项目	18.00
273	谢剑锋	中大医院	MSC 抑制脓毒症炎症反应新机制——旁分泌 TGF-β 诱导巨噬细胞极化	青年科学基金项目	17.00
274	季明亮	中大医院	甲基化介导沉默 miR-98 调控 IL-6/STAT3 信号通路在椎间盘退变中的机制	青年科学基金项目	17.00
275	尹 莹	中大医院	DMRTA1 介导 PI3K-Akt 信号通路在胃癌癌变增殖中的机制研究	青年科学基金项目	17.00
276	蔡 滨	中大医院	基于"肾藏精"理论研究补肾填精法通过细胞周期蛋白 D 调控小鼠精原干细胞增殖的作用机制	青年科学基金项目	17.00
277	王桂英	中大医院	基于 PKA/eNOS 通路的艾灸激活 TRPV1 调脂通脉机制研究	青年科学基金项目	17.00
278	刘 玲	中大医院	MSC 旁分泌肝细胞生长因子诱导树突状细胞免疫耐受调控 ARDS 炎症反应的机制研究	面上项目/常规面上项目	55.00

(续 表)

序号	项目负责人	单位	项目名称	项目类别	单位批准金额/万元
279	汤成春	中大医院	SERCA2 的 5-羟色胺化在低氧性肺动脉高压肺静脉重塑中的作用及其机制	面上项目/常规面上项目	60.00
280	陆文彬	中大医院	AMI 后移植 MSCs 促进 Ly6Chigh 单核细胞向 Ly6Clow 表型转化的机制研究	面上项目/常规面上项目	57.00
281	刘同强	中大医院	肢体缺血预适应保护顺铂诱导 AKI 的新机制:miR-144 调控 PI3K/Akt/GSK3β 通路	面上项目/常规面上项目	58.00
282	张光远	中大医院	HIF-1α/RAB22A 通路调控生成保护性细胞外微囊:远程预缺血保护肾脏缺血再灌注损伤的新机制	面上项目/常规面上项目	58.00
283	刘必成	中大医院	基于尿液肾脏固有细胞 mRNAs 分析的肾脏纤维化生物标志物发现与鉴定	面上项目/常规面上项目	58.00
284	张志珺	中大医院	AD 源性 MCI 患者血小板候选生物学标志物纵向随访研究	面上项目/常规面上项目	65.00
285	谢春明	中大医院	神经炎症与阿尔茨海默病谱系人群的影像遗传学研究	面上项目/常规面上项目	57.00
286	柏 峰	中大医院	轻度认知障碍和皮层下血管性认知障碍的共病机制探讨——基于遗传基础及神经影像环路机制的研究	面上项目/常规面上项目	58.00
287	郭金和	中大医院	经导管肾交感神经射频消融术治疗 2 型糖尿病犬的实验研究	面上项目/常规面上项目	56.00
288	朱海东	中大医院	生物可降解药物涂层胆道支架治疗良性胆道狭窄的实验研究	面上项目/常规面上项目	56.00
289	陈陆馗	中大医院	神经干细胞携载 PEG-PLGA-BDNF/bFGF 纳米基因靶向治疗大鼠缺血性脑卒中的作用及机制研究	面上项目/常规面上项目	56.00
290	杨 毅	中大医院	HGF 激活 mTOR 信号通路促进 ARDS 肺微血管内皮修复的机制研究	面上项目/常规面上项目	52.00
291	陆 军	中大医院	BMP-2/TGF-β1 基因修饰韧带干细胞定向分化促进 ACL 重建术后生物学愈合的实验研究	面上项目/常规面上项目	57.00
292	许 斌	中大医院	长链非编码基因 MEG3 在人前列腺基底细胞转分化及前列腺癌发生发展中的作用及机制研究	面上项目/常规面上项目	57.00
293	任 可	中大医院	骨肉瘤血管生成拟态靶向治疗的新分子靶点初探	面上项目/常规面上项目	50.00

(续表)

序号	项目负责人	单位	项目名称	项目类别	单位批准金额/万元
294	沈 杨	中大医院	酚类环境雌激素在子宫肌瘤发生发展中的作用和分子机制研究	面上项目/常规面上项目	55.00
295	孔佑勇	09计算机学院	基于静息态功能磁共振成像的大脑功能分区研究	应急管理项目	15.00
296	辛 格	05土木学院	Fate and Transformation of Various Mercury Forms in Constructed Wetlands Treating Highway Runoff	国际(地区)合作与交流项目/国家自然科学基金外国青年学者研究基金	33.33
297	任申强	19化工学院	分子铁电体的对称性破缺与畴工程	重大研究计划/培育项目/功能导向晶态材料的结构设计和可控制备	80.00
298	游雨蒙	19化工学院	多极轴分子铁电薄膜	重大研究计划/培育项目/功能导向晶态材料的结构设计和可控制备	80.00
299	谢 维	生科院	社交行为关键脑区海马CA2环路的解析及调控机制研究	重大研究计划/重点支持项目/情感和记忆的神经环路基础	220.00
300	陈 瑞	24公卫学院	长三角地区细颗粒物毒性组分致肺癌表遗传机制研究	重大研究计划/培育项目/大气细颗粒物的毒理与健康效应	75.00
301	宋爱国	22仪科学院	面向生机电一体化灵巧操作假肢的共融机器人理论与关键技术研究	重大研究计划/重点支持项目/共融机器人基础理论与关键技术研究	253.00
302	殷国栋	02机械学院	四轮驱动纯电动汽车底盘系统智能动态协调控制机制与能量优化管理	联合基金项目/重点支持项目/中国汽车产业创新发展联合基金	234.00
303	赵林度	14经管学院	物联网大数据环境下的制造业服务管理与优化	国际(地区)合作与交流项目/组织间合作研究/NSFC-NRF(中韩)	200.00

2016年度国家科学技术奖奖励项目

序号	项目名称	主要完成人	奖励类别	授奖等级	主要完成单位	院系
1	基于磁共振成像的多模态分子影像与功能影像的研究与应用	滕皋军(东南大学)、居胜红(东南大学)、王毅翔(香港中文大学)、顾宁(东南大学)、焦蕴敏(东南大学)、刘刚(厦门大学)、张洪英(东南大学)、张宇(东南大学)、柳东芳(东南大学)	科技进步奖	二等奖	东南大学、厦门大学、香港中文大学	中大医院
2	强容错宽调速永磁无刷电机关键技术及应用	程明(东南大学)、朱孝勇(江苏大学)、花为(东南大学)、全力(江苏大学)、鲍文光(新大洋机电集团有限公司)、曹瑞武(东南大学)	技术发明奖	二等奖	东南大学、江苏大学、新大洋机电集团有限公司	电气工程学院
3	微波毫米波新型基片集成类导波结构及器件	洪伟(东南大学)、郝张成(东南大学)、许锋(南京邮电大学)、罗国清(杭州电子科技大学)、陈继新(东南大学)	自然科学奖	二等奖	东南大学、南京邮电大学、杭州电子科技大学	信息科学与工程学院
4	复杂动态网络的同步、控制与识别理论与方法	吕金虎(中国科学院数学与系统科学研究院)、虞文武(东南大学)、陆君安(武汉大学)、周进(武汉大学)	自然科学奖(合报)	二等奖(合报)	中国科学院数学与系统科学研究院、东南大学、香港城市大学、武汉大学	数学系
5	慢性肾脏病进展的机制和临床防治	侯凡凡、蓝辉耀、刘必成(东南大学)、易扬、廖禹林、陈志良、宾建平、程永现、周丽丽、白晓春	科技进步奖(合报)	二等奖(合报)	南方医科大学、香港中文大学、东南大学、山东大学、中国科学院昆明植物研究所、广东医学院	中大医院
6	第四代移动通信系统(TD-LTE)关键技术与应用	曹淑敏、王晓云、徐学兵、陈山枝、张平、赵先明、黄宇红、王志勤、杨骅、魏丽红、边丽南、王映民、邓爱林、向际鹰、吴迪、杨光、沈嘉、蒋远、徐承、孙院毅、汪恒江、魏贵明、邢宏涛、刘迪军、高全中、张万春、聂南万蕾、徐慧俊、段燕民、柏玉胜、肖普、周世东、韶辉、白欣、蔡亚莉、李文东、李文胜、魏然、李星、孙宁田、蔡亚莉、段晓东、李文胜、肖玉胜、周世东、果敬、王东明(东南大学)、王可、江立红、张诗壮、李文斌、蔡月民、熊兵、邱刚	科技进步奖(合报)	特等奖(合报)	中国移动通信集团公司、工业和信息化部电信研究院、电信科学技术研究院、华为技术有限公司、中兴通讯股份有限公司、展讯通信(上海)有限公司、北京电信技术发展产业协会、宇龙计算机通信科技(深圳)有限公司、北京邮电大学、东南大学股份有限公司(11位)、北京星河亮点仪器技术有限公司、上海创远仪器技术股份有限公司、联想移动通信科技有限公司	信息科学与工程学院

2016年度江苏省科学技术奖奖励项目

序号	项目名称	主要完成人	奖励类别	授奖等级	主要完成单位	院系
1	2016年度江苏省科学技术突出贡献奖	吕志涛		突出贡献奖	东南大学	土木工程学院
2	冬夏双高效空调系统关键技术及建筑节能集成应用	张小松、梁彩华、李舒宏、殷勇高、徐国英、许锦峰、张建忠、杨家华、谭来仔、钱华	应用类	一等奖	东南大学,江苏省建筑科学研究院有限公司,南京市建筑设计研究院有限责任公司,江苏河海新能源股份有限公司,南京五洲制冷集团有限公司	能源与环境学院
3	钢桥面防青铺装养护与保存技术	钱振东、陈磊磊、韦武举、黄卫、王建伟、夏立明、吴志仁、赵付星、于迪尔、卞加前、韩超	应用类	一等奖	东南大学,苏交科集团股份有限公司,天津城建设海路桥有限公司,南通东南公路工程有限公司	交通学院智能运输系统(ITS)研究中心
4	高速精密切削加工机床设计理论及其工程应用	蒋书运、徐江、林圣业、王奋、李光华、马青芬、吕福根、吕洪明、陈国华、孙远见、徐春冬	应用类	一等奖	东南大学,南京航空航天大学,无锡机床股份有限公司,南京二机床有限公司,南通航智装备科技有限公司	机械工程学院
5	路面状况检测器设计理论、关键技术及其应用	黄庆安、韩磊、王立峰、殷刚毅、李斌、蔡雷、张宁星、胡大君、曲来世、王国新	应用类	一等奖	东南大学,交通运输部公路科学研究所,无锡市杰德感知科技有限公司,凯迈(洛阳)环测有限公司	电子科学与工程学院
6	卫星与无线通信融合系统研发及产业化	宋铁成、胡静、盛伟、孙俊、夏玮玮、沈连丰、鲍煦、王巧梁、夏景、周媛	应用类	一等奖	东南大学,南京中网卫星通信股份有限公司,江苏信威	信息科学与工程学院
7	脉冲耦合网络协同行为的理论与方法	卢剑权、曹进德、杨鑫松、宋强、李露露	基础类	二等奖	东南大学,重庆师范大学	数学系
8	基于无线专网全寿命周期的智能配用电测控保护计量集成系统关键技术与应用	郑建勇、闫书芳、梅飞、陈文溁、梅军、裘文江、王开	应用类	三等奖	东南大学,江阴长仪集团有限公司	电气工程学院

(续表)

序号	项目名称	主要完成人	奖励类别	授奖等级	主要完成单位	院系
9	二维材料-贵金属复合体系的光化学性质检测与调控	倪振华,邱腾,南海燕,梁铮,丁荣	基础类	三等奖	东南大学,泰州巨纳新能源有限公司	物理系
10	农林废弃物资源能源化多联产工程化关键技术	蒋剑春,周永红,肖国民,聂小安,徐俊明,瞿立安,陈洁,胡立红,王奎,许彬,陈水根	合报	一等奖(合报)	江苏强林生物能源材料有限公司,中国林业科学研究院林产化学工业研究所,东南大学,江苏乾翔新材料科技有限公司	化学化工学院
11	肠道病毒71型疫苗临床应用关键技术	朱凤才,胡月梅,李靖欣,孟繁岳,张雪峰,陶红,梁祁,刘沛,朱鳞炀,葛恒明,顾善篙	合报	一等奖(合报)	江苏省疾病预防控制中心,东南大学,国药中生生物技术研究院有限公司,连云港市疾病预防控制中心,东海县疾病预防控制中心,射阳县疾病预防控制中心	公共卫生学院
12	城市治安防控系统关键技术研究及集成应用	蒋平,汪兆斌,罗军舟,许勇,赵琛,杨观,沈智勇,吴伟,李晓飞	合报	二等奖(合报)	南京市公安局,东南大学,南京邮电大学	计算机科学与工程学院
13	轨道交通收费系统网络化运营关键技术	鄢庆,张宁,夏德传	合报	三等奖(合报)	南京熊猫信息产业有限公司,南京熊猫电子股份有限公司,东南大学	交通学院
14	复杂系统辨识、同步控制及其应用	蒋国平,丁洁,肖敏,樊春霞,林金星,徐丰羽,王正新	合报	三等奖(合报)	南京邮电大学,东南大学	自动化学院
15	绿色轮胎用超高强度钢帘线关键技术研发及产业化	刘锴兰,刘祥,苗为钢,胡自明,何广仁,徐方流,张正裕	合报	三等奖(合报)	江苏兴达钢帘线股份有限公司,东南大学,江南大学,南京科润工业介质股份有限公司	材料学院
16	大型管道穿越关键技术研究及装备应用	孔庆华,陈以田,马保松,吕伟祥,叶桦,李根营,张永华	合报	三等奖(合报)	徐州徐工基础工程机械有限公司,中国地质大学(武汉),东南大学,黄山金地电子有限公司	自动化学院
17	SMC-5000智能化电液控制滑模摊铺机的研发及应用	赵国普,徐宝国,龚国芳,何慧国,曾洪,卢伟	合报	三等奖(合报)	江苏四明工程机械有限公司,东南大学	仪器科学与工程学院

2016年度其他级别科学技术奖奖励项目

序号	项目名称	主要完成人	奖励类别	授奖等级	主要完成单位	院系
1	高性能纤维复合材提升混凝土结构受力性能关键技术与应用	王文炜(2)	湖北省科技进步奖	一等奖(合报)	东南大学	交通学院
2	燃煤PM2.5及Hg的生成与控制	徐明厚,于敦喜,姚洪,盛昌栋(东南大学),刘小伟	湖北省自然科学奖	一等奖(合报)	东南大学	能源与环境学院
3	微纳尺度生物医学材料可控制备及生物医学应用研究	何农跃,邓燕,吕卓璇,张立明,李松,刘洪娜	湖南省自然科学奖	二等奖(合报)	湖南工业大学,东南大学	生物科学与医学工程学院
4	面向夏热冬冷地区的双高效空调技术与建筑节能应用	张小松,梁彩华,李舒宏,殷勇高,徐国英,许锦峰,张建忠,杨家华,谭来仔,钱华,张利平	南京市科技进步奖	一等奖	东南大学,江苏省建筑科学研究院有限公司,南京市建筑设计研究院有限责任公司,江苏河海新能源股份有限公司,南京五洲制冷集团有限公司	能源与环境学院
5	模块化高压大容量电力电子高可靠控制关键技术及系列应用	赵剑锋,季振东,田杰,曹武,梅军,方大卫,王建华,郑建勇,刘康礼,李东野	南京市科技进步奖	二等奖	东南大学	电气工程学院
6	智慧交通载具产品体系创新与规模应用	丁飞,童恩,蔡伟明,宋爱国,秦文虎,蔡伟明,远岸欣	南京市科技进步奖	二等奖(合报)	东南大学	信息科学与工程学院
7	基于龙芯和自主协议的物联网平台系统及应用产品	陈勇,周国勤,戚晨皓,祁云嵩,步雨菏,孙建国,蔡阳波	南京市科技进步奖	二等奖(合报)	东南大学	信息科学与工程学院
8	原油在线调合关键技术研究及应用	朱雨,陈夕松,亚宏宁,梅彬,费树岷,刘铁,胡隼	南京市科技进步奖	二等奖(合报)	东南大学	自动化学院
9	城市污泥资源化利用工程-火电厂协同处置	朱士圣,葛仕福,朱忠贤,戴新宇,刘政艳	南京市科技进步奖	二等奖(合报)	东南大学	能源与环境学院
10	工业锅炉节能效远程监管与公共服务平台建设及应用示范	业成,周杏鹏,王雯雯,梁斌,王红轩	南京市科技进步奖	三等奖(合报)	东南大学	自动化学院

（续表）

序号	项目名称	主要完成人	奖励类别	授奖等级	主要完成单位	院系
11	国际土木工程纤维增强复合材料（FRP）学会奖章——IIFC Medal	吴智深	国际土木工程纤维增强复合材料学会	学会最高奖	东南大学	土木工程学院
12	网络耦合系统控制与优化理论及其应用	虞文武、温广辉、李存军、曹进德、陈关荣	中国指挥与控制学会科学技术奖自然科学类	一等奖	东南大学、香港城市大学	数学系
13	城市多模式公交网络协同控制与智能服务技术及应用	王炜(1)、李斌、叶智锐(3)、刘冬梅、王昊(5)、汪林、龚维强、凌镭、王晶、王文静、乔国梁、陈学武(12)、杨敏(13)、胡晓健(14)、金绍林	中国公路学会科学技术奖	一等奖	东南大学、交通运输部公路科学研究所、南京莱斯信息技术股份有限公司、北京中交国通智能交通系统技术有限公司、江苏省交通规划设计院股份有限公司、南京全司达交通科技有限公司	交通学院
14	复杂环境下交通信息精确采集处理及服务理论及技术	黄卫(1)、郭建华(4)、柴干(6)	中国智能交通协会科学技术奖	一等奖	东南大学、北京城建设计发展集团股份有限公司、南京市公安局交通管理局、江苏省交通控股有限公司	交通学院智能运输系统(ITS)研究中心
15	第十一届中国公路青年科技奖	蔡国军	中国公路青年科技奖	一等奖	东南大学	交通学院
16	新型建筑工业化装备及房屋研发	张宏、张弦、李向锋、徐小东（东南大学）	中国产学研合作促进会中国产学研创新成果奖	一等奖	东南大学、江苏圣乐建设工程有限公司、南京思丹鼎建筑科技有限公司、博建材（昆山）有限公司	建筑学院
17	桥梁结构群协同监测评估先进技术及应用	吴智深（东南大学）、张宇峰、张建（东南大学）、彭家意、建华、吉增晖、孙安（东南大学）、夏叶飞、李素贞、洪万、陈雄飞、曹学勇、方达（东南大学）、施栋豪	中国公路学会科学技术奖	一等奖（合报）	苏交科集团股份有限公司、东南大学、江苏交通控股股份有限公司、江苏省扬州市公路管理处、江苏华通工程检测有限公司	土木工程学院

2016年东南大学专利授权表

序号	发明专利名称	申请人	设计人			授权日	证书号
1	基于可变导向车道的信号配时优化方法	交通学院	陈峻	顾姗姗	何鹏	刘志广	2016.01.06	第1914769号
2	一种基于无线接入点的可见光通信系统	信息科学与工程学院	张在琛	吴亮	党建		2016.01.06	第1911246号
3	一种全域覆盖多波束卫星LTE的下行发射端定时调整方法	信息科学与工程学院	王海明	邓祝明	尤肖虎	余旭涛 高西奇	2016.01.06	第1911182号
4	用于农作物生长信息的远程图像监测系统及方法	自动化学院	周杏鹏 周伟	王晓俊	袁易之	韦金河	2016.01.06	第1910437号
5	一种光伏电站多台逆变器协调控制装置及控制方法	能源与环境学院	陆玉正	王军	张耀明	戴薇薇	2016.01.06	第1910108号
6	一种OFDM无线中继网络系统的资源分配方法	信息科学与工程学院	林万华	王江舟	王向阳		2016.01.06	第1910909号
7	基于交通数据和天气数据的减少交通事故的车辆调控方法	交通学院	徐敏铖	刘攀	王炜	李志斌	2016.01.06	第1911091号
8	一种用于蜂窝网络的集中式动态关闭基站方法	信息科学与工程学院	郑福春	李欢	过	高西奇	2016.01.06	第1910551号
9	石墨烯掺杂于染料敏化太阳能电池的阳极材料及其制法和应用	化学化工学院	孙岳明 龙欢	景莞 施燕琼	代云茜 陈宁超	王啸天 王跃明	2016.01.06	第1911466号
10	一种基于错位定度评价的城市中心区土地利用方法	建筑学院	杨俊宴	史北祥			2016.01.06	第1911595号
11	基于定位图形顶点的快速响应矩阵码第四顶点的定位方法	自动化学院	路小波 曾维理	祁慧	沈赛峰	陈伍军	2016.01.06	第1910682号
12	一种应用于粗粒度可重构阵列的自动映射方法	电子科学与工程学院	齐志 曹鹏	马璐 杨军	刘波	葛伟	2016.01.06	第1910664号
13	一种用于生长硼酸铯锂单晶的籽晶及其应用	材料科学与工程学院	王增梅	王珠峰			2016.01.06	第1911258号

(续表)

序号	发明专利名称	申请人	设计人	授权日	证书号
14	一种自设浓度梯度药物筛选器官芯片及其制备方法	生物科学与医学工程学院	顾忠泽 郑付印 程 露 刘慈慧 汤栋锦	2016.01.06	第1910945号
15	氮掺杂碳复合物材料制备及其在超级电容中的应用	化学化工学院	李 颖 姚 萌 王 洁	2016.01.06	第1910690号
16	一种基于复制电路的防抄板系统及方法	电子科学与工程学院	单伟伟 徐志鹏 刘松琴 吴建兵 蒋 樊	2016.01.06	第1910958号
17	基于无线多跳自组网的高速公路智能车辆感知与路灯控制方法	信息科学与工程学院	王霄峻 陈晓曙 郭银涛 王 刚	2016.01.06	第1910386号
18	基于显著场景点检测的移动机器人级联地图创建方法	自动化学院	钱 堃 房 芳 马旭东 戴先中	2016.01.06	第1910100号
19	超高速无线局域网下行中继接入控制方法	信息科学与工程学院	夏玮玮 李俊超 沈连丰 陈 赓 刘诚毅 张 瑞	2016.01.06	第1911270号
20	一种高效制备孔径可控三维石墨烯的方法	材料科学与工程学院	郭新立 李 畸 王蔚妮 郝 威 张灵敏 张艳娟	2016.01.06	第1810630号
21	3-(2-氨基乙氨基)丙基三甲氧基硅烷在制备超亮荧光硅量子点中的应用	化学化工学院	吴富根 开思琪 陈 战	2016.01.06	第1911056号
22	预制剪力墙干式垂直连接节点及施工方法	土木工程学院	梁书亭 孙崇芳 朱俊俊	2016.01.06	第1911677号
23	一种从菊芋中制备菊粉的方法	化学化工学院	沈 彬 赵芬利 张 衡 申桂贤	2016.01.06	第1910802号
24	限制性内切酶和核酸外切酶Ⅲ的无标记荧光检测DNA甲基化和甲基转移酶活性的检测方法	化学化工学院	卫 伟 高春燕 刘松琴 王蔚妮	2016.01.06	第1910585号
25	一种磁流体的聚散装置	生物科学与医学工程学院	何农跃 邹燕琪 陈 慧 笪 力	2016.01.06	第1910741号
26	固体除湿预防空气源热泵热水器结霜的系统及方法	能源与环境学院	李舒宏 李姗姗 杜 垲 张小松	2016.01.06	第1910952号
27	带拉杆钢管混凝土组合结构地下连续墙及其施工方法	土木工程学院	金晓飞 梁书亭 朱俊俊 张玉良	2016.01.06	第1910477号
28	一种设置在气体通道内的涡流对冲式气体混合器	能源与环境学院	司风琪 喻 聪 徐治皋	2016.01.06	第1911657号

科技工作

(续表)

序号	发明专利名称	申请人	设计人	授权日	证书号
29	生物质气化制取富氢气体的装置及方法	能源与环境学院	肖 军 沈来宏 黄 玢 李海燕 周亚运	2016.01.06	第1910971号
30	内涨式锁紧油缸手动应急操作装置及方法	仪器科学与工程学院	孙利生	2016.01.06	第1910254号
31	一种两相厌氧发酵产沼气系统	能源与环境学院	李先宁 吴 磊 洪 锋 程 伟 汪楚乔 黄 飞	2016.01.06	第1911171号
32	一种基于拉曼散射的应力作用下薄膜材料热导率的测量方法	机械工程学院	毕可东 赵伟伟 陈伟宇 倪振华 陈云飞	2016.01.06	第1910536号
33	一种双流化床固燃烧装置及方法	能源与环境学院	耿察民 钟文琪 金保昇 邵应娟 陈岱琳	2016.01.06	第1910496号
34	一种制备方块状微米级纤维素的方法	化学化工学院	王明亮 何 静 陈立红	2016.01.06	第1910943号
35	一种金雀花碱的提取分离方法	化学化工学院	廖志新 叶 润 纪兰菊 孙洪发 胥廉谦 施天一	2016.01.06	第1911018号
36	一种多端口能量转换装置	电气工程学院	付兴贺 李红艳 林明耀	2016.01.06	第1910907号
37	一种液体透镜及其制备方法	电子科学与工程学院	夏 军 杨 鑫 吴 俊 雷 威 王保平	2016.01.06	第1910772号
38	一种降低功率导管通功耗的PFC控制电路	电子科学与工程学院	孙伟锋 张允武 宋慧滨 祝 靖 陆生礼 时龙兴	2016.01.06	第1908555号
39	一种惯性传感器IMU信号模数转换模块	仪器科学与工程学院	张 涛 徐晓苏 刘锡祥 李 瑶 李佩娟 王立辉	2016.01.10	第1949316号
40	一种砒砂岩坡面治理方法	土木工程学院 江苏杰成凯新材料科技有限公司	吴智仁 杨若冲 朱吉鹏 杨才干 姚文艺 刘建勋 汪忠明 冷元宝 高卫民 郜志勇 杨小聪	2016.01.13	第1915556号
41	一种集成细胞分选及检测的微流控芯片系统	机械工程学院	易 红 倪中华 唐文来 项 楠 黄 笛 顾兴中	2016.01.13	第1919451号
42	一种化合物及其制备方法与应用	化学化工学院	廖志新 刘 超	2016.01.13	第1914847号

(续 表)

序号	发明专利名称	申请人	设计人	授权日	证书号
43	一种横向双环剪式单元可开启屋盖	土木工程学院	蔡建国 丁一凡 冯健	2016.01.13	第1919396号
44	PH和温度响应性的水溶性高分子复合体系的制备方法	生物科学与医学工程学院	卢晓林 李柏樑	2016.01.13	第1915415号
45	相位测量轮廓术中相位误差过补偿与欠补偿的解决方法	生物科学与医学工程学院	周平 刘欣冉	2016.01.13	第1916010号
46	一种辅助绕组供电的快速开启开关电源	电子科学与工程学院	钱钦松 许满超 张太之 刁龙 孙伟锋 陆生礼 时龙兴	2016.01.13	第1915397号
47	基于可调光衰减器的母线电流检测方法及电流互感器设备	电子科学与工程学院	韦朴 王雪峰 孙小菡	2016.01.13	第1914901号
48	一种基于在线检测的圆形料堆计算方法	能源与环境学院	秦振华 宋兆龙	2016.01.13	第1915949号
49	一种基于二次谐波陷阱的MMC环流抑制技术	电气工程学院	梅军 郑建勇 韩少华 杜晓舟 吉宇	2016.01.13	第1915419号
50	一种基于积分投影与边缘检测的快速人眼定位方法	自动化学院	路小波 陈伍军 祁银 曾维理 杜一君	2016.01.13	第1915433号
51	一种硅基纳米线混合十字交叉器	电子科学与工程学院	肖金标 徐银	2016.01.13	第1615162号
52	一种图文视频混合显示驱动器的实现方法	自动化学院	冒建亮 叶桦 尤卫卫	2016.01.13	第1915971号
53	微机电结构角偏转角测量游标尺	电子科学与工程学院	李伟华 王霄 张晓强 孙璐 周再发 孙超	2016.01.13	第1915241号
54	一种基于超光谱的高温气体二维瞬态温度场、浓度场分布同时测量的方法	空间科学与技术研究院	周宾 李根 李剑 肖睿	2016.01.13	第1814912号
55	一种桥梁腐蚀监测与寿命预测方法	交通学院	叶智锐 许跃如	2016.01.13	第1920541号
56	一种低功耗逐次逼近型模数转换器及其转换方法	电子科学与工程学院	吴建辉 汤旭婷 王海冬 李红 张理振	2016.01.13	第1919591号
57	一种用于降低孤岛微电网切负荷成本的控制方法	电气工程学院	柳伟 薛帅 顾伟 陈明	2016.01.13	第1920992号

（续 表）

序号	发明专利名称	申请人	设计人	授权日	证书号
58	一种低维间耦合双十字梁型六维力和力矩传感器	仪器科学与工程学院	宋爱国 陈丹凤 李 昂 宋光明 李会军	2016.01.13	第1919513号
59	一种用于高压大开距真空断路器的两级加速永磁机构	电气工程学院	林鹤云 徐浩明 阳 辉 陈亚彬 柳庆东	2016.01.13	第1919043号
60	一种双室流化床污泥干燥器	能源与环境学院	黄亚继 邵志伟 金保昇	2016.01.13	第1921507号
61	一种用于深水组合基础的可协调变形的连接装置	土木工程学院	戴国亮 王 磊 刘 过 超 付佰勇 高	2016.01.13	第1921430号
62	一种加强古民居建筑墙柱连接性的加固结构及方法	土木工程学院	穆保岗 李 旭 邱洪兴	2016.01.13	第1920187号
63	一种双向自扰动板式降膜吸收装置	能源与环境学院	杨 柳 杜 岜	2016.01.13	第1920809号
64	一种加强古建筑整体性的墙体加固结构及方法	土木工程学院	穆保岗 李 旭 邱洪兴	2016.01.13	第1920740号
65	一种三苯胺吡啶盐荧光分子及其制备方法	化学化工学院	钱 鹰 陶在琴	2016.01.13	第1920742号
66	一种高精度动态卫星导航设备检测车	仪器科学与工程学院	潘树国 毛 琪 展山山 张 浩 程良涛	2016.01.13	第1920033号
67	一种低缺陷高强度钢丝的生产方法	材料科学与工程学院	方 峰 蒋建清 周雪峰 赵宇飞	2016.01.13	第1921296号
68	一种基于三相四开关型有源滤波器的SVPWM调制方法	电气工程学院	梅军 郑建勇 张辰宇 周福举 胡洛璇 郭邵卿	2016.01.13	第1921477号
69	一种抗菌清漆	科研院	沈 廉	2016.01.13	第1921384号
70	一种夜光油漆	电气工程学院	蒋玉俊	2016.01.13	第1920067号
71	微生物修复污染土的方法及其修复桩	交通学院	杜延军 杨玉玲 魏明俐	2016.01.13	第1918918号
72	一种二氧化锡/石墨烯复合材料的制备方法	电子科学与工程学院	尹奎波 季 静 孙立涛	2016.01.13	第1920458号

序号	发明专利名称	申请人	设计人	授权日	证书号
73	一种自复位屈曲约束支撑的滞回性能分析方法	交通学院	周 臻 王维影 何贤亭 王春林 孟少平 吴 京	2016.01.13	第1918924号
74	一种基于概率多层地形的城市环境机器人导航方法	自动化学院	周 波 戴先中 马旭东 李 孟	2016.01.13	第1920727号
75	一种云计算环境下的任务调度方法	计算机科学与工程学院	李必信 李 佳 陶传奇 喻析蒙 刘 力	2016.01.13	第1919144号
76	一种柔性电润湿显示装置	电子科学与工程学院	吴 俊 夏 军	2016.01.13	第1921514号
77	一种基于面部曲线弹性匹配的三维人脸识别方法	自动化学院	达飞鹏 潘仁林 陶海陟	2016.01.13	第1920422号
78	一种基于法向量的点云自动配准方法	自动化学院	达飞鹏 陶海陟 潘仁林	2016.01.13	第1919206号
79	基于有限反馈技术降低反馈提高系统吞吐率的方法	信息科学与工程学院	衡 伟 梁 天 孙兵兵 郭子钰 孟 超	2016.01.13	第1921853号
80	一种运行、控制和保护性能提高的微电网系统	电气工程学院	胡敏强 黄 磊 徐鸣飞 余海涛	2016.01.20	第1928898号
81	一种强制对流热管	能源与环境学院	杨 柳 张友超 鄂文汲 杜 岂 陈谢磊 张小松	2016.01.20	第1902819号
82	一种利用速生树处理蓝藻的方法	江苏紫峰农业科技股份有限公司 化学化工学院	薛志君 黄 兵 肖国民 王中豪 丁军露 严晓露	2016.01.20	第1897163号
83	一种多楼宇冷热电联供系统的优化运行方法	电气工程学院	顾 伟 刘元园 周 籁 王志贺 唐沂媛 路 钊	2016.01.20	第1901221号
84	一种低失调的预放大锁存比较器	电子科学与工程学院	吴建辉 林志伦 李 红 薛金伟 田 茜 汤旭婷	2016.01.20	第1927875号
85	一种利用生物沥青对老化沥青再生的方法	交通学院	张佳运 邹 晨 杨 军 郭易木 刘慧杰 童天志	2016.01.20	第1903358号
86	X射线和超声波联合测量多相流动装置与方法	能源与环境学院	陈 曦 钟文琪 邵应娟 金保昇	2016.01.20	第1930478号

(续 表)

序号	发明专利名称	申请人	设计人			授权日	证书号
87	附有宽巷约束的北斗三频网络PTK模糊度单历元固定方法	仪器科学与工程学院	潘树国	王胜利	高成发 时小飞	2016.01.20	第1928219号
88	用于原位透射电子显微镜的深亚微米器件样品及制备方法	电子科学与工程学院	吴 幸 孙立涛	杨庆龄	李斯佳 余开浩	2016.01.20	第1901817号
89	耐热缓释型桂花香精微胶囊及其制备方法和应用	生物科学与医学工程学院	夏 强	李 雯		2016.01.20	第1893985号
90	一种可回收热能的室内供暖系统	能源与环境学院	杨斯涵			2016.01.20	第1928410号
91	基于柔性基板的具有自封装功能的无源无线压力传感器	电子科学与工程学院	陈 洁	张 聪	王立峰	2016.01.20	第1927606号
92	一种基于六边形区域划分的无线传感器网络分簇路由方法	计算机科学与工程学院	陶 军	谭诚伟	陈文强 胡 耀	2016.01.20	第1900072号
93	基于微机械周支梁电容式功率传感器的锁相环及制备方法	电子科学与工程学院	廖小平	乔 威		2016.01.20	第1928197号
94	基于SOI片衬底硅阳极键合的电容式温度、湿度、气压和加速度传感器集成制造方法	电子科学与工程学院	王立峰	任青颖	唐 丹 黄庆娄	2016.01.20	第1901847号
95	一种多孔石墨烯三氧化二铁复合材料的制备方法	电子科学与工程学院	尹奎波	陈方韬	孙立涛	2016.01.20	第1931434号
96	自动对浪的漂浮式海浪发电装置	电气工程学院	余海涛 施振川	陈浩琳	洪立玮	2016.01.20	第1902389号
97	基于脉冲电压比较的级联型并网逆变器单元故障检测方法	电气工程学院	李振东 姚晓君	赵剑锋	刘 巍 陈毅超	2016.01.20	第1900329号
98	水杨酸纳米结构脂质载体及其制备方法和应用	生物科学与医学工程学院	夏 强	黄一清		2016.01.20	第1893749号
99	一种嵌入式变转速轴承故障诊断装置	自动化学院	严如强	钱宇宁	徐 伟	2016.01.20	第1901544号
100	一种细杆双向内力测量传感器及标定方法	仪器科学与工程学院	宋爱国	潘栋成	李会军	2016.01.20	第1903689号

(续 表)

序号	发明专利名称	申请人	设计人	授权日	证书号
101	一种确定大跨桥梁结构主梁横向静位移的方法	土木工程学院	王高新 丁幼亮 谢 辉 宋永生	2016.01.20	第1928670号
102	一种高性能LTE信道模拟宽带射频接收机	信息科学与工程学院	田 玲 向 渝 刘成帅 张念祖 陈 雷 余旭涛 顾 鹏	2016.01.20	第1897250号
103	一种基于优化方法的不确定潮流支路功率分析方法	电气工程学院	罗李子 顾 伟 许 超 姚建国 杨胜春 王 珂 丹	2016.01.20	第1928428号
104	一种双速绕组定子表面贴装式双凸极永磁电机	电气工程学院	花 为 张 淦 施 铭 程 明	2016.01.20	第1891339号
105	一种块体高熵金属玻璃及其制备方法	材料科学与工程学院	潘 冶 吴继礼 陆 韬 皮锦红	2016.01.20	第1891280号
106	用于高精度ADC测试中低分辨率信号源的选取方法	电子科学与工程学院	黄 成 李佑辉	2016.01.20	第1903383号
107	基于BLC2200的智能家居控制系统及其控制方法	电子科学与工程学院	黄 成 刘 昊 王 微	2016.01.27	第1927023号
108	一种宽频带数控振荡信号生成方法	信息科学与工程学院	孟 桥 于泉涛 陈从颜 朱 磊 鞠 平劲松	2016.01.27	第1936806号
109	一种基于小波变换的改进窗口傅里叶三维测量方法	自动化学院	达飞鹏 刘 健 王辰星 郭 涛 潘仁林 陶海跃 陈璋雯	2016.01.27	第1936940号
110	一种面向室内智能机器人导航的路径自然语言处理方法	自动化学院	李新德 张秀龙 王丰羽 孙长银 戴先中	2016.01.27	第1936594号
111	一种用于提高小粒径雾滴除雾效率的板式除雾器	能源与环境学院	袁竹林 官 雷 高理想	2016.01.27	第1936398号
112	蓝藻真空催化裂解制取生物油的方法	化学化工学院 江苏紫峰农业科技股份有限公司	肖国民 张 俊 田路飞 徐 威 薛志君 黄 兵	2016.01.27	第1934154号
113	一种级联多电平超级电容器储能系统及放电模式控制方法	电气工程学院	蒋 玮 胡仁杰 曹 戈 黄慧春	2016.01.27	第1936760号
114	一种剪力增强型半灌浆套筒	土木工程学院	潘金龙 尹万云 马军卫	2016.01.27	第1936352号

(续 表)

序号	发明专利名称	申请人	设计人	授权日	证书号
115	太赫兹波和红外光波联用测量气固射流场的方法和装置	能源与环境学院	孙文静 钟文琪 张 勇	2016.01.27	第1937361号
116	一种基于背景噪声均衡的低频侦察声纳信号处理方法	信息科学与工程学院	方世良 姚 帅 王晓燕 王 莉	2016.01.27	第42087号
117	一种焦距可调液晶微透镜阵列	电子科学与工程学院	严 静 李 菁 胡 凯 李东平 曾信信	2016.02.03	第1938332号
118	一种使用基片集成波导连通电路的方法和装置	信息科学与工程学院	张 慧 洪 伟 汤红军 陈 鹏 余旭涛	2016.02.03	第1939482号
119	一种具有温度觉和振动觉的穿戴装置	仪器科学与工程学院	吴剑锋 李建清 万 能 贾 贞 耿万培	2016.02.03	第1938480号
120	一种智能供电开关的矿用电磁阀门控制系统	电子科学与工程学院	钱钦松 郭 辉 朱俊杰 刁 龙 孙伟锋 陆生礼 时龙兴	2016.02.03	第1939285号
121	钢箱梁正交异性桥面板	土木工程学院	吴文清 刘文龙 余江堂	2016.02.03	第1938209号
122	一种带减小单电感双输出变换器输出电压稳态误差的方法及其电路	电子科学与工程学院	陆生礼 肖哲飞 张力文 钱钦松 孙伟锋 时龙兴	2016.02.03	第1939355号
123	薄基片槽线平面喇叭天线	信息科学与工程学院	殷晓星 赵洪新 苏长江	2016.02.03	第1938384号
124	石英晶体微天平检测装置	仪器科学与工程学院	梁金星 黄 佳 孔 婷	2016.02.03	第1938720号
125	一种射流触觉宣刺激测量装置	机械工程学院	帅立国 范 钦 陶刁梁 周芝庭 魏有莹 陈慧玲	2016.02.03	第1938477号
126	直角坐标式射流触觉显示器	机械工程学院	帅立国 陶 骏 姜昌金 周芝庭 陈慧玲	2016.02.03	第1938339号
127	基于石墨烯的柔性量子点发光二极管器件及其制备方法	电子科学与工程学院	陈 静 雷 威 张晓兵	2016.02.03	第1938191号
128	一种微机电双向偏转针	电子科学与工程学院	李伟华 王 雷 张晓强 周再发 刘海韵 孙 超	2016.02.03	第1938784号

(续 表)

序号	发明专利名称	申请人	设计人	授权日	证书号
129	一种基于通用隐马尔可夫树模型的加权图像压缩感知方法	信息科学与工程学院	徐平平 杨秀平 马 聪 褚宏云	2016.02.03	第1939098号
130	一种低噪声放大器和混频器融合结构	电子科学与工程学院	吴建辉 刘 杰 陈 超 李 红 黄 成	2016.02.03	第1938121号
131	一种基站的用户接入方法	信息科学与工程学院	衡 伟 孟 超 卢晓文 蒋雁翔 李诗桓 梁 天	2016.02.03	第1942385号
132	一种潮流波浪能发电装置	电气工程学院	余海涛 陈 浩 张笑薇 胡敏强	2016.02.03	第1942551号
133	一种高强度耐磨装载机铲齿及其生产工艺	电气工程学院	蒋玉俊	2016.02.03	第1941869号
134	一种隐含凸极的异性极式感应子电机	电气工程学院	付兴贺 李红艳 林明耀	2016.02.03	第1942046号
135	一种集成式多道能量收集微机械结构	电子科学与工程学院	万 能 黄见秋 尹奎波 孙立涛	2016.02.03	第1942624号
136	双十字梁组合式指关节六维力传感器	仪器科学与工程学院	宋爱国 陈丹凤 李 昂 李会军 朱光明	2016.02.03	第1941864号
137	一种超洁净真空部件包装储存方法	电子科学与工程学院	张晓兵 肖 梅 康学军 夏柱红 祁争健 陈振乾	2016.02.03	第1942914号
138	一种光学透镜的超洁净真空密封方法	电子科学与工程学院	张晓兵 肖 梅 康学军 夏柱红 祁争健 陈振乾	2016.02.03	第1942597号
139	一种基于马尔科夫随机场的车辆遮挡处理方法	自动化学院	路小波 陈 林 熊 阳	2016.02.03	第1938105号
140	用于OFDM-WLAN系统的定时同步方法	信息科学与工程学院	俞 菲 缪小龙 林 翰	2016.02.03	第1939048号
141	一种波长可调谐激光器的高空间分辨光纤传感系统	城市工程科学技术研究院	孙 安 吴智深	2016.02.03	第1938626号
142	一种基于互补耦合谐振的MMC环流抑制技术	电气工程学院	梅 军 郑建勇 杜晓舟 吉 宇 韩小华	2016.02.03	第1938359号
143	柔性人体器官扩张器	机械工程学院	王兴松 沈冬华 毛玉良	2016.02.03	第1938080号

（续表）

序号	发明专利名称	申请人	设计人	授权日	证书号
144	短余辉硅酸锌锰荧光粉的制备方法	材料科学与工程学院	董 岩 梁 玲 顾维杰 蒋建清 邵起越	2016.02.03	第1938987号
145	一种基于稀土金属铈的荧光纳米簇的制备方法及其应用	生物科学与医学工程学院	王雪梅 革 伟 张园园	2016.02.03	第1939177号
146	一种具有冗余约束的环形展开支架结构	土木工程学院	蔡建国 丁一凡 冯 健	2016.02.03	第1939079号
147	一种AC-DC变换器输出电流的控制方法及其控制系统	电子科学与工程学院	孙伟锋 顾星煜 徐 申	2016.02.03	第1939486号
148	一种解决风电并网系统潮流不均衡的调度方法	电气工程学院	陈 中 丁 楠	2016.02.03	第1938243号
149	一种预制剪力墙水平连接节点	土木工程学院	梁书亭 孙崇芳 朱筱俊 金晓飞	2016.02.03	第1939282号
150	一种用于外骨骼机器人的双套管驱动柔顺关节	机械工程学院	王兴松 吴菁聪	2016.02.03	第1938974号
151	一种抗菌修复型静电纺丝胶原蛋白-细菌纤维素复合纳米纤维支架的制备方法及其应用	生物科学与医学工程学院	王雪梅 刘晓丽 来兰梅	2016.02.10	第1950532号
152	薄基片相位校正振子平面喇叭天线	信息科学与工程学院	殷晓星 赵洪新 苑婷婷	2016.02.10	第1949771号
153	一种面向室内移动机器人的光流场视觉/INS组合导航方法	仪器科学与工程学院	李庆华 陈熙源 高金鹏 徐 元	2016.02.10	第1950174号
154	抽水蓄能电站参与含风电电力系统的调度方法	电气工程学院	何星晔 王 磊 朱璐璐 袁亚云 孙成龙	2016.02.10	第1949359号
155	一种磁悬浮式微机械开关	电子科学与工程学院	陈 浩 叶一舟	2016.02.10	第1949778号
156	一种制备纳米线的方法	电子科学与工程学院	万 能 卜新阳	2016.02.10	第1950794号
157	一种生态修复型预制混凝土板及改造河道硬质护岸和河床修复的方法	土木工程学院	傅大放 李奎鹏 耿 飞	2016.02.10	第1950748号
158	一种电机式自动送料系统	机械工程学院	韩 良 王俊敬 颜凯歌	2016.02.10	第1950412号

（续 表）

序号	发明专利名称	申请人	设计人	授权日	证书号
159	一种可实现家庭智能电网管理的系统、方法及执行模块	电气工程学院	汤奕 谭敏刚	2016.02.10	第1950173号
160	一种可提供室内供暖和制冷的水空调系统	能源与环境学院	杨斯涵	2016.02.10	第1947320号
161	一种桂花香精微胶囊粉末及其制备方法与应用	生物科学与医学工程学院	夏强 李葵	2016.02.10	第1949445号
162	一种交叉口处公交车辆不停车通过的公交诱导方法	交通学院 南京全司达交通科技有限公司	杨敏 王宝杰 王炜 蒲翔	2016.02.10	第1950774号
163	一种水势能与太阳能集成供电子衣系统	能源与环境学院	蒋立 吴雪洁	2016.02.10	第1949157号
164	一种无动力太阳能相变能蓄能床垫	能源与环境学院	杨柳 张小松	陈谢磊 杜岂 李舒宏	2016.02.10	第1950469号
165	一种全域覆盖多波束卫星LTE的主同步序列设计方法	信息科学与工程学院	王海明 邓祝明 高西奇 尤肖虎	2016.02.10	第1946422号
166	时间数字转换器	电子科学与工程学院	吴建辉 周正亚	王子轩 陈庆 黄成 李红	2016.02.10	第1946376号
167	绝缘衬底上薄膜硅材料疏松比测试结构及方法	电子科学与工程学院	李伟华	王雷 张璐 周再发	2016.02.10	第1946162号
168	球形白光LED封装结构	材料科学与工程学院	董岩 宋立	2016.02.10	第1946084号
169	一种生长易吸潮单晶体的设备	材料科学与工程学院	王增梅 王珠峰	2016.02.10	第1946984号
170	一种面向城市分区规划的空间分区方法	建筑学院	杨俊宴 胡昕宇	2016.02.10	第1947036号
171	基于分合闸线圈电流信号的断路器故障诊断方法	电气工程学院	梅军 王逸洋	郑建勇 梅飞 张思宇	2016.02.10	第1946790号
172	钢桥面铺装抗裂性能评价试验装置	交通学院	倪富健 高磊	赵岩荆 李小鹏	2016.02.10	第1946487号
173	一种轴向永磁异步风力发电机	电气工程学院	林鹤云 房淑华 黄允凯	张洋 董夏林 颜建虎	2016.02.10	第1947140号

科技工作

（续表）

序号	发明专利名称	申请人	设计人	授权日	证书号
174	筑基改性二氧化钛纳米纤维固定化酶及其制法和固定化酶合成1,3-丙二醇的应用	化学化工学院	吴 敏 孟俊丽 丁 稳	2016.02.10	第1947411号
175	一种基于布拉格光栅传感器的按钮式桥墩冲刷监测装置	土木工程学院	熊 文 叶见曙	2016.02.10	第1947006号
176	无线网络混合业务包调度方法	信息科学与工程学院	潘志文 杨雪皎 尤肖虎 刘 楠	2016.02.10	第1947043号
177	储氢合金的表面处理方法	化学化工学院	雷立旭 沈桂芝 王千秋	2016.02.10	第1946479号
178	一种桥墩刚性防滚石碰撞装置	土木工程学院	熊 文 叶见曙	2016.02.10	第1946961号
179	定转子双永磁型游标电机	电气工程学院	程 明 孙 乐 丁石川 曹瑞武	2016.02.10	第1946950号
180	一种电化学DNA生物传感器及其制备方法与应用	化学化工学院	卫 伟 倪蕾薇 刘松琴	2016.02.10	第1946804号
181	开关可控的各向异性零折射率器件	信息科学与工程学院	程 强 祁菲菲 赵 捷 崔铁军 陈 洁	2016.02.10	第1946727号
182	一种适用于偶氮染料检测的样品预处理方法	公共卫生学院	许 茜 高海涛 李晓晴 杨碧滴	2016.02.10	第1946806号
183	物联网射频收发组件中半孔混合梁振动电磁自供电微传感器	电子科学与工程学院	廖小平 王凯悦	2016.02.10	第1946812号
184	一种锅炉SCR脱硝改造方法及装置	能源与环境学院	张 勇 金保昇	2016.02.10	第1945776号
185	基于三维石墨烯自支撑结构的介孔碳负载硫/硒柔性电极及其制备方法与应用	化学化工学院	范 奇 孙岳明 雷立旭 王育乔 齐 齐 尹 桂 代云茜 郑颖平 蒋 伟	2016.02.10	第1946447号
186	一种石墨烯-碳纳米管复合结构构建磷酸盐柔性锂离子二次电池正极的制备方法	化学化工学院	范 奇 孙岳明 雷立旭 王育乔 齐 齐 尹 桂 代云茜 郑颖平 蒋 伟	2016.02.10	第1947077号
187	一种硅微谐振式加速度计电路控制系统	仪器科学与工程学院	李宏生 陈双龙 黄丽斌 赵立业	2016.02.10	第1946799号

(续表)

序号	发明专利名称	申请人	设计人	授权日	证书号
188	一种高通量全自动磁体分离装置	生物科学与医学工程学院	何农跃 邹燕琪 何红日 陈慧	2016.02.10	第1947079号
189	基于Helmholtz共振原理的高性能、低噪声密封装置	能源与环境学院	杨建刚 李新阳	2016.02.10	第1946655号
190	风火打捆系统控制装置及其方法	电气工程学院	汤奕 宋梦晨 王琦	2016.02.10	第1946576号
191	车辆荷载与温度共同作用下的钢桥面板疲劳应力计算方法	土木工程学院	丁幼亮 王高新 宋永生	2016.02.10	第1947111号
192	一种酶标免疫试剂盒及其在血清检测中的应用	靖江市人民医院化学化工学院	薛艳春 苏娟 车彦军 王建江 毛世琴 朱伟 田亦平 蒋锴 霍丽芬 陶岚 刘松松 沈丽 吴慧萍	2016.02.17	第1953968号
193	一种自动清理管外烟垢的管内再布膜发生装置	能源与环境学院	杨柳 杜岜	2016.02.24	第1960178号
194	一种应急疏散情况下的T型交叉口渠化控制方法	交通学院	任刚 华璟怡 吴建波 张旻沁 姚梦佳	2016.02.24	第1959806号
195	一种强化传热重力热管	能源与环境学院	杨柳 杜岜 鲁洁明 陈谢磊 张小松 刘腾	2016.02.24	第1960159号
196	玻璃基板上埋入无源元件的圆片级制造方法	电子科学与工程学院	尚金堂 马梦颖	2016.02.24	第1959511号
197	一种旋转除雾器	能源与环境学院	袁竹林 官蕾 郝雅洁	2016.02.24	第1960122号
198	一种采光装置	能源与环境学院	张耀明 陆玉正 苏中元 王军	2016.02.24	第1960780号
199	一种被动声纳阵列信号仿真中的海洋信道仿真方法	信息科学与工程学院	方世良 徐雅南 安良	2016.02.24	第1960942号
200	一种基于灵敏度分析的网络稳态电能质量预警方法	电气工程学院	顾伟 柏晶晶 袁晓冬 李群 张帅	2016.02.24	第1960957号
201	磁齿轮电机传动的无级调速系统	电气工程学院	程明 孙乐	2016.02.24	第1960109号
202	基于节流闪蒸并实现再生能量自平衡的溶液再生装置	能源与环境学院	梁彩华 蒋冬梅 杨明涛 张小松	2016.02.24	第1959732号

(续表)

序号	发明专利名称	申请人	设计人	授权日	证书号
203	基于一元三次方程求根和匈牙利算法的高能效源优化法	信息科学与工程学院	蒋雁翔 刘 强 尤肖虎	2016.02.24	第1959567号
204	一种石墨烯-氧化铜三维泡沫复合材料	电子科学与工程学院	尹奎波 孙 彬 孙立涛	2016.02.24	第1960174号
205	一种低密度奇偶校验码译码的提前终止方法	信息科学与工程学院	姜 明 汪 莹 赵春明 黄 鹤 张 华	2016.02.24	第1960984号
206	两相位信号控制交叉口非机动车提前停车线设置方法	交通学院	陈 峻 刘颖嘉 于冰波	2016.02.24	第1962730号
207	基于二苯甲酰的双极蓝色磷光主体材料及制备方法和器件	化学化工学院	蒋 伟 黄 斌 孙岳明 刘媛媛 范文娟 班鑫鑫 尹智慧 施法臣	2016.02.24	第1962729号
208	薄基片相位幅度校正准人木差波束平面喇叭天线	信息科学与工程学院	殷晓星 赵洪新	2016.02.24	第1962776号
209	一种低功耗高增益宽带混频器	信息科学与工程学院	李智群 王 冲 李 芹 曹 佳 王志功	2016.02.24	第1961863号
210	双向道路与带逆向公交专用的单行道交叉口优化方法	交通学院	程 琳 滕法利	2016.02.24	第1962738号
211	一种新型语义关联挖掘方法	仪器科学与工程学院	张 祥	2016.02.24	第1964672号
212	一种基于波束形状的目标回波空间特征提取方法	信息科学与工程学院	安 良 方世良 谭君红	2016.02.24	第42920号
213	用于室内和室外的可移动有害物质检测定位系统及方法	仪器科学与工程学院	闫 晰 陈熙源 袁昌旺	2016.03.02	
214	一种用于智能控温的水凝胶的制备方法及应用	化学化工学院	姜 勇 朱明露 田艳芝	2016.03.02	第1967197号
215	一种基于线圈检测器的公交车到达时间预测方法	交通学院	李铁柱 薛长松 钱 芳	2016.03.02	第1967526号
216	一种软土地基的换填垫层碳化加固方法	交通学院	蔡光华 刘松玉	2016.03.02	第1967614号
217	一种具有直流故障穿越能力的模块化多电平变流器	电气工程学院	赵剑锋 李东野	2016.03.02	第196597号
218	电网潮流安全预测装置及方法	电气工程学院	喻 洁 仇式鹍 梅 军	2016.03.02	第1968320号

（续 表）

序号	发明专利名称	申请人	设计人	授权日	证书号
219	用于研究气固本征化学反应动力学的微型装置及建模方法	能源与环境学院	肖 睿 邵珊珊 张会岩 王 芸	2016.03.02	第1968315号
220	一种木质素加氢降解制备生物油方法	材料科学与工程学院	周建成 田庆文 刘佳慧 王 猛 邓金全 李乃旭	2016.03.02	第1967697号
221	基于道路等级和车辆类型的城市交通拥堵成本估算方法	交通学院	何 杰 张冀军 杭 文	2016.03.02	第1968364号
222	一种可显影复合微栓塞剂及其制备方法	生物科学与医学工程学院	熊 非 刘坤良 顾 宁	2016.03.02	第1967008号
223	一种卡拉胶和明胶微球栓塞剂及其制备方法	生物科学与医学工程学院	熊 非 刘坤良 顾 宁	2016.03.02	第1967321号
224	一种增强层内置的新型增强拉曼微针及其制备方法	生物科学与医学工程学院	董 健 辛丽妃 谢 凡 朱 珠 张卫平 钱卫平	2016.03.02	第1968194号
225	内嵌锥状体的半灌浆套筒	土木工程学院	潘金龙 单奇峰	2016.03.02	第1968475号
226	基于智能相机的柔性振动传输系统及其工作方法	机械工程学院	韩 良	2016.03.02	第1968281号
227	基于石墨烯海绵的硒/硫碳电极及其制备方法与应用	化学化工学院	范 奇 孙岳明 雷立旭 王育乔 齐齐 尹 桂 代云茜 郑颖平 蒋 伟	2016.03.02	第1967800号
228	内涨式锁紧油缸手动应急锁装置及方法	仪器科学与工程学院	孙利生	2016.03.02	第1968059号
229	一种适用于无线局域网的2.4/5 GHz双频全向天线	信息科学与工程学院	王海明 张小伟 余 晨 洪 伟	2016.03.02	第1968166号
230	大跨桥梁结构整体抗侧力性能异常的预警方法	土木工程学院	王高新 丁幼亮 宋永生 廖小平	2016.03.02	第1966761号
231	微机械悬臂梁式π型连续可重构波带通滤波器	电子科学与工程学院	张志强 张凯悦 廖小平	2016.03.02	第1968574号
232	物联网射频收发组件中光热电磁振动自供电微传感器	电子科学与工程学院	廖小平 王凯悦 张志强 万 能 易真翔 廖 晨 张家雨	2016.03.02	第1968425号
233	一种近红外荧光分子探针及其制备方法与用途	化学化工学院	吉 民 孙春龙 蔡 进 宗 玺	2016.03.02	第1967598号

(续 表)

序号	发明专利名称	申请人	设计人	授权日	证书号
234	一种天然高分子短纤维的制备方法	空间科学与技术研究院	陆羚玲 姚琛 卢琳	2016.03.02	第1968518号
235	Femtocell基站的自适应休眠方法	信息科学与工程学院	俞菲 夏灿锋 王玫	2016.03.02	第1966949号
236	一种无线传感器网络状态测试实验床及测试方法	信息科学与工程学院	徐平平 张晓阴 杨绿溪	2016.03.02	第1968516号
237	基子多点协作的发送点选择方法	信息科学与工程学院	吴炳洋 肖仁良 朱文祥	2016.03.02	第1967817号
238	一种基于直积码书的三维多用户MIMO有限反馈方法	信息科学与工程学院	金石 谢一 高西奇 李民 陈明	2016.03.02	第1968176号
239	一种基于晴天状况下危险交通流特征的车辆调控方法	交通学院	徐铖铖 刘攀 戴咏王 黄永明	2016.03.02	第1968690号
240	迭代接收情况下的链路自适应传输方法	信息科学与工程学院	高西奇 薛昀 江彬 王炜 李志斌	2016.03.02	第1967706号
241	含有芳基位阻基团的二价铜配合物,制备方法及其应用	化学化工学院	荀少华 姜帆	2016.03.02	第1968400号
242	一种可同时制取冷水与热水的空气源热泵装置	能源与环境学院	陈九法 章智博 苏继程	2016.03.02	第1968316号
243	一种基于核小体核酸脱氧核糖核酸模版的核小体预测方法	生物科学与医学工程学院	刘宏德 谢建明 孙啸	2016.03.02	第1968369号
244	一种光束光斑可控的照明装置	电子科学与工程学院	张宇宁 张晓兵 雷威	2016.03.02	第1966965号
245	一种可降低三阶互调的多赫尔蒂功率放大器及其调试方法	信息科学与工程学院	朱晓维 翟建锋 夏景 孙引进 雷田玲 张	2016.03.02	第1968393号
246	一种快速公交停靠站的延误时间组合预测方法	交通学院 南京全司达交通科技有限公司	丁剑 杨敏 王炜 曹屹 王硕	2016.03.02	第1975263号

(续 表)

序号	发明专利名称	申请人	设计人	授权日	证书号
247	基于时同窗的医院药品追溯系统及其追溯方法	经济管理学院	赵林度 江亿平 王 敏 邓 超 黄志成 王新平 孙胜楠	2016.03.02	第1972269号
248	一种风电电能质量趋势预测方法	电气工程学院	顾 伟 张 帅 袁晓冬 李 群 王元凯	2016.03.09	第1976684号
249	一种轻质高能比强自保温结构材料	材料科学与工程学院 南京土木节能科技有限公司	庞超明 徐 剑 秦鸿根 张继文	2016.03.09	第1979812号
250	带排水箱涵的直立式构头岸壁	交通学院	谢耀峰 范 玥 张罗丹	2016.03.16	
251	基于TiO₂纳米流体的喷雾式PM2.5净化装置	能源与环境学院	杨 柳 杜 岜 张小松	2016.03.16	第1987393号
252	一种基于优化方法的非迭代不确定潮流分析方法	电气工程学院	顾 伟 罗李子 许 超 姚建国 杨胜春 王 珂 曾 丹	2016.03.16	第1987782号
253	一种大尺度MgB2单芯超导线材的制备方法	材料科学与工程学院	余新泉 潘徐杰 张逸芳 周良帅 张友法 吴建新	2016.03.16	第1987659号
254	一种压缩空气干燥和余热再生装置及方法	能源与环境学院	毁勇高 郑宝军 张小松	2016.03.16	第1988176号
255	一种确定大跨桥梁结构主梁横向动位移的方法	土木工程学院	丁高新 王高亮 谢 辉 宋永生	2016.03.16	第1988412号
256	一种圆管腹梁及其制备方法	交通学院	杨 明 荣学亮 芦旭朝 江神文 高达文 郭昊森 项莲 贡 珲	2016.03.16	第1987390号
257	一种改性生物活化焦脱汞吸附剂及其制备方法	能源与环境学院	朱 纯 段钰锋 余 敏	2016.03.16	第1987456号
258	一种噪声抑制增强aD调制器结构	电子科学与工程学院	吴建辉 胡建飞 徐 川 王海东 李 红 田 茜	2016.03.16	第1988446号
259	一种双定子盘式混合励磁电机	电气工程学院	郝 立 林明耀 徐 姐 林克曼	2016.03.16	第1987356号
260	单层四边形网格结构配式节点	土木工程学院	冯若强 杨建林 李海建	2016.03.16	第1989823号
261	一种用于细胞捕获的微流控芯片	生物科学与医学工程学院	涂 景 许明华 陆祖宏 张宇翔 梁福鹏	2016.03.16	第1989935号

科技工作

(续表)

序号	发明专利名称	申请人	设计人	授权日	证书号
262	一种车载捷联/卫星紧组合无缝导航方法	仪器科学与工程学院	张涛 徐晓苏 刘锡祥 王立辉 李瑶 李佩娟	2016.03.16	第1989319号
263	基于前缀的非同步异构网络微小区干扰抑制方法	信息科学与工程学院	张华 许威 袁颖	2016.03.16	第1990049号
264	基于仿射算术的辐射型配电网不确定潮流分析方法	电气工程学院	顾伟 罗李子	2016.03.16	第1990486号
265	一种表面微微机机械加工的模拟微镜	电子科学与工程学院	秦明 陈蕾 陈洁 蔡春华	2016.03.16	第1990131号
266	一种可重构滤波器	电子科学与工程学院	吴建辉 徐哲 李红 陈超 刘智林 尹海峰 杨仲盼	2016.03.16	第1990027号
267	一种水汽相变凝结促进PM2.5细颗粒物脱除的装置	能源与环境学院	盛昌栋 徐俊超 周璐璐	2016.03.16	第1989598号
268	一种无源LC谐振式传感器的无线读出电路	电子科学与工程学院	张军 张聪 雷双瑛 秦明	2016.03.16	第1989826号
269	基于ZigBee技术的并发多径路由方法	信息科学与工程学院	陈洁 陈蓉 朱文祥 涛	2016.03.16	第1989999号
270	基于Kinect的空间遥操作机器人的控制系统及其方法	仪器科学与工程学院	徐平平 张晓阳 李敏 那	2016.03.16	第1989410号
271	一种用于微带和表面等离子激元相互转换的装置	信息科学与工程学院	朱碧玉 梁佳琪 宋爱国 廖臻 黄安杰 黄丹丹	2016.03.16	第1989089号
272	用于实现可重构系统中配置信息多发射的重构控制器	电子科学与工程学院	崔铁军 曹鹏 胡建兵 刘波 齐志 朱婉瑜 杜月	2016.03.16	第1989153号
273	单细胞多参数表征的微流控芯片检测系统	机械工程学院	倪中华 唐文来 项楠 严岩	2016.03.16	第1989679号
274	用于实现可重构系统中配置信息缓存更新的控制器	电子科学与工程学院	曹鹏 刘波 胡建兵 杜月 齐志 杨军 朱婉瑜	2016.03.16	第1989642号
275	一种具有纳米尺度的锂离子导体及其制备方法	材料科学与工程学院	张耀	2016.03.16	第1990492号
276	一种榙黄提取物及其应用	化学化工学院	廖志新 施天一 胥廉谦	2016.03.16	第1989701号

(续表)

序号	发明专利名称	申请人	设计人	授权日	证书号
277	物联网射频收发组件中固支梁振动电磁自供电微传感器	电子科学与工程学院	廖小平 王文岩	2016.03.16	第1989381号
278	一种拆分外消旋亮氨酸的方法	材料科学与工程学院	蒋立建 付倩倩 何 慧 唐梁杰 顾芙萍	2016.03.16	第1990406号
279	一种采用基片集成同轴线馈电的双频双圆极化天线	信息科学与工程学院	王海明 无 奇 余 晨 洪 伟	2016.03.16	第1990250号
280	内嵌锥状体的全灌浆套筒	土木工程学院	潘金龙 单奇峰	2016.03.16	第1989278号
281	三乙烯三胺基丙基三甲氧基硅烷在制备水溶性硅量子点中的应用	化学化工学院	吴富根 开思琪 张晓东 王宏银 陈 戍	2016.03.16	第1989580号
282	基于可见光通信的四色LED混光方法	信息科学与工程学院	梁 霄 吕 游 王家恒 赵春明	2016.03.16	第1989404号
283	针对网格状路网的交通信号协同控制系统及控制方法	交通学院	刘 颢 柏 路 罗旭江 羊 钊	2016.03.16	第1989842号
284	一种高铁路基用碎石级配设计的方法	材料科学与工程学院	蒋金洋 佘 伟 潘 利	2016.03.16	第1989199号
285	高通量STR序列核心重复数检测方法	生物科学与医学工程学院	李俊吉 陆祖宏 涂 景	2016.03.16	第1989831号
286	一种具有深层自修复功能的水泥基材料的制备方法	材料科学与工程学院	钱春香 陈怀成 任立夫	2016.03.16	第1989429号
287	一种快速还原制备金纳米粒子和石墨烯复合材料的方法	材料科学与工程学院	郭新立 王蕾妮 张艳娟 李 琦 丁 金 郝 威	2016.03.16	第1989939号
288	处理公路冻土地基的方法	交通学院	廖公云 孙铭鑫 王声乐	2016.03.16	第1989648号
289	一种考虑时空相关性的交通流三参数实时预测方法	交通学院	夏井新 聂庆慧 李晔荣 安成川 钱振东 马党生	2016.03.16	第1989911号
290	一种基于简化的惯性测量组件的车载组合导航方法	仪器科学与工程学院	徐晓苏 张 涛 李 瑶 王立辉 李佩娟	2016.03.16	第1989523号

科 技 工 作

(续表)

序号	发明专利名称	申请人	设计人	授权日	证书号
291	薄基片宽带平面喇叭天线	信息科学与工程学院	王 磊 殷晓星 赵洪新	2016.03.16	第1990527号
292	太阳能相变蓄热器耦合气流循环装置的温室大棚	能源与环境学院	杨斯涵	2016.03.16	第1990526号
293	一种提高AFC系统终端设备黑名单匹效率的方法	交通学院 苏州轨道交通集团有限公司	张 宁 钱曙杰 何铁军 汪 林 施 毅 梅震琨 吴 超 杜文华 韩建明 康崇皓	2016.03.23	第1994759号
294	一种防酸塑料	电气工程学院	蒋玉俊	2016.03.23	第1995776号
295	一种适用于低压微网的改进型下垂控制方法	电气工程学院	郑建勇 梅 军 张辰宇 胡洛瑄 周福举 邓 凯	2016.03.23	第1995111号
296	一种高灵敏度基坑侧壁压力测试装置	中铁二十四局集团有限公司 土木工程学院	王飞球 王 浩 茅建校	2016.03.23	第1995457号
297	一种基于柔性基板的无源无线压力传感器	电子科学与工程学院	陈 洁 张 聪 王立峰 余德群	2016.03.23	第1994829号
298	一种无源无线电容式湿度传感器的制备方法	电子科学与工程学院	陈 洁 张 聪 秦 明 黄庆安	2016.03.23	第1995075号
299	单载波频域均衡系统中基于独特字的信道估计方法	电子科学与工程学院	张 萌 蔡 琰 潘 旭 章 珲 贺秋荣 朱慧滨	2016.03.23	第1995843号
300	一种十二相定子永磁型磁通切换电机	电气工程学院	花 为 邵凌云 程 明	2016.03.23	第1996128号
301	基于数字混沌编码算法的混沌保密通信系统	物理系	黄洪斌 邱灿灿	2016.03.23	第1995293号
302	拉应力与环境耦合作用下材料徐变的测试装置及测试方法	材料科学与工程学院	陈惠苏 邱克超 孙 璐	2016.03.23	第1995959号
303	基于微机械直接热电式功率传感器的倍频器及其制备方法	电子科学与工程学院	廖小平 吴 昊	2016.03.23	第1995922号
304	一种光学晶体掺杂方法	材料科学与工程学院	王增梅 王珠峰 木村秀夫	2016.03.23	第1994957号

(续 表)

序号	发明专利名称	申请人	设计人	授权日	证书号
305	一种固体氧化物燃料电池电压快速非线性预测控制方法	能源与环境学院	陈欢乐 睢 刚	2016.03.23	第1995361号
306	一种基于鲁棒性设计的MIMO传输功率分配优化方法	信息科学与工程学院	王家恒 赵立成 梁 菁 赵春明	2016.03.23	第1994685号
307	一种可重构系统中隐藏存储访问延时的方法	电子科学与工程学院	齐 志 杜 越 曹 鹏	2016.03.23	第1995640号
308	硅锗异质结纳米线阵列作为敏感元件的应变计设计及制备方法	电子科学与工程学院	雷双瑛 李 峰 陈 洁 于 虹 黄庆安	2016.03.23	第1995337号
309	一种用于导航系统的姿态及航向角的校正方法	仪器科学与工程学院	陈熙源 吕才平 黄浩乾 宋 锐 何昆鹏 汤传业	2016.03.23	第1995805号
310	一种直驱光纤陀螺稳定平台结构及其控制方法	仪器科学与工程学院	程向红 陆 源 方 琳 朱倚娴	2016.03.23	第1995737号
311	一种地昔尼尔药物晶型Ⅱ及其制备方法	化学化工学院	孙柏旺 葛书旺 王秋翠 杨丽静	2016.03.23	第1995379号
312	一种利用烟气余热的自动除灰板式降膜发生装置	能源与环境学院	杨 柳 杜 岜	2016.03.23	第1994485号
313	一种管壳立式防结垢降膜吸收装置	能源与环境学院	杨 柳 陈谢磊 梁彩华 杜 岜 金 星	2016.03.23	第1994821号
314	一种基于热塑性弹性体的压敏元件及面载荷分布测量方法	生物科学与医学工程学院	张小祥 巴 龙	2016.03.23	第1995362号
315	一种降低湿法脱硫系统出口PM2.5的SO$_2$排放的方法	能源与环境学院	杨林军 刘 勇 婴如敏 潘丹萍 刘 瑞	2016.03.23	第1995236号
316	一种三维放大透镜	信息科学与工程学院	蒋卫祥 戈 硕 崔铁军	2016.03.23	第1995509号
317	一种带有导臂的履带式移动机器人自主上下楼梯控制方法	仪器科学与工程学院	宋爱国 纪 鹏 郝小青 钱 夔 崔建伟 宋光明 张立云	2016.03.23	第1995873号
318	功能可恢复钢阻尼器	土木工程学院	王春林 孙 迹	2016.03.23	第1995641号
319	一种基于海浪发电的电力系统	电气工程学院	胡敏强 徐鸣飞 余海涛 黄 磊	2016.03.23	第1995239号

（续表）

序号	发明专利名称	申请人	设计人	授权日	证书号
320	一种钢桥面用长寿命铺装结构及其铺装方法	智能运输系统研究中心	钱振东 薛永超 张 旭 周亚东	2016.03.23	第1996162号
321	毫米波高速通信系统波束盲区侦听的空间复用方法	信息科学与工程学院	徐平平 杨 娟 褚宏云	2016.03.23	第1995797号
322	一种带锈防锈油漆	科研院	沈 廉	2016.03.23	第1994797号
323	一种基于光电导材料的液晶透镜及阵列	电子科学与工程学院	李 青 胡 凯 李东平 曾倩倩	2016.03.23	第1996851号
324	一种多模型水下航行器组合导航滤波方法	仪器科学与工程学院	程向红 王 磊 冉昌艳 周 玲 朱倚娴 陈红梅	2016.03.23	第1992132号
325	一种绝缘栅双极型晶体管直流特性的仿真方法	电子科学与工程学院	孙伟锋 戴佼容 孙陈超 顾荞德 叶 伟 刘斯礼 陆生礼 时龙兴	2016.03.23	第1990671号
326	一种制备两亲性纳米微球复合网络水凝胶的方法	化学化工学院	付国东 孙志强 姚 芳	2016.03.23	第1990915号
327	一种臭氧平药物晶型F及其制备方法	化学化工学院	孙柏旺 宋文涛 凌 洋 王 维	2016.03.23	第1991068号
328	一种近共晶铸造硅铝合金组织控制方法	材料科学与工程学院	陆 韬 潘诗文 陶 冶 陈 宇	2016.03.23	第1991649号
329	一种具有滤波及功分特性的平面巴伦	信息科学与工程学院	郝张成 丁文其 霍新平	2016.03.23	第1992698号
330	一种超灵敏氧传感器及其制备方法	化学化工学院	祁争健 杨 帆 崔美芳 缪智辉	2016.03.23	第1992591号
331	薄基片相位校正振子平差波束平面喇叭天线	信息科学与工程学院	殷晓星 赵洪新 傅晓洁	2016.03.23	第1992688号
332	薄基片相位校正振子平面喇叭天线	信息科学与工程学院	赵洪新 殷晓星 杨 亮	2016.03.23	第1991570号
333	薄基片相位校正八木差波束平面喇叭天线	信息科学与工程学院	殷晓星 赵洪新 江 源	2016.03.23	第1991260号
334	薄基片相位校正八木差波束平面喇叭天线	信息科学与工程学院	赵洪新 殷晓星 傅晓洁	2016.03.23	第1991858号

(续表)

序号	发明专利名称	申请人	设计人	授权日	证书号
335	薄基片准八木平面喇叭天线	信息科学与工程学院	吴正阳 殷晓星 赵洪新	2016.03.23	第1992264号
336	薄基片相位校正宽带平面喇叭天线	信息科学与工程学院	赵洪新 殷晓星 吴正阳	2016.03.23	第1990796号
337	薄基片相位幅度校正准八木平面喇叭天线	信息科学与工程学院	殷晓星 赵洪新 任 刚	2016.03.23	第1990901号
338	薄基片幅度校正八木平面喇叭天线	信息科学与工程学院	赵洪新 殷晓星 傅晓洁	2016.03.23	第1992139号
339	薄基片幅度校正振子平面喇叭天线	信息科学与工程学院	赵洪新 殷晓星 葛程瀚	2016.03.23	第1991099号
340	薄基片幅度校正宽带束平面喇叭天线	信息科学与工程学院	赵洪新 殷晓星 吴正阳	2016.03.23	第1991247号
341	一种基于克里金方法的水下地形数字高程建立方法	仪器科学与工程学院	徐晓苏 李佩娟 豆 嫚	吴剑飞 王立辉	2016.03.23	第1991625号
342	一种基于水下地形高程数据库的水下航行器辅助导航定位方法	仪器科学与工程学院	徐晓苏 吴剑飞 豆 嫚	李佩娟 徐胜保	2016.03.23	第1992761号
343	一种基于伪说话人聚类的语音情感特征规整化方法	学习科学研究中心	黄程韦 赵 力 王 浩 查 诚 余 华 魏 昕	2016.03.23	第1991143号
344	静止侧压力系数测定装置与方法	交通学院	邓永锋 张彤炜 茅加峰 蔡二伟	2016.03.23	第1990661号
345	一种基于LED阵列的码分多址扩频信号空间合成发射机	信息科学与工程学院	赵春明 陶丁阳 陈春艳 梁 霄	2016.03.23	第1991919号
346	小动物多模态医学影像配准及融合系统	生物科学与医学工程学院	罗宁华 李 晶 李 光 顾 宁	2016.03.23	第1991454号
347	一种基于柔性织物的多关节角一体化串行检测系统	仪器科学与工程学院	吴剑锋 蔡志鹏 李建清 李慧康 高 洁 孙 彤 沈合俊 方良骥 闫 晰	2016.03.23	第1991107号
348	用于甲烷催化燃烧的整体式催化剂及其制备方法	化学化工学院	廖佰成 左沛元 刘苗苗	2016.03.23	第1992315号

(续表)

序号	发明专利名称	申请人	设计人	授权日	证书号
349	一种多通道阵列式DNA测序系统及其测序方法	机械工程学院	陈云飞 司伟 伍根生 黄磊 沙菁洁 刘 章	2016.03.23	第1991307号
350	一种刚柔结合的小行星表面作业辅助机构	仪器科学与工程学院	宋爱国 张军 李松 卢伟	2016.03.23	第1990912号
351	一种双向双车道道路养护施工情况下的交通信号控制方法	交通学院 南京全司达交通科技有限公司	王炜 华雪东 王宝来	2016.03.23	第1990837号
352	一种混凝土桥面板横向抗剪钢筋连接装置	交通学院 东南大学成贤学院	熊文 张娟秀 叶欣 姚伟发 叶见曙	2016.03.30	第2001668号
353	一种用于塑木复合材料的胶黏剂及其制备方法	江苏紫峰农业科技股份有限公司 化学化工学院	薛志君 黄兵 肖国民 严晓露 潘晓梅 李聪	2016.03.30	第2002249号
354	一种电动汽车移动充电方法和装置	电气工程学院 国家电网公司 江苏省电力公司 江苏省电力公司电力经济技术研究院	时斌 闻枫 黄俊辉 汪惟源 黄河 王哲 赵宏大 乔黎伟	2016.03.30	第2001223号
355	叶片脉络式雾化喷头	能源与环境学院	陈永平 程启坤 张程宾 部陈希	2016.03.30	第2002333号
356	一种基于卡尔曼滤波的车辆侧倾角与俯仰角估计方法	仪器科学与工程学院	李旭 徐启敏 宋翔	2016.03.30	第2001379号
357	一种LED照明电路输出电流有效值和功率因数的控制方法及其控制系统	电子科学与工程学院	顾星煜 徐申 孙伟锋	2016.03.30	第2002129号
358	一种二维自动擦照板装置	机械工程学院	李世勇	2016.03.30	第2000880号
359	CLC恒流网络型LED自均流电路及其控制方法	电气工程学院	曲小慧 唐亚鹏 黄少聪	2016.03.30	第2001834号
360	用于多端柔性直流输电系统的直流潮流控制器及控制方法	电气工程学院	陈武 朱旭	2016.03.30	第2001832号

(续 表)

序号	发明专利名称	申请人	设计人	授权日	证书号
361	链式循环反应制氢协同分离二氧化碳的装置及其工件方法	能源与环境学院	肖睿 沈德魁 曾德望 张会岩	2016.03.30	第2001012号
362	一种用于加工纳米材料的纳米切割刀及其使用方法	电子科学与工程学院	贺龙兵 王禹欣 连瑞雪 姜程 孙立涛 于畅	2016.03.30	第2001746号
363	硅材料顶层硅杨氏模量和残余应力的测试结构及测试方法	电子科学与工程学院	周再发 高适萱 黄庆安 李伟华	2016.03.30	第2000790号
364	抗烧结贵金属催化剂体系中氧化铝/氧化钛异质结纳米纤维载体及其制备方法和应用	化学化工学院	代云茜 孙贻白 凌丹丹 符婉玲 郭皓月	2016.03.30	第2001883号
365	一种选择吸附芳烃的多孔复合材料的制备方法	材料科学与工程学院	王明亮 吴小娟 杜曼 陆骄	2016.03.30	第2001213号
366	一种双滚筒相变储气片的供暖装置及干衣房	能源与环境学院	杨斯涵	2016.03.30	第2002856号
367	一种分布式组网光通信系统的灯组协同调度方法	信息科学与工程学院	傅学群 黄鑫 赵春明 许威	2016.03.30	第2001042号
368	具有磁场驱动马氏体奇晶重排的磁性材料及其制备方法	材料科学与工程学院	薛烽 孙旸善 佳巨 历虹 周健 孙晶晶 白晶 严木香	2016.03.30	第2002203号
369	一种增强电压反馈的阻性传感阵列的检测电路	仪器科学与工程学院	吴剑锋 李建清 李慧康	2016.03.30	第2002363号
370	一种BUCK拓扑开关电源中的开关管故障检测电路	电子科学与工程学院	孙伟锋 钱钦松 张太之 陆生礼 许满超 时龙兴 朱俊杰	2016.03.30	第2002905号
371	P沟道注入效率增强型绝缘栅双极型晶体管	电子科学与工程学院	孙伟锋 祝靖 杨卓 陆生礼 陈健 时龙兴 郭超	2016.03.30	第2000870号
372	一种扩底碎石桩成桩钢筒施工方法	交通学院	储亚 蔡国军	2016.03.30	第2002259号
373	一种纳米脂质超声造影剂及制备方法	医学院	张东生 李宏波	2016.03.30	第2002188号
374	薄基片幅度校正槽线平面喇叭天线	信息科学与工程学院	赵洪新 殷晓星 陈翘	2016.03.30	第2001495号

(续表)

序号	发明专利名称	申请人	设计人	授权日	证书号
375	薄基片幅度校正槽线差束平面喇叭天线	信息科学与工程学院	赵洪新 殷晓星 邓阳	2016.03.30	第2009108号
376	基于神经网络功耗预测的功耗补偿抗击攻击电路及控制方法	电子科学与工程学院	单伟伟 王学香 孙华芳 徐志鹏 田朝轩	2016.03.30	第2001458号
377	含地址标记分路器的无源光网络链路监测系统及监控方法	电子科学与工程学院	孙小菡 张旋 朱敏 周谱 郑宇	2016.03.30	第2000943号
378	一种地下水曝气修复二维模型试验成像方法	交通学院	刘志彬 方伟 刘松玉 杜延军 陈成龙	2016.03.30	第2001438号
379	多齿混合励磁盘式风力发电机	电气工程学院	郝立 林明耀 徐妲 林克曼	2016.03.30	第2002440号
380	一种车与道路附着系数的联合估计方法	仪器科学与工程学院	李旭 宋翔 张为公	2016.03.30	第2005100号
381	行波管受发射能力限制寿命的估计方法	电子科学与工程学院	樊鹤红 孙小菡 赵兴群 占玳祥	2016.03.30	第2001305号
382	一种基于复合纳米材料修饰电极的新型血糖快速检测装置	生物科学与医学工程学院	王雪梅 常振成 陈肖 武月丽 陈桂花	2016.03.30	第2001701号
383	石墨烯增强氧化锌紫外激光微腔及其制备方法	生物科学与医学工程学院	徐荐祥 田正山 理记涛 倪振华 南海燕 朱刚毅	2016.03.30	第2002599号
384	一种标识网移动入方法	信息科学与工程学院	王菁峻 陈晓曙	2016.04.04	第2058759号
385	一种用于MEMS振动疲劳或扭转疲劳的四梁测试结构	电子科学与工程学院	唐洁影 王磊 蒋明霞	2016.04.04	第2058338号
386	一种低密度疏水性Al_2O_3气凝胶的制备方法	化学化工学院	任丽丽 李雪爱	2016.04.06	第2018747号
387	一种微囊缓释增氧生物滤池和增氧方法	公共卫生学院	吴魏 田亮	2016.04.06	第2018217号
388	一种有源谐谱治理装置多机并联容量最优分配方法	电气工程学院	赵剑锋 刘康礼 曹武	2016.04.06	第2018247号
389	一种后轮主动转向装置及其控制系统	机械工程学院	殷国栋 刘江华	2016.04.06	第2012018号

序号	发明专利名称	申请人	设计人	授权日	证书号
390	一种双浮筒海洋波浪发电机装置抗击风暴冲击的装置及方法	电气工程学院	余海涛 陈中显 胡敏强 黄磊	2016.04.06	第2018911号
391	一种预制剪力墙干湿混合式竖直连接节点结构	土木工程学院	孙崇亭 梁书亭 朱筱俊	2016.04.06	第2018369号
392	一种电力机器人驱动系统的高性能控制方法	电气工程学院	余海涛 孟高军 胡敏强 黄磊	2016.04.06	第2017982号
393	一种采用Ω形弹簧的管壳阻式液膜翻转降吸收装置	能源与环境学院	杨柳 杜垲 张小松	2016.04.06	第2018605号
394	一种氟硅离型膜及其制备方法	化学化工学院	周钰明 于淑娜 何曼 张涛	2016.04.06	第2011731号
395	室内分布式可见光通信系统中的资源调度方法	信息科学与工程学院	赵春明 陶丁阳 梁霄 王家恒	2016.04.06	第2018745号
396	一种带边缘约束构件的装配式剪力墙及墙一梁连接结构	土木工程学院	潘金龙 马军卫 尹万云	2016.04.06	第2018621号
397	空间坐标监测问题荷载角位移递进式识别方法	土木工程学院	韩玉林 宋静然 韩佳邑	2016.04.06	第2018368号
398	电力机器人转子初始集团检测方法	电气工程学院	余海涛 孟高军 胡敏强 黄磊	2016.04.06	第2018400号
399	一种电力机器人转子初始位置检测方法	电气工程学院	余海涛 孟高军 胡敏强 黄磊	2016.04.06	第2017846号
400	一种低品位热源驱动变溶液浓温度两级溶液除湿空调	能源与环境学院	陈瑶 殷勇高 张小松	2016.04.06	第2018953号
401	一种剪力增强型全灌浆套筒	土木工程学院	潘金龙 马军卫 尹万云	2016.04.06	第2011441号
402	一种准Z源逆变器	电气工程学院	梅军 付广旭 郑建勇 孙博 邓凯	2016.04.06	第2012032号
403	一种快速道路排队尾部追尾事故风险实时预测与预防方法	交通学院	李志斌 刘攀 徐铖铖	2016.04.06	第2018918号
404	一种基于能量收集的无线传感器网络异质分簇路由方法	信息科学与工程学院	阳析 金石 王炜	2016.04.06	第2018506号
405	一种开关组混合励磁电机	电气工程学院	樊英 张丽 顾玲玲	2016.04.06	第2018499号
406	一种基于电能无线传输的无刷励磁机构	电气工程学院	闻枫 时斌 洪天琪	2016.04.06	第2012870号
407	基于简里叶级数和ARMA模型的日照温度时程模拟方法	土木工程学院	王高新 丁幼亮 宋永生	2016.04.06	第2011583号

科技工作

(续 表)

序号	发明专利名称	申请人	设计人	授权日	证书号
408	一种直驱式波浪发电装置	电气工程学院	余海涛 闻 程 陈中显 胡敏强 黄 磊 仲伟波	2016.04.06	第2019193号
409	一种面向INS/WSN室内移动机器人紧组合导航的迭代扩展RTS均值滤波方法	仪器科学与工程学院	陈熙源 孟高军 须晨凯 高金鹏	2016.04.06	第2013043号
410	一种用于增强水泥基材料抗泛碱性能的方法	材料科学与工程学院	钱春香 曹天骥 李庆华 徐 元	2016.04.06	第2019018号
411	一种城市道路交通状态阈值确定方法	智能运输系统研究中心	宁 丹 邬建华 王 静	2016.04.06	第2018779号
412	一种抗风压的气压传感器封装结构	电子科学与工程学院	黄见秋 陈文浩 黄庆安	2016.04.06	第2012926号
413	一种治疗高血压的中药配方组成及其服用方法	医学院	许 茜	2016.04.06	第2019075号
414	一种破碎机锤头及其制造方法	电气工程学院	蒋玉俊	2016.04.06	第2019200号
415	一种水性阻燃防锈油漆	电气工程学院	蒋玉俊	2016.04.06	第2018496号
416	一种高强度塑料	科研院	沈 廉	2016.04.06	第2012853号
417	一种耐摩擦塑料	科研院	沈 廉	2016.04.06	第2012506号
418	绝缘衬底上薄膜硅材料残余应力测试结构	电子科学与工程学院	李伟华 王 雷 张 璐 周再发	2016.04.06	第2020233号
419	基于多幅图像切换的智能手机用户认证方法	电子科学与工程学院	秦中元 胡爱群 杨中云	2016.04.06	第2020150号
420	一种核酸测序用微流控芯片	生物科学与医学工程学院	赵祥伟 葛祥玉 顾忠泽	2016.04.06	第2020189号
421	一种基于能源塔的冬夏双高效热泵空调系统及方法	能源与环境学院	殷勇高 折晓会 张小松	2016.04.06	第2020230号
422	基于中国剩余定理的物联网感知层认证中的位置隐私方法	信息科学与工程学院	万长胜 黄 杰 仇瑞腾	2016.04.06	第2013039号

（续 表）

序号	发明专利名称	申请人	设计人	授权日	证书号
423	一种药品追溯系统及其药品追溯方法和流程监控方法	经济管理学院	赵林度 江亿平 王 敏 邓 超 黄志成 王新平 孙胜楠	2016.04.06	第2011322号
424	一种带环路径的编码、执行及解码方法	计算机科学与工程学院	李必信 王璐璐	2016.04.06	第2011394号
425	一种一比特电磁编码超材料	信息科学与工程学院	崔铁军 齐美清 陈天一 捷 程 强 赵	2016.04.11	第2259540号
426	二苯基噻二唑二甲酰亚胺荧光探针及其应用	化学化工学院	钱 鹰 牛艳芳	2016.04.13	第2022481号
427	物联网射频收发组件开孔混合梁振动电磁自供电微传感器	电子科学与工程学院	廖小平 孙京府 王凯悦	2016.04.13	第2020964号
428	一种碳纳米管改性的复合微胶囊的制备方法	土木工程学院	吴智深 惠 龙	2016.04.13	第2020833号
429	一种β-内酰胺类化合物及其制备方法和应用	化学化工学院	蒋立建 唐聚杰 何 慧	2016.04.13	第2022379号
430	地下连续墙钢筋笼辅助吊装平台及其施工方法	土木工程学院	金晓飞 梁书亭 朱筱俊 顾美萍	2016.04.13	第2021945号
431	一种电磁式生物样本处理装置	生物科学与医学工程学院	何农跃 邬燕琪 陈 慧 万遂人	2016.04.13	第2021895号
432	垃圾渗滤液处理方法	能源与环境学院 南京紫鑫汇苯环境科技有限公司	曾 苏 葛仕福 阮晓卿 谈艳秋	2016.04.13	第2020245号
433	高速公路匝道仿真模型的参数标定方法	交通学院	刘 攀 俞 灏 樊 荟 陈昊光 郭延永 羊 钊 张 鑫 段 荃	2016.04.13	第2020374号
434	一种制备单壁碳纳米管的方法	电子科学与工程学院	万 能 余开浩	2016.04.13	第2020597号
435	微机械悬臂梁式四状态可重构微波带通滤波器及制备方法	电子科学与工程学院	张志强 廖小平	2016.04.13	第2020480号
436	一种基于微流控技术的活体细胞培养装置	生物科学与医学工程学院	范 晶 何农跃 吴 丹 陈 慧 邬燕琪	2016.04.13	第2020643号

(续 表)

序号	发明专利名称	申请人	设计人	授权日	证书号
437	高弹型蓄盐类融冰化雪沥青混合料及其制备方法	交通学院	罗桑 钱振东 王建伟	2016.04.13	第2020904号
438	自供电射频收发组件中锆基热电和光电传感器	电子科学与工程学院	廖小平 闫浩	2016.04.13	第2020984号
439	薄膜材料残余应力测试结构及方法	电子科学与工程学院	李伟华 王雷 张璐 周再发	2016.04.13	第2020443号
440	基于多灾害敏感系数指标的桥梁结构传感器布置方法	土木工程学院	丁幼亮 沐永生	2016.04.13	第2022145号
441	自供电射频收发组件中砷化镓基热电和光电传感器	电子科学与工程学院	廖小平 闫浩	2016.04.13	第2022607号
442	城市道路交通信号控制优化系统	交通学院	陆振波 陈凝 夏井新 黄卫 安成川 吕伟韬 张韦华 马党生 饶文明	2016.04.13	第2022020号
443	绝缘衬底上薄膜硅材料杨氏模量测试结构及方法	电子科学与工程学院	李伟华 王雷 张璐 周再发	2016.04.13	第2021527号
444	物联网射频收发组件中悬臂梁振动电磁自供电微传感器	电子科学与工程学院	廖小平 王文岩	2016.04.13	第2022228号
445	一种磷酸盐-石墨烯泡沫正极材料的制备方法	化学化工学院	范奇 孙岳明 雷立旭 王育乔 齐伟 尹桂 代云茜 郑颖平 蒋	2016.04.13	第2021995号
446	溶液除湿预防空气源热泵热水器结霜的系统及方法	能源与环境学院	李舒宏 李姗姗 杜垲 张小松	2016.04.13	第2020974号
447	桩基半重力式承台码头及其施工方法	交通学院	谢耀峰 范明	2016.04.13	第2020762号
448	离体器官高精度恒温灌注仪	仪器科学与工程学院	严如强 沈飞	2016.04.13	第2022147号
449	一种变材料冷热循环实验器	土木工程学院	李敏 刘健鹏 吴智深 陈锦祥	2016.04.13	第2020802号
450	一种用于3D打印机喷头的自适应送料装置	机械工程学院	戴敏 张志胜 卞扬清 张俊卿	2016.04.13	第2021081号

(续表)

序号	发明专利名称	申请人	设计人	授权日	证书号
451	自适应贴合式带裙边的可吸收骨板	材料科学与工程学院	储成林 于红光 李 旋 郭 超 薛 烽 林萍华 白 晶	2016.04.13	第2021054号
452	一种可调磁水磁涡流调速器	电气工程学院	张建忠 汪仁杰 程 明	2016.04.13	第2020424号
453	一种双端口支撑锁紧油缸及其控制方法	仪器科学与工程学院	倪江生 黄 捷 王勋爵 金伟明 陈 诚 周 波	2016.04.13	第2020646号
454	一种银、铂纳米颗在肿瘤靶向成像的应用	生物科学与医学工程学院	王雪梅 高生平 吴长宇 李永红 叶 静	2016.04.13	第2021155号
455	物联网射频收发组件开孔悬臂梁振动电磁自供电微传感器	电子科学与工程学院	廖小平 王凯悦	2016.04.13	第2020952号
456	一种重力货架的并行面布局系统及方法	计算机科学与工程学院	李小平 陈竹西 朱 夏 付志昆	2016.04.13	第2022524号
457	苯氧苯乙酸类内酯抗剂及其制备方法与应用	化学化工学院	蔡 进 吉 民	2016.04.13	第2021796号
458	物联网射频收发组件中开孔悬臂梁振动能自供电微传感器	电子科学与工程学院	廖小平 王凯悦	2016.04.13	第2020591号
459	一种制备季铵盐聚合物网络的方法	化学化工学院	付国东 孙志强 姚 芳	2016.04.13	第2030652号
460	一种化学改性钙基CO_2吸附剂及其制备方法	能源与环境学院	向文国 孙 朝 陆佳佳	2016.04.13	第2029632号
461	吲哚衍生物在制备检测浆细胞相关症试剂中的应用	生物科学与医学工程学院	王雪梅 赵春秋 李晓琦	2016.04.13	第2029896号
462	一种双环感应馈电结构平面抗金属标签天线	仪器科学与工程学院	莫凌飞 李晨阳	2016.04.13	第2030166号
463	一种基于蜡的刮涂图案化方法	生物科学与医学工程学院	刘 宏 高兵兵 顾忠泽	2016.04.13	第2030092号
464	一种环形展开支架结构	土木工程学院	蔡建国 丁一凡 冯 健	2016.04.13	第2030174号
465	视黄醇结合蛋白(RBP)单域抗体编码序列及其应用	生命科学研究院	万亚坤 孙燕燕 李光辉 母亚雯	2016.04.13	第2029967号

(续 表)

序号	发明专利名称	申请人	设计人	授权日	证书号
466	一种基于递归最小二乘的车辆侧倾角与俯仰角估计方法	仪器科学与工程学院	李 旭 宋 翔	2016.04.13	第2029771号
467	镉离子检测用量子点荧光传感器及其检测方法	生物科学与医学工程学院	孙清江 胡先运 朱 霏 郭庆生	2016.04.13	第2030225号
468	一种基于硅基L形波导结构的集成偏振转换器	电子科学与工程学院	肖金标 王嘉源	2016.04.13	第2030201号
469	使用具有任意耦合系数的片上变压器的毫米波放大器单向化网络	信息科学与工程学院	陈继新 梁文丰 洪 伟	2016.04.13	第2030318号
470	一种大规模天线阵列的信号合并方法	信息科学与工程学院	吴炳祥 肖仁良 王 轩 苏彩鋆 黄 昕	2016.04.13	第2029522号
471	一种氮化镓基发光二极管及其外延生长方法	电子科学与工程学院	张 雄 王春霞 王书昶 崔一平	2016.04.13	第2030247号
472	绝缘衬底上的硅材料顶硅层杨氏模量的测试结构	电子科学与工程学院	周再发 孙 超 黄庆安 李伟华	2016.04.13	第2030601号
473	一种开关磁阻电机相间短路的检测保护电路及其方法	电子科学与工程学院	钟 锐 孙伟锋 朱元钊 陆生礼 刁 龙 时龙兴 刘红军	2016.04.13	第2030210号
474	一种使用基片集成波导连通电路结构的方法及电路传输结构	信息科学与工程学院	张 慧 陈 鹏 洪 伟 汤红军 余旭涛	2016.04.13	第2029747号
475	LC并联谐振升压直/直变换器及其控制方法	电气工程学院	陈 武 吴小刚 蒋 珏 胡仁杰	2016.04.13	第2029287号
476	一种微型气流冷却箱的制冷系统	能源与环境学院	杨斯涵 王明春	2016.04.13	第2029657号
477	一种利用烟气余热降低电站锅炉高温腐蚀的装置及方法	能源与环境学院	向文国 徐 民 蒋卫锋 戚健庭	2016.04.13	第2030221号
478	一种功分比可调PLC型光功分器及制备方法和调节方法	电子科学与工程学院	孙小菡 陈源源 董 纳 潘 超	2016.04.13	第2029303号
479	基于载体速度匹配的容积卡尔曼非线性组合导航方法	能源与环境学院	程向红 王 磊 冉自艳 陈红梅 周 玲	2016.04.13	第2029391号

（续 表）

序号	发明专利名称	申请人	设计人	授权日	证书号
480	一种测定光纤陀螺全站仪组合定向装置组合参数的方法	仪器科学与工程学院	于先文 王 庆	2016.04.13	第2030175号
481	一种基于最优公交站间距的主干线公交交叉口信号单向优先设置方法	交通学院 南京全司达交通科技有限公司	华雪东 王 炜 张方伟	2016.04.13	第2029631号
482	一种基于运行时刻表的主干线公交车辆单向优先控制方法	交通学院 南京全司达交通科技有限公司	华雪东 王 炜 张方伟	2016.04.13	第2029743号
483	针对于载脂蛋白A1的单链抗体及其应用	生命科学研究院	万亚坤 孙燕燕 李光辉 母亚雯	2016.04.13	第2029438号
484	一种辅助电梯检验的手持终端及系统	自动化学院 江苏省特种设备安全监督检验研究院	章国宝 鲁小雨 虞金花	2016.04.13	第2029352号
485	一种正弦波电感的开关磁阻电机控制方法	电气工程学院	花 为 鹿泉峰 华 浩 程 明	2016.04.16	第2018384号
486	垃圾焚烧滤液处理系统	能源与环境学院 浙江富春江环保热电股份有限公司 南京紫鑫汇苯环境科技有限公司	曾 苏 谈艳秋 葛仕福 徐少娟 张忠梅 吕科伟 阮晓卿	2016.04.20	第203974号
487	一种树脂型填缝剂	电气工程学院	蒋玉俊	2016.04.20	第2033533号
488	一种制备富勒烯纳米结构的方法	电子科学与工程学院	万 能 董 辉	2016.04.20	第2033694号
489	一种薄膜取向特性检测装置及其应用	生物科学与医学工程学院	张继中	2016.04.20	第2034973号
490	基于分式规划和词函数方法的高能效资源优化方法	信息科学与工程学院	蒋雁翔 刘 强 尤肖虎	2016.04.20	第2034620号
491	无线定位识别系统、定位识别方法和定位终端的出厂方法	信息科学与工程学院	姜 禹 胡爱群	2016.04.20	第2035052号

（续表）

序号	发明专利名称	申请人	设计人	授权日	证书号
492	一种陀螺稳定平台的自适应复合控制方法	仪器科学与工程学院	程向红 朱倚娴 陆 源	2016.04.20	第2033977号
493	钢铁防腐专用高分子材料及其制备方法和应用工艺	化学化工学院	刘松峯 李 进 陈成良	2016.04.20	第2034565号
494	一种地昔尼尔药物晶型I及其制备方法	化学化工学院	孙柏旺 葛书旺 王秋翠 刘青玲	2016.04.20	第2034055号
495	用于污染土壤的原位抽注修复装置及修复方法和安装方法	交通学院	杜延军 伍浩良 宋德君 魏明俐	2016.04.20	第2033644号
496	一种基于高频注入法的变电站巡视机器人位置检测方法	电气工程学院	余海涛 孟高军 胡敏强 黄 磊	2016.04.20	第2034449号
497	富含甲烷气体制备H_2/CO比例可调的合成气的装置和方法	能源与环境学院	向文国 苏 凯 马士伟 黄 淼	2016.04.20	第2033787号
498	一种电动汽车驱动防滑控制方法	电气工程学院	张建忠 胡 省 徐 帅	2016.04.20	第2034668号
499	负面情绪检测中的基于上下文修正的语音情感识别方法	信息科学与工程学院 富士通株式会社	赵 力 刘汝杰 包永强 余 华 黄程韦 阴法明 魏 昕	2016.04.27	第2046365号
500	一种跨语言的语音情感识别方法	信息科学与工程学院 富士通株式会社	赵 力 刘汝杰 包永强 余 华 黄程韦 阴法明 魏 昕	2016.04.27	第2045863号
501	一种非定长码高速拼接硬件实现装置	电子科学与工程学院	李 冰 张 林 董 乾 刘 勇 赵 霞	2016.04.27	第2043989号
502	一种公路路表抗滑纹理检测仪	交通学院	黄晓明 祝谭雍 马 涛	2016.04.27	第2048561号
503	一种高效油泥热解制油方法及系统	能源与环境学院	黄亚继 伏启让 严玉明 杨高强 邵志伟	2016.04.27	第2049818号
504	一种纯黄色荧光水溶性掺硒化锌量子点的制备方法	电子科学与工程学院	王春雷 胡志扬 徐淑宏 崔一平	2016.04.27	第2049814号
505	一种基于稀土上转换发光材料的复合纳米结构及其制备方法和应用	材料科学与工程学院	邵起越 李东东 董 岩	2016.04.27	第2049127号
506	一种喷雾吸收式烧结烟气同时脱硫脱硝的系统	能源与环境学院	李 颖 钟文琪 居 静	2016.04.27	第2048483号
507	一种花二酰亚胺-罗丹明荧光探针及其制备方法和应用	化学化工学院	钱 鹰 严小璇 成焕仁	2016.04.27	第2049470号

(续 表)

序号	发明专利名称	申请人	设计人	授权日	证书号
508	一种球形机电能量变换器	电气工程学院	王 标 付兴贺 林明耀	2016.04.27	第2049781号
509	一种多年冻土地区沥青混合料冻融循环疲劳试验方法	交通学院	马 涛 张 垚 崔鹏渝 赵 晨 廖公云 李 靖 黄晓明	2016.04.27	第2048872号
510	风力发电系统的转子初始位置检测方法	电气工程学院	余海涛 孟高军 胡敏强 黄 磊	2016.04.27	第2049506号
511	一种永磁直线电机用无位置传感器	电气工程学院	余海涛 须晨凯 孟高军 张笑徽 胡敏强 陈中显 黄 磊 吴 涛	2016.04.27	第2048870号
512	一种基于冷粘结制粒技术制作人工土的装置及方法	交通学院	张 涛 蔡国军 刘松玉	2016.04.27	第2048516号
513	一种石墨烯-三氧化二铁纳米颗粒复合材料的制备方法	电子科学与工程学院	尹奎波 陈方镐 孙立涛	2016.04.27	第2049750号
514	一种提高生物质热解油品质的双级催化反应方法	能源与环境学院	仲兆平 邓学群 宋祖威 黄 汤 刘志超	2016.04.27	第2048853号
515	一种抗水清漆	科研院	沈 廉	2016.04.27	第2048233号
516	一种玻璃油漆	电气工程学院	蒋玉俊	2016.04.27	第2048557号
517	一种基于Hadoop的OLAP数据存储与查询方法	计算机科学与工程学院 山东科技大学	宋爱美 宋爱波 李龙生	2016.04.27	第2042461号
518	基于轨迹追踪的药品追溯系统及其药品追溯方法	经济管理学院	赵林度 邓 超 江亿平 王新平 黄志成 孙胜楠	2016.04.27	第2045220号
519	一种基于自适应粒子滤波和稀疏表示的目标跟踪算法	仪器科学与工程学院	林国余 刘亚群 杨 彪 张为公 李耀磊	2016.04.27	
520	一种基于IEEE802.11s的多网关无线Mesh网实现方法	信息科学与工程学院	王青峻 陈晓曙 吴俊文 吕士允	2016.05.04	第2059058号
521	冷成型钢房屋梁与方钢管混凝土柱的连接节点及连接方法	土木工程学院	叶继红 王星星 冯若强	2016.05.04	第2059331号
522	微网构建中基于功率因素校正整流算法的发电机控制方法	电气工程学院	余海涛 孟高军 胡敏强 黄 磊	2016.05.04	第2059531号

科技工作

(续 表)

序号	发明专利名称	申请人	设计人	授权日	证书号
523	一种桥墩柔性防落石碰撞装置	土木工程学院 江西省公路桥梁工程局 江西省交通运输厅赣州至崇义高速公路崇义项目建设办公室	熊 文 彭爱红 邱文东 叶见曙 邹志强 聂洪琳 胡明辉 曾 诚	2016.05.04	第2054958号
524	基于进退法和黄金分割法的高能效资源优化方法	信息科学与工程学院	蒋雁翔 尤肖虎	2016.05.04	第2058341号
525	一种冷热电联供型微电网能优化配置方法	电气工程学院	周 赣 战丽萍 吴在军 顾 伟	2016.05.04	第2059904号
526	一种相变蓄热式光伏光热集热器及其制备方法	能源与环境学院	黄亚继 陈 波	2016.05.04	第2059062号
527	一种用于治疗偏头疼的中药配方组成及其制备方法	医学院	许 茜	2016.05.04	第2058687号
528	一种抗静电树脂型涂料	电气工程学院	蒋玉俊	2016.05.04	第2059265号
529	高渗透吞吐型电网规划方案优选方法	电气工程学院	高 山 王深哲 谈天夫	2016.05.04	第2055217号
530	分布式冷热电联供系统并网运行在线优化方法	能源与环境学院	张俊礼 沈 炯 葛 斌	2016.05.04	第2055502号
531	一种城市中心区通达度的评价及应用方法	建筑学院	杨俊宴 史北祥	2016.05.04	第2055011号
532	微机械固支梁式十六状态可重构微波带通滤波器	电子科学与工程学院	张志强 廖小平	2016.05.04	第2055847号
533	一种甘油一步氢制备丙二醇的方法	化学化工学院	魏瑞平 肖国民 李 想 杨 慧 牛 磊	2016.05.04	第2054869号
534	一种公交调度系统及其控制方法	交通学院	李文权 邱 丰 沈金星 冯佩雨 郭土永 焦云涛 高畇明	2016.05.04	第2054904号
535	一种基于多相机网络的箱缺条检测装置及方法	电子科学与工程学院	叶莉华 彭佩红 杭建军	2016.05.04	第2055704号
536	清扫车盘刷、滚刷联动升降机构	机械工程学院 盐城新能源汽车研究院	陈 南 陈 甜 陈 晨	2016.05.04	第2056147号

(续表)

序号	发明专利名称	申请人	设计人	授权日	证书号
537	一种极化可控多功能微波器件	信息科学与工程学院	马慧锋 孔敌生 崔铁军	2016.05.04	第2056049号
538	锥形动压螺槽轴承轴向承载能力测试装置	机械工程学院	蒋书运 马 杰	2016.05.04	第2055984号
539	无线传感器网络中基于轨道辅助的移动数据收集方法	计算机科学与工程学院	陶 军 胡耀丹 谢世光 陈文强	2016.05.04	第2054316号
540	直流失调消除电路	信息科学与工程学院	张有明 黄风义 唐旭升 浦钰铃	2016.05.04	第2054421号
541	一种紫杉醇或多烯紫杉醇奥曲肽偶联物的制备方法	医学院	沈 杨 吴永平 任慕兰 张嘯宇 王 琦 卢定强 蔡云朗	2016.05.04	第2055775号
542	一种金微球-氯化铁纳米管阵列复合材料及其制备方法和应用	生物科学与医学工程学院	谢一兵 王 珥	2016.05.04	第2054460号
543	一种搜救机器人	机械工程学院	张志胜 方舒雅 戴 敏 毛禹靖	2016.05.04	第2055855号
544	基于时空分析的交通流数据清洗方法	交通学院	刘 攀 俞 灏 罗旭江 樊 蓉 钊 李志斌 徐铖铖 陈金林	2016.05.04	第2055777号
545	面向道路应急无线接入的网络结构和IP流动接入方法	信息科学与工程学院	陈国华 陈晓曙	2016.05.04	第2055443号
546	头戴式疲劳检测装置及方法	学习科学研究中心	禹东川 李艳玮 陈鸿雁 刘 芳	2016.05.04	第2054456号
547	一种基于SBG的组合服务可靠性的动态预测方法	计算机科学与工程学院	李必信 谢春丽	2016.05.04	第2058091号
548	一种长标距应变传感器高精度标定架	土木工程学院	杨才干 邬植树 吴智深 夏叶飞	2016.05.04	第2060877号
549	一种识别凋亡细胞的荧光分子探针制备方法	医学院	柳东芳 钱 成 滕军平	2016.05.04	第2060803号
550	三相四开关型有源滤波器的滑模控制方法	电气工程学院	梅 军 郑建勇 张辰宇 郭邵卿 周福举 胡瑄	2016.05.04	第2060832号

(续表)

序号	发明专利名称	申请人	设计人	授权日	证书号
551	基于重力加速度矢量匹配的非线性初始对准方法	仪器科学与工程学院	程向红 冉昌艳 王磊 冯骥	2016.05.04	第2060880号
552	一种基于多目标优化的MMC冗余子模块配置方法	电气工程学院	周玲 王宝安 谭风雷 商姣	2016.05.04	第2055612号
553	一种原地异位污染土修复装置	交通学院	杜延军 宋德君 于博伟	2016.05.11	第2062722号
554	一种真空内局部加热方法	电子科学与工程学院 中国科学院光电研究院	肖梅 吴晓斌 张晓兵 王魁波 王辉 张罗莎	2016.05.11	第2066828号
555	一种制备聚氨酯聚合物网络的方法	化学化工学院	付国东 钱珊珊 姚芳	2016.05.11	第2061587号
556	一种基于城市智能公交系统的公交站点OD获取方法	交通学院	王炜 华雪东 王宝杰	2016.05.11	第2061732号
557	一种基于偏移单载波调制的上行多用户频域资源分配方法	信息科学与工程学院	张源 王黎明 高西奇 尤肖虎	2016.05.11	第2061659号
558	一种均衡能量效率和频谱效率的方法	信息科学与工程学院	尤肖虎 李知航 潘志文 刘楠	2016.05.11	第2061757号
559	薄基片振子差波束平面喇叭天线	信息科学与工程学院	殷晓星 赵洪新 倪裴	2016.05.11	第2062023号
560	一种消除白光LED色温偏差的荧光材料	材料科学与工程学院	董岩 贾龙昌 宋立	2016.05.11	第2061014号
561	一种提升纤维增强复合材料力学性能的纤维纱合股装置及方法	土木工程学院 江苏绿材谷新材料科技发展有限公司	汪昕 吴智深 朱中国	2016.05.11	第2061042号
562	一种车联网环境下的无信号交叉口车辆协同控制方法	交通学院	钟罡 尹婷婷 张健 李锐	2016.05.11	第2061312号
563	一种太阳能电池冷却液冷冻防冻与热利用装置及方法	能源与环境学院	冉斌 陈九法 齐东昇 杜中玲	2016.05.11	第2060983号
564	一种角速度非线性励磁控制器的布点方法	自动化学院 国家电网公司 中国电力科学研究院 国网浙江省电力公司	张凯锋 戴先中 张玉红 刘成 唐文杰 孙玉娇 潘文静 郭强 郭小江	2016.05.11	第2061928号

(续 表)

序号	发明专利名称	申请人	设计人	授权日	证书号
565	一种适用于中小桥梁快速诊断的冲击荷载装置	土木工程学院	张 建 吴智深 沙 奔 李建宇 唐定飚 夏 琪	2016.05.11	第2061764号
566	一种偏振态控制的多模干涉型光开关及其制备方法	电子科学与工程学院	孙小菡 蒋卫锋 戚健庭 董 纳 陈源源	2016.05.11	第2061646号
567	基于水温反馈的同接干式冷机组循环水优化调试方法	能源与环境学院 中电神头发电有限责任公司	马 欢 司凤琪 祝康平	2016.05.18	第2074665号
568	生物质二元催化热解高产率制取轻烃类化合物的方法与装置	能源与环境学院	张会岩 邵珊珊 肖 睿 郑 健	2016.05.18	第2072517号
569	基于公共连接点一体化控制的微电网柔性并网控制方法	电气工程学院	窦晓波 莫 熙 吴在军 胡敏强 赵 波 孙 旻 孙纯军	2016.05.18	第2074321号
570	易修复偏心支撑框体系	土木工程学院	孙 逊 王春林	2016.05.18	第2072917号
571	抑制共模噪声的平衡馈电差分缝隙天线	信息科学与工程学院	洪 伟 杨天杨 张 彦	2016.05.18	第2074483号
572	一种用于电磁弹射的无位置传感器控制方法	电气工程学院	余海涛 孟高军 胡敏强 黄 磊	2016.05.18	第2074411号
573	一种引导流体旋进的导流管道	建筑学院	傅秀章 李祥宁 董 剑	2016.05.18	第2072999号
574	一种新型汇流耦合智能控制箱的水空调系统	能源与环境学院	杨斯涵 王明春	2016.05.18	第2073946号
575	一种子直接转矩控制的永磁同步电机定子磁链估计方法	电气工程学院	程 明 李 顺 花 为	2016.05.18	第2074466号
576	适用于高风速高含液量气流的静电收液装置	能源与环境学院	梁彩华 徐洁月 黄世芳 张小松	2016.05.18	第2074361号
577	一种交叉耦合输入的低噪声跨导放大器	电子科学与工程学院	吴建辉 薛晨辉 李 红 陈 超 白春风 尹智林 刘智峰 徐 哲	2016.05.18	第2073186号
578	一种防火油漆	材料科学与工程学院	郭新立	2016.05.18	第2074116号
579	一种基于稀疏浓度指数的人脸分类方法	电子科学与工程学院	田 茜 王 慧 马 臻 徐海燕 吴建辉 李 红	2016.05.18	第2072908号

（续表）

序号	发明专利名称	申请人	设计人	授权日	证书号
580	一种基于 SoaML 的云应用正确性验证方法	计算机科学与工程学院	李必信 耿国清 王璐璐 兰阴春 司静文 陶传奇	2016.05.25	第 2082972 号
581	一种提高微网系统电能质量的控制方法	电气工程学院	余海涛 胡敏强 黄磊	2016.05.25	第 2081060 号
582	一种基于肌电信号和传感器信号实现精细实时运动的控制方法	信息科学与工程学院	宗思功 王志功 王苏阳 吕晓迎 周宇轩	2016.05.25	第 2087145 号
583	一种寒区防冻保温隧道	交通学院	张国柱 夏才初	2016.05.25	第 2085358 号
584	一种具有初始侧移钢柱构件的临界温度的获取方法	土木工程学院	张晋	2016.05.25	第 2081354 号
585	一种基于时钟规划偏差算法的处理器性能优化方法	电子科学与工程学院	蔡志匡 单伟伟 黄凯 刘新宁 杨军 万振兴	2016.05.25	第 2082649 号
586	无线局域网分布式干扰对齐中的流数自适应方法	信息科学与工程学院	俞菲 李英明 李静 王敏 杨绿溪	2016.05.25	第 2084835 号
587	一种基于带时间窗时间预测的公交晚点时间恢复方法	交通学院	张健 尹婷婷 纪翔峰 冉斌 马春景	2016.05.25	第 2084743 号
588	一种智能长标距应变传感器及其制造方法	土木工程学院	杨才干 焦友进 吴智深 李伸佩	2016.05.25	第 2086293 号
589	基于小波包变换和隐马尔夫模型的脉搏信号分类方法	仪器科学与工程学院	严如强 孟静静 钱宇宁	2016.05.25	第 2084987 号
590	一种 BTT 飞行器的分布式复合抗干扰姿态控制方法	自动化学院	杨俊 吴超 李世华	2016.05.25	第 2084853 号
591	一种基于非连续性指示字符的图像局部结构自适应复原方法	自动化学院	曾维理 路小波 李聪明 费树岷 陈林	2016.05.25	第 2080553 号
592	一种基于 Sierra Lite 抖动算法的散焦投影光栅测量方法	自动化学院	达飞鹏 吕江昭 饶立 刘超 常明朋 李燕春 安东	2016.05.25	第 2086009 号
593	一种轻质微孔混凝土自保温砌块及其制备方法	材料科学与工程学院	秦鸿根 庞超明 耿帅帅 陶有华	2016.05.25	第 2085897 号
594	一种非局部均值滤波的快速并行实现方法	计算机科学与工程学院	陈阳 庄志昆 罗立民 鲍旭东 李松毅	2016.05.25	第 2085609 号

(续 表)

序号	发明专利名称	申请人	设计人	授权日	证书号
595	恒流输出型感应式无线电能传输变换器及其参数选取方法	电气工程学院	曲小慧 韩洪豆 黄少聪	2016.05.25	第2085015号
596	一种仿生扑翼与弹跳多模式运动机器人	仪器科学与工程学院	张 军 宋光明 唐 茜 丁 凯	2016.05.25	第2085837号
597	一种透气化学毒气防护材料及其制备方法和应用	化学化工学院	杨 洪 柳 芳 林采平	2016.05.25	第2086015号
598	一种全自动的磁分离装置	生物科学与医学工程学院	何农跃 邹燕琪 康 淼	2016.05.25	第2085210号
599	一种能分离二甲苯的复合材料及其制备方法	化学化工学院	王明亮 陆 娇 魏 想	2016.06.01	第2093273号
600	基于RFID技术的行程速度获取方法	智能运输系统研究中心	王 静 宁 丹 郭建华	2016.06.01	第2094352号
601	一种耐磨油漆	电气工程学院	蒋玉俊	2016.06.01	第2094384号
602	一种采用自嵌入砌块进行直立堤岸生态修复的方法	能源与环境学院	吴义锋 吕锡武	2016.06.01	第2092519号
603	一种带焦炭分离的单床自热生物质制油装置与方法	能源与环境学院	张会岩 肖 睿 褚军涛	2016.06.01	第2094066号
604	一种抗反射裂缝用超薄复合结构层及其制备方法	智能运输系统研究中心	钱振东 薛永超 张 勐 贾文镖	2016.06.01	第2092737号
605	六价铬污染土壤地下水的修复药剂及制备方法	交通学院	杜延军 夏威夷 魏明俐	2016.06.01	第2093827号
606	一种电厂防堵防尘降噪煤转运系统	能源与环境学院	钟文琪 姜小峰 谢立宇	2016.06.01	第2093531号
607	一种多重对称绕组磁通切换电机及其绕组设计方法	电气工程学院	花 为 邵凌云 程 明 王宝安	2016.06.01	第2094519号
608	一种微纳米气泡处理可液化地基设置及操作方法	交通学院	章定文 彭尔兴 孙文博 刘松玉	2016.06.01	第2092875号
609	一种氧化石墨烯-水溶性聚合物三维多孔纳米复合材料的制备方法	材料科学与工程学院	陈 坚 高 莹 史相如 刘文林	2016.06.01	第2093297号
610	一种旋光聚乙烷红外低反射率材料及其制备方法	化学化工学院	周钰明 陈真杰 卜小海	2016.06.01	第2094193号
611	一种热管移热式气液固三相流反应器	能源与环境学院	钟文琪 徐惠斌 金保昇	2016.06.01	第2093514号

（续表）

序号	发明专利名称	申请人	设计人	授权日	证书号
612	一种基于超材料的折射率梯度平板聚焦透镜	信息科学与工程学院	蒋卫祥 戈 硕 崔铁军	2016.06.01	第2093911号
613	一种基于RFID的公交进站协调系统	交通学院	陆 建 郝晓丽	2016.06.01	第2092459号
614	断路器用永磁驱动机构	电气工程学院	胡敏强 马振琦 陈 浩 洪立玮 施振川 余海涛	2016.06.01	第2092790号
615	一种角速率输入的姿态算法结构与参数优化方法	仪器科学与工程学院	陈熙源 汤传业 黄浩乾 吕才平 方 琳 何昆鹏	2016.06.01	第2094306号
616	飞轮储能系统双向变换器及其控制方法	电气工程学院	林鹤云 冯 奕 宋 锐 张 洋	2016.06.01	第2098380号
617	大数据环境下的流式数据处理方法	焦点科技股份有限公司 计算机科学与工程学院	东 方 罗军舟 王宇翔 徐晓冬 张 毅	2016.06.08	第2099651号
618	一种混凝土桥梁裂纹的移动监测装置	土木工程学院	郭 彤 陈哲衡	2016.06.08	第2104879号
619	一种快干型家具清漆	科研院	沈 廉 宋永生	2016.06.08	第2105864号
620	一种防菌防锈油漆	材料科学与工程学院	郭新立	2016.06.08	第2105469号
621	一种粗集料堆积密度及间隙率的测定方法	交通学院	马 涛 陈 呈 赵 晨 张 垚	2016.06.08	第2105965号
622	一种水泥混凝土路面组合结构传力杆及耐久型缩缝结构	交通学院	黄晓明 祝谭雍 马 涛	2016.06.08	第2105664号
623	一种利用高温废水加温电絮凝反应器的设备及方法	公共卫生学院	吴 魏 田 亮	2016.06.08	第2106425号
624	一种纳米金催化剂及其制备方法	化学化工学院	张一卫 向三明 盛晓莉 张泽武 绫元妹 周钰明	2016.06.08	第2106603号
625	一种多孔沥青混合料空隙阻塞试验方法	交通学院	马 涛 梁彦龙 张 垚 赵 晨 黄晓明 李 靖	2016.06.08	第2104609号
626	一种基于原型仿真的架构评价方法	计算机科学与工程学院	李必信 陈 艺 孔祥龙 苗意盎 司静文	2016.06.08	第2104853号

序号	发明专利名称	申请人	设计人	授权日	证书号
627	一种可见光通信中LED阵列功率分配方法	信息科学与工程学院	许 威 孔 磊 张 华 赵春明	2016.06.08	第2106009号
628	一种协同增强PM2.5脱除和烟气余热深度利用的方法及装置	能源与环境学院	杨林军 潘丹萍 吴 昊 刘 勇 姜业正	2016.06.08	第2104729号
629	一种掺杂磁性纳米粒子的开关可控的液体随机激光器	电子科学与工程学院	叶莉华 陆锦程 王著元 崔一平	2016.06.08	第2105990号
630	一种相变储存器耦合气流循环装置的空调系统	能源与环境学院	王明春 杨斯涵 吕聪生	2016.06.08	第2105508号
631	基于投票策略的容错事件检测方法	计算机科学与工程学院	吕建华 张柏礼 王进强	2016.06.08	第2105871号
632	一种圆筒直线电机的线圈绕线机	电气工程学院	余海涛 陈 浩 马振琦 洪立玮 施振川	2016.06.08	第2106164号
633	一种带有霍尔传感器定位的永磁直线电机控制方法	电气工程学院	余海涛 沈峻骁 陈 辉	2016.06.08	第2105103号
634	一种Web服务组合方法	计算机科学与工程学院	王红兵 陈 鑫 吴 琴	2016.06.08	第2104525号
635	基于数据快照图的异常检测方法	计算机科学与工程学院	吕建华 张柏礼 魏巨魏	2016.06.08	第2106121号
636	一种利用光电组合技术处理有机废水的方法	化学化工学院	吴 敏 梁美玲 李伟杰 周宇骋 倪根美 曾平川	2016.06.08	第2100000号
637	一种催化剂预积碳增加烃类产率的装置和方法	能源与环境学院	张会岩 钱 燕 肖 睿 沈吉兆 夏永奎	2016.06.08	第2099045号
638	一种道路可达性最佳的城市建设用地自动布局方法	建筑学院	杨俊宴 史 宜	2016.06.08	第2098526号
639	一种图像信息温度宽反馈的二维手控装置	仪器科学与工程学院	吴剑锋 李建清 耿万培 刘海洋 贾 贝 杨宇荣 万 能 惠 艾晓晨 贾文渊 蔡金鑫 允	2016.06.08	第2099257号
640	一种含高渗透率间歇性能源的区域电网规划系统及方法	电气工程学院	高 山 谈天夫 王深哲	2016.06.08	第2099587号

(续表)

序号	发明专利名称	申请人	设计人	授权日	证书号
641	无线局域网中的分布式时隙分配干扰协调方法	信息科学与工程学院	王海明 何世文 黄永明 洪伟	2016.06.08	第2098650号
642	一种基于加权最优二分图匹配的网络选择方法	信息科学与工程学院	沈连丰 鲍楠 夏玮玮 陈瑞 李俊超 刘诚毅 张瑞 庚	2016.06.08	第2099517号
643	一种可双向控制返料的密封返料阀	能源与环境学院	段伦博 赵长遂 段元强 陈晓平 吴新	2016.06.08	第2099490号
644	高含水量土和膨润土材料渗透试验筒体、装置及测试方法	交通学院	杜延军 杨玉玲 魏明俐 范日东	2016.06.08	第2099065号
645	一种用于大规模集成电路封装聚合物的制备方法	化学化工学院	王育乔 孙岳明 印杰	2016.06.08	第2099768号
646	一种零填黑棉土路基处治方法	交通学院	黄晓明 李昶 程永振	2016.06.08	第2099466号
647	一种基于地形信息量的水下智能自适应地形匹配方法	仪器科学与工程学院	李佩娟 吴剑飞 徐晓苏 张涛 徐胜保	2016.06.08	第2098677号
648	一种单片集成的全解耦三轴硅微陀螺仪	仪器科学与工程学院	夏敦柱 倪佩佩 孔伦 虞成 胡异玮	2016.06.08	第2098807号
649	生物磷酸盐和碳酸盐复合胶凝材料固结松散砂颗粒的方法	材料科学与工程学院	钱春香 於孝牛 薛彬 王欣	2016.06.08	第2099990号
650	一种选择性催化还原脱硝装置入口参数确定方法	能源与环境学院	金保昇 张勇 姚露 陈天杰	2016.06.08	第2098809号
651	一种用于实现自由曲面的完全折叠结构及其方法	土木工程学院	陆金钰 解文静 陆帅 孙跃 沈凯 李娜 王开	2016.06.08	第2099249号
652	一种节能型序批式生活污水氮磷高效去除方法	能源与环境学院	朱光灿 徐立然 雷晓芬 吕锡武	2016.06.08	第2098869号
653	一种可调式矿用本安电源保护电路	自动化学院	冒建亮 黄飞燕 李多	2016.06.08	第2098729号
654	一种高功率密度的磁通切换型混合永磁记忆电机	电气工程学院	林鹤云 阳辉 房淑华 黄允凯	2016.06.08	第2099320号
655	生物质选择性热解-梯级转化制备航空燃油的装置和方法	能源与环境学院	张会岩 肖睿 胡昌裕 贾艺璇	2016.06.08	第2098503号

续 表

序号	发明专利名称	申请人	设计人	授权日	证书号
656	薄膜材料泊松比测试结构及方法	电子科学与工程学院	李伟华 王 雷 张 璐 周再发	2016.06.08	第2098614号
657	一种室内近地除尘清洁装置	能源与环境学院	张 勇 钟文琪 金保昇	2016.06.08	第2099971号
658	液晶光栅及其制造方法	电子科学与工程学院	杨 磊 夏 军 张晓兵	2016.06.08	第2099576号
659	全预制快速装配式轻钢龙骨承重复合墙体	土木工程学院	陈 伟 叶继红	2016.06.08	第2099537号
660	一种β-内酰胺类化合物及其制备方法和应用	材料科学与工程学院	蒋立建 唐簧杰 何 慧 顾美萍	2016.06.08	第2099747号
661	基于胺体光子晶体防伪图案的制备方法	生物科学与医学工程学院	顾忠泽 汪 伟 谢卓颖	2016.06.08	第2098474号
662	带水合反应器的钙基吸收剂循环捕捉CO_2的装置及方法	能源与环境学院	段伦博 段元强 陈惠超 赵长遂	2016.06.08	第2098794号
663	3-硫代二酰胺类萃取剂及其在萃取钯上的应用	能源与环境学院	黄 暎 武 剑 李泳华	2016.06.08	第2099180号
664	一种发光稀土配聚合物纳米粒子的制备方法	生物科学与医学工程学院	陈 扬 戚泽万	2016.06.08	第2098830号
665	利用大规模天线阵列的无线通信方法	信息科学与工程学院	高西奇 孙 晨 金 石 王东明 巴特尔 江 彬	2016.06.08	第2099605号
666	一种货架支座	土木工程学院	仲 文	2016.06.08	第2103057号
667	高温沥青混凝土摊铺下钢梁桥道系温度场模型建立方法	智能运输系统研究中心	尹凌峰 唐 敢 郭小明 冯 波	2016.06.08	第2102425号
668	薄基片相位幅度校正槽线平面喇叭天线	信息科学与工程学院	钱振东 刘 攀 刘 阳	2016.06.08	第2103438号
669	一种带有中心开路短载线的宽带变压器巴伦	信息科学与工程学院	李智群 曹 佳 王志功	2016.06.08	第2104126号
670	一路一线公交网信号交叉口车路协同避免公交车冲突方法	交通学院	郑 元 张国强	2016.06.08	第2103127号

(续表)

序号	发明专利名称	申请人	设计人	授权日	证书号
671	一种轻型二自由度相机稳定平台装置	仪器科学与工程学院	程向红 汤世松 陆 源 卞晓炜 邢亚亮 邵知宇	2016.06.08	第2103592号
672	一种卟啉衍生物纳米复合物制剂及其应用	生物科学与医学工程学院	王雪梅 赵春秋 王建玲 FAWAD UR REHMAN	2016.06.12	第2110100号
673	一种用于油水分离的耐久性超疏水超亲油泡沫铜制备方法	材料科学与工程学院	张友法 章 雯 余新泉 高 琳	2016.06.15	第2112747号
674	一种铝镓氮基日盲紫外探测器及其制备方法	电子科学与工程学院	张 雄 王书昶 崔一平	2016.06.15	第2112101号
675	海浪发电系统的微网构建最优化功率因数复合控制方法	电气工程学院	余海涛 孟高军 胡敏强 黄 磊	2016.06.15	第2112698号
676	一种活性硒化处理制备敏化电池CuSe背电极的方法	电子科学与工程学院	徐淑宏 柏 凡 张楚凡 王春雷 崔一平	2016.06.15	第2112079号
677	基于直线感应电机的电动平移门驱动装置	电气工程学院	余海涛 陈 浩 马振琦 洪立玮 施振川	2016.06.15	第2115163号
678	一种适用于无线传感器网络的抗干扰信道切换方法	电子科学与工程学院	胡 晨 刘 野 刘 昊 吴建辉	2016.06.15	第2112118号
679	一种基于可靠性预测与QoS相结合的服务组合方法	计算机科学与工程学院	王红兵 孙海霞	2016.06.15	第2112060号
680	基于SOE片器件层硅阴极键合的电容式温度、湿度和气压传感器集成制造方法	电子科学与工程学院	王立峰 张 聪 郭 力 黄庆安	2016.06.15	第2112586号
681	一种功耗自适应线性稳压器	电子科学与工程学院	陈 超 吴建辉 李 红 黄 成	2016.06.15	第2114074号
682	一种建筑墙体用真空绝热板及其制备方法	材料科学与工程学院	陈惠苏 司 坤 刘 琳	2016.06.15	第2110034号
683	一种多工位定位锁紧机构	机械工程学院	贾方 付 欣 翟德山 刘 奎 张晓波	2016.06.15	第2110055号
684	聚丙烯酸金属盐/氧化硼材料及其制备方法和应用	化学化工学院	杨 洪 汪趁时 林保平	2016.06.15	第2110778号

序号	发明专利名称	申请人	设计人	授权日	证书号
685	基于数据特征提取的风功率预测误差估计方法	自动化学院 国电南瑞科技股份有限公司	张凯锋 丁 恰 杨国强 陈汉一 王 颖	2016.06.15	第2110839号
686	一种分子探针及其制备方法和应用	化学化工学院	王怡红 李新辈	2016.06.22	第2121868号
687	准比例谐振型电力系统稳定器的实现方法	电气工程学院	蒋 平 冯 双 钱 坤 吴 熙	2016.06.22	第2121675号
688	一种抗噪声干扰的高压侧栅驱动电路	电子科学与工程学院	孙伟锋 祝 靖 张允武 魏木海 易扬波 陆生礼 时龙兴 陈 健	2016.06.22	第2121340号
689	防冻太阳能供水装置	能源与环境学院	陈振乾 张 鹏 史 浩	2016.06.22	第2121624号
690	一种基于纳米颗粒和化学发光的核酸适体传感器及制备方法和应用	生物科学与医学工程学院	何农跃	2016.06.22	第2120758号
691	一种不对称链式混合储能系统及其控制方法	电气工程学院	蒋 玮 胡仁杰 丁一阳 黄慧春	2016.06.22	第2119995号
692	一种可瞬时搭就的简易帐篷	机械工程学院	苏世勇 李梦芝	2016.06.22	第2119253号
693	一种开放式阵列信号的仿真方法	信息科学与工程学院	方世良 徐雅南 罗昕炜	2016.06.22	第2121853号
694	高速铁路无砟轨道用柔性基础结构及其铺装方法	智能运输系统研究中心	钱振东 薛永超 刘昕依	2016.06.22	第2119019号
695	一种导阻结合的宽幅路基路面结构下多年冻土保护方法	交通学院	马 涛 赵 晨 廖公云 黄晓明 张 垂 李 靖 梁彦龙 魏 魏	2016.06.22	第2122769号
696	一种可自动除雪除尘的太阳能发电装置	电气工程学院	高丙团 汤 奕 刘晓峰	2016.06.22	第2118878号
697	一种基于X射线断层照相的弯曲扭转耦合原位加载装置	化学化工学院	万克树 徐大成 曾徐阳	2016.06.22	第2119666号
698	一种双轴分体式差分硅微谐振式加速度计	仪器科学与工程学院	黄丽斌 高 阳 郭海鹏 李晴云 李宏生	2016.06.22	第2118700号
699	一种基于SC-FDMA符号的LTE上行信号DOA估计方法	信息科学与工程学院	王膂峻 陈晓曙 杨 欢 温中凯	2016.06.22	第2118469号

（续表）

序号	发明专利名称	申请人	设计人	授权日	证书号
700	风电机组综合串联补偿电压穿越装置及控制方法	电气工程学院	张建忠 熊良根 程明	2016.06.22	第2122011号
701	一种链格孢菌Y1309-1在制备纳米金方面的应用	化学化工学院	陈峻青 戚文秀 吉民 黎	2016.06.29	第2132844号
702	一种氧化石墨烯基功能纸的应用	电子科学与工程学院	孙立涛 毕恒昌 曹海燕 万树	2016.06.29	第2125693号
703	一种内嵌直流失调消除的低电压可编程增益放大器	电子科学与工程学院	吴建辉 赵超 陈怀昊 陈超 黄成 李红 田茜	2016.06.29	第2132088号
704	巯基聚乙二醇在制备水溶性金纳米簇中的应用	化学化工学院	吴富根 张晓东 王亥银 陈戬	2016.06.29	第2125166号
705	一种高效产氢光催化剂MoS$_2$-SrZrO$_3$的制备及应用	材料科学与工程学院	周建成 田庆文 刘佳慧 王猛 李乃旭 邓金全	2016.06.29	第2128615号
706	一种高温高压粉体冷却卸压排放装置及方法	能源与环境学院	向文国 周驰 段钰锋	2016.06.29	第2123636号
707	一种1,2-环氧丁烷的清洁制备方法	材料科学与工程学院	周建成 王猛 马兴军 李乃旭 李树强	2016.06.29	第2123611号
708	自供电射频收发组件中硅基热电-光电集成微传感器	电子科学与工程学院	廖小平 闫浩	2016.06.29	第2129310号
709	自供电射频收发组件中砷化镓基热电-光电微传感器	电子科学与工程学院	廖小平 闫浩	2016.06.29	第2124728号
710	微机械固支梁式四状态可重构微波带通滤波器及制备方法	电子科学与工程学院	张志强 廖小平	2016.06.29	第2125550号
711	基于MEMS结构的线性电容式微功率传感器	电子科学与工程学院	韩磊	2016.06.29	第2123765号
712	基于公用交通车队优先的交通信号灯调整系统和方法	交通学院	杨敏 丁剑 辛光照 刘颖嘉 陈云肇	2016.06.29	第2127354号
713	一种用于跨季节蓄热技术的太阴能保温结构	能源与环境学院	陆勇 田野 鹿浩伟 钟文琪 李先宁	2016.06.29	第2124017号
714	基于多层次多模式的公交网线规划方法	交通学院	叶智锐 王炜 王超 于泳波	2016.06.29	第2125519号

(续 表)

序号	发明专利名称	申请人	设计人	授权日	证书号
715	内置双进口旋风分离器的循环流化床燃烧装置	能源与环境学院	刘青娇 严如强	钟文琪 邵应娟 金保昇	2016.06.29	第2126647号
716	基于多时间尺度建模的轴承寿命预测方法	仪器科学与工程学院	严如强	钱宇宁	2016.06.29	第2123701号
717	一种可抗强台风的大跨度桥梁用桥塔	土木工程学院	王 浩 杨 敏	徐梓栋 孙福洋 陶天友	2016.06.29	第2123519号
718	一种基于地理加权泊松回归的县级交通事故的预测方法	交通学院	李志斌	刘 攀 王 炜 徐铖铖	2016.06.29	第2128604号
719	大规模分布式无线传感器网络的分级几何约束定位方法	信息科学与工程学院	徐平平	聂 晴 朱文祥 裴氏莺	2016.06.29	第2123766号
720	一种应用于OFDM系统的符号定时同步和载波同步方法	电子科学与工程学院	张 萌	彭茜茜 刘 昊 李 红	2016.06.29	第2124558号
721	表征水泥基材料集料界面对碳化速度影响的试验方法	材料科学与工程学院	潘钢华	占华刚 潘文佳	2016.06.29	第2125215号
722	一种宽带随机机表面及其确定方法	信息科学与工程学院	程 强 高丽华	王 科 董冰莎 崔铁军 赵 捷 陈 洁	2016.06.29	第2124844号
723	一种相片识别中的单样本人脸识别方法	学习科学研究中心	郑文明	周亚丽 冯天从	2016.06.29	第2124753号
724	一种城市交通环境下平面交叉口安全水平的评价方法	交通学院	俞 灝 陈垦光	刘攀 羊钊 樊蓉 张鑫 郭延永 段萃	2016.06.29	第2126612号
725	一种正交异性钢桥面板的疲劳荷载效应分析模型简化方法	土木工程学院	王高新	丁幼亮 宋永生	2016.06.29	第2123585号
726	一种智能交通信号灯	交通学院	陈大伟	周 顺 李旭宏	2016.06.29	第2127304号
727	陶瓷催化剂在硼氢化钠还原对硝基苯酚反应中的复活方法	化学化工学院	代云茜	柴蕴玲 符婉琳	2016.06.29	第2125325号
728	含铜金属复合氧化物光催化材料的制备方法	材料科学与工程学院	潘 冶 李星洲	吴继礼 陆 韶 陶诗文 王先飞	2016.06.29	第2125083号
729	具有自供能低功耗的电流互感器设备及母线电流检测方法	电子科学与工程学院	韦 朴 程 澄	孙小菁 单雪康	2016.06.29	第2132701号

(续 表)

序号	发明专利名称	申请人	设计人	授权日	证书号
730	N沟道注入效率增强型绝缘栅双极型晶体管	电子科学与工程学院	孙伟锋 陈 健 郭 超 杨 卓 祝 靖 钟 锐 陆生礼 时龙兴	2016.06.29	第2127388号
731	一种浅层软弱地基原位碳化固化处理方法	交通学院	蔡光华 刘松玉 杜延军 曹菁菁 秦小青	2016.06.29	第2125050号
732	用于细胞三维培养的光响应智能凝胶微球的制备方法	生物科学与医学工程学院	张天柱 马丹丹 顾 宁	2016.06.29	第2125017号
733	一种以SU-8光刻胶和PDMS为基材的微流控芯片键合方法	电子科学与工程学院	朱 真	2016.06.29	第2125589号
734	基于运动位移曲线精简的视频场景自动分割方法	仪器科学与工程学院	张小国 王 庆 彭德齐 王云帆 万雪芳	2016.06.29	第2126445号
735	共用LC并网滤波器的多定子绕组端口电机系统	电气工程学院	王 政	2016.06.29	第2124634号
736	一种静止坐标系下复合控制电流源型并网逆变器	电气工程学院	王 政 张 兵	2016.06.29	第2126459号
737	基于空间正交性的大规模MIMO系统导频分配方法	信息科学与工程学院	金 石 李明梅 高西奇	2016.06.29	第2132032号
738	一种支持传感接入和光分组传输的传感网络的节点装置	电子科学与工程学院	孙小菡 邹宁波 周 谙 陈源源 张福鼎 朱 鋮	2016.06.29	第2124673号
739	一种面向公交优先的交叉信号控制方法	交通学院	胡晓健 高柳依 王 炜	2016.06.29	第21246747号
740	回转式固定床在线再生低温脱硝催化剂的装置及方法	能源与环境学院	肖 睿 陈 星 沈德魁 张亚平	2016.06.29	第2126190号
741	基于系统健康状态评估与借鉴CSMA/CD机制的微电网自治控制方法	电气工程学院	窦晓波 魏在茹 吴在军 胡敏强 赵 波 孙 雯 孙纯军 孙 帅	2016.06.29	第2130963号
742	一种能够实现视觉带不对称传输的光学特异导材料	信息科学与工程学院	董正高 王英华 李家奇	2016.06.29	第2126178号
743	一种平板型横向磁通切换永磁直线电机	电气工程学院	余海涛 施振川 沈峻晓 陈 辉 陈 浩	2016.06.29	第2127890号

(续表)

序号	发明专利名称	申请人	设计人	授权日	证书号
744	一种基于矢量调制器上下变频模块的有源一体化天线	信息科学与工程学院	周健义 杨汶汶 岳 黄	2016.06.29	第2132926号
745	一种基于度量和预测技术的软件架构评估方法	计算机科学与工程学院	李必信 司静文 俞桥蒙 姜雨晴 孔祥龙	2016.06.29	第2126733号
746	一种太阳能相变储能暖箱	能源与环境学院	杨 柳 金 星 张小松 巴 殷勇高	2016.06.29	第2126023号
747	一种新型暖气片滚筒及其水空调系统	能源与环境学院	杨斯涵	2016.06.29	第2125924号
748	一种电车负载摆角检测方法	电气工程学院	高丙团 张罗马 魏 魏 朗伊紫禾 黄博然	2016.06.29	第2128133号
749	基于遗传算法优化改进BP神经网络的磁力计校正方法	仪器科学与工程学院	陈熙源 吕才平 黄浩乾 方 琳	2016.06.29	第2128137号
750	一种烟气除尘协同多种污染物联合脱除装置及方法	能源与环境学院	张 君 段钰锋 朱 纯 佘 敏 赵蔚欣 周 强	2016.06.29	第2126040号
751	一种可移动的新型水空调系统	能源与环境学院	杨斯涵 张 勇	2016.06.29	第2126460号
752	一种用于无源无线多参数微型传感器中的叠层电感	电子科学与工程学院	董 蕾 王立峰 黄庆安	2016.06.29	第2126463号
753	核苷酸稀土配位聚合物发光材料的制备方法	生物科学与医学工程学院	陈 扬 尤 其 刘保霞	2016.06.29	第2129442号
754	光电互感器中多数字源采样率转换的快速滤波方法	电气工程学院	梅 军 马 天 钱 超	2016.06.29	第2129694号
755	一种生鲜农产品货架期实时监测系统	经济管理学院	赵林度 黄志成 邓 超 周 成 魏 征 范玉瑶 赵芳芳	2016.06.29	第2126571号
756	一种无线无源MEMS温度传感器及其制备方法	电子科学与工程学院	黄晓东 黄见秋 黄庆安	2016.06.29	第2126529号
757	一种基于混合储能VSI平抑微网功率波动的控制方法	电气工程学院	郑建勇 梅 军 张宸宇	2016.06.29	第2126052号
758	三维集成正面感风的热式风速风向传感器及封装方法	电子科学与工程学院	秦 明 朱雁青 陈 倍 黄庆安	2016.06.29	第2129186号

(续表)

序号	发明专利名称	申请人	设计人	授权日	证书号
759	一种应用于短距离传输的自存取加解密电路	电子科学与工程学院	李 红 王陈浩 吴建辉 刘 昊 彭茜茜 张 萌	2016.06.29	第2125904号
760	卧式旋转桨叶蒸发器	能源与环境学院	葛仕福	2016.07.06	第2142015号
761	动力锂离子电池极片自动检测设备及检测方法	机械工程学院	韩 良 刘永明	2016.07.06	第2139869号
762	一种基于双层结构的端到端通信节点寻址方法	信息科学与工程学院	陈立权 刘海东 任卫东	2016.07.06	第2142263号
763	基于横向风载效应的桥梁加劲梁抗侧力性能退化报警方法	土木工程学院	丁幼亮 王高新 宋永生	2016.07.06	第2142627号
764	一种基于半脸多特征融合的人脸识别方法	信息科学与工程学院	徐平平 马 聪 杨秀平	2016.07.06	第2140583号
765	一种异构网络中基于用户主导的分布式上行功控方法	信息科学与工程学院	许 威 张 宏 赵春明	2016.07.06	第2140546号
766	全自动烟支剔除排列方法	机械工程学院	韩 良	2016.07.06	第2141292号
767	一种氮掺杂二氧化钛纳米管阵列酶电极及其制备方法和应用	生物科学与医学工程学院	谢一兵 王 玮	2016.07.06	第2140849号
768	针对三自由度力反馈手控器的标定方法和平台机构	仪器科学与工程学院	李会军 朱澄澄 宋爱国	2016.07.06	第2141295号
769	一种里程计辅助车载捷联惯导系统行进间初始对准方法	仪器科学与工程学院	程向红 胡 杰 王 茜	2016.07.06	第2142468号
770	脂环族环氧氢聚酯氢丙烯酸脂紫外光固化涂料及其制备方法	化学化工学院	焦 真 王晨前 杨前前 王献伟	2016.07.06	第2138702号
771	一种控制湿法烟气脱硫细颗粒排放的装置及方法	能源与环境学院	颜金培 杨林军 沈湘林	2016.07.06	第2139727号
772	交叉口多线路公交车辆优化请求冲突协调控制方法	交通学院	叶智锐 许明涛 王 炜	2016.07.06	第2134240号
773	生态路工程系统	建筑学院	成玉宁	2016.07.06	第2136660号
774	自适应动压气膜复合叶尖密封装置及其密封方法	电气工程学院	许万军 杨建刚 李新阳	2016.07.06	第2140473号
775	基于服务站通用模型的电动汽车充换电网络一体化调度方法	电气工程学院	高赐威 陆婷婷	2016.07.06	第2142708号

(续表)

序号	发明专利名称	申请人	设计人	授权日	证书号
776	一种用于工程机械的排气尾管	机械工程学院	孙蓓蓓 陈建标 张建润	2016.07.06	第2136866号
777	微纳热电偶探针前体的批量制备装置	生物科学与医学工程学院	顾宁 汪建清	2016.07.06	第2142671号
778	一种显著提高控制电流-输出频率线性度的张弛振荡器	电子科学与工程学院	孙伟锋 黄泽祥 张允武 祝 靖 陆生礼 时龙兴	2016.07.06	第2137073号
779	一种可控润湿性泡沫铜及其制备多功能油水分离方法	材料科学与工程学院	张友法 章 雯 余新泉	2016.07.06	第2137687号
780	一种低限幅阈值的光限幅器	电子科学与工程学院	顾 兵 吴佳骏 刘达辉 崔一平 叶莉华	2016.07.06	第2139031号
781	一种异步电机矢量控制方法	电气工程学院	胡敏强 徐鸣飞 余海涛 黄 磊	2016.07.13	第2146664号
782	一种基于上转换发光材料的温度指示方法	材料科学与工程学院	李东东 邵起越 蒋建清 方 峰 董 岩	2016.07.13	第2146634号
783	一种基于车灯识别的夜间车辆检测方法及系统	信息科学与工程学院 南京正保通信网络技术有限公司	刘小虎 陈 林 陈晓曙 王 刚 戴 佳	2016.07.20	第2147443号
784	一种担载型过渡金属磷化物催化剂的制备方法	化学化工学院	任丽丽 郭庆会	2016.08.017	第2169396号
785	基于预置门限切换的同频干扰避免方法	信息科学与工程学院 南京东大移动互联技术有限公司	沈连丰 陈 赓 郑 军 鲍 楠 李俊超 夏玮玮	2016.08.03	第2153799号
786	一种无线传感器网络中的恶意节点容忍方法	信息科学与工程学院	姜 禹 黄 杰	2016.08.03	第2158274号
787	一种提升增益变化范围的低温度系数可变增益放大器	电子科学与工程学院	吴建辉 赵 超 陈 超 黄 成 李 红	2016.08.03	第2158210号

科技工作

(续 表)

序号	发明专利名称	申请人	设计人	授权日	证书号
788	微机械悬臂梁式十六状态可重构微波带通滤波器	电子科学与工程学院	张志强 廖小平	2016.08.03	第2158174号
789	一种多齿型永磁内嵌式磁通切换型记忆电机	电气工程学院	林鹤云 阳辉 壮而行 黄允凯 房淑华 颜建虎	2016.08.03	第2158218号
790	基于多点触摸屏便携式设备引号的图斑构建和修正方法	仪器科学与工程学院	王慧青 张新和 张小国	2016.08.03	第2158260号
791	结构内部排水的高等级宽幅路面及其施工方法	交通学院	黄晓明 王隧奇 朱晟泽	2016.08.03	第2158277号
792	一种多晶硅废渣资源化处理方法	材料科学与工程学院	张云升 丁亚儿	2016.08.03	第2158177号
793	用于偏二甲肼降解的多金属氧族催化剂及其制备方法与应用	化学化工学院	吴 敏 张 旭 李伟杰 梁庄典 齐 齐 郑颖平 孙岳明 倪根美	2016.08.03	第2158181号
794	一种大尺寸掺杂核壳结构半导体纳米晶体的制备方法	电子科学与工程学院	张家雨 许瑞林 黄 博	2016.08.03	第2158214号
795	一种高致密度块状高纯渗碳体及其制备方法	材料科学与工程学院	涂益友 张 群 黄羚惠 蒋建清 方 峰 周雪峰	2016.08.03	第2158263号
796	一种基于短时记忆权重重融合的航天应激情感识别方法	学习科学研究中心	黄程韦 王 骏 吴 斌 秦海波 赵 力 魏 浩 王 浩	2016.08.03	第2157749号
797	基于自适应的网络端口快速扫描方法	计算机科学与工程学院	程 光 吴 桦	2016.08.03	第2157693号
798	一种高速低压发电机的宽输入交直变换器及其整制方法	电气工程学院	林明耀 台流臣 付兴贺	2016.08.03	第21577502号
799	一种基于Modbus的工业现场数据采集分析系统	机械工程学院	帅立国 张 钢 陈慧玲 诸华强 陈建明 韩 涛	2016.08.03	第2157788号
800	一种基于车型和车速的换道轨迹优化及可视化实现方法	浙江省科威工程咨询有限公司 浙江省交通规划设计研究院交通学院 浙江交工路桥建设有限公司	翁 辉 何 杰 王雅茹 王玉富 吴德华 李培庆	2016.08.03	第2157720号

(续 表)

序号	发明专利名称	申请人	设计人	授权日	证书号
801	一种三氯乙烯加氢脱氯的方法	化学化工学院	任丽丽 郭庆会	2016.08.03	第2155190号
802	一种基于FPGA的硅微陀螺仪温控温补电路装置	仪器科学与工程学院	杨 波 柳小军 戴 波 赵 辉 王行军 邓允朋	2016.08.03	第2155056号
803	一种基于UML模型的软件架构正确性验证方法	计算机科学与工程学院	李必信 俞昕蒙 陈 艺 孔祥龙 王璐璐	2016.08.03	第2155213号
804	一种2-吡啶乙烯基萘酰亚胺荧光树形分子及其制备方法和应用	材料科学与工程学院	钱 鹰 胡秀东 孙京府	2016.08.03	第2155123号
805	一种咔唑三苯胺-噻二唑荧光分子及其制备方法和应用	化学化工学院	钱 鹰 曹多军 靳永昌	2016.08.03	第2155301号
806	一种基于隐马尔科夫模型的车辆异常行为检测方法	仪器科学与工程学院	林国余 蔡英凤 王 海 张为公	2016.08.03	
807	一种城市中心区道路利用效率的评价及应用方法	建筑学院	杨俊宴 史北祥	2016.08.10	第2163455号
808	一种城市容积率自动分区方法	建筑学院	王建国 杨俊宴 史 宜	2016.08.10	第2158881号
809	一种联合高阶统计量和谱峰特征的调制识别装置及方法	信息科学与工程学院	陈立伟 孟跃伟 邵 辰 任卫东	2016.08.10	第2163266号
810	通信系统中多相正交互补序列集的生成方法	信息科学与工程学院	王海明 洪 伟	2016.08.10	第2163860号
811	一种前白蛋白纳米抗体,其编码序列及应用	生命科学研究院	万亚坤 孙燕燕 谢 维	2016.08.10	第2164187号
812	一种差分输入逐次逼近型模数转换器	电子科学与工程学院	李 红 张理振 冯学梅 汤旭婷 田 茜	2016.08.10	第2165283号
813	一种实时任务调度的医疗体域网MAC接入方法	信息科学与工程学院	徐平平 武德贵 程梦莉 吴 琼 苏德荣	2016.08.10	第2164307号
814	一种针对小批量结构化工作的快速喷涂路径生成方法	自动化学院	周 波 戴先中 孟正大	2016.08.10	第2162047号
815	一种基于模糊筛选迭代的点云精简方法	自动化学院	达飞鹏 陈璋雯	2016.08.10	第20162658号
816	双边CORDIC运算单元及基于该运算单元的并行雅克比埃尔米特阵特征分解方法和实现电路	信息科学与工程学院	巴特尔 朱冠亚 苏 磊 高西奇	2016.08.10	第20161198号

(续表)

序号	发明专利名称	申请人	设计人	授权日	证书号
817	一种基于软件路径剖析结果的修改影响分析方法	计算机科学与工程学院	王璐璐 李必信 廖力 周颖	2016.08.10	第2162758号
818	基于信号源误差一次性校准识别的高精度ADC测试方法	电子科学与工程学院	黄成 李佑辉	2016.08.10	第2164097号
819	一种加热振荡磁分离装置	生物科学与医学工程学院	何农跃 邹燕琪 马嫚	2016.08.17	第2173105号
820	一种切切向式双涡流SCR混合器	电气工程学院 马鞍山当涂发电有限公司	司风琪 喻聪 桂汉生 王传奇	2016.08.17	第2171161号
821	联合测量气固系颗粒运动参数的装置及方法	能源与环境学院	钟文琪 周冠文 陈曦 金保昇	2016.08.17	第2179566号
822	一种金属性石墨烯的制备方法	物理系	施智祥 张勇	2016.08.17	第2178631号
823	微机械固支梁式π型连续可重构微带通滤波器	电子科学与工程学院	张志强 李雄 廖小平	2016.08.17	第2182222号
824	一种新型大跨度装配式空心井字楼盖	土木工程学院	陈忠范 崔文谦 杨维	2016.08.17	第2171340号
825	一种矿化合纳米磷酸盐的方法	材料科学与工程学院	钱春香 於孝牛	2016.08.17	第2182283号
826	一种定子模块式混合励磁容错电机	电气工程学院	林明耀 张蔚	2016.08.17	第2182635号
827	一种Li-B-N-H复合物快离子导体及其制备方法	材料科学与工程学院	张耀	2016.08.17	第2181110号
828	一种基于数字体积相关法的三维图像配准方法	材料科学与工程学院	万克树 杨鹏	2016.08.17	第2183898号
829	雷贝拉唑中间体杂质2-{[4-(3-甲氧基丙氧基)-3-甲基吡啶氧化物-2-基]甲基硫}-1H-苯并咪唑的制备方法	化学化工学院	诸海滨 王赾	2016.08.17	第2167822号
830	一种三维稠密气固系统非球形颗粒浓度的无线测量装置及方法	能源与环境学院	张勇 钟文琪 金保昇 郑昕	2016.08.17	第2167968号

(续表)

序号	发明专利名称	申请人	设计人	授权日	证书号
831	基于载波聚合的时频增强小区间干扰协调方法	信息科学与工程学院	潘志文 陈国平 尤肖虎 刘楠	2016.08.17	第2182045号
832	一种用于Gm-C滤波器的主从结构频率校准电路	电子科学与工程学院	吴建辉 周明杰 陈超 黄成 李红	2016.08.17	第2173092号
833	基于小区候选主成员波的自适应小区间干扰协调方法	信息科学与工程学院	潘志文 陈国平 尤肖虎 刘楠	2016.08.17	第2183688号
834	基于酸碱指示剂吸收光谱的pH在线检测装置及检测方法	电子科学与工程学院	朱利 杨亚洲 王春雷 崔一平	2016.08.17	第2186489号
835	太阳能与地热能联合运行的热交换系统	能源与环境学院	王军 黄秀勇 卓晖 周元兴 蒋川	2016.08.17	第2168851号
836	一种便携式光电模拟羽毛球场装置	电子科学与工程学院	郑姚生 王原 吴晓锋 陈晓晴 汤勇明	2016.08.17	第2168626号
837	一种罗丹明-萘二甲酰亚胺荧光分子及其制备方法和应用	化学化工学院	钱鹰 孙京府 牛艳芳	2016.08.17	第2172654号
838	一种双稳态真空磁吹断路器快速分合闸的控制装置及方法	电气工程学院	房淑华 柳庆东 黄允凯 陈亚彬 徐喆明 林鹤云	2016.08.17	第2187130号
839	一种基于位移梯度分解的异位数字体积相关方法	化学化工学院	万克树 杨鹏	2016.08.17	第2178749号
840	基于动态可分裂Bloom Filter的网络爬虫URL去重方法	计算机科学与工程学院	杨鹏 袁志伟 刘旋	2016.08.17	第2187362号
841	一种格栅式地下连续墙施工模具的夹具	土木工程学院 淮安市民防局 江苏鸿基科技有限公司	郭彤 纪从德 孙邦宾 严发根 吴继峰	2016.08.17	第2180588号
842	基于沥青膜厚度的橡胶沥青密级配混合料设计方法	交通学院	赵永利 任园 岳阳	2016.08.17	第2173489号
843	锆钛酸钡钙无铅压电薄膜的制备方法	材料科学与工程学院	王增梅 王欢欢 蔡中兰 赵宽	2016.08.17	第2173372号
844	一种物联网可信标识确认系统及方法	经济管理学院	赵林度 孙胜楠 杨世才	2016.08.17	第2175662号

（续表）

序号	发明专利名称	申请人	设计人	授权日	证书号
845	一种独立于转速的无刷直流电机位置检测方法	电气工程学院	林明耀 顾伟康	2016.08.17	第2181060号
846	一种叠合构件施工过程中支撑优化方法	土木工程学院 中国十七冶集团有限公司	张晋 郑艺杰 张悦洋	2016.08.17	第2167820号
847	实现传感器自动化布置的车载伸缩悬臂装置	土木工程学院	张建 夏琪 沙奔 李建宇	2016.08.17	第2172079号
848	一种轻质黏性生物材料自动送料的振动料斗	机械工程学院	贾方 徐德成 付欣	2016.08.17	第2172417号
849	氰尿酸类衍生物、盘状液晶材料及三聚氰胺检测方法	化学化工学院	杨洪 吕友劲 宗德超 林保平	2016.08.17	第2172821号
850	一种基于多矩形图像距离转换模型的坐标标定方法	自动化学院	路小波 辰 陈林 刘 曾春 维雪	2016.08.17	第2181290号
851	一种多比特电磁编码超材料	信息科学与工程学院	崔铁军 齐美清 程强 赵捷	2016.08.17	第2169750号
852	一种基于图标脑电控制的数字界面交互方法	机械工程学院	薛澄岐 牛亚峰 陈默 王海燕 李晶	2016.08.17	第2180747号
853	一种全差分微微波波倍频器	信息科学与工程学院	李智群 刘扬 李芹 王志功	2016.08.17	第2176053号
854	一种制备聚乙二醇网络水凝胶的方法	化学化工学院	付国东 钱珊珊 姚芳	2016.08.17	第2174014号
855	表面等离子体增强的量子点发光二极管器件及其制备方法	电子科学与工程学院	陈静 雷威 张晓兵	2016.08.17	第2178561号
856	月球车温控系统	能源与环境学院	陈永平 赵亮 张程宾	2016.08.17	第2188014号
857	一种浅层软弱地基原位碳化固化处理系统	交通学院	蔡光华 曹菁菁 刘松玉 杜延军 秦小青	2016.08.17	第2173609号
858	一种模块化多电平变流器的快速预充电电路	电气工程学院	赵剑锋 李东野	2016.08.17	第2171980号
859	一种自适应公交车时刻表的动态优化方法	交通学院	沈金星 邱丰 安成川	2016.08.17	第2187099号
860	一种用于多模式数字开关电源的控制环路系统	电子科学与工程学院	徐申 孙伟锋 张方文 陆生礼 于花 钟锐 时龙兴	2016.08.17	第2168001号

(续 表)

序号	发明专利名称	申请人	设计人	授权日	证书号
861	"斜日字"单元环形布管的螺旋折流板电加热器	能源与环境学院	陈亚平 张 治 吴嘉峰	2016.08.17	第2167030号
862	基于红外视距监控的坐姿矫正装置	电子科学与工程学院	樊鹤红 袁璋谞 时晞萌 孙献峰	2016.08.17	第2168034号
863	一种正三角形排列的对涡排列换热装置	能源与环境学院	陈亚平 巨福军 吴嘉峰	2016.08.17	第2185842号
864	一种P型绝缘栅双极型晶体管结构	电子科学与工程学院	孙伟锋 戴伟楠 杨 卓 祝 靖 陆生礼 时龙兴 孙华芳	2016.08.17	第2184153号
865	一种N型绝缘栅双极型晶体管结构	电子科学与工程学院	孙伟锋 戴伟楠 吴逸凡 祝 靖 陆生礼 时龙兴 徐 申	2016.08.17	第2183670号
866	一种用于水相糠醛加氢制环戊酮的催化剂的制备方法及其应用	化学化工学院	魏瑞平 刘作华 高季璟 周铭昊 耿高丽	2016.08.17	第2185943号
867	一种带磁栅标尺的穿刺针	公共卫生学院	吴 魏 徐 恬 杜明轩	2016.08.17	第2186114号
868	一种脱氧剂自适应袋长切割及缺、夹料检测方法	自动化学院	冒建亮 尤卫卫 叶 桦	2016.08.17	第2186424号
869	一种具有高灵敏度快速响应的MEMS电容式湿度传感器	电子科学与工程学院	任青颖 王立峰 黄见秋 黄庆安	2016.08.17	第2174065号
870	一种基于纹理图片的力触觉再现方法	仪器科学与工程学院	吴 涓 丁 威 宋光明 王 茜 宋爱国 刘 威	2016.08.17	第2189448号
871	一种发电机组中汽轮机输出机械功率控制方法	电气工程学院	冯 双 蒋 平 吴 熙 郭 浩	2016.08.17	第2172176号
872	一种利用废热的节能水泵	能源与环境学院	李舒宏 杨文超 杨靖文	2016.08.17	第2171546号
873	一种基于道路病害成因的养护措施决策方法	交通学院	赵永利 周 涛 马 靖 李铉国 吴 硕 郭 辉 杨玉芳	2016.08.17	第2171162号
874	一种九相磁通切换永磁电机的缺相容错控制方法	电气工程学院	程 明 花 为 邹国棠	2016.08.17	第2170379号
875	两相流系统内颗粒运动轨迹的测量装置及测量方法	能源与环境学院	钟文琪 陈 曦 张 勇 周冠文 金保昇 部应娟	2016.08.17	第2184787号
876	针对道路病害成因的养护措施辅助决策方法	交通学院	赵永利 马 靖 周 涛 郭 辉 鲍世辉 任 园 张 垚	2016.08.17	第2170403号

(续 表)

序号	发明专利名称	申请人	设计人	授权日	证书号
877	一种基于相变暖气片双滚筒的干果和茶叶烘干装置	能源与环境学院	杨斯涵	2016.08.17	第2171151号
878	一种电声二胡	电子科学与工程学院	郑姚生 顾星煜 赵玉豪 汤勇明	2016.08.17	第2189011号
879	基于结霜初始过程液滴快速蒸发的空气源热泵除霜装置	能源与环境学院	梁彩华 汪 峰 杨明涛 张小松	2016.08.17	第2169505号
880	基于数据增量图的异常检测方法	计算机科学与工程学院	吕建华 张柏礼 魏巨魏	2016.08.17	第2167824号
881	一种Android应用程序隐私数据泄露离线检测方法	信息科学与工程学院	胡爱群 宋宇波 高 岳 孟姗姗 陈 飞 朱克龙	2016.08.17	第2182667号
882	基于简化Volterra级数的功放预失真方法	信息科学与工程学院	霍建锋 张 雷 周健义	2016.08.17	第2185225号
883	基于温控的偏振方式可调的液晶随机激光器及制造方法	电子科学与工程学院	叶莉华 王 雁 顾 兵 赵 翀 崔 一平	2016.08.17	第2174100号
884	带翼缘槽型FRP板材-混凝土组合桥面板	土木工程学院	黄 侨 佟兆杰	2016.08.17	第2169876号
885	一种蓄能式旋转墙体	能源与环境学院	金 星 施东杰 杨 柳 张小松	2016.08.17	第2186554号
886	一种LED阵列可见光通信系统及其通信方法	信息科学与工程学院	张 华 吴超培 许 威	2016.08.17	第2185385号
887	一种三相四桥臂有源电力滤波器并网接口及参数设计方法	电气工程学院	赵剑锋 刘康礼 曹 武 王艺钢 季永超	2016.08.17	第2172775号
888	无线光CDMA系统总功率约束下的多用户功率分配方法	信息科学与工程学院	梁 霄 陈春艳 王家恒 赵春明	2016.08.17	第2169351号
889	一种半刚性基层沥青路面结构维修设计方法	交通学院	黄晓明 祝谭雍 高 英	2016.08.17	第2186518号
890	一种太阳能热水箱双水箱分户供暖系统及其安装方法	能源与环境学院	杨斯涵 王明春	2016.08.17	第2167131号
891	一种壁挂式空调新风装置	能源与环境学院	杨 柳 杜 岩	2016.08.17	第2167274号
892	一种分区送风机柜	能源与环境学院	凌云志 张小松	2016.08.17	第2183763号

(续表)

序号	发明专利名称	申请人	设计人	授权日	证书号
893	一种低电源电压可编程增益放大器	电子科学与工程学院	吴建辉 赵超 姚红燕 李红 陈超 黄成	2016.08.17	第2185275号
894	一种低齿槽转矩磁通切换永磁电机	电气工程学院	林明耀 付兴贺 郝立	2016.08.17	第2187522号
895	一种耐水油漆	材料科学与工程学院	郭新立	2016.08.17	第2174608号
896	一种针对网站日志的交互式分析方法	焦点科技股份有限公司 计算机科学与工程学院	滕晓程 陈茂格 马成平 倪俊辉	2016.08.17	第2189292号
897	一种预防隧道出入口附近追尾事故的可变限速控制方法	交通学院	李志斌 刘攀 王炜 郭延永	2016.08.17	第2178414号
898	一种全自动热循环仪热盖	生物科学与医学工程学院	何农跃 邹燕琪 陈慧 陈柱	2016.08.17	第2185638号
899	一种非正交多载波相位编码雷达系统	信息科学与工程学院	陈鹏 吴乐南	2016.08.17	第2177635号
900	一种螺旋推进行波磁场电机	电气工程学院	余海涛 施振川	2016.08.17	第2168892号
901	变电站巡视机器人采用混合观测装置检测位置信息的方法	电气工程学院	余海涛 孟高军 胡敏强	2016.08.17	第2167792号
902	一种基于串联齿轮直线磁齿轮电机的波浪能发电装置	电气工程学院	余海涛 陈洁琳	2016.08.17	第2168650号
903	一种无组织粉尘抑尘剂抑尘率测试评价装置及方法	能源与环境学院	胡斌 杨超 杨林军 金光俊	2016.08.17	第2188580号
904	一种利用碳酸酐酶微生物固结土壤的试剂及其使用方法	材料科学与工程学院	王瑞兴 钱春香	2016.08.17	第2181331号
905	一种制备ZnO纳米锥阵列的低温液相生长方法	材料科学与工程学院	余新泉 夏咏梅 张友法 陈锋 吴春院 章雯	2016.08.17	第2184968号
906	基于深度视频流的实时人脸姿态估计方法	计算机科学与工程学院	姚莉 肖阳	2016.08.17	第2184465号
907	一种高压电场辅助冷却除湿装置	能源与环境学院	张小松 顾阳阳 殷勇高	2016.08.24	第2205846号

(续表)

序号	发明专利名称	申请人	设计人	授权日	证书号
908	一种面向过饱和控制的城市疏散干路网络提取方法	交通学院	任刚 张曼沁 吴建波 华璟怡 姚梦佳	2016.08.24	第2206146号
909	机器人地图构建存储方法	机械工程学院	王兴松 郑鑫	2016.08.24	第2201733号
910	一种基于错误传播分析的SDC脆弱指令识别方法	计算机科学与工程学院	汪芸 马骏驰 李凯	2016.08.24	第2200404号
911	一种多晶硅薄膜残余应力的测试结构及其测试方法	电子科学与工程学院	周再发 李伟华 王雷 黄庆安	2016.08.24	第2200775号
912	南极发电舱烟气除尘及余热利用系统	能源与环境学院	陈永平 屠晨锋	2016.08.24	第2214500号
913	一种固定非连接带电极微流控芯片的通用型装置	电子科学与工程学院	朱真 高崴 于程	2016.08.24	第2209170号
914	一种基于自由设站的多作业块拼装式测图方法	仪器科学与工程学院	于先文 王慧青 王庆	2016.08.24	第2205645号
915	一种基于说话人惩罚的独立于说话人语音情感识别方法	学习科学研究中心	郑文明 余华 徐新洲 吴尘 赵力 查诚 黄程韦	2016.08.24	第2198004号
916	一种室内自动换气装置耦合相变制冷器的空调系统	能源与环境学院	杨斯涵	2016.08.24	第2198907号
917	一种用于移动终端交互式力触觉反馈的便携式电容笔	仪器科学与工程学院	宋爱国 田磊 韩晔珍 胡海样 吴涓	2016.08.24	第2198986号
918	制备预应力高强度混凝土管桩的混凝土管桩的制备方法	材料科学与工程学院	张亚梅 韩彦	2016.08.24	第2199395号
919	虚拟家装室内场景设计中的阴影渲染方法	建筑学院	章品正 姜晓彤 盛玲	2016.08.24	第2199406号
920	微振动耗能部分自复位阻尼器	土木工程学院	王春林 吴京 张建东 陈泉 曾滨	2016.08.24	第2199837号
921	一种用于电动汽车驱动电机的无位置传感控制方法	电气工程学院	余海涛 孟高军 胡敏强 黄磊	2016.08.24	第2200244号
922	一种应用于新能源发电及电动汽车换电站的稳压系统及其控制方法	电气工程学院	程明 王青松	2016.08.24	第2201537号

(续表)

序号	发明专利名称	申请人	设计人	授权日	证书号
923	一种风电机组低电压穿越和有源滤波补偿装置及切换方法	电气工程学院	张建忠 张 欣 熊良根	2016.08.24	第2201869号
924	一种氮化镓基紫外雪崩光电探测器	电子科学与工程学院	张 雄 杨洪权 崔一平	2016.08.24	第2201221号
925	一种可见光催化剂及其制备方法与应用	化学化工学院	吴东方 郭威威 高 宇	2016.08.24	第2201295号
926	一种内置永磁式无刷直流电机的定子转子结构	电气工程学院	林明耀 徐 磊 李红艳	2016.08.24	第2201357号
927	一种电力机器人的驱动控制系统	电气工程学院	余 黄海涛 孟高军	2016.08.24	第2202414号
928	一种不同轴的盘式磁力齿轮	电气工程学院	付兴贺 王 标 林明耀 胡敏强	2016.08.24	第2204101号
929	一种自密实沥青混凝土防水封闭层及其施工方法	交通学院 中国铁路总公司 中国铁道科学研究院 中国铁道科学研究院铁道建筑研究所	陈先华 杨 军 赵国堂 杨国涛 蔡德钩 王 征 叶阳升 韩自力 张千里 王建伟 闾宏业	2016.08.24	第2212961号
930	一种承插式轻型钢框架连接节点及其施工方法	土木工程学院	赵才其 马 军 晓 光 赵雅婷	2016.08.24	第2204398号
931	一种弦支穹顶索杆系逐环提升安装方法	土木工程学院	罗 斌 田 伟 郭正兴	2016.08.24	第2205054号
932	一种硼酸根离子交联的导电石墨烯纸的制备方法	生物科学与医学工程学院	徐春祥 理记山 朱刚毅 吴 靖 石增良	2016.08.24	第2204576号
933	一种透明超疏水纳米涂层及其喷涂制备方法	材料科学与工程学院	张友法 邵 咪 余新泉 陈 锋	2016.08.24	第2204604号
934	一种带并网点动态电压补偿的无缝并网逆变器及方法	电气工程学院	余海涛 张笑薇	2016.08.24	第2206331号
935	网格状MEMS神经微探针及其制备方法	仪器科学与工程学院	杨 波 王行军 殷 勇	2016.08.24	第2204883号
936	地铁减震隔振弹性混合轻质道床轻制工艺	交通学院	缪林昌	2016.08.24	第2207343号
937	一种卷绕式铁心磁饱和可控电抗器	电气工程学院	林克曼 李 念 林明耀	2016.08.24	第2208349号

(续 表)

序号	发明专利名称	申请人	设计人	授权日	证书号
938	一种基于牵制的微电网分布式协同控制方法	电气工程学院	顾 伟 薛 帅 陈 明 曹 戈 赵 波 柳金辉 周	2016.08.24	第2209293号
939	一种用于提高小粒径雾滴除雾效率的除雾器	能源与环境学院	袁竹林 官 蕾 高理想	2016.08.24	第2208271号
940	一种利用加湿冷凝结水降低空气悬浮颗粒物的方法及装置	能源与环境学院	黄亚继 乔正辉 董 卫 程 梅	2016.08.24	第2209674号
941	一种电动调平支撑腿	土木工程学院	倪江生 安坤坤 刘 玲	2016.08.24	第2210350号
942	一种电力机车谐波电流的分相补偿方法	电气工程学院	王 商宝安 陈 姣 白晨阳	2016.08.24	第2203089号
943	一种可调节式交通护栏	交通学院	陈大伟 周 顺 李旭宏	2016.08.24	第2208494号
944	城市交通诱导信号与信号控制的协同方法及系统	交通学院	刘 攀 罗雪江 郭延永 杨 博	2016.08.24	第2201972号
945	一种油泥热解资源化利用方法及装置	能源与环境学院	向文国 陆佳佳 孙 朝 陈晓平	2016.08.24	第2208138号
946	用于高压真空断路器的三线圈永磁机构	电气工程学院	林鹤云 徐喆明 房淑华	2016.08.24	第2202438号
947	一种隔震支座的分离启动抗拉装置	土木工程学院	李爱群 张慧娟 陶轩浩	2016.08.24	第2204345号
948	一种提高水泥基材料中玻璃纤维耐久性的方法	材料科学与工程学院	钱春香 薛 彬	2016.08.24	第2207004号
949	一种桩基冲刷防护措施方法	土木工程学院	戴国亮 龚维明 何泓男	2016.08.24	第2204129号
950	旋转管束蒸发器排水装置	能源与环境学院	葛仕福	2016.08.24	第2210356号
951	一种基于增强型粒子滤波的轴承寿命预测方法	自动化学院	严如强 钱宇宁	2016.08.24	第2210226号
952	一种低成本微米粒子浓缩装置及其制作方法	机械工程学院	倪中华 易 红 石志国 项 楠	2016.08.24	第2210393号
953	一种受污染原水的长距离输水管道预处理方法及处理系统	能源与环境学院 无锡自来水有限公司	朱光灿 庄星宇 胡 侃 袁 君	2016.08.24	
954	蒸汽式旋转导热污泥干燥装置	能源与环境学院 无锡国联环保科技有限公司	葛仕福 杨叙军 宋 联 朱 葛	2016.08.31	第2223031号

序号	发明专利名称	申请人	设计人	授权日	证书号
955	一种应用于流水线型模数转换器的比较器	电子科学与工程学院	吴建辉 薛金炜 李 红 田 茜 黄 成	2016.08.31	第2218777号
956	一种用于评价水泥基材料抗泛碱性能的方法	材料科学与工程学院	钱春香 曹天骙	2016.08.31	第2219202号
957	大规模多天线系统中基于并行抵消的高效导频方法	信息科学与工程学院	郑心如 张 华 许 威	2016.08.31	第2217997号
958	一种风电系统无功补偿装置动作序列确定方法	电气工程学院	汤 奕 王 琦 李 峰	2016.08.31	第2217390号
959	一种道路病害成因检测顺序的确定方法	交通学院	赵永利 李 靖 马 涛 周 健 吴 铉国 郭 辉 杨 玉芳	2016.08.31	第2218346号
960	一种粗粒度可重构层次化的阵列寄存器文件结构	电子科学与工程学院	曹 鹏 葛 伟 徐 凯 杨 锦江 马 俊 刘 波 卜爱国	2016.08.31	第2218602号
961	一种用于移动终端的指套式力触觉交互装置及交互方法	仪器科学与工程学院	吴 涓 王 路 杨 军 王 超	2016.08.31	第2218864号
962	一种连续进水废水处理工艺的进水比例和微生物浓度的控制方法	医学院	宋爱国 昌昌远 刘 威	2016.08.31	第2218244号
963	一种基于B样条拟合的非平稳目标运动轨迹实时仿真方法	信息科学与工程学院	吴 晨 田 亮 戎 非	2016.08.31	第2218294号
964	一种风能、海洋波浪能综合发电装置	电气工程学院	方世良 徐雅南 罗昕炜	2016.08.31	第2218226号
965	一种可攀爬圆柱的运输车	机械工程学院	余海涛 陈中显 胡敏强 黄 磊	2016.08.31	第2218756号
966	一种适用于可见光通信的空间调制发射方法	信息科学与工程学院	吴 分 王 朗 邱 赵春明 姜 鹤 黄 霄 梁 磊	2016.08.31	第2218791号
967	一种制备超细垂直取向纳米线的方法	电子科学与工程学院	万 能	2016.08.31	第2218130号
968	一种可控的二维材料柔性转移方法	机械工程学院	陈云飞 倪振华 邹益人 袁志山 赵伟珏 伍根生 徐 伟 司 磊 沙菁洁 刘 磊	2016.08.31	第2218506号

(续表)

序号	发明专利名称	申请人	设计人	授权日	证书号
969	一种基于同步整流技术的开关磁阻电机控制器的低成本回流管控制电路及方法	电子科学与工程学院	钟 锐 赵荣婷 刁 龙 严 孙伟锋 屈	2016.08.31	第2219099号
970	一种低功耗高增益高摆率的运算跨导放大器	电子科学与工程学院	孙伟锋 陆扬扬 张允武 钱钦松 祝 靖 陆生礼 时龙兴	2016.08.31	第2217808号
971	一种基于自定时振荡环的工艺角检测电路	电子科学与工程学院	单伟伟 田朝轩	2016.08.31	第2218080号
972	一种沟槽隔离横向绝缘栅双极型晶体管	电子科学与工程学院	孙伟锋 杜益成 喻 慧 张 龙 祝 靖 陆生礼 时龙兴	2016.08.31	第2219328号
973	一种逆导型双栅绝缘栅双极型晶体管	电子科学与工程学院	孙伟锋 杜益成 杨 卓 祝 靖 徐 申 陆生礼 时龙兴	2016.08.31	第2218637号
974	一种通过性能指标实现再热汽温多变量协调预测控制的方法	能源与环境学院	睢 刚 钱晓颖 陈欢乐	2016.08.31	第2219234号
975	一种新型火电机组负荷多变量预测控制方法	能源与环境学院	睢 刚 钱晓颖 陈欢乐	2016.08.31	第2217286号
976	一种磁阻调制式双定子无刷双馈电机	电气工程学院	程 明 韩 鹏	2016.08.31	第2218749号
977	一种混合储能平抑风电功率波动系统及其协调控制方法	电气工程学院	蒋 平 郭 浩 许名路 诸 远	2016.08.31	第2219179号
978	一种工程机械用的组合组合式机架	机械工程学院	孙蓓蓓 张建润	2016.08.31	第2218190号
979	一种用于工程机械的液体阻尼减振器	机械工程学院	卢 熹 雷静静 张建润 孙蓓蓓	2016.08.31	第2218028号
980	一种基于位置自检测的混合励磁储能电机系统	电气工程学院	樊 英 张 丽	2016.08.31	第2218133号
981	一种考虑多路公交优先的交叉口信号控制方法	交通学院	王 炜 丁浩洋 杨 敏 德 李 烨 项 昀 赵	2016.08.31	第2219207号
982	一种AVC系统的控制方法	电气工程学院	高 山 刘 宇 诸晓骏 李炳汝	2016.08.31	第2217504号
983	一种FRP管约束水泥基复合材料加固墩柱结构	交通学院	王文炜 郑宇宙 戴建国 田 俊 朱忠锋 张 磊	2016.08.31	第2218136号
984	柔性牵引式手指康复训练装置	仪器科学与工程学院	李会军 王贵江 宋爱国 吴常铖	2016.08.31	第2219244号

(续表)

序号	发明专利名称	申请人	设计人	授权日	证书号
985	一种MIMO信号的协方差矩阵估计方法	信息科学与工程学院	高西奇 鑫 孟 江 彬 仲 文	2016.08.31	第2219243号
986	一种适用于无线局域网的上行多用户方法	信息科学与工程学院	黄永明 王 芳 周子铨 杨绿溪	2016.08.31	第2217716号
987	一种基于交通服务水平确定路段拥堵收费率的方法	交通学院	陆建 赵 孙祥龙	2016.08.31	第2217864号
988	并行报文路由探测方法	计算机科学与工程学院	程 光 吴 桦	2016.08.31	第2218758号
989	一种新型核壳型水泥基高强轻基骨质料的制备方法	土木工程学院	庞超明 梦 媛	2016.08.31	第2217959号
990	一种电流互感器及基于神经网络的母线电流检测方法	电子科学与工程学院	韦 朴 程 澄 孙小菡 单雪康	2016.08.31	第2219024号
991	一种内含掺杂量子点的硫化锌薄膜交流电致发光器件及其制备方法	电子科学与工程学院	张家雨 丁永亚	2016.08.31	第2218009号
992	一种滚珠丝杠进给系统摩擦补偿方法	机械工程学院	胡建中 武 奎 许飞云 贾民平	2016.08.31	第2218543号
993	基于电流耦合的级联H桥变换器主从控制方法	电气工程学院	赵剑锋 孙毅超 季振东	2016.08.31	第2218625号
994	一种基于多尺度剖析的电离层层析技术和电离层延迟改正方法	交通学院	胡伍生 郑敦勇 孙洪飞 金旭辉	2016.08.31	第2219144号
995	一种数字式可编程超表面	信息科学与工程学院	崔铁军 万 向 齐美清	2016.08.31	第2217675号
996	公交车辆越站调度方法及系统	交通学院	叶剑锐 于冰波 王 炜 王 超	2016.09.07	第2229519号
997	一种遥操作柔性环境力反馈系统	仪器科学与工程学院	宋爱国 马俊青 吴 涓 陈丹凤	2016.09.07	第2228021号
998	一种球形风速风向传感器结构	电子科学与工程学院	秦 明 胡世镁 陈 实	2016.09.07	第2231354号
999	基于二维散射中心集网络模型的ISAR图像恢复方法	信息科学与工程学院	蒋忠进 崔铁军	2016.09.07	第2231176号

(续 表)

序号	发明专利名称	申请人	设计人	授权日	证书号
1000	密集分布式无线网络动态导频复用信道估计与导频分配方法	信息科学与工程学院	高西奇 张源 孙强 孙晓宇 金石	2016.09.07	第 2230392 号
1001	一种具有隧道结结构的氮极性面发光二极管	电子科学与工程学院	张雄 杨旭 崔一平	2016.09.07	第 2230333 号
1002	一种基于核半监督判别分析的语音情感识别方法	学习科学研究中心	郑文明 徐新洲 黄程韦 赵力 刘健刚 魏昕	2016.09.07	第 2231331 号
1003	一种基于区域CORS的单频PPP电离层加权方法	仪器科学与工程学院	潘树国 汪登辉 杨仟	2016.09.07	第 2230244 号
1004	电压调制的周期性亚波长金属光栅滤波器及其制备方法	电子科学与工程学院	王琦龙 齐志央 吴威骑 黄信信	2016.09.07	第 2230547 号
1005	一种基于DSmT和HMM的序列飞机目标识别方法	自动化学院	李新德 潘锦东	2016.09.07	第 2230567 号
1006	一种三角形接法的永磁同步电机面间短路故障诊断的方法	电气工程学院	张建忠 杭俊 程明	2016.09.07	第 2230362 号
1007	一种基于阵形畸变及阵元随机扰动的声纳信号仿真方法	信息科学与工程学院	方世良 徐雅南 罗昕炜	2016.09.07	第 2230037 号
1008	基于磁齿轮的转子凸极式混合磁电机	电气工程学院	樊英 顾玲玲	2016.09.07	第 2231653 号
1009	基于无传感器轮毂式电机的电动自行车正弦波控制方法	自动化学院	王会明 李世华 颜赟达 杨俊	2016.09.07	第 2230675 号
1010	一种微网构建中的海浪发电系统位置检测方法	电气工程学院	余海涛 孟高军 胡敏强 黄磊	2016.09.07	第 221230 号
1011	一种抗菌聚电解质复合纳米纤维膜及其制备方法	化学化工学院	王怡红 姚琛 李玉松	2016.09.07	第 2231198 号
1012	一种基于磁通切换直线电机的轨道交通速度脉动抑制方法	电气工程学院	余海涛 孟高军 胡敏强 黄磊	2016.09.07	第 2230815 号
1013	一种光伏逆变控制器外特性测试的试验方法	电气工程学院	高丙团 叶飞 汤奕	2016.09.07	第 2230958 号
1014	一种梳齿电容式MEMS微梁应力梯度的测试结构	电子科学与工程学院	唐洁影 王磊	2016.09.07	第 2230198 号
1015	面向大规模天线阵列的无线传输网络信息能量功控方法	信息科学与工程学院	许威 吴宪 张华	2016.09.07	第 2231307 号

(续 表)

序号	发明专利名称	申请人	设计人	授权日	证书号
1016	一种太阳能光伏蓄热式恒温生物反应器	能源与环境学院	陆 勇 田 野 鹿浩伟 钟文琪 李先宁	2016.09.07	第 2230319 号
1017	基于任线监测的自适应电压调节系统及监测路径筛选方法	电子科学与工程学院	单伟伟 徐志鹏 孙华芳	2016.09.07	第 2232757 号
1018	一种用于水域信息采集的水域侦察机器人及其控制方法	仪器科学与工程学院	吴剑锋 李建清 张 瑞 顾 乐 王晓彬 吕 正 刘保帅 方维维 齐 济	2016.09.07	第 2232807 号
1019	一种DSP矢量控制系统脉宽调制策略代码执行时间测量方法	电气工程学院	程 明 王 亚 王 伟	2016.09.07	第 2232336 号
1020	基于真实路网特性及动态行程时间的最短路径诱导方法	交通学院	陈淑燕 张思俊 吴 帅	2016.09.07	第 2232736 号
1021	一种双向功率流高频隔离有源钳位逆变器的控制方法	电气工程学院	程 明 朱文杰 周克亮	2016.09.07	第 2231857 号
1022	一种基于FPGA的同步采样时钟闭环校正方法和系统	电气工程学院	梅 军 马 天 郑建勇 钱 超 朱 超 倪玉玲 黄谦贻	2016.09.07	第 2232012 号
1023	一种运动协调能力简便检测系统	学习科学研究中心	葛 盛 禹东川	2016.09.07	第 2231776 号
1024	利用单元天线随机扰动的方向调制方法	信息科学与工程学院	王 炎 陈 卓 尤肖虎	2016.09.07	第 2232375 号
1025	基于三角速率输入的光纤陀螺惯导系统姿态优化方法	仪器科学与工程学院	程向红 胡 杰 冯 骥	2016.09.07	第 2232605 号
1026	基于X射线源阵列的实时闭环工业CT检测系统	生物科学与医学工程学院	罗守华 林志宏 李 光 顾 宁	2016.09.07	第 2232727 号
1027	一种光纤内部损耗/反射点简易检测与定位方法及装置	电子科学与工程学院	孙小菡 叶红亮 潘 超 李明铭 赵温慧	2016.09.07	第 2232189 号
1028	高精度ADC线性度的测试方法	电子科学与工程学院	黄 成 刘 昊 王 徽 李佑辉 杨 腾 李琪琼	2016.09.07	第 2232114 号
1029	一种MPPSK调制的多载波实现方法	信息科学与工程学院	吴乐南 张 鹏	2016.09.14	第 2239358 号

(续表)

序号	发明专利名称	申请人	设计人	授权日	证书号
1030	一种无线照明控制系统及智能照明装置	电子科学与工程学院	翁一士 张宁宁 李晓华 杨晓伟	2016.09.14	第2238896号
1031	一种具有保护功能的三相桥式半控整流触发电路	电气工程学院	金龙 沈湛 徐志科 李志广 张臻 潘鹏 陈珲光 吴笑天	2016.09.14	第2238986号
1032	基于高压静电的热源塔吸液装置	能源与环境学院	梁彩华 黄世芳 张小松	2016.09.14	第2239302号
1033	一种测量制冷剂管内流动沸腾换热系数的实验装置	能源与环境学院	杜威 储云雪 李彦军 李舒宏	2016.09.14	第2239665号
1034	一种沥青混合料半圆加载直剪试验装置及其试验方法	交通学院	黄晓明 祝谭雍 王飚奇 马涛	2016.09.14	2239191号
1035	一种利用太阳能热驱动的吸收式地源热泵装置	能源与环境学院	李舒宏 张艺斌 杨文超	2016.09.14	第2239013号
1036	一种光源接入式照明氪阴器	医学院	彭丹红 韩旭	2016.09.14	2240038号
1037	基于高温超导钉扎和悬浮效应的电磁型永磁导轨式弹射器	电气工程学院	余海涛 仲伟波 董申 陈中显 胡海强 黄磊	2016.09.14	第2240130号
1038	绕组互补型转子永磁磁通切换电机	电气工程学院	花为 张鹏 程明	2016.09.17	第2230558号
1039	面向超覚电压的在线监测单元及自适应调节系统	电子科学与工程学院	单伟伟 吴建兵 戴文韬	2016.09.21	第2244578号
1040	一种低噪声低损耗绝缘栅双极型晶体管	电子科学与工程学院	孙伟锋 杨卓 喻慧 靖 陆生礼 时龙兴	2016.09.21	第2245316号
1041	一种栅接地金属氧化物半导体晶体管静电防护结构	电子科学与工程学院	孙伟锋 张春伟 祝艺 刘斯扬 时龙兴	2016.09.21	第2244235号
1042	一种高雪崩耐量能力的纵向双扩散金属氧化物半导体结构	电子科学与工程学院	孙伟锋 倪海涛 祝靖 徐申 陆生礼 时龙兴	2015.09.21	第2244128号
1043	一种用于长期演进系下行的高能效链路自适应方法	信息科学与工程学院	郑福春 李过 金石 王晓钰 高西奇	2016.09.21	第2244051号
1044	MPPSK调制的跳时多址实现方法	信息科学与工程学院	吴乐南 张鹏	2016.09.21	第2244133号
1045	基于直接导航模型的无迹卡尔曼非线性初始对准方法	仪器科学与工程学院	冉昌艳 程向红 王磊 陈红梅 戴晨曦	2016.09.21	第2243912号

（续 表）

序号	发明专利名称	申请人	设计人	授权日	证书号
1046	一种高分子超薄膜相转变温度的测定方法	生物科学与医学工程学院	卢晓林 李柏森	2016.09.21	第2244842号
1047	一种可利用汽化潜热的闭环磁流体发电方法及其循环发电系统	电气工程学院	顾 曙 吴 立 李 森	2016.09.21	第2244882号
1048	一种城市有机电车、BRT 与常规公交线网交通量分配方法及其换乘松弛确定方法	交通学院	王 昊 林 浩 王 炜	2016.09.21	第2245375号
1049	钢渣常温重构制备地基加固的新型复合基材	交通学院	刘倩雯 邓永峰 顾兴宇	2016.09.21	第2244178号
1050	路面摩擦系数与摩擦噪声的同步测试方法	交通学院	廖公云 蒋 博 艾长发	2016.09.21	第2244019号
1051	一种复杂系统人机界面可用性的检测方法	机械工程学院	薛澄岐 李 晶 王声乐 郝 将 牛亚峰	2016.09.21	第2244597号
1052	一种基于多体系统动力学的道路线形安全分析方法	交通学院	何 杰 吴德华 陈志伟 翁 辉	2016.09.21	第2244856号
1053	铂纳米簇的制备方法及在肿瘤的成像剂和凋亡剂中的应用	生物科学与医学工程学院	李培庆 陈东华 韦 伟 高生平	2016.09.21	第2244025号
1054	一种用于磁力计导航系统航向角动态计算及校正方法	仪器科学与工程学院	陈熙源 吕才平 黄浩乾 方 琳	2016.09.21	第2244453号
1055	一种基于回溯累加的曲线检测方法	机械工程学院	陈 阳 曹 清 罗立民 李松毅 鲍旭东	2016.09.21	第2244327号
1056	一种信号交叉口路段协同避免公交车冲突方法	交通学院	郑 元 张国强	2016.09.21	第2245209号
1057	低速启动高效的可提供升力的复合式垂直轴风机风轮系统	能源与环境学院 南京源紫尚蓝能源科技有限公司	熊源泉 苏银海 张 平	2016.09.28	第2252272号
1058	大规模 MIMO 系统的选择基站天线和用户终端方法	信息科学与工程学院	金 石 李明梅 景银地 高西奇	2016.09.28	第2250205号
1059	基于任意场景的视频对象实时统计方法	计算机科学与工程学院	姚 莉 凌妙根	2016.09.28	第2250468号

(续 表)

序号	发明专利名称	申请人	设计人	授权日	证书号
1060	高效制备银纳米粒子-石墨烯三维复合结构的方法	材料科学与工程学院 江南石墨烯研究院	郭新立 张灵敏 王蔚妮 郝 威 张艳娟 李 琦 孙立涛	2016.10.05	第2260057号
1061	一种自适应通过人脸图像产生方法	自动化学院	路小波 胡长晖	2016.10.05	第2259658号
1062	一种浮式液化天然气平台液化过程的仿真方法	机械工程学院	倪中华 严 岩 林元载	2016.10.05	第2259716号
1063	一种具有噪声抵消的低功耗宽带射频前端电路	信息科学与工程学院	李智群 王曾祺 段劲松 王 欢 王志功 程国旻	2016.10.05	第2259182号
1064	基于多径时延结构压缩感知的水声目标被动定位方法	信息科学与工程学院	高 翔 路 云	2016.10.05	第2259785号
1065	冗余型半齿绕磁通切换电机	电气工程学院	花 为 苏 鹏 张 淦 明 王宝安	2016.10.05	第2259267号
1066	适用于中小桥梁快速安全诊断的一体化装置	土木工程学院	张 建 夏 琪 李攀杰	2016.10.05	第2259411号
1067	一种可折叠展开的索膜桁架结构	土木工程学院	蔡建国 贾文文 冯 健	2016.10.05	2259403
1068	一种用于轴承故障诊断的特征选取方法	仪器科学与工程学院	严如强 沈 飞	2016.10.12	第2262177号
1069	一种基于符号化概率有限状态机的轴承故障诊断方法	仪器科学与工程学院	严如强 胡世杰	2016.10.12	第2262602号
1070	一种基于迁移学习的轴承故障诊断方法	仪器科学与工程学院	严如强 沈 飞	2016.10.12	第2263272号
1071	一种步进频率脉冲雷达信号微动检测的解模糊方法	信息科学与工程学院	徐平平 盛 园 黄 航 李 雷 汪 淼	2016.10.12	第2267835号
1072	基于定位单元质量及多算法数据融合的抗NLoS误差定位方法	信息科学与工程学院	蒋良成 杨云帆 王 捷 杜永强	2016.10.12	第2268099号
1073	混凝土中钢筋锈蚀状态及温度场状态的全体积监测传感装置	仪器科学与工程学院	刘宏月 韩晓林 费庆国 芮 琴	2016.10.12	第2268255号

(续 表)

序号	发明专利名称	申请人	设计人	授权日	证书号
1074	一种分级多孔磷酸盐-石墨烯正极材料及其制备方法与应用	化学化工学院	范 奇 张袁健 郑颖平 孙岳明 齐 伟 蒋 汉 雷立旭 尹 桂 王育乔 代云茜	2016.10.12	第2268496号
1075	一种实时现场总线控制调度方法	信息科学与工程学院	徐平平 秦 汉 李小娟	2016.10.12	第2267398号
1076	一种氧化石墨烯-银纳米粒子-二氧化钛纳米阵列材料及其制备方法与应用	生物科学与医学工程学院	谢一兵 孟玉洁	2016.10.12	第2267474号
1077	一种基于多位点锚定的细胞膜荧光成像试剂及其制备方法	化学化工学院	吴富根 王宏银 贾浩然 陈 战	2016.10.12	第2268324号
1078	一种混凝土阻泥剂	材料科学与工程学院	高建明 张太龙 祁 兵	2016.10.12	第2267555号
1079	硼掺杂中空碳球的制备及在直接甲醇燃料电池阴极中的应用	化学化工学院	李 颖 陆慧佳 梅 园 刘松琴	2016.10.12	第2268487号
1080	一种垂直生长TiO_2纳米片及其制备方法	生物科学与医学工程学院	付德刚 银 涛	2016.10.12	第2268086号
1081	一种基于分类器集成的路面破损类型识别方法	交通学院	赵池航 张秋各 党 信	2016.10.12	第2261372号
1082	一种适用于电池性负载的无线充电系统	能源与环境学院	谭林林 黄学良 孙文慧	2016.10.12	第2269211号
1083	一种研究FRP筋拉伸性能的线性锚固辅助装置	材料科学与工程学院	蒋金洋 王桂玲 王凤娟 武胜萍 王彭生	2016.10.19	第2278369号
1084	一种虚拟输入装置及方法	电子科学与工程学院	陈升奇 单园园 王 浩 秦 明 周 麟	2016.10.19	第2279761号
1085	一种二维声场迁移悬浮颗粒物的装置	能源与环境学院	乔正辉 黄亚辉 董 卫 程 梅	2016.10.19	第2279348号
1086	一种针对高温高压粉体颗粒冷却减压连续排放装置及方法	能源与环境学院	向文国 周 驰 段钰锋	2016.10.19	第2279682号
1087	用于气动控制阀粘滞检测的方法	自动化学院	曹 鸣	2016.10.19	第2279168号
1088	一种模块化自重构机器人的通信装置及其通信方法	仪器科学与工程学院	宋光明 乔贵方 张 颖 李志文 王卫国 彭 瑾	2016.10.19	第2278722号

（续表）

序号	发明专利名称	申请人	设计人	授权日	证书号
1089	带臭氧去除装置的防PM2.5两用新风空气净化机	能源与环境学院	郑晓红 谢小亮 钱 华 张小松 梁文清	2016.10.19	第2279186号
1090	农网三级保护剩余电流故障快速定位装置及定位方法	空间科学与技术研究院	陈从颜 伍 丹 范存海	2016.10.19	第2279041号
1091	一种金纳米粒子探针比色法检测甲型流感病毒H3N2的方法	化学化工学院	卫 伟 刘元建	2016.10.19	第2279009号
1092	苯胺的固相电致化学发光检测方法	公共卫生学院	王晓英 刘松琴	2016.10.19	第2279439号
1093	一种多路基片集成波导滤波功分器	信息科学与工程学院	陈小伟 无 奇 余 晨 洪 伟	2016.10.19	第2279440号
1094	一种基于光伏光热和电渗析的溴化锂-水吸收式制冷装置	能源与环境学院	张艺斌 杨文超 张小松	2016.10.19	第2278832号
1095	一种相变蓄能辐射采暖供冷末端装置及控制方法	能源与环境学院	张如意 夏 燚	2016.10.19	第2279316号
1096	一种基于运行环境状态的Android权限细粒度访问控制方法	计算机科学与工程学院	倪振宇 罗军舟 吴文甲	2016.10.26	第2283244号
1097	双层绕线转子式双定子无刷双馈电机	电气工程学院	韩 鹏 杨 明 凌 振	2016.10.26	第2283265号
1098	一种多功能车位锁	交通学院	陈大伟 周 顺 李旭宏	2016.10.26	第2283444号
1099	一种取代吲哚-3-乙酸的合成方法	化学化工学院	葛裕华 潘东辉 康静宜	2016.10.26	第2283572号
1100	一种场致发射冷阴极	电子科学与工程学院	樊兆雯 杨兰兰 张 雄 屠 彦	2016.10.26	第2283447号
1101	一种可低温脱氢镁基复合材料及其制备方法	材料科学与工程学院	张 耀	2016.10.26	第2283338号
1102	一种基于T-S型模糊神经网络的光伏发电预测系统	能源与环境学院	陆玉正 王 军 张耀明 李俊娇	2016.10.26	第2282628号
1103	一种用户偏好检索方法	计算机科学与工程学院	王红兵 王玉文 陈 鑫 吴 琴	2016.10.26	第2282629号
1104	一种确定结构多尺度动力分析中子模型尺寸的方法	土木工程学院	王春峰 王 浩 陶天友	2016.10.26	第2282695号

（续 表）

序号	发明专利名称	申请人	设计人	授权日	证书号
1105	具有晶体有序结构的表面增强拉曼散射基底及其应用	生物科学与医学工程学院	董 健 谢 渺 郭明德 钱卫平	2016.10.26	第2283220号
1106	一种混合粗集料密度的模拟测试方法	交通学院	孙 璐 任皎龙	2016.10.26	第2282773号
1107	在非直线路段测量车头间距离的方法	交通学院	叶智锐 王 超 王 炜	2016.10.26	第2283009号
1108	一种压阻式MEMS高过载加速度计	仪器科学与工程学院	徐晓苏 金博楠	2016.10.26	第2282677号
1109	一种基于伪牛顿法的四元数弱压缩感知彩色图像压缩感知恢复方法	计算机科学与工程学院	严 路 伍家松 杨淳沨 沈傲东 舒华忠 韩 旭	2016.10.26	第2282634号
1110	一种微波辅助脂肪酶催化合成蔗糖-6-酯的方法	化学化工学院	沈 彬 申桂贤 赵芬利 张 衡	2016.10.26	第2283033号
1111	一种纳米层状材料在水泥稳定碎石基层中的应用方法	土木工程学院	马 翠 曲全钊 美红燕 李 敏 陈红敏 许雪松	2016.10.26	第2283208号
1112	一种车轮全彩色显示装置及其显示方法	电子科学与工程学院	张玉浩 郑姚生 鲁悦顺 黄新锐 汤勇明	2016.10.26	第2282805号
1113	一种车轮运动状态矢量检测系统和方法	仪器科学与工程学院	林国余 冯李航 张为公 戴 栋 杨 帆	2016.10.26	第2282811号
1114	一种可分级视频编码空间增强层的快速模式选择方法	信息科学与工程学院	徐平平 李 玮 张苏横 商敏红	2016.10.26	第2282318号
1115	一种无线Mesh网络中基于智能天线的QoS MAC协议	信息科学与工程学院	王皆峻 陈雨萌 陈晓曙 徐燕君	2016.10.26	第2284126号
1116	一种含SVG时电网PCC电压超调量的计算方法	电气工程学院	黄学良 王 瑜 闻 枫 周仲柳 录像新阳	2016.10.26	第2283463号
1117	游离皮瓣体外远位血装置	机械工程学院	熊 锰 倪中华 张鑫杰 陈 明 海曦	2016.10.26	第2283493号
1118	一种基于3D-MIMO码本设计的多用户调度传输方法	信息科学与工程学院	黄永明 张 帆 何世文 杨绿溪 金 石 范立行	2016.10.26	第2282678号
1119	混沌保密通信系统中数字混沌密码的产生方法	物理系	黄洪斌 邱灿灿	2016.10.26	第2282645号

(续表)

序号	发明专利名称	申请人	设计人	授权日	证书号
1120	一种湿度传感器响应时间测量装置及测量方法	电子科学与工程学院	黄见秋 张 敏	2016.10.26	第2283516号
1121	纤维增强复合筋智能网格及其制作方法	土木工程学院 北京特希达科技有限公司	吴 刚 王 焰	2016.10.29	第2278644号
1122	一种面内轴向受拉型消能器	土木工程学院	黄 镇 李黄秋 吴 鹏	2016.11.02	第2285795号
1123	内埋轻质材料套管混凝土屈曲约束支撑	土木工程学院	王春林 陈 泉 孟少平 曾 滨 葛汉彬	2016.11.02	第2285437号
1124	一种工作频率可调的长距离无源无线传感器遥测系统	电子科学与工程学院	董 蒨 王立峰 唐 丹 黄庆安	2016.11.02	第2285122号
1125	一种多路基片集成波导功分器	信息科学与工程学院	王海明 洪 伟 陈小伟 无 奇 余 晨	2016.11.02	第2285592号
1126	一种评价软件系统信息交互复杂度的方法	计算机科学与工程学院	沈 军 冒佳明	2016.11.02	第2285593号
1127	绿波控制条件下交通诱导与信号控制协同方法	交通学院	刘 攀 俞 灏 罗旭江	2016.11.02	第2285667号
1128	一种多卫星系统与捷联惯性导航系统组合导航方法	仪器科学与工程学院	张 涛 官淑萍 苏晓苏	2016.11.02	第2285542号
1129	一种高效一体化双转子双向发电机装置	电气工程学院	吕 进	2016.11.02	第2285505号
1130	控制阀粘滞检测方法	自动化学院	曹 鸣 马 飞	2016.11.02	第2285506号
1131	基于EMD迭代阈值滤波的GNSS多径效应抑制方法	仪器科学与工程学院	陈熙源 崔冰波	2016.11.02	第2285636号
1132	一种挤压浸渗制备金刚石-AL复合材料的方法	材料科学与工程学院	陈 锋 曾从远 陈培架 余新泉 张友法	2016.11.02	第2286248号
1133	一种悬臂梁结构及其制备方法	电子科学与工程学院	雷双瑛 韩瑞峰	2016.11.02	第2286238号
1134	电化学同时强化水及底泥净化的自动控制曝气系统	能源与环境学院	李先宁 李婷婷	2016.11.02	第2286178号

(续 表)

序号	发明专利名称	申请人	设计人	授权日	证书号
1135	白色玻化微珠改性保温砌筑砂浆及使用方法	材料科学与工程学院	张云升 肖建强 张国荣	2016.11.02	第2286207号
1136	一种甘油芳构化方法	化学化工学院	肖国民 肖为引 王 飞 徐 威	2016.11.02	第2286124号
1137	一种热泵驱动的两级高低温溶液除湿空调系统和控制方法	能源与环境学院	殷勇高 陈 璐 张小松	2016.11.02	第2285384号
1138	一种基于线性合并的DTMB信号频谱感知方法	信息科学与工程学院	王东明 吴雨霏 刘瑞勋 王向阳 唐文锐 黄禹淇	2016.11.02	第2285281号
1139	多管道对应多清水池结构的水处理系统的余氯软测量方法	自动化学院	谢佩章 李世华 华 伟 周杏鹏 赵世猛	2016.11.02	第2285128号
1140	一种LTE-A系统多小区无线网络的基站功率控制方法	信息科学与工程学院	赵新胜 张 魏	2016.11.02	第2285086号
1141	基于大气能见度测算的超高层建筑最佳眺望点选址技术	建筑学院	王建国 杨俊宴 戎卿文	2016.11.02	第2285205号
1142	超稳定硫化铜纳米簇的制备方法及其应用	化学化工学院	吴富根 王宏银 华先武	2016.11.02	第2286168号
1143	一种二苯乙烯类化合物的制备方法	化学化工学院	葛祥华 潘东辉 康静宜	2016.11.02	第2286140号
1144	一种高容量的镁-钴系储氢电极材料及其制备方法	材料科学与工程学院	张 耀 庄向阳 詹乐宇 陈 坚	2016.11.02	第2285853号
1145	应用于人体通信的多功能双频双极化天线	信息科学与工程学院	刘震田 朱田中	2016.11.02	第2285709号
1146	一种电流源型插电混合动力汽车能量传送驱动装置及方法	电气工程学院	王 政 储 凯 程 明	2016.11.02	第2285948号
1147	基于新型人工电磁材料的变形龙伯透镜	信息科学与工程学院	程 强 陈海兵 赵 捷 戴俊彦 陆慧颖 崔铁军 黄爱华	2016.11.02	第2285731号
1148	一种具有多孔结构的硒碳电极材料的制备方法及其应用	化学化工学院	范 奇 孙岳明 安睿怡 徐庆宇 王青乔 雷立旭 齐 齐	2016.11.02	第2285808号
1149	水溶性硅量子点在多巴胺检测中的应用	化学化工学院	吴富根 张晓东 陈晓凯	2016.11.02	第2285814号
1150	天然物中脂性药物的超临界萃取/胶束化一体装置	化学化工学院	焦 真 樊文景 王秀东 王梓屹	2016.11.09	第2291096号
1151	数字混沌保密通信的加密及解密方法	物理系	黄洪斌 邱灿灿	2016.11.09	第2290271号

(续 表)

序号	发明专利名称	申请人	设计人	授权日	证书号
1152	一种基于氧化石墨烯的电容式温度传感器及其制备方法	电子科学与工程学院	黄见秋 陈文浩	2016.11.09	第2290468号
1153	一种两相厌氧发酵产沼气方法	能源与环境学院	李先宁 吴 磊 洪 伟 汪楚乔 黄 飞 程 锋	2016.11.09	第2289870号
1154	一种基于套索驱动的上肢康复外骨骼机器人	机械工程学院	王兴松 吴青聪	2016.11.09	第2291094号
1155	一种可自动报警的腹腔镜手术用穿刺装置	医学院	彭丹红 王公道	2016.11.09	第2290604号
1156	基于氧化石墨烯修饰的功能性复合纸的制备方法	电子科学与工程学院	孙立涛 毕佰昌 曹海燕 万 树	2016.11.09	第2290430号
1157	一种三维稠密气固系统非球形颗粒动力学参数的无线测量装置及方法	能源与环境学院	张 勇 钟文琪 金保昇 郑 昕	2016.11.09	第2290885号
1158	无开关损耗型全桥非隔离光伏并网逆变器及开关控制时序	电气工程学院	肖华锋	2016.11.09	第2290860号
1159	同时调控表面和传播波的新型人工电磁表面及制作方法	信息科学与工程学院	崔铁军 万 向 齐美清	2016.11.09	第2290819号
1160	一种SERF原子自旋磁强计光位移消除方法	仪器科学与工程学院	陈熙源 张 红 邹 升	2016.11.09	第2290703号
1161	新型树枝状聚合物正性光刻胶树脂及其制备方法与应用	化学化工学院	郭玲香 祕 婧 张玉虎 杨 洪 林保平	2016.11.09	第2290653号
1162	一种均匀人流中螺浆噪声数值预报方法	信息科学与工程学院	方世良 曹红丽	2016.11.09	第2289806号
1163	一种异构小区中的干扰对齐方法	信息科学与工程学院	俞 菲 夏灿锋 王 玫	2016.11.09	第2290292号
1164	一种视频检测地板正反面的方法	自动化学院	尚 进 李志超 费树岷 沈 捷	2016.11.16	第2293687号
1165	一种新型桁架-开洞钢板剪力墙结构体系	土木工程学院 苏州工业园设计研究院股份有限公司 中亿丰建设集团股份有限公司	舒赣平 张 谨 李宗京 谈丽华 路江龙 朱 江	2016.11.16	第2292996号

（续　表）

序号	发明专利名称	申请人	设计人	授权日	证书号
1166	一种去除中低浓度挥发性有机物的纳米碳纤维-金属复合物的制备方法	能源与环境学院	宋　敏　唐心红　金保昇　仲兆平	2016.11.16	第2293144号
1167	一种GPS终端室内定位系统和方法	信息科学与工程学院	姜　禹　胡爱群　李　涛	2016.11.16	第2294100号
1168	一种基于热泵循环的分级低温蒸发浓缩碱液装置	能源与环境学院	杜　岂　张爱超　卢　迅	2016.11.16	第2293466号
1169	高强度组合式自降解膨胀骨钉	材料科学与工程学院	储成林　于红光　李　旋　白　晶 郭　超　薛　烽　林萍华	2016.11.16	第2292936号
1170	一种基于块匹配的可重构配置信息缓存系统及压缩方法	电子科学与工程学院	曹　鹏　刘　波　朱婉瑜　杜　月 张　亚　刘　炎	2016.11.16	第2294107号
1171	一种城市轨道交通清分方法	智能运输系统研研中心	张　宁　邵远忠　何铁军　刘书斌 潘雪清　武雪都　王中堂　陈晓玲	2016.11.16	第2293903号
1172	用于实现可重构系统中多任务调度的管理单元和方法	电子科学与工程学院	曹　鹏　刘　波　杜　月　胡建兵 朱婉瑜　齐　志　杨　军	2016.11.16	第2293410号
1173	一种石墨烯毫米片的制备方法	电子科学与工程学院 江南石墨烯研究院	孙立涛　毕佰昌　万　树　韦龙祥	2016.11.16	第2293275号
1174	一种人脸信息的编码加密及应用方法	生物科学与医学工程学院	张继中	2016.11.23	第2298415号
1175	LTE-A终端反馈系统中双码本差分设计方法	信息科学与工程学院	许　威　赵晶晶	2016.11.23	第2298503号
1176	一种在医用聚氨酯材料表面进行完聚糖或其衍生物生物修饰的方法	生物科学与医学工程学院	周雪锋　钱　玲　顾　宁　张天柱	2016.11.23	第2297856号
1177	一种集成细胞聚焦检测的方法及其微型化系统	机械工程学院	易　红　唐文来　倪中华	2016.11.23	第2297624号
1178	设置于气体通道中的气体混合器及其组成的气体混合装置	能源与环境学院 大唐南京环保科技有限责任公司	喻　聪　司风琪　江晓明	2016.11.23	第2296418号
1179	一种LTE基站MIMO技术能效的实验室评估系统及评估方法	信息科学与工程学院	王　捷　陈　俊　唐瑞欣　王向阳 付学群　李万林	2016.11.23	第2298236号

（续表）

序号	发明专利名称	申请人	设计人	授权日	证书号
1180	用于粗粒度动态可重构阵列的多模式数据传输互连器	电子科学与工程学院	刘波 曹鹏 刘炎	2016.11.23	第2297507号
1181	一种核电站空冷系统用自清洁空气过滤装置及其实现方法	能源与环境学院	冷杉 张明 王超	2016.11.23	第2298280号
1182	一种多功能交通路障设施	交通学院	陈大伟 周顺 李旭宏	2016.11.23	第2298631号
1183	用于半球试件湿法刻蚀各向异性速率测试的可调整式夹具	机械工程学院	辛研 张辉 李源	2016.11.23	第2297555号
1184	面向移动终端三维模型流式传输方法	计算机科学与工程学院	姚莉 李沛林	2016.11.23	第2297965号
1185	基于动态模糊神经网络的功放数字预失真装置及方法	信息科学与工程学院	翟建锋 张雷 朱晓维	2016.11.30	第2302924号
1186	一种基于流场数值计算的气流均布方法	能源与环境学院	袁竹林 郝雅洁 官蕾	2016.11.30	第2300436号
1187	一种燃料颗粒热态碰撞恢复系数测量装置及测量方法	能源与环境学院	钟文琪 徐惠斌 袁竹林	2016.11.30	第2301062号
1188	一种电-热驱动式微机电系统扭转梁疲劳强度的测试结构	电子科学与工程学院	唐洁影 张勇 部应娟	2016.11.30	第2298986号
1189	一种后置传感器开口钢管桩内力监测设备及其方法	土木工程学院	戴国亮 王磊 龚维明	2016.11.30	第2299480号
1190	一种机器人点动操作的速度控制方法	自动化学院	甘亚辉 王雷 罗灿威 徐超	2016.11.30	第2301184号
1191	一种基于区别性字典的低剂量CT图像处理方法	计算机科学与工程学院	陈阳 石路遥 鲍旭东 罗立民	2016.11.30	第2299792号
1192	一种声驱动的悬浮颗粒迁移除装置	能源与环境学院	乔正辉 黄亚继 周树青 董卫 李松毅	2016.11.30	第2301192号
1193	偏振方向各异的双面随机激光出射的装置和方法	电子科学与工程学院	叶莉华 赵翀 王雁 崔一平 唐程梅 顾兵 刘波	2016.11.30	第2301932号
1194	一种适用于无线信道的LT码的译码电路	电子科学与工程学院	张红 潘磊 李古月 吴建辉 李旭 刘昊 蔡珑 彭茜茜	2016.12.09	第1874767号

2015年被SSCI、SCI、EI、CPCI-S收录论文统计（2016年发布）

序号	院系	SSCI	SCI	EI	CPCI-S	表现不俗论文
1	建筑学院	1	9	16	6	2
2	机械工程学院	0	81	110	22	10
3	能源与环境学院	0	138	245	5	85
4	信息科学与工程学院	0	246	132	27	21
5	土木工程学院	1	96	129	0	28
6	电子科学与工程学院	0	142	176	26	31
7	数学系	2	115	80	0	47
8	自动化学院	1	80	119	26	27
9	计算机科学与工程学院	0	38	65	5	11
10	物理系	0	108	64	4	47
11	生物科学与医学工程学院	0	124	56	5	83
12	材料科学与工程学院	0	88	101	0	17
13	电气工程学院	1	82	158	29	35
14	化学化工学院	0	244	23	0	127
15	交通学院	20	113	215	18	29
16	仪器科学与工程学院	0	67	111	11	15
17	医学院	0	60	0	4	27
18	公共卫生学院	0	30	5	0	11
19	中大医院	7	219	12	20	41
20	学习科学中心	5	18	6	3	4
21	智能运输系统研究中心(ITS)	0	14	18	0	7
22	生命科学研究院	0	19	3	0	18
23	经济管理学院	21	34	39	14	20
24	其他	18	291	671	89	160
合计		77	2 456	2 554	314	903

人文社会科学研究工作

综　　述

2016年是"十三五"规划的开局之年,是深化改革、推进"精品文科"建设的关键之年,社会科学处紧密结合国家和教育部关于"双一流"的重要决策和部署,在校党委和行政部门的领导下,开拓创新、求真务实、和谐奋进,不断提升科研管理服务水平,与院系和兄弟部处协同工作,出色完成了本年度各项任务,在平台建设、重大项目、科研经费、成果获奖、服务能力等关键指标方面走在国内以工科为特色的综合性高校前列,人文社会科学的话语权和影响力显著增强。

一、2016年度社科处主要管理措施

1. 提升理论素养和业务能力

2016年度,社科处全体工作人员认真学习了党和国家以及教育部等部委的重要文件,在社科管理服务工作中能够深入贯彻落实党的十八大和十八届三中、四中、五中全会精神,坚持党的教育方针,牢固树立爱岗敬业思想,自觉认真践行"三严三实",讲正气、讲团结、讲奉献,锐意进取、开拓创新、遵纪守法,始终保持庄严的使命感、责任感和旺盛的工作热情,积极为师生服务、为社科事业服务。深入扎实的理论学习在提高我处人员党性修养的同时,也提高了他们的业务能力,加强了机关作风建设。

2. 密切联系院系和教师

2016年度,社科处全面建立并落实了院系联系责任人制度。社科处先后多次召开院系联系会议,就文科规划设计、项目申报组织、重大投标研讨、智库建设发展、科研机构检查、科研管理政策等诸多问题进行深入研讨,充分发挥院系管理和专家学者的作用,调动职员的科研积极性;部处领导和全体职员与院系和部处建立密切工作联系,做到了发现问题主动协调、及时解决,确保了日常工作畅通无阻。本年度我处到各院系、有关部门正式

联系、调研多次,并且举办了多次全校文科科研工作座谈会,党委书记易红教授、校长张广军院士等领导多次出席会议指导工作。社科处通过深入各院系宣讲项目、成果的申报管理办法等,使我校今年的国家社科基金申报立项工作和江苏省第十四届哲学社会科学优秀成果奖申报工作取得了圆满成功。

3. 严格落实"首问责任制",全心全意为师生服务

社科处秉承"全心全意为师生服务"的工作准则,严格落实"首问责任制",并进一步完善了处室职能、工作流程、管理制度。在贯彻落实"首问责任制"的基础上,我处提出了"一站式服务""一次性解决""有问必答,有事必办"的工作理念,只要师生到社科处咨询,无论这个问题是否归口该工作人员,首问责任人都会给予热情的解答;对因客观条件无法立刻解决的问题,我处设立台账记录,在处内进行流转处理,而无须教师多次往返,力求给师生提供"贴心服务"。另外,我们还继续发挥网络平台优势,通过东南大学社科工作交流群、社科处改版网站等平台及时发布社科信息,为广大师生提供便捷、优质、高效的服务。

二、2016年度主要工作

1. 建章立制,完善社科管理服务工作体制机制

在全心全意服务师生,大力促进文科繁荣发展的过程中,我们发现了两个突出问题:(1)顶层设计前瞻性有待于进一步提高,政策执行连贯性有待于进一步加强。(2)工作人员太少,导致日常服务工作在有重大活动时不能及时开展,拓展业务时人力资源捉襟见肘。

社科处多次召开研讨会议,强力推进精品文科建设,出台《东南大学人文社会科学资深教授遴选办法》等一系列激励措施;制定了《东南大学人文社科基金管理办法》,协助相关部门制定《东南大学突出成果奖励办法(修订)》等文件;在最新的《国家社会科学基金项目资金管理办法》《高等学校哲学社会科学繁荣计划专项资金管理办法》发布后,社科处及时开展专题调研,陆续制定相关配套政策,进一步完善了文科科研管理服务规章制度。

针对人员配置少、处理意见不够及时的问题,社科处于2016年录用了一批新工作人员,缓解了人手紧缺问题。同时通过明确岗位责任、调整分工、聘请助管等措施,提高了工作效率,确保服务到位。另外,社科处还通过将规章制度、办事程序上墙,使师生对办事流程更为熟悉;通过设立处长接待日、处长网上信箱,积极采纳师生意见,将社科处"全心全意为师生服务"的理念落到实处。

2. 创新科研体制机制,显著提升东大文科活力

高水平的哲学社会科学对于提高原创能力、实施"双一流"建设具有重大意义。社科处在发扬百年东大优良文科传统的同时,结合学校综合改革,出台了一系列关于文科科研项目,经费使用,智库、基地等平台建设的文科科研管理规章制度;设法建立面向成果绩效的科研资源配置模式和经费使用管理制度,进一步激发文科教师从事科学研究的积极性和创造性,推进文科又好又快发展;同时大力推进文理工医优势学科的交叉融合,着力建设一批具有重大影响力的高端新型智库。

3. 国家社科基金立项等各类社科项目再创新高

社会科学处精心准备、积极组织国家社科基金项目申报，立项率高达25%左右，在以理工科为特色的高校中名列前茅。江苏省社科基金各类项目、江苏省教育厅重大重点项目，我校均排在江苏省前列。

4. 智库（基地）建设取得重大突破，东大文科知名品牌呼之欲出

东南大学中国特色社会主义发展研究院（简称"东大'中特'发展智库"）和道德发展智库在获批江苏省首批重点高端智库的基础上，不断加大建设力度，产出一系列优秀成果，正在冲击国家级智库。另外，2016年最高人民法院批准在东南大学成立全国首家"人民法院司法大数据研究基地"；江苏省高级人民法院与东南大学应用心理学研究所合作共建全国首家"江苏省家事审判心理学重点研究基地"；东南大学国家发展与政策研究院揭牌成立，将瞄准国家高端智库建设方向，聚焦发展改革与创新、人口与健康、生态文明、公共安全等国家发展共性问题，通过创新运行机制体制，努力建成拔尖创新人才培养模式示范区。

5. 优秀成果获奖数量再创新高，东南大学知名度和美誉度显著提升

我校获得23项江苏省第十五届哲学社会科学优秀成果奖，其中一等奖3项，二等奖10项，三等奖10项。

6. 信息工作方面

全面改版并进一步完善了社科处网站，建立了社会科学处微信公众号、QQ工作交流群、飞信平台等，即时发布工作动态；编发了《2015年东大社科发展报告》《东大社科通讯》，出版了《东南学术文库》，从科研、基地、成果、人才和学术活动等方面，全面展示学校的社科成就和科研风貌，扩大了东南大学社会科学的影响力。

三、学术活动

1. 东南大学入选为复印报刊资料重要转载来源机构（2015年版）

我校社会科学处收到中国人民大学人文社会科学学术成果评价研究中心和中国人民大学书报资料中心的荣誉证书和贺信，热烈祝贺我校入选为"复印报刊资料重要转载来源机构（2015年版）"，并在2015年度复印报刊资料转载指数排名中喜获佳绩。

根据2013—2014年度复印报刊资料学术专题刊转载数据与评审专家组综合评价，在高等院校总排名中，东南大学转载量位列第46名，综合指数位列第43名。在高等院校"哲学"分学科转载排名中，东南大学转载量位列第13名，综合指数位列第13名。东南大学法学院、人文学院和经济管理学院入选高等院校所属机构，法学、哲学、工商管理和应用经济学入选高等院校分学科转载排名，分别排第12、15、24和25位。

2. 东南大学召开文科建设和发展工作研讨会

2016年4月21日下午,东南大学在九龙湖校区经济管理学院会议室召开文科建设和发展工作研讨会。会议由沈炯副校长主持,张广军校长、刘波副书记兼副校长、文科院系与相关职能部门主要负责人、人文社会科学学部委员和文科院系教师代表参加了会议。

会议分别听取了社会科学处处长周佑勇关于"东南大学'双一流'文科建设方案"的报告、人文学院院长王珏题为"'精品文科'战略:目标与方案"的报告、经济管理学院院长赵林度题为"使命与愿景:一流学科的动力"的报告。周佑勇处长在报告中提出了打造"强精优"、具有"东大气质"的一流精品文科的战略定位和集中资源夯实文科发展根基、尊重文科发展规律、尽快提升文科国内国际排名的发展目标以及推进思路和系列举措。

刘波副书记兼副校长在讲话中回顾了东南大学文科的发展历史,分析了东南大学文科的发展现状,并对文科未来的发展方向、功能定位和人才培养等问题提出了意见,提出按照文科规律定位和发展精品文科,文科发展要为"双一流"建设提供文化生态,为培养全面发展的领军人才和领袖人才提供学科支撑。

沈炯副校长从全校学科建设的视角对人文社科学科建设和发展进行了分析,要求文科做好战略研究,完善学科规划;抓好动态调整,优化学科布局;抓好领军人物的引进和培养;打造进入前十的高峰学科。

经济管理学院胡汉辉教授、徐康宁教授,艺术学院凌继尧教授、徐子方教授、王和平书记,海外教育学院邱斌院长,外国语学院陈美华院长等结合各自专业领域分别就优化学科布局、合理配置学科资源、改进人才培养模式、加快高端人才引育和国际化步伐等方面做了自由发言,对文科建设和发展提出了各自的意见和建议。

在听取专题汇报和自由发言后,张广军校长做了总结讲话。他指出,东南大学具有深厚的文科传统和鲜明的文科特色并始终重视文科的建设和发展。在新的历史起点和新的时代要求下,文科对于学校发展特别是人才培养肩负着重要的责任和使命,建设和发展精品文科是推进"双一流"建设的重要内容。一是要进一步凝练文科办学理念,明确文科发展的阶段目标,并制定出清晰的发展路径;二是要创新精品文科的发展模式,着力"优化格局""突出特色""强化融合",形成东大文科学派;三是要强化"人才强校"战略,大力引进、培养高端文科人才,并精心设计"文科实验班",积极探索"书院制"人才培养模式。张校长强调,相关职能部门要认真研究文科发展规律,在机制体制设计、相关政策制定等方面要充分调研并征求文科院系和人文社会科学学部意见,尊重文科发展规律,形成良好的人文学科发展生态,合力推进我校一流精品文科的建设和发展。

3.《东南学术文库》首批图书出版面世

《东南学术文库》首批图书出版发布会暨第二阶段选题研讨会在东南大学四牌楼校区老图书馆240会议室举行。会议由东南大学社科处处长周佑勇主持,原东南大学党委书记、"文库"编委会主任郭广银,编委会委员樊和平、凌继尧、李霄翔、王珏、刘艳红、江建中等专家出席会议。

会议首先为《东南学术文库》首批出版的四部作品举行了简朴而又庄重的揭幕仪式。

首批出版的4部图书分别是：人文学院王珂教授的《新诗现代性建设研究》；法学院张洪涛教授的《法律的嵌入性》，戴庆康副教授的《人权视野下的中国精神卫生立法问题研究》；经济管理学院陈菊花副教授的《行为金融视角：企业集团内部资本市场效应》。一本本装帧精美、设计科学、质量过硬的图书获得了与会编委的高度评价。

编委会主任郭广银在讲话中对《东南学术文库》首批图书的出版发行表达了祝贺，肯定了《东南学术文库》的开创性及其对于展现东南大学人文社科形象的重大意义，同时针对"文库"的编辑出版发行提出了明确要求：一是进一步加大"文库"的宣传力度，打造东南大学精品文科形象；二是进一步加大稿源挖掘力度，在争取名家名作的同时，努力培育新人新作；三是进一步提高文库质量，让广大教师以其著作入选"文库"为荣。与会各位编委就"文库"的稿源及出版事宜提出了各自的建议。

会议还审议了下一阶段的出版选题。各位编委在认真审读申报材料、充分讨论后，确定了本次筛选稿件的指导原则，并且针对各个候选书稿分别给出了具体而专业的修改意见。根据遴选规定，本批书稿必须经过校外专家评审和编委会讨论通过后，方可纳入"文库"出版。

《东南学术文库》出版目的在于集中向社会展示和宣传东南大学和东南大学文科的形象和实力。"文库"整体定位为能够代表东南大学人文社科水平的高质量学术著作，并为此建立了一套严格的书稿遴选机制，宁缺毋滥，确保稿件质量。"文库"将长期出版，计划5年内出版30—40种，形成一定规模。它的出版发行必将进一步扩大东南大学人文社会科学的影响力。

4. 东南大学召开国家级文科智库建设讨论会

2016年12月1日上午，东南大学国家级文科智库建设讨论会在四牌楼校区举行。张广军校长出席会议并讲话，周佑勇副校长主持会议，重点文科智库负责人、文科院系和相关部处负责人参加了会议。

社会科学处副处长陈志斌从发展规划、发展理念、具体措施及建设路径四个方面汇报了国家级文科智库建设的整体规划。人文学院院长王珏、马克思主义学院院长袁久红、国家发展与政策研究院执行院长华生、经济管理学院院长赵林度、人民法院司法大数据研究基地执行主任王禄生分别就目前四个文科智库建设工作的最新进展、建设目标与成效、需要解决的问题和国家级智库筹建方案进行了阐述。针对智库建设中面临的问题，人事处、总务处、财务处等相关职能部门给予了积极回应，表示将进一步出台相关政策，从而保障文科智库建设发展，推进学校文科建设。

周佑勇副校长表示，此次国家级文科智库建设讨论会是在9月21日文科智库建设与发展工作推进会的基础上，着重谋划我校国家级文科智库的建设，对于东南大学精品文科建设及双一流建设具有重要意义。现阶段，我校各家文科智库发展各有特色，取得了一定的进展。未来要加强自身建设，充分进行资源整合，推进国家级文科智库建设。

在听取文科智库及职能部门负责人汇报发言后，张广军校长做总结讲话。张校长指出，近年来文科学院在智库建设、人才培养、科学研究和师资队伍建设等方面取得了显著进展，值得充分肯定。然而，目前我校文科整体水平仍然偏弱，未来要以国家级文科智库为突破口,加强谋划布局,深化开放共享,努力形成文科学院"一体两翼"发展模式。一是大力推进人才强院战略,努力建设高水平师资队伍之主体;二是大力推进国家意识战略,努力建设创新驱动发展之翼;三是大力推进国际联合战略,努力建设高端引领发展之翼。张校长指出,建好文科智库特别是建成国家级文科智库对于提升东大文科水平极其重要,一是要高度重视并充分认识到国家级智库的建设对我校文科的重大意义;二是要瞄准方向,统筹设计,整合资源,以国家级智库为目标,重点培育、大力支持;三是要积极参与国家战略研究,产出重大成果,弘扬"东大好声音"。针对目前智库建设和发展过程中存在的困难,张校长指出,一方面各智库之间要加强支撑互动和资源整合,并充分利用好信息技术和外部资源,另一方面学院要优化办学资源,加强有效的资源配置,同时要求相关职能部门给予政策支持。张校长要求由社科处牵头,以学院为主体,相关职能部门配合支持,共同推动国家级文科智库建设。张校长最后表示,学校将大力支持文科智库建设,希望尽快实现国家级文科智库预期目标的突破,大力推进东大"精品文科"发展。

5. 东南大学人文学院在 2016 中国伦理学大会上主办"道德国情与道德哲学前沿高层论坛"

2016 年 12 月 3 日,东南大学"江苏省道德发展智库""江苏省公民道德与社会风尚协同创新中心"在山西运城召开的 2016 年中国伦理学大会上成功主办了"道德国情与道德哲学前沿高层论坛"。来自东南大学、中山大学、吉林大学、中国人民大学、上海师范大学、上海市委党校、苏州大学、山西大学等 30 余所高校、研究机构的 60 多名学者与博士生参与了此次论坛。

东南大学原党委书记、道德发展智库首席专家郭广银教授主持了本次高层论坛。东南大学道德发展研究院院长樊和平教授在发言中首先介绍了东南大学伦理学研究的状况,他将其概要地总结为"一二三":"一个团队"——伦理学研究团队是"道德国情与道德哲学前沿"江苏高校优秀创新团队;"两个重点实验室"——目前建有全国唯一的"伦理实验室"与"伦理剧场";"三个基地"——东南大学伦理学建有"国家'985'科技伦理与艺术哲学社会科学创新基地""江苏省'2011 计划'公民道德与社会风尚协同创新中心"与"江苏省道德发展高端智库"。随后,樊和平教授又介绍了目前正在进行的两大特色研究:"道德国情调查研究"与"江苏省道德发展状况"测评体系。前者通过十年来两次大规模的调查,比较精确地描绘了中国伦理道德状况变化的轨迹与发展趋势。后者与江苏省委宣传部文明办合作,以量化的方式测量和评价江苏道德发展状况,旨在探索江苏精神文明建设的特色和方向。最后,樊和平教授强调了公民道德与社会风尚协同创新中心、江苏省道德发展智库建立的理论旨趣、运行机制、精神气质。

随后,与会者围绕"道德国情与道德发展前沿"的主题分别进行了发言。上海师范大学陈泽环教授与东南大学徐嘉教授对各位学者的观点进行了点评;郭广银教授进行了会议总结,并强调东南大学伦理学科的最终目的是通过与国内外一流学科、一流学者的多学科攻关与思想激荡,通过与政府管理部门的深度合作,将东大伦理建设成为在公民道德与社会风尚的理论与实践领域中最专业、权威的学术创新中心、道德国情发布中心、决策咨询中心、高层次人才培养中心、一流专家汇集中心,并形成以重大问题为导向、以创新为驱动力,集问题研讨、学术创新、人才培养于一体的综合创新的高端智库。

与会者纷纷表示东南大学主办的"道德国情与道德哲学发展前沿高层论坛"对认识当今道德发展现状、把握道德发展脉搏具有十分重要的启示意义,对道德国情调查与道德哲学理论相结合的研究模式具有重要的引领作用。

6. 法学院周佑勇教授入选第二批国家"万人计划"哲学社会科学领军人才

2016年7月31日,中共中央组织部办公厅印发《关于第二批国家"万人计划"领军人才入选名单的通知》,法学院周佑勇教授入选第二批国家"万人计划"哲学社会科学领军人才。

"万人计划",全称为"国家高层次人才特殊支持计划",是与"千人计划"(全称"引进海外高层次人才计划")并行的、面向国内高层次人才的支持计划。2012年,经党中央、国务院领导批准,由中央人才工作协调小组统一领导,中央组织部、中央宣传部、人力资源和社会保障部、教育部等11个部门共同组织实施。总体目标是,用10年左右时间,在自然科学、工程技术、哲学社会科学和高等教育等领域,有计划、有重点地遴选支持1万名左右能够代表国家一流水平的杰出人才、领军人才和青年拔尖人才。

此批公布的名单共确定了622名科技创新领军人才、336名科技创业领军人才、200名哲学社会科学领军人才、98名教学名师和97名百千万工程领军人才。其中,东南大学共入选2名科技创新领军人才、1名哲学社会科学领军人才和1名教学名师。

7. 法学院周佑勇教授入选2014年文化名家暨"四个一批"人才人选

为贯彻落实人才强国战略,大力推进高层次宣传文化人才队伍建设,提高建设社会主义先进文化的能力,中央宣传部办公厅、中央组织部办公厅印发了《关于做好2014年文化名家暨"四个一批"人才、"万人计划"哲学社会科学领军人才推荐选拔工作的通知》(中宣办发〔2014〕32号)。在各省(自治区、直辖市)党委宣传部,中央和国家机关有关部门、有关人民团体,解放军原总政治部宣传部等推荐的基础上,经过征求意见、组织专家通讯评审、综合评议等程序,中央宣传部研究产生了2014年文化名家暨"四个一批"人才362名入选人选。法学院周佑勇教授成功入选。

周佑勇教授长期致力于行政法学研究,作为首席专家或负责人承担国家社科基金重大招标项目及主持承担国家社科基金一般项目、特别委托项目,教育部、司法部、江苏省社科基金及其他研究项目30余项;在《中国社会科学》《法学研究》《中国法学》等重要期刊上发表论文200余篇,出版著作与教材30余部;有关教学与科研成果获教育部"霍英东教育基金会"高校优秀青年教师奖、首届"钱端升法学研究成果奖"、教育部第五届高校人文社科优秀成果奖二等奖、司法部第三届全国法学教材与科研成果奖二等奖、江苏省第十三届哲学社会科学优秀成果奖一等奖、江苏省第十一届哲学社会科学优秀成果奖二等奖等重要奖励,以及教育部首批"新世纪优秀人才"(2004)、"新世纪百千万人才工程"国家级人选(2009)、第六届"全国十大杰出青年法学家"(2010)、江苏省"333高层次人才培养工程"中青年科技领军人才、江苏省有突出贡献中青年专家、江苏省"五个一批"人才、教育部长江学者特聘教授等荣誉称号。周佑勇教授同时兼任教育部全国法学专业教学指导委员会委员、中国法学会理事、中国行政执法研究会副会长、江苏省法学会副会长、省工程法学研究会会长、省港澳台法律研究会会长、省港商协会副会长,以及江苏省哲学社会科学界联合会第八届理事会常委理事、江苏省人大常委会立法咨询专家组副组长、江苏省人民政府法律顾问、江苏省及上海市人民政府行政复议委员会委员、江苏省法官检察官遴选委员会委员、南京市人民政府咨询委员、南京仲裁委员会副主任、国家行政学院兼职教授等职务。周佑勇教授先后致力于行政不作为、行政法基本原则、行政裁量治理以及行政裁量基准研究,积极参与我国的司法体制改革和法制宣传工作,在学界及社会上产生了广泛的影响,为推进行政法学研究和中国行政法治的纵深发展做出了重大贡献。

8. "中国特色社会主义发展研究院"智库首届高层论坛召开

2016年12月20日,东南大学"中国特色社会主义发展研究院"首届高层论坛在东南大学举行。东南大学党委书记易红、《光明日报》副总编陆先高、东南大学"中国特色社会主义发展研究院"名誉院长胡福明、院长郭广银、江苏省政府参事室主任宋林飞、江苏省委宣传部副部长双传学、江苏省住建厅副厅长刘大威等江苏省有关单位领导,论坛承办协办单位领导以及来自清华大学、中国人民大学、南京大学、华中科技大学、中山大学等高校与研究院所知名专家学者100多人参加。论坛由东南大学与《光明日报》社联合主办,中国城市规划学会城市规划历史与理论学术委员会协办,东南大学中国特色社会主义发展研究院、《光明日报》智库研究与发布中心和《光明日报》新闻报道策划部共同承办,论坛以"马克思主义空间理论与中国新型城镇化"为主题。论坛开幕式由东南大学党委副书记兼副校长刘波主持。

东南大学党委书记易红、《光明日报》副总编陆先高、江苏省住建厅副厅长刘大威、江苏省委宣传部副部长双传学分别致辞。东南大学党委书记易红指出,东南大学在中国特色社会主义城镇化道路的理论研究和实践探索方面,具有鲜明的优势和深厚的学科实力,以多学科交叉视角,走出中国特色智库发展道路。《光明日报》副总编陆先高强调智库一定要深入研究重大理论问题、现实问题和重大实践经验,为国家发展提供具有前瞻性、储备性的政策建言,要不断服务决策,资政建言,保持应有的学术追求和学术担当;总结中国经验,用中国理论回答中国问题,用中国话语解读中国道路,为人类文明进步提供中国思想、中国价值。江苏省委宣传部副部长双传学强调,智库建设、智库工作一定要实现理论与现实的互动与结合,以理论照亮现实,以现实活化理论。智库建设要树立问题导向,强化责任担当,把握时代脉动,善于用马克思主义这个望远镜和显微镜探索重大现实问题,以重大基础理论研究成果去回应和解答现实重大的应用问题。

与会专家围绕马克思主义空间理论,中国特色新型城镇化道路及其规划与政策,当前我国新型城镇化面临的难题、挑战,城乡规划与空间治理,城乡一体化,新型城镇化特色实践等展开深入研讨,凝心聚力,为中国城镇化发展建言献策,资政启民。论坛上,著名社会学家宋林飞教授分析了中国新型城镇化的六大问题,并提出了产业联动、绿色生态、城乡一体、提升城市文化内涵与个性特色的发展方案。江苏省城镇化和城乡规划研究中心陈小卉教授针对江苏城镇化的问题,从历程、挑战和应对三个方面展开分析,为江苏新型城镇化道路的发展提供了切实有效的对策。清华大学建筑学院武廷海教授从传统文化以及新马克思主义"空间生产"理论中寻求构建新型城乡关系、推行城镇化的可行性方案。中国人民大学公共管理学院叶裕民教授谈到要在尊重规律的基础上推进城市化建设,她综合分析了工业化与城镇化的相互关系,强调城镇化要着眼于自然属性、经济属性、社会属性。南京大学马克思主义学院胡大平教授批判性地审视了马克思主义在西方与城市、地理、空间研究相结合的历史,从西方的经验和教训角度回应了论坛的主题。

江苏省中国特色社会主义理论体系研究中心主任、东南大学中国特色社会主义发展研究院院长郭广银教授在会议总结中指出,建设有中国特色的社会主义城镇化道路是一项长期的战略,要将空间理论与我国城镇化过程的现实研究结合起来。她认为人是城镇化的核心,"以人为本"是新型城镇化建设过程中必须坚持的根本价值遵循。

"中国特色社会主义发展研究院"是江苏省省首批重点高端智库之一,以"发展21世纪中国的马克思主义"为战略目标,以中国特色社会主义理论创新与实践研究为主攻方向。

9. "司法大数据应用与研究"研讨会在宁召开

2016年12月17日,由最高人民法院司法大数据研究基地主办,东南大学法学院承办的"司法大数据应用与研究"研讨会在江苏南京召开。来自最高人民法院,最高人民检察院,江苏、浙江、安徽、广东、贵州等省高级人民法院、检察院、政法委等机关单位,以及来自美国哥伦比亚大学、香港理工大学、清华大学、上海交通大学、南京大学等海内外知名高校、部分司法大数据企业与律师事务所的大数据研究人员共100余人参加了此次会议。

会议开幕式由东南大学副校长周佑勇教授主持,东南大学党委书记易红教授致大会欢迎辞。易红书记指出,在当今信息时代,大数据的重要性日益凸显,在司法实践中引入大数据思维、深化大数据应用也极为必要。易红书记希望最高人民法院司法大数据研究基地能发挥专业优势,争取批量产出高质量的研究成果,助推审判实践。江苏省高级人民法院院长许前飞、贵州省高级人民法院院长孙潮分别以"拥抱大数据时代:基于江苏法院大数据战略的实践与思考"和"贵州法院从共享、公正、效率、服务等着眼探索司法大数据"为主题,向大会介绍了两省司法大数据的实践效果。

10. 江苏省社科界第十届学术大会开幕式暨首届江苏智库峰会在东南大学举行

2016年10月19日,由江苏省委宣传部和省社科联主办、东南大学承办的江苏省社科界第十届学术大会暨首届江苏智库峰会在东南大学举行。江苏省委常委、宣传部长王燕文,国务院发展研究中心副主任隆国强,中央党校原副校长李君如,省人大副主任公丕祥,南京大学原党委书记洪银兴,东南大学校长张广军,东南大学原党委书记郭广银,东南大学副校长周佑勇等出席大会开幕式。开幕式由省社科联党组书记、常务副主席刘德海主持。2016年度学术大会各场次承办单位负责人、省重点高端智库和培育智库负责人、省决策咨询研究基地首席专家、各设区市社科联负责人、会议入选论文作者、东南大学文科师生代表等200余人参加会议。

张广军校长首先代表学校致欢迎辞。他说,本次会议是江苏省委宣传部、省社科联积极响应习近平总书记繁荣发展哲学社会科学、建好中国特色新型智库的时代号召,落实"十三五"五大发展理念召开的一次重要会议,将为高校追求理论创新、致力于中国特色哲学社会科学发展和新型智库建设提供高端学术交流平台。张校长介绍了东大追求科学与人文平衡发展的历史传统和人文社会科学的发展现状,着重介绍了2016年学校通过大力推动"秉文"文科试验班人才培养,全面启动"文科大师计划",着力加快人文社会科学国际化进程,并积极推进重点智库建设等实施"精品文科"发展战略的有力举措。最后,张校长表示,期待并相信与会专家学者通过大会交流,进一步凝聚智慧、形成共识,为国家和江苏省哲学社会科学发展和新型智库建设提供新动能、做出新贡献。

王燕文部长在讲话中要求,全省社科界要认真学习领会、贯彻落实习近平总书记"5·17"重要讲话精神,以高度的思想自觉、行动自觉,进一步强化责任担当,做真学问,当好学者,为推进社科强省建设、构筑思想文化高地努力奋斗。做真学问,当好学者,要增强思想定力,深入学习和掌握马克思主义精髓要义,树立对马克思主义的真信仰和真认同,练就马克思主义理论基本功,把牢学术研究的"主心骨";要突出实践导向,深入研究阐释党中央治国理政新理念新思想新战略,围绕改革发展的重大理论问题、重大实践问题和重大实践经验总结,以更多务实管用的思想产品,自觉做经世致用的"时代问答",做决策咨询的"最强大脑";要注重文化传承,正确处理好学术研究中"冷"与"热"的关系,打通历史和现实的"时光隧道",充分挖掘江苏地域文化中具有普遍意义、时代价值的思想精华,用好用活传统思想文化这座"宝库",让理论与传统文化"接得上",与社会文化需求"合得上",在现实文化中"落得下",增强我们的文化自信;要锤炼过硬学风,以"传世之心"写"传世之文",用扎实学风著书立说,用过硬成果赢得社会认可,彰显"士以弘道"的价值追求和"人民学术为人民"的价值取向,托举起江苏哲学社会科学的高原和高峰。

本届学术大会暨首届江苏智库峰会围绕"践行新发展理念,建设强富美高新江苏"这一研讨主题,邀请隆国强、李君如、公丕祥、洪银兴等先后做主题演讲。郭广银主持了此次智库峰会主题演讲,指出如今智库已经成为政策制定的引领者、启迪民智的引导者和高端人才的蓄水池,希望东南大学作为会议的承办单位,要抓住机遇,与各位学者和同仁一起,就智库建设工作展开交流合作,再接再厉,为经济发展和社会进步做出新的、更大的贡献。

当天下午进行了三场智库和研究基地专家分专题交流会,周佑勇主持了"新发展理念与新江苏"首场专题交流会,并做"以新发展理念引领江苏法治建设新发展"的主题演讲。最后,省社科联党组成员、副主席徐之顺做了大会总结。

省社科界学术大会是我省规模最大、规格最高的公共学术交流平台,举办十届来,取得了令人瞩目的成果。

11. 东南大学召开文科智库建设与发展工作推进会

2016年9月21日下午,东南大学文科智库建设与发展工作推进会在九龙湖校区行政楼120会议室举行。校长张广军主持会议,原东南大学党委书记、中国特色社会主义发展研究院院长郭广银,副校长黄大卫、吴刚,重点文科智库负责人,相关院系和部处负责人参加了会议。

吴刚副校长首先对我校文科智库整体建设情况及下一步发展规划做了报告。他指出,我校文科智库建设水平较高、成长迅速,取得了一定成效,影响力不断提升,但是在发展上仍然存在不足,尤其是在机制体制建设、高端人才汇聚、重大成果产出等方面亟待突破。针对文科智库发展面临的问题和困难,吴刚副校长分别从指导思想、建设原则、建设目标和保障措施四个方面阐述了文科智库建设的下一步规划。

随后,马克思主义学院院长袁久红、道德发展研究院执行院长樊和平、国家发展与政策研究院执行院长赵林度、人民法院司法大数据研究基地执行主任王禄生分别汇报了智库的建设情况、面临的问题和下一步建设规划。学校相关职能部门负责人针对所提出的问题给予了积极回应,表示将尽快研究出台具体解决办法和实施方案,以保障文科智库建设工作又快又好发展。

原东南大学党委书记、中国特色社会主义发展研究院院长郭广银在讲话中,首先对学校主要领导和各有关职能部门、院系关心、重视、支持文科智库发展工作表示感谢,并提出文科智库要成为东南大学精品文科建设的重要组成部分,要采取切实有效的举措解决智库发展面临的问题,稳步推进智库建设。文科智库的科研和工作人员,更要借此次会议的东风,鼓足干劲,有所作为,为学校的"双一流"建设做出应有贡献。

黄大卫副校长指出,相关职能部门和院系针对限制各智库发展的各种困难,尤其是办公场所、人员经费等方面的现实困难,要尽快拿出解决办法。

在听取专题汇报和自由发言后,张广军校长做了总结讲话。张校长首先充分肯定了文科院系和相关部门在智库建设和推进文科发展等方面做出的重要贡献。他说,文科智库建设肩负着国家发展的重大使命,承载着学校发展的迫切需求,是学校文科发展的重要途径,也是学校整体发展的重要保障,要高度重视文科智库的建设与发展。张校长指出,要大力推动东大文科智库建设和发展,一是相关院系要高度重视并为智库建设提供重要依托,主要以学术实体做好智库发展定位;二是在发展资源上做优、盘活存量,并适当提高增量,优化队伍,通过学科交叉研究及跨学科合作,加强资源整合与利用;三是各相关职能部门要重视解决好智库建设和发展过程中存在的困难,社科处要牵头统筹设计、组织协调;四是深化智库建设考核机制改革,破解文科在财务、职称、考核机制等方面的瓶颈,建立符合文科特点和规律的评价体系。最后,张校长提出,学校将进一步加强文科智库建设和发展,希望各部门、各院系共同努力,尽快实现在国家级智库建设方面更高的发展目标,大力推进"精品文科"发展。

12. 东南大学 3 家智库入选首批 CTTI 来源智库

2016 年 12 月 17 日,南京大学中国智库研究与评价中心和光明日报智库研究与发布中心在"2016 中国智库治理论坛"上联合发布了中国智库索引(CTTI)来源智库(2017—2018)入围名单。我校 3 家智库入选首批 CTTI 来源智库,分别是郭广银教授负责的"中国特色社会主义研究院"、人文学院樊和平教授负责的"道德发展智库"和法学院刘艳红教授负责的"人民法院司法大数据研究基地"。

我校十分重视智库建设工作,仅今年就先后召开了 3 次智库建设工作推进会。校长张广军院士,副校长黄大卫、吴刚、周佑勇等校领导多次专题调研智库建设工作,并在学校层面出台政策给予重点支持,校内相关院系和部处积极采取措施加大智库建设力度,使我校智库建设工作取得较大进展。在原党委书记、中国特色社会主义发展研究院院长郭广银教授,人文学院樊和平教授,法学院刘艳红教授等智库负责人的带领下,"东南大学中国特色社会主义研究院""东南大学道德发展智库"和"东南大学人民法院司法大数据研究中心"分别获批江苏省首批重点高端智库和最高人民法院首家人民法院司法大数据研究基地,本次又成功入选首批CTTI来源智库。

中国智库索引(CTTI)是由南京大学中国智库研究与评价中心和光明日报智库研究与发布中心共同研发的我国首个智库垂直搜索引擎和数据管理平台。CTTI来源智库(2017—2018)一共收录489家智库,其中高校智库共有255家,占52%;党政部门智库68家,占14%。

四、决策咨询社会服务

1. 经济管理学院名誉院长华生应邀向李克强总理面对面提建议

2016年1月25日,国务院总理李克强主持召开座谈会,听取专家学者和企业界人士对《政府工作报告(征求意见稿)》和《"十三五"规划纲要(草案)(征求意见稿)》的意见建议。有7位专程来为总理建言献策的专家学者及企业界人士:全国人大财经委副主任委员辜胜阻、国务院发展研究中心原副主任刘世锦、东南大学经济管理学院名誉院长华生、摩根大通中国首席经济学家朱海斌、中国建筑工程总公司董事长官庆、万向集团董事局主席鲁冠球、新浪董事长兼CEO曹国伟。

我校经济管理学院名誉院长华生在会上建议要坚持改革开放、注重体制机制建设。另据悉,2015年中国股市遭遇"雪崩式下跌"后,华生接受媒体采访时表示:救市并不破坏市场机制,市场机制失灵的时候,政府完全可以干预。救市必须集中力量,亮出来的实力越是不可战胜的,最后所花费的代价越小,底牌要亮就要一亮到底,不亮则已,亮就一定要赢。

2. 东南大学周佑勇教授受聘为江苏省政府法律顾问

在2016年4月12日举行的江苏省全面推进依法行政工作领导小组会议上,江苏省省长石泰峰向首批受聘的22名省政府法律顾问颁发了聘书并讲话。东南大学社会科学处处长、法学院周佑勇教授受聘为省政府法律顾问,任期5年。

据悉,为贯彻落实党的十八届四中全会关于"积极推行政府法律顾问制度"的要求,经2016年1月12日省政府第78次常务会议研究,决定成立省政府法律顾问委员会,负责为省政府重大行政决策、推进依法行政提供法律咨询和服务。省政府法律顾问委员会由主任委员、副主任委员、法律顾问组成,主任委员由分管法制工作副省长担任,副主任委员由省政府分管副秘书长和省法制办主任担任,省政府法律顾问从国务院法制办、省政府法制办以及全国的知名法学专家与律师中聘任。

3. 东南大学"中国特色社会主义发展研究院"智库动态（一）——《新华日报·智库版》整版推出东大"中特"发展智库成果

习近平总书记在全国科技创新大会上发出了建设世界科技强国的号召，强调"要因地制宜探索差异化的创新发展路径，加快打造具有全球影响力的科技创新中心，建设若干具有强大带动力的创新型城市和区域创新中心"。在这场新一轮全球科技创新中心蓬勃兴起的大潮中，江苏如何抢占先机是当前的重要工作。2016年6月16日，江苏省重点高端智库东南大学"中国特色社会主义发展研究院"（简称"东大'中特'发展智库"）第二届高层论坛在南京举行，70余位知名专家学者、企业家以"建设具有全球影响力的产业科技创新中心：路径与政策"为主题交流讨论，为江苏省的产业科技创新发展建言献策。7月1日，《新华日报·智库》整版推出了东大"中特"发展智库专职研究员东南大学仲伟俊教授、袁健红教授及东大"中特"发展智库特约研究员王元研究员、李廉水教授的相关成果。

4. 东南大学"中国特色社会主义发展研究院"智库动态（二）——《光明日报》综合新闻版隆重推出东大"中特"发展智库成果

2016年7月21日，《光明日报》在综合新闻版隆重推出了东大"中特"发展智库专职研究员东南大学郭广银教授、袁久红教授的相关成果——《全面从严治党是中国共产党永葆生机活力的根本保证》。

5. 东南大学"中国特色社会主义发展研究院"智库动态（三）——《光明日报》理论实践版隆重推出东大"中特"发展智库成果

2016年7月10日，《光明日报》在理论实践版隆重推出了东大"中特"发展智库专职研究员东南大学郭广银教授的相关成果——《全面从严治党的伦理向度》。

6. 东南大学"中国特色社会主义发展研究院"智库动态（四）——《人民日报》隆重推出东大"中特"发展智库成果

2016年12月7日，《人民日报》隆重推出了东大"中特"发展智库专职研究员东南大学郭广银教授的相关成果——《共享让发展更有动力更可持续》。

7. 东南大学建筑学院副教授李海清省社科基金项目成果获江苏省省委书记李强批示

东南大学建筑学院副教授李海清承担的江苏省社科基金项目"中国本土性现代建筑艺术的江苏模式研究"（14YSB004，2014—2016）主要成果《促进江苏建筑文化特色化建设的对策建议》获江苏省省委书记李强同志批示。江苏省哲学社会科学规划办公室专门致函东南大学，对李海清副教授及其课题组成员给予通报表扬。这是我校继建筑学院王兴平教授、经济管理学院赵驰副研究员以来，省社科基金项目成果第三次获得省委主要领导同志批示。

据悉，该项目研究团队通过对江苏省内及周边地区古镇、古村和代表性乡土工业建筑的大量实地调研、数据采集与统计分析指出：近年来，在加速新型城镇化、提升国家软实力的机遇引导下，江苏建筑文化特色化建设取得了长足发展，但也存在诸多问题，如导向定位不科学,建设发展存在盲目性;整体关联不协调,资源利用存在粗浅性;在地营造不深入,技术措施存在短视性;管理机制不完善,引导调控存在松散性。对此,要构建发展新思路,凸显利用优势资源(尤其是水资源);要挖掘发展新内涵,强化参与体验特征;要开辟发展新路径,激活借鉴传统工艺;要落实执政新理念,加强统筹引导帮扶。以此全面、系统地促进江苏建筑文化特色化发展,提升国家软实力。

李海清副教授依托江苏省社科基金项目完成的上述成果,不仅为进一步申报其他类型的科研项目奠定了扎实的工作基础;也为科研工作如何积极回应社会现实需求提供了另一种思路;为有关领导与决策、职能部门制订相关发展战略、政策,出台有关技术措施提供来自专业科技人员的建议与对策,发挥一种更具包容性和基础性的参考作用。

8. 东南大学赵驰副研究员省社科基金项目成果获江苏省省长石泰峰批示

东南大学经济管理学院副研究员赵驰承担的江苏省社科基金项目"江苏战略性新兴产业与小微企业发展研究"主要成果《加快江苏小微企业持续性成长的对策建议》获江苏省省长石泰峰同志批示。江苏省哲学社会科学规划办公室专门致函东南大学,对赵驰副研究员及其课题组成员给予通报表扬。

据悉,该项目分析了我省小微企业发展的现实问题,提出了应对我省小微企业持续成长的若干建议,不仅将对江苏省领导的相关决策和实际工作产生重要推动作用,而且对于以资金引导破解小微企业发展困境、以技术创新提升小微企业发展实力、以科技金融加快小微企业发展步伐、以产业集聚推进小微企业发展效益等主要问题的解决具有重要的现实意义。

9. 东南大学法学院与省政府办公厅联合举办全省政务公开工作研讨会

2016年9月28日,由东南大学法学院与江苏省政府办公厅政务公开办公室联合举办的全省政务公开工作研讨会在南京饭店召开。江苏省13个设区市政府办公室(厅)以及22个省直机关政务公开工作机构的主要负责人共计50余人参加了此次会议。江苏省政府办公厅政务公开办公室主任张旻、江苏省高级人民法院行政庭庭长朱建新、东南大学法治政府研究中心主任孟鸿志教授以及法学院部分研究生出席了会议。

会议由江苏省政府办公厅政务公开办公室主任张旻主持,主要内容分为专家报告与交流研讨两个单元。专家报告环节首先由朱建新庭长做了题为"政府信息公开案件司法审查若干问题"的报告,朱庭长结合审判实践对当前全省政府信息公开案件审理的现状和疑难问题阐述了自己的看法。接着孟鸿志教授做了题为"依法行政与政府信息公开"的精彩报告,报告紧紧围绕法治政府建设的理论与实践热点问题展开,解读了《政府信息公开条例》修订过程中的难点问题。孟教授的报告内容丰富、观点鲜明、立意高,对当前做好政务公开工作提出了指导建议,得到与会者一致好评。

10. 皮志伟老师设计2016南京名城会主会场艺术装置"浮阁"

艺术学院皮志伟老师受第七届南京历史文化名城博览会(以下简称"名城会")主办方

特别邀请,围绕南京非遗传承和手工艺创新设计了艺术装置"浮阁"。"浮阁"以榫卯结构为设计元素核心,整体采用了龙凤榫、燕尾榫、插肩榫、夹头榫、十字枨等20多种榫卯构造,采用小木作传统制作技艺精工细作,将具有7 000多年历史的榫卯文化加以现代解构主义演绎,配以诗意的巨型条幅丝绸悬浮于上,柔美灵动,整个装置仿佛空中楼阁。在会场内部向上看,装置顶部中央藻井形成了"天圆地方",圆内用金线编织的织机意象的"经纬天地",在灯光的衬托下绽放出绸缎般细腻的光感,二者共同诠释了中国传统的天地观。此外,装置还采用了"交织""门当户对"等设计理念。整个艺术装置完美地将传统与现代设计结合,表达对传统文化做出不断突破的开放态度。

本届名城会由南京市人民政府、联合国教科文组织、中国人民对外友好协会、中国慈善联合会、中国文物学会、中国民间艺术家协会共同主办,以"多元、开放、创造"为定位,通过举办主题论坛、博览和活动,进一步拓展南京与丝路沿线地区的文化交流。本届名城会得到了国内外各界的广泛响应和支持,有联合国教科文组织代表、20多个国内外历史文化名城市长、国际知名专家学者、丝路沿线国家媒体,以及国际机构代表约300位嘉宾参加。

11.《人民日报》刊发我校专家重要理论文章

2016年6月2日,《人民日报》刊发我校专家郭广银教授和袁久红教授撰写的《治国理政科学体系的丰富发展》,全文约4 500字,《人民日报》在第1版显著位置对这篇文章专门做了通栏推介。《人民日报》指出,这是一个需要理论而且一定能够产生理论的时代,这是一个需要思想而且一定能够产生思想的时代。党的十八大以来,以习近平同志为核心的党中央提出的"四个全面"战略布局,就是在当今中国由大向强的紧要关口提出的重大理论,就是在中华民族走向伟大复兴的关键时期提出的战略思想。同时,《人民日报》也充分肯定该文的基本观点与思想逻辑,强调指出,"四个全面"战略布局从坚持和发展中国特色社会主义全局出发,基于对我国社会主义现代化建设三个重要支点——改革、发展、稳定的深刻认识,围绕党在新形势下治国理政的时代课题进行顶层设计;立足新形势下中国发展实际,坚持问题导向,科学破解我国经济社会发展面临的突出矛盾和问题,明确了新形势下落实"五位一体"总布局的战略重点;着眼推动我国改革开放和社会主义现代化建设迈上新台阶、推动中国特色社会主义制度更加成熟更加定型、推进国家治理体系和治理能力现代化,做出全面系统安排、提供有效制度支撑,是对我们党治国理政科学体系的丰富发展。

据悉,此文刊发后,新华网、求是网、央视网、光明网及搜狐、网易等重要媒体都在显著页面全文转载,产生了较大影响。理论界认为,该文从历史与逻辑相统一的高度,从理论上阐释了关于治国理政科学体系的建构与发展的重大问题。

12. 东南大学徐康宁和邱斌教授参加"'两聚一高'在江苏——智库专家、媒体老总环省行"系列访谈活动

2016年11月18日,中国共产党江苏省第十三次代表大会在南京开幕,大会以"聚力创新,聚焦富民,高水平全面建成小康社会"为主题,明确了未来五年江苏省发展的总体要求和主要任务。为学习宣传并贯彻落实好本次党代会精神，由省委宣传部牵头并策划了"'两聚一高'在江苏——智库专家、媒体老总环省行"系列访谈活动。来自南京大学、东南大学等高校和部门的13位智库专家与来自新华报业传媒集团、省广电总台等媒体机构的13位老总联袂行动，分别深入全省13个设区市与市委书记或市长进行深度交流，东南大学徐康宁教授和邱斌教授作为"中国特色社会主义发展研究院"的智库专家参与了系列访谈活动。

作为访谈活动之一，12月6日，"'两聚一高'在江苏——智库专家、媒体老总环省行"走进苏北龙头城市徐州，徐康宁教授与徐州市委书记张国华围绕"两聚一高"的主题，就徐州未来五年如何实现产业转型升级，如何创业富民，如何推动区域中心城市建设等方面进行了深入的探讨。作为老工业基地，徐州如何转型出关是未来五年面临的难题。作为智库首席专家，徐教授提出要通过创新驱动经济集约发展，通过产业升级走出"资源诅咒"。就富民方面，徐州的农村电商有效带动了农民致富，徐教授提出建立在电商基础的分享经济还需要政府的引导和支持。就打造区域中心方面，徐教授围绕提升城市的"首位度"提出加强徐州作为中心城市的服务功能和辐射效应。12月5日，系列访谈活动走进历史文化名城淮安市，邱斌教授与淮安市委书记姚晓东就淮安未来五年如何更好地创新、富民，从而高水平建成小康社会进行了深入的交流。淮安市作为长三角城市群重要成员、南京都市圈的紧密圈层城市，具有良好的区位优势和较大的后发赶超优势。就创新方面，邱教授从突出企业的主体地位，发挥人才的载体作用，协调好强内力和借外力关系的角度描述了淮安如何通过创新提增发展动力。就富民方面，邱教授提出要充分调动群众参与创新创业的积极性，强调群众的勤劳之手需要政府和市场同时发力。此外，邱教授还就淮安如何对接南京都市圈和建设生态淮安等方面与姚晓东书记进行了探讨。

省第十三次党代会是在我省决胜全面小康的关键时刻召开的关键性会议，提出了创新富民的奋斗指向。同时，"'两聚一高'在江苏——智库专家、媒体老总环省行"系列访谈活动是江苏省宣传贯彻落实省第十三次党代会精神的一次重大创新，也将省党代会精神的学习宣传工作推向了新高潮。

13. 东南大学孟鸿志教授参加省政府《政府信息公开条例》修订工作座谈会并负责起草"修订初稿"江苏征求意见报告

江苏省人民政府办公厅在南京组织召开了《政府信息公开条例》修订工作座谈会。省政府副秘书长肖泉，省政府办公厅等17个有关部门、13个地市人民政府的政府信息和政务公开机构主要负责同志参加了会议。

东南大学法学院孟鸿志教授应邀参加了座谈会，并与省政府办公厅有关负责同志认真听取了各部门和各地市对《中华人民共和国政府信息公开条例（修订初稿）》的建议。受省政府办公厅委托，孟鸿志教授在会后组织法学院部分宪政专业研究生梳理和起草了江苏省报送国务院的《关于对〈政府信息公开条例〉（修订初稿）征求意见的报告》，报告共计3万字。这是继法学院周佑勇教授和孟鸿志教授牵头承担的《政府信息公开条例》修订专题研究特别委托项目之后，东南大学法学专家的又一次重要立法参与活动。肖泉副秘书长在座谈会上，对上半年东南大学两位教授和课题组的工作给予了高度评价，省政府办公厅政府信息与政务公开办公室主任张旻也转达了国务院政府信息公开与政务公开办公室对江苏省组织《政府信息公开条例》修订工作的充分肯定，对东南大学课题组的辛勤劳动和贡献提出了特别表扬。

据悉，近期国务院办公厅政府信息和政务公开办公室已组织力量，在深入调研、充分论证的基础上，研究起草了《中华人民共和国政府信息公开条例（修订初稿）》，此次座谈会是专门针对"修订初稿"而开展的立法征求意见。

五、社科处 2016 年大事记

2016 年 1 月 18 日　法学院刘艳红教授入选南京市有突出贡献中青年专家。
2016 年 1 月 22 日　东南大学经济管理学院赵驰副研究员省社科基金项目成果获江苏省省长石泰峰批示。
2016 年 1 月 29 日　东南大学喜获 2 项省社科基金重大项目。
2016 年 3 月 14 日　经济管理学院名誉院长华生应邀向李克强总理面对面提建议。
2016 年 3 月 17 日　法学院周佑勇教授入选 2014 年文化名家暨"四个一批"人才人选。
2016 年 4 月 8 日　东南大学人文社会科学学部举行文科发展战略研讨会。
2016 年 4 月 12 日　法学院周佑勇教授受聘江苏省人民政府法律顾问。
2016 年 4 月 16 日　"'一带一路'背景下的国际产能合作：理论创新与政策研究"学术研讨会在东南大学成功召开。
2016 年 4 月 25 日　东南大学召开文科建设和发展工作研讨会。
2016 年 5 月 5 日　东南大学入选为复印报刊资料重要转载来源机构（2015 年版）。
2016 年 5 月 9 日　东南大学获得 4 项 2015 年度江苏高校哲学社会科学重点研究基地重大项目。
2016 年 5 月 10 日　艺术学院甘锋教授当选为江苏省青年艺术家协会副主席。
2016 年 6 月 1 日　全国重点高校马克思主义学院学术水平指数出炉，东南大学马克思主义学院排名第十。
2016 年 6 月 2 日　《光明日报》专题报道马克思主义学院思政课教育特色模式。
2016 年 6 月 2 日　《人民日报》刊发东南大学专家重要理论文章。
2016 年 6 月 2 日　东南大学获得 5 项 2016 年度省决策咨询研究基地立项课题。
2016 年 6 月 7 日　东南大学艺术学院张道一教授的《中国拓印画通览》成功入选 2016 年度国家出版基金资助项目。
2016 年 6 月 14 日　《东南学术文库》首批图书出版面世。
2016 年 6 月 16 日　美国前总统卡特会见艺术学院张乾元教授。
2016 年 6 月 24 日　东南大学获批 3 项 2016 年度省教育厅高校哲学社会科学重大重点项目。
2016 年 6 月 25 日　东南大学法学院入选中国法学会首届法治政府研究方阵。
2016 年 7 月 1 日　《新华日报·智库版》整版推出东南大学"中国特色社会主义发展研究院"发展智库成果。

2016年7月8日　马克思主义学院获批江苏省高校示范马克思主义学院。

2016年7月10日　《光明日报》理论实践版隆重推出东南大学"中国特色社会主义发展研究院"发展智库成果。

2016年7月21日　《光明日报》综合新闻版隆重推出东南大学"中国特色社会主义发展研究院"发展智库成果。

2016年7月31日　东南大学法学院周佑勇教授入选第二批国家"万人计划"哲学社会科学领军人才。

2016年8月17日　东南大学获6项教育部人文社会科学研究项目。

2016年8月17日　东南大学喜获26项国家社会科学基金项目。

2016年9月21日　东南大学召开文科智库建设与发展工作推进会。

2016年9月29日　东南大学获2016年国家社科基金后期资助项目1项。

2016年10月19日　江苏省社科界第十届学术大会开幕式暨首届江苏智库峰会在东南大学举行。

2016年10月29日　东南大学举办纪念恢复法学学科二十年暨法学院建院十周年系列活动。

2016年10月31日　东南大学恢复法学学科二十年暨法学院建院十周年活动——"双一流"建设与卓越法律人才培养高端论坛成功举办。

2016年11月13日　"当前世界经济发展趋势与中国经济增长新源泉"学术研讨会在东南大学成功举办。

2016年11月16日　东南大学喜获16项省社科基金年度项目。

2016年11月18日　东南大学成功举办"跨文化背景下的汉语国际教育"学术研讨会。

2016年11月21日　东南大学建筑学院副教授李海清省社科基金项目成果获江苏省委书记李强批示。

2016年12月1日　东南大学召开国家级文科智库建设讨论会。

2016年12月1日　东南大学召开人文社科工作推进研讨会。

2016年12月2日　东南大学获3项2016年省社科基金后期资助项目。

2016年12月6日　东南大学经济管理学院徐康宁和邱斌教授参加"'两聚一高'在江苏——智库专家、媒体老总环省行"系列访谈活动。

2016年12月7日　《人民日报》隆重推出东南大学"中国特色社会主义发展研究院"发展智库成果。

2016年12月13日　东南大学23项成果获第十四届江苏省哲学社会科学优秀成果奖,其中一等奖4项,二等奖7项,三等奖12项。

2016年12月17日　东南大学3家智库入选首批CTTI来源智库。

2016年12月26日　东南大学人文学院在2016中国伦理学大会上主办"道德国情与道德哲学前沿高层论坛"。

2016 年人文社会科学主要科研统计表

1. 省部级研究机构

序号	基地名称	依托单位	批准时间	批准部门	负责人	机构性质
1	人民法院司法大数据研究基地	法学院	2016	最高人民法院	刘艳红	最高人民法院批准成立的重点智库
2	江苏省家事审判心理学重点研究基地	人文学院	2016	江苏省高级人民法院	马向真	江苏省高级人民法院重点研究基地
3	江苏省中国特色社会主义理论体系研究基地	马克思主义学院等	2015	江苏省委宣传部	郭广银	江苏省中国特色社会主义理论体系研究基地
4	中国特色社会主义发展研究院（简称"中特发展智库"）	马克思主义学院等	2015	江苏省委宣传部	郭广银	首批江苏省重点高端智库
5	道德发展智库	人文学院	2015	江苏省委宣传部	樊和平	首批江苏省重点高端智库
6	反腐败法治研究中心	法学院	2015	江苏省教育厅	刘艳红	江苏省高校哲学社会科学重点研究基地
7	道德国情与道德哲学前沿创新团队	人文学院	2015	江苏省教育厅	樊和平	江苏省教育厅社科优秀创新团队
8	公民道德与社会风尚协同创新中心	人文学院	2014	江苏省人民政府	樊和平	江苏省 2011 协同创新中心
9	江苏省非物质文化遗产研究基地	艺术学院	2014	江苏省文化厅	王廷信	江苏省非物质文化遗产研究基地
10	公民道德提升与人的现代化研究中心	人文学院	2013	江苏省社科规划办	田海平	江苏省哲学社会科学研究基地
11	道德国情调查研究中心	人文学院	2013	江苏省社科联	王珏	江苏省决策咨询研究基地
12	中国传统艺术的传承与传播研究中心	艺术学院	2013	江苏省教育厅	王廷信	江苏省教育厅社科优秀创新团队
13	亚太语言政策研究中心	外国语学院	2013	江苏省教育厅	陈美华	江苏省教育厅国际问题研究中心(培育)
14	江苏省科技创新体系建设思想库	经济管理学院	2012	江苏省科技厅	仲伟俊	江苏省决策咨询研究基地
15	江苏经济全球化研究中心	经济管理学院	2012	江苏省教育厅	邱斌	江苏省教育厅校外研究基地
16	交通法治与发展研究中心	法学院	2012	江苏省交通运输厅	周佑勇	江苏省交通运输行业政策法规重点研究基地
17	江苏省重点物流研究基地	经济管理学院	2011	江苏省经信委	赵林度	江苏省物流重点研究基地

(续 表)

序号	基地名称	依托单位	批准时间	批准部门	负责人	机构性质
18	江苏创新驱动研究基地	经济管理学院	2011	江苏省社科联	仲伟俊	江苏省决策咨询研究基地
19	江苏民生幸福研究基地	经济管理学院	2011	江苏省社科联	徐康宁	江苏省决策咨询研究基地
20	金融统计研究所	数学系	2011	江苏省统计局	林金官	江苏省统计科学研究基地
21	艺术学研究中心	艺术学院	2010	江苏省教育厅	凌继尧	江苏省高校哲学社会科学重点研究基地
22	道德哲学与中国道德发展研究所	人文学院	2009	江苏省教育厅	樊和平	江苏省高校哲学社会科学重点研究基地
23	江苏省区域经济与发展研究基地	经济管理学院	2008	江苏省社科规划办	徐康宁	江苏省哲学社会科学研究基地

2. 2016年新增校级研究机构

序号	机构名称	所属单位	成立时间	负责人
1	东南大学现代汉诗研究所	人文学院	2016年1月8日	王珂
2	东南大学城市停车信息云平台实验室	法学院、交通学院	2016年6月22日	顾大松 陈峻
3	东南大学大数据平台经济与企业成长研究所	经济管理学院	2016年11月15日	赵驰
4	东南大学能源环境管理与政策评价研究所	经济管理学院	2016年11月15日	浦正宁
5	东南大学中国犯罪预防与社会修复研究中心	法学院	2016年11月30日	刘艳红

3. 2016年立项课题

(1) 国家社会科学基金项目

课题名称	类别	负责人	单位	经费/万元
中国法治推进过程中的裁量权治理问题研究	中宣部文化名家暨"四个一批"人才工程资助项目	周佑勇	法学院	50
构建中国特色"预惩协同型"反腐败国家立法体系战略问题研究	重点项目	刘艳红	法学院	35
"一带一路"倡议背景下我国应对TPP、TTIP与RCEP的策略研究	重点项目	陈淑梅	经济管理学院	35
共享发展理念下的精准扶贫机制创新研究	一般项目	孙迎联	马克思主义学院	20

（续　表）

课题名称	类别	负责人	单位	经费/万元
绿色发展理念引领的中国生态政治学逻辑建构研究	一般项目	叶海涛	马克思主义学院	20
技术创新的实践哲学研究	一般项目	夏保华	人文学院	20
后期维特根斯坦思想转向发生的理路及其伦理解释研究	一般项目	郭洪体	马克思主义学院	20
道德虚无主义研究	一般项目	王　俊	人文学院	20
财政引导基金协同风险投资提升创业质量的机理与对策研究	一般项目	吴　斌	经济管理学院	20
互联网法治化治理问题研究	一般项目	欧阳本祺	法学院	20
我国网络言论自由法律机制与宪法第35条解释适用问题研究	一般项目	陈道英	法学院	20
高校图书馆空间再造模式与策略研究	一般项目	顾建新	图书馆	20
跨文化视阈下青少年运动行为与健康促进的实证研究	一般项目	张惠红	体育系	20
马克思国家治理思想及其当代价值研究	青年项目	朱菊生	马克思主义学院	20
西方左翼批判理论视阈中的空间—生命政治学研究	青年项目	陈　硕	马克思主义学院	20
基于医疗公正视角的健康资源配置伦理评估研究	青年项目	尹　洁	人文学院	20
国内价值链与全球价值链竞合下的我国生产服务业内涵式发展研究	青年项目	陈　健	经济管理学院	20
长三角地区城市化进程中土地增值收益分配机制的政治学研究	青年项目	郝　娜	马克思主义学院	20
居民健康增进中的社会空间生产及其公共政策创新研究	青年项目	郭　娜	人文学院	20
互联网时代日本新兴宗教的传播及应对研究	青年项目	黄绿萍	外国语学院	20
当代英美文艺社会学思想研究	青年项目	卢文超	艺术学院	20
长江两岸吴语边界地区语音共时变异及历时演变研究	青年项目	张志凌	海外教育学院	20
证券化产品的最优设计与信用风险管理研究	青年项目	王　宏	经济管理学院	20
十八大以来党中央治国理政的政治思想研究	专项工程重大项目	袁久红	马克思主义学院	40
"四个全面"和"强富美高"新江苏建设研究	国家社科基金重大项目子课题	郭广银	马克思主义学院	10
"四个全面"和"强富美高"新江苏建设研究	国家社科基金重大项目子课题	袁久红	马克思主义学院	10

(续　表)

课题名称	类别	负责人	单位	经费/万元
中国传统艺术母题与主题学体系研究	重点项目	赫　云	艺术学院	32
新时期艺术学理论学科发展研究	一般项目	王廷信	艺术学院	18
晚清民国时期江南地区设计艺术研究	一般项目	李轶南	艺术学院	18
我国犯罪论体系的阶层化改造	后期资助	梁云宝	法学院	20

(2) 教育部人文社会科学研究项目及其他部级项目

课题名称	类别	负责人	单位	经费/万元
当代美德伦理学中的正义问题研究	青年基金	孙会娟	马克思主义学院	8
跨艺术诗学视域下的美国纽约派诗歌研究	规划基金	朱丽田	外国语学院	10
中国图案学研究	规划基金	李蓓蕾	艺术学院	10
基于多层网络的银行业系统性风险演化研究	规划基金	李守伟	经济管理学院	10
社会网络模型在高校MSM学生艾滋病防控中的实证性研究	规划基金	卫平民	公共卫生学院	10
研究型大学"探究式"课堂教学模式构建研究	规划基金	邱文教	教务处	10
中国行政事业单位管理会计人才能力框架研究	财政部重大招标项目	陈志斌	经济管理学院	55
政府资产负债核算理论与政府会计体系构建研究	财政部特殊人才支持计划	陈志斌	经济管理学院	20
权责发生制政府财务会计准则制度及其实施路径研究	财政部全国会计科研重点项目	陈志斌	经济管理学院	4
工程硕士学位授权点申请基本条件研究	全国工程专业学位研究生教育指导委员重大课题	沈　炯 袁榴娣	研究生院	10
加强企业研究生工作站建设,构建校企协同育人新机制	教育部专项课题	沈　炯 袁榴娣	研究生院	5
基于精准扶贫目标的多层次重特大疾病医疗救助体系与运行	民政部社会救助司委托项目	张　晓	公共卫生学院	16.02
中国研究生教育质量报告主题策划研究	学位与研究生教育杂志社委托项目	耿有权	高等教育研究所	2
科技创业的商业计划	全国高等学校学生信息咨询与就业指导中心委托课题	李　东	经济管理学院	5
工业设计推进"两化"深度融合战略研究	工信部、财政部委托项目	崔天剑	艺术学院	5

(续 表)

课题名称	类别	负责人	单位	经费/万元
从公共管理和评估理论视角分析政府计划评估面临的需求与挑战	国家软科学研究计划重点项目	张玉林	经济管理学院	10
大数据驱动的城市道路交通安全统计测度及预测方法创新研究	全国统计科学研究组织办公室一般课题	徐铖铖	交通学院	3
监理定位和制度完善研究	住房城建部委托课题	沈 杰	土木工程学院	15
教学模式变革下的土木工程学科外国教材建设研究	教育部高教司专项课题	钱 鹏	图书馆	5
"互联网+"在普通高等院校健身气功教学实践的创新性研究	国家体育总局委托项目	李晓智	体育系	0.5
招标投标法律制度实施情况、存在问题及改革完善建议研究	国家发改委一般项目	叶树理	法学院	24
尖端医疗的刑法挑战及应对策略问题研究	司法部中青年课题	刘建利	法学院	5
行政"诿责"法律规制研究	中国法学会课题	刘启川	法学院	6
身份塑造视角下的法官助理制度实证研究	中国法学会课题	冯煜清	法学院	4

(3) 江苏省哲学社会科学基金项目

课题名称	类别	负责人	单位	经费/万元
马克思主义人学中国化的创新发展研究	一般项目	涂亚峰	马克思主义学院	5
国家治理现代化进程中行政伦理建设研究	一般项目	盛凌振	马克思主义学院	5
清代江南道教医世宗劝学思想的德育价值研究	青年项目	杨 洋	马克思主义学院	5
降低江苏实体经济企业创新成本的对策研究	重点项目	陈良华	经济管理学院	8
供给侧结构性改革下江苏精准扶贫的实现机制研究	青年项目	杨 帆	经济管理学院	5
促进江苏医疗卫生与养老服务融合发展研究	一般项目	吴燕平	中大医院	5
江苏信息化和工业化深度融合战略研究	青年项目	陈洪涛	经济管理学院	5
基于多Agent的分布式智能制造系统的协作管理机制研究	青年项目	陈大林	机械工程学院	5
基于出行者活动的行为决策研究	青年项目	付 晓	交通学院	5
江苏PPP模式运行中法律问题研究	重点项目	高 歌	法学院	8
"互联网+"背景下网约车合作治理的法治化研究	一般项目	顾大松	法学院	5

（续　表）

课题名称	类别	负责人	单位	经费/万元
中国古代法治元素及其现代意义研究	一般项目	郑颖慧	法学院	5
伪满时期中日作家文学活动的思想谱系研究	青年项目	刘　超	外国语学院	5
汉语方言对中国学习者英语节奏习得的影响研究	一般项目	杨茂霞	外国语学院	5
1978—2015中国电影观众史	重点项目	岳晓英	艺术学院	8
江苏民间艺术对外传播研究	青年项目	李　牧	艺术学院	5
第三者融资型消费信用交易的私法构造及其规制研究	自筹经费项目	高　翔	法学院	
高校学术权力运行监督机制研究	自筹经费项目	李冬梅	纪委办公室	
健康中国视野下青少年运动行为及其影响因素分析	自筹经费项目	金　凯	体育系	
中国艺术文献史料学研究	后期资助项目	尹　文	艺术学院	5
长江流域道教造像研究	后期资助项目	汪小洋	艺术学院	5
衍生品定价、优化设计与风险管理研究	后期资助项目	胡小平	经济管理学院	5
江苏省电商创新类型及模式研究	委托项目	刘兴旺	经济管理学院	8
江苏全要素生产率研究	委托项目	徐盈之	经济管理学院	8
江苏推进政府与社会资本合作的思路与对策研究	委托项目	李　敏	经济管理学院	10
江苏省道德发展状况测评体系研究	重点委托项目	李林艳	人文学院	10
开发区法律问题指导意见研究	省政府决策咨询课题	熊樟林	法学院	1
江苏建设具有全球影响力的产业科技创新中心之标准、途径和机制研究	重点项目	袁健红	马克思主义学院	8

（4）江苏省软科学项目

课题名称	负责人	单位	经费/万元
第二轮《江苏省志·科学技术志》编纂工作	袁健红	马克思主义学院	10
企业研发费用不同归集口径影响分析及统一的可行性研究	戚啸艳	经济管理学院	5
互联网金融创新机制与科技创业全过程的融资模式规划研究	陈志斌	经济管理学院	5
大数据视角下江苏"大众创业，万众创新"支撑平台建设研究	杨　勇	经济管理学院	5
江苏产业科技创新的典型模式与政府支持策略研究	仲伟俊	经济管理学院	15
长江三角洲城市群规划研究	花　俊	经济管理学院	9.5

(续 表)

课题名称	负责人	单位	经费/万元
第二轮《江苏省志·科学技术志》编纂工作——概述、工业科技、大事年表、附录	袁健红	马克思主义学院	10
苏皖合作示范区产业和市场合作重点方向、产业体系和空间布局研究	花 俊	经济管理学院	6
第二轮《江苏省志·科学技术志》编纂工作——高新技术产业与农业科技	袁健红	马克思主义学院	10
第二轮《江苏省志·科学技术志》编纂工作——公共事业科技	袁健红	马克思主义学院	10

(5) 省部级基地项目

课题名称	负责人	单位	经费/万元
高校示范马克思主义学院	袁久红	马克思主义学院	20
反腐败法治研究中心	刘艳红	法学院	15
道德国情与道德哲学前沿	樊和平	人文学院	10
精神障碍群体的伦理风险及其权益保护研究	何志宁	人文学院	5
转型期社会失范与道德分化的对策研究	洪岩璧	人文学院	5
江苏实施创新驱动发展的战略方向与支撑体系研究	仲伟俊	经济管理学院	5
江苏打造全球有影响产业科技创新中心的路径研究	梅姝娥	经济管理学院	5
着力培育江苏居民消费新增长点,加快形成新供给新动力的路径与重点领域研究	顾欣	经济管理学院	5

(6) 江苏省教育厅高校哲学社会科学研究基金项目

课题名称	类别	负责人	单位	经费/万元
新常态下江苏经济增长动力转换和新增长点培育研究	重点	冯 伟	经济管理学院	6
本土价值链构建下的江苏产业转型与劳动力市场发展耦合关系研究	重点	陈 健	经济管理学院	10
中国艺术和中国精神研究	重点	沈亚丹	艺术学院	10
基于互联网的综合性高校财务内部控制体系提升研究	专项	刘 岚	财务处	0.8
控制论视阈下"三不腐"有效机制的实施路径研究——以完善江苏教育系统惩防体系建设为例	专项	张明杰	纪委办公室	1
江苏高校哲学社会科学年度发展报告	专项	胡汉辉	经济管理学院	10
基于大学英语微课资源建设的混合式教学模式研究与实践	专项	郭锋萍	外国语学院	3
在线教育环境下高校图书馆虚拟读者管理模式与实证研究	指导	罗 涛	图书馆	
后数字化时代高校阅读服务策略实证研究——基于东南大学大学生社团组织	指导	王 骏	图书馆	
基于BIBFRAME的中文书目数据本体设计研究	指导	华苏永	图书馆	

（7）其他厅局级项目

课题名称	类别	负责人	单位	经费/万元
新媒体时代高校社科普及传播路径创新研究	江苏省社科联	周佑勇	法学院	0.5
职务犯罪预防法治创新研究——以南京市江宁区人民检察院预防工作为样本	南京市江宁区人民检察院	尹 吉 刘艳红	法学院	10
长江三角洲城市群规划研究——长三角城市的功能定位与产业分工	中国科学院南京地理与湖泊研究所	花 俊	经济管理学院	9.5
困难女职工子女心理关怀、爱心助学项目	江苏省女职工委员会办公室	马向真	人文学院	1
江苏省人才发展体制机制创新研究	江苏人才发展战略研究院（南京理工大学）	葛沪飞	经济管理学院	11.48
江苏省人才发展体制机制创新研究	江苏人才发展战略研究院（南京理工大学）	葛沪飞	经济管理学院	3.5
江苏省人才发展体制机制创新研究	江苏人才发展战略研究院（南京理工大学）	周路路	经济管理学院	3.5
国家可持续发展实验区中期建设研究	鼓楼区科技局	庄亚明	经济管理学院	9
P2P借贷平台的价值测度与风险监控研究——基于大数据的视角	江苏省金融工程重点实验室（南京审计学院）	尹 威	经济管理学院	3
社区残疾人活动场所无障碍设施建设研究	江苏省残疾人事业发展联合会	王兴平	建筑学院	3
职务犯罪预防法治创新研究	江宁区检察院	尹 吉	法学院	10
宁波市佛教文化的发展价值与开发应用对策研究	宁波市人民政府研究室	袁久红	马克思主义学院	9.5
江苏推进具有国际影响力的产业科技创新中心建设研究	江苏省统计局	徐盈之	经济管理学院	1
认罪认罚从宽处理与刑事速裁机制研究	江苏省东海县人民检察院	尹 吉 刘艳红	法学院	10
电子档案"云灾备"数据安全策略及其实现研究	江苏省档案局	钱杰生	档案馆	4
江苏省公路资产核算与报告规则研究	江苏省交通运输厅	陈志斌	经济管理学院	35
认罪认罚从宽视角下的检察环节认罪协商制度研究	江苏省法学会	王禄生	法学院	1
企业刑事法律风险防范的公司法合作机制研究	江苏省法学会	杨志琼	法学院	1
孙中山法治思想本土化研究	江苏省法学会	郑颖慧	法学院	1
我国宪法第35条解释与使用问题研究	江苏省法学会	陈道英	法学院	1
政府和社会资本合作中收益约定规则的法律治理实证研究	江苏省法学会	翟 冬 周佑勇	法学院	0.8
政府补贴法律规制研究	江苏省法学会	刘 春 周佑勇	法学院	0.8

(8) 横向项目

课题名称	类别	负责人	单位	经费/万元
信息化时代工程造价咨询企业的人才培养	委托项目	李德智	土木工程学院	2
继续教育不同类型成果的互认和衔接制度研究	委托项目	王燕蓉	继续教育学院	0.5
宁波与全国大城市第一方队城市发展比较及策略研究	委托项目	王兴平	建筑学院	29.5
基于大数据智能风控平台的小微贷产品设计	委托项目	刘晓星	经济管理学院	15
特殊药品谈判机制研究协议咨询书	委托项目	吴应宇	经济管理学院	9.8
中利腾晖光伏科技有限公司应收账款证券化研究	委托项目	何建敏	经济管理学院	15
镇江市铁瓮城周边地块棚户区改造项目	委托项目	高 歌	法学院	8
基于全寿命周期管理的非生产性房产管控模式研究	委托项目	袁竞峰	土木工程学院	97.85
江苏江阴农村商业银行股份有限公司人力资源管理诊断	委托项目	刘晓星	经济管理学院	20
儒家心理情景剧提升大学贫困生心理资本的研究	委托项目	邓旭阳	学生处	1
下一代地铁列车系统安全可靠性及可用性评估方法测试	委托项目	刘新旺	经济管理学院	5
江苏企业利用自贸协定情况研究	委托项目	陈淑梅	经济管理学院	10
江苏省基本医疗门诊保险解决方案优化与路径选择——基于医疗服务需求和供给的研究	委托项目	张 晓	公共卫生学院	12.46
PPP项目法律咨询服务合同	委托项目	高 歌	法学院	10
江苏健康保险市场调查研究	委托项目	张 晓	公共卫生学院	4
中国医疗器械行业市场绩效实证研究	委托项目	巢健茜	公共卫生学院	5
大地集团公司治理优化与管理咨询	委托项目	陈良华	经济管理学院	10
世界各国社会保障制度比较研究	委托项目	季玉群	人文学院	29.9624
镇江边城仑山湖旅游开发PPP项目咨询合同	委托项目	高 歌	法学院	10
盐城响水新城PPP项目咨询合同	委托项目	高 歌	法学院	15
南京市养老服务管(护)理人才的现状与对策	委托项目	张建坤	土木工程学院	5
争议海域执法合作的国际法问题研究	委托项目	叶 泉	法学院	5
江苏省学科与研究生教育质量信息平台研究	委托项目	顾兴中	研究生院	24
面向特高压直流工程的财务风险预警系统研究	委托项目	涂建明	经济管理学院	28.4
艾滋病告知对患者临床指标影响机制的队列研究(告知项目二期)	委托项目	杨 瑾	公共卫生学院	40
2016年江苏省互联网金融创新发展研究	委托项目	吴清烈	经济管理学院	5
江苏省交通运输系统行政权力事项评估及调整对策研究	委托项目	过秀成	交通学院	18
淮安市白马湖四季花海PPP项目法律咨询合同	委托项目	高 歌	法学院	6

4. 2016年江苏省第十四届哲学社会科学优秀成果奖获奖成果

序号	成果名称	成果形式	所获奖项	获奖等级	作者	所在单位
1	空间叙事研究	著作	江苏省第十四届哲学社会科学优秀成果奖	一等奖	龙迪勇	艺术学院
2	比较艺术学	著作	江苏省第十四届哲学社会科学优秀成果奖	一等奖	李倍雷	艺术学院
3	中国经济增长的真实性:基于全球夜间灯光数据的检验	论文	江苏省第十四届哲学社会科学优秀成果奖	一等奖	徐康宁 陈丰龙 刘修岩	经济管理学院
4	自主培育发展新兴产业的路径与政策	著作	江苏省第十四届哲学社会科学优秀成果奖	一等奖	仲伟俊	经济管理学院
5	全面从严治党	著作	江苏省第十四届哲学社会科学优秀成果奖	二等奖	郭广银	马克思主义学院
6	曲学与中国戏剧学论稿	著作	江苏省第十四届哲学社会科学优秀成果奖	二等奖	徐子方	艺术学院
7	反面的构成事实错误之辨伪	论文	江苏省第十四届哲学社会科学优秀成果奖	二等奖	梁云宝	法学院
8	早期气质对焦虑退缩行为的影响:社会适应性的背景性作用	论文	江苏省第十四届哲学社会科学优秀成果奖	二等奖	张光珍	学习科学研究中心
9	要素禀赋、制度红利与新型出口比较优势	论文	江苏省第十四届哲学社会科学优秀成果奖	二等奖	邱 斌	经济管理学院
10	医药之痛:药品安全和医药分开	著作	江苏省第十四届哲学社会科学优秀成果奖	二等奖	赵林度	经济管理学院
11	基于网络理论的银行业系统性风险研究	著作	江苏省第十四届哲学社会科学优秀成果奖	二等奖	李守伟	经济管理学院
12	科学发展观的价值维度	著作	江苏省第十四届哲学社会科学优秀成果奖	三等奖	许苏明	马克思主义学院
13	承认哲学的历史逻辑:黑格尔、马克思与当代左翼政治思潮	著作	江苏省第十四届哲学社会科学优秀成果奖	三等奖	陈良斌	马克思主义学院
14	中国墓室壁画研究(系列论文)	论文	江苏省第十四届哲学社会科学优秀成果奖	三等奖	汪小洋	艺术学院

(续 表)

序号	成果名称	成果形式	所获奖项	获奖等级	作者	所在单位
15	《髹饰录》与东亚漆艺——传统髹饰工艺体系研究	著作	江苏省第十四届哲学社会科学优秀成果奖	三等奖	张　燕	艺术学院
16	艺术品金融	著作	江苏省第十四届哲学社会科学优秀成果奖	三等奖	倪　进	艺术学院
17	苏南傩面具研究	著作	江苏省第十四届哲学社会科学优秀成果奖	三等奖	陶思炎	艺术学院
18	艺术学理论的使命与地位	论文	江苏省第十四届哲学社会科学优秀成果奖	三等奖	王廷信	艺术学院
19	中国特色协商民主的宪制研究	著作	江苏省第十四届哲学社会科学优秀成果奖	三等奖	汪进元	法学院
20	低碳经济背景下嵌入全面预算体系的企业碳预算构想	论文	江苏省第十四届哲学社会科学优秀成果奖	三等奖	涂建明	经济管理学院
21	税制改革、工资跨期转移与公司价值	论文	江苏省第十四届哲学社会科学优秀成果奖	三等奖	王亮亮	经济管理学院
22	中国转型经济背景下的商业模式适应性:权变路径与演进机理	著作	江苏省第十四届哲学社会科学优秀成果奖	三等奖	吕鸿江	经济管理学院
23	高校哲学社会科学科研经费有效配置与科学管理研究	研究报告	江苏省第十四届哲学社会科学优秀成果奖	三等奖	陈志斌	经济管理学院

本 科 教 育

综 述

2016年,本科教育教学工作在全面深化人才培养模式改革、大力推进创新创业教育、稳步开展教学资源建设、研究探讨教学激励机制等方面取得了阶段性的成绩。

一、教学研究工作

(一) 专业建设如期开展

1. 强化省品牌专业建设。发布《关于成立省级品牌专业建设领导小组和工作小组的通知》(校发〔2016〕71号),保障八个省级品牌专业建设的顺利开展和资金的专项使用。完成《江苏高校品牌专业建设工程一期项目2015年度报告》和《江苏高校品牌专业建设工程省财政专项资金2015年度决算报表》,提交省教育厅。

2. 自动化学院申报的"机器人工程"专业获教育部审批通过,于2016年开始招生,该专业成为全国首个开设的专业。城乡规划专业于4月份接受了住建部专业评估专家组进校考查,顺利通过并获得6年有效期。临床医学专业和计算机科学与技术专业分别于10月、11月接受了教育部工程教育专业认证专家进校考查。电子科学与技术、自动化、测控技术与仪器、交通工程、交通运输和测绘工程6个专业于10月初向国家认证协会提交了2017年全国工程教育认证申请,已获接受。同时完成了江苏省重点专业类(我校共15个专业类,合计33个专业)的验收工作。

3. 完成了《2015级本科人才培养方案》的修订、发布和印制工作。基本完成《2016级本科人才培养方案》的微调工作。配合吴健雄学院人才培养模式改革,整体设计《工科实验班》人才培养方案,力求从体系到课程内涵的较大突破。

(二) 课程建设成效显著

1. 根据《教育部办公厅关于公布第八批"精品视频公开课"名单的通知》(教高厅函

〔2016〕15号），我校新增6门课程获国家级"精品视频公开课"的荣誉称号。至此，我校共14门课程获此荣誉称号。根据《教育部办公厅关于公布第一批"国家级精品资源共享课"名单的通知》（教高厅函〔2016〕54号），我校36门资源共享课全部获得首批"国家级精品资源共享课"荣誉称号。

2. 对2009年、2010年、2013年立项建设的校级通选课开展检查和评估。经专家组评议、学校审核，148门立项建设的通选课程通过年度检查，其中21门获"优秀"，26门停开，1门暂缓通过，6门撤销立项。启动了第四批通选课程项目的立项工作，经专家评审、学校审定，共遴选出27门课程，其中重点项目9项，一般项目18项。

3. 根据《省教育厅关于做好"十三五"高等学校在线开放课程建设工作的通知》（苏教高〔2016〕14号），我校组织了近80位教师参加了全省高等学校在线开放课程建设培训会，于9月底向省教育厅提交了40门在线开放课程的申报，课程资源已上传至江苏省在线课程中心。

4. 根据《关于组织对校级研讨课立项建设项目进行年度检查的通知》（校机教〔2016〕166号）文件要求，我校对2015年立项建设的校级研讨课程进行了年度检查。

（三）稳步推进教学改革

1. 经个人申报、院（系）推荐、网评与会评，确定142项为2015—2016年度校教改立项建设项目，其中5项为重中之重建设项目，20项为重点建设项目，117项为一般建设项目。完成了一项省级重中之重教改课题、两项省级重点教改项目的结题鉴定工作。

2. 在院（系）本科教学质量报告的基础上，完成《东南大学2015年度本科教学质量报告》及《支撑数据》上报江苏省教育厅。完成了《2016年教育教学改革专项实施情况报告》《2016年教育教学改革专项经费使用情况报告》《东南大学本科教学信息公开事项（2015—2016学年）》《东南大学教学信息公开工作总结报告及改进规划》，上报教育部。

3. 牵头组织申报国家级创新创业教育改革示范高校，已经通过江苏省教育厅评审。

（四）强化师资队伍建设

1. 经教师申报、院（系）遴选推荐、校专家集中评议、江苏省评定，宋爱国、陈美华两位教授获得"2016年度江苏省教学名师"荣誉称号。

2. 经校教学委员会评审，共评选出2015—2016学年教学奖励金特等奖4人、一等奖30人、二等奖59人。胡仁杰教授获得宝钢优秀教师特等奖，孟桥、贾民平、成玉宁教授获得宝钢优秀教师奖。

3. 经院（系）推荐、学部选举、校长办公会审定，成立了新一届东南大学教学委员会。

二、实践教学工作

(一) 课外研学与竞赛水平稳步提升

1. 课外研学项目与讲座。2016年共立项各级各类SRTP(本科生科研训练计划)项目1 620项。其中,国家级149项,省级150项,校级815项,院(系)级375项,基于教师科研项目131项。2016年,共邀请了50余名校内外知名学者举办各类讲座50余场,受益学生超过8 000人次,涵盖全校所有学院。学生通过聆听研学讲座,提交研学报告超过4 000份。截至2016年11月初,学生共发表论文18篇,获6项发明专利,113项自主研学作品申请了SRTP学分认定。

2. 组织开展了2015年度立项研学项目的结题验收工作,完成省级、国家级项目验收合计245项,结题率82%。

3. 承办、参与或组织国际级、国家级、省(地区)级、校(院)级等各级各类学科竞赛106项,较去年增加11%;承办的国家级赛事"全国大学生计算机设计大赛"获得较好反响。参与国际赛事3项,国家级赛事30项,获得国际级一等奖57人次,国际级二等奖114人次,国际级三等奖6人次,国际级优秀奖1人次;国家级特等奖11人次,国家级一等奖139人次,国家级二等奖208人次,国家级三等奖105人次,国家级优秀奖8人次;省级特等奖38人次,省级一等奖221人次,省级二等奖176人次,省级三等奖124人次,省级优秀奖16人次。特别值得一提的是在高级别的竞赛中获得很好成绩,如:在全国大学生第二届"互联网+"创新创业大赛中取得1个金奖、1个银奖;第十四届"挑战杯"全国大学生课外学术科技作品竞赛中获得1个特等奖、1个一等奖和4个二等奖,并捧得"优胜杯";2015—2016年度全国大学生电子设计竞赛获得10个一等奖和8个二等奖,一等奖数位列全国高校第一;2016年美国大学生数学建模竞赛中获得国际级一等奖;2015—2016年度中俄工科大学联盟创新能源设计大赛中获得金奖;2015—2016年度IROHCS国际机器人实作竞赛获得国际级优秀奖;第五届中国教育机器人大赛中获得国家级特等奖;第十一届全国大学生交通科技大赛中获得国家级一等奖;2016年全国数学建模竞赛中捧得本科生最高奖项"高教社杯"。

(二) 毕业设计质量省内领先

1. 毕业设计(论文)抽检与评优:3 652课题中,最终完成毕业论文(设计)全过程并参与答辩的共3 613个,其中优秀17.24%;推荐2015届12篇毕业设计(论文)参加江苏省优秀毕业设计(论文)评选,6篇获一等奖,4篇二等奖,2篇三等奖;建筑学院3个优秀毕业设计(论文)团队获得"江苏省优秀毕业设计团队"称号;我校推荐的个人及团队优秀毕业设计(论文)全部获奖,一等奖人数居省内高校之首;江苏省内品牌专业的首次学生毕业设计(论文)抽检中,9篇均合格,且反映质量较好;评出2016届校级毕业设计(论文)110篇。

2. 3652项毕业设计课题成功检测3 626篇,查重参与率为99.29%。70.24%的学生查重结果小于10%,98.34%的学生查重结果小于30%。对大于30%查重比的设计(论文)要求全部整改,同时进行后继跟踪。随机抽取电气工程、英语 2 个专业 2016 届本科学生毕业论文文本共 30 篇(成绩涵盖各等级),送至同济大学进行论文互评。

(三)稳步推进卓越工程师计划实施与管理

1. 扎实推进"卓越工程师教育培养计划"(以下简称"卓工计划")的深入实施和工程人才培养模式改革,2016 年聘请 151 位企业兼职教师。修订校外专家来校授课管理办法。

2. 组织开展 15 个"卓工计划"专业人才培养方案修订,并聘请校内外专家进行评审研讨,优化培养方案。对"卓工计划"专业开展建设工作的检查。

3. 积极搭建学校企业课程资源平台,企业课程面向全校"卓工计划"共享。

4. 总结提交我校"卓工计划"专业 2015—2016 年度工作进展报告。参加全国产学合作协同育人项目对接会,探索校企全流程协同育人机制。

(四)国际交流工作深入开展

1. 拓展国际交流渠道与合作交流项目,搭建形式多样的国际交流平台,不断探索灵活多样的联合教育培养模式。与法国 N+I 工程师学校联盟所属的 10 所法国工程师学校、美国凯斯西储大学、德国乌尔姆大学分别签署了"3+2"联合培养协议;协同校国际合作处及相关院系,与瑞典皇家理工学院、法国国立高等工程技术学校、澳大利亚卧龙岗大学、意大利都灵理工大学、日本早稻田大学、加拿大滑铁卢大学等近 20 所大学积极洽谈进一步交流合作事宜。组织学生赴德国参加国际 RoboCup 机器人竞赛,赴俄罗斯参加复合材料世界锦标赛。支持计算机、生医、电子、信息等专业近 10 名本科生出国参加国际会议并宣读发表论文。主办东南大学-美国田纳西大学暑期英语夏令营活动。鼓励学生赴英国剑桥大学等 24 所国外一流大学参加暑期学校课程学习。

2. 2016 年组织申报 30 个交流项目,85 名本科生获得国家留学基金委资助,共 76 名学生通过我校推荐、基金委审核赴国外知名大学进行课程学习,另 3 名学生赴加拿大进行科研课题实习。积极组织学生参加江苏省政府境外学习奖学金项目,人文、经管、计算机等院系的 12 名学生被该项目录取,将于暑期赴美、英、澳、加等国一流大学交流学习。

3. 多途径加强国际化宣传力度。协同国际合作处组织了近 30 场国外高校学习和交流宣讲会。邀请来自美、英、法、德、日、加、意等高校的海外项目负责人到校就赴海外留学进行了专题讲座近 20 场,吸引了众多在校本科生前来参加。分批召开我校出国交流学习学生行前指导会议,对选派学生进行详细办理出国手续指导和行前安全教育。

4. 提升师资国际化水平。将"走出去"与"引进来"结合,一方面积极支持引进外籍教授专家来校为本科生开设课程和讲座,吸纳其先进的教学理念和方法。2016 年度共邀请 75 位外籍专家教授,合计开设课程 72 门。另一方面与美国田纳西大学继续开展教师培训发展项目,选派 5 名优秀教师赴田纳西进行为期一学期的授课培训和助教工作,提升教师国际化教学水平。

三、教学运行与学籍管理工作

（一）运行工作正常开展

1. 开学前准备与开学第一周教学检查。坚持教学运行"三清制度"，坚持做好开学初与期中教学检查工作。组织开学第一周课程开出情况检查。

2. 优化编排课表。规范下达教学任务，及时生成教学计划进程，科学编排课表。2016年度合计编排课表8 300余门次。以学生课表、教师课表、教室课表、班级课表等多种形式对全校师生发布，并提供实时课表查询。

3. 开展期中教学检查。2016年通过采取自查和走访相结合方式，重点围绕课程教学"六环节"、期末考核工作规范化进行。共走访15个院（系），了解本科教学基本状态，广泛收集了学院对教务处工作的意见和建议。

4. 合理安排考试。2016年，安排补考，期中考试，重修考试，期末考试，转专业考试，全国大学外语四、六级考试，江苏省计算机等级考试，成人教育学位考试，在校民族特招生学位课程考试等各类考试，合计安排学生近16万人次。

5. 改造教学条件与环境。合计改造教一、教二、教三、教四、教六、教七68间教室，更换活动课桌1 746张，椅子3 492个，新增研讨型教室黑板96块，方便研讨型课程教学的实施。粉刷了部分教室的墙壁。

（二）学籍管理高效无误

1. 进一步简化办事流程，快捷方便为学生服务。公布教学运行工作计划表及学生办理学务事宜流程表，撰写《教务与学籍运行简报》。修订并发布《2016级大学生手册》。召开教务助理专题研讨会、工作培训会。举行港澳台学生、民族特招生专题座谈会，举办推荐免试攻读硕士研究生、交流学习学籍与学分管理说明会等，解读政策、说明流程。

2. 办理学籍异动640人次，在读证明约7 600份，成绩单、证书复印件等盖章约71 000份，各类学籍、学历、学位证明书等出具与补办约150份，学生证及火车优惠卡补办约450人。编制与发放2016级《新生学习指南》《问题简答》《办理流程》《学习辅导简介》小册，各3 967份。完成2016级新生学生证制作和校徽发放3 967人，2016级新生火车优惠卡的数据收集、整理及制作约3 700份，完成在校生火车优惠卡充磁约11 000人。

3. 进一步优化《毕业与学位审核管理系统》功能和操作环境，按时、准确、全面、细致完成各类审核工作。完成2016年本科生毕业、结业、肄业及延长信息与资格审核3 979人。完成2016年本科生学士学位信息与资格审核5 637人（其中普通高等教育3 971人，来华留学70人，成人高等教育1 587人）。完成毕业证书与结业证书制作与发放3 844份。完成学士学位证书的制作与发放5 407份，完成普通高等教育学士学位授予决定的制作与存档3750份。完成2016年辅修专业证书资格审核及辅修证书制作与发放49人。

4. 完成2016级新生基本数据核对3 967人，学籍电子注册3 932人（含预科转正63人），取消入学资格35人，保留学籍3人，2016级预科生73人。按教育部要求组织学生上网查询学籍信息。完成2016年在校生信息核对与学籍电子注册12 575人，2016届本科生毕业与结业证书电子注册 3 801 人,2016 年学士学位证书电子注册 5 407 人(其中普通高等教育 3 750 人,来华留学 70 人,成人高等教育 1 587 人)。协助研究生院完成 2016 级本硕连读学生学籍注册 153 人。

(三) 深入开展成绩分析与管理

1. 对学生成绩开展大数据挖掘工作。完成通识教育基础课程考试成绩比较与分析,2016 届毕业生绩点统计分析,归纳不同类型学生(如:2016 年学籍处理留级或退学学生,贫困计划招生,民族特招生,港澳台生等特殊类型学生)的成绩分析,为决策提供数据支持。

2. 对我校本科生成绩管理模式、成绩的评定办法、成绩录入与记载、成绩核查与更改、成绩单出具与存档等方面的规定和流程进行深入细致地研究与分析,为《东南大学本科生成绩管理规定(暂行)》的出台做好前期工作。

3. 完成本科生课程成绩替代、课程成绩屏蔽、审核与出具,不同类型平均学分绩点的审核与出具,本科生赴国外交流学习课程成绩的认定,校外本科生交流学习课程成绩的审核与出具等工作,满足了学生的多样化需求。

4. 进一步优化本科生自助打印在读证明和成绩单系统,全年打印在读证明和成绩单合计约 16 000 份。

(四) 推优及交流生工作有序进行

1. 组织安排 2015 级学生转院(系)转专业申报、审核、录取工作,报名 885 人,录取 179 人。组织安排 2015 级部分院(系)大类专业分流工作 1 857 人,2016 年度学习优秀生的选拔与推荐工作约 450 人。完成 2017 届推免生申请、考核、审核、推荐工作,共推荐 759 人,录取 752 人。完成哲学和英语专业的辅修学位材料的审核与申报。

2. 完成 193 名交流生的学分认定工作。完成 87 所国外、境外 26 批次的学生申报、审核、选拔与推荐工作,合计选拔学生 303 人次。完成 96 名校外交流生到我校学习的录取审核、学籍信息编排、成绩单及学习证明出具,以及与院(系)等部门沟通协调工作。与 SAF(海外学习基金会)机构合作共同推选了 12 名学生参加英美顶尖高校的交换生项目。在争取国家支持的同时,积极落实学校支持优惠政策,通过校友基金会专项基金为 12 名优秀学生提供一定经费资助。与国际合作处、南京法语联盟、吴健雄学院协作建立了两种学生学习法语方式。完成学院(系)层交流学习项目汇总与统计工作。

(五) 学业辅导与学习预警同进行

1. 开展多种学习辅导服务。通过设立学习帮扶勤工助学岗位,招募课程优异、表达能力强、乐于助人的学生帮辅学习困难学生,组成 280 对"一对一"帮扶小组。周一至周五,安排学习优秀志愿者在固定时间、固定地点开展通识教育基础课答疑活动;尤其针对高等数学课程,特别招募了 10 名成绩优异的学生担任答疑志愿者。组织学习辅导讲座 18 场,帮助学生改变学习方法、提升学习能力。

2. 完成 2015—2016 学年学籍预警(每学期进行)2 046 人次,学籍处理留级 185 人,退学 26 人审核工作。本学年走访了每个院(系)了解预警情况。指导院(系)建立学习状态表、谈话记录表、帮助学生合理选课、制订学习进程等,将学籍预警工作落到实处。周一至周五的固定时段,在学业指导教室安排了专项辅导:课程学习进程制定、基础课程辅导、转专业、大类分流、出国交流、保研、课外研学及竞赛项目申报、毕业设计指导等。

四、文化素质教育工作

1. 开设高水平人文课程。邀请著名教授、学者吕乃基、崔之清、陶思炎、郭立中、王长松、傅景华等开设精品人文选修课程。邀请李家华、沙敏等开设"大学生创业理论与实践",覆盖近2 000名学生。推出了"人文讲座"课程,得到学生好评。

2. 举办高层次人文讲座。邀请丁肇中、韦钰、张乃通、黄培康、彭林等科学大师和人文名家举办精品人文讲座70余场,提升了校园文化内涵。启动了"2016年新生文化季初识东南名家系列高层演讲"活动,邀请王建国、缪昌文、崔恺、王景全等中国工程院院士登坛讲学,引起了强烈的反响。著名历史学家、清华大学历史系教授彭林举办了《礼乐中华》新书首发式,并做"礼乐双修与走出'半人时代'"的精彩演讲。我校人文讲座活动及录音整理稿被《现代快报》《新华日报》等多家媒体转载。

3. 组织高品位人文活动。举办"高雅艺术进校园"活动十余场。积极开展"文化名人进校园"活动,邀请丁肇中、冯满天、陆军等进行文化讲座活动。邀请享有盛誉的德国斯图加特交响乐团举行2017东南大学新年音乐会。

本科专业设置一览表

院(系)名称	专业代码	专业名称	学科类别	学制
建筑学院	082801	建筑学	建筑学	五年
	082802	城乡规划	工学	五年
	082803	风景园林	工学	五年
机械工程学院	080201	机械工程	工学	四年
	120701	工业工程	工学	四年
能源与环境学院	080501	热能与动力工程	工学	四年
	081002	建筑环境与设备工程	工学	四年
	082502	环境工程	工学	四年
	082201	核工程与核技术	工学	四年
信息科学与工程学院	080706	信息工程	工学	四年
土木工程学院	081001	土木工程	工学	四年
	120103	工程管理	管理学	四年
	080102	工程力学	工学	四年
	081003	给排水科学与工程	工学	四年

（续 表）

院(系)名称	专业代码	专业名称	学科类别	学制
电子科学与工程学院	080702	电子科学与技术	工学	四年
	080905	物联网工程	工学	四年
	080414T	新能源材料与器件	工学	四年
数学系	070101	数学与应用数学	理学	四年
	070102	信息与计算科学	理学	四年
	071201	统计学	理学	四年
自动化学院	080801	自动化	工学	四年
	080803T	机器人工程	工学	四年
计算机科学与工程学院 软件学院	080901	计算机科学与技术	工学	四年
	080902	软件工程	工学	四年
物理系	070201	物理学	理学	四年
	070202	应用物理学	理学	四年
生物科学与医学工程学院	082601	生物医学工程(本硕连读)	工学	七年
	082601	生物医学工程	工学	四年
	071003	生物信息技术	工学	四年
材料科学与工程学院	080401	材料科学与工程	工学	四年
人文学院	030201	政治学与行政学	法学	四年
	120901K	旅游管理	管理学	四年
	030301	社会学	法学	四年
	050101	汉语言文学	文学	四年
	010101	哲学	哲学	四年
经济管理学院	120201K	工商管理	管理学	四年
	020401	国际经济与贸易	经济学	四年
	120102	信息管理与信息系统	管理学	四年
	120203K	会计学	管理学	四年
	020301K	金融学	经济学	四年
	020101	经济学	经济学	四年
	120801	电子商务	管理学	四年
	120601	物流管理	管理学	四年
	020302	金融工程	经济学	四年
电气工程学院	080601	电气工程及其自动化	工学	四年

(续　表)

院(系)名称	专业代码	专业名称	学科类别	学制
外国语学院	050201	英语	文学	四年
	050207	日语	文学	四年
化学化工学院	081301	化学工程与工艺	工学	四年
	081302	制药工程	工学	四年
	070301	化学	理学	四年
交通学院	081802	交通工程	工学	四年
	081801	交通运输	工学	四年
	081201	测绘工程	工学	四年
	081103	港口航道与海岸工程	工学	四年
	070504	地理信息科学	理学	四年
	081005T	城市地下空间工程	工学	四年
	081006T	道路桥梁与渡河工程	工学	四年
仪器科学与工程学院	080301	测控技术与仪器	工学	四年
艺术学院	130310	动画	艺术学	四年
	130401	美术学	艺术学	四年
	130504	产品设计	艺术学	四年
法学院	030101K	法学	法学	四年
医学院	100201K	临床医学	医学	七年
	100201K	临床医学	医学	五年
	100203TK	医学影像学	医学	五年
	101101	护理学	理学	四年
	101001	医学检验技术	理学	四年
	083001	生物工程	工学	四年
公共卫生学院	100401K	预防医学	医学	五年
	120403	劳动与社会保障	管理学	四年
学习科学研究中心	040102	科学教育	教育学	四年

第一批"国家级精品资源共享课"获批名单

序	院系	课程名称	负责人
1	物理系	大学物理实验(工科)	戴玉荣
2	物理系	大学物理	周雨青
3	外国语学院	大学英语	李霄翔
4	建筑学院	建筑设计	王建国
5	机械工程学院	机械工程测试与控制技术	贾民平
6	信息科学与工程学院	数字信号处理	吴镇扬
7	信息科学与工程学院	信号与系统	孟 桥
8	土木工程学院	工程结构抗震与防灾	叶继红
9	土木工程学院	土木工程施工	郭正兴
10	数学系	线性代数与解析几何	陈建龙
11	数学系	数学建模与数学实验	刘继军
12	自动化学院	检测技术	周杏鹏
13	计算机科学与工程学院	数据库原理	徐立臻
14	人文学院	唐宋诗词鉴赏	王步高
15	交通学院	路基路面工程	黄晓明
16	仪器科学与工程学院	传感器技术	宋爱国
17	医学院	放射诊断学	滕皋军
18	电工电子实验中心	电工电子实践课程	胡仁杰
19	经济管理学院	财务管理(网络教育)	陈良华
20	建筑学院	中国建筑史	陈 薇
21	土木工程学院	工程合同管理	李启明
22	土木工程学院	工程结构设计原理	曹双寅
23	土木工程学院	建筑结构设计	邱洪兴
24	数学系	高等数学	潮小李
25	物理系	双语物理导论	朱 明
26	经济管理学院	供应链与物流管理	赵林度
27	交通学院	结构设计原理	吴文清
28	电工电子实验中心	数字系统课程设计	胡仁杰
29	电工电子实验中心	综合电子系统设计	堵国樑

(续 表)

序	院系	课程名称	负责人
30	医学院	病理学(网络课程)	陈平圣
31	机械工程学院	机电控制技术	王兴松
32	电子科学与工程学院	电子电路基础	吴建辉
33	自动化学院	微机系统与接口	马旭东
34	人文学院	大学语文	王步高
35	体育系	大学体育	蔡晓波
36	交通学院	交通规划	陈学武

2016年获江苏省重点教材立项建设项目

新编教材：

序号	院系	申报教材名称	主编姓名	备注
1	建筑学院	建筑设计课教程：入门·综合	韩冬青 鲍莉 朱雷	品牌专业
2	信息科学与工程学院	数字电路与系统	李文渊	品牌专业
3	土木工程学院	建筑结构体系创新与实践	陆金钰	
4	土木工程学院	面向大土木的混凝土结构设计原理	邱洪兴	品牌专业
5	电子科学与工程学院	搭建你的数字积木——数字电路与逻辑设计(Verilog HDL & Vivado版)	汤勇明 张圣清 陆佳华	品牌专业
6	物理系	工科基础物理学	董科 周雨青 张玉萍	
7	生物科学与医学工程学院	生物医学工程中的物理化学	顾忠泽	品牌专业
8	仪器科学与工程学院	信息通信网络概论	陈熙源	品牌专业
9	艺术学院	艺术导论	王廷信	
10	智能运输系统(ITS)研究中心	智慧城市概论	黄卫	

修订教材：

序号	院系	申报教材名称	主编姓名	备注
1	建筑学院	建筑物理(第三版)	柳孝图	
2	经济管理学院	供应链与物流管理	赵林度 王海燕	
3	电气工程学院	《电机学》(第三版)	胡敏强 黄学良 黄允凯 徐志科	
4	外国语学院	大学体验英语听说教程(第三版)1—4册	李霄翔	

(续 表)

序号	院系	申报教材名称	主编姓名	备注
5	交通学院	道路交通工程系统分析方法(第二版)	陆 建	品牌专业
6	交通学院	结构设计原理(第三版)	叶见曙	
7	法学院	工程法学	周佑勇	
8	医学院	临床比较影像学	李 澄	品牌专业

2016年新增国家级视频公开课建设项目

序号	院系	课程名称	负责人	备注
1	建筑学院	风景园林学前沿	成玉宁 李 哲	2016年(第八批)
2	法学院	工程与法律	周佑勇 赵树理等	2016年(第八批)
3	公共卫生学院	合理膳食与食品安全	孙桂菊	2016年(第八批)
4	土木工程学院	力学的奥秘	费庆国 周志红等	2016年(第八批)
5	电气工程学院	电气工程及其自动化专业导论	胡敏强 戈宝军等	2016年(第八批)
6	自动化学院	自动化专业导论	戴先中	2016年(第八批)

2016年国家级虚拟仿真实验教学中心

交通学院

2016年医学教学基地名单

附属医院：
1. 中大医院
2. 徐州市第四人民医院
3. 扬州市第一人民医院
4. 蚌埠市第一人民医院
5. 江北人民医院
6. 蚌埠市第三人民医院
7. 南京市第二医院
8. 马鞍山市人民医院
9. 江阴市人民医院
10. 盐城市第三人民医院
11. 南京同仁医院

12. 南京市胸科医院
13. 南京军区总医院

教 学 医 院：
1. 北京铁路总医院
2. 天津铁路中心医院
3. 济南铁路中心医院
4. 郑州铁路中心医院
5. 宜兴市人民医院
6. 广州铁路中心医院
7. 上海崇明县中心医院
8. 南京市第一医院
9. 南京鼓楼医院
10. 徐州铁路医院
11. 南京铁路分局中心医院
12. 金坛市人民医院
13. 姜堰市人民医院
14. 丹阳市人民医院
15. 江都市人民医院
16. 宿迁市人民医院
17. 新沂市人民医院
18. 无锡市第二人民医院
19. 靖江市人民医院
20. 苏北人民医院
21. 淄博铁路医院
22. 南京市胸科医院
23. 成都铁路中心医院
24. 武汉铁路中心医院
25. 柳州铁路中心医院
26. 西安铁路中心医院
27. 蚌埠铁路中心医院
28. 南京市江宁区人民医院
29. 镇江市解放军三五九医院
30. 淮安市解放军八二医院
31. 连云港市人民医院
32. 常州戚墅堰车辆厂职工医院
33. 南京市六合区人民医院
34. 南京明基医院
35. 响水县人民医院

36. 南京市中心医院

教学防疫站：
1. 江苏省卫生防疫站
2. 南京市卫生防疫站
3. 南京铁路卫生防疫站
4. 北京铁路中心卫生防疫站
5. 沈阳铁路中心卫生防疫站
6. 齐齐哈尔铁路中心卫生防疫站
7. 郑州铁路中心卫生防疫站
8. 济南铁路中心卫生防疫站
9. 广州铁路中心卫生防疫站
10. 上海铁路中心卫生防疫站
11. 成都铁路中心卫生防疫站
12. 福州铁路中心卫生防疫站
13. 丹阳市卫生防疫站
14. 嘉兴市第二医院
15. 徐州市彭城社区卫生服务中心
16. 南京市模范西路社区卫生服务中心
17. 南京虹桥社区卫生服务中心
18. 南京市小市社区卫生服务中心
19. 南京市中华路社区卫生服务中心
20. 西藏自治区拉萨市疾病预防控制中心
21. 常熟市疾病预防控制中心
22. 苏州吴江区疾病预防控制中心
23. 乌鲁木齐市疾病预防控制中心

健康教育基地： 江苏省盱眙中学

2016年国家级大学生创新创业训练计划项目立项信息一览表

项目编号	项目名称	项目负责人及学号	指导教师	所属学院
201610286001	常州市城市综合体分布的空间特征及关联因素研究	庞志宇 213132726	杨俊宴	建筑学院
201610286002	城市智能社会公共停车诱导系统设计	梅亚楠 213143800	马晓甦	建筑学院
201610286003	城市景观全息数字地图技术研究——以杭州地区为例	周海瑶 213122734	谭瑛	建筑学院
201610286004	基于摩擦轮的机器人爬杆装置	吴闫明 213143042	周一帆	机械工程学院
201610286005	多功能工程车	蔡洋洋 213150192	戴敏	机械工程学院
201610286006	踏板总成调节快拆机构设计及静力学仿真	蔡新雨 213132798	陈敏华	机械工程学院
201610286007	轴承珠碗毛坯件自动排列装置研制	边兆通 213133308	王鸿翔	机械工程学院
201610286008	防御塔机器人的自动控制系统设计	王宝柱 213133456	戴敏	机械工程学院
201610286009	无噪音压水式喷水推进器的潜水艇	江苏 213141304	帅立国	机械工程学院
201610286010	一种噬菌型微生物在污泥减量中的最适作用条件的探究	高磊 213133468	余冉	能源与环境学院
201610286011	$TiO_2 - WO_3$ 混合催化剂在紫外辐射条件下的超声雾化实验室有机污水净化系统	王建辉 213141309	吕锡武	能源与环境学院
201610286012	碳纳米管束内部热量输运的分子动力学模拟	宋雅梅 213132557	王建立	能源与环境学院
201610286013	创新型烟气酸露点测量仪	黄恩和 213143763	段伦博	能源与环境学院
201610286014	W型CPC热管式真空集热管的开发研究	姜牧笛 213143392	王军	能源与环境学院
201610286015	模拟烟气喷射吸附剂脱汞实验研究	李佳辰 213143804	段钰锋	能源与环境学院
201610286016	纯电动汽车与内燃机驱动汽车能耗及环保性能分析	许泽玮 213140359	郭瑞	能源与环境学院
201610286017	小型多倍聚光定日镜可行性研究	张超 213141127	匡尧	能源与环境学院
201610286018	面向5G Wireless的高效检测与译码研究	刘嘉爱 213140117	尤肖虎	信息科学与工程学院

(续 表)

项目编号	项目名称	项目负责人及学号	指导教师	所属学院
201610286019	基于红外和图像传输技术的应急救援四轴飞行器	熊 恬 213143431	孟 桥	信息科学与工程学院
201610286020	面向5G的异步频分多址技术研究与验证	洪 姝 213142623	王闻今 高西奇	信息科学与工程学院
201610286021	基于社交网络的智能设备权限管理与共享	李平安 213142044	宋宇波	信息科学与工程学院
201610286022	基于先进半导体工艺/微机电系统的太赫兹源研究与设计	曹子建 213141021	黄风义	信息科学与工程学院
201610286023	基于单片机的GSM信号时隙功率精确测量与自动增益控制的实现	黄梦宇 213140916	张圣清	信息科学与工程学院
201610286024	基于LabVIEW和Mecanum轮的篮球机器人的底盘设计及行为优化	徐希庆 213143210	徐琴珍	信息科学与工程学院
201610286025	GaN/AlGaN HEMT功率器件模型研究	寿立夫 213142017	黄风义	信息科学与工程学院
201610286026	基于无人机的车间安全巡视系统	黄进瑞 213130739	宋 喆	信息科学与工程学院
201610286027	基于GSM网络及Android的伪基站检测系统开发	华 远 213142196	宋宇波	信息科学与工程学院
201610286028	考虑冲刷效应的近海桩群承载性能分析	成谷胜 213142148	邓温妮	土木工程学院
201610286029	考虑实际与简化端部约束条件的冷弯薄壁型钢龙骨立柱轴压力学性能研究	姜 波 213142101	陈 伟	土木工程学院
201610286030	高墩大跨连续刚构桥合龙工序与防崩问题的探究	陈 熹 213132375	张文明	土木工程学院
201610286031	基于磁流变泥的建筑减震器研发	杨以国 213142345	徐赵东	土木工程学院
201610286032	自适应索杆张力结构形态控制方法及模型试验研究	李谈词 213142894	陆金钰	土木工程学院
201610286033	基于模态应变能的梁结构损伤识别方法与试验研究	李增聪 213140622	吴邵庆	土木工程学院
201610286034	大型园区开发项目冲击下原住民社区体系演变与现状调查——以南京市为背景	季 扬 213142123	黄有亮	土木工程学院
201610286035	太湖底泥内源性磷释放研究	夏阳光 213130764	许 妍	土木工程学院
201610286036	卡片式密码记忆器	陈佳城 213140402	胡爱群	土木工程学院
201610286037	新型钢管混凝土梁柱节点优化设计	罗保宏 213131329	潘金龙	土木工程学院
201610286038	局部屈曲破坏模式下C型不锈钢的受弯承载力研究	方 超 213131487	范圣刚	土木工程学院

(续 表)

项目编号	项目名称	项目负责人及学号	指导教师	所属学院
201610286039	多高层建筑悬挂结构装配式新技术探究	蓝旭甖 213143551	王春林	土木工程学院
201610286040	移动机械臂的图像识别自主抓取与协调控制研究	汪 栋 213141419	徐 峰	电子科学与工程学院
201610286041	基于微流控电阻抗谱的高通量秀丽线虫分选系统	陈炜捷 213131017	朱 真	电子科学与工程学院
201610286042	量子点白光源在显示技术上的应用探究	田润知 213140305	张家雨	电子科学与工程学院
201610286043	基于LabVIEW的汽车自动驾驶中的行人动静姿态识别技术与实验研究	孟凡喆 213142212	赵 宁	电子科学与工程学院
201610286044	基于LED矩阵列的智能远光灯设计	钱咨廷 213142073	王琦龙	电子科学与工程学院
201610286045	基于单片机的视觉暂留原理的地球演变	曹 晶 213142235	张家雨	电子科学与工程学院
201610286046	基于stm32单片机的照明机械臂	鲁林山 213141225	杨兰兰	电子科学与工程学院
201610286047	Pluto四轴六旋翼飞行器	刘盟宇 213140596	王立峰	电子科学与工程学院
201610286048	空间分数阶微分方程快速差分方法研究	石砚舟 213131654	杜 睿	数学系
201610286049	多智能体系统一致性行为的有限时间控制	乔富俐 213140822	虞文武	数学系
201610286050	基于IEEE 802.15.4协议的计算机网络同步研究	尹海安 213130632	温广辉	数学系
201610286051	误差分布形式未知时空模型的非参数估计	古 祥 213131298	汪红霞	数学系
201610286052	基于Java语言的跨平台软件开发	刘子旗 213140803	江 风	数学系
201610286053	基于iBeacon的展馆智能导游系统	张娜威 213142777	夏思宇	自动化学院
201610286054	基于无人机的交通状况信息采集的研究	韩 杰 213133540	李世华	自动化学院
201610286055	基于视觉的人体动作识别与分析系统	周天逸 213142270	达飞鹏	自动化学院
201610286056	基于opencv的防御台自动敌对目标	黄文超 213141285	李骏扬	自动化学院
201610286057	基于MongoDB的心理量表管理与查询	雷媛元 213140372	张 祥	计算机科学与工程学院、软件学院
201610286058	水下机器人	刘兴成 213142288	刘其奇	计算机科学与工程学院、软件学院
201610286059	链接数据中时空信息的抽取与标注	李东阳 213143033	张 祥	计算机科学与工程学院、软件学院

(续 表)

项目编号	项目名称	项目负责人及学号	指导教师	所属学院
201610286060	基于视频图像识别的交互式虚拟乐器APP	朱雪松 213143246	张三峰	计算机科学与工程学院、软件学院
201610286061	利用计算机模拟研究长程相互作用力系统的热力学性质	于旭晨 213141253	侯吉旋	物理系
201610286062	面向表面增强光谱应用的有序铝银纳米阵列基片的研究	韩幸志 213140374	邱腾	物理系
201610286063	光子偏振态部分交换操作的实验实现	杨然 213141100	龚彦晓	物理系
201610286064	达人荟App	张云 213131301	赵剑锋	团委
201610286065	多铁性氟化物薄膜的制备	朱美程 213131063	徐庆宇	物理系
201610286066	基于金纳米棒表面增强非均压场的孤立阿秒脉冲产生	倪琳郁 213132366	杨文星	物理系
201610286067	针对血管早期炎症的双指标快速诊断试纸条的研制	耿云聪 213132462	张宇	生物科学与医学工程学院
201610286068	生物分子与细胞膜相互作用动力学研究	孙文华 213133127	韩晓锋	生物科学与医学工程学院
201610286069	基于OpenCV和机器学习方法的唇语识别系统	沈睿 213130625	万遂人	生物科学与医学工程学院
201610286070	纳米结构水凝胶研究	陈俊豪 213140752	卢晓林	生物科学与医学工程学院
201610286071	TiH_2和反应相协同改进MgH_2储氢性能的研究	楼浩然 213131538	张耀	材料科学与工程学院
201610286072	节能储热骨料的制备与研究	朱玉 213133913	庞超明	材料科学与工程学院
201610286073	微生物矿化赤泥废渣制备建材制品及其性能研究	潘浩 213130612	钱春香	材料科学与工程学院
201610286074	基于积分球和光谱仪的LED荧光粉量子效率测试方案设计及实施	鲍青 213130110	董岩	材料科学与工程学院
201610286075	医用镁合金胃肠吻合钉体外降解性能的研究	朱传瑞 213133010	白晶	材料科学与工程学院
201610286076	铁基非晶态合金催化降解水中有机物的效能及机理研究	尹蕾 213133013	张旭海	材料科学与工程学院
201610286077	含Cr耐蚀钢筋在混凝土中的腐蚀行为与机理表征	刘新 213141407	施锦杰	材料科学与工程学院
201610286078	表面微孔阵列抗菌不锈钢	端羽 213133310	晏井利	材料科学与工程学院
201610286079	基于压电效应的纳米纤维发电机制备与研究	韩卓娅 213133556	王增梅	材料科学与工程学院
201610286080	铜修饰多孔硅电极的制备及其结构、性能研究	何凌潇 213130723	张耀	材料科学与工程学院

(续　表)

项目编号	项目名称	项目负责人及学号	指导教师	所属学院
201610286081	用于乳化油水分离的高效抗污自洁多孔金属材料的研究	李豆豆 213133346	张友法	材料科学与工程学院
201610286082	电子商务与大学生创业——基于南京高校范围内的研究	张　祎 213130051	杨　煜	人文学院
201610286083	"老有所乐,路在何方"——人文关怀视角下养老机构的发展与完善	张雪晴 213140294	龙书芹 张晶晶	人文学院
201610286084	冯纯伯院士传记采集编写研究	张梓烨 213130052	张　娟	人文学院
201610286085	探索线上旅行新方式(F&L)	任　术 213150673	葛沪飞	团委
201610286086	"踪迹"人类学公众号以及后续APP的设计与推广	袁　晓 213131904	胡　伟	人文学院
201610286087	东南大学创意写作工坊理论与实践研究	许彧澜 213131901	张　娟	人文学院
201610286088	货币政策与中国股票市场波动改为中国货币政策对股票市场的影响研究	陈子扬 213131923	刘修岩	经济管理学院
201610286089	基于校园最后一公里配送的智能快递柜布局设计研究——以东南大学为例	赵　婵 213131084	王海燕	经济管理学院
201610286090	基于互联网大数据的智能农网云服务系统研究	肖　利 213143716	胡汉辉 朱志坚	团委
201610286091	东南大学创新创业教育实施与管理的学生意愿调研分析	丛　鑫 213143290	胡汉辉	经济管理学院
201610286092	FSE赛车的电机制动回收系统设计	黄启铭 213142374	林鹤云	电气工程学院
201610286093	基于FSAE赛车的无线通信系统设计	徐　阳 213142254	吴在军	电气工程学院
201610286094	"关键语言"视角下"一带一路"外语人才需求调查与分析	洪婧雯 213153765	高　健 汤　斌	外国语学院
201610286095	关于南京大屠杀不可移动文物的现状调查及保护方案设计	刘艳龄 213140292	刘　超	外国语学院
201610286096	伦理表情	何一雯 213130058	周　琛	外国语学院
201610286097	当代大学生礼貌言语行为调研及其启示	陈天成 213132862	马冬梅	外国语学院
201610286098	从日本传统民居保护与文化传承看南京古民居的保护开发	汤文杰 213150001	宋善花 王　为	外国语学院
201610286099	新型氟硼二吡咯荧光探针分子的合成与表征	李金钊 213141517	钱　鹰	化学化工学院
201610286100	碳基非贵金属氧化还原反应催化剂的制备和电化学性能的研究	程　品 213131620	张袁健	化学化工学院
201610286101	二维网状石墨烯/钛酸纳米线复合微膜的可控制备及其水处理性能探究	杨冲亚 213133341	代云茜	化学化工学院

(续 表)

项目编号	项目名称	项目负责人及学号	指导教师	所属学院
201610286102	自主体延迟荧光分子的设计、合成及其性能研究	黄天宇 213130068	蒋 伟	化学化工学院
201610286103	清热解毒赪桐活性物质基础研究	杨崟莓 213143768	廖志新	化学化工学院
201610286104	聚乙二醇嵌段共聚物的合成及其在生物化学检测中的应用研究	张亦弛 213132852	丁收年 孔 凡	化学化工学院
201610286105	新型靶向载铂类抗肿瘤药纳米微球的制备及生物活性研究	安佩景 213133324	孙柏旺	化学化工学院
201610286106	ARIMAX-EGARCH模型在交通预测中的应用——以道路交通流量预测为例	杨沫枫 213140246	叶智锐	交通学院
201610286107	城市道路信号控制交叉口群时空资源优化及软件开发	刘子曦 213140840	过秀成	交通学院
201610286108	面向用户终端的新型智能自行车锁系统研发与应用	吕 成 213142449	李志斌	交通学院
201610286109	CMC改性膨润土对竖向隔离墙材料压缩及渗透特性的影响	蒋才健 213133721	杜延军	交通学院
201610286110	活体动物智能载运装置及动态监测系统	陈心雨 213130949	张 永	交通学院
201610286111	基于手机信令数据的城市轨道交通客流特征研究	陈 博 213140167	张 健	交通学院
201610286112	应用橡胶沥青的再生沥青混合料技术研究	李 爽 213142455	马 涛	交通学院
201610286113	在东南大学探索推广公用自行车新模式的创业实践	闫一戈 213151483	何志宁	团委
201610286114	基于大数据的公交运行瓶颈识别	王 楠 213142816	杨 敏	交通学院
201610286115	秸秆提炼植物沥青用于热再生沥青混合料性能及机理的研究	薛佳悦 213133932	顾兴宇	交通学院
201610286116	基于车辆视频轨迹提取的平面交叉口交通冲突评价技术	黎 萌 213140645	王 昊	交通学院
201610286117	基于myo臂带及视线跟踪的虚拟假手训练平台	曾 欣 213132041	曾 洪	仪器科学与工程学院
201610286118	全智能锅炉远程监控系统设计	杨历凡 213143236	赵立业	仪器科学与工程学院
201610286119	基于Mecanum轮的全向移动篮球机器人设计	王凯旋 213143601	崔建伟	仪器科学与工程学院
201610286120	基于LabVIEW的全向轮篮球机器人控制系统设计	张婧怡 213142978	崔建伟	仪器科学与工程学院
201610286121	"互联网+"背景下公民个人信息保护法律问题研究——以政府信息公开与公民个人信息保护的关系为视角	吴 茜 213131217	孟鸿志	法学院
201610286122	未成年校园暴力的预防机制的研究	刘翰青 213143909	刘建利	法学院

(续 表)

项目编号	项目名称	项目负责人及学号	指导教师	所属学院
201610286123	社会帮教对改造和监管工作的影响及制度构想	朱萌 213131736	李川	法学院
201610286124	基于秀丽线虫模型的PFOS和PFOA生殖毒性研究	杨子杰 213132877	刘冉	公共卫生学院
201610286125	江苏省中学生性与艾滋病认知现状及青春健康教育模式探索	彭娜娜 213132875	王蓓	公共卫生学院
201610286126	基于系统思考的分级诊疗实证研究	蔡馨 213142503	金辉	公共卫生学院
201610286127	乙型肝炎免疫策略的经济学评价研究	龚雪 213143504	张华	公共卫生学院
201610286128	代表性公共场所甲苯二异氰酸酯的污染现况调查	齐文昊 213142514	尹立红	公共卫生学院
201610286129	circ_0001544/miRNA212/ZC3H4调控轴在矽肺诊治中的研究	曹周利 213142525	戴小牛	医学院
201610286130	支链氨基酸在调节衰老和代谢稳态中的功能和分子机制研究	黄莉棠 213132152	孔岩	医学院
201610286131	PirB分子靶向结合噬菌体多肽的筛选、鉴定及生物信息学分析	闫晓彤 213143330	张莹	医学院
201610286132	探究Kallistatin与冠心病发生发展的相关性	李爽 213134202	姚玉宇	医学院
201610286133	新型靶向乳腺癌脑转移细胞的多功能热敏纳米脂质体探针构建及双模态成像与治疗作用的研究	陶金园 213130333	张建琼	医学院
201610286134	炎症反应在癫痫发生过程中的作用及其机制研究	杨展能 213132231	朱新建	医学院
201610286135	MGE/LGE区域内中间神经元前体细胞缺失Foxg1后对于背侧端脑兴奋性神经元发育的影响	丁照莹 213132058	赵春杰	医学院
201610286136	Sigma-1受体激动剂对脑卒中的治疗作用及机制研究	周菁 213132171	徐民 姚红红	医学院
201610286137	果蝇孤独症相关基因调解腹神经索抑制性神经递质的探讨	杨哲 213141712	甘光明	医学院
201610286138	探究Drebrin蛋白对慢性应激咳嗽变异性哮喘豚鼠气道神经源性炎症的调控作用	蒋运罡 213131851	董榕 骆益民	医学院
201610286139	hnRNPUL1调控p21表达参与基因组稳定性维持的分子机制	盛铭洁 213142539	洪泽辉	医学院
201610286140	基于抗菌肽S-thanatin的新型高效漱口水研发	赵立丁 213132203	吴国球	医学院
201610286141	关于钙离子浓度对于STRA6介导的维生素A摄取的调控机理的研究	张哲嘉 213140814	仲明	医学院
201610286142	磁遗传学在深部脑刺激中的应用研究	郝彤 213133974	赵晟	医学院

(续　表)

项目编号	项目名称	项目负责人及学号	指导教师	所属学院
201610286143	c-MET 纳米抗体的制备、修饰及功能研究	周昕童 213140964	赵林泓	吴健雄学院
201610286144	超级延伸复合体(SEC)与 Wnt 信号通路对于促进内耳毛细胞再生的协同作用	郭家琦 213140526	柴人杰 张莎莎	吴健雄学院
201610286145	面向物联网应用的低功耗、低复杂度、高安全性的新型电路实现方法研究	刘浩然 213143938	张　川	吴健雄学院
201610286146	多稳态张拉整体形态分析及其在耗能装置中的应用研究	李乐天 213140992	陆金钰	吴健雄学院
201610286147	基于麦克纳姆轮移动平台的惯性导航与地图重建的研究与实现	王小彤 213142916	王兴松	吴健雄学院
201610286148	基于 LED 的高性能无线可见光通信	刘天远 213143258	孙小菡	吴健雄学院
201610286149	MEMS 加工工艺流程的三维仿真研究	唐晓荷 213140106	周再发	吴健雄学院

2016 年江苏省高等学校大学生创新创业训练计划项目立项信息一览表

项目编号	项目名称	项目负责人及学号	指导老师	项目所属院系
201610286001Y	基于空间网络中心性的地标建筑布点研究——以南京等城市为例	魏　晋 213131475	陈晓东	建筑学院
201610286002Y	"破墙"背景下的居住街区交通组织优化研究	刘　艺 213133086	马晓甦	建筑学院
201610286003Y	传统木构建筑的动力特性测试研究	顾家铭 213132740	淳　庆	建筑学院
201610286004Y	振荡热管自冷却刀具的设计与制备	张泽亮 213130084	吴　泽	机械工程学院
201610286005Y	基于单片机的智能三角警示牌	成　凯 213143161	戴　敏	机械工程学院
201610286006Y	基于有限元分析的双横臂悬架设计及其优化	倪文辉 213143610	陈云飞	机械工程学院
201610286007Y	自动避障无碳小车的设计与研究	陈　涛 213140644	陈大林	机械工程学院
201610286008Y	3D 动态显示刚性平台	彭泽坤 213132799	张志胜	机械工程学院
201610286009Y	汽车轮胎更换助力器	古智锋 213140770	张志胜	机械工程学院
201610286010Y	探究利用菲涅尔透镜的太阳能聚光系统	张馨云 213131392	华永明	能源与环境学院

(续 表)

项目编号	项目名称	项目负责人及学号	指导老师	项目所属院系
201610286011Y	应用于FSAE的JH600发动机冷却系统优化设计	周娣 213132531	肖军	能源与环境学院
201610286012Y	建立在信号系统下的可自动压缩式垃圾桶	朱赤 213141983	姜益军	能源与环境学院
201610286013Y	基于红外线的无线充电技术	马克 213142013	樊祥宁	信息科学与工程学院
201610286014Y	315 MHz超再生芯片短距离定位	韩磊鑫 213140828	徐建	信息科学与工程学院
201610286015Y	盲人行道探测拐杖	刘易清 213142046	张圣清	信息科学与工程学院
201610286016Y	基于忆阻器模型的电子密码锁设计	陈子敏 213140114	高翔 黎飞	信息科学与工程学院
201610286017Y	基于STM32的多种控制方式的复合式收音机系统	沈小虎 213142185	王向阳	信息科学与工程学院
201610286018Y	超再生转万能红外遥控器设计	姚婉婷 213140582	徐建	信息科学与工程学院
201610286019Y	新型城镇化背景下中小城市污水处理项目运用PPP模式的关键成功因素研究	王纪元 213140121	杜静	土木工程学院
201610286020Y	轨道交通PPP项目的社会影响评估	王若珺 213143295	袁竞峰	土木工程学院
201610286021X	多高层建筑悬挂结构的体系创新及可行性分析	杜孟林 213142105	王春林	土木工程学院
201610286022X	磁流变塑性体及其阻尼器的研制	王静远 213142109	徐赵东	土木工程学院
201610286023X	面向设计的深基坑工程安全风险量化方法及应用	李孟超 213143128	陆莹	土木工程学院
201610286024X	纳米银胁迫下人工湿地除污特性研究	郝文锦 213130118	黄娟	土木工程学院
201610286025X	火灾全过程高强钢的力学性能试验研究	刘平 213140575	范圣刚	土木工程学院
201610286026X	新型环箍穹顶结构体系找形及模型实现研究	张晓迪 213142140	陆金钰	土木工程学院
201610286027X	基于折纸元素的板壳式折叠展开结构的研究与应用初探	张颖 213142693	陈耀	土木工程学院
201610286028X	声固耦合教学实验装置的研制	周阳 213142759	黄跃平	土木工程学院
201610286029X	预制装配式T梁桥的新型接缝构造及性能研究	胡羽辰 213141416	贺志启	土木工程学院
201610286030X	吸引社会资本的PPP信息公开机制研究	张梦 213133781	袁竞峰	土木工程学院
201610286031X	大型园区开发项目冲击下原住民生存状态和心态情况调查——以南京市为背景	于路港 213153357	黄有亮	土木工程学院

（续表）

项目编号	项目名称	项目负责人及学号	指导老师	项目所属院系
201610286032X	力学创新实验平台建设的实验项目设计	王天怡 213142093	董萼良	土木工程学院
201610286033X	铁路站点土地综合开发利用的研究——南京南站PPP模式可行性探析	毕玮 213133108	杜静	土木工程学院
201610286034X	UHPC节段预制拼装桥梁接缝性能研究	宋来健 213143218	王景全	土木工程学院
201610286035X	基于OpenSees的防屈曲支撑对结构抗震性能影响的研究	谢思聪 213140836	王燕华	土木工程学院
201610286036X	冷成型钢龙骨-建筑板材连接件常温与高温力学性能试验研究	张翼东 213142878	陈伟	土木工程学院
201610286037X	基于剪式铰结构的快速可展拱桥结构的分析与研究	唐昆 213140842	陈耀	土木工程学院
201610286038X	新型建筑外墙涂料及其城市雾霾防治的研究	陈增睿 213142719	李乃旭	土木工程学院
201610286039X	聚乙烯挤出型泡沫材料XPE压缩应力应变行为研究	张俊平 213131104	孟积兴	土木工程学院
201610286040X	合流制排水系统管道水量水质实时变化过程模拟	陈诗扬 213140974	傅大放	土木工程学院
201610286041X	复合配筋混凝土梁破坏模式理论及实验研究	李子洲 213130820	孙泽阳	土木工程学院
201610286042X	嘉陵600发动机ECU标定策略优化	宗诗皓 213141941	仲雪飞	电子科学与工程学院
201610286043X	水溶性MZnSe量子点发光调控及其比率荧光在微量金属离子检测中的应用	肖文松 213141499	徐淑宏	电子科学与工程学院
201610286044X	仿生学自平衡装置	宋章先 213141477	曹鹏	电子科学与工程学院
201610286045X	基于塞贝克效应的能源利用装置	吴楠 213141645	赵宁	电子科学与工程学院
201610286046X	超材料吸波器	杜怡然 213143419	柏宁丰	电子科学与工程学院
201610286047X	可以自动追踪与避障的监控用四轴飞行器	李舸航 213141642	王磊	电子科学与工程学院
201610286048X	实验生成任意偏振分布的矢量光场	文一峰 213140717	顾兵	电子科学与工程学院
201610286049X	基于低功耗蓝牙技术的室内定位系统设计	龚子妍 213131255	刘新宁	电子科学与工程学院
201610286050X	六足仿生机器人控制系统实现	黄莹莹 213131866	陈杨杨	电子科学与工程学院
201610286051X	LabVIEW篮球机器人目标特征识别研究	严仕林 213133727	赵宁	电子科学与工程学院
201610286052X	基于Arduino的智能电动滑板	施闰霄 213132889	杨兰兰	电子科学与工程学院

(续 表)

项目编号	项目名称	项目负责人及学号	指导老师	项目所属院系
201610286053X	基于数据挖掘的多因子选股策略	熊文琴 213130869	张鑫	数学系
201610286054X	罗马控制数的研究	王博 213143027	吴云建	数学系
201610286055X	基因表达在肾脏移植免疫中的应用研究	李君兰 213140789	许佩蓉	数学系
201610286056X	设计几类信息物理系统的安全控制策略	孙向前 213131651	虞文武	数学系
201610286057X	基于加权众数回归的复杂数据建模与预测	尹天骄 213133359	黄性芳	数学系
201610286058X	基于Aitken加速求解非线性方程的高阶数值方法	王炜 213131038	曹婉容	数学系
201610286059X	两样本函数型数据的显著性区域的自动识别研究	刘存雷 213131396	许佩蓉	数学系
201610286060X	基于光伏发电预测技术的节能模式	陆逸慧 213151588	汤奕	团委
201610286061X	语音情感识别手机应用——心理大师app	徐金城 213142253	黄永明	自动化学院
201610286062X	三维空间中多运动体协作环绕包围跟踪控制设计与仿真	林泰来 213141275	陈杨杨	自动化学院
201610286063X	基于家庭用电系统的数据分析	蔡文哲 213153270	袁堃	自动化学院
201610286064X	基于图像处理的皮肤表面状态检测	吕思源 213142923	夏思宇	自动化学院
201610286065X	基于深度视觉的服务机器人实时多人体目标跟踪研究	陈宇翔 213140436	钱堃	自动化学院
201610286066X	脱机密码锁	孟一鸣 213141067	章国宝	自动化学院
201610286067X	基于手势识别的智能车操控项目	丁哲通 213143140	黄永明	自动化学院
201610286068X	基于云平台的翻译记忆与流程管理	刘龙飞 213143547	李慧颖	计算机科学与工程学院、软件学院
201610286069X	网络科学及其在运动员转会市场中的应用	王同星 213130490	刘肖凡	计算机科学与工程学院、软件学院
201610286070X	基于安卓的零流量同步播放系统	李朝华 213142915	廖力	计算机科学与工程学院、软件学院
201610286071X	基于硅量子点的包覆复合纳米结构的制备和发光性质的研究	刘家茜 213140284	范吉阳	物理系
201610286073X	二硫化钼纳米材料的形貌调控研究	夏兴龙 213142301	徐丽娜	生物科学与医学工程学院
201610286074X	放线杆菌CRISPR结构特征的生物信息学分析	吴琳琳 213132464	谢建明	生物科学与医学工程学院

（续　表）

项目编号	项目名称	项目负责人及学号	指导老师	项目所属院系
201610286075X	基于MSP430的PM2.5实时监测系统	吴　迪 213140268	周　平	生物科学与医学工程学院
201610286076X	具备蓝牙功能的足部水肿信号监测智能环	张玉婷 213142291	赵兴群	生物科学与医学工程学院
201610286076X	基于光场图像的被动式立体成像算法研究	郑婉璐 213143377	周　平	生物科学与医学工程学院
201610286077X	基于EBSD的Al-Si-Mg合金热变形过程中动态再结晶行为研究	刘继琦 213130796	廖恒成	材料科学与工程学院
201610286078X	有机-无机复合超疏水涂层的制备及其耐磨性研究	仲　雯 213142639	张友法	材料科学与工程学院
201610286079X	制备尺寸可控均匀液滴装置的设计	袁如璆 213130795	董寅生	材料科学与工程学院
201610286080X	利用第一性原理研究Heusler金属的磁性	岳高源 213143171	于　金	材料科学与工程学院
201610286081X	碱度对河堤生态混凝土性能影响	王浩川 213131609	高建明	材料科学与工程学院
201610286082X	化学刻蚀法制备耐蚀耐高温易清洁超疏表面	关　怀 213133921	白　晶	材料科学与工程学院
201610286083X	石墨烯的绿色环保制备研究	蔡名娟 213130914	郭新立	材料科学与工程学院
201610286084X	2304双相不锈钢钢筋在混凝土环境中的耐蚀机理研究	孙　凯 213133156	施锦杰	材料科学与工程学院
201610286085X	高强粉煤灰基地聚合物轻质防火保温材料	王　淼 213142302	潘钢华	材料科学与工程学院
201610286086X	高校自媒体平台的个性化发展模式探索——以微信公众号为例	朱奕奕 213141778	张　娟	人文学院
201610286087X	基于调解医患关系的就诊信息反映平台设计及可行性分析	夏　颖 213131895	万　旭	人文学院
201610286088X	花开之后——服务业中的青年蓝领再就业状况的调研与分析	王一璇 213141207	龙书芹	人文学院
201610286089X	明清江南地区古建筑楹联的历史文化研究——以南京、苏州、杭州三地为例	翟蕊晗 213141760	许　丹	人文学院
201610286090X	以明城墙为核心的立体旅游开发	张天阳 213142806	储九志	人文学院
201610286091X	《瀛奎律髓·疾病》详注	王　桑 213133878	白朝晖	人文学院
201610286092X	彩虹之上:同性恋现象理论研究与实体调研——以东南大学同性恋群体为例	许琳婧 213133690	陶卓立	人文学院
201610286093X	基于移动互联网下碎片时间的利用分析及商业探究	江琳翙 213142323	朱志坚	经济管理学院
201610286094X	音乐流媒体的商业模式与竞争策略研究	黄小庆 213131714	王　铮	经济管理学院

(续 表)

项目编号	项目名称	项目负责人及学号	指导老师	项目所属院系
201610286095X	城市化发展、文化需求抑制与文化消费能力提升——基于中国家庭金融调查数据的研究	盛 洁 213141396	陈 健	经济管理学院
201610286096X	"互联网+"带来的新运动经济——以微信运动为例	杨 涵 213131307	浦正宁	经济管理学院
201610286097X	外卖平台配送模式的调查分析与优化——以九龙湖片区为例	徐玉秋 213132610	符小玲	经济管理学院
201610286098X	基于产品生命周期理论的快时尚行业成本分析	张 峥 213133919	王海燕	经济管理学院
201610286099X	大学城太阳能光伏改造的可行性调研分析	王路津 213141422	汤 奕	经济管理学院
201610286100X	基于"互联网+"背景下的中国母婴市场电商发展策略研究	许 诺 213143480	薛巍立	经济管理学院
201610286101X	新生家用电器品牌的F2B2C市场运营现状调查及发展性建议	贺梅晨 213142976	朱志坚	经济管理学院
201610286102X	创业信鸽桥	周 妮 213153547	林 琼	团委
201610286103X	基于在线直播的网络教育平台	桑嗣洋 213141504	林 琼	团委
201610286104X	Future Building：Build the Future 垂直城市设想	张文韬 213141981	房淑华	电气工程学院
201610286105X	基于stm32和c#的智能家居系统设计	陈逸涵 213142379	房淑华	电气工程学院
201610286106X	分布式电源集群优化调度仿真	焦 隆 213141654	喻 洁	电气工程学院
201610286107X	小型直驱式波浪能发电装置控制系统的研究	曹世明 213130048	黄 磊	电气工程学院
201610286108X	浅谈超级英雄作品中体现的美国社会文化和价值观	蔡正妍 213153757	胡永辉	外国语学院
201610286109X	南京高校公共标识语现状及英语翻译和国际化研究	薛润华 213153766	毛彩凤	外国语学院
201610286110X	中西神话中神的形象比较分析及其社会影响	张楚悦 213140939	杨 敏	外国语学院
201610286111X	可交联空穴传输材料的合成与性能研究	解霞飞 213132854	蒋 伟	化学化工学院
201610286112X	Smoothened 受体小分子拮抗剂 LY-2940680 的合成及工艺优化	马倩茹 213143812	蔡 进	化学化工学院
201610286113X	基于数字图像处理技术的改性沥青微观机理研究	张含宇 213131796	杨若冲	交通学院
201610286114X	碱激发钢渣在路基改性土中的应用研究	周 聪 213140082	邓永锋	交通学院
201610286115X	车路协同环境下的交叉口信号控制研究及仿真	罗玉洁 213143409	曲 栩	交通学院

(续 表)

项目编号	项目名称	项目负责人及学号	指导老师	项目所属院系
201610286116X	WI-CH 无线充电道路模型模拟及效率分析	马柏杨 213142452	杨 军	交通学院
201610286117X	基于大数据的公交使用率调查研究	吴子馨 213142413	刘志远	交通学院
201610286118X	路面长期使用性能（LTPP）平整度特征分析与行车舒适性研究	王泽琛 213140252	黄晓明 廖公云	交通学院
201610286119X	基于大数据的砂卵石地层地铁盾构隧道地表沉降预测	李 震 213142954	张国柱	交通学院
201610286120X	基于非接触观测技术的 FRP 格栅/ECC 复合约束混凝土柱的实验研究	丁子健 213142436	王文炜	交通学院
201610286121X	基于高精度交通流数据的高速公路交通事故风险主动预警	姜晓辉 213142748	徐铖铖	交通学院
201610286122X	盐分对土比表面积测试的影响与光谱效应研究	李星圻 213141236	邓永锋	交通学院
201610286123X	城市混凝土桥梁的沿壁藤绿化方案研究	董 鑫 213142755	吴文清	交通学院
201610286124X	BIM 在桥梁运营管养中的应用研究	蒋林笑 213133173	任 远	交通学院
201610286125X	高速公路二次事故风险动态预警	徐硕研 213142440	徐铖铖	交通学院
201610286126X	基于智能手机的活动出行模式识别关键算法研究	樊海润 213143132	季彦婕	交通学院
201610286127X	一种复合型沥青阻燃剂的制备	钟雨果 213131353	杨 军	交通学院
201610286128X	行人-非机动车共享路段交通运行特性及优化设计	邰静华 213142443	陈 峻	交通学院
201610286129X	成都砂卵石地层空间分布特征及其对地铁隧道地表变形影响研究	马海涛 213133585	张国柱	交通学院
201610286130X	基于 GPS 轨迹的出行信息提取研究	康百川 213140660	杨 帆	交通学院
201610286131X	盐分与级配效应共同作用下的粘性土工程特性	邓 雨 213142717	徐 飞	交通学院
201610286132X	城际铁路客运枢纽换乘设施规模的研究	史海龙 213140182	过秀成	交通学院
201610286133X	基于 DPX 的城市道路平面交叉口拓宽分流渠化改造的设计技术研究	刘梦琦 213133545	刘洪波	交通学院
201610286134X	公交站点处不同交通方式间的交互影响分析——以公交车、社会车辆和非机动车为例	袁诗琳 213132628	叶智锐	交通学院
201610286135X	盐溶液作用下的聚合物改性膨润土的渗透系数和压缩特性研究	梁奇锋 213142912	杜延军	交通学院
201610286136X	LNAPLs 污染土 K-S-P 关系研究	刘泽浩 213140237	刘志彬	交通学院

(续 表)

项目编号	项目名称	项目负责人及学号	指导老师	项目所属院系
201610286137X	中国大城市出行居民对拥堵收费的认可度调查与拥堵收费方案设计——以南京为例	耿昕钰 213140591	刘志远	交通学院
201610286138X	基于手机信令数据的流动人口出行特征研究	李昱洁 213130572	杨帆	交通学院
201610286139X	基于人体头部运动测量的神经病理分析系统	袁曦 213130083	崔建伟	仪器科学与工程学院
201610286140X	权利行使与敲诈勒索罪的界限研究	华梓成 213141843	杨志琼	法学院
201610286141X	基于风险管控的社区矫正理论与实践研究	丁心叶 213141837	李川	法学院
201610286142X	基于大学生志愿者参与的医院流产后服务体系的探索及其效果评价	陆璇 213142493	王蓓	公共卫生学院
201610286143X	矽肺的流行病学调查及发病机制的研究	杨帆 213112780	张伟	公共卫生学院
201610286144X	南京市护士群体关怀现况与措施研究——以二级医院为例	赵文轩 213143305	马超	公共卫生学院
201610286145X	高脂膳食模式下不同脂肪酸构成对内皮细胞功能相关指标的影响	石莎莎 213140680	杨立刚	公共卫生学院
201610286146X	纳米抗体库的构建和B细胞展示	蔡祥铭 213141278	赵晟	医学院
201610286147X	缺氧状况下拮抗VEGF对肾小管上皮细胞MMP-2表达及活性的影响	陈思洁 213132194	陈平圣	医学院
201610286148X	网球捡球机	冯嘉伟 213142004	韩良	吴健雄学院
201610286149X	哼曲成谱	葛荧萌 213142233	蒋睿	吴健雄学院
201610286150X	基于复合型活性炭电极材料的超级电容器	李东源 213151175	葛沪飞	团委

2016年文化素质教育中心讲座及活动一览表

序号	主讲人	主讲人介绍	题目	日期
1	郭立中	南京中医药大学教授	中医的养生智慧：中和之道、阴阳之道、自然之道	2016/2/29
2			五千年中医的养生智慧：中医的生生之道、饮食之道、形神之道	2016/3/7
3	李东	东南大学经济管理学院副院长、教授、博士生导师	用创业精神打开新世界之窗	2016/3/2
4	董群	东南大学人文学院教授、博士生导师	禅的智慧：道德生活世界	2016/3/3

（续　表）

序号	主讲人	主讲人介绍	题目	日期
5	李家华	中国青年政治学院副院长、教授	青春最是创业时：双创背景下的大学生创业之道	2016/3/9
6	郭　昊	东南大学物理系教授、博士生导师	感受时空的涟漪："引力波"的奥秘	2016/3/10
7	王长松	东南大学医学院教授	体质养生的奥秘	2016/3/14
8			睡眠养生——不可忽视的养生秘诀	2016/3/28
9	张一清	教育部语言文字应用研究所普通话和语言教学研究室主任	横撇竖捺里的历史：妙趣横生说汉字	2016/3/15
10	沙　敏	南京三宝科技集团董事长	创业从东大起步	2016/3/16
11	金保方	江苏省人民医院生殖中心特聘专家、东南大学附属中大医院中西医结合男科主任	关注青年男性养生：别妖魔化了前列腺	2016/3/21
12			青年男性的养生之道	2016/4/11
13	吕乃基	著名科技哲学研究专家、东南大学人文学院教授	科学与文化的足迹	2016/3/24
14	葛沪飞	大学生创业导师、东南大学经济管理学院讲师	创业大时代：机会与陷阱	2016/3/30
15	于向东	东南大学艺术学院教授	法显《佛国记》与中印艺术交流	2016/3/31
16	冯宏星	南京海善达信息科技有限公司董事长	扬帆起航，驶向创业的蓝海	2016/4/6
17	崔之清	著名历史学家，南京大学历史系原主任、教授	2016选举与台湾政局及两岸关系述评	2016/4/7
18	辛柯俊	南京三宝科技股份有限公司常务副总裁、教授级高级工程师	激发创业潜能，放飞创业梦想	2016/4/13
19	傅景华	著名中医研究专家、中国中医科学院教授、主任医师	中华文化与中华民族之根	2016/4/21
20			中华医道与中华养生之本	2016/4/22
21	王　涛	著名足球解说评论员、北半球传媒创始人兼CEO	足球与创业	2016/4/25
22	张乃通 黄培康	中国工程院院士、东南大学杰出校友	我们的东大黄金岁月——读书·科研·人生分享	2016/4/28
23	王　翔	大学生创业导师、东南大学经济管理学院副教授	创业企业的战略管理	2016/5/4
24	陶思炎	著名民俗学者、东南大学艺术学院教授	文化遗产的识读	2016/5/5
25	王旭东	全国中医科普巡讲专家、南京中医药大学教授	中医养生与长寿之道	2016/5/9
26			中医文化价值和养生实践	2016/5/16
27	徐　强	协力投资管理合伙人	创业投资与创业实战	2016/5/12
28	陈谦平	南京大学历史系主任、教授	抗战胜利与中国收复南海主权	2016/5/18

（续　表）

序号	主讲人	主讲人介绍	题目	日期
29	韦钰	中国工程院院士、教育部原副部长、东南大学学习科学研究中心名誉主任	从AlphaGo看神经信息工程的发展	2016/5/19
30	蔡骏	著名悬疑小说作家	绝望的希望之刃	2016/5/27
31	王建国	中国工程院院士、东南大学建筑学院教授	城市风貌特色的形成和营造	2016/9/19
32	缪昌文	中国工程院院士、东南大学材料科学与工程学院教授	成人·成才·成功——我的人生感悟	2016/9/23
33	莫砺锋	我国首位古典文学博士、南京大学文学院教授	唐诗宋词中的生活意蕴	2016/9/27
34	刘加平	江苏建筑科学研究院副院长、教育部"长江学者奖励计划"特聘教授	创新创业，创赢未来	2016/9/28
35	陆军	中国电子科技集团公司首席科学家、预警指挥机总设计师	我与预警机的情结	2016/10/8
36	蔺雷	中科院管理与政策所副研究员	第四次创业浪潮	2016/10/12
37	胡阿祥	南京六朝博物馆馆长、南京大学历史学院教授	行走中的感悟——爱上南京，品味金陵	2016/10/13
38	彭林	著名历史学家、清华大学历史系教授	礼乐双修与走出"半人时代"	2016/10/17
39	朱苏力	著名法学家、教育部"长江学者奖励计划"特聘教授、北京大学法学院原院长	法律与家庭	2016/10/18
40	董群	东南大学人文学院教授、博士生导师	认识南京：佛教的祖庭文化	2016/10/19
41	崔恺	中国工程院院士、中国建筑设计研究院副院长、院总建筑师	设计与环境	2016/10/25
42	钟国兴	中央党校教授	向孔子学做人	2016/10/26
43	陆挺	东南大学吴健雄学院党总支书记	在校园文化中体会无用之大用——开创东大学子人生的黄金岁月	2016/10/31
44	吴晨	《经济学人·全球商业评论》主编	用经济学视角解读快速变化的世界	2016/11/1
45	林安梧	台湾慈济大学宗教与人文研究所所长、元亨书院院长	儒家思想与21世纪的人类文明——兼谈如何读《论语》	2016/11/2
46			佛家思想与21世纪的人类文明——兼谈如何读《金刚经》	2016/11/3
47	孙慕义	东南大学生命伦理学研究中心主任、首席教授	立志·立人·立命——生命伦理学助你铸就美丽人生	2016/11/7
48	郑政恒	香港电影评论学会副会长	英雄本色纵横谈	2016/11/9
49	孙桂菊	东南大学公共卫生学院教授	中国饮食文化与食品安全	2016/11/21

（续表）

序号	主讲人	主讲人介绍	题目	日期
50	李焯芬	中国工程院院士、香港大学原副校长	一带一路的历史与展望	2016/11/22
51	冯 象	清华大学法学院梅汝璈法学讲席教授	苦难·牺牲·诺言——论法律与宗教的几个基本问题	2016/11/25
52	王景全	中国工程院院士、解放军理工大学教授	我心中的桥梁，我心中的梦	2016/11/28
53	汪 宁	国家疾病预防与控制中心副主任、教授	大国崛起背景下的全民健康与公共卫生	2016/12/7
54	王卫星	江苏省社科院历史研究所所长、研究员	学术语境中的南京大屠杀史	2016/12/8

2016届本科毕业生名册

建筑学院

011 建筑学 74

赵振明　马镇宇　黄宇坤　刘大用　丁园白　田华男　左君宜　罗　西　张宏宇
张维一　章　骁　刘佩鑫　吴昌亮　卞勇炜　刘　巧　蔡晓丹　管　睿　祖丰楠
肖　晔　吴　舒　何　朋　戴嘉熙　唐　蓉　杨梦溪　李姝睿　董虹韵　傅文武
施剑波　王珂蔷　张雨竹　车雨阳　谢茴亭　刘姗荷　张　浩　吕　薇　袁　帅
施晟宇　孙诗云　王　康　应　媛　吴磊蓉　张　炜　周　霈　肖玉玲　卓可凡
费　雨　唐　麓　徐　超　赵　烁　张浩然　王衔哲　宫春阳　黄博浩　雷子雨
胡　泊　闵志伟　唐　松　王佳玲　陈福明　王　缘　陈咏仪　蔡适然　姚　升
陈亦奕　陈晓琳　钟奕芬　何若晖　杜昕睿　黄　杨　孙世浩　李　策　肖　芳
罗文博　周政冕

012 城乡规划 39

姜挺倩　顾焙凡　胡珊珊　陈翰文　施一峰　闫江东　徐雯雯　王孛丽　袁世举
巫　义　滕　腾　廖　航　吕正音　蔡李智　吴　蒙　郭宜仪　吴泽宇　张书源
张劭然　伍隽儒　刘精蓉　曹　迪　米　雪　王　晓　孔秋晗　于雪娟　张　翔
张　科　刘碧玉　马浩宇　高　典　孙树荣　金探花　姚　炜　黄力星　胥孝舟
王　远　许力文　许　浩

015 风景园林学 19

吕欣易　马倩茹　张　杰　王　洁　卢　喆　魏　琦　王　羽　郑振婷　胡博文
刘炳坤　曹鹏程　薛天炜　马劲康　卓百会　张　颖　束　芸　谢相怡　陆丽颖

孙　陶

019 建筑学（杨廷宝班）16
李　昂　李鸿渐　方浩宇　赵　硕　乔炯辰　伍铭萱　姚严奇　赵　丰　杨天民
虞思靓　李平原　陈雨微　商琪然　张幸怡　曹　喆　王君美

机械工程学院

020 机械工程 160
朱　杰　陈雪莲　金珊珊　吕剑乔　姚志学　韩远立　宋　轲　赵远之　陈春水
方振芳　刘永竞　吴飞翔　沈小朋　姜　恒　秦博豪　邵石磊　武琦琦　廖育成
付体强　陆健亮　丁志全　杨其辉　许　浪　孙燕伟　闫赛赛　何　戬　刘　刚
黄胜方　王　洋　周　浩　李　寅　程相一　沈锋华　陈　逸　徐瑞君　李照青
陈出新　吴丛磊　李　颖　韩　硕　房　瑜　余文斌　谢德金　李　创　黄久伟
陶　松　蒋睿智　陈昭晖　张赢杰　许绍雷　吕　鹏　邰秀坤　安　桐　张厚楚
吴一凡　刘　勋　孙志伟　王　维　秦宛旭　王思源　廖子云　李之涵　吴学浩
余彬炀　张　乐　张文旭　李树森　吴　昊　刘文俊　刘训令　姜在剑　郑　鑫
王晓宇　王　昶　姚健伟　李宝祥　郑　斐　施斌政　孙晓东　夏江浩　闫克非
李经纬　李家盛　孟宪宸　刘　昶　冯　喆　史勇博　陆兴悦　张正雪　李新军
陆　杰　郭高伟　段　朝　狄　昕　郑晶莹　罗　伟　霍　飞　赵克霖　张　伦
何仕成　吴成博　鲁秀楠　马　勇　徐　鹏　柳友志　方琦轩　陈　正　刘　派
燕鹏飞　李　鼎　刘嘉鑫　蒋　雷　姜皓元　刘红旭　陈　建　葛震浩　赵　通
杨　超　杨　晨　查伟浩　于胜春　马辰逸　张文杰　何　洋　彭　建　陈梓为
郑　宇　余传运　郭　潜　王立伟　邱浩哲　张志强　朱国振　余　汉　尚　慧
陈远志　叶　亦　华海涛　缪永志　黄林新　仝世杰　苏　杭　姜海波　张　恒
张桩桩　曾俊铭　蒋　琴　李宗泽　卢定远　屠昀祺　杨丽青　刘延灯　文　轶
陈乾潢　苏　壮　张海川　朱成德　安　旭　安舒扬　陈俊锜

026 工业工程 28
陈睿敏　李卓然　吕　晨　陈斯祺　王　敏　王幼真　沈竹琦　陆　萍　顾道义
龚　轩　全　辑　吕　然　王　鑫　马先雨　罗车明　徐　旭　徐辰皓　魏林威
唐　苇　韩鹏万　程　博　陈开元　潘家辉　杨　欣　贺永平　张　强　张　飞
尹　豪

能源与环境学院

030 热能与动力工程 139
洪梦姣　蒋　励　林　彤　万　意　潘颖庭　潘维鑫　张凌翔　唐卓人　潘志成

刘志勇 陈高洁 李平姣 吴晓月 杨　坤 李　巧 蒲咏梅 吴琼瑶 易　洁
李　璇 徐屹蓝 薛　栋 霍晓东 冯　璇 陈广闯 周光灿 李　栋 巩超宇
黄秋润 石耀光 张俊楠 林义成 钱丛昊 王钱超 沙　鹏 柯希玮 杨得金
张树钊 刘宗鑫 杨　勇 林宏宇 李　晨 冯远扬 陈明泰 吴牧笛 王若宇
钱　蔚 钱利燕 钟宛芸 贺东娇 张　倩 马宇娜 韦晓蓉 王　瑶 张秋双
曹　群 王　晨 高迪雅 张正华 戴中豪 徐　睿 陈万圳 韩永康 梅　简
曹运佳 房　旭 皇甫永春 刘一江 庄沁宇 王　赟 陶优鸣 蔡戎彧 钱　旭
夏志鹏 许志康 刘赜深 张　将 鲍佳鹏 陈霞雯 谢玮祎 周缦春 林乾宇
闫　珂 谌伊竺 周琳绯 陈玉婷 罗亦芳 刘祎玲 顾家辉 陈　功 姚　旺
薛鹏飞 石　田 陈　武 董　顺 辛佳磊 张贯虹 孙　浩 李茂胜 李　栋
秦文慧 何俊良 潘　飞 马　喆 李军辉 宫冠吉 伍祥瑞 李泽青 程　志
潘杭萍 葛芝含 于依卉 张敏勤 赵梦甜 陈　硕 卞绍华 於鹏程 汪　杨
王昌朔 石　岩 许　昌 刘志强 李雨轩 王照彬 康　泰 金锐凡 张意祥
刘　明 柳　帅 杨翔东 肖鸣达 杨祖辉 闫景春 赵　静 于诗莹 霍铭心
潘天尧 杨子玄 吕　浩 杨　洋

031 建筑环境与设备工程 32
盛　溢 刘天策 郭　珊 田　鹭 卢雅林 王祺麟 张　曼 诸葛阳 宋潞云
王欣龙 陈　楠 马昕宇 潘晨豪 陈舜嘉 周伟煜 湛长丰 胡晨叶 刘　文
李向东 余　禾 邹谢宇 钟勋平 杨　耕 李　航 蒋　浩 周鋆昊 李世玮
林凯威 马川鉴 许　斌 高天琦 张仕洋

032 环境工程 31
陈　杨 李　楠 高　雅 付　毅 朱疆宁 蒋方舟 温　欣 陈舟凯 查　戎
董仿玉 张丹玚 钱玉婷 李蓓蓓 吴　瑶 罗默也 钱玺文 程鹏荣 李　想
刘　张 李　通 李　昕 王玺玉 于楚辰 宋　鑫 叶广宇 张晓东 郭鹏宇
汪　威 火世荣 王　珏 缪靖翎

033 核工程与核技术 24
王瑾芝 董方宇 申悦辰 蔡雯雯 孙赛佳 王　磊 张洪源 杜纬逸 寒梓林
赵象罔 贾东晓 陈　寒 洪彬龙 肖叶胤郎 谢占鹏 王海阔 邓景升 陈　晔
刘秉暄 赵　越 范　镒 沈图南 杨　文 陈一韬

信息科学与工程学院

040 信息工程 260
拾　颂 陈雨萌 郑欣悦 杨文超 刘　涵 赵正寻 程　耘 刘　袁 姜　晖
史博文 蔡爽爽 王文杰 王宇鹏 梅王智汇 乔志杨 超 马筱婧 陆倩云

杨 丽	林俊浩	高 捷	叶建宇	赵富邦	胡 博	钮天祺	程 聪	陈同广	
周 逍	申怡飞	卞 慧	李茵蔚	徐怡笑	游雁天	周 蕾	李 鸽	鲍忆雯	
徐倩怡	范文泉	付志远	李度洋	李 哲	刘铭学	欧阳明涨	彭 潜	施 宇	
王 青	王天驹	周杰灵	王志远	魏震楠	吴伏宝	徐略钧	闫毅恒	李 越	
江 磊	陈 岩	吴 婷	张 宇	韩 彬	施鳕凇	蒋 鹏	袁鑫鑫	曹 政	
汪圣喆	苏 通	郭 煜	时 鹏	王波涛	王云罡	常 棍	吴颖真	顾燕如	
王 程	祁亚超	李 柯	吴紫婧	杨随意	高璇璇	柳贺冬靓	陶 雷	李月朝	
杨远益	史 健	林宇星	朱鹏宇	许 单	蔡金洲	胡帅奇	熊 权	朱秋立	
王 炯	覃茂哲	张少卿	蔡睿聪	孙 程	李俊杰	徐大钊	廖如天	胡尊丽	
柯逸凡	束 俊	周 禹	任东明	陶 禹	冯子聪	陈逸云	李 静	奚晨婧	
马文钰	张 苑	刘 璐	褚 翘	孟 洁	张 远	徐 军	许炜涵	刘颂阳	
张仁宇	赵 焱	华星霖	韩泽鹏	彭光耀	李 硕	陈建克	劳江微	朱 宇	
曹育海	刘 明	丁 旸	常天羽	王 俊	王泱泱	朱文捷	杨 蒙	陈海源	
张 汉	许墨然	张贺坤	黄国宇	葛王桦	熊 蕾	王 莹	马怡秋	李骁敏	
殷从月	贺子航	刘海协	董佳雯	王一凡	杭 宸	郭启炜	凌森银	郭 冲	
陈 煜	郑钟毫	王泽天	戚 诚	任 权	王钦亮	李晨枫	黄 阳	吴中奇	
曾 峰	张 洋	李明轩	石蔚涛	湛 江	杨 呐	蒋 震	吴浩然	李 严	
钱宇超	莫 斐	彭 欣	徐 亮	徐 昊	张雯豪	王宇成	肖 迪	吴雅婷	
李 溪	於 凌	刘兰谊	李卓倩	黄文欢	马沈骐	于 越	彭奥奥	胡振国	
隆明涛	赵 剑	姜秀夫	汪 敏	罗 阳	朱 睿	王 坤	肖舒涛	赵 良	
何功垠	臧家祥	夏 添	李 璟	仝玉山	王梓楠	徐文强	戴猎阳	张凌晗	
钟书智	汤慧赟	刘昳明	印友进	李焕波	胡彦丰	张俊芙	姚睿捷	姜小飞	
赵 渊	魏垞丁	贺金捷	宋 鹫	刘悦宇	郭建霞	刘春晓	李慧娟	李沐阳	
孙佳琛	刘 月	王宇凡	曾雨旻	夏俊婕	赵清玄	陆心怡	王 恺	卢增全	
郭烈强	王 健	李哲宗	王一杰	卫华威	刘逸聪	李容舟	韦浩城	许益嵩	
赵隐达	夏 志	蔡依伦	胡佳林	徐雪浩	蒋永康	祖剑君	陈郁蕾	黄谢田	
王君直	李天助	徐 军	于 伟	黄语辰	石 勐	王 诚	张 睿		

土木工程学院

051 土木工程 177

刘 杨	林华泉	黄李成蹼	杨金鑫	龙从伟	董雅坤	钱希婕	刘敏洁	姚 迪	
陈浩杰	王凤范	王 冲	段兆林	张家奇	张陆桓	董茂举	林永祥	龚 林	
王旭祥	尉迟彬	朱 舸	王屿松	张永正	赵振宇	康 希	姚一之	张云翔	
邹 洋	李 坤	何骏傑	莫宇宸	刘馨忆	金 鑫	王 伟	张睿东	诸 霖	
潘梦馨	周振波	沈旭昱	王珏琦	伊 超	刘远之	刘 岳	樊 刚	陈珂璠	
聂俊奇	陈旭辉	张远友	李宇晗	禹志康	步万里	付瑞斯	王俊桦	刘国剑	
袁 梦	巫陈亮	郑逸轩	杨超一	任 普	李本宁	肖文超	李 雪	王 梦	

陈昕媛　叶　璇　万方千　杨　健　邹仲钦　尚志高　蒙绪生　肖　遥　张　席
李柏霄　贺　遥　杨绪南　王博臣　周嘉浩　尚　元　冯升明　姚志霖　吕海晨
刘凯旋　戴龙昱　黄玮强　周立京　吴宣泽　贾欣欣　焦亚基　张星宇　陈　烨
崔东浩　李舒欣　杜　利　姚程渊　孙春丽　王逸尘　周　飞　王位极　蒋行涛
黎思源　雍家盛　曾一晖　冯英豪　李　焜　曾向鹏　屈笑珂　周　达　张　伟
谭　焜　黄翔宇　俞　江　李寅斌　张翔宇　薛启成　王　力　胡不为　黄中泽
仲志煜　张麟昊　时宏智　沈　浩　王　闻　王小青　叶　雅　齐向群　周　正
赵彧洋　尹方舟　赵健驰　冯继开　陈　淳　董　旭　张开源　梁宇成　陈　浩
张　宇　刘旦辰　毛叶帆　臧一鹏　武骥元　吴胜平　谢枝芃　刘文龙　史舜澄
李泽熙　杨　起　吴　玫　陈昊天　龚来凯　王嘉昌　王　康　刘心涯　林　津
黄丽媛　张　蓓　王　琦　夏烨楠　刘雅凡　高立忻　汪　旭　王康迪　金　城
沈　翀　陈柄宇　张　驰　唐自航　周　警　张　成　韦　明　张天宇　王明池
胡　宽　谢鹏飞　朱明吉　杜　杰　卢　干　刘晨昱

052 工程管理 52
王怡心　樊舒舒　吴洪樾　高毓仪　周　荃　杨晓丹　唐　珏　唐　诗　肖　雅
李光耀　朱寅博　吴　岩　易宏斌　韦保靖　代　坤　刘雪松　黄　剑　季浩鹏
姜哲南　陆　帅　高　奇　刘一啸　刘　颖　黄雅琳　杨　睿　陈锦华　向林凯
周　余　沈耳东　戴国斌　唐美玲　郭霁月　齐娜娜　韦语涵　严琳希　肖天琦
胥晨舒　谷少博　吴林轩　夏子砚　刘熙源　祁继武　景志卓　王晶宇　黄　宇
周　林　缪梦伊　陶　金　美合日妮萨·奥斯曼　邵飔峤　连芳菲　刘佳璐

053 工程力学 35
姜　珊　石亚文　金晓冬　杨　然　秦福溶　余　芳　孙宝江　段文强　兰思缔
聂文伟　姚拓奇　匡　也　范予哲　吕有本　王人立　匡　泉　顾　晟　王旻睿
黄庆业　杨基舟　刘志友　王　凯　李　峥　吴　宁　王　森　刘　睿　贺得晟
袁正刚　雷　良　刘　浏　王　攀　杜林璞　徐子杰　齐思尧　黄　晔

055 给排水科学与工程 35
郭　驭　王晓枫　刘朱环　王　蕊　陆慧闽　陆　磊　黄在琼　刘　泷　刘　洋
程鹤来　张　愿　王志源　唐俊凯　杨　璐　张　远　谢小东　希尔扎提·阿尼娃
姚叶鹏　廖国宾　何瑞泰　何乔祎　张志浩　孙　旻　陈进臻　陈　达　高　琦
吴嘉国　施天龙　郭　策　陆圣达　王雪健　缪昊君　李　磊　郭行健　赵　岳

电子科学与工程学院

060 电子科学与技术 105
张圣羽　冯夏雨　吕　涛　田　勇　姜　琦　李冬泉　杜万里　李婧蓉　王禹欣

申　畅　王晓晗　翟　悦　巩　悦　赵含芝　谭新媛　王　璐　周珊珊　徐　睿
李诚鑫　任四奎　李　潇　马绍晏　亢执中　罗　旺　王　钦　周　越　张维哲
陈润琦　邵炳玮　何英杰　应瑞康　高江超　夏志鹏　何煜坤　邱凌云　吴　逸
朱涤非　朱诚诚　吴　宏　杜召洋　吴江平　姜程皓　陈春妃　部　娜　周依婷
杜彦琳　连瑞雪　周施成　闫隆鑫　方龙宇　吴金澄　宋世强　聂　立　唐泽家
王　潇　张　帅　李安迪　王黎明　夏先齐　侍海峰　喻国芳　袁璋诣　王甫锋
王　旭　李　勋　胡浩明　李雅棋　梁　创　张　植　梁　潇　熊凯建　马子涵
王　全　高　天　江　欢　王　越　张　诚　王俊轶　鲁学成　张亦弛　范英辉
卢晨钺　崔　岩　李济多　张　煜　周家驹　李浩天　刘腾业　于　涵　张文骐
黄诗续　欧阳博强　肖　洋　翟旺旺　耿　迪　张铎迈　荣　旭　李　帅　王精科
方天琦　刘博文　吴念尘　王广祯　张春旭　陈翠琳

061 传感网技术 31
　　武　斌　蒋小凡　乔滟媛　石晶晶　张若兰　杨铁轶　陈　斯　王　鹏　李盈达
　　朱麒文　高万里　麦汉棠　李祖朝　李元昊　李裕培　顾东志　刘方罡　陈威宇
　　陈正发　李绍成　周奉杰　毕　翔　闫小永　曹　扬　王思源　梁　琦　朱振宇
　　陈毓锋　代鲲鹏　罗关生　王馨逸

063 新能源材料与器件 27
　　陆　顺　邹迪子　周丽丽　潘凤梅　王颖瀛　周志伟　钱进优　李贤翰　陈亮均
　　刘　平　宋子扬　胡　雄　刘　挺　乔照洋　许晨煜　周　涛　王　雨　陶厚兵
　　叶人玮　朱　渊　余昌学　高钰勇　黄　超　施立恒　李雨巍　盛　鸣　蔡沛阳

数学系

071 数学与应用数学 34
　　唐燕霞　赵乐潼　张　岸　付欣悦　施梦莹　林子棠　万佳彧　王兆斐　王亚敏
　　冯皓天　刘国成　王天祺　张　楠　金臻涛　周从根　李　根　徐伟强　韩方园
　　陈学龙　张　楷　吴　骞　田方正　张向向　苏　泉　毕　成　刘洪喆　李凡子
　　张　圣　孙永飞　吴增辉　黄明智　魏新孟　杨　鸣　张子奇

072 信息与计算科学 22
　　梁晓妮　常　乐　张　琛　崔　萱　许卓颐　周　蔚　李怡然　管　鑫　张瑞晗
　　何厚佃　张泽宇　吕星龙　印明亮　刘　威　潘冯超　严文杰　张恒烨　张恩智
　　张建军　孟佳雯　赵逸云　罗　马

073 统计学 33
　　王　莹　王欣恬　范芷琳　俞晓云　秦　月　李羿静　温雅静　梁晓洁　陈　旋

万莹莹　郑　颖　张庆鑫　龙　宇　樊　雪　李　硕　袁　硕　谢宇飞　侯健光
孙国鹏　陈礼定　丁　浩　李佳伟　程国尧　黄利明　陈　康　王　鹏　张先汉
关睿升　丁嘉沼　梁　山　罗　顺　杨泽宇　朱佳燕

自动化学院

080 自动化 119

谢芳陆　李陈熙　李晨曦　李　艺　张艺璇　张思文　张　璞　冯　炽　李朋伟
王兆嘉　肖显东　茅天禹　张　赟　何起明　俞　毅　陈晓涛　罗　丹　许云鹏
梅　俊　姚永军　黄　林　巫骏艺　陈　盟　郑尧煜　戴　忱　张恺宸　彭培真
管永晨　刘翰文　张家瑜　杨天阳　王　玲　郑亚君　李静宁　姜真辣　范　蕾
刘乾石　马文涛　高　峰　董书圻　周　锋　潘志鹏　陈　涛　李　震　何　昶
程　翀　袁　诚　张　杰　张　超　安　锐　刘天宇　肖子豪　颜亚雄　李思亮
龙建文　刘　琛　张　沛　秦玉磊　虞文涛　郝　颀　戴　澄　杨　忞　欧阳书舟
邓紫薇　崔　晨　贾　凯　蒋家旭　陈之雄　张静秋　乔鹏宇　王　岗　黄志亮
徐　俊　李盛开　张德明　黄宇鹏　宋　潇　刘　磊　熊剑平　刘力铨　胡　磊
王　清　李　阳　杨宸骅　沈子莹　李全棒　张　娟　朱云鹏　刘亚楠　佘梦凡
杨雨炜　罗　茜　刘　慧　胡文静　陈东旭　杨子超　沈霈霖　吴飞豪　沈祥清
郑　晨　史习晟　高泽伟　赵健雄　陈家鑫　汪玉杰　华志超　邵　恩　臧　坤
余登涛　杨永恒　梁　璨　吴天羽　陈方松　曹起鸣　宋晨维　何骏贤　陈　颖
唐圣棵　邹星宇

计算机科学与工程学院、软件学院

090 计算机科学与技术 133

刘　金　吴　璇　薛怡君　彭佳雯　高绮文　罗　骞　陈宁宁　蔡明睿　袁　浛
彭斯诚　潘庭栋　赵冶业　刘一鸣　施易辰　周　桐　陈　灏　刘元恺　陈　旭
王永青　柯翔宇　姜维超　张建强　张　辉　刘　昱　付映宇　李　罡　周嘉宇
符家豪　邵瑞枫　陈云海　李盼辉　贾　硕　倪博雯　高宇辰　林泽南　王　姗
吕　爽　李馥杉　徐旻昱　吴　俣　赵娴雅　黄文婷　祝银波　黄　歆　孙　磊
王　宁　李路路　王嘉时　周　珽　李凌天　周学军　孙亚晶　张　震　高　峰
王　翔　范云龙　牟　庆　郭春生　郑　颖　蒲照丹　秦　焜　郑欣瑞　施东银
胡煜明　江亭叡　代甜甜　郭　佳　李　想　吉　晨　陈　婧　程婷婷　王　倩
陈　晨　时晞萌　梅　丽　邢　远　董　坚　戴子雯　赫思佐　杨骏逸　章文韬
王凯健　端　豪　厉高远　茅光健　刘　胜　吴雄斌　辛维钊　李佩豪　杨　俊
谢作为　唐志灏　黄　杰　罗　东　杨天来　焦建书　丁　翔　青必浩　温泰华
王子睿　王　晨　王冰璐　姚　珮　刘金晶　施书静　许　潇　刘莉莎　刘聪楠
邢思凯　郭　帅　崔致瀚　李文博　吴晓亮　陈　阳　叶华健　尚文杰　周家亿

于殳佳 赵敬皓 王梓烨 张 哲 张 彦 王炳权 涂佳辰 陈世宇 廖桉冬
周 晓 张 杰 彭忠泓 刘继军 解曙方 王佳晖 韩 超

711 软件工程 109

段逸轩 孙佳慧 江婉玲 常 慧 任 旸 李 月 李延东 钱 威 黄 彦
肖 彦 王炳超 陈贤星 许鸿翔 蔡圣楠 缪海飞 符 舜 宋文博 赵壮文
张布仁 王苏振 施晨飞 丁诗维 王东东 曹 阳 孙 新 罗 瑞 唐 康
李明晴 沈 多 曹 瑀 李苍源 廖玉倩 李雯君 孙森泓 田 润 陆胜男
黄詩衡 吴亦聪 刘佳炽 崔家宁 龙 翔 吴 桐 郭大魁 李铭坤 杜惠民
曹 阳 陈金晖 乔 枫 申 健 姚钦元 冯伟东 孙佳明 郑炜方 乐 秦
农祖杰 李闻达 夏 薇 梁 洁 张湛秋 袁天然 陈 旋 马德婧 谢 梦
范宜臻 陈 锐 解鸿浩 崔浩博 许 锦 陈俞霖 黄 鑫 王昭人 郭星延
郭政吉 褚 胜 张子豪 王伟楠 周国兴 王 烁 杨启凡 仇晓逢 何晓平
荣学益 罗丹青 王 秀 岳珐宇 孙 叶 梁晶晶 张 帅 范钰祺 王思为
张文修 宋 玉 谢中毅 左光耀 刘安捷 黄 敏 刘 璨 孙振宇 秋 阳
张 跃 杨 巨 闫子涵 杨永贵 杨 凯 肖超宁 马乾隆 陈建超 田宗耕
李闻达

71Y 软件工程(英文) 26

温 婧 常海潮 单佳慧 高 娟 李 茵 陈静雯 魏 婕 李可卉 王 琦
刘博旸 姚逸云 陈 铮 任松竹 于鸿洋 张欢欢 王中林 邱 雨 卓嗣淇
郭文斌 汤 颢 刘 盾 李伟晔 刘浩然 蒋志远 赵雪冰 陈冰阳

物理系

101 应用物理学 29

陈 月 黄宗琳 刘 奇 楚伊梵 高 然 信星星 李 雲 梁 健 张 昊
王驰焱 裴敏强 郑 顺 徐维涛 胡文佳 曾文贤 杨 高 陈 曦 李 缘
吴 浩 王利明 邵有为 黄艺荣 李 恺 杨寒嘉 孙 楷 胡 橙 陆靖宇
王嘉盛 许正阳

102 光信息科学与技术 28

谢剑欣 钱 倩 安睿怡 连 昊 王培镔 荆启华 顾英杰 高 凯 施元昊
吉思超 陈恒坤 刘 昂 蒋崇春 杨 佳 徐 峰 张 真 涂 鉴 杨志龙
王子晔 苏凝钢 王 忱 周广群 张 熬 夏洋洋 杨 楚 唐 裹 蒋怡成
陆鹏宇

103 物理学 9

甘庆雨　赛　娜　周青阳　谢　淳　黄子文　庞　通　吕　惊　周　典　赵东翔

生物科学与医学工程学院

111 生物医学工程 31

张　澍　邹玉洁　黄盛昕　任　静　陈　姗　毛昕宇　吴　双　周　银　蒋　雯
常　宁　刘羽霄　陈卓玥　施　畅　方　仪　鞠　安　谢静怡　王亚露　顾晓卉
林也晶　李思雨　徐蓓蓓　邹丽丽　俞　倩　马昊然　王　昊　董　昊　许　阳
吉张鹤轩　沈泽阳　方琳静　于青青

112 生物医学工程(本硕连读) 50

崔梦瑶　田　媛　郭慕依　季　璐　段梦沁　李　静　孙晓梦　顾笑晓　路一飞
高　歌　鲍琰雯　张　熠　陈　超　蒋逸飞　王海兴　杜逸昊　于云雷　孙炜航
曾昭煜　邱睿奇　刘朝洺　张兆铭　张星星　杨　涛　杨　升　姚心恪　丁晨静
祝雅璇　刘　浏　倪　莹　花　蕊　廖　佩　鞠寅晖　刘亚迪　周　玥　江苗苗
徐　秋　郭士成　乔　祎　于昊立　张　男　方壹乐　冯振强　李卓轩　王泽远
王云龙　刘坤良　谢嘉浩　林鑫翔　刘窈窈

113 生物信息技术 9

冷静泽　盛梦颖　王佳森　黄琰亭　温　恒　王　晨　王　鹏　郝世杰　杨喜喜

材料科学与工程学院

120 材料科学与工程 92

施思婷　陈诗婷　许何婷　王宇婷　李亦婷　杲　昊　石颖慧　王　宇　苏布雷
李涛坤　王国立　刘辉平　唐绪明　聂乐文　潘　东　邓鉴春　唐茗轩　吴　涛
董恒迪　马　超　向尼迪　朱玉晗　邱　洁　方　辉　陈　艳　杨迎春　王志江
陈佳熤　郭俊楠　郑志鹏　李　炜　昝　超　丁泽晨　高　嘉　赵世一　陈友明
孙　超　凌　灏　党林林　吴　樾　刘乃东　陈　涛　张维国　张雪梅　曾　佳
李羽西　秦紫筠　彭　飞　卞　仙　杨　爽　高　颋　叶少雄　张格奇　张　楠
白旭东　戴志刚　韩　涌　邵博文　崔志强　董承浩　保国强　孙玉鑫　吴志涛
刘粒祥　海白冰　董聪聪　袁孟琪　霍柏如　谭晓慧　王　英　汪鲁布　彭　沛
纪冬硕　傅　聪　赵　炜　余伟东　杨果瑞　吴　桐　张彦扬　季闽城　李　健
许杨江山　杨家琛　张　斌　杨诗彧　张　蓓　盛宁悦　陶强兵　卢冰喆　黄浩然
崔桢俊　陈　静

人文学院

131 政治学与行政学 30
蔡梦雨　陈　婷　夏怡婷　达　秋　王　怡　约日妮萨·巴柯　李汀　包　蕾
宣雅婕　阮垚瀕　群吉卓玛　程志华　吴秋怡　吕玉洁　袁　晶　沈　瑞　李　萌
古再丽努尔·沙迪尔　耿　瑶　司雨桐　陈思雨　索南曲珍　马冀为　卜超超　杨万里
贾朋朝　高　畅　孙　岩　黄　伟　戴嵚崎

132 社会学 34
张　盼　陈子乔　赵书冬　赵　璐　郑苏茜　次仁吉措　甲　宁　雷　琼　张　琰
孙梦琪　万婷婷　李金格　黄　荣　仓　楠　巫慧敏　陈雅萍　朱　楠　许　多
张新田　刘　晴　周静娴　桑旦曲珍　顾艺炜　毛辰忻　刘　慧　古丽加那提·牙生
穆潇如　秦小红　栾嘉奕　姚　恺　冒家辉　魏圆源　张霁莹　周一婧

133 旅游管理 33
吴　强　张　虹　李　悦　惠文云　唐姝宸　冯　叶　李　欢　刘白雪　尹明玮
李伊萌　桑晴晴　宋雯慧　朱啸宇　王　倩　黄　磊　刘英蔓　韦东丽　陆维豪
陈庸康　杨一帆　郑海军　党维谦　司鸿杰　王俊杰　李少金　张桓绮　罗　意
陈　思　周世泽　兰奉真　詹　稳　刘　兰　索朗仁青

134 汉语言文学 33
蒋悟澄　叶丹丹　万根宁　解润琪　项　蕾　丁　婕　蔡园萍　郭寒冰　李　莹
陈　晨　李烨婧　郭瑞芬　王洁琳　吴思钰　刘　佳　周思露　伍　雪　邱芳芳
柳　飔　高　琳　陈　丹　王旭丹　过雨辰　戚鹏程　黄贵显　刘　小　许　威
王　著　焦梓栒　谭　天　毛睿烽　王　晓　王　杰

136 哲学 11
马　克　闫雪枫　何念珂　李娉婷　杜静宇　邹　欣　张冠年　陈　颖　魏鹏阳
李平安　李建兵

经济管理学院

141 信息管理与信息系统 34
朱俊雅　杨梦兰　倪方君　孙筱霞　缪宗钰　朱　冰　刘雅琦　韩江霖　胡诗晔
朱兆琦　岳　炜　陈荧沁　刘雪羽　浦希婷　王　旭　陈佳洁　张文婷　王　蓉
齐亚玮　张煜斐　张　瑞　唐　起　张　冀　李　东　张一凡　王轲毅　云星月
魏　震　赵　洁　张　捷　孟　磊　哈孜亚·阿斯哈尔　常天睿　张　雨

本科教育

142 国际经济与贸易 29

杨佳益　朱　磊　贾　茹　杨　如　陆　璐　徐　涵　于　渊　王悦迪　李怡雯
戴昀哲　靳　宁　仝怡婷　计晓闻　何慧冬　杨雨莲　胥　婷　钱亦心　高晓琛
张思宇　李　明　徐　扬　严卫伟　常东旭　张晓东　杜思远　张经纬　陶皓源
张逸超　姜昱彤

143 工商管理 35

李　欣　王　锐　陈静然　孙嘉欣　杨春花　罗　莹　张小桐　梁钰婷　梁辰玥
林文璟　杨　湛　吴英吉　张　俊　余登极　杨晓峰　黄建运　张　健　徐　鲲
刘　钰　刘孝斌　黄俊闻　杜慧娟　马　芳　次旦旺姆　卓玛曲措　石馨瑶　额顿旦沛
韩　冲　杨　壮　孙　浩　顾雪恒　管劲聪　黄　鹏　席　悦　田雅博

144 会计学 47

金　婕　胡文溪　韩佳颖　毛　鉴　宗　莹　严　怡　俞晓波　胡晓翠　范丽丽
张思萌　李牧原　束　雯　詹徵薇　黄婉莹　杨　欣　欧羽婧　金雅怡　姜媛媛
刘庆华　葛文杰　黄　宁　江丽萍　朱春辉　祁　欣　何　珮　包　晨　刘沛阳
曾心怡　范　洁　吴怡荨　陈　婷　汪黎珺　徐　丹　丁妍乔　褚　扬　赵　佳
王　英　于　爽　张　睿　刘宴君　姜　岩　侯方舟　马　季　李俊雄　谢思超
阿迪力·肉孜　丁一蕾

145 金融学 65

陈　韬　曹东晓　李　辉　许白露　王雨竹　苏煜霖　李　欣　吴　圯　周　琳
翁　静　王　超　刘　慧　邵　茜　朱军美　赵　蕾　周　琴　花　遥　郑天楠
张　梦　黄鹭涵　俞冰洁　金梦真　张　敏　朱婧瑜　徐唯一　顾梦钰　顾荣慧
张　英　冯　敏　茹克艳木·阿不都许克尔　陈　睿　余艳萍　吴梓芊　翁茂森
苏安妮　陈沄沄　陈洁涵　董楚凡　方　竹　初　瑕　郜也岚　王　睿　陶　桅
张欣音　郭文丹　凌芸芸　宋　莹　杨培婧　吴　巧　盛　典　项慧华　张小依
李芮芮　周　琳　王晶晶　孙诗瑶　徐钰蓉　朱伦禾　徐　冲　罗翊廷　张琬秋
石江伟　陈　力　许政威　魏　成

146 经济学 27

李林青　丁　琳　路昭婧　丁宁远　徐心可　李苏南　王宇嘉　朱雨婷　杨　萌
严梦蕊　王缪超　芮　宁　唐妤晨　姜灵灵　范孟华　阿依沙丽肯·朱玛　代晓靖
陈伟东　周万通　史飞平　翟若竣　张　恒　梁焕用　徐鑫纯　赵　源　王　巍
徐敏纳

147 电子商务 20

王雨嘉　吴亚楠　宋　璇　史文瑾　吴高燕　尚玉婷　李　昕　李　岱　程姝敏

张　黎　王　烨　杨　帆　沈　月　汤　婕　蔡德勇　霍宇航　陈通坤　齐　军
艾合麦提·阿纳耶提　滕　翔

148 物流管理 33
　　陆　晖　胡令伊　曹佳敏　周莉君　曾奕玲　蔡　晓　毕诗画　王斐斐　陈宗琴
　　普　韵　马延爽　刘陶陶　郑　敏　张　静　侯舒展　董　艳　何维珍　汤美薇
　　马宇桥　陈晓波　陈晓东　王　杰　吴　迪　李　涛　吾拉力汗·阿布都哈力木
　　张　羽　李嘉峰　黎颖然　王立宁　马　政　朱一平　张　钒　王贤一

149 金融工程 21
　　刘　欣　吕一帆　傅　雷　寇海洁　陈梦赟　王格格　董　杉　于　熳　张　嫄
　　邵晓钰　章晶晶　王泽轩　李泽晨　王逸飞　陆扬刚　俞树伟　曹　川　于雨成
　　陶　雨　唐维应　卢啟培

14Y 国际经济与贸易（英文）25
　　苏　婕　张　娜　刘阳珺璇　梁倩绚　张雅薇　朱梦琦　丁　凡　李　婧　陈　琪
　　唐天悦　黄庆玉　吉　白　沈　盈　贡怡敏　王颖明　任　妍　姚镔妍　邹雨婷
　　石　煜　姚　瑶　罗诗然　史泽宇　王　琴　梁　雪　陆　炜

电气工程学院

160 电气工程及其自动化 163
　　吴静沁　刘佳薇　马世然　樊安洁　谢　斐　严　画　徐　芳　戴泽宇　陈　偲
　　唐浩然　刘光程　舒万韬　丰　硕　黄仁志　孙海翔　王圣萱　陈　鹏　白金新
　　汤之宇　彭　旺　陆夕蒙　洪灏灏　宋　卉　陈　琼　张馨月　车松阳　唐　旋
　　向　茜　阚　敏　毕奇凤　冷静雯　丁　锐　李云倩　朱　妍　陈虹妃　左　威
　　文昆雷　何智强　李宝富　曹宇凡　许博弘　刘　赛　陈桓熠　徐俊涵　刘增稷
　　王　森　马一鹤　刘　钉　李瀚堂　李　晖　刘　念　陶前程　陈玉辰　李　元
　　崔　晗　梁安然　赵雨斐　汪格璇　魏晓婧　邵滨滨　许　珊　王天宜　高禹韵
　　仇文艺　杨　宽　白名章　宋秋晓　谢翱羽　陆　舆　华露根　文宏辉　董家鑫
　　吴　桐　瞿祎程　黎靖邦　谢　勇　李铭远　李科旭　游　帅　孙启锐　高康康
　　段向梅　胡耀尹　顾逸清　刘亚斐　王佩珩　卢　倩　祁晓婧　赵欣宇　刘　瑶
　　刘　玥　张韶文　赵志钰　袁世东　刘程才　刘宇航　茆　峰　王武森　石应隆
　　黄　洋　周力扬　张　磊　闫　涵　张李奇　余开亮　林天钧　刘鹏程　李明策
　　齐　济　徐仕程　朱天仪　潘　璐　莫倩筠　刘思雨　姚　瑶　钱　爽　詹惠瑜
　　崔文琪　朱安雯　张　元　顾代杰　朱明成　葛振宇　胡铭觐　宋　超　邹　维
　　赵　磊　姜子卿　张　庆　杨秉懿　周　舟　张秋实　张航通　段　然　李昊旻
　　赵康琦　刘佳宏　刘梦佳　林羽从　雷　云　陆徽旻　刘　颖　陈优优　李梦雅

王 玥　杨济如　曹 智　梁逸轩　何朝伟　张 翔　骆 骁　黄博然　陈富扬
鲁 杭　李易澄　宋 扬　冯 瑞　瞿仁杰　汪小丁　陈明轩　张雄义　尹宏源
姚 宇

外国语学院

171 英语 60
鲍方能　刘诗文　戴 薇　顾晓菲　张伊佳　姜佳薇　李芳悦　刘乐嘉　杨红霞
温 铭　邵韵芸　赵玉石　谢云霓　伍 青　许梦颖　张秋敏　冯 璠　何雨宣
王良才　章 堃　周 鑫　蔡 露　李梅清　莫跃艳　仇贝贝　顾 菁　文晓宇
李 瑶　赵启眉　姜雅雯　韩雨轩　刘凌霜　高慧洁　钱 津　吴 琴　史 阳
王 井　肖洪桃　赵苏怀　周传瑞　朱 珠　王晓丽　孙 毓　顾 蓉　李琳燕
李文佳　蒋爱家　崔 钰　王宇蓉　刘 萍　吴 晶　任珈萱　张金梦　陈鹏鲲
张秉钧　刘 爽　杨 雪　张家志　张英杰　王闻箫

172 日语 38
蔡思琴　王苏玉　陈菲菲　段 皓　付丽杰　何 森　黄 敏　吉媛媛　李婧怡
黄千玳　任丽娜　谈 闻　王 迪　何致缘　邢 晨　段雪芬　姚舒之　张月影
孙晓光　常若仪　戴梦琦　董梁梓　薛红叶　郭 雨　丁 妍　李维佳　李红村
李 楠　钱 程　冉慧宇　汪梦婕　王靖钰　吴艳秋　许梦迪　杨 曼　朱红霞
邱 骞　张 晨

化学化工学院

191 化学工程与工艺 34
薄雅楠　缪亚男　庆婷婷　黄海露　周紫楣　吴 迪　黄 莺　庄雪松　李 昊
赵思奇　何熠翀　温智理　林柏松　郭 辉　王华政　汪 洋　岳 磊　王子豪
王 婧　吕伊然　王 璐　杨红美　向 婷　王聘权　李泽浩　张天宇　杨海涌
叶康伟　李 贺　杨奉豪　肖 梁　李光乐　唐 俊　晁 涛

192 制药工程 15
曹 曼　李素倩　周 萌　董洪霜　隗乃书　王若柳　吕晓晨　李钟毓　狄彦坊
王 涛　谢 成　夏侯佐昌　郑雁伟　解歆宇　彭 浪

193 化学 17
白婧怡　周 舰　夏 琳　陈睿怡　王 倩　赵万隆　郑紫瑢　王诗贤　王中首
汪曙鑫　程 然　杨尊斌　王荣贵　王俊杰　谭鄂川　刘鹤轩　汪鹏飞

交通学院

210 交通工程(茅以升班) 19
李雪琪 吴姝悦 张 楠 汪宇轩 龙 漫 孙 嘉 邓 翎 王 方 白 洋
卢慕洁 洪 阳 李欣凯 程 阔 吕 方 张宇丰 华明壮 周思呑 陈 全
欧阳鹏瑛

210 道路桥梁与渡河工程(茅以升班) 20
陈菲儿 董夏鑫 陈怡林 徐 杰 辛 磊 姚泽恒 何 峰 郑 涛 郭智善
方黄磊 原 昊 陈 豪 宋开明 邓交龙 韩 峰 王 冲 徐文胜 陈 忠
姚琳怡 马 康

211 交通工程 79
顾 宇 褚浩伦 蒋旭雅 张冰炎 袁 文 刘 畅 田青云 高雨田 朱 迪
刘婕妤 詹嫣红 朱晓艳 曹馨雨 刘 娟 申玉琴 雷心悦 张诗乐 王 玥
林 旭 王思腾 瞿小然 屈靖耀 唐中凡 王心成 葛彦良 毛剑楠 郑逸飞
张 洵 刘迪一 李喆康 徐 韬 黄志超 徐冠豪 林云辉 戴翰星 吴昌伟
邢子健 沈 宇 史程祥 赵子微 黄励强 欧阳滢爽 张梦轩 杨媛媛 徐姝祺
王小毛 蔡韵雯 赵一馨 顾 宇 王鹃萍 邓 舫 王雯钰 顾 熠 覃悦涵
罗丹珩 曾祥炜 谭晨曦 徐雨葭 姚 铮 章一钒 王寅朴 范兴晔 杜则行健
储 源 孟 腾 朱 健 严罗权 汤凯博 苏俊杰 李国强 王 熙 朱 翊
沈 凌 曹 政 吴徐浩 原传杰 郑 思 张晨骁 王泽民

212 交通运输 25
刘子洋 保 玉 蒋常嘉 李虹姗 杜若芸 王北辰 王梦颖 杨宇辰 成 诚
张修远 郭紫莹 任俊丞 王旭东 代剑楠 欧胜滔 张爱佳 胡清华 梁 淇
黄文渔 任淞江 刘博宇 朱 科 狄亚飞 徐献勇 赵霄霖

213 测绘工程 24
曹一茹 马昱肖 张引玉 刘金雅 戴思飚 陆轶材 张泽旭 赵 庆 张 亮
李 渊 邓 豪 尹 鑫 谢金丞 乔立洋 刘 力 刘 琪 吴华鑫 伍 锦
严 梅 赵 蓉 田宇西 张瑞成 郭 佳 孟彦杰

214 港口航道与海岸工程 31
姜 宁 侯梦琳 唐 爽 肖 琳 王雅倩 陈宏燕 张 菊 余丹阳 刘逸洲
沈曙东 李彦威 卢宏泽 高健文 陈言涛 任齐智 赵瑞祥 柯 兴 肖 嵘
郑 鑫 徐董健 蔡兴奋 葛玉鹏 张东泽 陈坤保 夏怀谷 马 康 鄢拓涵

谢亚飞　林　坦　刘　硕　朱春良

215 地理信息系统 33
祁　星　朱志清　王嘉玲　潘雨诗　吴悄然　曾　馨　赵佳曼　徐小童　李睿潇
徐　盟　许湛尧　孟　欣　刘　万　温　浩　王修成　李建邺　费延林　赵积发
刘　鑫　郭建珠　刘　斌　周壮壮　白义军　吕　品　何劲舸　刘　钰　陈　攀
苏丹丹　徐启迪　陆哲民　戴欣宇　邢婧瑜　钟显泽

217 道路桥梁与渡河工程 74
潘薇薇　张超群　祁颖智　黄海燕　程会云　唐　烨　王　璐　陈晓悦　马丽莉
王美懿　赵丹阳　张　慧　刘　晗　李华欣　林怡婧　吴胤翔　牛　津　张成润
蒋永茂　钱春杰　陈昊若　万文恺　冯　岩　郑　经　何维棋　胡　宸　陈炜宇
季一羽　吕劲晖　何伟峰　汤赞成　崔戍秋　郝明超　高　航　张天成　贺　彧
左晨恺　夏　冬　陈启强　章天杰　梁晓龙　殷大泉　何　苗　陆晓琳　杜宇婷
张北阳　裴晓彤　石　颖　马静雯　孙　悦　丁佩佳　张福群　杜秋鑫　孙泳滔
徐　刚　唐志伟　谢冠宇　袁明昱　丁永富　罗逸珲　刘欣楠　江乃平　蔡英健
司马鑫　田　阎　张思恩　邓　欢　李华颖　张煜恒　胡少秋　袁小翔　章　伟
俞宏峰　梁绎龙

218 城市地下空间工程 27
郭洪文　魏煜坤　蔡　均　任偲骆　贺智江　张孟环　刘晨阳　练焱坚　付　豪
张彦琨　孙春雨　王呈呈　张化林　吴士璧　刘　睿　年　聪　崔初阳　潘楷阳
杨子安　靳　昕　孙彦晓　张嘉轩　田　伟　魏轩辰　曹　阳　廉耘灏　居诚毅

仪器科学与工程学院

220 测控技术与仪器 106
王　瑞　魏琪鹭　王　也　杨　燕　李欣怡　王佳欣　陈　馨　毕晓丹　戚思雨
许奇梦　张庆昊　赵　毅　范文天　刘东奇　霍耀璞　李佳林　张安康　刘显源
王启明　陈　阳　李永彬　韦赞仁　柯俊臣　赵锡昌　叶　敏　马超逸　闫泽宇
王　充　杨　凯　王毅超　刘艺璇　王东岩　张峻锋　颜久洋　何婉怡　张淑慧
黄雯蒂　赵丹妮　罗　茜　张　琦　朱雨婷　鲍小雨　李　敬　季宇菲　沈含俊
罗　颖　张　桐　戎念慈　石彦飞　王　铄　方良骥　吴　帅　倪鸿仪　杨　丁
李小龙　任　胜　石　珂　杨　强　徐玉帅　丁晟崧　宁一伟　庞海生　蒋先欢
朱泽宇　宋　柯　支康仪　王　昕　周宏哲　刘经纬　冯瑞青　郭莹坤　王笑菲
张梦尧　张　璇　邓　帅　刘　鹏　孙　哲　谢雨婷　姚晨雨　冷明鑫　全轶先
王　璞　庄杰峰　袁昌旺　闫　晰　吴永武　姚　敏　方　阳　叶文健　朱彦嘉
黄华林　王　磊　邵　闯　杨补园　刘英杰　纪　旭　王开恺　吴之桐　胡添阳

万杭州　赵星然　王可君　王　安　罗　优　李　阳　林理国

艺术学院

240 工业（艺术）设计 50

于　澍　聂梦菱　孙丹丹　黄　洁　孙艺玮　周　凝　朱陈艳　谈丽娜　蒋雪霏
袁　盈　朱乐文　张亚茜　高亚茹　高思妤　薛丹丹　李慧慧　杨莉媛　陆志丽
纪宁珏　董莹莹　赵　鑫　郑颖宏　张　蕾　王珺珂　卢　怡　林双喆　朱碧莹
陈巧玲　裴彩云　王梓清　武晏好　寇　铭　黄敏婕　王　妍　廖芳艺　张雅怡
安慧森　何　霂　沈文俊　陈靖陶　张浩田　戴　炜　王少文　马　凯　杨超搏
李　春　葛志尧　汤一飞　贺学海　梁　军

241 美术学 14

陈朝阳　吴庆烨　柳　菁　张杨格　欧妍曼　沈仪文　钱雨婕　达奕遥　黄月娥
章雅玛　甄庆熙　唐　宗　葛　臣　薛冠华

242 动画 20

严　清　童　迪　何婷婷　彭雪妹　宿海伦　陈博文　李兴建　刘　舵　赵玉刚
赵旭更　魏　军　刘芯驿　孙新云　叶子豪　陈熊振　胡文亚　徐学远　陈剑山
张元未　何方舟

法学院

250 法学 66

陈明希　郭小柳　韩梦雅　黄子炎　刘剑英　陆　烨　马薄乔　王春七　王书愉
王颖灵　吴月月　徐晔臻　于佳鑫　袁　因　张凤勤　张思嘉　周衡安　朱海伦
黄思羽　罗　昕　廖蔓菱　索朗德吉　热孜宛古丽·铁木尔　郝亚赛　李　萌　李钟南
刘康乐　马路遥　唐佳俊　张　桐　周定缘　艾散卡日·阿布都休库尔　常　涵
成知博　都清兰　杜佳羽　方　佳　郭　戈　郝维肖　鲁欣麟　王琛　魏婧婷
徐　潇　俞梦丹　张诗敏　张诗语　赵文华　周芸慧　杨雯媛　格桑卓玛　仁青拉泽
麦尔哈巴·塔依尔　鲍齐康　戴中传　党易琛　董亚男　何泓学　姜洋凯　袁清明
杨德林　洛桑坚参　吕文谦　毕君晟　韩孜娟　帕提麦木·喀地热　蔡蓁蓁

学习科学研究中心

261 科学教育 13

马利娜　庞谦竺　徐欣蕾　戴淑雯　陈佳慧　权梦娅　张　猛　庞日东　李超龙
李　琪　王伟涛　李　智　赵临川

无锡分校

042 信息工程 32
黄思琪　陶　李　薛　霏　王佳宁　陈　阳　范文佳　陈　颖　袁　靓　宋文婷
王杰杰　许云珊　仲　冰　钱颖秋　陈毅云　裴　璐　何璐雅　徐帮元　刘　威
吴　昊　林新雨　徐子腾　徐子超　于　彦　孙一博　王伟平　李　享　张国栋
秦顾正　毕志成　王蕴洲　倪　婷　吕　宁

062 电子科学与技术 27
孙　妮　吴　纯　陈逾璋　史韫杨　俞　苗　熊雨薇　陈伟康　朱嘉儒　陈　滔
张　可　杨　鸣　徐焕文　王皓然　陈正廉　侯冠男　包天罡　于戍岭　曹林浩
杨　帆　严　龙　王　沁　黄　炎　邱正泽　吴晓锋　刘大尧　刘诗哲　吴　浩

公共卫生学院

421 预防医学 37
蔡　烨　高苏蒙　马婷婷　许思易　王格格　常新蕾　邵一珺　嘎吉央宗　加永曲措
木也赛尔·买买提　伊科拉木·霍加阿卜杜拉　许　锴　洪　翔　张　喆　樊俊扬
朱俊超　庄　敏　马　月　嵇　昱　陆怡霏　秦　存　吴　琼　王雪菲　李甘云
加德拉·阿斯别克　阿迪力·图尔苏　杨　圣　郑　祎　朱清扬　张　航　陈介法
巴桑卓嘎　阿衣奴尔·牙合甫　普琼次仁　晋美曲珍　邹依地　连大帅

422 劳动与社会保障 37
丁慧琳　夏煜桐　阚　悦　马沁如　殷春然　殷梦婷　刘　爽　方能圆　白　雪
张耀匀　张恬静　帕孜丽娅·阿布里克木　赵　健　傅　晨　李骏逸　卡米力·热合曼
付　好　谢　意　廖小娴　刘　扬　何虹谕　胡　轲　王　艺　沙里玛·巴合提开勒德
罗　珊　次仁卓嘎　曲　珍　王照光　魏　超　黄定庆　陆维琦　梁俊杰　童　辉
洛桑旦增　迪达尔·加尔很　杜春江　李　珊

医学院

411 生物工程 21
崔　菁　宋　晨　薄　莹　李文洁　聂　唱　李婵娟　刘胜楠　成　瑶　张文慧
陆文心　崔静谊　叶亚威　林祝丞　李　超　刘　谨　程达瑞　樊　飞　曹先贺
高　瑜　赵　涛　曹　莉

431 临床医学 61

祝 青　王 怡　顾 莹　闵诗惠　索朗旺姆　樊丹丹　顾 敏　周奕杉　张昕恬
周晓宇　潘贤慧　宋 慧　韦月灵　景 丹　木丽迪尔·木哈买提　王 慧　姚 月
西绕玉珍　马常欢　龙向桢　旺 久　张伟韬　孙乐家　魏 阳　阿力木·艾海提
周 卉　王梦溪　卢学峰　邱 泽　胡瑞玮　芦琛琛　谢佳敏　廖 丹　郭芮吉
李 颖　马晓燕　马伊丹　玛依努尔·吾买尔　刘 颖　肖 婷　谈 香　唐庆华
阿曼妮萨·图尔迪麦麦提　马 骏　未 明　艾尼·艾尔肯　仁青旺堆　索朗多吉
保靖夫　宋睿泽　王兆沛　刘 旭　李 赟　艾山江·木合塔尔　胡尔西丹·吐尔地
扎西园登　江多斯·帕依孜吾拉　梁 赛　柏傅天　刘正乾　黄飞扬

432 临床医学（本硕连读）103

许心怡　焦 娇　吴 航　许 露　尤 鑫　郭 丹　胡 君　周佳莹　鲍晓玲
刘 畅　祝如愿　刘玉秋　王晓月　刘向阳　刘晶华　蒋 颖　盛安康　张 坡
高尔德　史经伟　谈 畅　孙 思　黄金健　孙佳锐　刁亦非　谢 健　曹 玲
陈美丽　林 欣　姚 羽　张 玉　钱秋萍　杨 洁　刘雪婷　朱月琳　尹 清
黄银银　柴圆圆　李泽敏　沈颖甜　李 甲　黄季晨　乔 木　王晨飞　徐 涛
陈 洲　牛雪龙　云天纬　龚文斌　杨文戈　宋佳磊　余 航　金 雯　秦雨晗
姜 茜　汤丽丽　封逍遥　冒晨昱　李逸凡　谭园园　汪沐源　林红艳　柏文华
杨 娇　舟雪梅　马常乐　缪铭鸣　施 勇　姚健翔　庞新岗　景启明　鲁攀攀
禹沛然　马浩鑫　徐孝新　黄亭亭　顾雨铖　赵福英　殷婷婷　储 霞　解彤彤
邵 雯　倪 媛　胡阳波　曹格银　赵雨虹　桂玉琪　朱霖泽惠　杨鸿盛　韩丽飞
左 朦　张丹晖　杨 腾　张永强　徐 赫　付 凯　王 轩　方 江　刘钜川
余晨曦　段晓宇　亓一鸣　喻 傲

433 医学影像学 26

张 弘　王思思　李海茹　刘笑莹　朱华琛　江 侃　杨 梦　王 倩　马源源
朱 咪　宫 悦　孙婧文　李 倩　闵淑丹　陈雅筝　管文婷　徐晓璇　洪 玲
朱宇慧　雷 毅　史飞飞　王 建　王 志　潘 琰　王梦宸　王永春

434 医学检验 19

沈 洲　韩曼曼　倪凌伊　王宇琦　韦逸婷　桑秋霞　王 璐　唐 娟　李 尧
杭 鸣　陈子尧　蒙羿丞　徐鸿波　王海瑞　沈 刚　陈陆琦　游汶鑫　朱 鹏
刘 伟

435 护理学 18

朱笑笑　周兰兰　许 月　张甜甜　索佩珩　李鹏程　杨 霞　周士琦　翟 玉
阿旺白玛央宗　格桑德吉　白玛曲尼　姑再丽努尔·麦麦提明　古丽齐曼·图尔荪
殷秋逸　阿米娜木·托合提　阿孜古丽·萨吾提　次仁央拉

吴健雄学院

613 测控技术与仪器 1
  周嘉伟

613 道路桥梁与渡河工程 2
  钱逸飞 杨 湛

613 电气工程及其自动化 3
  骆一扬 邵建南 邰 伟

613 电子科学与技术 1
  赵煜健

613 交通工程 2
  王欣如 杨 鸣

613 土木工程 6
  牛 畅 沈 圣 薛弘毅 杨振宇 李爱通 唐定飘

613 信息工程 11
  白 岚 戴 颖 周于浩 虞正平 宋 昌 彭义炜 陆书恒 徐宇辉 庄浩宇 陶 浏 许楚尧

613 自动化 1
  王凯旋

2016年"基于教师科研的SRTP项目"立项结果一览表

序号	项目编号	项目名称	学生姓名（学号）	项目成员	指导教师	所属学院
1	T16012008	基于使用强度调研分析的城市绿道用地效率定量研究——以南京为例	吴韵（01513114）	胡樱（01513126） 高寒玉（01513124） 容梓昊（01513121） 戴文嘉（01514124）	周聪惠	建筑学院
2	T16012009	乡土工业建筑建造模式的地域差异研究——以中国霍夫曼窑为例	杨一鸣（01113415）	庞月婷（01113412） 程俊杰（01113324） 邱丰（01113321） 曾兰淳（01113507）	李海清	建筑学院
3	T16012010	南京市主城区规划设计产业合作网络的结构分析与改进研究	李伊格（01213209）	谢华华（01214113） 刘昱杉（01214102） 韩心悦（01213202） 叶佳歆（01214212）	易鑫	建筑学院
4	T16012012	基于大数据分析的南京城市空间与业态布局特征研究	伍芳羽（01213210）	叶晟之（01213220） 彭思伟（01213120） 陈一川（01213114） 吴江源（01113417）	杨俊宴	建筑学院
5	T16012013	民国钢筋混凝土建筑遗产的建构特征及残损病害研究	陆玮佳（01912108）	沈略（01112321） 马力凌（01113418） 吴和根（01113421） 潘昌伟（01214115）	淳庆	建筑学院
6	T16012016	小空间及集成家居的整体设计和建造研究	张雅楠（01113303）	冯文心（01113313） 张彧恒（01113314） 王曦（01113501） 王宇轩（01113120）	王海宁	建筑学院
7	T16012019	结构建筑一体化设计方法研究	张亚（01113416）	张关立（05114115） 茆羽（01113216） 钱润东（01113223） 孙铭阳（01114329）	张弦	建筑学院
8	T16012022	中国零能耗办公建筑技术路线图研究	章杰（01113122）	王琳昕（01113203） 戴金贝（01113301） 符兢颖（03113617） 范芳苏（03113607）	石邢	建筑学院
9	T16022002	多车交互下的车辆横向稳定性控制	王希（02013607）	蒋嘉辉（02014403） 沈航（02013636） 夏雪（16014629） 蒋天赐（02014414）	殷国栋	机械工程学院

(续 表)

序号	项目编号	项目名称	学生姓名（学号）	项目成员	指导教师	所属学院
10	T16022003	低成本微纳米粒子惯性浓缩器件的开发及应用研究	蒋丰韬（02014528）	张 欢（02014325） 任凯炳（02014422） 汪 其（02014423）	项 楠	机械工程学院
11	T16022006	振动传输系统辅用SCARA机械手研制	李 洋（02013417）	王晓蓉（02013403） 张 琪（02013416） 孙承栋（02013431）	陈 芳	机械工程学院
12	T16022007	伺服式多工位转台研制	蔡新雨（02013316）	王亚明（02013317） 傅方舟（02013107） 杨文聪（02013109） 王子豪（02013110）	韩 良	机械工程学院
13	T16032001	碳纤维复合催化剂的制备及应用研究	毛瑞鑫（03213739）	刘 洋（03213740） 徐玉叶（03214719）	宋 敏	能源与环境学院
14	T16032002	多阳极微生物燃料电池的构建与阴极同步硝化反硝化研究	崔馨予（03213713）	张业蕾（03213714） 朱心剑（03213734） 李瑞鑫（03214728）	朱光灿	能源与环境学院
15	T16032005	一种复合热源热泵集热/蒸发器的建模与模拟分析	徐新懿（03113622）	时皓轩（71113218） 张诗月（22013401） 江子欣（03014103）	李舒宏	能源与环境学院
16	T16032006	分形树强化固液相变传热的实验研究	徐依钒（03A13208）	郑伟佳（03013414） 梅紫薇（03013209） 单明森（03313510） 刘鑫雅（03013203）	张程宾	能源与环境学院
17	T16032007	润滑油含气特性自动测量与分析系统的研发	胡启龙（03013227）	赵圆圆（03013205） 王凯丽（03013207）	郭 瑞	能源与环境学院
18	T16032012	雾化蒸发液滴彩虹测量技术研究	李 晗（03014306）	陈书榆（03014201）	许传龙	能源与环境学院
19	T16042002	智能无线肌电信号精确采集系统	谢 天（04013546）	袁 原（04013516） 乔 煜（04013541） 赵 春（09013138） 叶金坪（14913104）	王志功	信息科学与工程学院
20	T16042003	氮化镓工艺器件等效电路模型研究	王瀚升（04014346）	王润东（04014543） 张明辉（04014643） 何伟梁（04014316）	朱 恩 黄风义	信息科学与工程学院
21	T16042004	高速MIMO可见光通信传输技术	孔令恺（04013441）	曹聪聪（04013419） 李孟超（04014415） 张思源（04014420）	吴 亮	信息科学与工程学院
22	T16042008	基于Android的无线控制多位点刺激电极系统	郑 锐（04014532）	张 立（04014502） 耿浩轩（04014535）	黎 飞	信息科学与工程学院
23	T16042012	面向水声通信的MIMO-OFDM仿真平台搭建研究	曹冰昊（04014645）	王赵迪（04013133） 任忻炜（04213727） 姜瑛璐（04014607） 杨 睿（04014151）	李春国	信息科学与工程学院

(续 表)

序号	项目编号	项目名称	学生姓名（学号）	项目成员	指导教师	所属学院
24	T16052002	既有结构卸载加固用菱形支撑的杆件优化和装配方法研究	杨昀（05113302）	陈金波（05113504）倪佳歆（05113309）	朱虹	土木工程学院
25	T16052012	基于PPP模式的电动汽车充电基础设施运营管理与车辆智能调度研究	王艳青（05213201）	张磊（05213222）江畅（05214102）张佶（05215127）徐雨晴（05214203）	袁竞峰	土木工程学院
26	T16052015	水处理中高效低毒可循环新型纳米 XFe_2O_4（$X=Fe$, Co, Mn）催化剂研制及应用	崔世博（05513101）	钟毅杰（05514101）张昊辰（05514131）陈佳枫（05514111）	谈超群	土木工程学院
27	T16052017	UV消毒工艺在饮用水深度处理中潜能开发研究	曲黎莎（05513110）	蹇薪持（05514110）何雪峰（05514109）王一江（05514108）	谈超群	土木工程学院
28	T16052020	冷弯薄壁型钢仓储货架结构隔减震支座力学性能研究	张磊（05A13212）	罗保宏（05113219）吴梧鸿（05113216）熊小兵（05113218）	尹凌峰	土木工程学院
29	T16052024	砂土中微生物封堵机理研究	沈君乾（05114215）	黄少琦（21714106）钱李希（21714212）鲁泰山（21814114）王向阳（43413126）	邓温妮	土木工程学院
30	T16052025	嵌岩桩基岩地质特征精细化描述与模拟	冯枫（05114224）	黄钺（05114227）郑凯（05114212）叶涛（05214217）余金城（05214216）	张琦	土木工程学院
31	T16052027	基于直接强度法的冷弯薄壁多卷边立柱PMM承载力研究	吴为强（05114330）	陈琦（05114121）肖韩杰（05114319）茅纬城（05114116）	尹凌峰	土木工程学院
32	T16062002	二维材料量子点制备及物性研究	汪栋（06A14233）	徐希庆（04014335）郭鹏鹏（06A14324）	徐峰	电子科学与工程学院
33	T16062003	黑磷烯锂（钠）离子电池微观机制的原位透射电镜研究	许佳（06A13202）	艾鹭（06113108）董一德（06113114）曹远志（06013239）	徐峰	电子科学与工程学院
34	T16062005	支持快速充电的高性能多模式数字控制AC-DC电源	葛贤亮（06A14218）	厉俏单（06A14238）何楚唯（06A14137）冯子琛（06A14209）曹翊宸（06A14438）	徐申	电子科学与工程学院
35	T16062008	新型单原子层材料的制备和性质研究	刘康妮（06214606）	朱赛娟（06A14138）顾梦娜（06214602）何振耀（61014217）顾作飞（12014134）	万能	电子科学与工程学院
36	T16062010	基于石墨烯的水净化技术	金鼎鑫（06A14436）	李依凡（61014203）曹诚（06A14339）李林南（06A14437）马妍（06A14439）	万能	电子科学与工程学院

(续 表)

序号	项目编号	项目名称	学生姓名（学号）	项目成员	指导教师	所属学院
37	T16062013	医学影像的真三维显示技术	董纪莹(06A14537)	孙　凯(61314112) 黄启铭(16014226) 李明昊(61014223) 王梦琪(06A14139)	夏　军	电子科学与工程学院
38	T16062016	基于正交耦合器的MEMS在线式微波功率传感器	郭　钰(06013107)	李　帆(06013238) 龚云羿(06113126)	张志强	电子科学与工程学院
39	T16062018	虚拟现实全息显示技术	叶景植(06013231)	孙一然(10313102) 徐焱飞(06013332) 王慧清(06013209) 谢思源(06013123)	夏　军	电子科学与工程学院
40	T16072001	物联网环境下多智能体系统协调行为分析与控制	尹海安(07113111)	桂新平(07214105) 石砚舟(07113125) 矫文薇(07314101)	温广辉	数学系
41	T16072003	多智能体系统协同控制与优化	张　嫱(07214102)	洪　韬(07114107) 张　屹(07114108) 胡　慧(07314110) 刘　勇(07114114)	虞文武	数学系
42	T16072008	高频金融数据波动率的估计与实证研究	孙　丽(07313111)	熊文琴(07313110) 陈志强(07313129) 谢冠辰(14613129) 史云霞(07314106)	林金官	数学系
43	T16072010	非线性偏微分方程的渐近性质研究	汪建雄(07113124)	李　冬(07213117) 陈哲远(07113122)	李玉祥	数学系
44	T16082001	一种基于体感的室内服务机器人导航控制系统开发	单　硕(08014407)	黄文超(08014111) 汪越宇(08013141) 迟　骋(08013142)	周　波	自动化学院
45	T16082003	基于ROS的网络化交互式机器人系统与应用	易荷田(08014205)	王　辉(08014415) 李自强(08014324)	钱　堃	自动化学院
46	T16082007	基于远红外激光测距的多车道周界报警系统	张杉杉(08014206)	辛　宁(08014123) 邢永陈(08014124) 张　驰(02013131)	黄永明	自动化学院
47	T16082008	无线超声波传感器网络实验平台的设计与实现	邝　野(08014413)	李文健(08014414) 王琪善(08014325)	张　亚	自动化学院
48	T16082010	文本图像去模糊方法研究与应用	赵广涵(08013434)	张　鑫(08013437) 莫瑜夫(08013421) 胡　波(08013414) 赵　伟(08013435)	夏思宇	自动化学院
49	T16092002	基于SDN的无线Mesh网络组网技术研究	汤　豪(71Y13141)	姜　越(71Y14131) 江咏涵(71Y14107) 黄骋志(71Y14122)	张三峰	计算机科学与工程学院软件学院
50	T16092012	基于代码搜索的程序设计辅助系统	汪进成(71Y14134)	陈陌信(71114433) 詹　涵(71Y14112) 焦暄雅(71114103)	李必信	计算机科学与工程学院软件学院

(续 表)

序号	项目编号	项目名称	学生姓名（学号）	项目成员	指导教师	所属学院
51	T16092014	异构机会网络中的消息传播模型	陶冶(71Y14115)	王琦(71Y12109) 吴小宝(71Y14123) 徐犇(71Y14129)	吕建华	计算机科学与工程学院软件学院
52	T16092015	基于ODP的术语抽取与术语标注技术	王璐(71113404)	谢楠(71113406) 宁静珲(71Y13112)	张祥	计算机科学与工程学院软件学院
53	T16092017	实时全景视频拼接技术研究	袁元(09013404)	李娜(09013405) 白熠銮(09013419) 孙登玉(09013418) 胡慧婷(09013309)	姚莉	计算机科学与工程学院软件学院
54	T16092018	具有常识推理能力的机器人研究	王雪羽(71Y13102)	金睿(71Y13101) 吴雅琴(71Y13104) 张霓(71Y13107) 李鹏云(61314103)	张志政	计算机科学与工程学院软件学院
55	T16092019	基于社交数据的实体链接技术的研究	严晟嘉(09013119)	许亮(09013414) 朴智新(09013125) 王瑞明(09013112) 段尚甫(09013142)	漆桂林	计算机科学与工程学院软件学院
56	T16092020	文本中自然语言特征的抽取和匹配	陈惠(71113402)	高奕丽(71113439) 韩冰冰(71113409) 多美璇(71113407)	李慧颖	计算机科学与工程学院软件学院
57	T16102005	偏振不依赖的分束比可调谐的光学分束器的实验实现和应用	李奕燃(10213102)	张云娇(10213101) 杨然(10014110)	龚彦晓	物理系
58	T16102007	高质量有机钙钛矿薄膜的制备与太阳能电池性能研究	陶勉(10113121)	司天明(10313112) 陈炜(10113115) 张柯里(10213116)	徐庆宇	物理系
59	T16102008	磁场诱导下一维Co纳米结构的自组装和结构可控	侯睿(10114117)	杨振宇(10114118) 吴艺蕾(10114108) 孙慧敏(10114105)	翟亚	物理系
60	T16112001	基于SERS的一氧化氮检测技术研究	盛蕾益(11114109)	莫欣欣(11114110) 胡慧怡(11114105) 王宇涵(11313110)	董健	生物科学与医学工程学院
61	T16112003	T7噬菌体感染宿主及繁殖能力的研究	赵辛尧(11213219)	王皓(11313115) 王军(11213212)	周昕	生物科学与医学工程学院
62	T16112004	植物乳杆菌荚膜多糖的提取、结构鉴定及其在抗癌中的应用	杨航(11A14121)	田培龙(11214226) 吕柔靖(11114170) 唐誉文(11114101)	林凤鸣	生物科学与医学工程学院
63	T16112009	表面固定多肽生物活性研究	周乐(11213220)	胡雪琪(11213222) 陈雨薇(11113128) 冯丹妮(11114108) 张弛(11214205)	韩晓锋	生物科学与医学工程学院
64	T16112012	基于昆虫鳞翅仿生抗黏附结构观察及制备	孙灵钰(11213120)	邹旻含(11213119) 程薇(11214113)	赵远锦	生物科学与医学工程学院

(续　表)

序号	项目编号	项目名称	学生姓名（学号）	项目成员	指导教师	所属学院
65	T16122004	微生物固碳矿化制备钢渣砖研究	马锦雅（12014203）	古震琦（12014204） 吴利民（12014229） 王佳扬（12014210）	王瑞兴	材料科学与工程学院
66	T16122005	柔性衬底透明导电薄膜的研究与制备	杨紫嫣（12013308）	朱传瑞（12013329） 邹思茗（12013401） 全琪炜（12013313）	张旭海	材料科学与工程学院
67	T16132006	中华传统美德应用研究	王钰（13213112）	孟凌宇（21114133） 卢静雯（13213111）	许建良	人文学院
68	T16142003	市场交易机制对市场波动性影响的经验研究——以新三板为例	王蓓蓓（14513207）	蔡逸清（14513204） 沈嘉琪（07113107） 谭远琴（07213106）	汪敏达	经济管理学院
69	T16142004	基于储蓄者网络的银行业系统性风险研究	利嘉恒（14913114）	陈思蔚（14913105） 沈佳妮（07113105） 王艺炜（04013539）	李守伟	经济管理学院
70	T16142009	物联网环境下的产品全生命周期质量状态评估和建模	张晓伟（14813125）	王怡（14413212） 段思毅（07313120） 任逸哲（05113201） 陈爽（14814114）	李四杰	经济管理学院
71	T16162001	基于风电场为电源的黑启动方法研究与装置开发	田鲁琦（16013103）	史文博（16013102） 杨淏翔（16013126） 张超明（16013133） 李俊杰（16013214）	汤奕	电气工程学院
72	T16162003	基于GPU加速的大型稀疏方程组的QR因子化分解算法	邹风华（16014106）	李一鸣（16014207） 琚天鹏（16014505） 郝韶航（16014506）	周赣	电气工程学院
73	T16162005	变电站仪器仪表机器人巡检技术研究	吕家乐（16013117）	任佳婧（16013105） 史豪（16013110） 王宇辰（16013109） 杨权（16013119）	高丙团	电气工程学院
74	T16162009	基于行业用电特性深度挖掘的用户报装容量饱和度分析	王颖（16013104）	程天石（16013515） 胡杰（16013524） 陶秋岑（16013507） 徐璐（16013303）	王蓓蓓	电气工程学院
75	T16162012	高效节能中央空调风机电机集成智能控制器	顾晨骁（16013616）	高怡静（16013605） 黎蕙（16013606） 刘家豪（16013514） 张哲宇（16013612）	林明耀	电气工程学院
76	T16192003	高效环保型水处理剂聚环氧琥珀酸类共聚物的合成及性能研究	潘洁（19314103）	梁爽（19113110） 韩策（19314108） 赵亚泉（19313107）	周钰明	化学化工学院
77	T16192006	基于铁蛋白解离与重组构建具有生物活性的超分子自组装体系及其功能	房地（19314116）	李先河（19114216） 潘佳正（19114211）	姜勇	化学化工学院

(续　表)

序号	项目编号	项目名称	学生姓名（学号）	项目成员	指导教师	所属学院
78	T16192009	生物模板法制备形貌可控的LDHs及其在丙烷脱氢催化剂中的应用	王　文(19314117)	李　鑫(19314106) 焦健敏(19314111)	张一卫	化学化工学院
79	T16192013	微纳米金属-有机框架材料的研制	谢歆雯(19113101)	项　停(19113170) 乔俊杰(19313111)	陈金喜	化学化工学院
80	T16192021	多孔氧化铝气凝胶的孔径可控调节研究	郭铭涵(19113201)	王亚妹(19113107) 袁　慧(19113208)	任丽丽	化学化工学院
81	T16192022	苯乙烯催化环氧化制环氧苯乙烷的催化剂的研究	陈　勇(19113111)	母志为(19113115) 何　跃(19113209)	黄　凯	化学化工学院
82	T16192024	基于半导体晶面特性Z型光催化剂的设计合成与催化性能研究	李宛桐(19114109)	印　航(61014310)	李乃旭	化学化工学院
83	T16192025	磁性纳米破乳剂的设计合成及乳状原油破乳的新方法、新技术	李婧祎(19114102)	李美娟(19114203)	周建成	化学化工学院
84	T16211001	沥青路面再生环境影响计算研究	荆迪菲(21713212)	荆迪菲(21713212) 吴其乐(21713202) 卢　尧(21713201)	于　斌	交通学院
85	T16212003	一种适用于重金属及有机物复合污染土的新型绿色固化剂优化试验研究	陆　阳(21813131)	徐亚峰(21813107) 梁孝东(21813120) 李　凯(21814109) 吴咪艺(21713114)	杜延军	交通学院
86	T16212004	土工合成材料对于土体不均匀沉降下高密度聚乙烯(HDPE)埋地管道变形破坏防护的模型试验研究	姚潇宇(21813122)	肖　恒(21813133) 蔡维维(21813137) 王成英杰(21813103) 李玉发(21713104)	杜延军	交通学院
87	T16212005	基于卫星定位数据的城市公交车辆运行状态评价系统	吴坤润(21114235)	裴亚丽(21114211) 汪晓寒(21114213) 邱嘉妍(21114219) 阎自章(21114230)	张　健	交通学院
88	T16212007	基于X-ray CT和图像处理技术的沥青混合料骨架结构评价	史林煊(21013208)	郭玉亮(21713204) 林子豪(21013209) 陈奕辛(21013210) 马柏杨(21014214)	杨　军	交通学院
89	T16212008	基于智能手机传感技术的行人数据采集、监测和分析	赵鑫玮(21013103)	吴丽霞(21013104) 陆加健(21013113) 吴运腾(21013115) 王琦璇(09013310)	叶智锐	交通学院
90	T16212009	北斗卫星导航定位系统单点定位精度测试与分析	赵　刚(21314110)	叶承赟(21514114) 黄进星(21314106) 孙璞玉(21314108) 王志伟(05114205)	高成发	交通学院

(续 表)

序号	项目编号	项目名称	学生姓名（学号）	项目成员	指导教师	所属学院
91	T16212010	电离层延迟改正模型研究	董利银（21314116）	徐召鹏（03014317） 杨尚东（21314104） 刘永胜（21314107）	胡伍生	交通学院
92	T16212011	碳化对水泥固化/稳定化污染土重金属化学稳定性的影响规律与机理	苏鑫杰（21814138）	吴 桐（21814135） 高 旭（21814139） 陈若愚（21814137）	章定文	交通学院
93	T16212012	基于绿色交通理念的城市公交站点优化	王心怡（21013107）	李雯婷（21013106） 姚东成（21013114） 陈奕辛（21013210） 林子豪（21013209）	叶智锐	交通学院
94	T16212020	基于智能视觉监测的城市交通拥堵判别方法研究	钟敏儿（21213106）	任 萍（21214113） 邓峰杰（04014343） 任 杰（04014647） 武芝敏（04214737）	杭 文	交通学院
95	T16212021	基于车辆行驶安全特性的路面类型决策	覃忠余（21714140）	任隽丰（21014205） 汪 锐（21014215） 姜嘉玲（21014203） 朱雅婧（21014202）	黄晓明	交通学院
96	T16212026	长江中下游整治建筑物健康状况调查与评判	赵玉博（21413111）	宋 宸（21413133） 马恒益（21113117） 孟萍萍（21414103） 范 成（21414123）	陈一梅	交通学院
97	T16212028	城市道路排水机理研究	周逸松（21013205）	张含宇（21713215） 卢桂林（21013217） 夏 悦（21714118）	耿艳芬	交通学院
98	T16212033	含相变微胶囊隧道混凝土传热及力学特性试验研究	胡浩辰（21014219）	李树伟（21014206） 董 理（21014218） 孟 嘉（21814132） 谷业含（12014212）	张国柱	交通学院
99	T16212039	城市道路网络结构的交通安全评价	张婧钰（21114111）	周亚倩（21114201） 张霁扬（21114234） 段超睿（21114227） 缪雨桐（04014126）	徐铖铖	交通学院
100	T16212041	城市路段快速公交（BRT）与常规公交专用道设置的阈值条件分析	杨名远（21014115）	戴昀琦（61314102） 罗小康（21014110） 王 楠（21014102） 姜晓辉（21014118）	陈 峻	交通学院
101	T16212043	现代有轨电车干线优先组织方式研究	刘珊珊（21113216）	郑永涛（21014120） 全民圣（21014116） 郑姝婕（21014103） 傅宇（21014119）	过秀成	交通学院

(续 表)

序号	项目编号	项目名称	学生姓名（学号）	项目成员	指导教师	所属学院
102	T16222002	基于PC及嵌入式的光电望远镜误差特性仿真与评估系统设计	邓 睿（22013319）	左 潇（22013322） 周 祺（22013323） 陈 宬（22013328） 王梓安（22013312）	王立辉	仪器科学与工程学院
103	T16222010	基于Zigbee的多轮速同步采集装置研究	管 闯（22013115）	任世萍（22013103） 桂 灏（22013123） 蒋凯文（22013127） 刘飞龙（22013227）	李 旭	仪器科学与工程学院
104	T16222011	基于机器视觉的四旋翼飞行器自主导航循迹系统	陈自祁（22013317）	郭文科（22013431） 秦 阳（22013430） 侯 夷（22013318） 邢璟楠（22013413）	夏敦柱	仪器科学与工程学院
105	T16222014	基于机器视觉的人体动作识别	张仕超（22013427）	刘昌鑫（08013315） 郭文科（22013431） 肖贻杰（61014119）	莫凌飞	仪器科学与工程学院
106	T16242001	中国古代艺术类古籍手跋整理与研究	张 真（24113101）	陈阿曼（24113107） 王梦瑶（24114103）	郭建平	艺术学院
107	T16252001	工程建设领域职务犯罪预防制度体系研究	谢京桐（25014119）	徐文倩（25013219） 陈 璟（25014103） 勾健颖（25014106） 李佳澄（05114528）	李 川	法学院
108	T16252003	生命权视角下警察使用武器的法律规制研究	丁金钰（25014225）	马浩轩（25014228） 杜 震（25014126） 罗时雨（25014114） 李 默（25013110）	张雪莲	法学院
109	T16412003	基于M13噬菌体筛选的定量检测CEA方法	周芯夷（43113212）	窦萌萌（43113101） 金心韫（43113103）	周 昕	医学院
110	T16412005	mir-235调控氧化石墨烯在秀丽线虫体内的转运及毒性的分子机制	王 迪（41113115）	钱 金（41113114） 朱丹菲（41114110） 张诗鑫（41114109） 赵 访（41113104）	武秋立	医学院
111	T16412008	let-7调控模式动物固有免疫分子机制研究	李雪莹（41113107）	万晗晓（43414101） 符 为（41113108）	王大勇	医学院
112	T16412010	双模态分子探针UCNPs@Fe_3O_4-CD133的制备及靶向联合诊断胰腺癌的实验研究	施 雯（43814116）	刘 畅（43113304）	安艳丽	医学院
113	T16412017	计算机认知功能训练治疗难治性抑郁症	张 娜（43213115）	周安琪（43213113） 王思琪（43213118）	刘加成	医学院
114	T16412022	多功能金纳米棒的制备及其对胶质瘤放射增敏效应的实验研究	雷思雨（43813113）	袁本银（43813102） 贡颖颖（43213407）	唐秋莎	医学院

(续表)

序号	项目编号	项目名称	学生姓名（学号）	项目成员	指导教师	所属学院
115	T16412024	特异靶向精原细胞的新型病毒运载工具	王艺锦(43213405)	王娅敏(43512101) 曹无忧(43813104) 黄思佳(43813120) 李 聪(43213431)	赵 晟	医学院
116	T16412025	原位实时荧光核酸扩增平台开发	孙仲煦(43213423)	郝 彤(43213519) 李 景(43113320) 许邵莹(43213404) 祖 娟(43213416)	赵 晟	医学院
117	T16412028	大气污染物中细颗粒物对豚鼠中枢致敏机制的研究	柴森林(43113319)	曹 旭(43213201) 王 禾(43213203) 于 谦(43313127) 田 浩(41114123)	董 榕	医学院
118	T16412029	TRPM2介导的氧化应激在豚鼠中枢致敏中的作用机制研究	季振军(43213229)	靳 浩(43213230) 王 振(43213225)	董 榕	医学院
119	T16422001	鱼油和亚麻籽油对2型糖尿病合并血脂异常人群糖脂代谢的影响	余 卓(42113213)	平 易(42114108) 袁德富(42114224) 金 玮(42114207) 龚煜范(42114114)	孙桂菊	公共卫生学院
120	T16422002	lncRNA在纳米镍致大鼠睾丸生殖细胞凋亡	朱佳倩(42113201)	任 怡(42113207) 李嫣菲(42113214) 胡道勤(42113103) 陆 璇(42114109)	孔 璐	公共卫生学院
121	T16422003	水生蔬菜吸附重金属相关的食品安全探究	潘尊明(42114203)	龚婧雯(42114206) 韩昶玉(42114220) 张俸境(42114223)	许 茜	公共卫生学院
122	T16422008	纳米银细胞毒性作用及机制研究	沈埝秋(42114122)	沈埝秋(42114122) 朱梦磊(42114123) 潘振宇(42114116)	薛玉英	公共卫生学院
123	T16422009	基于大学新生和中学健康教育实践基地的健康教育模式探索	汪业胜(42113219)	彭娜娜(42113202) 王心雨(42214201) 袁 帆(43214311) 周 蓉(43214309)	王 蓓	公共卫生学院
124	T16612007	微型机械蜻蜓传动系统研究	雷思杰(61314115)	陈 开(02013108) 周宇昕(61114118) 任昱宁(61313130)	沙 菁	吴健雄学院
125	T16612008	大功率电子器件均热板散热微槽布局算法设计与开发	王 瑞(61114116)	张栩辉(61114105)	幸 研	吴健雄学院
126	T16612009	基于金属纳米材料的芯片技术研究	杨 赟(61014215)	朱子锐(06A14214)	张晓阳	吴健雄学院
127	T16612010	东南大学教务微信平台的开发与建设	阎志恒(61014115)	王靖普(04014233) 陈 偲(04014106) 杨光辉(09014127) 袁心悦(06A14306)	赵 光	吴健雄学院

(续 表)

序号	项目编号	项目名称	学生姓名（学号）	项目成员	指导教师	所属学院
128	T16612013	脑电控制的无人驾驶电动汽车	周晨光(61114108)	杨宇峰(04014324) 陈明惠(02014407) 赵　恒(02014316) 张立然(02014226)	殷国栋	吴健雄学院
129	T16612015	基于多普勒雷达的非接触式生命体征探测	孙　榛(61314126)	万富达(61314127) 刘士博(61314111) 徐允昊(61314129) 徐茹宁(04014444)	王　捷	吴健雄学院
130	T16612016	大跨度索杆张力结构抗倒塌性能及模型试验研究	文君涵(61313105)	徐孝宇(61313110) 郭家梁(61313109) 李济东(05113431) 黄　菊(05214107)	陆金钰	吴健雄学院
131	T16612017	双重乳液的微流控制备及流型演化的实验研究	王　锴(03013016)	李　浩(03013017) 高　峥(03013012) 唐炜洁(03013005)	陈永平	吴健雄学院

2016年通过专业评估

城乡规划

2016年通过专业认证

计算机科学与技术
临床医学

2016年校级SRTP结题优秀项目一览表

序号	项目编号	项目名称	项目完成人	指导教师	验收结果	所属学院
1	15012008	南京古建筑外墙绿色植被调研及其对室内外环境的影响分析	01513126　胡　樱 01112206　丁思源 01112323　陈欣涛 01112325　冯海辉	金　星	优秀	建筑学院
2	14012018	城市游览线路动态景观分析——以南京游览公交线路为例	01212147　梁文朗 01112328　冷先强 01912106　张　立 01112327　林宗雄	高　源	优秀	建筑学院
3	16022026	江宁大学城公共自行车管理运营现状调查及其优化	02614108　袁　维 14614130　应鑫豪 14314115　薛梓茹 02614111　谢梁伟 02614131　沙　杰	杨俊宇	优秀	机械工程学院

(续 表)

序号	项目编号	项目名称	项目完成人		指导教师	验收结果	所属学院
4	15022026	微流控的加工方法	02013506 02013511 02013524	肖玮烨 汪　洋 张芸怡	倪中华	优秀	机械工程学院
5	15022034	(基于救援机器人的)新型可变形履带的设计与分析	16013507 02013325 02013236	陶秋岑 王凯迪 仇　索	王　亮	优秀	机械工程学院
6	15022043	基于人机工程的FSAE赛车车架设计与制造	03212709 02013114 14413208 02013202 05113101	陈舟凯 胡哲轩 王玉雪 吴远航 荆　鑫	齐建昌	优秀	机械工程学院
7	15022046	用于攀爬电力铁塔的机械结构	02012502 02012509 02012516	何　洋 邱浩哲 华海涛	钱瑞明	优秀	机械工程学院
8	15022048	全自动玻璃清洗器	04013516 02013617 02013620 02013628	袁　原 朱志豪 纪德杰 刘　洋	贾　方	优秀	机械工程学院
9	15022062	基于直线电机的新型感应自动门	02013416 02013421 02013409 02013433	张　琪 林　玮 何　旺 苏良威	何　旺	优秀	机械工程学院
10	15022037	FSAE赛车嘉陵600发动机ECU控制系统的研究	04012323 02013317 02A14435 02014108 61314109	彭光耀 王亚明 单　铭 罗俊文 刘天远	戴　敏	优秀	机械工程学院
11	15022008	基于层次分析(AHP)的城市用立体车库的设计及改进	02612103 02012526 02612113	吕　晨 蒋　琴 龚　轩	林晓通	优秀	机械工程学院
12	15022009	智能垃圾桶	06113108 02013220	艾　鹭 黄冬鸣	戴　敏	优秀	机械工程学院
13	16032017	碳纳米管束内部热量输运的分子动力学模拟	03113601 03113604 03113610	胡宇函 宋雅梅 尹　航	王建立	优秀	能源与环境学院
14	16032001	TiO_2-WO_3混合催化剂在紫外条件下的超声雾化有机污水净化系统	03014113 06A14233 04014335 06A15412	王建辉 汪　栋 徐希庆 徐　鹏	吕锡武	优秀	能源与环境学院
15	16032070	搭载红外成像可自主导航的六轴旋翼碟形飞行器	03013127 03013114 03013223 03013225	杨协和 唐海宇 谢丹阳 付辰丰	张雨飞	优秀	能源与环境学院

(续 表)

序号	项目编号	项目名称	项目完成人		指导教师	验收结果	所属学院
16	16032041	校园内横幅二次利用现状调查及可行性分析	03014305 03014304 03014303	李笑笑 萨仁图娅 徐诗越	孙丽伟	优秀	能源与环境学院
17	16032024	基于单片机的输液报警器设计	03013108 03113603 03013121 03013106	魏 莉 乔静宜 敖 韬 叶步青	张雨飞	优秀	能源与环境学院
18	16032022	淋浴保温帘	03113622 03213729 03113621 03215721	徐新懿 王祺智 袁天鹏 汤惠雯	杨 柳	优秀	能源与环境学院
19	16032057	建立在信号系统下的可自动压缩式垃圾桶	03114619 03114621 03014424	陈子晗 朱 赤 邢宏壮	姜益军	优秀	能源与环境学院
20	16032036	工业废水中内分泌干扰物DBP的一种高级氧化工艺	03213715 03213727 03213716	张 彤 董皓月 高 欢	魏家泰	优秀	能源与环境学院
21	16032027	蛭弧菌在污泥减量中的最适作用条件的探究	03213701 03213711 03213738	叶 蓉 康诗佳 高 磊	余 冉	优秀	能源与环境学院
22	16042066	超再生转万能红外遥控器设计	04014204 04014203 04014201	陈乐乐 姚婉婷 吴紫薇	徐建	优秀	信息科学与工程学院
23	16042045	基于无人机的车间安全巡视系统	04013218 04013614 06013218 71114102 02015120	陈孝伟 黄进瑞 裴廷宽 牛钰茜 孔德优	宋 喆	优秀	信息科学与工程学院
24	16042044	基于GSM网络及Andriod开发的伪基站检测系统	71114123 04214701 04214719 04214732 06014334	李 前 刘奕琳 刘 祺 华 远 张宇宸	宋宇波	优秀	信息科学与工程学院
25	16042017	盲人行道探测拐杖	04014421 04014212 04214729 04014138	邵张建 刘易清 刘顾阳 高志凯	张圣清	优秀	信息科学与工程学院
26	16042013	基于LabVIEW和Mecanum轮的篮球机器人的底盘设计及行为优化	07213107 04014335 16015214 06A15315 06A15128	王旭平 徐希庆 庄文杰 赵临风 张泽强	徐琴珍	优秀	信息科学与工程学院

(续 表)

序号	项目编号	项目名称	项目完成人		指导教师	验收结果	所属学院
27	15042065	基于ARM的自行车无线电子ABS系统	04013222 04013628	张嘉俊 蒲伯宇	王 刚	优秀	信息科学与工程学院
28	15042007	以图像处理技术廉价便捷地操控机械手	04213715 04213713 04213717 04013542 04213710	吴 悦 刘振浩 吴瑞南 曹 凡 朱盛杰	王丽艳	优秀	信息科学与工程学院
29	15042002	基于树莓派的四轴飞行器设计	04012413 04012423 04012414 06112122 06012303	杭 宸 王钦亮 郭启炜 毕 翔 张 诚	张圣清	优秀	信息科学与工程学院
30	16052058	基于磁流变泥的建筑减震器研发	05114404 05114428 05114403 05114401 05114402	赵程烨 林 夏 吴 睿 宋 乾 杨以国	徐赵东	优秀	土木工程学院
31	16052006	考虑实际与简化端部约束条件的冷弯薄壁型钢龙骨立柱轴压力学性能研究	05313105 05114427 05314140 05114620 05114625	夏 梦 吴乾德 董 梁 姜 波 孙 昱	陈 伟	优秀	土木工程学院
32	16052041	太湖底泥内源性磷释放研究	05513110 05513129 05513130 05513125	曲黎莎 夏阳光 韩 煦 刘健宁	许 妍	优秀	土木工程学院
33	15052045	火灾全过程中不锈钢力学性能统一模型研究	05113211 05313146 05113428 05113630 05114617	王 晗 吴炬弛 张岁寒 孟 畅 唐 昆	范圣刚	优秀	土木工程学院
34	15052007	不对称榫卯节点的受弯性能试验研究与数值模拟	05113211 05313146 05113428 05113630 05114617	王 晗 吴炬弛 张岁寒 孟 畅 唐 昆	邱洪兴	优秀	土木工程学院
35	16052064	仿生树状柱在大跨空间结构中的研究与应用	05114101 05114301 05114104 05114201	徐云翔 梁会琦 刘志超 何祥平	刘志超	优秀	土木工程学院
36	15052047	基于BIM的装配式钢结构动态仿真模型的构建	05112405 05112401 05112409 05112608 05112631	陈 烨 吴宣泽 姚程渊 王 琦 卢 干	舒赣平	优秀	土木工程学院

(续　表)

序号	项目编号	项目名称	项目完成人		指导教师	验收结果	所属学院
37	15052032	高温条件下钢梁的变形性能研究及改良方案	05113513 05113521 05113516 05113514	马　骋 高一民 袁　航 刘晓睿	范圣刚	优秀	土木工程学院
38	16052060	大型园区开发项目冲击下原住民社区体系演变与现状调查——以南京市江宁开发区为背景	05215129 05214205 05214108 05215107 05215118	蒙昌鹏 季　扬 白　艺 杨　雨 嵇文捷	黄有亮	优秀	土木工程学院
39	16052008	大型园区开发项目冲击下原住民生存状态和心态情况调查——以南京市江宁开发区为背景	05215208 05215222 05215224 05215217 05215214	肖子璇 盖泽阳 谭　沛 刘栋玮 于路港	黄有亮	优秀	土木工程学院
40	16052035	新型钢管混凝土梁柱节点优化设计及其力学性能研究	05113624 05313137 05113219	刘　兴 林宏磊 罗保宏	潘金龙	优秀	土木工程学院
41	16062059	基于 Arduino 的智能门锁	06114112 06314114 06014204	葛贤亮 马祥宇 初慧杰	王琦龙	优秀	电子科学与工程学院
42	16062047	基于 STM32 的无人机姿态研究	06313116 06113113 06313115 06014311	邹海洋 乐　祥 肖　丰 陈　凯	张　萌	优秀	电子科学与工程学院
43	16062042	LabVIEW 篮球机器人目标特征识别研究	22013230 06013312 22014315 16015311 61015117	索传哲 严仕林 胡书铭 孙宇幸 李志昂	赵　宁	优秀	电子科学与工程学院
44	16062036	Pluto 四轴六旋翼飞行器	06014329 06014226 06014228	刘盟宇 王宇琛 任宇田	王立峰	优秀	电子科学与工程学院
45	16062028	基于 Labview 的赛车状态监控系统设计	22013314 22013230 06014124 02015621 06A15333	邢　田 索传哲 王　涛 沈天越 乔哲锋	王琦龙	优秀	电子科学与工程学院
46	16062012	基于 FSAE 的发动机 ECU 标定策略研究	02014225 06014320 16014229 08015328 13315111	严文强 宗诗皓 徐　阳 敖文杰 蒋丛曼	仲雪飞	优秀	电子科学与工程学院

(续 表)

序号	项目编号	项目名称	项目完成人	指导教师	验收结果	所属学院
47	16062001	监控用可追踪四轴飞行器	06014134 袁 迪 06014133 李舸航 06114128 薛文杰 06114129 曹闫鹏 06014335 韩 琨	韩老师	优秀	电子科学与工程学院
48	16062040	六足机器人	09013204 陈 婷 09013210 戚小芳 06113101 黄莹莹 06013103 李秀娟	陈杨杨	优秀	电子科学与工程学院
49	16072026	对光子晶体能带结构的研究	07314124 谭忠恒 07114109 万永烁 07214109 冯昱文	李铁香	优秀	数学系
50	16072010	复杂网络系统编队控制	07314131 李园哲 07114113 王继伟 07114123 张 焜 07114121 郝未玮 07114119 张 占	虞文武	优秀	数学系
51	15072016	生物趋化偏微分方程模型定性研究	07112122 吴 骞 07112120 陈学龙 07112124 张向向	李玉祥	优秀	数学系
52	16082020	基于无人机的交通状况信息采集的研究	08013214 韩 杰 04214732 华 远 04014545 陈子豪	李世华	优秀	自动化学院
53	16082027	可跟随智能机器人	08014315 蒋光峰 04014247 唐元博 08014306 张梦璐 08014312 黄新宇 26115101 刁铭一	谈英姿	优秀	自动化学院
54	16082037	基于室内定位技术的展馆智能导游系统	04014112 殷 峥 08014334 陈一洲 08014105 张娜威 04014104 熊 恬	夏思宇	优秀	自动化学院
55	16082039	规则碎纸半自动可视化拼接技术研究	08014211 胡鹏程 08014306 张梦璐 08014131 左霆华	达飞鹏	优秀	自动化学院
56	16082007	基于单片机的智能窗户	08013211 董 宁 08013206 陶思羽 08014405 余思嘉 16014315 李善良	黄永明	优秀	自动化学院

(续 表)

序号	项目编号	项目名称	项目完成人		指导教师	验收结果	所属学院
57	16712015	云存储设计与实现	71114210	杜 臻	吴文甲	优秀	计算机科学与工程学院
58	16092017	基于Web的物流信息加密系统	09013106 09013105 09013108	张莹莹 张晨妍 赵蔓瑜	王红兵	优秀	计算机科学与工程学院
59	16712004	O2O模式下基于移动终端的生鲜销售服务平台	71113431 71113108 71113410 71113428 71113221	程 唯 周芙蓉 王 琪 耿宇豪 肖 通	张 祥	优秀	计算机科学与工程学院
60	16092016	基于Android的校园快递代取平台	09013404 09013405 09013206 09013105	袁 元 李 娜 杨 雪 张晨妍	王世杰	优秀	计算机科学与工程学院
61	16092030	链接数据中的链接预测	09013109	陆馨杭	张 祥	优秀	计算机科学与工程学院
62	16092022	网络科学及其在运动员转会市场中的应用	09013236 09013109 71113413 09013310	王同星 陆馨杭 刘禹良 王琦璇	刘肖凡	优秀	计算机科学与工程学院
63	16712022	基于Raspberry Pi的可多场景部署空气实时监测系统	71114124 61014102 09014204 71Y14131	李嘉文 陈含璐 林若瑜 姜 越	倪庆剑	优秀	计算机科学与工程学院
64	16102004	可移植氧化铝纳米薄膜的制备与调控	10213104 10213105 10313108	王 昊 陈臻垚 侯翔宇	邱 腾	优秀	物理系
65	16112028	不同粒径纳米银对人皮肤成纤维细胞中microRNA表达谱的影响研究	11113120 11313116 11113125 11114171	吕晓强 闫子玥 陈 烨 派 克	黄 炎	优秀	生物科学与医学工程学院
66	16112020	针对血管早期炎症的双指标快速诊断试纸条的研制	11113102 11113108 11213117	耿云聪 陈姝琳 张静逸	张 宇	优秀	生物科学与医学工程学院
67	16112005	基于OpenCV和机器学习方法的唇语识别系统	11213115 11213116 11213124 11213118 11113107	赵海桐 陈东暄 沈 睿 张 运 王月圆	万遂人	优秀	生物科学与医学工程学院
68	16112011	PM2.5测量系统	11314117 11214125 11214122 11214119	吴 迪 金纪勇 谢晨曦 李绍华	周 平	优秀	生物科学与医学工程学院

(续 表)

序号	项目编号	项目名称	项目完成人		指导教师	验收结果	所属学院
69	16122011	铜修饰多孔硅电极的制备、结构与性能研究	12013332 12013421 12013429	何凌潇 王　全 宋冠洲	张　耀	优秀	材料科学与工程学院
70	16122032	有机-无机复合超疏水涂层的制备及其耐磨性研究	12014331 12014434 12014403	赵思韵 仲　雯 杨靖娴	张友法	优秀	材料科学与工程学院
71	16122005	基于积分球和光谱仪的LED荧光粉量子效率测试方案设计及实施	12013103 12013321 12013104 12013429	鲍　青 李政雄 潘文倩 宋冠洲	董　岩	优秀	材料科学与工程学院
72	16132004	基于创意写作理论的写作实践研究——以东南大学创意写作工坊的实践为例	13413126 14513210 14413114 13414119 13414120	许彧澜 崔耀允 张　璐 周　怡 常梦丹	张　娟	优秀	人文学院
73	16132002	老有所乐,路在何方——人文关怀视角下养老机构的发展与完善	13214117 13414112 13414111 13414133 13114107	张雪晴 赵姝怡 袁华茜 刘汝坚 王　云	龙书芹	优秀	人文学院
74	16132055	"朋友圈"经济下信任危机的发生机制探究	13214126 13414128 13214121 13214128 13214127	郑艳儒 袁朝凤 钱长虹 张丽芳 杨若雨	郑艳儒	优秀	人文学院
75	16132045	以明城墙为核心的立体旅游开发	13314116 13314118 21114233 13314113	谭雅玲 殷黎辉 申　强 张天阳	储九志	优秀	人文学院
76	16132043	彩虹之上:同性恋现象理论研究与实体调研——以东南大学同性恋群体为例	03313510 08013202 13413119 13413170 43814111	单明森 倪慧燕 许琳婧 王　姣 黄　珊	陶卓立	优秀	人文学院
77	16132030	新农村建设中乡村图书馆的作用	42215203 13A15314 13A15233	徐　隽 李梦昕 周　项	王　俊	优秀	人文学院
78	16132035	医养结合思路下社会养老模式转型的新机遇——基于南京市养老现状分析	13213118 13213113 13213120	蔡　倡 袁　晓 白雨璇	洪岩璧	优秀	人文学院

(续 表)

序号	项目编号	项目名称	项目完成人	指导教师	验收结果	所属学院
79	16132015	纸塑未来	13113113 徐 畅 03013002 李小芳 13413112 胡若冰 03014213 和法瑞 03114615 张尧灏	杨 煜	优秀	人文学院
80	16132053	"踪迹"人类学公众号以及后续APP的设计与推广	24313101 顾文婷 13213113 袁 晓	胡 伟	优秀	人文学院
81	16142067	论地方特色经济的季节性特征及应对策略——以盱眙龙虾经济为例	14214107 张如霞 14914106 陆 琪 14514203 张哲秀	江其玟	优秀	经济管理学院
82	16142124	中国股票市场高送转对企业股价变动的实证研究	14513109 王紫嫣 14613103 蔡 晓 14513106 顾译尹	朱 涛	优秀	经济管理学院
83	16142019	社会工程学在网络攻防安全中的防范分析与研究	03214746 秦泽天 03214714 徐诗颖 14415117 王锦明	胡爱群	优秀	经济管理学院
84	16142037	基于"互联网+"背景下的中国母婴市场电商发展策略研究	14814108 张丽娜 14814107 胡雨林 14814112 许 诺	薛巍立	优秀	经济管理学院
85	16142068	数字音乐运营的商业模式研究	14214104 苏 娅 25014208 何欣雨 14914109 智清蓉 14214109 张 堃 14514212 王诗曼	张向阳	优秀	经济管理学院
86	16142065	民族大学生教育管理的现状与对策探究	14714110 马秋庆 14414220 曹 爽 14414224 田小红 43415115 赵文韬 13115112 张 荣	蒋 华	优秀	经济管理学院
87	16142036	南京市高校退离休老教师生活情况调研	42214107 史 越 03014401 沙于程 14114101 林 凯 14514201 朱逸纯 42214208 王 杨	周 琛	优秀	经济管理学院
88	16142008	大学城太阳能光伏改造的可行性调研分析	14114120 王路津	申 圳	优秀	经济管理学院
89	16142054	中国股票市场的逆向选择问题研究	14913105 陈思蔚 14513209 李思佳 07113104 马雪晴 14Y13107 王 茜	王 宏	优秀	经济管理学院
90	16142018	大数据金融时代中个人信用评估模型优化设计	14513211 胡 迪 14513207 王蓓蓓 14413177 舒 鑫 04214724 凡 皓	王 宏	优秀	经济管理学院

(续 表)

序号	项目编号	项目名称	项目完成人		指导教师	验收结果	所属学院
91	16142084	东南大学学生消费行为特点及其差异性研究	14713107 14813109 14413207 14413174	顾　云 周　艺 肖　瑶 兰芳恒	陈吉凤	优秀	经济管理学院
92	16142062	二手车企业与电商合作机制的优化设计——基于南京诚邦公司的实例研究	14413206 14113109 14413205 14413222	陈若佼 马思佳 周　敏 杨　路	吴　斌	优秀	经济管理学院
93	16142167	中国货币政策对股票市场传导机制影响的研究	14613124 14213121 14513132 14513131	陈　杰 陈子扬 严海成 李欣伟	刘修岩	优秀	经济管理学院
94	16142026	基于东大校园的O2O电商平台的搭建	16013217 16013221 14Y13110	付徐笙 王旭瑞 缪锦邑	王海燕	优秀	经济管理学院
95	16142027	"三缺一"创业项目与校内比赛组队平台搭建	14113113 14113112 14113124 14113125	王璐瑶 李斯琦 伍云飞 覃光强	林宏志	优秀	经济管理学院
96	16142017	民国时期南京第一区历史建筑的保育与活化研究	14113121 14214117 14C15617 14C15323	尹绍发 季　莹 陈　坪 贺　斌	林宏志	优秀	经济管理学院
97	15992016	动态广告投放平台(创业类)	14613129 13313129 04013004 06013122 06113109 06013212	谢冠辰 齐飙臻 宋　畅 徐　石 万　昊 孙　简	郑德东	优秀	经济管理学院
98	15992014	O2O模式下的差异化社交平台(创业项目)	14812104 24313101 71113415 11213223 14713110 14113115	周莉君 顾文婷 李茹俊 蔡怡然 马　茜 郭　蕊	东　方	优秀	经济管理学院
99	15162001	基于MQTT的物联网远程医疗监护系统	14613105 09013436 16013515 16013306 06A13335	李孟祝 吴剑桥 程天石 陆　迪 侯国睿	王宝安	优秀	电气工程学院

(续　表)

序号	项目编号	项目名称	项目完成人		指导教师	验收结果	所属学院
100	15162013	基于手机app的智能宿舍管理系统	16013106 16013404 16013116 04013242 16013118	薛正艺 张晔玮 陆子秋 徐余浩 刘伟琦	吴在军	优秀	电气工程学院
101	16172029	网络传播中校园LGBT人群身份认同——以东南大学为例	17215106 17215112 17215211 17215109 17215209	钱　辰 李桥瑶 沈思远 卜才芮 刘梓涵	朱婉灵	优秀	外国语学院
102	16172025	南京地区古建筑的保护及开发的研究	17215118 17215217 17215218 25015131	汤文杰 何思源 任加勉 冯昱程	王　为	优秀	外国语学院
103	16172012	东大校园内公共标示语的英语翻译与国际化问题	17115202 17115204 17115317 17115205 17115203	崔佳敏 林汐妍 薛润华 崔　璨 方雅堃	毛彩凤	优秀	外国语学院
104	16172015	浅谈超级英雄作品中体现的美国社会文化和价值观	17115101 17115102	蔡正妍 陈雪锦	胡永辉	优秀	外国语学院
105	16172008	当代"90后"大学生礼貌观调研及其启示	17113121 17113317	陈天成 马　健	马冬梅	优秀	外国语学院
106	16192027	新型靶向载铂类抗肿瘤药纳米微球的制备及生物活性研究	19213101 19214104	安佩景 潘梦梦	孙柏旺	优秀	化学化工学院
107	16192024	一种多孔生物高分子水凝胶的制备	19113103 19113102	李晓宇 李小恒	姜　勇	优秀	化学化工学院
108	16192012	二维网状石墨烯/钛酸纳米线复合微膜的可控制备及其水处理性能探究	19113204 19113202 19114103 19114209	黄美优 杨冲亚 马榕蔚 黄依洋	代云茜	优秀	化学化工学院
109	16192009	动态响应柔性多孔配位聚合物的研制及性能调控	19313114 19313112 19113213	龙俊成 胡　之 王恒锋	陈金喜	优秀	化学化工学院
110	16192001	自主体延迟荧光分子的设计、合成及其性能研究	19313110 19313106	黄天宇 骆季荣	蒋　伟	优秀	化学化工学院
111	16212077	基于非接触观测技术的FRP格栅/ECC复合约束混凝土柱的实验研究	21014212 21014207 21014213 21714121	王锋锋 丁子健 孙肖寅 张　程	王文炜	优秀	交通学院
112	16212061	基于航模辅助观测的路网交通状态实时判别系统	21114128 21114213 21014107 71Y14134	黎　萌 汪晓寒 史　科 汪进成	王　昊	优秀	交通学院

(续 表)

序号	项目编号	项目名称	项目完成人	指导教师	验收结果	所属学院
113	16212049	车路协同环境下的交叉口信号控制研究及仿真	21114235 吴坤润 21114128 黎 萌 21114219 邱嘉妍 21114114 罗玉洁 21114103 罗津宇	曲栩	优秀	交通学院
114	16212095	基于大数据的公交运行瓶颈识别	09014211 赵怡原 21014104 朱 梅 71Y14136 祁 辉 21014102 王 楠 21014110 罗小康	杨敏	优秀	交通学院
115	16212039	WI-CH无线充电道路模型模拟与效率分析	21014216 张 愉 21014205 任隽丰 21014214 马柏杨 21014220 邹奕润	杨军	优秀	交通学院
116	16212054	道路平曲线路段行车轨迹偏移的影响因素研究	21714101 黄 怡 21014204 王锦亮 07114107 洪 韬 21714116 朱 雨	卞凤兰	优秀	交通学院
117	15212020	基于元胞自动机的高速公路紊流现象研究	07313106 黄琳婧 16013328 郭 熙 21113207 梁 爽 21113230 王 晰 21113233 牛竞宇	梁衡弘	优秀	交通学院
118	15212115	辅助普通公共交通的城市定制公交的出行特性及设置优化	09013430 任杰文 21113203 陈 坦 21113102 郝 俊 21113204 冒培培 21113104 吴 帆	陈峻	优秀	交通学院
119	15212022	城市公交枢纽换乘高效化措施研究	21013113 陆加健 21013104 吴丽霞 21013115 吴运腾 21013103 赵鑫玮	叶智锐	优秀	交通学院
120	15212045	含微纳米气泡砂土抗液化性能试验研究	21813116 宋 晨 21813113 田泊航 21813132 冯煜坤 21813130 杨正旺	章定文	优秀	交通学院
121	15212094	无人驾驶压路机全自动化压路	71113431 程 唯 71113428 耿宇豪 21713117 杨 名 21713122 赵子力 21713119 李东帅	高英	优秀	交通学院
122	15212038	基于ArcGIS的图书馆室内地图设计	21513113 丁妍心 21513114 盛彩英 21513112 梁 钰 21513115 张静宜	田馨	优秀	交通学院

(续 表)

序号	项目编号	项目名称	项目完成人	指导教师	验收结果	所属学院
123	15212005	中山港横门出海航道淤积现象研究	21412127 夏怀谷 21412117 柯 兴 21412128 马 康	徐宿东	优秀	交通学院
124	15212117	台湾社区改造成功案例分析与启示	13212108 雷 琼 21313101 朱瑞琪 02013631 胡珏铭 02013328 何东航 21713230 胡子文	聂春雷	优秀	交通学院
125	15212016	九龙湖校区易涝路面排水现状调查及优化	21713233 祁孔庆 21713240 肖 宏 21713211 贾雯雯 21113119 李新妍 21713230 胡子文	刘 敏	优秀	交通学院
126	15212014	配筋混凝土简支板梁桥的上部构造及其配筋系统计算机显示模块研究	21713136 武嘉斌 21713120 王 晨 21713131 孙树文 21713209 程 瑜 71Y13133 杨佳星	吴文清	优秀	交通学院
127	15212044	多方式出行路径选择的效用函数与引导策略	21012116 张宇丰 21212102 保 玉 21012105 龙 漫 21013105 李昱洁 21013116 俞 俊	杨 敏	优秀	交通学院
128	15212062	基于结构解析的雨水管网溢流研究	21412101 姜 宁 21412106 陈宏燕 21112105 袁 文 21412107 张 菊 21112108 高雨田	耿艳芬	优秀	交通学院
129	15222009	七自由度机械臂的设计与制作	22013322 左 潇 22013323 周 祺 22013108 李明波	崔建伟	优秀	仪器科学与工程学院
130	15222001	基于Android平台和MindWave脑电耳机的动态个性化歌曲推荐系统	08012106 张艺璇 09012315 杨骏逸 09012318 端 豪 08012205 郑亚君 22013206 石春凤	曾 洪	优秀	仪器科学与工程学院
131	16252005	以司法考试为例,探讨法律教育与法律职业制度的关系	25013124 朱 萌 25013109 姜华越 25014222 赵毛毛	李煜兴	优秀	法学院
132	16252009	罪责刑相适应原则的灵活适用	25013122 周 烨 14214113 侯泽晗 25014106 勾健颖	杨志琼	优秀	法学院

(续 表)

序号	项目编号	项目名称	项目完成人		指导教师	验收结果	所属学院
133	15412009	MCPIP1介导的自噬在矽肺纤维化中作用机制研究	43212303 43212310 43212410 43212415	陈 澄 陈 瑾 胡笑男 吕 妍	巢 杰	优秀	医学院
134	15412031	关于细胞膜多位点锚定修饰技术在肿瘤免疫治疗中的应用探究	11112156 11313109 41113119 11113101 11213213	谢静怡 王 韬 王子瑜 李子劢 闪紫阳	吴富根	优秀	医学院
135	15422001	新型光学复合纳米纤维的制备、性能及其检测应用研究	42113215 42113204 42113208	岳青青 杨 贝 李佳琳	王晓英	优秀	公共卫生学院
136	15422005	农村居民艾滋病认知现况及干预措施探索	42113215 42113204 42113208	岳青青 杨 贝 李佳琳	王 蓓	优秀	公共卫生学院
137	16612051	手语翻译器	04014010 04014013 04014011	肖贻杰 吕成器 张天忆	徐平平	优秀	吴健雄学院
138	16612048	基于物理引擎的3D仿真物理实验系统	61014210 61014232 61014229 61014228	阎雨田 徐 路 王志鹏 张博文	李骏扬	优秀	吴健雄学院
139	16612042	电极尖端参数与激励选择性关系的研究	61314105 04014153	方梦初 刘士博	赵鑫泰	优秀	吴健雄学院
140	16612008	索杆张力单元自平衡构型找形、模块组合及模型实现	61314116 05114506 61314107	李乐天 汪 威 闫雪晗	陆金钰	优秀	吴健雄学院

国际交流合作与港澳台合作

综　　述

根据学校的部署,按照年初制定的工作计划,在校领导的支持和学校相关部门的大力配合下,结合学校创建世界一流大学的总目标,东南大学在有效促进学校整体实力快速提升的国际化建设指标上狠下功夫,积极稳妥地推进学校国际化进程,坚定不移地走国际化办学的强校道路,积极借鉴和吸收世界一流大学科学的办学模式和先进的办学经验,推动学校的人才培养、科学研究、队伍建设、学科建设、管理和服务等工作,使全校师生员工的国际视野更加宽阔,国际理念更加明晰,更加通晓国际标准;使学校的国际交流更加充分,国际合作更加深入,国际竞争力显著增强,为早日建成国际知名高水平研究型大学和世界一流大学提供强大的支撑。

现将2016年的工作总结如下:

一、中外合作办学进展顺利

1. "东南大学-蒙纳士大学苏州联合研究生院"平稳运行

"东南大学-蒙纳士大学苏州联合研究生院"已有三届学生完成学业顺利毕业。该研究生院是2012年3月27日经教育部正式批准的国内首所研究生培养层次的中外合作办学机构。它也是澳大利亚高校与中国高校联合建立的首个研究生院。

2015年联合研究生院顺利通过了教育部的评估,并于2016年通过江苏省教育厅的严格审批评估,成功获批"江苏省中外合作办学高水平示范性建设工程培育点"。联合研究生院已开设5个英文授课硕士专业并计划于2015年起招收博士研究生,目前在校生约500人。联合研究生院将逐步扩大办学规模,计划开设12个硕士专业和11个博士专业。

联合研究生院已有276位硕士研究生毕业,并分别获得了东南大学和蒙纳士大学的硕士学位,多位毕业生被录取进入本院博士专业学习或获得全额奖学金进入国际知名大学攻读博士学位。近期调查显示,前两届毕业生首次就业和继续受教育满意度超过预期者达91%。

联合研究生院由两校教授联合申报的先进制造、生物信息、生物和纳米技术、能源、微粒建模和仿真及水敏城市共6个科研项目获得批准并得到1 500万人民币的项目启动资助。

2. 与法国雷恩第一大学的合作办学进展顺利

自2009年起,我校与法国雷恩第一大学在"信号图像嵌入式系统自动化""微电子学与固体电子学"和"应用经济学及银行金融学"3个专业开展了多年的联合培养硕士项目;到2015年12月,已有108人毕业,另有在校生99人。

目前,我校完成了东南大学与雷恩第一大学联合创建东南大学雷恩研究生学院的申报工作,接受了教育部组织的专家评审及答辩,正就专家意见进行整改和反馈。

二、构建高端国际交流平台

1. 建筑学院申报国际化示范学院

5月中旬,张广军校长率团前往中国外国专家局进行国际化建筑示范学院申报的开启工作,由王建国院士做首次申请汇报;11月,我校正式递交申报书,积极推进申报工作。

2. 与瑞典乌普萨拉大学签订合作协议

12月21日,瑞典王国乌普萨拉省省长戈兰·埃南德和乌普萨拉大学校长伊娃·埃克森教授一行来宁访问,江苏省委副书记、南京市委书记吴政隆会见了代表团一行,我校党委书记易红、校长张广军参加了会见。会见后,在吴政隆书记和埃南德省长等领导的见证下,张广军校长与瑞典乌普萨拉大学埃克森校长签订了合作协议,同时两校校长与南京市江北新区管理委员会、瑞典健康发展中心和中瑞共生产业投资控股集团(香港)有限公司签订了"中瑞健康共生城"项目合作意向书。

埃南德省长与埃克森一行到东南大学四牌楼校区访问。张广军校长接待了代表团一行,对瑞典来宾表示欢迎和感谢。他指出,戈兰·埃南德省长的来访对东南大学与乌普萨拉大学的合作具有较大的推动作用,期待东南大学与乌普萨拉大学在双方签署的框架性协议下开展多项友好合作。张校长提议东南大学医学院和乌普萨拉大学医学院共同探索建立东南大学中瑞联合医学院,并提出了两校合作的"三步走"战略建议:一是进行联合博士和硕士生培养、硕士生交换等项目的合作,二是在江北新区建立两校联合研究生学院,三是建立东南大学中瑞联合医学院。埃克森校长对张校长的建议表示高度赞同和认可,并对两校间的合作充满信心与期待。

根据东南大学与乌普萨拉大学签订的合作协议,两校将推动建立联合医学研究生院。通过双方合作,东南大学将在医学、药学、生物医学工程、生命科学、医疗发展等方面提高研究和教学质量及国际影响力。

三、国内外合作与交流向深度和广度发展

全年共安排学校领导率 15 个团组访问欧洲、美加和中国港台地区高校。

深化了与美国哈佛大学、麻省理工学院、哥伦比亚大学、加州大学伯克利分校、加州大学欧文分校、威斯康星大学、瑞士苏黎世联邦工业大学、瑞典乌普萨拉大学、德国慕尼黑工业大学、乌尔姆大学、法国巴黎高科技工程师学校集团、雷恩第一大学、加拿大滑铁卢大学、澳大利亚蒙纳士大学、墨尔本皇家理工大学、阿德莱德大学、英国牛津大学、伯明翰大学、伦敦大学国王学院、伦敦城市大学、赫瑞瓦特大学、爱尔兰都柏林大学、荷兰代尔夫特大学、瑞典皇家理工大学、捷克理工大学、布达佩斯技术与经济大学、日本北海道大学的交流与合作以及与荷兰飞利浦公司、德国罗德施瓦茨公司等国外著名大学和跨国企业的合作与交流。

与德国乌尔姆大学、亚琛工业大学、瑞典乌普萨拉大学、瑞典皇家理工学院、美国威斯康星麦迪逊大学、法国综合理工学院、法国国立路桥学校、巴黎高等电信学院、统计学院、澳大利亚新南威尔士大学、爱尔兰都柏林大学、以色列理工学院、以色列海法大学、意大利帕多瓦大学等国外高校及我国台湾、香港地区大学签署（续签）合作交流和学生交换协议 41 件。

接待了境外 68 个校级代表团 336 人次来校访问，其中 40 个为高校校长团。

四、来华留学生工作再上新台阶

2016 年，我校来华留学生总人数为 1 849 人，学历生总数为 1 402 人，学历生占留学生总数的 75.8%，学历生中 633 人为研究生，研究生占学历生总数的 45.1%。

2016 年初，东南大学以"'一带一路'可持续基础设施工程硕士项目"加入了"中国政府来华留学卓越奖学金"项目，目前全国仅有 7 所学校（北京大学、清华大学、对外经贸大学、华南理工大学、中国政法大学、浙江大学、东南大学）的 7 个项目获批"卓越项目"。该项目的招生对象为"一带一路"沿线国家政府的中高级公职人员，特别是"一带一路"沿线国家交通部、建设部、商务部等政府部门中相当于处级及以上公职人员，有关机构和企业的高级管理人员，高校和科研机构的技术骨干。我校将结合土木工程学院、交通学院、经济管理学院的优质师资共同完成此项目的培养任务。目前该项目第一届 13 名学生已经在我校开始了紧张而丰富的学习生活，并初步确定了未来的研究方向。

2016 年我校有 5 门课程被评为 2016 年江苏高校省级外国留学生英文授课精品课程，1 门课程被评为 2016 年江苏高校省级外国留学生英文授课培育课程，2 门课程被评为国家级来华留学英语授课品牌课程。

五、孔子学院建设取得新进展

自承建孔子学院以来，我校高度重视孔子学院的发展建设，将孔子学院的建设发展与我校的国际化建设紧密结合，借助孔子学院这一优质平台与海外合作院校在各个领域开展交流合作，以推动我校的国际化发展。

2016 年 12 月 10 日至 11 日，第十一届全球孔子学院大会在昆明国际会展中心举行。中共中央政治局委员、国务院副总理、孔子学院总部理事会主席刘延东出席大会并致辞，

同时为全球先进孔子学院和先进个人颁奖。会上,东南大学-美国得克萨斯大学达拉斯分校孔子学院执行理事长丹尼斯·克拉兹荣获了2016年度"孔子学院先进个人"称号。

六、开拓渠道,扩大学生出国(境)交流、学习,吸引国外高校学生来校进行交换学习

积极开拓渠道,加强与境外高校联系,达成学生交流协议,采用多种形式鼓励和支持学生出国(境)交流学习。全年有2 000余人次学生出国(境)交流。

与包括美国麻省理工学院、威斯康星麦迪逊大学、瑞士苏黎世联邦工业大学、德国亚琛工业大学、瑞典乌普萨拉大学、澳大利亚皇家理工学院、法国综合理工学院、法国国立路桥学校、巴黎高等电信学院、统计学院、澳大利亚新南威尔士大学、澳大利亚蒙纳士大学、爱尔兰都柏林大学、以色列理工学院、以色列海法大学、意大利帕多瓦大学等100余所名校继续开展学术交流和学生培养合作。

一年来,国外友好学校来华交流生共计82人,分别来自德国慕尼黑工大、汉堡大学、乌尔姆大学、亚琛工业大学、瑞典皇家理工大学、法国勃艮第商学院、法国人文与材料学院、法国公共工程学校、美国田纳西大学、华盛顿州立大学、韩国首尔理工大学、日本爱知大学、爱知工业大学等20余所学校。

七、鼓励和支持教师出国(境)参与国际合作和交流

全年共派出1 204位教师赴国(境)外参加国际学术会议、学术交流和访问等。

全面加强对外宣传力度,提高国际影响,提升国际形象及我校在国内外的知名度、美誉度;鼓励教师到重要国际学术组织和高水平国际学术刊物任职,参加各类具有较大影响力的国际组织,以各种形式参与国际学术事务,扩大学校的国际影响。

八、重视智力引进工作

授予了美国加州伯克利分校诺贝尔奖获得者 Randy Schekman 教授、哈佛大学 Shing-Tung Yau 院士为东南大学名誉教授,并授予了哈佛大学 David Allan Weitz 教授等26位为东南大学客座教授;邀请了1 000余名国(境)外专家来校讲学、合作研究;获得教育部和国家外专局支持引智经费845万。

通过国际交流与合作,学习和借鉴国外知名大学在教学和科研方面的经验,使之为我校的教学和科研服务;把从国际上聘用引进大师和优秀人才来校任职、访问讲学作为推进国际化办学的重要举措,采取灵活多样的方式利用国际人才资源服务于学校国际化水平的快速提升,支持学校各项事业的快速发展;聘请更多的外国专家来校讲学和进行科研合作;引智工作抓重点、抓成果、抓推广,多国别、多渠道、多形式聘用外国专家,努力提高聘请质量,充分发挥客座教授、名誉教授的作用,力争以有限的投入取得最大的综合效益。

九、积极支持召开国际学术会议

全年共召开27个国际学术会议,并成功举办1个重大国际会议——第83届车载技术国际会议,810位国(境)外专家学者来校与会,扩大了学校海外影响力并展示了我校的

十、港澳台事务工作进展顺利

接待港澳台组织27批,其中台湾18批238人,香港8批159人,澳门1批32人,合计508人次(不含各院系接待)。主办接待了教育部对台、对港重点项目,3个香港师生研习营,1个台生研习营,为东南大学争取经费150余万元;接待1个校长团;与开南大学签订了两校合作协议书和两校交换生协议书,与清华大学续签了合作协议书和交换生协议书;与香港城市大学签署两校合作备忘录(含学生交流交换)、两校联合培养博士生协议书;举办、参加3次台生植树、"爱在南京"活动;东南大学吴刚副校长率团赴香港访问;港澳台学生含交流、交换生达131人(交流生59人,交换生72人),来校交换生28人;完成了华英文教基金会2015—2016年的来访专家、派出学者等工作。

十一、提供优质服务,做好派出和外宾接待工作

针对派出教师和学生3 000多人次和外宾接待工作量的不断增加,国际合作处全体同志在人手不足的情况下,团结一心,努力工作,提高服务意识;在加强管理的同时,加快审批程序,认真做好教师和学生的护照办理、管理和签证申请等工作,认真解答教师和学生提出的各项问题,认真安排好每一次外事接待;以优质服务提升效率,为学校的国际化发展尽心尽力。

2016年与国(境)外高等院校及科研机构合作交流一览表

学校名称或科研机构	合作内容	签约日期	标题
University of Tennessee	孔子学院,学生交流	2016/1/5	Agreement between the University of Tennessee and Southeast University
威斯康星大学麦迪逊分校	谅解备忘录	2016/7/19	Memorandum of Understanding between Southeast University and University of Wisconsin-Madison
威斯康星大学麦迪逊分校	4+X协议	2016/7/19	Agreement for A 4+X Dual Degree Program of Master for Engineering between Southeast University, China and University of Wisconsin-Madison, United States of America
密歇根大学迪尔本分校	教育合作	2016/12/15	Collaborative Education Agreement Between the Regents of The University of Michigan on Behalf of The University of Michigan-Dearborn, Michigan, USA And Southeast University, China
California State Polytechnic University, Pomona	谅解备忘录	2016/6/15	Memorandum of understanding between Southeast University and California State Polytechnic University, Pomona

(续 表)

学校名称或科研机构	合作内容	签约日期	标题
澳大利亚莫纳什大学	访问学生（吴健雄学院）	2016/5/10	Agreement on Visiting Students between Monash University, Australia through its Faculty of Medicine, Nursing and Health Sciences and Southeast University, China through its Chien-Shiung Wu College
墨尔本大学	框架备忘录（建筑学院）	2016/5/20	Memorandum of Understanding
卡内基梅隆大学澳洲分校	战略伙伴奖学金协议	2016/6/12	Strategic Partners Scholarship between Carnegie Mellon University Australia and Southeast University
Minsk State Linguistic University 明斯克国立语言大学	孔子学院	2016/9/18	东南大学与明斯克国立语言大学关于合作建明斯克国立语言大学孔子学院的执行协议
University of Essex	框架备忘录	2016/5/13	University of Essex and Southeast University Memorandum of Understanding to Promote Friendship and Cooperation
Heriot-Watt University	框架备忘录	2016/11/30	Memorandum of Understanding between Southeast University and Heriot-Watt University
City University of London	框架备忘录	2016/11/2	Memorandum of Understanding on Academic and Research Cooperation between the City, University of London, of the United Kingdom and Southeast University, Nanjing, the People's Republic of China
英国文化教育协会、中国E9大学联盟、英国大学联盟	合作联合声明	2016/9/22	英国文化教育协会、中国E9大学联盟、英国大学联盟合作联合声明
利物浦、约克、贝尔法斯特女王大学	与英国多校谅解备忘录自动化系统博士研究中心（网安学院）	2016/6/15	谅解备忘录
滑铁卢大学	谅解备忘录	2016/3/22	Memorandum of Understanding ("MOU") for Educational and Scientific Cooperation between University of Waterloo, Canada ("Waterloo") and Southeast University PR China ("SEU")
布拉格捷克技术大学	谅解备忘录	2016/5/26	Memorandum of Understanding between Southeast University and Czech Technical University in Prague
法国勃艮第商学院	教师、学生交流	2016/8/23	The Faculty and Student Exchange Agreement between Burgundy School of Business and Southeast University
法国勃艮第商学院	教师、学生交流附录	2016/8/23	Addendum to The Faculty and Student Exchange Agreement between Burgundy School of Business and Southeast University

(续 表)

学校名称或科研机构	合作内容	签约日期	标题
EPF	3＋2 联合培养	2016/4/18	Memorandum of Agreement（As-MOA-B＋M）"3＋2" partnership agreement awarding to Chinese students a Chinese Bachelor's degree（BenKe）and a French Master's degree between Southeast University（China）called SEU and Ecole Polytechnique Feminine（EPF）Ecole d'ingenieurs Engineering Institute Member of Network "n＋i" of Engineering Institutes（France）called EPF
ENSAE ParisTech	3＋2 联合培养	2016/4/18	Memorandum of Agreement（As-MOA-B＋M）"3＋2" partnership agreement awarding to Chinese students a Chinese Bachelor's degree（BenKe）and a French Master's degree between Southeast University（China）called SEU and Ecole Nationale de la Statistique et de l'Administration Economique Engineering Institute Member of Network "n＋i" of Engineering Institutes（France）called ENSAE ParisTech
ENSIAME	3＋2 联合培养	2016/4/18	Memorandum of Agreement（As-MOA-B＋M）"3＋2" partnership agreement awarding to Chinese students a Chinese Bachelor's degree（BenKe）and a French Master's degree between Southeast University（China）called SEU and Ecole Nationale Superieure d'ingenieurs en Informatique, Automatique, Mecanique, Energetique et Electronique Engineering Institute Member of Network "n＋I" of Engineering Institutes（France）called ENSAE ParisTech
ENSMM	3＋2 联合培养	2016/4/18	Memorandum of Agreement（As-MOA-B＋M）"3＋2" partnership agreement awarding to Chinese students a Chinese Bachelor's degree（BenKe）and a French Master's degree between Southeast University（China）called SEU and Ecole Nationale Superieure de Mecanique et des Microtechniques Engineering Institute Member of Network "n＋I" of Engineering Institutes（France）called ENSMM
ESCOM	3＋2 联合培养	2016/4/18	Memorandum of Agreement（As-MOA-B＋M）"3＋2" partnership agreement awarding to Chinese students a Chinese Bachelor's degree（BenKe）and a French Master's degree between Southeast University（China）called SEU and Ecole Superieure de Chimie Organique et Minerale Engineering Institute Member of Network "n＋I" of Engineering Institutes（France）called ESCOM

(续 表)

学校名称或科研机构	合作内容	签约日期	标题
ESIEE-Amiens	3+2 联合培养	2016/4/18	Memorandum of Agreement (As-MOA-B+M) "3+2" partnership agreement awarding to Chinese students a Chinese Bachelor's degree (BenKe) and a French Master's degree between Southeast University (China) called SEU and Ecole Superieure d'Ingenieurs en Electronique et Electrotechnique d'Amiens Engineering Institute Member of Network "n+I" of Engineering Institutes (France) called ESIEE-Amiens
INP-ENSEEIHT	3+2 联合培养	2016/4/18	Memorandum of Agreement (As-MOA-B+M) "3+2" partnership agreement awarding to Chinese students a Chinese Bachelor's degree (BenKe) and a French Master's degree between Southeast University (China) called SEU and Ecole Nationale Superieure d'Electrotechnique, d'Electronique, d'Informatique, d'Hydraulique et de Telecommunications Engineering Institute Member of Network "n+I" of Engineering Institutes (France) called INP-ENSEEIHT
INSA Toulouse	3+2 联合培养	2016/4/18	Memorandum of Agreement (As-MOA-B+M) "3+2" partnership agreement awarding to Chinese students a Chinese Bachelor's degree (BenKe) and a French Master's degree between Southeast University (China) called SEU and National Institute of Applied Sciences of Toulouse Engineering Institute Member of Network "n+i" of Engineering Institutes (France) called INSA Toulouse
Polytech Nantes	3+2 联合培养	2016/4/18	Memorandum of Agreement (As-MOA-B+M) "3+2" partnership agreement awarding to Chinese students a Chinese Bachelor's degree (BenKe) and a French Master's degree between Southeast University (China) called SEU and Ecole Polytechnique de l'Universite de Nantes Engineering Institute Member of Network "n+i" of Engineering Institutes (France) called Polytech Nantes
Polytech Orleans	3+2 联合培养	2016/4/18	Memorandum of Agreement (As-MOA-B+M) "3+2" partnership agreement awarding to Chinese students a Chinese Bachelor's degree (BenKe) and a French Master's degree between Southeast University (China) called SEU and Ecole Polytechnique de l'Universite d'Orleans Engineering Institute Member of Network "n+I" of Engineering Institutes (France) called Polytech Orleans

(续 表)

学校名称或科研机构	合作内容	签约日期	标题
ENSAI法国国立统计与信息分析学校	学术合作备忘录	2016/6/21	Memorandum of Understanding for Academic Cooperation between Southeast University, Nanjing, China and l'Ecole Nationale de la Statistique et de l'Analyse de l'Information Rennes, France
法国国立路桥学校	双学位（交通学院）	2016/10/18	Cooperation Agreement on Joint Master Degree-Diplome d'Ingenieur Program
亚琛工业大学	学生交流协议	2016/6/3	Agreement on Student Exchange between RWTH Aachen University and Southeast University
乌尔姆大学 Ulm University	3＋1＋1（吴健雄学院）	2016/10/7	3＋1＋1 Early Entry Masters Program Agreement between Ulm University and Southeast University
香港城市大学	联合培养博士生	2016/12/23	东南大学与香港城市大学联合培养博士研究生协议
University of Haifa	学术合作框架	2016/9/16	Framework for Academic Collaboration between Southeast University and University of Haifa
Technion-Israel Institute of Technology	学术合作备忘录	2016/10/5	Memorandum of Understanding for Academic Cooperation between Southeast University and Technion-Israel Institute of Technology
University College Dublin	框架备忘录	2016/12/2	Memorandum of Understanding Academic Cooperation between University College Dublin, National University of Ireland Dublin and Southeast University, China
帕多瓦大学	框架备忘录附件	2016/3/21	东南大学-意大利帕多瓦大学谅解备忘录附件
新加坡科技设计大学（SUTD）	框架备忘录	2016/11/29	东南大学与新加坡科技设计大学谅解备忘录
瑞典皇家理工学院（KTH）	学生交换	2016/12/30	Cooperation Agreement on Student Exchange between Southeast University, Nanjing, China and KTH Royal Institute of Technology, Stockholm, Sweden
Uppsala University	框架协议	2016/8/24	General Agreement for Academic Cooperation and Exchange between Uppsala University, Uppsala, Sweden and Southeast University, Nanjing, China
Uppsala University	五方合作意向	2016/12/21	南京市江北新区管理委员会、东南大学、瑞典乌普萨拉大学、瑞典健康发展中心、中瑞共生产业投资控股集团（香港）有限公司合作意向书
Uppsala University	合作协议	2016/12/21	Cooperation Agreement between Uppsala University (UU) and Southeast University (SEU)
台湾云林科技大学	学生交流	2016/5/12	台湾云林科技大学与东南大学学生交流议定书
台湾"清华大学"	学术交流	2016/11/8	东南大学、台湾"清华大学"学术交流合作备忘录
台湾"清华大学"	学生交换	2016/11/8	东南大学、台湾"清华大学"学生交换计划备忘录

(续 表)

学校名称或科研机构	合作内容	签约日期	标题
台湾"清华大学"	自修研修生	2016/11/8	东南大学、台湾"清华大学"自修研修生交流计划备忘录
台湾辅仁大学	学术交流	2016/5/12	东南大学-辅仁大学学校财团法人辅仁大学学术交流合作协定书
台湾辅仁大学	学生交换	2016/5/12	东南大学-辅仁大学学校财团法人辅仁大学学生交流协定书
台湾"科技大学"	交换生协议书	2016/5/12	东南大学与台湾"科技大学"交换生计划合约书
台湾"科技大学"	学术交流协议	2016/5/23	东南大学与台湾"科技大学"学术交流合约书
台湾开南大学	学术交流协议	2016/5/25	东南大学与开南大学学术合作与交流协定书
乌克兰国立技术大学 National Technical University of Ukraine "Igor Sikorsky Kyiv Polytechnic Institute"	框架备忘录	2016/6/18	Memorandum of Understanding between National Technical University of Ukraine "Igor Sikorsky Kyiv Polytechnic Institute", Ukraine and Southeast University, China

In 2016, 52 newly signed or renewed.

2016年授予国(境)外(或地区)学者名誉教授、客座教授和名誉顾问名单

序号	姓名	国别地区	单位	职务	授予名称	授予时间	授予学院
1	Randy Schekman	美国	美国加州伯克利分校	教授	名誉教授	2016.5	生命科学研究院
2	Shing-Tung Yau	美国	哈佛大学	教授	名誉教授	2016.7	数学系
3	Xun-Li Wang 王循理	美国	香港城市大学	教授、主任	客座教授	2016.1	材料科学与工程学院
4	Luping Tang 唐路平	瑞典	瑞典查尔莫斯理工大学	教授	客座教授	2016.1	材料科学与工程学院
5	Stephen McLaughlin	英国	英国爱丁堡赫瑞-瓦特大学	教授、院长	客座教授	2016.2	信息科学与工程学院
6	Hidenori Kimura 木村英纪	日本	早稻田大学	教授	客座教授	2016.4	自动化学院
7	S. K. Jason CHANG 张学孔	中国台湾	台湾大学	教授、主任	客座教授	2016.4	交通学院
8	David H Ilson	美国	纪念斯隆-凯特琳癌症中心	教授	客座教授	2016.4	医学院
9	Vincent JI 稽宁	法国	巴黎第十一大学	教授、博士生导师	客座教授	2016.5	材料科学与工程学院

（续　表）

序号	姓名	国别地区	单位	职务	授予名称	授予时间	授予学院
10	Willie Tan 陈志强	新加坡	新加坡国立大学	主任	客座教授	2016.5	土木工程学院
11	Markus Antonietti	德国	马普学会胶体与界面研究所	教授	客座教授	2016.5	化学化工学院
12	Christopher K Rayner	澳大利亚	澳大利亚阿德莱德大学	教授	客座教授	2016.5	医学院
13	Kejin Wang 王科进	美国	美国爱荷华州立大学	教授	客座教授	2016.5	材料科学与工程学院
14	Randy Schekman	美国	美国加州伯克利分校	教授	客座教授	2016.5	生命科学研究院
15	Xinlin Gao 高信林	美国	美国南卫理公会大学	教授、主任	客座教授	2016.6	材料科学与工程学院
16	Zhaohui Qin 秦昭晖	中国	美国艾默里大学	教授	客座教授	2016.6	生物科学与医学工程学院
17	Chu-Joe Hsia 夏铸九	中国	台湾大学	名誉教授	客座教授	2016.6	建筑学院
18	Beisi Jia 贾倍思	中国	香港大学	副教授	客座教授	2016.6	建筑学院
19	Vijay Vittal	美国	美国亚尼桑那州立大学	教授、主任	客座教授	2016.8	电气工程学院
20	Quan Li 李全	美国	美国肯特州立大学	主任、资深高级研究员、教授、博士生导师	客座教授	2016.8	化学化工学院
21	Shaofan Li 李少凡	美国	加州大学伯克利分校	教授	客座教授	2016.8	材料科学与工程
22	Reinhold J. Luecker	德国	德国乌尔姆大学	外办主任	客座教授	2016.9	国际合作处
23	Andy Gao 高雪松	中国	香港大学	副教授	客座教授	2016.9	外国语学院
24	Thomas Pogge 涛慕思·博格	德国	耶鲁大学	讲座教授、主任	客座教授	2016.9	人文学院
25	大卫·韦兹 David Allan Weitz	加拿大	哈佛大学	教授、院士、会士	客座教授	2016.11	生物科学与医学工程学院
26	David A. Lange	美国	伊利诺伊大学厄巴纳-香槟分校	教授	客座教授	2016.11	材料科学与工程学院
27	Chris Zevenbergen	荷兰	荷兰代尔夫特理工大学	教授	客座教授	2016.11	土木工程学院
28	刘坤磊	美国	美国肯塔基大学	研究中心副主任	客座教授	2016.11	能源与环境学院
29	翟恩地	美国	克莱恩菲尔德集团公司	副总裁兼首席工程师	客座教授	2016.11	土木工程学院

2016年举办国际会议情况

序号	会议名称	会议时间	会议主席或召集人	论文递交情况	代表数 国外	代表数 国内	总数
2016—1	当代建筑理论研究国际研讨会	2016.1.29—2016.1.31	陈薇	研讨	14	16	30
2016—2	中德转化医学联合研讨会	2016.4.14	孙子林	研讨	5	200	205
2016—3	第12届亚太心血管介入放射学大会	2016.4.21—2016.4.24	滕皋军	研讨	118	300	418
2016—4	中国化学会全国水处理化学大会暨海峡两岸水处理化学研讨会	2016.4.22—2016.4.25	吕锡武	252			360
2016—5	亚太人工智能国际会议	有教育部批文,因故会议召开前临时取消	罗军舟				
2016—6	第83届车载技术国际会议	2016.5.15—2016.5.18	尤肖虎	100	204	430	634
2016—7	日常生活——现代主义的空间设计与实践国际会议	2016.5.20—2016.5.21	韩冬青	研讨	10	20	30
2016—8	神经元和脑科学大数据国际研讨会	2016.5.26—2016.5.27	郑文明	研讨	10	10	20
2016—9	第14届国际变结构系统会议	2016.6.1—2016.6.4	李世华	76	37	220	257
2016—10	国际未来互联网技术会议	2016.6.6—2016.6.8	程光	研讨	30	20	50
2016—11	第18届海峡两岸信息技术研讨会	2016.9.19—2016.9.23	罗军舟	29			70
2016—12	中韩清洁能源研讨会	2016.9.20—2016.9.23	段钰锋	179	47	81	128
2016—13	显微镜及显微分析技术在材料研究中的应用国际研讨会	2016.9.24—2016.9.26	沈宝龙	32	16	30	46
2016—14	第4届国际化学链会议	2016.9.26—2016.9.28	沈来宏	50	80	110	190
2016—15	信息时代翻译职业与翻译伦理研讨会	2016.10.15	陈美华	研讨	4	78	82
2016—16	2016年安全协议进展国际会议	2016.10.15	胡爱群	研讨	15	148	163
2016—17	亚洲纳米生物技术研讨会	2016.10.21—2016.10.23	顾宁	20	6	39	45
2016—18	光电智能材料及分子电子学国际会议	2016.9.22—2016.9.25	顾忠泽	研讨	41	59	100
2016—19	第3届与微观结构相关的水泥基复合材料耐久性国际会议	2016.10.24—2016.10.26	缪昌文	110	34	206	240
2016—20	国际块体非晶合金的制备、结构与性能研讨会	2016.10.26—2016.10.28	薛烽	研讨	10	20	30
2016—21	荣誉教育国际研讨会	2016.10.27—2016.10.29	雷威	研讨	5	49	54
2016—20	第2届中国空间句法国际学术研讨会	2016.11.4—2016.11.6	易鑫	研讨	5	26	31
2016—23	第10届国际传感器技术会议	2016.11.11—2016.11.13	宋爱国	131	41	110	151
2016—24	建筑·运算·应用国际会议	2016.11.24—2016.11.27	韩冬青	研讨	2	30	32
2016—25	结构建筑学研究国际学术研讨会	2016.11.19	韩冬青	研讨	8	18	26
2016—26	机械电子与机器视觉应用国际会议	2016.11.28—2016.11.30	王兴松	86	22	40	62
2016—27	第8届行为运筹学与行为运营管理国际研讨会	2016.12.17—2016.12.18	赵林度	研讨	20	80	100

2016年出国(境)人员名单一览表

姓名	所在院系	职务/职称	访问国家或地区	访问任务	时间
汪平西	建筑学院	研究生	泰国	国际会议	2016.01.01—2016.01.04
熊艳艳	经济管理学院	副教授	美国	国际会议	2016.01.01—2016.01.06
周勤	经济管理学院	副院长、教授	美国	合作研究并与会	2016.01.01—2016.01.20
郑沛娟	土木工程学院	研究生	新加坡	短期学习	2016.01.01—2016.06.30
张洪明	医学院	研究生	德国	短期学习	2016.01.01—2016.06.30
徐国英	能源与环境学院	讲师	新加坡	国际会议	2016.01.02—2016.01.06
陈振乾	能源与环境学院	教授	新加坡	国际会议	2016.01.02—2016.01.06
徐康宁	经济管理学院	教授	美国	合作研究	2016.01.02—2016.01.11
杨决宽	机械工程学院	研究员	新加坡	国际会议	2016.01.03—2016.01.07
刘晨晗	机械工程学院	研究生	新加坡	国际会议	2016.01.03—2016.01.07
陶毅	机械工程学院	研究生	新加坡	国际会议	2016.01.03—2016.01.07
赵扬	机械工程学院	研究生	新加坡	国际会议	2016.01.03—2016.01.07
许波	能源与环境学院	研究生	新加坡	国际会议	2016.01.03—2016.01.07
姚峰	能源与环境学院	研究生	新加坡	国际会议及工作访问	2016.01.04—2016.01.06
李彦斌	土木工程学院	研究生	美国	国际会议	2016.01.04—2016.01.08
郭昊	物理系	教授	美国	合作研究	2016.01.05—2016.01.16
舒华兵	物理系	研究生	香港	国际会议	2016.01.06—2016.01.10
李云海	物理系	研究生	香港	国际会议	2016.01.06—2016.01.10
张庆宇	材料科学与工程学院	研究生	美国	国际会议	2016.01.06—2016.01.11
王秋月	材料科学与工程学院	研究生	美国	国际会议	2016.01.06—2016.01.11
李星洲	材料科学与工程学院	研究生	美国	国际会议	2016.01.06—2016.01.11
孙立涛	电子科学与工程学院	教授、副院长	香港	国际会议	2016.01.07—2016.01.09
李小平	计算机科学与工程学院	教授	斯里兰卡	国际会议	2016.01.07—2016.01.11
汪芸	计算机科学与工程学院	教授	斯里兰卡	国际会议	2016.01.07—2016.01.11
王永健	经济管理学院	研究生	澳门	国际会议	2016.01.08—2016.01.11

(续　表)

姓名	所在院系	职务/职称	访问国家或地区	访问任务	时间
陈黎明	经济管理学院	研究生	澳门	国际会议	2016.01.08—2016.01.11
刘野	电子科学与工程学院	研究生	美国	国际会议	2016.01.08—2016.01.12
王保平	校长办公室	教授、副校长	美国	国际会议及工作访问	2016.01.08—2016.01.12
沈恒	交通学院	工程师	美国	国际会议	2016.01.08—2016.01.13
谢维	生命科学研究院	教授、院长	美国	合作研究	2016.01.08—2016.01.15
张宇宁	电子科学与工程学院	副教授	美国	国际会议	2016.01.09—2016.01.13
刘钊	交通学院	研究生	美国	国际会议	2016.01.09—2016.01.13
李艳霞	建筑学院	研究生	印度尼西亚、新加坡	国际会议及工作访问	2016.01.09—2016.01.15
李晓华	电子科学与工程学院	教授	美国	国际会议及合作研究	2016.01.09—2016.01.17
石邢	建筑学院	副院长	印度尼西亚、新加坡	国际会议及工作访问	2016.01.09—2016.01.17
叶智锐	交通学院	教授	美国	国际会议	2016.01.10—2016.01.14
胡晓健	交通学院	副教授	美国	国际会议	2016.01.10—2016.01.14
马永锋	交通学院	副教授	美国	国际会议	2016.01.10—2016.01.14
刘攀	交通学院	教授、院长	美国	国际会议	2016.01.10—2016.01.14
顾兴宇	交通学院	副教授、副院长	美国	国际会议	2016.01.10—2016.01.14
倪富健	交通学院	教授	美国	国际会议	2016.01.10—2016.01.14
陈淑燕	交通学院	教授	美国	国际会议	2016.01.10—2016.01.14
张健	交通学院	讲师	美国	国际会议	2016.01.10—2016.01.14
吴家明	交通学院	研究生	美国	国际会议	2016.01.10—2016.01.14
杨博	交通学院	研究生	美国	国际会议	2016.01.10—2016.01.14
金星	建筑学院	副教授	新加坡	合作研究	2016.01.10—2016.01.19
段早琦	机械工程学院	博士生	美国	国际会议	2016.01.11—2016.01.15
汪丰	生物科学与医学工程学院	副教授	加拿大	工作访问	2016.01.11—2016.01.15
崔铁军	信息科学与工程学院	教授	香港	国际会议	2016.01.11—2016.01.15
程强	信息科学与工程学院	研究员	香港	国际会议	2016.01.11—2016.01.15
蒋卫祥	信息科学与工程学院	研究员	香港	国际会议	2016.01.11—2016.01.15
马慧锋	信息科学与工程学院	研究员	香港	国际会议	2016.01.11—2016.01.15
汤文轩	信息科学与工程学院	讲师	香港	国际会议	2016.01.11—2016.01.15

（续 表）

姓名	所在院系	职务/职称	访问国家或地区	访问任务	时间
鲍 迪	信息科学与工程学院	讲师	香港	国际会议	2016.01.11—2016.01.15
张浩驰	信息科学与工程学院	研究生	香港	国际会议	2016.01.11—2016.01.15
尹佳媛	信息科学与工程学院	研究生	香港	国际会议	2016.01.11—2016.01.15
李允博	信息科学与工程学院	研究生	香港	国际会议	2016.01.11—2016.01.15
刘 硕	信息科学与工程学院	研究生	香港	国际会议	2016.01.11—2016.01.15
魏海坤	自动化学院	教授、副院长	日本	交流	2016.01.11—2016.01.15
翟军勇	自动化学院	教授	日本	交流	2016.01.11—2016.01.15
张倪健	自动化学院	教授	日本	交流	2016.01.11—2016.01.15
郑 军	信息科学与工程学院	教授	新加坡	合作研究	2016.01.13—2016.01.16
陶 军	计算机科学与工程学院	副教授	瑞士	合作研究	2016.01.13—2016.01.17
冯博威	软件学院	本科生	瑞士	短期学习	2016.01.13—2016.01.17
王凯旋	吴健雄学院	本科生	瑞士	短期学习	2016.01.13—2016.01.17
李 飚	建筑学院	教授	瑞士	合作研究	2016.01.13—2016.01.26
郭梓峰	建筑学院	研究生	瑞士	合作研究	2016.01.13—2016.01.26
周海清	物理系	副教授	台湾	合作研究	2016.01.13—2016.01.31
蔡建国	土木工程学院	副研究员	美国	合作研究	2016.01.13—2017.01.12
徐 健	海外教育学院	副院长	泰国	工作访问	2016.01.14—2016.01.18
蔡一峰	海外教育学院	科长	泰国	工作访问	2016.01.14—2016.01.18
孟 杰	学生处	副科长	澳门	中国内地高等教育联展暨保送生考试	2016.01.14—2016.01.18
陈 磊	交通学院	讲师	美国	工作访问	2016.01.15—2016.01.19
刘继军	数学系	教授	韩国	国际会议	2016.01.18—2016.01.22
苟少华	化学化工学院	教授	台湾	国际会议	2016.01.18—2016.01.24
陈飞虹	化学化工学院	讲师	台湾	国际会议	2016.01.18—2016.01.24
房 雷	化学化工学院	副教授	台湾	国际会议	2016.01.18—2016.01.24
蔡 进	化学化工学院	副教授	台湾	国际会议	2016.01.18—2016.01.24
王志梅	化学化工学院	博士生	台湾	国际会议	2016.01.18—2016.01.24
胡伟伟	化学化工学院	博士生	台湾	国际会议	2016.01.18—2016.01.24
秦晓东	化学化工学院	博士生	台湾	国际会议	2016.01.18—2016.01.24
徐梓宸	化学化工学院	博士生	台湾	国际会议	2016.01.18—2016.01.24
于海燕	化学化工学院	硕士生	台湾	国际会议	2016.01.18—2016.01.24

（续　表）

姓名	所在院系	职务/职称	访问国家或地区	访问任务	时间
周治萍	化学化工学院	硕士生	台湾	国际会议	2016.01.18—2016.01.24
姚贵阳	化学化工学院	博士生	台湾	国际会议	2016.01.18—2016.01.24
温广辉	数学系	讲师	香港	合作研究	2016.01.18—2016.03.18
温广辉	数学系	讲师	香港	合作研究	2016.01.18—2016.03.18
李新德	自动化学院	副教授	新加坡	合作研究	2016.01.18—2016.08.31
王玉婵	数学系	研究生	韩国	国际会议	2016.01.19—2016.01.22
李同兴	数学系	研究生	韩国	国际会议	2016.01.19—2016.01.22
刘松琴	化学化工学院	副院长、教授	美国	合作科研	2016.01.19—2016.01.24
丁　辉	校长办公室	总会计师	美国	合作研究	2016.01.20—2016.02.20
熊仁根	化学化工学院	教授	美国	合作研究	2016.01.20—2016.04.10
鲁乃唯	土木工程学院	讲师	德国	合作研究	2016.01.20—2017.01.19
许　威	信息科学与工程学院	副教授	加拿大	合作研究	2016.01.21—2016.02.18
骆　钊	电气工程学院	研究生	泰国	国际会议	2016.01.22—2016.01.26
洪　伟	信息科学与工程学院	教授、院长	美国	国际会议	2016.01.22—2016.01.26
李京津	建筑学院	研究生	新加坡	短期学习	2016.01.22—2016.12.30
王金兰	物理系	教授	台湾	国际会议	2016.01.24—2016.01.29
叶继红	土木工程学院	教授	台湾	学术交流	2016.01.24—2016.01.31
张敏维	成贤学院	本科生	台湾	短期课程	2016.01.24—2016.02.02
韩萌梦	成贤学院	本科生	台湾	短期课程	2016.01.24—2016.02.02
汪祎云	成贤学院	本科生	台湾	短期课程	2016.01.24—2016.02.02
洪　晔	成贤学院	本科生	台湾	短期课程	2016.01.24—2016.02.02
齐菡瑜	成贤学院	本科生	台湾	短期课程	2016.01.24—2016.02.02
许　珂	成贤学院	本科生	台湾	短期课程	2016.01.24—2016.02.02
姚颖婕	成贤学院	本科生	台湾	短期课程	2016.01.24—2016.02.02
李袁彧	成贤学院	本科生	台湾	短期课程	2016.01.24—2016.02.02
陈鑫莉	成贤学院	本科生	台湾	短期课程	2016.01.24—2016.02.02
黄智鑫	成贤学院	本科生	台湾	短期课程	2016.01.24—2016.02.02
曹一鸣	建筑学院	本科生	台湾	体育交流	2016.01.24—2016.02.03
杨　军	电子科学与工程学院	教授	美国	国际会议及访问	2016.01.24—2016.02.11
朱彦熹	生物科学与医学工程学院	研究生	新加坡	国际会议	2016.01.25—2016.01.28

（续　表）

姓名	所在院系	职务/职称	访问国家或地区	访问任务	时间
李滔滔	生物科学与医学工程学院	研究生	新加坡	国际会议	2016.01.25—2016.01.28
顾　宁	生物科学与医学工程学院	教授	日本	国际会议	2016.01.25—2016.01.29
傅晓建	信息科学与工程学院	博士后	台湾	学术交流	2016.01.25—2016.02.03
杨福俊	土木工程学院	教授	新加坡	合作研究	2016.01.25—2016.02.21
张　旭	建筑学院	讲师	瑞士、奥地利	工作访问	2016.01.27—2016.02.03
韩冬青	建筑学院	院长	瑞士、奥地利	工作访问	2016.01.27—2016.02.03
葛　明	建筑学院	副院长	瑞士、奥地利	工作访问	2016.01.27—2016.02.03
史　剑	交通学院	研究生	日本	国际会议	2016.01.28—2016.02.04
杨万扣	自动化学院	副研究员	香港	合作研究	2016.01.28—2016.02.05
李连鸣	信息科学与工程学院	副教授	美国	国际会议	2016.01.30—2016.02.04
王　正	建筑学院	副教授	瑞典	合作研究	2016.01.30—2016.02.26
单伟伟	电子科学与工程学院	副教授	美国	国际会议	2016.01.31—2016.02.04
陈陆馗	附属中大医院	主任医师、教授	南非	国际会议	2016.01.31—2016.02.04
乔正辉	能源与环境学院	研究生	意大利	国际会议	2016.01.31—2016.02.04
赵涤燹	信息科学与工程学院	副研究员	美国	国际会议	2016.01.31—2016.02.04
樊　红	医学院	教授	美国	合作研究	2016.01.31—2016.02.16
唐　煜	土木工程学院	研究生	美国	短期学习	2016.01.31—2016.08.15
管东芝	土木工程学院	助理研究员	日本	合作研究	2016.01.31—2016.08.31
孟少平	土木工程学院	教授	日本	合作研究	2016.02.01—2016.03.30
张　波	附属中大医院	副主任医师	英国	合作研究	2016.02.01—2016.04.30
谢剑锋	医学院	研究生	美国	合作研究	2016.02.01—2017.01.31
刘松吟	信息科学与工程学院	研究生	泰国	国际会议	2016.02.02—2016.02.06
阳　媛	仪器科学与工程学院	讲师	美国	合作研究	2016.02.03—2016.02.07
李　娜	仪器科学与工程学院	研究生	美国	合作研究	2016.02.03—2016.02.07
王　庆	仪器科学与工程学院	教授	美国	合作研究	2016.02.03—2016.02.27
陈宝安	附属中大医院	教授	美国	合作研究	2016.02.06—2016.03.05
顾忠泽	生物科学与医学工程学院	院长、教授	美国	国际会议及工作访问	2016.02.09—2016.02.18

(续 表)

姓名	所在院系	职务/职称	访问国家或地区	访问任务	时间
万遂人	生物科学与医学工程学院	教授	美国	国际会议	2016.02.10—2016.02.19
刘继军	数学系	教授	日本	合作研究	2016.02.10—2016.03.30
李同兴	数学系	研究生	日本	合作研究	2016.02.10—2016.03.30
韩冬青	建筑学院	教授	美国	工作访问	2016.02.11—2016.02.15
王建国	建筑学院	教授	美国	工作访问	2016.02.11—2016.02.15
葛 明	建筑学院	教授	美国	工作访问	2016.02.11—2016.02.15
程永振	交通学院	研究生	肯尼亚	合作研究	2016.02.11—2016.08.10
刘 倩	计算机科学与工程学院	研究生	美国	国际会议	2016.02.12—2016.02.16
顾忠泽	生物科学与医学工程学院	院长、教授	美国	国际会议及工作访问	2016.02.12—2016.02.19
孙 啸	生物科学与医学工程学院	教授	美国	国际会议及工作访问	2016.02.12—2016.02.19
胡晓青	电气工程学院	研究生	法国	国际会议	2016.02.13—2016.02.22
王格芮	成贤学院	本科生	台湾	短期学习	2016.02.13—2016.06.20
徐路怡	成贤学院	本科生	台湾	短期学习	2016.02.13—2016.06.20
陈 成	材料科学与工程学院	本科生	台湾	短期学习	2016.02.13—2016.06.22
巫 顺	土木工程学院	本科生	台湾	短期学习	2016.02.13—2016.06.22
杜朝明	吴健雄学院	本科生	台湾	短期学习	2016.02.13—2016.06.22
郭静芋	电子科学与工程学院	研究生	美国	国际会议	2016.02.14—2016.02.18
王海宁	建筑学院	研究生	土耳其	国际会议	2016.02.14—2016.02.18
熊 文	交通学院	副教授	美国	国际会议	2016.02.14—2016.02.18
曹靓宁	经济管理学院	本科生	台湾	短期学习	2016.02.14—2016.06.22
徐良缘	吴健雄学院	本科生	台湾	短期学习	2016.02.14—2016.06.22
于 乐	自动化学院	本科生	台湾	短期学习	2016.02.14—2016.06.22
王雪祺	材料科学与工程学院	本科生	台湾	短期学习	2016.02.14—2016.06.24
刘壮志	机械工程学院	本科生	台湾	短期学习	2016.02.14—2016.06.24
张祎霖	机械工程学院	本科生	台湾	短期学习	2016.02.14—2016.06.24
习艺昕	经济管理学院	本科生	台湾	短期学习	2016.02.14—2016.06.24
俞佳瑶	经济管理学院	本科生	台湾	短期学习	2016.02.14—2016.06.24
丁子云	经济管理学院	本科生	台湾	短期学习	2016.02.14—2016.06.24

（续　表）

姓名	所在院系	职务/职称	访问国家或地区	访问任务	时间
张颖琦	经济管理学院	本科生	台湾	短期学习	2016.02.14—2016.06.24
刘家铭	吴健雄学院	本科生	台湾	短期学习	2016.02.14—2016.06.24
徐　路	吴健雄学院	本科生	台湾	短期学习	2016.02.14—2016.06.24
陆　旭	仪器科学与工程学院	本科生	台湾	短期学习	2016.02.14—2016.06.24
吴京晶	法学院	本科生	台湾	短期学习	2016.02.14—2016.06.25
陈奂冰	法学院	本科生	台湾	短期学习	2016.02.14—2016.06.25
张　琦	外国语学院	本科生	台湾	短期学习	2016.02.14—2016.06.25
黄英姿	附属中大医院	主任医师	美国	国际会议	2016.02.15—2016.02.19
屠苏南	建筑学院	讲师	加拿大	国际会议	2016.02.15—2016.02.19
张建坤	土木工程学院	教授	土耳其	国际会议	2016.02.15—2016.02.19
李灵芝	土木工程学院	研究生	土耳其	国际会议	2016.02.15—2016.02.19
李铁香	数学系	副教授	台湾	合作研究	2016.02.15—2016.04.15
程永振	交通学院	研究生	肯尼亚	合作研究	2016.02.15—2016.05.10
宋笑语	建筑学院	本科生	台湾	短期学习	2016.02.15—2016.06.26
康杨天睿	能源与环境学院	本科生	台湾	短期学习	2016.02.15—2016.06.26
康百川	土木工程学院	本科生	台湾	短期学习	2016.02.15—2016.06.26
黄　迪	土木工程学院	本科生	台湾	短期学习	2016.02.15—2016.06.26
吴　非	土木工程学院	本科生	台湾	短期学习	2016.02.15—2016.06.26
毛安妮	土木工程学院	本科生	台湾	短期学习	2016.02.15—2016.06.26
魏斯特	土木工程学院	本科生	台湾	短期学习	2016.02.15—2016.06.26
宣国富	人文学院	副教授	美国	留学进修	2016.02.15—2017.02.14
程子金	交通学院	本科生	台湾	短期学习	2016.02.16—2016.06.24
姚远超	经济管理学院	本科生	台湾	短期学习	2016.02.16—2016.06.24
谢贝珊	外国语学院	本科生	台湾	短期学习	2016.02.16—2016.06.24
林彤颜	材料科学与工程学院	本科生	台湾	短期学习	2016.02.16—2016.06.30
王楚赫	材料科学与工程学院	本科生	台湾	短期学习	2016.02.16—2016.06.30
吴钟杰	成贤学院	本科生	台湾	短期学习	2016.02.16—2016.06.30
汤楚悦	成贤学院	本科生	台湾	短期学习	2016.02.16—2016.06.30
刘　书	成贤学院	本科生	台湾	短期学习	2016.02.16—2016.06.30
宋璘偲	成贤学院	本科生	台湾	短期学习	2016.02.16—2016.06.30

(续　表)

姓名	所在院系	职务/职称	访问国家或地区	访问任务	时间
周　漫	成贤学院	本科生	台湾	短期学习	2016.02.16—2016.06.30
吕泓滟	成贤学院	本科生	台湾	短期学习	2016.02.16—2016.06.30
卜静钰	经济管理学院	本科生	台湾	短期学习	2016.02.16—2016.06.30
张博文	吴健雄学院	本科生	台湾	短期学习	2016.02.16—2016.06.30
苗雨萌	成贤学院	本科生	台湾	短期学习	2016.02.16—2016.07.03
曹晓佳	成贤学院	本科生	台湾	短期学习	2016.02.16—2016.07.03
华橙瑛	成贤学院	本科生	台湾	短期学习	2016.02.16—2016.07.03
唐天慈	成贤学院	本科生	台湾	短期学习	2016.02.16—2016.07.03
舒　睿	经济管理学院	本科生	台湾	短期学习	2016.02.17—2016.06.28
李莹莹	经济管理学院	本科生	台湾	短期学习	2016.02.17—2016.06.28
徐益群	材料科学与工程学院	本科生	台湾	短期学习	2016.02.17—2016.06.30
何湘鹏	机械工程学院	本科生	台湾	短期学习	2016.02.17—2016.06.30
王秋子	人文学院	本科生	台湾	短期学习	2016.02.17—2016.06.30
江　畅	土木工程学院	本科生	台湾	短期学习	2016.02.17—2016.06.30
李亚迪	土木工程学院	本科生	台湾	短期学习	2016.02.17—2016.06.30
何　洁	土木工程学院	本科生	台湾	短期学习	2016.02.17—2016.06.30
牛　丹	自动化学院	讲师	日本	合作研究	2016.02.18—2016.02.22
李　飚	建筑学院	教授	日本	合作研究	2016.02.18—2016.02.25
郭屹民	建筑学院	副研究员	日本	工作访问并联合教学	2016.02.18—2016.02.25
唐　芃	建筑学院	副教授	日本	工作访问并联合教学	2016.02.18—2016.02.25
陈煜君	建筑学院	研究生	日本	联合教学	2016.02.18—2016.03.02
沈　添	建筑学院	研究生	日本	联合教学	2016.02.18—2016.03.02
包宇喆	建筑学院	研究生	日本	联合教学	2016.02.18—2016.03.02
刘海芊	建筑学院	研究生	日本	联合教学	2016.02.18—2016.03.02
肖　威	建筑学院	研究生	日本	联合教学	2016.02.18—2016.03.02
蔡陈翼	建筑学院	研究生	日本	联合教学	2016.02.18—2016.03.02
高雨娜	人文学院	本科生	台湾	短期学习	2016.02.18—2016.06.26
孙杉璐	成贤学院	本科生	台湾	短期学习	2016.02.18—2016.06.28
朱路路	成贤学院	本科生	台湾	短期学习	2016.02.18—2016.06.28

（续　表）

姓名	所在院系	职务/职称	访问国家或地区	访问任务	时间
蔡　倩	成贤学院	本科生	台湾	短期学习	2016.02.18—2016.06.28
张凯丽	成贤学院	本科生	台湾	短期学习	2016.02.18—2016.06.28
朱志海	成贤学院	本科生	台湾	短期学习	2016.02.18—2016.06.28
郭美婷	交通学院	本科生	台湾	短期学习	2016.02.18—2016.06.30
李丹凝	经济管理学院	本科生	台湾	短期学习	2016.02.18—2016.06.30
戴　浪	经济管理学院	本科生	台湾	短期学习	2016.02.18—2016.06.30
钱雨桐	经济管理学院	本科生	台湾	短期学习	2016.02.18—2016.06.30
毕　铕	人文学院	本科生	台湾	短期学习	2016.02.18—2016.06.30
王　坚	医学院	教授	美国	国际会议	2016.02.19—2016.02.25
邵　朗	法学院	本科生	台湾	短期学习	2016.02.19—2016.06.25
陈竑颉	经济管理学院	本科生	台湾	短期学习	2016.02.19—2016.06.25
徐艺珺	经济管理学院	本科生	台湾	短期学习	2016.02.19—2016.06.25
黎万峡	人文学院	本科生	台湾	短期学习	2016.02.19—2016.06.25
朱玲瑶	法学院	本科生	台湾	短期学习	2016.02.19—2016.06.30
谈小铭	机械工程学院	本科生	台湾	短期学习	2016.02.19—2016.06.30
马逸凡	经济管理学院	本科生	台湾	短期学习	2016.02.19—2016.06.30
毛诗语	经济管理学院	本科生	台湾	短期学习	2016.02.19—2016.06.30
程亚文	经济管理学院	本科生	台湾	短期学习	2016.02.19—2016.06.30
朱晓宇	经济管理学院	本科生	台湾	短期学习	2016.02.19—2016.06.30
李　睿	经济管理学院	本科生	台湾	短期学习	2016.02.19—2016.06.30
吴豪杰	经济管理学院	本科生	台湾	短期学习	2016.02.19—2016.06.30
殷黎辉	人文学院	本科生	台湾	短期学习	2016.02.19—2016.06.30
邱海波	附属中大医院	教授、副院长	美国	国际会议	2016.02.20—2016.02.24
杨　毅	附属中大医院	副主任、主任医师	美国	国际会议	2016.02.20—2016.02.24
刘　玲	附属中大医院	副主任医师	美国	国际会议	2016.02.20—2016.02.24
柴人杰	生命科学研究院	教授	美国	国际会议	2016.02.20—2016.02.24
程　琳	交通学院	教授	美国	合作研究	2016.02.20—2016.03.19
吴　乐	成贤学院	本科生	台湾	短期学习	2016.02.20—2016.06.30
张亚琪	成贤学院	本科生	台湾	短期学习	2016.02.20—2016.06.30
徐　涛	经济管理学院	研究生	意大利	国际会议	2016.02.21—2016.02.26

(续 表)

姓名	所在院系	职务/职称	访问国家或地区	访问任务	时间
李姗姗	经济管理学院	研究生	奥地利	国际会议	2016.02.21—2016.02.27
潘 靖	电子工程学院	本科生	台湾	短期学习	2016.02.21—2016.06.27
赵大同	经济管理学院	本科生	台湾	短期学习	2016.02.21—2016.06.27
杨 波	仪器科学与工程学院	副教授	美国	国际会议	2016.02.22—2016.02.26
赵 健	电子科学与工程学院	研究生	美国	国际会议	2016.02.23—2016.02.27
李百浩	建筑学院	教授	日本	访问考察	2016.02.23—2016.02.28
陆祖宏	生物科学与医学工程学院	教授	美国	国际会议	2016.02.23—2016.02.29
陈学武	交通学院	教授	台湾	国际会议	2016.02.26—2016.03.02
程 龙	交通学院	博士生	台湾	国际会议	2016.02.26—2016.03.02
刘加平	材料科学与工程学院	教授	英国	合作研究	2016.02.26—2016.03.27
罗守华	生物科学与医学工程学院	副教授	美国	国际会议	2016.02.27—2016.03.02
李 光	生物科学与医学工程学院	研究生	美国	国际会议	2016.02.27—2016.03.02
李中源	生物科学与医学工程学院	研究生	美国	国际会议	2016.02.27—2016.03.05
芮光浩	电子科学与工程学院	副研究员	美国	合作研究	2016.03.01—2016.04.30
谢卓颖	生物科学与医学工程学院	副研究员	美国	留学进修	2016.03.01—2017.02.28
段晋军	自动化学院	研究生	新加坡	短期学习	2016.03.01—2017.03.01
张 益	材料科学与工程学院	研究生	法国	合作研究	2016.03.01—2017.09.01
屠 彦	电子科学与工程学院	教授	澳大利亚	国际会议	2016.03.02—2016.03.06
王莉莉	电子科学与工程学院	讲师	澳大利亚	国际会议	2016.03.02—2016.03.06
潘志文	信息科学与工程学院	教授	泰国	国际会议	2016.03.04—2016.03.07
滕皋军	附属中大医院	院长、教授	奥地利	国际会议	2016.03.06—2016.03.10
黄 伟	材料科学与工程学院	研究生	德国	国际会议	2016.03.08—2016.03.11
沈智琪	土木工程学院	研究生	韩国	合作研究	2016.03.09—2016.03.11
柯纯建	建筑学院	研究生	美国	国际会议	2016.03.09—2016.03.13
贾民平	机械工程学院	教授	澳门	国际会议	2016.03.10—2016.03.13
朱 林	机械工程学院	研究生	澳门	国际会议	2016.03.10—2016.03.13
何农跃	生物医学工程学院	教授	美国	国际会议	2016.03.10—2016.03.17
钱卫平	生物科学与医学工程学院	教授	美国	国际会议及工作访问	2016.03.10—2016.03.19

(续　表)

姓名	所在院系	职务/职称	访问国家或地区	访问任务	时间
陈汉武	计算机科学与工程学院	教授	日本	合作研究	2016.03.10—2016.03.21
邬燕琪	生物科学与医学工程学院	研究生	美国	国际会议	2016.03.11—2016.03.17
蔡夫锋	化学化工学院	研究生	香港	国际会议	2016.03.12—2016.03.14
张义东	化学化工学院	研究生	香港	国际会议	2016.03.12—2016.03.14
王　远	化学化工学院	研究生	香港	国际会议	2016.03.12—2016.03.14
王　飞	化学化工学院	研究生	香港	国际会议	2016.03.12—2016.03.14
沈　宇	化学化工学院	研究生	香港	国际会议	2016.03.12—2016.03.14
郭潇潇	物理系	研究生	美国	国际会议	2016.03.12—2016.03.16
尤肖虎	信息科学与工程学院	教授	台湾	两岸会议	2016.03.12—2016.03.16
郑　军	信息科学与工程学院	教授	台湾	两岸会议	2016.03.12—2016.03.16
廖文象	医学院	研究生	西班牙	国际会议	2016.03.12—2016.03.16
侯正华	医学院	研究生	西班牙	国际会议	2016.03.12—2016.03.16
陈喜芳	物理系	研究生	美国	国际会议	2016.03.12—2016.03.17
阳　析	信息科学与工程学院	硕士生	台湾	学术交流	2016.03.12—2016.03.19
范　利	信息科学与工程学院	硕士生	台湾	学术交流	2016.03.12—2016.03.20
钟　敏	数学系	讲师	日本	合作研究	2016.03.12—2016.03.25
金　石	信息科学与工程学院	教授	台湾	合作研究	2016.03.12—2016.04.12
褚兰玲	公共卫生学院	研究生	英国	国际会议	2016.03.13—2016.03.16
许瑞林	电子科学与工程学院	研究生	美国	国际会议	2016.03.13—2016.03.17
廖　晨	电子科学与工程学院	研究生	美国	国际会议	2016.03.13—2016.03.17
叶　静	生物科学与医学工程	研究生	美国	国际会议	2016.03.13—2016.03.17
王雪梅	生物科学与医学工程学院	教授	美国	国际会议	2016.03.13—2016.03.17
马永豪	生物科学与医学工程学院	研究生	美国	国际会议	2016.03.13—2016.03.17
朱钟湖	物理系	研究生	美国	国际会议	2016.03.13—2016.03.17
叶　青	医学院	研究生	意大利	国际会议	2016.03.13—2016.03.17
何灿灿	医学院	研究生	意大利	国际会议	2016.03.13—2016.03.17
龚　亮	医学院	研究生	意大利	国际会议	2016.03.13—2016.03.17
徐　申	电子科学与工程学院	讲师	台湾	国际会议	2016.03.13—2016.03.18

(续　表)

姓名	所在院系	职务/职称	访问国家或地区	访问任务	时间
王　冲	电子科学与工程学院	博士生	台湾	国际会议	2016.03.13—2016.03.18
巢　渊	机械工程学院	博士生	台湾	国际会议	2016.03.13—2016.03.18
虞文武	数学系	教授	台湾	国际会议	2016.03.13—2016.03.18
卢剑权	数学系	教授	台湾	国际会议	2016.03.13—2016.03.18
梁金玲	数学系	教授	台湾	国际会议	2016.03.13—2016.03.18
朱亚楠	数学系	博士生	台湾	国际会议	2016.03.13—2016.03.18
洪会粉	数学系	博士生	台湾	国际会议	2016.03.13—2016.03.18
翁亚奎	物理系	研究生	美国	国际会议	2016.03.13—2016.03.18
李世华	自动化学院	教授	台湾	国际会议	2016.03.13—2016.03.18
陈夕松	自动化学院	教授	台湾	国际会议	2016.03.13—2016.03.18
杨　俊	自动化学院	副教授	台湾	国际会议	2016.03.13—2016.03.18
牛　丹	自动化学院	讲师	台湾	国际会议	2016.03.13—2016.03.18
赵振华	自动化学院	博士生	台湾	国际会议	2016.03.13—2016.03.18
王　佐	自动化学院	博士生	台湾	国际会议	2016.03.13—2016.03.18
陈锦祥	土木工程学院	教授	日本	国际会议及工作访问	2016.03.13—2016.03.19
拓万永	土木工程学院	研究生	日本	国际会议及工作访问	2016.03.13—2016.03.19
刘松桥	附属中大医院	副主任医师	比利时	国际会议	2016.03.14—2016.03.18
刘艾然	附属中大医院	住院医师	比利时	国际会议	2016.03.14—2016.03.18
袁志山	机械工程学院	研究生	美国	国际会议	2016.03.14—2016.03.18
张文霞	物理系	研究生	美国	国际会议	2016.03.14—2016.03.18
杨　毅	附属中大医院	主任医师	比利时	国际会议	2016.03.15—2016.03.19
李万林	信息科学与工程学院	教授	德国	合作研究	2016.03.15—2016.03.28
张　涛	数学系	研究生	韩国	国际会议	2016.03.15—2016.06.19
蒋卫锋	生物科学与医学工程学院	博士后	英国	合作研究	2016.03.15—2016.09.15
姚玉宇	附属中大医院	研究员	韩国	国际会议	2016.03.16—2016.03.19
汪　峥	自动化学院	教授	美国	国际会议	2016.03.16—2016.03.20
李世华	自动化学院	教授	澳门	工作访问	2016.03.18—2016.03.19
杨　俊	自动化学院	副教授	澳门	工作访问	2016.03.18—2016.03.19
吴　刚	土木工程学院	教授	香港	参加校友联谊会	2016.03.18—2016.03.22

（续 表）

姓名	所在院系	职务/职称	访问国家或地区	访问任务	时间
姚志彪	发展委员会	秘书长	香港	参加校友会	2016.03.19—2016.03.21
李 华	建筑学院	副教授	日本	合作研究	2016.03.20—2016.03.27
陈 烨	建筑学院	副教授	日本	合作研究	2016.03.20—2016.03.27
鞠昌萍	附属中大医院	护师	台湾	临床培训	2016.03.20—2016.04.02
傅晓建	信息学院	博士后	新加坡	合作研究	2016.03.20—2017.03.20
孙岳明	科研院	常务副院长、教授	澳大利亚	工作访问	2016.03.21—2016.03.26
黄 凯	东南大学-蒙纳士大学苏州联合研究生院	院长、教授	澳大利亚	工作访问	2016.03.21—2016.03.26
顾 宁	生物科学与医学工程学院	教授	台湾	两岸会议	2016.03.22—2016.03.25
易 红	党委办公室	书记	澳大利亚	访问考察	2016.03.22—2016.03.26
梅汉成	国际合作处	处长	澳大利亚	访问考察	2016.03.22—2016.03.26
徐 健	海外教育学院	副院长	澳大利亚	访问考察	2016.03.22—2016.03.26
韦 静	化学化工学院	博士	荷兰	国际会议	2016.03.22—2016.03.26
袁榴娣	研究生院	副院长	澳大利亚	访问考察	2016.03.22—2016.03.26
胡 平	艺术学院	教授	日本	国际会议	2016.03.24—2016.03.28
王建国	建筑学院	教授	日本	合作研究	2016.03.25—2016.04.03
郭屹民	建筑学院	副研究员	日本	合作研究	2016.03.25—2016.04.03
唐 芃	建筑学院	副教授	日本	合作研究	2016.03.25—2016.04.03
李永辉	建筑学院	副教授	日本	合作研究	2016.03.25—2016.04.03
韩冬青	建筑学院	教授、院长	日本	合作研究	2016.03.25—2016.04.03
肖 冰	法学院	教授	台湾	合作研究	2016.03.25—2016.05.25
董正高	物理系	教授	韩国	国际会议	2016.03.26—2016.03.29
王 琨	医学院	研究生	澳大利亚	国际会议	2016.03.28—2016.04.01
李 涛	材料科学与工程学院	研究生	捷克	国际会议	2016.03.28—2016.04.02
陈宏胜	建筑学院	研究生	美国	国际会议	2016.03.28—2016.04.04
易 鑫	建筑学院	讲师	美国	国际会议	2016.03.29—2016.04.02
管驰明	经济管理学院	副教授	美国	国际会议	2016.03.29—2016.04.03
张 涛	仪器科学与工程学院	副研究员	新加坡	国际会议	2016.03.30—2016.04.03
赵天为	艺术学院	副教授	美国	国际会议	2016.03.30—2016.04.03
周小棣	建筑学院	副教授	台湾	国际会议	2016.03.30—2016.04.05

(续表)

姓名	所在院系	职务/职称	访问国家或地区	访问任务	时间
常军富	建筑学院	工程师	台湾	国际会议	2016.03.30—2016.04.05
高文娟	建筑学院	博士生	台湾	国际会议	2016.03.30—2016.04.05
孟 阳	建筑学院	硕士生	台湾	国际会议	2016.03.30—2016.04.05
汪 睿	建筑学院	研究生	香港	国际会议	2016.03.31—2016.04.04
窦瑞琪	建筑学院	研究生	香港	国际会议	2016.03.31—2016.04.04
黄卿云	建筑学院	研究生	香港	国际会议	2016.03.31—2016.04.04
吴振男	建筑学院	研究生	香港	国际会议	2016.03.31—2016.04.04
戴天晨	建筑学院	研究生	香港	国际会议	2016.03.31—2016.04.04
许之鑫	建筑学院	研究生	香港	国际会议	2016.03.31—2016.04.04
任雅静	建筑学院	研究生	香港	国际会议	2016.03.31—2016.04.04
陈宝安	附属中大医院	教授、主任医师	德国	国际会议及合作研究	2016.03.31—2016.04.12
陈淑燕	交通学院	教授	美国	留学进修	2016.04.01—2016.09.30
周 满	土木工程学院	研究生	日本	合作研究	2016.04.01—2016.10.31
田 亮	医学院	研究生	美国	短期学习	2016.04.01—2016.12.18
陶 军	计算机科学与工程学院	副教授	卡塔尔	国际会议	2016.04.02—2016.04.06
刘建华	计算机科学与工程学院	研究生	卡塔尔	国际会议	2016.04.02—2016.04.06
顾 宁	生物科学与医学工程学院	教授	美国	国际会议	2016.04.02—2016.04.06
代海波	信息科学与工程学院	研究生	卡塔尔	国际会议	2016.04.02—2016.04.06
黄 伟	信息科学与工程学院	研究生	卡塔尔	国际会议	2016.04.02—2016.04.06
滕皋军	附属中大医院	教授、主任医师	加拿大	国际会议	2016.04.02—2016.04.07
冯燕钧	电气工程学院	研究生	美国	国际会议	2016.04.03—2016.04.07
张 旭	电气工程学院	研究生	美国	国际会议	2016.04.03—2016.04.07
徐 婧	生命科学研究院	博士生	日本	国际会议	2016.04.03—2016.04.07
蒋雁翔	信息科学与工程学院	副研究员	卡塔尔	国际会议	2016.04.03—2016.04.07
许 威	信息科学与工程学院	教师	卡塔尔	国际会议	2016.04.03—2016.04.07
茆意伟	信息科学与工程学院	博士生	卡塔尔	国际会议	2016.04.03—2016.04.07
杨照辉	信息科学与工程学院	博士生	卡塔尔	国际会议	2016.04.03—2016.04.07
刘 健	信息科学与工程学院	硕士生	卡塔尔	国际会议	2016.04.03—2016.04.07

（续　表）

姓名	所在院系	职务/职称	访问国家或地区	访问任务	时间
丁晓进	信息科学与工程学院	研究生	卡塔尔	国际会议	2016.04.03—2016.04.07
鲁宁宁	信息科学与工程学院	研究生	卡塔尔	国际会议	2016.04.03—2016.04.07
李　鹏	信息科学与工程学院	研究生	卡塔尔	国际会议	2016.04.03—2016.04.07
王雪梅	生物科学与医学工程学院	教授	美国	国际会议	2016.04.04—2016.04.11
李永辉	建筑学院	副教授	意大利	合作研究	2016.04.04—2016.04.14
李新建	建筑学院	副教授	意大利	合作研究	2016.04.04—2016.04.14
胡　石	建筑学院	讲师	意大利	合作研究	2016.04.04—2016.04.14
郭凯凯	电气工程学院	研究生	摩纳哥	国际会议	2016.04.05—2016.04.09
黄　嘉	医学院	博士生	台湾	国际会议	2016.04.06—2016.04.10
徐荣丰	医学院	博士生	台湾	国际会议	2016.04.06—2016.04.10
郭凤梅	附属中大医院	副主任医师	荷兰	国际会议	2016.04.08—2016.04.12
邱海波	附属中大医院	副院长	荷兰	国际会议	2016.04.08—2016.04.12
江建中	出版社	总经理	英国	国际会议	2016.04.09—2016.04.14
谷　宁	出版社	主任	英国	国际会议	2016.04.09—2016.04.14
吴巍炜	计算机科学与工程学院	副教授	美国	国际会议	2016.04.09—2016.04.15
单　冯	计算机科学与工程学院	研究生	美国	国际会议	2016.04.09—2016.04.15
高建明	材料科学与工程学院	教授	意大利、葡萄牙	瓷质3C认证境外检查任务	2016.04.09—2016.04.23
殷晓星	信息科学与工程学院	教授	瑞士	国际会议	2016.04.10—2016.04.14
何　龙	信息科学与工程学院	研究生	美国	国际会议	2016.04.10—2016.04.14
张　涛	信息科学与工程学院	研究生	美国	国际会议	2016.04.10—2016.04.14
吴在军	电气工程学院	教授、副院长	日本	合作研究	2016.04.10—2016.04.15
无　奇	信息科学与工程学院	研究生	瑞士	国际会议	2016.04.10—2016.04.15
徐　健	海外教育学院	讲师	美国	合作研究	2016.04.10—2016.04.16
钟　辉	吴健雄学院	副教授	美国	合作研究	2016.04.10—2016.04.16
况迎辉	吴健雄学院	教授	美国	合作研究	2016.04.10—2016.04.16
王　利	国际合作处	副处长	德国、瑞士、英国	访问考察	2016.04.10—2016.04.19
葛　明	建筑学院	副院长	德国、瑞士、英国	访问考察	2016.04.10—2016.04.19

（续　表）

姓名	所在院系	职务/职称	访问国家或地区	访问任务	时间
浦跃朴	校长办公室	副校长	德国、瑞士、英国	访问考察	2016.04.10—2016.04.19
吴常铖	仪器科学与工程学院	研究生	瑞士	参加国际会议发明展	2016.04.10—2016.04.20
孙小菡	电子科学与工程学院	教授	爱尔兰	国际会议	2016.04.11—2016.04.15
凌　振	计算机科学与工程学院	讲师	美国	国际会议	2016.04.11—2016.04.15
曹向辉	自动化学院	教师	美国	国际会议	2016.04.11—2016.04.15
傅大放	土木工程学院	教授	澳大利亚	合作研究	2016.04.11—2016.05.10
邱海波	附属中大医院	教授、副院长	香港	国际会议	2016.04.12—2016.04.16
刘　进	计算机科学与工程学院	博士生	捷克	国际会议	2016.04.12—2016.04.16
孙立涛	电子科学与工程学院	副院长	荷兰	国际会议	2016.04.13—2016.04.17
茅建校	土木工程学院	研究生	瑞士	参加展览	2016.04.13—2016.04.17
张志珺	附属中大医院	科主任	美国	合作研究并访问考察	2016.04.14—2016.04.16
陈亚华	附属中大医院	副主任医师	希腊	国际会议	2016.04.14—2016.04.18
王　艳	医学院	副主任	希腊	国际会议	2016.04.14—2016.04.18
喻　丽	医学院	副主任	希腊	国际会议	2016.04.14—2016.04.18
张志珺	附属中大医院	教授	加拿大	国际会议	2016.04.15—2016.04.21
郁火星	艺术学院	副教授	英国	交流访问	2016.04.15—2016.10.14
樊　红	医学院	教授	美国	国际会议	2016.04.16—2016.04.20
刘万花	附属中大医院	主任医师	美国	国际会议及工作访问	2016.04.16—2016.04.23
沙菁契	机械工程学院	副教授	日本	国际会议	2016.04.17—2016.04.21
石鸿佟	机械工程学院	硕士生	日本	国际会议	2016.04.17—2016.04.21
边志浩	物理系	研究生	日本	国际会议	2016.04.17—2016.04.21
杨　军	交通学院	教授	德国	访问考察	2016.04.17—2016.04.22
王　栋	信息科学与工程学院	研究生	英国	国际会议和工作访问	2016.04.17—2016.04.23
柏宁丰	电子科学与工程学院	副教授	美国	国际会议	2016.04.18—2016.04.22
樊鹤红	电子科学与工程学院	副教授	美国	国际会议	2016.04.18—2016.04.22
沈长圣	电子科学与工程学院	讲师	美国	国际会议	2016.04.18—2016.04.22

（续 表）

姓名	所在院系	职务/职称	访问国家或地区	访问任务	时间
孙小菡	电子科学与工程学院	教授	美国	国际会议	2016.04.18—2016.04.22
张 劲	电子科学与工程学院	博士生	美国	国际会议	2016.04.18—2016.04.22
袁慧宇	电子科学与工程学院	研究生	美国	国际会议	2016.04.18—2016.04.22
赵兴群	生物科学与医学工程学院	教授	美国	国际会议	2016.04.18—2016.04.22
徐晓苏	仪器科学与工程学院	教授	美国	国际会议	2016.04.18—2016.04.22
杨 博	仪器科学与工程学院	博士生	美国	国际会议	2016.04.18—2016.04.22
徐 祥	仪器科学与工程学院	博士生	美国	国际会议	2016.04.18—2016.04.22
帅立国	机械工程学院	教授	美国	国际会议、考察访问	2016.04.19—2016.04.27
叶 治	机械工程学院	硕士生	新西兰	国际会议	2016.04.21—2016.04.25
姜 充	机械工程学院	硕士生	新西兰	国际会议	2016.04.21—2016.04.25
郭正兴	土木工程学院	教授	日本	访问考察	2016.04.21—2016.04.25
刘家彬	土木工程学院	副教授	日本	访问考察	2016.04.21—2016.04.25
王廷信	艺术学院	教授	台湾	国际会议	2016.04.21—2016.04.25
刘继军	数学系	教授	香港	合作研究	2016.04.21—2016.05.20
崔铁军	信息科学与工程学院	教授	新加坡	合作研究	2016.04.25—2016.04.27
刘 为	交通学院	研究生	香港	国际会议	2016.04.25—2016.04.28
程 光	计算机科学与工程学院	教授	美国	合作研究	2016.04.25—2016.05.03
彭新桂	附属中大医院	主治医师	美国	实习培训	2016.04.25—2016.05.20
居胜红	附属中大医院	教授、主任医师	美国	国际会议	2016.04.25—2016.05.20
汤文成	成贤学院	教授	德国	工作访问	2016.04.26—2016.04.30
胡 焱	成贤学院	高级工程师	德国	工作访问	2016.04.26—2016.04.30
董梅芳	成贤学院	教授	德国	工作访问	2016.04.26—2016.04.30
陈向群	人文学院	研究生	美国	国际会议	2016.04.26—2016.04.30
包达飞	机械工程学院	研究生	香港	国际会议	2016.04.27—2016.04.30
李 俊	自动化学院	副研究员	墨西哥	国际会议	2016.04.27—2016.05.01
熊晶晶	自动化学院	研究生	香港	国际会议	2016.04.27—2016.05.01
赵 娟	马克思主义学院	研究生	美国	国际会议	2016.04.28—2016.05.02
张 然	马克思主义学院	研究生	美国	国际会议	2016.04.28—2016.05.02

(续 表)

姓名	所在院系	职务/职称	访问国家或地区	访问任务	时间
胡汉辉	经济管理学院	教授	台湾	学术交流	2016.04.28—2016.05.04
陈志斌	经济管理学院	教授	台湾	学术交流	2016.04.28—2016.05.04
张 辉	机械工程学院	研究生	美国	短期学习	2016.04.30—2017.04.29
张大海	土木工程学院	博士生	澳大利亚	短期学习	2016.04.30—2017.04.29
游雨蒙	化学化工学院	教授	香港	国际会议	2016.05.03—2016.05.07
王金兰	物理系	教授	香港	国际会议	2016.05.03—2016.05.07
赖明辉	经济管理学院	讲师	美国	国际会议	2016.05.05—2016.05.09
杨东辉	经济管理学院	讲师	美国	国际会议	2016.05.05—2016.05.09
杨 阁	经济管理学院	研究生	美国	国际会议	2016.05.05—2016.05.09
喻 伟	经济管理学院	博士生	美国	国际会议	2016.05.05—2016.05.10
陈 明	附属中大医院	主任医师、副院长	美国	国际会议	2016.05.06—2016.05.10
常小峰	医学院	研究生	美国	国际会议	2016.05.06—2016.05.10
刘松玉	发展委员会	常务副主任、教授	香港	工作访问	2016.05.08—2016.05.10
梅汉成	港澳台办公室	主任、副研究员	香港	工作访问	2016.05.08—2016.05.10
殷 磊	港澳台办公室	馆员	香港	工作访问	2016.05.08—2016.05.10
郭小明	人事处	教授、处长	香港	工作访问	2016.05.08—2016.05.10
吴 刚	土木工程学院	院长、教授	香港	工作访问	2016.05.08—2016.05.10
张广军	校长办公室	校长、教授	香港	工作访问	2016.05.08—2016.05.10
孙蓓蓓	机械工程学院	教授、副院长	土耳其	国际会议	2016.05.08—2016.05.12
卢 熹	机械工程学院	副教授	土耳其	国际会议	2016.05.08—2016.05.12
张建润	机械工程学院	教授	土耳其	国际会议	2016.05.08—2016.05.12
刘 超	能源与环境学院	研究生	法国	国际会议	2016.05.08—2016.05.12
苏 凡	医学院	研究生	新加坡	国际会议	2016.05.08—2016.05.12
肖 睿	能源与环境学院	副院长	法国	国际会议	2016.05.08—2016.05.12
段伦博	能源与环境学院	副教授	法国、比利时	国际会议及工作访问	2016.05.08—2016.05.14
梁 财	能源与环境学院	副教授	法国、比利时	国际会议及工作访问	2016.05.08—2016.05.14
蒋巍川	计算机科学与工程学院	教授	新加坡	国际会议	2016.05.09—2016.05.13

（续　表）

姓名	所在院系	职务/职称	访问国家或地区	访问任务	时间
王万元	计算机科学与工程学院	研究生	新加坡	国际会议	2016.05.09—2016.05.13
屠仁军	生命科学研究院	研究生	日本	国际会议	2016.05.09—2016.05.13
朱利丰	仪器科学与工程学院	讲师	葡萄牙	国际会议	2016.05.09—2016.05.13
徐　照	土木工程学院	讲师	香港	合作研究	2016.05.10—2016.05.14
倪富健	交通学院	教授	美国	合作研究、访问考察	2016.05.10—2016.05.25
顾　宁	生物科学与医学工程学院	教授	日本	国际会议	2016.05.11—2016.05.14
戴艳艳	海外教育学院	主任科员	缅甸	参加中国高等教育展	2016.05.12—2016.05.16
章昊洋	海外教育学院	副主任	缅甸	参加中国高等教育展	2016.05.12—2016.05.16
黎秋航	物理系	研究生	泰国	国际会议	2016.05.12—2016.05.17
吴义锋	能源与环境学院	副教授	台湾	两岸会议	2016.05.12—2016.05.18
杨子萱	能源与环境学院	博士生	台湾	两岸会议	2016.05.12—2016.05.18
高圣兵	外国语学院	教师	美国	合作研究	2016.05.12—2016.08.31
李永辉	建筑学院	副教授	日本	合作研究	2016.05.13—2016.05.16
张　雷	医学院	研究生	美国	国际会议	2016.05.13—2016.05.17
李　爽	发展委员会	馆员	香港	工作访问	2016.05.14—2016.05.17
左文强	材料科学与工程学院	研究生	美国	国际会议	2016.05.14—2016.05.18
袁勇贵	附属中大医院	主任医师	美国	国际会议	2016.05.14—2016.05.18
杜　垲	能源与环境学院	教授	台湾	国际会议	2016.05.14—2016.05.18
江魏雪	能源与环境学院	博士生	台湾	国际会议	2016.05.14—2016.05.18
颜　洁	能源与环境学院	硕士生	台湾	国际会议	2016.05.14—2016.05.18
万小明	能源与环境学院	硕士生	台湾	国际会议	2016.05.14—2016.05.18
尹营营	医学院	研究生	美国	国际会议	2016.05.14—2016.05.18
岳莹莹	医学院	研究生	美国	国际会议	2016.05.14—2016.05.18
唐成君	信息科学与工程学院	研究生	希腊	国际会议	2016.05.14—2016.05.20
巴　特	材料科学与工程学院	研究生	加拿大	国际会议	2016.05.14—2016.05.22
白　晶	材料科学与工程学院	副教授	加拿大	国际会议	2016.05.14—2016.05.23
尚金堂	电子科学与工程学院	教授	英国	实习培训	2016.05.14—2016.05.28
阳建强	建筑学院	教授	捷克	国际会议	2016.05.15—2016.05.19
肖倩茹	生物科学与医学工程学院	研究生	加拿大	国际会议	2016.05.17—2016.05.21

(续 表)

姓名	所在院系	职务/职称	访问国家或地区	访问任务	时间
吕晓迎	生物科学与医学工程学院	教授	加拿大	国际会议	2016.05.17—2016.05.22
黄 炎	生物科学与医学工程学院	讲师	加拿大	国际会议	2016.05.17—2016.05.22
韩苏闽	基本建设处	主任	台湾	学术交流	2016.05.18—2016.05.23
孟正大	实验室与设备管理处	教授	台湾	学术交流	2016.05.18—2016.05.23
宗周红	土木工程学院	教授	台湾	学术交流	2016.05.18—2016.05.23
徐 明	土木工程学院	教授	台湾	学术交流	2016.05.18—2016.05.23
王燕华	土木工程学院	高级工程师	台湾	学术交流	2016.05.18—2016.05.23
王春林	土木工程学院	副教授	台湾	学术交流	2016.05.18—2016.05.23
袁 超	国际合作处	秘书	奥地利、匈牙利、捷克	工作访问	2016.05.18—2016.05.27
李维滨	基本建设处	处长、教授	奥地利、匈牙利、捷克	工作访问	2016.05.18—2016.05.27
程 光	计算机科学与工程学院	教授	奥地利、匈牙利、捷克	工作访问	2016.05.18—2016.05.27
黄亚继	能源与环境学院	教授	俄罗斯、乌克兰、白俄罗斯	访问考察	2016.05.18—2016.05.27
曹进德	数学系	系主任、教授	奥地利、匈牙利、捷克	工作访问	2016.05.18—2016.05.27
沈 炯	校长办公室	副校长	俄罗斯	工作访问	2016.05.18—2016.05.27
黄大卫	校长办公室	副校长	奥地利、匈牙利、捷克	工作访问	2016.05.18—2016.05.27
梁书亭	总务处	处长、教授	奥地利、匈牙利、捷克	工作访问	2016.05.18—2016.05.27
郭 彤	研究生院	教授	美国	国际会议	2016.05.19—2016.05.22
佐藤忠信	土木工程学院	教授	日本	国际会议	2016.05.19—2016.05.23
徐国英	能源与环境学院	讲师	丹麦、瑞典	国际会议及工作访问	2016.05.19—2016.05.26
郑晓红	能源与环境学院	副教授	丹麦、瑞典	国际会议及工作访问	2016.05.19—2016.05.26
钱 华	能源与环境学院	教授	丹麦、瑞典	国际会议及工作访问	2016.05.19—2016.05.26

（续 表）

姓名	所在院系	职务/职称	访问国家或地区	访问任务	时间
张 洋	医学院	研究生	奥地利	国际会议	2016.05.20—2016.05.24
刘必成	附属中大医院	副院长	奥地利	国际会议	2016.05.20—2016.05.25
刘 宏	附属中大医院	副主任	奥地利	国际会议	2016.05.20—2016.05.25
刘 丹	附属中大医院	医师	奥地利	国际会议	2016.05.20—2016.05.25
王桂花	医学院	博士生	奥地利	国际会议	2016.05.20—2016.05.25
李舒宏	能源与环境学院	教授	丹麦	国际会议及工作访问	2016.05.20—2016.05.27
洪 伟	信息科学与工程学院	教授	美国	国际会议	2016.05.20—2016.05.27
李晓华	电子科学与工程学院	教授	美国	国际会议及合作研究	2016.05.20—2016.05.29
冷 杉	能源与环境学院	教授	意大利	合作研究	2016.05.20—2016.06.05
黄培林	科研院	教授	德国	合作研究	2016.05.20—2016.06.30
朱晓维	信息科学与工程学院	教授	美国	工作访问	2016.05.21—2016.05.22
余 超	信息科学与工程学院	副高	美国	工作访问	2016.05.21—2016.05.22
吴至榛	信息科学与工程学院	研究生	加拿大	国际会议	2016.05.21—2016.05.25
杨俊梅	信息科学与工程学院	研究生	加拿大	国际会议	2016.05.21—2016.05.25
吕林莉	医学院	副教授	奥地利	国际会议	2016.05.21—2016.05.25
马 亮	信息科学与工程学院	博士生	加拿大	国际会议	2016.05.21—2016.05.26
陈俊杰	仪器科学与工程学院	教授	荷兰	合作研究并访问考察	2016.05.21—2016.05.30
党 建	信息科学与工程学院	讲师	马来西亚	国际会议	2016.05.22—2016.05.25
张 雄	电子科学与工程学院	教授	日本	国际会议	2016.05.22—2016.05.26
郭正波	电子科学与工程学院	研究生	美国	国际会议	2016.05.22—2016.05.26
吴俊康	能源与环境学院	研究生	韩国	国际会议	2016.05.22—2016.05.26
朱晓维	信息科学与工程学院	教授	美国	国际会议	2016.05.22—2016.05.26
张 川	信息科学与工程学院	副教授	加拿大	国际会议	2016.05.22—2016.05.26
李连鸣	信息科学与工程学院	副教授	美国	国际会议	2016.05.22—2016.05.26
管 瑞	信息科学与工程学院	研究生	马来西亚	国际会议	2016.05.22—2016.05.26
许传龙	能源与环境学院	教授	台湾	国际会议	2016.05.22—2016.05.29
孙 俊	能源与环境学院	博士生	台湾	国际会议	2016.05.22—2016.05.29
潘志文	信息科学与工程学院	教授	韩国、日本	访问考察	2016.05.22—2016.05.29
尤肖虎	信息科学与工程学院	教授	韩国、日本	国际会议	2016.05.22—2016.05.29

(续　表)

姓名	所在院系	职务/职称	访问国家或地区	访问任务	时间
严如强	仪器科学与工程学院	教授	台湾	国际会议	2016.05.22—2016.05.29
莫凌飞	仪器科学与工程学院	副教授	台湾	国际会议	2016.05.22—2016.05.29
李晨阳	仪器科学与工程学院	博士生	台湾	国际会议	2016.05.22—2016.05.29
焦　键	建筑学院	讲师	意大利	工作访问及参展	2016.05.22—2016.05.30
唐　芃	建筑学院	副教授	意大利	工作访问及参展	2016.05.22—2016.05.30
梅汉成	国际合作处	副教授、处长	俄罗斯、乌克兰、白俄罗斯	工作访问	2016.05.22—2016.05.31
张　彤	建筑学院	教授、副院长	俄罗斯、意大利	工作访问	2016.05.22—2016.05.31
赵林度	经济管理学院	教授、院长	俄罗斯、乌克兰、白俄罗斯	工作访问	2016.05.22—2016.05.31
王　兵	人文学院	教授、副院长	俄罗斯、乌克兰、白俄罗斯	工作访问	2016.05.22—2016.05.31
夏　军	电子科学与工程学院	教授	美国	国际会议	2016.05.23—2016.05.27
李　青	电子科学与工程学院	教授	美国	国际会议	2016.05.23—2016.05.27
张宇宁	电子科学与工程学院	副教授	美国	国际会议	2016.05.23—2016.05.27
孙立涛	电子科学与工程学院	副院长	泰国	国际会议	2016.05.23—2016.05.27
夏心怡	电子科学与工程学院	研究生	美国	国际会议	2016.05.23—2016.05.27
翁一士	电子科学与工程学院	研究生	美国	国际会议	2016.05.23—2016.05.27
陈　明	附属中大医院	副院长	美国	访问考察	2016.05.23—2016.05.27
汪　芸	计算机科学与工程学院	教授	美国	国际会议	2016.05.23—2016.05.27
刘　波	计算机科学与工程学院	副教授	马来西亚	国际会议	2016.05.23—2016.05.27
余　超	信息科学与工程学院	副高	美国	国际会议	2016.05.23—2016.05.27
徐平平	信息科学与工程学院	教授	马来西亚	国际会议	2016.05.23—2016.05.27
金　石	信息科学与工程学院	教授	马来西亚	国际会议	2016.05.23—2016.05.27
李　潇	信息科学与工程学院	副研究员	马来西亚	国际会议	2016.05.23—2016.05.27
郑　军	信息科学与工程学院	教授	马来西亚	国际会议	2016.05.23—2016.05.27
丁晓进	信息科学与工程学院	博士生	马来西亚	国际会议	2016.05.23—2016.05.27
肖　杰	信息科学与工程学院	研究生	马来西亚	国际会议	2016.05.23—2016.05.27
曹向辉	自动化学院	副教授	马来西亚	国际会议	2016.05.23—2016.05.27

(续 表)

姓名	所在院系	职务/职称	访问国家或地区	访问任务	时间
吴智深	土木工程学院	教授	英国	国际会议及访问考察	2016.05.23—2016.05.28
宋铁成	信息科学与工程学院	教授	马来西亚	国际会议	2016.05.23—2016.05.28
任卫时	财务处	副教授、处长	以色列、赞比亚、毛里求斯	工作访问	2016.05.23—2016.06.01
侯道平	国际合作处	研究实习员	以色列、赞比亚、毛里求斯	工作访问	2016.05.23—2016.06.01
殷果	海外教育学院	研究实习员	以色列、赞比亚、毛里求斯	工作访问	2016.05.23—2016.06.01
陆健	交通学院	教授、副院长	以色列、赞比亚、毛里求斯	工作访问	2016.05.23—2016.06.01
方红	科研院	副教授	以色列、赞比亚、毛里求斯	工作访问	2016.05.23—2016.06.01
丁辉	校长办公室	教授、副校长	以色列、赞比亚、毛里求斯	工作访问	2016.05.23—2016.06.01
赵祥伟	生物科学与医学工程学院	教授	瑞典	国际会议	2016.05.24—2016.05.28
李万林	信息科学与工程学院	教授	德国	合作研究	2016.05.24—2016.05.28
滕皋军	附属中大医院	院长	俄罗斯	国际会议	2016.05.24—2016.05.29
朱冬梅	经济管理学院	讲师	台湾	学术交流	2016.05.25—2016.05.30
汪小洋	艺术学院	教授	台湾	国际会议	2016.05.25—2016.05.30
程狄	艺术学院	博士后	台湾	国际会议	2016.05.25—2016.05.30
赵思毅	建筑学院	副教授	意大利	参加建筑展	2016.05.25—2016.06.01
万志辉	土木工程学院	博士生	台湾	国际会议	2016.05.26—2016.06.01
邓会元	土木工程学院	博士生	台湾	国际会议	2016.05.26—2016.06.01
陈志斌	经济管理学院	教授	新加坡	国际会议	2016.05.27—2016.05.31
浦正宁	经济管理学院	讲师	新加坡	国际会议	2016.05.28—2016.05.31
王亮亮	经济管理学院	讲师	新加坡	国际会议	2016.05.28—2016.05.31
顾欣	经济管理学院	副教授	新加坡	国际会议	2016.05.28—2016.05.31
马辉	交通学院	研究生	美国	国际会议	2016.05.28—2016.06.01
尹宁	附属中大医院	主任医师	英国	国际会议	2016.05.28—2016.06.02

(续 表)

姓名	所在院系	职务/职称	访问国家或地区	访问任务	时间
尚金堂	电子科学与工程学院	教授	美国	国际会议	2016.05.28—2016.06.04
赵学亮	土木工程学院	副教授	法国、挪威	国际会议及工作访问	2016.05.28—2016.06.04
高 崴	能源与环境学院	研究生	香港	国际会议	2016.05.29—2016.06.02
徐春祥	生物科学与医学工程学院	副院长	香港	访问考察	2016.05.29—2016.06.02
万遂人	生物科学与医学工程学院	教授	香港	访问考察	2016.05.29—2016.06.02
何农跃	生物科学与医学工程学院	教授	香港	访问考察	2016.05.29—2016.06.02
周光泉	生物科学与医学工程学院	讲师	香港	访问考察	2016.05.29—2016.06.02
蔡景明	土木工程学院	研究生	美国	国际会议	2016.05.29—2016.06.02
许 荔	土木工程学院	研究生	美国	国际会议	2016.05.29—2016.06.02
邓寄豫	建筑学院	研究生	新加坡	国际会议	2016.05.29—2016.06.03
闵天怡	建筑学院	研究生	新加坡	国际会议	2016.05.29—2016.06.03
邱 斌	海外教育学院	教授、院长	美国	参加教育展	2016.05.29—2016.06.05
黄 敏	海外教育学院	讲师	美国	参加教育展	2016.05.29—2016.06.05
顾忠泽	生物科学与医学工程学院	教授	香港	国际会议	2016.05.30—2016.06.01
赵远锦	生物科学与医学工程学院	研究员	香港	国际会议	2016.05.30—2016.06.01
王 洁	生物科学与医学工程学院	研究生	香港	国际会议	2016.05.30—2016.06.01
商骆然	生物科学与医学工程学院	研究生	香港	国际会议	2016.05.30—2016.06.01
李 浩	吴健雄学院	本科生	香港	国际会议	2016.05.30—2016.06.01
吴 蕾	电子科学与工程学院	研究生	美国	国际会议	2016.05.30—2016.06.03
吉 宇	电子科学与工程学院	研究生	美国	国际会议	2016.05.30—2016.06.03
刘肖凡	计算机科学与工程学院	副教授	韩国	国际会议	2016.05.30—2016.06.03
王兴平	建筑学院	教授	埃塞俄比亚	合作研究	2016.05.30—2016.06.03
徐嘉勃	建筑学院	研究生	埃塞俄比亚	合作研究	2016.05.30—2016.06.03
许闻博	建筑学院	研究生	埃塞俄比亚	合作研究	2016.05.30—2016.06.03
袁 杰	建筑学院	研究生	埃塞俄比亚	合作研究	2016.05.30—2016.06.03
赵新胜	信息科学与工程学院	教授	荷兰	国际会议	2016.05.30—2016.06.03

(续 表)

姓名	所在院系	职务/职称	访问国家或地区	访问任务	时间
郑建勇	成贤学院	教授	德国、波兰	工作访问	2016.05.30—2016.06.06
罗 斌	电子科学与工程学院	研究生	美国	国际会议	2016.05.31—2016.06.03
甘 琦	电子科学与工程学院	研究生	美国	国际会议	2016.05.31—2016.06.03
刘松桥	附属中大医院	副主任医师	英国	国际会议	2016.05.31—2016.06.04
高 阳	仪器科学与工程学院	研究生	韩国	国际会议	2016.05.31—2016.06.04
陈杨杨	自动化学院	副教授	尼泊尔	国际会议	2016.05.31—2016.06.04
张 亚	自动化学院	副教授	尼泊尔	国际会议	2016.05.31—2016.06.04
温广辉	数学系	讲师	尼泊尔	国际会议	2016.05.31—2016.06.05
王 和	数学系	研究生	尼泊尔	国际会议	2016.05.31—2016.06.05
祁 兵	材料科学与工程学院	研究生	法国	国际会议	2016.06.01—2016.06.05
王 飞	经济管理学院	研究生	泰国	国际会议	2016.06.01—2016.06.05
钱钦松	电子科学与工程学院	讲师	香港	工作访问	2016.06.02—2016.06.04
徐 申	电子科学与工程学院	讲师	香港	工作访问	2016.06.02—2016.06.04
程维昶	电子科学与工程学院	研究生	香港	国际会议	2016.06.02—2016.06.04
杨 毅	附属中大医院	主任医师	澳大利亚	国际会议	2016.06.02—2016.06.06
张培伟	土木工程学院	副教授	德国、希腊	国际会议及工作访问	2016.06.02—2016.06.09
牛晓康	信息科学与工程学院	研究生	芬兰	国际会议	2016.06.04—2016.06.08
汤 奕	电气工程学院	副教授	柬埔寨	国际会议	2016.06.05—2016.06.09
李 峰	电气工程学院	硕士生	柬埔寨	国际会议	2016.06.05—2016.06.09
陈 斌	电气工程学院	硕士生	柬埔寨	国际会议	2016.06.05—2016.06.09
彭丹红	附属中大医院	副主任医师	葡萄牙	国际会议	2016.06.05—2016.06.09
徐 恬	公共卫生学院	研究生	葡萄牙	国际会议	2016.06.05—2016.06.09
Ashwini Kumar	物理系	博士后	意大利	国际会议	2016.06.05—2016.06.09
张 帅	能源与环境学院	博士生	美国	国际会议	2016.06.05—2016.06.11
代洪亮	能源与环境学院	博士生	美国	国际会议	2016.06.06—2016.06.10
李娟红	能源与环境学院	博士生	美国	国际会议	2016.06.06—2016.06.10
黄荣廷	能源与环境学院	博士生	美国	国际会议	2016.06.06—2016.06.10
王 莹	土木工程学院	副教授	希腊	国际会议	2016.06.06—2016.06.10
吴邵庆	土木工程学院	讲师	希腊	国际会议	2016.06.06—2016.06.10

(续 表)

姓名	所在院系	职务/职称	访问国家或地区	访问任务	时间
李必信	计算机科学与工程学院	教授	美国	国际会议	2016.06.07—2016.06.11
鲍洁敏	建筑学院	研究生	俄罗斯	国际会议	2016.06.07—2016.06.11
谭 明	建筑学院	研究生	俄罗斯	国际会议	2016.06.07—2016.06.11
项乔君	交通学院	教授	法国、瑞士、英国	国际会议、访问考察	2016.06.07—2016.06.30
兰文龙	建筑学院	研究生	日本	国际会议	2016.06.08—2016.06.12
仲文洲	建筑学院	研究生	日本	国际会议	2016.06.08—2016.06.12
成 实	建筑学院	研究生	日本	国际会议	2016.06.08—2016.06.12
沈连丰	信息科学与工程学院	教授	法国	短期讲学	2016.06.08—2016.06.13
葛 峥	附属中大医院	主任医师	丹麦	国际会议	2016.06.09—2016.06.13
滕皋军	附属中大医院	教授、主任医师	美国	国际会议	2016.06.09—2016.06.13
王建国	建筑学院	教授	台湾	学术交流	2016.06.10—2016.06.13
罗军舟	计算机科学与工程学院	教授	美国	国际会议及合作研究	2016.06.10—2016.06.14
姜龙玉	计算机科学与工程学院	副研究员	法国	合作研究	2016.06.10—2016.06.20
刘 杰	计算机科学与工程学院	研究生	法国	国际会议	2016.06.10—2016.06.20
徐 敏	公共卫生学院	硕士生	香港	短期学习	2016.06.10—2016.06.23
翁永玲	交通学院	教授	美国	合作研究	2016.06.10—2016.07.02
张 龙	电子科学与工程学院	研究生	捷克	国际会议	2016.06.11—2016.06.15
魏家行	电子科学与工程学院	研究生	捷克	国际会议	2016.06.11—2016.06.15
赵林度	经济管理学院	教授、院长	美国	国际会议	2016.06.11—2016.06.15
薛巍立	经济管理学院	副教授	美国	国际会议	2016.06.11—2016.06.15
孙胜楠	经济管理学院	讲师	美国	国际会议	2016.06.11—2016.06.15
王海燕	经济管理学院	教授	美国	国际会议	2016.06.11—2016.06.15
杨翔宇	医学院	研究生	美国	国际会议	2016.06.11—2016.06.15
杨翔宇	医学院	研究生	美国	国际会议	2016.06.11—2016.06.15
杨 卓	电子科学与工程学院	研究生	捷克	国际会议	2016.06.11—2016.06.17
叶 然	电子科学与工程学院	研究生	捷克	国际会议	2016.06.11—2016.06.17
秦艺泂	教务处	研究实习员	瑞典	实习培训	2016.06.11—2016.06.20

(续表)

姓名	所在院系	职务/职称	访问国家或地区	访问任务	时间
祝 靖	电子科学与工程学院	讲师	捷克	国际会议	2016.06.12—2016.06.16
孙伟锋	电子科学与工程学院	教授	捷克	国际会议	2016.06.12—2016.06.16
高建明	材料学院	教授	西班牙	国际会议	2016.06.12—2016.06.18
王 芳	材料学院	院士秘书	西班牙	国际会议	2016.06.12—2016.06.18
张 萍	材料学院	副主任	西班牙	国际会议	2016.06.12—2016.06.18
张亚梅	材料学院	教授	西班牙	国际会议	2016.06.12—2016.06.18
杨 军	电子科学与工程学院	教授	美国	国际会议	2016.06.13—2016.06.17
鲍学亮	生物科学与医学工程学院	研究生	美国	国际会议	2016.06.13—2016.06.17
高赐威	电气工程学院	教授	日本	国际会议	2016.06.14—2016.06.17
董 卫	建筑学院	教授	挪威	合作研究	2016.06.14—2016.06.22
傅秀章	建筑学院	副教授	挪威	合作研究	2016.06.14—2016.06.22
马骏华	建筑学院	讲师	挪威	合作研究	2016.06.14—2016.06.22
金 星	建筑学院	副教授	挪威	合作研究	2016.06.14—2016.06.22
白 颖	建筑学院	讲师	挪威	合作研究	2016.06.14—2016.06.22
刘 丽	计算机科学与工程学院	研究生	法国	短期学习	2016.06.14—2016.06.24
许佳馨	经济管理学院	研究生	新加坡	国际会议	2016.06.15—2016.06.18
孙志忠	数学系	教授	保加利亚	国际会议	2016.06.15—2016.06.19
周 楠	数学系	研究生	韩国	国际会议	2016.06.15—2016.06.19
时龙兴	电子科学与工程学院	教授	香港	合作研究	2016.06.16—2016.06.17
陆生礼	电子科学与工程学院	研究员	香港	合作研究	2016.06.16—2016.06.17
吴 俊	生命科学研究院	研究生	德国	国际会议	2016.06.16—2016.06.20
黎 飞	信息科学与工程学院	讲师	日本	国际会议	2016.06.16—2016.06.20
李文渊	信息科学与工程学院	教授	日本	国际会议	2016.06.16—2016.06.20
张添翼	信息科学与工程学院	研究生	日本	国际会议	2016.06.16—2016.06.20
包远鑫	信息科学与工程学院	研究生	日本	国际会议	2016.06.16—2016.06.20
王林锋	信息科学与工程学院	研究生	日本	国际会议	2016.06.16—2016.06.20
张银行	信息科学与工程学院	研究生	日本	国际会议	2016.06.16—2016.06.20
张 鑫	数学系	副教授	澳门	合作研究	2016.06.18—2016.09.18
刘 攀	交通学院	教授、院长	香港	国际会议	2016.06.19—2016.06.23

(续 表)

姓名	所在院系	职务/职称	访问国家或地区	访问任务	时间
杨 芳	生物科学与医学工程学院	副教授	德国	国际会议及合作研究	2016.06.19—2016.06.26
刘志远	交通学院	教授	香港	工作访问	2016.06.20—2016.06.24
王彩莲	附属中大医院	医生	白俄罗斯	短期讲学	2016.06.20—2016.06.25
李 玲	附属中大医院	院长助理	白俄罗斯	短期讲学	2016.06.20—2016.06.25
金保方	附属中大医院	医生	白俄罗斯	短期讲学	2016.06.20—2016.06.25
屈留新	附属中大医院	副主任医师	白俄罗斯	短期讲学	2016.06.20—2016.06.25
卢 斌	附属中大医院	高级会计师	日本	国际会议	2016.06.20—2016.06.25
杨 阁	经济管理学院	研究生	西班牙	短期学习	2016.06.20—2016.06.30
王兵贤	数学系	研究生	韩国	国际会议	2016.06.20—2016.06.30
孔佑勇	计算机科学与工程学院	讲师	法国	合作研究	2016.06.20—2016.07.04
王兴平	建筑学院	教授	加拿大	合作研究	2016.06.20—2016.08.15
王贤梅	经济管理学院	研究生	新加坡	国际会议	2016.06.21—2016.06.25
戴铁飞	海外教育学院	讲师	法国	参加2016年世界大学生高尔夫锦标赛	2016.06.21—2016.06.28
舒华忠	计算机科学与工程学院	教授、副院长	法国	合作研究	2016.06.21—2016.07.10
朱冬梅	经济管理学院	讲师	日本	国际会议	2016.06.23—2016.06.27
张明阳	信息科学与工程学院	研究生	香港	国际会议	2016.06.23—2016.06.27
谢 跃	信息科学与工程学院	研究生	香港	国际会议	2016.06.23—2016.06.27
Mohammad Noori	土木工程学院	教授	英国	国际会议及合作研究	2016.06.23—2016.06.30
吕晓迎	生物科学与医学工程学院	教授	美国	国际会议	2016.06.24—2016.06.29
王志功	信息科学与工程学院	教授	美国	国际会议	2016.06.24—2016.06.29
仲雪飞	电子科学与工程学院	副院长	美国	国际会议	2016.06.25—2016.06.29
柏宁丰	电子科学与工程学院	副教授	美国	国际会议	2016.06.25—2016.06.29
夏 惠	公共卫生学院	研究生	加拿大	国际会议	2016.06.25—2016.06.29
王 锋	公共卫生学院	研究生	加拿大	国际会议	2016.06.25—2016.06.29
张 涛	信息科学与工程学院	研究生	波多黎各	国际会议	2016.06.25—2016.06.29
耿察民	能源与环境学院	研究生	英国	国际会议	2016.06.25—2016.06.30
周冠文	能源与环境学院	研究生	英国	国际会议	2016.06.25—2016.06.30

（续 表）

姓名	所在院系	职务/职称	访问国家或地区	访问任务	时间
耿艳芬	交通学院	副教授	荷兰、希腊	国际会议和工作访问	2016.06.25—2016.07.02
孙桂菊	公共卫生学院	教授	加拿大	国际会议、合作研究	2016.06.25—2016.07.08
张建忠	电气工程学院	研究员	加拿大	国际会议	2016.06.26—2016.06.30
韩 鹏	电气工程学院	研究生	美国	国际会议	2016.06.26—2016.06.30
孙 乐	电气工程学院	研究生	美国	国际会议	2016.06.26—2016.06.30
黄庆安	电子科学与工程学院	教授	日本	国际会议	2016.06.26—2016.06.30
周再发	电子科学与工程学院	教授	日本	国际会议	2016.06.26—2016.06.30
廖小平	电子科学与工程学院	教授	日本	国际会议	2016.06.26—2016.06.30
王立峰	电子科学与工程学院	讲师	日本	国际会议	2016.06.26—2016.06.30
易真翔	电子科学与工程学院	讲师	日本	国际会议	2016.06.26—2016.06.30
朱 真	电子科学与工程学院	讲师	日本	国际会议	2016.06.26—2016.06.30
王颖瀛	电子科学与工程学院	本科生	日本	国际会议	2016.06.26—2016.06.30
董 蕾	电子科学与工程学院	研究生	日本	国际会议	2016.06.26—2016.06.30
高莉莉	电子科学与工程学院	研究生	日本	国际会议	2016.06.26—2016.06.30
顾一帆	电子科学与工程学院	研究生	日本	国际会议	2016.06.26—2016.06.30
金 月	电子科学与工程学院	研究生	日本	国际会议	2016.06.26—2016.06.30
高适萱	电子科学与工程学院	研究生	日本	国际会议	2016.06.26—2016.06.30
付 晓	交通学院	讲师	澳大利亚	国际会议	2016.06.26—2016.06.30
徐宿东	交通学院	教授	希腊	国际会议	2016.06.26—2016.06.30
陈一梅	交通学院	教授	希腊	国际会议	2016.06.26—2016.06.30
殷 锴	交通学院	研究生	希腊	国际会议	2016.06.26—2016.06.30
陈亚平	能源与环境学院	教授	英国	国际会议	2016.06.26—2016.06.30
张 治	能源与环境学院	博士生	英国	国际会议	2016.06.26—2016.06.30
刘继军	数学系	教授	韩国	国际会议	2016.06.26—2016.06.30
王丽艳	数学系	副教授	韩国	国际会议	2016.06.26—2016.06.30
王海兵	数学系	副教授	韩国	国际会议	2016.06.26—2016.06.30
钟 敏	数学系	讲师	韩国	国际会议	2016.06.26—2016.06.30
闫 亮	数学系	讲师	韩国	国际会议	2016.06.26—2016.06.30
郝红霞	数学系	研究生	香港	国际会议	2016.06.26—2016.06.30

(续 表)

姓名	所在院系	职务/职称	访问国家或地区	访问任务	时间
韩忠成	数学系	研究生	香港	国际会议	2016.06.26—2016.06.30
张 建	土木工程学院	教授	英国	国际会议	2016.06.26—2016.06.30
王 勇	医学院	博士生	美国	国际会议	2016.06.26—2016.06.30
邢 超	计算机科学与工程学院	硕士生	美国	国际会议	2016.06.26—2016.07.01
李霄翔	教师教学发展中心	教授	台湾	国际会议	2016.06.26—2016.07.01
陈绪赣	教师教学发展中心	副教授	台湾	国际会议	2016.06.26—2016.07.01
王海明	信息科学与工程学院	副研究员	美国	国际会议及工作访问	2016.06.26—2016.07.03
赵 驰	经济管理学院	副研究员	韩国	国际会议	2016.06.27—2016.06.29
李 贲	经济管理学院	研究生	韩国	国际会议	2016.06.27—2016.06.29
刘玉付	材料科学与工程学院	教授	加拿大	国际会议	2016.06.27—2016.07.01
耿 新	计算机科学与工程学院	副院长	美国	国际会议	2016.06.27—2016.07.01
郝勇生	计算机科学与工程学院	副教授	美国	国际会议	2016.06.27—2016.07.01
苏志刚	能源与环境学院	副教授	美国	国际会议	2016.06.27—2016.07.01
王培红	能源与环境学院	教授	美国	国际会议	2016.06.27—2016.07.01
赵 刚	能源与环境学院	研究生	美国	国际会议	2016.06.27—2016.07.01
张玉林	经济管理学院	教授	新西兰	国际会议	2016.06.27—2016.07.03
张 琪	机械工程学院	本科生	德国	参加竞赛	2016.06.27—2016.07.04
张 磊	交通学院	副研究员	荷兰、德国	国际会议和工作访问	2016.06.27—2016.07.04
刘 川	机械工程学院	本科生	德国	参加竞赛	2016.06.27—2016.07.04
王 安	信息科学与工程学院	本科生	德国	参加竞赛	2016.06.27—2016.07.04
张仕超	仪器科学与工程学院	本科生	德国	参加竞赛	2016.06.27—2016.07.04
谈英姿	自动化学院	副教授	德国	参加竞赛	2016.06.27—2016.07.04
陈 峥	自动化学院	本科生	德国	参加竞赛	2016.06.27—2016.07.04
王彦然	自动化学院	本科生	德国	参加竞赛	2016.06.27—2016.07.04
徐春宏	教务处	科长	德国	参加竞赛	2016.06.27—2016.07.05
高海丹	自动化学院	研究生	德国	参加竞赛	2016.06.27—2016.07.05
吴志军	自动化学院	研究生	德国	参加竞赛	2016.06.27—2016.07.05
许 茜	公共卫生学院	教授	美国	访问考察	2016.06.27—2016.10.02

（续　表）

姓名	所在院系	职务/职称	访问国家或地区	访问任务	时间
于　斌	交通学院	副研究员	荷兰	国际会议	2016.06.28—2016.07.02
邓涵文	交通学院	研究生	荷兰	国际会议	2016.06.28—2016.07.02
王晓威	交通学院	研究生	荷兰	国际会议	2016.06.28—2016.07.02
刘　嵩	交通学院	研究生	荷兰	国际会议	2016.06.28—2016.07.02
赵瑜隆	交通学院	研究生	荷兰	国际会议	2016.06.28—2016.07.02
顾临皓	交通学院	研究生	荷兰	国际会议	2016.06.28—2016.07.02
郁　烨	交通学院	研究生	荷兰	国际会议	2016.06.28—2016.07.02
陈伟达	经济管理学院	教授	新西兰	国际会议	2016.06.28—2016.07.02
谭生伟	生物科学与医学工程学院	研究生	西班牙	国际会议	2016.06.28—2016.07.02
张　玲	生物科学与医学工程学院	研究生	西班牙	国际会议	2016.06.28—2016.07.02
郭小亚	数学系	研究生	美国	国际会议	2016.06.28—2016.07.02
范龙玲	数学系	研究生	美国	国际会议	2016.06.28—2016.07.02
陈先华	交通学院	副教授	荷兰、德国	国际会议及访问考察	2016.06.28—2016.07.05
钱振东	交通学院	教授	荷兰、德国	访问考察	2016.06.28—2016.07.05
杨　军	交通学院	教授	荷兰、德国	国际会议、合作研究	2016.06.28—2016.07.25
曹玖新	计算机科学与工程学院	副院长	澳大利亚	合作研究	2016.06.28—2016.07.26
唐达林	生物科学与医学工程学院	教授	美国	国际会议	2016.06.29—2016.07.02
耿　阳	经济管理学院	博士生	新西兰	国际会议	2016.06.29—2016.07.03
Olivier Bonnaud	电子科学与工程学院	教授	印度尼西亚	国际会议	2016.06.29—2016.07.04
黄晓明	交通学院	教授	荷兰、德国	国际会议和学术交流	2016.06.29—2016.07.06
沈　恒	交通学院	工程师	荷兰、德国	国际会议和学术交流	2016.06.29—2016.07.06
何　勇	经济管理学院	教授	新西兰、澳大利亚	国际会议及访问交流	2016.06.29—2016.07.06
李四杰	经济管理学院	副教授	新西兰、澳大利亚	国际会议及访问交流	2016.06.29—2016.07.06
尤海燕	经济管理学院	讲师	新西兰、澳大利亚	国际会议及访问交流	2016.06.29—2016.07.06

(续 表)

姓名	所在院系	职务/职称	访问国家或地区	访问任务	时间
曹晓菲	数学系	研究生	美国	国际会议	2016.06.29—2016.07.07
王琨	数学系	研究生	美国	国际会议	2016.06.29—2016.07.07
马涛	交通学院	副教授	荷兰、德国	国际会议和工作访问	2016.06.29—2016.07.08
张小松	能源与环境学院	教授、副院长	美国、加拿大	合作研究	2016.06.30—2016.08.07
王进	物理系	副教授	香港	合作研究	2016.06.30—2016.09.15
朱晓霞	自动化学院	研究生	美国	短期学习	2016.06.30—2016.12.30
袁心	自动化学院	博士生	美国	短期学习	2016.06.30—2016.12.31
袁勇贵	附属中大医院	主任医师	韩国	国际会议	2016.07.01—2016.07.05
郝勇生	计算机科学与工程学院	副教授	美国	学术交流	2016.07.01—2016.07.05
苏志刚	能源与环境学院	副教授	美国	学术交流	2016.07.01—2016.07.05
赵刚	能源与环境学院	研究生	美国	合作研究	2016.07.01—2016.07.05
张福保	数学系	教授	美国	国际会议及合作研究	2016.07.01—2016.07.10
徐君祥	数学系	教授	美国	国际会议及合作研究	2016.07.01—2016.07.10
李玉祥	数学系	教授	美国	国际会议及合作研究	2016.07.01—2016.07.10
姜龙玉	计算机科学与工程学院	副研究员	美国	合作研究	2016.07.01—2016.07.29
邵典	建筑学院	研究生	美国	合作研究	2016.07.01—2016.08.01
刘鹏程	建筑学院	研究生	美国	合作研究	2016.07.01—2016.08.01
吕小俊	数学系	讲师	澳大利亚	合作研究	2016.07.01—2016.09.17
杨俊	自动化学院	副教授	新加坡	合作研究	2016.07.01—2016.09.27
王莉娜	公共卫生学院	副教授	美国	留学进修	2016.07.01—2016.09.30
高彦彦	经济管理学院	讲师	澳大利亚	国际会议	2016.07.02—2016.07.06
侯正华	医学院	博士生	韩国	国际会议	2016.07.02—2016.07.06
祁鑫洋	医学院	博士生	韩国	国际会议	2016.07.02—2016.07.06
张钰群	医学院	研究生	韩国	国际会议	2016.07.02—2016.07.06
公卫刚	医学院	研究生	加拿大	国际会议	2016.07.02—2016.07.06
孙啸	生物科学与医学工程学院	教授	波兰	国际会议	2016.07.02—2016.07.08

(续表)

姓名	所在院系	职务/职称	访问国家或地区	访问任务	时间
孙志忠	数学系	教授	澳门	合作研究	2016.07.02—2016.07.11
杨福俊	土木工程学院	教授	希腊	国际会议	2016.07.02—2016.07.11
戴美玲	土木工程学院	研究员	希腊	国际会议	2016.07.02—2016.07.11
何小元	土木工程学院	教授	希腊	国际会议	2016.07.02—2016.07.11
陈振宁	土木工程学院	研究生	希腊	国际会议和合作研究	2016.07.02—2016.07.11
刘聪	土木工程学院	研究生	希腊	国际会议和合作研究	2016.07.02—2016.07.11
衡伟	信息科学与工程学院	教授	希腊	国际会议	2016.07.02—2016.07.11
陈建龙	数学系	教授	奥地利、比利时	国际会议、合作研究	2016.07.02—2016.07.21
王蓓	公共卫生学院	教授	澳大利亚	国际会议	2016.07.03—2016.07.07
陈璐斯	公共卫生学院	研究生	澳大利亚	国际会议	2016.07.03—2016.07.07
毕可东	机械工程学院	系主任	德国	国际会议	2016.07.03—2016.07.07
史永高	建筑学院	副教授	希腊	国际会议	2016.07.03—2016.07.07
陈勐	建筑学院	博士生	希腊	国际会议	2016.07.03—2016.07.07
胡占芳	建筑学院	博士生	希腊	国际会议	2016.07.03—2016.07.07
窦瑞琪	建筑学院	研究生	希腊	国际会议	2016.07.03—2016.07.07
倪振华	物理系	教授	韩国	国际会议	2016.07.03—2016.07.07
田磊	仪器科学与工程学院	博士生	英国	国际会议	2016.07.03—2016.07.07
王辰星	自动化学院	讲师	希腊	国际会议	2016.07.03—2016.07.07
陈振乾	能源与环境学院	教授	比利时	国际会议	2016.07.03—2016.07.07
王苏鸿	艺术学院	本科生	台湾	短期课程	2016.07.03—2016.07.16
朱丽罕	艺术学院	本科生	台湾	短期课程	2016.07.03—2016.07.16
吴宜峰	土木工程学院	博士生	台湾	两岸会议	2016.07.04—2016.07.09
夏志远	土木工程学院	博士生	台湾	两岸会议	2016.07.04—2016.07.09
沙奔	土木工程学院	博士生	台湾	两岸会议	2016.07.04—2016.07.09
陈凯	土木工程学院	博士生	台湾	两岸会议	2016.07.04—2016.07.09
周广盼	土木工程学院	博士生	台湾	两岸会议	2016.07.04—2016.07.09
周立明	土木工程学院	博士生	台湾	两岸会议	2016.07.04—2016.07.08
崔铁军	信息科学与工程学院	教授	日本	国际会议及工作访问	2016.07.04—2016.07.09

（续　表）

姓名	所在院系	职务/职称	访问国家或地区	访问任务	时间
张浩驰	信息科学与工程学院	博士生	日本	国际会议及工作访问	2016.07.04—2016.07.09
刘　硕	信息科学与工程学院	博士生	日本	国际会议及工作访问	2016.07.04—2016.07.09
孔　磊	信息科学与工程学院	研究生	奥地利	国际会议	2016.07.04—2016.07.09
肖卿俊	计算机科学与工程学院	讲师	德国	国际会议、工作访问	2016.07.04—2016.07.11
黄风义	信息科学与工程学院	教授	美国	合作研究	2016.07.04—2016.07.18
黄振妍	经济管理学院	本科生	台湾	短期课程	2016.07.04—2016.07.23
徐梓萌	公共卫生学院	本科生	台湾	短期课程	2016.07.04—2016.07.26
马睿吕	公共卫生学院	本科生	台湾	短期课程	2016.07.04—2016.07.26
贺梅晨	经济管理学院	本科生	台湾	短期课程	2016.07.04—2016.07.26
胡晶石	吴健雄学院	本科生	台湾	短期课程	2016.07.04—2016.07.26
武芝敏	信息科学与工程学院	本科生	台湾	短期课程	2016.07.04—2016.07.26
方　馨	医学院	本科生	台湾	短期课程	2016.07.04—2016.07.26
李　敏	经济管理学院	教授	香港	合作研究	2016.07.04—2016.08.03
赖明辉	经济管理学院	讲师	香港	合作研究	2016.07.04—2016.08.04
徐　毅	数学系	讲师	香港	合作研究	2016.07.04—2016.08.31
黄　昊	物理系	研究生	香港	合作研究	2016.07.04—2016.10.04
郝　祺	物理系	研究生	香港	合作研究	2016.07.04—2017.01.04
滕　航	发展委员会	助理研究员	俄罗斯	工作访问	2016.07.05—2016.07.25
吴　刚	校长办公室	教授、副校长	澳大利亚	合作研究	2016.07.05—2016.07.25
王翔宇	自动化学院	讲师	美国	国际会议及合作研究	2016.07.05—2016.08.30
董　辉	电子科学与工程学院	研究生	澳大利亚	短期学习	2016.07.05—2017.01.05
滕皋军	附属中大医院	教授	香港	国际会议	2016.07.06—2016.07.10
刘志远	交通学院	教授	韩国	国际会议	2016.07.06—2016.07.10
马永锋	交通学院	副教授	瑞士	国际会议	2016.07.06—2016.07.10
李　燊	交通学院	博士生	瑞士	国际会议	2016.07.06—2016.07.10
顾　欣	交通学院	博士生	瑞士	国际会议	2016.07.06—2016.07.10
程　娟	交通学院	研究生	瑞士	国际会议	2016.07.06—2016.07.10
华东升	交通学院	研究生	韩国	国际会议	2016.07.06—2016.07.10

(续 表)

姓名	所在院系	职务/职称	访问国家或地区	访问任务	时间
邵新星	土木工程学院	博士生	希腊	国际会议及访问	2016.07.06—2016.07.10
金鼎鑫	电子科学与工程学院	本科生	台湾	交流营	2016.07.06—2016.07.14
徐读山	港澳台办公室	科员	台湾	交流营	2016.07.06—2016.07.14
殷 玥	建筑学院	硕士生	台湾	交流营	2016.07.06—2016.07.14
刘丛禹	建筑学院	本科生	台湾	交流营	2016.07.06—2016.07.14
邱一诺	建筑学院	本科生	台湾	交流营	2016.07.06—2016.07.14
黄 迪	交通学院	博士生	台湾	交流营	2016.07.06—2016.07.14
丁 京	交通学院	硕士生	台湾	交流营	2016.07.06—2016.07.14
朱筱雅	能源与环境学院	本科生	台湾	交流营	2016.07.06—2016.07.14
张 罕	土木工程学院	硕士生	台湾	交流营	2016.07.06—2016.07.14
陈兆霞	外国语学院	硕士生	台湾	交流营	2016.07.06—2016.07.14
付明月	吴健雄学院	本科生	台湾	交流营	2016.07.06—2016.07.14
牟 星	吴健雄学院	本科生	台湾	交流营	2016.07.06—2016.07.14
马睿智	吴健雄学院	本科生	台湾	交流营	2016.07.06—2016.07.14
李平安	吴健雄学院	本科生	台湾	交流营	2016.07.06—2016.07.14
杨孟儒	吴健雄学院	本科生	台湾	交流营	2016.07.06—2016.07.14
徐允昊	吴健雄学院	本科生	台湾	交流营	2016.07.06—2016.07.14
梁 霄	信息科学与工程学院	硕士生	台湾	交流营	2016.07.06—2016.07.14
赵 育	经济管理学院	本科生	台湾	交流营	2016.07.06—2016.08.05
翟 玲	经济管理学院	本科生	台湾	交流营	2016.07.06—2016.08.05
张晶晶	人文学院	讲师	奥地利	国际会议及访问考察	2016.07.07—2016.07.14
莫巨宏	机械工程学院	本科生	瑞士	其他	2016.07.07—2016.07.17
戴 斐	土木工程学院	本科生	瑞士	其他	2016.07.07—2016.07.17
李 媛	吴健雄学院	教师	美国	参加暑期项目	2016.07.07—2016.08.01
王 卫	交通学院	讲师	美国	实习培训	2016.07.07—2016.08.05
周文娜	交通学院	学生助理	美国	实习培训	2016.07.07—2016.08.05
印俊霖	交通学院	本科生	美国	短期学习	2016.07.07—2016.08.20
吕 成	交通学院	本科生	美国	短期学习	2016.07.07—2016.08.20
邱静华	交通学院	本科生	美国	短期学习	2016.07.07—2016.08.20
魏 薇	交通学院	本科生	美国	短期学习	2016.07.07—2016.08.20

（续　表）

姓名	所在院系	职务/职称	访问国家或地区	访问任务	时间
辜小航	交通学院	本科生	美国	短期学习	2016.07.07—2016.08.20
曲薏霏	交通学院	本科生	美国	短期学习	2016.07.07—2016.08.20
徐玺蕴	交通学院	本科生	美国	短期学习	2016.07.07—2016.08.20
金雨川	交通学院	本科生	美国	短期学习	2016.07.07—2016.08.20
陈诺	交通学院	本科生	美国	短期学习	2016.07.07—2016.08.20
孔维铭	交通学院	本科生	美国	短期学习	2016.07.07—2016.08.20
胡敏琦	交通学院	本科生	美国	短期学习	2016.07.07—2016.08.20
杨名远	交通学院	本科生	美国	短期学习	2016.07.07—2016.08.20
刘胤	交通学院	本科生	美国	短期学习	2016.07.07—2016.08.20
陈路瑜	交通学院	本科生	美国	短期学习	2016.07.07—2016.08.20
张子墨	交通学院	本科生	美国	短期学习	2016.07.07—2016.08.20
杨沫枫	交通学院	本科生	美国	短期学习	2016.07.07—2016.08.20
魏海坤	自动化学院	教授、副院长	美国	国际会议及工作访问	2016.07.08—2016.07.15
梅汉成	国际合作处	副教授、处长	俄罗斯	合作研究	2016.07.08—2016.07.25
林晓辉	机械工程学院	副教授	美国	国际会议	2016.07.09—2016.07.13
张赤斌	机械工程学院	教授	美国	国际会议	2016.07.09—2016.07.13
徐春祥	生物科学与医学工程学院	教授	法国	国际会议	2016.07.09—2016.07.13
李舒	土木工程学院	研究生	希腊	国际会议	2016.07.09—2016.07.13
乔丹	信息科学与工程学院	研究生	巴西	国际会议	2016.07.09—2016.07.13
张光珍	学习科学研究中心	副教授	立陶宛	国际会议	2016.07.09—2016.07.13
覃岚芯	材料科学与工程学院	本科生	台湾	交流营	2016.07.09—2016.07.31
姜牧苗	能源与环境学院	本科生	台湾	交流营	2016.07.09—2016.07.31
张敏灵	计算机科学与工程学院	教授	美国	国际会议	2016.07.10—2016.07.14
许万军	能源与环境学院	研究生	美国	国际会议	2016.07.10—2016.07.14
高月凤	数学系	博士生	比利时	国际会议	2016.07.10—2016.07.14
刘婷	信息科学与工程学院	研究生	西班牙	国际会议	2016.07.10—2016.07.14
梁宗保	学习科学研究中心	副教授	立陶宛	国际会议	2016.07.10—2016.07.14
肖金标	电子科学与工程学院	教授	澳大利亚	国际会议	2016.07.10—2016.07.16
郑嘉琦	机械工程学院	本科生	台湾	交流营	2016.07.10—2016.07.23

(续　表)

姓名	所在院系	职务/职称	访问国家或地区	访问任务	时间
李昊宇	人文学院	本科生	台湾	交流营	2016.07.10—2016.07.23
王乙喆	建筑学院	硕士生	俄罗斯	学术交流	2016.07.10—2016.07.24
颜丽波	交通学院	博士生	俄罗斯	学术交流	2016.07.10—2016.07.24
周昊	交通学院	硕士生	俄罗斯	学术交流	2016.07.10—2016.07.24
刘其东	交通学院	硕士生	俄罗斯	学术交流	2016.07.10—2016.07.24
刘博文	交通学院	硕士生	俄罗斯	学术交流	2016.07.10—2016.07.24
罗毅	经济管理学院	博士生	俄罗斯	学术交流	2016.07.10—2016.07.24
王柯	经济管理学院	博士生	俄罗斯	学术交流	2016.07.10—2016.07.24
赵晓涛	经济管理学院	博士生	俄罗斯	学术交流	2016.07.10—2016.07.24
孙文捷	土木工程学院	硕士生	俄罗斯	学术交流	2016.07.10—2016.07.24
侯士通	土木工程学院	硕士生	俄罗斯	学术交流	2016.07.10—2016.07.24
洪声望	土木工程学院	硕士生	俄罗斯	学术交流	2016.07.10—2016.07.24
孔祥羽	土木工程学院	硕士生	俄罗斯	学术交流	2016.07.10—2016.07.24
张洁琪	外国语学院	硕士生	俄罗斯	学术交流	2016.07.10—2016.07.24
曹嘉璐	外国语学院	硕士生	俄罗斯	学术交流	2016.07.10—2016.07.24
孙雨嫣	外国语学院	硕士生	俄罗斯	学术交流	2016.07.10—2016.07.24
陈雨婷	外国语学院	硕士生	俄罗斯	学术交流	2016.07.10—2016.07.24
李文权	交通学院	教授	美国	合作研究	2016.07.10—2016.08.07
张彤	电子科学与工程学院	教授	英国	合作研究	2016.07.10—2016.08.09
殷国栋	机械工程学院	教授	美国	合作研究	2016.07.10—2016.08.11
王琦龙	电子科学与工程学院	副研究员	加拿大	国际会议	2016.07.11—2016.07.15
吴胜保	电子科学与工程学院	研究生	澳大利亚	国际会议	2016.07.11—2016.07.15
徐季	电子科学与工程学院	研究生	加拿大	国际会议	2016.07.11—2016.07.15
祁菲菲	公共卫生学院	研究生	新加坡	国际会议	2016.07.11—2016.07.15
耿新	计算机科学与工程学院	教授、副院长	美国	国际会议	2016.07.11—2016.07.15
张晓兵	科研院	教授、副院长	加拿大	国际会议	2016.07.11—2016.07.15
刘雁军	生物科学与医学工程学院	研究生	新加坡	国际会议	2016.07.11—2016.07.15
祝秋香	生物科学与医学工程学院	研究生	新加坡	国际会议	2016.07.11—2016.07.15
杨旭	信息科学与工程学院	研究生	美国	国际会议	2016.07.11—2016.07.15

(续　表)

姓名	所在院系	职务/职称	访问国家或地区	访问任务	时间
谢利萍	自动化学院	研究生	美国	国际会议	2016.07.11—2016.07.15
李　周	电气工程学院	讲师	英国	合作研究	2016.07.11—2016.08.08
王　欢	医学院	博士生	德国	短期学习	2016.07.11—2016.12.31
翁永玲	交通学院	教授	捷克	国际会议	2016.07.12—2016.07.16
张云霞	医学院	博士生	韩国	国际会议	2016.07.12—2016.07.16
李兆霞	土木工程学院	教授	美国	合作研究	2016.07.12—2016.08.01
杨从山	附属中大医院	副主任医师	英国	国际会议	2016.07.13—2016.07.16
夏　兵	建筑学院	副教授	日本	参加竞赛	2016.07.13—2016.07.20
郭屹民	建筑学院	副教授	日本	参加竞赛	2016.07.13—2016.07.20
陆　莉	建筑学院	高级工	日本	参加竞赛	2016.07.13—2016.07.20
韩　旭	建筑学院	本科生	日本	参加竞赛	2016.07.13—2016.07.20
张　淦	建筑学院	本科生	日本	参加竞赛	2016.07.13—2016.07.20
朱梦然	建筑学院	本科生	日本	参加竞赛	2016.07.13—2016.07.20
王　曦	建筑学院	本科生	日本	参加竞赛	2016.07.13—2016.07.20
曾兰淳	建筑学院	本科生	日本	参加竞赛	2016.07.13—2016.07.20
余梓梁	建筑学院	本科生	日本	参加竞赛	2016.07.13—2016.07.20
周宇琪	建筑学院	本科生	日本	参加竞赛	2016.07.13—2016.07.20
雷　达	建筑学院	本科生	日本	参加竞赛	2016.07.13—2016.07.20
韩　旭	建筑学院	本科生	日本	合作研究	2016.07.13—2016.07.20
张　淦	建筑学院	本科生	日本	合作研究	2016.07.13—2016.07.20
朱梦然	建筑学院	本科生	日本	合作研究	2016.07.13—2016.07.20
王　曦	建筑学院	本科生	日本	合作研究	2016.07.13—2016.07.20
曾兰淳	建筑学院	本科生	日本	合作研究	2016.07.13—2016.07.20
余梓梁	建筑学院	本科生	日本	合作研究	2016.07.13—2016.07.20
周宇琪	建筑学院	本科生	日本	合作研究	2016.07.13—2016.07.20
雷　达	建筑学院	本科生	日本	合作研究	2016.07.13—2016.07.20
杨　军	交通学院	教授	加拿大、美国	国际会议和工作访问	2016.07.13—2016.07.23
王玉婵	数学系	博士生	台湾	合作研究	2016.07.13—2016.08.12
符　越	建筑学院	研究生	韩国	国际会议	2016.07.14—2016.07.18
徐　斌	建筑学院	研究生	韩国	国际会议	2016.07.14—2016.07.18

(续 表)

姓名	所在院系	职务/职称	访问国家或地区	访问任务	时间
宋海亮	能源与环境学院	副教授	日本	工作访问	2016.07.14—2016.07.18
杨小丽	土木工程学院	副教授	日本	工作访问	2016.07.14—2016.07.18
杨 建	土木工程学院	博士生	韩国	国际会议	2016.07.14—2016.07.18
赵玉亮	土木工程学院	博士生	韩国	国际会议	2016.07.14—2016.07.18
周广盼	土木工程学院	研究生	韩国	国际会议	2016.07.14—2016.07.18
梁彩华	能源与环境学院	研究员	美国	国际会议和合作研究	2016.07.14—2016.07.30
殷勇高	能源与环境学院	教授	美国	国际会议和合作研究	2016.07.14—2016.07.30
李德智	土木工程学院	副教授	香港	合作研究	2016.07.15—2016.08.14
梁金玲	数学系	教授	香港	合作研究	2016.07.15—2016.09.14
马慧锋	信息科学与工程学院	研究员	香港	合作研究	2016.07.15—2016.10.12
陈 健	经济管理学院	副教授	澳大利亚	国际会议	2016.07.16—2016.07.20
顾 欣	经济管理学院	副教授	澳大利亚	国际会议	2016.07.16—2016.07.20
熊艳艳	经济管理学院	副教授	澳大利亚	国际会议	2016.07.16—2016.07.20
尹 威	经济管理学院	讲师	澳大利亚	国际会议	2016.07.16—2016.07.20
邱 斌	经济管理学院	教授	澳大利亚	国际会议	2016.07.16—2016.07.20
郝良峰	经济管理学院	研究生	澳大利亚	国际会议	2016.07.16—2016.07.20
李松林	经济管理学院	研究生	澳大利亚	国际会议	2016.07.16—2016.07.20
秦 蒙	经济管理学院	研究生	澳大利亚	国际会议	2016.07.16—2016.07.20
郭 兴	吴健雄学院	本科生	美国	国际会议	2016.07.16—2016.07.20
牛桔豪	吴健雄学院	本科生	美国	国际会议	2016.07.16—2016.07.20
李志昂	吴健雄学院	本科生	美国	国际会议	2016.07.16—2016.07.20
李沙志远	吴健雄学院	本科生	美国	国际会议	2016.07.16—2016.07.20
侯吉旋	物理系	副教授	美国	国际会议	2016.07.16—2016.07.20
张小娟	建筑学院	研究生	荷兰	国际会议	2016.07.16—2016.07.22
张忠祥	土木工程学院	研究生	瑞典	合作研究	2016.07.16—2016.08.13
周 侗	土木工程学院	研究生	瑞典	合作研究	2016.07.16—2016.08.13
温广辉	数学系	讲师	澳大利亚	合作研究	2016.07.16—2016.09.14
徐 银	电子科学与工程学院	研究生	加拿大	国际会议	2016.07.17—2016.07.21
肖金标	电子科学与工程学院	教授	加拿大	国际会议	2016.07.17—2016.07.21

（续　表）

姓名	所在院系	职务/职称	访问国家或地区	访问任务	时间
巢健茜	公共卫生学院	教授	澳大利亚	国际会议	2016.07.17—2016.07.21
刘沛	公共卫生学院	教授	澳大利亚	国际会议	2016.07.17—2016.07.21
张晶	机械工程学院	研究生	加拿大	国际会议	2016.07.17—2016.07.21
夏菁	建筑学院	博士生	荷兰	国际会议	2016.07.17—2016.07.21
富晓强	建筑学院	博士生	荷兰	国际会议	2016.07.17—2016.07.21
张涵	建筑学院	博士生	荷兰	国际会议	2016.07.17—2016.07.21
许皓	建筑学院	博士生	荷兰	国际会议	2016.07.17—2016.07.21
邬莎	建筑学院	硕士生	荷兰	国际会议	2016.07.17—2016.07.21
朱华清	能源与环境学院	研究生	意大利	国际会议	2016.07.17—2016.07.21
彭永红	能源与环境学院	研究生	意大利	国际会议	2016.07.17—2016.07.21
顾忠泽	生物科学与医学工程学院	教授、院长	香港	国际会议	2016.07.17—2016.07.21
朱存	生物科学与医学工程学院	讲师	香港	国际会议	2016.07.17—2016.07.21
高兵兵	生物科学与医学工程学院	博士生	香港	国际会议	2016.07.17—2016.07.21
罗桑	智能运输系统研究中心	副教授	美国	国际会议	2016.07.17　2016.07.21
袁堃	自动化学院	副教授	美国	国际会议	2016.07.17—2016.07.21
张凯锋	自动化学院	教授	美国	国际会议	2016.07.17—2016.07.21
全相军	电气工程学院	研究生	美国	国际会议和合作研究	2016.07.17—2016.07.29
邹竞仪	外国语学院	本科生	台湾	短期课程	2016.07.17—2016.07.30
赵璇	数学系	讲师	塞尔维亚、意大利	国际会议、合作研究	2016.07.18—2016.07.25
闵鹤群	建筑学院	副教授	新加坡	合作研究	2016.07.18—2016.07.31
许威	信息科学与工程学院	副教授	加拿大	合作研究	2016.07.18—2016.08.15
吉远辉	化学化工学院	教授	新加坡	国际会议	2016.07.19—2016.07.23
涂永明	土木工程学院	副教授	新加坡	国际会议	2016.07.19—2016.07.23
杨万扣	自动化学院	副研究员	香港	合作研究	2016.07.19—2016.07.23
田挺	马克思主义学院	硕士生	台湾	夏令营	2016.07.19—2016.08.01
汪峥	自动化学院	教授	香港	合作研究	2016.07.19—2016.08.18
刘智勇	材料科学与工程学院	本科生	台湾	短期课程	2016.07.20—2016.08.30

（续　表）

姓名	所在院系	职务/职称	访问国家或地区	访问任务	时间
杜延军	交通学院	教授	印度	国际会议	2016.07.21—2016.07.24
韩　晓	生命科学研究院	研究生	捷克	国际会议	2016.07.21—2016.07.25
杜爱玲	生命科学研究院	研究生	捷克	国际会议	2016.07.21—2016.07.25
沈　炜	生命科学研究院	研究生	捷克	国际会议	2016.07.21—2016.07.25
禹保丛	生命科学研究院	研究生	捷克	国际会议	2016.07.21—2016.07.25
韩潇宁	生命科学研究院	研究生	捷克	国际会议	2016.07.21—2016.07.25
张爱凤	医学院	副教授	捷克	国际会议	2016.07.21—2016.07.25
王　欢	医学院	研究生	德国	短期学习	2016.07.21—2016.07.25
谢　维	生命科学研究院	教授、院长	美国	合作研究	2016.07.23—2016.07.29
Mohammad Noori	土木工程学院	教授	葡萄牙	国际会议	2016.07.23—2016.07.29
郭　力	土木工程学院	副教授	韩国	国际会议	2016.07.23—2016.07.30
张敏灵	计算机科学与工程学院	教授	加拿大	国际会议	2016.07.24—2016.07.28
吕培培	计算机科学与工程学院	研究生	加拿大	国际会议	2016.07.24—2016.07.28
曹进德	数学系	教授	加拿大	国际会议	2016.07.24—2016.07.28
万　颖	数学系	研究生	加拿大	国际会议	2016.07.24—2016.07.28
李若霞	数学系	研究生	加拿大	国际会议	2016.07.24—2016.07.28
夏　杰	土木工程学院	研究生	韩国	国际会议	2016.07.24—2016.07.28
李万金	土木工程学院	研究生	韩国	国际会议	2016.07.24—2016.07.28
夏亦犁	信息科学与工程学院	副高	加拿大	国际会议	2016.07.24—2016.07.28
顾　兵	电子科学与工程学院	教授	西班牙	国际会议	2016.07.24—2016.07.29
刘润加	能源与环境学院	博士生	韩国	国际会议	2016.07.24—2016.07.29
糜长稳	土木工程学院	副教授	韩国	国际会议	2016.07.24—2016.07.29
刘新旺	经济管理学院	教授	加拿大	国际会议	2016.07.24—2016.07.30
孙长银	自动化学院	教授	加拿大	国际会议及访问考察	2016.07.24—2016.08.08
陈　忠	交通学院	本科生	台湾	研习营	2016.07.24—2016.08.13
曹　江	土木工程学院	硕士生	台湾	研习营	2016.07.24—2016.08.13
罗　澍	外国语学院	硕士生	台湾	研习营	2016.07.24—2016.08.13
孟积兴	土木工程学院	讲师	韩国	国际会议	2016.07.25—2016.07.29

(续 表)

姓名	所在院系	职务/职称	访问国家或地区	访问任务	时间
王 莹	土木工程学院	副教授	韩国	国际会议	2016.07.25—2016.07.29
王 维	电气工程学院	博士生	台湾	国际会议	2016.07.25—2016.07.30
李 腾	电子科学与工程学院	博士后	台湾	国际会议	2016.07.25—2016.07.30
刘 静	港澳台办公室	科长	香港	参加主题年会	2016.07.25—2016.07.30
胡汉辉	经济管理学院	教授	香港	参加主题年会	2016.07.25—2016.07.30
邵颖浩	土木工程学院	硕士生	香港	国际会议	2016.07.25—2016.07.30
王苗苗	土木工程学院	硕士生	香港	国际会议	2016.07.25—2016.07.30
贾斯佳	土木工程学院	硕士生	香港	国际会议	2016.07.25—2016.07.30
周海清	物理系	副研究员	日本	国际会议	2016.07.25—2016.07.30
窦文斌	信息科学与工程学院	教授	台湾	国际会议	2016.07.25—2016.07.30
孟洪福	信息科学与工程学院	副教授	台湾	国际会议	2016.07.25—2016.07.30
沈一竹	信息科学与工程学院	副教授	台湾	国际会议	2016.07.25—2016.07.30
胡三明	信息科学与工程学院	教授	台湾	国际会议	2016.07.25—2016.07.30
刘震国	信息科学与工程学院	副教授	台湾	国际会议	2016.07.25—2016.07.30
张 龙	信息科学与工程学院	博士生	台湾	国际会议	2016.07.25—2016.07.30
王 龙	信息科学与工程学院	博士生	台湾	国际会议	2016.07.25—2016.07.30
岳 寅	信息科学与工程学院	博士生	台湾	国际会议	2016.07.25—2016.07.30
傅随道	信息科学与工程学院	博士生	台湾	国际会议	2016.07.25—2016.07.30
顾忠泽	生物科学与医学工程学院	教授	日本	合作研究	2016.07.25—2016.07.31
郭道鹏	成贤学院	本科生	台湾	短期课程	2016.07.25—2016.08.14
许苏明	马克思主义学院	教授	美国	合作研究	2016.07.25—2016.08.31
于 斌	交通学院	副研究员	新加坡	国际会议	2016.07.26—2016.07.30
孙 越	土木工程学院	副教授	澳大利亚	国际会议及合作研究	2016.07.26—2016.07.30
祝燕华	仪器科学与工程学院	副教授	新加坡	国际会议	2016.07.26—2016.07.30
魏琪鹭	仪器科学与工程学院	博士生	新加坡	国际会议	2016.07.26—2016.07.30
罗 桑	智能运输系统研究中心	副教授	新加坡	国际会议	2016.07.26—2016.07.30
尹红松	体育系	副教授	台湾	体育比赛	2016.07.26—2016.08.02
李万林	信息科学与工程学院	教授	德国	合作研究	2016.07.26—2016.08.12
朱晓维	信息科学与工程学院	教授	印度	国际会议	2016.07.27—2016.07.30

（续 表）

姓名	所在院系	职务/职称	访问国家或地区	访问任务	时间
周乃珍	生物科学与医学工程学院	博士生	德国	国际会议	2016.07.27—2016.07.31
夏 兵	建筑学院	副教授	台湾	两岸会议	2016.07.27—2016.08.02
朱 渊	建筑学院	副教授	台湾	两岸会议	2016.07.27—2016.08.02
江 泓	建筑学院	副教授	台湾	两岸会议	2016.07.27—2016.08.02
王同星	计算机科学与工程学院	本科生	台湾	暑期课程	2016.07.28—2016.08.13
王 双	经济管理学院	本科生	台湾	暑期课程	2016.07.28—2016.08.13
周 然	人文学院	本科生	台湾	暑期课程	2016.07.28—2016.08.13
倪小焰	体育系	副教授	台湾	体育比赛	2016.07.29—2016.07.31
付兴贺	电气工程学院	讲师	台湾	两岸会议	2016.07.30—2016.08.05
刘 凯	电气工程学院	讲师	台湾	两岸会议	2016.07.30—2016.08.05
雷双瑛	电子科学与工程学院	副教授	韩国	合作研究	2016.07.30—2016.08.05
董正高	物理系	教授	韩国	合作研究	2016.07.30—2016.08.05
郑德东	艺术学院	讲师	立陶宛	留学进修	2016.07.30—2016.10.26
王 猛	化学化工学院	博士生	美国	国际会议	2016.07.31—2016.08.04
李振江	计算机科学与工程学院	研究生	美国	国际会议	2016.07.31—2016.08.04
陈晓平	能源与环境学院	教授	韩国	国际会议	2016.07.31—2016.08.04
邵思羽	仪器科学与工程学院	研究生	美国	国际会议	2016.07.31—2016.08.04
李 炜	材料科学与工程学院	博士生	香港	国际会议	2016.07.31—2016.08.05
周 扬	材料科学与工程学院	博士生	香港	国际会议	2016.07.31—2016.08.05
左文强	材料科学与工程学院	博士生	香港	国际会议	2016.07.31—2016.08.05
许国东	材料科学与工程学院	博士生	香港	国际会议	2016.07.31—2016.08.05
吕 凯	材料科学与工程学院	博士生	香港	国际会议	2016.07.31—2016.08.05
张 浩	材料科学与工程学院	博士生	香港	国际会议	2016.07.31—2016.08.05
严 宇	材料科学与工程学院	博士生	香港	国际会议	2016.07.31—2016.08.05
金 石	信息科学与工程学院	教授	美国	国际会议	2016.07.31—2016.08.05
李保亮	材料科学与工程学院	研究生	香港	参加项目研讨会	2016.07.31—2016.08.07
张舜泉	材料科学与工程学院	研究生	香港	参加项目研讨会	2016.07.31—2016.08.07
张亚梅	材料科学与工程学院	教授	香港	国际会议	2016.07.31—2016.08.07

（续　表）

姓名	所在院系	职务/职称	访问国家或地区	访问任务	时间
蒋金洋	材料科学与工程学院	教授	香港	国际会议	2016.07.31—2016.08.07
佘伟	材料科学与工程学院	讲师	香港	国际会议	2016.07.31—2016.08.07
陈惠苏	材料科学与工程学院	教授	香港	国际会议	2016.07.31—2016.08.07
张云升	材料科学与工程学院	教授	香港	国际会议	2016.07.31—2016.08.07
黄新锐	电子科学与工程学院	本科生	台湾	交流营	2016.07.31—2016.08.07
郭昊坤	能源与环境学院	本科生	台湾	交流营	2016.07.31—2016.08.07
申汀	物理系	本科生	台湾	交流营	2016.07.31—2016.08.07
凌建辉	外国语学院	讲师	美国	留学进修	2016.07.31—2016.12.31
鲍敏	外国语学院	讲师	美国	留学进修	2016.07.31—2016.12.31
王学华	外国语学院	讲师	美国	留学进修	2016.07.31—2016.12.31
邵争	外国语学院	讲师	美国	留学进修	2016.07.31—2016.12.31
莫凌飞	仪器科学与工程学院	副教授	美国	国际会议	2016.08.01—2016.08.05
李百浩	建筑学院	教授	澳大利亚	参加学术研讨会	2016.08.01—2016.08.07
唐辛泉	电子科学与工程学院	本科生	台湾	交流营	2016.08.01—2016.08.10
庄琪	建筑学院	本科生	台湾	交流营	2016.08.01—2016.08.10
陈雪纯	建筑学院	本科生	台湾	交流营	2016.08.01—2016.08.10
陈忠范	土木工程学院	教授	荷兰	合作研究	2016.08.01—2016.08.11
徐明	土木工程学院	研究员级高工	荷兰	合作研究	2016.08.01—2016.08.11
韩晓峰	建筑学院	副教授	加拿大	合作研究	2016.08.01—2016.08.14
贺正午	数学系	本科生	台湾	短期课程	2016.08.01—2016.08.21
赵泽丰	人文学院	本科生	台湾	交流营	2016.08.01—2016.08.30
肖卿俊	计算机科学与工程学院	讲师	香港	短期讲学	2016.08.01—2016.08.31
杜紫薇	医学院	本科生	德国	短期学习	2016.08.01—2016.08.31
赵茉言	医学院	本科生	德国	短期学习	2016.08.01—2016.08.31
陈澄	医学院	本科生	德国	短期学习	2016.08.01—2016.08.31
徐野夫	医学院	本科生	德国	短期学习	2016.08.01—2016.08.31
赵闻	医学院	硕士生	德国	短期学习	2016.08.01—2016.08.31
李宏生	仪器科学与工程学院	教授、副院长	美国	留学进修	2016.08.01—2016.08.31
黄金健	医学院	本科生	德国	短期学习	2016.08.01—2016.10.31
蔡浩荻	医学院	本科生	德国	短期学习	2016.08.01—2016.10.31

(续 表)

姓名	所在院系	职务/职称	访问国家或地区	访问任务	时间
王 倩	医学院	本科生	德国	短期学习	2016.08.01—2016.10.31
胡笑男	医学院	本科生	德国	短期学习	2016.08.01—2016.10.31
李 甲	医学院	本科生	德国	短期学习	2016.08.01—2016.10.31
尤 鑫	医学院	本科生	德国	短期学习	2016.08.01—2016.10.31
王 辉	医学院	博士生	美国	短期学习	2016.08.01—2017.01.01
岳金金	物理系	博士生	瑞典	短期学习	2016.08.01—2017.01.31
姚玉宇	附属中大医院	研究员	美国	合作研究	2016.08.01—2017.07.31
蒋正文	交通学院	博士生	瑞士	联合培养	2016.08.01—2017.07.31
张培伟	土木工程学院	副教授	美国	留学进修	2016.08.01—2017.07.31
岳晓英	艺术学院	副教授	澳大利亚	访学研修	2016.08.01—2017.07.31
陆扬扬	电子科学与工程学院	博士生	香港	国际会议	2016.08.02—2016.08.06
田 野	电子科学与工程学院	博士生	香港	国际会议	2016.08.02—2016.08.06
黄晓东	电子科学与工程学院	副教授	香港	国际会议	2016.08.02—2016.08.06
何富运	机械工程学院	博士生	英国	国际会议	2016.08.02—2016.08.06
翁子清	无锡分校	硕士生	香港	国际会议	2016.08.02—2016.08.06
万春风	土木工程学院	副教授	韩国	国际会议	2016.08.02—2016.08.08
朱晓维	信息科学与工程学院	教授	加拿大、美国	合作研究并访问考察	2016.08.02—2016.08.28
贺康康	交通学院	博士生	美国	短期学习	2016.08.02—2017.02.10
周宇琪	建筑学院	本科生	台湾	短期课程	2016.08.03—2016.08.24
张皓月	土木工程学院	本科生	台湾	短期课程	2016.08.03—2016.08.24
白 羽	物理系	讲师	美国	国际会议	2016.08.04—2016.08.09
侯赟慧	经济管理学院	副研究员	美国	国际会议	2016.08.04—2016.08.10
吴 芃	经济管理学院	副教授	美国	国际会议及合作研究	2016.08.04—2016.08.17
连大帅	公共卫生学院	本科生	台湾	国际会议	2016.08.05—2016.08.09
洪 翔	公共卫生学院	本科生	台湾	国际会议	2016.08.05—2016.08.09
彭娜娜	公共卫生学院	本科生	台湾	国际会议	2016.08.05—2016.08.09
杨 贝	公共卫生学院	本科生	台湾	国际会议	2016.08.05—2016.08.09
汪业胜	公共卫生学院	本科生	台湾	国际会议	2016.08.05—2016.08.09
陆 璇	公共卫生学院	本科生	台湾	国际会议	2016.08.05—2016.08.09
沈孝兵	教务处	教授	台湾	国际会议	2016.08.05—2016.08.09

(续 表)

姓名	所在院系	职务/职称	访问国家或地区	访问任务	时间
任亚梨	教务处	科员	台湾	国际会议	2016.08.05—2016.08.09
黄晓红	经济管理学院	讲师	美国	国际会议	2016.08.05—2016.08.09
杨勇	经济管理学院	教授	美国	国际会议	2016.08.05—2016.08.09
许勤	经济管理学院	讲师	美国	国际会议	2016.08.05—2016.08.09
赵驰	经济管理学院	副研究员	美国	国际会议	2016.08.05—2016.08.10
李舒宏	能源与环境学院	教授	美国	合作研究	2016.08.05—2016.08.19
董帅	物理系	教授	美国	合作研究	2016.08.05—2016.09.04
关秀翠	数学系	副教授	日本	国际会议	2016.08.07—2016.08.11
董帅	物理系	教授	美国	国际会议	2016.08.07—2016.08.11
王增梅	材料科学与工程学院	教授	日本	国际会议、合作研究	2016.08.07—2016.08.12
廖力	计算机科学与工程学院	讲师	澳大利亚	国际会议	2016.08.07—2016.08.12
王文平	经济管理学院	教授	英国	国际会议及工作访问	2016.08.07—2016.08.12
过秀成	交通学院	教授、副处长	缅甸、印度尼西亚	工作访问	2016.08.07—2016.08.13
王景全	土木工程学院	教授、副院长	缅甸、印度尼西亚	工作访问	2016.08.07—2016.08.13
徐杰	计算机科学与工程学院	博士生	新西兰	国际会议	2016.08.08—2016.08.12
张颖	经济管理学院	讲师	美国	国际会议	2016.08.08—2016.08.12
谢呈阳	经济管理学院	讲师	美国	国际会议	2016.08.08—2016.08.12
张晓玲	经济管理学院	副教授	美国	国际会议	2016.08.08—2016.08.12
葛沪飞	经济管理学院	讲师	美国	国际会议	2016.08.08—2016.08.12
周路路	经济管理学院	讲师	美国	国际会议	2016.08.08—2016.08.12
张颖	经济管理学院	讲师	美国	国际会议	2016.08.08—2016.08.12
侯吉旋	物理系	副教授	日本	国际会议	2016.08.08—2016.08.12
刘继军	数学系	教授	美国	合作研究	2016.08.08—2016.09.05
田馨	交通学院	教师	香港	合作研究	2016.08.09—2016.08.18
方峰	材料科学与工程学院	教授	澳大利亚	合作研究	2016.08.09—2016.09.02
李铁香	数学系	副教授	台湾	学术交流	2016.08.09—2016.09.09
舒华忠	计算机科学与工程学院	教授、副院长	法国	合作研究	2016.08.10—2016.08.20

(续 表)

姓名	所在院系	职务/职称	访问国家或地区	访问任务	时间
薛澄岐	机械工程学院	教授	美国	留学进修	2016.08.10—2016.09.10
雷达	交通学院	硕士生	台湾	短期课程	2016.08.10—2016.09.30
王鹏飞	交通学院	硕士生	台湾	短期课程	2016.08.10—2016.09.30
刘修岩	经济管理学院	副教授	澳大利亚	合作研究	2016.08.10—2016.11.10
邹红林	数学系	博士生	葡萄牙	短期学习	2016.08.10—2017.02.10
江建中	出版社	副教授	台湾	图书交易会	2016.08.11—2016.08.18
彭克勇	出版社	编辑	台湾	图书交易会	2016.08.11—2016.08.18
王雪梅	生物科学与医学工程学院	教授	美国	国际会议、合作研究	2016.08.11—2016.08.26
朱雷	建筑学院	副教授	加拿大	合作研究	2016.08.12—2016.08.20
张敏灵	计算机科学与工程学院	教授	美国	国际会议	2016.08.13—2016.08.17
伍浩良	交通学院	研究生	韩国	国际会议	2016.08.13—2016.08.17
杜延军	交通学院	教授	美国	国际会议及访问考察	2016.08.13—2016.08.26
刘志彬	交通学院	副教授	美国	国际会议及访问考察	2016.08.13—2016.08.26
杜广印	交通学院	教授	美国	国际会议及访问考察	2016.08.13—2016.08.26
刘松玉	发展委员会	教授	美国	国际会议	2016.08.14—2016.08.18
蔡国军	交通学院	副教授	美国	国际会议	2016.08.14—2016.08.18
李学鹏	交通学院	研究生	美国	国际会议	2016.08.14—2016.08.18
宋苗苗	交通学院	研究生	美国	国际会议	2016.08.14—2016.08.18
夏威夷	交通学院	研究生	美国	国际会议	2016.08.14—2016.08.18
李玲	附属中大医院	主任医师	瑞典	工作访问	2016.08.14—2016.08.19
吴跃全	国际合作处	助理研究员	瑞典	工作访问	2016.08.14—2016.08.19
罗涛	交通学院	硕士生	香港	学术交流	2016.08.14—2016.08.19
黄嫣	外国语学院	硕士生	香港	学术交流	2016.08.14—2016.08.19
封叶	外国语学院	硕士生	香港	学术交流	2016.08.14—2016.08.19
陈雨婷	外国语学院	硕士生	香港	学术交流	2016.08.14—2016.08.19
鲍凌	外国语学院	硕士生	香港	学术交流	2016.08.14—2016.08.19
沈万莉	外国语学院	硕士生	香港	学术交流	2016.08.14—2016.08.19
戴张印	外国语学院	硕士生	香港	学术交流	2016.08.14—2016.08.19

（续 表）

姓名	所在院系	职务/职称	访问国家或地区	访问任务	时间
杨欢	外国语学院	硕士生	香港	学术交流	2016.08.14—2016.08.19
潘霞	外国语学院	硕士生	香港	学术交流	2016.08.14—2016.08.19
赵越	外国语学院	硕士生	香港	学术交流	2016.08.14—2016.08.19
刘乃丰	医学院	教授、院长	瑞典	工作访问	2016.08.14—2016.08.19
孙子林	医学院	教授、副院长	瑞典	工作访问	2016.08.14—2016.08.19
赵祥伟	生物科学与医学工程学院	教授	墨西哥	国际会议	2016.08.14—2016.08.20
闵鹤群	建筑学院	副高	澳大利亚	短期讲学	2016.08.14—2016.08.26
陈超	电子科学与工程学院	讲师	香港	合作研究	2016.08.15—2016.08.19
黄成	电子科学与工程学院	讲师	香港	合作研究	2016.08.15—2016.08.19
李红	电子科学与工程学院	工程师	香港	合作研究	2016.08.15—2016.08.19
沈典	计算机科学与工程学院	博士生	美国	国际会议	2016.08.15—2016.08.19
刘玲	附属中大医院	副主任医师	加拿大	工作访问	2016.08.15—2016.10.15
杨淳沨	计算机科学与工程学院	讲师	法国	合作研究	2016.08.15—2016.10.31
李健	能源与环境学院	研究生	美国	短期学习	2016.08.15—2017.02.14
王贤梅	经济管理学院	博士生	美国	合作研究	2016.08.15—2017.08.14
刘子健	计算机科学与工程学院	硕士生	瑞士	合作研究	2016.08.15—2017.08.15
陆彪	能源与环境学院	博士生	香港	国际会议	2016.08.16—2016.08.19
屠苏南	建筑学院	讲师	台湾	建构比赛	2016.08.16—2016.08.20
韩晓峰	建筑学院	副教授	台湾	建构比赛	2016.08.16—2016.08.20
张博涵	建筑学院	本科生	台湾	建构比赛	2016.08.16—2016.08.20
宗袁月	建筑学院	本科生	台湾	建构比赛	2016.08.16—2016.08.20
戚瑞	建筑学院	本科生	台湾	建构比赛	2016.08.16—2016.08.20
王忆伊	建筑学院	本科生	台湾	建构比赛	2016.08.16—2016.08.20
钱堃	自动化学院	副教授	澳门	国际会议	2016.08.16—2016.08.20
代倩	电子科学与工程学院	博士生	韩国	国际会议	2016.08.17—2016.08.20
李文	经济管理学院	博士生	瑞士	国际会议	2016.08.17—2016.08.20
袁宝玉	医学院	博士生	马来西亚	国际会议	2016.08.18—2016.08.21
何农跃	生物科学与医学工程学院	教授	美国	国际会议和工作访问	2016.08.18—2016.08.25

（续　表）

姓名	所在院系	职务/职称	访问国家或地区	访问任务	时间
陈陆旭	附属中大医院	主任医师	澳大利亚	合作研究	2016.08.18—2016.08.27
胡伍生	交通学院	教授	美国	合作研究	2016.08.18—2016.09.15
李烈	机械工程学院	博士生	德国	国际会议	2016.08.19—2016.08.25
陈宝安	附属中大医院	教授	美国	合作研究	2016.08.19—2016.08.28
王菲	交通学院	副研究员	英国	合作研究	2016.08.20—2016.08.22
吕凯	材料科学与工程学院	博士生	丹麦	国际会议	2016.08.20—2016.08.24
王育江	材料科学与工程学院	博士生	丹麦	国际会议	2016.08.20—2016.08.24
周扬	材料科学与工程学院	博士生	丹麦	国际会议	2016.08.20—2016.08.24
李贞	材料科学与工程学院	博士生	丹麦	国际会议	2016.08.20—2016.08.24
潘明辉	机械工程学院	博士生	美国	国际会议	2016.08.20—2016.08.24
杨宇	机械工程学院	博士生	美国	国际会议	2016.08.20—2016.08.24
杜垲	能源与环境学院	教授	英国	国际会议	2016.08.20—2016.08.24
江巍雪	能源与环境学院	博士生	英国	国际会议	2016.08.20—2016.08.24
蔡建国	土木工程学院	副研究员	美国	国际会议	2016.08.20—2016.08.24
周小棣	建筑设计研究院	高级工程师	缅甸、印度尼西亚	工作访问	2016.08.20—2016.08.25
王跃翔	土木工程学院	博士生	奥地利	国际会议	2016.08.20—2016.08.26
赵璇	数学系	讲师	美国	合作研究	2016.08.20—2016.09.10
薛鹏	物理系	副教授	台湾	学术交流	2016.08.20—2016.09.10
陈文彦	数学系	副教授	美国	合作研究	2016.08.20—2016.09.17
韩宁	信息科学与工程学院	教师	德国	国际会议	2016.08.21—2016.08.24
武其松	信息科学与工程学院	副教授	德国	国际会议	2016.08.21—2016.08.24
罗昕炜	信息科学与工程学院	教师	德国	国际会议	2016.08.21—2016.08.24
安良	信息科学与工程学院	副研究员	德国	国际会议	2016.08.21—2016.08.24
赵志伟	电子科学与工程学院	教授	加拿大	国际会议	2016.08.21—2016.08.25
孙蓓蓓	机械工程学院	教授、副院长	德国	国际会议及工作访问	2016.08.21—2016.08.25
卢熹	机械工程学院	副教授	德国	国际会议及工作访问	2016.08.21—2016.08.25
张建润	机械工程学院	教授	德国	国际会议及工作访问	2016.08.21—2016.08.25

（续　表）

姓名	所在院系	职务/职称	访问国家或地区	访问任务	时间
张　诚	机械工程学院	研究生	德国	国际会议	2016.08.21—2016.08.25
孙丽伟	能源与环境学院	副教授	加拿大	国际会议	2016.08.21—2016.08.25
来兰梅	生物科学与医学工程学院	博士生	美国	国际会议	2016.08.21—2016.08.25
李柏霖	生物科学与医学工程学院	博士生	美国	国际会议	2016.08.21—2016.08.25
黄宁平	生物科学与医学工程学院	教授	瑞士	国际会议	2016.08.21—2016.08.25
许　妍	土木工程学院	副教授	美国	国际会议	2016.08.21—2016.08.25
秦庆东	土木工程学院	副教授	美国	国际会议	2016.08.21—2016.08.25
董志强	土木工程学院	博士生	加拿大	国际会议	2016.08.21—2016.08.25
王　冠	土木工程学院	博士生	加拿大	国际会议	2016.08.21—2016.08.25
蒋卫祥	信息科学与工程学院	教师	韩国	国际会议	2016.08.21—2016.08.25
程　强	信息科学与工程学院	教师	韩国	国际会议	2016.08.21—2016.08.25
戴俊彦	信息科学与工程学院	博士生	韩国	国际会议	2016.08.21—2016.08.25
窦　骏	医学院	教授	澳大利亚	国际会议	2016.08.21—2016.08.25
钱卫平	生物科学与医学工程学院	教授	美国	国际会议	2016.08.21—2016.08.26
吴　迪	医学院	研究生	澳大利亚	国际会议	2016.08.21—2016.08.26
汪　峥	自动化学院	教师	美国	国际会议及合作研究	2016.08.21—2016.08.27
刘艳红	法学院	教授、院长	韩国	国际会议	2016.08.22—2016.08.26
薛　晖	计算机科学与工程学院	副教授	泰国	国际会议	2016.08.22—2016.08.26
张敏灵	计算机科学与工程学院	教授	泰国	国际会议	2016.08.22—2016.08.26
耿　新	计算机科学与工程学院	教授	泰国	国际会议	2016.08.22—2016.08.26
郑　发	计算机科学与工程学院	研究生	泰国	国际会议	2016.08.22—2016.08.26
徐盈之	经济管理学院	教师	奥地利	国际会议	2016.08.22—2016.08.26
郭　进	经济管理学院	研究生	奥地利	国际会议	2016.08.22—2016.08.26
李世华	自动化学院	教授、副院长	美国	国际会议	2016.08.22—2016.08.26
王　莹	电子科学与工程学院	博士生	韩国	国际会议	2016.08.23—2016.08.26

(续　表)

姓名	所在院系	职务/职称	访问国家或地区	访问任务	时间
唐达林	生物科学与医学工程学院	教授	韩国	国际会议	2016.08.23—2016.08.26
夏　军	电子科学与工程学院	教授	韩国	国际会议	2016.08.23—2016.08.27
王隶桢	电子科学与工程学院	硕士生	韩国	国际会议	2016.08.23—2016.08.27
范龙玲	数学系	研究生	韩国	国际会议	2016.08.23—2016.08.27
洪　伟	信息科学与工程学院	院长、教授	台湾	国际会议	2016.08.23—2016.08.27
王志功	信息科学与工程学院	教授	台湾	国际会议	2016.08.23—2016.08.27
李连鸣	信息科学与工程学院	副教授	台湾	国际会议	2016.08.23—2016.08.27
赵涤燹	信息科学与工程学院	副教授	台湾	国际会议	2016.08.23—2016.08.27
侯德彬	信息科学与工程学院	讲师	台湾	国际会议	2016.08.23—2016.08.27
于志强	信息科学与工程学院	讲师	台湾	国际会议	2016.08.23—2016.08.27
王　晨	信息科学与工程学院	硕士生	台湾	国际会议	2016.08.23—2016.08.27
范奎奎	信息科学与工程学院	博士生	台湾	国际会议	2016.08.23—2016.08.27
张若峤	信息科学与工程学院	博士生	台湾	国际会议	2016.08.23—2016.08.27
刘兆栋	信息科学与工程学院	硕士生	台湾	国际会议	2016.08.23—2016.08.27
孟　凡	信息科学与工程学院	博士生	台湾	国际会议	2016.08.23—2016.08.27
柴　远	信息科学与工程学院	博士生	台湾	国际会议	2016.08.23—2016.08.27
达飞鹏	自动化学院	副处长	日本	参加科研成果展览及科技交流	2016.08.23—2016.08.29
谢志阳	医学院	博士生	日本	国际会议	2016.08.24—2016.08.27
王　锋	医学院	博士生	日本	国际会议	2016.08.24—2016.08.27
Arjun Sinkemani	医学院	研究生	日本	国际会议	2016.08.24—2016.08.27
滕皋军	附属中大医院	院长	马来西亚	国际会议	2016.08.24—2016.08.28
朱海东	附属中大医院	医师	马来西亚	国际会议	2016.08.24—2016.08.28
张晓兵	科研院	教授	日本	参加科技成果展示会	2016.08.24—2016.08.28
王　尧	科研院	讲师	日本	参加科技成果展示会	2016.08.24—2016.08.28
张亚梅	材料科学与工程学院	教授、副院长	日本	合作研究	2016.08.24—2016.08.30
高建明	材料科学与工程学院	教授	日本	合作研究	2016.08.24—2016.08.30
陈宏胜	建筑学院	博士生	美国	合作研究	2016.08.25—2017.08.25
李世华	自动化学院	副院长	美国	访问考察	2016.08.26—2016.08.29

（续　表）

姓名	所在院系	职务/职称	访问国家或地区	访问任务	时间
裴廷宽	电子科学与工程学院	本科生	美国	参赛	2016.08.26—2016.08.30
戴　敏	机械工程学院	副教授	美国	参赛	2016.08.26—2016.08.30
孔德优	机械工程学院	本科生	美国	参赛	2016.08.26—2016.08.30
李慧颖	计算机科学与工程学院	副教授	韩国	国际会议	2016.08.26—2016.08.30
东　方	计算机科学与工程学院	副教授	意大利	国际会议	2016.08.26—2016.08.30
张竞慧	计算机科学与工程学院	讲师	意大利	国际会议	2016.08.26—2016.08.30
李永辉	建筑学院	副教授	德国	合作研究	2016.08.26—2016.08.30
张　宏	建筑学院	教授	德国	合作研究	2016.08.26—2016.08.30
李向锋	建筑学院	副教授	德国	合作研究	2016.08.26—2016.08.30
牛钰茜	软件学院	本科生	美国	参赛	2016.08.26—2016.08.30
丁建东	附属中大医院	主任医师	意大利	国际会议	2016.08.26—2016.08.31
柴　琳	自动化学院	副研究员	英国	国际会议和合作研究	2016.08.26—2016.09.04
裔　萍	仪器科学与工程学院	博士生	韩国	国际会议	2016.08.27—2016.08.30
丁收年	化学化工学院	教授	法国	国际会议	2016.08.27—2016.09.01
陶天友	土木工程学院	博士生	韩国	国际会议	2016.08.27—2016.09.01
徐春祥	生物科学与医学工程学院	教授	美国	国际会议	2016.08.27—2016.09.02
陈汉武	计算机科学与工程学院	教授	台湾	国际会议	2016.08.27—2016.09.03
周雨青	物理系	教授	美国	国际会议及访问考察	2016.08.27—2016.09.13
陈建龙	数学系	教授	塞尔维亚	国际会议及合作研究	2016.08.27—2016.09.27
刘　波	计算机科学与工程学院	副教授	德国	国际会议	2016.08.28—2016.09.01
赵瀚玮	土木工程学院	博士生	韩国	国际会议	2016.08.28—2016.09.01
赵祥伟	生物科学与医学工程学院	副院长	美国	国际会议	2016.08.28—2016.09.01
丁幼亮	土木工程学院	研究员	韩国	国际会议	2016.08.28—2016.09.01
李攀杰	土木工程学院	博士生	韩国	国际会议	2016.08.28—2016.09.01
曹宝雅	土木工程学院	博士生	韩国	国际会议	2016.08.28—2016.09.01

(续 表)

姓名	所在院系	职务/职称	访问国家或地区	访问任务	时间
夏 琪	土木工程学院	博士生	韩国	国际会议	2016.08.28—2016.09.01
刘兴旺	土木工程学院	硕士生	韩国	国际会议	2016.08.28—2016.09.01
曹玖新	计算机科学与工程学院	教授	德国	国际会议	2016.08.28—2016.09.03
王金兰	物理系	教授	美国	国际会议及合作研究	2016.08.28—2016.09.05
纪雨欣	法学院	本科生	台湾	短期学习	2016.08.28—2017.01.08
张 建	土木工程学院	教授	美国	国际会议	2016.08.29—2016.09.02
董 帅	物理系	教授	美国	国际会议	2016.08.29—2016.09.02
许 威	信息科学与工程学院	教授	匈牙利	国际会议	2016.08.29—2016.09.02
张惠红	体育系	教授	巴西	国际会议	2016.08.29—2016.09.06
付大伟	化学化工学院	教师	日本	合作研究	2016.08.29—2016.09.08
熊仁根	化学化工学院	教授	日本	合作研究	2016.08.29—2016.09.08
张婉莹	化学化工学院	博士生	日本	合作研究	2016.08.29—2016.09.08
汤渊源	化学化工学院	博士生	日本	合作研究	2016.08.29—2016.09.08
陈 承	化学化工学院	博士生	日本	合作研究	2016.08.29—2016.09.08
李鹏飞	化学化工学院	博士生	日本	合作研究	2016.08.29—2016.09.08
经 典	材料科学与工程学院	本科生	香港	交流演出	2016.08.30—2016.09.02
洪海军	大学生艺术指导中心	主任	香港	参加校友会	2016.08.30—2016.09.02
曹菲菲	大学生艺术指导中心	讲师	香港	参加校友会	2016.08.30—2016.09.02
刘 波	党委办公室	常务副书记	香港	参加校友会	2016.08.30—2016.09.02
陆 迪	电气工程学院	本科生	香港	交流演出	2016.08.30—2016.09.02
刘 静	港澳台办公室	科长	香港	参加校友会	2016.08.30—2016.09.02
蔡纪尧	建筑学院	本科生	香港	交流演出	2016.08.30—2016.09.02
姜钧陶	交通学院	硕士生	香港	交流演出	2016.08.30—2016.09.02
周梓茜	经济管理学院	本科生	香港	交流演出	2016.08.30—2016.09.02
徐姝玮	经济管理学院	本科生	香港	交流演出	2016.08.30—2016.09.02
张耀予	经济管理学院	本科生	香港	交流演出	2016.08.30—2016.09.02
陆佳阳	经济管理学院	本科生	香港	交流演出	2016.08.30—2016.09.02
周 艺	经济管理学院	本科生	香港	交流演出	2016.08.30—2016.09.02
金 琨	经济管理学院	本科生	香港	交流演出	2016.08.30—2016.09.02

(续　表)

姓名	所在院系	职务/职称	访问国家或地区	访问任务	时间
丁子云	经济管理学院	本科生	香港	交流演出	2016.08.30—2016.09.02
梅紫薇	能源与环境学院	本科生	香港	交流演出	2016.08.30—2016.09.02
赵晓宸	能源与环境学院	本科生	香港	交流演出	2016.08.30—2016.09.02
杨舒然	能源与环境学院	本科生	香港	交流演出	2016.08.30—2016.09.02
刘心怡	生物科学与医学工程学院	本科生	香港	交流演出	2016.08.30—2016.09.02
李　苪	生物科学与医学工程学院	本科生	香港	交流演出	2016.08.30—2016.09.02
刘禾玥	土木工程学院	本科生	香港	交流演出	2016.08.30—2016.09.02
谢亭玉	物理系	本科生	香港	交流演出	2016.08.30—2016.09.02
周子纯	信息科学与工程学院	本科生	香港	交流演出	2016.08.30—2016.09.02
朱子钰	医学院	本科生	香港	交流演出	2016.08.30—2016.09.02
王　浩	土木工程学院	教授	韩国	国际会议	2016.08.30—2016.09.03
单伟伟	电子科学与工程学院	副教授	比利时、瑞士	合作研究、实习培训	2016.08.30—2016.10.03
丁建明	交通学院	教授	台湾	国际会议	2016.08.31—2016.09.04
费　梁	交通学院	工程师	台湾	国际会议	2016.08.31—2016.09.04
李升玉	交通学院	工程师	台湾	国际会议	2016.08.31—2016.09.04
邓涵文	交通学院	博士生	新加坡	短期学习	2016.08.31—2017.03.01
柳天虹	自动化学院	博士生	英国	国际会议	2016.09.01—2016.09.05
许传龙	能源与环境学院	教授	英国	国际会议及合作研究	2016.09.01—2016.09.08
陈　婕	成贤学院	本科生	台湾	短期学习	2016.09.01—2017.01.12
彭良红	自动化学院	研究生	香港	短期学习	2016.09.01—2017.02.27
欧吉顺	交通学院	博士生	美国	短期学习	2016.09.01—2017.02.28
陈金兵	数学系	副教授	加拿大	留学进修	2016.09.01—2017.08.30
刘艾然	附属中大医院	主治医生	美国	留学进修	2016.09.01—2017.08.31
窦建平	机械工程学院	教师	美国	留学进修	2016.09.01—2017.08.31
倪庆剑	计算机学科与工程学院	副教授	美国	访学研修	2016.09.01—2017.08.31
伍学惠	自动化学院	博士生	加拿大	留学进修	2016.09.01—2017.09.01
王建国	建筑学院	教授	澳门	参加设计作业展	2016.09.02—2016.09.05
李正权	信息科学与工程学院	教授	西班牙	国际会议	2016.09.02—2016.09.08

(续 表)

姓名	所在院系	职务/职称	访问国家或地区	访问任务	时间
燕 锋	信息科学与工程学院	副教授	西班牙	国际会议	2016.09.02—2016.09.08
尹立红	公共卫生学院	教授	西班牙	国际会议	2016.09.02—2016.09.09
刘 冉	公共卫生学院	教授	西班牙	国际会议	2016.09.02—2016.09.09
浦跃朴	校长办公室	副校长	西班牙	国际会议	2016.09.02—2016.09.09
沈连丰	信息科学与工程学院	教授	西班牙	国际会议	2016.09.02—2016.09.09
章跃跃	信息科学与工程学院	博士生	西班牙	国际会议	2016.09.02—2016.09.09
林艺馨	土木工程学院	副教授	台湾	学术交流	2016.09.03—2016.09.06
花 为	电气工程学院	教授	瑞士	国际会议	2016.09.03—2016.09.07
刘松玉	发展委员会	教授	葡萄牙	国际会议	2016.09.03—2016.09.07
杜广印	交通学院	副教授	葡萄牙	国际会议	2016.09.03—2016.09.07
章定文	交通学院	教授	葡萄牙	国际会议	2016.09.03—2016.09.07
周 庆	信息科学与工程学院	博士生	西班牙	国际会议	2016.09.03—2016.09.07
衡 伟	信息科学与工程学院	教授	西班牙	国际会议	2016.09.03—2016.09.12
王 刚	信息科学与工程学院	教授	西班牙	国际会议	2016.09.03—2016.09.12
刁 舒	法学院	博士生	台湾	短期课程	2016.09.03—2016.10.20
解仁轩	成贤学院	本科生	台湾	短期学习	2016.09.03—2017.01.20
桑明珠	成贤学院	本科生	台湾	短期学习	2016.09.03—2017.01.20
韩小丽	成贤学院	本科生	台湾	短期学习	2016.09.03—2017.01.20
孙義雯	成贤学院	本科生	台湾	短期学习	2016.09.03—2017.01.20
尹佳启	交通学院	本科生	台湾	短期学习	2016.09.03—2017.01.20
黄挺芝	交通学院	本科生	台湾	短期学习	2016.09.03—2017.01.20
袁 冶	土木工程学院	本科生	台湾	短期学习	2016.09.03—2017.01.20
陈 熹	土木工程学院	本科生	台湾	短期学习	2016.09.03—2017.01.20
陈 实	土木工程学院	本科生	台湾	短期学习	2016.09.03—2017.01.20
朱熔清	土木工程学院	本科生	台湾	短期学习	2016.09.03—2017.01.20
王仲衡	土木工程学院	本科生	台湾	短期学习	2016.09.03—2017.01.20
刘 涛	土木工程学院	本科生	台湾	短期学习	2016.09.03—2017.01.20
蒋 睿	土木工程学院	本科生	台湾	短期学习	2016.09.03—2017.01.20
陈竞峰	土木工程学院	本科生	台湾	短期学习	2016.09.03—2017.01.20
刘 剑	土木工程学院	本科生	台湾	短期学习	2016.09.03—2017.01.20

(续 表)

姓名	所在院系	职务/职称	访问国家或地区	访问任务	时间
鄢雨生	土木工程学院	本科生	台湾	短期学习	2016.09.03—2017.01.20
陆维杰	土木工程学院	本科生	台湾	短期学习	2016.09.03—2017.01.20
梁庆康	土木工程学院	本科生	台湾	短期学习	2016.09.03—2017.01.20
王浩琛	土木工程学院	本科生	台湾	短期学习	2016.09.03—2017.01.20
任逸哲	土木工程学院	本科生	台湾	短期学习	2016.09.03—2017.01.20
朱 婷	土木工程学院	本科生	台湾	短期学习	2016.09.03—2017.01.20
段斐然	土木工程学院	本科生	台湾	短期学习	2016.09.03—2017.01.20
丁润民	土木工程学院	本科生	台湾	短期学习	2016.09.03—2017.01.20
倪佳歆	土木工程学院	本科生	台湾	短期学习	2016.09.03—2017.01.20
王 琳	土木工程学院	本科生	台湾	短期学习	2016.09.03—2017.01.20
孙玉叶	土木工程学院	本科生	台湾	短期学习	2016.09.03—2017.01.20
冯程程	土木工程学院	本科生	台湾	短期学习	2016.09.03—2017.01.20
方 超	土木工程学院	本科生	台湾	短期学习	2016.09.03—2017.01.20
陈耀伦	土木工程学院	本科生	台湾	短期学习	2016.09.03—2017.01.20
朱晓强	土木工程学院	本科生	台湾	短期学习	2016.09.03—2017.01.20
鞠 丹	土木工程学院	本科生	台湾	短期学习	2016.09.03—2017.01.20
申浩雷	土木工程学院	本科生	台湾	短期学习	2016.09.03—2017.01.20
吴 桐	外国语学院	本科生	台湾	短期学习	2016.09.03—2017.01.20
吴 彧	信息科学与工程学院	本科生	台湾	短期学习	2016.09.03—2017.01.20
高 谦	信息科学与工程学院	本科生	台湾	短期学习	2016.09.03—2017.01.20
沈宝龙	材料科学与工程学院	教授	德国	国际会议	2016.09.04—2016.09.08
袁晨晨	材料科学与工程学院	副研究员	德国	国际会议	2016.09.04—2016.09.08
阳 辉	电气工程学院	博士生	瑞士	国际会议	2016.09.04—2016.09.08
祝子冲	电气工程学院	硕士生	瑞士	国际会议	2016.09.04—2016.09.08
蔡国军	交通学院	教授	澳大利亚	国际会议	2016.09.04—2016.09.08
祝慧颖	信息科学与工程学院	硕士生	西班牙	国际会议	2016.09.04—2016.09.08
吴夏英	信息科学与工程学院	硕士生	西班牙	国际会议	2016.09.04—2016.09.08
顾立新	信息科学与工程学院	硕士生	西班牙	国际会议	2016.09.04—2016.09.08
陆 晨	信息科学与工程学院	硕士生	西班牙	国际会议	2016.09.04—2016.09.08
江枕声	信息科学与工程学院	硕士生	西班牙	国际会议	2016.09.04—2016.09.08

(续　表)

姓名	所在院系	职务/职称	访问国家或地区	访问任务	时间
邹　升	仪器科学与工程学院	博士生	韩国	国际会议	2016.09.04—2016.09.08
张　红	仪器科学与工程学院	博士生	韩国	国际会议	2016.09.04—2016.09.08
黄　磊	电气工程学院	讲师	美国	国际会议	2016.09.04—2016.09.10
王晓燕	附属中大医院	护师	台湾	学术交流	2016.09.04—2016.09.10
李　澄	附属中大医院	主任医师	台湾	学术交流	2016.09.04—2016.09.10
高景川	附属中大医院	主任医师	台湾	学术交流	2016.09.04—2016.09.10
范晓娜	附属中大医院	主治医师	台湾	学术交流	2016.09.04—2016.09.10
王桂梅	附属中大医院	主任	台湾	学术交流	2016.09.04—2016.09.10
闵鹤群	建筑学院	副高	阿根廷	国际会议	2016.09.04—2016.09.10
沈孔健	交通学院	博士生	葡萄牙	国际会议	2016.09.04—2016.09.10
陈兴芬	材料科学与工程学院	博士生	日本	国际会议	2016.09.04—2016.09.18
吴　妍	成贤学院	本科生	台湾	短期学习	2016.09.04—2017.01.20
吴小宁	信息科学与工程学院	博士生	法国	国际会议	2016.09.05—2016.09.09
王　博	自动化学院	博士生	英国	国际会议	2016.09.05—2016.09.09
齐　易	成贤学院	本科生	台湾	短期学习	2016.09.05—2017.01.17
梁嘉乐	成贤学院	本科生	台湾	短期学习	2016.09.05—2017.01.17
王梓怡	成贤学院	本科生	台湾	短期学习	2016.09.05—2017.01.20
吴俊仪	信息科学与工程学院	本科生	台湾	短期学习	2016.09.05—2017.01.20
程国枭	信息科学与工程学院	博士生	台湾	国际会议	2016.09.06—2016.09.10
蒋正文	交通学院	博士生	葡萄牙	国际会议	2016.09.06—2016.09.10
肖润华	交通学院	本科生	台湾	短期学习	2016.09.06—2017.01.15
苏　恬	吴健雄学院	本科生	台湾	短期学习	2016.09.06—2017.01.15
王心沅	吴健雄学院	本科生	台湾	短期学习	2016.09.06—2017.01.17
石　怡	信息科学与工程学院	本科生	台湾	短期学习	2016.09.06—2017.01.17
曾子彦	信息科学与工程学院	本科生	台湾	短期学习	2016.09.06—2017.01.17
高学仁	医学院	博士生	韩国	国际会议	2016.09.07—2016.09.10
田玉平	自动化学院	教授	日本	国际会议	2016.09.07—2016.09.10
张建琼	医学院	教授	美国	国际会议及合作研究	2016.09.07—2016.09.17
缪凤琴	医学院	高级工程师	美国	国际会议	2016.09.07—2016.09.18

(续 表)

姓名	所在院系	职务/职称	访问国家或地区	访问任务	时间
成玉宁	建筑学院	教授	意大利	合作研究	2016.09.07—2016.10.09
周聪惠	建筑学院	讲师	意大利	合作研究	2016.09.07—2016.10.09
沈星宇	成贤学院	本科生	台湾	短期学习	2016.09.07—2017.01.08
李召群	成贤学院	本科生	台湾	短期学习	2016.09.07—2017.01.08
赵寒薇	成贤学院	本科生	台湾	短期学习	2016.09.07—2017.01.08
李湘	吴健雄学院	本科生	台湾	短期学习	2016.09.07—2017.01.08
黄亦承	外国语学院	本科生	台湾	短期学习	2016.09.07—2017.01.25
陈柏宇	吴健雄学院	本科生	台湾	短期学习	2016.09.07—2017.01.25
曾艾东	电气工程学院	博士生	日本	国际会议	2016.09.08—2016.09.12
吴盛军	电气工程学院	博士生	日本	国际会议	2016.09.08—2016.09.12
东方	计算机科学与工程学院	副教授	美国	国际会议	2016.09.08—2016.09.12
张竞慧	计算机科学与工程学院	讲师	美国	国际会议	2016.09.08—2016.09.12
杨之琳	经济管理学院	本科生	台湾	短期学习	2016.09.08—2017.01.17
徐忆谆	经济管理学院	本科生	台湾	短期学习	2016.09.08—2017.01.17
尹欣	人文学院	本科生	台湾	短期学习	2016.09.08—2017.01.20
杨晨曦	外国语学院	本科生	台湾	短期学习	2016.09.08—2017.01.20
邝紫琼	外国语学院	本科生	台湾	短期学习	2016.09.08—2017.01.20
雷东移	材料科学与工程学院	博士生	意大利	工作访问	2016.09.09—2016.09.10
郭丽萍	材料科学与工程学院	副教授	意大利	国际会议及访问考察	2016.09.09—2016.09.15
黄凌锋	电气工程学院	本科生	台湾	短期学习	2016.09.09—2017.01.14
褚洪岩	材料科学与工程学院	博士生	意大利	国际会议	2016.09.10—2016.09.14
杨荣瑶	物理系	博士生	澳大利亚	国际会议	2016.09.10—2016.09.17
史悦华	医学院	博士生	德国	国际会议	2016.09.10—2016.09.17
戎志丹	材料科学与工程学院	副教授	意大利	国际会议	2016.09.11—2016.09.15
高云	材料科学与工程学院	讲师	意大利	国际会议	2016.09.11—2016.09.15
雷东移	材料科学与工程学院	博士生	意大利	国际会议	2016.09.11—2016.09.15
艾志勇	材料科学与工程学院	博士生	意大利	国际会议	2016.09.11—2016.09.15
贾子健	材料科学与工程学院	博士生	意大利	国际会议	2016.09.11—2016.09.15
淳庆	建筑学院	副教授	比利时	国际会议	2016.09.11—2016.09.15

(续 表)

姓名	所在院系	职务/职称	访问国家或地区	访问任务	时间
邓永锋	交通学院	教授	法国	国际会议	2016.09.11—2016.09.15
赵涤燹	信息科学与工程学院	研究员	瑞士	国际会议	2016.09.11—2016.09.15
张 莹	医学院	讲师	美国	国际会议及合作研究	2016.09.11—2016.09.15
黄 嘉	医学院	博士生	德国	国际会议	2016.09.11—2016.09.15
苏 凡	医学院	博士生	德国	国际会议	2016.09.11—2016.09.15
许国东	材料科学与工程学院	博士生	意大利	国际会议	2016.09.11—2016.09.16
常洪雷	材料科学与工程学院	博士生	意大利	国际会议	2016.09.11—2016.09.16
朱光亚	建筑学院	教授	比利时	国际会议	2016.09.11—2016.09.16
郑璐琳	建筑学院	硕士生	南非	国际会议	2016.09.11—2016.09.16
宁昱西	建筑学院	硕士生	南非	国际会议	2016.09.11—2016.09.16
吴子龙	交通学院	博士生	法国	国际会议	2016.09.11—2016.09.16
王兴平	建筑学院	教授	南非	国际会议	2016.09.11—2016.09.17
周冰妍	成贤学院	本科生	台湾	短期学习	2016.09.11—2017.01.15
周梦倩	成贤学院	本科生	台湾	短期学习	2016.09.11—2017.01.15
郭 萌	成贤学院	本科生	台湾	短期学习	2016.09.11—2017.01.15
刘鑫洁	成贤学院	本科生	台湾	短期学习	2016.09.11—2017.01.15
王星汉	成贤学院	本科生	台湾	短期学习	2016.09.11—2017.01.16
贾子健	材料科学与工程学院	博士生	意大利	工作访问	2016.09.12—2016.09.14
潘 涛	医学院	博士生	德国	国际会议	2016.09.12—2016.09.16
支朦朦	医学院	博士生	德国	国际会议	2016.09.12—2016.09.16
祝祥云	医学院	博士生	德国	国际会议	2016.09.12—2016.09.16
蔡蓉蓉	医学院	博士生	德国	国际会议	2016.09.12—2016.09.16
李 伟	医学院	博士生	德国	国际会议	2016.09.12—2016.09.16
沈燕珏	医学院	硕士生	德国	国际会议	2016.09.12—2016.09.16
朱梦源	建筑学院	硕士生	德国	短期学习	2016.09.13—2016.10.20
包宇喆	建筑学院	硕士生	德国	短期学习	2016.09.13—2016.10.20
练玲玲	建筑学院	硕士生	德国	短期学习	2016.09.13—2016.10.20
赵正柏	化学化工学院	博士生	日本	国际会议	2016.09.14—2016.09.18
汪 昕	土木工程学院	教授	日本	国际会议	2016.09.14—2016.09.19
周建成	化学化工学院	教授	德国	访问考察	2016.09.14—2016.09.20

(续 表)

姓名	所在院系	职务/职称	访问国家或地区	访问任务	时间
印杰	化学化工学院	博士生	德国	访问考察	2016.09.14—2016.09.20
王倩	建筑学院	研究生	意大利、西班牙	短期学习	2016.09.15—2017.09.30
柴人杰	生命科学研究院	教授	法国	国际会议	2016.09.16—2016.09.20
唐明亮	生命科学研究院	研究员	法国	国际会议	2016.09.16—2016.09.21
孔磊	信息科学与工程学院	博士生	加拿大	国际会议	2016.09.16—2016.09.21
宋铁成	信息科学与工程学院	教授	加拿大	国际会议	2016.09.16—2016.09.22
沈连丰	信息科学与工程学院	教授	加拿大	国际会议	2016.09.16—2016.09.22
燕锋	信息科学与工程学院	副教授	加拿大	国际会议	2016.09.16—2016.09.22
朱亚萍	信息科学与工程学院	博士生	加拿大	国际会议	2016.09.16—2016.09.23
章跃跃	信息科学与工程学院	博士生	加拿大	国际会议	2016.09.16—2016.09.23
周利	财务处	助理会计师	法国、德国、芬兰	执行审计任务	2016.09.16—2016.09.30
李飚	建筑学院	教授	瑞士、意大利	合作研究	2016.09.16—2016.10.10
唐芃	建筑学院	副教授	瑞士、意大利	合作研究	2016.09.16—2016.10.10
王翔	经济管理学院	副教授	德国	国际会议	2016.09.17—2016.09.21
杨帆	经济管理学院	讲师	德国	国际会议	2016.09.17—2016.09.21
崔铁军	信息科学与工程学院	教授	希腊	国际会议	2016.09.17—2016.09.21
林艳	信息科学与工程学院	博士生	加拿大	国际会议	2016.09.17—2016.09.21
徐俊珺	信息科学与工程学院	博士生	希腊	国际会议	2016.09.17—2016.09.21
赵捷	信息科学与工程学院	博士生	希腊	国际会议	2016.09.17—2016.09.21
陶醉	信息科学与工程学院	博士生	希腊	国际会议	2016.09.17—2016.09.21
程强	信息科学与工程学院	教师	希腊	国际会议	2016.09.17—2016.09.22
陈武	电气工程学院	副研究员	美国	国际会议	2016.09.17—2016.09.23
张志珺	附属中大医院	主任医师、教授	瑞典	实习培训	2016.09.17—2016.10.01
谢春明	附属中大医院	研究员	瑞典	实习培训	2016.09.17—2016.10.01
唐斌	建筑学院	讲师	奥地利	合作研究	2016.09.17—2016.10.06
曹迪	建筑学院	硕士生	奥地利	短期学习	2016.09.17—2016.10.07
米雪	建筑学院	硕士生	奥地利	短期学习	2016.09.17—2016.10.07

（续　表）

姓名	所在院系	职务/职称	访问国家或地区	访问任务	时间
王文彬	建筑学院	硕士生	奥地利	短期学习	2016.09.17—2016.10.07
王　潮	土木工程学院	博士生	瑞典	留学进修	2016.09.17—2017.09.16
窦文斌	信息科学与工程学院	教授	澳大利亚	国际会议	2016.09.18—2016.09.24
陈　衡	材料科学与工程学院	博士生	加拿大	国际会议	2016.09.18—2016.09.22
崔　冬	材料科学与工程学院	博士生	加拿大	国际会议	2016.09.18—2016.09.22
谌正凯	材料科学与工程学院	博士生	加拿大	国际会议	2016.09.18—2016.09.22
郭丽萍	材料科学与工程学院	副教授	加拿大	国际会议	2016.09.18—2016.09.22
王　政	电气工程学院	教授	美国	国际会议	2016.09.18—2016.09.22
花　为	电气工程学院	教授	美国	国际会议	2016.09.18—2016.09.22
阳　辉	电气工程学院	博士生	美国	国际会议	2016.09.18—2016.09.22
朱晓锋	电气工程学院	博士生	美国	国际会议	2016.09.18—2016.09.22
姜永将	电气工程学院	博士生	美国	国际会议	2016.09.18—2016.09.22
张　研	建筑学院	博士生	日本	国际会议	2016.09.18—2016.09.23
吴智深	土木工程学院	教授	意大利	国际会议	2016.09.18—2016.09.23
田玉平	自动化学院	教授	阿根廷	国际会议	2016.09.18—2016.09.23
傅大放	土木工程学院	教授	荷兰、瑞典、英国	合作研究	2016.09.18—2016.10.07
沙菁契	机械工程学院	院长助理	奥地利	国际会议	2016.09.19—2016.09.23
李　哲	建筑学院	副教授	日本	国际会议	2016.09.19—2016.09.23
肖　蓉	建筑学院	博士生	日本	国际会议	2016.09.19—2016.09.23
桂汪洋	建筑学院	博士生	日本	国际会议	2016.09.19—2016.09.23
张李瑞	建筑学院	博士生	日本	国际会议	2016.09.19—2016.09.23
傅　岚	建筑学院	博士生	日本	国际会议	2016.09.19—2016.09.23
胡　斌	能源与环境学院	博士生	波兰	国际会议	2016.09.19—2016.09.23
陶　醉	信息科学与工程学院	博士生	希腊	国际会议	2016.09.19—2016.09.23
徐俊珺	信息科学与工程学院	博士生	希腊	国际会议	2016.09.19—2016.09.23
赵　捷	信息科学与工程学院	博士生	希腊	国际会议	2016.09.19—2016.09.23
朱　雷	建筑学院	副教授	日本	国际会议	2016.09.19—2016.09.24
李　朝	建筑学院	博士生	日本	国际会议	2016.09.19—2016.09.24
DINH THE ANH	建筑学院	博士生	日本	国际会议	2016.09.19—2016.09.24

（续　表）

姓名	所在院系	职务/职称	访问国家或地区	访问任务	时间
任小耿	建筑学院	博士生	日本	国际会议	2016.09.19—2016.09.24
邬　莎	建筑学院	研究生	日本	国际会议	2016.09.19—2016.09.24
李百浩	建筑学院	教授	日本	国际会议	2016.09.19—2016.09.25
宋守坛	土木工程学院	博士后	瑞典	国际会议	2016.09.19—2016.09.25
王翔宇	自动化学院	讲师	美国	国际会议及合作研究	2016.09.19—2016.12.16
李　晋	建筑学院	博士生	瑞典	国际会议	2016.09.20—2016.09.24
敖　雷	建筑学院	博士生	日本	国际会议	2016.09.20—2016.09.24
郑天宇	建筑学院	硕士生	日本	国际会议	2016.09.20—2016.09.24
涂永明	土木工程学院	副教授	瑞典	国际会议	2016.09.20—2016.09.24
黄　正	土木工程学院	博士生	瑞典	国际会议	2016.09.20—2016.09.24
杨　栋	土木工程学院	博士生	瑞典	国际会议	2016.09.20—2016.09.24
高　崧	建筑设计研究院	高级工程师	韩国	工作访问	2016.09.20—2016.09.25
蔡晓波	体育系	系主任	美国	访问考察	2016.09.20—2016.09.25
赵林度	经济管理学院	教授、院长	美国	合作研究	2016.09.20—2016.09.29
刘艳红	法学院	院长	美国	工作访问	2016.09.20—2016.09.30
王　珏	人文学院	教授	美国	工作访问	2016.09.20—2016.09.30
陈美华	外国语学院	院长	美国	工作访问	2016.09.20—2016.09.30
周　琛	外国语学院	副教授	美国	工作访问	2016.09.20—2016.09.30
王廷信	艺术学院	教授	美国	工作访问	2016.09.20—2016.09.30
贺　伟	自动化学院	博士生	法国	短期学习	2016.09.20—2016.12.20
蒋金洋	材料科学与工程学院	教授	英国	国际会议	2016.09.21—2016.09.26
张云升	材料科学与工程学院	教授	英国	国际会议	2016.09.21—2016.09.26
胡碧琳	土木工程学院	讲师	新加坡	参加颁奖会和设计展	2016.09.21—2016.09.26
朱　渊	建筑学院	副教授	意大利	合作研究	2016.09.21—2016.10.10
滕皋军	附属中大医院	教授、院长	台湾	学术交流	2016.09.22—2016.09.26
石　峰	建筑学院	博士生	日本	国际会议	2016.09.23—2016.09.27
张　欢	经济管理学院	博士生	香港	国际会议	2016.09.24—2016.09.25
夏思宇	自动化学院	副教授	美国	国际会议	2016.09.24—2016.09.28
姚晓静	物理系	博士生	韩国	国际会议	2016.09.24—2016.09.30

(续 表)

姓名	所在院系	职务/职称	访问国家或地区	访问任务	时间
吴章婷	物理系	博士生	韩国	国际会议	2016.09.24—2016.09.30
佐藤忠信	土木工程学院	教授	日本	国际会议	2016.09.25—2016.09.28
殷 磊	港澳台办公室	副主任	台湾	两岸会议	2016.09.25—2016.09.29
吕 准	物理系	教授	美国	国际会议	2016.09.25—2016.09.29
王晓玉	物理系	博士生	美国	国际会议	2016.09.25—2016.09.29
陈 耀	土木工程学院	讲师	日本	国际会议	2016.09.25—2016.09.30
郑家茂	党委办公室	教授、副校长	缅甸、印度尼西亚	工作访问	2016.09.25—2016.10.01
梅汉成	国际合作处	处长、副教授	缅甸、印度尼西亚	工作访问	2016.09.25—2016.10.01
周小棣	建筑设计研究院	高级工程师	缅甸、印度尼西亚	工作访问	2016.09.25—2016.10.01
董 卫	建筑学院	教授	缅甸、印度尼西亚	工作访问	2016.09.25—2016.10.01
过秀成	交通学院	教授、副处长	缅甸、印度尼西亚	工作访问	2016.09.25—2016.10.01
冯若强	土木工程学院	教授	日本	国际会议	2016.09.25—2016.10.01
王景全	土木工程学院	教授、副院长	缅甸、印度尼西亚	工作访问	2016.09.25—2016.10.01
江 泓	建筑学院	副教授	奥地利	合作研究	2016.09.25—2016.10.04
张 彤	建筑学院	教授	奥地利	合作研究	2016.09.25—2016.10.04
舒赣平	土木工程学院	教授	日本	国际会议及访问考察	2016.09.25—2016.10.04
黄 瑛	能源与环境学院	副教授	日本	国际会议	2016.09.26—2016.09.30
张 栋	能源与环境学院	博士生	日本	国际会议	2016.09.26—2016.09.30
郑 军	信息科学与工程学院	教授	美国	合作研究并工作访问	2016.09.26—2016.09.30
谢呈阳	经济管理学院	讲师	美国	合作研究	2016.09.26—2016.10.06
徐志科	电气工程学院	副研究员	澳大利亚	国际会议	2016.09.27—2016.10.01
杨 斌	电气工程学院	博士生	澳大利亚	国际会议	2016.09.27—2016.10.02
吴晨雨	电气工程学院	博士生	澳大利亚	国际会议	2016.09.28—2016.10.02
靳 维	电气工程学院	博士生	澳大利亚	国际会议	2016.09.28—2016.10.02
陆薇薇	外国语学院	副教授	日本	国际会议	2016.09.29—2016.10.04
王海兵	数学系	副教授	日本	合作研究	2016.09.29—2016.10.16

(续 表)

姓名	所在院系	职务/职称	访问国家或地区	访问任务	时间
梅仂盈	机械工程学院	教授	台湾	学术交流	2016.09.30—2016.10.07
刘宗涛	机械工程学院	硕士生	台湾	学术交流	2016.09.30—2016.10.07
况 攀	机械工程学院	本科生	台湾	学术交流	2016.09.30—2016.10.07
罗俊文	机械工程学院	本科生	台湾	学术交流	2016.09.30—2016.10.07
江 苏	机械工程学院	本科生	台湾	学术交流	2016.09.30—2016.10.07
张卓然	机械工程学院	本科生	台湾	学术交流	2016.09.30—2016.10.07
沈艳飞	医学院	教授	美国	国际会议	2016.10.01—2016.10.08
邱海波	附属中大医院	副院长	意大利	国际会议	2016.10.01—2016.10.05
张袁健	化学化工学院	教授	美国	国际会议	2016.10.01—2016.10.08
靳 慧	土木工程学院	教授	瑞士	合作研究	2016.10.01—2016.10.29
李 旭	仪器科学与工程学院	副教授	美国	合作研究	2016.10.01—2016.11.04
陈振宁	土木工程学院	博士生	加拿大	短期学习	2016.10.01—2017.09.30
杨 毅	附属中大医院	主任医师	意大利	国际会议	2016.10.01—2016.10.05
杭 俊	电气工程学院	博士生	美国	国际会议	2016.10.02—2016.10.06
倪中华	机械工程学院	教授	美国	国际会议	2016.10.02—2016.10.06
陈云飞	机械工程学院	教授	美国	国际会议	2016.10.02—2016.10.06
段伦博	能源与环境学院	副教授	台湾	国际会议	2016.10.02—2016.10.06
蔡建国	土木工程学院	副研究员	美国	国际会议	2016.10.02—2016.10.06
卢 青	学习科学研究中心	教授	韩国	国际会议	2016.10.02—2016.10.06
毕 昆	学习科学研究中心	博士生	韩国	国际会议	2016.10.02—2016.10.06
张思启	学习科学研究中心	博士生	韩国	国际会议	2016.10.02—2016.10.06
田 水	学习科学研究中心	博士生	韩国	国际会议	2016.10.02—2016.10.06
佐藤忠信	土木工程学院	教授	日本	合作研究	2016.10.03—2016.10.05
葛 明	建筑学院	教授、副院长	斯里兰卡	国际会议	2016.10.03—2016.10.07
郝张成	信息科学与工程学院	教师	英国	国际会议及合作研究	2016.10.03—2016.10.11
余 超	信息科学与工程学院	教师	英国、爱尔兰	国际会议	2016.10.03—2016.10.11
陈继新	信息科学与工程学院	教授	英国	国际会议	2016.10.03—2016.10.11
宋 喆	信息科学与工程学院	讲师	英国	国际会议和合作研究	2016.10.03—2016.10.11
黄 正	土木工程学院	博士生	瑞典	国际会议	2016.10.04—2016.10.09

（续　表）

姓名	所在院系	职务/职称	访问国家或地区	访问任务	时间
程维昶	电子科学与工程学院	博士生	香港	国际会议	2016.10.04—2016.10.08
韩天然	土木工程学院	博士生	澳大利亚	国际会议	2016.10.04—2016.10.08
隋　静	公共卫生学院	博士生	希腊	国际会议	2016.10.04—2016.10.09
李成云	公共卫生学院	博士生	希腊	国际会议	2016.10.04—2016.10.09
滕皋军	附属中大医院	院长、教授	韩国	国际会议	2016.10.06—2016.10.09
居胜红	附属中大医院	科室副主任	印度尼西亚	国际会议	2016.10.07—2016.10.09
蒋天赐	机械工程学院	本科生	日本	工作访问	2016.10.07—2016.10.13
徐春宏	教务处	助理研究员	日本	工作访问	2016.10.07—2016.10.13
陈　爽	经济管理学院	本科生	日本	工作访问	2016.10.07—2016.10.13
李佳辰	能源与环境学院	本科生	日本	工作访问	2016.10.07—2016.10.13
练　强	土木工程学院	本科生	日本	工作访问	2016.10.07—2016.10.13
王潘悦	外国语学院	本科生	日本	工作访问	2016.10.07—2016.10.13
孙　凯	吴健雄学院	本科生	日本	工作访问	2016.10.07—2016.10.13
戴玉蓉	物理系	教授	日本	工作访问	2016.10.07—2016.10.13
张　立	信息科学与工程学院	本科生	日本	工作访问	2016.10.07—2016.10.13
宋健刚	学生处	副处长	日本	工作访问	2016.10.07—2016.10.13
索传哲	仪器科学与工程学院	本科生	日本	工作访问	2016.10.07—2016.10.13
王子峣	自动化学院	本科生	日本	工作访问	2016.10.07—2016.10.13
张娜威	自动化学院	本科生	日本	工作访问	2016.10.07—2016.10.13
吴　泽	机械工程学院	讲师	法国	国际会议	2016.10.08—2016.10.12
东　方	计算机科学与工程学院	教授	匈牙利	国际会议	2016.10.08—2016.10.13
罗军舟	计算机科学与工程学院	教授、院长	匈牙利	国际会议	2016.10.08—2016.10.13
王文平	经济管理学院	教授	匈牙利	国际会议	2016.10.08—2016.10.13
束　慧	经济管理学院	博士生	匈牙利	国际会议	2016.10.08—2016.10.13
曾　洪	仪器科学与工程学院	副教授	匈牙利	国际会议	2016.10.08—2016.10.13
罗　翔	机械工程学院	副教授	韩国	国际会议	2016.10.08—2016.10.15
刘鸿宇	人文学院	博士生	美国	短期学习	2016.10.08—2017.03.08
王红兵	计算机科学与工程学院	教授	加拿大	国际会议	2016.10.09—2016.10.14

（续　表）

姓名	所在院系	职务/职称	访问国家或地区	访问任务	时间
李晓华	电子科学与工程学院	教授	德国	国际会议	2016.10.09—2016.10.15
李志斌	建筑学院	研究员	澳大利亚	国际会议	2016.10.09—2016.10.15
熊润群	计算机科学与工程学院	讲师	美国	国际会议	2016.10.10—2016.10.14
张竞慧	计算机科学与工程学院	讲师	美国	国际会议	2016.10.10—2016.10.14
高赐威	电气工程学院	教授	德国	国际会议	2016.10.10—2016.10.15
傅大放	土木工程学院	教授	澳大利亚	合作研究	2016.10.10—2016.10.15
沈　炯	能源与环境学院	教授	捷克、德国	国际会议、工作访问	2016.10.10—2016.10.20
吴　啸	能源与环境学院	讲师	捷克、德国	国际会议、工作访问	2016.10.10—2016.10.20
王庆领	自动化学院	讲师	德国	合作研究	2016.10.10—2017.01.06
王保平	校长办公室	副校长	德国	国际会议	2016.10.11—2016.10.15
顾忠泽	生物科学与医学工程学院	教授、院长	韩国	国际会议	2016.10.12—2016.10.15
郭锋萍	外国语学院	讲师	越南	国际会议	2016.10.12—2016.10.16
陈美华	外国语学院	院长	越南	国际会议	2016.10.12—2016.10.16
况迎辉	吴健雄学院	教授	美国	参加年会商谈合作	2016.10.12—2016.10.16
胡璞玉	吴健雄学院	教务秘书	美国	参加年会商谈合作	2016.10.12—2016.10.16
顾建新	图书馆	教授、馆长	美国	国际会议	2016.10.12—2016.10.17
张赞圣	法学院	本科生	加拿大	参加比赛	2016.10.13—2016.10.20
郑　拓	法学院	本科生	加拿大	参赛	2016.10.13—2016.10.20
陆宇航	机械工程学院	本科生	加拿大	参加比赛	2016.10.13—2016.10.20
王博远	经济管理学院	本科生	加拿大	参加比赛	2016.10.13—2016.10.20
王　牧	能源与环境学院	本科生	加拿大	参加比赛	2016.10.13—2016.10.20
崔卜丹	人文学院	本科生	加拿大	参加比赛	2016.10.13—2016.10.20
周羿霖	人文学院	本科生	加拿大	参加比赛	2016.10.13—2016.10.20
缪雪松	人文学院	本科生	加拿大	参赛	2016.10.13—2016.10.20
沈　辉	体育系	副教授	加拿大	参加竞赛	2016.10.13—2016.10.20
倪小焰	体育系	副教授	加拿大	参加竞赛	2016.10.13—2016.10.20
王竟成	土木工程学院	本科生	加拿大	参加比赛	2016.10.13—2016.10.20

（续　表）

姓名	所在院系	职务/职称	访问国家或地区	访问任务	时间
徐晓燕	外国语学院	讲师	加拿大	参赛	2016.10.13—2016.10.20
刘维钰	外国语学院	本科生	加拿大	参赛	2016.10.13—2016.10.20
孙　岩	人文学院	硕士生	加拿大	参加比赛	2016.10.13—2016.10.20
张淑娟	土木工程学院	博士后	德国	国际会议以及访问考察	2016.10.14—2016.10.30
鄢克雨	信息科学与工程学院	博士生	日本	国际会议	2016.10.15—2016.10.21
李　阳	信息科学与工程学院	博士生	日本	国际会议	2016.10.15—2016.10.21
张　超	自动化学院	博士生	韩国	国际会议	2016.10.15—2016.10.21
王　斌	经济管理学院	博士生	韩国	国际会议	2016.10.16—2016.10.19
秦颖博	经济管理学院	博士生	韩国	国际会议	2016.10.16—2016.10.19
佐藤忠信	土木工程学院	教授	日本	国际会议	2016.10.16—2016.10.19
王志乐	电子工程学院	博士生	美国	国际会议	2016.10.16—2016.10.21
崔　振	学习科学研究中心	副研究员	日本	国际会议	2016.10.16—2016.10.21
王海贤	学习科学研究中心	研究员	日本	国际会议	2016.10.16—2016.10.21
王　敬	学习科学研究中心	博士生	日本	国际会议	2016.10.16—2016.10.21
李　璇	学习科学研究中心	博士生	日本	国际会议	2016.10.16—2016.10.21
郑文明	学习科学研究中心	教授	日本	国际会议	2016.10.16—2016.10.21
李启明	土木工程学院	教授	英国	实习培训	2016.10.16—2016.10.31
胡家顺	信息科学与工程学院	博士生	加拿大	合作研究	2016.10.16—2017.04.15
赵剑锋	电气工程学院	院长、教授	日本	工作访问	2016.10.17—2016.10.21
张晓兵	电子科学与工程学院	副院长	韩国	国际会议	2016.10.17—2016.10.21
王琦龙	电子科学与工程学院	教授	韩国	国际会议	2016.10.17—2016.10.21
郝庆九	国际合作处	秘书	日本	工作访问	2016.10.17—2016.10.21
陈云飞	机械工程学院	副院长、教授	日本	工作访问	2016.10.17—2016.10.21
李　晓	机械工程学院	讲师	加拿大	国际会议	2016.10.17—2016.10.21
吴昌胜	交通学院	博士生	印度尼西亚	国际会议	2016.10.17—2016.10.21
王　健	网络与信息中心	副教授	美国	国际会议	2016.10.17—2016.10.21
易　红	校长办公室	教授	日本	工作访问	2016.10.17—2016.10.21
赵会泽	校长办公室	副主任	日本	工作访问	2016.10.17—2016.10.21
王志功	信息科学与工程学院	教授	阿联酋	国际会议	2016.10.17—2016.10.21

(续　表)

姓名	所在院系	职务/职称	访问国家或地区	访问任务	时间
吕晓迎	信息科学与工程学院	教授	阿联酋	国际会议	2016.10.17—2016.10.21
李连鸣	信息科学与工程学院	副研究员	美国	国际会议	2016.10.17—2016.10.21
王　军	仪器科学与工程学院	副院长	日本	工作访问	2016.10.17—2016.10.21
马　婷	外国语学院	研究生	日本	国际会议	2016.10.17—2017.01.14
李　阳	外国语学院	研究生	日本	国际会议	2016.10.17—2017.01.14
张可馨	外国语学院	研究生	日本	国际会议	2016.10.17—2017.01.14
杨婷婷	外国语学院	研究生	日本	国际会议	2016.10.17—2017.01.14
蔡先华	交通学院	教授	澳门	国际会议	2016.10.18—2016.10.22
孙桂菊	土木工程学院	教授	马来西亚	国际会议	2016.10.18—2016.10.22
李　牧	艺术学院	讲师	美国	国际会议	2016.10.18—2016.10.22
范凤国	生物科学与医学工程学院	博士生	意大利	国际会议	2016.10.18—2016.10.23
梁一俊	生物科学与医学工程学院	博士生	意大利	国际会议	2016.10.18—2016.10.23
高　歌	法学院	教授	台湾	两岸会议	2016.10.19—2016.10.23
邱海波	附属中大医院	副院长	澳大利亚	国际会议	2016.10.19—2016.10.23
郭凤梅	附属中大医院	副主任医师	印度尼西亚	国际会议	2016.10.19—2016.10.23
朱　建	附属中大医院	主治医生	日本	国际会议	2016.10.19—2016.10.23
樊　英	电气工程学院	教授	意大利	国际会议及合作研究	2016.10.19—2016.10.28
王　政	电气工程学院	教授	意大利	国际会议及合作研究	2016.10.19—2016.10.28
程　明	电气工程学院	教授	意大利	国际会议及合作研究	2016.10.19—2016.10.28
花　为	电气工程学院	教授	意大利	国际会议和工作访问	2016.10.19—2016.10.28
王青松	电气工程学院	博士生	意大利	国际会议和工作访问	2016.10.19—2016.10.28
张建忠	电气工程学院	研究员	意大利	国际会议及访问考察	2016.10.19—2016.10.29
任　远	交通学院	讲师	日本	国际会议	2016.10.20—2016.10.25
黄　侨	交通学院	教授	日本	国际会议	2016.10.20—2016.10.25
雷思杰	吴健雄学院	本科生	马来西亚	交流	2016.10.20—2016.10.30

（续 表）

姓名	所在院系	职务/职称	访问国家或地区	访问任务	时间
廖丹媛	电子科学与工程学院	本科生	马来西亚	交流	2016.10.20—2016.10.31
叶 鹏	建筑学院	本科生	马来西亚	交流	2016.10.20—2016.10.31
黄锦松	经济管理学院	本科生	马来西亚	交流	2016.10.20—2016.10.31
郑奕贤	外国语学院	本科生	马来西亚	交流	2016.10.20—2016.10.31
毛海军	交通学院	教授	埃及、以色列	工作访问	2016.10.20—2016.11.02
刘中祥	土木工程学院	博士生	美国	留学进修	2016.10.20—2017.10.20
杨 宇	机械工程学院	博士生	美国	国际会议	2016.10.21—2016.10.25
何小元	土木工程学院	教授	美国	国际会议和合作研究	2016.10.21—2016.11.15
王道金	经济管理学院	博士生	美国	国际会议	2016.10.22—2016.10.25
吴 亮	经济管理学院	博士生	美国	国际会议	2016.10.22—2016.10.25
刘志远	交通学院	教授	香港	合作研究	2016.10.22—2016.10.26
陈振乾	能源与环境学院	教授	韩国	国际会议	2016.10.22—2016.10.26
黄欣鹏	能源与环境学院	博士生	韩国	国际会议	2016.10.22—2016.10.26
苟少华	化学化工学院	教授	澳大利亚	国际会议	2016.10.22—2016.10.27
辛 格	土木工程学院	副教授	西班牙	国际会议	2016.10.22—2016.10.28
李世华	自动化学院	副院长	意大利	国际会议	2016.10.22—2016.10.28
牛 丹	自动化学院	讲师	意大利	国际会议	2016.10.22—2016.10.28
陈夕松	自动化学院	教授	意大利	国际会议	2016.10.22—2016.10.28
王亚军	土木工程学院	博士生	西班牙	国际会议	2016.10.22—2016.10.26
章恒亮	电气工程学院	博士生	意大利	国际会议	2016.10.23—2016.10.27
张 玥	电气工程学院	博士生	意大利	国际会议	2016.10.23—2016.10.27
朱晓维	信息科学与工程学院	教授	新加坡	国际会议	2016.10.23—2016.10.27
全相军	电气工程学院	博士生	意大利	国际会议	2016.10.23—2016.10.28
刘梦轩	电气工程学院	硕士生	意大利	国际会议	2016.10.23—2016.10.28
洪 伟	信息科学与工程学院	教授、院长	日本	国际会议	2016.10.23—2016.10.28
许恒飞	信息科学与工程学院	博士生	日本	国际会议	2016.10.23—2016.10.28
郝张成	信息科学与工程学院	教授	日本	国际会议	2016.10.23—2016.10.29
房 芳	自动化学院	副教授	意大利	国际会议	2016.10.23—2016.10.29

(续 表)

姓名	所在院系	职务/职称	访问国家或地区	访问任务	时间
王利	国际合作处	副处长、讲师	美国、加拿大	工作访问	2016.10.23—2016.10.30
刘攀	交通学院	院长、教授	美国、加拿大	工作访问	2016.10.23—2016.10.30
郭小明	人事处	处长、教授	美国、加拿大	工作访问	2016.10.23—2016.10.30
谢维	生命科学研究院	院长、教授	美国、加拿大	工作访问	2016.10.23—2016.10.30
Arumugam Gowri Manohari	生物科学与医学工程学院	讲师	新加坡	国际会议	2016.10.23—2016.10.30
顾忠泽	生物科学与医学工程学院	院长、教授	美国、加拿大	工作访问	2016.10.23—2016.10.30
王保平	校长办公室	副校长、教授	美国、加拿大	工作访问	2016.10.23—2016.10.30
马旭东	自动化学院	教授	意大利	国际会议	2016.10.23—2016.10.30
K. Santhosh Kumar	电子科学与工程学院	博士后	新加坡	国际会议	2016.10.24—2016.10.28
刘少波	土木工程学院	博士生	法国	国际会议	2016.10.24—2016.10.28
陆卫兵	信息科学与工程学院	教授	日本	国际会议	2016.10.24—2016.10.28
张川	信息科学与工程学院	副教授	韩国	国际会议	2016.10.24—2016.10.28
俞安澜	信息科学与工程学院	本科生	韩国	国际会议	2016.10.24—2016.10.28
李小兵	信息科学与工程学院	博士生	日本	国际会议	2016.10.24—2016.10.28
王健	信息科学与工程学院	博士生	日本	国际会议	2016.10.24—2016.10.28
范奎奎	信息科学与工程学院	博士生	日本	国际会议	2016.10.24—2016.10.28
梁霄	信息科学与工程学院	硕士生	韩国	国际会议	2016.10.24—2016.10.28
杨超	信息科学与工程学院	硕士生	韩国	国际会议	2016.10.24—2016.10.28
黄菲	信息科学与工程学院	博士生	韩国	国际会议	2016.10.24—2016.10.29
胡永辉	外国语学院	副教授	美国	进修	2016.10.24—2017.02.24
张豫	外国语学院	副教授	美国	进修	2016.10.24—2017.02.24
高健	外国语学院	副教授	美国	进修	2016.10.24—2017.02.24
董卫	建筑学院	教授	马来西亚	国际会议	2016.10.25—2016.10.28
张务一	国际合作处	副高	马来西亚	工作访问	2016.10.25—2016.10.29
付国东	化学化工学院	教授	新加坡	国际会议	2016.10.25—2016.10.29

(续 表)

姓名	所在院系	职务/职称	访问国家或地区	访问任务	时间
李盼盼	能源与环境学院	博士生	日本	国际会议	2016.10.25—2016.10.29
薛 烨	吴健雄学院	本科生	美国	国际会议	2016.10.25—2016.10.29
沈梓原	信息科学与工程学院	本科生	美国	国际会议	2016.10.25—2016.10.29
朱传瑞	材料科学与工程学院	本科生	俄罗斯	参加比赛	2016.10.25—2016.10.30
全琪炜	材料科学与工程学院	本科生	俄罗斯	参加比赛	2016.10.25—2016.10.30
杨紫嫣	材料科学与工程学院	本科生	俄罗斯	参加比赛	2016.10.25—2016.10.30
严潇潇	材料科学与工程学院	本科生	俄罗斯	参加比赛	2016.10.25—2016.10.30
高 源	材料科学与工程学院	本科生	俄罗斯	参加比赛	2016.10.25—2016.10.30
郑志豪	材料科学与工程学院	本科生	俄罗斯	参加比赛	2016.10.25—2016.10.30
邵里良	材料科学与工程学院	本科生	俄罗斯	参加比赛	2016.10.25—2016.10.30
沈孝兵	教务处	副处长、教授	俄罗斯	参加竞赛	2016.10.25—2016.10.30
陈小敏	教务处	科员	俄罗斯	参加竞赛	2016.10.25—2016.10.30
任亚梨	教务处	科员	俄罗斯	参加竞赛	2016.10.25—2016.10.30
黄 兴	机械工程学院	研究生	美国	国际会议	2016.10.26—2016.10.30
韩 良	机械工程学院	教授	美国	国际会议	2016.10.26—2016.10.30
曹言佳	信息科学与工程学院	硕士生	韩国	国际会议	2016.10.26—2016.10.30
陆 建	交通学院	教授、副院长	美国	工作访问	2016.10.26—2016.10.31
胡晓健	交通学院	副教授	美国	工作访问	2016.10.26—2016.10.31
马永锋	交通学院	副教授	美国	工作访问	2016.10.26—2016.10.31
孙子林	医学院	教授	台湾	国际会议	2016.10.26—2016.10.31
陈 娟	医学院	博士生	台湾	国际会议	2016.10.26—2016.10.31
成玉宁	建筑学院	教授	日本	国际会议	2016.10.27—2016.10.30
陈祥雨	外国语学院	助理工程师	美国	国际会议	2016.10.27—2016.10.31
陈美华	外国语学院	院长、教授	美国	国际会议	2016.10.27—2016.10.31
梅汉成	港澳台办公室	主任	台湾	学术交流	2016.10.27—2016.11.02
刘 虹	法学院	讲师	台湾	学术交流	2016.10.27—2016.11.07
郭玲香	化学化工学院	教授	台湾	学术交流	2016.10.27—2016.11.07
殷国栋	机械工程学院	教授	台湾	学术交流	2016.10.27—2016.11.07
王晓蔚	计算机科学与工程学院	副教授	台湾	学术交流	2016.10.27—2016.11.07
马 涛	交通学院	副教授	台湾	学术交流	2016.10.27—2016.11.07

（续　表）

姓名	所在院系	职务/职称	访问国家或地区	访问任务	时间
郝　杰	教师教学发展中心	教师	台湾	学术交流	2016.10.27—2016.11.07
陈绪赣	教师教学发展中心	副教授	台湾	学术交流	2016.10.27—2016.11.07
达飞鹏	人事处	副处长	台湾	学术交流	2016.10.27—2016.11.07
张天来	人文学院	副教授	台湾	学术交流	2016.10.27—2016.11.07
管　平	数学系	教授	台湾	学术交流	2016.10.27—2016.11.07
戴玉蓉	物理系	教授	台湾	学术交流	2016.10.27—2016.11.07
徐婷婷	医学院	博士生	澳大利亚	短期学习	2016.10.27—2017.01.26
黄　博	电子科学与工程学院	博士生	新加坡	国际会议	2016.10.28—2016.10.31
蓝春波	材料科学与工程学院	博士生	新加坡	国际会议	2016.10.28—2016.11.01
刘西林	计算机科学与工程学院	博士生	日本	国际会议	2016.10.28—2016.11.01
毕　卉	计算机科学与工程学院	博士生	日本	国际会议	2016.10.28—2016.11.01
纪　鹏	仪器科学与工程学院	博士生	日本	国际会议	2016.10.29—2016.10.31
孙剑飞	生物科学与医学工程学院	副研究员	澳门	国际会议	2016.10.29—2016.11.02
顾　宁	生物科学与医学工程学院	教授	澳门	国际会议	2016.10.30—2016.11.02
赵　鹏	生物科学与医学工程学院	博士生	澳门	国际会议	2016.10.30—2016.11.02
邢　静	生物科学与医学工程学院	博士生	澳门	国际会议	2016.10.30—2016.11.02
张　玥	生物科学与医学工程学院	硕士生	澳门	国际会议	2016.10.30—2016.11.02
廖小平	电子科学与工程学院	教授	美国	国际会议	2016.10.30—2016.11.03
黄庆安	电子科学与工程学院	教授	美国	国际会议	2016.10.30—2016.11.03
伍　磊	电子科学与工程学院	博士生	美国	国际会议	2016.10.30—2016.11.03
张益之	电子科学与工程学院	博士生	美国	国际会议	2016.10.30—2016.11.03
赵志伟	电子科学与工程学院	教授	台湾	两岸会议	2016.10.30—2016.11.03
徐春祥	生物科学与医学工程学院	教授	台湾	两岸会议	2016.10.30—2016.11.03
刘雁军	生物科学与医学工程学院	博士生	台湾	两岸会议	2016.10.30—2016.11.03
卢俊峰	生物科学与医学工程学院	博士生	台湾	两岸会议	2016.10.30—2016.11.03

（续 表）

姓名	所在院系	职务/职称	访问国家或地区	访问任务	时间
徐庆宇	物理系	教授	美国	国际会议	2016.10.30—2016.11.04
周令康	电气工程学院	博士生	美国	国际会议	2016.10.30—2016.11.05
闫 浩	电子科学与工程学院	博士生	美国	国际会议	2016.10.30—2017.11.03
董 蕾	电子科学与工程学院	博士生	美国	国际会议	2016.10.30—2017.11.03
陈文浩	电子科学与工程学院	博士生	美国	国际会议	2016.10.30—2017.11.03
沈宝龙	材料科学与工程学院	副院长	美国	国际会议	2016.10.31—2016.11.04
黄文涛	电气工程学院	博士生	美国	国际会议	2016.10.31—2016.11.04
尹玉莉	物理系	博士生	美国	国际会议	2016.10.31—2016.11.04
花 为	电气工程学院	教授	美国	国际会议	2016.10.31—2016.11.05
李佳承	电气工程学院	博士生	美国	国际会议	2016.10.31—2016.11.05
李晓波	公共卫生学院	副教授	美国	访学研修	2016.10.31—2017.10.31
林宏志	经济管理学院	讲师	澳大利亚	国际会议	2016.11.01—2016.11.04
李慧颖	计算机科学与工程学院	副教授	新加坡	国际会议	2016.11.01—2016.11.05
漆桂林	计算机科学与工程学院	教授	新加坡	国际会议	2016.11.01—2016.11.05
聂建强	交通学院	博士生	巴西	国际会议	2016.11.01—2016.11.05
丁德胜	电子科学与工程学院	教授	日本	工作访问	2016.11.01—2016.11.08
倪中华	机械工程学院	教授、院长	英国	实习培训	2016.11.01—2016.11.10
方 坤	建筑学院	本科生	瑞士	合作研究	2016.11.01—2017.01.29
沈 忱	建筑学院	本科生	瑞士	合作研究	2016.11.01—2017.01.29
李 涛	土木工程学院	博士生	美国	短期学习	2016.11.01—2017.05.01
朱 真	电子科学与工程学院	讲师	韩国	国际会议	2016.11.02—2016.11.05
孟鸿志	法学院	教授	日本	国际会议	2016.11.02—2016.11.06
孟星宇	法学院	博士生	日本	国际会议	2016.11.02—2016.11.06
罗军舟	计算机科学与工程学院	教授、院长	韩国	国际会议	2016.11.02—2016.11.06
朱小良	能源与环境学院	书记	德国、奥地利	合作研究	2016.11.02—2016.11.13
杨建明	能源与环境学院	教授	德国、奥地利	合作研究	2016.11.02—2016.11.13
冷 杉	能源与环境学院	教授	德国、奥地利	合作研究	2016.11.02—2016.11.13

(续 表)

姓名	所在院系	职务/职称	访问国家或地区	访问任务	时间
陆 垠	建筑学院	博士生	台湾	国际会议	2016.11.03—2016.11.07
吴 刚	交通学院	博士生	台湾	国际会议	2016.11.03—2016.11.07
翁佳兴	交通学院	博士生	台湾	国际会议	2016.11.03—2016.11.07
张 龙	土木工程学院	博士生	台湾	国际会议	2016.11.03—2016.11.07
陶 欣	土木工程学院	博士生	台湾	国际会议	2016.11.03—2016.11.07
王海兵	数学系	副教授	台湾	学术交流	2016.11.04—2016.11.07
翟成凯	公共卫生学院	教授	台湾	两岸会议	2016.11.04—2016.11.09
姜明霞	公共卫生学院	博士生	台湾	两岸会议	2016.11.04—2016.11.09
万遂人	生物科学与医学工程学院	教师	澳大利亚	访问考察	2016.11.04—2016.11.09
郑 宇	电子科学与工程学院	博士生	澳大利亚	国际会议	2016.11.05—2016.11.09
周华羿	信息科学与工程学院	博士生	美国	国际会议	2016.11.05—2016.11.09
潘 冶	材料科学与工程学院	教授	台湾	国际会议	2016.11.05—2016.11.10
孙小菡	电子科学与工程学院	教授	澳大利亚	国际会议	2016.11.05—2016.11.10
王海明	信息科学与工程学院	副研究员	美国	国际会议、工作访问	2016.11.05—2016.11.12
李四杰	经济管理学院	副教授	美国	国际会议以及合作研究	2016.11.05—2016.11.16
郭飞宏	能源与环境学院	博士生	日本	国际会议	2016.11.06—2016.11.09
钱小平	法学院	副教授	台湾	两岸会议	2016.11.06—2016.11.10
叶继红	土木工程学院	副院长	美国	国际会议	2016.11.06—2016.11.12
陈 伟	土木工程学院	讲师	美国	国际会议	2016.11.06—2016.11.12
陈素华	交通学院	高级工程师	德国、法国、西班牙	合作研究	2016.11.06—2016.11.14
丁建明	交通学院	教授	德国、法国、西班牙	合作研究	2016.11.06—2016.11.14
陈 乐	建筑学院	硕士生	香港	合作研究	2016.11.06—2017.05.06
张 璐	团委	团委副书记	越南	访问交流	2016.11.07—2016.11.10
戴云彤	土木工程学院	博士生	美国	国际会议	2016.11.07—2016.11.11
邵新星	土木工程学院	博士生	美国	国际会议	2016.11.07—2016.11.11
陈振宁	土木工程学院	博士生	美国	国际会议	2016.11.07—2016.11.11
郭 庆	外国语学院	讲师	德国	国际会议	2016.11.07—2016.11.11

（续　表）

姓名	所在院系	职务/职称	访问国家或地区	访问任务	时间
冯若强	土木工程学院	教授	美国	国际会议	2016.11.07—2016.11.12
张鑫杰	机械工程学院	博士生	日本	国际会议	2016.11.08—2016.11.12
席维维	电子科学与工程学院	本科生	日本	国际会议	2016.11.08—2016.11.12
陈炜捷	电子科学与工程学院	本科生	日本	国际会议	2016.11.08—2016.11.12
田倍通	电子科学与工程学院	本科生	日本	国际会议	2016.11.08—2016.11.12
任佩旭	电子科学与工程学院	本科生	日本	国际会议	2016.11.08—2016.11.12
龚子妍	电子科学与工程学院	本科生	日本	国际会议	2016.11.08—2016.11.12
汪　栋	电子科学与工程学院	本科生	日本	国际会议	2016.11.08—2016.11.12
白　枭	电子科学与工程学院	本科生	日本	国际会议	2016.11.08—2016.11.12
项　楠	机械工程学院	讲师	日本	国际会议	2016.11.08—2016.11.12
肖卿俊	计算机科学与工程学院	讲师	新加坡	国际会议	2016.11.08—2016.11.12
张翌晨	无锡分校	本科生	日本	国际会议	2016.11.08—2016.11.12
章　坚	无锡分校	本科生	日本	国际会议	2016.11.08—2016.11.12
周　峰	无锡分校	硕士生	日本	国际会议	2016.11.08—2016.11.12
叶子超	无锡分校	硕士生	日本	国际会议	2016.11.08—2016.11.12
曾小波	无锡分校	硕士生	日本	国际会议	2016.11.08—2016.11.12
纪　静	吴健雄学院	助教	日本	国际会议	2016.11.08—2016.11.12
宋雨遥	吴健雄学院	本科生	日本	国际会议	2016.11.08—2016.11.12
薛　烨	吴健雄学院	本科生	日本	国际会议	2016.11.08—2016.11.12
王婧菲	信息科学与工程学院	团委书记	日本	国际会议	2016.11.08—2016.11.12
俞安澜	信息科学与工程学院	本科生	日本	国际会议	2016.11.08—2016.11.12
陈柏霖	信息科学与工程学院	本科生	日本	国际会议	2016.11.08—2016.11.12
孔令恺	信息科学与工程学院	本科生	日本	国际会议	2016.11.08—2016.11.12
刘延栋	信息科学与工程学院	本科生	日本	国际会议	2016.11.08—2016.11.12
宋洁川	信息科学与工程学院	本科生	日本	国际会议	2016.11.08—2016.11.12
察雨君	信息科学与工程学院	本科生	日本	国际会议	2016.11.08—2016.11.12
张容晟	信息科学与工程学院	本科生	日本	国际会议	2016.11.08—2016.11.12
景树森	信息科学与工程学院	本科生	日本	国际会议	2016.11.08—2016.11.12
柏志恒	信息科学与工程学院	本科生	日本	国际会议	2016.11.08—2016.11.12

（续　表）

姓名	所在院系	职务/职称	访问国家或地区	访问任务	时间
钱靖一	仪器科学与工程学院	本科生	日本	国际会议	2016.11.08—2016.11.12
秦阳	仪器科学与工程学院	本科生	日本	国际会议	2016.11.08—2016.11.12
熊国平	建筑学院	副教授	美国	国际会议	2016.11.08—2016.11.13
林艺馨	土木工程学院	教授	美国	合作研究	2016.11.08—2017.01.20
黄培林	科研院	教授	美国	合作研究	2016.11.08—2017.02.05
李攀杰	土木工程学院	博士生	台湾	国际会议	2016.11.09—2016.11.12
李绍芳	经济管理学院	讲师	美国	国际会议	2016.11.09—2016.11.13
刘志成	信息科学与工程学院	博士生	美国	国际会议	2016.11.09—2016.11.14
顾宁	生物科学与医学工程学院	教授	美国	合作研究	2016.11.10—2016.11.30
叶树理	法学院	教授	台湾	国际会议	2016.11.11—2016.11.15
董赟	机械工程学院	博士生	美国	国际会议	2016.11.11—2016.11.15
蔺卡宾	机械工程学院	博士生	美国	国际会议	2016.11.11—2016.11.15
胡才彪	生物科学与医学工程学院	博士生	台湾	国际会议	2016.11.11—2016.11.15
程正源	医学院	博士生	台湾	国际会议	2016.11.11—2016.11.15
刘静	医学院	博士生	台湾	国际会议	2016.11.11—2016.11.15
王佩君	数学系	博士生	泰国	国际会议	2016.11.11—2016.11.16
徐新洲	信息科学与工程学院	博士生	日本	国际会议	2016.11.11—2016.11.16
严经纬	学习科学研究中心	博士生	日本	国际会议	2016.11.11—2016.11.16
陈杨杨	自动化学院	副教授	泰国	国际会议	2016.11.11—2016.11.16
张亚	自动化学院	副教授	泰国	国际会议	2016.11.11—2016.11.16
程明	电气工程学院	教授	日本	国际会议	2016.11.11—2016.11.17
樊英	电气工程学院	教师	日本	国际会议	2016.11.11—2016.11.17
刘丽娜	生命科学研究院	博士生	美国	国际会议	2016.11.11—2016.11.17
张晓艳	生命科学研究院	博士生	美国	国际会议	2016.11.11—2016.11.17
夏淑婷	生命科学研究院	博士生	美国	国际会议	2016.11.11—2016.11.17
贺桂琴	生命科学研究院	博士生	美国	国际会议	2016.11.11—2016.11.17
党睿	生命科学研究院	博士生	美国	国际会议	2016.11.11—2016.11.17
杨翔宇	生命科学研究院	博士生	美国	国际会议	2016.11.11—2016.11.17

(续　表)

姓名	所在院系	职务/职称	访问国家或地区	访问任务	时间
梁金玲	数学系	教授	泰国	国际会议	2016.11.12—2016.11.16
王建国	建筑学院	教授	香港	参加庆典	2016.11.12—2016.11.13
张　淦	电气工程学院	讲师	美国	国际会议	2016.11.12—2016.11.16
王　政	电气工程学院	教授	日本	国际会议	2016.11.12—2016.11.16
花　为	电气工程学院	教授	日本	国际会议	2016.11.12—2016.11.16
郭凯凯	电气工程学院	博士生	美国	国际会议	2016.11.12—2016.11.16
郭保成	电气工程学院	博士生	美国	国际会议	2016.11.12—2016.11.17
朱晓锋	电气工程学院	博士生	美国	国际会议	2016.11.12—2016.11.17
蔡　爽	机械工程学院	博士生	美国	国际会议	2016.11.12—2016.11.17
陈伟达	经济管理学院	教授	美国	国际会议	2016.11.12—2016.11.17
丁　溢	经济管理学院	讲师	美国	国际会议	2016.11.12—2016.11.17
杨　烨	经济管理学院	博士生	美国	国际会议	2016.11.12—2016.11.17
张丽徽	能源与环境学院	博士生	日本	国际会议	2016.11.12—2016.11.17
杨福俊	土木工程学院	教授	韩国	国际会议	2016.11.12—2016.11.17
孙连友	信息科学与工程学院	副教授	美国	国际会议	2016.11.12—2016.11.17
林明耀	电气工程学院	教授	日本	国际会议	2016.11.12—2016.11.18
徐　磊	电气工程学院	博士生	日本	国际会议	2016.11.12—2016.11.18
赖明辉	经济管理学院	教师	美国	国际会议	2016.11.12—2016.11.19
薛巍立	经济管理学院	副教授	美国	国际会议	2016.11.12—2016.11.19
衡　伟	信息科学与工程学院	教授	韩国	国际会议	2016.11.12—2016.11.20
黄　磊	电气工程学院	讲师	美国	国际会议	2016.11.13—2016.11.17
董晓霄	电气工程学院	博士生	日本	国际会议	2016.11.13—2016.11.17
侯合银	经济管理学院	副教授	美国	国际会议	2016.11.13—2016.11.17
马小丹	东南大学-蒙纳士大学苏州联合研究生院	职员	澳大利亚	实习培训	2016.11.13—2016.12.03
赵学亮	土木工程学院	副教授	印度尼西亚	国际会议	2016.11.14—2016.11.17
孙立涛	电子科学与工程学院	副院长	荷兰	国际会议	2016.11.14—2016.11.18
张　伦	能源与环境学院	讲师	澳大利亚	国际会议	2016.11.14—2016.11.18
王志功	信息科学与工程学院	所长	巴基斯坦	访问考察	2016.11.14—2016.11.20

（续　表）

姓名	所在院系	职务/职称	访问国家或地区	访问任务	时间
李智群	信息科学与工程学院	副院长	巴基斯坦	访问考察	2016.11.14—2016.11.20
张光远	附属中大医院	主治医师	美国	国际会议	2016.11.15—2016.11.19
张敏灵	计算机科学与工程学院	教授	新西兰	国际会议	2016.11.15—2016.11.19
涂　岩	附属中大医院	主治医师	美国	国际会议	2016.11.15—2016.11.20
刘必成	附属中大医院	副院长	美国	国际会议	2016.11.15—2016.11.20
薛　鹏	物理系	教授	捷克	国际会议	2016.11.15—2016.11.22
阳建强	建筑学院	教授	澳大利亚	国际会议	2016.11.16—2016.11.19
段钰锋	能源与环境学院	教授	韩国	国际会议	2016.11.16—2016.11.19
马冬梅	外国语学院	教授、副院长	新西兰	国际会议	2016.11.16—2016.11.20
赵　驰	数学系	副教授	台湾	国际会议	2016.11.16—2016.11.21
马坤岭	附属中大医院	教授	美国	国际会议	2016.11.17—2016.11.20
朱　丹	电子科学与工程学院	博士生	新西兰	国际会议	2016.11.18—2016.11.22
陈宝安	附属中大医院	教授、主任医师	泰国	国际会议及工作访问	2016.11.18—2016.11.23
陈　薇	建筑学院	教授	台湾	两岸会议	2016.11.18—2016.11.25
杨　毅	附属中大医院	主任医师	澳大利亚	国际会议	2016.11.19—2016.11.23
聂颖惠	电气工程学院	硕士生	英国	国际会议	2016.11.20—2016.11.24
刘慈慧	生物科学与医学工程学院	讲师	德国	工作访问	2016.11.20—2016.11.25
杜　鑫	生物科学与医学工程学院	讲师	德国	工作访问	2016.11.20—2016.11.25
顾忠泽	生物科学与医学工程学院	院长、教授	德国	工作访问	2016.11.20—2016.11.25
张广军	校长办公室	教授、校长	德国	工作访问	2016.11.20—2016.11.27
赵　欣	微电子学院	硕士生	新加坡	国际会议	2016.11.21—2016.11.26
施智祥	物理系	教授	日本	合作研究	2016.11.21—2016.11.27
赵海军	物理系	讲师	日本	合作研究	2016.11.21—2016.11.27
刘松玉	发展委员会	教授、主任	德国	工作访问	2016.11.23—2016.11.27
袁　超	国际合作处	秘书	德国	工作访问	2016.11.23—2016.11.27
赵学亮	土木工程学院	副教授	越南	国际会议	2016.11.23—2016.11.27
刘乃丰	医学院	教授、院长	德国	工作访问	2016.11.23—2016.11.27
舒华忠	计算机科学与工程学院	副院长、教授	法国	合作研究	2016.11.23—2016.12.06

（续　表）

姓名	所在院系	职务/职称	访问国家或地区	访问任务	时间
陈宝安	附属中大医院	教授、主任医师	美国	国际合作和合作研究	2016.11.25—2016.12.06
崔　莹	附属中大医院	住院医师	美国	国际会议	2016.11.26—2016.12.02
蔡　予	医学院	博士生	美国	国际会议	2016.11.26—2016.12.02
陆　建	医学院	博士生	美国	国际会议	2016.11.26—2016.12.02
冯英连	医学院	硕士生	美国	国际会议	2016.11.26—2016.12.02
孙立涛	电子科学与工程学院	副院长	美国	国际会议	2016.11.26—2016.12.03
王　辉	能源与环境学院	博士生	美国	国际会议	2016.11.26—2016.12.11
曹　羡	能源与环境学院	博士生	美国	国际会议	2016.11.26—2016.12.11
陈文强	建筑学院	硕士生	韩国	国际会议	2016.11.27—2016.11.30
石　邢	建筑学院	教授、副院长	韩国	国际会议	2016.11.27—2016.11.30
周　欣	建筑学院	讲师	韩国	国际会议	2016.11.27—2016.11.30
金　星	建筑学院	副教授	韩国	国际会议	2016.11.27—2016.11.30
洪　伟	信息科学与工程学院	院长	香港	访问考察	2016.11.27—2016.11.30
孙立涛	电子科学与工程学院	副院长	美国	国际会议	2016.11.27—2016.12.01
陈　晨	电子科学与工程学院	博士生	美国	国际会议	2016.11.27—2016.12.01
陈　鹏	电子科学与工程学院	博士生	美国	国际会议	2016.11.27—2016.12.01
彭程宇	附属中大医院	住院医师	美国	国际会议	2016.11.27—2016.12.01
刘肖凡	计算机科学与工程学院	系主任	日本	国际会议	2016.11.27—2016.12.01
佐藤忠信	土木工程学院	教授	日本	合作研究	2016.11.27—2016.12.01
丁　然	电气工程学院	博士生	澳大利亚	国际会议	2016.11.27—2016.12.02
司秉卉	建筑学院	博士生	韩国	国际会议	2016.11.27—2016.12.02
田志超	建筑学院	博士生	韩国	国际会议	2016.11.27—2016.12.02
汤　奕	电气工程学院	副教授	泰国	国际会议	2016.11.27—2016.12.03
沈德魁	能源与环境学院	副教授	泰国	合作研究	2016.11.27—2016.12.03
易　红	党委办公室	教授、党委书记	英国、爱尔兰	访问考察	2016.11.27—2016.12.04
梅汉成	国际合作处	处长	英国、爱尔兰	访问考察	2016.11.27—2016.12.04
陶　云	外国语学院	教授	英国、爱尔兰	访问考察	2016.11.27—2016.12.04

(续 表)

姓名	所在院系	职务/职称	访问国家或地区	访问任务	时间
胡三明	信息科学与工程学院	教授	英国、爱尔兰	访问考察	2016.11.27—2016.12.04
朱晓维	信息科学与工程学院	教授	英国、爱尔兰	访问考察	2016.11.27—2016.12.04
张立武	信息科学与工程学院	教授	英国、爱尔兰	访问考察	2016.11.27—2016.12.04
吴跃全	国际合作处	副处长、副教授	美国、墨西哥、哥斯达黎加	参加教育展	2016.11.27—2016.12.07
任利剑	校长办公室	党委副书记	美国、墨西哥、哥斯达黎加	参加教育展	2016.11.27—2016.12.07
肖 睿	能源与环境学院	副院长、教授	泰国	国际会议	2016.11.28—2016.12.02
张会岩	能源与环境学院	副教授	泰国	国际会议	2016.11.28—2016.12.02
李新建	建筑学院	副教授	台湾	两岸会议	2016.11.29—2016.12.04
李永辉	建筑学院	副教授	日本	合作研究	2016.11.29—2016.12.06
李向锋	建筑学院	副教授	日本	合作研究	2016.11.29—2016.12.06
沈 旸	建筑学院	副教授	日本	合作研究	2016.11.29—2016.12.06
李 冰	医学院	博士生	日本	国际会议	2016.12.01—2016.12.05
王雪梅	生物科学与医学工程学院	教授	英国	合作研究	2016.12.01—2016.12.17
陈 武	交通学院	博士生	美国	短期学习	2016.12.01—2017.05.30
杨浩杰	机械工程学院	博士生	美国	短期学习	2016.12.01—2017.05.31
李 旋	材料科学与工程学院	博士生	香港	短期学习	2016.12.01—2017.06.01
沈连丰	信息科学与工程学院	教授	美国	国际会议	2016.12.02—2016.12.09
葛 峥	附属中大医院	科主任	美国	国际会议	2016.12.02—2016.12.11
万春风	土木工程学院	副教授	澳大利亚	国际会议和合作研究	2016.12.02—2016.12.11
佐藤忠信	土木工程学院	教授	澳大利亚	国际会议及合作研究	2016.12.02—2016.12.11
杨静雯	信息科学与工程学院	硕士生	美国	国际会议	2016.12.03—2016.12.07
郭菁睿	信息科学与工程学院	硕士生	美国	国际会议	2016.12.03—2016.12.07
栾成欣	医学院	博士生	美国	国际会议	2016.12.03—2016.12.07
伍 磊	电子科学与工程学院	博士生	新加坡	国际会议	2016.12.03—2016.12.08
苏 春	机械工程学院	教授	印度尼西亚	国际会议	2016.12.03—2016.12.08

(续 表)

姓名	所在院系	职务/职称	访问国家或地区	访问任务	时间
王闻今	信息科学与工程学院	副研究员	美国	国际会议	2016.12.03—2016.12.08
朱亚萍	信息科学与工程学院	博士生	美国	国际会议	2016.12.03—2016.12.08
颜赟达	自动化学院	博士生	新加坡	短期学习	2016.12.03—2016.12.08
王雪梅	生物科学与医学工程学院	教授	美国	国际会议	2016.12.03—2016.12.09
赵新胜	信息科学与工程学院	教授	美国	国际会议	2016.12.03—2016.12.09
黄永明	信息科学与工程学院	副院长	美国	国际会议	2016.12.03—2016.12.09
陈 明	信息科学与工程学院	教授	美国	国际会议	2016.12.03—2016.12.09
金 石	信息科学与工程学院	教授	美国	国际会议	2016.12.03—2016.12.09
缪志伟	土木工程学院	副教授	英国	合作研究	2016.12.03—2016.12.10
王向阳	信息科学与工程学院	副研究员	美国	国际会议	2016.12.04—2016.12.08
李古月	信息科学与工程学院	博士生	美国	国际会议	2016.12.04—2016.12.08
胡津铭	信息科学与工程学院	博士生	美国	国际会议	2016.12.04—2016.12.08
陈常山	信息科学与工程学院	博士生	美国	国际会议	2016.12.04—2016.12.08
徐 浩	信息科学与工程学院	博士生	美国	国际会议	2016.12.04—2016.12.08
杨照辉	信息科学与工程学院	博士生	美国	国际会议	2016.12.04—2016.12.08
梁 霄	信息科学与工程学院	硕士生	美国	国际会议	2016.12.04—2016.12.08
夏思宇	自动化学院	副教授	墨西哥	国际会议	2016.12.04—2016.12.08
刘 波	党委办公室	副校长	美国	工作访问	2016.12.04—2016.12.10
仲雪飞	电子科学与工程学院	副院长、副教授	美国	工作访问	2016.12.04—2016.12.10
冯建明	发展规划处	处长、研究员	美国	工作访问	2016.12.04—2016.12.10
侯道平	国际合作处	秘书	美国	工作访问	2016.12.04—2016.12.10
邵 军	经济管理学院	教授	美国	工作访问	2016.12.04—2016.12.10
舒赣平	土木工程学院	副院长、教授	美国	工作访问	2016.12.04—2016.12.10
洪 伟	信息科学与工程学院	教授、院长	印度	国际会议	2016.12.04—2016.12.10
宋 喆	信息科学与工程学院	讲师	印度	国际会议	2016.12.04—2016.12.10
张 彦	信息科学与工程学院	讲师	印度	国际会议	2016.12.04—2016.12.10
刘 波	电子科学与工程学院	讲师	美国	实习培训	2016.12.04—2016.12.17
王 浩	土木工程学院	教授	澳大利亚	国际会议	2016.12.05—2016.12.09
丁幼亮	土木工程学院	研究员	澳大利亚	国际会议	2016.12.05—2016.12.10

(续 表)

姓名	所在院系	职务/职称	访问国家或地区	访问任务	时间
赵瀚玮	土木工程学院	博士生	澳大利亚	国际会议	2016.12.05—2016.12.10
王 超	土木工程学院	硕士生	澳大利亚	国际会议	2016.12.05—2016.12.10
尤慧丰	土木工程学院	硕士生	澳大利亚	国际会议	2016.12.05—2016.12.10
王彩莲	附属中大医院	主任医师	美国	国际会议	2016.12.05—2016.12.11
侍方方	附属中大医院	主治医师	美国	国际会议	2016.12.05—2016.12.11
陈 岩	附属中大医院	住院医师	美国	国际会议	2016.12.05—2016.12.11
张 涛	仪器科学与工程学院	副研究员	西班牙	国际会议	2016.12.05—2016.12.11
张宇宁	电子科学与工程学院	副教授	日本	国际会议	2016.12.06—2016.12.10
夏 军	电子科学与工程学院	教授	日本	国际会议	2016.12.06—2016.12.10
叶莉华	电子科学与工程学院	副教授	泰国	国际会议	2016.12.06—2016.12.10
万 能	电子科学与工程学院	副研究员	泰国	国际会议	2016.12.06—2016.12.10
沈忠文	电子科学与工程学院	硕士生	日本	国际会议	2016.12.06—2016.12.10
祁怡君	电子科学与工程学院	硕士生	日本	国际会议	2016.12.06—2016.12.10
张汉军	电子科学与工程学院	硕士生	日本	国际会议	2016.12.06—2016.12.10
王德龙	生物科学与医学工程学院	博士生	法国	国际会议	2016.12.06—2016.12.10
吴邵庆	土木工程学院	副教授	澳大利亚	国际会议	2016.12.06—2016.12.10
陈 钊	土木工程学院	硕士生	澳大利亚	国际会议	2016.12.06—2016.12.10
闫华东	土木工程学院	博士生	澳大利亚	国际会议	2016.12.06—2016.12.11
金博楠	仪器科学与工程学院	博士生	西班牙	国际会议	2016.12.06—2016.12.12
朱永云	仪器科学与工程学院	硕士生	西班牙	国际会议	2016.12.06—2016.12.12
张 建	土木工程学院	教授	澳大利亚	国际会议,工作访问	2016.12.06—2016.12.15
李 然	土木工程学院	博士生	香港	国际会议	2016.12.07—2016.12.09
尤肖虎	信息科学与工程学院	教授	美国	国际会议	2016.12.07—2016.12.11
张 川	信息科学与工程学院	副教授	美国	国际会议	2016.12.07—2016.12.11
徐晓苏	仪器科学与工程学院	教授	西班牙	国际会议	2016.12.07—2016.12.11
宋 航	生命科学研究院	博士生	泰国	国际会议	2016.12.08—2016.12.10
赵 驰	数学系	副教授	台湾	合作研究	2016.12.09—2016.12.11
杜运周	经济管理学院	教授	香港	国际会议	2016.12.09—2016.12.13
万 逸	计算机科学与工程学院	硕士生	澳大利亚	国际会议	2016.12.10—2016.12.15

(续 表)

姓名	所在院系	职务/职称	访问国家或地区	访问任务	时间
倪振华	物理系	教授	新加坡	国际会议	2016.12.10—2016.12.15
李世华	自动化学院	副院长	美国	国际会议	2016.12.10—2016.12.15
祝 靖	电子科学与工程学院	讲师	香港	合作研究	2016.12.10—2016.12.30
孙 杰	电子科学与工程学院	博士生	新加坡	国际会议	2016.12.11—2016.12.15
张敏灵	计算机科学与工程学院	教授	西班牙	国际会议	2016.12.11—2016.12.15
李必信	计算机科学与工程学院	教授	美国	国际会议	2016.12.11—2016.12.15
刘静萍	建筑学院	硕士生	韩国	国际会议	2016.12.11—2016.12.15
李桂璞	自动化学院	博士生	美国	国际会议	2016.12.11—2016.12.15
高志强	计算机科学与工程学院	教授	日本	国际会议	2016.12.11—2016.12.16
宋亚程	建筑学院	博士生	新加坡	国际会议	2016.12.11—2016.12.16
董 嘉	建筑学院	博士生	新加坡	国际会议	2016.12.11—2016.12.16
钱振东	交通学院	教授	台湾	两岸会议	2016.12.11—2016.12.16
龚维明	交通学院	教授	台湾	两岸会议	2016.12.11—2016.12.16
陈建龙	数学系	教授	澳大利亚	合作研究	2016.12.11—2017.02.16
朱 虹	土木工程学院	教授	香港	国际会议	2016.12.13—2016.12.16
李 婷	土木工程学院	博士生	香港	国际会议	2016.12.13—2016.12.16
董志强	土木工程学院	博士生	香港	国际会议	2016.12.13—2016.12.16
邱海波	附属中大医院	教授、副院长	美国	国际会议	2016.12.13—2016.12.17
吴智深	土木工程学院	教授	香港	国际会议	2016.12.13—2016.12.17
汪 昕	土木工程学院	教授、副院长	香港	国际会议	2016.12.13—2016.12.17
孙泽阳	土木工程学院	讲师	香港	工作访问	2016.12.14—2016.12.18
秦卫红	土木工程学院	副教授	香港	工作访问	2016.12.14—2016.12.18
蔡建国	土木工程学院	副研究员	美国	合作研究	2016.12.14—2017.01.10
滕皋军	附属大医院	教授、主任医师	日本	国际会议	2016.12.15—2016.12.18
黄永明	自动化学院	讲师	日本	国际会议	2016.12.16—2016.12.22
Saly Fathy	材料科学与工程学院	博士生	埃及	国际会议	2016.12.26—2016.12.31
沈奇真	材料科学与工程学院	博士生	韩国	国际会议	2016.12.27—2016.12.31
许万军	能源与环境学院	博士生	香港	国际会议	2016.12.28—2016.12.30

人才与人事工作

综　　述

2016年,人事处在校党政的正确领导和统一部署下,紧紧围绕建设国际知名高水平研究型大学和世界一流大学的总体目标,牢固树立"人才是第一资源"的工作理念,围绕年初制定的"高端师资倍增计划",创新高层次人才引进培养机制,在人才引进、人才培养、专业技术职务评聘、劳资与劳动社会保障等方面进展顺利,取得了较好的成绩。

1. 人才引进及培养

完成学校2016年专任教师引进计划,全年引进具有博士学位专任教师145人,其中高级职称55人,具有一年以上海外留学经历的118人,具有海外博士学位的55人,引进急需学科带头人20人;完成2016年附属中大医院事业编制人才引进计划,全年引进具有博士学位的医生38人,引进高级职称的医学专家8人;完成化学化工学院和自动化学院院长的全球招聘工作;以非在编人事代理方式招聘管理岗、实验技术等教学辅助岗位人员77人;派出出国研修人员40余人;完成2016年全年教职工公派留学全额资助、青年骨干教师出国研修计划、江苏省资助、双创博士等各类项目的申报、选拔、派出和回国考核管理工作。

2016年新增第十二批"千人计划"千人专家1人,"青年千人计划"7人,"万人计划"创新领军人才4人;新增江苏省有突出贡献的中青年专家1人;新增江苏省"双创人才"6人,"双创团队"1个(已公示);新增江苏特聘教授3人;新增第五期"333工程"培养对象66人;新增江苏省青蓝工程创新团队1个,中青年学术带头人9人,优秀青年骨干教师7人;新增六大人才高峰29个个人项目,1个团队项目。

完成了第十三批"千人计划"和"外专千人计划"的申报工作,目前已有6位青年千人候选人通过国家公示;完成了2016年长江学者的申报工作,有2位特聘教授候选人、5位青年长江学者候选人通过国家公示。

截至2016年12月,全校教职工总数为5 552人(校本部4 250人,大集体119人,非在编人事代理379人,中大医院804人),其中院士13人,专任教师2 771人,具有教授职称的人数为771人,副教授职称1 144人,高级职称的师资比例达69.1%;具有博士学位的教师占教师总数比例超过80%;45岁以下的教师1 581人,占教师总人数比例为57.1%;青年教师基本具有博士后或海外留学经历,具有海外博士学位的教师443人;具有一年及以上海外留学经历的教师1 320人,占师资队伍总人数的比例达47.6%。

2. 教职工晋级晋职

完成了2016年度职称评审工作,高级职称评审通过115人(正高45人,戴帽教授6人,副高64人),中初级职称评审通过100人;核定2015年度全校各专业技术岗位级别的岗位空缺数,完成了2015年度专业技术岗位聘用的增补工作(其中晋升正高二级13人,正高三级14人,副高五级通过12人,副高六级通过4人,中级八级通过25人,中级九级通过5人,初级十一级通过4人)。聘请兼职教授25人。

完成2016年度教师资格认定工作,评审通过103人。发放2016年第一批突出成果奖励400余万,核对统计2016年第二批突出成果奖励1 500万。

进一步推行职员制度,完成2015年职员晋升工作,共42名同志晋升高一级职员。启动2016年职员晋升工作。

印发《关于开展2016年工勤技能岗位技术等级考核工作的通知》《关于开展2016年工勤技能岗位技师及高级技师考评工作的通知》,新晋升高级技师3人,技师7人,高级工3人。

3. 薪酬与劳动社会保障

完成了2015年在职职工薪级工资正常晋升,调整部分在职教职工江苏省职务岗位津贴和教护龄津贴;完成了2016年失业保险、工伤保险的基数申报及年检和缴费工作;完成到龄退休人员办理退休手续并核定退休生活补贴。

根据国办发〔2016〕62号文及苏人社发〔2016〕310号文,自2016年7月起调整在职人员基本工资标准,增加离休人员离休费,将于2017年1月起按新工资标准兑现工资,并补发2016年7月至12月差额;根据人社部发〔2016〕37号文,统一部署,完成了全校退休人员基本养老金的调整;根据教育部有关绩效工资改革的工作要求,完成全校2014、2015年各项工资及津补贴发放明细统计、汇总及上报工作,完成了我校2015—2017年绩效工资总量的申请工作。进一步改革并完善了单位综合考核方案,对院系开始实施重点分项考核,并依此制定新的综合改革绩效津贴分配方案。开展年终院系部门整体考核以及全校在职教职工个人考核工作。

4. 博士后队伍建设

我校在站博士后共592人,其中统招统分博士后102人,在职博士后367人,企业博士后123人。2016年,我校博士后共进站141人,出站105人,退站38人。

2016年,我校共16名博士后获得中国博士后科学基金特别资助,49名博士后获得面上资助,资助总额521万元;共42名博士后获得江苏省博士后科研资助,9名博士后获得日常资助,资助总额273.5万元;共26人获得东南大学博士后重点科研资助,资助总额30万元。

建立东南大学博士后微信公众服务号,将相关内容通过微信平台发布,拓展了宣传途径,进一步做好服务工作。

5. 教职工服务工作

院士服务:做好院士的日常保健工作;协助中国科学院学部做好中国科学院院士文库建设工作,搜集、整理院士们科学人生历程中的丰富史料,将系统全面完整地保存院士的重要科技和文化资料。

退休人员服务:为全校4 240名退休教职工做好服务工作,2016年重阳节为1 495名老寿星举行祝寿活动。

补助慰问:做好教职工失业保险及工伤保险的参保及认定工作,为工伤职工申请获得医疗及工伤补助;为五六十年代下放人员发放2016年生活补助费;全年为75名去世职工妥善办理后事,为他们的遗属发放了2016年度遗属补助费;全年慰问各类病残和经济困难职工数百人。

院士名录

姓名	性别	出生年月	职称	院士名称	当选日期	所在学部	外籍院士	专业
齐 康	男	1931.10	教授	科学院院士	1993.11	技术科学部	1997.02 法国建筑科学院	建筑设计及其理论
韦 钰	女	1940.02	教授	工程院院士	1994.11	信息与电子工程学部		生物电子学、分子电子学
钟训正	男	1929.07	教授	工程院院士	1997.11	土木、水利与建筑工程学部		建筑学
吕志涛	男	1937.11	教授	工程院院士	1997.11	土木、水利与建筑工程学部		混凝土与钢筋混凝土结构
李幼平	男	1935.05	教授	工程院院士	1999.11	信息与电子工程学部		电子与通信技术
孙忠良	男	1936.08	教授	工程院院士	2001.11	信息与电子工程学部		微波、毫米波技术
张耀明	男	1943.12	教授	工程院院士	2001.11	化工、冶金与材料工程学部		无机非金属材料
孙 伟	女	1935.11	教授	工程院院士	2005.11	土木、水利与建筑工程学部		土木工程材料

(续 表)

姓名	性别	出生年月	职称	院士名称	当选日期	所在学部	外籍院士	专业
程泰宁	男	1935.12	教授	工程院院士	2005.11	土木、水利与建筑工程学部		建筑学
黄卫	男	1961.04	教授	工程院院士	2007.11	土木、水利与建筑工程学部		道路桥梁及交通工程
缪昌文	男	1957.08	教授	工程院院士	2011.11	土木、水利与建筑工程学部		建筑材料与制品
张广军	男	1965.03	教授	工程院院士	2013.11	信息与电子工程学部		精密仪器
王建国	男	1957.07	教授	工程院院士	2015.11	土木、水利与建筑工程学部		城市设计,建筑设计

"万人计划"专家名单

姓名	所在单位	类别	年度
尤肖虎	信息科学与工程学院	科技创新领军人才	2013
王庆	仪器科学与工程学院	科技创新领军人才	2013
钟文琪	能源与环境学院	青年拔尖人才	2013
高西奇	信息科学与工程学院	科技创新领军人才	2014
刘加平	材料科学与工程学院	科技创新领军人才	2014
王炜	交通学院	教学名师	2014
戴先中	自动化学院	教学名师	2014
樊和平	人文学院	哲学社会科学领军人才	2014
殷勇高	能源与环境学院	青年拔尖人才	2015
孙伟锋	电子科学与工程学院	青年拔尖人才	2015
虞文武	数学系	青年拔尖人才	2015
舒嘉	经济管理学院	青年拔尖人才	2015
吴刚	土木工程学院	科技创新领军人才	2016
徐赵东	土木工程学院	科技创新领军人才	2016
肖睿	能源与环境学院	科技创新领军人才	2016
周佑勇	法学院	哲学社会科学领军人才	2016
王建国	建筑学院	教学名师	2016

"千人计划"专家名单

姓名	所在单位	年度
丁 峙	信息科学与工程学院	2009
李万林	信息科学与工程学院	2009
吴智深	土木工程学院	2009
史国均	能源与环境学院	2010
郑福春	信息科学与工程学院	2010
余星火	自动化学院	2010
陈 战	生物科学与医学工程学院	2010
冉 斌	交通学院	2010
Norri N. Muhammad	土木工程学院	2011
Arokia Nathan	电子科学与工程学院	2012
Gerard Marriott	生物科学与医学工程学院	2012
唐达林	生物科学与医学工程学院	2012
Said Easa	交通学院	2012
李志烨	交通学院	2012
Rodrigo Salgado	土木工程学院	2013
孙正明	材料科学与工程学院	2013
凌新生	机械工程学院	2014
Olivier Bonnaud	电子科学与工程学院	2014
Didier Pribat	电子科学与工程学院	2014
James Charles Whisstock	生命科学研究院	2015
赵 坚	土木工程学院	2016

"青年千人计划"专家名单

姓名	所在单位	年度
郝张成	信息科学与工程学院	2011
张 建	土木工程学院	2011
温海防	交通学院	2011
叶智锐	交通学院	2012

(续 表)

姓名	所在单位	年度
张袁健	化学化工学院	2013
李 霞	土木工程学院	2014
刘 宏	生物科学与医学工程学院	2014
林承棋	生命科学研究院	2014
胡三明	信息科学与工程学院	2015
谢远长	交通学院	2015
刘志远	交通学院	2015
姚红红	医学院	2015
陈 瑞	公共卫生学院	2015
柴人杰	生命科学研究院	2015
潘玉峰	生命科学研究院	2015
陈 震	机械工程学院	2016
蒋之浩	信息科学与工程学院	2016
赵涤燹	信息科学与工程学院	2016
何 磊	土木工程学院	2016
马志刚	自动化学院	2016
陶 立	材料科学与工程学院	2016
吉远辉	化学化工学院	2016

全国杰出专业技术人才名单

姓名	性别	职称	所在单位	入选年度
尤肖虎	男	研究员	信息科学与工程学院	2014

"长江学者奖励计划"特聘教授、讲座教授名单

姓名	所在单位	入选年度
蔡宁生	能源与环境学院	1999
陆祖宏	生物科学与医学工程学院	1999
尤肖虎	信息科学与工程学院	2000
洪 伟	信息科学与工程学院	2000

(续 表)

姓名	所在单位	入选年度
王志功	信息科学与工程学院	2000
崔一平	电子科学与工程学院	2000
罗立民	计算机科学与工程学院	2000
陆 键	交通学院	2000
黄 卫	交通学院	2000
张十庆	建筑研究所	2000
王建国	建筑学院	2001
崔铁军	信息科学与工程学院	2001
田玉平	自动化学院	2001
赵正旭	仪器科学与工程学院	2001
谢 维	生命科学研究院	2001
黄风义	信息科学与工程学院	2003
吴 柯	信息科学与工程学院	2003
顾忠泽	生物科学与医学工程学院	2003
熊仁根	化学化工学院	2004
黄庆安	电子科学与工程学院	2005
王 炜	交通学院	2005
吴智深	土木工程学院	2005
王江舟	信息科学与工程学院	2006
孙 璐	交通学院	2007
丁 峙	信息科学与工程学院	2007
黄秋庭	信息科学与工程学院	2007
顾 宁	生物科学与医学工程学院	2008
樊和平	人文学院	2008
邹国棠	电气工程学院	2008
余星火	自动化学院	2009
王晓东	信息科学与工程学院	2010
高西奇	信息科学与工程学院	2011
肖 睿	能源与环境学院	2011
姚新中	人文学院	2011
陆 勇	土木工程学院	2012

（续表）

姓名	所在单位	入选年度
陈云飞	机械工程学院	2013、2014
刘加平	材料科学与工程学院	2013、2014
周佑勇	法学院	2013、2014
陈志宁	信息科学与工程学院	2013、2014
颜 安	经济管理学院	2013、2014
钟文琪	能源与环境学院	2015
吴 刚	土木工程学院	2015
刘艳红	法学院	2015
李建春	土木工程学院	2016
孙立涛	电子科学与工程学院	2016

"长江学者奖励计划"青年学者名单

姓名	所在单位	入选年度
黄永明	信息科学与工程学院	2015
郭 彤	土木工程学院	2015
张敏灵	计算机科学与工程学院	2015
舒 嘉	经济管理学院	2015
韩俊海	生命科学研究院	2015
程 强	信息科学与工程学院	2016
蒋卫祥	信息科学与工程学院	2016
王 浩	土木工程学院	2016
虞文武	数学系	2016
刘 攀	交通学院	2016

人事部"百千万人才工程"入选人员名单

姓名	所在单位	入选年度
陆祖宏	生物科学与医学工程学院	1997
黄 卫	交通学院	1997
王志功	信息科学与工程学院	1999

（续　表）

姓名	所在单位	入选年度
黄　侨	交通学院	1999
洪　伟	信息科学与工程学院	2000
尤肖虎	信息科学与工程学院	2000
王　炜	交通学院	2000
罗立民	计算机科学与工程学院	2000
赵春明	信息科学与工程学院	2004
李爱群	土木工程学院	2006
黄庆安	电子科学与工程学院	2006
孙克勤	能源与环境学院	2006
易　红	校长办公室	2007
时龙兴	电子科学与工程学院	2007
宋爱国	仪器科学与工程学院	2009
周佑勇	法学院	2009
赵春杰	生命科学研究院	2009
崔铁军	信息科学与工程学院	2013
刘松玉	交通学院	2013
肖　睿	能源与环境学院	2014
高西奇	信息科学与工程学院	2015

江苏省"333高层次人才培养工程"第五期培养对象名单

姓名	所在单位	类别	时间
崔铁军	信息科学与工程学院	一层次	2016
吴智深	土木工程学院	一层次	2016
时龙兴	电子科学与工程学院	一层次	2016
刘加平	材料科学与工程学院	一层次	2016
周佑勇	法学院	一层次	2016
滕皋军	附属中大医院	一层次	2016
陈云飞	机械工程学院	二层次	2016

(续 表)

姓名	所在单位	类别	时间
倪中华	机械工程学院	二层次	2016
肖 睿	能源与环境学院	二层次	2016
钟文琪	能源与环境学院	二层次	2016
金 石	信息科学与工程学院	二层次	2016
马慧锋	信息科学与工程学院	二层次	2016
潘志文	信息科学与工程学院	二层次	2016
郭 彤	土木工程学院	二层次	2016
吴 刚	土木工程学院	二层次	2016
徐赵东	土木工程学院	二层次	2016
孙立涛	电子科学与工程学院	二层次	2016
孙伟锋	电子科学与工程学院	二层次	2016
李世华	自动化学院	二层次	2016
孙长银	自动化学院	二层次	2016
王金兰	物理系	二层次	2016
王雪梅	生物科学与医学工程学院	二层次	2016
钱春香	材料科学与工程学院	二层次	2016
陈淑梅	经济管理学院	二层次	2016
邱 斌	经济管理学院	二层次	2016
舒 嘉	经济管理学院	二层次	2016
马冬梅	外国语学院	二层次	2016
陆 建	交通学院	二层次	2016
宋光明	仪器科学与工程学院	二层次	2016
龙迪勇	艺术学院	二层次	2016
刘艳红	法学院	二层次	2016
韩俊海	生命科学研究院	二层次	2016
葛 峥	附属中大医院	二层次	2016
居胜红	附属中大医院	二层次	2016
袁勇贵	附属中大医院	二层次	2016
张业伟	附属中大医院	二层次	2016
杨俊宴	建筑学院	三层次	2016
杨决宽	机械工程学院	三层次	2016

(续 表)

姓名	所在单位	类别	时间
殷勇高	能源与环境学院	三层次	2016
蒋卫祥	信息科学与工程学院	三层次	2016
丁幼亮	土木工程学院	三层次	2016
范俊余	土木工程学院	三层次	2016
卢剑权	数学系	三层次	2016
赵远锦	生物科学与医学工程学院	三层次	2016
郑文明	生物科学与医学工程学院	三层次	2016
张云升	材料科学与工程学院	三层次	2016
李守伟	经济管理学院	三层次	2016
花　为	电气工程学院	三层次	2016
蔡国军	交通学院	三层次	2016
杜延军	交通学院	三层次	2016
杨　军	交通学院	三层次	2016
章定文	交通学院	三层次	2016
刘锡祥	仪器科学与工程学院	三层次	2016
郭建平	艺术学院	三层次	2016
欧阳本祺	法学院	三层次	2016
柏　峰	医学院	三层次	2016
程　光	网络空间安全学院	三层次	2016
柴人杰	生命科学研究院	三层次	2016
陈陆馗	附属中大医院	三层次	2016
陈恕求	附属中大医院	三层次	2016
黄英姿	附属中大医院	三层次	2016
李　玲	附属中大医院	三层次	2016
刘　玲	附属中大医院	三层次	2016
马坤岭	附属中大医院	三层次	2016
彭新桂	附属中大医院	三层次	2016
芮云峰	附属中大医院	三层次	2016
谢春明	附属中大医院	三层次	2016
杨建军	附属中大医院	三层次	2016
刘燕文	附属中大医院	三层次	2016

江苏省突出贡献青年专家名单

姓名	所在单位	入选年度
王建国	建筑学院	2001
仲伟俊	经济管理学院	2003
王 炜	交通学院	2005
胡敏强	电气工程学院	2006
易 红	机械工程学院	2006
赵春杰	基础医学院	2008
郑家茂	数学系	2010
周佑勇	法学院	2010
刘松玉	交通学院	2012
张小松	能源与环境学院	2014
顾 宁	生物科学与医学工程学院	2015

江苏特聘教授名单

姓名	所在单位	入选年度
叶继红	土木工程学院	2012
孙伟锋	电子科学与工程学院	2012
赵春杰	医学院	2012
姚红红	医学院	2012
陆 巍	生命科学研究院	2012
钟文琪	能源与环境学院	2013
宋爱国	仪器科学与工程学院	2013
陈 瑞	公共卫生学院	2014
尚金堂	电子科学与工程学院	2014
钱春香	材料科学与工程学院	2015
佟振博	能源与环境学院	2015
李耕林	生命科学研究院	2016
袁 凯	生命科学研究院	2016
钱振东	智能运输系统(ITS)工程研究中心	2016

2016年度江苏省"六大人才高峰"入选人员名单

姓名	院系	时间	类别
陈云飞	机械工程学院	2016	高端装备团队
孙桂芳	机械工程学院	2016	航空航天C类
黄亚继	能源与环境学院	2016	节能环保C类
张会岩	能源与环境学院	2016	新能源和智能电网产业B类
陆卫兵	信息科学与工程学院	2016	新材料C类
盛彬	信息科学与工程学院	2016	新一代信息技术C类
王海明	信息科学与工程学院	2016	电子信息B类
许威	信息科学与工程学院	2016	高端装备C类
范圣刚	土木工程学院	2016	建筑A类
李俊	自动化学院	2016	电子信息C类
漆桂林	计算机科学与工程学院	2016	新一代信息技术C类
徐庆宇	物理学院	2016	新材料C类
赵祥伟	生物科学与医学工程学院	2016	生物医药和新型医疗器械产业C类
吴在军	电气工程学院	2016	新能源和智能电网产业C类
张一卫	化学化工学院	2016	节能环保C类
陈先华	交通学院	2016	新材料B类
杨敏	交通学院	2016	教育C类
张磊	交通学院	2016	建筑C类
刘锡祥	仪器科学与工程学院	2016	海洋工程A类
严如强	仪器科学与工程学院	2016	机械汽车C类
吴涓	仪器科学与工程学院	2016	新一代信息技术C类
欧阳本祺	法学院	2016	教育C类
陈瑞	公共卫生学院	2016	卫生C类
周子凯	生命科学研究院	2016	医药C类
陈蓉	附属中大医院	2016	卫生B类
屈留新	附属中大医院	2016	卫生C类
任庆国	附属中大医院	2016	卫生C类
陶庆松	附属中大医院	2016	卫生C类
徐斌	附属中大医院	2016	卫生C类
张海军	附属中大医院	2016	生物医药和新型医疗器械产业C类

2016年度江苏省双创人才入选人员名单

姓名	所在单位	人才工程	时间
胡三明	信息科学与工程学院	江苏省双创人才	2016
赵涤燹	信息科学与工程学院	江苏省双创人才	2016
吴富根	生物科学与医学工程学院	江苏省双创人才	2016
刘志远	交通学院	江苏省双创人才	2016
姚红红	医学院	江苏省双创人才	2016
潘玉峰	生命科学研究院	江苏省双创人才	2016
刘 宏	生物科学与医学工程学院	江苏省双创团队	2016

2016年新聘兼职专家名单

姓名	性别	工作单位	职称（务）	聘用单位
余红星	男	中国核动力研究设计院	研究员级高工	能源与环境学院
李德毅	男	总参第61研究所	研究员、院士	学习科学研究中心
夏志杰	男	盐城工学院	教授	机械工程学院
刘韵洁	男	中国联通	教授级高工、院士	计算机科学与工程学院
赵西巨	男	山东中医药大学	教授	法学院
王建平	男	海军工程设计研究院	教授级高工	材料科学与工程学院
岳清瑞	男	中冶建筑研究总院有限公司	教授级高工	土木工程学院
任申强	男	天普大学	副教授	化学化工学院
方 秦	男	解放军理工大学	教授	土木工程学院
蒋剑春	男	中国林科院林化所	研究员	能源与环境学院
陈卫标	男	中科院上海光学精密研究所	研究员	电子科学与工程学院
徐地保	男	江苏省测绘工程院	研究员级高工、院长	交通学院
金双根	男	中科院上海天文台	研究员	交通学院
罗 琦	男	中国核动力研究设计院	研究员级高工、院长	能源与环境学院
李发生	男	中国环境科学研究院	研究员、总工程师	交通学院
胡 盛	男	中国公路工程咨询集团有限公司	教授级高工、副总工程师	土木工程学院
彭永臻	男	北京工业大学	院士	土木工程学院
曹意强	男	中国美术学院	教授	艺术学院

(续表)

姓名	性别	工作单位	职称(务)	聘用单位
王利明	男	中国人民大学	教授、常务副校长	法学院
李文伟	男	长江三峡技术经济发展有限公司	教授级高工	材料科学与工程学院
单霁翔	男	故宫博物院	研究馆员	建筑学院
王育良	男	江苏省中医院	教授	电子科学与工程学院
张勋奎	男	大唐江苏发电有限公司	研究员级高工、总经理	能源与环境学院
刘 峰	男	厦门大学	教授	经济管理学院
赵春江	男	北京市农林科学院	研究员	仪器科学与工程学院
李方兴	男	美国田纳西大学	教授	电气工程学院
张 玮	男	深圳市华星光电技术有限公司	教授级高工	电子科学与工程学院

2016 年晋升高级专业技术职务人员名单

正高级专业技术职务

序号	单位	姓名	通过职务资格	职级	任职资格时间
1	机械工程学院	刘 磊	教授	正高级	2016.04.30
2	能源与环境学院	梁彩华	教授	正高级	2016.04.30
3	能源与环境学院	邓艾东	教授	正高级	2016.04.30
4	信息科学与工程学院	许 威	教授	正高级	2016.04.30
5	信息科学与工程学院	盛 彬	教授	正高级	2016.04.30
6	信息科学与工程学院	郝张成	研究员	正高级	2011.08.12
7	土木工程学院	王景全	教授	正高级	2016.04.30
8	土木工程学院	朱 虹	教授	正高级	2016.04.30
9	土木工程学院	郭 力	教授	正高级	2016.04.30
10	土木工程学院	靳 慧	教授	正高级	2016.04.30
11	电子科学与工程学院	王琦龙	教授	正高级	2016.04.30
12	电子科学与工程学院	杨兰兰	教授	正高级	2016.04.30
13	电子科学与工程学院	恽斌峰	教授	正高级	2016.04.30
14	电子科学与工程学院	王春雷	研究员	正高级	2016.04.30
15	自动化学院	李新德	教授	正高级	2016.04.30
16	计算机科学与工程学院	周德宇	教授	正高级	2016.04.30

（续　表）

序号	单位	姓名	通过职务资格	职级	任职资格时间
17	生物科学与医学工程学院	刘全俊	教授	正高级	2016.04.30
18	生物科学与医学工程学院	卢晓林	研究员	正高级	2016.04.30
19	生物科学与医学工程学院	杨　芳	教授	正高级	2016.04.30
20	材料科学与工程学院	万克树	教授	正高级	2016.04.30
21	材料科学与工程学院	陈　坚	教授	正高级	2016.04.30
22	经济管理学院	邵　军	教授	正高级	2016.04.30
23	电气工程学院	王　政	教授	正高级	2016.04.30
24	电气工程学院	樊　英	教授	正高级	2016.04.30
25	电气工程学院	陈　武	教授	正高级	2016.04.30
26	化学化工学院	张一卫	教授	正高级	2016.04.30
27	化学化工学院	骆培成	教授	正高级	2016.04.30
28	化学化工学院	张　毅	研究员	正高级	2016.04.30
29	交通学院	徐宿东	教授	正高级	2016.04.30
30	交通学院	王　昊	教授	正高级	2016.04.30
31	交通学院	王文炜	教授	正高级	2016.04.30
32	交通学院	蔡国军	教授	正高级	2016.04.30
33	仪器科学与工程学院	赵立业	教授	正高级	2016.04.30
34	仪器科学与工程学院	潘树国	教授	正高级	2016.04.30
35	艺术学院	甘　锋	教授	正高级	2016.04.30
36	医学院	唐秋莎	教授	正高级	2016.04.30
37	医学院	沈艳飞	研究员	正高级	2013.11.14
38	城市规划设计研究院	季　松	研究员级高级工程师	正高级	2016.04.30
39	建筑设计与理论研究中心	王　静	研究员级高级工程师	正高级	2016.04.30
40	附属中大医院	张晓良	主任医师	正高级	2016.04.30
41	附属中大医院	陈立娟	主任医师	正高级	2016.04.30
42	附属中大医院	郭凤梅	主任医师	正高级	2016.04.30
43	附属中大医院	李　玲	主任医师	正高级	2016.04.30
44	附属中大医院	石　欣	主任医师	正高级	2016.04.30
45	附属中大医院	李俊生	主任医师	正高级	2016.04.30
46	数学系	王冠军	戴帽教授	对外正高级	2016.04.30
47	物理系	冯红涛	戴帽教授	对外正高级	2016.04.30

(续　表)

序号	单位	姓名	通过职务资格	职级	任职资格时间
48	学习科学研究中心	顾万君	戴帽研究员	对外正高级	2016.04.30
49	外国语学院	汤君	戴帽教授	对外正高级	2016.04.30
50	艺术学院	季欣	戴帽教授	对外正高级	2016.04.30
51	公共卫生学院	李云晖	戴帽教授	对外正高级	2016.04.30
52	纪委办公室(监察处)	吴荣顺	研究员	正高级	2016.09.26

副高级专业技术职务

序号	单位	姓名	通过职务资格	职级	任职资格时间
1	建筑学院	江泓	副教授	副高级	2016.04.30
2	建筑学院	陈晓东	副教授	副高级	2016.04.30
3	建筑学院	顾凯	副教授	副高级	2016.04.30
4	建筑学院	易鑫	副教授	副高级	2016.04.30
5	机械工程学院	罗晨	副教授	副高级	2016.04.30
6	机械工程学院	夏丹	副教授	副高级	2016.04.30
7	能源与环境学院	刘猛	副研究员	副高级	2016.04.30
8	能源与环境学院	张程宾	副教授	副高级	2016.04.30
9	信息科学与工程学院	韩宁	副教授	副高级	2016.04.30
10	信息科学与工程学院	夏亦犁	副研究员	副高级	2013.01.10
11	信息科学与工程学院	李连鸣	副研究员	副高级	2011.05.30
12	土木工程学院	许妍	副教授	副高级	2016.04.30
13	土木工程学院	陶津	副教授	副高级	2016.04.30
14	土木工程学院	吴邵庆	副教授	副高级	2016.04.30
15	土木工程学院	陆莹	副教授	副高级	2016.04.30
16	电子科学与工程学院	吴俊	副教授	副高级	2016.04.30
17	电子科学与工程学院	徐申	副教授	副高级	2016.04.30
18	电子科学与工程学院	尹奎波	副研究员	副高级	2016.04.30
19	电子科学与工程学院	王莉莉	副教授	副高级	2016.04.30
20	电子科学与工程学院	徐淑宏	副研究员	副高级	2016.04.30
21	电子科学与工程学院	黄晓东	副教授	副高级	2013.12.24
22	数学系	何薇	副教授	副高级	2016.04.30
23	数学系	杜睿	副教授	副高级	2016.04.30

（续表）

序号	单位	姓名	通过职务资格	职级	任职资格时间
24	数学系	闫亮	副教授	副高级	2016.04.30
25	数学系	温广辉	副教授	副高级	2016.04.30
26	计算机科学与工程学院	朱夏	副教授	副高级	2016.04.30
27	计算机科学与工程学院	吴巍炜	副研究员	副高级	2012.11.01
28	生物科学与医学工程学院	王婷	副研究员	副高级	2016.04.30
29	人文学院	刘作	副教授	副高级	2016.04.30
30	经济管理学院	王宏	副教授	副高级	2016.04.30
31	经济管理学院	陈洪涛	副教授	副高级	2016.04.30
32	经济管理学院	张颖	副教授	副高级	2016.04.30
33	经济管理学院	浦正宁	副教授	副高级	2016.04.30
34	经济管理学院	唐攀	副教授	副高级	2012.05.28
35	马克思主义学院	朱菊生	副教授	副高级	2016.04.30
36	法学院	熊樟林	副教授	副高级	2016.04.30
37	法学院	刘建利	副教授	副高级	2013.01.25
38	电气工程学院	王建华	副研究员	副高级	2016.04.30
39	电气工程学院	喻洁	副教授	副高级	2016.04.30
40	电气工程学院	付兴贺	副教授	副高级	2016.04.30
41	电气工程学院	蒋玮	副教授	副高级	2016.04.30
42	外国语学院	宋善花	副教授	副高级	2016.04.30
43	外国语学院	汤斌	副教授	副高级	2016.04.30
44	化学化工学院	倪恨美	副研究员	副高级	2007.11.05
45	交通学院	杨若冲	副教授	副高级	2016.04.30
46	交通学院	张国柱	副教授	副高级	2016.04.30
47	交通学院	于斌	副研究员	副高级	2013.09.10
48	智能运输系统研究中心	陈磊磊	副教授	副高级	2016.04.30
49	艺术学院	曾伟	副教授	副高级	2016.04.30
50	公共卫生学院	张婷	副教授	副高级	2016.04.30
51	医学院	柳东芳	副教授	副高级	2016.04.30
52	医学院	严春光	副研究员	副高级	2013.09.18
53	网络与信息中心	陶桦	高级工程师	副高级	2016.04.30
54	出版社	史建农	副编审	副高级	2016.04.30
55	附属中大医院	徐治	副主任医师	副高级	2016.04.30
56	附属中大医院	徐昌盛	副主任医师	副高级	2016.04.30

(续表)

序号	单位	姓名	通过职务资格	职级	任职资格时间
57	附属中大医院	余正平	副主任医师	副高级	2016.04.30
58	附属中大医院	魏 琼	副主任医师	副高级	2016.04.30
59	附属中大医院	袁春燕	副主任医师	副高级	2016.04.30
60	附属中大医院	陈克平	副主任技师	副高级	2016.04.30
61	附属中大医院	陈 香	副主任护师	副高级	2016.04.30
62	附属中大医院	王晓燕	副主任护师	副高级	2016.04.30
63	附属中大医院	汤卫红	副主任护师	副高级	2016.04.30
64	附属中大医院	沈吉梅	副主任护师	副高级	2016.04.30
65	体育系	黄忠辉	副教授	副高级	2016.09.26
66	体育系	方 志	副教授	副高级	2016.09.26
67	体育系	方云峰	副教授	副高级	2016.09.26
68	物理系	潘勇涛	副教授	副高级	2016.09.26
69	成贤学院	王 荣	副教授	副高级	2016.09.26
70	人事处	王 超	副研究员	副高级	2016.09.26

2016年专任教师专业技术职务和年龄情况

(单位:人)

	合计	34岁及以下	35～44岁	45～54岁	55岁及以上
总计	2 771	495	1 086	925	265
其中:女	856	156	388	282	30
正高级	771	17	185	397	172
副高级	1 144	90	554	417	83
中级及以下	856	388	347	111	10

2016年专任教师专业技术职务和学位情况

(单位:人)

	合计	博士	硕士	学士及以下
总计	2 771	2 219	365	187
其中:女	856	633	168	55
正高级	771	701	44	26
副高级	1 144	879	148	117
中级及以下	856	639	173	44

博士后科研流动站一览表

设站学科（一级学科）	招收博士后专业（二级学科）		批准建站时间
建筑学			1985.10
城乡规划学			2012.09
风景园林学			2012.09
机械工程	机械制造及其自动化 机械设计及理论 工业设计	机械电子工程 车辆工程 制造业工业工程	2003.05
动力工程及工程热物理	工程热物理 动力机械及工程 流体机械及工程 能源信息技术 新能源技术	热能工程 制冷及低温工程 化工过程机械 能源环境工程	1995.01
环境科学与工程	环境工程	环境科学	2007.08
信息与通信工程	通信与信息系统 信息安全	信号与信息处理	1985.10
土木工程	岩土工程 桥梁及隧道工程 市政工程 土木工程建造与管理	结构工程 防灾减灾工程及防护工程 供热、供燃气、通风及空调工程	1999.04
力学	工程力学 一般力学与力学基础	固体力学 流体力学	2007.08
电子科学与技术	物理电子学 微电子学与固体电子学 集成电路设计	电路与系统 电磁场与微波技术	1985.10
光学工程	（不分二级学科）		2009.09
数学	应用数学 概率论与数理统计 计算数学	基础数学 运筹学与控制论	2003.05
控制科学与工程	控制理论与控制工程 检测技术与自动化装置 导航、制导与控制	模式识别与智能系统 系统工程	1985.10
计算机科学与技术	计算机系统结构 计算机应用技术	计算机软件与理论 图像处理与科学可视化	2001.05
软件工程			2012.09
物理学	理论物理 原子与分子物理 凝聚态物理 光学	粒子物理与原子核物理 等离子体物理 声学 无线电物理	2012.09

(续 表)

设站学科（一级学科）	招收博士后专业（二级学科）		批准建站时间
生物医学工程	生物医学工程 生物信息技术 生物医学纳米技术 制药工程	学习科学 医学影像与医学电子学 生物医学材料 医学信息学及工程	1999.04
材料科学与工程	材料物理与化学 材料加工工程	材料学 生物材料与组织工程	2003.05
哲学	伦理学 外国哲学 中国哲学 美学	科学技术哲学 马克思主义哲学 逻辑学 宗教学	2007.08
艺术学理论			2003.05
管理科学与工程	（不分设二级学科）		1999.04
应用经济学	国民经济学 财政学 产业经济学 劳动经济学 数量经济学	区域经济学 金融学 国际贸易学 统计学 国防经济	2012.09
电气工程	电机与电器 电力电子与电力传动 高电压与绝缘技术应用电子与运动控制技术 电气信息技术新能源发电与分步式电源	电力系统及其自动化 电工理论与新技术	1999.04
化学工程与技术	化学工程 生物化工 工业催化	化学工艺 应用化学	2014.09
交通运输工程	道路与铁道工程 交通运输规划与管理 交通测绘与信息技术	交通信息工程及控制 载运工具运用工程 交通地下工程	2003.05
仪器科学与技术	精密仪器及机械 微系统与测控技术	测试计量技术及仪器	2007.08
公共卫生与预防医学	劳动卫生与环境卫生学 营养与食品卫生学 军事预防医学	流行病与卫生统计学 卫生毒理学	2007.08
生物学	遗传学 生物化学与分子生物学 植物学 水生生物学 神经生物学 生物物理学	生理学 发育生物学 动物学 微生物学 细胞生物学	2009.09

(续　表)

设站学科（一级学科）	招收博士后专业（二级学科）		批准建站时间
临床医学	影像医学与核医学 儿科学 临床检验诊断学 妇产科学 耳鼻咽喉科学 老年医学 皮肤病与性病学 肿瘤学 运动医学	内科学 神经病学 外科学 眼科学 急诊医学 精神病与精神卫生学 护理学 康复医学与理疗学 麻醉学	2009.09
马克思主义理论	马克思主义基本原理 马克思主义中国化研究 思想政治教育	马克思主义发展史 国外马克思主义研究 中国近现代史基本问题研究	2014.09

2016年年底在站博士后名单

单　位	流动站名称	名　单	人数
建筑学院	建筑学 城乡规划学 风景园林学	罗冬华　单　晋　谭　瑛　代晓利　徐进亮　郑德东 赵　兵　卞素萍　张四维　李　哲　万　千　汪　亮 邹　涵　杨京玲　汤晔峥　许昊皓　李志斌　王　骏 唐相龙　邵继中　季　欣　徐　宁　俞竞伟　张　蕾 姜清玉　史文娟　Francis Deng Clement Jul Dador 姚　涵	28
机械工程学院	机械工程	熊勇刚　方叶祥　孙　丽　杨　钧　罗　晨　吴　泽 张　静　张　金　孙桂芳　高海峰　李宗安　于春建 张永康　李金强　姜　东	15
能源与环境学院	动力工程及工程热物理 环境科学与工程	林　涛　李应林　蒋　洁　丁洁莲　周　霞　钟文镇 段　锋　李　睿　John Leju Celestino Ladu　陶　贺 刘　斌　张俊礼　张　浩　吴　啸　殷上轶　刘　莎 佟振博　张　帅　蒋　彬　谢　俊　曹　俊　李　明 Rusul Naseer Mohammed　李　永　李彦军　孙荣岳	27
信息科学与工程学院	信息与通信工程 电子科学与技术	仇小锋　李正权　张　晶　吴　霞　贺建立　董小明 贾子彦　卢桂馥　梁庆伟　程加力　吴　游　邓杨保 杨　亮　李　君　杨　睛　丁　飞　王如刚　齐洪钢 孔令军　宋立众　孙闽红　李彦霁　傅晓建　杨　喜 董慧媛　王量弘　黄保峰　陈　剑　叶新荣 Mohammed Mohsen Mohammed Nasr　丁国如　史宏迹 梁瑞宇　史清江　惠　明　陈焕庭 Amin Najam Muhammad　王芳芳　曹文权　胡　莹 章　飞　Agha Yasir Ali　王　侃　陶利强　武军伟 Mustafa Khalid Taher Al-Nuaimi　唐小兰　姜彦南 张璇如　高英杰　苏　抗　雷　涛　王　军　蒋　玮 章　平　邢长友	56

(续　表)

单　位	流动站名称	名　　单	人数
土木工程学院	土木工程力学	陈伟宏　余　洋　张马林　蒋金洋　缪蜀江　吴伟巍　张　翀　顾卫卫　耿　飞　吴志荣　赵岩荆　苏　毅　郑国栋　张于晔　戴美玲　李万润　高岳毅　冯　秀　李海涛　朱小军　张淑娟　鲁乃唯　刘　平　成于思　王龙林　陈齐风　沈　正　Mojtaba Kamaliardakani　Wael Abdelmonem Abdelmonem Altabey　卢彭真　邓　宇　宋守坛　刘　琳　Alagarasan Jagadeesh Kumar　陆有源　张文华　侯　宁　Athmani Allaeddine　李　峰　张　明　竺明星　张　亮　张　梁	43
电子科学与工程学院	电子科学与技术光学工程	周汉秦　朱大鹏　肖素艳　狄云松　蔡铜祥　李智洋　倪亚茹　徐　欧　徐　峰　孙立国　赵增霞　苏　适　张惠国　闵辉华　朱　超　孙　佳　邓　燕　刘斯扬　牟　丹　陈珍海　仇　实　顾洪成　李　腾　端伟元　朱强忠　戴　伟　李　剑　王　辉　毕恒昌　Karunakaran Santhosh Kumar	30
数学系	数学	王开永　刘俊峰　毋媛媛　杜　睿　胡　军　杜秀丽　王小六　陈向勇　赵桂华　杜法鹏　王丽艳　阚　秀　吴小太　王宏兴　赵晓朋　胡鸿翔　刘　洋　赵建强　郭　丽　蔡　静　王康康　廖芳芳　黄　迟　盛兴平　Ashish　张　凡　陈　光	27
自动化学院	控制科学与工程	程　勇　喻　洁　于化龙　贾红云　卢阿丽　陈文彦　卢剑权　沈谋全　丁　建　郑柏超　陈丽换　张元良　许　瑞　王　伟　苗国英　郭伟立　赵环宇　杨成东　宋　超　戚其丰　陈　伟　籍　艳　周兴才　朱晓建　聂仁灿　陆　可　刘　磊　张建宝　谭玉顺　张　亮　李　峻　曹　翔　王建宏	33
计算机科学与工程学院	计算机科学与技术软件工程	孙巧榆　吴　桦　李元金　董永强　汪　鹏　殷　奕　曹苏群　姚　莉　刘林峰　张三峰　杨　望　朱　健　余建勇　方效林　董　恺　肖卿俊　杨章静　高尚兵　Ahmad Jakalan　董瑞志　顾兴健　谈　超　李宗花	23
物理系	物理学	李淑萍　朱　凯　Ashwini Kumar Umer Farooq　尹佩林　陈　华　郭纪源　李　强　Birahima Gueye　杨　洁　郭云均	11
生物科学与医学工程学院	生物医学工程	朱毅华　吕卓璇　朱　杰　刘方舟　殷稼雯　李盈淳　张程宾　夏　阳　Muhammad Yameen　陈金龙　张　帅　金雪锋　孙会刚　章　文　刘亚军　王洪吉　尚倩倩　蔡志匡　蒋卫锋　Arumugam Gowri Manohari　杨　池　Rasheed Ahmad　张锦友　金　赟　Doulathunnisa Robabeh Motaghed Mazhabi　刘慈慧　张晓红　杜洪秀　倪海彬　Omer Mohammed Alnoura Gaddoura Fawad Ur Rehman　简华君　周小青　冯天荃　宋　硕　王东周　吴平平　梅志超　方　驹　Chirag Batukbhai Godiya　程　瑶	41

(续 表)

单 位	流动站名称	名 单	人数
材料科学与工程学院 化学化工学院	材料科学与工程	范 奇　王 永　葛英飞　穆 松　张会岩　刘 昊 邱振均　李 健　李明华　曹彩红　刘广卿　王建国 张 鸣　马明磊　朱春杰　朱昶胜　张小兵　徐 怡 储洪强　王鹏刚　范星都　朱启洋　周志嵩　吴大江 徐正超　毛向阳　周 鹏　巨 佳　刘 飞　黄海威	30
人文学院	哲学	陈东英　胡 娜　陶新宏　卞桂平　徐 进　吕寿伟 丁成际　蒋 阳　鲁 杰　张 灿	10
经济管理学院	管理科学与工程 应用经济学	叶宝忠　肖 敏　孔凡柱　方 艳　罗 琰　杨顺新 徐晓亮　高 岳　虞青松　刘长平　程尊水　曹海燕 岳中刚　易 波　岳宇君　李佳成　杨爱军　吴 建 林源源　周 敏　林徐勋　林哲生　杨以文　吴影辉	24
电气工程学院	电气工程	戴 罡　吕富勇　杨 俊　洪芦诚　付兴贺　侯 凯 Krystian Ji　朱石晶　储建华　郑东亮　赵 波　柳 伟 徐 伟　董剑宁　刘瑜俊　刘 凯　谭林林　张刘冬 吴 祥　王伟炳　曾繁鹏　刘世林　张圣祺	23
化学化工学院	化学工程与技术	王遵亮　孙 玉　黄 斌　魏振宏　王 玮　Zainab Zafar Zeeshan Ali　王力立　崔 林　程永峰　柯 华 黄 煊　王 鸣　班鑫鑫　朱云峰　庄海玉　陈 柱 何海兵	18
交通学院	交通运输工程	何志德　李 强　魏 明　王维锋　吉 锋　王 敏 张志勇　Alfonz D. Ruth　沈 毅　吴 洋　李晓伟 陈星欣　张永兴　韩雪松　李 浩　陈 磊　吴 恺 赵延喜　韩文泉　张 峰　余 沛　郭延永	22
仪器与科学工程学院	仪器科学与技术	穆朝絮　郭 语　王翔宇　王建玲　朱松盛　黄浩乾 王 芹　郑 睿　包加桐　刘 晓　黄 磊　龚宗洋	12
艺术学院	艺术学理论	龙迪勇　周 渝　王 倩　甘 锋　叶海涛　方 浩 李 仁　张 顺　于 亮　王忠林　许继峰　方 艳 张 莹　周 锦　卢衍鹏　王春鸣　张 慨　高尚学 卢文超　袁晓莉　叶公平　杨 蕾　郑 娟　孙易君 宋 眉　刘 芊　葛付柳　杨飞飞　吴新林　顾春军 程 狄　张楠木　张瑞芳　顾 颖　陈 林　王望峰 李世武　秦 璇　刘世文　BOEY TEIK SOON　怀 康	41
公共卫生学院	公共卫生与预防医学	叶宝芬　Hassan Mohamed Ibrahim Abousalem　倪书华 毛 路　Said Abasse Kassim Muhammad Waqas　吴 旸 Khan Alam Zeb　耿厚法	9
医学院	临床医学	武建设　易宏伟　王晓艳　李 皓　张立明　王忠敏 刘 圣　孙 玲　刘志广　于 洋　臧光辉　张有为 Jumah Masoud Mohammad Salmani　胡飞虎　刘同强 Al-Jafari Younous Abdo Mohammed　李月峰 Joe Antony Jacob　姜子瑜　Mohanad Aldarouish 宁松毅　殷海涛	22
生命科学研究院	生物学	金宇灏　吴顺凡　黄 星　郭 超　刘 安　杜 好 程珊珊	7
马克思主义学院	马克思主义理论	杨 洁　卓承芳　王志国　刘建利　孟 飞　吴志刚 娄永涛　孙海涛　胡 明	9
合计			560

2016年博士后获中国博士后科学基金特别资助情况

申报学科	博士后姓名	资助金额/万元
应用经济学	杨爱军	15
数学	王小六	15
机械工程	孙桂芳	15
电气工程	王 伟	15
电子科学与技术	傅晓建	15
电子科学与技术	邓 燕	15
信息与通信工程	陈 剑	15
信息与通信工程	杨 亮	15
控制科学与工程	刘 洋	15
控制科学与工程	王翔宇	15
计算机科学与技术	姚 莉	15
建筑学	李 哲	15
土木工程	陈齐风	15
交通运输工程	李志斌	15
生物医学工程	朱 健	15
临床医学	黄 星	15
合计	16人	240

2016年博士后获中国博士后科学基金面上资助情况

申报学科	姓 名	资助等级	资助金额/万元
电气工程	徐 伟	二等	5
电气工程	许 胜	二等	5
电子科学与技术	曹文权	一等	8
电子科学与技术	李 腾	二等	5
电子科学与技术	惠 明	二等	5

(续 表)

申报学科	姓 名	资助等级	资助金额/万元
电子科学与技术	陈 华	二等	5
电子科学与技术	王芳芳	二等	5
电子科学与技术	杨 池	二等	5
动力工程及工程热物理	张 浩	一等	8
法学	刘建利	一等	8
法学	杨 洁	一等	8
法学	孙海涛	二等	5
法学	吴志刚	二等	5
化学工程与技术	黄 斌	二等	5
环境科学与工程	仇 实	二等	5
环境科学与工程	张淑娟	二等	5
机械工程	陈 伟	二等	5
计算机科学与技术	肖卿俊	二等	5
建筑学	徐 宁	一等	8
建筑学	邵继中	二等	5
交通运输工程	韩文泉	二等	5
交通运输工程	沈 毅	二等	5
控制科学与工程	胡鸿翔	一等	8
控制科学与工程	高尚兵	二等	5
控制科学与工程	籍 艳	二等	5
控制科学与工程	苗国英	二等	5
控制科学与工程	黄 迟	二等	5
控制科学与工程	刘 磊	二等	5
临床医学	毛 路	二等	5
临床医学	李月峰	二等	5
马克思主义理论	孟 飞	二等	5
马克思主义理论	鲁 杰	二等	5
数学	周兴才	一等	8
数学	王康康	二等	5
数学	宋 超	二等	5
数学	蔡 静	二等	5

(续 表)

申报学科	姓 名	资助等级	资助金额/万元
土木工程	张文华	一等	8
土木工程	卢彭真	一等	8
物理学	郭纪源	二等	5
物理学	杨 洁	二等	5
信息与通信工程	丁国如	一等	8
信息与通信工程	王 侃	二等	5
信息与通信工程	金 赟	二等	5
信息与通信工程	梁瑞宇	二等	5
艺术学理论	卢文超	一等	8
艺术学理论	杨 蕾	二等	5
艺术学理论	刘 芊	二等	5
艺术学理论	孙易君	二等	5
哲学	卞桂平	一等	8
合计			281

2016年博士后获江苏省博士后科研资助计划资助情况

申报学科	姓 名	资助等级	资助金额/万元
城乡规划学	邵继中	A	6
电子科学与技术	邓 燕	A	6
电子科学与技术	梁瑞宇	B	5
电子科学与技术	顾洪成	C	1
风景园林学	姜清玉	B	4
风景园林学	徐 宁	C	1
化学工程与技术	王 玮	C	1
环境科学与工程	殷上铁	B	3.5
机械工程	李宗安	B	5
计算机科学与技术	高尚兵	C	1
控制科学与工程	郭伟立	A	8

（续 表）

申报学科	姓 名	资助等级	资助金额/万元
控制科学与工程	戚其丰	A	8
控制科学与工程	包加桐	C	2
控制科学与工程	黄浩乾	C	1
力学	宋守坛	B	3
临床医学	Joe Antony Jacob	B	3
临床医学	李月峰	B	3
临床医学	毛 路	C	2
生物医学工程	刘慈慧	B	5
生物医学工程	杨 池	B	3.5
生物医学工程	Arumugam Gowri Manohari	C	2
生物医学工程	Doulathunnisa	C	2
数学	赵建强	B	4
土木工程	Alagarasan Jagadeesh Kumar	A	8
土木工程	刘 平	B	5
土木工程	Wael Abdelmonem Altabey	C	2
土木工程	卢彭真	C	2
土木工程	陈齐风	C	1
土木工程	张淑娟	C	1
物理学	李 强	B	3
物理学	尹佩林	B	3
信息与通信工程	王 侃	C	1
信息与通信工程	刘 洋	C	1
仪器科学与技术	王 芹	B	5
艺术学理论	张瑞芳	B	3
艺术学理论	陈 林	C	2
艺术学理论	顾春军	C	2
艺术学理论	宋 眉	C	2
艺术学理论	王望峰	C	2
艺术学理论	吴新林	C	2
艺术学理论	顾 颖	C	1.5
哲学	丁成际	B	3
合计			129.5

2016年中国博士后"香江学者计划"人员名单

姓名	一级学科	申请院校
李志斌	交通运输工程	香港理工大学

2016年中国博士后创新人才支持计划人员名单

姓名	资助编号	进站学科
刘安	BX201600029	生物医学工程

2013—2015年中国博士后国际交流计划派出项目人员名单

姓名	获资助批次	派出国家	派出单位
黄志海	2013年	美国	密歇根大学安娜堡
吴幸	2013年	新加坡	南洋理工大学
张军	2014年	美国	卡耐基梅隆大学
范奇	2014年	美国	华盛顿大学、耶鲁大学
王辰星	2014年	新加坡	南洋理工大学
郑东亮	2015年	新加坡	南洋理工大学
章文	2015年	新加坡	新加坡国立大学

2016年调入引进人员名单

建筑学院	李力 任思捷 费移山 袁旸洋
机械学院	陈震 莫景文 孙东科 马建 邢佑强 石云德 李晓
能环学院	刘聪 贡昊玺 展锦程 王晓佳 马吉亮 张波
信息学院	陶俊 蒋之浩 徐刚 王科平 姚帅 尤力
材料学院	田无边 袁晨晨 佘伟 陶立 黄志海 章炜 冯攀
数学系	胡建强
物理系	黄兆聪 陈殿勇 刘春华
自动化学院	王辰星 张金霞
计算机学院	杨绍富 张宇 单冯 金嘉晖 周一峰

土木学院	何磊	何旭珍	张科峰	李霞	吴佰建	孙建
	黄兴淮	冯德成	李慧乐	孙宾	田龙岗	
电子学院	徐涛	吴汪然				
生医学院	崔兴然	周光泉	杜鑫			
电气学院	吴志	何嘉弘	曹武	张淦	阳辉	
人文学院	赵政原	何浩平	白云	曾瑜	顾秋实	张晶
化工学院	张久洋	吉远辉	罗洋辉			
外国语学院	陈文雪	韩晓	李宁玥	陈思宇		
电子学院	李霁					
经管学院	杜运周	杨利宏	曹裕			
交通学院	周博见	谢远长	上官明	李志斌	董侨	
仪科学院	张军	王东				
公卫学院	孙蓉丽					
艺术学院	杨朗	孟凡行	于薇			
法学院	肖冰	王玮玲				
马克思学院	夏林					
生科院	李默怡	罗卓娟	王苏	林承棋	彭琼琳	
体育系	姬晶晶					
ITS	王晨	胡靖				
医学院	钱言言	潘旻	张昕昕	王静		
学习中心	崔振					
中大医院	任可	李明	胡元斌	左鹏飞	王燕娟	粟倩雅	王赞
	葛峥	周千星	左智	鄢高亮	孔亚男	吴颖	丁文筱
	金保方	张毅	张雪婷	王栋	钱锦	蔡君艳	何佩茹
	邱山虎	陆森	王小虎	陆文彬	时睿	张钰旻	丁明
	高维	余金波					

2016 年离校人员名单

陈聪	刘蓉	薛鹏	周子凯	苏振毅	姜险峰	叶恒云	王俊	严如强
戴建军	冯寅强	周韶霞	詹莹	李牧	刘骏	秦福生	黄绿萍	宋尧
黄洁	张腾	刘占召	柳亚敏	刘肖凡	陈龙桂	眭占菱	戴娟	黄莉
龚慧林	施亮	何世文	王琳	廖伟强	霍海滨	袁杰	王钱超	卞慧
唐诗	郭佳	李思雨	王洁琳	杨萌	张钒	郑思	蒋永茂	周兰兰
许正圆	刘建勋							

2016 年退休人员名单

保卫处	王春林					
材料科学与工程学院	萧 迅					
财务处	张大顺					
成贤学院	李和渝	唐小平				
档案馆	苏卫平	何建业	高清华	俞 燕	肖太桃	
党委办公室、统战部	管 平	时巨涛				
电子科学与工程学院	张中平	李伟华	张嗣忠			
丁家桥校区管理委员会	范守德					
东南大学医院	贾武宝	和 佳				
东南大学科研院	沈 廉	朱兆斌	俞元生			
发展委员会	胡 焱					
公共卫生学院	吴 伟	蒋羽飞	许洛盛			
国际合作处	史兰新					
海外教育学院	黄 凯	徐读山				
后勤党工委	孙继强	沈仙蓉	曹 耀	王振贵	陈忠美	赵苏宁
	赵学章	吴志宁	方 刚	丁国义	高世成	吴光华
	李瑞林	魏泽强	管贤平	徐小江	陆长生	王荣兴
	黄爱民	李建民	李 超	徐世强	朱 平	孟建珠
	谢万平	李小凤	褚平贞	盖玉平	李国权	周秀华
	张志刚					
化学化工学院	王国力	黄珊珊	谭湧霞			
机械工程学院	刘守宁	张永发	顾玉坚	簿 哲	许 超	董建军
集成电路学院	周 健					
计算机科学与工程学院	汤 玫					
继续教育学院	赵建平					
建筑学院	高祥生	沈建化	杨维菊			
交通学院	金国昌	宣国良	鲁安顺			
教学服务中心	吴文俊					
教育技术中心	黄亦兵	贾生龙				
经济管理学院	仇向洋					
空间科学与技术研究院	邱 实					
能源学院	靳秋萍					
人事处	马炳生	杜 楣				
人文学院	孟怀义	何 伦	王 缨	李 平		
生物科学与医学工程学院	张其双					

实验室与设备管理处	寇志愿	张军凯			
体育系	王 勤				
图书馆	商颂滨	许家慧	季庆宁	侯一民	曹 培
外国语学院	袁觉宁	刘思明	史静蓉	戴秀珍	王 涛
物理系	孙贵宁				
校长办公室	赵启满	林萍华			
信息科学与工程学院	褚家美				
党委宣传部	徐 兵	郑立琪			
学生处	秦安坚	池 业			
学习科学研究中心	叶 明				
研究生院	蒲安建				
医学院	曾水林	张又清	王晓宁	董 榕	周翠银 陈海平
艺术学院	尹 文	凌继尧			
资产经营管理处	闻一鸣				
资产经营总公司	陈建国	孙 弋	翟忠怀	陈永宁	戴季东 张海伦
	余 红				
自动化学院	黄 东	杨萍华			
总务处	颜 芳				

2016年死亡人员名单

丁素兰	丁淑兰	万明星	王文中	王文琦	王世煜	王劲松	王源森	孔祥仁
史伯奋	冯绍瑗	吉长清	吕仁清	朱永明	朱家珍	刘 惠	刘家俊	刘德富
江以敏	江明英	许允义	许福如	孙锦祥	李玉华	李兆堂	李守勤	李泰来
李基业	李鉴鸿	杨耕兴	杨敬宇	吴其骧	何 达	何吉红	何德生	余长庚
忻克明	张本袁	张有勇	张鸿才	张瑞英	张献林	张融甫	张曦人	陆新兰
陈日新	陈金保	陈德富	金正国	周丕钧	赵教生	秦振松	夏永福	夏美林
钱素珍	徐灼华	徐咏雪	徐道香	高世成	唐国庆	唐政清	唐恒应	诸玉华
陶有林	黄冬官	黄汉生	黄启才	黄国海	彭德江	蒋福明	程剑华	鲁守来
潘家齐	潘梦麟	潘瑞民	濮开贵					

学 生 工 作

综　　述

  2016年,党委学工部、学生处和心理健康教育中心在校党委和上级组织的正确领导下,在各部门、各学院的大力支持和帮助下,紧扣立德树人的根本目标,以学生发展为中心,致力促进有效学习、助力学生健康成长。坚持以理想信念教育为核心,大力加强对学生的价值塑造和思想引领;以优才优育为导向,增强招生宣传工作实效;以助力成长为目标,贴心服务学生全面发展;以积极心理健康教育为导向,深入关怀学生内心世界;以奉献国家为担当,重在提升毕业生就业质量;以新媒体技术为助力,打造网络思想政治教育工作新阵地;以提升工作科学化水平为宗旨,推进学生工作队伍的专业化、职业化。

一、以理想信念教育为核心,加强对学生的价值塑造和思想引领

  1. 推进社会主义核心价值观培育和践行的长效机制,开展"画中有话"漫画社会主义核心价值观主题活动、"学于'微',用于'微'"等12项精品教育项目,涵盖大学生理想信念、法治理念、志愿服务、爱国荣校、传统文化等方面教育,覆盖全体学生,着力提升学生的思想品德修养和社会责任感,并在微信平台连续推送,效果彰显。

  2. 立足于培养德智体美全面发展的社会主义事业建设者和接班人,开展品牌活动"永远在路上"红色大讲堂,在党史国情、国际关系、军事外交等方面重点邀请了全国优秀共产党员张云泉同志、省委党校周延胜教授、"两弹一星"精神永放光芒宣讲团等专家学者、先锋模范来校讲学,增强了学生树立为共产主义远大理想和中国特色社会主义共同理想而奋斗的信念和信心。学生深受教育、鼓舞,感受到了中国共产党的伟大和共产党员的先进性,纷纷表示要脚踏实地、务实苦干、强我中华。

  3. 深入开展学生党员"两学一做"学习教育活动,强化"四个意识",增强"四个自信"。组织学生党支部学习以习近平同志为核心的党中央治国理政新理念新思想新战略及十八届六中全会精神;举办专题党课培训支部书记,加强学生党支部的规范化建设;策划组织主题微党课设计大赛,在本科生党员中进一步巩固学习成果,共有近50个党支部分别

围绕"两学一做"主题开展知识梳理和设计;组织开展优秀学生党员标准大讨论,激励学生党员更加优秀。

二、以优才优育为导向,增强招生宣传工作实效,本科生录取工作再创佳绩

1. 2016年我校在全国范围内共录取3 967人,总体生源质量稳步提升,理科在全国各省市中录取分数线高出当地一本线100分以上的省份达24个,较2014年翻倍增长,较2015年增长1/3。文科在全国各省市录取分数线高出当地一本线50分以上的省份达16个,较2015年增长1/4,占总录取省份的9成以上。

2. 继续深入开展"感知东南"系列活动,线上通过官方微信、微博的推送及媒体采访等形式面向全社会宣传我校办学成就;线下通过"优质生源基地"挂牌、科普讲座、回访母校等形式加强与重点中学的点对点联系,进一步扩大我校在省外的知名度和美誉度。

3. 首次开展"东南大学日"系列活动,全方位多角度地展现和宣传东南大学。6月份自主招生期间,来自全国的4 000余名考生和家长来校,共享了10余场院系专场讲座。12月份,"情系东南,走进海中"活动在江苏省海门中学成功举行,6场教授报告会、20余个院系的学生科技作品展更是集中展现了学校的学科实力和创新创业成果。

4. 组织"感恩母校,携手成长"志愿活动,吸引1 553人报名组成229支团队,先后前往31个省市的650余所中学进行宣讲和交流。同时,招办组建成立东南大学招生宣传志愿者协会,服务于东南大学的宣传组织和推广工作。

三、以助力成长为目标,贴心服务学生全面发展

1. 通过开展系列调研和调查工作,重新修订了《东南大学学生行为规范》;梳理学生事务流程,设计适合我校的学生事务一站式服务大厅工作方案;以少数民族学生、家庭经济困难学生、港澳台学生等特殊类型学生为主体,从学生需求出发,构建了多元学生育人模式,不断推进学生日常管理工作的规范化和科学化。

2. 扎实做好学生资助工作,不断创新推进"精准资助"。首次推出"金钥匙计划"——家庭经济困难学生素质提升系列活动,得到了教育部网站和多家媒体的广泛报道;创新"家—地—校"新生家访模式,积极构建"家庭—当地资助管理中心—高校"三方精准资助模式;连续三年荣获全国"助学·筑梦·铸人"主题征文系列活动组织奖和个人奖(江苏省唯一);荣获2016年全国学生资助诚信教育主题活动优秀单位;在江苏省第二届学生资助成效微电影比赛中荣获一等奖;获评江苏省学生资助绩效评价优秀单位,这是学校自2011年参加江苏省学生资助工作绩效评价以来连续第五次获评优秀。

3. 根据《东南大学学生奖励条例》,开展各类荣誉称号及奖学金评选工作;开展各级各类奖学金获奖学生优秀事迹评选活动,有3篇学生先进事迹入选全国及江苏省国家奖学金获奖学生风采录;不断推进典礼育人工作,着力组织开展了开学典礼、毕业典礼、最具影响力毕业生评选、各类奖助学金颁奖典礼等一系列典礼活动,打造荣誉表彰品牌活动,受到了广大师生的好评;首次举办了"中国脊梁 东南担当"——2016年本科生奖学金颁奖典礼,集中表彰了2016年获得各类奖学金和荣誉称号的本科学生,展示了东大学子的

努力拼搏的精神和家国情怀,鼓励全校学生学习身边榜样、心怀感恩之心、感受肩负责任,"心有东南担当、争做中国脊梁"。

4. 注重对少数民族学生的教育管理和服务工作。在原有的少数民族学生办公室基础上,向新疆维吾尔自治区教育厅申请内派管理干部专门负责少数民族学生教育管理工作,凭借其地域、民族、文化背景优势,开展家访、专题讲座、一对一面谈、定期座谈会、民族特色活动等大量卓有成效的少数民族学生工作。支持少数民族学生开展新老生交流联欢、民族节日庆祝等活动,从补贴、经费、场地、设施等方面对穆斯林的开斋节、宰牲节、藏族学生的藏历新年、燃灯节等重要的民族节日给予充分支持,鼓励少数民族学生展现丰富多彩的民族文化,增进与汉族同学的了解与交流,促进民族团结和加强爱国主义教育。

5. 2016年共提供勤工助学岗位1 247个,发放勤工助学经费约226.23万元、困难补助约191.49万元。评选出江苏省三好学生26人,江苏省优秀学生干部18人,校三好学生标兵33人,校三好学生1 229人,校优秀学生干部128人;"江苏省先进班集体"17个,"东南大学先进班集体"22个,共评定各级各类奖学金146项,计4 364人次,累计金额1 035.726 3万元;助学金25项,计2 730人次,累计金额859.92万元。

四、以积极心理健康教育为导向,深入关怀学生内心世界

1. 开展大学生心理健康新生普查和主题团辅;开设新生家长课堂,做好微信咨询预约系统,网络、电话咨询,开通夜间求助电话,开展多渠道的心理健康宣传,创建了心理减压放松及身心生物反馈室,顺利开展"3·20""5·20"心理健康月系列活动,"SEU心理健康教育中心"微信公众号每天推送心理健康小贴士。

2. 举办江苏省高校危机干预培训研讨会,全省102所高校、250余名心理健康教育工作者参加了培训研讨。2016年,心理健康教育中心获评江苏省大学生心理健康教育工作先进集体。

五、以奉献国家为担当,增强学生职业发展能力,提升毕业生就业质量

1. 截至2016年12月28日,我校2016届毕业生共8 855人,其中本科生3 997人,硕士生3 635人,博士生1 223人。毕业生年终就业率总体为98.49%,其中本科生为98.27%,硕士生为98.87%,博士生为98.12%。近年来我校毕业生初次和年终就业率一直稳步提升,位于同类高校前列。

2. 融合打造了东南大学学生职业生涯发展"征途计划",通过课程、讲座、咨询、培训、实践等环节融会贯通,将职业生涯发展教育渗透到人才培养的全过程,聚焦每个阶段学生的发展需求,"全程量体式"提升学生职业能力。

3. 开展"就业助力计划",关注就业困难学生、女大学生、少数民族生等特殊就业群体,给予更多关心和帮扶。今年50余万元就业帮扶基金、补助,用于就业帮扶;开展职业能力提升培训;大力推荐实习及工作岗位;组织走访参观企业等。

4. 以合作共建为途径,拓展就业市场和渠道。加强与各地相关政府部门的沟通交流,在选调生和大学生村官的选拔培养中建立"广育苗、精栽培、勤回访"的循环交互式工作体系,切实落实基层就业项目。围绕国家未来五年重大地区发展战略,在稳定发展本土

优势的同时,积极外拓其他区域合作空间。同时促进重点行业单位人才结构和学校人才布局协同发展,通过纵向和横向的联动,增进企业和学生之间的了解,成为学校人才培养的外延平台。

5. 组织125名硕博参加东南大学2016年重点行业单位岗位体验营,先后前往武汉、上海、北京、绵阳、成都、南京等地,实地走访参观了中国船舶重工集团(701所、709所、719所)、中国航天科技集团(一院、五院、八院、九院)、中国航天科工二院、中国工程物理研究院、中国电子科技集团(中电第十研究所、第十四研究所、第二十九研究所)等多家国防军工单位。

6. 举办东南大学2016年国防军工重点单位人才研讨会,航天科技集团、航天科工集团、中航工业集团、中船重工集团、电子科技集团、中国工程物理研究院等20家国防军工重点单位的代表参加了会议,并洽谈双方在人才交流和科研方面的全方位合作。

7. 在江苏省教育厅2016年发布的江苏省普通高校2015届本专科毕业生"就业质量指数"排名中,我校名列第一。

六、以新媒体技术为助力,打造网络思想政治教育工作新阵地

1. 将网络思想政治教育与学生管理服务工作相结合,学工部、学生处建设有"东南大学本科招生""东南大学学生事务服务中心""东南大学就业指导中心""SEU心理健康教育中心""东南大学党委学工部"五大微信公众平台,推进教育、服务、管理的网络流程再造,全面服务学生成长发展需求。今年累计发布信息839次、净增关注数23 287人、日均阅读量6 273次。

2. "东南大学本科招生"微信平台推出专业解密系列专题"专业锦囊计",15天内共计65 884人进行了119 337次阅读,引起广泛关注;网络平台合作共享,与腾讯联合制作"专业的秘密"招生宣传视频,点击量超2.7万。

3. "东南大学学生事务服务中心"微信平台进一步拓展服务内容,成功实现学生微信端领取补助、参与互动活动、报名培训计划、挑选补助寒衣等服务;弘扬先进班风、学风,树立榜样,传递正能量,持续推送先进班集体及先进个人事迹,2016年荣登腾讯微校全国高校公众号排行榜四月榜东部明星榜。

4. 改版学校就业信息网,启用江苏省智慧就业平台,集成管理、服务、指导等各项工作于一体,优化办事流程,同时外接全省智慧就业平台,与其他成员院校共享招聘信息。"东南大学就业指导中心"微信公众平台完善了"就业信息""就业管理""就业指导"版块。

5. "党委学工部"微信平台持续做好正向舆论引领,多样化开展网络思想政治教育工作。学生在线学习全国高校思想政治工作会议精神,推出三期"学工队伍、辅导员、学生支部书记谈体会";在寒暑假期间、十八届六中全会和全国高校思想政治工作会议召开、南京大屠杀遇难者国家公祭日等重要时间节点,敢于发声,第一时间发布师生思想动态、传递正能量;连续推出"社会主义核心价值观精品项目展示系列",宣传主题教育活动内容,扩大教育成效;推出"辅导员微语"栏目,贴近学生的学习和生活,以学生熟悉的形式和语言探讨学生关心的成长发展问题,润物细无声。

七、以提升工作科学化水平为宗旨,推进学生工作队伍的专业化、职业化

1. 严格准入标准,优化学生工作队伍结构。公开招聘13名专职辅导员、选拔12名推免生担任辅导员;试行聘用13名优秀研究生兼职辅导员,将对他们的培养锻炼作为学校培养可靠接班人和后备干部的重要途径。

2. 大力支持辅导员队伍的专业化培训和职业能力提升。开展"提升凝聚力,加强班级建设""毕业生工作研讨会"等主题辅导员工作沙龙6次;设立9项校内辅导员工作专项研究课题,并给予经费保障与支持;组织33名辅导员参加教育部创新创业网络培训课程,并被评为第三期普通高等学校辅导员网络培训优秀组织单位;选派19名辅导员参加省部级国内外培训;组织13名辅导员参加职业规划师资格培训;选派20人次参加职业指导、创业咨询类培训认证;组织校内全体学生职业能力培训及新晋辅导员培训5次;队伍职业化培训覆盖率100%,进一步提高了辅导员队伍的专业化能力。

3. 集合优势资源评优树典,成功举办东南大学第五届辅导员职业能力大赛和"你的青春我做伴"——2016年辅导员工作感悟分享暨离岗辅导员欢送活动,凝聚辅导员队伍的战斗力。电气学院辅导员付小鸥获第五届辅导员职业能力大赛二等奖,信息学院辅导员王婧菲获"第八届全国辅导员年度人物"提名奖,信息学院辅导员顾青瑶获"2015江苏高校辅导员年度人物"称号,展现了我校辅导员良好的精神风貌和职业能力。

附件:2016年学生工作方面所获荣誉

附件

2016 年学生工作方面所获荣誉

1. 获评江苏省学生资助绩效评价优秀单位,这是学校自 2011 年参加江苏省学生资助工作绩效评价以来连续第五次获评优秀。

2. 连续三年荣获全国"助学·筑梦·铸人"主题征文系列活动组织奖和个人奖(江苏省唯一);荣获 2016 年全国学生资助诚信教育主题活动优秀单位;在江苏省第二届学生资助成效微电影比赛中荣获一等奖。

3. 在江苏省教育厅 2016 年发布的江苏省普通高校 2015 届本专科毕业生"就业质量指数"排名中,我校名列第一。

4. 电气学院辅导员付小鸥获第五届辅导员职业能力大赛二等奖,信息学院辅导员王婧菲获"第八届全国辅导员年度人物"提名奖,电子学院博士生孙俊获"第十一届全国大学生年度人物"提名奖,均为近五年来我校师生参加这几项赛事的最好成绩。信息学院辅导员顾青瑶获"2015 江苏高校辅导员年度人物"称号、信息学院本科生王志远获"2015 江苏省大学生年度人物"提名奖。

5. 2016 年,心理健康教育中心获得江苏省大学生心理健康教育工作先进集体,郭晋林老师和邓旭阳老师分别荣获突出贡献奖和优秀论文奖。

实验室建设与设备管理

综　　述

2016年是全面深化高等教育事业综合改革的关键之年,也是我校"十三五"建设规划开篇之年,实验室与设备管理处在学校党政正确领导下,紧密围绕"双一流"建设目标,以服务教学、科研为宗旨,积极转变机关作风,严格遵守中央各项规定,根据服务师生、提升师生满意度的总体方针,同心协力,扎实工作,不断增强服务意识、责任意识、担当意识、发展意识,各个方面都取得了较好的成效,以优良的作风、扎实的工作为建设世界一流大学提供坚实的组织保障。

一、实验室与设备建设情况总览

全校共有各类教学、科研建制实验中心(室)76个,其中教学实验室33个,教学科研并重实验室11个,科研实验室32个,实验室房屋使用面积17.34余万平方米。2015年,全校各类实验平台为全日制在校各类学生开设2 854个实验项目,总学时3.7万,总实验人时数504万。全校各类实验室获得省部级以上教研项目47项,发表教学、科研论文4 236篇,出版实验教材39本;教师获得国家级奖励和成果17项,省部级奖励76项,发明专利690项;学生参加省部级以上学科竞赛获奖48项,获得国家级大学生创新训练项目122项,省级大学生创新训练项目148项;各类实验室承担省部级以上科研项目946项,其他科研项目617项。

截至2016年底,我校仪器设备资产总计142 241台(套),总值约28.64亿元,其中10~40万元大型仪器设备2 395台(套),总值约5.14亿元,40万元以上大型仪器设备1 024台(套),总值约12.55亿元;2016年新增设备资产1.26万余台(套),总值2.94余亿元。

二、实验室立项建设

今年生物医学工程实验教学中心和道路交通工程虚拟仿真实验中心分别获批为国家

级实验教学示范中心和国家级虚拟仿真中心。土木建筑虚拟仿真实验教学共享平台以第一名的成绩通过省教育厅组织的专家评审获评为省级虚拟仿真实验教学共享平台,道路交通系统分析虚拟仿真实验项目设计与实现等4个虚拟仿真资源获得省级在线开放虚拟仿真实验教学项目(含培育项目)立项。自动化工程实践教育中心和测控技术与仪器学科综合训练中心省级实验教学与实践教育中心顺利通过省教育厅组织的建设验收工作。

积极组织2016年度中央级普通高校改善基本办学条件专项资金项目立项申报工作,我校本科教学实验平台设备购置新增入库项目11项,申报金额3 579.42万元,评审金额3 413.62万元,项目评审通过率95.37%。今年我校"双一流"本科教学平台和改善基本办学条件专项资金投入共计4 629万元(不含大型地震模拟振动台1 350万元)用于教学实验室设备更新和环境设施升级,极大地改善了实验教学装备条件。

三、实验技术队伍建设与管理

今年首次实行实验技术队伍职称晋升新条例,共有7名晋升(含定级)为工程师,7名认定为助理工程师。继续做好本年度实验技术人员年度考核工作,仔细核定相关人员工作量,对实验技术岗位各项工作进行综合评定。

本年度继续推进面向本科生、研究生和青年教师的大型仪器操作培训工作,共计205人次,其中156人次培训合格取得证书。本年度组织实验技术岗位人员共计300余人次参加江苏省教育技术装备展览会,了解当前高校仪器设备新产品、新技术和发展动态。

四、实验室安全管理

本年度在校级层面成立东南大学实验室技术安全工作委员会,并成立东南大学实验室环境与安全管理督查组。进一步完善相关规章制度,修订并发布《东南大学危险化学品管理办法》,利用化学品管理平台规范全校化学品采购,简化办事手续,构建便利高效、公开透明的服务平台。截至2016年底,通过该平台已审核18 876批次化学品采购单,总金额近4 000万元。进一步健全实验室安全责任体系和长效工作机制,提升安全工作的规范性和有效性。

加强特种设备规范管理工作,明确分管责任人,建立台账,监督各单位进行特种设备年度检验。完善辐射安全管理,辐射场所张贴电离标志、安全操作规程,对辐射工作人员按规定配备个人辐射剂量计,每季度进行检测,建立个人健康档案。委托南京市环境监测站对我校辐射工作场所周围环境进行辐射监测,结果合格。

2016年投入了1 800余万元国家专项经费用于实验室安全设施改造和设备升级,其中化学化工大楼通风系统建设项目经费预算1 567万元,主要对九龙湖校区化学化工老楼通风系统进行了整体改造,涉及教学科研实验室42个,改造面积3 300余平方米,改造内容包括通风系统、新风系统、空调系统、尾气处理系统等,项目建设工作量大、执行时间短、工程复杂,通过职能部门和院系的紧密配合,优化实验教学安排和工程施工时间,在力保正常教学秩序不受影响的情况下,保质保量完成了项目建设工作。此项工作极大地改善了师生学习和工作环境,受到了2016年度教育部高校科研实验室安全检查工作组的高度评价。继续做好全校实验室危险固废处置工作,投入60余万元专项经费用于危险固废处理,本年度三个校区分批处置10批次,共计47吨,实验室生物固废共计处置约28吨。

五、设备固定资产管理

完成全校近29亿元的设备资产的管理工作。进一步推进仪器设备资产二级管理,在重点院系配备了设备资产管理员,减少师生多校区办事,提高工作效率。

结合国家财政部关于开展2016年全国行政事业单位国有资产清查工作安排,根据学校国有资产清查工作领导小组的统一部署,组织对全校仪器设备进行全面清查,通过清查工作,进一步查清了我校目前可利用的设备资产的存量情况和使用状态,对已达到使用年限并失去使用价值的仪器设备进行了全面清理,今年完成固定资产报废处置设备6 867余台(套),总值5 810.85万元,此部分仪器设备已做销账处理,正在完善校内相关流程并向教育部办理报备手续,报废处置收入实行财务收支两条线。

完成各类设备信息统计及报表报送工作,包括财政部、教育部、国管局、科技部、海关等需要上报的各类表格,以及学校财务、审计、年鉴等需要的各项数据。

六、设备、材料采购管理(10万元以下)

进一步加强10万元以下零散仪器设备的采购管理。为提高采购效率,降低采购成本,规范采购行为,我校今年全面启用零散仪器设备采购网上竞价系统,实现采购过程的公开化、透明化。2016年度共审核零散采购合同3 700余个,合同金额总计6 500余万元。我校承办召开了第九次全国高校竞价网工作年会,并荣获集体一等奖。

进一步加强实验材料管理,制定了《东南大学实验材料、低值品及易耗品管理规定》,自主开发了实验材料管理平台,加强经费使用管理,提高经费使用效益。平台于6月份试用,12月份正式使用,日均审核30余万元实验材料采购申请,截至目前已审核2 800余万元,此项工作走在全国高校的前列,并已经推广到华中科技大学等其他兄弟高校。

签订科教用品免税进口设备合同120余项,总价值2 100余万美元。完成进口设备合同的审核、海关免税手续、到货验收以及账目管理等工作。

七、设备采购管理(10万元以上)

进一步加强大型仪器购置计划论证,目前我校大型仪器购置计划论证已形成制度化、常态化。通过论证,促进了大型仪器设备合理布局,有效避免重复建设,有利于大型仪器设备的共建、共用、共享,提高资金使用效益;今年组织专家共对66台(套)的大型仪器设备进行了购置计划论证,总经费预算1.12亿元。

严格按照《东南大学招投标管理办法》和《东南大学大型仪器设备管理流程、时间节点及采购工作指南》相关文件要求,切实加强大型仪器设备采购管理工作,采取学校自主采购与委托政府采购互为补充的采购模式。根据学校采购管理内部控制要求,2016年对于120万元及以上的仪器设备采购项目全部委托校外专业招标代理机构进行公开招标。为扩大采购信息的公开范围,今年除了少量通用仪器设备在学校招标办网站发布采购信息外,其余项目基本在江苏政府采购网进行信息公开,大大降低了由于公开招标不足三家而采用经专家论证和职能部门审核通过后转为单一来源（或竞争性磋商）方式采购设备项目的比例，目前已下降到 30% 左右，成效显著。全年共审核并签订 10 万元及以上设备合同 230 余份，合同金额合计 2.58 余亿元；制作了 10 万元以上的设备购置项目公开招标文件 180 余份。组织专家对 40 余个单一来源（议标）设备采购项目进行谈判。

八、加强采购流程管理，提高资金执行效率

随着学校事业的快速发展，我校的设备资产总量每年以 3 个亿左右的速度逐年递增，特别是今年"双一流引导专项资金"执行周期较短，采购时间紧、任务重，通过加强管理，优化服务流程，严格按照岗位工作规范和时间节点要求做好各项准备工作，保质保量完成各项设备采购任务。今年我处负责执行双一流本科教学平台和改善基本办学条件专项资金项目共计 5 979 万元，目前已全部完成所有项目实施工作，执行率为 100%；同时根据学科办下达的"双一流"学科建设平台设备购置计划，积极组织专家进行论证和招标采购工作，克服执行时间短等不利因素，圆满完成"双一流"建设 5 900 万元的学科平台设备采购任务，全校设备购置项目预算执行进度顺利。

九、大型仪器设备使用管理

继续推进大型仪器设备开放共享工作，大型仪器平均有效使用机时相比去年明显提升，大型仪器使用效率得到进一步提高。为了促进大型仪器设备开放共享工作，目前共安装了大型仪器数据采集监控终端 200 余台（套），通过大型仪器共享系统可以实现大型仪器功能展示、使用预约、数据采集、监控管理、收费管理、绩效考核、数据统计等功能，使我校大型仪器设备管理水平处在了国内同类高校的前列。目前，我校大型仪器管理系统中现有 10 万元以上仪器设备近 1 400 台（套），40 万元以上大型仪器设备 685 台（套），总价值 10.45 亿元。2016 年实际测试服务收入近 500 万元。

十、教育部高等学校实验教学秘书处工作

实验室与设备管理处承担教育部实验教学指导委员会秘书处的相关工作。组织有关专家组圆满完成了《国家级实验教学示范中心管理办法》文件的研制和撰写，并将我校的相关做法融入该文件的相关条款中，该文件经过高教司组织专家讨论定稿，已经作为全国高校国家级实验教学示范中心下一阶段建设与管理的纲领性文件由教育部发文颁布（教高厅〔2016〕3 号）。同时，起草了国家级实验教学示范中心内涵式发展核心要素建议方案，并撰写了国家级实验教学示范中心年度报告的填报格式和内容要求，供教育部使用。

2015—2016年度实验室利用情况统计

实验室名称	教师获奖与成果				论文和教材情况					科研及社会服务情况					毕业设计和论文人数			开放实验					
	国家级	省部级	发明专利	学生获奖情况	三大检索收录		核心刊物		实验教材	科研数目		社会服务项目数	教研项目数		专科生人数	本科生人数	研究生人数	实验个数		实验人数		实验人时数	
					教学	科研	教学	科研		省部级以上	其他		省部级以上	其他				校内	校外	校内	校外	校内	校外
建筑物理实验室	0	0	1	0	0	15	0	10	0	10	5	12	0	0	0	30	20	8	10	150	8	4 000	1 000
建筑运算与应用实验室	0	0	0	0	0	4	0	9	0	6	2	10	0	0	0	20	6	2	6	50	0	2 000	0
GIS与CAAD国家专业实验室	0	0	0	0	0	0	0	0	0	2	0	0	0	0	0	4	2	4	0	200	0	3 000	0
城市与建筑遗产保护教育部重点实验室	2	40	5	0	0	12	3	35	0	44	5	125	0	0	0	180	150	18	16	180	30	10 000	1 200
机电基础实验分中心	0	0	0	33	0	0	0	8	0	3	10	0	0	4	0	21	36	40	20	3 750	220	21 490	4 320
机电综合实验分中心	0	1	22	52	2	28	2	39	0	39	71	5	0	1	0	181	139	52	0	1 040	0	23 200	0
工业发展与培训中心	0	0	0	16	0	1	0	0	0	2	2	2	0	4	0	24	3	43	16	4 788	3 212	103 496	55 928
能源与环境学院实验中心	0	1	98	0	0	160	2	45	0	16	70	65	0	0	0	252	116	84	0	252	0	42 000	0
洁净煤发电及燃烧技术教育部重点实验室	0	0	50	0	0	102	0	28	0	10	45	40	0	0	0	0	134	0	0	0	0	0	0

（续 表）

实验室名称	教师获奖与成果				论文和教材情况					科研及社会服务情况					毕业设计和论文人数			开放实验					
	国家级	省部级	发明专利	学生获奖情况	三大检索收录		核心刊物		实验教材	科研数目		社会服务项目数	教研项目数		专科生人数	本科生人数	研究生人数	实验个数		实验人数		实验人时数	
					教学	科研	教学	科研		省部级以上	其他		省部级以上	其他				校内	校外	校内	校外	校内	校外
火电机组振动国家工程研究中心	0	1	30	0	0	70	0	20	0	4	29	25	0	0	0	210	16	10	0	210	0	10 000	0
信息科学与工程学院实验中心	0	0	0	50	0	0	0	0	0	0	0	0	0	0	0	0	0	18	0	2 149	0	79 268	0
移动通信国家重点实验室	0	0	61	0	0	120	0	64	0	69	38	0	0	0	0	95	112	0	0	0	0	0	0
毫米波国家重点实验室	0	1	36	0	0	136	0	20	0	50	32	0	0	0	0	40	65	0	0	0	0	0	0
射频与光电集成电路系教育部工程研究中心	2	7	18	0	0	55	0	159	0	8	0	6	0	0	0	51	159	0	0	0	0	0	0
江苏省数码技术工程研究中心	0	0	6	0	0	15	0	3	0	7	6	0	0	0	0	6	9	5	3	5	3	25	9
信息处理实验室	0	0	18	0	0	60	0	30	0	20	12	0	0	0	0	9	50	0	0	0	0	0	0
信息安全研究中心实验室	0	0	0	2	0	0	0	0	0	6	4	0	0	0	0	43	129	0	0	0	0	0	0
力学实验中心	0	2	0	2	0	0	0	0	0	3	0	0	0	0	0	36	30	12	0	60	0	14 256	0

（续表）

实验室名称	教师获奖与成果				论文和教材情况					科研及社会服务情况					毕业设计和论文人数			开放实验					
	国家级	省部级	发明专利	学生获奖情况	三大检索收录		核心刊物		实验教材	科研数目		社会服务项目数	教研项目数		专科生人数	本科生人数	研究生人数	实验个数		实验人数		实验人时数	
					教学	科研	教学	科研		省部级以上	其他		省部级以上	其他				校内	校外	校内	校外	校内	校外
土木工程实验中心	0	3	20	0	0	92	0	0	0	28	6	32	0	0	0	50	60	60	0	12 030	0	20 670	0
混凝土及预应力混凝土结构教育部重点实验室	0	3	75	0	0	30	0	0	0	15	0	52	0	0	0	0	183	0	0	0	0	0	0
电子科学与工程学院实验中心	0	0	0	10	0	0	0	1	0	0	0	2	1	0	0	9	31	16	0	163	0	5 216	0
江苏省光通信器件与技术工程研究中心	0	2	20	7	0	54	0	1	0	11	4	3	1	0	0	24	29	320	0	120	0	2 100	0
江苏省信息显示工程技术研究中心	0	0	11	0	0	34	0	34	0	46	19	0	0	0	0	48	31	6	0	762	0	3 800	0
MEMS教育部重点实验室	0	0	85	0	0	62	0	0	0	25	0	1	0	0	0	36	28	48	0	84	0	2 938	0
国家专用集成电路系统工程技术研究中心	1	0	51	0	43	23	47	23	0	27	2	19	27	0	0	36	59	10	0	575	0	152	0
光传感/通信综合网络国家地方联合工程研究中心	0	1	22	2	1	35	1	19	0	10	10	8	3	4	0	18	30	12	0	320	0	6 000	0

(续 表)

实验室名称	教师获奖与成果			论文和教材情况				科研及社会服务情况				毕业设计和论文人数			开放实验				
	国家级	省部级	发明专利	学生获奖情况	三大检索收录 教学	三大检索收录 科研	核心刊物 教学	核心刊物 科研	实验教材	科研数目 省部级以上	科研数目 其他	社会服务项目数	教研项目数 省部级以上	教研项目数 其他	专科生人数	本科生人数	研究生人数	实验个数 校内	实验个数 校外	实验人数 校内	实验人数 校外	实验人时数 校内	实验人时数 校外
教学实验室	0	0	0	30	0	0	0	0	0	0	0	0	0	0	0	0	0	21	0	3 100	0	54 000	0
自动化学院教学实验中心	0	0	0	0	0	0	0	0	0	0	0	0	0	0	0	20	0	31	0	800	0	33 410	0
计算机硬件应用实验中心	0	0	0	0	0	0	0	0	0	0	0	0	0	0	0	12	0	55	0	564	0	20 000	0
复杂工程系统测量与控制教育部重点实验室	0	2	16	0	0	98	0	68	0	3	0	0	0	0	0	0	30	0	0	0	0	0	0
计算机教学实验中心	0	1	2	5	0	0	8	10	1	0	8	0	0	6	0	0	0	135	0	13 000	0	1 200 000	0
计算中心	0	0	0	0	0	0	0	0	0	1	5	0	2	2	0	0	0	0	0	0	0	0	0
计算机科学与工程学院实验中心	0	0	0	6	0	0	8	14	0	1	5	0	2	2	0	50	25	54	8	15 320	800	146 000	0
计算机网络和信息集成教育部重点实验室	0	6	8	2	0	26	0	67	0	12	6	2	2	0	0	30	35	0	0	0	0	0	0
江苏省网络与信息安全高技术研究重点实验室	0	4	7	4	0	35	0	78	0	21	2	3	1	0	0	35	26	0	0	0	0	0	0

（续 表）

实验室名称	教师获奖与成果		学生获奖情况	论文和教材情况					科研及社会服务情况					毕业设计和论文人数			开放实验					
	国家级	省部级	发明专利		三大检索收录		核心刊物		实验教材	科研数目		社会服务项目数	教研项目数		专科生人数	本科生人数	研究生人数	实验个数		实验人数		实验人时数	
					教学	科研	教学	科研		省部级以上	其他		省部级以上	其他				校内	校外	校内	校外	校内	校外
江苏省计算机网络技术重点实验室	0	1	4	6	0	45	1	76	0	1	5	2	1	0	0	30	16	0	0	0	0	0	0
江苏省软件质量研究所	0	0	0	0	0	20	0	23	0	23	2	1	0	0	0	20	10	0	0	0	0	0	0
影像技术实验室	0	5	3	5	0	41	2	40	0	9	1	0	2	0	0	20	10	0	0	0	0	0	0
物理实验中心	1	1	1	99	0	40	2	5	0	20	10	5	3	10	0	60	35	80	15	3 000	500	295 000	10 500
医用电子技术实验中心	0	0	0	0	0	0	0	0	0	0	0	0	0	0	0	3	0	25	0	40	0	7 072	0
医学电子学实验室	0	0	2	0	0	5	0	12	0	1	6	0	0	0	0	9	10	12	0	60	0	2 600	0
江苏省生物材料与器件重点实验室	0	0	5	0	0	15	0	0	0	2	0	0	0	0	0	8	40	0	0	0	0	0	0
生物电子学国家重点实验室	0	3	40	5	0	124	0	87	0	99	9	9	0	0	0	73	177	10	0	40	0	3 600	0
生物技术与材料实验中心	0	0	0	0	0	0	0	0	1	0	0	0	0	1	0	0	2	35	0	76	0	10 640	0
材料科学与工程学院实验中心	0	0	1	10	0	4	3	8	7	3	25	18	1	3	0	108	72	183	0	633	0	65 200	0

(续表)

实验室名称	教师获奖与成果			学生获奖情况	论文和教材情况					科研及社会服务情况				毕业设计和论文人数			开放实验				
	国家级	省部级	发明专利		三大检索收录		核心刊物			实验教材	科研数目		社会服务项目数	教研项目数				实验个数		实验人数		实验人时数	
					教学	科研	教学	科研			省部级以上	其他		省部级以上	其他	专科生人数	本科生人数	研究生人数	校内	校外	校内	校外	校内	校外
东南大学分析测试中心	1	0	1	3	0	3	2	4	3	3	17	96	0	3	0	79	46	89	0	325	0	43 300	0
江苏省土木工程材料重点实验室	2	2	15	5	0	32	2	55	0	35	44	12	0	3	0	29	26	8	0	190	0	14 000	0
江苏省先进金属材料重点实验室	0	2	27	5	0	44	3	93	0	42	56	28	0	2	0	79	46	16	0	141	0	13 000	0
人文学院实验中心	0	0	0	0	0	0	0	0	0	0	0	0	0	0	0	0	0	0	0	0	0	0	0
经济管理学院实验中心	0	0	0	0	0	0	0	0	0	0	0	0	0	0	0	51	20	18	0	150	0	1 200	0
电力工程实验中心	2	0	27	99	2	26	0	16	2	6	12	6	1	1	0	0	18	94	0	1 831	0	48 724	0
RockWell自动化实验中心	0	1	15	0	0	47	0	16	0	19	23	0	0	0	0	0	0	6	0	45	0	540	0
外语学习中心	0	0	2	0	0	0	1	1	0	0	1	0	0	0	0	0	0	1	5	8 000	0	116 083	0
化学化工实验中心	0	1	0	53	2	270	0	25	0	15	20	0	1	2	0	143	351	160	0	1 000	10	80 200	3 600
交通学院实验中心	0	0	0	2	0	26	2	7	0	17	33	21	0	2	0	320	290	176	5	580	0	117 000	0
江苏省交通规划与管理重点实验室	0	0	52	12	0	58	2	84	1	40	26	0	0	5	0	90	200	10	2	90	90	4 500	3 000

（续表）

实验室名称	教师获奖与成果				论文和教材情况					科研及社会服务情况					毕业设计和论文人数			开放实验					
	国家级	省部级	发明专利	学生获奖情况	三大检索收录		核心刊物		实验教材	科研数目		社会服务项目数	教研项目数		专科生人数	本科生人数	研究生人数	实验个数		实验人数		实验人时数	
					教学	科研	教学	科研		省部级以上	其他		省部级以上	其他				校内	校外	校内	校外	校内	校外
测控技术与仪器实验室	0	0	0	8	0	0	1	3	0	0	2	0	0	1	0	5	4	208	0	1 120	0	58 680	0
远程测控技术实验室	0	1	11	2	0	15	0	50	0	12	3	0	0	1	0	21	25	10	0	48	0	3 600	0
艺术学院实验中心	0	0	0	0	0	0	0	0	0	0	0	0	0	0	0	0	0	3	0	60	0	3 600	0
模拟法庭	0	0	0	0	0	0	0	0	0	0	0	0	0	0	0	0	0	0	0	0	0	0	0
儿童发展与学习科学教育部重点实验室	0	0	5	5	0	14	0	5	0	20	7	2	3	2	0	13	35	87	0	47	4	4 906	835
基础医学实验教学中心	0	0	0	0	0	8	0	2	0	10	14	0	0	0	0	7	4	67	0	1 099	0	198 478	0
感染与免疫实验室	0	0	0	0	0	0	0	0	0	0	0	0	0	0	0	0	0	0	0	0	0	0	0
分子病理实验室	0	0	0	0	0	0	0	0	0	0	0	0	0	0	0	0	0	0	0	0	0	0	0
神经生物学实验室	0	0	0	0	0	2	0	0	0	6	2	0	0	0	0	2	15	6	0	12	0	1768	0
心脑血管疾病行为与功能实验室	0	0	0	0	0	2	0	0	0	0	0	0	0	0	0	0	2	2	0	50	0	1 600	0
发育与疾病相关基因教育部重点实验室(部省共建)	0	0	0	0	0	33	0	0	0	35	2	4	0	0	0	0	27	3	2	6	7	73	162

（续表）

实验室名称	教师获奖与成果				论文和教材情况					科研及社会服务情况					毕业设计和论文人数			开放实验				
	国家级	省部级	发明专利	学生获奖情况	三大检索收录			核心刊物		实验教材	科研数目		社会服务项目数	教研项目数				实验个数		实验人数		实验人时数	
					教学	科研		教学	科研		省部级以上	其他		省部级以上	其他	专科生人数	本科生人数	研究生人数	校内	校外	校内	校外	校内	校外
公共卫生学院实验中心	0	0	0	2	0	0	0	0	0	0	0	0	0	0	0	0	0	56	0	77	0	7 634	0
环境医学工程教育部重点实验室	0	0	2	0	0	32	0	62	0	9	0	0	0	2	0	37	41	12	0	42	0	5 420	0
临床技能训练中心	0	0	0	0	0	0	0	0	0	0	0	0	0	0	0	0	0	59	0	799	0	117 762	0
临床医学实验中心	0	0	0	0	0	0	0	0	0	0	0	0	0	0	0	0	0	13	0	501	0	9 000	0
临床科学研究中心	0	0	0	2	0	17	0	17	1	9	0	0	0	0	0	0	19	0	0	0	0	0	0
江苏省分子影像与功能影像重点实验室	1	2	0	0	0	41	0	4	0	8	0	21	0	0	0	0	8	3	0	50	0	15	0
软件学院实验中心	0	0	0	0	0	0	0	0	0	0	0	0	0	0	0	0	0	20	0	450	0	45 000	0
电工电子实验中心	0	1	0	46	0	2	2	6	2	0	1	4	6	0	0	7	88	65	2 200	36	380 000	4 500
实验动物中心	0	0	0	0	0	0	1	3	1	6	0	6	0	0	0	26	48	168	20	686	20	54 800	160

2015—2016年度教学科研仪器设备分布情况统计

单位名称	合件数	金额/万元	单价10万元以下		单价10万～40万元		单价40万元以上	
			合件数	金额/万元	合件数	金额/万元	合件数	金额/万元
总计	108 661	241 448.15	105 694	90 219.62	2 067	43 868.92	900	107 359.61
建筑学院	3 125	5 684.74	3 048	2 987.19	63	1 542.55	14	1 155
机械工程学院	4 130	9 597.21	4 006	4 218.19	91	1 957.92	33	3 421.1
能源与环境学院	6 777	13 798.38	6 590	6 975.15	140	2 880.67	47	3 942.56
信息科学与工程学院	8 860	39 179.81	8 265	9 570.7	368	8 026.51	227	21 582.6
土木工程学院	4 989	9 379.75	4 898	4 129.41	68	1 474.34	23	3 776
电子科学与工程学院	3 744	26 808.43	3 493	4 260.88	157	3 398.22	94	19 149.33
数学系	1 161	668.51	1 160	644.31	1	24.2	0	0
自动化学院	3 028	4 173.89	2 969	2 315.23	45	888.46	14	970.2
计算机科学与工程学院	8 211	10 737.63	8 097	5 700.1	90	1 921.98	24	3 115.55
物理系	3 925	5 241.46	3 881	2 703.05	29	601.62	15	1 936.79
生物科学与医学工程学院	4 530	18 369.77	4 269	4 487.02	170	3 824.55	91	10 058.2
材料科学与工程学院	3 043	8 197.83	2 932	2 465.13	78	1 620.65	33	4 112.05
电工电子实验中心	4 065	1 462.87	4 064	1 445.12	1	17.75	0	0
经济管理学院	1 338	1 100.24	1 330	950.55	8	149.69	0	0
电气工程学院	2 834	5 455.56	2 753	2 664.34	64	1 268.56	17	1 522.66
外国语学院	2 483	1 301.7	2 474	1 110.89	8	148.19	1	42.62
体育系	1 015	645.71	1 010	557.2	5	88.51	0	0
化学化工学院	3 232	6 998.42	3 124	2 649.57	76	1 479.09	32	2 869.76
交通学院	6 549	9 930.79	6 433	5 623.49	89	1 844.92	27	2 462.38
仪器科学与工程学院	3 084	5 465.29	3 006	3 045.52	66	1 330.64	12	1 089.13

（续）

单位名称	合件数	金额/万元	单价10万元以下		单价10万～40万元		单价40万元以上	
			合件数	金额/万元	合件数	金额/万元	合件数	金额/万元
人文学院	172	122.41	172	122.41	0	0	0	0
法学院	298	179.73	297	161.05	1	18.68	0	0
艺术学院	341	364.33	337	239.92	3	80.21	1	44.2
马克思主义学院	145	70.11	145	70.11	0	0	0	0
继续教育学院	513	612.72	505	392.17	6	97.22	2	123.33
教育技术中心（电教）	5 378	4 666.96	5 343	3 605.37	28	552.36	7	509.23
网络与信息中心	2 888	7 247.56	2 786	1 833.63	61	1 337.85	41	4 076.08
建筑研究所	249	214.83	249	214.83	0	0	0	0
无锡分校	1 193	862.17	1 186	677.43	6	143.86	1	40.88
无锡分校ASIC工程中心	318	956.05	300	178.61	12	273.96	6	503.48
南京通信技术研究院	108	629.66	94	132.32	8	109	6	388.34
城市工程科学技术研究院	677	2 962.3	642	752.28	23	511.94	12	1 698.08
东大图书馆	1 879	2 973.52	1 836	1 249.98	31	577.56	12	1 145.98
工业培训中心	1 460	2 358.92	1 425	1 303.39	31	661.89	4	393.64
软件学院	1 013	668.26	1 010	609.02	3	59.24	0	0
AMS实验室	395	538.46	390	406.35	4	77.41	1	54.7
吴健雄学院	182	84.49	182	84.49	0	0	0	0
集成电路学院	406	256.23	405	223.44	1	32.79	0	0
学习科学研究中心	1 103	3 108.34	1 067	925.7	19	399.14	17	1 783.5
生命科学研究院	1 692	4 254.59	1 638	1 808.58	40	920.61	14	1 525.4
东大蒙大苏州联合研究院	69	32.08	69	32.08	0	0	0	0
医学院	6 487	21 019.79	6 288	5 299.55	136	2 732.69	63	12 987.55
公共卫生学院	1 355	2 842.28	1 313	1 298.7	34	751.79	8	791.79
其他教学部门	217	224.37	213	95.17	3	41.7	1	87.5

财务与审计工作

财 务 工 作

一、财务收支情况及分析

(一) 财务收支总况

2016年我校总收入和总支出较上年有所下降,其中收入375 326.90万元,比上年减少14 731.45万元,减少3.78%;支出325 423.62万元,比上年减少6784.44万元,减少2.04%。

(二) 收入情况及分析

东南大学2015—2016年收入构成情况分析表

项目	2015年/万元	2016年/万元	占总收入比重	增减额/万元	增减百分比
一、财政补助收入	179 593.15	184 432.68	49.14%	4 839.53	2.69%
1. 教育补助收入	162 106.73	170 467.77	45.42%	8 361.04	5.16%
(1) 基本收入	97 173.33	100 351.29	26.74%	3 177.96	3.27%
(2) 项目收入	64 933.40	70 116.48	18.68%	5 183.08	7.98%
2. 科研补助收入	9 565.00	5 493.47	1.46%	−4 071.53	−42.57%
(1) 基本收入	1 066.00	1 323.07	0.35%	257.07	24.12%
(2) 项目收入	8 499.00	4 170.40	1.11%	−4 328.60	−50.93%
3. 其他补助收入	7 921.42	8 471.44	2.26%	550.02	6.94%
(1) 基本收入	7 292.42	8 430.94	2.25%	1 138.52	15.61%

(续表)

项目	2015年/万元	2016年/万元	占总收入比重	增减数/万元	增减百分比
（2）项目收入	629.00	40.50	0.01%	−588.50	−93.56%
二、事业收入	148 712.01	147 813.48	39.38%	−898.53	−0.60%
1. 教育事业收入	35 422.55	38 490.33	10.26%	3 067.78	8.66%
2. 科研事业收入	113 289.46	109 323.15	29.13%	−3 966.31	−3.50%
三、上级补助收入					
四、附属单位上缴收入					
五、经营收入					
六、其他收入	61 753.19	43 080.73	11.48%	−18 672.46	−30.24%
合计	390 058.35	375 326.90	100.00%	−14 731.45	−3.78%

2016年我校总入 375 326.90 万元，其中：教育补助收入 170 467.77 万元，占总收入的 45.42%，事业收入 147 813.48 万元，占总收入的 39.38%，两项收入合计占总收入的 84.80%，是收入的主要来源。

（三）支出情况及分析

东南大学2015—2016年支出构成情况分析表

项目	2015年/万元	2016年/万元	增减额/万元	增减百分比
一、工资福利支出	109 808.58	96 206.53	13 602.05	−12.39%
1. 基本工资	14 868.97	19 312.44	4 443.47	29.88%
2. 津贴	4 585.55	5 545.50	959.95	20.93%
3. 奖金	9 261.18	0.00	−9 261.18	−100.00%
4. 其他社会保障缴费	693.43	460.91	−232.52	−33.53%
5. 伙食补助	185.57	164.88	−20.69	−11.15%
6. 机关事业单位基本养老保险缴费	10 569.71	7 450.29	−3 119.42	−29.51%
7. 职业年金缴费	4 225.73	2 889.17	−1 336.56	−31.63%
8. 其他	65 418.43	60 383.34	−5 035.09	−7.70%
二、商品和服务支出	107 442.25	108 886.96	1 444.71	1.34%
1. 办公费	2 240.99	2,443.12	202.13	9.02%
2. 水电费	6 015.61	6 204.53	188.92	3.14%
3. 差旅费	9 449.90	9 416.82	−33.08	−0.35%
4. 劳务费	4 377.84	9 850.95	5,473.11	125.02%

(续 表)

项目	2015 年/万元	2016 年/万元	增减额/万元	增减百分比
5. 会议费	914.29	743.08	−171.21	−18.73%
6. 专用材料费	15 011.39	13 884.23	−1 127.16	−7.51%
7. 委托业务费	18 488.55	17,704.29	−784.26	−4.24%
8. 维修费	7 497.48	10 407.92	2 910.44	38.82%
9. 其他商品和服务支出	30 758.38	26 889.18	−3 869.20	−12.58%
三、对个人和家庭补助支出	76 542.06	86 189.65	9 647.59	12.60%
1. 离休费	2 232.88	2 052.03	−180.85	−8.10%
2. 退休费	30 310.92	31 730.65	1 419.73	4.68%
3. 医疗费	5 586.75	5 669.95	83.20	1.49%
4. 抚恤金	589.72	829.94	240.22	40.73%
5. 住房改革支出	8 635.84	11 192.80	2 556.96	29.61%
6. 助学金	27 357.22	33 124.00	5 766.78	21.08%
四、基本建设支出	2 181.33	3 578.33	1 397.00	64.04%
1. 房屋建筑物购建	2 181.33	3 578.33	1 397.00	64.04%
五、其他资本性支出	36 233.84	30 562.15	−5 671.69	−15.65%
1. 房屋建筑物购建	5 000.00	0.00	−5 000.00	−100.00%
2. 办公设备购置费	1 058.77	550.30	−508.47	−48.02%
3. 专用设备购置费	26 402.98	27 988.70	1 585.72	6.01%
4. 其他资本性支出	3 772.09	2 023.15	−1 748.94	−46.37%
合计	332 208.06	325 423.62	−6 784.44	−2.04%

2016年支出325 423.62万元，比上年332 208.06万元减少了6 784.44万元，降幅2.04%。其中，工资福利支出96 206.53万元，较上年109 808.58万元减少13 602.05万元，降幅12.39%；商品和服务支出108 886.96万元，较上年107 442.25万元增加1 444.71万元，增幅1.34%；对个人和家庭补助支出86 189.65万元，较上年76 542.06万元增加9 647.59万元，增幅12.60%；基本建设支出3 578.33万元，较上年2 181.33万元增加1 397.00万元，增幅64.04%。2016年基本建设经费合计拨款2 396万元，为九龙湖校区桃园学生宿舍拨款，截至年底，该项目完成2 269.40万元；其他资本性支出30 562.15万元，较上年36 233.84万元减少5 671.69万元，降幅为15.65%。

二、2016年末财务状况分析

东南大学2015—2016年财务状况分析表

项目	2015年/万元	2016年/万元	增减额/万元	增减百分比
流动资产：				
货币资金	522 715.51	585 250.69	62 535.18	11.96%
财政应返还额度	2 024.89	1 609.28	−415.61	−20.53%
应收账款	1 882.73	1 350.72	−532.01	−28.26%
预付账款	3 640.58	6 437.23	2 796.65	76.82%
其他应收款	3 907.39	5 999.61	2 092.22	53.55%
存货	688.45	381.27	−307.18	−44.62%
其他流动资产	60.8	46.66	−14.14	−23.26%
流动资产合计	534 920.35	601 075.46	66 155.11	12.37%
非流动资产：				
长期投资	20 074.98	21 182.29	1 107.31	5.52%
固定资产	536 754.57	561 341.71	24 587.14	4.58%
固定资产原价	536 754.57	561 341.71	24 587.14	4.58%
在建工程	117 013.31	84 566.64	−32 446.67	−27.73%
非流动资产合计	673 842.86	667 090.65	−6 752.21	−1.00%
资产总计	1 208 763.21	1 268 166.11	59 402.90	4.91%
流动负债：				
应缴税费	561.52	1 800.36	1 238.84	220.62%
应付职工薪酬	1 582.71	24,932.96	23 350.25	1 475.33%
应付账款	1 300.79	459.48	−841.31	−64.68%
预收账款	9 340.03	8 079.57	−1 260.46	−13.50%
其他应付款	38 269.87	57 958.73	19 688.86	51.45%
其他流动负债	41.63	4.23	−37.4	−89.84%
流动负债合计	51 096.56	93 235.34	42 138.78	82.47%
非流动负债：				
代管款项	50 206.89	16 041.81	−34 165.08	−68.05%
非流动负债合计	50 206.89	16 041.81	−34 165.08	−68.05%
负债合计	101 303.45	109 277.15	7 973.70	7.87%

(续 表)

项目	2015年/万元	2016年/万元	增减额/万元	增减百分比
净资产：				
事业基金	217 352.61	260 684.59	43 331.98	19.94%
非流动资产基金	673 842.86	667 090.65	−6 752.21	−1.00%
长期投资	20 074.98	21 182.29	1 107.31	5.52%
固定资产	536 754.57	561 341.71	24 587.14	4.58%
在建工程	117 013.31	84 566.64	−32 446.67	−27.73%
专用基金	4 613.37	4 214.32	−399.05	−8.65%
其他专用基金	4 613.37	241.52	−4 371.85	−94.76%
财政补助结转	3 760.65	4 577.17	816.52	21.71%
财政补助结余		241.51	241.51	
非财政补助结转	207 890.26	222 080.73	14 190.47	6.83%
净资产合计	1 107 459.75	1 158 888.96	51 429.21	4.64%
负债和净资产总计	1 208 763.21	1 268 166.11	59 402.90	4.91%

2016年末资产合计1 268 166.11万元,比上年1 208 763.21万元增加59 402.90万元,增长4.91%。其中:流动资产601 075.46万元,比上年534 920.35万元增加66 155.11万元,增长12.37%;固定资产561 341.71万元,比上年增加24 587.14万元,增长4.58%;在建工程84 566.64万元,比年初减少32 446.67万元,减少27.73%;2016年增加对外投资1 107.31万元,是我校以两个无形资产对资产公司增资,分别为投资503.90万元成立了曙光科技公司,投资603.41万元成立了中兴微通公司。

2016年末负债合计109 277.15万元,比上年101 303.45万元增加7 973.70万元,增加了7.87%。负债类变化的主要原因是:我校清理代管款项工作取得阶段性成效,本年代管款项合计减少34 165.08万元,其中部分转入其他应付款中核算;依照《财政部关于机关事业单位实施养老保险制度改革有关预算管理问题的通知》(财预〔2016〕36号)要求,将所预提的基本养老金和职业年金24 932.96万元计入应付职工薪酬;由于继续改善教职工待遇,学校应缴个人所得税由2015年的1 092.42万元提高到2016年的1 797.22万元,增加704.8万元,增幅达64.52%;基建应付账款由2015年的1 300.79万元降低到2016年的459.48万元,减少841.31万元,降幅达64.68%。

2016年末净资产合计1 158 888.96万元,比上年1 107 459.75万元增加51 429.21万元,增长4.64%。事业基金本年增加43 331.98万元,一般基金本年增加33 111.45万元,加上原后勤集团并表增加3 064.77万元,实际增加36 176.22万元,项目管理费及间接费增加7 624.19万元,主要原因是科研项目结题结账增加24 521.92万元以及学校收支差较大;非流动资产基金年末数为667 090.65万元,比年初减少6 752.21万元,降幅1.00%;专用基金中住房基金年初数为4 371.86万元,年末数为3 972.80万元,减少399.06万元;财政补助结转年初为3 760.65万元,年末为45 77.17万元,增加816.52万元,增幅21.71%;财政补助结余241.51万元,非财政补助结转增加14 190.47万元,主要是未完成科研项目累计收支差额增加。

三、2016年财务工作总结

2016年5月,教育部组织开展部属高校2015年财务管理状况评价工作,财务处认真填报自评指标,编写《财务管理自评——经验及创新》材料,经过教育部组织专家评审,最终我校财务管理工作评价获得A类好评(部属76所高校获得评价A的共18名),对我校财务管理工作取得的成绩予以充分的肯定。一年来,财务处围绕学校中心工作,主要做好以下几个方面工作。

(一)围绕学校中心工作,完成财务各项重点任务

1. 完善财务体制机制建设。2016年,制定了《东南大学财经领导小组议事规则》(校发〔2016〕238号),进一步完善了集体决策机制。2016年形成财经工作领导小组决议15份、会议纪要3份。

2. 多举措筹集办学资金,保障学校事业发展资金需求。截止到12月22日,学校已累计完成预算收入35.01亿元,完成计划的96.18%。在积极争取社会捐赠和中央高校捐赠配比专项资金、及时清理学费等各类欠费、盘活存量资金等方面取得了可观的收益。

3. 全面加强预算管理,改进预算编制管理。按事权和财权相统一、权利和义务相统一的原则,扩大预算编制参与的范围;改进预算编制申报工作,以部处、学院等二级单位为预算责任单位;改进预算下拨办法,实行部门本级和二级预算管理;改进预算管理手段,实施信息化管理;新增设备资产采购预算。

4. 深化财政专项经费管理改革。加快下达年初预算,建立资金支出进度通报制度;建立重要财政专项经费管理框架,构建预算管理体系;完善执行进度推进机制;优化结转结余资金管理,盘活存量资金;强化项目申报立项管理,合理优化预算执行;对专项经费预算实施总量控制、竞争使用,并设立考核时间点和资金使用进度目标。

5. 贯彻落实中办发〔2016〕50号文精神,激发科技创新活力。多次召开科研一线教师座谈会和宣讲会,深入院系一线积极听取一线科研人员的意见和建议,了解一线科研人员最为直接和相关的困惑和难点,宣讲科研财务财政;立足学校科研发展,做好财务服务。2016年截至目前,科研经费到款(横向纵向)约11.8亿元,制单凭证张数16 000余张,审核科研项目决算900余项,审核科研项目预算600余项;完善科研制度建设,进一步激发科研人员活力,目前有5份文件已草拟完毕,学校将进一步扩大科研人员的科研绩效比例。

6. 严肃财经纪律,大力推进内部控制制度建设,规范收支行为。2016年,财务处加强主要收支业务的规范化、标准化管理,截至目前制定并发布财经规范性文件41份,其中学校文件22份、财务处文件19份。

7. 进一步规范基本建设财务管理。顺利完成中大医院教学医疗大楼项目、博士后公寓二期材料化工楼等建设项目的竣工财务决算,减少学校在建项目数量,增加学校固定资产4.65亿元。制定了《东南大学基本建设财务规则(暂行)》(校发〔2016〕234号)、《东南

大学基本建设项目竣工财务决算管理办法(暂行)》(校发〔2016〕252号),进一步规范学校基建项目财务管理。

8. 做好"营改增"政策衔接各项工作。今年"营改增"后增值税专票的开具量剧增,全年至今已开票737张,同比增长137.74%;开票金额2.52亿,同比增长75%。财务处通过科室内的分工和协作,多方协调,努力降低"营改增"工作对我校产生的影响。

9. 做好国有资产管理工作。按照财政部要求,国有资产监督管理委员会组织协调全校国有资产清查工作,引入会计师事务所对我校国有资产清查工作进行专项审计。继续编制国资年报,文字说明纲要在去年基础上进行大幅修改,并按各职能部门管理内容单独要求提供资料。

10. 进一步规范政府采购管理。进一步规范评审专家库建设、采购信息发布、采购方式变更和进口产品采购等工作。制定了《东南大学关于进口产品采购管理的规定》(校发〔2016〕3号)、《关于加强单一来源等采购方式管理的规定》(校发〔2016〕114号),起草了《东南大学采购管理办法(暂行)》。

11. 加强资金结算管理,降低安全风险。制定了《东南大学资金结算管理办法》(校发〔2016〕282号),严格岗位设置,加强对现金、银行账户、银行票据及有关印章、网银电子支付、大额支付的内控管理,确保资金支付安全。

12. 加大对二级单位的监管力度。加大常规财经检查工作,提高对二级单位财务检查和重要支出项目行为的检查力度,及时发现问题,落实整改措施,化解财务风险。

13. 加强重点业务清理,降低财务风险。加强对往年暂付款的清理力度;研究出台《东南大学预收账款及其他应付款管理办法(暂行)》(校财字〔2016〕11号);清理代管款项,规范项目和收支管理,降低财务管理和税务风险。

14. 做好内部控制体系建设工作。学校发布了《东南大学关于开展内部控制建设工作的通知》(校发〔2016〕228号),引入全球顶尖的管理咨询机构普华永道,为我校内控体系建设提供其专业化服务。成立由张广军校长为组长的东南大学内部控制建设领导小组,成立由财务处为牵头单位的东南大学内部控制建设工作小组,完成东南大学内部控制基础性评价工作。

15. 做好其他方面工作。主要包括财务决算编制、财务年报工作、物价管理、票据管理、税务管理、档案管理等方面。

(二) 改进工作形式、服务方式,提供更优质的服务

1. 升级网上预约报销系统。预约业务分类更加清晰,嵌入报销规则更加完善,引进了短信平台的使用,有效提高预约单的质量和效率。

2. 梳理财务业务流程。财务处进一步梳理和简化业务流程,将财务业务办理流程图挂网公示,张贴橱窗;制作了各项业务报销指南,并在财务处网页公开,便于师生了解掌握财务规则。

3. 进一步深挖内部潜力,加快网约单处理进度。在预算执行进度考核节点高峰期,财务处加班加点处理网约单,尽最大努力压缩处理期限。

4. 尝试财务报销业务服务外包。引入外部财务专业化服务机构,已在四牌楼、九龙

湖校区尝试报销业务服务外包工作,进一步提高财务核算的工作效率,满足不断爆发式增长的财务报销业务需求,从网约报销最长36天缩短到目前的一周内。

5. 进一步优化科研经费入账管理流程。继续完善优化开票入账管理系统,尽可能将线下办事转为线上审核,将科研项目录入信息、入账登记、经费拨款的程序简约化、标准化,规范科研经费入账和发票的管理。

6. 推行"阳光财务"。财务信息通过各种形式予以公开,编辑《东南大学财经法规制度汇编》(第十四辑),主动深入院系进行财经政策宣讲,进一步提高财务工作的透明度。

7. 不断完善学生缴费管理手段。实现学生缴费方式多样化;开发了研究生缓缴系统,9月投入使用,提高了缴费率;学生票据的自助打印已基本实现。

(三) 加强内部管理,提升管理水平

1. 建立健全财务处内部考评机制。科室和个人均制订年度工作计划,并实施期中、期末考核和分管副处长督导制度;改进考评办法,科员向科长述职,科长向处长述职,实行优秀科室评比、个人考评优秀申报制度、申报材料公示制度,并组织全处投票,处长办公室集体研究决策,为年终绩效考核建立了科学的评价基础。

2. 完善职位晋升考评机制。申请升职科级干部的需参加处内组织的考试和面试,改进评比办法,全面评价、择优选择,取得了良好的效果。

3. 加强财会队伍建设。选派业务骨干参加教育部组织的直属高校财务、审计人员培训班;实施轮岗制度,重点培养财务骨干人才;加强新进财会人员培训工作,强化培训考核制度。

4. 狠抓存在问题的整改落实和管理提升工作。2016年财务处经历了5次专项检查工作。针对存在的问题,财务处逐项落实责任领导、责任科室、责任人、整改方案和整改期限,多次召开专题会议布置工作任务,汇报进展情况,实行跟踪问效制度。

5. 发挥财务稽核的重要作用。在以往设立稽核岗的基础上,财务处新设立了稽核科,专职处理财务收支业务的稽核工作和内控建设工作,建立完善财务风险预警和纠错机制,提高财务内部监管水平。

6. 以财务处党支部为平台,以"两学一做"为契机,加强党风廉政建设。通过支部组织的党员教育活动和"两学一做"活动,结合财务工作实际,将严肃财经纪律、加强党风廉政建设落到实处。

审 计 工 作

2016年我校的审计工作在教育部和学校党政领导的重视和领导下,在各部门的支持下,深入贯彻党的十八届三中、四中、五中、六中全会和国务院《关于加强审计工作的意见》(国发〔2014〕48号)等精神,全面落实《教育部关于加强直属高等学校内部审计工作的意见》(教财〔2015〕2号)的要求,紧紧围绕学校的中心工作,精心组织、统筹安排,在规范教育经济行为、确保资金资产安全、促进党风廉政建设等方面取得了积极成效。

一、财务审计方面

2016年共计完成各类财务审计项目38项,审计涉及金额24.40亿元,提交审计报告38篇,提出审计建议10条。

1. 经济责任审计

坚持以财务收支审计为基础,重点对中央"八项规定"执行情况、"三公"经费使用情况、部门内部控制规范情况、"三重一大"决策执行情况以及日常经济活动中可能存在的风险开展了针对性审计,完成21名中层领导干部离任经济责任审计,审计金额145 118万元,提出审计建议10条。

2. 专项审计调查

根据江苏省教育厅的要求,对我校承担的4个江苏高校协同创新计划项目和2个江苏省省级实验教学与实践教育中心开展专项审计工作,审计金额25 035万元,并针对审计发现的资金使用中出现的问题,积极与科研院、设备处、相关院系、财务处等部门沟通、协调。通过审计加强了项目过程管理,提高项目实施的科学性、实效性,从专业角度为项目建设工作保驾护航。

3. 财务收支审计

接受委托,完成勘察设计学会、金属工艺学会、教育管理学会、建筑设计院和院系科研项目验收财务收支审计等审计项目11项,审计金额73 883万元;完成国家科研基金等项目科研经费审签93项,金额1 886万元;为学会、设计院年审和科研项目的验收提供了依据。

二、工程审计方面

2016年已完成工程项目竣工结算审计556项,送审金额22 918万元,核减金额1 575万元,核减率6.87%。

同时对土木交通教学科研楼、学生食堂、本科生学生宿舍、九龙湖校区体育馆、游泳馆、电子信息大楼等建设工程项目进行跟踪审计,对在建设过程管理上存在的薄弱环节向建设单位反馈并提出合理性的建议。

三、强化审签制度,加强审计监督

1. 配合学校科研项目验收,审签国家科研基金等项目93项,总经费1 886万元。
2. 对全校各单位固定资产报废、报损进行审签,全年共审签固定资产报废、报损10 963台(件),金额5 970万元。

四、规范管理,努力夯实内审工作基础

扎实开展"两学一做"学习教育活动,组织专题学习和讨论,每个在职党员认真撰写学习心得,联系本职工作实际,查摆问题,边学边查边改,加强党性修养,树立良好工作作风。

稳步推进信息化建设,推进文件流转审核流程,规范过程管理。同时作为教育部内部审计信息化管理系统建设单位之一,承担预算管理审计模块研制开发工作。

加强制度建设和日常管理。完善内部制约机制;严格执行学校"三重一大"制度和财务制度,开好处务办公会,通过加强制度建设促进廉洁型处室建设;对已入围的工程审计事务所进行业务指导、监督和管理;加强与同行交流,参加专项培训,更新审计观念,提高审计理论知识水平、促进审计质量的提高。

继 续 教 育

综 述

2016年,继续教育学院在学校党政的正确领导下,在相关职能部门和兄弟院系的大力支持下,认真落实党的十八届五中、六中全会精神,紧紧围绕学校"双一流"发展战略,大力发展非学历教育培训,稳步收缩学历教育,各项工作均取得了较大的成绩。

1. 认真组织开展了"两学一做"专题教育活动。制定了《继续教育学院"两学一做"学习教育实施方案》,围绕"学习系列讲话、强化'四个意识'""做'四讲四有'合格党员"等专题学习了党课、开展了讨论,开好专题组织生活会,开展民主评议党员,引导党员立足岗位作贡献。

2. 顺利完成党支部的换届选举工作。根据学院实际情况,撤销了研究生党支部,将三个在职教工党支部调整合并为两个党支部,学院共设五个党支部。

3. 新一届工会委员会成立。委员会由杨宝荣、吴亚军、张源、徐向群、潘华良五位同志组成,潘华良任工会主席。

4. 2016年成教录取新生2 609人。远程录取人数796人,缴费人数715人。2016年,春季远程毕业生2 147人,其中专升本1 299人,学位申报合格455人,学位平均授予比例35.0%;秋季远程毕业生1 100人,其中,专升本856人,学位申报合格359人,学位平均授予比例41.9%。秋季成教毕业生2 748人,其中,专升本2 593人,学位申报合格773人,学位平均申报比例29.8%。

5. 完成江苏省学位英语、学校学位课程和教育部统考课程的考试组织工作;坚持医学成教集体备课会;坚持组织主干课程抽考、出卷阅卷和巡考制度;坚持期中教学检查制度。

6. 进一步规范非学历继续教育的运行机制。上线非学历继续教育平台"至善学堂";学校非学历办班逐步实行网上申请、审核;非学历继续教育教师信息库建设步伐加快。

7. 首次尝试与香港理工大学企业发展院合作,举办江苏省高职院校英语教育专业骨干教师培训项目,其中三天的课程由理工大培训课程总监、英国籍教师担纲主讲,取得良好的培训效果,并被评为2016年度江苏省高等职业教育教师培训优秀项目。

8. 深度参与学校的人才培训和社会服务工作。先后承办了教育部语言文字应用管理司和东南大学联合举办的"2016年全国中小学书法教师研修班"、东南大学对口支援的西藏民族大学处级干部和辅导员培训班(共四期)、东南大学对口扶贫云南楚雄州南华县的"南华县2016年产业发展暨农村电子商务培训班"。全面接手了原挂靠学校人事处的江苏省机关事业单位技师等级工相关职业岗位资格培训和考核工作。

9. 教师教育培训实现了跨越式的发展。本年度先后承办了"2016年全国中小学书法教师研修班""江苏省高等学校"创业基础"课程教学研习班",协办了"深圳市宝安区中小学骨干教师系列研修班"等,使得我院教师培训由原来的以中高职教师培训为主,拓展到中小学教育和高等教育的教师培训,为下一阶段的教师教育全覆盖奠定了良好的基础。

10. 2016年继续教育学院共举办69个培训班、培训人数近4 200人,培训收入600多万元;校内其他办班单位共举办培训班307个,培训人数近6万人,培训收入1 000多万元。

11. 2016年国家级网络教育精品资源共享课程"财务管理"和"病理学"被教育部正式认定为"国家级精品资源共享课";完成了"护理学"(含精品资源共享课程)江苏省重点专业建设点申报工作。学院组织制作的微课程作品在第四届全国微课程大赛中再获佳绩,共荣获9个一等奖、4个二等奖和2个三等奖;积极参加"中国高校远程与继续教育优秀案例库"建设,围绕相关教育培训工作撰写案例5个,其中3个获评优秀案例。

12. 东南大学继续教育学院被评为"2016中国最具社会影响力高校网络教育学院"。

13. 召开了东南大学2016年远程与成人高等教育工作会议,总结了过去一年来招生与教学管理等工作;表彰和奖励了优秀校外学习中心、教学点3个,颁发了招生奖12个、教学奖24个,优秀招生、教学管理员32个;对今后一年工作进行了部署,提出了希望和要求。

14. 江苏省教育厅成立江苏省高校继续教育医学教学指导委员会,副院长王燕蓉担任委员会委员。

2016年远程教育专业设置一览表

类别	学历层次	专业名称
远程教育	专科起点本科	护理学

2016年远程教育学生人数统计表 (单位:人)

类型	毕业生数		学位授予数	招生数	在校生数
	春季	秋季			
高起专	850	254	/	/	1 104
专升本	1 298	856	814	796	2 154
合计	2 148	1 110	814	796	3 258

2016年成人教育专业设置一览表

类别	学历层次	专业名称
业余	专升本	土木工程
		护理学
		临床医学
		医学检验技术
函授	专升本	机械设计制造及其自动化
		电子信息工程
		土木工程
		工程管理
		会计学
		工商管理
	高起本	机械设计制造及其自动化

2016年成人教育学生人数统计表 （单位：人）

类型	毕业生数				学位授予数			招生数				在校生数			
	合计	专升本	本科	专科	合计	专升本	本科	合计	专升本	本科	专科	合计	专升本	本科	专科
函授	1 411	1 264	0	147	103	103	0	0	0	0	0	2 520	2 360	156	4
业余	1 337	1 329	0	8	669	669	0	653	653	0	0	2 983	2 979	0	4
总计	2 748	2 593	0	155	772	772	0	653	653	0	0	5 503	5 339	156	8

2016年远程教育高起专毕业生名单（春季）

护理

吴利利	解晶晶	吴启凡	王雪梅	宋银春	朱 云	贾必艳	朱雅璐	石 岑	
彭爱菊	章 晶	张 丽	李 莉	袁艳娟	黄倩倩	孙 悦	吴梦倩	卢 笛	
郭恒芸	刘 炎	肖 雅	周梦思	梁艳青	刘 莉	吴 婧	卜 璐	张 琼	
翟羽佳	丁 芳	席赛男	许烨卿	蒋 梅	常双红	徐佳佳	黄 洁	张小曼	
章子悦	谢园园	孙 月	葛 红	徐梦雪	徐 盼	武 云	叶 洁	王冬霞	
高晓娟	窦瑶瑶	宋 苗	朱秀娟	丁双丽	高欣欣	高 玲	胡小倩	叶露露	
杨配配	严秋景	张娅婷	赵 杰	王慕雪	张雯婷	王红飞	段素英	孟 楠	

高倩	朱倩倩	徐晶晶	颜丹丹	李芳	赵玲	汪韩	杨洋	陆小敏		
张黎黎	彭娟	葛娟	王笑	徐琳	陈红	仲佳明	沃贝贝	毛双平		
李捷	冯玲	周缘	部金婷	刘丽	李伟媛	周静静	孙婷婷	耿苏云		
沈贵春	刘云青	魏良宵	于秋婷	汤双姐	王梦倩	荣丹华	刘凌云	周云欢		
周丹丹	卞重林	李婧昕	张宝艳	徐明	仲倩	顾俊	王贝	蒋欢婷		
张义	孙苏阳	乔鑫	张颖	聂志颖	姚曼	徐小静	丁双玲	周婷		
汪珊	宋元星	张海荣	沈青青	张丹	陈文敏	丁美玲	樊亚琪	陈茹		
杨柳	于莉莉	张苏	孙跃红	吴美芳	钱霞	董美华	张璐	黎月萍		
邹晶	季芳	陈阳	张丽	许春香	吴薇	谢敏	夏菁	朱玲玲		
王如	程唯	周洁	刘艳	梁雅静	胡爱红	付华	李伟锦	周金丽		
胡春月	范小敏	章蓓蓓	吕蒙蒙	仲娟	夏新新	于姜	马琼	徐明珠		
李苏杰	方璇	李娜	徐佳佳	马丽梅	常莎	薛建林	张一清	杨静		
颜利	张娇	胡锦	宋路路	汤苏曼	仲慧	李娇	王琼	王娇倩		
黄秋青	赵子源	朱玲玲	葛彬彬	陈萌萌	何艳	俞虹	岳月	杜倩		
单晓璐	严炀	王玮	成晟	吴怡	吉美枝	蒋文怡	周晓丽	沃利娟		
杨月	蒋梦洁	李云	王健	王青青	陶莉	谢娟	路娇娇	岳莹		
蒋晓萍	刘玲	邵景	孙苏蓉	刘姜	刘梦	陈唐	张怡	蔡玥		
李杰	孙静	卢艳	任艳	李晓蓉	钱梅	张洁	殷思琪	顾怡		
张燕	宗云峰	邢歌	杨娟	贡丹燚	王霞	陶程	袁园	吴逸飞		
曹蕾	谭蕾	钱坤	周正月	马正洋	侍苗苗	张灵丽	刘卓欣	常云		
张游游	王霞	姜璐璐	韩妍	王奎娟	陈玉静	高子雅	仲春媛	叶媛		
朱丛兰	王肖肖	王郁美	薛梅	陈晓凡	沈佳兴	刘贝贝	袁姣	董洁		
孙亚兰	胡楠楠	袁万红	时青	吴弘	刘青	王艳	孙梦姣	黄蓉		
施萍	刘梦雨	王丽芳	陶丹丹	龚梓莹	李倩倩	张雪月	祝玮	高莉莉		
宋叶枫	乔雅静	陈明	蔡卫红	杭义娟	邵亚燕	王艳	刘艳艳	罗燕		
陆思羽	仇纯叶	赵鑫	吴婷	欧雯	张辰娴	周梦兰	吴晓琴	周云凤		
彭青	经梅	桑琪娟	张晴晴	许慧娴	蔡玲	朱烨敏	陈小平	严培培		
李玲玉	任颖飞	徐婕	尤佳玲	张鹏红	毛玲霞	蒋玲	梁茹婷	朱秀炳		
蒋倩	沈丽慧	张嘉煜	管江露	苏星	闵月	杨柳灵	吴迪	徐珍珍		
陈琳	周佳	蒋敏	伏庆凤	王飞	赵晓曼	李秀	蒋城娟	黄春景		
陈莉	方依	黄焦	张腊梅	吴永萍	邓珏	邹红霞	吴玉婷	梅娟		
周东萍	朱晓芹	景佳	张谨如	李婷	杜晶晶	潘学萍	潘丽	徐森		
沈佳	陈慧	卢燕	谌琴	何凤云	沈洁	费春宇	武园源	成红娟		
刘苗英	徐吴娇	吴阳燕	李梅	任丽	陆芝霞	陈硕麟	王珏益	匡莉		
华娟		李薛	钱娴	言婷	刘璐	陈欣	弓颖	高灵玺		
李蕾	赵苗苗	薛勤	马颖	程琳玲	丁玥	唐程	贾汪娇	李红霞		
郭晶晶	步志香	付银燕	杜文娟	丁姝文	汤婷婷	宋毛弟	须梦娜	池曦		
时淼	芮珂	郁晓婷	杨凤琴	陆寒	陶一铭	仲逸群		栾婷婷		

刘梦梦	刘　萍	吴海建	卢玉莲	吴　倩	魏婷玉	孙　森	龚晓旦	丁　妍
杜　鲜	单莹莹	郑锦红	张晓竹	石燕凤	张应娟	芮　珊	仲为为	武彩玲
高媛媛	赵　琴	胡艳燕	晏　婷	董振宇	张　鸿	刘宝莲	汪　月	蔡张玲
蔡文雅	杨珺玮	吴毓涵	恽惠雯	张晗春	华赟赟	葛　军	李雪林	葛厚婷
吉　婷	黄苗苗	吴　静	张小琴	张　懿	杨　筱	高　月	张　艳	郑　茜
周　英	吴园园	赵　莉	汤婷婷	夏星云	林　晗	高晶晶		

机电一体化技术

徐杨帆	徐建泉	王　浩	陈英杰	黄子阳	严福临	许华文	唐士成	潘楚天
刘建昌	张利伟	张　鹏	黎　华	蔡　定	宋爱春	陶张莹	封　卜	张　伟
汪逸鸥	吴　明	孙玉全	陆　军	吕为萍	孙　宇	韦玲玲	杨申国	王雪强
黄知越	李成奎	唐永刚	蔡　露	杨钰琳	张　冉	李　佳	张　立	张毛善
蒋海文	魏　源	周　涛	王俊珍	李　玉	孙　伟	李　宁	黄爱芹	谷飞鹏
韩志伟	何晓宇	朱　莹	陶　亮	陈　强	彭开开	陶雪海	陶　骏	

计算机应用技术

徐　韧　卢二康　王汉玉　姜传卫

建筑工程管理

袁忠新	季玉华	钱　鹏	刘友欢	凌程俊	薛　鑫	席陈鹏	张　圳	屠广达
丁　辉	冯　力	王　凯	茅　越	李　展	崔超南	王　杰	李佳伟	陈　容
王　勇	张晓光	孔　凯	王慧澜	刘　梦	刘　佳	王　敏	田广旗	吕开阳
钱　鉴	钱小鸣	陈　旻	王　邓	翟步浩	李安祥	赵　阳	张志豪	时　澄
李翠雷	董宏礼	陈　聪	芮利行	程　凤	叶新荣	周　超	于　建	丁媛媛
金　超	胡卫东	王　浩	谢山忠	周　祥	陆淋灵	曾天会	王光明	高　晓
苗寿军	苗寿华	闫文飞	王华标	姜　慧	钱佳燕	缪长龙	陈晓珊	缪海涛
崔　峰	卞小军	龚冬明	孔爱民	顾国春	陈　兵	戴加兴	孟祥云	沙华圣
蔡开平	贺　伟	张　辰	王　艳	陈会荣	吉达荣	姚正国	朱　峰	陆齐兴
周荣明	谢晓初	仲　宁	张长银	佴玲玲	江　丽	王　军	朱正强	纪红兵
戴　兵	明平章	张明红	李勇龙	吴永远	居永贵	潘纯方	宋　辉	刘　艳
黄建忠	于荣利	季海荣	宗如意	武善国	张德龙	王长敏	翟金永	丰志兵
赵洪祥	陈大劲	范尚彬	姜海颖	江玉琳	胡小兵	朱建国	张　伟	邢　月
俞　羿	杨应峰	陈界峰	栾华钧	王宏明	江　讽	娄　祥	周广安	张　莺
戴月红	迟荣财	刘志强	汪泽春	李梦云	王　强	龚红星	陆　江	张丽丽
姚淑娟	孙文倩	向志宏	王建江	蒋晓伟	王　浩	徐春伟	贾彭勇	吴　润
吴　泽	陆敏遥	姜　鑫	陈　芳	张晓宇	陈　斌	刘修榜	陈　鹏	唐广涛
王田林	陈立新	朱　华	孙家福	倪红婷	陈胜林	胡勇飞	叶云丰	朱大光
陈宗生	傅　斌	翁　翠	姚　慧	黄兵文	郭玉转	范子文	顾扬俊	张孟言

李　勋	姜晓红	倪树春	周泳辉	顾晓忠	顾　青	朱卫晨	周建俊	吴　坚	
姜晓荣	周映桃	王　霞	倪　龙	王忠树	季文军	吴品军	徐剑刚	李　瑞	
黄立扬	唐晓东	陶玉进	杨丽娟	纪　动	杜鹏飞	薛建荣	唐义羊	鲍玉芳	
戎泉威	项雪梅	吴金峰	王开斌	刘远航	陆海华	李浩年	成方根	张　静	
窦　蓬	高　国	张云霞	丁振华	周兴鹏	严晓东	李连政	马兴国	蒋　磊	
戚晓艳	聂永智	嵇国云	史朝栗	卯成忠	陈学军	叶慧清	毛　杰	杨德明	
王铭崎	陈　云	查国井	郝　松	张书梅	尹雪兰	凌　益	蒋卫红	曹云昌	
赵　军	徐建新	杨远飞	孙国祥	林　坚	叶志如	陈　雯	阚平川	许建元	
钱　龙	徐文斌	唐　辉	邵文建	王俊杰	陈永纯	曾胜兰	韩良平	周淑芳	
窦斌泉	何士军	马　珂	姚万锋	曹振宇	方　涛	陶王件	藏孟俭	陶　丽	
俞小丽	金　华	梁　勇	葛维利	程国富	徐雯臻	金　芳	魏世敏	邓志平	
吴慧娟	董雪梅	胡献伟	张徐进	楼豪杰	金南瑾	李秋园	蔡开新	王　莺	
吴跃军	颜王康	程志龙	马军伟	姜金凤	刘亚娟	李　源	刘善国	戴文琴	
陈贡斌	蒋桂贤	游谷郡	孔　杰	赵　军	张晓霞	温开波	张建平	王玉明	
饶启君	周安军	王嗣康	赵宏伟	王翠红	张恩永	朱国新	沈传金	王　君	
沈红梅	徐　进	崔华来	顾　燕	戴祥生	徐　鑫	徐　聂	张云华	吴建明	
朱　宏	丁　辉	朱家豪	洪　军	黄承斌	张　涛	伍永利	王　宁	刘　凯	
金　霞	卢咏琪	方月仙	徐鹏飞	邵春丽	丁晓虹	陈清雅	代光平	吴　辉	
刘元元									

旅游管理
　　戴桂香　张　蒸

2016年远程教育专升本毕业生名单(春季)

电气工程及其自动化

赖振纯	吴胜聪	李明辉	邵海跃	邓　军	蓝彬福	徐　震	李　勇	李民圣	
刘　婕	赖　勤	梅开燕	韦　美	郑岳标	马　勇	张祖宝	何　灏	高　南	
冯　殷	包　钊	韩志杰	陈　声	范富涛	莫君冶	陈　媛	潘煜远	黄文锐	
周　赛	易广倩	骆远妍	梁品能	刘添昱	吴升旭	李文瀚	杨世飞	卢政泰	
钟金邑	黎亿凯	陈　实	张　韵	陈　菁	董俊良	董凌燕	黄济恩	潘金托	
许星星	万　青	张　琦	许　帅	唐宇晟	李家锋	赵秉锟	赵从松	余　刚	
沈国平	聂荣乐	王　锋	吕　亮	苗艳丽	曹海东	廖品芳	朱能盈	朱能创	
王　安	高　杰	姜军银	黄纯煆	田　楠	张立言	耿　勇	吴开福	陈忠平	
刘康康	杨　景	黄　俊	王　昆	李　静	程　前	孙俊伟	时暮菲	顾文泉	
叶龚灿	谢盛琦	林　深	黄万平	汤荣祥	刘红修	王　磊	许乐平	叶　康	
徐　忠	何文杰	徐小丹	薛飞虎	周　斌	王　伟	魏加尚	周远平	王　翔	
庞师宾	贺国强	丁　阅	李恩宝	王海斌	曹子金	朱志浩	陆　全		

电子商务

沈重菊 李　亮 徐晓东 李　珊 徐炜圣 戴正梅 庄媛媛 阮成杰 刘美佳
林坤明 吴新芳 潘　曜 范玉龙 陈　迪 张健超 唐　山 谢加平 朱　杨
杨建亮 于寿祥 张　明

法学

殷立华 徐　博 夏　婕 宋俊俊 赵　叶 李熙雅 顾建良 朱忆云 张亚平
戴　阳 闵春宇 蔡宇栋 马志刚 陈锡涛 苏亚军 朱铭洲 郭榆诚 朱安娜
徐　军 邵　扬 黄国华 施周斌 殷晓华 王益民 俞　晖 徐复兴 何晓松
王　震 钱海涛 孟中杰 邢育琰 王　旭

工程管理

黄云霞 赵宏久 王　鹏 王　俊 董　颖 王安静 隆晴亚 耿　波 孙　健
崔婷婷 李　红 黄　艳 胡文为 陈　凯 杜宁宁 王　伟 曾　燕 彭　超
韩树珍 杨　斌 王路路 朱桓莹 张　飞 许海燕 陈韦璇 陈　凯 杨彦磊
王　聪 胡　芹 欧宝琴 吴建军 林　靖 刘　闯 江洪波 瞿　凯 钱柯柯
余　溪 金　云 陈恩林 杨　莹 杨　昕 管　荦 张玲玲 刘　克 陈秋红
郑杏花 张　峰 祝　昕 张　嵘 马文瑞 季玉温 石　城 陈　青 潘荣松
沈苏楠 张海燕 戴倩倩 吴慧钢 赵永雪 张　娟 徐　丹 刘庆生 黄　炜
史小亮 徐　芳 任　翔 刘德成 朱　波 王晓勤 袁传友 陈　琳 黄　悦
方春霞 戚成珍 张大兵 魏林林 周　健 蔡子健 池伟潇 陈温诚 赵　倩
董　丹 彭　科 匡　琳 马　凌 陈　云 金　翔 何　凡 苏峰 姜红 林方
吴　婷 王文娟 王旻杰 杜　江 张文哲 潘　佳 王　凡 俞　涛 林　方
骆　用 宋晓梅 王白伟 丁红叶 李文霏 朱金艳 赵　兵 穆晓凤 周　娟
黄　丹 曹宇航 施鸣凯 陈玉伟 周爱民 顾姗姗 王新峰 周　元
汪学军 刘雄威 李　昆 周书凤 周成霞 周云飞 姜柏年 徐吉华 马晓庆
宋晶晶 解武祥 冯建飞 奚　燕 张　干 汪　巍 李安鹏 王　慧 高成美
董晓雷 徐丽霞 姚　翔 侍必超 张玉坤 张文娟 高华宇 贺　睿 卞维荣
任祖勤 陈　鹏 李　峰 章海彬 周　辉 季新楠 黄　佳 刘　静 王颖峰
夏迎春 孙海燕 王元超 杨国栋 牛　俊 马　博 傅晓峰 骆兆发 孙明辉
范书荣 居奏海 杨海亮 陆小进 王　梅 张　剑 杨明鑫 朱其凤 江贵华
马亭竹 陈国蓬 王　政 薛志高 徐立荔 季杨萍 陈筱峰 丁　科 宗　颖
李克鹏 苗舒杨 王　杰 胡中源 马　鑫 关倩倩 邓　蓉 阿勒玛斯·阿依丁
贾菲青 冯　涛 阿里木·热西提 李晓英 卞春月 李志红 肖　婷 殷昕汝
虞佩文 徐严妍 温　乾 姚久运 谢　凌 董玉辉 侯　枫 缪克琴 王梦颖
孙开鹏 褚登栏 裴　晶 冶　晶 卢锡瑞 张秀娟 杨小青 郭忠涛 骆宝虎
伍　丹 刘江祁 简　亚 陈　康 杨建文 戴书明 於万林 王斯祥 王寅婷
屠正虎 孙海龙 武红果 史淦君 华必荣 郝士林 魏子青 徐骏飞 郭　佳

邹凤泉　管要华　杨荣青　孙纪梅　钱海洋　钱春华　丁苏红

公共事业管理

童金梅　张燕红　崔　袁　朱　彧　丁沫丹　唐秋菊　张曼莉　陆文莉　刘子悦
朱晓颖　董塱塱　龚　琳　林红兵　刘　涛　汪　璐　孟建军　纪健娅　史小凤
居　涛　张　馨　张　晶　葛志荣　王春法　沈　辉　杨　雯　白　环　丁晓静
陈文文　吴　莉　张　麒　姚定丰　沈露露　许晓玲　刘海璐　张　尧　滕玲玲
方国汉　陈永生　吴　茜　张炳彦　孙　丹

护理学

赵爱武　方秋晨　杨丽莎　唐　瑜　朱成艳　王盈盈　陈子珣　王凯芹　叶钱琳
吴敏德　董海燕　马文燕　唐玉婷　黄文娟　孙　琴　刘云兰　杨珍玉　邰玉香
李珠园　郭丹丹　许　慧　葛　梦　王　玲　李珊珊　孙　雪　季鸿颖　王晓红
李学霖　夏新飞　徐　惠　文　艳　张永晶　冯古炀　王　丽　王盈盈　孙　燕
张晶晶　秦　晨　庄　会　马文丽　刘　平　黄昌平　吴恬甜　曹永秀　孙在萍
徐萍萍　徐明霞　仲爱华　桂安婷　张蓉蓉　经　娟　杨　俊　蒋雲雲　杨　倩
鲍业群　糜　琳　赵月阳　谌章丽　刘全萍　董晶晶　朱　雯　严秀荣　武海云
赵苏北　蒋义琴　陈　炽　刘　莹　饶　婕　吴海艳　王　妍　蒋玉芳　马虹妍
蔡　艳　栾桂萍　王　美　田黎丽　徐　莉　张　青　笪开秀　史　霞　刘　燕
韩艳超　王　卉　赵峪槿　葛丹凤　苏士娟　徐　婷　吴　敏　巫文婷　段祥娣
徐　云　刘　莉　黄红霞　王海燕　巫苏慧　王　群　吕慧玲　周晓英　王婷婷
王明敏　许丹丹　张腊娣　严　欣　董海燕　狄秀姣　娄正仙　谌章琴　王　月
丁　云　管　盛　高志芳　顾玉萍　张红梅　吴静娟　孙秋华　徐　文　周兰萍
耿珊珊　郁永花　高丽丽　徐厚梅　袁芳芳　唐丽娟　李红霞　孔祥婷　惠晓芳
丁娟芬　姚海燕　王　玲　周甜甜　范　庄　孙罗群　何　丽　胡　萍　笪雅婧
屠双蕾　成　桢　胡　霞　周　雯　朱琳燕　冯梦婷　仕全香　张姝萍　刘　艳
宋　敏　张　静　陶　叶　孔　月　巫廷花　汤　云　王长美　徐　俊　杨召娣
唐金芳　沙　蓉　巫素青　赵　晔　张全月　郭书芹　刘　慧　傅琦婧　王　莉
范　蓉　杨　莉　梅　莺　徐　吉　陈晶晶　戴　倩　孙欢欢　彭　蔚　朱珊珊
蔡　璐　王　莉　居志颖　张　萍　张慧绘　顾娟娟　肖　苏　夏丽丽
夏莹莹　秦　雪　许益琳　王　娟　张玉凤　顾美君　归和芳　许　妍　陈　娟
成　婷　葛金华　张　佳　王贵娣　王　婧　赵庆莉　蔡玲玲　张　迪　宋海霞
梅定花　颜　敏　周玲利　郭　林　谢秀秀　陈高艳　钱　莹　赵凤芳　姚竹青
王盼盼　王文青　李明艳　陈　娟　欧世雯　朱晓莉　章　笑　华　霞　张小敏
王　敏　王雅兰　李轩宇　刘海燕　缪素霞　周玉凤　梁　丽　陈玲玲　张紫静
王　倩　李　莉　薛文雅　陈　程　凌红梅　左青青　谢静华　杨红燕　徐　燕
沈倩倩　尚　瑶　宗敏玉　王　璐　黄晓倩　邓　娇　张松红　唐玥珏　周富荣
管　锦　刘婷菊　谷红梅　孙雪娇　施　萍　张晓艳　邓虹漪　陈　珺　顾鸣燕

张姗姗	刘小青	孟 婷	王兆慧	荆丽萍	章杰红	王 颖	陈 璐	张卫芬
符小菲	杨 丹	蔡群英	徐 英	雷 莉	孙飞凡	陈 磊	袁 英	吴 霞
胡媛媛	张晓燕	蔡 瑞	崔翠翠	王素红	朱英杰	鲁夔晔	刘 月	丁宪兰
俞文洁	王红艳	朱 玲	周湘赟	姚慕桦	张艳娜	万华琴	丁佳珺	朱 艳
成姣姣	石梦琪	何 丽	潘静霞	解盼盼	高文娟	纪婷婷	梅 竹	马 灵
于 剑	杨永翠	赵 娟	王 梅	张俊兄	何 花	赵若伊	赵 波	葛文斐
吴乐乐	魏芸菲	巢飞鸿	张 静	孙 莉	窦 昀	蒋 艳	徐成凤	卢 慧
朱 倩	崔 燕	江俐频	周 敏	刘 玲	张利平	张 洁	杨晓清	顾丽华
黄 莹	周 俊	王小梅	吴云姣	吕 雯	朱玲玲	葛舒静	傅阳阳	江萍萍
刘亚利	卢 焱	冒文盈	陈 晓	王文婷	王小霞	丁海燕	张 蕾	高 维
荣 蕾	郁超超	傅 灵	鞠明芳	卢 洁	高 丽	汪 婷	孙薇薇	刘素方
胡芳芳	嵇林妹	曹倩囡	金 媛	陈 娟	李 霞	蒋 卉	金 雁	谢自立
万 洁	王 洁	许 烨	李秋平	宋小红	韩 洁	李玉雯	王 菲	蔡云芬
张 蓉	陶娟华	姜文婷	刘一萍	张 洁	何 静	邹锦濒	王 妮	陈申洁
张雪飞	杨 璐	王 楚	周 艳	朱晓媛	曹翠萍	孙 威	侯丹丹	崔慧杰
王玉洁	高 雅	彭晓芬	陈 艳	徐志强	徐 景	谢 路	陈 蕾	柴溯蔚
孔令玉	孙诗翔	严 静	王文娣	严 佳	赵 霞	沈 惠	李 靖	宋九霞
关 笑	宋 安	宋 乐	张慧文	刘寒秋	徐晓兰	马小雨	赵雪成	苏 钰
严 薇	吕乾昀	王 荣	王晓洁	董红红	韩 洁	康苗苗	吴兴兵	夏莉玛
梁 燕	陈 玲	孙 雪	徐 斐	高丽萍	花 静	陈春燕	王敏霞	邱文静
李晓南	曾 泷	沙智贤	章 娴	韩 虹	耿 依	洪 洁	曹 微	唐 偲
徐 颖	唐雄丽	王忠芬	王 蓓	黄 淼	骆小英	翟晓燕	何秋楠	程 静
缪 芳	夏晓芬	夏晓莉	任韦帆	张宇虹	诸丽萍	吴 静	钱丽芳	杨 军
夏秋芬	陶 华	杨燕娟	郁 淼	曹秋华	柯梦华	史金妹	吴国霞	蔡爱辉
何丽君	孙 兰	黄雯娅	徐李霞	闻美亚	钱 萍	盛 云	丁海艳	胡海燕
吴 娟	王彩平	坎 娣	楚静霞	陈春秀	杨晓兰	程 晶	顾静静	李园园
仲秋菊	林春花	封敏芳	许 洁	林 洁	王雪梅	曹红燕	丁莉倩	徐丽峰
曹亚洁	赵琰湖	马珍玉	孙苏敏	曹莹蓉	顾宇婷	倪 婷	毛海燕	曹 群
吴敏芳	朱玉芹	谢贤敏	张 玲	马晓玲	黄丹华	宋 莉	薛 玉	顾佩娜
周 敏	殷晓瑛	徐 华	金晓琼	蒋瑞睿	许 婷	沈 蓉	崔慧颖	刘 春
曹 瑜	黄辉辉	付明敏	焦丽丹	蔡肖容	戴 蕾	黄晓华	梅向向	李园园
王伊琳	周开美	孙 静	吴 丹	潘莹莹	王海珍	徐 向	张瑶茜	刘运灿
徐晨希	田春丽	冯小红	全 峡	杨 娟	王晓翠	邵 丽	肖 璐	邱 月
闵亚琴	戚虹雯	徐 燕	钱正霞	涂敏仪	徐 玉	胡琴	刘佳纯	万友娜
黄媛媛	吴婷婷	刘 青	朱雨若	钱 颖	严小丽	詹 靖	姚玉叶	马菲菲
许春燕	汪金兰	韦业云	倪庆月	程 丽	黄启萍	黄雅丽	赵惠娟	鞠晓红
郭建玲	王美玲	荣小霞						

会计学

胡雅静	周 英	庄 源	黄慧燕	李 盼	刘 菲	袁 媛	胡珊珊	蒋志磊
王萁蓉	潘 慧	刘瑞萍	刘环彬	杨 静	李冰蓉	冯 婧	杨 艳	束圆圆
钱春竹	陈再兴	虞静雅	李苏萍	陈晔明	严春燕	任建华	袁 琳	王秀丽
曹海利	徐瑞静	仇云霞	张 璇	周 瑾	黄丽萍	蔡 楠	孙林佳	徐佳伟
俞梦婷	康 婷	唐 颖	孔静瑶	刘婷婷	陈 芳	韩方然	焦 伟	沈 杰
张雨蒙	王 丽	陈 丹	吴荣娇	刘 露	杭佩佩	孙曼清	陈 博	沈 墨
王 玮	姜明珠	杨聪玲	任雅庆	王 番	倪新竹	胡 兴	李正娟	

机械设计制造及其自动化

支予生	刘九业	王 哲	卫继健	吕国超	王苏海	李 刚	张 宁	卜恒飞
杭传静	顾腾飞	杨胜涛	刘 飞	侯 利	朱宜笑	余 乐	施耀耀	吴 飞
金 闯	涂毅琳	刘文成	龚淑秋	黄金渔	刘 超	黄浩雨	陈俊伸	丁 照
李道雪	汪志骏	殷美华	张 城	赵 源	王钟一	许嘉盛	刘国强	赵 洋
张 爱								

土木工程

顾国锋	崔 磊	邵晓晨	朱 莉	张松林	曹 娟	朱 牧	陈桂明	王超群
张 成	徐迪婧	刘 春	裴 海	檀海良	姚 薇	吴丽慧	张 龙	陈雯茜
唐 然	何正刚	陈小凤	徐万青	张海兵	朱剑滨	葛小宝	王以春	杜明东
施佳磊	严国杰	李 铭	查秉金	钱虞峰	成跃兵	林 飞	王欣阳	朱柳柳
顾 冬	褚芳奎	谢云峰	卢锦荣	杨中华	吉 柾	徐 许	封国庆	蒋贵聪
谷 敏	白舒宁	蒋 将	张茂虎	唐 力	倪行飞	姚金伶	沈建文	陆 辰
尹锡舜	徐志凡	卞宝平	陈栋华	蒋后兵	张雪强	周 桥	庄 耀	曾先亮
赵裕平	杨 平	范正荣	芦 军	张 红	葛殷杰	王忠亮	王 晏	金汉淳
金玲玲	金燕青	王金镖	贺新发	王 诚	周煜舜	陈蔡杰	王贵琴	
李凯祥	黄友梅	密姜军	杭 磊	庄晓杰	孙锦景	许 乐	周月军	徐昕昕
朱宝平	程榴虹	季卫军	李永成	曹雨兰	沈 冷	狄龙成	朱水凯	钱宏发
宋苏阳	陈灿红	刘丽贤	王翔宇	高丽娟	朱振华	李孟文	李喜艳	吴尚森
黄莉娟	丁凌云	王培松	吴定峰	许 鹏	谢纯洁	刘彬彬	吴 杰	袁 亮
郑小凡	蔡 葵	王 亮	王红娟	王 春	顾宁霞	龚 婷	赵 标	朱梁昱
曹 华	刘红兵	丁婷婷	岳 蓓	滕金库	胡怀秋	胡 雷	樊永敏	戴尔林
沈 强	邱 军	虞 婷	周新华	刘志鹏	张浩翔	胡辇卿	张廓耶	
罗群康	王宏亮	孙 浩	张会萍	豆兴伟	叶长胜	张 浩	杨锡庆	王艾培
刘 强	刘晓凯	冷正鹏	徐正云	王 岩	杨 雄	蔡 惠	严晓宇	芮 超
江 涛	关 伟	潘 洁	李为斌	丁正友	孔蒙恩	黄海强	王 猛	杨 平
陈 进	彭海荣							

物流管理
　　邱　杰　黄桂婷　佟　凯　侯灌兴　顾佳佳

政治学与行政学
　　张　捷　于寒瑾

2016年远程教育高起专毕业生名单（夏季）

护理

渠　瑾	朱亚婷	潘　凡	戴笑然	应学楠	徐丹丹	陈　婵	霍婷婷	张念清
王丽菲	李素梅	吴　超	蒋　月	王彩霞	何　程	王　影	朱月玲	丁　丹
施星莹	杨美子	阚　敏	张　敏	张　华	朱晓青	吴　伟	王菲菲	汪　云
陈元元	陈海娟	史　慧	卢明芬	吴子娟	李　蕾	施　睿	罗海燕	刘苏蓉
李　梅	王明珍	赵德靖	夏明慧	唐成程	徐　倩	许宗宇	宋　佳	宋　娟
漆会艳	王　园	杨　培	刘　莎	张　盼	冉隆芝	朱　慧	张彩云	杨　洋
王　红	赵　霞	梁学群	王　静	吴燕宏	王紫妍	杜春艳	朱晓红	周玉英
赵　磊	赵　慧	陈　曼	王　圆	王晶晶	潘加月	夏丽娟	孔玲玲	刘　燕
彭向荣	刘　惠	马　笑	杨　霞	张　艳	王　艳	王丹丹	章茂珍	苏　会
霍迎雪	霍傲雪	王　晶	周　丹	张圆秋	陈丽华	陈　蕊	李丹丹	梁　颖
陈　程	秦苏飞	洪　红	姜梦洋	王　金	鲍春红	李亚敏	王　宇	陈　明
戚名妍	张亚柏	程方茹	曾小庆	王海燕	刘西西	陆　洁	席小娟	吉　庆
朱亚玲	汪　洁	肖　敏	王圣洁	莫艳萍	冷　秋	张婷苏	杨　琼	刘丹丹
章轶璇	乔沙沙	刘梦雨	王尚云	姜　杰	陆元旦	周　旻	朱　彬	钟洁玉
刘楠楠	杜　秋	胡美芳	陈　荣	庄　娜	武方芹	孙云霞	董　会	葛　颖
李　佩	周巧会	蔡莎莎	刘　悦	伍冬临	余佩佩	李　霞	姜美玲	毛佩佩
蔡雅倩	杨融青	吴从舰	胡盼盼	房　慧	倪千零	周美云	鞠　翔	张　静
胡明月	马　婷	范瑶瑶	任　静	陶　朵	李　倪	周思思	刘　君	陈思琪
袁琴花	高佳琴	张　巧	唐　洁	王　娟	潘　怡	宋　敏	陈思思	朱修娴
孙　轩	仲　芹	霍迎林	孙培培	丁珊珊	朱盼盼	刘　磊	孔菊香	任华玲
邹张寒	苗　苗	杨贝贝	汤　倩	周　茹	周　洁	闵梦云	朱　袁	沈悦月
季　洁	刁仁行	韩素芹	王月娀	伍　姣	江　敏	李丹丹	许丹丹	汪　慧
陈　芝	高志慧	丁盈萍	徐燕萍	张　晶	袁　琴	袁阿芳	胡　雪	丁丽兰
高盼盼	刘　鑫	仇　娇	张　裕	许婷婷	丁琳琳	杨晓丽	顾云霞	张梦雅
钱　娥	王　康	王　静	孙　悦	殷　悦	蔡东霞	葛甜甜		

机电一体化技术

高　悦	邵　翔	胡家乐	潘学良	赵宏祥	苏峰俊	龙海芳	陈开胜	陈正林
伏海平	沈　阳	黄　意	张　圣	孙　军	张克平	吴苏平	林菊花	李洪保

傅永华　张锦华　朱长春　陈锡锋　张高建

计算机应用技术
　　靳玉发

建筑工程管理
　　陈清清　夏朝珍　严　中　张文君　陈大坤　孙星宇　乔亚辰

2016年远程教育专升本毕业生名单(夏季)

电气工程及其自动化
　　徐德海　贾　俊　白云兵　郑　柱　夏永生　陶智勇　帅　阳　陈向阳　吴海荣

电子商务
　　李　浩　怀立雷

法学
　　吴　兵　王　娟　周王飞　余　武　韩　炯　吴江晨　蔡晨曦　仇　杰

工程管理
　　邵　强　吴寿佑　周　超　陶雄萍　宋冬晴　王忠园　范恩广　史一鸣　刘　洋
　　徐　俊　王　伟　吉英荣　丁忠明　李迎娣　徐　瑞　陈香君　姚伟丹　郑　贤
　　秦玲玲　王永鹏　余存冬　施九洲　吴昆昂　陈　琴　李小林　江　红　金晓宏
　　曾凡星　季宏伟　邹毅超　茅松青　顾　星　施建毅　刘思琪　尤　斌　周星宇
　　刘曙光　张　超　张长江　曹　毅　殷广玉　黄　龙　王　超　谢仁高　李文军
　　徐　慧　郭　瑞　黄炎胜　蒋春卫　刘小杰　彭海军

公共事业管理
　　杨　星　凌　磊　曹爱菲　安　源　柏传强　张　强　陈　莉　王　超　李乾坤
　　汪彦琛　史　雨　丁　乐　倪雪英　陶　敏　侯雅丽　樊　强　陈　洁　柴俊杰

护理学
　　杨　娟　杨金花　葛攀梅　李　明　祝丽娟　许　敏　伏矜秋　翟悦伽　张　荧
　　张　涛　杨　琪　蒋莺莺　陈佳丽　江　梦　马月仙　包秀梅　蒋　艳　吴晓晴
　　孙　慧　孙绍红　汪冬青　朱　玲　李永勇　张梦丽　蒯银伟　吴海燕　叶　云
　　马美静　叶　昕　陶　丽　李　静　詹秀琴　朱远秋　张　静　毕根雨　陈姗姗
　　李　路　吴　静　陈　娟　丁　峤　谢世雅　朱冰泉　刘云茹　朱安娜　景　丽
　　刘　青　莫　丽　姚春梅　魏婷婷　刘　萍　周　培　刘　丽　陈　瑶　常　娟

周　婷	汪晶晶	芮　莉	王玲玲	李　蓉	季　云	范薇薇	宋桂花	齐　鹤
李　丹	李敬超	王雅丽	崔家惠	李黄鑫	侯　洁	李甜甜	宋肖亚	张巧巧
伏　群	葛晓宇	高莹莹	高　迎	刘梦竹	梁丽丽	邵佩佩	伏艳雯	施为民
张　羽	鲍仲伟	卢　静	孙　妍	常　暖	杨　洁	刘　培	严　玉	陈旭玉
虞慧倩	蔡　伟	李　娟	陆永欢	龚　媛	张　丽	丁晶晶	徐月红	刘　丹
居　洁	沈梦婷	高　钰	谢　云	赵倩文	孙景雯	陈　晔	夏园珠	白　蓉
孙　敏	曹　玲	陈罗根	郭银花	李小平	刘　云	孙　静	吉粒粒	张　蒙
徐国华	赵杲丽	孙　阳	郭恩琳	郭　怡	胡婷婷	张庆华	周海云	邢丽丽
王　婷	徐　凤	王月圆	陈惠萍	潘　媛	朱　姝	马　静	张　云	曾　珠
李莹莹	莫明霞	张　余	王　萍	董爱清	庄　清	朱　勤	向爱萍	陆　晨
王　玲	杨　梅	刘海欧	于婷婷	张　婷	周　洁	李欢欢	戴　晨	李　玮
王生琴	周林梅	尹兴星	蒋婷婷	方富静	杨　慧	吴红燕	赵　娜	田红燕
朱　娟	卞容荣	杨慧玲	王小娟	蒋　娟	张美玲	吴秋云	完　娜	谈婷婷
于　洁	张亚萍	肖　岚	徐美玲	周鲁梅	谭金梅	李建芬	钱　静	陈春晓
张霞玲	吴　江	杨　云	王艳青	张　静	蒋金笑	顾海燕	祁华明	郭　静
徐杨秀子	严露芝	莫秋鹃	冯莎莎	周　娟	刘云芳	高　旻	孙海迎	侍帆帆
王香林	王佳颖	周敏霞	秦　玉	金　芳	屠晓梅	蒋根兄	高路路	王　倩
陈　艺	张秋月	宋佳莉	黄梦云	纪建霞	王　燕	汪　沫	王　玲	徐晓敏
姜　莹	汪晶晶	孙雨静	康　琴	刘会芹	刘　群	沈振如	申颖颖	徐红艳
李潇雅	高荣荣	王海云	张　丽	吴　琼	张　荣	程　瑶	杨虹虹	陈　瑾
胡园园	谈艳苹	夏宜娟	李　阳	刘梦雅	秦　演	徐　珊	王会敏	胡佳佳
吴　婕	王雪健	陈伟娟	傅　玲	温丽莉	陈雪娟	眭郁华	孙桂芳	张　文
仲媛媛	耿西西	赵逸群	朱　丽	韩露露	韦佳琳	范聪聪	张丽云	于　洁
吴晓云	丁慧凤	郑志娟	叶西亚	张春娟	郑静洁	殷　平	王　奕	王　佳
姜旖旎	陶婷婷	杨文秀	吴　蕾	刘蓓蕾	戴海艳	周　婷	殷璐璐	沈　鑫
张婷婷	王婷婷	张　卉	邱　莹	赵凡艳	徐田田	陶露琳	陆静峰	赵　舒
丁　凡	卞英梓	王　颖	曹园园	金　丹	谢鹭鹭	夏纯洁	陶晓霞	赵金花
张冬梅	焦珍梅	赵颖华	殷浈香	蒋　燕	周　叶	冯　夏	何　静	袁　媛
刘露露	张晓菲	刘　丹	杨　帆	肖　晶	王闪闪	陈海蓝	宋庆庆	陈　述
郑　琦	李香蓉	沈蔚霞	童德清	王玉梅	陈　阳	高学姣	俞智凤	沈亭亭
王　荔	刘宛铮	倪庭依	庞东华	秦　洁	朱钰嫚	冯　玲	王　璐	许静静
周春芬	郁滁滁	王　颖	汤佳舒	杨爱梅	吴晓娟	蔡　瑶	李　敏	徐　莉
李婷婷	袁　媛	陈　淼	张　洁	杨莎莎	钱　晶	洪　静	王　娟	徐丽玉
刘美霞	张婷婷	秦研然	何巧林	费云慧	高　利	谢晓瑜	王青梅	陈　思
王　虹	蒋婷婷	周　颖	朱雯婷	朱　菲	庞佳丽	季冬梅	梁杨杨	潘　纯
朱　莹	周亚运	尹　云	姚青香	刘伟琴	倪　贝	李丹丹	姜　妍	郑　菲
顾佳清	杨春玉	刘文凤	华贞月	杜　娥	陈　波	王　静	朱蓓蓓	李　媛
严春玲	李传萍	朱　雯	姚金娣	熊　颖	周　婷	徐　蓉	何亚岚	鲍利娟

桑 凌	邵 嫔	王 玲	周 艳	成 菲	刘惠莲	朱朦朦	周 嫒	杭 菲
刘海蓉	邵 丹	王 晨	陈露茜	赵 吉	吴梦颖	常 雯	夏 慧	薛飞霞
吴海波	严潇佼	蒋 超	许 丽	刘 霞	高玲玲	蒋伟静	江 赟	周明月
靳 惠	陈 诚	沈 超	侯 晶	钱霞云	王雅清	周 洁	陈 楠	朱贝贝
姜 艳	郑华丽	周 璐	吕 娟	吴丽芬	葛 阳	伏思瑾	经嫒嫒	胡远娟
李 秋	陈 萍	刘雅丽	姚敏敏	唐莫萍	李世荣	罗晓晓	刘丽娜	徐 秋
王 莉	陈图升	钱明娟	徐 芳	凌艳萍	房 舒	于 洁	孙霜霜	赵秋茹
吴 静	王书翠	文 娜	徐美芳	钱莉莉	张婷婷	徐 敏	陆 群	唐 俐
方 姗	李 娇	王璐璐	赵 晨	张 雯	陈金美	刘新星	李锦玲	杨 燕
杨 阳	张 影	罗 冰	陈盼盼	王 莉	戎翠霞	齐 萍	窦 玲	龚 蕾
谢远霞	吴 舟	姜 艳	陈 宁	罗会菊	时冬琴	王小兰	刘庆庆	陈二玲
秦 霞	胡 霖	张古方	卢婧婧	黄 萍	薛春红	费晓宇	邱 枫	曾 彬
谈 慰	梅 佳	付白娣	朱 颖	姜春春	周凤鸣	姚 云	卜林芳	李 燕
沈阳娟	朱小炜	曹 静	李 琳	王淑欢	卞 革	朱 艳	曹云静	陈鸣霞
刘海凤	毛 园	熊 静	储红霞	吴晓华	王玉英	任冬云	戴嫒嫒
张 妲	许晓瑜	于 洋	周明羲	徐 漫	夏 溪	孙 菲	李可欣
李 敏	朱 巧	罗 佳	褚露露	马自飞	李 玮	单嫒嫒	张文豪	薛寒冰
王美玲	周 黎	夏 云	孙晓菊	索惠雪	高 红	郭 丽	王 敏	汪丽丽
赵远征	张利红	王 颖	戴胜男	张婷婷	沈 欣	张 渺	张静静	王嫚嫚
沈 牧	张跃红	葛淑慧	马丽娜	盛 夏	刘双凤	李亚茹	刘 云	徐丽华
印亚梅	汤正芳	张 敏	刘 艳	王立霞	仲苏红	郭骊莉	罗岳妹	吴粉英
严 娟	倪 云	高 佳	臧 圆	秦小丽	关潘潘	蔡志娟	金 铮	陈荣方
陈慧君	周晓园	单苏阳	戴 超	胡文静	庄路路	孙子维	王祖桂	贾必菲
孙 玲	邱 蓉	寿飞波	姜 燕	马云丽	宋许艳	刘玉莎	黄凤明	王金斐
王宏霞	周 伟	陈月红	严 姗	祝文婷	曹海燕	吴 茜	贾 园	徒玲蓉
魏 娟	王 维	虞茜露	王冬梅	孙梦斐	史湘琳	隋芳芳	王婷婷	解琼琼
徐茂霞	张歆惺	朱佳妮	陈 婷	韩英英	陈 杰	丁沭玲	张彦超	刘莹莹	谷 莹
何文娟	高蓉蓉	陆 丹	杨丽虹	石梦月	何霞萍	胡 莹	周园园	朱小艳
邓 花	张 敏	王 琼	徐 莉	滕欢欢	冯 庆	吴 忧	朱应林	周 晶
王 宁	潘春梅	夏银萍 奉 萍	汪 娟					

会计学

孙怡萍　徐　盛　史佩锋　林　静　吴小馨　周燕青　崔玉洁　吴　怀　谢丽云
蒋　雯　刘秋彤

机械设计制造及其自动化

刘彦义

土木工程

赵　文　　李　进　　朱盼盼　　陈　燕　　马小轮　　刘斌斌　　俞　建　　吉新俊　　余　华
陆华荣　　陈　亮　　张　鹏　　王亚红　　尤志津　　李　雯　　王田婷　　郄继芒　　凌小华
冯　明　　徐　晶　　王彦红　　汤晓波　　严德双　　马妹妹　　吴文彬　　张亚进　　邹文石
王冬梅　　杨飞飞　　凌飞燕　　高凌静　　陆杭州　　宋朝阳　　姚　鹍　　吉　祥　　董乐天
张　臣　　张　浩　　潘　辉　　邵　翔　　胡观荣　　朱立新　　陶　玮　　马　砾　　陈　超
徐　健　　王庭峰　　葛　磊　　曹　阳　　张　锋　　张　辉　　孙浩兵　　彭跃全　　董　亮
徐平平　　李　程　　韦咏康　　韩佳慧　　丁　斌　　姚　远　　中国庆　　金之辉　　施有军
季业清　　赵　江　　蔡小楼　　戴吉梅　　闵　锐　　周　东　　高紫翼　　贺　力　　梅　星
陆志刚　　倪江辉　　李大玮　　袁善康　　赵西蓉　　陶　杰　　黄　凌　　强长明　　韩正琪
窦　志　　吴　佳　　曹宁苏　　管兴宁　　常　飞　　刘小燕　　周　荣　　王志平　　谢韦华
刘　嵩　　叶　涛

物流管理

张　静　　康　琦　　石晓敏

2016年成人教育业余高起专毕业生名单

市场营销

卞　超

医学检验技术

朱景璐　　汤方芹　　袁　凡　　吴易航　　周潇潇　　杨　西　　罗　希

2016年成人教育业余专升本毕业生名单

电子信息工程

冯宜勇　　南　媛　　卜庆玲　　范　超　　闫　宁　　冯淦泉　　李国菊　　杨宝强　　刘　康
黎　靖　　李文倩　　杨　洋　　张　磊　　陈　楠　　李　洋　　查全盛　　冯晶晶　　赵培虎
韩朝飞　　苏　薇　　王文豪　　马思源　　张　昊　　孟　磊　　朱　坡　　陆元喆　　徐　艳
张　峰　　张　海　　占四兵　　夏永凤　　魏蕊蕊　　陈田泽　　张燕林　　查声春　　陈长松
廖淑均　　闫欣荣　　王为刚　　常登平　　申　良　　赵　佳　　潘思珂　　陈道文　　王艳芳
李　全　　徐　炜　　罗　健　　朱　敏

土木工程

马财云　　陈婷婷　　戴妮娅　　金梅玲　　王　刚　　朱富诚　　张栋梁　　顾晗婷　　张慧明
宋黎清　　陈孝晨　　黄晓彦　　杜万行　　夏日长　　王卫民　　邵　涌　　习　轶　　李汉荣
肖　羽　　裴县根　　赵　巍　　李　威　　戴　超　　董　静　　张　娟　　陆强强　　张雨田

刘　杰　张明霞　李彩蓬　马明进　陈飞飞　魏　然　张　丹　吴荷兰　周　楠
董光普　蒋辛宇　左晓雁　刘　超　程羽欣　韩昭宇　蔡正春　徐小霞　任　访
戴德纯　刘　炜　马登斌　杨旭伟　滕亚敏　高石凤　韩　兵　王　晶　苗寇珍
谷　金　曹　锋　李多琦　张　伟　王少华　张晓含　张　亮　胡其彬　赵　骏
赵爱萍　刘　成　马　超　华　磊　蒯学磊　屈同盛　许庄裕　范　翔　陈新宇
许俊飞　王逃顺　唐晓秦　蒋国春　吴彬斌　李　彬　任如意

国际经济与贸易
　　李晨晨　陈　敏　叶　菁　黄晓琦　顾文娟

会计学
　　陈　茜　聂世明　陈　英　赵　丹　郭芸芸　陶丽君　田文婷　陆静娴　葛亮晴
　　黄忆鑫　胡其桔　汪　琪　相桂珍　林传丽　刘文娟　顾海超　于吉峰

商务英语
　　李　美　刘涛涛　王　渝　张红娟　张慧如　吴晓玲　陆　鹏　刘　密　王　媛
　　俞　洁　郭臧明　周海祥　王海峰　王　博

电子科学与技术
　　王　蕾　王晶晶　杨　丽　顾　飞　陈家豪　张海波

护理学
　　佘　婷　马　群　黄盼盼　蒋丹丹　陈　丽　费金凤　计　静　李　黎　常紫盈
　　孙达燕　马秀荣　王　惠　陈　明　路　柳　朱昱霖　汪倩雯　潘玉霞　俞思岐
　　毕红萍　查　丹　张玉叶　崔瑞华　苗莹莹　芦　丽　刘　冬　郭金焕　葛舒霞
　　赵　娜　董　蕾　潘　婷　赵　靓　孙　芸　段明雪　孙芷绮　周　超　汪雪嫣
　　刘　玲　郑红叶　刘　雯　王　玉　薛　娇　王　杰　舒　茜　许新悦　崔志芳
　　尚义萍　李　婷　简　丹　王秋菊　何　燕　潘梦娇　耿建飞　周　欣　仲红蓉
　　王一帆　许　月　古绪苗　张　敏　丁红花　武　静　张　旋　陈珠珠　刘　云
　　胡言娣　张　晶　王　艳　唐　岩　顾　荣　孔花顺　金　湘　苑文君　孙骊珠
　　吕凡盼　刘小庆　路阳阳　孔爱华　彭　莉　年勉杨　陆玲玲　杨　宣　夏　凡
　　卢狄娟　智　慧　陈晓慧　黄丽娟　何惠蓉　张　慧　谢举雯　郝涛涛　黄翩翩
　　柯晶晶　蔡　畅　王晓秀　魏才华　邵晓燕　胡竟月　周　颖　陈　晔　肖宝娣
　　钱福美　盛　娜　赵丽媛　李　琳　高素玉　王　欢　胡　娟　廉佩佩　徐　蓉
　　刘曼曼　沈　丽　纪术倩　李祥玉　刘倩楠　袁久红　姚红萍　柏春芹　王艳红
　　赵庆云　李虹燕　周　燕　蔡　培　汤月红　孙春选　王红芳　朱丽丽　尧　玲
　　杨　方　黄　敏　周雯娟　金　丹　王　靖　张　倩　李　娟　夏少雪　杜　娟
　　闫小红　薛洋洋　孙玉凡　成　露　郭　慧　王红芝　芮　琪　钟玲玲　刘倩雯

孙敬文　汪青　李善霞　陈敏卿　顾雅菲　陈伟　董冉　龚芳　陈夕　屠生莉　张佳佳　张阿敏　高先会　姚玉婷　戴娟　丁守菁　郑晶晶　陈梅桂　金文　耿素文　李云　甘静　李芳芳　李昆蔓　邹雪　孙英　陈欢　何蕾　陶金萍　贾景雪　邢倩　徐小莉　孙孝娟　陆林妹　赵正娟　曹云云

卢青　李振　吕婷　钱书群　费洋　吴芸　黄添誉　张易　徐伟　吴婷玉　史雯　沈登云　赖婷婷　冯叶霞　王仁轩　徐绘绘　孔蕊　马芳　李腾　付翠　王吴拯　张颖　俞蓉　孙旭程　周莉莉　李雪　孙媛　徐笑　周菲菲　任敏　查慧娟　冯瑶　张佩婷　佘月萍　徐夏颖　陈敏　夏咪咪　胡晓三

廖莎　杨柳　蔡雪　陶枳君　葛志梅　张也　蒋璇　余容　吴小葵　朱少来　宋婷婷　李婷　徐倩倩　于欣　沈梅　管翔翔　陈春梅　林正娣　张玉雯　陈敏　岳莲　沈蔚　陈曦　姜婷婷　顾婷　王慧子　杨阳　虞惠　滕蕾　杨善琳　蒋霞　王颖　袁伟红　方雅秋　许彬　陈娟　崔爱红　殷媛

储露露　沙翩翩　王婷婷　蒋园园　周媛媛　冯瑛　肖敏　谭庆　陈鸣　胡海燕　王雨　郭燕芳　吉蓓蓓　郭慧刚　李佳佳　严广梅　许萍　陶玉环　时雪姣　冯雅萍　李杨　高程　戴红艳　段慧杰　夏梦　杨启云　余梦云　梁茜　陈婕　高晓明　陈林　周银华　吴琼　李晓翠　沈忱　王婧　苗新　黄佳慧

李金梦　孙遥远　谷娟　吴玉文　梁伟静　陈硕　马星星　刘洁　高文婷　王静　黄菲菲　刘丽媛　薛仁芳　尹莹　王芸　唐青　申路娜　巫琴　姚萍　蒋萍萍　叶亚培　王晶晶　王云　沈礼泉　吴倩　乔思敏　王婷婷　童杨　陈琳　吴阳　汤福萍　郑光亚　鲍青　马佳佳　杨晓玲　钟雨婷　冯美虹　郑丹花

张海萍　王丹丹　杨静　赵娟　张晓翠　徐蕾　马楠　王婷　管燕燕　杨晶　万娟　王小蓉　梁慧　戴媛媛　郭玲芳　程君　尚小娟　崔俊辉　郝香玲　金绪乐　周春雁　陈梦君　吴珍珠　孙琳　屠倩　范小霞　赵月　蒋璐　徐露露　吴昂　宋霞　杨青　武碧君　陈宜兰　周云霞　齐秀丽　王冬梅

刘智博　采健　花小倩　沙彬娟　卜璠　赵静　霍擎月　孙翩翩　李露露　晏莉　应丹丹　张欣　李春莉　施雅琦　徐莹　桂琦琳　王笑笑　李娟　汪飞　薛婧　罗长萍　张静　刘莹　邵铃　朱义壮　李艳慧　陈敏　郭晓　黎御娟　李佳佳　张丽　金绪欢　庄甜甜　白佳鑫　夏丽　殷鹏杰　居彩霞　杨扬

张玲　刘莉　花小倩　谢靖　邵灵艳　朱丹　张倩　李倩云　张欣　李春莉　施雅琦　徐莹　桂琦琳　王燕　王笑笑　王德娣　何艳　毛鸽　王玲　王颖　杨敏　朱义壮　李艳慧　陈敏　许慧慧　陶丹玲　陶文　金明珠　李金玲　戴琳琳　严朦　陈玲　范美娟　姚琼玲　朱玲　孙来霞　姜敏

许冰倩　陶平　谭雪梅　张益香　陈忱　王璟璇　梁雨婷　彭琳　胡媛媛　周帆　汪乐　刘佳　韩巧英　华思思　李国玥　李海雯　陈海琴　陈媛　孙海敬　刘翠　蒯雪　谢玉娥　魏彩虹　张燕　胡文娟　汤倩　林娟　张敏　刘芳　申洁　王荣　谢燕琳　刘燕　谢丽娟　周春晓　肖丽　张青　郑颖

夏飞鸿　侯　文　范亚运　李晶晶　王艳霞　赵　静　金海霞　方海燕　陈利芝
卜萌萌　孙　蓉　蔡　田　左亚玲　潘玛莉　阚婷婷　陈云璐　周倩倩　季　越
曹晓新　董南南　虞　芬　王　丹　张　芳　王　慧　王　丽　张秀文　彭燕香
杭　凤　赵玲玲　纪文娟　陆宝珍　陈　莉　谢　珍　边芸芸　刘　芸　徐　雯
赵秋云　朱信渝　陈　蔚　邹　玉　吴燕萍　陈亚洁　杨　洋　梁　婷　单文婷
周　蓓　刘　伟　陈　欢　王惠芝　颜　境　焦晶晶　张　莉　张　丹　章　芸
田　倩　姜　彤　蒋梦佳　戴俊平　邓婷婷　李　琳　严林凤　李　琳　杨庆花
成　　　王　杰　瞿　蕾　贡　艳　周　琳　吴洋洋　刘必琴　吴青云　朱慧雨
吴梦梦　刘付琴　杨慧超　徐　霞　高　芬　王　萍　张　颖　顾　燕　朱　靖
马阳吉　蒋翠翠　于　艳　陈雪琴　姚慧慧　高雯雯　徐程琳　俞爱玲　任　红
严　辉　陈　曦　祁　月　徐　逸　王　丹　薛　娟　张　莹　韩　宁　耿　沂
刘　佳　朱明珠　孙明芳　高　莉　赵冬梅　邹　念　朱　玲　孟　晨　刘　洋
王　娟　韩　慧　汤　洁　周　雅　季家美　张雨晴　张冰洁　洪　梅　洪秋玲
詹绍萍　朱巧灵　朱　玉　牛　慧　朱　敏　张　玲　殷明秀　张智伟　绳　慧
张　苛　晁　贤　蔡　婷　王　悦　吉　莉　王雪梅　吉　倩　永雯璐　李　畅
顾　凡　卞大艳　苏　静　陆夏萍　顾　玲　史正艳　张　蕾　朱　慧　仇宋灵
黄　琳　张　群　宋　佳　刘　芳　朱雪涛　谈　倩　曹翠欢　包佳丽　施佳怡
肖　丽　俞仁莉　徐　云　曹雪芹　徐晨晨　周文芳　唐湘宁　殷娇斐　刘　燕
陈　苹　马国慧　徐慧竹　李　倩　贾后云　李　榕　陈玲玲　田丽娟　姜丽萍
江　雯　王苗苗　吴小玲　周　蓓　蒋爱萍　蔡姣姣　李亚梅　谢春梅　李　悦
张　娟　曹　琴　吴　吉　朱潇菲　丁冬梅　刘倩雯　付夏莲　王丹丹　杨尚尧
徐　璐　李　倩　王冬梅　陶桂萍　冷　慧　徐　燕　李青玲　杨　琴　王　琴
朱　苗　申甜甜　曹春芹　周　君　王　娟　袁　丹　刘　玲　朱静静　李文娟
费琳虹　杨柏慧　林蓓蓓　李国芳　李　娟　吴　洁　吕芳萍　宗梦园　颜　芸
赵彩君　王艳君　殷玲玲　魏　鑫　蒋巧莉　黄　靓　盛晨洁　高　玲　耿冬梅
郭春红　李　月　鞠　蓉　陈　莉　许　瑛　褚姗姗　朱云霞　徐文燕　王冰倩
谢明月　孙　菁　赵媛媛　徐　慧　张　俊　周　颖　汤船船　陈　艳　陈　莉
谷明英　侯　申　朱　婷　张　怡　周静侠　王　蓓　张　芸　唐　艳　李桂涓
隋珊珊　汤媛媛　焦晓雪　戚　园　周　青　吴　颖　黄志琴　陈　妍　马成燕
吕　琼　沈雅丽　邱文艳　曦　凌　史娅丽　王　吴　严　敏　王　平　王婷婷
陈慧中　姚丽萍　张瑞倪　杜海娟　薛笑琳　刘冰洋　叶　莉　卞莉娟　黄　萍
余丹琳　陈亚楠　刘媛媛　陈　更　周　丽　陈　丽　宋丽娟　宜亦丽　李春侠
姜　燕　陶琪媛　毛云霞　周　玲　严春燕　刘冀丹　张　忆　林彩霞　付雅静
范　红　莫永蓉　胡现春　周韦韦　许金玲　张　业　何　晶　赵丹丹　常亚分
徐　婷　孙　培　王金仙　吴苏瓅　谢雪娇　庄　　　王　琴　秦　娇　陈　婷
蒋爱娟　龚　媛　汪惠婷　徐文娟　王　艳　孙晶婷　贺晓玲　常　宝　何　婷
何　燕　高朝莉　项　燕　杨　姗　朱　莉　冯明华　陈　玲　王苏萍　黄朵
陈　　　姜小翠　卞　　　张志娟　于秋梅　赵　萍　曹云丽　白　莹　魏建霞

王纬 施月华 王玲玲 林霞 王静 吴琳 张菲菲 徐程 纪寸草
马超 胡萍 周瑞 缪丹 吴珍花 蒋晨霞 王雯 韦珍霞 孙琦
夏露 曹柳 徐婷婷 赵琼 吴萌萌 戴剑萍 胡慧 顾兴 张文倩
胡明伟 陈娟 尹艳 张燕 赵昕 赵晓芬 韩琳 卞秋月 李玉婷
刘荟 李秀美 吴雪媛 陈伟 王莉 朱苏婷 陈成 居颖 姚岚
张磊 阚丹云 郭敏 陈珊 韦露 陆蕾 刁燕琴 潘超 方菲
王露园 杜娟 徐留凤 宦琴 何红燕 罗静 吴琼 王琪 程时凤
王菊青 周杨 范丽芬 孙冬梅 汤雯韵 姜凤雅 吴婷婷 王雪秋 徐慧娟
倪月娥 陈香云 朱学琴 蒋国华 徐园美 陆梦婷 朱琤 姜淑萍 华丽琴
朱琳 王小燕 刘莹莹 朱蕙臻 戴涓 陈嘉怡 凌孔兰 徐晓 朱燕
汪云 张华 孙艳 缪湄 杨静 徐奕 宋盼 朱垚静 王静
宋青芝 陈荣 徐静 於李平 金杏 柏玉萍 郦茹萍 王莉 郭益欣
李晨晨 赵敏 吴佳慧 徐梦雅 卞青 庄银 严文文 王丰文悦 张海霞
邓丹丹 韦青文 苏畅 梁雅 徐芸 薛荣荣 王瑞 徐倩 罗静
程言虹 蒋建平 俞蔓薇 秦梦乔 贡素珍 石姗姗 吴阳春 胡金香 俞洋洋
高燕 戴月华 周媛华 蒋红 邵梅娣 庄白慧 张文婧 吴菲 樊莉
朱莎 焦佳敏 李玲 卢姗 钱泉 李丹丹 王婧 仓程园 汤磊
徐荣 徐苏 乙福芹 仲春茹 秦帆帆 陶海婷 周丹丹 王思 张琪
葛雅 王莹 张艳乐 钱培培 王月涵 王艳青 严妍 章多思 吴庭
王姣 冯亭亭 咸玉熙 蒋丹丽 卢奇委 王英 鲍娟 付瑞 高雅
侯青青 臧娟 孙海兵 史沙沙 颜笑

医学检验技术

韦默池 潘晓捷 沈莉 李洁 陈露 赵文静 徐然 朱静 程巧梅
孙晨 王美英 张萍 刘玲 骆洁 姚庆兄 林胜 吴楚桥 卢志慧
许艳 陈亮 许媛 宋农 张晗 王彩凤 居艳 史高峰 黄喆
颜洁 马骏 凌亚 凌庭欢 陈学荣 吴丹 王慧 王竹青 孙蓉
诸俊 何宇 王升龙 汤娇娇 龚晶 瞿少华 徐兰兰 戴超凡 高培杰
王雨 戴晓敏 徐良 黄蓉 卜娟 李欢 谈义青 张伟 赵霞
李玲 李奇 岳婷婷 沈海霞 柏如琪 贡魏 杨倩 圣玉霞 郭才元
徐曦 姜黎京 胡丹丹 薛志军 张所德 徐铭铭 李俊柯 陈丽佳 滕倩倩
郭寒露 褚楚 林楠 薛芳芳 刘卫然 李慧 王淑媛 马凯月 沃洪芬
曹佳颖 崔黎明 印杰 关贵珍 陈靖 马娟 殷欢 尤佳雯 秦瑞
朱文婷 秦凤兰 李娟 钱梦晔 黄欣 刘星星 田芷凡 杨正平 袁飞
高婷婷 胡珈琦 吴海林 张娟 孙文娟 顾佳琦 夷大忠 曹月 郭文娟
王玮 陈慧 胡芹 王旭 薛云云 沈连军 王丽丽

临床医学

蔡 素	李素华	袁小华	许家花	罗明清	成建民	罗明波	潘春霞	朱颖娟
倪 智	杭菊仙	何宇胜	解丽琴	卢 毅	郑月华	唐宏慧	高拥梅	孙千秋
吕文兵	周敏玲	张明龙	钱志红	赵 斌	徐文华	孔冬志	郭建俊	李 琳
冷 玮	李 洁	于海燕	贾学林					

2016年成人教育函授高起专毕业生名单

电子信息工程技术

费 翔	代 明	王雨滨	吕树锋	王 伟	赵轶扬	钱 程	谭敬文	王双利
方 涛	李姚春	庄桂超	岳海翔	葛 顺	朱克庆	王林芳	李梦月	段福举
陈昱霖	唐 欣	韦永圣	王 凯	丁长生	方吉祥	吴仕华	葛洪川	周 超
严 浩	李煜杰	厉 凡	裴 健	钱 亮	窦 君	朱洪忍	李加伟	杨雨康
仇锦鹏	尚娇娇	董 月	周 帅	莫小虎	陈新伟	李 伟	曹阿沛	吴 昊
王佳文	顾培秋	梅 毅	金敬涛	易汗清	夏长飞	戴媛媛	沈 健	孙 超
李勤愿	朱靖文	凡婷婷	王 凯	林 春				

会计电算化

张 磊	顾 琳	付 莉	王丽娜	李 绘	孙立峰	郭 芬	潘 慧	蔺 君
朱 宁	岳 露	丁 楠	刘 秀	朱晓琪	李 洁	芦庆进	康莉莉	王文静
张 柳	米秋霖	孙 迪	彭雨冰	朱海燕	缪爱梅	徐 洋	陈金萍	

机电一体化技术

张 璇	王 闪	刘 彪	岳彩忠	胡蒙恩	张炎龙	潘卫卫	王 辉	崔翔飞
王 刚	尹雷明	聂浩然	刘连文	周启航	陈 功	刘修赛	范福平	李 响
李军华	王磊磊	景 晨	孙 宇	汪允波	杨 洋	孙 奕	田梦瑶	卢滕飞
王 帅	佟伟建	江 南	龚 伟	张海健	殷昊颖	张子天	孟 阁	欧阳萌
胡丽莎	魏 壮	薛村村	董宝玉	佟振兴	孙伟龙	李 凯	孙云鹏	姚永胜
余鲲鹏	张 凯	马高高	武栋良	潘雪峰	梁 棒	张 康	吴诗文	时 赛
张京宁	王天池	卢家财	毕 扬	周后培	甘自豪	孙忠琴	石佳坤	

2016年成人教育函授专升本毕业生名单

电气工程及其自动化

朱 超	翁 伟	孙 鑫	张文健	秦功慧	朱 兵	许 路	谭 智	梁银俊
田 猛	邵正华	吴传玉	徐元宝	吴晓成	吴建业	张兴旺	朱东恒	朱加权
张 旭	郭雪峰	徐 泰	邵建翕	陈 伟	沈志斌	明仁勇	时 蒙	张胜峰
刘忍忍	郑 武	赵 帅	蒋 坤	庄伟康	颜玉冬	丁飞飞	林冠辛	徐 健

朱有佳 袁　航 倪　壮 陈　聪 史先旭 李昊霖 戴国祥 陶志营 樊冬冬
马昌露 史振国 陈光玉 姚广帅 周　平 朱　敏 丁彤彤 吴晓红 汪　洋
胡　婷 何建松 李　俊 殷文羽 李亚为 顾正伟 孙齐东 王正通 陈立夫
孙　康 梁和清 于熙东 展兴飞 陈　寅 吴士龙 袁晨晨 胡昌林 薄康兵
卜时存 龙启程 吴建辉 赵忠飞 李　辉 孙　浩 朱肖肖 朱　涛 孙学圆
马贵林 王飞强 叶明军 管　军 刘　锐 冯晓川 张爱花 杨淑云 朱　奎
董洪林 封　睿 郭　翼 陈　韬 李承铭 崔永刚 马雨慧 陈　谦 韩秀成
李孟飞 何　锐 陈　雷 戎志涛 谢福恒 朱永前 李义飞 贺存义 陆　杰
施良芝 汤万浩 王勤峰 张立聪 杨成志 周少文 王　伟 闫玉婧 汪玉凤
方海清 刘　敬 李春波 汪计可 朱　雷 闫丹丹 薛张林 张昕炜 满建东
张为东 李金波 喻存斌 刘小宝 杨赵伟 高建军 季小娣 朱红保 彭　伟
方玉娟 吴　新 杨　诗 徐　昆 冯亮亮 任丁超 段飞翔 王桂权 汪　跃
荆伟专 窦宏成

电子信息工程
毛祎飞 李　辉 郑　重 蔡守华 谭　新 袁　剑 李春燕 赵润林 冯仰健
许　斌 马　彪 苏永凤 范正明 张　英 朱　伟 曲　鹏 鲁刘崔 李　想
刘启明 陈　俊 程　彬 张　剑 李　俊 茆石明 赵　媛 周保剑 李响一
刘　焕 纪云汉 环琪琪 卞长江 赵　杰 刘　婕 徐月皎 杨桂春 徐延欢
吴佳斌 孙华俊 贺珍珍 平国栋 黄　娟 徐　毅 陶建国 戴高乐 周义武
陆　源 李　清 夏开旭 倪　琦 张泽诚 吴佳炜

工程管理
殷　莹 冯玉泉 黄　艳 周　静 张　明 宗国斌 朱　瑞 葛建华 周雅雯
张　锋 张贺贺 沈纪建 王华珍 王　强 徐日友 龚建明 管丽丽 姚　莉
路　娜 张梦莹 孙敏丽 孙安鑫 何珊珊 娄培贞 陈　玲 宋峰美 朱骏超
牛永霞 孙林海 金文渊 陈　铖 蒋自稳 蔡雯雯 时春华 杜秀敏 陶　景
谯晓敏 娄培成 姚　刚 顾宇龙 靳庆红 卢小英 张　跃 顾　健 穆卫兵
王祥龙 张　霞 陈晶健 赵志勇 李传云 黄　勇 王彩云 孙金红 张　驰
朱晓华 陆　欢 张　卓 袁逸晨 周雨枫 方　辉 于　凯 汤逢仪 丁　涛
周　游 陈雪松 陈　银 丁　俊 龚本俊 张培智 魏金琪 王嘉仪 童　维
史海跃 王忠亮 贺美玲 林才仁 周效奎 许　梦 陈　娟 孙艳平 王忠阳
丁　凯 李　慧 金　萍 马巧平 朱学超 纪　浩 秦　磊 刘贤超 韩　君
狄　明 张　强 童国军 胡爱萍 陈佳楠 沈　俊 朱　鹏 张　蕾 葛中燕
柏银彬 王寅杰 殷　蓉 王　菲 丁红梅 袁　为 罗德娟 王　庆 田春海
龚志国 蒋　晨 杨鸿儒 顾佳桔 仲在泉 毛井婷 刘圣群 杨　晶 刁海龙
吴林杰 邓　健 汤　明 魏　高 高　萌 力天杰 宋晓旭 侯业江 姚　亮
孙小波 许　鹏 史从涛 　　 姜应东 毛丽君 巨　涛 李　兰 陈　超

张　燕　　陈玉茹　　席　伟　　方　培　　陈家奇　　吴友云　　王芯琪　　蒋学东　　张月琴
陈敏华　　束云华　　夏　飞　　蒋　昭　　欧阳康　　戴　润　　赵　欣　　陈　超　　智　杰
樊　磊　　邹从俊　　刘华贞　　姚全将　　刘国庆　　孟祥强　　唐金敏　　俞　雷　　邓俊松
袁　静　　张晓迪　　曹林军　　祖文艳　　张月菊　　刘　欢　　朱　伟　　王春兰　　张　洁
杨　晨　　滕　磊　　缪卫俊　　柳元震　　孔令跃　　姚彬彬　　钱春年　　徐幼健　　陈　峰
袁凤芹　　曹文杰　　赵红阳　　钟晓霞　　张甜甜

工商管理
季小波　　赵　丁　　陈　云　　孙惠亚　　施桂红　　薛玉锋　　李星花　　杨　铭　　张玲玲
朱桂静　　薛梦莹　　殷　佳　　王小莹　　孙　伟　　张　慧　　张　敏　　王佳佳　　王　祥
姜　艳　　李林星　　闫　月　　曹有丽　　李志娟　　傅莉芹　　殷慧君　　芦雨嘉　　刘　露
田秋霞　　张益语　　陈金娥　　陈　科　　朱　星　　邵健康　　朱天燚　　李园方　　张　敏
王　菊　　刘　辉　　张　方　　刘　洋　　程静静　　赵　帅　　张旺旺　　李历倩　　于胜楠
刘吉成　　崔雪芹　　李　诚　　孙甜甜　　孟　飞　　刘　颖　　魏维　　许　笑　　韩正立
王昌明　　曹　琼　　武　琳　　黄　倩　　陈国进　　许瑞权　　王　楠　　许　全　　刘缦缦
刘欢欢　　李　正　　魏　楚　　苏晨　　王　培　　刘　双　　宋　涛　　万秋阳　　李文华
郭　静　　宋　梅　　李　华　　许　琳　　王元元　　张　肖　　石　婷　　肖红敏　　蔡　圣
陈　露　　史克传　　吴国彬　　李　翔　　顾彩英　　钱　历　　张　丽

国际经济与贸易
狄银娟　　蔡德钰　　张有玲　　季　婕　　李　超　　王　玉　　李盈盈　　卢雪雪　　周正琴
项加佳　　杨蓓蓓　　张新景　　胡文静　　冯晶晶　　丁正阳　　朱湘云　　周　莉　　戴春杨
沈　东　　张　新　　蔡　力　　顾梓馨　　宋宁霞

会计学
丁德阳　　陆郁婷　　王　宁　　郭晓莹　　朱　燕　　王胜岩　　唐　静　　李　利　　蒋松涛
杨志芳　　袁玮烨　　居建英　　袁　晶　　李春香　　朱　洁　　季　夏　　陶梦娜　　苏志军
戴丹丹　　王　翔　　徐　燕　　王　薇　　陈芳莹　　王琼华　　唐　丹　　顾尉平　　王洁洁
蔡双双　　卢慧瑶　　陈如忠　　张　丽　　柏明雅　　任　杰　　柏　靖　　黄　婷　　韦　岸
李　婷　　刘晓敏　　冀　静　　吴美娟　　谢明霞　　杨海洋　　李楚娜　　耿丹丹　　潘志玲
孙奎奎　　王　云　　殷雅茜　　董　超　　钱　燕　　韩盼盼　　孔学　　谢　媛　　严　凌
金　花　　王　迎　　孙　菲　　吴　霖　　戴嫣然　　嵇家慧　　孙　超　　周　晶　　祝　丹
季　芳　　潘龙飞　　徐　丹　　戴庆炜　　洪嘉银　　王泓博　　于冬芹　　徐圆圆　　陈丹丹
史震华　　倪少君　　秦　丹　　黄　花　　潘凝星　　李　进　　苏巳东　　陈艳晴　　高爱君
张慧敏　　王　红　　褚　晶　　李　婉　　沈　斌　　朱春迪　　赵艳平　　李　清　　陈　秋
李丹丹　　宋　丹　　李婷婷　　李文玉　　范春春　　李　秋　　刘新晗　　蒋　涛　　王丽娟
李雾蒙　　薛　林　　殷现梅　　赵玉敏　　崔秀丽　　王媛莉　　张影影　　戴青情　　张树英
王丽君　　彭　繁　　郭欣欣　　李晓萍　　武萌萌　　陈　清　　王　颖　　张　　　林亚男

刘长青 战晓萌 杜 娟 吴海艳 姚 真 薛培培 魏 亮 陆 露 蒋 菲
张莉萍 夏姣姣 王 冉 李 苏 张 莹 张 鑫 蒋翘楚 赵 强 葛 妍
侯倩倩 徐 莉 李 丰 杜 雪 刘春亭 张蒙蒙 戚家正 张 玮 汤 恒
董方方 李 荣 王 倩 李 丹 梁盛楠 李香莲 张 趁 郭 倩 单运梅
仇英英 李曼曼 郑欣欣 闻艳平 胡晨光 郭 亮 刘丹萍 钱梦怡 包 健
吴 健 葛 妍 袁 楠 徐梦芸 周 丹 林 毅 张立立 陈星旭 郑 芝
丁文倩 刘 璐 钱春敏 冯梦羽 王舒雅 王 燕

机械设计制造及其自动化

张同雷 刘光浪 孟令广 贲永东 孟 辉 徐银森 周志远 王勇生 丁安祥
谈 京 葛于伟 贡顺荣 李 勇 赖宏基 姜淳益 徐鹏程 房庆龙 田世领
闻开斌 习 钰 吴春雷 戴道银 余思霖 姚 瑞 张 超 傅信淞 盛志文
冯 卫 曹 鹏 高 峰 杨富志 王 慧 徐柯柯 赵 楠 陈 璐 朱国宏
孙 岩 颜秉辉 巩凡斌 杨爱萍 吕士其 陈晓露 夏小伟 周 豪 刘明智
刘 宾 周 斌 刘学艺 贾文建 吴 鹏 姬争孝 屈云鹏 胡婷婷 朱艳影
孙亭亭 甄文斌 李 唐 于 磊 张跃曦 满 程 许 昕 张 勇 尚巧云
刘亚洲 朱 娜 许 雷 张 涛 魏 远 李晓辰 孙 占 周 涛 陈恩赐
王天文 韩 跃 徐 甲 陈 倩 王 贺 姚 亮 杜庆贺 朱倩倩 霍 耀
梁鹏飞 李德喜 范 凯 朱俊恺 曹传超 范雪微 甄文善 王 翔 王 恒
尤 欣 张二宁 魏光辉 房 巍 杨 波 王 新

土木工程

邢五生 杨丽琴 顾 亮 刘定宇 侯雪琴 许殿荣 东炎斌 刘金龙 王素霞
张 磊 曹国元 嵇建兵 南俊奎 张 悦 齐 震 沈建学 张 杰 王婷婷
陆 斐 孙近琅 邹 静 樊振海 季 舫 陆锦贤 刘 伟 孙来勇 姜小建
徐 锋 冯永涛 王运德 林婷婷 莫亚婷 吴 丹 金 刚 宋建新 张左广
李晓柳 刘玉莲 庄谢芳 司淼淼 欧阳全蒙 于 靖 吕 涛 刘莎莎 沈靓嵘
王 凯 毛里程 杨 标 陆 倪 秦 跃 徐 周 伏宜俊 梅凌波 庄家福
王久俊 黄 燕 张 杨 陆伟杰 来 蕾 曹翠翠 李孝勤 鲍衷县 吴 梅
邱 帆 张学进 王 阳 涂广勇 黄晶晶 孟祥峰 姚学芳 郭岩岩 谈媛媛
贾佑东 张 欢 冯丹丹 陈晓庆 胡学巧 栾福云 张 赛 戴竹琦 洪加伟
滕 轩 王 征 冯伟伟 张 鑫 姜湘云 王国琴 彭新亮 鞠莹瑶 刘 洋
陈允峰 祝一腾 仲恒恒 王 欢 吴晓燕 张 丹 缪 露 徐 磊 周 丹
桑铁柱 陈 凯 李玉冬 黄尊正 邓 治 丁雪妮 张 勇 段瑞凤 仲维伟
王 新 朱 露 陈 玉 唐爱红 朱永全 谭永秀 张海燕 周良晨 吴 璨
吕阿曼 吴 磊 王利利 张明丽 刘会英 仲崇瑜 周良凤 徐 振 钱 越
陈韶文 赵 熠 冯 阳 邹亚琦 倪 俊 高义秋 钱文岭 朱佳能 刘志兵
邹 宾 宗旭亮 张文溜 刘爱明 李 娟 朱 亮 刘海燕 尹琥珀 陈宗琨

李　秋	张泽英	赵远峰	孙正德	王洪发	刘洪涛	程　夏	吴　伟	陆　丹	
杜茹霜	段　猛	李　涛	胡　敏	崔晓民	张　灿	燕本涛	王奥博	王孝银	靳　猛
陈美芳	任小寒	李艳忠	徐小虎	刘艳艳	李顺胜	张　昆	周　阳	孙传卿	
申　浩	鹿世全	丁　鑫	薛　强	司聪聪	高　旗	张亚北	张亚	王高文	
平路路	陈艳楠	王　芹	王佩祥	马　翔	杜长艳	杜　倩	孟生宇	张创炜	
金　彪	闫德廷	陈凡明	赵宗磊	谢文博	徐　云	郭　乐	朱　宇	郑　萌	
唐　亮	殷　维	王亚楠	杨　勇	闫　娜	常　猜	许　帅	徐加林	赵召峰	
孙　彤	付可可	李　龙	邓淮徐	李　蒙	闫世锋	桑　洁	宋　辉	孙召峰	
苗成囝	杨　蕾	张保华	高　佳	唐骏驰	郑　丹	高　薔	张晴	唐宁	
王蒙蒙	朱太喜	王丹凤	徐良辉	高　梅	冒　堃	韩肆化	张培	李春	
张　兵	陈伟元	张浩浩	王辉辉	汤　赛	高晓辉	张美领	王作家	朱霆	
付　迪	张　薇	董权涛	闫　旭	刘　路	庄　倩	郑　军	朱士侠	尚东	
徐海滔	朱勇岷	肖　峰	耿庆亮	张　冰	李　楠	胡　伟	姚桂香	杜雯雯	
马　麟	汪　坤	曹忠锋	李培浩	史庆洋	李爱玲	李　明	丁　梅	侯　虎	
潘明波	梁伯洋	张文丽	王冠亚	花　修	朱星阳	安　超	魏国清	孙国权	
刘　洋	王　斌	杨　林	秦嗣伟	吕勇全	杜　斌	董顺心	孙　宾	赵阶利	
万莉莉	朱梦松	胡海锋	李亚梅	王高尚	张　会	赵宏奎	黄　波	闫　倩	
胡　龙	詹冠伍	张　帅	王孝俊	鹿京京	蒋飞达	袁薪靖	刘　强	颜明士	
黄焕杰	王筱筱	高　梅	王天奇	丁　宝	黄立朋	朱守海	吴福琴	刘耀文	
廖洪立	张　毅	柴建鹏	顾　乐	刘晓	袁　鑫	周　飑	郭　涛		
刘　飞	简玲玲	陶书波	吴志荣	陈　曦	俞冷飞	佘通林	郑俊		
万远星	丁　帅	杨　倩	唐　敏	孙彦龙	鞠　俊	仇建国	冀朋婷	王辰珂	
李正正	刘　振	周　云	夏　彬	曾剑朝	李华春	赵　莉	张志良	徐桂娟	
吴冬冬	杨欣兰	袁　雨	刘雪娇	阚广余	张　超	张　笛	钟　凯	黄红耀	
高　伟	方　磊	殷高智	胡冬梅	王　仓	施鑫鑫	朱燕华	谢进新	王艳	
管晓露	任克文	刘　欢	秦仓仓	袁哲云	吴　聪	张　杰	常　青	商健刚	
盛晓美	封　浩	陈洋洋	谷俊国	梅茸茸	王　菲	梁　军	陈伟巍	杨　铮	
张子阳	江　帆	王金龙	田　恬	王　勇	周晶	刘中国	杨贵军	陈锡军	
张付恒	诸映卉	杨　琪	周　航	任利超	宋俊达	陈　娟	李治成		
郭庆前	薛庆庆	薛飞飞	李　琴	张晓祥	周静静	刘　婷			

土木工程（道路与桥梁）

邱　寒	朱　峰	周　亮	张苏敏	徐永峰	江文波	韦　浩	郭　俊	张家猛	
司　琪	罗雨兵	刘　杰	徐道兵	李　龙	王世娇	丁剑波	耿功伟	宗荣荣	
丁争光	程　伟	李敏秋	郭文佩	江　倩	谷　亮	蒋海宁	朱　静	章后伦	
陈　云	朱元琦	李　铖	李金海	刘茗茗	梁　雷	朱鹏程	袁献铭	张礼丽	
孙　凡	张　继	聂正荣	陆　钊	梅高伟	邵京京	秦　晓	李　伟	马　猛	
朱金龙	陈志洋	毛嘉林	满阿满	刘令洲	陈二金	刘洪武	李　威	白　磊	

蔡　芹　仲宇翔

自动化
　　房巍巍　夏丹军　苗庆洋　李　杏　梁苏皖　王　楠　钱　杰　鞠　成　张　雪
　　徐　文　许君健　赵　俊　徐飞飞　赵　坚　孙洪文　朱必佳　汪　洋　顾　彬
　　陈月盛　茆海坠　陆丽佳　龚　涛　张青龙　梁光祝　周小美　曹逸轩

自动化（计算机控制与管理）
　　范建兵　张亚云　李倩倩　叶　勇

教学科研服务工作

图书馆 2016 年工作综述

2016年，图书馆秉承"读者至上，服务第一"的宗旨，积极进取，履行各项职责，努力为学校的教学科研服务提供有力的文献信息服务，取得一系列成绩。具体工作如下：

一、基础工作

图书馆努力建设与东南大学发展相适应的馆藏体系。中外文图书新入藏 86 757 册，回溯 191 007 册；中外文期刊合订本 53 810 册。零散接受社会赠书 1 167 种、1 863 册。典藏 17.48 万册中文图书到成贤学院。调整外文期刊订购目录及中文过刊装订目录。

完成"院系资料室及图书馆小语种图书书目数据回溯"项目，图书馆及全校 9 个院系资料室的 323 115 册中外文图书及期刊合订本已回溯入库。为各院系购置的文献登记审核 3 457 种、4 142 册。

订购各类中外文数据库 225 种。东南大学学位论文数据库新增 4 490 篇学位论文，完成 1 350 张随书附盘加工。上传、编目各类多媒体资源 39 307 种，整理和入编公开课视频 270 个，多媒体资源点播 98 193 次。

与香港理工大学包玉刚图书馆签署为期六年的共享纸本期刊协议，合作储存和共享香港理工大学包玉刚图书馆的 2 359 种(37 571 册)合订本期刊。

完善特藏资源建设。童寯画室正式开放，规划、建设国鼎图书室网站，接受家属捐赠的田原先生藏书 1 976 册，其余各类资料 149 件，实物 2 件；接受江苏省地方志办公室捐赠《江苏历代方志全书》125 册(首批)等。

全年入馆 1 884 447 人次。总流通量 650 549 册次，门户点击量 4 746 019 次，电子资源下载量 14 051 183 篇次。成贤搜索全年检索量 681 022 次，超星中文发现系统全年检索量 310 057 次。

二、优质服务情况

1. 深化读者服务

开展多层次信息素养教育,为部分院系开设文献检索课教学128课时,437人次参加;举办阅读推广活动,培养读者的文献信息利用能力。开展文献检索课,举办数据库资源讲座等专题培训127场次,5 935人次参加;与超星公司合作主办江宁区五校"云舟杯"信息素养大赛,我校学生代表队获一等奖。开发"新生在线答题系统""百战书虫知识竞赛系统"。

图书馆场所服务全新升级。李文正图书馆二、三楼大厅空间改造完成,新增休闲阅读空间、彩色研讨间、多媒体研讨间等,毓琇文化沙龙成功举办多场文化活动;四牌楼工学分馆协作共享空间及丁家桥医学分馆多人研讨间已全面投入使用。

举办第八届"爱书人的春天"——东南大学读书节。期间举办第三届"向经典致敬"诵读竞赛、"开拓新空间——我心中的图书馆"空间设计作品征集大赛、"闪亮的日子,闪亮的你"读者之星评选、"Amazing Book""阅过无痕"、汉语桥等丰富多彩的活动。

在新生季、毕业季、淘书节期间分别举办百战书虫大赛、发放"你的阅读成长足迹"手册、李文正图书馆大冒险、拼图大赛等活动。

原创电子杂志《书乐园》出版第25～28期;"我爱悦读"推荐书单揭幕;承办工会"猜猜我有多爱你——儿童绘本与亲子阅读"亲子阅读分享互动会。

2. 学科服务深入院系

完成原文传递11 381篇,查引查证2 339项,共检出194 176篇有效数据,科研院、社科处的论文奖励审核3 917篇;科技查新课题777项(其中,国内外查新197项),博士生开题查新审核343项。

面向全校师生开展信息利用行为调查,了解各层次用户在学术资料获取时的行为特征。整合全馆学科服务资源,优化学科服务梯队,参与嵌入学科的PBL(问题式学习)教学工作,利用LibGuides(一款学科服务软件系统)完善学科资源门户建设,新建和更新3个学科服务平台;测试JALIS(江苏省高等学校数字图书馆)"学科服务平台"查引查证、科技查新、投稿指南、科技论文奖励等模块。

面向学科开展科研管理决策支持等方面的数据分析。完成东南大学SSCI(社会科学引文索引)论文分析、东南大学ESI(基本科学指标数据库)数据跟踪与分析、高被引论文跟踪、定题服务等报告,多次为规划发展部等部门提供科研数据。协助完成信息工程、计算机科学与工程、哲学、法学、临床医学等专业评估。

三、改革创新和内部管理情况

1. 加强组织文化建设

完成非图情专业的新进馆员为期一年(跨年度)的专业教育,本学期开设3门课,6个学分；举办6期馆员沙龙，提升馆员业务素养；重视工会工作，党总支开展群众路线教育和"两学一做""最佳党日"活动以及爱国主义教育活动加强凝聚力。

加强学生馆员管理，举办优秀学生馆员表彰大会，面向学生馆员开展微信学生馆员职业培训及测评，组织学生馆员协会参加大型流通服务窗口检查活动。

东南大学"善渊读书会"顺利重组并正式挂牌。

2. 积极开展学术研究与交流

完成全国高校图工委《高校图书馆发展报告》蓝皮书第一章的编纂工作，为《中国大百科全书》（第三版）网络版图书馆事业分支提供本馆词条。

获国家社科基金一般项目1项，JALIS四期项目2项[学科服务平台（资源部分）、数字资源长期保存与利用系统]，省教育厅规划项目3项。4项国家社科基金项目顺利完成中期检查。完成JALIS四期项目"学科服务平台""移动图书馆"；发表CSSCI（中国社会科学引文索引）期刊论文18篇；参编英文论著1部等。

顺利完成图书情报硕士点2016年第4轮教育部学科评估以及2016年江苏省硕士学位授权一级学科点的评估工作。

邀请美国田纳西大学图书馆、清华大学图书馆等专家来访并开展学术讲座。我馆在中国高校图书馆学会高等学校分会组织的"2016年高校图书馆发展论坛"、全国高校图工委主办的"第九届高校图书馆管理与服务创新论坛"、武汉图书馆"未来城市图书馆发展理念与趋势"国际研讨会等均受邀大会发言。

3. 积极参加各级文献资源保障体系建设

牵头全国高校图工委馆舍与环境建设工作组、江苏省高校图工委馆舍与环境建设专业委员会、江苏省图书馆学会建筑与设备专业委员会、南京高校（江宁地区）联合体、宁镇扬联合体，参与江苏省工程技术文献中心、卓越联盟高校等文献资源共享工作。办理江宁区及宁镇扬联合体、省高校通用借书证共计5 649张。

成为"中国高校机构知识库联盟"第一届理事单位。

顾建新任中图学会学术研究委员会图书馆建筑与设备专业委员会副主任；袁曦临担任中图学会学术研究委员会图书馆统计与评价专业委员会委员。

4. 内部管理情况

开展全校（含院系）图书资产清查工作，对东南大学图书馆内全部纸本图书期刊、缩微资料、声像资料、镜像电子资源以及全校院系资料室的全部图书期刊进行了为期五个月的清查，并对清查中出现的问题逐一进行整改。

配合学校开展内控建设以及党风廉政建设工作，梳理并完善本馆的工作流程及制度，对本馆主要业务进行梳理分类，明确业务环节，查找廉政风险点和内控薄弱点。

四、获奖情况

1. 获"江苏高校图书馆2013—2015年度先进集体"称号（江苏省高校图工委）。

2. "你的大学我做伴——2016年东南大学图书馆迎新系列活动"获江苏省高校图书馆新生入馆教育优秀案例一等奖。

3. "Amazing Book——享受阅读,'精彩在外'外文阅览室资源推广"获第二届全国高校图书馆服务创新案例大赛三等奖。

4. 获"2015—2016年度CALIS(中国高等教育文献保障系统)联合目录馆藏数据建设先进单位奖""2015—2016年度CALIS联合目录中文数据库建设先进单位奖"(CALIS管理中心)。

5. 南京市江宁区五校"云舟杯"信息素养大赛"最佳组织奖"。

6. 江苏省第五届图书馆学情报学学术成果一等奖2项(常娥、顾建新),三等奖1项(孟祥保)(江苏省文化厅)。

7. 2016年江苏省教育科学研究成果三等奖1项(袁曦临)(江苏省教育厅)。

8. 图书馆党总支第三党支部获东南大学2015—2016学年最佳党日活动二、三等奖。

9. 获东南大学"2014—2015年度工会工作先进集体"称号。

10. 刘跃群、朱佳鸣被评为东南大学2014—2015年度"三育人"积极分子。

11. 华苏永被评为东南大学2016年度优秀共产党员。

五、2017年工作计划

1. 进一步推进信息素养体系建设,做好图书馆资源使用培训,建立网上预约系统,采取新方法开展培训。

2. 重视和联系学生社团,做好阅读推广工作,履行教育职能;培养学生馆员自主管理能力。

3. 结合土木、交通学院进驻九龙湖,完成文献资源布局调整工作。

4. 配合学校"双一流"建设,建设东南大学学者库,建立东南大学学科数据管理中心;做好图书馆网站改版工作。

5. 做好"第十五届全国CALIS数据资源引进周"的会务工作。

6. 加强专业馆员队伍建设,着重年轻馆员培养,加强绩效考核,提升全体馆员的职业素养。

7. 修订《东南大学图书馆馆藏发展政策》等规章制度,规范业务统计指标及数据的收集与管理,逐步完善过刊资产规范问题。

8. 完善设备、家具的固定资产管理工作。

档案馆2016年工作综述

档案馆是一个勤奋、实干、和谐团结的集体。今年因事业编制人员社保改革、全国干部人事档案整理等工作,我馆服务工作量创出历史最高水平。

一、年度工作亮点

1. 接待超9 635人次;查档超48 558卷件;网络查档审核利用超16 600人次;电话咨

询超1万人次。

2. 网络发布"公开专利",为教职工项目申报、验收、报奖、成果转化、职称评定等提供了极大方便。

3. 收藏的黄纬禄院士笔记本,一经宣传,全国几十家主流媒体进行了转载,百度相关信息超百万。

4. 成绩翻译等服务实现多校区无障碍网上服务,九龙湖校区上门服务,中午也开放服务,做到无现金收费管理。

二、顾学校工作大局

1. 事业编制人员社保改革,档案馆按照要求查证全校8 000余人档案,对不少缺失和疑难档案,从人事、文书、科技档案多方面进行一一反复查核,时间紧、工作量巨大,档案馆不少同志利用休息时间加班,按时将全校万余份档案交人事处。

2. 由于4位同志退休,2位同志生产,馆人力严重不足,需要增加学生勤工助学解决人力不足的困难,但在校组织部提出协助查找600余名失联党员时,档案馆从有限人力中抽出专人协助此项工作。

三、日常工作分述

1. 政治和业务学习

档案馆注重提高全馆人员的政治素质和职业素养,积极投入"两学一做"的活动中,开展每月一次学习活动。另通过参加各种会议,到全国档案工作标杆单位调研等学习和培训,认识到工作中的不足和努力的方向,为档案馆可持续发展提供了动力。

2. 档案资源建设工作

为迎接115周年校庆,颁布了《东南大学档案资料捐赠工作管理暂行办法》;《关于征集东南大学校史档案资料的通知》(校发〔2016〕33号),征集工作初见成效,得到校友总会、土木学院、公卫学院等单位的大力支持。先后征集到黄纬禄院士笔记、王步高教授《东南大学校歌》手稿、"文革"期间学生自印的教材,及原党委郭广银书记、全国教学名师吴镇扬教授等的珍贵资料,徐风后人及土木学院、总务处、校友总会等向我馆捐赠的大量珍贵档案;档案馆还与北京校友会合作,协同校史研究室专程到北京拜会老中大校友,收集到有关中大的珍贵资料和信息;协同校史研究室抢救性采访国立中央大学许荏华校友。

3. 档案收集、整理、利用和服务工作

本年度收集整理文书档案资料4 838份、电子文件6 535份、保密文件400余份;补档1 091份;实时归档电子公文共4 155份。收集整理录取通知书27 495份、学位材料4 410卷、科研档案682卷、专利档案1 493卷、成绩档案174卷5 533份、涉密学位论文64卷、涉密科研档案644卷;收集电子声像及实物档案371份;整理新生档案8 325份;派遣学生档案6 148份;接收、整理干部人事档案10 363份。

为校友开展贴心服务,今年为 151 名外地校友提供社保档案的补充材料,调档 282 卷;为 641 名外地校友提供干部人事档案的补充材料,调档 1601 卷。所查到的资料,均用快递方式寄到指定单位,为外地校友节省了时间,提供了方便。

4. 信息化工作

为了保护图纸,科技档案室扫描基建图纸 27 171 页;扫描证书 108 页;扫描档案资料 66 329 页,录入 3 478 条。扫描杨廷宝先生的手绘图纸 4 246 张,录入 4 231 条。文书档案室扫描档案 21 740 页,录入 9 398 条;从 2010 年开始研发的档案管理信息化系统花费 10.5 万元,以极高的费效比结题验收;建成了校友管理系统;实现档案专题数据库的功能;档案管理系统升级到学校云平台,约 8T 的电子档案迁移至云平台。

成绩翻译系统模块和科技档案管理模块与数字化校园系统相衔接,实现了全校学籍档案信息资源网络实时归档及档案信息共享;并将科研档案、基建档案、专利档案、业务档案、设备档案等各类科技档案整合统一到一个平台进行收集、整理、保管和利用,使东南大学科技档案工作上了一个新台阶。

5. 档案编研和科研工作

初步完成了东南大学毕业生名册整理工作;编制了科技档案室各类档案集成化检索工具。钱杰生等在《兰台世界》发表论文《使命与发展:江苏高校档案研究会 30 年》,另获得 2016 年度教育部直属高校档案协会优秀工作案例三等奖、主持省档案局的重点课题《电子档案"云灾备"数据安全策略及其实现》,参与中国高等教育学会档案工作分会档案研究"十三五"重点规划课题"全国高校档案信息化现状调研与数字档案馆建设发展战略研究";李宇青等的《东南大学百年体育历程》获得江苏省高校档案工作十二五编研成果一等奖,纪晓群的《历年毕业生数量统计》、肖太陶的《郭秉文:创办东南大学的故事》获三等奖。张魁同志被选为省档案人才"151 工程"第二层次培养对象。

6. 档案宣传和教育工作

档案馆重视发挥档案的教育功能,举办了主题为"档案与毕业生"的"6·9"专题展。馆网站全年发文 99 篇,向校报和东大网站发文 61 条,在省高校档案研究会网发文 24 条;李宇青副馆长因报道黄纬禄院士笔记受到江苏教育电视台记者采访;接待了台湾著名纪录片导演陈君天来我校拍摄采访王西亭与中央大学西迁的纪录片。

7. 档案安全保密工作

进行了 2 次全馆性安全、保密、消防培训活动;重要档案数据在重庆大学进行了异地备份;建设了 4 个恒温恒湿库房;根据上级保密部门检查指导,对保密库房的安全进行了完善;全年档案馆未发生安全治安事故。

8. 吴健雄纪念馆、校史馆工作

吴健雄馆与校史展览馆共接待了 7 628 位访客,新校史馆的建设项目在进行中。

对吴健雄纪念馆珍贵档案库房更换恒温恒湿设备,及时给文件档案做了大量消毒工作。

9. 其他工作

今年档案馆共接待中国科技大、哈工大、华东理工、西安电子科技大学、中国空间技术研究院总体部等19批次180人次的参观交流。

总结了江苏省高校档案"十二五"成绩并主持召开了江苏省档案研究会年会,参会人员创下178人的新高。

档案工作成绩得益于全校各部门和领导的支持,在此表示衷心感谢!

出版社2016年工作综述

2016年是"十三五"的开局之年,也是推进结构性改革的攻坚之年。这一年,出版社在东南大学和上级主管部门的正确领导下,继续坚持"导向第一、内容立社、品质为王"的发展原则,始终把社会效益放在第一位,全面保证出版物的内容、编校、设计、印制质量,积极探索多样化的宣传营销手段,创新内容传播渠道,同时深化内部机制改革,实现了科学发展。

一、深耕细作品牌建设,探求谋划"一核多翼"

在"强化专业特色,注重品牌建设"这一基本方针指导下,经过长期积累的资源优势和品牌优势,建筑板块已经形成了出版社精品出版的"核",同时为了进一步增强核心竞争力,实现全面可持续发展,出版社在2016年不断延伸品牌优势,探索开发新的"出版高原"、打造更多的拳头产品,逐渐丰满了精品出版的"翼",为出版社的品牌建设创造了更多新的增长点。

1. 9个项目入选"十三五"国家重点出版规划项目。2016年5月国家"十三五"重点出版规划项目首次遴选结果公布,出版社《现代预应力混凝土结构创新发展》等5个项目入选建筑科学类项目,入选数量在全国出版社同类项目中位居第二位。通过加强品牌优势延伸和拓展,除了传统优势板块建筑类图书项目以外,还有《中国宗族文化发展史》等4个项目入选,分别涉及工业技术、计算机技术、生物科学以及文化传承与积累等领域,这与"十二五"时期只入选了1项心理学领域的非建筑类项目相比,是一大突破。新的"出版高原"的开发和更多拳头产品的打造不断增强了出版社的核心竞争力,为出版社精品出版的可持续发展奠定了基础。

2. 2个项目获得2016年度国家出版基金资助。继2012年首次申请国家出版基金项目成功后,近几年出版社申报项目的积极性和成功率都得到了极大提高,2016年再次入选《中国藏传佛教建筑史》《中国拓印画通览》2项,至此共有5个项目获得了国家出版基金资助。

3. 4个项目获得2016年度江苏省文化产业发展专项资金资助。

2016年,经过严密的组织论证和申报,"江南古典园林数据云平台建设(江苏)"《可持续发展的中国特色理想城市系列丛书》《中国临床误诊误治大数据分析(上、下)》《混凝土体积稳定性和抗裂性理论与技术》等入选了省文化产业发展专项资金资助项目。

4. 7种图书获得国家级和省部级奖项。除了精品出版项目的开发，获奖情况也是出版社精品出版、品牌建设情况的重要体现。2016年，《喀什高台民居》荣获出版界三大奖项之一——第六届中华优秀出版物奖图书奖；《智慧城市规划方法》《中国拓印画通览》等2种图书被评为"2016年第二季度苏版好书"；《江苏农业野生植物资源》和《防病知识专家谈》获得"2016年江苏省优秀科普作品奖"；《空门寂路》和《笔尖情愫——钟训正院士风光素描画选》获得第九届华东地区书籍设计双年展封面设计奖。

二、重视质量管理创新，稳步推进供给侧改革

2016年，出版社一如既往地重视出版质量，坚持正确的出版导向，严把内容质量关，严格遵守国家出版法律法规，深刻学习领会上级文件及方针政策精神，不断完善质量保障体系，加大社内质量监管力度，奖惩并用，提高全社人员对质量的思想认识，全年抽查图书近30种，质量全部合格。在2016年江苏省新闻出版广电局对出版管理制度执行情况的检查中获得通报表扬。

在保证质量的基础上进一步提高服务质量，例如在教材教辅类图书上加载二维码，使读者通过快速一键式扫描获取与纸质教材内容相应的丰富多彩的电子课件和视频内容，增强了教材使用的便捷性、交互性与动态性，促进个性化学习，提高了教学效果。

三、加快产业转型升级，多方促进融合发展

在当前强调融合发展的大环境下，2016年，出版社认真学习《关于推动传统出版和新兴出版融合发展的指导意见》，顺势而为，依托自身优势不断探索传统出版与新兴出版的深度融合发展。

1. 继续加强图书信息数字资源库建立、电子书销售以及数字化平台和在线课程建设：完成出版社电子书的全平台覆盖，完成"大学语文""大学物理""信号与系统""交通控制与管理"等13门在线课程的制作；完成2014年获财政部资助项目的文化产业发展专项项目"中国近代建筑文化遗产保护与利用数字出版云平台建设"总体进度的80%，预计2017年5月正式上线运营；完成2015年获财政部资助项目的文化产业发展专项项目"数字化电子电气自主在线实践平台构建与应用"课程平台及课程资源的建设，项目总体进度超过60%，预计2017年9月正式上线投入使用。

2. 努力创新内容传播渠道：除了传统的营销手段外，着力探索如何做好出版社与实体书店的高效衔接、多样化的新媒体宣传营销（包括电商以及社群等）手段，注重对社内营销力量进行整合，多项并举，多管齐下，积极摸索、拓宽有效的营销路径，加强媒体、渠道和网络全方位、多层次的结合，例如召开了《中国画知识大辞典》等新书发布会、结合时事热点对相关图书进行微信公众号推送、举办或参办各类论坛讲座、参加"书香南京晚七点"等大众阅读活动把图书以最快的速度、最好的品质及时、精准地推送到读者面前，构建了线上线下一体化发展的内容传播体系。

四、践行制作出版分开,逐步扩大产业视野

2015年初,出版社在原有的基础教育图书中心基础上成立了合作中心,加强对与民营图书公司合作的各类大中专教材、教辅、行业类培训图书的规范管理。2016年国家关于制作与出版分开的政策开始在江苏试点,开展试点工作以来,出版社对合作图书的管理更加高效,同时,通过合作也促使出版社从观念上、机制上向合作公司学习其快速的产品开发能力和丰富的资本运营经验,寻找到从策划到营销的市场思维差距,进一步提高了出版社的市场运作能力,扩大了产业视野。

五、重视新型人才培养,加快出版队伍建设

人才是企业的第一生产力,尤其对出版这个创意性行业来说,更需要创新型、复合型人才,"互联网+"时代的到来对出版社人才建设又带来新的挑战,加强出版社人才梯队建设应该说是当下第一要务。

2016年,出版社本着"从使用人才到经营人才"的原则,把人才引进、培养、使用作为一项长期工作和战略任务,通过业务教育培训、项目带动发展、岗位实践锻炼、个人自学积累、互帮互扶等多种方式和向关键岗位、业务骨干和做出突出成绩的人员倾斜考核政策等激励性措施加快人才培育,使各类人才的积极性、主动性和创造性进一步提高,增强了出版社人才的业务技能、管理才能和应用能力,努力实现人才"引进来,留得住,用得好"。

2016年,在出版社全体员工的共同努力下,谱写了"十三五"良好开局新篇章。在2017这一实施"十三五"规划的重要之年,出版社将继续坚持正确的出版导向,以社会主义核心价值观为引领,严把内容质量关,牢牢树立精品意识,更加注重出版经营活动中的社会效益考量,继续深化体制改革,创新内部运行机制,践行发展新理念,求真务实,淡定从容,全员加速,履行好出版工作者的文化责任和历史使命。

学报(自然科学版)2016年工作综述

一、数据库收录

2016年度出版《东南大学学报(自然科学版)》正刊6期、增刊1期,共发表论文257篇;出版《东南大学学报(英文版)》正刊4期,发表论文86篇。两刊合计发表论文343篇,均被 Ei Compendex(美国工程索引数据库)收录。此外,两刊还被英国《科学文摘》(INSPEC)、美国《剑桥科学文摘》(CSA)多个分册、美国《化学文摘》(CA)、俄罗斯《文摘杂志》(AJ)、美国《数学评论》(MR)、德国《数学文摘》(ZBl MATH)等其他国际重要检索数据库收录。

二、表彰与奖励

1.《东南大学学报(自然科学版)》入选2016年度中国高校百佳科技期刊,《东南大学学报(英文版)》入选2016年度中国高校优秀科技期刊。由国家一级学会中国高校科技期

刊研究会组织的2016年度中国高校杰出·百佳·优秀科技期刊评选活动,采用定性和定量相结合的方法,通过对期刊学术质量和编辑出版质量进行严格审查,利用国内外重要数据库及评价机构的学术指标进行客观评分,并充分考虑期刊的学术影响力及行业影响力,共评选出"中国高校杰出科技期刊"20种、"中国高校百佳科技期刊"104种、"中国高校优秀科技期刊"254种、"中国高校编辑出版质量优秀科技期刊"69种。此前,《东南大学学报(自然科学版)》还荣获2014年度江苏十强科技期刊、2006—2014年连续5届中国高校精品科技期刊奖和2008—2014连续3届中国精品科技期刊称号。

2. 2016年12月,《东南大学学报(自然科学版)》荣获教育部科技发展中心2015年度"中国科技论文在线优秀期刊"一等奖。

学报(哲学社会科学版)2016年工作综述

2016年,《东南大学学报(哲学社会科学版)》(以下简称学报)秉承精品办刊的方针继续向前发展。学报全年共出版6期正刊,2期研究生论文专刊(增刊)。全年处理稿件3 000余篇,公开发表200余篇,圆满完成了任务。此外,学报继续加入由一流高校学报组建的数字化网络体系——"中国高校系列专业期刊",继续当选为专业网刊《艺术学报》的主编单位。全年共出版6期网络版《艺术学报》,极大地提高了东南大学的学术知名度。

2016年,学报继续被《中文社会科学引文索引(CSSCI)来源期刊》《全国中文核心期刊》《中国人文社会科学核心期刊》《RCCSE中国核心学术期刊》同时收录,成为江苏省第三家入选全部核心期刊数据库的高校学报,在精品办刊的道路上继续前进。

学报编辑部成员在繁忙的编校工作之余,潜心研究编辑学理论。2016年,编辑部成员在编辑学核心刊物上发表论文3篇,受到读者的好评。

2016年,学报开始全面启用了在线投稿、审稿系统,在线投稿已超过传统投稿数量,审稿流程制度化、规范化,极大地方便了作者和审稿专家,提高了工作效率,深受作者、读者和审稿专家的好评,还受到各评价机构的好评,使学报信誉进一步提升。

学报(医学版)2016年工作综述

《东南大学学报(医学版)》编辑部在省局报刊处、学校党政的正确领导、编辑部全体同志的共同努力、校内外编委的大力支持、审稿专家的努力工作和广大作者共同支持配合下,顺利地完成了2016年度的工作,现总结如下:

1. 狠抓细节努力提高办刊质量

从载文量、基金论文、期刊综合即年指标学科平均值、反学术不端等几个方面与2015年比较有较明显的进步。

(1) 投稿量:我们为了获得更好的稿源,争取更多有课题的文章,从投稿开始就限制了一些水平低的文章的投稿,做到宁缺毋滥。

(2) 期刊综合即年指标学科平均值:统计年较前一年增加20%,这也从另一个侧面反映了期刊的影响力。

(3) 杜绝学术不端:由于加大对一些低水平的论文学术不端的查重,由原来的只查一个数据库变为检索多个数据库,这体现了我们的严谨求实和对学术造假坚决斗争的态度。

2. 依托专家办好杂志

努力做好新一届《东南大学学报(医学版)》的编委换届工作,邀请"千人""长江""杰青"等担任编委和审稿专家。

网络与信息中心 2016 年工作综述

网络与信息中心承担全校各校区校园有线无线网络建设、管理和运维服务以及全校信息化建设和运维服务,在人员少、任务重的压力下,中心全体人员齐心协力、克服困难,较好地完成了 2016 年工作。主要工作总结如下:

1. 校园网建设

为改善用户使用校园网体验,今年在校园网建设方面做了几件大事:一是九龙湖校区无线网整体改造,安装近 4 400 个无线接入点,基本做到九龙湖校区(除学生宿舍外)所有楼宇无缝覆盖;二是对校园网认证计费系统升级,实现无线接入无感知认证;三是将校园网 CERNET(中国教育和科研计算机网)出口带宽升级至 3G;四是对丁家桥校区部分楼宇综合布线改造,新增 500 多个信息点。

另外对迎新、校庆、新年晚会、教育部视频会议、考试等重要活动期间的网络提供了定点专人保障。

在网络与信息系统安全方面,完成 3 个系统定级备案工作和 5 个系统测评工作,并请专业安全公司在做 IT 资产清理及漏洞扫描和网站云安全防护,及时处理教育部通报的部分网站安全漏洞情况。

2. 数据中心建设

为了更好地支持校园信息化建设,今年重点是将传统数据中心向云数据中心转变。通过不断增加服务器和存储资源外,今年新采购两套 SVC(交换虚拟电路)存储虚拟化网关设备,将所有 SAN(存储区域网络)网络存储资源进行资源池整合,充分利用现有的存储空间,另采购 SSD(固态硬盘)存储增加整个资源池的读写性能,并且新建立 GPFS(综合并行文件系统),向图书馆、档案馆等部门提供超大空间的非结构化文件存储服务;通过不断完善云管理平台,更好地为全校各部门提供 IT(互联网技术)资源服务。

为满足日益增长的文档存储服务需求,今年建设了校级文档云,提供校级、部门、个人、群组等各级文档共享服务和私有云网盘服务,计划 2017 年元旦正式开通。

新增一套 VPN(虚拟专用网络)服务器,除了提供传统的 PC(个人计算机)机的 VPN 服务外,并提供各种手机移动设备端的 VPN 服务,方便全校师生在外网访问校内数字资源与服务。

新增两台数据中心防火墙,专门用于保护数据中心内的数字校园各业务系统,与数据中心的服务器虚拟化相结合对数据中心的虚拟机进行安全防护,防护内容包括传统服务器防火墙、抗DDOS(分布式拒绝服务攻击)、应用协议识别、IPS(入侵防御系统)入侵防护、防病毒,并针对本防火墙制定相关内容的安全运维。

3. 信息化建设

今年启动了数字化校园向智慧校园转变的第一步即基础平台的升级工作,包括智慧校园的应用管理平台和校园服务总线两大基础支撑平台。将为用户提供一站式、个性化的信息及应用服务。基于新平台除了提供师生和管理部门综合服务以外,今年还启动了本研一体化信息系统一期及新保卫系统的建设工作。为积极应对移动用户的需求发展,今年进一步加快了校园微门户建设和微信应用,截至目前,微门户共建设和集成了32个应用,其中自带轻应用26个,第三方应用6个。基础使用数据如下:安装用户数一万六千余人,其中教职工用户一千余人,学生安装人数一万五千余人。安装设备总数两万九千余台。

今年正在建设以及准备上线的信息系统还有新学工、新OA(办公自动化)、总务报修平台和校园接驳车应用等。

4. 运维和咨询服务

网络与信息中心前台主要是对全校师生提供在使用网络和信息化服务中的各种问题进行咨询解答、修改用户统一身份认证密码、开具校园网发票等服务和80808咨询邮箱的回复。粗略统计,本学年度接咨询电话约5 700个,处理网络故障约580个,回复80808咨询邮箱问题约650封。为全校各院系和机关部门办理公用邮箱的申请登记审核,并协助邮件管理员为用户进行公共邮箱的使用提供相关的服务,保证用户的正常使用。

通过引进专业的运维外包服务团队,为学校各部门和广大师生提供到端的服务,及时解决用户在网络以及信息化系统使用中的各种问题。

5. 廉政建设与文明安全

网络与信息中心在2016年,加强领导,全面落实党风廉政建设责任制,注重教育,提高全体人员廉洁自律意识,在采购、招标等环节严格执行学校各项规章制度,扎实构建拒腐防变的保障机制。加强思想教育,提高管理人员的责任意识,认清网络与信息中心是学校核心数据安全的重要基地,采取各种防范措施,杜绝安全隐患。

后勤管理与基建工作

总务处 2016 年工作综述

2016 年,总务处各职能办公室及各服务经营实体坚持以学校为主体,以服务学校为大局,以"管理育人,服务育人,环境育人"为宗旨,结合绩效考核,强化后勤管理,进一步使后勤工作精细化,为学校教育、教学各项工作的顺利开展,充分发挥了总务后勤的保障作用。

一、加强内部管理,促进各项服务工作顺利开展

按照学校对总务工作的总体要求,进一步加强内部管理,协调处机关与各服务经营实体之间的关系,增强部门间的配合度。

在各校区、各中心开设服务热线,全年接转处理师生热线 24 000 件。通过"印象总务"微信公众平台,与广大师生交流。

积极处理各类上访、信访事件,化解各级、各类矛盾。

完善后勤事务考评,组织院系对各项后勤事务进行综合考评,有力促进后勤服务工作的全面提升。

进一步完善各项规章制度的落实、监督、检查与考核,做到各项工作有章可循。加强对各经济实体的管理,与经济服务实体签订《经济指标与服务指标责任书》,保证各实体的良性运转;进一步加强员工的岗前培训工作,以竞赛、培训、学习、交流等各种形式,提升后勤职工的服务技能,提高为师生的服务质量和服务水平。

二、牢固树立安全第一意识,不断加强学校安全稳定工作

(一)领导重视、制度和规程健全、责任制落实

总务处党政、各职能办公室、各经营实体等各级领导高度重视安全工作,实行"三位一体"(目标责任制、廉政建设、安全工作)的考核条例,真正做好安全工作。

1. 建立健全安全责任制和突发事件应急预案。总务处以处主要领导负总责、中心正职为第一责任人、中心安全员负责安全工作,每个员工也是安全参与者。任务明确,责任到人,层层签订了安全防火、社会治安综合治理、食品卫生安全等责任书。目标做到全员具有防火、防盗、防工伤事故的意识。在责任制基础上,强化日常提醒、督促和检查;做到逢会必讲安全、廉政,做到警钟长鸣。2016年服务单位对各岗位的安全责任制进行了逐个核查,补充盲点,排除死角。

2. 每月召开总务处安全工作会议。2016年召开处级安全会议8次,安全考核2次。各中心和职能办公室进行安全情况汇报,重点对发现的安全隐患和苗头进行分析梳理,同时每次会议中进行实地的安全抽查,对抽查中发现的安全问题及时整改、好的做法通报表扬。每逢开学前、放假初和重要节假日进行全面的安全检查,每年例行有6～7次。

(二)多种形式、全员参与的安全教育和培训

在提高员工职业素质和专业素养的同时,更注重加强职工的安全教育与培训,做到"培训有计划、方案有重点、实施有记录、考核有效果"。保证每位员工都会正确使用消防器材和处理应急情况。

(三)防范措施到位,及时检查整改,信息畅通,安全可控

全年重点进行了危旧房屋、老化水电气设施设备的改造改建和健全食品及饮用水安全的网络化管理,做好危险设备的安全保护,设施设备按时保养维修、日常管理及责任制落实到人。

(四)建设平安校园,维护学校的平安稳定

安全工作制度化、常态化、科技化,既防患于未然,又有应急措施,形成了全员参与、共创平安的良好氛围。

三、规范日常财务核算和管理工作

财务办积极开展下属各中心的日常报销工作,严格按照处财务报销与审核的规定复核原始凭证及相关材料,严谨开展入账、审核、复核工作,合理控制现金使用范围。根据处综合科提供的下属中心人员工资考核指标,财务办认真复核计提各类人员工资情况,严谨录入数据。对于第三方供应商及客户付款,严格落实支票开具、签字及审批流程,通过内部财务人员互相监督、校财务处复核监督及外部银行监督,推进处财务工作的全面顺利开展。

根据《关于进一步严肃财经纪律、开展"小金库"专项治理工作的通知》(校发〔2016〕59号)文件精神,财务办严格按照通知要求,要求各中心认真进行自查,未发现总务处有违反中央"八项规定"和财经纪律及设立"小金库"的行为。

四、加强国有资产管理,保障教职工切身利益

1. 做好公有住房出售工作

2016年继续做好教职工房改房出售工作,本年度共计出售公有住房10套。并积极推进针对引进人才的校长特批房出售工作。

2. 公有住房产权回购,保证学校国有资产不流失

2016年完成了江宁区将军大道1号401室、玄武区文昌街2号新五舍301室、文昌街2号新八舍201室三套公有住房的回购事宜,保障了我校国有资产不流失。

3. 配合学校发展规划处、基建处做好"十三五"规划工作,对部分院系公用房测算,加强公用房资源管理的合理配置。

4. 与江宁区政府、区住建局等部门积极协调公租房事宜,缓解我校青年教职工住房困难。

5. 全校剩余房两证发放工作顺利完成,共发证2 200本。在发证过程中及时发现教职工房款未交全的情况,通过后续积极处理,成功收回28万余元未交房款。

五、积极落实教育部专项工程,改善基本办学条件

1. 2016年项目实施情况

2016年共实施了改善基本办学条件专项15项,共计财政经费预算3 023万元,涉及学生宿舍、学生食堂、公共教室、公共楼宇、浴室、基础设施等各方面。所有专项均按学校规定进行了招标,确定施工单位并聘用监理公司,共同进行项目的实施管理,到目前为止未发生任何重大的安全事故和质量问题。

2. 教育部专项申报工作

2017年改善基本办学条件专项申报项目19个,合计金额6 895.32万元。2019年改善基本办学条件专项申报项目入库13个,合计金额10 975万元。

六、做好与师生共建工作,优化校园绿化、汽车运输、饮食、各类大型活动后勤保障等服务水平

总务处积极做好与师生共建工作,加强与服务对象的沟通交流工作,学生公寓中心、饮食中心定期组织召开了由本科生、研究生代表参加的学生座谈会,组织学生参加"走进食堂""距离看食堂"等活动,通过参观和交流,让同学们充分了解包括原材料采购、验收、保管、加工、销售以及食品留样、餐具消毒等食堂日常工作全过程。物业中心、修缮中心定期与业主单位沟通,做好服务工作。

高度关注BBS(电子公告板),对于BBS上师生反映的相关问题,要求相关单位及时作出回复,并对存在的问题,要求相关单位及时制定相应的整改措施,并认真落实整改结果。

做好四牌楼、九龙湖校区常规绿化养护工作;校园卫生、各类垃圾清运、垃圾中转设备

整治、管养以及病虫害防治工作。购置垃圾桶内胆200个。处理丁家桥和四牌楼校区高空险枝树木700多株。施救四牌楼校区危病树33株、支撑19组；养护古树名木4株。在九龙湖校区梅园游园种植梅花120株，银杏、法桐共计15株；学生宿舍室外水箱基础区域移植苗木756株。美化校园，对各校区的校园景观进行升级改造：四牌楼校区六系南侧景观广场；九龙湖校区外环路东段景观树升级、东门运动塑像的选址与安放、桃园学生宿舍5~6围合景观改造，完成四牌楼草皮更换4 000平方米，完成丁家桥校区苗木补植1 500平方米。

为进一步做好接驳班车的服务工作，在地铁三号线出口接驳班车停靠点增设了候车棚，为广大师生的候车提供了方便。

认真做好食堂经营服务提升工作，通过走访服务对象、组织开展食堂服务满意度测评、定期不定期组织召开服务对象座谈会等多种形式的工作，加强与服务对象的沟通交流，及时了解服务对象的需求。组织各食堂开展形式多样的美食文化节活动，活动不仅丰富了广大师生的就餐品种，同时也宣传了东大独具特色的美食文化，认真做好惠利学生的工作，"端午节"向就餐学生免费发放粽子和咸鸭蛋；"中秋节"各食堂为就餐的学生免费发放了月饼，这些活动体现了学校对同学们的关爱，得到了同学们的一致好评。

积极做好全校各类大型活动的后勤服务保障，完成毕业典礼、四六级考试、自主招生考试、春季运动会、校庆马拉松跑、机械学院院庆、迎接罗书记调研考察等百余项事务的后勤服务保障与沟通工作。在电力供应、环境美化、伙食保障、汽车运输等方面做好优质服务。

积极做好二代子女入托工作，开展各项便民活动为教职工子女做好服务。

关爱600多名退休老同志，组织相关活动丰富他们的业余文化生活，让老同志们老有所乐。

七、大力开展节约型校园建设，加强水电管理

沟通规划、城管、市政等相关部门办理丁家桥青教公寓规划许可证。做好校东122号、浦口科技园电出户改造工程；成贤街102号、花红园37号、锁金村22号、丁家桥青教公寓、戴家巷水表出户供水改造工程。继续完成晓庄校区住宅区水电出户改造。

积极完成丁家桥校区配电房至老干部处地下电缆紧急抢修工程，并对原有的铝芯电缆进行了更换，对老干部处周边的架空供电线路进行整理；完成保卫办东门口值班室电路改造工程，消除安全隐患，确保用电安全；完成学生公寓所有走道灯更换工程。

2016年初极寒天气，组织安排维修人员对多处冻裂的自来水管、阀门等进行及时抢修。完成丁家桥校区内二次供水设施清洗消毒工作，防止水污染，保证优质安全供水。

八、加强党风廉政建设

把党风廉政建设作为重点工作，坚持常抓不懈。2016年，总务处深入学习领会"学党章党规、学系列讲话，做合格党员"和"三严三实"专题教育精神，结合党的十八大六中全会会议精神，进一步增强政治意识、大局意识。为贯彻落实党中央国务院《关于实行党风廉政建设责任制的规定》的相关规定，切实加强作风建设，提高党的执政能力和廉政能力，总务处开展廉政责任书、经济目标责任书签订工作，要求各负责人在工作中要自觉遵守各项

廉政准则,切实做到廉洁自律、遵纪守法。

九、2017 年主要工作计划

2017 年,总务处将加强后勤工作人员的队伍建设,认真做好开源节流,要求总务工作人员在思想作风上廉洁自律。扎实做好总务常规工作,营造良好总务文化,为学校教学、科研提供有力的后勤保障。

1. 不断完善制度建设,保证相关制度贯彻落实。
2. 抓好后勤人才队伍建设。
3. 在日常养护管养监督考核外,重点围绕 115 周年校庆打造优美的校园环境,完成三个校区的绿化补植。
4. 完成九龙湖梅园广场和四牌楼油库周围绿化改造。
5. 配合基建处完成新建桃园宿舍、交通土木大楼、新桃园食堂景观建设。
6. 实施教育部 2017 年"改善学校基本办学条件专项项目",保质保量完成。
7. 做好教育部 2018 年"改善学校基本办学条件专项项目"申报工作,充分论证项目实施的可行性,并细化各项目的预算、实施方案。
8. 完成校内专项工作。做好零修工作,对基础设施进行定期维护、保养、维修,为学校师生提供良好的学习、工作环境。
9. 做好水电管理工作。解决好日常水的跑冒滴漏、电的日月长明等小问题,改进现有的装置和设备,达到低能耗高效率的目标。
10. 进一步加强公用房资源管理的合理配置,推进公房有偿使用。
11. 配合学校九龙湖新校区二期建设及丁家桥校区生命科学大楼的建设规划,对拟搬迁院系进行面积测算和前期工作。
12. 完成热工平房(危房)拆除工作。
13. 根据国家及学校相关政策,严格稳妥地推进学校公有住房出售工作,其中包括引进人才特批房的出售事宜。
14. 在不动产登记局相关政策要求及申报材料完整的前提下,有计划地对学校产权大证进行分户办理,做到一房一证。
15. 加强学校产权空置房屋的管理,合理配置资源。
16. 继续推进住宅区业主自治、物业管理工作。
17. 继续做好九龙湖人才公寓的申报工作,同时加强与江宁区人才办、住建局的沟通协调,以创新模式为我校青年教职工提供便捷的申报路径。
18. 围绕 2017 年校庆开展基础设施整治工作,进一步改善校园环境,提升校园文化氛围。
19. 完成 2017 年专项改造项目:基二楼大修改造工程。
20. 2017 年 7 月份前完成新一轮物业服务的招投标工作。
21. 继续进行江宁分园筹建开园工作。

基本建设处 2016 年工作综述

2016年基本建设处在学校党政的正确领导下,认真学习贯彻习近平总书记一系列重要讲话精神,根据学校总体工作思路,以"两学一做"教育活动为指导,立足"十三五"开局之年,紧密围绕年度工作计划,坚持"科学规划、优质建设、安全第一"工作理念,在克服人员老化、专业人员严重短缺、"十三五"基本建设任务艰巨情况下,统一思想、凝心聚力、立足本职、积极进取,一年来,经过全体同仁的努力,在内部管理、廉政建设、支部工作、建设项目等方面都取得了较好成绩,用良好的服务态度和扎实的工作为学校教学、科研提供有力支撑。

一、加强内部管理,提升有效运行措施,提高工作成效

1. 落实机关学习制度,努力营造学习氛围。积极开展政治理论自主学习方式,通过学习党章党规、学习习近平总书记一系列重要讲话,更加坚定信念,以"学政治、讲正气、讲奉献"为标准,严格要求党员干部,化学习为动力,为基建工作争做贡献。组织业务学习,邀请业内行家做"海绵城市的建设理念与海绵(生态)校园规划"讲座,旨在拓展视野,转变思维,努力构建与东大精神相一致的水生态、水文化校园。

2. 不断完善制度建设。为规范学校基本建设管理,根据教育部相关文件要求和国家、省市行业规定,并与相关部门充分酝酿和沟通,出台了《东南大学基本建设管理办法(暂行)》,指导今后一段时期内基建各项工作;为加强岗位责任制,提高职工责任感,促进各项工作顺利实施,根据学校相关文件精神,结合本处实际情况,制定了《考勤管理办法(暂定)》,本办法的制定,是考核职工工作态度、敬业精神的重要依据之一。

3. 为查找本部门现有内部控制的不足之处和薄弱环节,排查可能存在的危险,同时加强内部控制,强化组织领导,完善相关管理制度,成立了以主要领导为组长的"内部控制建设工作小组",要求科室梳理工作流程,明确责任,进一步提高工作效率和管理水平,使基建各项工作规范有序开展。

4. 加强作风建设,坚持院系、部处联系制度。服务院系、部处一向是基建工作的常规动作。为建设项目作前期调研、细化可行性研究报告、优化设计方案等,主动前往院系,听取院系意见和要求,为优质工程建设提供数据支撑。本年度为深化信息电子教学综合楼设计方案、深化九龙湖游泳馆可研报告、前期调研(含能环学院、海外学院、生医学院)等主动前往院系、部处沟通达 35 次。

5. 充分依靠校内外专家,通过专家座谈、专家论证等多种方式,为基建工作出谋划策,为科学决策提供依据。截至目前,共召开专家论证会 5 次,解决了工程设计、施工期间的重大问题,为学校节约了大量的资金,同时工程质量得到了保证。

6. 组织工程协调会 14 次,按工程进度时间节点,任务分解到科室、责任到人,工作中的疑点、难点,会上逐一梳理、群策群力、达成共识,极大地改变了过去管理中某些问题被搁置的环节,促进各工程有序进行。

7. 建立健全了安全生产管理组织机构、安全生产责任制,并层层签订安全生产责任

书,使安全责任落实到人。根据上级部门要求及处内文件规定,本年度实施安全生产检查十多次,分别采取参建单位自查自纠,结果报建设单位,基建处组织内部相关科室逐一检查在建工程,必要时组织校内专家抽查等方式,对在建工程的建筑起重机械、施工用电、消防设施、食品安全等方面进行检查,发现问题,限期整改。通过检查,切实维护了学校安全稳定。

二、不断推进廉政建设,提高防腐拒变能力

牢固树立"教育在前、预防在先"理念,从"抓小""抓学""抓防"等方面,坚持经常性提醒教育、深化警示教育和岗位廉政风险教育,持续开展党风廉政教育。

1. 4月,组织学习"教育部直属高校基本建设规章制度培训班"会议精神,分管校领导到会分享学习过程,并要求基建处全体人员深入贯彻本次会议精神,进一步学习教育部颁发的《教育部直属高校基本建设廉政风险防控手册》,把党章学习和廉洁自律贯彻到工作中去,把基建处廉政建设落到实处,及时查找廉政风险防控点,形成"廉政风险清单",实现廉政风险防控与各项工作相互促进,协调发展。

2. 5月,特邀校纪委领导上"廉政教育"课,结合《教育部直属高校廉政风险防控手册》,从招标工作角度,就如何在招标文件,招标公告,招标申请书和招标后期等方面加强管理提出了指导性建议,更加清楚地认识到基本建设全过程中的廉政风险点以及风险等级,进一步织密扎紧制度牢笼,建立健全工程优质、资金安全、廉洁自律、群众满意的基本建设廉政风险防控长效机制,保障建设项目高效、安全、廉洁运行。

3. 根据学校总体部署,为全面查找本部门廉政风险点和内控薄弱点,制定相应风险防范管理方案,成立了以主要领导为组长的"廉政风险排查工作小组",强化组织领导,监督和督促本部门廉政建设和反腐败工作。基建处分别于9月、10月召开处务会,专题讨论基建处廉政风险点排查情况,要求各科室结合工作实际,对照教育部《廉政手册》,从查找风险点、防范预警方案等方面强化风险防范和业务管理的无缝衔接,以期有效预防腐败问题的发生。

4. 为深入开展党风廉政建设活动,提高基建管理干部防腐拒变能力,由纪委同志负责联系,于10月21日,基本建设处组织全体人员参观了常州市预防职务犯罪教育基地,接受了一次内容丰富、形式多样、主题鲜明、效果显著的警示教育。通过本次活动,党员干部接受了一次生动深刻、净化心灵的警示教育,进一步增强了防腐拒变意识和廉洁自律的自觉性,进一步筑牢了道德防线。

5. 组织全体人员签订"基本建设处廉政责任书",筑牢防腐拒变底线;每个项目开工前,项目负责人与施工单位签订廉政协议书。

三、按照"两学一做"活动总体部署,支部工作有序开展

按照"两学一做"活动的总体部署,支部通过组织党员自学、专题民主生活会等形式,落实学习要求,扎实打牢学习基础,将查摆解决问题贯穿学习教育全过程。采用微党课形式,要求党员边学边查边干,立足岗位责任、发挥先锋模范作用。召开了两次专题民主生活会,第一次民主生活会主要讨论"新时期共产党员思想行为规范",通过讨论,党员更加理解了新时期合格党员的标准,表示坚决做信念的传承人,把"讲政治、守规矩、有信念"化

为工作动力,为基建工作争做贡献;第二次民主生活会主要围绕"学习习总书记系列讲话精神、强化'四个意识'"展开讨论,通过讨论,党员更加坚定信念,表示一定要勇于创新创造,艰苦奋斗,基建工作一定要紧扣学校事业发展大规划,按照国家、地方和学校的规定程序,合理规范地开展各项工作,为学校创先进位、争创"双一流"提供坚实保障。

四、加强建设项目各环节管理,较好完成年初工作计划

1. 项目前期工作。建设项目前期管理是工程建设科学管理的重要组成部分,其工作质量的高低,直接影响建设项目的投资效益和社会经济效益。今年是"十三五"基本建设规划开局之年,时间紧,任务重,基建处全体同仁,瞄准目标,统一认识,结合学校建设美丽东大思路,细化任务,科室联动,形成合力,完成以下任务:

(1) 进行了九龙湖校区生医教学综合楼、能环教学综合楼、留学生楼建设的前期调研工作。

(2) 完成九龙湖游泳馆(建筑面积5 393平方米)、桃园学生宿舍(9~10号)(建筑面积24 884平方米)的编制可研报告并完成教育部评估。

(3) 对九龙湖校区桃园食堂土建、二次装修施工图设计提出多条修改建议,优化了设计方案;组织召开5次桃园食堂装修方案协调会。

(4) 完成信息电子教学综合楼方案设计。

2. 招标工作。根据政府及学校招标管理相关文件规定,依据建设项目阶段性进度要求,科室间密切配合,合理安排招标时间,完成了工程、采购及服务等招标及合同签订30余项,合同金额合计近4 500万元。其中:

(1) 完成桃园学生宿舍洁具、不锈钢水槽招标。

(2) 完成桃园食堂监理、桩基、总包及装修施工单位招标。

(3) 完成土木交通教学科研楼配电房及吉龙变供电增容设计招标、滑升门、弱电、雨水回收、消防检测等招标。

(4) 完成信息电子教学综合楼设计招标等项目。

3. 项目过程管理工作

(1) 坚持"安全第一"的项目管理原则,推进项目安全管理。安全是工程建设的根本,是保证工程质量、进度的前提条件,面对近年来不断严峻的安全生产形势,基建处牢固树立安全生产红线意识,严格落实安全生产责任制。在项目管理中督促参建单位对进场工人进行三级教育;对临时设施、临时用水用电,施工现场的安全文明定期检查;严查施工现场特种设备、大型机械的使用许可,合格证并督促使用单位进行定期保养;对于施工中的重大危险源要求参建单位认真编制安全生产方案,必要时组织专家论证;积极应对恶劣天气,推进项目现场夏季防汛、冬季防火等安全工作。全年共组织项目现场进行安全类检查20余次,坚决遏制安全事故发生。

(2) 不断强化质量控制,努力创建优质工程。基建处作为工程质量控制的职能部门,对质量控制始终坚持高标准、严要求。在工作中严格按照招标文件,合同等文件要求对进场材料进行检验,对于不符合要求、质量不达标、合格证欠缺的工程材料坚决不予进场;强化前期控制,对于工作量巨大的施工工序和环节,坚决要求施工单位编制施工方案,做好

样板工程,满足学校要求后方可施工;对施工质量动态管理,在现场巡视过程中发现质量不合的部位,及时要求施工单位整改,必要时进行返工。对于施工不能达到要求的班组、工人及时要求责任单位更换或撤场;重视质量验收,对各个施工工序严格按照规范要求进行质量验收,确保工程质量。全年在项目管理中发现工程质量及材料问题50余次。

(3) 按照工程进度节点,积极推进工程进度。按照年初工作计划,基建处克服重重困难,狠抓项目进度推进。在工程开展前期,相关科室积极配合完成工程前期手续办理。施工过程中,面对今年南京多变异常的气候条件,要求施工单位及时调整施工计划,加强人员配备,确保工程进度。

(4) 重视投资控制,严把工程变更、签证关口。工程管理科在今年的工作中严格控制工程总体造价。回绝施工方提出不必要的变更和签证要求20余条;严把合同执行关,对各种违约行为在结算送审前给予扣罚处理;完成土木交通教学科研楼和桃园学生宿舍等在建工工程变更造价估算180万元。

(5) 建设项目主要成绩:完成九龙湖校区总建筑面积50 206平方米土木交通教学科研楼A区(办公楼)建设任务、B区(实验楼)主体工程建设任务;完成九龙湖校区总建筑面积14 358平方米的桃园学生宿舍建设任务;开工建设九龙湖校区总建筑面积8 869平方米桃园食堂,主体结构已封顶。

(6) 荣誉称号:经过基建处同仁的共同努力,尤其是项目负责人本着"舍小家、为大家"的精神,放弃很多节假日休息时间,取得如下成绩:桃园学生宿舍项目取得了"省文明工地"称号;九龙湖校区体育馆项目取得扬子杯;土木交通教学科研楼项目取得"省文明工地"称号、优质结构工程。

4. 建设项目后期工作

(1) 完成九龙湖校区研究生宿舍三号院(建筑面积22 911平方米)决算、九龙湖体育馆(建筑面积22 036平方米)决算送审工作。

(2) 完成桃园学生宿舍消防、防雷、节能等专项验收工作。

(3) 积极进行质量回访,做好服务工作。对多个已完项目开展质量回访,对质量问题积极进行维修。今年共计完成工程质量回访及维保17次。

5. 建设项目其他工作

(1) 完成教育部基本建设规范化管理专项检查。

(2) 完成向教育部上报2017年基建年初计划和2016年基建调整计划,2016年调整计划总建筑面积20.31万平方米,计划总投资9.73亿元,当年计划4 318万元;2017年建议计划总建筑面积23.33万平方米,计划总投资10.5亿元,当年计划1.09亿元。编制2015年基建年报工作。

(3) 完成九龙湖校区吉龙变供电扩容方案。

(4) 完成九龙湖校区研究生宿舍三号院、九龙湖体育馆、桃园学生宿舍、土木交通教学科研楼及桃园食堂等项目总包、分包工程决算送审,送审金额约1.46亿元。

(5) 完成九龙湖校区研究生宿舍三号院热水供应系统改造及竣工验收。

(6) 基建当年投资:完成基建投资近1亿元,其中政府投资约5 500万元,自筹资金约4 500万元。

(7) 解决九龙湖校区一期工程遗留的基础设施及运动场项目未结算的6个合同和1个款项。

五、2017年基本建设处工作计划

1. 继续做好廉政建设工作。加强支部建设。
2. 加强内部管理。
3. 完成向教育部上报2018年基建年初计划和2017年基建调整计划，编制2016年基建年报工作；完成中央预算内拨款及中央其他专项拨款计划编制、上报及完成情况总结工作。
4. 配合教育部等上级主管部门完成各项检查、清查、调研工作。
5. 完成能环教学综合楼（建筑面积22 000平方米）、生医教学综合楼（建筑面积17 500平方米）及留学生楼（建筑面积30 200平方米）的可行性研究报告编制和教育部评估工作。
6. 动态控制拟建项目投资估算，在建工程变更造价估算。
7. 启动能环教学综合楼、生医教学综合楼及留学生楼设计招标工作。
8. 完成信息电子教学综合楼施工总包、监理招标工作。
9. 按建设项目进度需求，完成在建项目甲供材及分包项目招标。
10. 上半年完成桃园学生宿舍交付。
11. 上半年完成土木交通教学科研楼工程（除振动台配套工程）。
12. 九月完成桃园学生食堂工程。
13. 完成土木交通教学科研楼总包、分包工程，桃园食堂总包工程决算送审。
14. 做好已完工程质量回访工作。
15. 完成文科综合楼、学生宿舍前期调研工作。
16. 完成九龙湖校区总体规划调整工作。

医疗卫生工作

东南大学附属中大医院 2016 年工作综述

2016年,医院在大学和省业务主管部门的领导下,全面落实江苏省城市公立医院改革的各项工作要求,坚持以病人为中心,以医疗质量安全为主线,以学科人才建设为重心,年内医疗工作继续保持较大幅度增长,学科人才科研工作取得丰硕的成果,强化内部管理,开源节流提升了效率与效益,圆满完成年度各项工作目标。

本部期末开放床位1 820张,年内实现总收入19.47亿元,其中业务收入18.75亿元,总收入同比增长17.5%。累计完成门急诊诊疗1 113 499人次,同比增长1%;出院病人67 128人次,同比增长11.3%;住院手术29 195台次,同比增长20.4%;全年床位使用率103.1%,平均住院日10.1天。

江北院区期末开放床位542张,年内实现总收入3.78亿元,其中业务收入2.98亿元。累计完成门急诊诊疗400 960人次,出院病人16 840人次,住院手术6 839台次,病床使用率77.6%,平均住院日8.3天。

一、加强医疗质量与安全监管,深化医疗服务内涵质量

1. 完善质量与安全监管体系,发挥政策引导与激励作用。修订医院质量与安全管理委员会各专业委员会的工作职责,进一步明晰各专业委员会的工作职责和要务,充分发挥专业委员会的作用。发挥医院监管与考核政策的引导和激励作用,经过多次讨论与评估,对临床科室月综合目标考核办法进行了修订,突出对质量与效率的考核,增加了"床均门诊量、床均出院病人、床均手术台次、三四级手术占比、核心制度执行以及病历首页提交、临床路径管理"等12项指标,促进科室注重医疗质量与安全,坚持走内涵式发展的道路。

2. 全面落实医疗核心制度,对医疗重点环节实时监管。全年围绕落实医疗核心制度执行情况和围手术期安全、危急值处置、临床用血安全、不良事件上报等重点环节进行了追踪督查监管,对存在的问题及时反馈科室,针对性提出整改措施并落到实处。通过手术室现场督查、重点病历实时检查等方式对手术安全核查、手术部位标示、术前准备等制度

执行情况进行督查,手术部位标示率得到极大改善,由一季度的79.2%提高至90.7%。对近4 000份危急值进行追踪监管,医护人员对危急值制度知晓率由77.6%提高到83.9%,危急值漏登率由8.62%下降至3.10%,危急值病程未记录率由3.10%下降至2.77%。对申请临床输血患者3 389例进行了监管,对输血病程记录不完整的问题进行专项整改。全院医疗安全(不良)事件上报例数同比增长135.86%,上报例数超过30件/每百床·年。9月份,继续组织质量安全月活动,在全院形成人人重视质量与安全的良好氛围。

3. 注重临床思维能力培养,坚持开展"三基"培训与考核。坚持每月组织全院性疑难病例讨论,精选讨论病历凝练知识要点,不同专科专家阐述专科的知识与观点,拓展了医师的临床思维,获得更多的收益。年内还组织多场次基础知识培训,包括"三基"知识与急救技能、合理用血、抗菌药物使用相关规范和制度等。组织45周岁以下585位医技人员参加"三基"与急救知识的理论考试,均分92.56分,合格率为99%。组织1 756人参加护理理论考试,合格率为95.4%,764人参加操作考试,合格率为91.9%。

4. 落实改善服务行动计划,推进临床路径、单病种和日间手术。全年全院开展临床路径的病种数由去年的85个增加至105个,病种数较去年增加23.52%,达到了科室全覆盖。全年入径病人9 086例,完成6 465例,平均入径率75.84%,入径完成率71.2%,入径率与完成率均达到相关要求。结合临床路径和医保控费工作,对单病种诊疗全过程监管,年内有8个单病种费用同比下降,其中胆囊炎、上消化道出血等费用下降超10%。完善了日间手术病例模板与日间手术临床路径表单,积极推进日间手术的开展,全年3个科室8类手术开展日间手术管理,完成236例,较去年增加47.5%。

5. 深化护理管理内涵建设,深入开展优质护理服务。修订完善护理常规与护理流程,提高临床指导性。根据国际国内最新指南规范,继续对护理常规、流程进行修订与完善,今年共制定与修订护理常规、流程等共565项,更好地指导了临床实践工作。继续深入开展优质护理服务,目前全院优质护理病房共48个,覆盖率为100%。深化"以病人为中心"的服务理念,各护理单元结合科室实际,积极开展专科特色护理服务,全年全院共开展专科特色服务75项,例如"开展急性心梗择期PCI(经皮冠状动脉介入治疗)术后运动康复""宝妈备忘录"等,提升专业内涵,促进优质护理服务持续发展,为患者提供更安全、专业、全程的护理服务。

二、继续加强学科人才建设,科研教学成果丰硕

1. 医院排名进一步提升,学科建设喜获佳绩。通过坚持实施"科技强院、人才兴院"发展战略,不断加强医院学科建设和人才的引进与培养,医院学科建设已见成效,在多个方面喜获佳讯,彰显了医院综合实力:医院位列2015年最佳医院排行榜(复旦版)53位,重症医学科排名全国第二,放射科和肾内科获专科提名;医院位列中国医科院"2016年度中国医院科技影响力排行榜"84位,其中15个科室进入全国百强科室;医院获批江苏省紧急救援基地、江苏省孕产妇危急重症救治指导中心、江苏省新生儿危急重症救治中心和胸痛、卒中、创伤等3个省救治中心建设单位;在江苏省"十三五""科教强卫"工程申报中,医院获得了1个省临床医学中心、2位杰出人才、4个省临床重点学科、4个创新团队和15位重点人才。

2. 加大引进高层次人才，推进人才梯队建设。年内共组织 10 余次人才引进和招聘考试及面试，引进博士研究生 44 人，选留其他新职工 175 人。截至 12 月底，医院本部有在岗人员 2 502 人（其中事业编制 802 人，人事代理 477 人，招聘合同制 1 101 人，劳务派遣 82 人，城建医院托管 40 人；其中教学编制 33 人）；江北院区有在岗人员 710 人（其中事业编制 154 人，人事代理 556 人）。通过与学校、省卫生厅积极沟通争取，2016 年专业技术职称评审按照学校和省厅评审条件并行申报，6 人聘任为正高职称、10 人聘任为副高职称。经积极申报，年内有 15 人入选省第五期"333 工程"培养对象，其中第一层次 1 人、第二层次 3 人、第三层次 11 人；另有 5 人入选第十三批"六大人才高峰"高层次人才项目。

3. 纵向课题立项数稳定增加，喜获国家科技进步二等奖。年内立项各类科研课题共 106 项，资助经费 4 373.94 万元，其中国家重点研发计划立项 2 项，国家重点研发计划项目子课题 2 项，国家自然科学基金立项 37 项。省科技厅临床医学专项 4 项；省自然基金优秀青年基金 1 项；面上项目 8 项；青年基金 4 项；省卫生厅项目 4 项；南京市科技项目 1 项；其他纵向课题 20 项、横向课题立项 23 项。接受临床试验 27 项，其中药物临床试验 14 项，器械临床试验 13 项，临床试验合同经费 985 万元，同比增长 8.2%。科研成果获奖 16 项，其中国家科技进步二等奖 2 项，中华医学科技一等奖 1 项，教育部自然科学一等奖 1 项，省卫生厅新技术引进一等奖 3 项、二等奖 6 项，江苏医学科技奖二等奖 1 项、三等奖 3 项。全院发表期刊论文 552 篇，其中 SCI 收录 256 篇（总影响因子 790.122）、中华医学会系列期刊收录 59 篇，*MEDLINE*（国际性综合生物医学信息书目数据库）收录 18 篇，CSCD（中国科学引文数据库）收录 94 篇，其他核心期刊论文 125 篇。

4. 继续做好临床教学工作，进修生人数突破千人。年内组织社会化招录住培学员 15 人，新接纳住院医师 51 人、专硕 77 人、协同医院定向委培 134 人、江苏省新疆委培学员 3 人、南京市全科学员 2 人、助理全科学员 8 人参加规范化培训，目前在培住院医师一阶段 440 人（含单位人 258 人，社会人 26 人，在读专硕 156 人），二阶段 41 人。完成 74 名 2019 级七年制、34 名 2013 级临床型（包括 20 名专硕和 14 名专业学位留学生）、32 名 2014 级与 2015 级科研型，共计 140 名研究生的临床实践管理与考核工作；完成东南大学和兄弟院校临床、影像、检验、麻醉、康复、营养、临床药学等专业实习生 255 人的实习教学管理和考核工作；检查实习生住院病历 3 200 余份。接收进修生 1 071 人次，组织外出进修 13 人次、外出参加学术会议、学习班 122 人次。

5. 举办首届中大论坛及外科周论坛，提升医院在业内知名度。首届中大论坛以"关注心脑及外周血管健康"为主题，魏于全、张学敏院士以及省内外专家代表 1 000 余人共同商讨血管健康与医学前沿话题。首届中大医院外科周论坛，共 8 个外科专科，赫捷、王学浩、黎介寿院士及全国 1 000 余专家代表参加论坛。两次论坛的顺利召开进一步提高了医院声誉，扩大医院知名度及影响力。年内获批继续医学教育项目 64 项，承办及协办国家级和省级继续教育学习班 63 项，其中国家级项目 44 项，共 8 462 人次参加学习，省级项目 19 项，共 1 458 人次参加学习。组织全院学术讲座和疑难病例讨论 78 次，听课人数达 14 497 人次。

三、强化内部管理与运营,提升医院保障能力

1. 顺利通过等级医院复核评价与大型医院巡查,以评促建重在建设。在日常工作中落实两项检查的各项要求,分别在5月和8月以日常自然工作状态迎接了省等级医院复核评价和大型医院巡查,检查专家组对医院的工作给予了肯定。对照专家组的意见和建议,医院认真做了逐一梳理与分析,制定了整改方案,并狠抓落实,促使医院各项管理工作上了新台阶。

2. 寻求解决现有体制机制问题,拓展医院经费来源。2015年7月向省政府递交了《东南大学关于省校共建中大医院的请示》,探索省校共建运行机制,融入江苏的发展规划,争取获得稳定的政策支持。今年再次向主管省领导专题汇报体制问题,并就药品零差价财政补助事宜与省财政厅进行沟通,向省政府上报了《东南大学关于附属中大医院药品零差价财政补助的请示》。经过积极争取,省政府落实了我院的药品零差价财政补助,并首次获得省干部保健专项。省科教强卫工程及相关人才计划,我院也将享受省属医院同等待遇,获得专项经费支持。年内获得教育部改善基本教学条件经费大幅度增长,达到1 700万元。医院还通过与四家银行合作,获得了近2 000万元的信息化建设经费。

3. 继续推进江北院区和集团医院建设,扩大医院技术辐射面。江北院区开业以来,业务工作量和业务收入呈现出大幅度的增长,实现总资产保值增值。高级别手术的大量开展,抢救病人的数量、质量发生质的飞跃,体现了江北地区首家三甲医院的技术水平。年内,新签约集团医院13家,目前已建立了以我院为总院,37家县级医院和12家社区卫生服务中心为成员单位的医疗联合体。另外,为缓解医院床位紧张,解决长期压床患者的下转问题,签约3家医养结合医疗机构。集团医院之间本着平等互利、资源共享、合作共赢的原则,年内集团医院所在地区向我院转诊住院患者7 088人次。

4. 全面实施绩效改革,提高职工待遇与运营效益。自2015年7月1日启动绩效改革,遵循"以工作量和质量为导向,多劳多得、优绩优酬、兼顾公平"的基本原则,经过8个月的前期准备和3个月的试运行,自2016年6月起实施新绩效体系,即正式按新绩效方案发放138个核算单元的绩效奖金,实现新老方案的平稳过渡。新绩效方案将医务人员收入与医疗服务的数量、质量、技术难度、成本控制、患者群众满意度等挂钩,2016年在职职工年平均总收入16.5万元,同比增加2.04万元。通过绩效改革引入精细化管理理念,将医护人员关注点由单纯增加收入转变为提高质量和数量以及节约成本,经初步测算,年内医院不计价材料同比下降3%、计价材料仅增长3.5%,绩效结余增长幅度达到22.9%。

5. 适应市医保总额预付模式,合理控制医疗费用。紧扣市医保总额预付制两项指标次均费用和人次人头比,调整医保考核方案,在原有次均费用考核的基础上,增加人次人头比、当日办理入出院人数的考核指标,将考评结果纳入科室医保指标综合目标考核。通过对政策的讲解、对超费科室科主任约谈、组织单病种和高费用病病例申诉等,2016年全年次均费用控制较为合理,为年终总决算打下基础。

6. 探索药品和试剂采购新模式,开展抗菌药物专项整治。全年本部采购药品6.63

亿元,7月与省医药公司合作,节约资金2 000余万元。试剂采用集中采购模式,已经完成了生化试剂的集中打包,共涉及51项生化检验试剂,且其他检验项目的集中打包也在逐步开展。去年耗材总出库金额3.88亿元,其中高值耗材出库金额为1.85亿元,低值耗材出库金额2.03亿元。全院手术科室全部纳入了高值耗材管理平台。开展抗菌药物专项整治,制定《抗菌药物临床应用专项整治活动方案》,与科室签订《抗菌药物临床应用专项整治目标责任状》。加强抗菌药物临床应用情况公示并严格落实抗菌药物绩效扣款,经过近半年的专项整治,全院住院患者抗菌药物使用强度由6月份79.89降至目前49.92,取得了较好的效果。

7. 继续推进医院信息化,加快管理与决策系统建设。年内信息化建设稳步发展,全院网络运行平稳,各类软件逐步完善。制定了门诊电子病历上线实施方案,分三阶段进行推广应用,于8月3日在全院全面启用。在不断完善业务系统的同时,年内着重加强医院运营管理、决策系统及互联网应用的相关项目的建设,部署建设了包括:财务一体化平台、耗材管理、试剂集采平台及管理系统、后勤综合管理系统、医院综合决策支持系统等。

8. 加快引进高端设备,提升医院装备水平。全年新引进设备922台,共投入资金7 754.16万元。完成2016年中央级普通高校改善基本办学条件专项资金的申报和后续执行工作,为医院引进了高端临床研究型MR(磁共振)和PET-CT(正电子发射计算机断层显像)各一台,现均已完成安装,即将投入使用。年内还引进了GE(通用电气)高端CT、飞利浦ICT、西门子乳腺机、西门子DSA(数字减影血管造影)等一批大型设备,大幅度提高医院高端设备装备水平,有利于医院综合实力提升和新技术的应用。

9. 推进新门诊大楼申报立项,继续完善医院诊疗环境。全力推进新门急诊大楼申报立项和相关审批工作,在获得南京市规划局项目规划批文、项目建议书批文和南京市环保局环评报告批文后,大学校长办公会和党委常委会审议通过了新门急诊大楼可行性研究报告,并向教育部呈报可行性研究报告。因丁家桥校区的办公楼为民国文物不能拆除,目前大学正在对原丁家桥校区的前期规划方案进行调整。进一步优化医院诊疗环境,按计划推进改造项目,完成健康管理中心、生物标本库等改造工程。加强对物业、餐饮、停车等外包服务的监管,加强物业公司考核测评,年内对物业合同进行了续签,食堂进行了新一轮招标工作。

10. 注重消防与治安安全,落实安全生产督查整改意见。全年组织安全教育培训14场,并组织灭火实战演练,提高全院消防安全意识,并更新了门诊楼陈旧的消防系统与部分设施。在窗口部门安装一键报警系统,安排保安值守监控系统,保证异常情况能够第一时间得到处置。年底医院接受国家卫生计生委安全生产"回头看"督查,认真分析专家给予的建议,汲取临时房火情教训,落实相关整改措施。

四、坚持公立医院公益性,落实对口支援与应急保障工作

1. 加强行风建设,落实医疗卫生行风建设"九不准"。制订并印发了《关于贯彻〈推进全省卫生计生系统行风建设工作视频会议〉精神的通知》《东南大学附属中大医院〈建立健全惩治和预防腐败体系2013—2017年工作规划〉的实施办法》《东南大学附属中大医院贯

彻落实"九不准"实施细则》《关于重申严禁"收受红包""药品回扣""开单提成"等违规行为处理规定的通知》等文件,对重点岗位和重点人员廉洁风险防控教育。全年共收到锦旗159面,表扬信313封,退红包92人次,约25.85万元。

2. 完成各级各类对口支援任务,积极应对突发公共卫生事件。年内完成国家、省、市卫计委指派对口支援工作与援疆任务,全年派出医生94人次,免费接受基层医疗机构进修人员686人次。承担在H7N9(亚型禽流感)防治工作中,4位医师参加省医疗救治专家组,接收3名外院转诊确诊患者。参与盐城的龙卷风袭击事件、丹阳的化工厂爆炸、福建省军区化学品泄漏、和会街爆炸、南瑞路车祸群发伤等医疗急救工作。承担了2016年南京马拉松赛保障任务、中泰联盟世界王者争霸赛、亲子马拉松活动等多项医疗保障,出色完成了各项保障任务。组织多名专家参与了省"健康江苏,服务百姓"系列大型义诊活动,共免费接受咨询或诊治群众4 000余人次,受到老百姓的高度赞扬。积极参加江苏省卫计委组织的科教文化卫生"三下乡"活动,并向基层医疗机构捐赠了价值5.3万余元的药品。

资产经营与管理工作

综　　述

2016年是"十三五"规划的开局之年,是全面深化改革的关键之年。资产经营管理处认真贯彻落实习近平总书记系列重要讲话精神,学习新政策,适应新环境,按照学校机关作风建设要求,结合"两学一做"工作部署,创新工作思路,完善工作制度,着力开展经济活动内控建设工作,突出重点,扎实推进,成效显著。

一、加强队伍建设,提高管理水平

按照学校"双一流"建设要求和机关工作行为规范,深化综合改革工作,努力提高工作人员政策水平和业务素质,鼓励工作创新,发挥团队合力,按照内控建设要求和廉政风险点控制要求,不断完善规章制度和工作流程。强化服务意识、安全意识,做好党风廉政建设,规范、廉洁、自律管理好学校的国有经营性资产。

二、国有资产管理相关工作

1. 完善国有资产经营管理制度,研究并制定《东南大学企业国有资产经营考核与绩效评价办法(暂行)》,构建了学校国有资产经营监管和绩效考核体系。

2. 推进和落实教育部国有资产专项检查中提出的企业资产管理相关问题,完成学校国有资产清查和教育部国有资产专项检查的整改工作、部属高校企业清理规范工作。

3. 2016年1月召开校国有资产经营管理委员会2016年度会议。

4. 配合财务处完成盐城汽车研究院、镇江工业技术研究院、无锡集成电路技术研究院、南京生物材料与医疗器械研究院四家事业单位投资报备工作。

5. 2016年6月8日完成东南照明电器厂国税注销工作,2016年6月28日完成东南照明电器厂地税注销工作。

6. 启动东南大学无锡应用科学与工程研究院有限责任公司资产评估、清算审计、国税注销申请等工作。

7. 配合财务处推进南京宇桥医疗器械有限公司投资损失报批工作。

8. 联合教育厅成立江苏捷仕达高校科技有限公司股权转让工作处理小组。

9. 与总务处共同推动南京东南大学水电安装队、东南大学机电开发总厂、常州东大金属制品厂三家企业关门清算工作。

三、房产出租出借管理相关工作

1. 2016年用于出租出借的经营性房产总面积约31.3万平方米,资产原值约4亿元,租金收入约7 400万元。其中:对外商业用房等约0.97万平方米,租金约840万元;全资控股企业使用房产资源约4.4万平方米,租金1 558.1万元;大学科技园三个园区出租面积约5.2万平方米,租金1 308.7万元;成贤学院使用房产面积约16.1万平方米,租金3 382.9万元;晓庄校区和浦口东校区部分楼宇共约4.7万平方米通过公开招标对外整体租赁,年租金1 051.3万元。

2. 完成所有出租出借房产的报批报备规范化工作。全面落实房产出租出借有关问题整改工作,重点推动全面公开招租、大学科技园收支两条线等工作。按照招投标管理规定开展部分商业和办公用房公开竞价招租工作并做好相应的新老交接、合同签署、租金收取等工作。

3. 完成晓庄校区闲置宿舍楼晓园三舍、四舍和浦口东校区闲置图书馆、食堂、宿舍楼等公开招租工作。

4. 协调大学科技园高新园区开园和运营的各项工作;协调有关部门基本完成长江后街一号楼内的企业搬迁和清空,拟移交总务处实施大修。

四、服务创新创业,转化科技成果

1. 优化了我校科技成果作价投资的流程;完成我校机械学院"一种工程机械用的组合式机罩"等2项专利和3项软件著作权的评估工作,并作价350万元(以国有资产管理部门备案价值为准),向资产公司增资,用于出资组建江苏中大智能装备创新中心有限公司(以工商核名为准)。

2. 完成太平北路136号"互联网+健康""互联网+设计"众创空间共计约300平方米整体装修工作。

3. 积极推进互联网众创园项目建设工作,协调组织互联网+大赛、双创教育战略研讨、面向互联网众创联盟举行东南大学应届毕业生春季招聘会、面向互联网众创联盟开放东南大学部分设施设备;完成众创园中期建设报告;完成两个批次共计22个创业项目的资金扶持工作,使用省经信委项目资金121余万元;选送19个项目参加第二届"i创杯"大赛,获得一个三等奖、二个优胜奖、七个项目入围复赛的好成绩。

合作共建与校友会工作

基金会 2016 年工作综述

2016年,东南大学教育基金会完成换届工作,再次获得"5A"级社会组织称号。

新签各类捐赠协议101份,协议总额6 441万元,其中:南京科远自动化集团股份有限公司及创始人刘国耀、胡歆眉夫妇共同捐赠总价值4 300万元现金和设备冠名"科远楼"。微信支付、网上银行、支付宝转账、手机银行支付等多种方式,2016年获得捐赠1 700笔。各项收入累计6 474.6万元。

2015—2016学年度,教育基金会评审奖助项目206项,3 212位师生,总额1 278万元。电工电子中心胡仁杰教授获2016年度"宝钢优秀教师特等奖",信息学院博士生刘硕获"宝钢优秀学生特等奖",这是东南大学师生第六次同获"宝钢教育奖特等奖"。

教育基金会新签海外学子交流计划协议金额超过100万元,支出65.5万元,资助和奖励学生出国学习交流79人次。资助土木工程学院丁大钧班成建制赴台湾"中央"大学学习一个学期,资助总额13万元,受助学生26人。2016年7月,国内首次"'一带一路'研习营"成行,在俄期间先后向后方传送四十多篇文稿,校内外受众5万多,反响热烈。回国后,还完成了10万字的中英文主报告。

在教育基金会的支持和协调下,先后有13家学院建立了自己的学院发展基金。

16家捐赠方协议捐资大学生创新创业资金282万元,通过教育基金会开展了一系列活动,受益人数数千。

新签的协议中有5项,总额67万元用于学生综合素质教育。"教育基金会志愿者协会"为校内规模较大的社团之一。今年由教育基金会主办、协办30多项文化活动,如:东南大学最具影响力毕业生、东南大学百名学子公益骑行挑战自我、东南大学举行"正·青年"2015优秀研究生评选大赛、东南大学教育基金会"你的未来我的梦"暑期支教活动等等。教育基金会推荐的"'向阳花'相伴成长爱心实践"项目荣获"2015年度江苏省社会组织十佳公益服务项目",东南大学也是全省唯一一所获奖高校。

教育基金会每月出刊一期电子杂志《教育基金会简报》,每年4期的《东南季风》期刊正式创刊,全年累计发送6万人次。基金会官方微博为校内最为活跃、最具影响力的平台之一。

教育基金会严格执行信息公开制度,在基金会中心网公布的"中基透明指数FTI"排名中获得满分100分。在净资产排名前十五的高校基金会中,"中基透明指数FTI"获得满分的仅四家。

2016年东南大学教育基金会奖助项目设置一览表

序号	项目名称	设立者	总金额/元
1	顾冠群、章玉琴奖助学金	顾冠群、章玉琴家属	基金150 000
2	齐康奖助基金	齐康院士	基金1 000 000
3	吕志涛院士奖励金	吕志涛院士、江苏苏尚工程技术有限公司	基金100 000
4	何振亚、王孝书奖学金	何振亚、王孝书	基金120 000
5	缪昌文奖学金	缪昌文院士	基金200 000
6	东南大学建筑设计与理论研究中心·程泰宁奖励基金	程泰宁院士	基金650 000
7	孙伟院士奖学基金	孙伟院士	基金500 000
8	张耀明院士奖学金	江苏中圣高科技产业有限公司	基金60 000
9	朱斐、孙绎奖助学金	朱斐、孙绎	基金200 000
10	陆氏学生奖学金	陆新达、石卫平	基金20 000
11	周鹗奖学金	周鹗教授和夫人王慕藏教授及弟子	基金160 000
12	冯宇樵奖学金	冯绥安先生	2 500
13	陈圣勋奖学金	陈圣勋先生	2 000
14	陈延年、王劲松奖学金	陈延年、王劲松	30 000
15	李元坤奖学金	徐元善先生	2 000
16	陈达锋土木工程奖教金	陈达锋先生	基金100 000
17	韦博成奖学金	韦博成教授部分海内外学生	10 000
18	张秋交通工程奖学金	张秋先生	基金37 000
19	金宝桢奖教金、奖学金	南京栖霞建设股份有限公司	基金500 000
20	丁大钧教育基金奖助学金	丁大钧教育基金会	基金960 000
21	蒋永生奖学金	蒋永生教授家属及学生	基金200 000
22	陈荣生教授创新奖学金	陈荣生教授的学生	10 000
23	维俊奖教金	南京盘龙广告传媒集团	基金50 000
24	洪范五奖教金、奖学金	南京盘龙广告传媒集团	基金100 000

（续　表）

序号	项目名称	设立者	总金额/元
25	郝英立奖学基金	高嵩同志及沈锦华、郭金林、沙敏等校友	基金 192 000
26	言恭达奖教金、奖学金	言恭达先生	基金 500 000
27	张克恭土力学奖学金	东南大学交通学院岩土工程研究所	基金 30 000
28	黄林、郭养滋奖学金	黄林、郭养滋伉俪	基金 100 000
29	朱庆麻奖助学金	朱世平校友	基金 100 000
30	高金衡奖助学金	高明女士	基金 100 000
31	恽瑛奖助学金	恽瑛教授、潘天任、左韵芳	基金 280 000
32	程文瀁教授奖助学基金	程文瀁教授家属及其弟子	基金 330 000
33	施明恒奖学金	施明恒教授及其弟子	基金 100 000
34	徐百川OVM预应力奖学金、奖教金	柳州欧维姆机械股份有限公司	50 000
35	章春梅奖学金	章春梅教授家属及其弟子	基金 110 028
36	何德玶奖学金	何德玶教授家属	基金 108 000
37	霞光奖助学金	程光蕴、许世霞夫妇	基金 100 000
38	颜安教授奖教金	颜安教授	基金 60 000
39	陆梓瑜奖助学金	陆虎进校友	基金 1 000 000
40	轩铭奖学金	杨轩铭校友	3 000
41	吴健雄·生医奖学金	东南大学生物科学与医学工程学院发展基金	160 000
42	东南大学陈珩教授奖励发展基金	陈珩教授的家属、学生及好友等	基金 580 000
43	孙国雄奖学金	孙国雄教授及其研究生	基金 200 762
44	陈善年、佘颖禾核电安全与创新奖学金	陈善年、佘颖禾教授夫妇	基金 1 000 000
45	红光奖助学金	曹红光校友	基金 450 000
46	孟非奖助学金	孟非、南京龙瑞装饰设计工程公司、潘群、姜新	基金 1 000 000
47	焦廷标奖学基金	南京华新有色金属有限公司	基金 5 000 000
48	亿利达刘永龄奖学金、刘永龄助学金	亿利达工业发展集团有限公司	50 000
49	许尚龙光彩事业贫困学生奖助学金	南京21世纪投资集团	基金 500 000
50	隈利实国际奖助学金	国际科学技术文化振兴会	100 000
51	唐仲英德育奖学金	唐仲英基金会（中国）	492 000
52	叶晶奖学金	叶晶、刘芳夫妇	60 000
53	大连东岗奖教金、奖学金	大连信恒康医药科技有限公司	基金 1 000 000
54	张志伟奖助学金	张志伟校友	300 000

(续 表)

序号	项目名称	设立者	总金额/元
55	龙昌明奖教金	龙昌明校友	基金 100 000
56	东南大学周远奖学金	中国科学院理化技术研究所	30 000
57	煜平公卫奖学金	方煜平校友	基金 300 000
58	东南大学"苏州工业园区"奖学金	苏州工业园区	150 000
59	太仓科教新城创新创业奖学金	太仓市科教新城管委会	基金 110 000
60	东南大学教育基金会奖学金、奖教金、奖管金	东南大学教育基金会	170 000
61	宝钢教育奖	宝钢教育基金会	110 000
62	光华奖学金	光华教育基金会	400 000
63	南京安徽商会·同曦集团东南大学奖助学金	江苏同曦集团有限公司、南京安徽商会	200 000
64	"自动化工程师"奖学金	戴先中教授	基金 100 000
65	外语英才奖学金、助学金	李霄翔教授	基金 100 000
66	东南大学工程管理英才奖学金	李启明教授	基金 200 000
67	励志成功奖学金	王志功教授	基金 100 000
68	文教羽翼奖学金	孙淼校友	基金 6 000
69	至善奖学金	东南大学总务处	基金 100 000
70	铭恩奖助学金	李翼成校友	基金 100 000
71	"生命科学"奖助学金	母亚雯、余诗奕、王洁、李敏、蔡秀秀、诸萍、李光辉同学	16 000
72	朴衡奖学金	沙永春、卞鹏萱	36 000
73	8480 奖学金	东南大学 80801、84802 班	基金 100 000
74	686 奖助学金	电子科学与工程学院 1986 级校友	基金 120 000
75	5187 级奖学金	1951、1987 级校友	基金 110 000
76	71871 奖教金	71871 班校友	基金 130 000
77	常州校友会龙城奖助学金、奖教金	东南大学常州校友会	基金 350 000
78	仪科校友奖学(教)金	仪器科学与工程学院校友	基金 50 000
79	盐城校友会奖助学金	东南大学盐城校友会	基金 80 000
80	143991 班校友奖学金	143991 班校友	基金 30 000
81	东南大学六系 79 级校友奖助学金	东南大学六系 1979 级校友	基金 168 000
82	251991 奖助学金	东南大学法学院 251991 班	基金 50 000
83	259991 奖助学金	东南大学法学院 259991 班	基金 50 000

（续　表）

序号	项目名称	设立者	总金额/元
84	3180 诚信奖助学金	东南大学电气工程学院 3180 班	50 000
85	5181 励志奖学金	东南大学 1951、1981 级校友	基金 200 000
86	22811 铸才奖励基金	东南大学 1981 级校友任京建、殷辉	基金 300 000
87	90 级电子学院校友奖助学金	东南大学电子学院 1990 级校友	基金 25 000
88	王飞云校友奖学金	王飞云校友	12 000
89	职协笃行奖助学金	东南大学学生职业发展协会（SCDA）往届成员	18 000
90	160082 奖助学金	160082 班全体校友	3 000
91	2195 届励志奖学金	交通学院 1995 届校友	基金 150 000
92	8091 校友奖助学金	自控 1991 级校友	基金 100 000
93	动力 91 级校友奖助学金	动力 1991 级校友	基金 250 250
94	飞利浦奖教金、奖学金	LG 飞利浦显示器公司	21 000
95	南瑞继保奖教金、奖学金	南京南瑞继保电气有限公司	66 000
96	"东大设计院"奖教金、奖学金	东南大学建筑设计研究院	82 500
97	鼎泰奖学金	江苏鼎泰工程材料有限公司	基金 20 000
98	东南大学—英达奖学金	英达热再生有限公司	30 000
99	东南大学交通设计院奖学（教）金	东南大学建筑设计研究院交通分院	基金 500 000
100	CASC 公益奖学金	中国航天科技集团公司	50 000
101	金智奖教金、奖学金	江苏金智科技股份有限公司	80 000
102	江苏电力奖助学金	江苏省电力集团	基金 1 000 000
103	联创国际奖学金	上海创联建筑设计有限公司	10 000 美元
104	BSH 奖学金	博西家用电器（中国）有限公司	48 000
105	雷克奖学金、奖教金	庄昆杰、范国平伉俪	40 000
106	会丰奖助学金	厦门会丰拍卖有限责任公司	70 000
107	三菱电机奖学金	三菱电机机电（上海）有限公司	50 000
108	威立雅水务奖学金	南京瀚略商贸有限公司	10 000
109	东南大学中泰国立奖教金	江苏中泰集团有限公司	300 000
110	坚朗奖助学金	广东坚朗五金制品股份有限公司	60 000
111	锦华装饰奖教金、奖学金	江苏锦华建筑装饰设计工程股份有限公司	60 000
112	聚立科技奖教金、奖学金、奖管金	南京聚立工程技术公司	70 000
113	南京长江都市奖助学金	南京长江都市建筑设计股份有限公司	24 000

(续　表)

序号	项目名称	设立者	总金额/元
114	东大智能奖励金	南京东大智能化系统有限公司	30 000
115	浙江永利奖教金、奖学金	浙江永利实业集团有限公司	200 000
116	亚东奖学金	南京亚东建设发展集团有限公司	50 000
117	科远自动化奖学金	南京科远自动化集团股份有限公司	80 000
118	海拉奖学金、奖教金、奖管金	海拉(上海)汽车工业服务有限责任公司	130 000
119	东南大学博世奖学金	博世(中国)投资有限公司	115 000
120	创能电力奖学金、奖教金	南京创能电力科技开发有限公司	基金 100 000
121	苏博特基金	江苏苏博特新材料股份有限公司	380 000
122	苏交科奖学金	江苏省交通科学研究院股份有限公司	基金 500 000
123	江苏交通院奖学(教)金	江苏省交通规划设计院股份有限公司	基金 500 000
124	汉桑奖学金	汉桑(南京)科技有限公司	30 000
125	汇鸿股份奖教金、奖学金	江苏汇鸿股份有限公司	100 000
126	江苏大秦奖学金	江苏大秦电气集团	基金 200 000
127	宝供物流奖学金	宝供物流企业集团有限公司	6 000
128	中交路桥建设奖学金、奖教金	中交路桥建设有限公司	200 000
129	江苏金陵科技集团公司奖教金、研究生奖学金	江苏金陵科技集团公司	10 000
130	创远微波奖学金	上海创远仪器技术股份有限公司	100 000
131	科雄奖学金	南京科雄科技有限公司	基金 100 000
132	罗德与施瓦茨研究生奖学金	罗德与施瓦茨公司	100 000
133	丹阳市飓风物流奖助学基金	丹阳市飓风物流有限公司	120 000
134	正保教育奖学、助学金	北京东大正保科技有限公司	150 000
135	东南大学建筑设计与理论研究中心·杭州中联筑境建筑设计有限公司基金	杭州中联筑境建筑设计有限公司	基金 200 000
136	苏州中诚奖教金、奖学金	苏州市中诚工程建设造价事务所有限公司	30 000
137	新蓝天钢结构奖学金	江苏新蓝天钢结构有限公司	60 000
138	中南助学圆梦奖学金	中南控股集团有限公司	250 000
139	东南大学森德兰舍奖学金	上海兰舍空气技术有限公司	80 000
140	金智教育奖教金	江苏金智教育信息技术有限公司	25 000
141	东大电子—德州仪器奖、助学金	德州仪器半导体技术(上海)有限公司	225 000
142	特高压奖学金	国家电网公益基金会	100 000

（续 表）

序号	项目名称	设立者	总金额/元
143	大连化物所奖学金	中国科学院大连化学物理研究所	50 000
144	江苏软件奖学金	江苏软件产业人才发展基金会	12 000
145	夏普奖学金	南京夏普电子有限公司	18 000
146	一卡通奖助学金	招商银行南京分行	100 000
147	矗龙奖学金	泗阳星美置业有限公司	130 000
148	"协鑫奖"奖学金	协鑫(集团)控股有限公司	250 000
149	东大能源奖学金、奖教金	南京东大能源环保科技有限公司	30 000
150	东南大学—华为奖学金、奖教金	华为技术有限公司	100 000
151	华电光大奖教金、奖学金	北京华电光大环保技术有限公司	50 000
152	外运长江奖学金	中国外运长江有限公司	20 000
153	正信光伏奖学金、奖教金	正信光伏有限公司	基金 100 000
154	西门子中国奖学金	西门子电力自动化有限公司	20 000
155	联众奖学金	杭州联众医疗科技股份有限公司	30 000
156	谷歌优秀奖学金	谷歌信息技术(中国)有限公司	27 000
157	德威奖学金	江苏德威新材料股份有限公司	500 000
158	国微电子奖学金	深圳市国微电子股份有限公司	200 000
159	远景智慧奖学金、远景未来奖学金	远景能源(江苏)有限公司	78 000
160	"美达灌装机械"奖学金	彭山宏校友	基金 108 000
161	亚派科技奖助学金	南京亚派科技股份有限公司	40 000
162	共进奖学金	深圳市共进电子股份有限公司	100 000
163	多伦科技奖学金	南京多伦科技股份有限公司	66 000
164	点米奖学金、助学金、奖教金	江苏点米网络科技股份有限公司	基金 300 000
165	琢章奖学金、奖教金	南京壹千零壹号自动化科技有限公司	70 000
166	三宝科技创新奖学金、奖教金	南京三宝科技集团有限公司	71 000
167	ADI 创新奖学金	亚德诺半导体技术(上海)有限公司	50 000
168	无线电系 77、78 级校友奖学基金	信息科学与工程学院 1977、1978 级校友	基金 325 000
169	无线电系七八级同学国际交流生奖学金	无线电系 1978 级同学	基金 5 000 000
170	金昇奖励基金	江苏金昇实业股份有限公司	102 000
171	华生、铁凝助学金	华生、铁凝夫妇	11 000 000
172	何耀光助学金	何耀光先生	200 000 港元

（续　表）

序号	项目名称	设立者	总金额/元
173	纪辉娇助学金	纪辉娇	50 000
174	爱心助学金	蔡泉生校友	21 600
175	星火助学金	高戟校友	12 000
176	温暖助学金	马慧宁、杜明昱母子	2 000
177	新生晨曦助学金	胡羽纶、蒋可睿、樊津瑛、滕梓帆、卢诗琦等小同学	12 000
178	新生爱心基金	宜兴市法新轮胎销售有限公司	10 000
179	新生爱心基金	不愿透露姓名的爱心人士	6 000
180	新生爱心基金	杨芳	5 000
181	新生爱心基金	吉兵先生	6 000
182	吴海熊助学金	吴海熊、李晓峻夫妇	6 000
183	东南大学—南京龙虎助学金	龙虎网（南京安居保障房建设发展有限公司资金支持）	30 000
184	懿南助学金	朱晓明先生	50 000
185	诚朴助学金	瞿宏伟先生	55 000
186	云南同乡爱心助学金	杨文、余兰、杨志、杨健等	6 000
187	筑和助学金	江苏筑和地产发展有限公司	4 000
188	南京永瑞助学金	南京永瑞科技有限公司	6 000
189	武汉正维助学金	武汉正维电子技术有限公司	108 000
190	长北助学基金	张燕教授	5 000
191	学长助新生启航基金	张胜兴	3 000
192	学长助新生启航基金	何新夏	9 000
193	东南大学法学院251981班助学金	东南大学法学院1998级校友会	9 000
194	东南大学法学院上海校友助学金	东南大学法学院上海校友	2 000
195	东南大学机械系21901班爱心助学基金	东南大学机械系21901班校友	基金500 000
196	南京工学院自动控制系81级校友助学基金	原南京工学院自动控制系1981级校友	50 000
197	新长城自强助学金	中国扶贫基金会	1 820
198	中国能建集团江苏省电力设计院员工博爱基金	中国能建集团江苏省电力设计院员工博爱基金	25 000
199	雁行东大励学成长项目	雁行中国基金会	96 000
200	华民慈善基金会大学生就业扶助项目	华民慈善基金会	300 000

(续 表)

序号	项目名称	设立者	总金额/元
201	伯藜助学金	江苏陶欣伯助学基金会	1 000 000
202	新鸿基地产郭氏基金东南大学助学金	新鸿基地产郭氏基金会	235 000
203	东南大学未来电源精英助学金	中国教育基金会	100 000
204	东南大学雅居乐地产助学金	广东省雅居乐公益基金会	100 000
205	南京兴华建筑设计研究院助学金	南京兴华建筑设计研究院股份有限公司	100 000
206	RBSF—柏济助学金	广州容柏生建筑结构设计事务所	10 000

校友总会2016年工作综述

2016年,在校友总会各位理事、各地校友会、广大校友的领导、帮助和共同努力下,校友总会的工作继续围绕学校"双一流"建设和"双创"教育改革的中心工作进行,广泛联络校友、服务校友、服务学校,为校友搭建与母校交流合作的平台。通过校友总会和各地校友会的密切配合,着重在加强联络、建立组织、开展活动和增进合作等方面做出了积极努力,形成学校关心校友、校友关心母校、校友相互支持、共同发展的良好局面。

1. 校友总会组织建设

完成本社团2015年度年检,年检合格。

完成校友总会法人变更和备案:完成校友总会会长、法人代表变更和备案工作,东南大学校长张广军担任校友总会法定代表人和校友总会会长;完成原法人代表、会长易红的离任审计。于2016年11月2日完成法人变更的教育部、民政部正式备案。

东南大学校友总会首次当选为全国高校校友研究会第四届理事会常务理事单位,姚志彪当选全国高校校友研究会第四届理事会常务理事。校友总会获得第四届高校校友工作优秀单位,张飒兵获得第四届高校校友工作先进工作者。

顺利召开东南大学校友总会2016年度各地负责人会议暨五届六次理事代表大会,取得预定成果。

积极参加全国、地区高校校友研究会研究工作、相互学习交流,提高校友工作的业务理论水平和实践能力。

2. 各地校友会组织建设

成功完成3个校友会的注册(政府许可)工作,分别是:东南大学澳大利亚校友会、东南大学新加坡校友会和东南大学江西校友会。

积极推动海外和地方校友分会的建设。新建3个海外(德国、澳大利亚墨尔本、加拿大卡尔加里)校友会,新建1个院系(法学院)校友分会,新建1个市级(镇江)校友会,完成苏州校友会、南京校友会的换届工作。

推动院系校友工作,新成立医学、法律、机械等6个专业或地区校友分会(上海校友会医学分会、上海校友会机械分会、徐州校友会法律分会、北京校友会医学分会、常州校友会医学分会、苏州校友会常熟分会)。

多地校友会召开校友会成立大会、年会及创新创业研讨会,举行各种形式的活动,凝聚校友,服务校友。

3. 规范校友会组织活动的管理

认真学习教育部社团办、国家民政部的相关文件,加强校友会组织管理。特别针对未在民政部门独立注册,但已经校友总会批准成立并以东南大学校友总会(地区或院系)联谊会开展活动的校友组织,在组织建设、分会及俱乐部成立、校友信息管理、业务范围、成员分布、活动地域等方面,提出了具体的要求,以规范其校友组织活动的管理。

4. 完善校友信息

向学校网络与信息中心申请挂置数据库服务器及应用服务器,并通过校友的帮助先行使用了校友企业的软件,建立东南大学校友总会校友综合服务管理系统及面向校友的移动端服务。

(1) 首先完成了1977年入学以来校友基础信息由纸质信息整理为电子化信息,形成校友资源电子化原始信息库。至2016年年终,已有18万多条校友在校学习经历记录。

(2) 通过购置、校友捐赠及委托开发,初步建立并开始使用校友综合服务管理系统的基本功能,初步实现数据的认证、整理、分类、查询,安全有效的数据管理与共享,可以通过PC、移动终端开始使用网络校友服务大厅。同时已经留有端口,为将来扩展创造条件,特别是地方及院系、专业、行业校友会,校友特色活动、社区、俱乐部,校友捐赠及其他服务,服务系统考虑从PC端向移动端拓展。

东南大学校友总会微信服务系统全面上线,为校友与母校、校友之间提供最快捷的交流联系平台。校友总会微信公众号关注校友达1.6万人以上。新注册校友用户达7 200多人。

5. 扩大发展毕业生校友工作联络人,本届志愿者达百人

和常州、深圳、北京、广东、江西、福建、海南等多地校友会一起,结合2016届毕业生相关就业信息,开展多种形式的新校友入职前交流座谈活动,为各地校友会输送大量新鲜血液。

6. 建立校友俱乐部,筹建校友创业基金

以北京、上海、广东、深圳校友会和校友总会为依托,新建立7个投融资、运动、养生、科技等校友俱乐部;筹建设立2个校友创业投资基金,为学生和年轻校友创新创业提供支撑。

7. 全方位服务各地校友会

为波士顿中国高校校友会龙舟赛、美国硅谷校友会球类比赛、地质分会年级同学返校会等多地多次提供母校的支持。和香港校友会一起，促成东南大学大学生艺术团访问香港并参加纪念"高校联"成立20周年中国高校优秀艺术节目汇演活动，极大地提升了学校的知名度和美誉度。

注重老校友、两岸中大校友会交流特别是中央大学校友、南京大学工学院及南京工学院搬迁学院校友的服务工作（镇江农机、中大南京校友会）。

参加各地校友会年会及重要活动，专程走访地方校友会，和各校友会组织的联络，加强与各地校友的联络交流，增强当地校友会凝聚力，推进当地校友会工作。通过各种形式和近3 000名校友进行了面对面的沟通、交流。

8. 多方面服务学校，积极开展校园文化活动

为学校招生工作、人才培养、学科建设、学生创新创业、学生就业、高端师资队伍建设服务，配合学校相关部门，大力开展校园文化活动，提升大学生综合素养。

扩大参加本科招生宣传工作力度（增加6个省），支持本科招生咨询，对接各地优质生源高中，扩大EMBA招生宣传。从本年度始，校友总会直接负责上海市的招生宣传工作。

通过海内外校友会，积极为学校推荐高层次人才。通过各种联络方式和13个（美国大纽约、大华府、波士顿、密西根、硅谷；加拿大多伦多、温哥华；新加坡；澳大利亚、墨尔本；德国、英国、香港）境外校友会进行交流，推送学校人才引进政策，协助人事处进行海外人才引进的宣传工作；联络多位校友推荐给人事处及电子科学与工程等学院进行洽谈，双方进行交流了解面谈。

联合校团委、学生处、教务处、科技园及相关学院等，举办6次校友企业家论坛（江苏省高等教育管理研究会创新创业工作委员会成立大会及报告会、优客工场资本与创新对话会、彩虹创业大赛、第二届"互联网＋"创业大赛、百年机械校友报告会），助力大学生创新创业等活动。

邀请多位杰出校友出席年度研究生毕业典礼（九龙湖、四牌楼）、本科生毕业典礼，和毕业生进行人生、事业规划的经验交流及报告。

直接指导两个学生社团的业务工作（职业发展协会、杉树社）。

积极联络相关校友群体，如六朝松创新创业促进协会、创业与投资俱乐部、南京创业俱乐部、东大智慧城市建设创业投资校友联盟、联合创客街、优客工场等校友企业团队，对接校内学生创业团队，帮助在校生创新、创业。

联合团委、学生处、研究生院、体育系、机械工程学院、土木工程学院等积极开展"一路有你"系列活动，开展六朝松等品牌主题特色（体育、文艺）活动，进一步凝聚校友之心。活动主要有"东大不散场"、全球校友线上线下校园跑、百年机械寻校友、年度最具影响力毕业生、香港土木人、1992级和1993级足球赛等，活跃校园文化氛围。推荐校友及校友企业（蓝天救援队、新浪体育航拍队等）参与和支持相关活动。

9. 品牌服务["启航"活动、SCAD(学生职业发展协会)"他乡遇故知"、寻访杰出校友等活动]

常州、深圳、北京、广东、江西、福建、海南等多地校友会一起,开展多种形式的"学长助新生,启航向东大"新生入校前交流座谈活动,惠及400多位新生。

组织、指导校学生职业发展协会(SCDA)成功举办2016年"他乡遇故知"活动,邀请七位校友和两位应届毕业生与在校生互动,近80名学生社团骨干参加。扩大"他乡遇故知"活动应届学生志愿者参加人数。

"印迹东南"社团走访校友,与校友面对面访谈,走进名企、采访东南大学特殊校友家庭等活动,加深在校生、校友、母校之间感情。

成功协办2016年度暑期实习招聘会,吸引近150家企业,30家校友企业参加,近4 000名学生入场。

10. 服务校友、服务母校,为产学研合作服务

积极为校友、校友企业、地方政府机构(如福建海峡技术成果转移中心等)和学校科研团队牵线搭桥,参与学校科研成果转化及科研合作工作,和40多家校友企业联络、参观交流,并带领学校教授深入校友企业进行产学研合作交流。

为东南大学建筑设计研究院、景观研究所与华东勘测设计研究院达成合作,杭州师范大学附属中学校区规划及建筑设计项目已经落实,景观研究所和华东勘测设计研究院联合投标温州三垟湿地项目进入最后一轮招投标。促成了东南大学ITS(智能交通系统)和上市公司高新兴科技集团股份有限公司的全面合作。

通过联络广大校友,寻访大型、国有、军工等著名单位,扩展更多的学生实习基地、就业渠道及科研合作。

11. 广纳办学资源、发挥校友作用,进一步推动学校历史资料实物收集

为学校校史馆征集珍贵的档案资料,向重点校友(院士、杰出校友)征集校史资料(丁衡高、杜学彬、姚九成等12位杰出校友贡献了教学、教材实物及校史影像资料)。

广泛联络校友及校友企业,进一步提升校友反哺母校的积极性,宣传学校的筹资项目,提供有意向捐资助学的3个校友企业(福建光微电子科技、汇松上海、中合建筑)信息,推荐给基金会或相关院系进行培育和跟进服务。

广东校友会、马拉松俱乐部等参与学校相关项目的捐资,牵线推荐校友企业向学校捐献实验装备、软件(扬州第二发电厂、上海蓝矩信息科技有限公司)。

各地校友会、校友企业、班级、运动团体及个人以班级、集体、个人或老师的名义在学校设立奖、助学金及各类基金,积极向学校捐款捐物。不计其数的校友参与了各类捐赠。

一年来,总会及总会秘书处在总会各位理事、海内外广大校友及各地校友会的领导、支持、帮助下,积极发挥校友与母校的纽带作用。在今后的日子里,希望总会的各位理事、各地校友会及广大校友一如既往,继续支持校友总会及秘书处的工作,汇集校友力量,为母校及广大校友的事业发展而努力。

附件1

校友总会自身建设及重要活动

2016年1月16日　东南大学校友总会五届五次理事会议召开

1月16日上午,东南大学校友总会五届五次理事会议暨南京校友会常务理事会议在四牌楼校区校友会堂多功能厅召开。校友总会副会长、副校长林萍华,副会长、校党委常务副书记刘京南,副会长朱建设、副会长刘光荣与校友总会在宁理事代表、南京校友会常务理事代表等共50余人参加座谈会。会议由校友总会执行副会长刘松玉教授主持。

会议首先由朱建设副会长宣读第五届理事会会长变更审议表决结果报告。由于工作变动,经过讨论,推荐东南大学校长张广军为东南大学校友总会会长人选。校友总会秘书处向境内外的东南大学校友总会各理事发出了审议通讯表决票,对会长人选进行审议表决。经过统计,校友总会现有理事246位,参与本次投票的人数为219位,超过理事人数的三分之二;同意票为219位,超过投票理事人数的三分之二。表决过程符合校友总会章程规定,东南大学校友总会理事会审议通过张广军任总会会长。

校友总会副会长、副校长林萍华教授做新年讲话。校友总会副会长、校党委常务副书记刘京南教授向与会理事们就学校发展规划做了简要介绍。校友总会秘书长姚志彪向参会理事汇报了校友总会2015年度工作情况。刘松玉执行副会长做了总结讲话。

2016年6月6日　东南大学校友总会各地校友会负责人会议暨五届理事会六次会议召开

6月6日校庆日下午,东南大学校友总会各地校友会负责人会议暨五届理事会六次会议在东南大学四牌楼校区召开。东南大学校长张广军,东南大学校友总会常务副会长、东南大学副校长浦跃朴,校友总会执行副会长、发展委员会常务副主任刘松玉,校友总会副会长杨树林、朱建设、庄宝杰、刘光荣,校学生处孙莉玲处长、校经管学院陈志斌副书记和来自东南大学海内外38个地方校友会的40余名负责人参会。会议由校友总会执行副会长刘松玉主持。

浦跃朴副校长首先致欢迎辞。他对各地校友会负责人回母校庆祝建校114周年表示热烈欢迎,对东南大学校友一直以来对母校的关心和支持表示诚挚感谢。校友总会姚志彪秘书长向与会的校友们汇报了一年来校友总会的工作情况,从校友会组织建设、校友信息系统建设、校友联络及校友会活动和服务母校教学、科研、人才培养四个方面具体介绍了校友总会的工作成绩。东南大学学生处孙莉玲处长向校友们汇报了学校2015年度招生、就业情况,感谢各地校友会对学校招生工作给予的积极帮助和支持,并希望在新一轮的招生、就业工作中,继续得到各地校友会更进一步的支持。经管学院陈志斌副书记向校友们介绍了学校MBA(工商管理硕士)、EMBA(高级管理人员工商管理硕士)教学情况,欢迎校友们再回母校深造提高。

来自境外的香港校友会、硅谷校友会和澳大利亚校友会,国内的北京校友会、广东校友会、上海校友会、深圳校友会、常州校友会、江西校友会的负责人,介绍了各自校友会的注册情况、特色活动和工作计划。在讨论中大家达成共识,校友会建设首先要架构好组织机构,之后完成校友会服务校友的基本功能,然后再谋求经营和发展。作为民间社团的校友会组织,其管理相对松散,校友会组织机构的建设,要挑选有活力、有精力、有能力和有实力的校友,校友工作也要讲究策略和效率。校友们还就学校各项事业发展提出了积极建议。

东南大学校长张广军做会议总结。他代表学校对校友们回到母校参加校庆活动表示欢迎,对大家在校友工作中的奉献、对母校的关心支持表示诚挚的感谢,对校友们提出的建议给予了积极回应。张校长指出,校友会作用非凡,大有可为,一是凝聚学校改革发展的智慧,二是做好学校与校友和社会的桥梁,三是发挥"人才强校"、服务校友的作用,四是传承、发扬好东大文化和东大故事。

当天上午,来自各地校友会的负责人参加了东南大学建校114周年庆祝大会。

2016年7月30日　中国高等教育学会校友工作研究分会江苏会员2016年校友工作研讨会召开

7月30日,中国高等教育学会校友工作研究分会江苏会员2016年校友工作研讨会在南京大学举行,25所江苏片区的兄弟院校参加了本次会议。

研讨会开幕式由南京大学校友总会秘书长张锁庚主持,南京大学副校长、校友总会副会长薛海林、南京师范大学副校长张序余出席了会议,并做重要讲话。校友工作专题研讨会由东南大学校友总会秘书长姚志彪主持。

张锁庚秘书长通报了在南开大学召开的"中国高等教育学会校友工作研究分会2016年第一次常务理事会议"的相关换届、评优等情况,希望各兄弟院校做好相关的准备工作。南京大学校友总会副秘书长赵国方做"校友工作相关规章制度、政策规定的解读与讨论"的专题报告,对领导干部参与校友活动和在社会团体中兼职等各项明文规定做了比较深入的解读。

东南大学、南京师范大学、南京航空航天大学、江南大学分别就各自高校特色校友工作做了专题交流。姚志彪秘书长和大家分享了东南大学校友会品牌活动点滴。

会议经全体代表一致建议并通过,江苏省的会员单位,为进一步加强各校之间的相互联系和交流新形势下的校友工作经验,决定每年举行两次校友工作研讨会,并确定下一届校友工作研讨会将在东南大学举行。

会议期间,与会代表参观了江苏南京麒麟科技创新园(生态科技城)侨梦苑,受到省侨办王华、孙彬主任等的热情接待,双方就积极吸引海外校友入园创新创业进行了讨论。

2016年11月10日　中国高教学会校友工作研究分会第四届会员代表大会暨全国高校校友工作第23次研讨会举行

11月10日,中国高等教育学会校友工作研究分会第四届会员代表大会暨全国高校校友工作第23次研讨会在复旦大学召开。来自全国264所高校近400余名校友工作者参加了此次大会。

10日,大会正式开幕,复旦大学校友会副秘书长章晓野主持开幕式。复旦大学副校长许征致欢迎辞。分会秘书长、浙江大学校友总会副会长张美凤做第三届理事会工作报告,浙江大学校友总会秘书长胡炜受第三届理事会委托做理事会2012年1月至2016年9月的财务报告,全体参会代表审议通过。浙江大学副校长罗卫东、复旦大学副校长张志勇、北京航空航天大学副校长魏志敏专程参会并做专题报告。

大会第二阶段为表彰及选举环节,张美凤秘书长主持。清华大学校友总会秘书长唐杰首先代表常务理事会向大会公布2016年第二批新会员名单,共25家高校校友组织加入分会。北京大学校友会副秘书长张向英公布"高校校友工作优秀案例遴选活动"获奖名单。会员代表大会表彰了60家校友工作优秀单位和117位校友工作先进个人,其中7名资深校友工作者荣获校友工作突出贡献奖。

大会选举产生了新一届理事会组成机构组织成员与负责人。经过大会对第四届理事会组织机构成员与负责人的审议和一致通过,清华大学、浙江大学等86家高校校友会进入新一届理事单位,华北电力大学当选监事单位,清华大学、浙江大学等52家高校校友会入选常务理事单位。东南大学校友总会入选第四届理事单位,同时当选第四届理事会常务理事单位。

第四届理事会副会长单位共25家,第三届理事会会长单位浙江大学继续当选第四届理事会会长单位,浙江大学罗卫东副校长、浙江大学校友总会秘书长胡炜分别兼任校友工作研究分会第四届理事会会长和秘书长。

2016年11月2日　东南大学校友总会会长、法定代表人变更完成,张广军校长出任东南大学校友总会会长及法定代表人

11月2日,民政部通过东南大学校友总会变更负责人和法定代表人的申请和报备,分别下达了《社会团体负责人备案通知书》和《社会团体法定代表人变更通知书》,确定由东南大学校长张广军教授兼任东南大学校友总会会长及法定代表人。

因工作原因,易红书记提请辞去校友总会会长一职,提议由张广军校长担任总会会长,经2016年1月东南大学校友总会五届四次理事会议审议通过。2016年9月,总会开始法人代表的变更,推荐由张广军会长担任校友总会法定代表人。经过一个月的校友总会理事通讯审议,投票通过由张广军会长担任法人代表。通讯审议期间,得到了海内外各地校友会和校内各位理事的积极支持和帮助。

张广军校长兼任东南大学校友总会会长和法人代表的申请于7月得到中组部批准。11月2日,经主管单位教育部审核通过,校友总会会长、法定代表人变更完成在国家民政部的报批和备案。

附件 2

校领导、院系领导及校友总会负责人
走访地方校友组织、拜访校友情况

2016 年 3 月 16 日　易红书记参加机械学院百年院庆北京校友见面会

3 月 16 日下午,东南大学党委书记易红在发展委员会副主任米永强和校友总会秘书长姚志彪的陪同下,来到北京六朝松茶馆参加喜迎机械学院百年院庆北京校友见面会。易红书记在负责人周超明校友的陪同下参观了六朝松茶馆,并同校友们品茗畅谈。机械工程学院张志胜书记、倪中华院长、贾方老师专程赴会。

2016 年 4 月 9 日　校友总会秘书长出席上海校友会秘书处会议并看望在沪知名校友

4 月 9 日下午,东南大学上海校友会召开秘书处工作会议。东南大学校友总会秘书长姚志彪、副秘书长曹军专程出席并指导工作。上海校友会秘书长李华彪汇报了工作情况。关于上海校友会"会长委员会"以及秘书处设置是上海校友会历史的选择,针对新时期校友会建设,线上线下的分工管理是重要的,加强分会建设,活跃专业兴趣小组的活动是校友会的一个重要工作内容。姚秘书长代表校友总会对上海校友会工作取得的成就表示肯定,同时希望结合上海特色,关注兴趣小组、志愿者、企业家、校友分会建设,使校友会工作更上一层楼。

4 月 10 日上午,东南大学校友总会秘书长姚志彪在上海校友会秘书长李华彪的陪同下,拜会东南大学上海校友会会长戴复东院士。

2016 年 4 月 11—20 日　校友总会常务副会长浦跃朴副校长访欧期间看望在德、英和瑞士的校友

4 月 11 日至 20 日,东南大学代表团在副校长浦跃朴的率领下参加了在德国乌尔姆大学举办的 U5 会议,并先后到瑞士苏黎世联邦理工学院(ETH)、瑞士提契诺大学(Università della Svizzera)、英国伦敦大学学院(UCL)、英国建筑联盟学院(AA School)、伦敦南岸大学(LSBU)等高校访问交流。访欧期间,代表团特别参加了在德国乌尔姆大学举办的全德东南大学校友会成立大会,看望了在瑞士和英国学习工作的东大学子和校友。在各次校友见面会上,浦跃朴副校长都向校友们介绍了母校近年来的改革发展情况,宣传了学校的人才倍增计划,同时感谢校友们对母校的长期支持。他希望校友们能够一如既往地关注和支持母校的发展,欢迎校友们常回国、回东大看看,更欢迎校友们回国参与学校的建设发展、教学科研。

2016 年 5 月 15 日　母校代表团在 114 周年校庆前夕访问香港并与香港校友交流

5 月 15 日,东南大学副校长吴刚、校友总会执行副会长刘松玉、国际合作处处长梅汉成、校教育基金会秘书长李爽一行访问香港,开展一系列拜访与合作洽谈活动。

母校一行到港首站是与东南大学香港校友会代表共同访问了香港大学,并与东南大学香港校友会代表进行座谈。香港校友会会长贾倍思代表在港校友欢迎母校领导莅临。

5月17日上午,母校一行访问了香港理工大学土木工程系。土木工程系副主任、香港理工大学钢结构国家工程研究中心香港分中心主任钟国辉教授接待了东南大学代表团一行。我校香港校友,香港理工大学土木工程系助理教授冷真教授,香港理工大学创新科技署助理总监蒋颖女士出席了会议。5月17日下午,受中国建筑工程(香港)有限公司的邀请,东南大学代表团一行参观了正在建设中的香港港珠澳大桥工地。中国建筑工程(香港)有限公司总经理潘树杰校友和中建土木公司副总经理虞培忠校友出席了交流会议。吴刚校长代表东南大学签署东南大学和中国建筑工程(香港)有限公司战略合作协议。

2016年6月3日　东南大学常务副校长王保平看望北京校友

6月3日,东南大学常务副校长王保平在北京校友会马其祥秘书长和汪嘉义、程俊峰、王玉山等校友的陪同下亲切看望了北京校友会副会长、无线电分会会长、北京清新环境技术股份公司董事长张开元校友。

王保平常务副校长参观并认真听取了北京清新环境技术股份公司的情况介绍,对张开元校友长期以来为支持母校发展和建设所做出的杰出贡献表示了衷心的感谢。

2016年8月22日　东南大学校长张广军看望部分北京校友

8月22日,东南大学张广军校长看望了部分在北京的杰出校友并与校友座谈。北京校友会会长华生、马其祥、张开元、王永辉等校友参加了座谈。

2016年11月23日　东南大学校长张广军访德期间与德国校友会校友代表座谈

11月23日,东南大学德国校友会迎来了母校校长张广军院士一行的访问,同行的还有东大医学院院长刘乃丰教授以及东南大学外事办公室袁超老师。同为东大校友的江苏省驻德国巴登—符腾堡州办事处的潘正明主任和张祥武先生等一行出席了见面会。张广军校长给大家带来了母校亲切的问候,介绍了东大最近的发展情况。在德的东大校友们向校长一行介绍了自己在德国的学习工作情况。张广军校长为即将召开的德国校友会成立大会录制了即兴祝贺视频。

2016年12月4日　东南大学常务副书记刘波一行访美期间看望纽约地区校友

12月4日晚,东南大学常务副书记刘波一行来美进行校际交流期间,专程来纽约看望东南大学校友,近七十名当地东南学子参加聚会座谈。大纽约地区校友会会长唐元致开场辞,刘波副书记向纽约校友们介绍了东南大学近年来的发展和变化、学校取得的教学科研成果以及发展的最新目标。她充分肯定了校友会在海外做出的成绩与贡献,同时希望校友利用北美的平台和网络,向母校和南京推荐人才。

2016年12月　易红书记访问英国期间受到英国校友热情欢迎

东南大学党委书记易红率代表团访问英国和爱尔兰三所高校。在伦敦访问期间,东南大学英国校友会会长许言忠校友全程陪同并完成当地后勤保障服务工作。许言忠会长向母校代表团转达了在英校友们的真挚问候,并向母校领导汇报了在英校友的工作、生活和学习情况。他表示,英国校友会会积极促成和推进母校和英国一流高校在机器人和电子工程等其他学科方面的交流和合作。易红书记向许会长介绍了母校的近期发展情况,请许会长转达母校对在英国的校友们的诚挚问候。

附件3

校友总会主办、协办的品牌活动及助力校园文化建设情况

2016年5月6日　第8届"他乡遇故知"校友分享会召开

5月6日晚,由校友总会主办,校大学生职业发展协会(SCDA)承办的以"东大不散场"为主题的"他乡遇故知"校友分享会召开并取得圆满成功。活动以服务毕业生为宗旨,主要目的是为了让我校广大毕业生在毕业季能够迅速融入社会,随时随地感受母校的温暖,同时增进校友的感情,巩固东大校友联盟的力量。分享会上,校友总会姚志彪秘书长做开场致辞,受邀的来自上海的校友会代表赵东波、胡景准,来自福建的代表吴盛峰、柳德宝,来自常州的代表葛维克、郑隽一、赵昔生做了嘉宾访谈。东大SCDA前会长赵行晟和东大研究生会前副主席王晓春两位优秀毕业生进行了学习和任职经历分享。校友总会副秘书长曹军和受邀校友为新聘请的应届毕业生校友联系人代表颁发了证书,并全体合影留念。

分享会前,常州市政总公司董事长赵昔生校友还与土木、交通专业的在校生做了专门座谈交流。

2016年5月21日　校友总会发起全球东大校友"跑马"模式迎校庆

5月21日,"一路有你·奔跑迎校庆"环校赛暨中国大学生马拉松联赛东南大学站在东南大学九龙湖校区举行。百余位校友身着鲜艳的统一队服参加了现场校园跑。教工(校友)组男、女第一名分别被杨柯校友(97级信息学院)和薛枣枣校友(98级管理学院)夺得。此次比赛不仅有现场"跑马",更有东大校友的"线上跑马"。在校友总会的积极宣传和倡议下,美国、加拿大、澳大利亚、新加坡,北京、上海、广州、深圳、福州、宁波、苏州、无锡等海内外校友纷纷参与"线上跑马"迎校庆。

2016年8月7日　苏州校友会参加"苏州第一届高校校友报到日活动"

2016年8月7日下午,旨在成为"入市教育的课堂、政策宣传的讲坛、新老帮扶的纽带、共同成长的舞台"的"校友报到日"系列关爱活动在苏州工业园区景城学校成功举办。东南大学苏州校友会作为参与方之一派出了志愿者参与了此次活动。

在苏的东大校友以及新接收的大学毕业生校友共三十余位向东南大学苏州校友会集中报到。苏州校友会常务副会长宋建忠、机电信息分会会长杨益农到现场与校友交流。

苏州日报专访了东大应届毕业生石彦飞,配发东南大学标志图片。新闻报道在省市多家平面媒体和网站编发,江苏省委新闻网也推出报道。

2016年8月14日　"启航"活动:东南大学江西校友会欢送新生座谈会举行

2016年被东大录取的江西籍新生共有96位,母校在江西地区的认知度和影响力正在逐年提高。8月14日,东南大学江西校友会欢送新生座谈会在南昌市举行,部分新生代表和家长代表以及在南昌工作的多位校友积极到会交流。会议由江西校友会副会长刘长华主持。

张旭奇校友首先向参会的新生和家长表示祝贺。江西省电力科学研究院副院长上官帖校友结合自身,向大家介绍了母校的电力专业的发展历程。刘长华副会长现场向即将

报到的师弟师妹们讲述了自己从毕业分配到下海创业的亲身经历。在交流互动的环节中,家长和新生踊跃提出了各自关心的问题,有关于学习生活的,有关于跨专业的,还有关于学习深造和就业创业的……学长们都一一耐心作答。江西校友会向所有到会新生赠送了纪念品。

2016 年 8 月 14 日 "启航"活动:广东校友会举行 2016 年"迎双新"座谈会召开

2016 年被东大录取的广东籍新生共有 77 名,广东优质的生源为母校的教育事业锦上添花。8 月 14 日,新生即将开学之际,广东校友会"东大·广东 爱与你一路同行"2016 年"迎双新"座谈会在广州举行。30 多位来自广州、深圳、佛山、东莞、珠海、中山等全省各地的新生代表及新生家长代表、新毕业校友代表、东南大学学生处代表、校友总会代表及广东校友会校友欢聚一堂,为新生入学前注意事项及学校概况、校友会概况做了深入交流,进一步拉近新生与学校的距离,进一步强化了新校友与校友会的联系。广东省东南大学校友会副会长兼秘书长陈映庭学长主持了本次"迎双新"座谈会。

广东省东南大学校友会秘书长陈映庭首先对新生及学生家长表示热烈祝贺,并为新生及家长们介绍了校友座谈会的主旨与愿景,寄希望于新生们发扬母校的优良传统,以"止于至善"的精神继续学习,不断壮大母校实力与声望。

东南大学学生处处长孙莉玲为新生详尽介绍了母校的情况及入学注意事宜。东南大学广东招生宣传组组长马强书记介绍了东南大学在广东地区的招生情况,高度评价了广东省东南大学校友会所做出的努力与成就。东南大学校友总会秘书长姚志彪介绍了东南大学的严谨学风,告诫学子们进入大学后不能懈怠学业,并为新校友们介绍了东南大学校友总会的历史、概况及主要活动及在各省校友会联合会互动情况。广东省东南大学校友会秘书长陈映庭介绍了广东省东南大学校友会的历史、概况及校友会的主要活动及宗旨和校友会下设的各个分支机构及俱乐部。

座谈会中,刚毕业的新校友代表分享了在校期间的生活上、学习上的经验。新生学生代表发言表示将带着广东人的活力与拼搏奋斗的精神,认真学习,止于至善。新生家长们发言表达了对子女新入东南大学的喜悦及期待。

广东省东南大学校友会会长王亚群在总结中分享了自己的母校入学经历,畅谈了"东大汉子"的精彩故事,并鼓励新生们认真学习,广东校友会是大家的坚实后盾。

广东校友会向每一位新生赠送双肩包礼品。

2016 年 8 月 20 日 "启航"活动:北京校友会举办欢送京籍新生座谈会

8 月 20 日下午,在六朝松茶馆,北京校友会举办了一场充满校友关怀与温情的欢送京籍新生座谈会,共有 30 多名新生代表参加了此次座谈会。今年东南大学录取了 50 名京籍毕业生。

北京校友会常务副会长兼秘书长马其祥携部分秘书处成员出席了活动。他首先祝贺新生们考取东南大学,向他们详细介绍东南大学,包括东南大学的诞生、沿革、发展和现状,以及百余年来东大培养出的杰出人才。在介绍东南大学北京校友会时,马会长向新生们畅谈了自己作为主要创始人之一,见证了北京校友会 30 年来的发展历程。马会长告诉同学们在学习生活中有困难可以找校友会帮助,也期盼同学们将来回京工作时能加入到北京校友会的工作中来。活动特邀到中天科技集团公司副董事长丁铁骑校友、北京中证技术股份有限公司董事长王舜林校友参加并分享他们丰富精彩的人生经历。

每位新同学轮流做了自我介绍。2016年北京地区的大部分生源均来自北京四中、人大附中、北京八中、清华附中、北师大附中、北大附中、101中学、十一学校等名校。

校友庄人栋、王玉山、刘安锋、刘玲利、张晓燕等也参加了座谈，校友企业家代表尹寿宝担当了此次活动的义务摄影师，并代表北京校友会向参会每位新校友赠送了一件印有东大LOGO的运动衣。

2016年8月20日 "启航"活动：南京大学、东南大学和河海大学"三校八闽新生欢送会"在榕城举办

8月20日下午，南大、东大、河海三校八闽新生欢送会"百年名校，因你而新"在福州举办，来自三校的五十多位新老校友齐聚一堂，其中有二十多位是即将入学的新生。

河海大学校友办主任黄林楠现场简短致辞，表达了对于活动成功举办的祝福和对新生的勉励；东南大学学生处孙莉玲处长和招生组组长吴京教授以视频方式欢迎各位新生的到来，希望大家在大学中能够努力学习，创新创造，实现梦想；南京大学的学长们则给出了一条条温情的寄语，陈骏校长的"福建的孩子勤奋好学，我特别喜欢"更是直白地表达了对福建考生的赞誉和期望。

祥兴集团的薛行远董事长也为三校新生寄语：相信未来、相信美好；包容自己，包容他人。薛董事长去年荣获"福州首善"称号，为新生提供了总价一万多元的书包。

各校在读生、校友也纷纷传来视频表示欢迎各位新生来宁加入各类正能量的社团。

本次八闽新生欢送会由南大、东大和河海三校福建校友会共同举办，活动组织协调有序，活动内容丰富创新，三校校友紧密合作，加深了兄弟校友会之间的合作交流。

2016年8月21日 "启航"活动：常州校友会第三届"学长助新生"启航活动举办

8月21日下午，东南大学常州校友会"学长助新生、启航向东大"新生座谈会举行。75名新生及家长、部分重点中学校长代表以及部分东大常州校友参加活动。东南大学党委副书记郑家茂、校友总会秘书长姚志彪、东大招办主任蔡亮、东大常州招生组长裴锋、校友总会副秘书长曹军等学校领导参加了活动。袁菲校友主持座谈会。

1982级校友中车戚研所总经理、东大常州校友会副会长王文虎介绍了常州校友会情况。2016届校友王鹏飞代表年轻校友分享了在校生活，用自己在校学习生活感想与新校友共勉。1987级校友江苏筑森国际建筑设计院董事长单国伟代表老校友发言，他结合自己的创业经历，向新生提出了"不忘初心、方得始终，脚踏实地，无悔人生"的期望。

东南大学招生办主任蔡亮通过介绍东大的历史沿袭和学术大师，为新生介绍了母校的情况，他向新生详细说明了报到注意事宜，让大家有条不紊地迎接即将到来的大学生活。东南大学校友总会秘书长姚志彪介绍了东南大学的严谨学风，并为新校友们介绍了东南大学校友总会的历史、概况、主要活动以及全球各地校友会发展情况。

江苏省常中、省溧中、省前中、市北郊中学、金坛华中、市一中、田家炳中学等中学派校长和代表参加活动。金坛华中谭瑞军校长代表各中学发言，表示为能向东南大学输送人才感到非常自豪。新生代表朱志斌在表达考入东南大学的喜悦之情的同时，也对东南大学校友会的关心和帮助表示了由衷的感谢。

东大常州校友会会长、常州市政协副主席张跃在致辞中介绍了东大常州校友会的公益品牌活动,鼓励新生们认真学习,常州校友会是大家的坚实后盾。东南大学党委副书记郑家茂致辞,向75位新学生表示欢迎,向中学和家长对学生的培养表示感谢。

座谈会上,新生和家长踊跃提出了各自关心的问题,学长们与他们真诚交流互动。活动中还举行了由单国伟校友资助的新生奖助学金宣读及发放仪式,并向每一位新生赠送了由常州建筑科学研究院有限公司总经理杨江金资助的入学礼品——行李箱,这是他连续三年出资向新生捐赠行李箱。

活动得到了96级校友、中海地产常州公司总经理刘国兵的大力支持,校友会副秘书长梁志方、郭建忠以及校友志愿者参加活动并负责会务组织。

2016年8月21日 深圳市东南大学校友会举行"迎新(2016届新校友)"活动

8月21日下午,深圳校友会举行欢迎新校友活动。深圳校友会常务副会长陈佩云、生医分会张旭凯、南京地质学校分会袁书华、校友会理事吴明先生、登山俱乐部欧阳浩等众多分会组织的校友参加活动。迎新活动由2015届杨明川和2016届刘悦宇校友主持。深圳校友会羽毛球队队长高梅松、义工队队长童琴等也分别做了发言。

2016年8月31日—9月1日 香港校友会助力母校艺术团成功参演"中国高校优秀艺术节目汇演"

为庆祝中国高等院校香港校友会联合会(以下简称"高校联")成立20周年,由高校联主办的"中国高校优秀艺术节目汇演"于2016年8月31日和9月1日在香港湾仔伊利沙伯体育馆如期顺利举行。

东南大学香港校友会作为高校联中的一员,贾倍思会长通过校友总会力邀母校艺术团参与文艺汇演。最终由东南大学党委常务副书记刘波、港澳台办公室和艺术指导中心老师带队,东南大学大学生艺术团舞蹈团参与了这次高校文艺汇演,并表演了《戴天头》和《万山层林》两个获奖舞蹈节目。

香港校友会专门组织义工队伍,积极完成了汇演现场支援工作和母校来港老师、演员们的接待工作。汇演期间,东大香港深圳校友与母校刘波书记等老师进行了亲切交流。

附件 4

配合学校产学研工作情况

2016 年 2 月 6 日　常州校友会举办常州籍在校生春节假期座谈会

2 月 6 日下午三点,东南大学常州校友会在六朝松茶馆举办在校生春节假期座谈会,二十多位在读学生参加了本次座谈会,秘书长葛维克主持了会议。

老校友代表,副会长赵昔生、副秘书长张智群、梁志方和理事周玉娟、袁伟栋、郑隽一等分别分享了各自的学习与工作背景。周佳、顾诚敏、岳欣华等年轻校友也参加了本次座谈会。

2016 年 3 月 28 日　东南大学校友、微软亚洲研究院常务副院长芮勇博士来访母校

3 月 28 日,1987 级校友、微软亚洲研究院常务副院长芮勇博士一行到东南大学访问。此次访问是希望进一步推动东南大学—微软亚洲研究院联合培养本科生、博士生项目,探索高水平研究型人才的培养模式,加强双方在信息领域的科研合作,特别是人工智能、大数据和云计算等方向,参与大项目研发。

2016 年 3 月 28 日　旅德校友唐陛韡博士应邀为土木学院师生做学术报告

3 月 28 日上午,土木学院 1977 级校友唐陛韡博士回访母校,为全院师生做了题为"陆上风力发电机复合塔架结构的概况、设计要点和发展趋势"的精彩讲座。

唐陛韡博士是土木学院的前身南京工学院土木工程系工业与民用建筑工程专业(即现在的土木工程专业)1977 级的校友,1982 年初毕业,获学士学位。随后,他前往德国达姆斯塔特工业大学留学,分别于 1985 年和 1991 年获得硕士和博士学位,先后在达姆斯塔特工业大学、屈尼希和贺依尼希工程事务所和马克斯—博格建筑公司从事设计和研究工作,设计咨询项目涉及民用建筑和工业建筑、桥梁和铁路工程等多个领域,包括钢筋混凝土和预应力混凝土结构、钢结构和复合结构等多种形式,经历丰富,涉猎广泛。

2016 年 5 月 18 日　常州校友会承办东南大学与常州产学研成果对接会

5 月 18 日上午,作为第 11 届中国常州先进制造技术成果展洽会的活动之一,在东南大学常州研究院副院长赵霄先生和东南大学常州校友会秘书长葛维克的主持下,六朝松茶馆举办了"产学研成果对接会"。

东大能源学院朱光灿、梁彩华教授做了主题报告。东南大学楼高潮教授通过列举国内外公司的实际案例,阐述了专利保护对企业的重要性。对接会吸引了一大批在常的东大校友和相关行业的企业界代表,会后部分企业家与教授们进行了深入的交流和洽谈。

附件5

各地校友组织建设、年会及重要活动

一、组织建设(成立和换届)

2016年3月24日 墨尔本校友会成立大会召开

3月24日,墨尔本东南大学校友会成立大会召开。东南大学易红书记带领的东南大学代表团,1991届校友、墨尔本领事馆教育组杨智勇领事,东南大学澳大利亚校友会会长徐仪,以及30多名在墨尔本的校友参加了成立大会。

东南大学易红书记对墨尔本校友会的成立表示热烈的祝贺。东南大学自动化系1985级博士生校友余星火教授[现皇家墨尔本理工大学(RMIT)副校长]主持此次会议,致辞热烈欢迎易红书记带领的东南大学代表团。土木学院1981级校友范志良博士介绍校友会筹备过程。东南大学1991届校友、墨尔本领事馆教育组杨智勇领事分享了墨尔本校友会成立过程中的故事。东南大学澳大利亚校友会的会长徐仪向新成立的墨尔本校友会赠送礼物、发表祝福。

与会校友审议并一致通过《墨尔本东南大学校友会章程》,推选产生墨尔本校友会第一届理事会成员。东南大学化工系1986级校友张文巨先生担任首届校友会会长,范志良博士、余星火教授、原南铁医医学系1981级校友强凤霞担任副会长。会长们先后分享了自己在东南大学的求学历程以及毕业以后的发展。东南大学建筑系校友王伟华、土木学院2004级校友张科峰、建筑系2013级硕士生陈颖洁为第一届理事会成员。本次成立大会得到了张文巨、王伟华校友的慷慨资助。

2016年4月11日 德国校友会成立

4月11日下午,在小城乌尔姆,来自全德国各地的东大校友参加了东南大学德国校友会的成立大会。大会由校友会筹委会主办,乌尔姆学生学者联合会(ACSSU Ulm)、多瑙论坛(Donau Forum)合办。成立大会共收到校友参会申请30份。在欧访问的东南大学浦跃朴副校长一行参加了本次大会,参会人员共计38人。这是东南大学在德校友的首次团体活动。

大会组委会主席高梓尧首先致开幕词,乌尔姆大学外办主任Dr. Reinhold Lücker在致辞中表示很高兴看到首次大会选址Ulm,并向校友会的成立表示了祝贺。在欧洲访问的东南大学副校长浦跃朴发表了热情洋溢的讲话。浦校长介绍了东南大学发展的大好形势,以及东南大学对外合作蓬勃的进展。

成立大会通过东南大学德国校友会协会章程,章程按照德国章程法拟定,规定校友会大会、理事会和顾问团为校友会主要组织形式。大会选举确定了五人理事会(高梓尧2000级,单联臣1999级,柳迪2008级,王铭彦2008级,周杰2001级)。大会顾问团将在下次会议中选出。理事会向校友分发了来自母校的纪念品。

作为首次大会活动,德国校友会筹委会在会议宣传上受到多个当地组织和个人的支持,德国乌尔姆大学高等教育组、德国《华商报》、Huali论坛、卡尔斯鲁厄等多个德国南部城市学生学者联谊都给予了宣传支持。大会理事会还收到了来自多个组织和社团的祝贺和支持。中国驻德国使馆教育处公使衔董琦给大会发来贺信,山东大学、北京理工大学、南京大学和西安电子科技大学等在德校友会组织等向理事会表示了祝贺。

2016 年 4 月 17 日　上海校友会医学分会成立

东南大学上海校友会医学分会成立大会于 4 月 17 日在上海市第十人民医院大礼堂举行。在沪的 300 多位东南大学医学校友、母校领导、学院老师、东南大学校友总会负责人、上海校友会负责人及兄弟高校上海校友会负责人等一起参加了本次大会。

上海校友会李华彪秘书长向大会详细介绍了医学分会的筹备过程,宣布东南大学上海校友会医学分会成立并宣读了理事会拟任成员名单,全体到会校友举手表决并鼓掌一致通过。贺林院士任名誉会长,郑萍任首届会长,潘志刚任秘书长。

在到会校友的见证下,上海校友会邀请校友总会一起向医学分会授旗;刘乃丰校长助理、滕皋军院长、郑萍会长、潘志刚秘书长为上海校友会医学分会"校友之家"揭牌。

东南大学校长助理、医学院院长刘乃丰教授代表学校致祝贺词并介绍了东南大学医学院近年来的发展。东南大学附属中大医院滕皋军院长上台讲话表示祝贺。东南大学校友总会姚志彪秘书长代表总会致贺词并介绍了校友总会近年来开展的工作及各地校友会的情况。原南京铁道医学院院长、1958 级朱广杰校友发表讲话并致贺词。南京大学上海校友会会长赵浦发表讲话表示祝贺。因工作未能赶来现场的名誉会长贺林校友送上了远程祝贺视频。

郑萍会长将有所有到会校友签名的上海校友会医学分会校友通讯录赠予学校,并做了医学校友分会近期的工作报告。

2016 年 5 月 14 日　上海校友会机械分会成立

5 月 14 日,东南大学上海校友会机械分会成立大会召开。60 多位校友相聚诺莱仕外滩游艇会,一起分享和交流,协作共赢、抱团发展。

东南大学上海校友会机械分会组委会把本次会议主题定为"实用、务实、有收获、重效果",会议邀请东南大学副校长林萍华致辞。会议还邀请了东南大学校友总会秘书长姚志彪、副秘书长曹军、东南大学机械学院党委书记张志胜、院长倪中华、东南大学成教学院院长许映秋、东南大学扬州研究院院长贾方、东南大学上海校友会秘书长李华彪。应邀参加成立大会的还有东南大学上海校友会医学分会会长郑萍、金融分会秘书长沈建忠、法律分会秘书长张燕、自控分会代表赵东波、金融分会胡景淮。

机械工程学院院长倪中华介绍了机械工程学院发展情况,机械工程学院党委书记张志胜介绍了"机械百年论坛"相关情况。

通过现场表决,东南大学上海校友会秘书长李华彪宣布了机械分会拟任成员构成。李华彪代表东南大学上海校友会向东南大学上海校友会机械分会会长朱向阳先生授旗,邀请东南大学副校长林萍华先生为"东南大学上海校友会机械分会"揭牌。杰出校友代表张明军作了发言。

2016 年 6 月 25 日　徐州校友会法律分会成立

6 月 25 日上午,东南大学徐州校友会法律分会成立大会举行。东南大学校友总会秘书长姚志彪、东南大学法学院副书记高歌、东南大学徐州校友会副会长张海波、副秘书长李会群以及东南大学法学院在徐校友共40余人参加了成立大会。

成立大会由东南大学徐州校友会副秘书长李会群主持，东南大学徐州校友会张海波副会长宣读《关于同意设立东南大学徐州校友会法律分会的批复》。会议审议通过《东南大学徐州校友会法律分会章程》，选举了理事会成员、会长、副会长、秘书长、副秘书长，经过选举，参会校友一致同意产生了22位理事，其中包括会长1人，副会长4人（其中一位兼任秘书长），副秘书长5人。法律分会是徐州校友会的第一个专业分会。

徐州校友会张海波副会长向法律分会会长授分会会旗；新当选的法律分会会长表示徐州校友会法律分会将积极开展各项活动，加强校友之间的联络，活跃校友文化，支持母校发展。

东南大学校友总会姚志彪秘书长、东南大学法学院高歌副书记、徐州校友会张海波副会长分别致辞祝贺分会的成立。

2016年7月2日　云南校友会2016年会暨理事会换届大会召开

东南大学云南校友会2016年年会暨理事会换届大会于7月2日在云南省城乡规划设计院召开。云南东南大学校友以及清华大学、北京大学、浙江大学、重庆大学等兄弟高校云南校友会的代表共60余人参加这次会议。校友总会秘书长姚志彪和联络部副主任马波专程前来参会。

会议推荐并表决产生以刘海为会长，江世水为秘书长的第十届东南大学云南校友会理事会的拟任名单。

校友总会姚志彪秘书长代表母校向云南校友会授东南大学校旗和东南大学云南校友会会旗，并在致辞中感谢云南校友对母校的支持和关心，祝贺新一届理事会的成立，期望理事会继续努力为校友、母校及社会服务。北京大学云南校友会副会长程绍贵作为兄弟高校代表祝贺新一届理事会的成立，并介绍了云南省外兄弟校友会的工作方式。

换届大会上，曹加强校友和江世水校友先后介绍了各自企业开展的项目，曹加强校友还进行了以不动产与家庭资产管理为内容的讲座；黄伟校友介绍老年病科的医疗情况和主要治疗对象，建立健康群为校友们健康服务；前任会长周林官讲述有关微信群方面的注意事项。

刘海会长进行了会议总结和工作布置：一是做好校友信息资料的收集，二是加强和母校的联系，三是收集云南省内校友们的各企业资料进行整理，推动云南省经济业务各方面的发展并发挥校友作用。

2016年7月9日　江西校友会成立暨第一届会员代表大会召开

7月9日，江西东南大学校友会成立暨第一届会员代表大会在南昌举行。100多位来自全省的校友代表参加大会。东南大学校友总会常务副会长、东南大学副校长浦跃朴和校友总会秘书长姚志彪等母校一行，专程来南昌参加成立大会。东南大学四川校友会派代表到现场参加会议，东南大学深圳、常州、广东、海南、北京、纽约、盐城、上海、福建、浙江、澳大利亚、香港、波士顿、天津、南京校友会纷纷发来贺信，庆祝江西校友会正式注册成立，并预祝第一届会员代表大会圆满成功。南京大学、浙江大学、上海交通大学等兄弟高校的江西校友会派代表到会祝贺。原江西省副省长黄懋衡、原江西省政协副主席殷国光、华东交通大学校长罗玉峰、江西省电力公司总工程师林一凡、中国瑞林工程公司副总经理肖利平等校友参加本次盛会,并与校友们互动、交流、合影。大会由江西校友会秘书长游波和2015级在读硕士研究生杨选瑾共同主持。

大会首先通过了江西东南大学校友会章程,选举并产生了江西东南大学校友会理事及常务理事和江西东南大学校友会会长及副会长、秘书长。

新当选的江西校友会会长任德清在讲话中表示江西校友会努力成为在赣校友们的精神家园和多功能服务平台,开创江西校友会的工作特色。江西省教育厅胡新明副巡视员和江西省民政厅支力主任分别代表校友会上级主管部门到会并发表讲话。浦跃朴副校长在致辞中代表学校领导和老师对江西校友表示慰问,并向大家介绍了学校近期的发展状况和取得的成绩。

大会举行了隆重的授旗仪式。会长任德清代表江西校友会接受浦跃朴副校长代表母校授予的东南大学校旗,校友会常务副会长刘长华接受姚志彪秘书长代表校友总会授予的东南大学江西校友会会旗。授旗仪式后,江西校友会向母校捐赠了由殷国光校友创意的东大校景瓷板画《止于至善》。校友胡慎言、殷皓将自己创意的瓷板画赠送给江西校友会。

2016年9月10日　苏州校友会第四届理事会隆重召开完成换届工作

9月10日下午,东南大学苏州校友会第四届理事会隆重召开,会议由第三届理事会副会长、东南大学苏州研究院常务副院长张为公主持。东南大学校友总会秘书长姚志彪,苏州校友会第三届理事会秘书长周原和部分理事代表、各分会代表出席会议。

大会一致通过新一届理事会改选,王永红等57名校友当选第四届理事。大会选举产生了新一届校友会会长、副会长、秘书长等校友会工作班子,同时进行了五个专业分会的班子改选工作。张为公当选东南大学苏州校友会会长,宋建忠当选常务副会长兼秘书长,毛利民、张百明当选副会长。

大会听取了常务副会长宋建忠校友的工作汇报,新当选的五个专业分会会长分别汇报了各分会工作规划。张为公会长介绍了东南大学苏州研究院始终秉承"止于至善"的校训精神,深耕苏州,励精图治,取得的办学硕果累累。新当选的校友会班子和成员表示将始终坚持"三服务三促进"的校友会宗旨,不断提高校友会工作水平,通过创新服务形式,加强校友间的互动,共享信息,整合资源,使东南大学在苏州发展更快,目标更高,校友更强。

东南大学校友总会秘书长姚志彪代表母校向苏州校友会新当选的理事及工作班子表示祝贺,对苏州校友会卓越的工作成绩表示充分肯定,并向一直以来支持东南大学各项事业发展的苏州校友表示感谢。

2016年10月29日　法学院校友会成立大会隆重举行

10月29日下午,东南大学法学院校友会成立大会在东南大学四牌楼校区举行。东南大学党委常委、副校长周佑勇,东南大学校友总会副会长朱建设,东南大学法学院教师和近百名校友代表出席了会议。

会议上,朱建设副会长对法学院校友会的成立表示热烈祝贺,期望校友会能做联系校友和学校的工作,关注和支持母校发展。周佑勇副校长代表东南大学校友总会向法学院校友会授旗,并向校友代表汇报了东南大学的最新发展情况,明确表态今后将加大支持校友会工作的力度。

会上审议通过了法学院校友会章程和理事会成员名单。与会代表一致推选孟红教授担任第一任法学院校友会会长。

法学院的校友代表纷纷表达了对母校的深情，在会上向法学院表达了捐赠意向并签订协议，设立奖学金支持学院人才培养工作。

2016年12月18日　上海校友会土木交通分会成立

12月18日，东南大学上海校友会土木交通分会成立并举行了第一次活动。60多名来自土木工程学院和交通学院的校友汇聚一堂，热烈庆祝土木交通分会成立，讨论2017年分会的日常活动和发展计划。

会上，校友们依次介绍了在校学习和来沪工作经历，并对分会未来的发展计划提出了意见建议。分会计划于2017年举办有关装配式建筑和BIM（建筑信息模型）技术的专业讲座。座谈交流活动后，30多名校友又组团参加了东南大学上海校友会2017年迎新年会。

参会校友一致推选赵德良校友为分会代理会长，推选徐灏校友为分会代理副会长、代理秘书长。

活动得到上海青基工程造价咨询有限公司实际控制人郭一中校友的全程赞助。青基咨询是东南大学校友创办并经营的企业，是东南大学上海校友会企业家联谊会的理事单位。

二、年会等重要活动

2016年1月10日　温哥华校友会参加当地"中国大学校友会新春联谊座谈会"

1月10日，多家国内知名大学的温哥华校友会成功召开"温哥华中国大学校友会新春联谊座谈会"，会议特别邀请了中国驻温哥华总领馆教育组的负责人与大家一起座谈并喜迎春节。东南大学温哥华校友会副会长刘斌代表东南大学参加了座谈会。这是温哥华有史以来第一次各个大学校友会的联席会议，现场设立了"中国大学校友会负责人交流平台"。

2016年1月16日　南京校友会常务理事会议召开

1月16日上午，南京校友会常务理事会议召开。南京校友会常务理事代表参加座谈会。南京校友会常务副会长张锡昌理事就2015年南京校友会的工作及2016年南京校友会工作计划向与会理事做了介绍。陈万年、熊仁民、钱勤元、陈光、祝力飞、刘峰、汤晓东、祝刚、徐洪彬和马开茂等理事发言。

2016年1月17日　常州校友会成立30周年庆祝大会暨2016年校友科技大会举行

1月17日，庆祝东南大学常州校友会成立30周年暨2016年校友科技大会在常州举行，东南大学副校长林萍华携校友总会工作人员及部分常州籍在校教授一行20余人参加了本次大会，上海、北京、深圳、浙江、南京、苏州、硅谷等地区校友会负责人和清华大学、南京大学等近十所985高校常州地区校友会负责人到会祝贺。常州市政协副主席、东南大学常州校友会会长张跃、常州市政协副主席杨平平校友与近400名在常东大学子共襄盛会。本次大会的主题为"传承、创新、奉献"。

常州籍东南大学人文学院院长、教授、博导王珏女士，东南大学建筑学院教授、博导、中国工程院院士王建国先生分别做专题报告。

东南大学常州校友会副会长王文虎做了2015年工作报告,副会长赵昔生宣读了调整秘书长、增补副秘书长和理事的文件。大会还对常州校友会第一届理事会代表和2015年度校友会工作积极分子分别进行了表彰。清华大学常州校友会副会长沙春元向我会赠送了《止于至善》的书法作品。东南大学常州校友会会长张跃和东南大学副校长林萍华分别发表了热情洋溢的讲话。大会由袁菲校友主持。

大会期间,王建国院士一行专程拜访了在常校友企业筑森设计,双方进行了简短的座谈交流,探索在前沿课题研究、新型材料及建筑技术的开发方面开展校企合作。

2019年1月17日　盐城校友会召开常务理事会暨迎新春茶话会

1月17日上午,盐城校友会召开常务理事会暨迎新春茶话会。名誉会长谷容先、副会长刘晓龙、宋龙代、王东生、张超健、周启兆、唐云、杨建梅,秘书长颜廷良、常务副秘书长何盛秋出席了会议。杨副会长报告了2015年收支情况和2016年的经费预算。

2019年1月18日　深圳校友电子行业分会2015年尾牙联谊暨电子行业分会第一届年会召开

1月18日,东南大学深圳校友电子行业分会2015年尾牙联谊暨电子行业分会第一届年会召开。京华信息潘光宇校友与众多校友分享了京华的发展历史和个人的成功经历,与会的各位校友畅所欲言,分别介绍了自家的产品和优势,范围涵盖了汽车电子、通信设备、电力电源、智能穿戴、工业材料、电子商务。

2016年1月23日　四川校友会2016新春运动会圆满召开

1月23日,东南大学四川校友在成都举行新春运动会。新春运动会由四川校友会秘书处发起,以运动、娱乐的方式迎接新年。活动成立了组委会,在半个月的时间里,共有近70位校友线上及现场报名。工作人员为参加活动的各位校友颁发了纪念品。校友运动会得到了李树贵会长、陈光军、刘丰、陈忠良等杰出校友的大力支持。

2016年1月24日　北京校友会2016新春联谊论坛召开

1月24日下午,东南大学北京校友会2016年新春年会举行,北京校友会名誉会长钟秉林、北京校友会会长华生及数十位在京知名校友出席年会。母校及校友总会领导黄大卫、刘松玉、姚志彪等专程前往祝贺。近300位校友参会。

会议首先由华生会长致辞,简要介绍了北京校友会投资收益后提取部分管理费用于校友会活动经费,提出校友年会的办会方式以组织论坛和茶话会为主,使校友们能更好地交流国家政治、经济的热点话题,指导未来的工作和生活。北京校友会常务副会长兼秘书长马其祥发言中介绍了北京校友会一年来的各项工作。黄大卫副校长代表母校在年会上介绍了东南大学在过去的一年中取得的各项成绩,同时向北京校友致以新春的祝福。大会由北京校友会常务副秘书长刘勇主持。

"经济和创新"论坛由武海副会长担当主持。经济论坛由著名经济学家华生为主讲嘉宾,同时邀请了黄大卫副校长、杨干里少将、胡敏局长作为互动嘉宾共同热议经济话题。创新论坛由东方园林产业集团总裁张诚校友担当主讲嘉宾,同时邀请北京建筑工程大学李爱群副校长、丁丁停车CEO申奥校友共同畅谈高校学生培养、创业创新等话题。

年会的最后一个环节是畅谈校友会工作。一批校友以众筹的方式创办了六朝松茶馆,几位茶馆众筹的发起人和校友分会的秘书长向校友们介绍了茶馆的情况,并就依托茶馆开展活动等话题热议讨论。

2016年1月31日　常州校友会医学分会2016学术年会在常举行

1月31日下午,东南大学常州校友会医学分会2016学术年会召开,市第一人民医院党委书记张晓膺校友作了题为"数字医学的概念和进展"的学术报告。数十位来自常州各医院、医疗机关的校友参加了本次会议。东南大学常州校友会秘书长葛维克代表常州校友会祝贺分会年会的举办,副秘书长张智群、郭建忠、蒋建亚等参加了会议。丁金生、陆晓风校友为年会赞助了部分用品。

2016年3月5日　广东校友会召开新春团拜暨年度计划工作会议

3月5日,广东省东南大学校友会新春团拜暨年度计划工作会议召开。广东校友会第一届理事会的主要负责人及13个分会与9个俱乐部的会长、秘书长参加了会议,母校校友总会秘书长姚志彪专程前来参加会议并指导工作。上海校友会副会长郑萍应邀参加会议。

会议中,各个分会与俱乐部就年度的工作计划,围绕"感恩、联谊、分享、互助"的八字理念,分别提出了各自的设想和目标。

2016年3月12日　密歇根校友会举办迎春聚会

3月12日,东南大学密歇根校友在大底特律地区举办了迎新春校友聚会,70多位东南大学校友及亲朋家属相聚在一起,共享校友聚会带来的欢乐。聚会由雒超民会长主持。

2016年3月20日　广东校友会合唱团成立

广东省东南大学校友会合唱团于3月20日在广州举行成立仪式,成立大会和首次开课迎来了40多位充满激情的爱好唱歌的校友。

2016年3月20日　香港校友会2016年年会召开

3月20日,东南大学香港校友会在香港科技大学召开2016年年会。母校校友总会秘书长姚志彪主任和土木工程学院院长吴刚教授应邀出席大会。近50名香港校友以及来自广东、深圳等地的校友会代表参会。

校友总会姚志彪秘书长代表东南大学校友总会对年会的顺利召开表示热烈祝贺,向香港校友们长期以来对母校的关心、支持与帮助表示衷心的感谢,在港校友为香港的建设、社会稳定和繁荣发展做出了杰出贡献,所表现出的爱国、爱港、爱校的良好精神风貌得到了社会各界的赞许。吴刚院长发言感谢香港校友一直以来对学校特别是土木工程学院学科建设、人才培养与科学研究的支持帮助,希望在港校友为母校推荐更多的高层次人才,推动与母校的科研合作。香港校友会会长贾倍思介绍了香港校友会发展历程。

本次年会由香港科技大学机械工程系汤凯教授邀请发起,香港科大许可博士、陈立博士积极协助组织大会,香港校友会秘书长江浩主持年会。张振宇、郭大伟校友进行了主题分享。

在港期间,姚志彪秘书长和吴刚院长在江浩秘书长等校友的陪同下,参观了香港城市大学、香港科技大学的相关院系及实验室,并和香港理工大学、香港科技大学的相关部门负责人(校友)探讨学校多方位合作的可行性;参观了校友众多的中国建筑工程(香港)有限公司所承建、对香港交通有重大意义而且工程技术难度很高的工程"中环湾仔绕道和东区走廊连接路工程"工地。中国建筑的师达校友、张建玺校友和香港城市大学蒋程博士热情接待了母校来宾。

2016年3月31日　上海校友会第三次会长委员会会议召开

3月31日下,上海校友会第三次"会长委员会"召开,参加会议的有戴复东、管秋云、吴林奎、张培德、陆耀祥、李华彪。会议主要讨论了上海校友会的管理团队、校友会年龄、校友会选拔和退出机制、授旗以及"互联网+"校友会的管理和发展,加快东南大学上海校友企业俱乐部以及校友之家建设,加快分会建设以及专业兴趣小组建设。

2016年4月2日　澳大利亚校友会举行季度联谊聚会

4月2日,东南大学澳大利亚校友会于悉尼举行了季度聚会。五十余位校友及家庭成员一起欢聚,校友们共同回忆在校期间的学习经历,交流各自在澳洲的生活感悟,分享各自精心准备的各色美味食品,并开展了受到广大校友欢迎的拔河比赛。

2016年4月30日　大纽约地区校友会协办参加中国高校北美校友会联盟首届发展论坛与创业大赛

4月30日,东南大学大纽约地区校友会协办了由中国高校北美校友会举行的发展论坛,有近1 000人参加。大纽约地区校友会10位校友参加本次论坛,唐元会长代表东南大学大纽约地区校友会作为协办单位在晚宴上发言,程钊校友参加了当天下午的创业大赛决赛答辩。

中国高校北美校友会联盟30日举办首届发展论坛与创业大赛,是校友会联盟迄今为止最大规模和最高规格的一次活动,来自美东地区的逾1 000名中国高校校友与来宾参加了论坛。中国驻纽约总领事章启月到会致辞,欧美同学会企业家联谊会会长徐昌东也专程从北京赶来祝贺。哥伦比亚大学国际与公共事务学院院长Merit Janow教授发表主题演讲。美国国会外交委员会及国土安全委员会议员Tom Marino发来贺信。

本次论坛由校友会联盟的18个成员校友会承办,包括大纽约地区清华校友会、北美浙江大学校友会大纽约分会、纽约南开校友会、交通大学美洲校友会、东南大学大纽约地区校友会、中山大学美东校友会、北京大学大纽约地区校友会、复旦大学美国校友会、天津大学(北洋大学)北美校友会等。

2016年6月18—21日　福建校友会参展"6·18"中国知名大学福建校友会创新创业成果展及论坛

第十四届中国·海峡项目成果交易会于6月18日—21日在福州海峡国际会展中心正式启幕。福建省外大学校友会联合会依照"大众创业、万众创新"的要求,发挥自身优势,积极组织中国各知名高校、校友企业展示创新创业成果。福建校友会积极参与了本次成果展及论坛,组织校友企业一起参与"互联网+新型城乡建设"协同创新创业成果展。舒朋士公司代表东南大学校友会于论坛上发表演讲。

福建省外大学校友会联合会是由省外知名高校在闽校友会联合发起,于1992年经省民政厅正式批准成立的社会组织,福建省经济和信息化委员会为业务主管单位。根据联合会常务理事分工,本次"6·18"展会及论坛是以由南京大学、东南大学、河海大学、合肥工业大学的校友会代表组成的双创协同小组为核心,联合会成员鼎力协助完成。

2016 年 6 月 26 日　马鞍山校友会年中理事会召开

东南大学马鞍山校友会 2016 年年中理事会于 6 月 26 日下午召开。会议由马鞍山校友会会长张吾胜主持。东南大学校友总会秘书长姚志彪应邀出席会议并通报了母校 114 周年校庆盛况及近来的学校发展改革情况，并介绍了各地校友工作经验。副会长陈卫红、蔡伟及各位理事出席了会议。会议听取了近半年来马鞍山校友会工作汇报，对近期校友工作特别是对配合母校做好招生及就业工作进行了部署。会议通过了增补袁应武、钱宏美、康邦进三位校友为理事的提议。

2016 年 6 月 25 日　北京校友会举行"创新创业专题论坛"活动

6 月 25 日，由东南大学北京校友会精心策划组织的"创新创业专题论坛"召开，特邀著名经济学家、北京校友会会长华生，优客工场创始人兼 CEO 毛大庆出席活动，并作主旨报告。中国电子工程设计院电子院院长娄宇致欢迎辞。

校友会常务副会长兼秘书长马其祥介绍了校友会秘书处人员的调整和分工情况，表示校友会将组织以"智慧东南人"为主题的系列活动，此次论坛是今年系列活动的首场活动。

论坛上，华生会长在致辞中强调校友会奉献的重要性，对不同年龄阶段的校友提出了要求和期望，并指出了在当今的形势下，创新和创业的重要性以及必要性。优客工场的创始人毛大庆校友奉献了一场精彩纷呈的演讲。论坛的高潮是华生和毛大庆两位校友的对话，两个人都和万科有着很深的渊源。主持人武海就万科的治理结构引出话题。

论坛的第二部分请出了创新创业中杰出校友的代表，东大校友清新环境董事长张开元，中国能源研究会节能减排中心主任王凡，核工业建设集团副总经理祖斌，北辰集团总裁曾劲分别从企业创新，创新技术推广，以及国企创新角度阐述了各自的观点。

此次论坛由建筑分会和动力电气分会承办，来自各个分会的 120 多位校友参加了活动。

2016 年 7 月 2 日　广东校友会 2016 年中理事会召开

7 月 2 日广东省东南大学校友会召开 2016 年中理事会，40 多名理事成员参会，邹一净、奚志伟、李延保三位年长的前任老会长参加了理事会议。

理事会听取了陈映庭常务副会长兼秘书长的工作报告。工作报告中对广东校友会下半年的重点工作做了规划。执行副秘书长袁燕群对上半年的财务情况作了汇报。理事会议全票通过了王平、高飞、宋坦南、敬天娥四位校友增补为第四届理事会理事的决议。

理事会上，李延保老会长给大家介绍了东南大学的历史沿革与广东校友会发展的历程，其他理事成员也踊跃对校友会工作出谋献策。王亚群会长在总结发言中指出广东校友会经过去年的努力，完成了行政的注册登记，从政策上、制度上为广大校友提供了一个合法合规的平台。会上还为新成立的六朝松马拉松广东分队举行了授旗仪式。

2016 年 7 月 16 日　盐城校友会召开理事会和校友代表会

7 月 16 日上午，盐城校友会召开理事会和校友代表会，由常务副会长杨广才传达母校建校 114 周年庆祝大会和校友总会召开的各地校友会负责人会议暨五届理事会六次会议精神。会议的第二项议程由会长刘德仿主持，理事会和校友代表同意杨广才同志由于年龄原因提出的不再担任常务副会长的请求，一致同意聘请杨广才同志任理事会名誉会长。

名誉会长谷容先、副会长王东生、宋龙代、周启兆、张超建及秘书长颜迋良、常务副秘书长何盛秋等六十多名理事、校友代表出席了会议。

2016年7月18日　北京校友众筹六朝松茶馆举行开业庆典

7月18日晚,五十多位东大北京校友及各界朋友欢聚祝贺北京六朝松茶馆的开业。校友总会姚志彪秘书长亲临现场祝贺。北京清新环境技术股份有限公司、江苏金智科技股份有限公司、中天科技集团等三家上市公司送来了花篮及贺礼,东大天津校友会柯顺琦副会长到会祝贺,常州校友会委托校友总会送来定制茶礼。

北京校友会常务副会长兼秘书长马其祥在开业活动中致辞。马会长向大家介绍了北京校友会三年来支持校友众筹的发展历程,祝愿六朝松茶馆开业大吉。东南大学校友总会姚志彪秘书长代表母校及校友总会对北京六朝松茶馆的开张致以热烈祝贺,希望海内外校友来京时能到这儿喝茶会友、交流情感。六朝松茶馆创始人代表杨宁生校友表示齐心协力将北京六朝松平台做好,东大校友将在茶馆享受和股东同样的VIP(贵宾)待遇。中天科技集团丁铁骑副董事长作为六朝松校友发表了讲话。

由三十余位校友众筹发起的北京六朝松茶馆从筹备到开张得到北京校友会的大力支持,北京校友会副会长兼常务副秘书长刘勇主持北京六朝松茶馆的开业活动。六朝松茶馆由五位校友组成管委会,以公开、透明的方式处理日常事务。北京六朝松茶馆的开张开启了南京高校在京校友密切合作的篇章。

2016年7月30日　上海校友会会长委员会会议召开

7月30日上午,东南大学上海校友会召开了会长委员会,戴复东、管秋云、张培德、陆耀祥、杜柏林、李华彪等会长委员会成员参会,李洁、张燕校友参会。赵德良、胡培亮、胡景淮、刘柏卿和蒋晔五位校友列席会议。会议由李华彪秘书长主持。

会议讨论并通过了李洁、张燕两位校友加入会长委员会,讨论了东南大学上海校友会的注册事项,争取早日完成注册。戴复东会长作了重要发言,表示在创新创业时代,东南大学上海校友会有很多事情可以做,而且能够做成功。东南大学上海校友会的意义和特色已经非常明显。

会长委员会后,12位校友相聚筹备试营业中的"东南大学上海校友之家No.03",继续讨论上海校友会的发展。

2016年8月6日　福建校友会2016迎接新校友茶话会圆满举办

8月6日,福建校友会"爱在东南,情系新人"迎新茶话会在福州举办,十余名校友代表欢聚一堂。迎新活动由福建校友会副会长兼秘书长黄庄松主持。

陈光榕会长代表东南大学福建校友会向毕业来榕的新校友表示热烈欢迎,并为新校友们介绍了校友会的历史、概况及校友会的主要活动及在省外大学校友会联合会互动情况。黄庄松秘书长表示福建校友会将围绕六朝松主题展开一系列活动,需要新来福建的校友支持共建。

访谈分享环节中,吴盛峰副会长和陈志伟副秘书长及陈彩虹副秘书长与新校友一起分享了自己的母校求学经历,畅谈了东大学子的精彩人生历程,鼓励新来榕的同学们认真工作。肖远驯副会长及六朝松福州跑团团长韦有兵校友也赶到会场与校友交流,邀请新来榕校友加入跑团。

2016年8月20日　常州校友会第二届"六朝松"相亲会举行

常州校友会第二届"六朝松相亲会"于8月20日下午在六朝松茶馆举行。十多位校友志愿者将现场安排得井井有条,近百名单身嘉宾参加长达两小时的互动活动。

东南大学常州校友会来自校友,服务校友,立志开展接地气的活动,帮助校友找工作、找房子、找对象。相亲会已成为常州校友会常态品牌活动之一。

2016年8月21日　北京校友会医学分会(南铁医北京校友之家)第一次校友大会召开

8月21日下午,东南大学北京校友会医学分会(简称"东大北京医分会")第一次校友大会召开。东南大学北京校友会、东南大学医学院、公共卫生学院、附属中大医院领导及东南大学上海、广东医学分会会长应邀出席,与300多名在京校友欢聚一堂,追忆青春岁月、感怀母校深情、畅想未来发展。大会由1984级校友王海和1996级校友邸岩主持。

东南大学北京校友会常务副会长兼秘书长马其祥首先为大会致辞。王慧宇与庄人东校友联袂登台,报告大会筹备过程及理事会调整情况。东大北京校友会监事长庄人东代表北京校友会宣读医学分会组织机构及理事会成员名单。北京校友会刘勇常务副秘书长代表北京校友会为医学分会授旗。

原北京铁路总医院院长、医分会名誉会长周玉蛟对大会的召开表示祝贺和祝福。东南大学校长助理、医学院刘乃丰院长介绍了丁家桥87号的历史沿革和东南大学医学院的蓬勃发展。东南大学附属中大医院滕皋军院长对中大医院的飞速发展、重点学科与领先诊疗技术做了简要介绍。东南大学公共卫生学院李涛书记回顾了公共卫生学院成立40年的发展和成绩。专程赴京的上海校友会医学分会郑萍会长致辞,并对异地乃至各地医分会联合互动、资源整合、共谋发展的未来做了分析与展望。嘉宾致辞之后,播放了深圳医分会发来的祝福视频。

新任北京医分会会长杨杰校友做了热情洋溢的发言,对医学分会今后的工作做出了布局和展望。

"老中青校友话母校"环节校友庄人东、刘岐山、王露、尹金淑、云虹、陈骏、黎润红等分别代表老中青校友登台,追溯到丁家桥87号求学时的难忘时光,分享各自心中的深情感悟。1974级校友们压轴登场,献上合唱《歌唱祖国》和《我们走在大路上》。

2016年9月4日　德国校友会联合主办"欧洲企业文化和科技发展"论坛

9月4日,在莱茵兰的历史名城亚琛,东南大学德国校友会和上海交通大学德国校友会合作举办题为"欧洲企业文化和科技发展"的论坛。除了两校的部分在德校友,活动还吸引了来自周边地区的学生学者和工作人士总计三十人参加。论坛由东南大学德国校友会会长高梓尧博士主持。

2016年9月10日　密歇根校友会2016夏季联谊聚餐会举办

9月10日,2016年东南大学密歇根校友夏季联谊聚餐会举行,近40位东南大学校友及亲朋家属相聚。东南大学密歇根校友会会长雒超民为活动致辞,朱世平校友特别赶订了东南大学密歇根校友T恤衫。校友们分享了自己最为得意的美食,观垂钓之情趣,并进行了拔河比赛。

2016年9月11日　大纽约地区东南大学等六所中国高校校友会2016年中秋联合迎新野餐活动

六所中国高校纽约校友会联合举办的迎新野餐于9月11日在纽约中央公园举行。此次活动由东南大学、天津大学、中国科技大学、南京大学、同济大学和南开大学等六所高校的当地校友会共同组织举办。

中国驻纽约总领馆教育组徐永吉参赞参加活动并致辞。天津大学（北洋大学）北美校友会会长颜为民代表活动组织方欢迎各方校友的到来，南京大学大纽约地区校友会现任会长何梅、中国科技大学大纽约地区校友会会长黄溯、同济大学大纽约地区校友会会长张志凌、东南大学大纽约地区校友会副会长孔笛和北美南开大学校友会大纽约分会会长张哲，分别代表各自校友会成员和大家问好。

聚会活动安排的游戏环节和汉服表演得到了校友们的热烈欢迎和积极参与。

2016年9月12日　澳大利亚校友会2016中秋聚会在悉尼举行

悉尼校友9月12日迎中秋聚会在靠近奥林匹克体育中心的Blaxland Riverside Park举行。校友们进行了自我介绍，对校友会工作提出建议。聚会中，大家分享自己做的美食，进行了拔河比赛。

2016年9月18日　常州校友会第二届中秋迎新校友茶话会举行

9月18日，"爱在东大，情系新人"第二届中秋茶话会暨2016毕业生欢迎会在六朝松茶馆举行，东南大学常州校友会会长张跃、副会长谢俊辉、秘书长葛维克，以及常州各界校友代表，与十多位应届毕业来常东大学子代表欢聚一堂，共同度过了一个情意浓浓、热情洋溢的夜晚。活动由秘书长葛维克主持。

会上，常州道康成投资有限公司董事长谢俊辉、梅特勒托利多黑带工程师戴峰、常州市生物技术发展中心主任周欣校友分别做了精彩分享。张跃会长对校友会的工作表示了肯定，希望校友们能常回"家"看看，多参与、多互动，共同做好校友会的工作。

路晋平校友向常州校友会转交了理财产品的返利作为常州校友会活动经费，副秘书长蒋建亚和韩毅校友组织了猜谜游戏，并向参加此次活动的毕业生发放了由中海地产常州总经理刘国兵校友赞助的节日礼品。

2016年10月10日　常州校友会2016老校友联谊会暨医学校友义诊活动成功举办

10月10日下午，东南大学常州校友会2016老校友联谊会暨医学校友义诊活动举办，60余位常州老校友到场参加。会议由校友会葛维克秘书长主持。

史冠群老校友在发言中讲述了自己在南工学习生活的点点滴滴，以及离开母校来常工作生活的历程。张祖立校友虽年过七旬，仍不断为年轻校友的更好发展奔走，他在讲话中特别表扬了常州校友会的工作。

会议开始前，医学分会组织的"医学校友献爱心，专家义诊话重阳"公益活动火热开场。10位来自不同医院、不同科室的白衣使者校友为到场的老校友进行了专业、耐心、细致的检查和咨询，医学校友还为护养中心的老人和闻讯赶来的附近居民进行了爱心义诊。

2016年10月22日　深圳校友会2016年校友年会举行

10月22日，东南大学深圳校友会2016年"群居时代，群英荟萃"主题年会隆重举行，400余名深圳校友汇聚一堂。东南大学副校长周佑勇、校友总会秘书长姚志彪一行专程赴会祝贺。年会由武南、邹迪、吁卫燕、朱霞美、鲍杨、杨明川六位校友联袂主持。

周佑勇副校长和深圳校友会会长满志分别致辞。出差在外的校友孟建民院士传来了问候视频。近邻广东校友会王亚群会长和香港校友会江浩秘书长分别带众校友前来参会祝贺。

年会上,深圳六朝松创投俱乐部和运动队(六朝松马拉松队、篮球队、羽毛球队)纷纷展示风采。深圳校友义工团和校友羽毛球俱乐部获得大会特别奖项。

大会以歌舞开场,校友们自发参加和排练的各种表演精彩纷呈,有"三句半"《义工事迹串烧》,有医学分会夏文伟和冯溪源校友表演的《音·诗·画:找个理由见同学》。现场还进行了有趣的器械训练"陆地划船比赛"和校友"非诚勿扰"相亲活动。

"群"在校友圈子中起着重要作用。校友会是一个松散的组织,没有专职的工作人员,没有固定的办公场所。大家都是在QQ群、微信群中联系着、沟通着、义务着、奉献着。深圳校友会有分会群、俱乐部群;有马拉松群、羽毛球群、篮球群、足球群;有义工群、摄影群、招聘群;有兴趣爱好群、相亲群;有创业投资群、医学健康群、法律咨询群;有旅游群、登山群……校友们是在"群"居着,各个大学的校友间也都在"群"居着,是为"群居"时代。深圳聚集着一大群东大人,是为群英荟萃。离开母校,离开家乡,来到南疆,校友们互为亲人,一年一度的校友年会也就成了亲人们相聚的方式,而且已经成为一种习惯。

深圳的东大人,群居在鹏城,默默为这座城市和特区建设添砖加瓦。

2016年10月29日　厦门校友会成立23周年庆祝会召开

10月29日上午,厦门校友会庆祝东南大学厦门校友会23周年"共聚·分享"活动举行。

专程参会的东南大学校友总会秘书长姚志彪首先致辞,他为厦门校友们带来了母校的祝福并向与会校友介绍了母校发展的近况,并充分肯定了厦门校友会的工作。

东南大学厦门校友会会长黄国辉在讲话中表示要发挥好校友会桥梁纽带的作用,联合厦门各位校友携手母校共同发展。厦门校友会秘书长黄剑伟向与会嘉宾和校友们汇报了一年的校友会工作情况,叶惠琼理事向大家汇报了一年的财务支出情况。

"新人Show"环节,主持人邀请今年加入厦门校友会的新成员上台逐一自我介绍与大家认识;抽奖环节,年会准备了丰厚的奖品。许国进、黄朝晖校友对活动给予了赞助。

2016年11月26—27日　东南大学、山东大学德国校友会双校2016年会举办

11月26日至27日,在巴伐利亚首府慕尼黑,东南大学德国校友会和山东大学德国校友会共同举办了2016年年会。会议针对"海外人才发展和归国服务"这一主题,与会的嘉宾与校友们进行了不同层面、多种形式的深入讨论。

年会获得了驻德使馆教育处和社会各界新老校友的鼎力支持,得到了中德科技创新中心、德国国际葡萄酒博览会、开元周游集团的大力赞助,得到慕尼黑学生学者联合会、慕尼黑亥姆霍兹学联、慕尼黑华人协会、乌尔姆学联等协会的在地配合与支持。

2016年12月3日　盐城校友会电力分会召开理事会

12月3日下午,盐城校友会电力分会召开理事会。会议由盐城校友会副会长、电力分会会长蔡桂龙主持。盐城校友会名誉会长杨广才出席了理事会。秘书长陈晓峰汇报了电力分会2016年工作情况以及2017年工作设想,蔡会长充分肯定了分会2016年的工作。会议一致通过增补唐云校友为分会理事并任常务副秘书长。

2016年12月10日 苏州校友会"2016嘉年华"年会举行

12月10日,以"六朝松下当年事 姑苏城内今日情"为主题的2016东南大学苏州校友嘉年华在东南大学苏州研究院举行。东南大学校友总会副会长朱建设,江苏省委委员、商务厅厅长、东南大学苏州校友会荣誉会长马明龙等校友应邀出席,全国多地分会负责人、苏州本地兄弟校友会负责人到会祝贺。300多位来自苏州各行业的校友参加了此次年会。

年会上,东南大学苏州校友会荣誉会长马明龙作精彩致辞,详细阐述了年会主题"六朝松下当年事 姑苏城内今日情"的意义。东南大学常州研究院常务副院长、苏州校友会会长张为公在讲话中介绍了东南大学苏州研究院成立十一年来在学院环境、学科建设、科学研究等各方面取得的飞跃发展,表示校友年会是在研究院校园内举办的第一个年会,也是苏州校友会第四届理事会改选后的第二次大型活动。相信校友在今后的发展中,将继续开启服务母校、服务地方的新篇章。

会议组织了精彩的个人及团体挑战赛、活泼热情的集体舞蹈及乐队演出、精致的年会定制伴手礼、贴心的祝福及感谢。东南大学苏州校友会常务副会长兼秘书长宋建忠表示,将积极联系校友、服务校友、宣传母校,为母校的校友工作做出应有的贡献,呼吁更多校友分享交流,共筑校友家园,共享校友大家庭温暖。

此次嘉年华筹备和举办过程中,得到了来自全国各地校友个人和单位以及兄弟校友会的鼎力支持。

2016年12月10日 天津校友会2016年联谊会召开

12月10日下午,东南大学天津校友会2016年联谊会举行,近40名东大天津校友参会。东大天津校友会副会长包俊义、柯顺琦、秘书长曹诚出席。东南大学校友总会联络部副主任马波代表总会专程参会祝贺。联谊会由校友分组接龙、游戏、抽奖、自助晚餐等环节组成。

2016年12月10日 宁波校友首届联谊会举办

12月10日下午,东南大学宁波校友首届联谊会举行。联谊会由宁波地区校友筹备,中石化宁波工程有限公司1982级校友武洪生等百余名在甬校友出席。浙江校友会副会长王金锋到会祝贺。

会上,王金锋副会长对本次联谊会的组织策划给予了高度评价,同时参考其他地区校友会的建设经验,提纲挈领地对宁波校友会的后续发展提出了宝贵意见和建议。武洪生校友作为校友代表,回忆了母校的点点滴滴,回顾宁波地区校友组织这两年的发展历程的同时,对宁波地区校友团体的不断壮大寄予了厚望。与会校友进行了宁波地区首次校友大合照。

2016年12月18日 上海校友会2017迎新年会举行

2016年12月18日,东南大学上海校友会举行2017迎新年会活动,参加活动的有东南大学校友总会秘书长姚志彪教授、校友总会副秘书长曹军老师;东南大学上海校友会会长委员会成员张培德、李华彪(兼秘书长)以及建筑、土木交通、无线电、金融、医学、生物医学等专业分会在沪的校友们,还邀请了南京大学、重庆大学、华中科技大学等上海校友会的代表参加。

年会首先由五位主持人介绍来宾和校友参加情况以及年会筹备组准备过程,李洁校友宣布开始。校友总会秘书长姚志彪教授代表东南大学校友总会对上海校友会年会表示祝贺,并介绍学校发展特别是校友会发展以及兄弟城市校友会发展情况。东南大学上海校友会会长戴复东院士用视频方式祝贺,李华彪校友代表会长委员会发言,肯定了过去的一年是东南大学上海校友会发展迅速的一年,并讲述了校友会的三个意义。

分会建设是上海校友会建设的一项重要内容,2016年里各分会发展迅速。赵德良校友代表土木交通分会、李犁校友代表建筑分会、郑萍校友代表医学分会、曹国刚校友代表生医分会分别发言。

活动以晚宴舞台形式,结合学校老师讲话、校友会年度总结、企业推介、节目抽奖、微信红包联谊交流等活动,在主持人的客串下,为广大校友呈现一个"欢乐祥和校友情怀"的年会活动。

2016年12月28日 深圳校友会智能科技分会联谊会在鹏城京华工业园召开

12月28日,东南大学深圳校友会智能科技分会联谊会召开,与会人员是东南大学在深从事智能制造、半导体、互联网、跨境电商的校友。聚会特邀东大深圳校友会名誉会长、爱迪尔董事长闵瑜参会。校友交流会上,与会校友畅谈个人经验和成功经历。交流会前,潘光宇会长带领校友参观了京华的历史展览馆。

深圳校友会智能科技分会成立于2014年,始称电子行业分会。随着时代的发展和科技的融合,电子行业分会与时俱进,升级改造,成为今天的智能科技分会。

附件 6

年度校友风采

2016 年 1 月 15 日　陈永平校友出任苏州科技学院院长,成为江苏最年轻的高校校长

时年 41 岁的陈永平,扬州大学前任副校长,2016 年 1 月 15 日出任苏州科技学院院长,成为江苏高校中最年轻的校长。陈永平是江苏常州人,1992 年入学东南大学,1996 年本科毕业,后在东南大学硕博连读,于 2000 年取得博士学位,后赴香港、法国深造。2004 年,他在而立之年回国任东南大学动力工程系教授。2011 年,陈永平任东南大学能源与环境学院院长。2012 年,陈永平调任扬州大学副校长职务。

2016 年 4 月 28 日　黄艳校友(1982 级建筑学)升任副部

4 月 28 日,国务院任免国家工作人员,任命黄艳(女)为住房和城乡建设部副部长。黄艳校友担任北京市规划委主任近 10 年,是改革开放以来北京市政府组成部门正职领导中第一位无党派人士。

2016 年 5 月 25 日　罗玉峰校友(1988 届机械学工学硕士)任华东交通大学党委副书记并提名校长人选

5 月 25 日,经江西省委研究决定,罗玉峰担任华东交通大学党委副书记并提名校长人选。

2016 年 5 月 27 日　沐华平校友(1982 级机械专业)当选重庆市人民政府副市长

5 月 27 日上午,重庆市四届人大常委会第二十五次会议第二次全体会议上,审议通过了一批人事任免事项,经表决,沐华平当选为重庆市政府副市长。

2016 年 6 月 18 日　陈进行校友(1977 级电力系统自动化专业)获中国企业管理最高奖

2016 年全国企业家活动日暨中国企业家年会 6 月 18 日至 19 日在黑龙江省哈尔滨市举办。本次年会上,中国企业管理科学基金会颁发了第九届袁宝华企业管理金奖。中国大唐集团公司董事长陈进行等 4 人获奖。陈进行带领大唐集团始终把企业提质增效作为安身立命之本,以管理创新促进企业提高发展质量,集团效益连创新高。

袁宝华企业管理金奖,是国务院原总理朱镕基提议,由中国企业管理科学基金会于 2005 年设立的中国企业管理的最高奖项,每两年评选一次。旨在通过表彰和奖励在中国企业管理领域锐意进取、开拓创新,并在形成体现中华文化的管理方法、管理模式和管理理论做出杰出贡献的中国企业家,进一步促进中国企业管理思想和管理模式的创新,提升中国企业管理水平和推进具有中国特色的企业管理现代化事业。

2016 年 7 月 19 日　刘小明校友(1981 级道路工程专业)升任副部

7 月 19 日中国政府网消息,国务院任免国家工作人员,刘小明任交通运输部副部长。东南大学校友总会谨代表东南大学海内外全体校友,向刘小明校友表示衷心的祝贺和崇高的敬意,并向刘小明校友发去贺信。

2016 年 10 月 9 日　陆留生校友（老土木系 1983 届）出任江苏省交通运输厅副厅长

10 月 9 日，江苏省人民政府发文任免了一批干部，东南大学老土木系（现土木工程学院）公路与城市道路工程专业 1983 届毕业的陆留生校友被任命为交通运输厅副厅长。

2016 年 10 月 21 日　宣益民校友获 2016 年度何梁何利基金科学技术进步奖

10 月 21 日下午，何梁何利基金 2016 年度颁奖大会在北京钓鱼台国宾馆隆重举行。全国人大常委会副委员长陈昌智，全国政协副主席、科技部部长万钢以及相关部门领导同志为获奖科学家颁奖。本年度共有 51 名科技工作者获得奖励，其中"科学与技术成就奖"1 人，"科学与技术进步奖"35 人，"科学与技术创新奖"15 人。东南大学校友、南京航空航天大学副校长宣益民院士荣获 2016 年度何梁何利基金科学与技术进步奖。

2016 年 10 月 30 日　老土木系校友史才军教授当选为亚洲混凝土联合会副主席

第 7 届亚洲混凝土联合会代表大会上，东南大学老土木系 53801 班校友、国家"千人计划"特聘专家、湖南大学土木学院史才军教授当选为亚洲混凝土联合会（Asian Concrete Federation，以下称 ACF）副主席。任期从 2016 年开始，为期 2 年。这是中国科学家首次担任 ACF 副主席一职。

2016 年 11 月 25 日　清新环境张开元校友荣获"最佳董事长（总裁）奖"

11 月 25 日，由《每日经济新闻》主办的"2016 第五届中国上市公司领袖峰会暨第六届口碑榜颁奖典礼"在成都完美落幕。最具重量级的"2016 第六届中国上市公司口碑榜"颁奖典礼上，业内数百位知名企业家齐聚一堂，共享资本盛宴。在本届口碑榜九个极具含金量的榜单中，"最佳董事长（总裁）奖"成为最吸引眼球的榜单之一。清新环境作为大气污染治理行业的翘楚，组委会将此奖项颁给董事长张开元。颁奖词"深耕大气污染治理领域 15 年，他凭着自主研发的多项大气污染减排核心专利技术，将一家民营公司打造为行业龙头。顶峰之上，他选择与有志于大气治理的同行共享公司的核心专利技术，令人叹服"。

2016 年 12 月 11 日　王文虎校友领衔中车戚研所项目，排名第一荣获"中国工业大奖"

12 月 11 日，第四届中国工业大奖发布会在北京人民大会堂隆重举行，共授予中国运载火箭技术研究院等 13 家企业、国家风光储输示范工程等 9 个项目中国工业大奖。东南大学 1982 级校友王文虎领衔的中车戚墅堰机车车辆工艺研究所有限公司的"高铁列车高可靠性齿轮传动系统研发及产业化"项目，实现了高铁列车齿轮传动系统的全面自主研制，替代进口产品，占领了世界高铁技术的制高点。该项目以第一的排名荣获中国工业大奖。这是中国轨道交通领域项目首次获此殊荣。

附件 7

校友、员工在校设奖、捐赠情况

2016 年 1 月 19 日 潘天任、左韵芳校友伉俪捐赠 10 万元奖助学金

原南京工学院(现东南大学)动力系 1955 级校友潘天任、左韵芳伉俪,捐赠 10 万元,注入"恽瑛奖助学金"项目。

2016 年 3 月 17 日 丁衡高院士为机械学院百年院庆题写贺词

在机械工程学院成立 100 周年之际邀请老学长为机械百年院庆题词,丁衡高院士欣然题写贺词"贺母校东南大学机械工程学院百年华诞培养创新型专业技术人才,求高求精求实"。

2016 年 3 月 18 日 陆虎进校友捐资 100 万元设立"陆梓瑜奖助学金"

3 月 18 日,东南大学 1998 级本科生、经济管理学院物流系 2002 级研究生陆虎进校友,捐资 100 万元设立"陆梓瑜奖助学金"。经济管理学院院长赵林度代表学校接受了捐赠,并颁发了捐赠证书。陆虎进是个人百万以上大额捐赠者中第一位 1980 年后出生的校友。

2016 年 5 月 17 日 彭山宏、曹红光和查志伟三位校友分别捐资助学

三位校友捐资助学,在校设立奖学金,总额 80 万元。东南大学机械工程学院 1991 届毕业生彭山宏校友,为支持东南大学及机械工程学院的发展,向母校捐赠人民币 30 万元,注入东南大学机械学院发展基金,其中 10.8 万元用于设立"美达灌装机械"奖学金,以奖励东南大学机械工程学院的优秀学子。医学院临床医学专业 1978 届毕业生曹红光校友再次在校设立"红光奖助学金",总金额为 45 万元人民币,用以奖励医学院、生医学院等院系的优秀本科生。查志伟校友捐资 5 万元,作为地校分会校友活动基金,用于东南大学校友总会地校分会与各地校友的沟通和联络,以及各地校友回母校参加相关活动。

2016 年 6 月 交院 2012 级应届本科毕业生倡议向学院发展基金捐献"我们的 21 元"

交通学院建院 21 周年以及 2012 级本科生毕业之际,交通学院 2012 级张孟环同学向 2016 届毕业生发起了倡议,在交通学院发展基金开展"我们的 21 元"捐献活动,有百余人次参与捐赠活动。

2016 年 6 月 杜学彬、殷国光、刘澍、程辉等校友向学校贡献部分珍贵历史资料

杜学彬校友用一年时间整理其从 1959 年入学南京工学院开始到毕业 10、20、30、35、50 周年各时期学校、家庭、工作的珍贵照片,汇编成书及电子版,专程向能源与环境学院、校友总会、校档案馆、图书馆捐赠。同时杜学彬校友还向学校捐赠了他的书作《此生无憾——我的经历我的家庭》。

殷国光校友向学校档案馆、图书馆捐赠了《书雅瓷韵吟诗词:殷国光书画作品集》。

刘澍校友向学校档案馆、图书馆捐赠了他的作品集《浴火丹青》。

程辉校友向学校档案馆、图书馆捐赠了他的作品集《程辉小品油画集》《情意相合——张继馨、程辉师生合集》。

2016年7月2日　马克思主义学院1992级校友在校设立奖学金

7月2日,东南大学马克思主义学院1992级校友返校纪念毕业20周年,姜建华校友以马克思主义学院1992级全体校友名义,设立"马院92之芯奖学金",成为马克思主义学院成立以来毕业校友首次设立的奖学金。捐赠签约仪式上,马克思主义学院姜建华等17位校友及部分家属、东南大学校党委常务副书记刘波、发展委员会常务副主任刘松玉、马克思主义学院党委书记兼院长袁久红等相关领导参加。袁久红院长作"回到母校,再次倾听班主任的心声"的发言,刘波常务副书记向校友们介绍了母校以及马克思主义学院的发展现状,以及本人作为马院毕业的学姐对校友回到母校并设奖鼓励在读学弟学妹的感谢和赞许。

2016年10月10日　90岁高龄伍福乐、周大华伉俪校友捐赠10万元助学金

10月10日上午,在江苏省老年公寓举行了伍福乐、周大华助学金签约仪式,伍福乐、周大华伉俪校友向东南大学捐赠10万元助学金。东南大学周佑勇副校长偕同教育基金会、医学院以及关工委的相关领导共同与会。周佑勇副校长对伉俪校友的善行表示深切的感谢和慰问。

伍福乐老先生现年92岁,1944年进入中央大学医学院学习,1951年毕业后就职于华东军区总医院,后加入中国人民解放军。1958年后在东南大学附属中大医院(原南京铁道医学院)行医教学至退休。其夫人周大华校友现年88岁,从事护士、心电图技师工作近四十年,1987年退休于南京铁道医学院(现东南大学附属中大医院)。

附件 8

校友返校聚会

2016 年 4 月 20 日　原南京工学院 1960 级农机专业校友回母校欢聚

4 月 20 日上午,1960 级南京工学院农机专业近 30 位年过古稀的老校友从镇江来到东南大学四牌楼校区欢聚。当年的"机械原理"授课老师、年已 87 岁的程光蕴教授前来与学生们会面。座谈会在校友会堂二楼会议室召开,校友总会秘书长姚志彪和机械学院院长助理周怡君分别为校友们介绍了母校和机械学院的发展情况。老校友们向母校赠送了书法作品,校友代表向恩师赠送纪念品。校友总会向每位老校友们赠送最新一期《校友通讯》期刊和一枚校友徽章。

2016 年 5 月 8—9 日　原南京工学院电子工程系 1975 届校友毕业 41 年返校聚会

东南大学 61 专业 1975 届校友 53 人在毕业 41 年之际于 5 月 8 日返校聚会。5 月 9 日上午,校友们参观了九龙湖校区,听取校党委常务副书记刘波介绍了学校近些年学科建设、人才培养、科学研究和社会服务等方面取得的成就。随后几天,校友们还参观游览了淮安、泰州、南通等地,受到当地校友的热情接待。

2016 年 5 月 17 日　原南京工学院建筑系 1960 级校友聚会常州六朝松茶馆

5 月 17 日,原南京工学院建筑系建筑学专业 1960 级老校友们从各地来到常州。东南大学贵州校友会会长、贵州省建筑设计院院长罗德启,这位从常州青果巷走出来的建筑大师,借座六朝松茶馆举行 1160 班部分老同学的聚会。常州校友会义务承担了这次后勤会务工作,常州校友会副秘书长梁志方和陈军理事参加了这次活动。

2016 年 5 月 21 日　东南大学土木工程系 1992 级毕业生 20 周年聚会

5 月 21 日,东南大学土木工程系 1992 级的 133 名同学迎来了"廿年不忘"毕业二十周年聚会。这是继 2006 年毕业 10 周年聚会后 1992 级同学的又一次大团圆,也是历年聚会中到会人数最齐的一次,四个班级共 96 名同学从全国各地和海外会聚母校。聚会期间,校友们还前往大一时生活过的浦口校区参观。

在聚会座谈会上,当年的系团委书记,519121 班班主任陈镭老师首先致辞,1993 级师弟、东南大学副校长吴刚回忆与 1992 级同学共同在四牌楼相处的欢乐时光。四位女生代表全体同学向母校赠送了礼品——丁大钧先生题词木雕。这件木雕的正面是丁大钧先生像及其 1994 年为土木系三好学生的题词"德智体三育,当推德在先;学优身健壮,大任始堪肩",背面是丁先生的画作。"系三好学生"是当年陈镭老师为了丰富同学们毕业时的履历而提出的创举,特别邀请丁大钧老师和吕志涛老师为证书题词。"系三好学生"证书成为 1992 级同学珍藏的一份记忆。

各班代表致辞环节后,1989 级师兄、学院建工系主任吴京带领 1992 级吕艳斌、陈澄同学,1993 级刘静同学(现学院党委书记),1994 级同学(现学院老师)朱虹,以及 1995 级同学(现学院老师)共同上台,一起向母校致谢,并且共同表态,将母校"止于至善"的精神和土木人踏实、感恩的传统传承下去。

2016 年 6 月 13—15 日　原南京工学院 41751、41752 和 42751 班同学聚会南京

6 月 13—15 日，原南工 41751、41752 和 42751 班 60 余名同学回母校聚会。大家一起漫步在四牌楼校区各处寻找青春的脚印，并一起相伴游览了南京城。

2016 年 7 月 9 日　东南大学无线电系 1992 级同学毕业 20 周年返校聚会

7 月 9 日，来自东南大学无线电系 1992 级的 160 多名同学，举行了题为"再聚首，致青春"的毕业 20 年聚会活动。上午的报告会环节，由无线电系前党总支书记张锡昌老师代表学校和老师们致辞，两位在学术研究和创业事业上颇有建树的同学向大家分享了职业成长历程和事业心得。下午的浦口校区参访环节，同学们一起乘车来到了浦口成贤学院的校园。9 日晚举行了年级同学聚会晚宴。

2016 年 7 月　法学院 1996 级同学聚会母校庆祝入学 20 周年

2016 年 9 月 19 日　建筑学院 1966 级校友入学 50 周年回校聚会

9 月 19 日在中大院的 207 会议室，建筑学院组织接待了 1966 级返校聚会的老校友们。

2016 年 10 月 3—5 日　东南大学土木学院土建专业 1988 级大专毕业生返校庆祝毕业 25 周年

10 月 3—5 日，东南大学土木工程学院土建 881、土建 882 两个大专班的毕业生重返母校，庆祝毕业 25 周年。32 名同学从全国各地专程返回母校共同追忆校园时光，再续师生同窗情谊。土木工程学院院长王景全、党委书记刘静，校友工作委员会副主任、校保密办副主任陈镭及当年的班主任周明华、何洁月等老师应邀出席了本次活动。

2016 年 10 月 6 日　东南大学经济管理学院 1987 级校友返校庆祝毕业 25 周年

10 月 6 日，经济管理学院 1987 级的 48 位校友从祖国四面八方汇聚到四牌楼校区，共庆毕业 25 周年。上午，大家漫步在校园林荫大道，参观体育馆、六朝松、校史馆、教学楼、昔日的宿舍，并与部分到场的当年任课教师合影。下午，校友们在华泰万丽酒店举行了一场别开生面、富有创意的"非高峰论坛"，7 位同学或结合兴趣爱好，或结合专业，或结合事业从不同的角度向在座的老师同学报告了自己的认知、感悟、修为、经历或成就。师生欢聚的晚宴上，大家频频举杯互贺成长，互祝安康，互道珍重。当时的管理科学与工程系系主任程明熙教授不仅颂诗一首，还高歌一曲。

2016 年 10 月 8 日　原南京工学院动力系 30645 班校友毕业 47 周年聚会盐城

10 月 8 日，30645 班校友欢聚盐城。9 日大家一起参观了新四军纪念馆，游览大纵湖；10 日游览射阳丹顶鹤和大丰麋鹿两个自然保护区。

2016 年 10 月 9 日　原南京工学院自控系 80651 班校友毕业 46 年重阳节首聚母校

原南京工学院自控系 1965 级一班的 24 位校友们，自毕业后 46 年来第一次在母校聚会。座谈会由聚会组织者陈开银学长主持。校友总会姚志彪秘书长参加座谈会，代表母校代表校友总会热忱欢迎学长们回到母校。80651 班当年的班主任夏良正教授也专程参会。当天下午，学长们又聚在茶社里，交流老年保健养生经。10 日，校友们一起参观了新校区。

2016 年 10 月 15—16 日　东南大学土木学院 1986 级建管干部班校友返校庆祝入学 30 周年

10 月 15 日、16 日，建筑企业管理干部大专班的 20 位校友汇聚母校欢庆入学 30 周年。这是同学们毕业后的首次聚会。15日下午举行师生座谈联谊会。成虎、沈杰、张星、娄仲林等当年任课老师的代表参加了座谈。16日上午参观了九龙湖校区。

2016年10月16—17日　东南大学土木工程学院工民建专业1966届校友返校聚会

10月16—17日,在学院大四志愿者李忠伟的带领下,校友们在非常熟悉的校园里参观、照相,回忆在校往事、欣赏变革新貌;在参观校史展时,由负责校史档案的老师全程仔细解说;校内参观完后,在土木工程学院大会议室举行了学院院长王景全、党委书记刘静、校友工作委员会副主任陈镭、建工系主任吴京、院办主任王玉玲及带毕业设计的高振世老师、教钢结构的冯秀娟老师等参加的座谈会。学院各位领导发表了学院蓬勃发展、学术硕果累累等热情洋溢的讲话;大家共同怀念已经作古、对培养东大学子辛勤耕耘、孜孜不倦、做出巨大贡献的诸位老师,如教钢筋混凝土的丁大钧先生、教结构力学的张锡玲、教建筑材料的李蔭余等老师,还有在校期间时任系团委书记、后来的系主任、学院院长蒋永生。会上,当时的老班长宋子友谈了同学们几十年来没有辜负学校、师长的培养,各自事业有成,并祝福学院在已取得卓越成果的基础上走向新的辉煌。下午校友们参观了江宁九龙湖校区,看到东南大学的美好前景,个个欢欣鼓舞。晚上学院党委书记刘静、老书记张星、建工系副主任尹凌峰在学校榴园餐厅宴请了校友们。

2016年10月22日　东南大学1981级医学校友(南铁医1981级)毕业30周年主题大会举行

10月22日,东南大学1981级近200名医学校友(南铁医1981级)以及20多位当年的老师返回丁家桥校区并举行主题为"重逢·回忆·分享"的毕业30周年庆祝大会。东南大学校长、校友总会会长张广军院士,原南铁医校友朱广杰老校长,东南大学原副校长浦跃朴出席大会。大会首先举行了奖学金捐赠仪式。由全体1981级医学校友(医学院、公共卫生学院)共同出资30万元设立了"1981级医学励志奖学金",是医学校友中首个以年级名义设立的奖学金。张广军校长代表学校接受了捐赠,向校友代表颁发捐赠证书。大会上,张广军校长发表了重要讲话。1981级任课老师代表、原南铁医校长朱广杰发言,1981级1班、2班、3班、4班、5班、6班校友表演了充满怀旧风格的时年校园金曲。大会在全场齐唱《光荣与梦想》的热烈氛围中圆满结束。

附件 9

缅怀校友

2016 年 3 月 7 日　原中央大学校友闵恩泽院士逝世

原中央大学校友闵恩泽(1946 年毕业于中央大学化工系),中国科学院、中国工程院、第三世界科学院院士,中国炼油催化应用科学奠基者,国家最高科技奖获得者,因病于 2016 年 3 月 7 日在北京逝世,享年 93 岁。东南大学校友总会已向闵恩泽院士治丧领导小组发去唁电,对闵恩泽校友的逝世表示沉痛悼念,对其亲属表示亲切慰问。

2016 年 9 月 26 日　原中央大学校友陈椿庭逝世

原中央大学校友陈椿庭(1937 年毕业于中央大学土木工程系),中国共产党的优秀党员,我国著名的水力学专家,中国水利水电科学研究院教授级高工、原副院长,于 9 月 26 日在北京辞世,享年 101 岁。

校区与院系及其他

丁家桥校区

一、校区工作

1. 努力做好各项基层党建工作。开好"三严三实"校区领导班子民主生活会,落实各项整改清单。结合学校"两学一做"要求,制定了校区工委的实施方案,组织在职党员进行了理论学习、党章知识测验、参观了南京博物院"风展红旗"革命诗书画专题展览。进行党员组织关系排查,核对党员信息,与2名失联十年以上的党员取得了联系。做好党费补缴工作。按时完成基层党支部换届。做好学校教代会、党代会代表的酝酿与会议讨论工作。

2. 顺利完成鼓楼区人大代表换届选举工作。校区作为独立选区,驻区单位共4 700余名师生进行了选民登记,3 600余名师生参加了丁家桥校区投票站的现场投票,附属中大医院副院长邱海波同志当选为鼓楼区人大代表。

3. 完成在职与退休教职工的养老保险信息核对工作。

4. 完成综合楼内部出新改造工程。全部的钢窗更换为符合节能环保要求的隔热铝合金窗;楼内公共走廊、墙面、楼梯进行了粉刷,消防、屋面防水和水电线路进行了整改,解决了安全隐患。

5. 做好公卫学院的院庆和医学院临床医学专业认证等重大活动的后勤保障工作。

6. 及时更新消防器材,坚持夜间送晚归单身女生,做好日常保卫巡查工作。

7. 建立校区车辆管理的车牌识别与道闸系统。

二、奖励与荣誉

1. 在学校"七一"表彰中,党政办支部获评先进党支部,张立武同志获评优秀党务工作者。

2. 范守德同志获评东南大学2014—2015年度"三育人"积极分子。

三、人事变动

1. 2016年12月，因任职试用期满，考核合格，丁乐同志正式任职丁家桥校区管理委员会后勤办公室主任、总务处副处长（兼）。

2. 2016年10月，校区后勤办公室范守德同志退休。

建 筑 学 院

建筑学院现有建筑学、城乡规划学、风景园林学三个一级学科博士点和美术学一级学科硕士点，建筑学、城乡规划学、风景园林学三个博士后流动站，建有城镇与建筑遗产保护教育部重点实验室、传统木构建筑营造技术研究国家文物局重点科研基地、当代城乡环境整合技术创新引智基地、江苏省数字景观环境综合训练中心、江苏省城乡与景观数字技术工程中心等学科平台。下设建筑系、城乡规划系、风景园林系、建筑历史与理论研究所、建筑科学与技术研究所、美术与设计研究所、建筑运算与应用研究所。截至2016年底，全院在职教工157人，专任教师133人。其中教授33人，副教授62人，28名博士生导师，具有博士学位的专任教师比例达82%。现有4名院士、2名教育部长江学者特聘教授，1名国家杰出青年基金获得者，1人入选全国"万人计划"教学名师，3名全国工程勘察设计大师，5人入选教育部"新世纪优秀人才支持计划"，17人入选省人才培养计划，8名江苏省设计大师。

一、教学与教学改革

（一）本科生教学

建筑学品牌专业建设进展顺利；城乡规划专业教育评估工作圆满完成，获得优秀成绩；完成英文授课专业1个，完成英文（双语）授课课程17门；24本教材获得住建部"十三五"规划教材立项；1本教材获得2016年江苏省"十三五"重点教材立项；5份毕业设计获得校级优秀毕业设计，其中2份毕业设计（论文）和3个毕业设计团队被学校推荐参加省优评选（结果次年出炉）；2015年江苏省优秀毕业设计揭晓，1份毕业设计荣获二等奖，3个毕业设计团队获得省级优秀毕业设计团队称号；学生课程设计作业在各专业专指委全国作业评优中获奖16项；学生毕业设计作品在2016年"中国人居环境学年奖"获金奖2项、银奖1项、铜奖2项；SRTP（本科生科研训练计划）项目取得丰富成果，结题省创项目5项、基教项目4项，新增国创项目3项，省创项目3项，校级立项15项；9名同学获批通过国家留学基金委资助到境外高校交流学习（6个月），接收境外高校交流生（台湾）10人，举办国际联合教学8次；完成大学生创新创业训练计划立项15项；教师在2016专指委年会上发表教学论文8篇，在核心期刊上发表教学论文16篇；本科生在学术期刊发表论文22篇。

（二）研究生教学

完成并通过国务院学位办组织的城乡规划学专业硕士学位授予点的评估，以及江苏省教育评估院组织的美术学硕士学位授予点的评估；完成建筑学、城乡规划学、风景园林学三大学科的全英文硕士专业申报；建设校级慕课1门（现代建筑理论），全英文授课的前沿类课程建设扩展至20门；大力推进校企合作，扩大和充实研究生联合培养基地，已建立研究生企业联合培养基地达37个，聘请企业导师223名，新增产业教授6名；继续推进与澳大利亚新南威尔士大学、奥地利维也纳理工大学专业硕士双学位培养计划；博士生出国（境）联合培养或参加学术交流共52人次，占比25.24%，硕士生出国（境）联合培养或参加学术交流共46人次，占比7.29%（0.3%）；获得省优秀博士论文1篇；研究生教学成果"生息营造"受邀参加第15届威尼斯国际建筑双年展，并荣获2016年亚洲建筑师协会建筑学生设计竞赛中国大陆赛区第一名；获江苏省优秀研究生课程1门，江苏省研究生教育改革与实践课题1项，学术学位研究生科研创新计划9项，专业学位研究生科研创新计划9项。

二、学科建设

江苏省优势学科项目平稳推进；启动"双一流"建设项目，获批经费500万；"传统木构建筑营造技艺国家文物局重点科研基地"正式挂牌；成功申报江苏省城乡与景观数字技术工程中心；中国城市规划学会城市更新学术委员会成立并挂靠我院；中国工程院重大项目"中国城市建设发展战略"启动；中国建筑学会项目"中国建筑学学科发展动向研究"启动。

三、科学研究

全年纵向经费到款1 296.84万元，横向经费到款9 224.8万元；在"绿色建筑与建筑工业化"重点专项下获批2项课题，获批国家自然科学基金17项，其中面上项目11项、青年项目6项，获批江苏省自然科学基金3项，其中面上项目1项、青年项目2项；以第一作者或通讯作者身份发表SCI/SSCI/A&HCI（艺术与人文科学引文索引）三大检索论文20篇；获"十二五"文物保护科学和技术创新奖1项；获全国优秀工程勘察设计行业奖一等奖1项、二等奖1项、三等奖5项，全国优秀城乡规划设计奖一等奖2项、二等奖4项、三等奖1项，2016中国建筑学会建筑创作奖银奖1项，2016WA中国建筑奖—城市贡献奖2项，江苏省城乡建设系统优秀勘察设计奖一等奖5项、二等奖10项、三等奖4项。

四、师资队伍建设

继续加强师资队伍建设。1人入选全国"万人计划"教学名师（王建国），1人入选全国工程勘察设计大师（段进）；3人入选江苏省设计大师（朱光亚、张彤、成玉宁）；1人入选江苏省"333"人才工程（杨俊宴）。本年度新引进青年教师3人。

五、国际化办学

积极组织申报国际化示范学院，筹备申报国际联合实验室；与美国、欧洲、亚洲等知名高校开展联合教学,本科外教课程7次,研究生联合教学7次;开设研究生全英文课程共16门;举办重要学术会议11次,举办重要展览4次,开展重要实践性国际合作研究5项;建成国际AS当代建筑理论研究中心、亚洲建筑中心,以及结构建筑学中心,筹建SEU-MIT城乡研究中心;教师出国(境)近80人次,国(境)外来我院访问约150人次;学生出国(境)学习交流100余人,来我院学习交流的外国学生60余人;与国外院校、建筑事务所签署校际或院际协议10份。

六、学生教育与管理

学院招生和就业工作继续保持良好势头,建筑学、城乡规划、风景园林3个专业的本科录取分数线继续稳居学校前茅,2016届本科毕业生一次就业率100%,硕士和博士年终就业率100%;获得江苏省教育工委最佳党日活动优秀奖1项(13级本科生党支部),东南大学最佳党日活动一等奖1项(博士生建筑党支部、15级硕士2支部);学生社会实践"故园·故人·故事"团队获得省级十佳团队称号,校学生社会实践优秀团队特等奖,此外另有4支团队获得校优秀团队二等奖;011135班获得江苏省先进班集体荣誉称号,011143、011153班获得东南大学先进班集体荣誉称号;建筑学院团委获评校优秀团委、东南大学社会实践优秀组织奖、东南大学学生科技节优秀组织奖、新生文艺汇演特等奖;建筑学院研究生会获得校级优秀研究生会;"纪念孙中山诞辰150周年"主题系列活动被评为东南大学社会主义核心价值观精品项目;研究生辩论队获得研究生辩论赛全校季军。

七、党建工作

落实党建工作责任制,深化"围绕中心抓党建,抓好党建促发展"的意识,围绕全国学科评估、"双一流"建设、国际化示范学院创建、成立二级教代会以及学院综合治理改革等中心工作积极发挥党委作用,推动学院中心工作及各项事业的快速健康发展;扎实开展"两学一做"学习教育,认真梳理党员组织关系,加强党支部建设;做好党员排查工作,进一步查明"口袋"党员和长期与党组织失去联系党员情况;完成党支部换届工作,对有条件的教工支部进行调整,将支部建到系(所),教工党支部由原来的7个调整为9个,增加了景观系党支部和规划院党支部,部分教工支部书记兼任了副系主任(所长);成立二级教代会,在学科发展与规划、人事考核、评优奖励、分配方案等方面,听取教代会代表意见,切实发挥教代会制度在维护教职工合法权益上的重要作用;指导工会完成换届工作,支持工会开展丰富多彩的活动;更新学院中文网站,建设英文网站,维护学院官方微信平台,对外加强宣传,提升学院影响力,积极向学校宣传部门及校外媒体提供学院重大新闻,在学校新闻贡献排行榜上名列前茅。

机械工程学院

一、概况

学院现有专任教师101人,其中教授29人,副教授49人,讲师23人,高级专业技术职务占教师比例为77.2%。具有博士学位教师75人,占教师比例为74.3%。具有海外经历教师61人,占教师比例为60.4%。博士生导师27人,硕士生导师56人。

二、学科建设

本年度是机械系(学院)的100年华诞,学院举行了"百年机械发展论坛"等系列活动。学科建设持续保持良好的发展势头,其中机械工程一级学科是江苏省优势学科,机械制造及其自动化二级学科为国家重点学科(培育)。在深化发展机械工程传统学科的同时,本学科抓住发展机遇,在微纳制造和新型光源装备等新兴学科领域形成明显特色方向,建成了江苏省微纳生物医疗器械设计与制造重点实验室和新型光源技术及装备教育部工程研究中心。本学科在跨微纳尺度集成制造、微纳生物医疗器械设计理论和微尺度传热等研究方向具有一定的国际学术影响力。

该学科注重科研成果的转化及产业化工作,积极为地方经济建设服务。聚焦高端数控装备和智能机器人、汽车、海洋装备、复杂机电系统集成设计以及生机电一体化医疗设备与器件制造等方向,以产学研合作为发展模式,"立足江苏,依托行业,面向华东,服务全国",以"一流的人才梯队、一流的人才培养、一流的科学研究,一流的科技服务"为发展目标。先后服务于依维柯汽车、徐工集团、三一重工、无锡机床厂、博西家电、南京机床厂和江苏省大部分中大企业以及周边省份的部分企业,为长三角地区的经济发展做出了自己的贡献。

三、科学研究

在科学研究方面,经过多年的研究积累,在机械制造及微纳器件等领域形成明显特色,2016年度,国家级项目新增21个,结题10个,省部级项目新增9个,结题14个。截止到本年度12月底,全院纵向经费到款3 598万元,横向经费到款1 289万元,总经费较上一年度增长了19.66%。本年度学院发表SCI论文共计104篇,EI论文86篇,其中包括 Nanoscale(IF=7.233)、Chemical Communications(IF=6.290)、Lab on a chip(IF=5.995)、Journal of Cleaner Production(IF=5.561)、Neural Computing & Applications(IF=4.215)、Reliability Engineering & System Safety(IF=4.139)、Applied Physics Letters(IF=3.495)等国际一流刊物。科研实力与科技成果产出指数明显增高,学院授权发明专利共计33项。陈云飞教授荣获教育部自然科学一等奖,获奖名称是"能量在多层膜界面的输运与耗散机理"。蒋书运教授荣获江苏省科学技术一等奖,获奖名称是"高速精密切削加工机床设计理论及其工程应用"。

四、人才队伍

学院注重师资队伍建设,高层次人才中,新增"青年千人"1人,新增江苏省"333 高层次人才"二层次 2 人,新增江苏省"333 高层次人才"三层次 1 人,新增江苏省"青蓝工程"中青年学术带头人 1 人,1 位教师获得江苏省优秀青年基金。学院目前聘请了 16 位海内外知名专家学者为兼职教授,共计 9 次邀请国外知名学者前来进行学术交流及科研合作。

本年度引进具有博士学位的青年教师共计 8 人,共计 1 人晋升教授(刘磊),共计 2 人晋升副教授(罗晨、夏丹),完成 4 人的高校教师资格认定。

五、人才培养

2016 年度,机械学院在校硕士生共计 441 人,男女比例为 5.1,在校博士生为 142 人,男女比例为 4.5。机械工程和设计学博士生录取人数分别为 25 人、2 人,录取比例分别为 51%、33.3%。机械工程学术硕士和专业硕士录取人数分别为 91 人、54 人,录取比例分别为 26.1%、23%。工业设计工程专业硕士录取人数为 40 人,录取比例为 62.5%。学院博士学位论文被抽检 7 篇,评议结果的合格率为 100%。项楠的《螺旋流道惯性微流控芯片粒子操控机理及功能应用研究》获省优秀博士学位论文,戴卿的《微流道中粒子黏弹性聚焦机理研究》获省优秀硕士学位论文。本年度研究生共计 9 人获国际会议资助,共计 4 人获国家建设高水平大学公派研究生及短期交流资助。

本科生培养方面,2016 年度本科生在校总人数为 898 人,男女比例为 9.3。学院与泉峰集团签约"机械工程卓越工程师联合培养基地",开设两个卓工班(泉峰卓工班、苏美达卓工班),2016 年共有 31 人参与卓工联合培养。全部企业开设的卓工课程达到 8 门。申报"十三五"高等学校在线开放课程建设 1 门——创造学与创造力开发训练。开设研讨课 48 门;全英文(双语)教学课程 18 门。获批国家级精品资源共享课 2 门。出版"十二五"规划教材 1 本。获教育部教指委教学教研成果奖一等奖 1 项。2016 年出国(境)(含赴台湾)交流学生数达到 14 人;邀请田纳西大学 Mingzhou Jin 教授来学院授课 2 门、罗格斯大学 Kang Li 来学院授课 1 门。学院贾民平教授获得了 2016 年度全国"宝钢优秀教师奖"(上次机械学院获得该奖励在 2004 年)。学院王海燕获东南大学教学奖励金一等奖;陈敏华、王金湘获东南大学教学奖励金二等奖。学院共获批校级教改项目 6 项,获省级毕业设计一等奖的课题 1 项,获得校级优秀毕业设计的课题 6 项。本年度共立项国家级 SRTP 项目 6 项,省级 SRTP 项目 6 项,校级和院级 SRTP 项目 61 项,其中基于教师科研的 SRTP 项目共计 4 项。

本年度学生积极参加各类学科竞赛,在美国大学生数学建模竞赛中,袁瑞荣获国际级一等奖,赵亮、李嘉伟荣获国际级二等奖。在第五届中国教育机器人大赛、中国机器人大赛暨 RoboCup 公开赛、第四届全国大学生金相技能大赛、江苏省暨全国大学生电子设计竞赛、第八届中国大学生计算机设计大赛等竞赛中,共计 33 人次荣获国家级奖项。在第六届"浩辰杯"华东区大学生 CAD(计算机辅助设计)应用技能竞赛、江苏省第十三届高等数学竞赛、2016 年中国大学生计算机设计大赛等竞赛中,共计 61 人次荣获省部级奖项。此外,共计 213 人次荣获校级奖项,其中,东南大学第十四届机械创新设计竞赛中,一等奖共计6项,二等奖7项,三等奖8项,优秀奖3项。

六、学生工作

2016年度,新增7位团支部书记,对于团支部书记队伍建设,重点开展"传、帮、带"活动,共通过2项文化专项及1项"磐石计划"的立项,组织各类学生活动70场,其中"机缘械逅"系列分享会邀请知名教授、杰出校友、优秀高年级学生给低年级学生树立专业信心,加强爱院荣院教育。组织校园吉尼斯、纪念南京大屠杀遇难者系列活动、创新体验竞赛、"天机不可械露晚会"等面向全校的大型活动近10场。

机械工程学院研究生会进行了换届选举,进行了过往一年的工作总结和新学年工作的展望。2016年9月,机械工程学院研究生会开展了迎新招新活动,迎来了32位新成员,组建了新一届机械工程学院研究生会大家庭,开展了多个有特色的活动,包括"法雷奥杯"第四届3V3篮球争霸赛,第八届纪念南京大屠杀遇难同胞系列活动,首届"三校同盟"在宁高校机械工程学院校际沙龙,人文与科学素养讲座与微沙龙。学生会换届选举后,新一届学生会举行了如下活动:学院迎新,"舞与伦比"交谊舞会,新老生交流会,学长保研出国工作交流会,机械工程学院院运会,第七届东南大学创新体验竞赛,"中国脊梁东南担当"2016年本科生奖学金颁奖典礼。

本年度,在新一期的研究生评优工作中,我院共有14名同学获得"优秀研究生干部"荣誉称号,有41位同学获评为"三好研究生"。24人获"全国研究生数学建模竞赛"国家级奖项。除此之外,我院研究生中,共计28人获焦廷标奖学金,苏州工业园区奖学金,朱斐、孙绎奖助学金等。我院本科生中,1人获省级三好学生称号,2人获江苏省优秀学生干部称号,1人获三好生标兵称号,7人获优秀学生干部称号,62人获得三好学生称号。020134班获省级先进班集体,020155班获校级先进班集体。

七、党建与行政工作

2016年,我院工作紧紧围绕学校中心任务,在学校各级领导的带领下,坚定地跟随党的脚步,全面贯彻党的精神,以学生为本,积极开展学生工作,切实加强学生工作制度建设和管理工作,抓好基层党组织基本建设,特别是优化党支部设置,配齐配强党支部书记,落实"三会一课"等基本组织生活制度,强化基层党组织监督职能,做好在优秀大学生和青年教师中发展党员和党员教育管理工作,整顿软弱涣散基层党组织,强化基层基础保障等情况,并根据学院实际情况调整了部分支部。

组织发展工作,在保证质量的前提下完成了一年的组织发展工作。共计发展党员24人,其中本科生12人、研究生12人;12位学生转为正式党员,转正本科生9人,研究生3人。本年度组织的党建特色活动包括:学习新时期共产党员思想行为规范,"亮身份、树形象"党章知识竞赛,学习系列讲话、强化"四个意识",学做"四讲四有"合格党员。

能源与环境学院

一、概况

截至 2016 年底,学院有专任教师 135 名,教授/研究员 48 人、副教授/副研究员 58 人、讲师 29 人,具有高级专业技术职务的教师 106 人,比例为 78.5%。拥有中国工程院院士 1 名、澳大利亚科学院工程院院士 1 名,百千万国家级人选 1 人、长江学者特聘教授 2 人、国家万人计划创新领军人才 1 人、国家万人计划青年拔尖 2 人、青年千人 1 人、国家杰出青年科学基金获得者 2 人、享受政府特殊津贴专家 14 人、教育部新世纪人才 11 人、江苏省突贡 1 人、江苏特聘教授 2 人、江苏省第五期"333 工程"培养对象 3 人、江苏省六大人才高峰 10 人、江苏省"青蓝工程"培养对象 12 人次等。

二、党群工作

1. 设立学院党委与支部书记微信群,及时传达学习教育精神并听取基层支部的反馈,学院基层党委书记及支部书记在不同层面开展了党课教育,并有相应活动记录。

2. 2016 年 10 月,按照学校党委的要求进行了支部换届,本学院共有支部 39 个,其中教职工支部 7 个,退休支部 3 个,学生支部 27 个,均如期完成了换届工作。

3. 2016 年举办业余党校 2 期,共培训入党积极分子 163 人,发展党员 72 人,培训预备党员 68 人,转正 68 人。

4. 2016 年学院党委获江苏省教育系统优秀党务工作者 1 人,校优秀党员 5 人,校级优秀党支部 3 个,校最佳党日活动三等奖 2 个。

三、队伍建设

1. 留学基金委资助项目 2 人次。
2. 青年千人 1 人(贲昊玺)。
3. 国家万人计划领军人才 1 人(肖睿)。
4. 江苏省"333 工程"第二层次培养对象 2 人(钟文琪、肖睿),第三层次培养对象 1 人(殷勇高)。
5. 江苏省优秀科技工作者 1 人(梁彩华)。
6. 江苏省"六大人才高峰"高层次人才 2 人(黄亚继、张会岩)。
7. 江苏省"青蓝工程"优秀青年骨干教师 1 人(刘倩)。
8. 招收统招统分和在职博士后分别为 6 人和 6 人。
9. 引进专任教师:应届博士 7 名、教授/副教授 3 名。

四、学科建设

2016 年,组织了动力工程及工程热物理学科、环境科学与工程学科参加第四轮学科评估;ESI 环境科学与生态学发表 SCI/SSCI/A&HCI 论文总数 52 篇,排名提升;学院拓展了新能源、储能、核电等方向。

本科：

1. 2016年建设了资源共享课程2门；开设英文（双语）授课课程5门；聘请企业教师授课3门；开设"卓越工程师培养"课程3门；开设研讨课4门，其中有2门校级公选研讨课程（太阳能与可再生能源；环境保护与可持续发展）获得优秀。

2. 获批2015年校教改项目5项，其中重点2项；能源与动力工程教指委教改项目获批4项，其中重点3项。

3. 出版教材两本（新能源与新发电技术；流体力学），其中一本全英文教材（《新能源与新发电技术》）获省"十三五"规划教材。

4. 发表教学论文6篇。

研究生：

1. 聘请校外兼职导师4名，江苏省企业教授8名。

2. 新增江苏省研究生工作站2个。

3. 获江苏省优秀研究生工作站1个。

五、人才培养

2016年学院共获得省级先进班集体1个，校级先进集体2个，省优干2名，省三好2名，校级三好等184名，校级优秀研究生干部24名。

本科：

1. 大学生创新创业训练计划立项校级75项，省级11项，国家级3项；基于教师科研SRTP项目立项6项；19项国创、省创和基于教师科研的SRTP结题，其中4项获得优秀。

2. 参加"卓越工程师班"人数15人。

3. 参加国际与国家级竞赛25人次，省级竞赛14人次；获美国大学生数学建模竞赛国际级二等奖1项；获得节能减排竞赛二等奖2项，三等奖1项；制冷行业大学生竞赛三等奖1项；省空调设计竞赛优秀奖1项。

4. 本科生出国（境）48人。

研究生：

1. 2016年接受推免生127名，共招收硕士生235名，毕业硕士生187名；招收博士生46名，毕业博士生28名。

2. 申请优博基金20人，获批16人。

3. 申请省研究生创新计划25人，获批11人。

4. 获省优秀博士论文1篇，优秀硕士论文1篇。

5. 硕士生出国（境）3人次，博士生出国（境）50人次。

6. 第九届节能减排竞赛一等奖1项。

六、科学研究

1. 2016年科研经费到款8 029.63万元，其中纵向到款3 999.88万元，横向到款

4 029.75万元。

2. 申请国家发明专利237项,授权国家发明专利137项,申请国际专利PCT(专利合作条约)5项。

3. 国家自然科学基金申报54项,获批24项,其中面上项目16项,青年基金5项,参与国际合作重点项目2项。

4. 张小松牵头的"冬夏双高效空调系统关键技术及建筑节能集成应用"获得江苏省科技进步一等奖。

5. 学院全年发表SCI论文158篇,EI论文252篇。

6. 获批国家重点研发计划20项,其中主持二级课题3项,参与课题17项。

七、国际合作

1. 邀请3名外籍教师来校授课,25名外籍教师来校短期讲学。

2. 教师出国(境)人数40人。

3. 主办(承办)国际会议3次。

4. 为苏丹科学院代表团进行了为期2周的关于环境影响评价和环境审计课程的培训。

5. 我院聘请的"海外名师"Peter Lund教授荣获南京市政府2016年度"金陵友谊奖"。

6. 获批引进海外高层次文教专家重点支持计划、"海外名师"项目、2016年度学校常规项目引智项目各1项。

八、其他

1. 根据《高校科研实验室安全检查对照表(2016)》的要求,多次对各个实验室进行现场核查并整改,完善了《能源与环境学院实验室安全卫生管理条例》《能源与环境学院实验室安全应急预案》等相关管理制度。

2. 建立了实验室安全责任体系和隐患台账。

3. 化学试剂分类保存并有领用记录,特别是危险化学试剂,添置了危险化学品试剂柜统一管理。

信息科学与工程学院

一、党建工作

1. 认真开展"两学一做"学习教育,广大党员的组织观念得到进一步加强、表率作用得到进一步发挥,支部"三会一课"等基本组织生活制度得到进一步落实,支部凝聚力战斗力得到进一步增强。通信教工支部等3个支部被评为校先进党支部。本科生高年级党支部举行的主题为"东大梦·边疆情"的系列党日活动获东南大学2015—2016学年"最佳党日活动"一等奖。

2. 积极做好党员发展工作,全年来共发展新党员 82 人,其中青年教师 2 人。学院业余党校举办了一期入党积极分子党校培训班,共有 121 人参加培训。

3. 学院领导班子注重自身建设,认真落实党政联席会议制度,按照学院"三重一大"决策制度实施办法集体讨论决策学院重大事项;班子成员能认真履行"党政同责、一岗双责",努力抓好分管领域基层党建责任。能认真贯彻落实学校党风廉政建设工作会议精神和工作部署,认真进行了二级单位廉政风险点的排查工作,对存在的风险点积极整改,做好风险防控工作。

4. 认真做好统一战线工作,主动听取民主党派和无党派教师对学院工作的意见和建议;举办了"我与院长面对面"等学生代表与学院领导班子全体成员面对面交流的活动,倾听学生的意见与建议;12 月中旬通过校关工委对学院二级关工委工作常态化建设合格考评。

5. 经学校批准同意,学院下设 5 个系,院党政配合认真做好各系主任、副主任选派工作。

二、学科建设

1. "信息与通信工程"和"电子科学与技术"两个国家一级重点学科继续保持良好的发展势头,认真组织了新一轮学科评估的各项工作。

2. "网络空间安全"一级学科获批,并在学校的领导下,与相关院系一起,积极做好"网络空间安全学院"的筹建工作。

3. 做好"无线通信技术 2011 协同创新中心"建设发展工作,国家实验室的申报、筹建等工作积极有序推进。

三、科研工作

1. 科研到款总计 19 651.43 万元,其中纵向项目经费 12 153.19 万元,横向项目经费 7 498.24 万元,继续保持全校科研经费到款第一。

2. 荣获国家自然科学二等奖 1 项(微波毫米波新型基片集成类导波结构及器件,洪伟、郝张成、陈继新等);参与完成的"第四代移动通信系统(TD-LTE)关键技术与应用"获国家科技进步特等奖(王东明);荣获江苏省科学技术奖应用类一等奖 1 项(卫星与无线通信融合系统研发及产业化,宋铁成等);获其他省部级和一级学会的科学技术奖奖励 5 项。

3. 2015 年收录(2016 年发布)SCI 论文 246 篇,EI 论文 132 篇,CPCI-S(科技会议录索引)论文 27 篇,表现不俗论文 40 篇。

4. 金石教授荣获国家杰出青年基金;洪伟教授获批国家自然科学基金委"国家重大科研仪器研制项目",也是我院首次牵头承担该类项目;获批国家自然科学基金重点项目 1 项、面上项目 12 项、青年项目 10 项、海外及港澳学者合作研究基金项目 1 项;获批江苏省自然科学基金优青项目 1 项、面上项目 1 项、青年项目 1 项;获批重大专项 4 项(参与)。

5. 陈继新教授成为首届"是德科技杰出青年教授奖"的获得者,也是我院首位该奖项的获得者。

6. 崔铁军教授课题组的工作被 Optics & Photonics News 选为2016年全球光学领域30项重要成果之一。

7. 余旭涛教授在《物理学报》发表的论文被评选为中国物理学会2016年度"最有影响论文奖"之一。

四、队伍建设

1. 全年通过学校引进教授2人、博士11人（其中上岗副高4人）；新入职教师7人；2位"青年千人"入职，1位通过了"青年千人计划"答辩。

2. 2位教师（程强、蒋卫祥）入选"青年长江学者"。

3. 新增"333工程"第一层次1人、"333工程"第二层次3人、"333工程"第三层次1人；4人入选江苏省"六大人才高峰"。

4. 王江舟教授因在移动通信方面的杰出成就成功当选2017年度IEEE Fellow（美国电子电气工程师协会会士）。

5. 窦文斌教授当选2016年度中国电子学会会士。

五、人才培养

1. 孟桥教授获得2016年"宝钢优秀教师奖"荣誉称号；2014级博士研究生刘硕获得2016年度"宝钢优秀学生特等奖"，这也是学院连续第三年获得该奖项。

2. 新增全英文和双语课程5门，新建设研讨/选修课程2门，新增开由企业教师独立承担的卓工课程1门；聘请外籍教师为本科生开设全英文课程3门。持续开展优质教材资源建设，出版江苏省级规划教材《语音信号处理实验教程》；建设了课程教学资源开放平台，逐步实现课程教学资源公开；建立了信息学院实验教学管理平台并上线运行。持续建设"信号与系统"慕课课程，新建在线开放课程"电磁场工程的数值方法"。

3. 新建校外实践基地6个，新增本科教学仪器设备220万元，自制教学实验设备3套，为学生的实践实训提供了更好的条件。积极探索小规模在线课程教学和在线实验，新建录播教室1个。

4. 承办了"中国高校电工电子在线开放课程联盟成立大会暨第一届电工电子在线开放课程建设研讨会"这一全国性教学会议。

5. 试点"本科、研究生课程通选"工作，我院提供了4门本科生与硕士生的通选课程，为本科生进一步深造创造了有利条件。

6. 获校优秀硕士论文奖3人；获省优秀硕士论文奖2人；获校优秀博士论文奖1人；获中国电子学会优秀博士论文提名奖3人；获中国电子学会优秀硕士论文奖1人；8位博士生和3位硕士生获江苏省高校研究生科研创新计划项目资助；省硕士论文抽检7篇全部合格且成绩优良。

7. 公派9位博士生至英国、美国、加拿大、日本联合培养；进一步加强与国外知名高校合作，除澳大利亚蒙纳士大学外，还与法国巴黎高科密切合作，选派3名学生前往该校攻读博士学位；全年24位博士生参加国际会议。派遣35名本科生赴美国、德国、法国、澳大利亚、瑞典、日本等国家和中国台湾地区游学交流；与美国科罗拉多州立大学签署了

"3+2项目"合作协议。

8. 本科生获国家级大学生创新项目10项、省级大学生创新项目6项;在"创青春"全国大学生创业大赛中,本专业学生获得金奖3项(其中参与1项);2015级本科生团队摘得全国大学生数学建模竞赛高教杯这一最高奖项;2016年本专业学生省级以上学科竞赛获奖129人次;扶持学生创业团队3个;成功举办"第三届东南大学—中兴通讯卓越大赛";第十三届全国研究生数模竞赛学院有140多组研究生组队报名,113人获二等奖,68人获三等奖,236人获成功参赛奖。

9. IEEE电路与系统亚太会议(APCCAS)期间,经过评审委员会的严格评选,硕士生杨超、梁霄获得最佳论文奖。

10. 2016级硕士生申怡飞经过IEEE DSP(数字信号处理)评审委员会的严格评选,获得了2016年度会议唯一的最佳学生论文奖。

11. 日本早稻田IPS会议,我院本科生宋浩川和张容晟获得卓越论文奖,景树森获得卓越海报奖。

12. 在台北召开的IEEE RFIT(射频集成技术)2016国际会议上,洪伟、周健义、于志强教授指导的研究生设计团队获得唯一的设计竞赛一等奖。

13. 硕士生林维泉(导师陈继新)、黄丽华(导师窦文斌)、陆从乐(导师朱晓维),博士生周培根(导师陈继新)分别在国际会议ICUWB(国际泛在无线宽带会议)2016、UCM-MT(中英欧毫米波与太赫兹技术研讨会)2016、ICMMT(国际微波毫米波技术会议)2016上获最佳学生论文奖;博士生无奇(导师王海明)在国际会议EUCAP(欧洲天线会议)2016上获最佳论文最终名单奖。

六、学生工作

1. 学院团委以全校综合考评第一,荣获东南大学共青团工作优秀院系并选送申报"全国五四红旗团委";获"省先进班集体"荣誉称号2个班集体、"省优秀学生干部"和"省三好生"称号各1人;校"先进学生班级"2个班集体、校"国旗团支部"提名1个支部;14名本科生、22名硕士生和10名博士生获国家奖学金,8名本科生获得校长奖学金。

2. 辅导员王婧菲老师获第八届全国高校辅导员年度人物提名奖;辅导员顾青瑶老师获"江苏高校辅导员年度人物"称号;本科生王志远荣获"江苏省大学生年度人物"提名奖。

3. 黄永明教授获2016年东南大学共青团"五四"表彰。

4. 王婧菲获2016年东南大学辅导员职业能力大赛特等奖第一名。

5. 获江苏省暑期社会实践"优秀指导教师"称号1人、省暑期"三下乡"社会实践十佳使者1人。

6. 信息学院梦想支教团项目作为东南大学唯一选送项目参评2016年志交会暨第二届中国青年志愿服务项目大赛优秀志愿者项目,获得铜奖;2015级硕士研究生尹浩浩荣获2016年志交会暨第二届中国青年志愿服务项目大赛优秀志愿者称号。

7. 学院同学在由教育部主办的第二届中国"互联网+"大学生创新创业大赛中斩获佳绩,选报的海得逻捷项目获得金奖,海善达项目获得银奖。海得逻捷项目由毫米波国家重点实验室2012级博士生谢力主持,由殷晓星教授和赵洪新教授指导。海善达项目由移动通信国家重点实验室2013届硕士生冯宏星校友创办,导师王炎教授。

8. 由共青团中央、教育部、人力资源和社会保障部、中国科协、全国学联、四川省人民政府主办的2016"创青春"全国大学生创业大赛中,我院Pocketlab口袋实验室项目、海德逻捷信息科技有限公司参与的"至善西行"旅游公益项目获得三项全国金奖,助力学校捧得"优胜杯"。

9. 2016届毕业生就业率(截至12月23日):本科生100%(233人),硕士生100%(306人),博士生100%(53人)。本科生升学率56.7%(国内升学39.5%,出国升学17.2%),研究生中有34人到国防军工重点单位就业。

10. 扎实做好2013级本科生免试研究生选拔推荐、专业思想教育和专业导师双向选择工作,共有45名本科生获得免试资格,其中40名选择继续在本学院深造(8名选择直接攻读博士学位),1名选择到经济管理学院,其余4名选择外推。

11. 承办或主办了校园品牌学生活动,如"院士回母校"活动、新生文化季邀请杰出校友陆军讲座以及"我与东大共成长"新生成人礼等活动,取得很好的效果。获"东南大学新生文化季"优秀组织奖(全校6个)。

七、综合管理

1. 根据学校二级教代会实施办法,上半年建立了学院二级教代会并有序开展工作。

2. 顺利完成了学院工会换届工作及校第八届教职工代表大会暨第十五届工会会员代表大会换届选举工作。积极组织师生参加区人大代表的选举工作。

3. 认真完成了学校布置的财务大检查,设备及固定资产的大检查,图书资料的盘点及大检查等相关工作。学院对全面规范和加强国有资产管理工作高度重视,院领导班子召开专题会议研究部署,圆满完成了资产清查工作,为完善和加强我院的资产管理工作奠定了基础,截至2016年底,我院在账设备合计9 761台件,总价值约4.27亿,其中单价超过40万元的大型设备接近250台件。

4. 加强实验室安全管理工作。以学校的科研实验室安全工作检查为契机,全面落实和加强了实验室安全管理工作,从实验室安全组织体系、安全规章制度、安全教育培训、环境安全管理、危化品管理、生物安全管理、辐射安全管理、特种设备安全管理等诸多方面入手,通过签订安全责任书、强化安全知识培训教育等形式,全面、有效地加强了全院教职工的安全意识,落实了安全责任。

5. 认真做好九龙湖信息电子大楼建设的前期准备工作。

6. 认真做好学院涉密科研人员保密教育和日常管理工作,在学校保密办的组织指导下顺利通过了省保密资格认证审查。

土木工程学院

一、党建工作

1. 完善党的组织建设,针对党员队伍尤其是学生党员数量的新变化,按照高效便捷的原则,不断优化党支部设置,全院现有党支部32个,其中教工党支部8个,学生党支部24个,实现了党的工作全覆盖。

2. 按照学校党委要求,顺利完成了党支部换届工作,选拔出一批政治过硬、作风优良、踏实肯干、群众信任的同志担任支部书记和支部委员。各支部坚持"三会一课"制度、党日活动制度以及民主生活会制度,党组织的凝聚力和战斗力不断加强。学院党建得到上级党组织表彰,今年以来荣获"江苏省教育工作先进集体""东南大学先进基层党委"。

3. 4个支部荣获"东南大学先进党支部"。许德旺同学被评为"江苏省高校优秀共产党员",7位党员被评为"东南大学优秀党员",1位党员被评为"东南大学优秀党务工作者"。"大爱温暖人心,践行核心价值"——"暖巢"系列党日活动荣获2015—2016学年"最佳党日活动"二等奖。

4. 在教师党员中举行"两学一做"专题党课暨学院"集体政治生日"。

二、学科建设

1. 稳步推进江苏省品牌专业(A类)建设工作,入选"江苏省高校品牌专业项目建设优秀案例"(全校仅1项)。

2. 力学一级学科入选江苏省一级学科重点学科。

3. 工程管理硕士学位点通过评估并获得MEM(工程管理硕士)专业学位授予点的继续授权。

4. 项目管理专业再次通过与国际项目经理资质(IPMP)认证合作的资质评估。

三、队伍建设

1. 积极响应学校"双一流"建设中提出的高端师资倍增计划,学院新增"千人计划"1名(赵坚)、杰青2名(李建春、徐赵东)、长江学者特聘教授1名(李建春)、青年长江学者1名(王浩)。

2. 入选第二批国家"万人计划"科技创新领军人才2名(吴刚、徐赵东)。

3. 入选江苏省第五期"333高层次人才培养工程"第一层次中青年首席科学家1名(吴智深)、第二层次中青年领军人才3名(吴刚、徐赵东、郭彤)、第三层次1名(丁幼亮)。

4. 入选江苏省杰出青年科学基金2名(潘金龙、张建)。

四、科学研究

1. 国家预应力工程技术研究中心获得国家科技部验收通过。

2. 新型建筑工业化协同创新中心在江苏省绩效评估中获得优秀并通过现场考察。

3. 获批建设江苏省工业化建筑与桥梁工程实验室。

4. 获得自然科学基金立项资助20项。

5. 在首批启动的"十三五"重点专项中取得突出成绩,如吴刚教授主持的国家重点专项"装配式混凝土工业化建筑技术基础理论"项目,郭正兴教授领衔承担的国家重点研发计划课题"装配式建筑关键节点连接高效施工及验收技术研究与示范"。

五、本科生教育

1. 获批建设江苏省虚拟仿真实验教学共享平台(学校唯一,土木建筑类全省唯一)。

2. 获批第一批"国家级精品资源共享课"5门〔工程结构设计原理(邱洪兴)、建筑结构设计(邱洪兴)、工程结构抗震与防灾(叶继红)、土木工程施工(郭正兴)、工程合同管理(李启明)〕。

3. 获批第八批国家级"精品视频公开课"1门〔力学的奥秘(何小元等)〕;获批2016年江苏省重点教材1部;修订出版国家级"十二五"规划教材1种共3部。

4. 获"江苏省工程管理专业青年教师讲课竞赛"特等奖1人(李德智),一等奖3人(成于思、陆莹、宁延);获"江苏省工科基础力学青年教师讲课竞赛"特等奖和一等奖各1人(张培伟、乔玲)。

5. 学生在各类学科竞赛中获得优异成绩。承办第十五届"结构创新竞赛暨第五届南京高校结构创新邀请赛"吸引了东南大学23个院系及8所在宁高校3 210人参赛,规模为历届之最。

6. 获全国土木工程专业本科生优秀创新实践成果奖特等奖1项(第一名)、二等奖2项;获第十届全国大学生结构设计竞赛一等奖1项、优秀组织奖;获首届全国玻璃钢/复合材料创新大赛一等奖1项(第一名);获第四届全国高校土木工程专业大学生论坛优秀论文一等奖1项、二等奖2项、三等奖1项。

7. 获第七届全国高校斯维尔杯"BIM(建筑信息模型)系列软件建模大赛"一等奖1项、三等奖2项;获第九届亚洲区高校结构设计邀请赛第6名;获第九届建设工程与管理创新竞赛(The 9th ICCEM)国际团体三等奖1项;获首届全国高校木结构设计邀请赛三等奖1项;获全国土木工程专业本科生优秀创新实践成果特等奖。

8. 由江苏省力学学会和江苏省力学和土建类教学指导委员会举办的江苏省首届力学创新创意竞赛于12月23日至24日在靖江常州大学怀德学院举行,东大获得力学趣味制作团体特等奖,力学微文竞赛个人特等奖2项,二等奖3项,力学知识竞赛团体一等奖。

六、研究生教育

1. 研究生工作方面,获校优博论文1篇、省优硕论文1篇、校优硕专业学位论文2篇、江苏省普通高校学术学位研究生科研创新计划21项。

2. 举办第七届研究生暑期学校,全国80多所高校的300多名学生报名,是我国土木工程领域迄今唯一坚持连续举办了七年的暑期学校。

七、交流与合作

1. 国家土建领域唯一的卓越国际杰出青年来华留学工科项目"一带一路"可持续基础设施硕士项目启动,首届来自9个国家的13名学生注册入学。

2. 与三所世界一流大学(美国伊利诺伊大学香槟分校、瑞典皇家理工学院、荷兰代尔夫特理工大学)签订学生交流协议。

3. "建筑与土木工程专业"工程硕士全英文留学生项目正式启动。

4. 第七届"全英文水科学与工程国际学生研习营""严酷环境下的未来建筑国际学生研习营""中澳海绵城市峰会"等成功举办。

5. 邀请和组织30场次国外学者来校交流活动。

6. CSC（国家留学基金委员会）项目等学生出国三个月以上学术交流23人次。

7. 师生出访和参加国际学术会议共45人次。

8. 2013级"丁大钧班"整建制（26人）赴台湾"中央"大学学习交流。

八、学生工作

1. 学生创新创业方面，获批国家级大学生创新创业训练计划项目12项、结题13项；获批江苏省高等学校大学生创新创业训练计划项目23项、结题13项获中国土木工程学会高校优秀毕业生奖1人。

2. 获中国力学学会全国徐芝纶力学优秀学生奖1人。3人获评"江苏省优秀学生干部"，1人获评"江苏省三好学生"，1人获评"江苏省优秀共产党员"，1人获评"宝钢优秀学生奖学金"（全校共6人）。

3. 2个班级获评"江苏省先进班集体"，1个团支部获评校"国旗团支部"（四牌楼和九龙湖校区各一），院团委获第十八批"江苏省五四红旗团委创建单位"。

4. 学院被授予"江苏省教育工作先进集体"；荣获"东南大学共青团工作优秀院系团委"奖（全校8个）。获得"2015东南大学新生文化季"优秀组织奖（全校6个）。获"安全保卫先进单位"荣誉称号。

5. 先后获得本科生院系杯男篮亚军、男足亚军、女篮季军、乒乓球季军，联盟杯男篮冠军、辩论冠军、排球亚军、大力杯拔河比赛亚军，研究生足球联赛总冠军，校运会团体总分第二名。

九、其他重要活动

1. 组织国际、国内学术会议共14次。成功举办第八届高校建筑施工学科研究会第二次会议、第六届全国钢结构工程技术交流会、第三届全国索结构技术交流会、第九届全国预应力结构理论与工程应用学术会议、第一届全国不锈钢结构学术会议、首届江苏省工程管理研究生学术论坛、首届中国PPP青年学者高峰论坛。

2. 吴智深教授获国际土木工程FRP学会最高奖——IIFC奖章、当选国际智能基础设施结构健康监测学会主席。吴刚教授获"中国青年科技奖"；童小东教授当选第六届住建部土木工程专业评估委员会委员；李启明教授当选新一届全国专业学位研究生教育指导委员会委员；王修信教授获九三学社全国参政议政先进个人荣誉称号。

电子科学与工程学院、微电子学院

电子科学与工程学院、微电子学院共有教职工（含博士后）172名，专任教师116名（含"千人计划"），其中教授（研究员）39名，副教授（副研究员）47名，具有博士学位的专任教师比例达到89%。我院拥有"电子科学与技术""光学工程"两个一级学科博士点和博士后流动站,三个二级学科博士点和五个硕士点。

一、学科建设

1. 2016年5月成立东南大学微电子学院。

2. 2016年6月,东南大学光传感/通信网络国家地方联合工程中心中国(南京)软件谷基地正式成立并运行。

3. 2016年学院新引进专任教师5人,其中上岗研究员1人,上岗副研究员1人,3人有海外留学背景;新进具有硕士学位的教辅人员3人;2016年学院专业技术职务评聘,正高级职称3人,副高级职称6人。

4. 2016年学院新增长江学者特聘教授1人。

二、科研工作

科研项目与到款:2016年度科研经费到款约10 633万元。2016年度获得国家自然科学基金项目16项,获得资助直接费用701万元,新增省自然基金5项。代表性项目有:(1)王保平教授牵头申报承担的"新型显示视觉健康研究"获得国家重点研发计划资助,项目经费990万元,2016年到款经费379.57万元。(2)孙伟锋教授承担的国家重点研发计划"紫外探测阵列读出电路与成像系统集成技术",项目经费为1 125万元,2016年到账327.97万元。(3)屠彦教授承担的国家重点研发计划"直观式和投影式显示器件性能与视觉健康关联性机理研究",项目经费为510万元,2016年到款195.43万元。(4)刘新宁老师承担的横向课题"安全可重构密码阵列及应用开发"合同金额为1 000万元,2016年到款400万元。

科研获奖:(1)由黄庆安教授团队研究的"路面状况检测器设计理论、关键技术及其应用"项目,荣获"江苏省科学技术奖一等奖"。(2)李晓华老师的"深度动态背光控制的超高清液晶显示关键技术及应用"项目获得中国电子学会科学技术奖科技进步二等奖。(3)由时龙兴老师等发明的"一种动态可重构阵列处理器的构令流工作方法"获得中国专利金奖。

发明专利和科研论文:(1)2016年共申请发明专利280项、实用新型2项,PCT(专利合作协定)专利21项,计算机软件著作1项;授权发明专利181项、实用新型1项,计算机软件著作登记2项,美国专利2项;(2)发表SCI文章170余篇。

(一)2016年,国家专用集成电路系统工程技术研究中心(简称工程中心)围绕微电子学科领域集成电路重大学科问题及关键技术,在片上系统(SoC)、高压功率集成(PIC)、物联网核心器件(IoT)等3个研发方向上开展科学研究和人才培养等工作,取得了较好成绩。2016年工程中心承担在研项目50项,其中,国家"863"计划项目2项,国家重大专项2项,国家自然科学基金项目10项,港澳台合作专项1项。工信部物联网专项、江苏省自然科学基金等省部级项目7项,企事业合作项目28项。2016年完成国家自然科学基金项目3项,正在结题中,申请获得国家自然基金4项。重大专项"中高速传感器网络核心芯片研发"、省自然科学基金(重点研究专项)"超低功耗无线网络传感器节点关键技术研究"顺利通过了验收。发表学术论文64篇,其中SCI论文42篇,EI论文22篇。获美国专利2件,中国授权发明专利60件,受理发明专利96件,国际PCT专利15件。

工程中心始终坚持以人才培养为重心,以提高研究开发能力和水平为目标,以研究项目和构建科研平台为实践载体,工程中心从团队本身和研究生培养两个层面上并进,形成了相互促进机制,高水平的指导教师必出高徒研究生,高质量的研究生迫使指导教师进一步提升。工程中心在人才培养上,从领军人才、学术带头人到业务骨干,除了自身提高外,还注重后备人才培养,重视发现人才、重用人才,做到人才辈出。工程中心老师时龙兴被聘为《国家中长期科学和技术发展规划纲要(2006—2020)》"核心电子器件、高端通用芯片及基础软件产品"科技重大专项实施专家组专家、国家"863计划"信息技术领域主题专家组专家,孙伟锋受聘为江苏省特聘教授、江苏省杰青,被授予新世纪优秀人才、"万人计划"青年拔尖人才等称号。2016年工程中心刘新宁、徐申、曹鹏、黄成4名老师荣获东南大学第23届青年教师授课竞赛三等奖。

研究生培养方面,研究课题从实战项目中挑选,集成电路设计都要经过正式投片验证,注重理论与实践的结合,使培养的学生成为既掌握理论知识,又经历实际设计、测试和方案验证的集成电路产业急需的高层次人才。组织研究生团队"金陵三士"队(队员:商新超、范傲、万亮)参加"华为杯"第十一届中国研究生电子设计竞赛荣获二等奖,指导教师单伟伟被评为优秀指导教师。2016年,工程中心承担2门博士课程,30门硕士课程,招收博士生11人,硕士生40人,工程硕士86人;培养博士毕业生8人,硕士毕业生44人,工程硕士86人。本科生培养方面,2016年工程中心承担东南大学28门本科课程,指导本科毕业设计38人。

作为国家级的工程中心,为国家和地方做好专业的战略研究是中心的责任。2016年,工程中心为江苏省和南京市江北新区提供了战略研究报告。

2016年4月,由南京市江北新区管委会主办、工程中心承办的"南京江北新区集成电路发展战略研讨会"成功举行,会议围绕着南京江北新区集成电路产业的发展战略、打造更高端、更完善的产业链体系等方面内容进行了研讨,并由工程中心作了"集成电路产业战略研究及江北新区产业发展建议"的重要报告。会议为南京江北新区更好更快地发展成江苏集成电路的技术高地提供了重要依据,对于加快集成电路产业的发展、培育孵化原创技术和共性技术研发平台,促进高校、研究所和台积电以及其他集成电路企业的产学研合作,对于今后集成电路的发展方向和发展质量都有着重要意义。

工程中心参与了省经信委和省产业技术研究院组织的《〈中国制造2025江苏行动纲要〉重点领域技术路线图》(简称《路线图》)编制工作。《路线图》在摸清我省重点产业基础、技术创新现状的基础上,瞄准前沿技术,找准突破方向,把握关键环节,坚持有所为、有所不为,提出我省15个重点领域的若干重点突破方向和重点产品。工程中心主要负责集成电路及专用设备领域的内容编写,主要包括集成电路设计、制造、封装测试等内容,从需求、目标、发展重点、战略支撑与保障四个方面进行分析和描述,形成了从当前到2020年,展望2025年的详细技术路线图。

(二)显示中心现有研发场地面积约5 000平方米,年末固定资产(设备)总额13 454万元,10万元以上仪器设备69台套,年度新增科研经费到款2 367万元(较2015年的2 136万元增长10.8%),其中,纵向到款1 997万元(较2015年的1 774万元增长

12.6%),横向到款347万元(较2015年的342万元增长1.5%),其他到款23万元。年度科研支出1 832万元,年度研发设备投入281万元。

显示中心在2016年江苏省工程技术中心(科教类)绩效评审中获评优秀。

显示中心2016年新增科研项目共28项,其中纵向12项,包括国家自然科学基金项目5项、国家重点研发计划项目课题3项、省重点研发计划1项、省创新能力建设计划1项、省政策引导类计划项目1项、中科院创新交叉团队项目专题1项;横向4项,委托单位分别是飞利浦照明公司、南京普爱医疗设备股份有限公司和中国电子科技集团公司第十二研究所,与LG显示公司国际合作项目1项;自立课题(基本科研业务费等)12项。

显示中心2016年承担的其他项目还有:"111计划"1项,"外专千人计划"2项,教育部博士点基金1项,"863计划"1项,"973计划"2项,国家自然科学基金8项(其中6项结题),质检公益性行业科研专项1项,GF项目8项(其中,GF973牵头项目1项,创新重大1项),省博士后科研资助计划1项,省自然科学基金5项,省支撑1项,横向课题约9项。除2016年新立项目以外所承担的各类项目合计约40项。

显示中心2016年在学术刊物发表论文34篇(其中国外29篇,国内5篇),会议交流论文32篇(特邀3篇),SCI收录30篇,EI收录6篇;发明专利申请31件,发明专利授权18件。

显示中心教师2016学年共承担本科生课程教学32门次,研究生课程教学26门次。中心青年教师参加校青年教师竞赛获二等奖和三等奖各1人次。

显示中心2016年指导本科毕业设计49人,其中获校级优秀毕业设计论文1篇并推荐参加省优秀毕业设计论文评选;指导硕士毕业28人、在读硕士生99人;指导博士毕业4人、在读博士生38人、在站博士后5人。

指导本科生获全国大学生电子设计竞赛江苏赛区一等奖5项、二等奖2项,获2016年全国模拟电子系统设计竞赛一等奖(TI杯);指导学生获2016年江苏省物理实验创新设计竞赛二等奖1项。

(三) 先进光子学中心在人才培养方面,承担了共计17门本科生课程、3门本科生实验课程、11门研究生课程的教学工作,指导本科SRTP项目共4组,其中省级1组、校级重点1组;2016年度新增9名博士生和32名硕士生;25名硕士生、2名博士生通过论文答辩,获得学位,2016年度指导本科毕业设计21名。在科研方面,本中心完成了两项"十二五"预研项目并顺利通过结题。积极参与国家各项科研项目申请,2016年新获得国防预研项目4项,国家自然基金项目2项,江苏省支撑项目1项,江苏省自然科学基金面上项目1项。各类在研项目共28项,其中国家自然科学基金14项(其中两项重点基金),江苏省项目9项(其中1项重点研发计划和1项省杰出青年基金),国防项目6项(其中预研4项,创新1项,创新基金1项),"973计划"子项目1项,到款科研经费488.9万元。2016年发表科研论文被SCI收录44篇,其中影响因子最高达13.334,影响因子超过10以上的共2篇,影响因子超过7以上的共6篇;2016年新申请发明专利27项,获批14项。实验室建设加强实验室基础设施和研究平台建设,购置了多波长可调谐激光器阵列、50 GHz频谱分析仪等科研设备,大大加强了科研硬件条件。

(四) 光传感/通信综合网络国家地方联合工程研究中心继续坚持教学改革,努力探索新型教学模式,积极促进"电子科学与技术"专业进入江苏省品牌专业建设行列。"信息电子中的场与波"继续坚持课程梯队授课形式,建设教学团队。在学校及学院的领导下,中心教职员工共同努力,以饱满的工作热情和踏实的实干精神,继续进行中心建设工作,完成了年初制订的计划。

1. 继续坚持教学改革,建设了新型课程实验室。(1)"信息电子中的场与波"继续坚持课程建设与教学改革,建设教学团队。本学年重点开展教学实验基地建设与教学法研究,在"双一流"教学、教育部本科实验室建设等项目经费(60万元)的支持下,利用OSC中心实验室资源,完成了微波、光波传输实验装置(各10套)的实验室(100平方米)建设,140名本科生在该实验室开展了课程实验,将课堂教学内容与实践内容有机结合。(2)"高等电磁场与波"课程:本年度针对高等理工班的特色,开展理论与实验教学,建成5类课程实验模块。(3)"电子信息类专业学习概论"课程建设取得较大的进展,争取获得教育部教改项目,积极开展课程交流。

2. 继续建设省级双语课程"光网技术概论"及其他相关课程。本年度课程建设在深入进行,分别为信息科学与工程学院、电子科学与工程学院的高年级同学授课,获得很好的教学资料。

3. 国际教学合作取得实质性进展。学校作为欧盟"伊拉斯谟行动2计划""及时合作交流"项目(INTACT)的参加单位,本年度已完成1名博士后、吴健雄学院高等理工班及普通班5名应届本科生赴伦敦城市大学开展毕业设计,所派学生表现突出,受到好评。

4. 东南大学OSC中心中国(南京)软件谷基地正式启用。2015年12月东南大学OSC中心中国(南京)软件谷基地首批实验、办公用房5 000平方米的装修以及5个重大科研基础设施建设完成。已建成合计2 750万元、单项500万元以上的微波暗室、精密光学测试室、光网络测试室、光子器件耦合封装测试室、数据中心及孵化平台等科研基础设施,为中心良性发展提供了充分保障。经过2016年全年试运行,得到股东方认可。

5. 进一步孵化"分布式光纤振动传感系统"等技术成果,取得各项成绩。2007年底中心基于在光纤传感系统与网络方面的优势,通过产学研合作方式,研究新一代分布式光纤振动传感系统。2008年课题组在实验室完成了强度定位、脉冲定位两代技术方案的原理研究,研发了2套原理样机;研发了宽域全光纤监控预警系统实用化样机,搭建了现场示范系统。之后开展了面向国家大型基础设施安全防卫的工程系统研制,至今已完成10项工程系统。该成果已达到国际先进水平、处于国内领先水平,现已被市场认可。

孙小菡教授在2015年指导学生获得"大挑战杯"二等奖工作的基础上,2016年基于中心在该项目上的积累,指导学生获得全国大学生创新创业大赛一等奖。

6. 学科交叉,与校外科研机构紧密合作,学术前沿研究有所突破。中心继续加大与校外(包括境外)相关科研机构的合作力度。2016年度接待江苏省"外专百人计划"专家2人次,在校内开展工作2个月,取得很好的效果;接待外籍专家10人次;国际合作进展顺利。将多年积累的研究成果与学术前沿工作对接,大大提升了中心学术研究水平。

7. 科研常规工作情况。2016年度完成江苏省产学研前瞻性项目1项验收、NSFC(国家自然科学基金)项目验收以及4项企业委托项目。国防"973"项目二级课题(含3项子课题)即将验收;获省重大成果转化基金项目1项;省产学研前瞻性项目1项。共获得发明专利授权 10 件以上,提交发明专利申请 15 件以上;发表学术期刊论文 20 余篇、国际学术会议论文 20 余篇;其中 SCI 收录 14 篇、EI 收录 20 篇。

(五) MEMS(微机电系统)教育部重点实验室 2016 年获江苏省科技进步奖一等奖 1 项,国家自然科学基金面上项目、青年项目 8 项,其他省部级各类基金、人才计划项目 8 项,横向课题 1 项,目前在研科研项目总计科研经费超过 1 500 万元。本年度实验室发表 SCI 收录论文 27 篇,申请国家发明专利 75 项、获授权国家发明专利 43 项。根据相关安排,本年度实验室将提交材料申请 2017 年度国家技术发明奖。2016 年度中,MEMS 实验室的约 20 位老师承担了"电子器件(双语)""固体物理基础""VLSI 设计基础"等 15 门课程的教学工作。2 位老师获教学竞赛提名奖,1 位老师获三等奖。各课程完成情况良好。8 位老师参与指导共计 21 项 SRTP 项目,其中基于老师的 8 项,基于学生的 13 项;其中顺利完成 SRTP 项目 6 项,基于老师的 3 项,基于学生的 3 项;其中,新立项 SRTP 项目 15 项,基于老师的 5 项,基于学生的 10 项(国创 3 项,省创 1 项)。2016—2017 学年度实验室又有 20 多项 SRTP 项目获得立项。MEMS 实验室老师对 SRTP 项目有高涨的热情,取得了良好的评价。在培养本科生方面,两位 MEMS 实验室老师指导的项目分别获得第七届"北斗杯"全国青少年科技创新大赛江苏赛区(国家级)三等奖和东南大学第九届嵌入式系统设计邀请赛一等奖(校级)。本科生申请发明专利 3 项,实用新型专利 2 项。2016 年度 MEMS 实验室本科毕业设计 36 位同学顺利通过毕设答辩,其中两位同学获得校优秀毕业设计论文。2016—2017 年度本科毕业设计人数 38 人。目前已经完成课题登记和学生双选的工作,各项工作有序进行。实验室宣传方面,2016 年度朱真和万能两位老师负责了南高院(MEMS 实验室)和礼西(纳皮米中心)的本科生参观工作,为本科生详细介绍了实验室的教学和科研情况。该活动在学生中获得了良好的反响,有利于实验室的长远发展。教学改革项目方面,MEMS 实验室 2016 年度获得一项教育部教改项目。在教改项目方面,MEMS 实验室需要进一步加强建设。

孙立涛教授的研究生张秋波获加州大学伯克利分校合作交流,博士生孙俊荣获"中国青少年科技创新奖",孙立涛教授指导的"东大纳皮米研究团队"获得国家"小平科技创新团队"称号。黄庆安教授的博士生任青颖获 2016 年中国微米纳米技术学会学术年会优秀论文奖。

三、国际合作与学术交流

在学院各位老师和同学的共同努力下,电子学院较好地完成了 2016 年的公派研究生项目,其中 3 名硕士研究生赴国外攻读博士学位研究生,7 名博士研究生赴国外进行联合培养。

2016 年,工程中心积极参与国内外的学术交流活动。组织老师赴美国参加 IEEE 固态年会、2016 超大规模集成电路座谈会、高性能服务器关键技术及认知计算前沿培训班,赴新加坡参加 2016 年国际集成电路会议(ISIC2016),赴捷克参加 IEEE 国际功率半导体器件与集成电路会议,赴比利时参加 IMEC(微电子研究中心)与工信部"高级低功耗应用中的复杂 SoC(系统级芯片)设计培训"。在国际会议上共发表 15 篇论文。工程中心博士生商新超(导师:单伟伟副教授)的论文"The Wide Range AVFS Circuit System Using

Error-detection Prediction Technique"成功入选2017年国际固态电路会议的学生科研前瞻单元。入选此次国际固态电路会议的研究首次展示了基于时序错误监测和预测技术的自适应电压频率调节技术,可在近阈值到宽电压范围内工作,有效提高了电路的能效。

为促进国际技术交流,工程中心邀请加拿大温莎大学电子计算机工程系的陈春鸿教授做了题为"电路的可靠性分析"的学术讲座,密歇根大学DDlab实验室张轶群博士来我校交流并作了题为"iRazor:3-Transistor Current-Based Error Detection and Correction in an ARM Cortex-R4 Processor"的报告,来自台湾的创业电子股份有限公司来工程中心开展深入的技术交流。

2016年,由工业和信息化部人才交流中心、比利时微电子研究中心共同主办,工程中心作为协办单位举办了"高级堆叠封装集成高级培训班"和"高级数字IC(集成电路)设计技术——综合和优化培训班",为培养一批掌握核心关键技术,处于世界前沿水平的中青年专家和技术骨干做出了贡献。

先进光子学中心积极支持教师和学生参加各类学术会议,2016年度派遣1名教师出国教学访问半年,派遣12人次(其中国内11人,境外1人)参与合作研究,接受国内7人次合作研究,45人次参加重要会议,其中国际会议16人次,国内会议29人次,发表会议论文18篇,国外特邀报告2个,国内特邀报告2个。

四、本科教学工作

2016年在全院教师的共同努力下,取得了一系列的教学成绩。

1. 2016年电子学院教师共计承担课堂教学任务约5 300课时。杨兰兰获得东南大学青年教师授课竞赛二等奖,张宇宁、刘新宁、黄成、徐申、朱敏、王立峰、曹鹏获得东南大学青年教师授课竞赛三等奖。还有聂萌、吴俊、黄晓东获得提名奖。朱利老师获得第二届全国高等学校电路、信号系统、电磁场课程教学竞赛三等奖。

2. 汤勇明、朱萍获2015—2016学年教学奖励金一等奖,肖梅、赵宁获2015—2016学年教学奖励金二等奖。朱萍在东南大学第十二届"吾爱吾师——我最喜爱的老师"评选中获院系"最受欢迎老师"。

3. 2016年电子学院教师获批江苏省高等学校重点教材立项建设(新编教材)1项;教育部高教司有关企业支持的产学合作协同育人项目立项(2016年第一批)6项。

4. 万能等教师在IEEE教育协会组织的TALE(教学、评估和工程学习大会)2016国际会议中发表教学研究论文并作口头报告。

5. 牵头完成美国加州大学欧文分校"3+2"联合培养项目。5名电子学院学生和2名计算机与软件学院的学生通过选拔,被加州大学尔湾分校录取,其中3人获得国家留学基金委优秀本科生国际交流项目资助。

6. 累计超过40名本科生参与了出国(境)各类交换生、联合培养及学术交流活动。

7. 电子学院本科生获得2015年江苏省高校优秀毕业设计(论文)1项(2016年获批),申报2016年江苏省高校优秀本科毕业设计(论文)2项。

8. 电子学院本科生在"全国大学生电子设计竞赛——2016年模拟电子系统设计专题邀请赛(得州仪器杯)"中,获得竞赛最高奖——得州仪器杯。在2016年江苏省大学生电子设计竞赛中获得一等奖 9 项、二等奖 2 项。另在 2016 年江苏省现场可编程逻辑门阵列设计邀请赛中获得本次竞赛最高奖"英威腾杯"、"最佳创意奖"1 项,同时还获一、二等奖多项。

9. 立项 2016 年课外研学国创项目 8 项、省创项目 11 项;结题 2015 年课外研学省创项目 5 项。

10. 电子学院研究生课程共计 100 门,博士研究生课程 19 门,硕士研究生课程门 81 门。

五、研究生培养

1. 2016 年度电子学院招收硕士研究生 150 名,博士研究生 30 名(含工程博士专业学位研究生 4 名),硕士留学生 4 人,博士留学生 2 人;接收 2017 年度推荐免试研究生 60 名,其中推荐免试博士研究生 4 名。

2. 参加国际学术会议及国际学术交流活动的博士研究生 9 名;我院参加公派研究生项目中 3 名硕士研究生赴国外攻读博士学位研究生,7 名博士研究生赴国外进行联合培养。

3. 获江苏省优秀博士学位论文 2 篇,江苏省优秀学术学位硕士学位论文 1 篇,东南大学优秀博士学位论文 2 篇,东南大学优秀学术学位硕士学位论文 4 篇。获中国电子学会优秀博士学位论文评选优秀奖 1 项。

4. 7 名博士研究生获批东南大学优秀博士学位论文基金项目。

5. 6 名硕士研究生通过 2015 年度的江苏省学位论文抽检,4 名博士研究生通过 2016 年国务院教育督导办对博士学位论文的抽检。

6. 7 名博士研究生获批 2016 年度江苏省普通高校研究生科研创新计划(省立校助),2 名专业学位硕士研究生获批 2016 年度江苏省普通高校专业学位研究生实践创新计划,获批研究生工作站 1 个。

六、学生工作

(一)学生培养

1. 学生就业率、就业质量

学院重视对学生的综合素质的全面培养,认真做好就业指导工作,就业质量总体较高。2016 届本科生继续升学以及出国率达 58%,就业率为 100%;2016 届研究生就业率为 100%。

2. 大学生参与社会实践情况

2016 年,学院 2015 级在暑期开展社会实践工作中获得两个校级二等奖,并有 1 项申报省级社会实践活动"十佳风尚奖"优秀项目。段亦凌等 6 人获校级优秀个人称号,指导老师王一卉获校级社会实践优秀指导老师荣誉称号。

学院举办东南大学第六届"我的青春故事会""画中有话"漫画社会主义核心价值观主题活动等大型全校性活动,取得显著实效,深受师生好评。学院学生工作受到《南京日报》等主流媒体报道,"画中有话"作为经典案例入选高校"思想政治修养和法律基础"课程教材。

与此同时,学院学生会、志愿者协会及各团支部长期开展婷婷幼儿园、清水亭学校关爱帮扶等各类志愿服务工作。

(二)省级以上学生或学生集体获奖数

2016年,本科生郭钰、李晓敏分别获江苏省优秀学生干部和江苏省三好生称号。06A135班获得江苏省先进班集体荣誉称号。

在第十届"中国青少年科技创新奖"颁奖大会上,学院微机电系统(MEMS)教育部重点实验室、纳皮米中心"东大纳皮米研究团队"成功入选"小平科技创新团队",团队中的博士生党员孙俊同学荣获第十届"中国青少年科技创新奖"。学校是江苏省唯一一所同时获得集体奖项与个人奖项的高校,这也是我校首次获得该奖项。7月,孙俊同学获得"中国大学生年度人物"提名奖荣誉。

5月,学院2013级本科生孙简同学带领的学生团队"蓝维光网创业团队"荣获2016年"创青春"速度中国杯江苏省大学生创业大赛金奖。11月,2013级本科生张冰鑫担任队长的"蓝维光网科技有限责任公司"获2016年"创青春"全国大学生创业大赛金奖。

8月,由学院2014级本科生傅金鑫、张鼎恒创作,2016届毕业生陈亮均指导的作品《不羁的日子》在中国大学生计算机设计大赛计算机音乐创作类决赛中获得一等奖(最高奖项)。

2015级硕士研究生黄俊、杨力、刘泽恒在2016年"华为杯"第十三届全国研究生数学建模竞赛中荣获全国一等奖。

学院团委在科技创新、志愿服务、社会实践、文化体育等方面开展了大量工作,并取得了显著成效,被确立为第十八批"江苏省五四红旗团委创建单位"。

(三)学生管理

学办认真做好学生突发事件的预案,针对突发事件处理有效,无重大安全责任事故;学生各类评奖评优资助始终坚持公开、公平、公正的原则,无投诉;对一些特殊类型学生采取积极的帮扶措施并取得良好的效果。

七、党务与行政工作

1. 开展形式多样、内容丰富的学习教育活动。根据工作需要,结合学院特点,认真组织全体党员和师生开展形式多样、切合实际的学习教育活动,将理论学习与主题教育活动融合起来,使广大党员和师生在活动中获得教益,提高思想政治素养。特别是联系学校实际,联系学院实际,联系师生思想实际,组织学习党的十八大和十八届三中、四中、五中、六中全会精神,中国特色社会主义理论,习近平总书记系列重要讲话精神,引导大家深入思考,领会精神,牢牢把握根本要求,武装头脑,指导学院发展,做好各项工作。

2. 认真组织开展"两学一做"学习教育。"两学一做"学习教育是今年的一项重要工作。根据学校党委的统一部署,认真落实好每一个要求,抓好每一个环节,真正把学习教育同从严治党结合起来,同加强基层党建结合起来,同推动中心工作结合起来。从制定方案、组织保障、狠抓落实、领导带头、联系实际、督促检查、注重长效等方面,扎实推进学习教育,既完成规定动作,又反映学院特色,取得初步成效。在学校组织的10月份的检查中,得到检查组的肯定。

3. 进一步加强学院机关作风建设,转变工作作风,深化服务内涵,提升服务质量。学院机关(含微电子)共有各类教辅人员17名,其中中共党员12名。本年度党员同志都能自觉地参与我党开展的保持共产党员先进性教育活动,认真学习"三严三实"及"两学一做",深刻领会其中的内涵,努力用"四讲四有"的合格党员标准严格要求自己并贯穿于本职工作的始终。学院机关是一个服务部门,为更好地做好教学、科研的教辅工作,更好地为在教学、科研一线的老师和我们的学生做好服务工作,大家都能立足本职,履行各自的工作职责,认真学习各职能部门下达的文件和通知,积极协助学院党政领导做好各项工作,坚持科学规范地处理好办公室的日常事务,发扬团队协作的精神,牢固树立服务院系为第一的指导思想,主动解决学院师生员工所遇到的实际困难,积极妥善处理工作中所碰到的各种问题,坚持"以人为本、以师生员工为中心"的服务理念,紧密围绕学院"十三五"发展规划的具体目标,做好各项服务保障等教辅工作。

4. 学院认真学习学校财务下发的各类文件、通知,认真执行学校的财务制度,规范化管理与操作,不设小金库。

5. 严格执行学校保密规定,认真做好学院保密工作。

八、2017年工作计划

1. 认真组织学习党的十八大及十八届三中、四中、五中全会精神和"三严三实"群众路线教育实践活动以及习总书记的系列讲话,合理统筹,科学规划,充分发挥基层党组织及党员先锋模范作用,进一步推动开展我院各项工作。

2. 配合学校认真做好"双一流"的相关工作。

3. 青年人才尤其青年千人的引进及相关吸引政策和待遇的制定等。

4. 电子学院新大楼面积分配、协调、内部设计,统一管理及相关要求制定等。

5. 电子学院(或学校)微纳加工及表征平台的规划、整合、设计及相关建设及运行经费和人员问题的解决。

6. 继续加强学生思想政治教育,积极推动党建、团建工作。

7. 深入做好本单位的各项服务工作。

数 学 系

2016年在学校的正确领导下,我系全体教职工紧密团结,奋力苦干,教书育人,2016年在师资队伍、项目奖项、人才培养、科学研究、党风建设方面都取得了一定的成绩和突破。

一、师资队伍与高端人才建设取得成绩

新增欧洲科学院院士1名;"长江学者奖励计划"青年学者1名;江苏省"333高层次人才"中青年带头人(第三层次)1人、江苏省"青蓝工程"青年学术带头人2名、江苏省数学成就奖获得者1名;2名教授再次入选汤森路透2016年全球高被引科学家;4人入选爱思唯尔中国高被引学者。

二、高水平国际化交流取得历史性突破

数学系牵头邀请哈佛大学终身教授、最高数学奖菲尔兹奖获得者丘成桐教授来我校作了题为"数学学科的神奇应用"学术报告。同时,我校聘请丘成桐教授为我校名誉教授。

三、教学工作与人才培养创历史最佳成绩

1. 在我系数模教练团队的指导下,我校首次摘得全国大学生数学建模竞赛最高荣誉"高教社"杯,我校有三队获全国一等奖,六队获全国二等奖,创历史最好成绩。另参加"卓越大学联盟"高校大学生数学竞赛取得优异成绩:一个特等奖,四个一等奖,五个二等奖。

2. 人才培养成绩显著。学院学生在校级评比中表现出色,1名本科生获"东南大学2016年最具影响力毕业生"称号,1名硕士生获"东大好青年"荣誉称号,1名博士生获2016年度"正青年"东南大学优秀研究生称号。本年度本科生出国(境)深造22人,2名博士生公派出国联合培养。

3. 全系共承担全校本科生各类数学课11 152课时、研究生1 278课时,数学专业本科生各类课程2 848课时,数学专业研究生课程3 096课时,实践课440课时。

四、科研奖项创历史最好成绩

牵头3项省部级奖,一项国家奖(排名第二),获2016年度中国指挥与控制学会科学技术一等奖(自然科学类),2016年度教育部自然科学二等奖,2016年度江苏省科学技术奖二等奖,获2016年度国家自然科学二等奖。科研基金获国家自然科学基金15项、省基金1项、青年基金项目4项。

五、学科建设和ESI(基本科学指标数据库)排名稳中推进

数学ESI学科稳定在全球100名左右,国内高校排名第9名,江苏省排名第一,数学学科和统计学科同时入选江苏省重点学科。

六、履行党建责任,强化责任意识,增强党性修养,搞好班子建设,加强制度建设

开展"两学一做"工作,提高党员素质。注重学生党建工作,本年度发展22名党员,转正预备党员18名。本年度获"江苏省先进班集体"1项、省级优秀个人称号1个、校级先进集体1个、特级团支部等荣誉。系团委获校优秀团委1次,校"五四"红旗团委1次,获全校各项重大比赛奖项10项。2015年硕士生党支部组织的"七彩桥学习辅导中心"系列

活动入选东南大学社会主义核心价值观精品项目,获校研究生党日活动二等奖。

自动化学院

　　自动化学院设有我国首批设立的控制科学与工程一级学科博士点和1992年批准建立的博士后流动站。该学科下设二级学科五个:控制理论与控制工程、模式识别与智能系统、检测技术与自动化装置、导航制导与控制科学、系统工程,其中控制理论与控制工程为国家重点学科(1988年)和江苏省优势学科。1998年学院设立教育部"长江学者"奖励计划特聘教授岗并建有"复杂工程系统测量与控制"教育部重点实验室。

　　自动化学院现有教职工72名,专任教师55名,其中,国家教学名师1名,教育部"长江学者"特聘教授1名,国家杰出青年基金获得者3名,江苏省"333工程"培养对象3名,江苏省"青蓝工程"培养对象2名,博士生导师21名,教授20名,副教授23名。另有教育部"长江学者"特聘讲座教授1名,"千人计划"国家特聘专家1人,"青年千人"1人。今年学院招收学生283名,其中,博士研究生21名,硕士研究生129名,本科生133名。

一、党建、思想政治工作

　　1. 学院党委切实履行抓基层党建主体责任,认真开展"两学一做"活动,认真贯彻学校党委决定,认真落实党政联席会议制度,坚决执行"三重一大"决策制度,认真贯彻民主集中制原则,依法办事,充分发扬民主,集体行使职权。学院班子成员认真履行"一岗双责",党委书记认真履行抓党建第一责任人职责,其他成员抓好分管领域基层党建,切实担负起管党治党责任。

　　2. 进一步加强基层党组织建设,抓好基层党组织基本建设,规范优化基层党支部设置,配齐配强党支部书记。按照要求圆满完成了两年一次的党支部换届工作。创新支部工作,提升基层组织活力。按时按标准完成了党费收缴工作,全院补缴党费30 567.83元。认真落实"三会一课"等基本组织生活制度,强化基层党组织监督职能。重视党员和入党积极分子培训,共培训预备党员18名、党员发展对象58名。严把党员发展质量关,发展教师党员1名、学生党员32名,35名党员按期转正。

　　3. 开展"两学一做"学习教育。通过"两学一做",党委成员、支部书记和党务骨干坚持带头学,带动全体教职员工和学生党员结合实际学,补好"钙"加足"油",让广大党员进一步增强政治意识、大局意识、核心意识、看齐意识,坚定理想信念、保持对党忠诚、树立清风正气、勇于担当作为。针对上年度开展述职评议考核时的查摆问题,逐项进行整改。院党委的政治核心作用和党支部的战斗堡垒作用得到加强,班子成员和全体党员的政治意识、大局意识、核心意识、看齐意识得到提升,党员先锋模范作用得到充分发挥。认真做好"四个排查",严格履行程序后恢复组织关系并及时转入/出党员7人;排查失联党员2人(其中1名退休人员和1名退学博士生),在催补缴党费后理清了组织关系,办理了相关手续。

　　4. 改进与创新思想政治工作方法以满足新环境的需要,确保思想政治工作的针对性和实效性。积极开展学生思想动态调查,尤其是学期初、学期中与学期末,以年级大会、主题班会等形式与学生进行思想交流,有针对性地进行引导与教育。定期联系走访师生,了解掌握思想动态,有针对性地开展思想政治教育。出台青年教师担任一年班主任的工作制度,从思想和学习两方面关心学生。强化师德师风和教风学风建设,落实意识形态工作责任制,抓好意识形态工作。加强课堂及各类思想文化阵地管理,实施党建带群建,做好群团组织和教代会、学代会工作。

二、教学和人才培养工作

1. 学院成功申报并获批"机器人工程"本科专业,该专业系国内首个机器人方向的本科专业,在社会上引起了极大的反响。结合"机器人工程"新专业,学院组织了新专业建设团队,制定了新专业的培养方案,并在2016年进行了首次宣传和招生工作。

2. 2016年,中国工程教育专业认证协会正式受理自动化学院提交的自动化专业工程教育认证申请,学院全面启动工程教育认证的相关准备工作。

3. 2016年10月,学院承办了"第一届全国高校自动化教学院长(教学主任)"会议,扩大了东南大学自动化学院在全国的影响力,并就"加强教学管理,切实提升教学质量"方面的课题进行了充分研讨。

4. 学生竞赛方面,2016年度学院10人次获得国际比赛奖项,34人次获得国家级奖项,30人次获得省级竞赛奖项。其中在第十一届全国大学生"恩智浦杯"智能汽车竞赛中获得全国一等奖1项;在2016年大学生电子设计竞赛中获得江苏省一等奖5项,二等奖1项;2016年机器人世界杯中国公开赛中获得全国一等奖1项。

三、学科建设和科研工作

1. 积极做好各类科研项目的组织与申报工作,新获立项国家自然科学基金项目11项,其中包括国家自然科学基金港澳台海外合作青年基金1项、江苏省自然科学基金3项、江苏省科技支撑计划项目2项等。此外,还新获立项企业委托横向项目15项,促进了科技成果的应用与转化。

2. 2016年学院统计奖励论文共156篇,其中SCI检索论文80篇,EI检索76篇。获得发明专利授权32项,新申请发明专利41项,相比上一年度有明显增长。一批专利成果已转化或应用,产生了良好的社会经济效益,服务了国家经济建设。

3. 2016年成功举办了"第14届国际变结构系统会议""第二届TCCT(中国自动化学会控制理论专业委员会)非连续控制系统研讨会""2016人工智能与自动化前沿论坛""2016复杂网络与动力系统会议""复杂系统与网络科学研究中心论坛"等多个国内、国际学术会议,吸引了一批国内外专家学者参与,促进了相关领域学术研究与交流。

4. 2016年邀请了华南理工大学苏为洲教授、香港科技大学施凌副教授、英国拉夫堡大学陈文华教授、汉堡联邦国防军大学迪特格林教授、意大利拉奎拉大学Carlo Cecati教授、英国布鲁奈尔大学王子栋教授、以色列特拉维夫大学Emilia Fridman教授等一批国内外知名专家学者来学院举办学术讲座,共计33场。自动化学院研究人员继续与美国、澳大利亚、英国等国家的多所大学和实验室保持长期的研究合作关系。

5. 获得教育部自然科学奖和江苏省科学技术奖各1项、2016年度国家自然科学奖

1项、北京市科学技术奖1项、山东省高等学校优秀科研成果奖1项。

6. 孙长银教授荣获"全国优秀科技工作者"称号。田玉平教授、李世华教授再次入选爱思唯尔2016年中国高被引学者榜单"控制与系统工程"领域高被引学者。杨俊副教授入选华英文教基金会"华英学者"。

四、共青团、学生会、研究生会、工会、退休协会工作

坚持以学生为本,努力学习与实践有关文件精神。以党建为龙头,积极探索,从思想政治教育、工作队伍建设、日常事务管理等多个方面全面推进学生工作,加强学院文化建设,营造良好育人环境,促进学生健康成长。开展和谐学院、文化学院建设,组织学生开展有特色的素质训练、体育竞技、文艺表演与联欢等活动。在院团委的组织下,学生会举办第八届"似水流年"校园歌手大赛,研究生会举办第八届"牵手东大"——南京高校研究生派对。院共青团承办第一届全国高校自动化教学院长(教学主任)会议、第三届中国大学生道路安全发展论坛和第九届中国大学生计算机设计大赛。

积极开展以教书育人为中心的"三育人"活动。鼓励并在经费上支持工会和退休协会组织开展的各种活动,丰富了教职工的精神文化生活。加强关工委常态化建设,积极开创我院关心下一代工作的新局面。重视离退休老同志在长期教学、科研等项工作中积累的宝贵经验,努力发挥他们的重要作用,鼓励并支持他们继续为学院的各项工作贡献力量。

计算机科学与工程学院、软件学院

一、师资队伍建设

2016年新引进高层次师资3人,专职教师达到105人,具有博士学位教师88人,占专技岗教师比例83.8%。新增江苏省产业教授3人,产业教授总数达到10人。其中,耿新教授获得国家优秀青年科学基金项目资助,张敏灵教授获得中国计算机学会青年科学家奖(全国仅3名),程光教授成为第五期江苏省"333人才工程"培养对象,漆桂林教授获江苏省"六大人才高峰"项目资助,杨明副教授入选江苏省"青蓝工程"优秀青年骨干教师。

二、学科建设

我院计算机学科近年来一直保持在ESI排名全球前1%,2016年11月世界排名第69位(中国高校第4位),较2015年同期排名上升27位;2016年U.S. NEWS(《美国新闻与世界报道》)最新排名全球第29位(中国高校第5位),较2015年同期排名上升5位。

三、本科教学

1. 通过了计算机科学与技术专业工程教育认证自评估,完成了教育部工程教育认证专家现场考察。

2. 获得全国高等学校计算机实践教学一等奖1项、二等奖2项,获奖总数列全国高

校第一位。

3. 获批省部级教改项目 2 项。

4. 与澳大利亚卧龙岗大学签订"2+2"双学位联合培养协议 1 项。

5. 与英特尔、思爱普、美国国家仪器有限公司、阿里、腾讯、华为等知名 IT 企业强强联合，强化学生工程实践能力培养，组织实施了 10 门完全由企业独立承担的课程，建立健全了"校内实训、项目实践、创新实验、企业实习"等四实基地，计算机学院大四卓工班和软件学院大四全体本科生的企业顶岗实习率达到 100%。

6. 计算机科学与技术专业本科招生首次列入学校自主招生专业，通过选拔的佼佼者在入校半年后即在 ACM（美国计算机协会）竞赛中获奖。

四、研究生培养

1. 获得 2016 年国家级学位与研究生教育成果奖 1 项；获批研究生工作站 2 个。

2. 获得 2016 年江苏省优秀硕士专业学位论文 2 篇；东南大学优秀博士论文 1 篇、优秀硕士学位论文 4 篇。

3. 获得江苏省普通高校研究生科研创新计划项目 3 项，获得中国教育和科研计算机网下一代互联网技术创新项目 3 项。

4. 获得顶级国际会议 CVPR（计算机视觉与模式识别会议）2016 人脸年龄估计竞赛全球第二名；获得全国大学生创新竞赛特等奖 2 人次，第三届全国高校 SDN（软件定义网络）软件创新开发大赛一等奖 4 人次，第二届全国高校云计算应用创新大赛全国二等奖 1 人次、华东赛区一等奖 2 人次。

五、科研工作

牵头获得国家自然科学基金重点项目 1 项，参与诺贝尔奖获得者丁肇中教授牵头主持的国际大型合作项目 AMS-02 实验，承建的东南大学 AMS 数据处理中心完成的数据处理和分析全球排行第一，为 AMS 实验取得阶段性成果做出了极为重要的贡献。

承办了由我校和台湾"中央大学"共同发起的"第十八届海峡两岸资讯技术研讨会"，该项活动已成为在海峡两岸有一定影响的品牌科技文化交流活动。

六、党群建设及其他活动

2016 年新发展教工党员 1 人（多年来第 1 次在专任教师中成功发展新党员），学生党员 51 人。承办校史校情知识竞赛和环九龙湖自行车赛两项全校性大型文体活动。

物 理 系

物理系下设物理专业教研室、大学物理教研室、物理实验教研室。2016 年在职教职工 87 人，其中专任教师 63 人，实验技术人员 16 人。师资队伍中有教授 28 人（其中博士生导师 21 人），副教授 24 人，具有博士学位的专任教师比例达 90%。我系现有江苏省教学名师 1 人，教育部课程教学指导委员会委员 1 人，国家杰出青年基金项目获得者 1 人，国家优秀青年基金项目获得者 2 人,教育部新世纪优秀人才支持计划 8 人,江苏省杰出青年基金项目获得者 2 人,江苏省"333 人才培养工程"4 人,江苏省六大人才高峰资助计划 5 人,江苏省"青蓝工程"支持计划 7 人,东南大学特聘教授 1 人,东南大学青年特聘教授 2 人。

一、学科建设

1. 2016 年引进教授 1 人,副教授 1 人,讲师 1 人,辅导员 1 人。1 人入选江苏省杰出青年基金,1 位教师入选校特聘教授,2 位教师入选校青年特聘教授。22 人次赴海外进行合作研究、博士后研究、学术交流等。

2. 今年我校物理学科继续进入 ESI 国际排名的前 1%。

二、科研工作

1. 积极组织和协助老师完成国家自然科学基金项目和省自然科学基金项目的申报工作。2016 年我系申报和获批项目如下:(1) 申报国家自然科学基金 29 项:杰青 1 项、优青 3 项、青年 8 项(含外青 2 项)、联合 1 项、面上 15 项、合作 1 项;申报省自然科学基金 2 项:包括省杰青 1 项,面上 1 项;(2) 获批国家自然科学基金 7 项:面上 4 项、青年 1 项、外青 1 项、中日合作 1 项;获批省自然科学基金 2 项,薛鹏入选省杰青。

2. 2016 年度科研到款经费达 793.54 万元:其中纵向资助总额为 704.54 万元,横向资助总额为 89 万元。

3. 2016 年我系教师以第一作者或通讯作者共发表 SCI 论文 133 篇,包括高水平论文 84 篇,国际顶级期刊论文 5 篇,其中薛鹏和董帅课题组分别在 PRL(《物理评论快报》)上发表高水平论文 1 篇,王金兰课题组分别在 *ACS Nano*、*NANO LETTERS*、*Angewandte Chemie International Edition* 期刊各发表 1 篇高水平论文。

4. 2016 年,邀请海内外和各高校专家来物理系作专题学术报告 12 场。

三、本科教学

1. "大学物理""大学物理实验(工科)""双语物理导论"三门课程正式成为第一批"国家级精品资源共享课"。

2. 《工科基础物理学》获 2016 年江苏省高等学校重点教材立项建设。LED 热学特性研究与应用实验仪,获 2016 年全国高校物理实验教学自制仪器评比一等奖。

3. 新立项国创项目 6 项、省创 1 项、校级项目 15 项,其中校重大及校重点共 6 项。

4. 顺利完成推免工作,2017 届共推 11 人;顺利完成本科毕业设计工作。

四、研究生培养

1. 招生工作

2016 年物理学院招收博士生 19 人;招收硕士生 38 人(含 6 名外校推免生)。

2. 培养工作

(1) 对 2015 级 32 位硕士研究生进行了集中开题并根据答辩成绩决定通过名单(考核不通过有 5 人),对不通过的 5 位研究生半年后进行了第二次考核并通过;对 2014 级 16 位(2 名外国留学生)博士研究生进行了中期考核工作。

(2) 4 位研究生成功申请公派研究生项目在国外联合培养,13 位博士研究生申请出国参加国际会议宣读论文。

(3) 16 名研究生在物理系研究生学术报告分会暨庆祝东南大学 114 周年校庆研究生学术科技节上宣讲了校庆报告论文,其中 5 位研究生的校庆论文被推荐为校优秀。

(4) 将选听"物理系学术报告系列讲座"作为物理学研究生的必修环节,学生聆听报告人数增加,学术氛围增强。

(5) 公正、公平、公开地完成了 2016 年研究生国家奖学金评选工作,其中周登桦、翁亚奎和边志浩获得博士奖学金,王文达、王美娟和张杨获硕士奖学金。

3. 学位工作

(1) 2016 年答辩并获得博士学位的博士 14 人,答辩并获得硕士学位的硕士 17 人。

(2) 2016 年,江苏省对我院 2015 年抽检的研究生学位论文反馈信息为良好。

(3) 2016 年由王金兰教授指导的马亮博士论文《石墨烯纳米结构的生长机理、可控制备与分子设计》入选 2016 年江苏省级优秀博士学位论文,叶巍教授指导的王宁论文《高激发核裂变的耗散性质》入选校优秀硕士论文。

(4) 2016 年我系研究生发表第一作者 SCI 论文 78 篇,其中詹翔、翁亚奎、周登桦分别在 *Physical Review Letters*、*Angewandte Chemie International Edition* 发表国际顶级期刊论文;

(5) 博士生获东南大学优秀博士论文基金项目 11 项,江苏省普通高校研究生科研创新计划 6 项。

五、学生工作

1. 紧密围绕学校的中心工作,在贯彻落实学校职能部门的部署和系党政交付的工作任务的同时,始终把学生思想政治教育与学风建设作为物理系学生工作的重心,夯实基础。定期做好学生寒暑假思想动态及重大国际国内事件调查收集工作,通过召开座谈会、走访宿舍、网络交流等多种方式了解学生假期思想动态,及时做到安抚、引导和帮助,学生中未出现任何异常现象或群体现象。

2. 围绕学习宣传十八大精神,做好党建工作,创建先进学生党支部和培养优秀学生共产党员,做好党务技能培训,提高党员发展质量,增强党员先进性意识,稳步推进学生党建工作。以纪念"长征胜利 80 周年"为契机,在学生中重点进行党史、革命史等爱国主义教育和开展党日活动、系列党建专题活动等。2015 级硕士生党支部获得"最佳党日活动"一等奖;本科生党支部在"两学一做"主题微党课创作竞赛中获三等奖。

3. 物理系在全校范围内较早地开展了大学生职业生涯规划教育活动,系学生办公室针对物理系学生特点和专业素质要求,积极开展职业与大学生成长教育。2016年期间,院系组织毕业生参与格物论坛,与优秀校友零距离接触;同时,通过组织专业教师见面会、专业系列讲座、高低年级经验交流等,帮助学生全面了解专业,确立专业思想,勾画职业前景,积极投入专业学习;通过职业生涯规划及综合素质训练,培养和提高就业综合素质,增强职业竞争力。

4. 扎实做好学生日常管理工作:

(1)坚持公平、公正、公开的原则做好奖、助、贷等工作,本科生共发放奖学金184 000.0元,发放助学金72 800.0元;研究生共发放奖学金182 000.0元,其中硕士发放学业奖学金总金额64万元,博士发放学业奖学金总金额33.2万元。

(2)徐光照被评为江苏省三好学生,韩幸志、窦唯靖被评为校优秀学生干部,潘永强、罗正位、高滨、朱明洁、童一龙被评为校优秀研究生干部,陈瑶被评为三好学生标兵,高柏植、陈俊、薛丰铧、秦鑫、李新新、马眉扬、黄逸婧、刘琬铃、孙慧敏、曹雄辉、涂中豪、高婷、章烨晖、查佳佳、王雅斓、郝佩佩被评为校三好学生,周荣青、张云、武文慧、王娟娟、陈晶、张欣、李雅斐、黎秋航、韩迪、翁亚奎、严振中、王美娟被评为校三好研究生,窦唯靖、徐光照被评为本科生优秀团干部,秦鑫、李新新、赖林琛、钱骞、张芸婷、李小宝、纪仲阳被评为本科生优秀团员,朱明洁被评为研究生优秀团干部,李艳英、刘莎莎、曹广霞被评为研究生优秀团员,郑顺、刘奇、黄子文被评为2016届优秀毕业生。

5. 2016年毕业生总人数为97人,选择继续深造的共有28人,其中,本科生24人、硕士研究生4人、博士生0人。选择出国(境)继续深造的毕业生人数为12人,其中本科生11人、博士生1人;选择国内继续深造的毕业生均在北京、上海等知名高校和中科院有关院所。

六、党建和思想政治工作

1. 按照校党委要求,做好党委常规工作。坚持党政联席会议制度,做到重大决策集体讨论决定。定期召开支部书记例会,认真组织党员学习党的理论及相关文件精神,过好组织生活,认真开展系领导班子民主生活会。进一步加强领导干部的党风廉政建设、加强班子成员服务意识和责任感,努力做好各项工作,以优质的服务和管理赢得全系教职工的信任和支持。

2. 扎实做好党建工作。认真完成全系党建及学生党建工作,坚持高标准、严要求,始终把好党员发展关。

3. 按照校党委的部署和要求,围绕系里的中心工作,组织逐步实施,推动党支部建设,发挥各党支部的战斗堡垒作用和共产党员的先锋模范作用。活动形式多样,教育效果显著。积极开展党日活动,系党委和各支部围绕主旋律,结合重大纪念日,充分发挥革命历史纪念馆等红色教育资源的作用,开展党史教育、实践教育等活动,丰富了创先争优活动内容。

生物科学与医学工程学院

2016年,学院紧紧围绕国际一流学科的建设目标,推行质量控制工程,加大改革和创新力度,全面推进各项工作,基本完成学院年初提出的工作目标。

一、基本情况

经过三十余年的发展,学院已形成了较为完善的高层次人才培养和高水平科学研究体系。学院目前拥有生物医学工程、信息与系统生物学、医学与生物物理学3个系;拥有1个博士后流动站及"长江学者奖励计划"特聘教授岗位;拥有1个国家重点实验室、1个国家级实验教学示范中心、1个国家"111学科创新引智基地"、1个国家工程实践教育中心、1个省级重点实验室、2个省级产业技术研究(院)所。学院现有专职教师120余人;在校生869人,其中本科生376人,硕士生303人,博士生190人;在站博士后34人。

学院已建成一支以优秀中青年博士为主的学科梯队,2002年被评为江苏省"青蓝工程"优秀学科梯队,2002年和2005年连续2次获国家自然科学基金创新研究群体。学院目前拥有教育部创新团队1个,现任教师中有工程院院士1人,特聘专家7人,长江学者特聘教授3人,国家杰出青年基金获得者5人,江苏省特聘教授1人;教授42人,副教授48人;博士生导师53人,硕士生导师73人;90%以上教师具有海外留学背景。多名教授分别在中国工程院信息学部、国家重大科学计划以及"863"主题专家组等国家级学术机构或专家组中担任重要职务。

生物医学工程一级学科下自主设置神经信息工程二级学科,具有学习科学、生物信息技术、医学图像与医学电子学、生物医学纳米技术、生物医学材料等重要发展方向。设有生物医学工程、信息与系统生物学、医学与生物物理学3个学系,开设生物医学工程、生物信息学等2个本科专业,及生物医学工程本硕连读专业。生物医学工程学科是涉及信息科学、生物医学以及化学、物理、材料学等诸多学科的新兴、前沿学科,主要应用电子信息工程和生物医学材料工程的理论、方法和技术解决生物医学技术问题,研究发展新型生物医学材料、器件及医疗仪器设备等,应用于疾病的预防、诊断、治疗和康复。

二、建设情况及特色亮点

1. 基地建设取得新突破。成功申报生物医学工程国家级教学示范中心,实现了建系30年国家级教学基地零的突破;器官芯片学科创新引智基地成功入选国家"111"引智计划,为引进国外优质学科资源奠定基础;健康大数据国家工程中心申报答辩成绩优秀,在等待最终评审结果;东南大学苏州医疗器械研究所筹建工作进展顺利,苏州已同意6年投入2亿进行建设。

2. 学科影响力显著增强。系统归纳总结四年来学科建设成就,认真填报学科评估材料,加强与兄弟高校、用人单位、知名校友的联络,宣传学科建设取得的新进展,扩大国际国内的影响,为学科评估加分添彩。从公示的材料和兄弟单位的反馈来看,东南大学的生物医学工程学科竞争优势显著。今年,东南大学生物学与生物化学学科首次进入ESI学科世界前1%,我院许多研究组的工作和成果为此排名做出了巨大贡献。

3. 科研水平大幅提升。科研经费增长迅速,截至11月底,本院科研经费到账总数共4 754.9万元,同比增长38.99%,其中国家纵向科研经费到账4 020.49万元,同比增长24.39%,横向734.41万元,同比增长383.8%;发表各类科研论文160篇,其中SCI论文142篇;表现不俗论文69篇,占学校表现不俗论文比重7.6%;申请专利71项,授权49项,其中发明专利授权41项。两个大项目成功立项:陆祖宏教授国家重点研发计划项目"纳米器件中蛋白质机器构象时空信号检测和应用研究"(2208万);顾忠泽教授国家自然科学基金重点项目"面向航天医学的纸微纳流控分析"(290万)。何农跃"新型纳米载药体系研究(2015—2075)"项目荣获"2016年高等学校科学研究优秀成果奖(科学技术)自然科学奖"二等奖(第一完成人),"微纳尺度生物医学材料可控制备及生物医学应用研究(20162083)"项目荣获"2016年湖南省自然科学奖"二等奖(第1完成人)。顾宁"基于磁共振成像的多模态分子影像与功能影像的研究与应用"项目获得国家科技进步二等奖(第4完成人)。顾宁获得"第七届全国优秀科技工作者"荣誉称号。

4. 人才工程取得新进展。顾忠泽教授当选中央军委国防科技创新主题专家组专家;顾宁教授当选国家纳米科技重点专项项目申报指南编制专家;4位教授入选第九届中国生物医学工程学会理事,其中万遂人教授当选副理事长。顾宁教授荣获江苏省有突出贡献中青年专家;王雪梅教授荣获"江苏省三八红旗手";赵远锦研究员获2015年中国化学会青年化学奖。刘宏教授获得江苏省双创团队资助;吴富根教授获得省双创人才资助;王雪梅、赵远锦入选江苏省"333高层次人才培养"工程;赵祥伟获"六大人才高峰"资助;多名博士后获中国博士后科学基金特别资助。聘请奚廷斐教授、国家"千人计划"专家吴小页等5位专家为岗位教授。

5. 学术交流与合作强力推进。聘请美国科学院院士哈佛大学David A Weitz教授为东南大学客座教授,成功举办第二届全国生物力学青年学者学术论坛、第五届全国生物与医学纳米技术博士生论坛、神经元大数据分析国际研讨会、生物医学工程产学研合作论坛等。

6. 学生创新创业成绩喜人。13级本科生邢鹤云创办的南京鸥锐安生物科技有限公司在南京市青年大学生创业优秀项目评审中荣获唯一一个特别优秀奖,获得最高资助金额50万元,邢鹤云还参与东南大学"至善西行"公益旅行项目获得江苏省志愿服务展示交流会最高奖——特别荣誉奖,并在全国最高层次的大学生创新创业赛事——2016年"创青春"全国大学生创业大赛获金奖。MxHealth团队、全芯团队获江苏省"创青春"创业大赛三等奖、江苏省"互联网+"创业大赛二等奖;获2016年全国大学生生物医学工程创新设计竞赛一等奖3项,二等奖2项,以及最佳组织奖,成绩列参赛高校之首。

材料科学与工程学院

2016年是"十三五"规划开局之年,也是学院各项工作改革发展的关键时期。在学校党政领导下,学院在各项工作中求真务实、开拓创新,取得了一定成绩。

一、学科建设

1. ESI 排名平稳进步，材料科学与工程学科从 2015 年底的 185 名（前 2.4‰）升至 2016 年底的 155 位（前 2‰）。
2. 根据学校要求，积极准备材料，支持兄弟学院应对学科评估。
3. 研讨规划了增材制造学科方向，协同相关供应商完成关键设备规划、合同、设计、制造，目前待建设经费到位执行；结合新进青千等高层次人才，规划了光电功能材料方向和相关仪器设备选型。

二、师资队伍建设

截至 2016 年年底，学院教职工总人数 84 人，其中专任教师 60 人，实验人员 15 人，行政人员 9 人。正高职称 27，其中教授 26 人，正高级工程师 1 人。副高职称 31 人，其中副教授 18 人，副研究员及高级工程师 10 人，上岗副高 3 人，讲师 9 人。

在人才引进工作方面，从德国、加拿大和日本引进副教授 3 人。

三、教学工作

1. 承担中央高校改善基本办学条件专项资金"双一流"建设项目"材料学院专业基础实验平台建设"，预算总经费为 430 万元，项目的实施将极大地改善实验教学平台安全系统和更新、升级部分实验教学设备。
2. 新开设全英文本科专业基础课程 2 门、聘请外籍专家来华授课 4 门；12 位本科生赴美、德、加等国家或地区交流学习；SRTP 项目获国创 11 项、省创 9 项、校院级 47 项，基于教师科研项目 2 项，共 69 项，创历史新高。

四、科研工作

1. 组织申报国家自然基金 43 项，获批 12 项，其中重点基金 1 项（经费 340 万元）。
2. 获批军委科技委前沿探索项目 1 项（经费 400 万元）。
3. 获批科技部国际合作项目 1 项（东南大学经费 204 万元）。
4. 参与国家重点研发计划 2 项（东南大学经费 200 万元）。
5. 获批江苏省成果转化项目 3 项。

五、党建工作

今年在校党政的正确领导下，院党委认真贯彻决策部署，带领全院师生深入学习贯彻党的十八届三中、四中、五中、六中全会及习近平总书记系列重要讲话精神，践行"三严三实"要求，深入开展"两学一做"学习教育，抓实工作载体，夯实党建基础，凝心聚力，开拓创新，全面推进学院特色发展和内涵建设。充分有效发挥基层党组织的政治核心作用和保障监督作用，为材料学院的改革和发展提供强有力的保障。具体总结如下：

1. 坚持深化学习，巩固"三严三实"教育成果。
2. 以"两学一做"为载体，扎实推进党建工作。

3. 坚持"一岗双责、党政同责",全面落实党风廉政建设责任制。
4. 坚持以人为本,做好统战、关工委、工会、教代会、共青团、退协等工作。
5. 围绕中心、服务中心、党政同心,扎实推进学院行政工作。

六、学生工作

2016年,我院学生工作秉承"扎实基础、立足学科、以德树人、勇于创新"的工作理念;依据新形势、新情况,以学生思想政治和学生党建工作为龙头,保证学生正确的思想政治方向,提高学生的思想道德素质,培养他们的爱国主义精神和历史责任感,并且使之转化为投身于科技竞争的内在动力;坚持教育育人、管理育人、服务育人,注重引导教育,促进学生自我认识、自我实现、自我超越;鼓励学生依据所学的知识和科学的方法论积极探索未知的领域,着力培养学生创造型人格,发展学生的创新个性,以帮助他们成为全面发展的高水平创新人才。

本科生张培杰同学发起"梦路计划"公益项目,得到《新华日报》《南京晨报》《扬子晚报》和各门户网站广泛报道,影响显著;开展"学科展示日""材料之星"评比、"制弓大赛"等特色活动;"苏博特"杯第四届全国大学生混凝土设计大赛中,我院三位本科生获得一等奖。第五届全国大学生金相技能大赛中,我院一名本科生获得一等奖。

在第二届江苏句容"智汇容城"青年大学生创业大赛边城赛区总决赛中,我院研究生马瑞团队的创业项目"生态型超高性能透光混凝土的设计及产业化"获得二等奖(指导教师:郭丽萍),马彪团队的创业项目"高性能自保温生态建筑材料技术开发与产业化应用"获得三等奖(指导教师:秦鸿根、庞超明)。

七、特色活动

1. 2016年5月5—7日,在东南大学材料科学与工程学院召开"先进金属材料高技术研究研讨会"。

2. 2016年5月13—15日,国家基金委工材学部材料一处与东南大学材料学院联合主办"非晶合金结构与性能研讨会(2016)"。

3. 2016年9月23—26日,举办"材料显微分析国际研讨会",东南大学主办,韩国昌原国立大学材料学院协办。

4. 2016年10月17—21日,举办第五届暑期国际博士生课程"RILEM多尺度混凝土模型课程"(MMC2)。

5. 2016年10月25日,江苏省土木工程材料重点实验室与国际水泥混凝土领域共11个知名实验室联合成立"高级建筑材料国际联合实验室"(LACM)。

6. 2016年10月23—25日,举办 The Third International Conference on Microstructure Related Durability of Cementitions Composites,主办单位:东南大学、荷兰代尔夫特理工大学、江苏省建筑科学研究院有限公司、江苏省先进土木工程材料协同创新中心。

人 文 学 院

在校党委和行政的领导、关心和支持下,人文学院在 2015 年的基础上有了进一步的发展和提高,无论是在本科生还是在研究生教育、招生、培养过程中,其教学、科研都有了新的进展。

一、学院概况

人文学院是东南大学多学科的综合性学院,现有哲学与科学、公共管理、中文、旅游学、医学人文学、社会学六个系以及 MPA(公共管理硕士)中心,兼跨 6 个一级学科。现有政治学与行政学、汉语言文学、旅游管理、社会学、哲学 5 个本科专业,哲学一级学科博士学位授权点,哲学、社会学、心理学、中国语言文学、公共管理 5 个一级学科硕士学位授权点和公共管理硕士(MPA)、汉语国际教育硕士、社会工作硕士、应用心理硕士等 4 个专业学位授权点。

人文学院有哲学学科博士后流动站和"科技伦理与艺术"国家"985"哲学社会科学创新基地、"公民道德与社会风尚"江苏省"2011"协同创新中心、江苏省首批重点高端智库"道德发展智库"以及哲学省级重点学科。

二、师资队伍

学院拥有一支高层次、高素质、高学历的师资队伍。在师资队伍中,教育部长江学者特聘教授 2 人、教育部新世纪人才 1 人、江苏省社科名家 1 人、中宣部"四个一批"人才 1 人、江苏省"五个一批"人才 1 人、江苏省教学名师 1 人,博士学历的教师超过 90%,教授、副教授职称的人员超过 55%,其中博士生导师 16 人,硕士生导师 49 人。

三、学生培养与学科发展

学科是学院发展的核心命脉,在第四轮学科评估中成绩卓越。

2016 年,开启学科评估动员申报工作,在全国第四轮学科评估中,哲学从上一轮的全国并列 13 到此次的全国并列第 9,B+。公共管理学科第一次参评,B-。

2016 年主要反复调研、论证秉文文科试验班的招生、管理等可行性。

四、科研成果

2016 年人文学院,在全体教师的共同努力下,科研方面取得了一定的成绩,总结如下:

2016 年国家社科基金

序号	年份	批准号	项目名称	学科	项目类别	项目负责人	金额/万元
1	2016	16SH026	居民健康增进中的社会空间生产及其公共政策创新研究		青年项目	郭 娜	20
2	2016	16CZX065	基于医疗公正视角的健康资源配置伦理评估研究		青年项目	尹 洁	20

(续 表)

序号	年份	批准号	项目名称	学科	项目类别	项目负责人	金额/万元
3	2016	16BZX110	道德虚无主义研究		一般项目	王 俊	20
4	2016	16BZX025	技术创新的实践哲学研究		一般项目	夏保华	20

科研获奖方面,2016年共获省政府奖5项,其中1个二等奖、1个三等奖。

五、党建工作

基层党建进展情况。截至2016年底,人文学院在职教工96人,其中党员53名;离退休教工56人,其中党员28名;学生(本科生、研究生)1 028人,其中党员283名;党员总数364,民主党派和无党派人士9人。

学院党委以学习贯彻落实党的十八大及十八届六中全会精神和习近平总书记系列重要讲话为重点,认真抓好师生员工的政治理论学习和时事政策教育。以开展"两学一做"学习教育活动为契机,结合学院实际,开展专题党日活动和座谈会、集中观看主旋律教育影片、举办案例警示教育等形式多样、内容丰富的学习教育活动,统一思想,凝心聚力,为学院科学发展营造了良好的思想基础和舆论环境。人文学院在学校"两学一做"主题微党课创作竞赛中获一、二等奖各1项。

学院党委强化党政领导班子的政治意识、大局意识、宗旨意识和群众观念。优化党支部建设,提高党的建设科学化水平。学院党委十分重视党员培训培养教育工作。人文学院牵头负责的党建研究项目1项。积极开展组织活动创新及各项文体活动,在保证学习质量和提高学术水平的基础上,增进国际友好和民族团结,促进学生健康成长,提高学生的综合素质。

思想政治工作情况。学院党委委员按分工定期联系和走访师生、及时了解掌握师生思想动态,有针对性地开展思想政治教育,把保障改革发展、维护稳定、促进和谐作为第一要务。班子成员经常深入课堂听课研讨,强化师德师风和教风学风建设,加强党的宗教政策宣传教育,强化法治观念,强化"学生研究无禁区,课堂讲授有纪律",强化诚信做人和学术道德,落实意识形态责任,配合做好统战工作,及时应对和解决各种问题。积极开展"三育人"活动,支持学院团委、工会、退离休协会和关心下一代工作委员会组织开展的各种活动,丰富教职工的文体生活。

开展反腐倡廉建设及落实党风廉政建设。学院党政领导班子始终把党风廉政建设工作作为领导班子建设的一项重要内容,下半年结合廉政风险点与内控机制薄弱环节排查、校领导专项调研等,修订完善了《"三重一大"决策制度实施细则》并严格执行。学院坚持召开党政联席会议,讨论决定所有重大事项并做好会议记录。学院党政领导班子及其成员在认真贯彻落实党风廉政建设主体责任制,在制订各项发展计划和年度计划及年度总结中都将党风廉政建设作为重要内容,履行"一岗双责",坚持一同部署、一同落实、一同检查和考核。在长期工作的基础上,学院建立了党政一把手负总责,班子成员相互沟通协调配合,各分管领导分工负责落实的管理体系。

党建工作的新形势、新任务、新要求,使得我们的工作方式需要不断探索和改进,要始终保持工作的定力和张力,尤其领导本人更要注意克服懈怠和畏难情绪,知难而进,迎难而上。学院党委的政治核心作用和党支部的战斗堡垒作用需要进一步加强,要以理服人,以情感人,奋发有为,坚持"有为才能有位",以工作实绩发挥学院党委的政治核心作用。

艺术学院

一、学院概况

2016年,艺术学院共有教职工61人,专任教师52位,其中教授15位,副教授19位,讲师17位,助教1位,新引进副教授1位、博士2位。教职工党员27人。有1位教师晋升为教授,1位讲师晋升为副教授。本年度学生总人数为505人,其中学生党员数为98人。在教育部学位与研究生教育发展中心发布的学科评估结果中,我院艺术学理论学科位列全国第一,是江苏省高校在本次学科评估过程中获得的唯一的文科第一名,也是艺术学门类下属的5个一级学科中,北京之外的高校唯一排名第一的一级学科。

我院于6月1日在九龙湖校区举行艺术学院第一届教职工代表大会暨工会换届大会,大会通过了《东南大学艺术学院教职工代表大会实施办法》,经无记名投票,选举了新一届工会委员会委员。日前,校工会批复同意艺术学院新一届工会委员会委员5名(按姓氏笔画排名):于向东、马民华、李花、陈靖雨、岳晓英,马民华同志担任工会主席。

二、党建工作

艺术学院2016年共有7个党支部,其中学生党支部5个,教工党支部2个。本年度新增入党积极分子23人,发展党员28名(其中本科生党员16人,研究生党员12人),10名预备党员按时转正,45名同学参加了发展对象培训班,16名预备党员参加学校预备党员培训班。2016年3月30日,我院召开全体党员大会选举东南大学第十四次党代会代表党员。经过无记名投票表决,王廷信、许继峰、岳晓英三位同志当选。大会同时向各位党员通报了我院党委对中共东南大学第十四届党委委员、常委、纪委候选人的提名情况。

2016年1月,艺术学院党委2014级硕士生党支部报送的"构建和谐校园,促进身心发展"系列党日活动在东南大学2014—2015学年最佳党日活动中获得三等奖。

2016年3月7日,艺术学院党委第二届"校园廉政文化作品征集"启动,并于9月20日发布获奖信息。

2016年5月30日,艺术学院2015级硕士生党支部在学院二楼报告厅举办了"两学一做"学习会议。

2016年6月6日,艺术学院党委在学校党委下发《东南大学关于在全校党员中开展"学党章党规、学系列讲话,做合格党员"学习教育的实施方案》文件后,按照计划认真开展"两学一做"相关学习教育活动。学院党委书记王和平作了题为"开展'两学一做'学习教育,做合格共产党员"的专题党课。

2016年11月4日,艺术学院召开党政联席会议,会议上领导班子成员集中学习了《关于新形势下党内政治生活的若干准则》和《中国共产党党内监督条例》。

2016年11月9日,艺术学院党委召开支部书记会议,王和平书记带领大家集中学习了《关于新形势下党内政治生活的若干准则》和《中国共产党党内监督条例》,学习后支部书记积极交流感想。

三、学科建设与学术研究

2016年1月,我院陶思炎教授的新著《南京民俗》一书,已由南京出版社正式出版。

2016年2月21日,我院刘灿铭教授被增补为江苏省书法家协会副主席。

2016年5月,我院张燕教授新著《中国艺术论著导读》出版。全书凡20万言,全面展示了中国艺术论著的博大精深及其精髓,抓住整体、区分详略、要言不烦、深入浅出,显示出作者退休多年以后的返璞归真、去繁入约。仲呈祥先生为之作序。

2016年5月19日,国家"十三五"重点出版物规划项目评审结果揭晓,我院汪小洋教授与东南大学出版社申报的《中国宗族文化发展史》入选。

2016年6月,受北京大学出版社委托,凌继尧教授主编的全国高等院校设计专业规划教材开始出版。这套教材有80多种,是我国各家出版社中迄今为止数量最多、品种最全的本科设计专业系列教材。

2016年6月6日,我院陶思炎教授主编的《民俗艺术传承的调查与研究》一书已入选国家"十三五"重点出版物规划项目。该书主要编选我校艺术学院培养的博士和硕士有关民俗艺术专题调研的文章。作为配合民俗艺术学学科方向建设的成果之一,该书展示了我院研究生教育面向社会实践的新思路和新成果。

2016年6月7日,我院张道一教授的《中国拓印画通览》成功入选2016年度国家出版基金资助项目。

2016年8月,教育部办公厅发函我校,对周渝老师借调教育部办公厅工作期间的表现予以好评,认为周渝老师好学上进、工作扎实、为人坦诚、团结同志、严于律己、严守纪律,体现出较好的大局意识、责任意识和服务意识,得到厅领导和同志们的广泛好评。

2016年8月,国家社科基金规划办发布2016年度立项资助名单。我院四位教师各获批一项国家社科基金项目。其中赫云副教授申报的"中国传统艺术母题与主题学体系研究"获批国家社科艺术学基金重点项目,王廷信教授申报的"新时期艺术学理论学科发展研究"、李轶南副教授申报的"晚清民国时期江南地区设计艺术研究"获国家社科艺术学基金一般项目,卢文超讲师申报的"当代英美文艺社会学思想研究"获国家社科基金年度青年项目。

2016年9月,我院长北教授著述的《中国艺术史纲》(修订版)由高等教育出版社出版。该著曾由商务印书馆于2006年初版,上、下册凡55万言,获教育部"2006—2009年全国高等学校科学研究优秀成果(人文社会科学)二等奖",作为"十一五"期间全国唯一个人撰写的综合艺术史专著,《全国艺术科学"十一五"研究状况及"十二五"发展趋势调研报告》曾予介绍和肯定。

2016年9月,我院汪小洋教授接到加拿大英属哥伦比亚大学亚洲学系陈锦华教授的邀请,受邀参与陈教授主持的加拿大社会科学和人文研究委员会(SSHRC)批准的大型科研项目"重生:多媒体和多学科视角下的东亚宗教"。该项目资助为期8年(2016年—

2023年),预算金额为2 496 476加元,加上英属哥伦比亚大学以及其他合作院校的配套资金,在未来的7年中,该项目将有超过13 000 000加元的资金支持。该项目吸引了来自世界上20多所顶尖大学的45名学者参与研究。

2016年9月,我院傅丽莉教授著述的《人性化的符号——动画经典形象研究》由东南大学出版社出版。

2016年9月,我院季欣教授著述的《当代建筑的审美反思》一书由江苏美术出版社出版。

2016年10月,我院皮志伟老师受第七届南京历史文化名城博览会(以下简称名城会)主办方特别邀请,围绕南京非遗传承和手工艺创新设计了艺术装置"浮阁"。

2016年11月,江苏省第五期"333"工程培养对象入选揭晓,我院龙迪勇教授入选二层次人选,郭建平教授入选三层次人选。

2016年12月16日,东南大学第五届辅导员职业能力大赛圆满落幕,我院教师方跃武在本次比赛中喜获二等奖。

2016年12月,江苏省2016年度哲学社会科学立项项目公布。我院岳晓英副教授申报的"1978—2015中国电影观众史"被立为重点项目,李牧讲师申报的"江苏民间艺术对外传播研究"被立为青年项目。

2016年12月,江苏省第十四届哲学社会科学优秀成果奖公布。我院李倍雷教授的著作《比较艺术学》、龙迪勇教授的著作《空间叙事研究》获一等奖,徐子方教授的著作《曲学与中国戏剧学论稿》获二等奖,陶思炎教授的著作《苏南傩面具研究》、长北(张燕)教授的著作《髹饰录与东亚漆艺:传统髹饰工艺体系研究》、倪进教授的著作《艺术品金融》、汪小洋教授的系列论文《中国墓室壁画研究》、王廷信教授的论文《艺术学理论的使命与地位》获三等奖。

四、交流合作

2016年3月4日,徐风之子徐建华先生携其作品集及部分文献到访我院,就徐风先生的创作成就和我校艺术学科的历史沿革进行了研讨。

2016年3月31日,深圳大学文化产业研究院执行副院长周建新教授带该院考察组来我院调研。王廷信院长、王和平书记以及艺术理论系主任李倍雷教授接待了来访。

2016年4月5日至7日,第二届东方设计论坛暨2016东方文化与设计哲学国际研讨会在上海交通大学举办。该研讨会由上海交通大学、国际设计协会主办,东南大学、东华大学、南京艺术学院合办。我院李轶南副院长、张志贤副教授、李永春副教授等8名师生代表参加了本次研讨会。我院王廷信院长受聘担任设计学科国际专家委员会委员,3位教师的参会论文经评选获得研讨会优秀学术论文奖。

2016年6月16日,前总统吉米·卡特先生在亚特兰大"卡特中心"与中国驻休斯敦总领馆总领事李强民举行会晤。会见时,李强民首先向卡特先生引荐了中国画家——我院张乾元教授,赠送了张乾元为他绘制的水墨肖像画作品,卡特先生欣然将他新出版的自传《90岁的人生思考》回赠给李强民和张乾元。

2016年7月27日,宝应县举行"东南大学尹文教授宝应写生美术作品捐赠仪式",仪式由宝应县委宣传部副部长、宝应县文体广新局局长谭炳才主持。宝应县副县长杨洪国、高敏,宝应县文体广新局副局长朱峻岭、顾浩,宝应县博物馆馆长倪学萍等人以及我院王廷信院长、尹文教授出席了捐赠仪式。在捐赠仪式上,尹文教授将自己精心创作的11幅在宝应写生的水彩画作品捐赠给县政府,并交由县博物馆作为可移动文物永久收藏。

2016年8月15日,由我院主办的"至善尽美——东南大学艺术学院师生暨在宁赣籍书画家返乡作品展"在江西师范大学美术馆举行了开幕仪式,东南大学艺术学院院长王廷信、东南大学艺术学院副书记兼副院长徐进、东南大学艺术学院副教授程万里等领导、老师赴江西南昌参加开幕式。

2016年9月24日,第三届南京三校艺术学研究生工作坊在南京艺术学院逸夫图书馆举办。南京艺术学院副院长李向民教授、我院院长王廷信教授、南京大学艺术研究院艺术史论所所长赵奎英教授、南京艺术学院艺术学研究所所长黄惇教授、南京艺术学院艺术学研究所夏燕靖教授、我院艺术理论系主任李倍雷教授作为学术嘉宾应邀出席了论坛开幕式,我院崔之进副教授、卢文超讲师应邀作为学术评点专家。

2016年11月14日,东南大学党委书记易红、副校长周佑勇拜访了"陶欣伯助学基金会"创始人——百岁高龄的陶欣伯先生,并向陶先生赠送了由艺术学院王梦瑶(美术学专业)、刘本杨(产品设计专业)同学创作的作品《忆南京》《瞰南京》。作品描绘的新、老金陵饭店由陶欣伯先生投资建设,已成为一代南京人的记忆。

2016年11月25日至26日,"跨界视野中的艺术理论学术研讨会暨第十二届全国艺术学年会"在南京艺术学院召开。我院王廷信教授、凌继尧教授、陶思炎教授、徐子方教授、李倍雷教授、沈亚丹教授、李轶南副教授、卢文超讲师等十余名师生代表参加了本届艺术学年会。

2016年12月5日,我院校友企业中合元创建筑设计股份有限公司南京分公司与东大建立就业实习实践基地合作关系。

2016年12月10日到11日,由我院与上海大学电影学院、上海戏剧学院、《艺术百家》杂志社联合主办的"汤显祖与明代戏曲"学术研讨会在上海举行,展开为期两天的交流与讨论。

2016年12月17日,我院承办首届紫金京昆艺术论坛。论坛开幕式由王廷信教授主持,江苏省演艺集团董事长郑泽云、总经理柯军出席开幕式并致辞,来自全国各地的20位专家参加了本次论坛。我院徐子方教授、王廷信教授、赵天为副教授参加论坛并发表演讲。

五、教学与人才培养

2016年1月,在省教育厅办公室关于公布第九届全省校园廉洁文化活动周获奖作品名单的通知中,我院多幅作品上榜。其中,瞿嘉文《廉政的种子》获得网络新媒体类一等奖;许继峰《廉腐对比,廉腐对弈》和李亮《我所理解的社会核心价值观》获得艺术设计类二等奖;公丕普《历览前贤国与家》和费婧苗《清荷图》获得书画摄影类三等奖。

2016年3月28日至4月3日,我院周缨老师创意素描课程作业展于焦廷标馆顺利举行。

2016年5月11日,艺术学院校庆论文报告会在学院二楼报告厅顺利举办。我院沈亚丹教授、许继峰副教授和各年级研究生出席了报告会。

2016年5月25日,我院2013级专硕毕业作品展于焦廷标馆顺利举办。

2016年6月2日,我院与南京师范大学美术学院2016届毕业生作品联合展览开幕式在同曦美术馆隆重举行。我院院长王廷信教授、南师大美术学院院长刘赦教授致开幕词,我校党委常务副书记刘波教授、南师大副校长潘百齐教授出席开幕式并作讲话,我院程万里副教授代表两校指导教师致辞。来自南京艺术学院、苏州大学、南京理工大学、南京财经大学、南京邮电大学等全省各高校的20余位领导和教师代表出席了开幕式。本次展览集中展示了两校2016届本科生的优秀作品500余件。

2016年6月7日,我院周缨老师家具设计课作业展于李文正图书馆顺利举办。

2016年9月17日至30日,我院2014级本科生江西写生作品展于焦廷标馆顺利举办。

2016年10月31日,我院2013级邱军老师油画班级课程汇展于东南大学艺术学院顺利举办。

2016年11月11日,由江苏国际文化交流中心、江苏省外国专家工作协会、江苏省外国留学生教育管理研究会和扬子晚报共同主办的"书情画意在江苏——2015江苏省常住外籍人士书画大赛"落下帷幕,全省20余所高校的众多留学生踊跃参与,我院刘灿铭教授、程万里副教授分别指导我校海外学院德国留学生安龙缘,所创作的书法作品《友善》和绘画作品《清风送香远》均获得本次大赛三等奖,彰显出我院针对海外留学生开设的人文艺术素养课已初见成效。

2016年11月21日,我院2016级张乾元教授色彩班级作业展于东南大学艺术学院顺利举办。

2016年11月21日,我院2016级宋备老师色彩班作业展"浮翠流丹"于东南大学艺术学院顺利举办。

六、学生活动

2016年4月8日,我院师生代表队参加了东南大学第五十八届田径运动会。我院同学在此次运动会中获得多项名次。

2016年6月3日,2016年东南大学篮球"院系杯"迎来收官战役,我院女篮经过四节鏖战,最终以27∶17战胜对手法学院,成功卫冕女篮冠军。

2016年6月16日,我院团委在焦廷标馆二楼多功能厅举办第三届"艺往情深"2016届毕业生欢送会,我院领导班子以及各系老师均出席了此次酒会,为2016届本科生和研究生全体毕业生送别。

2016年9月14日,东南大学2016年军训工作圆满结束。我院获得军训合唱比赛特等奖、宣传报道一等奖、军训识图用图比赛二等奖、内务评比优胜、野外拉练与实弹射击优胜、队列会操优胜等奖项。

2016年9月19日,我院顺利举行了第十届学生会研究生会换届会议,选举产生艺术学院第十届研究生会成员和艺术学院第十届学生会成员。

2016年11月1日,我院和经管学院于梅园田径场联合举办院系运动会。

2016年11月4日,艺术学院第四届"艺起去夜市"活动在大活西广场盛大开幕。活动以民间艺术、流浪猫募捐义卖、糖画、小吃等形式,吸引了校内外上万人次的参与。

2016年11月8号,我院承办的东南大学2016年社会主义核心价值观主题教育精品项目"追寻真善美,回念东大人"成果展于四牌楼中央大道顺利举办。

法 学 院

2016年是"十三五"规划开局之年,也是东南大学法学院发展史上勇于突破不断创新的一年。回首2016年,在全院师生们的努力下,在社会各界与学校领导的大力支持下,法学院实现了跨越式的飞速发展,捷报频传,成效卓越,实现了"十三五"规划的良好开端。

一、学院大平台取得跨越式大发展

2016年我院取得法学一级学科博士点,法学学科同时被纳入江苏省重点学科,学科发展迈上新台阶。2016年9月23日,教育部正式发文《关于下达2016年动态调整撤销和增列的学位授权点名单的通知》(学位〔2016〕23号),新增东南大学为法学一级学科博士点授予权单位。2016年10月8日,根据苏教办研〔2016〕2号文件规定,东南大学法学学科被确立为省重点学科。对于我院学科发展而言,以往博士生的培养挂靠马列思政博士点,不但严重影响了我院博士生生源质量,不利于我院博士生的毕业和就业,不利于培养高水平博士研究生队伍;也影响了我院博士后人才流动站的建立,不利于高端优秀师资人才的引进。法学一级学科博士点以及省重点学科的获得,使我院成功晋升国内法学人才培养第一军团,并重新确立了江苏法学新格局,使江苏法学由"三足鼎立"到"四强并立"。一级学科博士点和重点学科两大突破,标志着东大法学院即将开启又一轮快速发展的新征程。

法学人才培养的"东大模式",也借由我院法学一级学科博士点的获得等一系列成绩而获得国内法学界的一片赞誉与肯定。

二、智库与基地建设取得重大成就

2016年7月13日,我院首个国家级研究基地——"人民法院司法大数据研究基地"获批成立。"人民法院司法大数据研究基地"是由最高人民法院批准设立的,以东南大学为依托单位、独立运行的国家新型高端智库组织。通过搭建司法大数据管理、分析、研发与云计算平台,基地将借助现代大数据处理技术破解重大司法实务与管理难题,回应社会公众迫切的法律服务需求,提供精准的党政司法决策咨询与建议,并促进法学学科建设与法学人才培养模式的改革创新。2016年9月14日下午,召开"江苏省高级人民法院—东南大学人民法院司法大数据研究基地"筹备工作汇报会议;2016年12月17日,基地召开了首次学术会议"司法大数据应用与研究研讨会",在国内外引起了广泛关注。同时,智库成立不久,即被中国智库索引(CTTI)收录,成为CTTI的来源智库(编号T291)。该基地是我院取得的首个国家级基地。

基地将进一步贯彻矩阵式理念,根据研究内容随时整合新的工作团队,以切实保障每一项研究任务的顺利完成。

2016年度,我院其他学术基地平台继续保持良好势头,在科研研究、成果展示等各方面均取得显著成效。

2016年度,我院江苏省哲学社会科学重点研究基地"反腐败法治研究中心",学术研究与对策研究均取得重大进展。基地成员在法学最高刊发表学术论文1篇,在其他C刊等报刊发表学术论文10余篇,出版学术专著1部;2016年5月27日,"反腐败法治研究中心"举办"法治反腐学术研讨会",会议就法治反腐的基本模式、立法路径、模式与机制构建等问题进行了深入探讨,取得了良好的社会效果与学术效果。2016年7月,"反腐中心"上报的基地成果《加快推进反腐败国家立法研究》《中华人民共和国反腐败法(草案)》获中纪委领导以及中国法学会领导批示,在国内引起了广泛关注和高度赞誉。

反腐中心主任刘艳红教授关于刑民交叉案件的观点,被获全国一等奖的优秀判决书——玄武法官陈文军判决率先引用"专家观点"而在司法实务界产生重大影响〔2016年12月2日,在中国法学会法律文书学研究会主办的"第二届全国优秀法律文书评选活动"上,玄武法官陈文军的民事判决书——(2013)玄商初字第580号民事判决书获得一等奖。这次评选活动,民事裁判文书一等奖仅两名〕。

以"反腐中心"为依托,学院于2016年4月17日与江苏博事达律师事务所(刑事辩护中心)合作成立"企业高管犯罪预防与控制研究中心",并就"企业高管犯罪预防与控制研究"展开合作研究,博事达所在我院设立10万元奖学金,用于资助刑事法团队对本课题的研究。

2016年度,我院"江苏省交通运输行业政策与法规重点研究基地"——"交通法治与发展研究中心"学术活动异常活跃,成效卓著。(1)中心申请设立了"东南大学城市停车信息云平台实验室"。2016年6月22日,经法学院、交通学院联合申报,以顾大松副教授、陈峻教授为联席主任的"东南大学城市停车信息云平台实验室"经学校批准正式成立,并获得了学校200万元的经费资助。(2)中心科研产出成果卓越。中心成员出版专著1部,发表学术论文8篇,杨洁讲师在美国社会科学引文索引期刊(SSCI)发表论文1篇,实现了我院SSCI期刊发表论文零的突破;获得省部级课题3项。(3)提供决策咨询建议,参与重要智库讨论。中心多项成果获得江苏省、南京市等领导批示。(4)新成员参加国际国内交通法治学术会议10余次,学术交流活动活跃,中心影响日益扩大。(5)探索复合型人才培养新模式。结合交通法研究领域,由顾大松副教授指导的本科生"挑战杯"项目"中国城市核心区交通拥堵治理的道路停车基础法律问题研究"正在进行之中。

2016年度,我院工程法学科平稳有序发展。(1)以教学为主导的科研成果产出丰硕,并推动我院教学类成果又创新高。"工程与法律"视频课程(周佑勇牵头),于2016年8月获批"国家精品视频公开课程"称号;2016年10月,完成《工程法学》(第二版)、《工程法案例教程》一书的修改、编写工作,并均已提交高等教育出版社;2016年12月《工程法学》(第二版)获得"十三五"江苏省高等学校重点教材称号。(2)横向课题立项成果突出,论文有一定产出。本年度,工程法团队取得横向课题经费约120万元,位于我院各学科横向课题立项经费数之首。在C刊等杂志上发表学术与教改论文3篇。(3)团队成员日益壮大。继工程法团队原有成员之外,今年我院工程法团队又添新成员王玮玲博士,王玮玲博士积极参与学院组织的工程法团队各项活动,尤其在《工程法案例教程》一书编写、各项工程法交流活动中表现突出;戴庆康副教授近年来一直关注FIDIC(国际咨询工程师联合会)领域,在国际工程法领域已打开局面,2017年将由戴庆康副教授为主,工程法团队其他教师一起,召开一次工程法学科真正意义上的国际性会议。(4)学术交流活跃,积极服务社会。工程法团队教师全年参加学术会议10余次,为江苏省各市、县PPP(公私合作模式)工作的分管负责人及业务骨干、各省级试点项目实施机构负责人以及省PPP项目咨询机构库内企业相关负责人讲授PPP项目法律实务专题培训多次,受聘亚洲开发银行参与PPP项目一人次(徐伟);成功举办江苏省法学会工程法研究会2016年学术年会。

2016年,我院医事法团队取得一系列突出的成绩。(1)科研产出活跃。本年度,医事法团队教师在C刊等杂志上发表学术论文3篇,获得省部级课题3项。(2)学术交流活跃。本年度,医事法团队成功举办了"医疗纠纷预防与处理法律机制研究研讨会",团队成员参加国际国内医事法领域学术会议10余人次。(3)教学活动质量突出。本年度,团队成员刘建利"医事与法律的对话"获得东南大学第四批通选课重点立项支持;刘建利、刘明全、高翔副教授共指导学生SRTP项目4项。(4)积极参与并推动学院国内外交流。本年度,医事法团队成员积极推动并促成我院与日本早稻田大学签署合作协议,参与接待日本首都大学、山东中医药大学等教师来访。

三、高端师资人才建设取得大成果

本年度,学院高端师资人才队伍建设成效卓著,入选各类高端人才工程11人次,入选的人次数最多,创历史新高。入选教育部长江学者特聘教授1位、中组部"万人计划"1位、江苏省"333高层次人才工程"一、二、三层次人才培养对象各一位;1位获评江苏省教育工作先进个人;3位教师入选第四届江苏省优秀青年法学家;1位教师入选"六大人才高峰人才"计划;2位教师入选江苏高校"青蓝工程"。

2016年4月22日,《教育部关于印发〈"长江学者奖励计划"实施办法〉的通知》,刘艳红教授入选2015年度"长江学者奖励计划"特聘教授;2016年7月31日,中共中央组织部办公厅印发《关于第二批国家"万人计划"领军人才入选名单的通知》,我院周佑勇教授入选第二批国家"万人计划"哲学社会科学领军人才。2016年9月29日,《关于确定江苏省第五期"333高层次人才培养工程"第一、二、三层次中青年首席科学家的通知》,我院周佑勇、刘艳红、欧阳本祺三位教授分别入选第一、二、三层次人才培养对象。2016年10月25日,第四届"江苏省优秀青年法学家"及提名奖名单公布,我院欧阳本祺教授获评"第四届江苏省优秀青年法学家",李川副教授、单平基教授获"第四届江苏省优秀青年法学家提名奖"。2016年10月19日,我院欧阳本祺教授入选江苏省第十三批"六大人才高峰高层次人才"计划。2016年5月,我院李川副教授入选江苏高校"青蓝工程"中青年学术带头人培养对象,单平基副教授入选江苏高校"青蓝工程"优秀青年骨干教师培养对象。

同时,配合学校即将推出的"双一流"高端师资人才倍增计划,学院积极从国内外专家学者中聘请校兼职教授、兼职博导等。本年度,我院成功聘请王利明、赵西巨为我校兼职教授;同时,继 2015 年我院成功聘请徐前飞院长为我院兼职博导之后,成功聘请清华大学法学院张卫平、张明楷两位教授,同时,这 3 位教授本年度已各自招收博士生(因生源问题张卫平教授放弃招收)。这为提升我院总体师资水平起到了很好的推动作用。本年度新引进教师 1 人,王玮玲(6 月 28 日入职);通过职称评定,熊樟林晋升为副教授,刘建利由上岗副教授晋升为正式副教授;冯煜清作为人才引进认定为上岗副教授。截至目前,我院教授 12 人,副教授 26 人,讲师 12 人。新进行政人员:学生工作费倩倩老师,科研秘书魏文杰老师,两位行政人员工作非常认真,值得肯定。公派出国交流项目 3 人,陈道英赴美国俄亥俄州立大学,虞青松赴新西兰坎特伯雷大学,杨洁赴爱荷华州立大学。

四、科研与学术交流取得重要突破

本年度,我院科研创新成果迭出,不断实现零的突破。全院发表 SSCI 论文 2 篇,CLSCI(中国法学核心科研评价来源期刊)论文 24 篇,法学最高刊论文 4 篇;全国文化名家暨"四个一批"人才工程研究项目 1 项、国家社科基金 4 项、江苏省社科基金 4 项、司法部课题 1 项、中国法学会课题 2 项、中国博士后流动站基金项目 4 项、江苏省法学会项目 9 项、江苏省社科应用精品工程课题 1 项、横向课题 3 项,共计科研经费 242.5 万元。学院成果获得江苏省第 14 届哲学社会科学优秀成果奖 2 项。

1. 论文发表实现 SSCI 零的突破、人文社科最高刊《中国社会科学》零的突破。2016 年 12 月,杨洁博士在美国 SSCI 来源期刊 Transportation Research Part D:Transport and Environment 发表 "Redicting Market Potential and Environmental Benefits of Deploying Electric Taxis in Nanjing, China";冯煜清(通讯作者)在 2016 年 41 期 Law and Social Inquiry 上发表 "Mismatched Discourses in the Petition Offices of Chinese Courts"。这两篇文章的发表,意味着我院科学研究的国际化水平大幅度提升,终于实现了 SSCI 零的突破,从而使我院朝着"双一流"建设的目标又接近了一步。

本年度,刘艳红教授在《中国社会科学》2016 年第 10 期发表《网络时代言论自由的刑法边界》。这是我院建院 10 年以来,首次在《中国社会科学》杂志发表文章,从而实现了文科最高刊论文发表零的突破。

2. 高水平论文发表成绩突出。C 刊论文发表 62 篇,其中 CSSCI 论文 38 篇,CLSCI 论文 24 篇,权威期刊发表共计 4 篇,打破以往最高刊只有 3 篇的纪录。2015 年,C 刊论文 51 篇,CLSCI 论文 26 篇,法学最高刊 3 篇,全国排名第 16 名。但是,2015 年我院法学最高刊论文发表 4 篇,创下了学院发表最高刊的新纪录。以往我院发表最高刊一般是 1~2 篇,最多的时候是 3 篇(2012),2013 年我院权威发表 6 篇,原因是当年刑法笔谈有 4 篇,真正的学术论文是 2 篇。而 2016 年的 4 篇,全部都是真正的学术论文,是"硬文章",没有笔谈之类的文章。从这个角度来说,今年是我院在法学最高刊发表文章数量最多的一次。

本年度 24 篇 CLSCI 论文,分别是:刘艳红 5 篇、梁云宝 3 篇、冀洋 3 篇、单平基 2 篇、汪进元、施建辉、张洪涛、欧阳、王禄生、李川、钱小平、熊樟林、刘启川、叶泉、王俊各 1 篇。

本年度,学院获得江苏省第 14 届哲学社会科学优秀成果奖 2 项。2016 年 11 月 24 日,江苏省人民政府发布了《省政府关于公布江苏省第十四届哲学社会科学优秀成果奖的决定》(苏政发〔2016〕155 号),我院汪进元教授的《中国特色协商民主的宪制研究》一书获得了法学著作类三等奖,青年教师梁云宝老师的《反面的构成事实错误之辨伪》一文获得了法学论文类二等奖。2016年6月,刘艳红教授《我国犯罪论体系之变革及刑法学研究范式之转型》一文获得"湖北省社科期刊第十五届(2013—2014年度)优秀文章奖"一等奖;2016年8月,熊樟林副教授论文《重大行政决策概念证伪及其补正》荣获第十届江苏省教育厅哲学社会科学优秀成果奖一等奖;2016年12月30日,王禄生副教授"《刑事诉讼法》实效评估"获得最高人民法院司法大数据优秀成果一等奖、周佑勇教授博士后吴志刚"我国行政区划法治建设研究"获得民政部全国民政政策理论研究三等奖;2016年10月25日,梁云宝获得第四届"董必武青年法学成果奖"提名奖;2016年8月23日,我院单平基副教授、任丹丽副教授获得第十一届中国法学家论坛征文全国二等奖。

3. 科研项目总数成绩骄人。2016年度法学院科研经费共计达到527.599 3万元(减除基本业务费项目488.599 3万元),其中,纵向课题37项,经费309.879 3万元;横向课题8项,经费178.72万元;中央基本科研业务费项目39万元。

今年我院纵向课题37项,经费309.879万元。继去年我院勇立8项国家社科基金之后,我院教师顶着巨大的压力,今年拿下了4项国家社科基金(刘艳红重点、欧阳本祺、陈道英一般、梁云宝后期资助),这项成绩主要归功于刑法团队,其他团队要奋勇向前。此外,今年我院取得全国文化名家暨"四个一批"人才工程研究项目1项、4项省社科基金课题(高歌1项重点、顾大松郑颖惠各1项一般、高翔1项自筹)、中国法学会项目2项(刘启川一般、冯煜清青年)、1项司法部课题(刘建利)、中国博士后流动站基金项目4项(刘建利、杨洁、孙海涛、吴志刚),汪进元、刘艳红、周少华和张洪涛4位教授获得"反腐败法治研究中心"基地重大项目立项资助(每项12万元)、欧阳本祺教授获得第十三批"六大人才高峰"高层次人才项目(4万元)、李川获得江苏省高校"青蓝工程"人才科研资助项目(学术带头人8万元)、单平基获得江苏省高校"青蓝工程"人才科研资助(优秀青年骨干教师2万元)、叶泉老师获国家海洋局项目"争议海域执法合作的国际法问题研究"(5万元)、江苏省法学会项目9项、江苏省社科应用精品工程课题1项、汪进元获南师大中国法治现代化研究院咨询项目1项(3万元)、单平基获中国民法研究会项目1项等。

今年我院横向课题8项,经费178.72万元。高歌10万元、胡朝阳15万元、叶泉5万元、徐伟97.88万元、顾大松16.87万元;叶树理教授国家发改委课题"招标投标法律制度实施情况、存在问题及改革完善建议研究"(24万元)、尹吉东海县人民检察院委托课题"认罪认罚从宽处理与刑事速裁机制研究"(10万元)、南京市江宁区人民检察院委托课题"职务犯罪预防法治创新研究"(10万元)、欧运祥"民营企业劳动关系"(4万元)、"能源领域PPP项目法律问题研究"(10万元)。

2015年我院课题立项经费共计753.084 5万元,因为2015年我院8项国家社科基金、顾大松老师500万横向课题一个。今年国社少了4项,同时也没有超百万的横向课题出现,所以总体经费少了225.485 2万元,但是较2015年以前的年份,2016年科研经费仍是最高的。

4. 《东南法学》办刊空间提高杂志质量上升。本年度5月份,《东南法学》杂志成功登陆中国知网(CNKI)。本年度5月13日,"《东南法学文存》启动仪式暨《东南法学》编委研讨会"召开,江苏致邦律师事务所建筑与房地产业务部部长沙永春律师赠予我院《东南法学》10万元办刊经费,用于编辑部支付稿酬、外审专家审稿、咨询费用等正常运营开支。自此,我院《东南法学》自2016年秋季卷起,稿酬上调为每千字100元。刊物文章来源大幅度提升,影响力也逐步提升。

继2015年12月4日我院与北京大学出版社签订持续出版合约之后,目前已出版欧阳本祺教授《刑事政策视野下的刑法教义学》,其他老师的书籍出版也在进行之中。继2015年东南大学出版社打造"东南学术文库",我院于2016年1月1日出版了张洪涛教授《法律的嵌入性》、戴庆康副教授《人权视野下中国卫生立法问题研究》2本书;2016年,我院成功入选顾大松副教授《房屋征收法律制度》、李川副教授《基于风险管控的社区矫正法律制度研究》。同时,《东南法学文存》进展顺利,海峡两岸刑法刘艳红、大数据王禄生、医事法陈玉玲、刘建利、反腐钱小平共5本书将于明年上半年4月份左右一起推出。

5. 学术交流活动跨上新台阶。本年度,学院积极举办、参加国内外重要学术会议,广泛开展对外学术交流。本年度,我院举办各类会议10余次,如成功举办"东南大学法学院恢复法科二十年暨法学院建院十周年活动"(2016.10.29)、"司法大数据应用与研究研讨会"(2016.12.17)、"法治反腐学术研讨会"(2016.6.7)、"医疗纠纷预防与处理法律机制研究研讨会"(2016.4.23)、与江苏博事达律师事务所联合举办"企业高管犯罪预防与控制研究中心"成立大会(2016.4.17)、承办江苏省法学会立法学研究会成立大会暨2016年年会(2016.10.27)、江苏省社会法学年会(2016.12.3)、江苏省法学会港澳台法律研究年会(2016.12.17)、江苏省法学会工程法学年会(2016.12.30)等等。全院教师参加各种国内外学术活动100余人次,其中主要有新形势下法治政府建设研讨会、中国刑法学年会、中国行政法学年会等国际国内学术会议。接待华中科技大学法学院、西南财经大学法学院、长沙理工大学法学院等多个单位来院交流,举办专家学术讲座20余场,其中尤其以"东大法科恢复20周年暨建院10周年系列讲座"最为引人注目,学术影响与学术效应叠加,社会各界赞誉如潮,东南大学法学院在学界和社会各界的知名度大大提升。参与讲座的国内教授主要有:张文、冯象、苏力、张卫平、王利明、冯象、吴汉东、黎宏、于立深、魏建国、周洪波、杜宇等,在国内外引发了良好的学术反响,并使学院的外部评价和口碑又上升到了一个新高度。

五、国际化交流与合作迈上新台阶

本年度,我院积极举办国际性学术会议,积极邀请境外、国外学者来我院进行学术讲座,积极鼓励我院师生参加国际性学术会议,学院努力创造一切条件推动我院办学国际化。

1. 首次与国外大学签订交流合作协议。本年度,我院积极拓展并成功开拓国际交流渠道。2016年5月31日,与美国天普大学法学院签订交流合作协议《合作与交流谅解备忘录》;2016年10月28日,与香港城市大学法学院签订《学生交换计划书》;2016年11月5日,与日本早稻田大学法学院签订合作交流协议;与以上国外境外大学的交流合作协议,将会推动我院师生与海外大学在师资互派、教学科研合作、资源共享等方面展开合作,有利于进一步推动我院发展的国际化,与学校"双一流"建设要求更相匹配。一次性签订3所国外境外大学的交流与合作协议,这在我院历史上尚属首次;这同时也是我院首次与国外大学的合作,以往我院只有与境外大学的合作。2016年11月4日,日本首都大学法学院星舟一郎教授等来访;2016年11月14日,美国威斯康星大学来访。两校来访均为洽谈学院师生交流与合作事宜。

2. 创造条件推动SSCI期刊论文发表。如何打造高水平的国际学术论文,使我院师生能够实现SSCI零发表的突破,是2015年法学院工作重点。为此,学院展开了一系列活动推动此项工作的进行。本年度,交通法团队杨洁讲师、民商法团队冯煜清副教授,实现了我院SSCI发表零的突破,这意味着我院前期所做的SSCI发表推动工作是卓有成效的。2017年,我院将坚定不移继续推动此项工作顺利进行,争取每年有2~3篇SSCI期刊论文发表。

3. 举办或参加国际性的学术会议。本年度,全院教师积极参加各种国际性学术会议20余人次,包括刘艳红教授参加第十届韩中刑法学术研讨会、孟鸿志教授参加第十二届中日公法学国际研讨会、肖冰、汪进元教授与国际法教研室全体参加"'两岸四地'法治论坛暨2016年年会"、欧阳本祺教授、钱小平副教授参加海峡两岸暨第十一届内地中青年刑法学者高级论坛、戴庆康副教授参加FIDIC(国际咨询工程师联合会)国际合同使用方研讨会、钱小平副教授参加"反腐败执法中美双边研讨会"、刘建利、高翔副教授参加第一届中欧卫生法国际研讨会、高翔副教授参加"法治与改革国际高端论坛"、交通运输研究委员会年会等。

4. 积极邀请国外境外学者举办学术讲座。本年度,学院积极邀请国外与境外专家到我院举办学术讲座,讲座学者涉及的国别与境外区域范围之广,为我院之最。主要有:美国天普大学桑国亚教授"美国法律制度与律师思维"(2016.3.23)、美国哥伦比亚大学教授李本(Benjamin L. Liebman)"司法改革热点问题深度谈中国司法改革的美国视角:差异和共同的挑战"(2016.4.8)、台湾政治大学法学院董保城教授"从依法行政到依WeChat行政"(2016.4.21)、德国波恩大学教授金德豪伊泽尔教授夫妇"秩序、音乐与法律"的讲座(2016.9.1)、日本早稻田大学教授甲斐克则"过失、危险的防止与(刑事)责任的承担"(2015.11.5)、我国香港城市大学法学院院长Geriant Howells"产品责任:比较法视角"(2016.10.28)、我国台湾地区王泽鉴教授"不当得利的类型化发展——建构一个可操作的规范化体系"(2016.11.22)、台湾大学法学院陈自强教授"契约违反体系的构成"等系列讲座。

六、教学改革与人才培养又创佳绩

1. 特色学科办学取得新进展。本年度,继续探索我院"交叉性、团队式、实务型"的办学模式。积极组织工程法团队进行教材修改、案例教程写作、教学论文写作等一系列活动。2016年6月3日,组织召开工程法学科建设与人才培养研讨会,东南大学副校长吴刚出席会议并讲话,教务处、研究生院、社会科学处、土木工程学院、交通学院等单位负责人、师生代表和南京地铁集团、江苏致邦律师事务所等50余人参加了会议。会议总结工程法学科建设与人才培养8年来的发展经验,促进工程法交叉学科的进一步发展。2016年12月,学院以"基于多学科交叉协同的复合型法律人才培养模式创新与实践"为题,向校教务处预申报江苏省和国家教学成果奖。改善交叉学科办学条件,申请教务处、实验设备处改善办学条件专项经费。申报教育部改善办学条件经费项目，获批"法学实践实验教学平台建设"（教务处）和"交通法实验室建设"（设备处）两个专项，到账建设经费136万元。

2. 教学质量工程成绩突出。（1）课程和教材建设取得省及学校立项支持。本年度，周佑勇教授组织编写的《工程法学》获得省级重点教材，我院获得2门校第四批通识课程重点立项支持（2016年9月28日东南大学教务处，第四批通选课程建设经费下拨名单：刘建利"医事与法律的对话"、朱常宝"知识产权"，均为重点项目，经费各2万元）；第一批校级研讨课年度检查，我院四门课程全部顺利通过检查，分别是："刑法前沿案例研讨"（李川）、"民法与环境法的对话"（单平基）、"人权法专题"（龚向和）、"公民基本权利案例研究"（张雪莲）。（2）教师荣获多项教学类奖励。2016年6月，刘艳红教授荣获"江苏省教育工作先进个人"荣誉称号；2016年6月15日，王禄生获首届卓越联盟高校青年教师教学能力大赛一等奖；2016年5月王禄生副教授在第十二届"吾爱吾师——我最喜爱的老师"评选中，荣获法学院"最受欢迎老师"称号；2016年单平基老师获2015—2016学年教学奖励金个人奖一等奖；2016年6月，王禄生、王薇薇获得东南大学中泰国立奖教金二等奖（东南大学，2016）；本科生罗时雨、丁心叶荣获校长奖，66人获得课程奖；本科司法考试情况：47人报名，13人通过，通过率是27%。（3）学术实践教学与教学质量工程质量优秀。学生申报立项SRTP项目22个，较前两年都大幅提高。孟鸿志、李建利等教师指导学生国家级和省级SRTP项目共5项；2016年基于教师科研项目2项（张雪莲、李川）；参加第六届大学学术论文报告会，我院共提交论文5篇，其中，孟鸿志老师指导的基于教师科研项目结项论文《国家赔偿中精神损害赔偿实证研究》（报告人：马文博）和单平基老师指导的基于教师科研项目结项论文《占有的体素和心素》（报告人：赵文华）被遴选为第七分会场（人文社科组）参会论文，马文博同学和赵文华同学分别在会上作了学术报告。经过专家评委现场评议，这两位同学的报告均被评为本届大学生学术报告会"优秀报告"，赵文华同学的报告荣获本届大学生学术报告会"十佳报告"（人文社科组唯一的十佳报告）。

3. 本科生教学与推免等各项工作有序开展。本年度，围绕本科生教学与人才培养等领域，学院主要展开了以下工作：（1）积极有序推进本科生重点学科与教学质量验收，以及本科生培养方案修订等一系列活动。（2）组织"十二五"江苏省省级重点（法学）专业结项验收，组织撰写提交重点专业验收报告，参加并通过教务处组织的专家验收。现等待教育厅的最终审核。（3）组织撰写《法学院2015年本科教学质量年度报告》，报告总字数1.1万字，系统梳理总结我院2015学年本科教学情况。年度报告提交教务处通过验收。（4）组织讨论并修订2017级本科培养方案及教学大纲修订，配合学校"精品文科工程"，对2017级法学本科培养方案进行再次修订。法学院所提交的培养方案（草案）基本获得教务处认可。（5）根据2016年免研政策，计算免研绩点，起草法学院免研细则。最终推选出11位同学，并且如愿以偿地被录取到心仪的院校和专业。（6）本年度，我院法学辅修正式首次开班，目前全校有55人在修。（7）本年度，我院本科生对外交流情况良好，对台交流本科生有9人，春季交流的4位同学的学分替换工作已完成；2016年秋季的纪雨欣正在台湾交流学习；即将于2017年春季出国（境）的4名同学正在办理手续，在我校的下学期选课和申请缓考事宜也即将进行。（8）本年度，我校其他院系共有8名学生转入法学院学习。(9)本年度,我院共有50名任课教师开设了65门本科课程,其中,全校通识课和校级研讨课21门,辅修课程4门。本年度授课老师的50人中,有11位教授、29位副教授、10位讲师,教授、副教授为本科生上课的比例较高。本年度专任教师中教授为本科生授课比例占22%,副教授为本科生授课比例占58%。本学期开出4门双(英)语课程(国际公法学、国际经济法学、国际私法学、英美法律制度)、3门系列专题课(不动产征收法专题、工程法专题、犯罪学专题)和2门新生研讨课(法理学导论、法学学科导论)。各个方向的带头人联合讲授的新生研讨课"法学学科导论"获得学生的一致好评。

七、学生思政与党务党建常抓不懈

本年度,我院借力"两学一做",基层党建成效显著。主要有以下成绩:

党建工作成效显著,荣获多项荣誉称号。本年度以来,我院各级党组织、广大党员干部认真学习习近平总书记系列重要讲话精神,积极开展党的群众路线教育实践活动和"两学一做"专题学习活动,在推进学院发展的各项工作中,开拓创新、奋发进取,取得了显著成绩,涌现出一大批先进集体和优秀个人,他们带头服务师生、带头遵纪守法、带头弘扬正气,发挥了党员的先锋模范作用,为世界一流大学建设做出了学院应有的贡献。2016年6月,我院刘艳红教授荣获"江苏省教育先进个人工作者(优秀共产党员)荣誉称号";2016年6月26日,我院刑法教工党支部获评校"先进基层党组织",我院教师王禄生副教授荣获"校优秀共产党员"荣誉称号,法学院大四本科生杨宇航荣获"校优秀共产党员"。我院刘艳红教授当选中国共产党江苏省第十三次代表大会代表,并于2016年11月16日—22日参加中国共产党江苏省第十三次代表大会;2016年11月30日,刘艳红教授向全校基层党委传达省第十三次党代会精神,有效地发挥了党员模范带头作用。

严格履行党建责任,扎实推进党建工作。学院党委班子成员分工负责,相互协作,在工作中认真履行本职岗位职责,同时对分管领域的党风廉政建设负责,履行"一岗双责"的情况良好。

学院一直坚持实行党政联席会议制度和"三重一大"集体决策制度,凡院内重大事项决策、重要干部任免、重要项目安排和大额度资金的使用,遵守"集体领导、民主集中、个别酝酿、会议决定"的原则和程序规定,经党政联席会等集体讨论,以少数服从多数原则作出决定。2016年修改了《法学院"三重一大"决策制度实施办法》。坚持两周一次召开党政联席会(特殊情况下临时召开),全年共召开20次党政联席会(有较为详细的会议记录),讨论决定属于"三重一大"事项内容30余项。做到公开、公正、透明,采用多种方式征求教职工意见的基础上经过讨论形成决定。

抓好党支部建设。2016年顺利完成了各党支部的换届选举工作,将政治素质好、业务能力强的年轻教师和责任意识、品学兼优的学生选入党支委。院党委注重教工支部围绕学院中心工作、学生支部围绕成长成才开展活动;每个支部每学期至少开展一次有特色的党日活动,开展最佳党日评比。

加强思想政治教育工作,强化师德师风和教风学风建设。学院根据当年学生思想实际以思想政治教育和人生规划教育为阵地,充分利用新媒体与传统模式的结合,借助各种平台,采取正面教育和引导教育相结合,针对不同层次不同思想状态用不同方法开展思想政治教育工作。法学院的思想政治教育工作以社会主义核心价值观教育为重点,加强大学生思想政治教育;关注学生日常思想动态,结合学校、学院各项工作和活动,紧紧抓住社会主义核心价值观中"自由""平等""公正""法治"的理念,凸显专业特色,帮助大学生树立正确的人生观、价值观和世界观。

学院将日常管理工作整体定位为育人成才的"第二课堂",并且紧密联系"第一课堂",践行社会主义核心价值观,开展诚信教育、资助育人教育和感恩教育等各类主题教育活动。借助院庆进行爱院、荣院教育。今年恰逢东大法科恢复20年暨建院10周年,借此契机开展了一系列活动,提高学生的东大法律人的认同感,以及爱院、荣院意识。

经济管理学院

2016年,学院深入贯彻党的十八大、十八届六中全会精神和习近平总书记系列讲话精神,秉承"创新才有未来"的理念,肩负"育胸怀天下英才,铸通达古今新知"使命,为实现"桃李天下皆有为"的学院愿景,锐意进取、开拓创新,持续推动学科建设、人才培养、科研研究、师资队伍建设和国际化办学等方面的跨越式发展。

一、学科建设

根据国家到2020年"重点建设一批具有较大影响力和国际知名度的高端智库"的目标,学院组织申报成立东南大学国家发展与政策研究院,经过专家论证会、两次校长办公会,最终获得学校批复。2016年11月,"东南大学国家发展与政策研究院"正式揭牌成立,研究院院长华生教授做首场学术报告,开启了国家级高端智库建设工作。

根据学校学科评估工作部署,学院动员全院力量、整合全院资源,组织完成管理科学与工程、应用经济学、工商管理、图书情报与档案管理等4个一级学科,以及工商管理、会计学2个专业硕士学位点参加全国第四轮学科评估申报工作,为在新一轮学科评估中获得佳绩奠定坚实的基础。组织图书情报与档案管理学科参加江苏省硕士学位授权一级学科点评估工作,管理学科与工程学科和应用经济学学科积极申报江苏省"十三五"省重点学科申报,并已顺利获评。

2016年学院获得东南大学"统筹支持一流大学和一流学科建设"中央专项经费315.5万元,其中《社会科学总论》和《经济学与商学》ESI专项200万元,"双一流"人文社科学科建设经费115.5万元。学院专款专用,用于学科建设仪器设备购置94.65万元,图书购置15.75万元,实验室修缮20.85万元,资助教师出版专著59万元,参加国际学术会议84.92万元。在学科建设经费支持下,学院在ESI建设、国际合作交流、专著出版等方面取得了突出成果。

二、人才培养

为了全面提高人才培养质量,学院以"提高本科人才培养质量"为主题,召开学院战略研讨会;组织"联动·2016"产学研合作论坛,邀请数十家企业的50余名产业教授、校外指导教师等产业界人士与学院师生共话人才培养,持续推进研究生教育和本科生培养改革。

本科生培养方面,全面修订了本科教学大纲;获国家级精品资源共享课1门;获得教育部等各类本科建设课程8门,开建首批10门院控平台课程;获江苏省高等学校重点教材立项1项,获校级教材立项1项,1篇案例被收录至中国管理案例共享中心案例库;新增教改项目1项,出版教改论文1篇。2016年,除因病休养两名老师外,教授、副教授均承担了本科生教学任务。129位专职教师累计授课326门次,人均承担本科生课程约2门次。获教学奖励金一等奖2名、二等奖3名,2位教师获得江苏省第二届"互联网+"大学生创新创业大赛优秀指导教师称号(等同获得江苏省教学成果奖)。2016年,355名本科生完成毕设,获校优论文11篇,省优推荐1篇。

研究生培养方面,全面修订了研究生培养方案。以三个一级学科为单元,完成硕士研究生学位论文盲审198人次。获得江苏省优博1项(全校13项)、省优硕5项(全校27项),获得江苏省国际金融学会2016年优秀课题报告评选省级一等奖。新建省研究生企业工作站1个,开设硕博士课程133门,聘请国外知名学校教授全英文授课课程5门。2016年,获得5项省立省助博士生创新基金项目、8项省立校助博士生创新基金项目、2项省立校助专硕创新基金项目。获得校优博论文培育对象项目1项。7名研究生获得全国研究生数模竞赛奖。

三、科学研究

2016年我院申报和获批国家社会科学基金、国家自然科学基金、教育部人文社科基金、江苏省科研项目数创历史新高。2016年我院获得16项国家自然科学基金,4项国家社会科学基金,共获40余项省部级科研项目。举办了近80场学术讲座,出版20本专著,获奖论文80余篇,获奖论文数较上一年度增长74%。2016年获江苏省第十四届哲学社会科学优秀成果奖9项,其中一等奖2项、二等奖3项、三等奖4项;获江苏省教育科学研究成果奖9项。2015年被收录论文:SSCI论文21篇、SCI论文34篇、EI论文39篇、CPCI论文14篇、表现不俗论文20篇,合计收录论文128篇。

四、师资队伍建设

2016年度,学院积极动员,认真组织"千人计划""万人计划"和"长江学者"等国家人才计划申报工作,在东部高校不能申报"长江讲座教授"、经管学科不能申报"青年千人"的不利背景下,普渡大学孔楠副教授用数学学科申请"青年千人"并入围答辩;在江苏省第五期"333工程"推荐申报工作中,舒嘉、邱斌、陈淑梅等3人入围第二层次培养对象,李守伟入围第三层次培养对象;吕鸿江获评江苏省"青蓝工程"中青年学术带头人。

一年来,学院从海内外知名高校引进4名优秀青年博士,其中教授1名、副教授1名,进一步优化了师资队伍的结构。在职教职工人数达到151人,博士教师比例为82%,较2015年进一步提高,高于学校平均水平。

五、多层次、多样化开展国际化办学与合作交流

东南大学蒙纳士大学联合研究生院国际商务专业的合作办学续期工作相关文件已提交教育部,双方合作将进入新的发展阶段。完成东南大学法国雷恩一大联合研究生院应用经济学专业的合作办学申报工作。依托与法国雷恩一大经济科学学院以及美国福特汉姆大学的合作,邀请国际师资开展高水平授课。

留学生培养工作取得新成绩。2016年学院共招收海外留学生近30人,20余名留学生顺利毕业并获得相关学位。20余名学生参加福特汉姆大学等国际交流项目,接收来自法国达芬奇大学中心等海外高校的10余名交换生。

学院主办"第八届国际行为操作管理研讨会",邀请Gad Allon教授(宾夕法尼亚大学)、Ernan Haruvy教授(得克萨斯大学达拉斯分校)、Sanjay Jain教授(得克萨斯大学达拉斯分校)、Aks Zaheer教授(明尼苏达大学)做大会报告,来自海内外学者400多人参加会议。

六、学生教育管理

2016年,我院坚持"经管先锋"学生工作品牌建设和人才培养目标,不断加强和改进学生工作,切实推进学生素质拓展,取得新成效。围绕职业生涯发展和成长推进组织学生参加9个系列的"先锋"素质项目训练。组织第十二届"春到九龙"大型体育竞赛暨风筝节、第三届"至善东南"在宁高校研究生财经论坛、"京东杯"物流仿真设计大赛、"职在四方"——东南大学第十二届挑战CEO(首席执行官)校园精英大赛、校内各类创新创业大赛等活动,学生素质全面提高。

获得"创青春"全国大学生创业大赛金奖五项,"建行杯"第二届中国"互联网+"大学生创新创业大赛金奖两项、银奖两项、省级二等奖,"郑明杯"第五届全国大学生物流设计大赛二等奖,第六届全国大学生电子商务"创新、创意及创业"挑战赛二等奖和省级特等奖、二等奖、三等奖,第三十六届国际企业管理挑战赛中国赛区三等奖、第五届江苏省安全知识竞赛一等奖、江苏省高校国旗护卫队比武大赛一等奖、团中央学校部"千校千项""匠心正能量"荣誉称号、"调研中国"项目全国三等奖及最具媒体影响力奖等多项荣誉。

七、EMBA获跨越式提升、MBA步入快速发展轨道、EDP(高层管理者培训与发展中心)实现"零"到百万的突破

2016年,经管商业领袖高级教育中心在EMBA、MBA、EDP三大领域同步推进。EMBA中心在完善、研发符合当今时代发展的课程体系的基础上,创新宣传推广模式,采用自媒体"点到点"推送等,在3月—10月的招生黄金期密集展开,效果显著,EMBA招生首次完成额定100人指标;学生活动"动静相宜",带领EMBA学员参加海峡两岸及香港、澳门EMBA个案挑战赛、第十一届戈壁挑战赛、第一届国际商学院商道徒步挑战赛等,均取得不俗成绩;推动"东南汇"系列校友活动,包括"经管先锋说"论坛沙龙、高端人才招聘会、移动课堂等形式,聚集资源,打造增值平台,提升项目附加价值。EDP中心从需求调查、课程研发、教学实施到课程跟踪,已经形成一套完整的工作体系,针对大型企业、政府

机关展开深度合作,课程开办取得突破性进展,全年创收110万元。

加强MBA教学案例建设,在2016年度全国MBA培养学校管理学院院长联席会议上,我校被评为第六届全国百篇优秀管理案例评选"最佳组织奖"。多人荣获优秀MBA创业奖、中国MBA"新秀100"等光荣称号。学院成立AACSB(美国管理商学院联合会)国际认证办公室,并成功向AACSB申报评估,分管院长带队多次参加AACSB举办的研讨会,邀请海内外多名专家到校做辅导和专题研讨报告,推动学院进入国际化、规范化快速发展的轨道。成立了《东南经管评论》杂志社和编委会,并向国内外名家约稿。

电气工程学院

电气工程学院在职教职工共90人,有教授26人、博士生导师33人(含兼职博导3人)、副教授和高级工程师32人。有兼职院士2人,IEEE会士1人,IET(英国工程技术学会)会士2人,国家优秀青年基金获得者1人,教育部"新世纪优秀人才支持计划"人选1人,江苏省"333高层次人才培养工程"6人(12次),"六大人才高峰"高层次人才15人,"青蓝工程"优秀青年骨干教师5人,"青蓝工程"跨世纪学术带头人2人,"青蓝工程"中青年学术带头人7人,享受国务院政府特殊津贴的教师2人,江苏省优秀青年骨干教师3人,国务院学位委员会第七届学科评议组成员1人,教育部优秀青年教师资助计划1人,江苏省有突出贡献中青年专家1人,江苏省优秀科技工作者4人。

一、党群工作

获学校"最佳党日"活动评选一等奖和三等奖各1项,其中"正心于身·明德天下"活动代表学校上报江苏省教育工委组织的评比。

完成学院党支部换届工作。

制定《东南大学电气工程学院教职工代表大会实施办法》,选举产生学院第一届教职工代表大会代表27名,召开学院第一届教职工代表大会第一次会议。

完成部门工会换届,产生新一届部门工会委员会,时斌、吴熙、蒋莉、缪江、魏彬等五位任工会委员。

组织教职工参加校第二十三届教职工田径运动会,获得乙组男女团体总分第二名;参加校2016年教职工羽毛球比赛,获男子单打第一名、双打第三名。黄允凯老师参加校教工羽毛球男队,荣获第五届在宁高校羽毛球团体比赛第三名。

二、人才培养

国际化人才培养方面:选派8名研究生赴英国伯明翰大学参加双学位硕士培养;招收海外学历留学博士生3名,硕士生4名;6名本科生赴境外高校学习。

培养质量方面:获省优硕论文3篇,校优博论文1篇;获省研究生科研创新计划项目13项。参加研究生数模竞赛149人(位列全校第二),25人获全国二等奖,26人获全国三等奖。8人获第九届全国大学生节能减排竞赛全国三等奖。获美国大学生数模竞赛国际一等奖2项、二等奖4项;电工数模竞赛全国一等奖1项、二等奖5项、三等奖3项;"三菱电机杯"电气与自动化大赛全国二等奖1项、三等奖1项;省电子设计大赛一等奖1项、二等奖2项;全国大学生数模竞赛省级一等奖3项、三等奖1项;成功举办2016年东南大学电子装配竞赛。

教学改革方面:"电气工程及其自动化专业导论"入选国家级精品视频公开课,《电机学》教材入选"十三五"省重点教材。完成省重点专业建设结题申报和2016级电气工程及其自动化专业"卓越工程师培养计划"修订,开设企业课程8门。新开选修课16门、研究型课11门、双语/全英文课16门,聘请美国IEEE会士讲授"电力市场基础"。完成电能系统、电力电子实验室设备更新改造和数字化变电站实验室设备调试。

三、科学研究

鼓励原创性研究,建立了8个学科交叉、研究方向明确的实体化研究所,完善了以绩效为导向的资源配置机制,促进大团队与大平台建设。

程明教授团队科技成果"强容错宽调速永磁无刷电机关键技术及应用"获国家技术发明二等奖,实现30年来学院国家奖突破。

获国家重点研发计划项目5项、国家自然科学基金项目7项、省自然科学基金项目6项、省产学研前瞻项目4项(占全校27%)。申请发明专利250项(占全校11.55%),发明专利授权160项(占全校12.23%)。

SCI收录论文90篇(人均接近1.5篇),35篇SCI论文入选2015年度表现不俗论文(比上年增长9篇),ESI高被引用5篇;EI收录论文140篇。

到账科研经费5 933.28万元(截至12月22日),位居全校第六,人均经费位列全校前列。

学术交流:邀请中国工程院院士、湖南大学罗安教授等到学院作学术报告。

四、师资队伍建设

授予美国国家工程院院士、亚利桑那州立大学教授Vijay Vittal东南大学客座教授荣誉称号。聘请中国工程院院士、海军工程大学马伟明教授为东南大学兼职教授。

成功申报"青年千人计划"1人,新增1名江苏省"六大人才高峰"高层次人才项目资助、1名江苏省"333高层次人才培养工程"第三层次人才项目资助、1名江苏省"青蓝工程"中青年学术带头人项目资助、校级优秀青年教师资助1名。

新增教授3人、副教授4人。现有68位专任教师,78%具有高级职称,47.7%为40岁以下,85.3%具有博士学位,具有半年及以上海外研修经历者占专任教师的58.8%。

超额完成人才引进,面试16人次,学校审批8人,4人为海外博士。

五、学生管理

本科招生连续5年生源质量名列全校各专业前列;硕士生免试比例连续三年超60%,"985"生源近50%;直博和硕博连读生超50%。

邀请用人单位348家,建立就业基地50余家,应届本硕博学生就业率100%,其中到国家重点及国防单位等超90%。

硕士142班获江苏省先进班级,160141班获江苏省先进班集体,周磊、王志宇获江苏省优秀学生干部,林明明获江苏省三好学生。

六、其他方面工作

举办第一届电力市场及电力规划技术论坛之"电力市场设计专题研讨会",中美专家就电力改革对电价和新能源的影响等进行研讨。

完成学院图书资料室书目数据回溯工作以及图书借还系统设备和家具的更新。

校友工作:接待3161班校友毕业50周年回母校。

外国语学院

2016年,在学校党政领导的关心、支持下,外国语学院以"十三五"改革发展规划为纲领,以扎实推进"双一流"建设为主线,全院师生求真务实,凝心聚力,各项工作蓬勃开展。重点事件如下:

1. 扎实深入开展"两学一做"学习教育,永葆共产党员的先进性,提高党组织的战斗力

(1) 5月4日,校党委易红书记专程来外国语学院调研并指导推动"两学一做"学习教育,充分肯定了学院前期工作,并对今后工作的开展作出重要指示。

(2) 在隆重庆祝建党95周年、红军长征胜利80周年之际,院党委表彰了一批在推进学校、学院建设进程中涌现的先进集体和优秀个人,以激励引导全院师生党员进一步创先争优。东南大学党委副书记郑家茂同志,校党委常委、组织部部长李鑫同志,校党委办公室主任冯建明同志,校党委宣传部部长毛惠西同志出席表彰大会;郑家茂副书记上"不忘初心,继续前进"专题党课。

2. 高水平人才队伍再扩大,青年教师培养有成效

(1) 陈美华教授获评江苏省教学名师

江苏省教育厅、中共江苏省委教育工作委员会联合发布了《省教育厅省委教育工委关于表彰江苏省教育工作先进集体和先进个人的决定》。东南大学外国语学院陈美华教授荣获江苏省"教学名师"称号。据悉,经学校推荐、专家评审、省教育厅审定,2016年度东南大学共2名教授入选江苏省"教学名师"称号。

(2) 马冬梅教授入选江苏省"333工程"第二层次培养对象。

(3) 张静宁副教授入选江苏省教育厅"青蓝工程"优秀青年骨干教师培养对象。

(4) 聘请客座教授2人:原日本爱知大学副校长砂山幸雄教授;国际期刊SSCI共同主编、香港大学博士生导师高雪松博士。

3. 为学校国际化人才培养添砖加瓦

(1) 6月27日—7月8日,东南大学—田纳西大学暑期英语夏令营在我校成功举行,田纳西大学师生代表团及本校选拔英语专业和非英语专业的300余名师生参加。本次夏令营规模较去年有大幅增长,双方参与人数都成倍增加,这是对去年首期夏令营的充分肯定。

(2) 4月9日,首届江苏省高校研究生公共外语教学高层论坛暨第四届东南大学研究生模拟国际会议在东南大学举行。来自南京大学、南京师范大学、南京理工大学等十八所江苏兄弟院校的同仁参加了本次论坛,外国语学院向省内同仁展示了东南大学研究生英语教改成果。作为教改成果之一的模拟国际会议展演于当天下午举行,经过教师推荐、视频海选,我校 8 个团队从本届 4 000 余名研一学生中脱颖而出,进入本次展演暨决赛。

体 育 系

体育系有在职教职工 77 人,其中专任教师 70 人,行政及工勤人员 7 人。专任教师中有教授 2 人、副教授 42 人、讲师 20 人、助教 8 人;博士学位教师 4 人,硕士学位教师 25 人,20 余人修完或在读硕士课程。2016 年新引进教师 1 人(杨文刚)、管理人员 1 人(杨阳)。退休 2 人(王勤、朱少华)。

一、学科建设与师资队伍

2016 年招收体育学一级学科研究生 4 人(苗爽、孙岩、丁聪、孙丹丹)。3 名硕士研究生毕业(江小牛、许琼、於晓慧)。4 名硕士研究生开题(陶源青青、韦扬、汤晨皓、王慧)。在校研究生 11 人。2 名研究生在学校就业,1 名研究生在企业就业。3 名硕士研究生(陶源青青、陈佩、李晓晨)在江苏省体育学硕士研究生创新论坛中分别获特等奖和一、二等奖;2016 年与美国伊利诺伊香槟分校合作联合培养硕士研究生(郭璠)。

体育系现有硕士生导师 6 人:蔡晓波、张惠红、章迅、刘龙柱、陈东良、韩军生。

张惠红教授申报的"跨文化视阈下青少年运动行为与健康促进的实证研究"获准立项国家社科基金项目;2016 年为提高我系科研水平,首设体育系系级课题研究项目。

2016 年入选教育部体育教学指导委员会委员 1 人(张惠红);入选定向越野国家队教练 1 人(尹红松);获批国际级裁判 2 人(方志、严华);引进海外博士 1 人(姬晶晶);被聘江苏体育科学学会学校体育专业委员会主任 1 人(蔡晓波);晋升副教授 3 人(方志、方云峰、黄忠辉);1 名教师(方元)被评为东南大学最受学生欢迎的教师。

二、体育教学

"大学体育"经过三年的建设,在教育部公布的首批 2 686 门"国家级精品资源共享课"课程名单中榜上有名,成为全国普通高校中唯一的一门综合性大学体育精品资源共享课程。在东南大学入选的 34 门本科课程中,涵盖了所有公共基础课。

"健身气功""乒乓球"二门课程,列为江苏省在线开放课程建设项目,以传播体育文化、传递体育资讯、帮助体育网络学习(微课程)的"东南大学体育系"微信公共平台,发挥了介绍东南大学学校体育文化、校园体育活动安排、体育锻炼基本知识,以及提供大学生自我学习、自我提高的平台的作用,在学校和社会有着良好的声誉和关注度。

2016 年在省教育厅对全省高校体育课程随机督查中,我校教师严格的课堂常规、规范的教学过程、良好的教学效果、饱满的精神状态得到了专家组的一致好评和省教育厅的高度赞扬。体育课程网上学生评教继续名列全校前茅。

三、群众体育

开展体育名人名队名赛进校园活动,通过开展高水平的比赛在校园内形成热爱体育、崇尚运动、健康向上的良好风气和浓厚氛围。我们先后邀请了美国总统健康顾问朱为模教授,乒乓球世界冠军刁文元与学生面对面,并承办各种全国比赛。通过体育名人、优秀运动队和优秀运动员进行讲座、比赛、面对面互动交流等形式,既欣赏了高水平体育比赛,又营造了良好的体育氛围,更能让我们的学生体验成功的不易和拼搏的重要。

以共青团中央、教育部、国家体育总局、全国学联等单位下发的"三走"活动为契机,整合学校已有做法,深化东南大学"三六三"群体竞赛体系,即以每年三次运动会(校学生田径运动会、校研究生轻运动会、各院系运动会)为龙头,六个特色项目(春季的全校性定向比赛、趣味运动会、阳光伙伴集体绑腿跑、秋季的拔河比赛、环九龙湖自行车、冬季的全校万人长跑比赛)为主线,三个层面活动〔校、院(系)、学生社团的各项比赛和活动〕为补充,形成了具有东南大学特色的课外竞赛体系,极大地丰富了学生的课外生活,让每个学生体验运动带来的快乐,在锻炼身体、磨炼意志的同时传递青春正能量。

社团活动有所起色。由体育系负责业务指导和训练,并多次在全国和省市获得优异成绩的我校学生定向越野社团,凭借其丰富的活动经验、专业的体育素养、强大的团队凝聚力从全国高校众多优秀社团中脱颖而出,荣获由团中央学校部、全国学联秘书处设立的"全国百佳体育公益社团"称号。举办了"一路有你"奔跑迎校庆校园马拉松,领导重视、参赛人数众多、媒体广泛关注、深受主办者好评(尤其是线上世界各地校友同时参与);成功举办了第58届运动会,首次实现了本科生、研究生、教工三合为一,是一次大展示、大联欢、大聚会。

四、运动竞赛

2016年,有202人次在109个项目上获得省和全国大学生比赛的前八名。其中人文学院周翌霖参加里约奥运会获得女子200米蝶泳第五名和亚洲锦标赛200米蝶泳冠军;张超同学获得全国大学生乒乓球锦标赛男子单打冠军;张亮获得全国大学生田径锦标赛男子400米栏的第一名。有1名教师和4名学生被聘国家定向越野队教练和入选定向越野国家队,先后参加了世界青年定向越野锦标赛和亚洲定向越野锦标赛;游泳队出访加拿大与国际知名大学进行交流、比赛。

积极备战第十三届全国学生运动会,有31人在游泳、田径、乒乓排球等项目上入选江苏代表队初步名单,同时组建了江苏省运动会高校部普通运动队,并在省和市普通大学生比赛中取得优异成绩。

五、科研与学生体质

作为全国学生体质监测点,2016年组织了我校2 500余名学生参加全国学生体质健康监测工作,学生体质全面提升,全校学生《国家学生体质健康标准》合格率达到94.17%。

张惠红教授主持的国家社科基金项目"青少年体育锻炼习惯形成内在因素的跨文化

研究"于 2015 年 2 月通过成果验收并获批结项。2015 年共立项校级以上课题 4 个,共计公开发表论文 11 篇,其中 EI 收录 2 篇、CSSCI 引源 1 篇、CSCD 引源 1 篇。为提高我系科研水平,2015 年首设体育系系级课题研究项目 6 项。

六、党建工作

2016 年,在校党政的正确领导下,系总支带领班子成员认真履行职责,本着"工作思路抓创新、基础工作抓规范、重点工作抓特色、责任机制抓完善"的原则,扎实推进各项工作。

坚持深化学习,以党建工作为龙头,切实加强思想理论建设和作风建设。把学习贯彻党的十八届四中、五中、六中全会精神和习近平总书记"七一"讲话精神作为教育学习的首要任务。

强化思想引领和目标管理,加强基层服务型党组织建设。认真抓好政治理论学习,努力提高党员队伍素质。不断强化党总支工作目标的管理,强化党员管理工作。坚持知行合一,着力突出整改实效,巩固"三严三实"专题教育成果;扎实开展"两学一做"学习教育。能够突出责任落实,强化示范带动。

七、场地建设

完成了四牌楼操场塑胶跑道面层的喷涂;申报教育部并获准改善办学条件 2 项计 1 000 余万元;积极参与游泳馆建设的相关工作(进入设计、招标);完成了东南大学百年体育文化长廊建设。

八、服务社会

服务全省高校的省高教学会体育研究委员会和大学生体育协会定向越野分会、健身气功分会;完成面向全省大一新生的身体素质测试、督查、汇总、总结工作;负责全省 6 000 余所各级各类学校的《国家学生体质健康标准》上报工作。

承办了全国啦啦操锦标赛、全省高校的健身气功和定向越野比赛。

附:1. 2016 年东南大学体育系新晋国际级裁判员名录
    2. 2016 年东南大学学生参加省级以上体育竞赛成绩一览表
    3. 2016 年东南大学《国家学生体质健康标准》情况分析

附件1

2016年东南大学体育系新晋国际级裁判员名录

乒乓球：方　志
龙　舟：严　华

附件2

2016年东南大学学生参加省级以上体育竞赛成绩一览表

序号	大项	小项	比赛名称	姓名	名次	地点	时间
1	游泳	200米蝶泳	里约热内卢奥运会	周翌霖	第五名	巴西	8月
2	游泳	200米蝶泳	亚洲游泳锦标赛	周羿霖	第一名	日本	11月
3	游泳	200米蝶泳	全国游泳冠军赛	周羿霖	第一名	佛山	4月
4	游泳	男女团体	江苏省大学生游泳锦标赛	游泳队	第一名	南京	5月
5	游泳	男子团体	江苏省大学生游泳锦标赛	男子游泳队	第一名	南京	5月
6	游泳	女子团体	江苏省大学生游泳锦标赛	女子游泳队	第一名	南京	5月
7	游泳	100米混合泳	加拿大大学生超级联赛硅谷站、布鲁克站	崔卜丹	第一名	加拿大	10月
8	游泳	400米自由泳	加拿大大学生超级联赛硅谷站、布鲁克站	崔卜丹	第一名	加拿大	10月
9	游泳	200米自由泳	加拿大大学生超级联赛硅谷站、布鲁克站	崔卜丹	第一名	加拿大	10月
10	游泳	200米混合泳	加拿大大学生超级联赛硅谷站、布鲁克站	崔卜丹	第一名	加拿大	10月
11	游泳	50米自由泳	加拿大大学生超级联赛硅谷站、布鲁克站	崔卜丹	第一名	加拿大	10月
12	游泳	400米自由泳	第十六届全国大学生游泳锦标赛	崔卜丹	第二名	鄂尔多斯	7月
13	游泳	800米自由泳	第十六届全国大学生游泳锦标赛	崔卜丹	第二名	鄂尔多斯	7月
14	游泳	100米仰泳	江苏省大学生游泳锦标赛	孙岩	第一名	南京	5月
15	游泳	50米仰泳	江苏省大学生游泳锦标赛	孙岩	第一名	南京	5月
16	游泳	50米自由泳	江苏省大学生游泳锦标赛	王博远	第二名	南京	5月
17	游泳	50米蝶泳	江苏省大学生游泳锦标赛	王博远	第三名	南京	5月
18	游泳	50米蛙泳	江苏省大学生游泳锦标赛	刘皓瑜	第三名	南京	5月
19	游泳	200米蛙泳	江苏省大学生游泳锦标赛	刘皓瑜	第三名	南京	5月
20	游泳	50米自由泳	加拿大大学生超级联赛硅谷站、布鲁克站	王牧	第六名	加拿大	10月

(续 表)

序号	大项	小项	比赛名称	姓名	名次	地点	时间
21	游泳	100米仰泳	加拿大大学生超级联赛硅谷站、布鲁克站	王 牧	第六名	加拿大	10月
22	游泳	50米仰泳	全国大学生游泳锦标赛	王 牧	第六名	鄂尔多斯	7月
23	游泳	50米自由泳	江苏省大学生游泳锦标赛	王 牧	第二名	南京	5月
24	游泳	50米仰泳	江苏省大学生游泳锦标赛	王 牧	第一名	南京	5月
25	游泳	50米蝶泳	江苏省大学生游泳锦标赛	汤 澄	第三名	南京	5月
26	游泳	100米蝶泳	江苏省大学生游泳锦标赛	汤 澄	第三名	南京	5月
27	游泳	50米仰泳	江苏省大学生游泳锦标赛	金 璐	第二名	南京	5月
28	游泳	100米仰泳	江苏省大学生游泳锦标赛	金 璐	第三名	南京	5月
29	游泳	100米仰泳	江苏省大学生游泳锦标赛	陆宇航	第二名	南京	5月
30	游泳	200米仰泳	江苏省大学生游泳锦标赛	陆宇航	第三名	南京	5月
31	游泳	200米蝶泳	江苏省大学生游泳锦标赛	苗 棚	第三名	南京	5月
32	游泳	100米蝶泳	江苏省大学生游泳锦标赛	张赟圣	第二名	南京	5月
33	游泳	400米自由泳	江苏省大学生游泳锦标赛	张赟圣	第一名	南京	5月
34	游泳	400米混合泳	江苏省大学生游泳锦标赛	张赟圣	第二名	南京	5月
35	游泳	100米仰泳	江苏省大学生游泳锦标赛	王竟成	第三名	南京	5月
36	游泳	200米仰泳	江苏省大学生游泳锦标赛	王竟成	第一名	南京	5月
37	游泳	50米蝶泳	江苏省大学生游泳锦标赛	刘雍翡	第二名	南京	5月
38	游泳	100米蝶泳	江苏省大学生游泳锦标赛	刘雍翡	第二名	南京	5月
39	游泳	200米蝶泳	江苏省大学生游泳锦标赛	刘雍翡	第一名	南京	5月
40	游泳	50米蛙泳	江苏省大学生游泳锦标赛	朱世聪	第一名	南京	5月
41	游泳	200米蛙泳	江苏省大学生游泳锦标赛	朱世聪	第一名	南京	5月
42	游泳	200米混合泳	江苏省大学生游泳锦标赛	朱世聪	第三名	南京	5月
43	游泳	400米混合泳	江苏省大学生游泳锦标赛	王 冉	第三名	南京	5月
44	游泳	200米蝶泳	江苏省大学生游泳锦标赛	王 冉	第二名	南京	5月
45	田径	跳高	江苏省大学生田径锦标赛	丁 天	第一名	南京	5月
46	田径	400米	江苏省大学生田径锦标赛	张 亮	第二名	南京	5月
47	田径	400米栏	江苏省大学生田径锦标赛	张 亮	第三名	南京	5月
48	田径	400米栏	全国大学生田径锦标赛	张 亮	第一名	泉州	7月
49	田径	跳高	江苏省大学生田径冠军赛	丁 天	第一名	南京	11月
50	定向越野	M21E 百米定向	全国学生定向锦标赛	冼嘉成	第三名	黔西南布依族苗族自治州	7月

(续 表)

序号	大项	小项	比赛名称	姓名	名次	地点	时间
51	定向越野	W21E接力赛	江苏省定向越野锦标赛	戴 斐 黄 翔 陈俊兰	第一名	南京	10月
52	定向越野	M21E接力赛	江苏省定向越野锦标赛	冼嘉成 莫巨宏 陈秋实	第二名	南京	10月
53	定向越野	M21E百米定向	江苏省定向越野锦标赛	冼嘉成	第一名	南京	10月
54	定向越野	W21E短距离	江苏省定向越野锦标赛	黄 翔	第三名	南京	10月
55	定向越野	W21E中距离	江苏省定向越野锦标赛	黄 翔	第三名	南京	10月
56	定向越野	W21E中距离	江苏省定向越野锦标赛	戴 斐	第二名	南京	10月
57	定向越野	W21E百米定向	江苏省定向越野锦标赛	张艺轩	第二名	南京	10月
58	定向越野	W21E短距离	江苏省定向越野锦标赛	戴 斐	第一名	南京	10月
59	乒乓球	男子单打	中国大学生乒乓球锦标赛	张 超	第一名	唐山	12月
60	乒乓球	男子双打	江苏省大学生乒乓球锦标赛	张 超 杨 亮	第一名	南京	10月
61	乒乓球	混合双打	江苏省大学生乒乓球锦标赛	张 超 高红梅	第一名	南京	10月
62	乒乓球	男子单打	江苏省大学生乒乓球锦标赛	杨 亮	第二名	南京	10月
63	排球（女）	沙排	江苏省大学生沙滩排球比赛	卢静雯 金晨晨	第一名	南京	8月
64	跆拳道	跆拳道	江苏省大学生跆拳道锦标赛	华志登	第二名	南京	6月
65	跆拳道	跆拳道	江苏省大学生跆拳道锦标赛	李琳华	第二名	南京	6月
66	跆拳道	跆拳道	江苏省大学生跆拳道锦标赛	李周玉萌	第二名	南京	6月
67	啦啦操	双人街舞自选	2015—2016年全国啦啦操联赛总决赛	浦智慧 沈伶佳	第一名	南京	7月
68	网球	男子双打	江苏省大学生网球赛	窦唯靖 刘 雨	第一名	南京	5月
69	棒垒球	棒垒球	江苏省大学生慢投垒球比赛	惠文云 王佩瑶 詹嫣红 董丽枫 陆馨杭 苏蕊花 叶欲宽 马绍晏 廖德莉 班靖康 胡 伟 全王森 赵士豪 段康垚 毛健楠 王圣勋 许毓芸 郭挺照 郭必成	二等奖	盐城	5月

附件 3

2016 年东南大学《国家学生体质健康标准》情况分析

一、2016 年我校《标准》等级总分析

			优秀	良好	及格	不及格	总人数
2016 年度	大一	人数	29	581	2 642	198	3450
		百分比	0.84%	16.84%	76.58%	5.74%	
	大二	人数	43	798	2 498	139	3478
		百分比	1.24%	22.94%	71.82%	4.00%	
	大三	人数	32	602	2 610	227	3471
		百分比	0.92%	17.34%	75.19%	6.54%	
	大四	人数	31	697	2 931	272	3931
		百分比	0.79%	17.73%	74.56%	6.92%	
总体	全校	百分比	0.94%	16.89%	74.54%	5.83%	1 4330

二、2016 年度东南大学《标准》各单项数据等级分析

BMI (体质指数)	人数	百分比	肺活量	人数	百分比	50 米跑	人数	百分比
超重	1759	12.27%	不及格	726	5.07%	不及格	71	0.50%
低体重	795	5.55%	及格	8941	62.39%	及格	9384	65.48%
肥胖	460	3.21%	良好	2814	19.64%	良好	2517	17.56%
正常	11316	78.97%	优秀	1849	12.90%	优秀	2358	16.45%
立定跳远	人数	百分比	坐位体前屈	人数	百分比	800 米跑	人数	百分比
不及格	1433	10.00%	不及格	1032	7.20%	不及格	218	1.52%
及格	9274	64.72%	及格	9288	64.82%	及格	3700	25.82%
良好	2572	17.95%	良好	2103	14.68%	良好	1182	8.25%
优秀	1050	7.33%	优秀	1906	13.30%	优秀	489	3.41%
1 000 米跑	人数	百分比	一分钟仰卧起坐	人数	百分比	引体向上	人数	百分比
不及格	1449	10.11%	不及格	293	2.04%	不及格	7562	52.77%
及格	6031	42.09%	及格	4043	28.21%	及格	994	6.94%
良好	1022	7.13%	良好	892	6.22%	良好	104	0.73%
优秀	239	1.67%	优秀	361	2.52%	优秀	81	0.57%

三、基本情况简单分析

2016年度我校《国家学生体质健康标准》测试的及格率为94.17%,比2015年度94.60%下降0.43%。从单项数据等级分析中可以看出,影响我校《国家学生体质健康标准》测试数据及格率的主要指标为BMI指数、立定跳远、1 000米跑和男生的引体向上。

其中身高体重(BMI)指数和男生引体向上尤为特出。BMI指数非正常体重人数占全校的21.03%;男生引体向上的优良率仅有1.30%,不及格人数高达52.77%。其次是男生的1 000米跑不及格人数占10.11%和立定跳远不及格占10.00%。

化学化工学院

2016年化学化工学院在学校党政领导和有关部门的关心支持下,通过全院教职员工的不懈努力,在人才培养、学科及队伍建设、科学研究、学生工作、综合管理等各方面工作都取得了一定的成绩。

一、人才培养方面

(一) 本科生培养方面

推进教学改革,规范教学管理,完善保障本科教学质量的长效机制,促进教学工作平稳有序发展,2016年本科教学工作全额完成教学任务,无任何教学事故发生。

1. 根据学校工科特点及化学化工学院三个本科专业的特色,对2016级本科生培养方案进行了更加合理的修订,并修订了教学大纲。同时申请立项了两项校级教改课题。

2. 重视本科生实践教学,创造条件支持本科生的科研能力培养,推进本科生"导师制"。年度共申请校级SRTP 30项,中期检查后,其中5项升级为国家级创新项目,8项升级为省级创新项目。另外还申请立项了9项基于教师科研项目。

3. 学院在本科生化学化工实验竞赛方面取得重大突破,在第十届全国大学生化学实验邀请赛(国内最高水平赛事)中,首次获得一等奖(为12年来参加过的6届邀请赛事的首次)。在第三届"卓越杯"大学生化学新实验设计暨化学实验技能竞赛中,我院获得设计环节和技能环节2项一等奖,在卓越联盟9所高校中总成绩排名第一。

(二) 研究生培养方面

博士、硕士研究生推免录取工作有序进行。今年在研究生录取复试中首次增加了实验环节。2016年11月,我院对2015级硕士研究生及少量博士生进行集中开题,对研究生开题进行规范化指导,以提高研究生学位论文质量。

2016年度学业奖学金评选方面,根据去年评奖情况,对本年度的评奖标准、名额分配等细节内容进行了讨论和调整,顺利完成本年度学业奖的评选和奖学金发放工作。

2016年度国家奖学金评选方面,在往年评奖细则的基础上,进一步调整、细化国奖评选标准,以DOI(数位物件识别号)为文章发布依据,以2016年中科院大类分区为额外加分标准,在此标准下,顺利完成本年度国奖的评选和奖学金发放工作。年度国家奖学金获奖硕士11人,博士5人,总奖金额度37万元。

二、人才引进方面

引进高层次人才5名(含1名"千人计划",1名"青年千人")。

三、科学研究方面

1. 科研经费到款3 026万元,超额完成学校下达的指标,比2015年经费增长24.6%。

2. 截至12月29日,全院在 *Nature Communications*、*Journal of the American Chemical Society*、*Angewandte Chemie International Edition*、*Advanced Materials* 等国际顶尖杂志上发表多篇高水平学术论文。全院以东大第一单位共发表SCI论文329篇。

3. 全院承担国家自然科学基金、科技部重大专项、国际合作项目、省高技术和企业等各类科研项目37项。其中国家基金11项(1项国家重大仪器专项,1项国家重点项目、5项面上,3项青年和1项国际合作交流),其他省部级4项(其中包括江苏省杰青1项、省产学研前瞻性项目1项和省自然科学基金2项)。

四、学生教育管理方面

本年度开展的"最佳党日活动"中荣获学校有关部门表彰一等奖1项,二等奖3项。1个主题活动获得党委学工部2016年度"两学一做"主题微党课创作竞赛优胜奖。3个项目荣获东南大学2016年暑期社会实践一等奖,另有2个项目分获二等奖和三等奖。学院团委荣获东南大学2016年暑期社会实践"优秀组织奖"。1个学生支部获得东南大学"先进党支部"称号。学院191131团支部作为学校唯一代表参加团中央学校部组织的全国高校"活力团支部"评选,并荣获全国高校"活力团支部"称号。

2016届本科毕业生就业率达到100%,研究生就业率达到99.5%。

五、其他方面

努力争取国家项目支持改善教学、科研环境,顺利完成了投资1 500多万的化工楼新风系统改造工程。组织完成学校要求的一系列选举、换届工作,召开了学院首届二级教代会,制定、修订了6项内部规章制度,为化工学院的长远、可持续发展奠定良好的基础。

交 通 学 院

1. 我院王炜教授担任主任的现代城市交通技术江苏高校协同创新中心顺利通过江苏省教育厅组织的绩效评估;以黄晓明教授为主任的"道路基础设施长效服役与安全"江苏省重点实验室顺利获批。至此,我院省部级重点实验室增至5个。我院牵头的"江苏省道路养护工程技术研究中心"以优秀成绩通过江苏省科技厅验收。我院申请建设的道路交通工程虚拟仿真实验教学中心成功获批,成为我校第三个获准建设的国家级仿真实验教学中心。我院重点参与申报的国防科工局"高分辨率对地观测系统江苏数据与应用中心"获批。

2. 我院积极响应学校"人才倍增"计划号召,全年新引进教师6人,均来自剑桥大学等海外知名高校,并全部拥有博士学位或海外博士后经历,师资队伍国际化水平显著提升。青年人才培养硕果累累。刘攀教授顺利通过"长江学者奖励计划"青年学者答辩;陆建教授入选江苏省第五期"333工程"第二层次培养对象;杜延军教授、章定文教授、蔡国军教授入选江苏省第五期"333工程"第三层次培养对象;杨敏教授、陈先华副教授、张磊副教授入选江苏省第十三批"六大人才高峰"高层次人才资助计划;刘志远教授入选江苏省"双创人才"计划;李志斌研究员作为全校10位优秀青年学者代表之一获得"仲英青年学者"基金资助。

3. 根据教育部学位与研究生教育发展中心对于全国第四轮一级学科评估工作的要求,我院对负责建设的交通运输工程一级学科参评工作高度重视,通过反复研判指标体系和材料填报要求,系统梳理师资队伍与资源、科学研究、人才培养质量、学术声誉等多方面的成果和优势,精心组织材料填报、附件整理及后续评审工作,力争圆满完成学科评估排名预期目标,为在激烈的学科竞争中脱颖而出、实现一流学科建设的跨越发展奠定坚实的基础。

4. 综合排名位列全球TOP 30的威斯康星大学麦迪逊分校副校长Jeffrey S. Russell一行于7月访问东南大学,时任东南大学副校长的浦跃朴教授代表东南大学与威斯康星大学签订了战略合作谅解备忘录以及"4+X"研究生联合培养合作协议。我院与法国国立路桥大学正式签订双学位硕士生联合培养协议。我院与美国明尼苏达大学交通研究中心进行了本科教学实质性合作,选派本科生赴美参加"交通与城市规划"暑期国际班,由明尼苏达大学相关领域知名教授授课,开拓学生在交通工程等相关专业领域的国际视野,培养对跨文化专业知识的驾驭,大力提升国际交流、竞争与合作能力。

5. 为进一步提升学科影响力,由国务院学位委员会交通运输工程学科评议组主办、我院承办的全国交通运输工程一级学科建设研讨会于8月21日至22日在南京召开。会议邀请了原建设部部长汪光焘、交通运输部总工程师周伟和交通运输工程学科评议组召集人、我院王炜教授作了特邀报告。住建部城市交通工程技术中心副主任马林、公安部交通管理科学研究所所长王长君等与会专家学者展开了深入的讨论,为新形势下交通运输工程学科的发展和人才培养质量的提升提供了重要支撑。

6. 全院2016全年获得省部级科研奖励各类科技进步奖15项,其中省部级一等奖7项(牵头4项),二等奖2项(牵头1项)。全年在研科研项目300多项,总到款科研经费11 922.55万元,其中纵向经费3 206.355万元。纵向科研经费比例稳定,产学研及成果转化活跃。学院全年总计发表论文300多篇,其中SCI/SSCI论文160多篇;申请国家发明专利202项,获得授权110项,申请软件著作权19项。学院先后与苏宁集团、中电28所等国内外知名企业和研究单位签订了产学研合作协议,促进各学科科研工作稳步推进,为各学科的快速发展创造了条件。

仪器科学与工程学院

一、概况

1. 学院历史沿革

仪器科学与工程学院所属学科专业创建于1960年,1992年5月从自动控制系分出成立了仪器科学与工程系。2006年9月成立仪器科学与工程学院。

2. 学院机构设置

学院现设有七个研究所、一个教学实验研究中心。即:先进导航技术研究所、微惯性系统及器件研究所、信息导航与智能测控研究所、空间信息与导航定位研究所、机器人传感与控制技术研究所、汽车安全技术与虚拟现实研究所、智能网络及测控系统研究所以及测控技术教学实验研究中心。

学院现有"微惯性仪表与先进导航技术"教育部重点实验室、"远程测控技术"江苏省重点实验室和"土地实地调查监测技术"国土资源部重点实验室。参与建设"火电机组振动国家工程中心"。

同时,学院还建有国家级实验教学示范中心——机电测控虚拟仿真实验教学中心,江苏省实验教学与实践教学中心——测控技术与仪器学科综合训练中心,参与建设国家级实验教学示范中心——机电综合工程训练中心,江苏省工程实践教学中心——物联网技术工程训练中心。

3. 学院学科设置

目前,学院拥有1个博士后流动站、1个一级学科博士点,4个二级学科博士点。

仪科学院学科分布及专业设置

学科分布		学科性质	本科专业名称
一级学科名称	二级学科名称	博士点	
仪器科学与技术(一级学科博士点、博士后流动站、一级学科江苏省重点学科)	精密仪器及机械	博士点	测控技术及仪器
	测试计量技术及仪器	博士点	
	导航、制导与控制	博士点	
	微系统与测控技术	博士点	

4. 学院人员配置

(1)人员结构现状

截止到2016年底,学院共有教职工74人,其中专任教师65人,管理人员9人。专兼职教师队伍中,教授(含重大项目岗)24人、副教授27人,讲师15人。具有国内外博士学位教师58人,约占专任教师的90%。博士生导师(含兼职)28人,硕士生导师(含兼职)48人。

(2) 高层次人才

中国工程院院士1人、国家杰出青年基金获得者1人、国家"万人计划"首批"科技创新领军人才"1人、"新世纪百千万人才工程"国家级人选1人、教育部"高校青年教师奖"获得者1人、教育部"新世纪优秀人才"3人、江苏省特聘教授1人、江苏省"333高层次人才培养工程"(第二层次)中青年科技领军人才3人、江苏省"333高层次人才培养工程"(第三层次)中青年科学技术带头人5人、江苏省"青蓝工程"中青年学术带头人3人、江苏省"六大高峰人才"11人、东南大学特聘教授3人、东南大学优秀青年教师9人。

(3) 师资队伍建设

2016年,我院引进了2位教师:王东、张军;新增2位教授:潘树国、赵立业。

二、党政工作

1. 认真开展"两学一做"专题教育活动

作为党的群众路线教育实践活动的延伸,学院党委根据学校关于开展"学党章党规、学系列讲话,做合格党员"学习教育的要求,加强领导,精心组织,创新了师生党员学习教育方式,让组织的声音、党员的交流、学习的内容融入日常生活,在全院广大师生党员中掀起了坚定理想信念、争做合格党员的良好氛围。

2. 加强党员队伍及基层党支部建设

顺利完成党支部换届工作,积极推进按专业方向、学科团队等组织单元建立党支部,进一步优化教工及研究生党支部的设置。全面梳理排查党员组织关系,完成党费补交及2016年度党费收缴工作。

3. 党风廉政建设和安全、保密工作常抓不懈

深入开展学校关于贯彻落实党风廉政建设,全面梳理和排查学院廉政风险点,严格执行落实中央"八项规定"及廉洁从政若干准则,做到"收支两条线"、无"小金库"行为,严格遵守"三重一大"事项集体决策。

认真开展安全保卫、冬季防火、综合治理责任制等工作,明确责任,责任到人,层层落实。安全教育常抓不懈。

在学校保密工作领导小组的指导下,保密工作规范化、制度化,未出现涉密事件,顺利通过新一轮保密资质认证。

4. 其他工作

颁布《仪器科学与工程学院机关管理人员考核办法》。

圆满组织了第八届全国仪器科学与技术学科院长论坛。

顺利完成学院工会换届工作。

三、仪科学院学科建设

（1）"仪器科学与技术"一级学科继续入选"十三五"江苏省一级重点学科。

（2）完成了学院"十三五"发展规划的制订。

（3）"微惯性仪表与先进导航技术"教育部重点实验室通过评估验收。

（4）经过电仪控制学部委员会的多次讨论以及学校组织的两轮答辩，由自动化学院、仪器科学与工程学院、电气工程学院共同建设的"网络化系统感知控制及应用"大型学科交叉平台建设通过学校的立项建设，获得经费支持约 300 万元。

（5）申报国家国防科工局国防特色学科 2 个（全校 8 个），已通过科工局专家评审，进入审批阶段。

四、仪科学院科学研究

1. 基础研究平稳推进

2016 年，全院获批国家自然科学基金项目 6 项，此外，还获批江苏省青年基金项目 5 项、总装预研基金项目 1 项、中航工业航空预研基金 1 项、获批江苏省科技支撑计划 1 项。全院科研经费到款 4 174.93 万元，比去年增长 15% 以上，创历史新高，且首次突破 4 000 万元。

2. 论文专利双双增长

全院发表 SCI 论文 74 篇，发表 EI 论文 35 篇；申报国家发明专利 109 项，获发明专利授权 83 项。

3. 科研成果水平提升

2016 年，"力触觉临场感机器人关键技术"获教育部科技进步一等奖。"村镇土地空地一体化调查监测技术装备"和"肌电控制智能假肢"入选"十二五"国家科技创新成就展，一项科研成果随"天宫二号"发射升空。

4. 国际学术交流与合作有效推进

2016 年度，学院继续加大国际合作与交流的力度，一共主办、承办了四次国际学术会议。

五、本科生教学工作

2016 年，我院牵头的"江苏省实验教学与实践教育中心——测控技术与仪器学科综合训练中心"顺利通过验收；牵头负责的"十二五"江苏省重点专业"仪器类"建设项目也顺利通过验收。

2016 年，《信息通信网络概论》立项校级教材建设项目，并立项为江苏省"十三五"重点教材建设项目；"信息通信网络概论（英文）""传感器技术""微机系统及接口"等三门课程立项为"十三五"江苏省高等学校在线开放课程;《机器人技术丛书》入选"十三五"国家重点图书、音像、电子出版物出版规划。

六、研究生培养工作

颁发了《仪器科学与工程学院博士研究生公开学术报告管理办法(试行稿)》《仪器科学与工程学院博士研究生预答辩管理办法(试行稿)》《仪器科学与工程学院博士研究生中期考核实施细则(试行稿)》。

在2016年研究生创新工程项目中,获批江苏省研究生科研创新计划项目3项、江苏省普通高校专业学位研究生实践创新计划2项。获得江苏省优秀硕士论文1篇,东南大学优秀博士论文、优秀硕士论文各1篇。

2016年,我院有1名研究生获东南大学优秀博士学位论文培育对象、2名研究生获东南大学优秀博士学位论文基金,9名研究生获得国际会议资助。另有5名博士生获2016年国家建设高水平大学公派研究生项目(联合培养4名,攻读学位1名)。

七、学生工作

2016年,我院本科生录取人数为104人,其中省内7人,省外97人。3名同学通过选拔进入吴健雄学院就学,1名同学未报到。2016年招收硕士研究生104名,其中学术型硕士68名,专业硕士36名;博士研究生18名(春季入学6名,秋季入学12名)。截止到年底,全院在校生人数为800人。

年级		总人数/人	男女生人数/人		团员数/人	党员数/人
本科生	一年级	107	男:78	女:29	105	0
	二年级	108	男:77	女:31	107	0
	三年级	87	男:65	女:22	87	7
	四年级	99	男:66	女:33	99	13
	合计	401	286	115	399	17
研究生	硕士	301	男:200	女:101	290	160
	博士	98	男:71	女:27	40	55
	合计	399	271	128	330	215
总计		800	557	243	729	232

2016年,我院硕士毕业生95名,博士毕业生18名,本科毕业生110名。2016届本科生年底一次性就业率为98.2%,硕士、博士研究生就业率均为100%,学生就业去向开阔,就业质量高。

学院共有学生支部12个,学生党员231人,其中本科生16,硕士生160人,博士55人。2016年度新发展学生党员29人,转正学生党员16人。完成预备党员培训38人,发展对象培训26人。毕业生党组织转出50人,2016年转入党员47人。

大事记：

2016 年 2 月　宋爱国、王庆获评东南大学特聘教授。

2016 年 3 月　2016 年春季入学博士生报到，共 6 人。

2016 年 4 月　学院部门工会完成换届，秦文虎、崔建伟、郭向阳、梁金星、刘莹当选为新一届部门工会委员，秦文虎当选为部门工会主席。

2016 年 5 月　赵立业、潘树国晋升为教授。

2016 年 5 月　在第七届"北斗杯"全国青少年科技创新大赛中，获得大学组一等奖 3 项、二等奖 2 项、三等奖 2 项、优秀奖 1 项，并获优秀组织奖（大学组）；陈熙源获十佳优秀科技教师称号（大学组）。

2016 年 5 月　2012 级本科生朱彦嘉获 2016 届东南大学最具影响力毕业生称号。

2016 年 5 月　"遥操作机器人技术"研究团队入选 2016 年江苏省"青蓝工程"科技创新团队。

2016 年 6 月　程向红、丁小丽获评东南大学优秀共产党员，张力获评东南大学优秀党务工作者。

2016 年 6 月　硕士生胡海桦（指导教师：李会军）获江苏省 2016 年度优秀硕士学位论文。

2016 年 7 月　宋爱国荣获江苏省"教学名师"称号。

2016 年 8 月　2016 级本科生报到，共 100 人，其中女生 28 人。

2016 年 8 月　2016 级研究生报到，共 116 人，其中博士生 12 人。

2016 年 8 月　陈大鹏（宋爱国指导）、邵思羽（严如强指导）、孙慧玉（宋光明指导）入选 2016 年江苏省普通高校学术学位研究生科研创新计划；王愚（李建清、吴剑锋指导）、周君（刘璟指导）入选 2016 年江苏省专业学位研究生实践创新计划。

2016 年 9 月　学院教职工代表大会正式成立。

2016 年 9 月　东南大学智慧城市研究院成立，王庆任常务副院长。

2016 年 9 月　刘锡祥入选"江苏省六大高峰人才"第三层次 A 类，严如强、吴涓入选第三层次 C 类。

2016 年 10 月　微惯性仪表与先进导航技术教育部重点实验室（B 类）接受现场评估，顺利通过。

2016 年 10 月　宋光明入选"江苏省 333 高层次人才培养工程"（第二层次）中青年科技领军人才，刘锡祥入选"江苏省 333 高层次人才培养工程"（第三层次）中青年科学技术带头人。

2016 年 10 月　张广军院士受聘我院博士生导师。

2016 年 10 月　院工会组织全校教职工定向越野活动。

2016 年 11 月　"十二五"江苏省重点专业建设"仪器类"建设，顺利通过验收。

2016 年 11 月　完成江苏省优势学科总结验收工作。

2016 年 11 月　举办第 10 届国际传感技术大会（ICST2016）。

2016 年 11 月　聘任北京农林科学院国家农业信息技术研究院赵春江研究员为东南大学特聘教授。

2016 年 12 月　"力触觉临场感机器人关键技术"获教育部科技进步一等奖。

2016 年 12 月　完成新一轮保密认证工作。

2016 年 12 月　举办第八届全国仪器科学与技术学科院长论坛。

2016 年 12 月　刘锡祥被聘为学科秘书,祝燕华被聘为实践教学秘书,周晓晶被聘为 SRTP 秘书。

2016 年 12 月　颁布《东南大学仪器科学与工程学院教学委员会章程(试行)》《东南大学仪器科学与工程学院学术委员会章程(试行)》。

2016 年 12 月　江苏省实验教学与实践教育中心——测控技术与仪器学科综合训练中心,顺利通过验收。

2016 年 12 月　学院全院科研经费到款 4 174.93 万元,首次突破 4 000 万元。

医　学　院

一、科学研究

医学院 2016 年获国家自然科学基金 12 项(青年基金 4 项、面上项目 8 项,经费 513.6 万元);中大医院 37 项(其中面上 18 项、青年 19 项,经费 1 354.5 万元)。医学院获江苏省自然科学基金 3 项(面上项目 1 项、青年 2 项,经费 50 万元);中大医院 12 项(优青 1 项、面上 7 项、青年 4 项,经费 200 万元)。中大医院领衔国家重点研发计划 2 项、医学院作为学术骨干参与重点研发计划 1 项。中大医院获国家科技进步二等奖 1 项。总计科研经费到款(截至 2016 年 12 月)3 484.64 万元(医学院 990.91 万元,中大医院 2 493.73 万元)。医学院 2016 年共发表 SCI 收录论文 45 篇。2016 年发布 2015 年发表的论文中"表现不俗"为 26 篇。医学院获授权发明专利 8 项。

二、学科建设

1. 根据 2016 年 5 月发布的 ESI 学科排名,东南大学的药理学与毒理学首次进入世界前 1％。截至目前,医学院进入 ESI 学科排名的学科数增至 3 个,分别是临床医学、生物学与生物化学和药理学与毒理学。

2. 教育部东南大学临床医学专业认证现场考察顺利完成。10 月 16 日至 20 日,教育部临床医学专业认证专家组对我校丁家桥校区、九龙湖校区、附属医院、实习基地进行了走访和考察,与教师、学生、管理人员及各相关利益方进行的广泛接触和交流,对我校临床医学专业的宗旨目标、教育计划、学生成绩评定、学生、教师、教育资源、教育评价、科学研究、管理和行政、改革和发展等十个方面进行了评价。

三、师资队伍建设

新增江苏省"双创人才计划—高校类"资助 1 名。

四、本科教学

1. 教学任务

本学年我院完成各专业本科教学工作量共计 25 000 余学时,留学生教学工作量 3 500 余学时。组织举办第九期"问题式学习助教"培训班,校内外 66 人参加,其中 21 名学生参加培训,首次推出"学生助教—导师"PBL 带教制度。组织 143 名新教师进行新教师培训;举办第七届东南大学临床技能比赛,实现 2011 级临床医学专业学生的全员参加。目前,医学院共开设全英文课程 50 余门,双语课程 15 门。全院学生 SRTP 申报校级一般项目 45 项,校级重点项目 16 项,省级学生创新型实验项目 3 项,国家级学生创新型实验项目 11 项,基于教师科研的(校级中大)学生创新型实验项目 12 项,院级大学生创新实验项目 7 项。

2. 积极开展校际教学改革交流

为西藏民族大学师生进行"PBL 教学"培训,与南京医科大学联合召开 PBL 教学改革交流研讨会等。

3. 教学质量保证

我院高度重视教学质量,坚持全体教授必须为本科生授课。在提高师资水平的同时,共组织教学督导组成员听课 400 余人次,起到了教学监督作用。学院通过举办新进教师培训、TUTOR 培训等方式加强对新进教师的指导。

4. 实习基地建设以本科教学工作审核评估为契机,加强实习、见习基地的交流、管理。

五、研究生教学

1. 研究生招生

2016 年招收硕士生 141 人(含留学生 22 人),其中专业学位 65 人(含留学生 10 人)、学术型研究生 76 人(含留学生 12 人);七年制本硕连读 99 人(转"5+3"一体化 80 人),招收博士生 66 人(含留学生 4 人);4 名新生博士入选东南大学博士新生奖学金(全校 40 名)。

2. 研究生培养

开设课程 77 门(博士生 22 门、硕士生 55 门),2017 年医学院开设的全英文课程 4 门(肿瘤学、医学前沿 B、妇产科学进展和护理理论与护理教育新进展)。

专业学位硕士研究生中期及终末综合能力考核:根据教学工作安排,由学院牵头抽调各基地医院专家对 2011 级"5+3"一体化和 2016 级专业学位研究生共 103 人进行临床技能中期考核;对 2010、2011 级七年制及 2014 级专业学位研究生共 173 人进行临床综合能力考核。

集中开题:本次开题的学生为2010级临床医学本硕连读七年制研究生和2014级硕士研究生(包括科研型硕士、专业学位型硕士和留学生),共计171人。专业学位硕士研究生的通过率为89.0%,科研型硕士研究生的通过率为96.2%。

博士生中期考核:邀请校外和校内相关学院专家,对2014级秋季博士生和2015级春季博士生进行中期考核,参加人数为59人,1人未通过,通过率98.3%。

3. 学位授予

2016年授予博士学位49人,硕士学位175人(含留学生19人)。

医学院博士和硕士学位论文盲审通过率为100%、抽检合格率为100%。上半年校级优秀博士学位论文基金候选人7人,下半年校级优秀博士学位论文基金候选人2人。获得省级优秀博士论文1人——陈宇辰(导师:滕皋军)。

建立东南大学医学院研究生学位论文校外评审专家库:经医学院所有博导和各学科负责人的汇总,846位医学相关校外专家信息全部录入"东南大学研究生学位论文网上评审平台"系统,有效提高研究生学位论文的评审效率。

4. 学科点建设与导师遴选

完成临床医学博士专业学位授权点的申报,已经通过江苏省学位委员会审核,报国务院学位办评审。

导师遴选:2016年新增硕导27人(含兼职硕导12人)、博导7人、兼职博导9人(上海交大1人、军总2人、南医大6人)、兼职专业学位硕导54人(教学基地),我院25名博导被聘为南京医科大学兼职专业学位博士生指导教师。

2017年硕博导的申报:新申报硕导34人,新申报博导8人,新申报校外专业学位导师91人。

5. 教学改革项目与成果

医学院在2016年"创青春"全国大学生创业大赛取得优异成绩。医学院学生的博恒医疗器械有限公司以及以医学院学生为队长的公益创业团队"至善西行"作为两个重要参赛项目均收获了全国金奖。医学院2016届本科毕业生景丹、孙乐家当选为东南大学2016年"最具影响力毕业生",并被媒体广为报道。

六、学生教育管理

全面加强学生思想引领,强化专业思想教育,将学生专业成长和国家大政方针政策教育等有机结合。医学院党委和关工委成功举办第一届微党课竞赛。竞赛于2016年5月启动,经过筛选和预赛,共有来自教工、研究生、本科生的11个项目参加决赛。此次微党课竞赛增强了党课教育的针对性、实效性,提升了党课吸引力,也为党员教育增添了新活力。

"大爱无声""一生有你——毕业典礼暨毕业生表彰"等传统活动精彩纷呈。

精心组织招生队伍,顺利完成我院承担的重庆、连云港地区的招生宣传工作。医学专业 2016 级本科生招生分数线进一步提升,与省本一线分差进一步加大,继续排名省内医学院校第一名。新生军训成绩突出,荣获东南大学军训"综合优胜连"和"军事训练优胜连"称号。

2016 届学生毕业工作顺利完成,一批优秀学生出国或进入高水平大学深造,整体就业情况保持平稳,其中 2016 届本科生毕业率 100%、学位获得率达 98% 以上。

医学院关工委受到学校表彰。学院关工委组织大学生积极参与"党在我心中""勤俭节约从我做起"读书征文活动,获得"优秀组织奖",两位老师和两位同学分别获得"优秀征文指导奖"和"优秀奖"。1981 级医学校友(医学院、公共卫生学院)共同出资 30 万元设立"81 级医学励志奖学金"。医学院退休教师伍福乐与夫人周大华共同捐款 10 万元设立助学金。组织开展纪念"志友"成立 20 周年系列活动,邀请医学专家在丁家桥校区科技会堂为志友们开设系列讲座。

七、国际合作与交流

1. 中德联合培养医学高端人才、请院士为本科生开设精品选修课,卓越医生培养改革出新招。作为教育部第一批卓越医生教育培养计划项目——拔尖创新医学人才培养模式改革和五年制临床医学人才培养模式改革试点单位,东南大学医学院结合本校具体情况,对卓越医生教育培养进行了思考和探索:东南大学与德国高校联合培养临床医学专业学位创新型人才、邀请杨焕明院士为本科生开设精品选修课、面向医学院拔尖创新班学生开办首届春季学校课程等。

2. 对外合作:成功举办 2016 年中德转化医学联合研讨会。大会吸引了我校医学院、中大医院等单位教职工、研究生以及南京地区肿瘤学方面的学者和临床医生两百余人参加,中国工程院院士、国家肝癌科学中心主任王红阳教授等八位专家分别作大会报告。与乌普萨拉大学签约成功,开展医学医教研全方位合作。22 人获 2016 年国家公派留学研究生项目资助。他们将前往美国哈佛大学、斯坦福大学、明尼苏达大学、克利夫兰医学中心、英国利物浦大学、伦敦大学学院、圣安德鲁斯大学、德国汉堡大学、乌尔姆大学、海德堡大学、慕尼黑工业大学、丹麦哥本哈根大学等一批世界一流名校进行深造。

八、不足与努力方向

虽然医学院各项工作取得一定进展,但是还面临很大困难和挑战,尤其在大学"双一流"建设中,科技创新能力与学科交叉优势未能充分发挥;高层次人才引进面临很多困难;发展空间和研究平台支撑作用比较薄弱等。但我们全院职工有信心,在校党政的坚强领导下,医学院将进入新征程、实现新发展。

公共卫生学院

2016 年,在学校党政的正确领导和大力支持下,在全院师生共同努力下,学院党政团结协作,带领全院师生深入学习党的十八大以来的历次全会精神,学习习近平总书记系列讲话精神,以中国特色社会主义理论为指导,以抓好"两学一做"为主线,学院教学科研能力明显提高,为完成"十三五"规划奠定了良好的开局。

一、师资队伍建设情况

在师资队伍建设上,学院始终坚持引进来、送出去、留得住相结合的方针。学院现有专任教师46名,其中教授18名、副教授19名、讲师9人。教师中有博士研究生学历的占85%、有出国研学经历的占54%。学院现有中组部青年千人培养对象1人、教育部新世纪人才1人、江苏省特聘教授1人、江苏省双创人才1人、江苏省杰青1人、江苏省六大人才高峰2人、江苏省"333工程"培养对象1人。另外,有2名青年教师分别获得全国优秀科技工作者、江苏省"青蓝工程"优秀青年教师等荣誉称号。

二、医工结合的专业发展情况

医工结合作为专业特色,学院已坚持了二十余年,已取得显著的成效:环境医学工程教育部重点实验室,顺利通过九月份的教育部评估考核;公共卫生与预防医学顺利通过江苏省一级重点学科评估,并被列为"十三五"江苏省重点学科。与此同时,学院的科学研究能力也得到大幅度的提升,获得国家和省级的科研课题均有所突破。其中,最为突出的亮点是今年获国家自然科学基金8项,是近几年来获批项目最多的一年。被SCI、EI、CSCD收录的论文数均比往年有所增加,授权的专利项目转化为科研成果的也有入账。

三、教育教学研究和改革情况

学院依托大学办学的优势资源,结合自身发展的特色需求,积极开展教育教学研究,严格教学管理规程,不断深化教育教学改革的力度,教学质量明显得到提高:"医学统计学"获江苏省高校外国留学生全英文授课精品课程、"卫生应急学"为校企共建的首开课程,与该课程配套的学院自主研发的"突发公共卫生事件虚拟仿真软件"获国家专利授权。另外,教学实习基地的建设是教学中不可或缺的重要环节,学院通过积极筹划准备,顺利召开了教学实习基地建设研讨会,二十多家教学实习基地的领导、有关带教老师参加了本次研讨会。

今年,学院教育教学研究也取得了较好的成绩:首次在教育类CSSCI期刊《复旦教育论坛》发表《美国本科公共卫生教育的发展现状》一文,获得同行专家的一致好评,也为学院今后开展这方面的比较研究探索了新途径和新方法。

为拓宽学生专业视野,学院积极探索人才培养国际化途径,分别和澳大利亚蒙纳士大学、美国天普大学签订了本科生培养协议,为具备自主研学能力的在校本科生创造了出国学习的机会。

四、教职工考核评价机制

经过近几年的调整、补充、运行,学院倡导的考核目标即优胜劣汰的竞争机制已初步形成,并在实践中逐步完善,如针对不同岗位教师的自身特点,在量化工作量、教学科研成果等各项指标的基础上,结合教学效果、工作态度、学院各类活动的参与率等因素进行综合评价,并出台与之相适应的绩效奖励实施措施,干多干少、干好干坏,每一位职工心里都有一本明细账,从这个意义上说,调动了职工的积极性,也使学院和谐建设出现了新面貌。

五、党建工作情况

学院党委如实贯彻学校党建工作的总体思路，积极探索高校基层党建的工作经验，并及时加以总结、归纳、提炼，形成自己的工作思路、工作特色，使学院党委的自身建设更加符合上级党委的要求，也使学院党委在新形势下卓有成效地开展工作。

总结学院党建工作的最主要特色，即"五个融合"，具体做法归纳如下：

1. 党建工作与人才培养相融合，精准发力。强化人才强校意识，尊重人才培养、成长规律，为人才成长创造宽松和谐的校园环境，优化课程设置和实践教学的科学安排，加强教师授课前的预讲预试环节，加强教师日常教学过程的质量监控，使教学工作符合一流大学的目标努力。

2. 党建工作与科学研究相融合，共同出力。党委精心组织学科系主任、党支部书记、有关教授、博导，共同分析学科发展存在的问题和不足，商讨对策、措施，面对新形势、新挑战，研究开辟新途径、拓宽新领域，使科学研究工作如遇鲜活水源，涓涓不断。今年，学院党政齐心配合，瞄准铁路公共卫生面临的新问题、新挑战，与中国铁路总公司携手合作，开拓了科学研究的新领域。

3. 党建工作与文化传承相融合，全心聚力。党委崇尚经过凝练的彰显学院专业特色的社会价值，形成"公济天下，卫康为民"的文化价值追求，打造康馨静雅的学院内部环境，提升学院文化育人的层次。学院各党支部根据专业特点，围绕文化传承的主题，开展了一系列丰富多彩的校内外活动，获得了广泛好评。营养与食品卫生学系党支部结合"5·20"中国学生营养日，在三个校区同时开展宣传活动，使大学生们了解了《"健康中国2030"规划纲要》具体内容，也为党支部开展党日活动注入了鲜活内容，该党日活动亦在学校最佳党日活动评选中获奖。

4. 党建工作与社会服务相融合，多方借力。利用自身的专业优势，为社会服务是高校义不容辞的责任，也是社会对高校的要求。学院党委精心策划了一系列活动，服务企业职工、服务校园师生、服务社区居民，使服务社会持续不断地开展下去。学院与中国铁路总公司合作举办了全国企业职工补充医疗保险管理培训班；流行病与卫生统计学系党支部指导"关艾青年协会"深入到中学校园，开展青春期健康教育宣讲活动；营养与食品卫生学系党支部组建在校博士生社会实践团队，到淮安市革命老区，为老区居民讲解居民膳食营养新标准，回答居民提出的营养方面的问题；劳动卫生与环境卫生学系党支部带领留学生，开展了抵御抗生素滥用的宣讲活动，使留学生们也加入了服务社会的队伍中；本科生党支部在辅导员的带领下，联合中大医院内科党支部，在工人新村社区开展了义诊义工志愿活动，受到社区居民的热烈欢迎。

5. 党建工作与日常党政工作融合，持续给力。学院党委在思想上保持高度统一，党委成员意识到，基层党建工作要在"常"字上下功夫，要把"学在经常、做在日常、改在平常"作为重点来抓，而且要常抓不懈。党委要重视党支部的建设，提倡和督促党支部活动要在"实"字上做好做强。每个党支部在开展党内活动上，要主动学习，探索新颖的活动内容、活动形式，每个党支部要形成自己的品牌活动，展示自己的特色，党支部活动要尽心策划，内容应丰富多彩、形式应生动活泼，党支部要凝聚力量，把党员紧紧团结在党支部周围。

学院党委积极探索"党建＋"工作机制,并在日常工作中积极推行,使党建工作在不断在创新中越做越好、越做越新。

六、成功举办学院建院四十周年庆典活动

1976年5月,公共卫生学院正式建立(最初名称卫生系,后改名为预防医学系,到现在更名为公共卫生学院)。经过四十年奋进,学院由小到大、由弱到强,几代公卫人的辛勤努力,时至今日,学院的综合实力已非昔日可比。2012年在教育部一级学科评估中,名列全国第七,进入了真正意义上的强势学科行列。

为迎接院庆的到来,学院各方面的准备工作有条不紊地进行,在楼层走廊布置了主题为"回家、共享、感恩"的文化墙,精心选择了学院各个不同时期的照片挂在文化墙内,学院四十年的发展脉络清晰可见,令人百感交集,经过数次修改的学院新院徽,正式启用。

5月28日,学院在丁家桥校区成功举办了四十周年院庆活动,近200名海内外校友赶赴学院参加庆典。整个院庆活动隆重俭朴,给参加院庆的校友留下了难忘印象。

四十周年院庆的成功举办,大力宣传了学院艰辛的发展历程,展现了今日取得的傲人成绩,提高了学院的影响力和师生的凝聚力,更为重要的是,通过院庆开启了学院校友工作的新局面,为学院的发展凝聚了更广泛的力量。成功举办院庆带来的另一个可喜的局面是,调动了学院师生谋大事、求发展的积极性,也增加了师生关爱学院的自豪感。

马克思主义学院

2016年,马克思主义学院以"建设示范性马院"为中心,凝心聚力改革创新,在教学、科研等各个方面都快速发展,成效显著。

一、教学改革与课程建设有序推进

我院承担了全校本科生"中国近现代史纳要"(32课时)、"毛泽东思想和中国特色社会主义理论体系概论"(48课时)、"马克思主义基本原理"(48课时)、"思想道德修养与法律基础"(48课时)、"形势与政策"(16课时)五门思想政治理论课教学,共计5 728课时,平均每位教师承担4.7个大班教学任务。另有18位老师开设了21门研究生课程,1名外国专家开设了1门研究生课程,1位教授参与研究生公共课教学。绝大部分教师超额完成教学工作量。

以价值塑造为核心,以省级教改"重中之重"项目为抓手,建设"马原"在线课程,已成功上传至"爱课程"网站。出版《大学生社会主义核心价值观教案精编》《大学生社会主义核心价值观教学手册》等教改著作。2016年6月2日,《光明日报》"高校思政教育特色做法巡礼⑨"栏目对东南大学社会主义核心价值观为主线的思政课教学模式创新作了题为《变外在引导为内在融入》的专题报道。

实施"领导干部上讲台"计划。请常务副校长王保平、常务副书记刘波为本科生讲授"形势与政策"公开课,推动了我校思政课教学和学生工作的深度融合。

袁久红院长当选为全国马克思主义原理教学指导委员会委员。叶海涛老师荣获"全国高校思想政治理论课教师年度影响力提名人物",朱菊生老师获第四届全国微课大赛一等奖和首届卓越大学联盟高校青年教师教学能力大赛优秀奖,周龙英老师获东南大学教学工作优秀二等奖,翁寒冰老师获东南大学青年教师授课竞赛三等奖,高照明老师在今年我校"我最喜爱的老师"评选中,荣获"我最喜爱的十大老师"。

二、科研与学科建设取得历史性突破

1. 获批省示范性马克思主义学院,综合学术水平位列全国第十

根据《省教育厅关于公布全省高校示范马克思主义学院(思想政治理论课教学科研机构)遴选结果的通知》(苏教社政〔2016〕6号),马克思主义学院获批为江苏省示范性马克思主义学院,位居十家之第二。

中国社会科学网6月1日报道,由同济大学课题组联合上海国信社会服务评估院研制"2015—2016年度全国重点高校马克思主义学院学术水平指数",东南大学马克思主义学院综合学术水平排名第十。

2. 获七项国家社科基金立项,科研实力显著攀升

2016年,学院获得各级各类项目38项,其中国家社科项目获得重大突破,获国家社科基金专项工程项目1项,国家社科基金年度项目6项,占我校年度国家社科立项数的27%,其中,马列·科社立项数与南京大学、中国社科院等单位并列全国第四位。同时,获教育部人文社科项目1项,省社科规划项目3项,省社科联重点项目1项,厅局级项目2项,科研立项总经费达460.5万元(含智库140万元、省示范性马院20万元、省重点学科60万元);出版《价值理性批判》(孙志海)、《近代中国的铁路与集权化国家的成长(1876—1937)》(郝娜)、《马克思对黑格尔的五次批判》(翁寒冰)、《道教医世思想溯源》(杨洋)、《西汉思想与政治》(周晓露)等专著9部,发表论文共计61篇,其中SSCI论文1篇,CSSCI论文14篇。

2016年,我院科研成果分别获得江苏省第十四届哲学社会科学优秀成果奖三等奖2项(许苏明、陈良斌)、江苏省第十届江苏高校哲学社会科学研究优秀成果奖三等奖3项(叶海涛、孙志海、朱菊生)、江苏省委宣传部优秀理论成果一等奖1项(袁久红)。

3. 智库和基地建设深入推进,社会影响广泛

"中特"智库入选首批CTTI(中国智库索引)来源智库,"中特基地"评估获优。提交决策咨询报告24份,获得省领导批示1篇,《智库专报》录用3篇。同时,《共享让发展更有动力更可持续》(郭广银)、《治国理政科学体系的丰富发展》(郭广银、袁久红)、《全面从严治党的伦理向度》(郭广银)、《全面从严治党是中国共产党永葆生机活力的根本保证》(郭广银、袁久红)、《不列颠与欧洲大陆的离合嬗变》(袁利宏)、《以执行力永葆制度治党的生命力》(郭广银)等7篇重要理论文章在《人民日报》《光明日报》等中央媒体刊发。

举办"建设具有全球影响力的产业科技创新中心:路径与政策"为主题的智库第二届

高层论坛，《光明日报》《新华日报》等多家媒体跟踪报道，其中《新华日报》（7月1日）作了整版报道。

举办5期智库常设论坛。先后邀请英国埃克塞特大学詹姆斯·马克教授、德国《资本论》研究专家海因里希教授、加拿大女王大学城市与区域规划学院院长梁鹤年教授等多名海内外知名专家学者参与论坛，积极为智库的理论和实践研究贡献智慧。

三、研究生培养质量稳步提升

2016年招收硕士生21人，博士生8人。硕士生毕业20人，博士生毕业6人。博士生冯吉芳在SSCI收录期刊 *Springer Plus* 上发表高水平学术论文。硕士生许川发表中国台湾研究相关学术论文8篇，时事评论近50篇。推进研究生培养国际化，开设全英文课程"全球视野下的资本主义与社会主义发展史"。由埃克塞特大学教授詹姆斯·马克授课。

吴健雄学院

2016年在学校党政的领导下，围绕学院"十三五"规划，全面启动新一轮学院人才培养模式的综合改革，探索荣誉学院拔尖人才培养的新模式与新机制。现将本年度的各项工作总结如下：

一、全面开启人才培养模式改革新篇

2016年，在学校领导直接关心和各单位大力支持下，学院综合改革得到全面推进，率先推出开放式个性化拔尖人才培养"工科试验班（吴健雄班）"。在招生选拔、培养方案、书院制管理等各方面推陈出新，全面开启人才培养模式改革新篇。2016年"工科试验班"首次进入东南大学招生专业名录，招生采取高考直接录取和新生入校遴选相结合的方式进行，今年在全国15个省市招生，录取考生成绩基本位于当地省市所有考生的前10%。按照"高起点、厚基础、严要求、重创新"的办学思路，重构"宽口径、厚基础、强交叉、重个性"与国际一流大学相接轨的人才培养方案；全面引入荣誉教育激励制度，启动书院式驻院导师制管理。

二、大力挖掘国际化资源

1. 大力引进全英文工程系列研讨课外籍教师资源。2011年起设立必修的全英文工程系列研讨课，每年从国外大学聘请1～2位教授开课。2016年资源得到大幅度的扩充，邀请5名外籍教师开设5门全英文研讨课程，包括日本早稻田IPS研究生院院长Yoshie Osamu教授、法国雷恩一大Annie Morin教授、Olivier Bonnaud教授、波尔多大学Yves Danto教授、东南大学经济管理学院讲师Markum Reed，为该系列课程的建设提供了资源保障。

2. 增进与海外高校交流合作，打开国际化建设新局面。积极申报留学基金委的项目，协助教务处申报了"面向中国制造2025的工程拔尖创新人才中德国际合作培养项目"，已通过评审；申报了2017年2项新增资助项目：吴健雄学院与澳大利亚蒙纳士大学

的本科生实验室研究项目和东南大学与德国乌尔姆大学的"3+2"联合培养项目。今年我院还赴美国德州大学达拉斯分校、凯斯西储大学、阿肯色大学、华盛顿州立大学等四所大学访问,推进国际化工作。

3. 组织参与荣誉教育国际论坛。承办"2016年荣誉教育国际研讨会暨第二届卓越大学联盟荣誉学院院长联席会"。来自全美高校荣誉教育理事会、荷兰代尔夫特理工大学、美国华盛顿州立大学、美国阿肯色大学、南京大学匡亚明学院、哈尔滨工业大学英才学院、天津大学求是学部、西北工业大学教育实验学院、东南大学吴健雄学院的14位荣誉教育专家奉献了精彩报告;设有荣誉教育学院的省内外高校及高教管理数据与咨询机构共22所院校的嘉宾参加了会议。同时我院派出老师参加了美国荣誉教育年会,并作了"中国荣誉教育发展"的交流报告。

4. 国际交流人数稳步提升。共有44人次赴国(境)外交流学习或文化交流,其中8人赴境外参加国际会议,15人交换学习,10人暑期游学和文化交流,11人参加"3+2"联合培养项目。另有5名学生参加田纳西暑期英语夏令营。

三、以立德树人为根本,助力学生全面成长

1. 加强党员队伍建设,发挥战斗堡垒作用。今年,与计算机软件学院、土木学院联合举办了2016年发展对象培训班,我院有48名入党积极分子参加培训,共发展预备党员19名,19名预备党员转正。毕业班的学生党员比例达26.5%,毕业班党员的继续深造率达100%,他们在参与校园文化建设、维护校园安全稳定等中心任务和各项工作中发挥党员先锋模范作用。结合"两学一做",加强学生党员的学习教育和支部工作的规范化建设,充分发挥党支部的战斗堡垒作用。学生党支部参加"两学一做"微党课创作竞赛获得"二等奖",第一学生党支部开展的"以党员身份为傲,争当优秀党员"的主题党日活动获得校三等奖,第一学生党支部获得"校先进党支部"称号,况迎辉同志荣获"优秀共产党员"称号。

2. 以立德树人为根本,加强和改进大学生思想政治教育。以育人为根本目标,不断深化对青年学生的思想引领和成长服务两大战略任务。深化思想引领,重点加强理想、信念教育。广泛开展主题教育活动,在国家重要纪念日开展了如"纪念长征胜利80周年,体验长征户外徒步"活动、"走近历史真相、弘扬爱国主义"南京大屠杀遇难同胞纪念馆参观活动。努力贯彻"争当健雄学子,争创健雄品牌"的建设思路,举办了2016年"十大健雄学子"评选活动。该活动已持续9年,评选出的健雄学子在各方面都充分发挥榜样的力量。开展以志愿服务为主题的社会主义核心价值观精品项目。

3. 广泛开展志愿服务、社会实践,树立"奉献、友爱、互助、进步"时代新风。拓展育人载体,广泛开展志愿服务、社会实践等工作,全面提高青年学生综合素质。在学院团委的组织下开展了以"青春建功十三五·携手共筑中国梦"为主题的暑期社会实践活动,有6支团队获得校级优秀团队,并荣获"优秀组织奖",2015级强筱婕同学、辅导员李鑫老师分别获得省级社会实践优秀个人和优秀指导教师称号。在宁南街道翠竹园小区开展了"与爱同行,科技进社区"志愿服务活动,活动内容涉及学校安全教育、老年人防电信诈骗小讲堂、电子技术的发展与运用广场宣传、社区居民科技兴趣点调查等方面。

4. 大力开展校园文化活动、课外科技活动,引导学生全面成长。今年我院在第58届校运会上,以男子第一、女子第一的成绩获得乙组团体第一,成功卫冕,延续了七连冠的神话。完成12项省创、国创项目(2项优秀、5项良好、5项通过),7项基于教师SRTP项目(2项优秀、2项良好、3项通过),37项校院级SRTP项目(8项优秀、7项良好、22项通过)。组织学生提交12篇学术论文,李浩等5位学生论文获得"2016年东南大学学术报告会"优秀论文,其中李浩、薛烨同学被评为十佳报告人;共有70人次获得省级以上学科竞赛奖项,其中国际级奖项13人次、国家级奖项17人次、省部级奖项40人次。发表论文16篇,申请专利16项。

5. 为毕业生当好参谋,做好升学就业服务工作。今年在2016届毕业生首次就业率继续保持100%的基础上,升学率和出国率有了进一步提升,尤其是出国率首次突破25%。我院今年国内升学和出国(境)共计81人,占毕业生总人数的83.51%,其中国内升学人数54人,占毕业生总人数的55.67%,出国(境)总人数27人,占毕业生总人数的27.84%;在本届毕业生中,又有1名同学入选研究生西部支教团,赴内蒙古准格尔旗参加支教,2017届推免生中再次有学生入选研究生西部支教团,这是我院连续第三年入选研究生支教团。

6. 加强班团建设,树立勤奋进取的班级风貌。学院长期重视班风和学风的建设,2016年的班团建设又取得可喜成绩,其中610141团支部获校国旗团支部;613131团支部获江苏省五四红旗团支部;610142班获江苏省先进班集体称号;积极引导我院青年学生做有理想、有追求、有担当、有作为的青年一代,2012级少年生申怡飞同学荣获2015年度中国大学生自强之星,2013级薛烨同学获2016年度宝钢优秀学生奖,2013级宋雨遥、李浩同学获中国航天科技集团奖学金;申怡飞同学还获得2016届最具影响力毕业生。

7. 做好评奖评优资助工作,树立正确的荣誉观。认真做好学生各类奖助学金及荣誉称号评选工作,帮助我院同学树立正确的荣誉观,形成积极向上的良好风气,使各类奖励机制发挥最大的积极作用。全年我院共评出校级及以上个人荣誉125人次,各类奖学金64人次,各类助学金39人次。

8. 构建心理健康教育工作网络,保证学生工作稳定有序。构建学生心理健康教育"学校、学院、学生"三级网络工作体系,重点掌握有心理障碍学生的思想、家庭、学习、生活等情况,设立重点人、难点人心理健康教育的档案资料。平常通过召开学生座谈会、个别谈心、网上沟通以及心理委员的及时反馈等方式建立信息网络,能及时了解和把握学生思想动态和心理状况,及时发现苗头和问题,第一时间积极采取相应的应对措施。2016年,我院共排查出心理疾病学生2人,重点关注学生7人,都及时与家长取得联系,并能从家庭出发给予关心和帮助,也得到了家长的理解和积极配合,学生得到了及时治疗和心理咨询。

四、统筹推进学院各项工作

1. 举办首届家长开放日。2016年吴健雄学院全面启动人才培养模式改革,为加强家校联系、拓展教学资源,与社会各界探讨拔尖创新人才培养新路径,举办首届家长开放日,向家长介绍学院人才培养各方面举措以及"工科试验班"培养方案改革和管理办法,并重点介绍东南大学学生国际交流政策和国际交流项目、展示学生交流情况,使广大家长了解吴健雄学院国际化平台及发展愿景,有助于国际化工作的长足发展。

2. 完成廉政风险点排查。根据学校的要求,结合学院的实际工作,对学院的廉政风险点与内控机制薄弱环节进行了认真排查,并对排查中发现的"没有形成例会制度""工科试验班的管理制度"等问题进行认真研究,积极推进有关的整改工作,制定《吴健雄学院工科试验班的管理办法》和建立学院例会和工作交流制度。

3. 和谐校园建设。组织师生参加区人大代表的选举和东南大学教代会、工会代表大会的代表的推荐工作;配合学校完成事业单位养老保险基本信息核对和全国教师管理信息系统信息采集工作。

海外教育学院

2016年是我校实施"十三五"规划战略的开局之年,海外教育学院深入贯彻落实习近平总书记对全国留学工作会议的重要指示和我国教育外事工作"扩大规模、提高层次、保证质量、规范管理"的十六字方针,积极配合"一带一路"建设,依靠全校上下的力量,以招收世界各国的优秀生源为切入点,进一步扩大学校留学生规模,开发具有优势学科基础的留学生授课项目,改革创新培养模式、提高留学生培养质量。

一、招生工作

1. 概况

2016年,在校学习的来华留学生人数达到1 849人。其中学历留学生1 402人,占总人数的75.8%,江苏省排名第一。在读硕士生451,博士生182人,硕博留学生占学历生比例超过45%,在全国名列前茅。2016年,我校"一带一路"可持续基础设施卓越硕士项目招生完成并顺利实施。

2. 参加教育展会

2016年我院参加了美国NAFSA教育展,缅甸、泰国等国教育展和美国、白俄罗斯三所孔子学院的教育推广活动。

3. 奖学金生招生

配合国家留学基金委的工作,积极、及时处理好所接收的政府奖学金生材料;做好自主招收留学研究生的招生和上报,中欧、中美学分生奖学金的申报;做好中国政府卓越奖学金"一带一路"可持续基础设施工程硕士项目的开设,"中蒙交流专项奖学金"建筑学的续招和临床医学项目的启动工作;充分发挥南京市政府奖学金和江苏省茉莉花奖学金在招生中的作用。由于自主招生准备充分,候补名额上报充足,2016年增加录取研究生28名。

4. 交流生招生

2016年我校招收交流生与学分生40人，主要集中在经济管理学院、海外教育学院（汉语交流生）和医学院等院系。

5. 短期团组项目

2016年短期团组（全校）共计222人，来源国主要包括白俄罗斯、美国、日本和韩国等。

二、教学教务工作

2016年度我校共有121名留学生顺利完成学业，获得专业学位。其中87人获学士学位，26人获硕士学位，8人获博士学位。

2016年，我校六门课程获选江苏省省级留学生全英文精品课程（含一门培育课程），位居全省第一。课程名称和获奖教师名单如下：

分子和功能影像学/Molecular and Functional Imaging 滕皋军

国际管理/International Management 邱斌

医学统计学/Medical Statistics 余小金

建筑力学/Architectural Mechanics 糜长稳

微纳光子学/Micro/Nano-Photonics 芮光浩

分子生物学A/Molecular Biology A（培育课程）张子超

其中，国际管理/International Management（邱斌）、建筑力学/Architectural Mechanics（糜长稳）两门课程入选国家级"来华留学英文授课品牌课程"，在全国高校中成绩优异。

2016年，共有6名自费留学生获得国家CSC优秀自费生奖学金。其中本科生5人，硕士研究生1人。获奖名单如下：

Nalontavida Aparna Sunil（本科） 女 印度

Alderazi Marwa（本科） 女 巴林

Krishna Gopalan Santha Kumar（本科） 男 印度

Hameed Irbaz（本科） 男 巴基斯坦

Tade Christelle Mboliada（本科） 女 刚果（金）

Mulmi（Shrestha）Sachin（硕研） 男 尼泊尔

三、留学生管理工作

2016年建章立制，完善管理，进一步推进和落实中国政府奖学金生校外住宿工作；引进新生报到电子数据采集设备，优化报到流程，提高报到工作效率。8月下旬至10月初，完成了2016学年400多名新生的报到、开学典礼和法制宣传教育工作。11月进行了档案整编。

优化各类奖学金的管理与发放工作。完成了我校上年度南京市政府外国留学生奖学金及获奖证书的发放工作；完成2016年中国政府奖学金（CSC）的发放工作；完成了"中国政府来华留学卓越奖学金"的发放、管理工作;完成了中欧奖学金的发放、管理工作。首次运用CSC新的奖学金生管理系统进行政府奖学金生管理工作。完成了2016年度省政府茉莉花奖学金发放管理工作。

丰富外国留学生校园文化活动。2016年9月,组织我校部分留学生参加了2016"爱在南京 国际青年交流日"活动;10月,组织部分留学生赴重庆大学参加了该校举办的"卓越联盟"国际文化节;11月,组织部分留学生代表参加了CSC在北京举办的"感知中国"活动;12月,组织部分留学生参加了省外办主办的"走进丝路"文化体验活动;协助江苏省电视台,组织部分有文艺特长的留学生参加了由江苏省人民政府新闻办公室、外事办公室主办的2016年"同乐江苏"外国人才艺大赛。

被评为2016年度"江苏省来华留学生教育先进集体"。

四、对外汉语教学工作

2016年,海外教育学院从师资、教学、科研、文化活动等几个方面全面提高教育、教学水平,进一步加强学科建设。

(一) 教学工作

1. 师资队伍建设

学院汉语中心目前拥有一支相对稳定、责任心强、教学经验丰富的教师队伍。汉语中心从制度上进一步保障教学效果、提高教师待遇,通过教学成效、学生反馈、专家测评等各方面对教师进行全面评估,优胜劣汰,并将个人收益与评估结果挂钩,提高教师积极性。

2. 教学成果

自2015—2016学年开始,学院汉语中心全面、独立开展HSK(汉语水平考试)培训教学工作,2016年孔子学院奖学金生HSK五级通过率达到了100%。零起点学生HSK四级首次考试通过率达到了85%。学院与文学院联合建立的汉语国际教育专业硕士点运行良好,首批11名硕士生已进入实习阶段,其中2名硕士生被国家汉办选派到欧洲、美国担任汉语志愿者教师。秋季招收的10名中国学生、6名留学生已进入专业学习。

(二) 科研工作

2016年学院张志凌老师获得国家社科基金青年项目"长江两岸吴语边界地区语音共时变异及历时演变研究"。

(三) 学术和文化活动

2016年5月,举办"跨文化视角下的孔子与儒家思想"国际研讨会,11月举办"跨文化背景下的汉语国际教育"学术研讨会。

针对留学生的兴趣与爱好,开设了"中国传统艺术体验"系列课程,留学生通过聆听专家讲座、现场感受、亲身体验等多种形式全方位地了解中国文化和艺术的精髓。中国新闻网、凤凰资讯等媒体对"留学生走进东南大学戏曲课堂,体验'生旦净丑'"作了图文并茂的报道。积极组织留学生参加国家汉办主办的"丝绸之路上的孔子学院"有奖征文活动,何建廷(德国)、潘周迪(西班牙)、田畑晴啓(日本)、余悦(白俄罗斯)等同学的作品获得重要奖项。

五、孔子学院工作

2016年,我院继续以《孔子学院发展规划(2012—2020年)》的重要发展指标为导向,推进我校孔子学院工作。

(一) 基本情况

2016年3月20日,美国田纳西大学副教务长Pia Wood、孔子学院外方院长Shih-Lung Shaw、招生负责人Andy Ray到访我校,浦跃朴副校长会见了代表团一行。两校就教师发展、英语夏令营、图书馆人员交流等进行了会谈。

3月23日,举行了东南大学—田纳西大学孔子学院年度理事会。双方回顾了2015年的工作并部署了2016年的工作。还就国家留学基金委的博士生项目以及后期的教育工作者团项目交换了意见。

5月,我校与得克萨斯大学达拉斯分校第二次联合举办国际文化沙龙各一次,有效地促进了两校之间的学术交流。

6月,第二期东南大学—田纳西大学暑期英语夏令营成功举办。

7月,白俄罗斯教育部官员率领的100人代表团访问我校,张广军校长亲自会见了代表团成员。

9月,我校举办了第五届孔子学院学生汉语言文化体验夏令营活动。

10月,我校第三次接待了白俄罗斯明斯克当地中学校长团。我校为代表团成员安排了中国文化系列讲座、中小学教育情况考察、中国风景名胜文化体验等活动。

12月10—11日,在昆明举行的第十一届全球孔子学院大会上,与我校合作共建孔子学院的得克萨斯大学达拉斯分校人文学院院长Dennis教授荣获国家汉办授予的2016年度全球"孔子学院先进个人"称号,刘延东副总理亲自为其颁奖。

(二) 选派中方院长、教师、讲座专家和志愿者情况

2016年,向白俄罗斯明斯克国立语言大学孔子学院派出中方院长2名、汉语教师1名、汉语教师志愿者6名。向美国田纳西大学孔子学院派出中方院长2名、汉语教师4名、汉语教师志愿者3名。向得克萨斯大学达拉斯分校孔子学院累计派出中方院长2名、汉语教师2名。

(三) 孔子学院奖学金生招生情况

2016年,我校共招孔子学院奖学金生70人。其中一学年奖学金生35人,一学期奖学金生35人。

东南大学无锡分校

2016年是"十三五"的开局之年,也是东南大学和无锡市政府进行新一轮深入合作的起始之年。在这一年中,无锡分校按照学校整体工作部署,坚决贯彻党的教育方针和发展理念,深入开展"两学一做"教育活动,围绕推进"双一流"建设和"双创"教育改革的目标要求,结合学校2016年工作要点以及无锡市对高等教育发展的需求,积极开展各项工作,扎根地方办大学。在做好各项常规工作的同时,重点开展了以下工作。

一、人才培养

1. 本科生培养

(1)顺利完成2016届本科生毕业设计工作,共49名同学通过答辩,其中6人优秀,占12.24%,2人被推荐为校级优秀本科生毕业设计论文。

(2)顺利完成2017年研究生推免工作,共有12人获得免试研究生推荐资格,免研比例达19.67%,其中本校直博、上海交通大学、西部支教各1人。

(3)修订《2016级本科教学计划》,认真完成期中教学、毕业设计等方面的检查工作,获得教务处好评。

(4)充分利用无锡地区集成电路产业特色优势,组织学生参加短学期的"科研与工程实践"教学活动,提高学生工程实践认识。

2. 研究生培养

围绕课程体系、实践体系两块内容,积极配合微电子学院,开展集成电路工程专业硕士培养工作;通过邀请专家到分校开设论文写作讲座和论文报告会等多种形式,提高学生论文质量。

清理软件工程在职工程硕士学习情况,完成2011级在职研究生4人次的答辩工作。

3. 继续教育培训

分校与继续教育学院签订了"战略合作协议",挂牌成立"东南大学继续教育学院无锡培训中心",该中心也是东南大学在异地建立的第一个教育培训中心。双方于5月面向由江阴市科协牵头组织的当地企事业单位,成功合作举办"江阴市一线创新工程师TRIZ(发明问题解决理论)创新方法培训班",累计培训技术骨干学员150余人。本次培训获得学员及单位和地方的一致好评,既为地方产业经济发展提供了人才支撑,又进一步扩大了无锡分校的影响力,取得很好的成效。

在成人学历教育方面,本年度共培养102名电子科学与技术、电子信息工程、土木工程、工程管理等专业的学生;57名2014级学生顺利完成毕业论文答辩工作,其中13名同学可获得学位,授予学位比例较往年有明显提升。

4. 积极开展国际合作交流

（1）鼓励学生参加国际学术交流。2016年11月，遴选资助3名硕士生和2名本科生参加日本早稻田国际会议。

（2）现有9名本科生分别在日本早稻田大学、德国乌尔姆大学、美国加州州立大学欧文分校、美国亚利桑那州立大学等高校进行联合培养；2名本科生被国外高校录取，攻读硕士研究生；1名本科生通过CSC项目申请，将于2017年赴法国高等电力学院进行短期交流。

（3）尝试通过联合办学、联合实验室等模式与意大利都灵理工大学、德国慕尼黑工业大学、德国纽伦堡大学等国外一流院校建立合作关系，积极探索校地联合进行国际化合作办学模式，努力提升无锡分校办学层次水平。

二、科研工作

2016年，分校实到科研经费1 653万元，申报专利52项，其中发明专利49项。有158件专利获得无锡市资助，资助总额25.8万元。

1. 积极申报与承担各类科技项目

组织申报"江苏省自然科学基金"11项，其中杰出青年基金项目2项，面上项目9项。获批杰出青年基金1项，面上项目3项，到账金额90万元。申报2016年度中央引导地方科技创新专项资金1项，到款金额80万元。

2. 加强科研平台建设与管理

（1）东南大学材料科学与工程学院和江苏大东钢板有限公司联合成立"无锡东大—大东新材料及应用技术联合研发中心"，建设经费150万元，到款50万元。

（2）组织申报"东大—新潮电子封装产业研究院"，研究经费1 000万元/年，协议签订中。

（3）积极推进"无锡太湖水环境工程研究中心"验收工作，中心完成了全部指标，已提交验收申请。

（4）积极推进"东南大学超导应用技术研究中心"承担的江苏省科技支撑计划项目"大尺度MgB2超导线材的制备及在电机中应用的研究"结题工作，已提交验收报告。

（5）顺利完成无锡市重大创新载体项目"东南大学传感网络技术研究中心"的验收工作，成绩优秀。

3. 推进科技成果转化

积极推进东南大学国家大学科技园无锡分园建设，围绕电子信息、集成电路、机器人等推进成果转化。

三、学生工作

1. 重视学生日常管理规范化

(1) 针对异地办学带来的学生管理问题,制定《无锡分校学生考勤制度》,完善学生短期离校手续,加强学生动态追踪。

(2) 改进工作方式,简化工作流程,采用QQ、微信等通信工具,及时掌握并解决学生各项诉求。

(3) 顺利完成国家奖学金、学业奖学金、三好生、优秀毕业生等各项评奖评优工作;召开专家论证会,讨论修订2017年奖学金评审办法中的加分细则,以完善国家奖学金、学业奖学金评审办法和评奖评优的流程。

2. 关心学生就业工作

及时了解学生就业状况及面临问题,做好相应指导及推荐工作。对毕业生进行跟踪调查,按月统计就业数据,完成就业分析报告。数据显示2016届集成电路工程专业硕士研究生就业率100%,无锡分校本科生年终就业率达98.31%。

3. 校园文化活动丰富

(1) 邀请校内外专家、学者开展人文与科学素养等各类讲座,累计13场。

(2) 组织学生开展分校国际学术交流经验分享会2场。

(3) 举办体育文化月、摄影大赛、无线电寻宝大赛、主题晚会等系列文体活动,充分丰富学生业余生活。

(4) 围绕在校生所在学科的特色,成功举办第五届嵌入式竞赛(无锡)、第三届IC设计竞赛;同时,积极组织学生参加全国研究生数模竞赛等多项学科赛事,并取得优异成绩。其中,2014级2名硕士生进入华为软件精英挑战赛的全国决赛;2015级3名硕士生获第十一届中国研究生电子设计竞赛二等奖(全校6人);2015级2名硕士生获第十三届全国研究生数模竞赛一等奖(全校9人),4人获二等奖,均为历史最好成绩。

4. 积极开展创新创业教育活动

(1) 通过举行讲座报告、组织学生进企业生产第一线参观实习、举办职业发展论坛等形式,开拓学生的技术创新思维和创业发展视野。

(2) 已有本科毕业生和在读博士生注册了专业技术公司,开展创业实践,如无锡承大系统集成有限责任公司、无锡东大泰博智能科技有限责任公司入驻。

(3) 由李冰教授指导的机器人项目入选校团委的大学生挑战杯培育项目。

(4) 结合国家"大众创业、万众创新"政策实施,推进成立"分校众创空间",依托东南大学优势学科,重点打造分校创新创业平台。

(5) 积极组织学生参加无锡市创业大赛等相关赛事。

5. 及时妥善应对突发事件

（1）面对学生反映强烈的宿舍热水供应没有保障、食堂卫生、在宁实习的住宿、奖学金加分细则等问题，均做到第一时间内响应，并积极与微电子学院、学校职能部门和园区物业等管理部门进行协调、商谈，同时，召开座谈会，倾听学生意见，及时沟通并反馈解决方案，妥善处理相关问题。

（2）耐心细致地做好学业预警生的思想教育工作，与导师、家长保持密切联系，妥善解决退学问题。

四、党建与行政工作稳步推进

1. 深入开展党建工作

以"两学一做"学习教育为背景，组织党日活动7场，发布新闻稿10余篇，将党中央重大决策及习近平总书记系列讲话精神引向深入。重视党员发展工作，本年度分校共发展新党员9名，预备党员转正6名。完成东南大学及无锡分校优秀共产党员、优秀党务工作者的评选工作。

2. 持续推进与地方新一轮合作

由常务副校长张继文带队赴深圳、珠海两地调研了兄弟院校与地方合作、产学研合作、人才培养、国际化发展和"十三五"规划发展思路等方面的先进理念与思路，进行充分的交流和研讨。在调研基础上，经研究讨论提出分校今后的发展思路，并多次与地方政府和教育局沟通，持续推进新一轮合作。

3. 有序推进人事制度改革

按照学校人事制度改革的要求，将不符合学校人员招聘条件的2位教职工调离分校，完成2批4人管理岗位招聘录用工作，录用人员均已到岗，能够迅速适应新的工作。

4. 规范行政管理服务

结合《东南大学廉政风险点与内控机制薄弱环节排查》，建立健全实验室管理、学生管理、财务管理、教学科研管理等22项规章制度，让学校工作有据可依，有章可循。配合各部门及平台完成设备招标、采购、建账、报废及资产清查等工作，本年度按照"全国事业单位资产清查"工作的要求，累计盘点在账设备1 200台件，总计896万元，做到账账相符、账物相符。

5. 加强支撑保障工作

在分校领导和校友及社会各界有识之士的热心支持下，成立无锡分校发展咨询委员会，拓展分校发展保障渠道。完善各项校园基础工程建设，丰富图书馆馆藏内容，优化馆藏结构，满足师生阅读需求。完善校园治安防控体系和突发事件应急处理机制，扎实做好防火、防盗、防诈骗、防事故的安全排查和教育，切实维护校园安全稳定。积极开展工会活动,组织分校教职工参加无锡市高校乒乓球、羽毛球比赛,并开展多场文体活动,丰富教职工精神文化生活。

东南大学成贤学院

一、概况

全院教职工总计746人,其中,专任教师551人,行政人员156人,教辅人员36人,工勤人员3人。另外,聘请校外兼职教师58人。全院教职工中,具有正高级职称的76人,副高级职称的254人,中级职称的307人,初级职称的84人。

全院共设有11个党政管理部门:党政办公室(纪检监察室)、组织人事部、教务处、学生处(学工部、人民武装部)、财务与资产管理处、后勤管理处、保卫处、质量保障处(高等教育研究室、教师发展中心)、发展合作处、工会、团委;2个直属单位:图档信息中心(图书馆、档案馆、信息中心)、招生就业办公室;6个学院和1个部:建筑与艺术设计学院、电子与计算机工程学院、土木与交通工程学院、机械与电气工程学院、制药与化学工程学院、经济管理学院和基础部。开设专业33个,在校生10 329名。

二、党建工作

1. 党的组织建设

根据党中央和东南大学党委要求,全面开展"两学一做"学习教育,成立学习教育领导小组,建立专题网站。做好中共东南大学第十四次代表大会筹备工作。圆满完成基层党支部换届工作,院党委现下设党总支8个、党支部48个。实行主题教育"最佳党日活动"长效制度。机关党总支开展的党日活动荣获东南大学2014—2015学年"最佳党日活动"三等奖。2个党总支和4个党支部荣获东南大学先进基层党支部称号,4名党员荣获东南大学优秀共产党员称号。

根据事业发展需求,学院进行了机构调整,合理布局机关部处和院系设置。全院共设有11个党政管理部门,2个直属单位,6个学院和1个部。出台《东南大学成贤学院中层管理人员选拔任用工作条例(修订稿)》。加强干部队伍建设,合理配备、调整基层党政负责人。

2. 党的思想政治建设

深入贯彻落实党的十八大精神,积极组织学习党的十八届三中、四中、五中、六中全会精神,认真学习贯彻习近平总书记系列重要讲话精神。坚持把立德树人作为中心环节,认真学习贯彻习近平总书记在全国高校思想政治工作会议上的重要讲话精神。

3. 党员队伍建设

加强党员教育管理,举办入党积极分子培训班2期、预备党员培训班1期。发展新党员275名、预备党员转正187名、延期转正1名,1名不合格党员被取消预备党员资格。

结合"两学一做"学习教育,排查软弱涣散基层党组织,做好党费收缴、补缴工作,继续进行党组织关系排查工作,联系查找失联党员。

4. 完善纪检监察工作

加强作风建设和党风廉政建设,领导班子强化责任担当,精心组织部署,在全院各单位开展廉政风险点与内控机制薄弱环节排查工作。严格执行《东南大学成贤学院"三重一大"决策制度实施办法》,全年共召开院级党政联席会26次。荣获东南大学2016年廉政文化作品征集活动二等奖2项、三等奖4项,并荣获优秀组织奖。做好信访工作,及时回复院长信箱来信400余条。

5. 加强宣传阵地建设

加强对全院新媒体的规范管理工作,印发《关于加强学院新媒体管理工作的通知》。全年学院对外宣传发稿21篇,以《成贤报》《成贤快讯》、校园网作为宣传窗口,共刊发《成贤报》7期、《成贤快讯》32期。荣获江苏省高校校报协会好新闻评选通讯类三等奖1项和图片类三等奖1项。

6. 工会工作

学院工会热情为全体教职工服务,做好学院党委密切联系教职工的桥梁纽带。组队参加东南大学第23届教职工田径运动会,举办了2016年新年教职工联欢会、迎"三八"国际妇女节专题讲座、厨艺大赛以及各类体育比赛等活动。

7. 共青团工作

校团委以"凝聚青年、服务大局、当好桥梁、从严治团"的工作格局,始终把握思想政治引领这一核心任务,开展了以纪念建党95周年等系列主题教育活动,开展新生绽放季、高雅艺术进校园等标志性的学生活动,举办各类文体活动100余场。全面推进"青年之声"平台建设。共推出599名积极分子参加党校培训。

三、行政工作

1. 完成教育发展基金会法人登记证书、组织机构代码证、税务登记证的"三证合一"的办理,完成事业单位法人年检、基金会年审和2015年民办高校年检。顺利通过2016年教育现代化建设监测工作评估。完成教育部高等教育事业统计报表上报工作。
2. 召开东南大学成贤学院第二届董事会第十六次会议。
3. 迎接东南大学校长、学校董事会董事长张广军到我院调研。
4. 圆满完成浦口区第四届人大代表换届选举工作,我院常务副院长郑建勇当选浦口区第四届人大代表。
5. 承办第二届江苏高校计算机学科应用型人才培养研讨会。
6. 启动质量文件的起草和研发工作,印发了招生工作流程。
7. 接待日本爱知工业大学、澳门城市大学、台湾中原大学等国(境)内外高校来访。

四、教学工作

1. 加快推进专业综合改革步伐,学院和建筑与艺术设计学院签订专业综合改革目标责任书,在土木与交通工程学院召开了综合改革论证会议。
2. 以优异的成绩通过江苏省教育评估院对我院工程管理、国际经济与贸易、电子商务专业的专业抽检评估。
3. 探索本科应用型人才培养多元化的办学模式。与苏州昆山登云科技职业学院签订"3+2"人才培养协议。与德国巴登符腾堡双元制应用技术大学和太仓市政府就双元制模式培养应用型人才达成共识。学院与中科院 EDA(电子设计自动化)中心南京分中心签订了合作办学协议。
4. 荣获江苏省本科生 2015 年优秀毕业设计(论文)一等奖 1 篇、二等奖 1 篇、三等奖 4 篇、优秀毕业设计(论文)团队 1 个,是唯一获得一等奖的独立学院。
5. 首次面向 2014 级学生实行转专业,77 名学生转入相关专业继续学习。
6. 学院再次被评为全国大学英语四六级考试优秀考点。
7. 获批江苏省高等学校大学生实践创新训练计划项目立项 24 项,院级立项 58 项。学生参加国家级或省(市)级竞赛 28 项,共有 337 人、53 个团队获奖。
8. 出台《东南大学成贤学院教材建设立项管理办法》,新增 2016 年省级规划教材 1 部、院级规划教材 6 部。
9. 完成 2016 年院级教学改革立项工作,新增教改立项 29 项。获批 2016 年江苏省教育科学院现代教育技术中心立项课题 5 项、江苏省高教学会"十三五"规划省级课题 2 项、建筑与艺术设计学院申报的成果获得省级教育研究成果二等奖。
10. 科研水平进一步提升。获批 2016 年度教育部人文社会科学研究项目 2 项、省教育厅高校自然科学研究面上项目 2 项、省教育厅高校哲学社会科学研究基金 19 项、江苏省社科应用研究精品工程课题 1 项,荣获南京市第十一届自然科学优秀学术论文奖优秀奖 2 个。2016 年度院级青年教师科研发展基金项目立项 11 项。

五、学生工作

1. 简化办事流程,提高办事效率,运行学生事务大厅。
2. 制定《东南大学成贤学院境外交流生工作有关事项说明》,130 余名学生参加境外交流项目。
3. 荣获江苏省先进集体 6 个、江苏省优秀学生干部 10 人、江苏省三好学生 4 人,评出国家奖学金 3 人、国家励志奖学金 157 人、国家助学金 797 人。
4. 认真做好征兵入伍工作,11 名学生通过生源地人武部入伍。
5. 2015—2016 学年门诊医疗费用报销共计 2 045 人次,占 20.45%,全年共计报销费用为 35.33 万元。
6. 心理咨询室共计接待来访学生、家长 247 人次,心理危机干预 6 人次。
7. 制定学院《招生宣传工作管理办法(试行)》《招生宣传工作奖励办法(试行)》《招生工作实施细则(试行)》等招生文件。首次按大类招生,挂牌"优秀生源基地"中学 15 所。

全国 24 个省市共录取考生 3 228 人(专转本 488 人、普高 2 740 人),总报到率 94.95%。

8. 2016 届毕业生年终就业率为 97.04%,国内考研升学人数 230 人,考研升学率为 10.22%。

六、师资队伍建设工作

1. 首次报送"333 工程"培养对象(第三层次培养对象)2 名。入选 2016 年度高校"青蓝工程"培养对象优秀青年骨干教师 1 人、中青年学术带头人 1 人。

2. 制定《东南大学成贤学院企业年金方案(草案)》,首次为 19 人办理了企业年金。

3. 出台《东南大学成贤学院中层管理人员选拔任用工作条例(修订稿)》《东南大学成贤学院员工遴选聘用办法(试行)》和《东南大学成贤学院岗位设置与聘用工作实施方案》。

4. 8 位教师获准副高职称任职资格,20 位教职工获准中级专业技术职务任职资格。

5. 完善《东南大学成贤学院教职工考核办法》,29 位同志被授予院级先进工作者。17 位同志职员职级由二级晋升为三级。

6. 全院现有人事代理人员 272 人,2016 年新进教职工 36 人。

7. 举办教学沙龙 6 期,选拔访问学者 6 名,组织 10 名教师暑期赴企业参加工程实践培训,12 名教师参加院外培训交流。

8. 及时调整优化部分学科督导组成员,督导组累计总听课 275 人次。

9. 建成微格教室,不断丰富视频资源库和视频课程。

10. 学院教师获得第二届江苏省工程管理专业青年教师授课竞赛特等奖、一等奖、二等奖各 1 名。全国电工电子实验案例教学大赛一等奖 1 名、二等奖 1 名、三等奖 7 名。

11. 加强辅导员队伍建设,举办辅导员职业能力竞赛,组织参加各类培训、沙龙,1 名辅导员获得江苏省辅导员年度人物入围奖。

七、其他工作

1. 完成校园道路改造工程(二期)、金坛院公共改造工程、学生宿舍智能电表更换等改造工程项目。新植苗木共计 200 余株。荣获江苏省高校后勤协会南京城北片区后勤文化展演活动二等奖,2016 年江苏团膳快餐大赛金牌奖。

2. 印发《东南大学成贤学院关于加强报销发票、收据管理的通知》,修订《东南大学成贤学院差旅费管理办法》等管理规定,启用酬金网上预约申报系统、无现金报销系统,开通学生网上缴费平台、微信缴费平台。完成各类工程审计项目 38 个。

3. 图档信息中心保障了数字化校园系统全年安全无故障运行,做好多媒体教学系统的维护工作等。图书档案馆共完成 4 889 种 9 213 册图书的预订以及 1 万余册图书的加工入库工作。完成东南大学图书馆调拨的 17.2 万册图书的搬迁建库工作。开通移动图书馆。

4. 建立健全安全保卫工作责任制。全年举办各类安全知识教育活动、培训等 16 次。共接报治安案件 13 起,协助公安机关破获 9 起。完善监控工程建设,新增监控探头 200 多个。

东南大学成贤学院专业设置一览表

院系名称	专业代码及名称	学科门类	学制/年
电子与计算机工程学院	080701 电子信息工程	工学	4
	080702 电子科学与技术	工学	4
	080801 自动化	工学	4
	080901 计算机科学与技术	工学	4
	080902 软件工程	工学	4
土木与交通工程学院	081001 土木工程	工学	4
	081801 交通运输	工学	4
	120103 工程管理	管理学	4
	120105 工程造价	工学	4
经济管理学院	020202 税收学	经济学	4
	020401 国际经济与贸易	经济学	4
	120202 市场营销	管理学	4
	120203K 会计学	管理学	4
	120204 财务管理	管理学	4
	120601 物流管理	管理学	4
	120801 电子商务	管理学	4
机械与电气工程学院	080201 机械工程	工学	4
	080202 机械设计制造及其自动化(汽车工程)	工学	4
	080601 电气工程及其自动化	工学	4
建筑与艺术设计学院	082801 建筑学	工学	5
	082803 风景园林	工学	4
	130310 动画	艺术学	4
	130503 环境设计	艺术学	4
制药与化学工程学院	081301 化学工程与工艺	工学	4
	081302 制药工程	工学	4
	100704T 药事管理	理学	4

东南大学成贤学院学生情况一览表 (单位:人)

	毕业生数	招生数	在校生数	预计毕业生数
总　数	2 519	3 062	10 329	2 559
本科生	2 519	3 062	10 329	2 559

东南大学苏州研究院

在学校党政领导、苏州地方指导下，苏州研究院校园运行平稳，各项工作进展顺利，"两学一做"、科研及平台建设、管理队伍建设等工作取得新进展。本年度重点工作如下：

1. 加强政治思想建设

按照学校部署和要求，组织师生员工学习"两会"、十八届六中全会、高校思政工作会议、习近平重要讲话等精神，通过会议、微信群及QQ群及时传达学校通知要求。坚持党政联席会制度，凡涉及"三重一大"事项及需要讨论事宜均进行集体议事和决策，本年度共召开12次党委会和15次院务会研究部署相关工作。根据学校要求，开展党风廉政及内控机制风险点排查工作，按照纪委反馈的整改建议以及民主生活会上批评与自我批评内容着手进行整改。重视宣传报道工作，及时维护网站上新闻、公告及相关管理服务信息，本年度共发布70余条，连续三年获得科教创新区宣传工作优秀奖。

2. 务实开展"两学一做"学习教育

根据学校"两学一做"部署和要求，紧密结合本单位实际和中心工作，研究部署本单位落实方案，指导各支部制订计划及承办活动方案，组织开展了手抄党章、上党课、专家辅导、形势学习、党员亮身份、学/评先进、民主讨论、志愿服务、分享交流、支部共建等多种形式活动。其中，充分发挥学生党员的主体性和广泛参与性，指导2015和2016级相关支部承办了集中上党课、红歌赛、拟定学生党员民主评议办法、展板制作、观摩课、党员微信群线上分享交流和学习讨论等活动10余次，内容丰富，形式多样，生动活泼，党员和积极分子参与度高，师生反响非常好，得到校督查组的好评。荣获科教创新区特色文化建设文化工作绩效奖。

3. 扎实做好党建各项工作

按期完成支部换届，及时组建、撤并学生支部，组织生活标准化，通过培训、例会、观摩、QQ群、党委委员联系学生支部、特邀党建组织员等办法不断提升支委工作能力，指导支部落实"三会一课"制度和开展组织生活。细化标准，规范流程，指导支部做好入党积极分子培养考察工作，共发展党员46名。新生党员入学当晚即召开党员大会，向新党员及新进校党员赠送党章，组织生活情况纳入评优评奖及党员民主评议，以营造党员发挥作用的生态环境。在失联党员排查工作中，经多方努力均取得联系，对未转出党员采取措施加强管理。指导党团支部、研会、社团加强自身建设，获得省优秀班级1个、校优秀班级2个、优秀基层党组织3个、校最佳党日活动二等奖1个(公示中)，1个微电影作品参加高校廉政文化作品征集活动获评校级和省级一等奖(待发文)。

4. 积极拓展科技发展新途径

继续以"整合资源、构建服务平台、促进成果转化应用"的思路，积极推进各级各类科技计划项目申报与实施。本年度纵向项目科研经费及平台建设费到账2 155万元，较去年有大幅增长。共组织申报各类科技计划项目11项,其中省部级项目6项、苏州市级项目11项。积极创造条件,进一步拓展科研平台建设,江苏省苏州工业园区、澳大利亚两院院士余艾冰教授团队、江苏省产业技术研究院共建的江苏省产业技术研究院工业过程模拟与优化所正式签约成立,地方政府三年中将给予2 000万元建设经费支持。与蒙纳士大学联合建立的7个实验室建设工作进展顺利,联合研究院首招博士研究生,十多名博士注册为蒙纳士大学和东南大学双博士学位研究生。成功举办第一届计算颗粒技术以及多相过程国际研讨会、第二届亚洲纳米生物技术研讨会等多次国际学术会议。

5. 大力推进产学研合作

依托东南大学国家技术转移(苏州)中心,与苏州市科技局、园区科技局等部门通力协作,积极开拓区域技术转移工作,促进高校成果在苏州当地转化。2016年苏州市横向项目67个、合同总额共计2 020万元,举办各类产学研对接会10余场,累计发动专家进入企业30余人。与多家企业商讨联合研发平台事宜,分别签订了东大—微易智慧工程联合研发中心、东大—绿的谐波机器人驱动技术联合工程研发中心两个联合研发中心的合同(合同总额600万元)。

6. 细致做好综合管理服务工作

组织师生积极参与学校综合改革,贯彻落实学校各项决定、部署和要求,实施本单位"十三五"规划,积极创造条件开展各项工作。及时完成办公用房调整及近三年公务接待整改工作,建立公车审批使用和专人保管制度。在科教创新区及地方相关部门支持下,做好校园维保和安全维稳工作,着力构建平安校园、文明校园。细致做好学生教育管理和事务工作,细化评优评奖积分办法,做好各类奖项评定,协助实习基地建设、就业等工作,编写2016届毕业生就业质量报告,拓建就业单位QQ群。关心学生心理健康,结合新生心理问卷测量结果反馈,排查心理隐患学生给予重点关注。组织学生积极参加各类竞赛活动,获得研究生全国数模竞赛一等奖1个、二等奖2个、三等奖3个,创参赛人数和获奖佳绩。支持学生创新创业教育和实践,联合腾讯公司成功举办第二届创意大赛,由苏州研究院、苏州东大科技园公司、苏州英豪创投公司三方共建的比由众创空间于2016年初正式运营,目前在孵项目11个。

7. 进一步加强大学科技园工作

按照学校指示,调整了我院在大学科技园的人员安排,进一步加强企业管理,梳理各类工作流程,新增/修订企业内部规定和工作制度,为入园企业提供优良服务。2016年新增国家高新技术企业4家,累计达19家;新增江苏省民营科技企业3家,累计达37家;新增苏州市科技型中小企业6家,累计达20家;新增苏州市小微科技培育企业6家,累计达16家;新增苏州工业园区科技领军人才3位,累计达34位。入园企业共计承担省市级科技计划项目20余项,预计本年度园内企业销售额维持在3亿元左右。积极组织推动校企合作和企业互动,于2016年5月成立苏州东大科技园企业家联盟,搭建产学研一体化发展新的桥梁。

8. 不断强化自身建设

加强校地共建,积极思考和谋划,完成新一轮相关协议的商议。注重加强与各办学单位和载体的调研和联系,努力凝聚发展共识。注重对管理队伍的培养管理,不断提升服务能力,在学校职能部门支持下,完成工作人员招录以及薪酬方案核算及发放工作,安排1人到本部短期见习、支持2人承担科技镇长团工作,新增3人获得苏州市技术经纪人证书。院工会小组积极参加学校和机关工会及地方工会的各项活动,在今年校庆教工篮球赛中获得亚军,获科教创新区趣味运动会团体第三名。不断推进校友会工作,召开苏州校友会第四届理事会,完成换届工作;组建9支不同类型俱乐部开展多个活动,其中足球队在卓越高校联盟比赛中荣获亚军;9月份创建东大苏州校友会微信公众号,推送新闻近50条;12月隆重举办校友嘉年华活动,规模近400人,更好地服务校友,凝聚校友力量。

东南大学建筑研究所

根据校人字〔2014〕18号文件精神,对本单位一年来工作、学习情况汇报如下:

2014年我单位紧跟国家发展形势,认真贯彻执行党的路线、方针、政策和国家的法律、法规。紧密团结在党中央周围,和党中央保持一致,围绕学校中心任务开展工作。

在人才培养上积极为国家培养高素质创新型人才,今年毕业了6名博士生、5名硕士生,与美国宾夕法尼亚州立大学联合培养博士生1名,1名博士生去美国参加国际会议。

在学科建设和师资队伍建设方面牢固树立科学技术是第一生产力和可持续发展的意识。注重学科、专业带头人梯队的建设、管理和培养工作。积极开发人才资源,不断提高专业技术人员队伍整体水平,已逐步建立起一支爱岗敬业、人员稳定、业务过硬的优秀技术队伍。

在科学研究方面今年结题国家自然科学基金1项。在研国家自然科学基金3项,博士点基金1项,厅、局级项目3项。

做好研究生的管理、教育和培养工作。从研究生的选拔到研究生奖、助学金的评定,能够做到公开、公平、公正。平时不定期地召开学生座谈会和学生谈心,了解学生的思想情况和动态。能够充分发挥党支部的战斗堡垒作用。

2014年签订各项设计合同2 000多万元,到款1 500万元左右。出版《宜居环境整体建筑学》丛书四本,得到好评。

学习科学研究中心

学习科学研究中心是东南大学直属单位,在职教职工26人,其中专任教师22人,行政管理1人,实验专技2人,工勤1人。2016年中心毕业学生人数为50人,其中本科生13人,研究生37人(硕士生30人,博士生7人)。

一、人才培养

1. 郑文明老师团队代表东南大学参与的"基于视频的表情识别"项目获得了在日本东京召开的2016年多模态交互国际会议(ICMI2016)国际情感识别竞赛季军。该竞赛吸引了Intel公司、微软研究院、密歇根大学、北京大学等20多家著名企业、研究机构,东南大学团队在激烈的参赛队伍中脱颖而出,取得了总排名第三、学术研究机构排名第一的好成绩。

2. 学习科学中心研究生参加第十三届全国研究生数模竞赛获得 5 个二等奖、4 个三等奖。今年的竞赛团队包括中国香港、中国澳门在内的 32 个地区的 432 所高校和全国各研究院所在内的 8 872 队研究生。

3. 柏毅老师指导的 2013 级教育硕士专业学位研究生徐燕获 2016 年江苏省优秀专业学位硕士论文。

4. 邓慧华老师指导本科生朱郭绒获得 2016 年江苏省本科优秀毕业论文三等奖。

二、师资队伍

1. 引进了美国艾伦研究院青年科学家、国际著名学者彭汉川教授来东南大学学习科学研究中心兼职,引进了来自美国哈佛大学、新加坡国立大学的多位青年才俊加盟学习科学研究中心。

2. 张光珍老师获得 2016 年东南大学优秀青年骨干老师荣誉称号。

三、学科建设

1. 学习科学研究中心为中国工程院院刊 *Engineering* 组织了一期以"神经信息工程"为内容的专题。邀请了来自法国、日本、美国、英国的国际知名科学家和中国工程院多位院士担任主编或编委,提升了神经信息工程学科的影响力。

2. 组织召开了"脑与信息系统交互技术研究青年论坛"学术会议,邀请了国内多位"长江学者""杰青"等知名青年专家来东南大学进行学术交流,进一步提升了学习科学研究中心的影响力。

3. 儿童发展与学习科学教育部重点实验室主办了"神经元和脑科学大数据国际研讨会"。此次会议邀请了来自美国、日本、新加坡、澳大利亚和国内著名高校、研究院所的专家就神经元和中国的脑科学研究进行了充分的研讨。

4. 学习科学研究中心冷玥老师承担了东南大学"人的智能发展评测——脑科学与神经信息工程研究共享平台建设方案"的起草工作。

5. 聘请中国人工智能学会理事长、中国工程院李德毅院士为东南大学兼职教授,并与李德毅院士开展了合作研究。

四、科学研究

1. 由韦钰院士牵头,学习科学研究中心承担的工程院重点战略咨询项目"脑与信息系统交互技术研究"于 2016 年 3 月顺利通过了工程院的验收,该项目所提出的"关于在我国脑科学计划中发展神经信息工程"的院士建议被收录到国家的高端智库中,并报送中央和国务院有关部门,为我国今后脑科学研究发展提供重要的参考和指导。

2. 以东南大学为第一单位,学习中心郑文明教授为项目负责人的"鲁棒人脸视觉特征的提取、建模与识别的理论和方法研究"获得了 2015 年度教育部自然科学二等奖(获奖时间为 2016 年)。

3. 由张光珍老师编写的论文《早期气质对焦虑退缩行为的影响:社会适应的背景性

作用》获得江苏省第十四届哲学社会科学优秀成果二等奖。该奖项一共有5 028项参评，东南大学今年获得二等奖7项。

4. 学习科学中心承担的"973"课题——"高级脑机交互的动作意图与情感判读"顺利通过科技部的中期验收。

5. 学习科学研究中心承担了教育部"国培计划(2015)第二期集中研修班""国培计划(2016)专职培训团队研修项目""国培计划(2016)一线优秀教师培训技能提升研修项目"共三期、150人次的国家级培训工作。

6. 2016年学习中心教师获得授权发明专利8项，受理发明专利8项。SCI收录论文30篇，EI收录13篇，CSCD收录5篇。在研科研项目51项，项目合同到款金额约564.6万元，师生在2016年参加了8次各级国际会议，并作会议发言。

智能运输系统(ITS)研究中心

一、概况

东南大学智能运输系统(ITS)研究中心是直属于东南大学的二级科研机构，建有教育部智能运输系统工程研究中心，是东南大学为了适应国民经济的飞速发展及我国综合交通运输体系的建设和管理信息化需求而成立的，也是我国最早成立的智能运输系统科研机构之一，在国家一级重点学科交通运输工程下设有交通信息工程与控制和道路与铁道工程两个二级学科，具有博士和硕士学位授予权。中心组建了跨专业、多学科的综合科研队伍，集中了智能交通、道路工程、桥梁工程、轨道交通、电子电工、工业控制等多方向研究人员，他们团结协作从事中心的科研与教学工作。当前中心有专职教师14人，拥有中国工程院院士1人，长江学者特聘教授1人，江苏省"333"工程首批中青年科技领军人才1人，教育部新世纪科技领军人才1人，东南大学青年特聘教授1人，教授3人，副教授9人，博士生导师5人，全部教师都具有博士学位，80%的教师具有在国外科研机构从事科研工作的经历，中心主任由中国工程院黄卫院士担任。

二、学科建设和科研

东南大学智能运输系统研究中心属于国家一级重点学科交通运输工程，包括交通信息工程与控制和道路与铁道工程两个二级学科。交通信息工程与控制是智能运输系统最重要的研究领域之一，是一门多学科交叉的新兴学科，通过多年努力，中心在该学科方向有了很大的发展。"211工程"二期建设项目投入近100万购置视频交通检测系统、TransCAD软件、动态称重等设备和软件；"985工程"二期建设项目投入200多万购置交通虚拟现实仿真系统、智能公交信息交互系统、三维空间跟踪定位系统、智能交通IC卡开发系统、智能交通车载平台等设备，建成了完备的科研支撑环境，并在基础研究和工程应用领域取得了一系列的研究成果，涵盖交通信息采集技术、道路交通智能管理和控制、轨道交通运营与管理、3S/汽车检测技术等方向；同时，在交通工程专业开设了交通信息工程与控制本科专业方向。道路与铁道工程是国家重点二级学科，在路基路面结构设计理论与方法、路面结构新材料与新工艺的研究与开发、道路排水技术等方面处于国内领先地位,特别是钢桥面铺装技术已达国际领先水准。中心建立了道桥创新材料开发实验室,配置了整套的国产环氧沥青试验仪器设备。

纵向科研是提升中心研究水平的重要支撑。在纵向科研方向,中心承接了国家自然科学基金项目2项;国家科技支撑计划课题4项;其他省部级纵向科研课题2项。

中心积极参与产学研相结合的协作研究,推动基础理论研究成果的产业化转化。近年来,中心参与了多项国家级重点、重大工程,其中,中心的大跨径钢桥面铺装研究成果在我国80%的跨长江和黄河大跨径钢桥面铺装工程中得到了应用。

中心通过团体协作,主持或参与国家科技进步奖4项,交通部科技进步特等奖1项,教育部技术发明奖一等奖1项,教育部自然科学一等奖2项,江苏省科技进步二等奖4项,发明专利10余项。2016年中心老师发表SCI检索论文近20篇。

三、教学与学生培养管理

研究生的招生和培养教育是中心的核心工作之一。

在研究生招生方面,在严格遵守东南大学研究生招生制度的同时,中心加大招生的宣传力度,充分调动各方面的积极性,2016年招收博士研究生、硕士研究生29人,为中心建设高水平科研机构奠定了基础。

在研究生培养方面,中心充分依托承接的国家和省部级纵向科研课题研究以及国家重点工程建设项目,实现课堂教学和科研实践的结合,理论联系实际,在提高研究生基础理论水平的同时,提升研究生参与工程实践、解决实际工程问题的能力;同时,为了培养具有国际视野的高水平科研人才,中心充分重视研究生培养教育的国际化,2016年,中心共派出2位博士研究生到美国高等学校联合培养。

在研究生培养的考核方面,中心在统一制订其研究生培养计划和管理制度的同时,充分调动和发挥中心指导教师的作用,以博导和硕导为核心,落实中心的研究生教育工作,按时完成学校规定的研究生培养环节考核。2016年,中心组织完成了2014级博士研究生、硕士研究生的开题报告工作和2013级硕士研究生以及博士研究生的毕业答辩工作。

四、师资培养

师资培养,特别是青年教师的培养是稳定中心科研队伍、创建可持续发展的高水平科研机构的基础,是中心一直以来的关键工作之一。在教学能力培养方面,中心鼓励教师积极申请或参与学校或其他机构的教学改革项目,参加教学竞赛,撰写教改论文,全面提升中心教师的教学水平和视野。同时,一支稳定的研究生导师队伍是维持中心高水平科研和教学工作的保障,中心积极支持并鼓励中心教师出国进修或再深造。

五、国际合作与交流

充分的国际合作与交流对培养具有国际视野的高水平研究队伍和研究生具有重要的、不可替代的作用。长期以来,中心和国外的相关科研机构保持着密切的联系和合作,有关高校和研究机构有美国国家沥青技术中心、美国加利福尼亚大学伯克利分校、美国弗吉尼亚大学、美国得克萨斯州大学奥斯汀分校、美国北卡罗来纳州立大学、美国肯塔基大学、日本茨城大学、瑞士苏黎世联邦理工学院、日本欧姆龙公司等。同时中心积极参与相关领域的国际会议，增强国际交流力度。

2016年，中心组织参加了在美国华盛顿举办的美国交通运输协会年会，发表交流会议论文2篇，邀请并接待来访国际交流学者2人，派出国际联合培养博士生2名。

生命科学研究院

2016年在我校党委和行政班子的正确领导下，生命科学研究院继续坚持"以学科建设为龙头，以队伍建设为着力点，以人才培养和科学研究为抓手，带动各方面工作稳步发展"的主导思想，全院教职工齐心协力，在各自的工作岗位上尽心尽力，教书育人、潜心科研，创建了和谐稳定的研究院环境，保持了良好的科研和教学秩序，各方面都取得了一定的进步，实现了预定的目标。

一、围绕院中心工作，党政分工不分家，行政工作中充分发挥党员的带头作用，在直属党支部的有力保障下，我院各项工作取得了较大进步

围绕我院"十二五"的规划目标，党政密切配合，制定了院"十三五"发展规划，研究院直属党支部将政治思想工作贯穿于日常管理，充分发挥师生党员的模范带头作用，认真贯彻落实校党委的各项安排并圆满完成各项行政工作；学生党员在学习上带头，在行为上做表率，处处以身作则；入党积极分子积极向党组织靠拢；全体学生积极向上，踊跃参加各类社团及校院组织的活动，学生党员在科研活动中发扬科研奉献精神，发表了多篇有影响力的高水平文章。一年来全院教工遵纪守法、爱岗敬业，学生刻苦努力、积极向上，政治思想起到了引导和保障作用。

二、围绕教育质量工程建设，深化研究生培养改革，完善和规范研究生轮转制度，整体教学科研秩序良好、教学质量稳步提高

2016年生命科学研究院在研究生培养方面继续深化改革：1. 加强了免试研究生的招生宣传力度，通过举办暑期夏令营活动和定点高校招生宣传活动，扩大了我院影响力和招生报名人数。2. 完善和规范了研究生轮转制度，提高了我院研究生的科研素养和科研能力，增强了师生间的科研合作紧密度。3. 加强了研究生课程的教学质量，重点建设了2~3门研究生全英文教学课程。4. 稳步推进生物学全英文课程教学项目建设。还积极加强科学文化建设，通过日常的各类学术活动和激励机制，培养研究生从事科学研究的兴趣和追求真理的使命感。日常活动包括：组织课题组的实验室会议和期刊俱乐部活动，支持研究生参加国际、国内学术会议，定期与不定期邀请国内外同行来学院进行学术报告，鼓励和组织学生参加竞争性的学术活动，招收外国留学生和本国学生共同合作研究，聘请国外知名大学的教授合作指导研究生等。

教育质量工程项目的建设带动了整体教学质量的提高，本年度研究院加强了某些课程的实验环节以及一些教学硬件建设，全院在岗教师承担和完成了博士生、硕士生9门相

关专业课程的教学任务,总计学时达522学时,并做到了材料规范齐全,各环节都按规定保质保量地完成。具体如下:我院2016年全年承担硕士研究生教学任务324学时,博士研究生教学任务198学时。17名教师承担我院2个研究生专业9门课程的教学任务。2016年共有硕士毕业生25名、博士毕业生6名。2016年8月,谢维教授与加正平教授联合指导的刘安成博士获得2016年度全国200名"博士后创新人才支持计划"的资助。

研究院非常注重对年轻教师的培养,一方面成立课程小组,积极吸纳青年教师加入,共同备课,提高备课质量,并适当给青年教师加压负重,高标准严要求,广泛听取学生的反馈意见和建议,针对性地采取有效措施。由于我院处于发展初期,规模相对小,岗位编制暂时不能适应我院发展的速度,目前教学管理人员除了完成学生培养环节的教学管理任务外还承担了学生管理的辅导员工作,为此付出了许多辛苦和努力。

三、以学科建设为龙头,促进科研工作上台阶,采取激励措施,重视师资培养和梯队建设

研究院一直以学科建设为龙头,促进科研工作,重视师资队伍建设与培养,贯彻落实"相辅相成、互相促进、稳步发展"的方针。学科建设的核心是人才。2016年生命科学研究院密切配合学校的人事制度改革,推进了机制创新,加强人才引进的力度和人才培养的力度。采取的主要措施有:继续试行研究院高层次人才的全球招聘和聘用管理制度;完善和优化考核制度,推行多形式的考核办法;完善人才工作领导机制和工作机制,营造良好的工作氛围。通过这些举措,使学科整体水平有了很大的提高,生物学一级学科硕士点、博士点和博士后流动站得到了充实。研究院现有教职工35名,其中教授10名,副教授5名,中、初级科技人员17名,行政管理人员3名。

师资培养关系到研究院的可持续发展,是整个工作中的重中之重,目前已经度过了艰难的应急阶段,转向了统筹考虑师资培养与专业建设、学科主要方向建设、科研学术梯队合理形成等方面。为了学术梯队的形成和青年教师的培养,2016年研究院从校科研院拨给的经费中专门划拨6万元用于资助青年教师的科研创新工作,为青年教师申报国家、省项目奠定研究基础。

近年来研究院一直积极鼓励青年教师出国进修,目前有2名正在美国与加拿大进修,鼓励教师利用一切机会参加国内外重要会议,开阔思路、增进交流、扩大学科影响。本年度教师、硕士、博士研究生多次参加国际、国内学术会议,积极对外交流扩大影响,还有多名教授被邀参加项目评审、成果鉴定、论文评审等。

目前实验室聚集了一批高水平的研究人才,造就了一支年富力强、朝气蓬勃的高水平研究队伍,形成了"神经发育与精神疾病""发育、干细胞与肿瘤"等特色研究方向,在国内外已经形成广泛的影响。2016年经费重点用于进一步完善依托于生命科学研究院和"发育与疾病相关基因"教育部重点实验室的公共研究平台的建设。目前,已经建立了生物图像分析、蛋白质与抗体分析、生物化学与分子生物学、动物行为分析等诸多研究平台,特别是,确定了基于重点研究方向和特色研究方向优先发展的思路。

管理机制的核心创新在于建立平台共享机制。平台实行专人管理,每台设备均有一名责任老师和一名责任实验员共同负责管理,学生使用复杂设备须经过专业的培训(由公

司工程师授课)方可获得使用许可,实行先预约先使用的原则,所有大型设备均拟面向社会有偿开放使用。每台仪器的使用均建立了完备的使用登记制度。

2016年研究院共面试海内外人才近20人;申报青年千人4名,申报教育部长江学者1名,长江学者青年计划1名。新引进国内外博士2人(王苏、彭琼琳)。新增国家优青2名(柴人杰、潘玉峰),江苏省"333工程"第二层次人才1名(韩俊海),江苏省杰青2名(潘玉峰、林承棋)。

2016年全院教师共申报国家自然基金13项,获批9项,申报成功率为69.2%;获得省科技厅科技项目5项,计划科研经费达851.3万元。

2016年邀请校外专家、学者莅临学院做学术报告26次。相继在 *Cell Reports*、*eLife*、*Journal of Cell Biology*、*Biomaterials*、*Journal of Biological Chemistry*、*Human Molecular Genetics*、*Oncotarget*、*PLOS Biology*、*Nature Communications* 等国际著名期刊上发表高水平学术论文15篇,其中SCI收录14篇。

2016年10月,顺利通过"发育与疾病相关基因"教育部重点实验室评估。

1. 科研计划指标完成情况及分析

2016年初,学校根据研究院科研力量情况,下达2016年科研项目申报指标为22项,目前已完成23项,完成率达到105%。

2. 人才引进完成情况及分析

截至2016年10月,研究院共面试海内外人才20人,最终引进2人,成功率为10%。研究院在面试过程中与数位高层次人才曾达成初步引进意向,其中2人成功申报江苏省特聘教授,但最终未能成功引进,其原因主要是:(1)研究院科研空间较小;(2)学校支持力度与同类院校相比尚有差距,未达到高层次人才心理预期。

3. 明年的工作思路

围绕东南大学争创"双一流"发展战略,以研究院"十三五"规划为核心,面对"精准医学"的新需求与新趋势,以"转化医学"为中长期目标,积极推动东南大学生命科学的发展并与医学有机结合;加快建设生命科学研究院成为"高水平人才聚集的高地,做一流科学研究的高地,创新性人才培养的高地";努力建设国内一流的生命科学研究院,并为建设有国际影响的生命科学学院打下坚实的基础。具体措施如下:

(1)及早着手准备2017年国家自然科学基金的申报工作。

(2)拓展项目申报的渠道,加大校内外交叉学科的整合力度。

(3)积极组织在研科研项目的结题和鉴定工作,为下一年度的科研申报工作准备条件。

(4)高端人才引进上积极向学校争取各方面资源,加大引进力度,增强我院对人才的吸引力。

(5)进一步完善实验室公共平台的建设。

四、研究生教育在强化质量上提高,在努力探索中前进,取得了一定规模和发展

学位点建设已形成完整的生物学一级学科架构,拥有生物学一级学科博士后流动站,生物学一级学科博士点和硕士点,研究生教育架构已形成,内涵建设应逐步深化和提高。

2016年招收20名博士生,现在读博士82名;硕士生招收40名,在读硕士113名。在研究生过程培养上,博士生注重掌握新理论、新方法,并要求至少发表1篇3.0以上SCI论文;硕士生培养注重和加强学科基础和应用理论,强化文献综述、开题报告等环节,并注意在科研培养的同时,尽量扩大其知识面,增强适应社会的能力。

五、学生工作积极活跃成绩斐然

学生工作是党政工作中的重点之一,学生工作的好坏直接或间接地影响到整体工作的各个方面。我们本着"一切为了学生,为了学生一切"的出发点,围绕如何培养提高学生思想素质、培养提高其文化知识水平、综合能力来开展工作,一年来院党委、团委、研究生会开拓创新,大胆工作,保证在完成好学习科研任务的同时,积极组织了体育比赛、学习经验交流会、国奖获奖学生分享活动、为我院奖助学金注资爱心活动、女生节关爱活动、母亲节感恩活动、毕业生就业指导会等活动,充分展示了研究院的学生风采,也在各项活动中使学生得到了锻炼、陶冶了情操,并在取得优异成绩的同时鼓舞了其士气,激发了他们学习的斗志。本年度研究院学生获得了校运动会最佳组织奖。

在研究生毕业就业工作中,院直属党支部本着宣传学院、服务学生、耐心细致、热情周到的宗旨,联系用人单位,寻找和公布就业信息,使我院毕业生就业率一直保持在98%以上。虽然面临全球性就业压力增大的局势,但党政齐心协力、想方设法、创新工作,取得了学生和用人单位的广泛认可和好评。

六、不足之处

总结2016年,研究院在各方面稳步发展,取得了突出的成绩,但也有许多不足,主要如下:

1. 人才引进与师资培养,特别是年轻教师的培养和高水平师资队伍的建设以及紧缺专业等需要常抓不懈,并积极向学校争取各方面资源,加大高端人才引进力度。

2. 学科建设和学术梯队建设需要进一步优化组合、形成团队、凝练特色方向、苦练内功、形成区域学科优势。

3. 需要认真总结过去在自然基金项目申报、国家级重点项目申报上的经验教训,争取在国家层面的项目申报上有所突破。

最后需要特别强调,各项工作的顺利开展和完成,归功于党政班子其他成员的密切配合、团结协作、勇挑重担。办公室人员在人少事多的情况下,不辞辛劳、加班加点、不计报酬、毫无怨言、无私奉献,在这里向他们表示衷心的感谢。还要感谢全院教职工对党政班子的理解、配合、支持,他们在各自的工作岗位上埋头苦干、兢兢业业,为学院的发展做出了应尽的努力。

奖励与表彰

2016年获上级表彰的先进集体、先进个人名单

先 进 集 体

2016年全国教育系统关心下一代工作先进集体
  东南大学关工委
全国先进社会组织
  东南大学教育基金会
2016年江苏省教育工作先进集体
  东南大学信息科学与工程学院、东南大学土木工程学院
民盟江苏省委"先进集体"
  民盟东南大学委员会
致公党江苏省委"引凤工程先进集体"
  致公党东南大学总支部
江苏省文化科技卫生"三下乡"活动先进集体
  中大医院
江苏省"十二五"科教兴卫工程优秀医学重点学科
  江苏省医学影像学重点学科
2016年"创青春"中航工业全国大学生创业大赛第十届"挑战杯"大学生创业计划竞赛优胜杯
  东南大学
中国第十三届运动会2013—2016年度群众体育先进单位
  东南大学体育系
2016年度全国大中专学生志愿者暑期文化科技卫生"三下乡"社会实践活动先进单位
  共青团东南大学委员会

2016年"江苏省五四红旗团委"
共青团电子科学与工程学院委员会

先 进 个 人

2016年"千人计划"入选者
  赵 坚
第二批国家"万人计划"科技创新领军人才
  肖 睿　吴 刚
第二批国家"万人计划"哲学社会科学领军人才
  周佑勇
第二批国家"万人计划"教学名师
  王建国
2016年度国家基金委杰出青年科学基金
  金 石　徐赵东
2016年"青年千人计划"入选者
  陈 震　蒋之浩　赵涤燹　何 磊　马志刚　陶 立　吉远辉
2016年东南大学教学奖励金
特等奖
  胡仁杰　孟 桥　贾民平　成玉宁
第七届高等学校科学研究优秀成果奖（人文社会科学）
二等奖
  《中国艺术批评史》　凌继尧
  《金融市场中传染风险建模与分析》　何建敏
  《行政处罚上的空白要件及其补充规则》　熊樟林
三等奖
  《中国生命伦理学的"问题域"还原》　田海平
  《民俗艺术学》　陶思炎
  《明杂剧通论》　徐子方
  《欧盟单一市场政策调整对我国商品出口的影响及对策研究》　陈淑梅
  Models for Effective Deployment and Redistribution of Bicycles within Public Bicycle-Sharing Systems　舒 嘉
  《论社会权的经济发展价值》　龚向和
  《犯罪构成体系的价值评价：从存在论走向规范论》　欧阳本祺
  《刑法之适应性：刑事法治的实践逻辑》　周少华
中宣部文化名家暨"四个一批"人才
  周佑勇

"欧洲科学院"院士
  曹进德
2016年江苏省有突出贡献的中青年专家
  顾　宁
2016年江苏省特聘教授
  钱振东　李耕林　袁　凯
2016年江苏省"青蓝工程"培养对象
  科技创新团队：宋爱国团队
  中青年学术带头人：刘　磊　范圣刚　王海兵　熊　非　吕鸿江　李　川　廖小琴
    黄允凯　丁牧年
  优秀青年骨干教师：刘　倩　张一卫　杨　明　单平基　张静宁　罗　桑　武秋立
首批江苏省重点高端智库
  负责人：郭广银　樊和平
最高人民法院司法大数据重点研究基地
  负责人：刘艳红
国家卫生计生突出贡献中青年专家
  张志珺
第五届全国高校辅导员职业能力大赛二等奖
  付小鸥
2016年江苏省先进工作者
  刘松玉
2016年江苏省三八红旗手
  王雪梅
2016年江苏省五一巾帼标兵
  马向真
2016年江苏省教育工作先进个人（教学名师）
  宋爱国　陈美华
2016年江苏省教育工作先进个人（优秀共产党员）
  孙立涛　刘艳红　任慕兰
2016年江苏省教育工作先进个人（优秀党务工作者）
  朱小良　邢纪红
2016年江苏省优秀教育工作者
  居胜红
第二批江苏省设计大师入选者
  成玉宁　朱光亚　张　彤　马晓东
第十四届"挑战杯"全国大学生课外学术科技作品竞赛特等奖指导教师
  肖　睿　张会岩

第十四届"挑战杯"全国大学生课外学术科技作品竞赛一等奖指导教师
　　巢健茜　马　超　陈爱华
2016年美国大学生数学建模竞赛国际级一等奖指导教师
　　陈恩水等
2016年全国大学生英语竞赛国家级一等奖指导教师
　　陈美华等
2016年第九届全国大学生计算机设计大赛国家级一等奖指导教师
　　陈　伟等
2016年第七届"北斗杯"全国青少年科技创新大赛国家级一等奖指导教师
　　陈熙源等
第二届全国高校云计算应用创新大赛国家级一等奖指导教师
　　舒华忠等
"苏博特"杯第四届全国大学生混凝土材料设计大赛国家级一等奖指导教师
　　张亚梅等
2016年第五届"徕卡杯"全国大学生金相技能大赛国家级一等奖指导教师
　　梅建平等
第十一届全国大学生交通科技大赛国家级一等奖指导教师
　　陈　峻等
第二届卓越联盟高校"卓越杯"大学生化学实验竞赛国家级一等奖指导教师
　　杨　洪等
第十届全国大学生化学实验邀请赛国家级一等奖指导教师
　　杨　洪等
第三届全国虚拟仪器竞赛国家级一等奖指导教师
　　莫凌飞等
第一届大学生生物医学电子创新设计竞赛国家级一等奖指导教师
　　万遂人等
2016年度小平科技创新团队
　　电子科学与工程学院"东大纳皮米研究团队"指导教师孙立涛
第四届全国微课程大赛
一等奖
　　《读西游，品社会》之社会越轨与社会控制系列一:《大闹天宫谁之过》　朱菊生
　　《讲礼仪树形象》系列三:《微笑的魅力》　张赛娟
　　《工程项目管理视阈中的矩阵式项目组织》　陆　彦
　　《目标确定与目标管理》　李春生
　　《企业金融资产与投资的秘密之不同金融资产的指定与动机》　陈菊花
　　《企业金融资产与投资的秘密之投资之间的转换与动机》　陈菊花
　　《个人所得税税负》　吴　斌
　　《增值税税负》　吴　斌

《海外并购新浪潮的动因——并购动因理论》 陈良华

2016年国家自然科学奖

二等奖

微波毫米波新型基片集成类导波结构及器件
　　　洪　伟(1)　郝张成(2)　陈继新(5)

复杂动态网络的同步、控制与识别理论与方法
　　　虞文武(2)

2016年国家技术发明奖

二等奖

强容错宽调速永磁无刷电机关键技术及应用
　　　程　明(1)　花　为(3)　曹瑞武(6)

2016年国家科技进步奖

二等奖

基于磁共振成像的多模态分子影像与功能影像的研究与应用
　　　滕皋军(1)　居胜红(2)　顾　宁(4)　焦　蕴(5)　张洪英(7)　张　宇(8)
　　　柳东芳(9)

慢性肾脏病进展的机制和临床防治
　　　刘必成(3)

特等奖

第四代移动通信系统(TD-LTE)关键技术与应用
　　　王东明(43)

2016年度"长江学者奖励计划"入选者
　　　特聘教授：孙立涛　李建春
　　　青年学者：程　强　蒋卫祥　王　浩　虞文武　刘　攀

2016年宝钢奖

优秀教师特等奖
　　　胡仁杰

优秀教师奖
　　　孟　桥　贾民平　成玉宁

2016年江苏省优秀博士论文指导教师
　　　王建国　倪中华　段钰锋　崔一平　孙伟锋　王金兰　徐春祥　潘　冶
　　　董　群　徐泽水　王　炜　居胜红

2016年江苏省优秀硕士论文指导教师
　　　易　红　李舒宏　张　华　郭　彤　张　雄　卢剑权　翟军勇　葛丽芹
　　　王雪梅　张天来　王文平　顾　伟　王雪梅　张一卫　杜延军　李会军
　　　蒋礼阳　成玉宁　樊祥宁　漆桂林　陶　军　陈志斌　朱　涛　窦晓波
　　　程　明　程　琳　柏　毅

2016年江苏省本科优秀毕业设计(论文)一等奖指导教师
  韩　良　杨　俊　杜　静　过秀成　季玉群　陈熙源　张　川　杨　军　程　明

2016年度东南大学第24届青年教师授课竞赛一等奖
  段伦博

2016年江苏省科学技术奖
突出贡献奖
  吕志涛

2016年教育部自然科学奖
一等奖
认知障碍发生机制和早期预警与干预研究
  张志珺(1)　柏　峰(4)　谢春明(5)　袁勇贵(7)　闫福岭(8)

二等奖
多智能体系统分布式协同控制
  虞文武(1)　曹进德(2)　温广辉(3)

2016年教育部技术发明奖
一等奖
力触觉临场感机器人关键技术
  宋爱国(1)　李会军(2)　宋光明(3)　崔建伟(4)　李建清(5)　徐宝国(6)

2016年教育部科技进步奖
二等奖
公交主导型城市综合交通网络协同设计关键技术及其应用
  王　炜(1)　任　刚(2)　杨　敏(3)　季彦婕(5)　陈学武(7)　李文权(8)
  胡晓健(9)　王　昊(10)

基于地文大区和活态遗产的江苏段大运河遗产保护技术创新与应用
  陈　薇(1)　朱光亚(2)　李新建(3)　吴　晓(4)　董　卫(5)　阳建强(6)
  诸葛净(7)　王建国(8)　刘博敏(9)　白　颖(10)　胡　石(11)　宋剑青(12)
  邓　峰(13)　沈　旸(14)

2016年江苏省科学技术奖
一等奖
冬夏双高效空调系统关键技术及建筑节能集成应用
  张小松(1)　梁彩华(2)　李舒宏(3)　殷勇高(4)　徐国英(5)

钢桥面沥青铺装养护与保存技术
  钱振东(1)　陈磊磊(2)　黄　卫(4)　王建伟(5)

高速精密切削加工机床设计理论
  蒋书运(1)　林圣业(3)　徐春冬(11)

路面状况检测器设计理论、关键技术及其应用
  黄庆安(1)　韩　磊(2)　王立峰(3)　殷刚毅(4)

卫星与无线通信融合系统研发及产业化
   宋铁成(1) 胡 静(2) 夏玮玮(5) 沈连丰(6)
二等奖
脉冲耦合网络趋同行为的理论与方法
   卢剑权(1) 曹进德(2)
三等奖
基于无线专网全寿命周期的智能配用电测控保护计量集成系统关键技术与应用
   郑建勇(1) 梅 军(5) 裴文江(6) 王 开(7)
二维材料—贵金属复合体系的光学性质检测与调控
   倪振华(1) 邱 腾(2)

2016年江苏省教育科学研究成果奖（教育研究类）
一等奖
《大学生自主研学体系建设的探索实践》
   郑家茂 熊宏齐 张继文 邱文教 潘晓卉
三等奖
《走出"成长型高校陷阱"："成长型高校"走向"成熟型高校"的战略分析》
   张 胤
《中外教师和助教多元合作下的研究生英语课程改革的研究》
   陶 云 金保昇 陈美华 金 晶 凌建辉

2016年享受国务院政府特殊津贴专家
   曹进德 李启明 程 明 邱海波 王廷信

2016年"全国优秀共青团干部"
   陆 挺

2016年江苏省第五期"333高层次人才培养工程"培养对象
首席科学家：
   吴智深 时龙兴 周佑勇 滕皋军 崔铁军 刘加平
科技领军人才：
   马慧锋 孙伟锋 马冬梅 陆 建 居胜红 陈淑梅 孙立涛 刘艳红
   孙长银 吴 刚 王雪梅 袁勇贵 肖 睿 韩俊海 陈云飞 郭 彤
   潘志文 倪中华 钟文琪 邱 斌 舒 嘉 宋光明 钱春香 金 石
   王金兰 李世华 徐赵东 龙迪勇 葛 峥
科学技术带头人：
   柏 峰 蔡国军 刘锡祥 花 为 蒋卫祥 卢剑权 郭建平 殷勇高
   赵远锦 郑文明 马坤岭 杨 军 张云升 程 光 杜延军 欧阳本祺
   杨俊宴 黄英姿 丁幼亮 李 玲 柴人杰 李守伟 杨决宽 章定文
   刘 玲 芮云峰 杨建军 谢春明 陈恕求 彭新桂 陈陆旭

2016年江苏省"双创计划"
   双创团队：刘宏团队
   双创人才：姚红红 吴富根 潘玉峰 赵涤燹 刘志远 胡三明

2016年江苏省"六大人才高峰"入选人员
  创新人才团队：陈云飞团队
  高层次人才：
    杨　敏　黄亚继　张一卫　吴在军　张会岩　陈先华　陆卫兵　徐庆宇
    周子凯　赵祥伟　张海军　陈　瑞　陈　蓉　屈留新　任庆国　陶庆松
    徐　斌　李　俊　王海明　漆桂林　盛　彬　吴　涓　严如强　许　威
    刘锡祥　孙桂芳　范圣刚　张　磊　欧阳本祺

2016年度农工民主党江苏省委员会"社会服务先进个人"
  王玉华

2016年九三学社江苏省委员会先进个人
  王修信

2016年"江苏省五四青年奖章"
  刘　攀

2016年"江苏省优秀共青团干部"
  彭　丽

2016年江苏省高校辅导员年度人物
  邱　峰

2016年全国大学生电子设计竞赛模拟电子系统设计专题邀请赛（TI杯）一等奖指导教师团队
  堵国樑等

2016年全国大学生数学建模竞赛国家级特等奖、一等奖指导教师团队
  陈恩水等

2016年第六届中国教育机器人大赛国家级特等奖、一等奖指导教师团队
  张文锦等

东南大学校级荣誉名单

东南大学2014—2015年度"教书育人、管理育人、服务育人"积极分子名单

（以姓氏笔画为序）

于晓明	王　蓉	王　缨	王立辉	王国力	王春香	车一刚	孔房祥	朱志勇
朱佳鸣	刘　萍	刘明芬	刘跃群	孙　逊	孙　菁	孙　啸	孙志忠	纪　静
纪晓群	李克川	李骏扬	李朝静	杨天琴	杨从山	杨维菊	杨舒惠	肖　健
肖　锋	吴　磊	汪　军	张荣春	张树林	张翠英	张慧丽	陆金钰	陈　刚
陈　峻	陈海平	邵　争	范守德	林金官	周文娜	周再发	郑意楠	孟正大
施　畅	姜　余	姜飞月	祝　虹	贺正喜	骆益民	袁健红	贾　宁	贾武宝
顾　宁	柴人杰	徐子全	徐雪宁	高　歌	高祥生	唐慕萱	陶　玲	陶永刚
堵国樑	黄忠辉	黄跃平	董永强	董志芳	蒋永平	程　明	程守勤	舒　嘉
蔡先华	翟玉庆	樊鹤红	潘　冶	戴　丽	魏丽玲			

2016年科研成果获奖情况

2016年度国家科学技术奖奖励项目

序号	项目名称	主要完成人	奖励类别	授奖等级	主要完成单位	院系
1	基于磁共振成像的多模态分子影像与功能影像的研究与应用	滕皋军、居胜红、王毅翔、顾宁、焦蕴、刘刚、张洪英、张宇、柳东芳	科技进步奖	二等奖	东南大学、香港中文大学、厦门大学	中大医院
2	强容错宽调速永磁无刷电机关键技术及应用	程明、朱孝勇、花为、全力、鲍文光、曹瑞武	技术发明奖	二等奖	东南大学、江苏大学、新大洋机电集团有限公司	电气工程学院
3	微波毫米波新型基片集成类导波结构及器件	洪伟、郝张成、许锋、罗国清、陈继新	自然科学奖	二等奖	东南大学、南京邮电大学、杭州电子科技大学	信息科学与工程学院
4	复杂动态网络的同步、控制与识别理论与方法	吕金虎、虞文武、陈关荣、陆君安、周进	自然奖（合报）	二等奖（合报）	中国科学院数学与系统科学研究院、东南大学、香港城市大学、武汉大学	数学学院
5	慢性肾脏病进展的机制和临床防治	侯凡凡、蓝辉耀、刘必成、易凡、廖禹林、陈志良、宾建平、程永现、周丽丽、白晓春	科技进步奖（合报）	一等奖（合报）	南方医科大学、香港中文大学、东南大学、山东大学、中国科学院昆明植物研究所、广东医学院	中大医院
6	第四代移动通信系统（TD-LTE）关键技术与应用	曹淑敏、王晓云、徐学兵、陈山枝、张平、赵先明、黄宇红、王志勤、杨骅、魏丽红、边燕南、王映民、邓爱林、向际鹰、吴迪、沈嘉、杨光、刘光毅、汪恒江、魏贵明、邢宏涛、蒋远、徐菲、孙晓南、万蕾、徐慧俊、刘迪军、高全中、张万春、聂子田、蔡亚莉、段晓东、李文宇、魏然、李星、孙韶辉、白欣、柏燕民、张玉胜、肖善鹏、周世东、果敢、王东明、王可、江立红、张诗壮、李斌、蔡月民、熊兵、邱刚	科技进步奖（合报）	特等奖（合报）	中国移动通信集团公司、工业和信息化部电信研究院、电信科学技术研究院、华为技术有限公司、中兴通讯股份有限公司、展讯通信（上海）有限公司、北京电信技术发展产业协会、宇龙计算机通信科技（深圳）有限公司、北京邮电大学、清华大学、东南大学、北京星河亮点技术股份有限公司、上海创远仪器技术股份有限公司、联想移动通信科技有限公司	信息科学与工程学院

2016 年度江苏省科学技术奖奖励项目

序号	项目名称	主要完成人	奖励类别	授奖等级	主要完成单位	院系
1		吕志涛	突出贡献奖		东南大学	土木工程学院
2	冬夏双高效空调系统关键技术及建筑节能集成应用	张小松、梁彩华、李舒宏、殷勇高、徐国英、许锦峰、张建忠、杨家华、谭来仔、钱华	应用类	一等奖	东南大学、江苏省建筑科学研究院有限公司、南京市建筑设计研究院有限责任公司、江苏河海新能源股份有限公司、南京五洲制冷集团有限公司	能源与环境学院
3	钢桥面沥青铺装养护与保存技术	钱振东、陈磊磊、韦武举、黄卫、王建伟、夏立明、吴志仁、赵付星、于迪尔、卞加前、韩超	应用类	一等奖	东南大学、苏交科集团股份有限公司、天津城建滨海路桥有限公司、南通东南公路工程有限公司	交通学院
4	高速精密切削加工机床设计理论及其工程应用	蒋书运、徐江、林圣业、王奋、李光华、马青芬、吕福根、吕洪明、陈国华、孙远见、徐春冬	应用类	一等奖	东南大学、南京航空航天大学、无锡机床股份有限公司、南京二机齿轮机床有限公司、南通航智装备科技有限公司	机械工程学院
5	路面状况检测器设计理论、关键技术及其应用	黄庆安、韩磊、王立峰、殷刚毅、李斌、蔡蕾、张宇星、胡大君、曲来世、王国新	应用类	一等奖	东南大学、交通运输部公路科学研究所、无锡市杰德感知科技有限公司、凯迈（洛阳）环测有限公司	电子科学与工程学院
6	卫星与无线通信融合系统研发及产业化	宋铁成、胡静、盛伟、孙俊、夏玮玮、沈连丰、鲍煦、王巧樑、夏景、周媛	应用类	一等奖	东南大学、南京中网卫星通信股份有限公司、江苏大学	信息科学与工程学院
7	脉冲耦合网络趋同行为的理论与方法	卢剑权、曹进德、杨鑫松、宋强、李露露	基础类	二等奖	东南大学、重庆师范大学	数学系
8	基于无线专网全寿命周期的智能配用电测控保护计量集成系统关键技术与应用	郑建勇、闫书芳、梅飞、陈文藻、梅军、裴文江、王开	应用类	三等奖	东南大学、江阴长仪集团有限公司	电气工程学院
9	二维材料贵金属复合体系的光学性质检测与调控	倪振华、邱腾、南海燕、梁铮、丁荣	基础类	三等奖	东南大学、泰州巨纳新能源有限公司	物理系

(续 表)

序号	项目名称	主要完成人	奖励类别	授奖等级	主要完成单位	院系
10	农林废弃物资源能源化多联产工程化关键技术	蒋剑春、周永红、肖国民、聂小安、徐俊明、翟立安、陈洁、胡立红、王奎、许彬、陈水根	合报	一等奖（合报）	江苏强林生物能源材料有限公司、中国林业科学研究院林产化学工业研究所、东南大学、江苏乾翔新材料科技有限公司	化学化工学院
11	肠道病毒型疫苗临床应用关键技术	朱凤才、胡月梅、李靖欣、孟繁岳、张雪峰、陶红、梁祁、刘沛、朱磷扬、葛恒明、顾善儒	合报	一等奖（合报）	江苏省疾病预防控制中心、东南大学、国药中生生物技术研究院有限公司、连云港市疾病预防控制中心、东海县疾病预防控制中心、射阳县疾病预防控制中心	公共卫生学院
12	城市治安防控系统关键技术研究及集成应用	蒋平、汪兆斌、罗军舟、许勇、赵琛、杨明、沈智勇、吴伟、李晓飞	合报	二等奖（合报）	南京市公安局、东南大学、南京邮电大学	计算机科学与工程学院
13	轨道交通收费系统网络化运营关键技术	郭庆、张宁、夏德传	合报	三等奖（合报）	南京熊猫信息产业有限公司、南京熊猫电子股份有限公司、东南大学	交通学院
14	复杂系统辨识、同步控制及其应用	蒋国平、丁洁、肖敏、樊春霞、林金星、徐丰羽、王正新	合报	三等奖（合报）	南京邮电大学、江南大学、东南大学	自动化学院
15	绿色轮胎用超高强度钢帘线关键技术研发及产业化	刘锦兰、刘祥、苗为钢、胡自明、何广仁、徐方流、张正裕	合报	三等奖（合报）	江苏兴达钢帘线股份有限公司、东南大学、南京科润工业介质股份有限公司	材料科学与工程学院
16	大型管道穿越关键技术研究及装备应用	孔庆华、陈以田、马保松、吕伟祥、叶桦、李根营、张永华	合报	三等奖（合报）	徐州徐工基础工程机械有限公司、中国地质大学（武汉）、东南大学、黄山金地电子有限公司	自动化学院
17	智能化电液控制滑模摊铺机的研发及应用	赵国普、徐宝国、龚国芳、宋爱国、何慧国、曾洪、卢伟	合报	三等奖（合报）	江苏四明工程机械有限公司、东南大学	仪器科学与工程学院

2016年度高等学校科学研究优秀成果奖(科学技术)奖励项目

序号	项目名称	主要完成人	奖励类别	授奖等级	主要完成单位	院系
1	认知障碍发生机制和早期预警与干预研究	张志珺、徐林、陈晓春、柏峰、谢春明、潘晓东、袁勇贵、闫福岭、毛榕榕	自然科学奖	一等奖	东南大学、中国科学院昆明动物研究所、福建医科大学	中大医院
2	力触觉临场感机器人关键技术	宋爱国、李会军、宋光明、崔建伟、李建清、徐宝国、卢伟	技术发明奖	一等奖	东南大学	仪器科学与工程学院
3	多智能体系统分布式协同控制	虞文武、曹进德、温广辉、陈关荣	自然科学奖	二等奖	东南大学、香港城市大学	数学学院
4	公交主导型城市综合交通网络协同设计关键技术及其应用	王炜、任刚、杨敏、殷广涛、季彦婕、马林、陈学武、李文权、胡晓健、王昊、叶敏、华雪东、赵德、王茜、李海波	科技进步奖	二等奖	东南大学、中国城市规划设计研究院、南京全司达交通科技有限公司	交通学院
5	基于地文大区和活态遗产的江苏段大运河遗产保护技术创新与应用	陈薇、朱光亚、李新建、吴晓、董卫、阳建强、诸葛净、王建国、刘博敏、白颖、胡石、宋剑青、邓峰、沈旸	科技进步奖	二等奖	东南大学	建筑学院
6	一体成型多尺度高精度空芯线圈电流测量新技术及应用	李红斌、王忠东、陈庆、杨世海、陈刚、周赣	技术发明奖	一等奖(合报)	华中科技大学、国网江苏省电力公司电力科学研究院、东南大学	电气工程学院

第十八届中国专利奖

序号	项目名称	主要完成人	奖励类别	授奖等级	主要完成单位	院系
1	一种高耐久长标距光纤光栅传感器及其制造方法	吴智深、杨才千、孙安、洪万、唐永圣	第十八届中国专利奖	优秀奖	东南大学	土木工程学院

2016年度其他级别科学技术奖奖励项目

序号	项目名称	主要完成人	奖励类别	授奖等级	主要完成单位	院系
1	高性能纤维复材提升混凝土结构受力性能关键技术与应用	王文炜	湖北省科技进步奖	一等奖（合报）	东南大学	交通学院
2	燃煤PM2.5及Hg的生成与控制	徐明厚、于敦喜、姚洪、盛昌栋、刘小伟	湖北省自然科学奖	一等奖（合报）	东南大学	能源与环境学院
3	微纳尺度生物医学材料可控制备及生物医学应用研究	何农跃、邓燕、吕卓璇、张立明、李松、刘洪娜	湖南省自然科学奖	二等奖（合报）	湖南工业大学、东南大学	生物科学与医学工程学院
4	面向夏热冬冷地区的双高效空调技术与建筑节能应用	张小松、梁彩华、李舒宏、殷勇高、徐国英、许锦峰、张建忠、杨家华、谭来仔、钱华、张利平	南京市科技进步奖	一等奖	东南大学、江苏省建筑科学研究院有限公司、南京市建筑设计研究院有限责任公司、江苏河海新能源股份有限公司、南京五洲制冷集团有限公司	能源与环境学院
5	模块化高压大容量电力电子高可靠协调控制关键技术及系列应用	赵剑锋、季振东、田杰、曹武、梅军、方太勋、王建华、郑建勇、刘康礼、李东野	南京市科技进步奖	二等奖	东南大学、南京南瑞继保电气有限公司	电气工程学院
6	智慧交通载具产品体系创新与规模应用	丁飞、童恩、邓菲、宋爱国、秦文虎、蔡伟明、远岸欣	南京市科技进步奖	二等奖（合报）	东南大学	信息科学与工程学院
7	基于龙芯和自主协议的物联网平台系统及应用产品	陈勇、周国勤、戚晨皓、祁云嵩、步雨笋、孙建国、蔡阳波	南京市科技进步奖	二等奖（合报）	东南大学	信息科学与工程学院
8	原油在线调合关键技术研究及应用	朱雨、陈夕松、亚宏宇、梅彬、费树岷、刘轶、胡隼	南京市科技进步奖	二等奖（合报）	东南大学	自动化学院
9	城市污泥资源化利用工程-火电厂协同处置	朱士圣、葛仕福、朱忠贤、戴新宇、刘政艳	南京市科技进步奖	二等奖（合报）	东南大学	能源与环境学院
10	工业锅炉能效远程监管与公共服务平台建设及应用示范	业成、周杏鹏、王雯雯、梁斌、王红轩	南京市科技进步奖	三等奖（合报）	东南大学	自动化学院

(续　表)

序号	项目名称	主要完成人	奖励类别	授奖等级	主要完成单位	院系
11	国际土木工程学会	吴智深	国际土木工程纤维增强复合材料学会奖	学会最高奖	东南大学	土木工程学院
12	网络耦合系统控制与优化理论及其应用	虞文武、温广辉、李存军、曹进德、陈关荣	中国指挥与控制学会科学技术奖自然科学类	一等奖	东南大学、香港城市大学	数学系
13	城市多模式公交网络协同控制与智能服务技术及应用	王炜、李斌、叶智锐、刘冬梅、王昊、汪林、龚维强、凌镭、王晶、王文静、乔国梁、陈学武、杨敏、胡晓健、金绍林	中国公路学会科学技术奖	一等奖	东南大学、交通运输部公路科学研究所、南京莱斯信息技术股份有限公司、北京中交国通智能交通系统技术有限公司、江苏省交通规划设计院股份有限公司、南京全司达交通科技有限公司	交通学院
14	复杂环境下交通信息精确采集、处理及服务理论及技术	黄卫、郭建华、柴干	中国智能交通协会科学技术奖	一等奖	东南大学、北京城建设计发展集团股份有限公司、南京市公安局交通管理局、江苏省交通控股有限公司	交通学院
15	第十一届中国公路青年科技奖	蔡国军	中国公路青年科技奖	一等奖	东南大学	交通学院
16	新型建筑工业化装备及房屋研发	张宏、张弦、李向锋、徐小东	中国产学研合作促进会中国产学研创新成果	一等奖	东南大学、江苏圣乐建设工程有限公司、南京思丹鼎建筑科技有限公司、阿博建材(昆山)有限公司	建筑学院
17	桥梁结构群协同监测评估先进技术及应用	吴智深、张宇峰、张建、彭家意、周建华、吉增晖、夏叶飞、徐嵩、孙安、李素贞、洪万、陈雄飞、曹学勇、方达、施栋豪	中国公路学会科学技术奖	一等奖(合报)	苏交科集团股份有限公司、东南大学、江苏交通控股有限公司、江苏省扬州市公路管理处、江苏华通工程检测有限公司	土木工程学院

2016年本科教学奖励金获奖名单

一、个人奖

特等奖 4 人

胡仁杰　孟　桥　贾民平　成玉宁

一等奖 30 人

汤勇明	陈建龙	周雨青	万遂人	赵林度	郑德东	窦　骏	骆益民	王海燕
王秋颖	陈立全	陆金钰	杜　静	翟玉庆	安　明	施锦杰	陈志斌	蒋　平
刘健刚	胡永辉	王小红	郑颖平	王　昊	章定文	王立辉	单平基	邓慧华
王　蓓	樊祥宁	朱　萍						

二等奖 59 人

殷　翔	杨　俊	杨冠羽	方　元	杨延清	周文娜	周龙英	吴锦绣	葛　明
陈敏华	王金湘	王玉敏	周建新	陈　阳	徐琴珍	朱明亮	宗周红	靳　慧
赵　宁	肖　梅	江寿桂	陈金兵	马红铝	吴　霞	周　波	李松毅	杨　明
王　伟	司丽芳	王　雷	顾小杰	李灵灵	卢爱华	王化起	姜　余	岳书敬
李四杰	杨　帆	余海涛	顾　伟	毛彩凤	李　燕	郑小翔	吴　婷	钱景虹
肖佩琮	张　进	耿艳芬	王　卫	尹莉萍	杨天琴	沈传来	陆琮明	赵　霞
徐莹隽	潘京苏	鹿　婷	郑雪清	姚润月				

二、专项奖

1. 教学督导组　　　　　　　　　　　　　　　　　　　　　　　　20 000 元
2. 各类学科竞赛

（1）"瑞萨杯"2015年全国大学生电子设计竞赛一等奖（10个一等奖）指导团队（堵国樑团队）　　　　　　　　　　　　　　　　　　　　　5 000 元

（2）2016年美国大学生数学建模竞赛国际级一等奖指导团队（陈恩水团队）
　　　　　　　　　　　　　　　　　　　　　　　　　　　　　　10 000 元

（3）2015全国大学生数学建模竞赛国家级一等奖指导团队（陈恩水团队）
　　　　　　　　　　　　　　　　　　　　　　　　　　　　　　5 000 元

（4）第十四届"挑战杯"中航工业全国大学生课外学术科技作品竞赛国家级一等奖指导团队（陆挺团队）　　　　　　　　　　　　　　　　　　5 000 元

（5）2015年第十届全国周培源大学生力学竞赛基础力学实验团体赛一等奖指导团队（董萼良团队）　　　　　　　　　　　　　　　　　　　5 000 元

（6）2016年全国大学生英语竞赛国家级一等奖指导团队（陈美华团队）
　　　　　　　　　　　　　　　　　　　　　　　　　　　　　　5 000 元

(7) 2015年第十届全国"飞思卡尔"杯大学生智能汽车竞赛国家级一等奖指导团队（谈英姿团队） 5 000元

(8) 2015中国机器人大赛暨RoboCup公开赛国家级一等奖指导团队（许映秋团队） 5 000元

(9) 2016年第九届全国大学生计算机设计大赛国家级一等奖指导团队（陈伟团队） 5 000元

(10) 2015年第五届中国教育机器人大赛国家级特等奖、一等奖指导团队（张文锦团队） 5 000元

(11) 2016年第七届"北斗杯"全国青少年科技创新大赛国家级一等奖指导团队（陈熙源团队） 5 000元

(12) 第二届全国高校云计算应用创新大赛国家级一等奖指导团队（舒华忠团队） 5 000元

(13) "苏博特"杯第四届全国大学生混凝土材料设计大赛国家级一等奖指导团队（张亚梅团队） 5 000元

(14) 2015年第四届全国"徕卡杯"大学生金相技能大赛国家级一等奖指导团队（梅建平团队） 5 000元

(15) 2016年第五届"徕卡杯"全国大学生金相技能大赛国家级一等奖指导团队（梅建平团队） 5 000元

(16) 第十一届全国大学生交通科技大赛国家级一等奖指导团队（陈峻团队） 5 000元

(17) 第二届卓越联盟高校"卓越杯"大学生化学实验竞赛国家级一等奖指导团队（杨洪团队） 5 000元

(18) 第十届全国大学生化学实验邀请赛国家级一等奖指导团队（杨洪团队） 5 000元

(19) 第三届全国虚拟仪器竞赛国家级一等奖指导团队（莫凌飞团队） 5 000元

(20) 第一届大学生生物医学电子创新设计竞赛国家级一等奖指导团队（万遂人团队） 5 000元

2015—2016学年本科生各类学科竞赛获奖名单

一、2016年美国大学生数学建模竞赛

国际级一等奖

陈守一　05113503　　　李韧杰　03013327　　　姚昕羽　04013344

周少卿	04213701	涂　欣	04013637	杨宇尘	61013120
王艺炜	04013539	蔡雨君	04013337	袁　瑞	02A13133
陈炜珩	04013223	潘桂鑫	04013209	刘丹阳	04013212
杨溟翔	16013126	张仕超	22013427	高卓越	08013101
秦　阳	22013430	陈　宓	22013328	叶　菁	22013425
王驭扬	04013239	于佳阳	04013138	王赵迪	04013133
曹政坤	06A13133	宋依欣	04013102	谢思源	06A13141
张嘉俊	04013222	胥家睿	04013219	莫忠道	04013224
沈嘉琪	07013207	袁　嘉	22013223	刘恺铮	09013219
章　坚	06213620	王　凌	06A13504	蒋光亚	06213626
赵　毅	16013211	华一唯	05313134	万逸铭	11A13209
黄　文	07013322	孙　丽	07013308	庞宏俐	04013106
华　远	04214732	陈瑾钰	04013545	张　凯	04013139
陆旻熠	06213618	许　昕	06213619	许　佳	06A13202
曾　程	07013225	于晓璇	07213105	陈　刚	61013231
姚嘉玮	06213621	胡宇函	03113601	邹书铭	06213605
杨宇峰	04014324	刘　祺	04214719	王海卜	04214733
董智杰	04013025	刘映辰	61013201	黄莹莹	06113101

国际级二等奖

郭园润	07013306	刘延栋	04013233	孙慧宇	16013206
王兴宇	06A14431	杨奕宁	06A14435	金鼎鑫	06A14436
聂云聪	08013422	陈乐乐	04014204	杨含知	04014637
蒋　田	08013102	马哲文	08013420	赵　伟	08013435
王慧清	06A13503	李嘉伟	02A13218	秦　豪	06213624
张　俊	09013137	胡有方	21813115	涂　宏	07113128
王天鹏	06013319	陈炜捷	06013316	谭宇浩	06013321
黄启圣	61314117	田慕阳	61014117	方梦初	61314105
徐希庆	04014335	王旭平	07213107	索传哲	22013230
刘　毅	04013442	曹聪聪	04013419	沈星欣	04013617
徐孟晖	04213730	宋浩川	04013417	刘嘉爱	04014402
翟金凤	22013410	李　钒	22013424	朱雅玫	22013308
徐炜鸿	04013413	陈　赟	04013409	邓　睿	22013319
寿立夫	04014216	曾启立	04014223	陈奕钢	04014222
胡素芸	22013307	赵琬婷	22013305	裔　成	04214721
何伟梁	04014316	凡　皓	04214724	常钦皓	06A14317
赵　亮	02013119	严　画	16012107	叶　晨	06013138
华　杰	61313122	黄灵莹	61313102	周　羽	61313129

惠文珊	22013306	许广富	22013332	陈自祁	22013317
孔令恺	04013441	李子杰	05113102	张孙名言	04013439
张 都	04013538	谢 天	04013546	朴智新	09013125
管 鼎	06013338	刘继琦	12013407	徐 峥	04213707
张瑶霖	06013310	任博文	06013337	罗 伟	06013121
宋 茜	22013311	李嘉哲	22014212	翁铖铖	22013324
熊文琴	07013305	刘剑波	06113124	宋 尧	08013205
高 峥	03013012	唐炜洁	03013005	鞠炜煜	04013001
朱 珂	04213706	阮 梦	04213709	谢 天	04013624
曹 凡	04013542	王旭悦	04013602	朱盛杰	04213710
孙 越	09013313	张书睿	21713231	卢 震	09013415
俞 涛	05114502	靳 爽	03314513	顾 驰	04214709
任逸哲	05113201	王 轩	04013340	王子峣	08013328
赖南杏	07013103	陈 秦	04013141	崔正阳	61313128
邢天阳	61114106	崔 萱	07212104	王 茜	61313104
邱嘉伟	04013241	柏志恒	04213731	李俊杰	16013214
顾 鹏	04013238	齐浩政	04013228	陈柏霖	04013220
姚东成	21013114	陆加健	21013113	廖 孜	04013002
张博望	16013209	王璐瑶	16013201	王志宇	16013222
陶思羽	08013206	刘昌鑫	08013315	丁 刚	08013111

二、2015年ACM国际大学生程序设计竞赛(ACM/ICPC)亚洲区域赛

国际级三等奖

朱 鑫	71115134	蔡玉彤	71115322	解曙方	09012436
谈 正	04015129	沈聿林	09014431	辛维钊	09012324

三、2015年IROHCS国际机器人实作竞赛

国际级优秀奖

索传哲　22013230

四、2015年全国大学生数学建模竞赛

国家级一等奖

周 婕	09013401	杨文彬	06013224	吴 凡	09013426
何伟梁	04014316	凡 皓	04214724	常钦皓	06A14317
徐文琪	08013230	潘文青	14513116	王彦然	08013124

赖南杏	07013103	陈　秦	0401314	崔正阳	61313128

国家级二等奖

王天鹏	06013319	陈炜捷	06013316	谭宇浩	06013321
陶思羽	08013206	刘昌鑫	08013315	邓含露	12013102
章　坚	06213620	曹远志	06A13529	徐嘉铭	06A13534
陆紫薇	04013535	杨宇峰	04014324	何倩倩	04013601
翟金凤	22013410	朱雅玫	22013308	李　钒	22013424
高　峥	03013012	唐炜洁	03013005	李彦博	61113120

省(部、地区)级一等奖

张　都	04013538	朴智新	09013125	谢　天	04013546
郭园润	07013306	刘延栋	04013233	孙慧宇	16013206
姚东成	21013114	廖　孜	04013002	陆加健	21013113
许嘉熙	03013411	扈佳玮	03013410	卢　震	09013415
惠文珊	22013306	陈自祁	22013317	许广富	22013332
孙　越	09013313	赵琬婷	22013305	胡素芸	22013307
华　杰	61313122	黄灵莹	61313102	周　羽	61313129
吴远兮	61313121	汪越宇	61013205	陈国骏	61313123
阮　梦	04213709	朱　珂	04213706	赵　爽	04213720
张瑶霖	06013310	任博文	06013337	罗　伟	06013121
汤海波	61013211	胡皓磊	05113610	孟　畅	05113630
沈嘉琪	07013207	刘恺铮	09013219	袁　嘉	22013223
刘　毅	04013442	曹聪聪	04013419	沈星欣	04013617
王慧清	06A13503	李嘉伟	02A13218	曹政坤	06A13133
张博望	16013209	王志宇	16013222	朱建阳	16013324
顾　鹏	04013238	齐浩政	04013228	陈柏霖	04013220
张嘉俊	04013222	莫忠道	04013224	胥家睿	04013219
孔令恺	04013441	张孙名言	04013439	李子杰	05113102
寿立夫	04014216	曾启立	04014223	陈奕钢	04014222
耿云聪	11113102	陶秋岑	16013507	徐　筝	16013603

省(部、地区)级二等奖

王艺炜	04013539	袁　瑞	02A13133	乔　焜	03A13515
胡宛青	07313108	陈乐乐	04014204	林天乙	71113125
周少卿	04213701	涂　欣	04013637	蔡雨君	04013337
徐炜鸿	04013413	陈　赟	04013409	陆　琪	04013403
张　俊	09013137	胡有方	21813115	涂　宏	07113128

华　远	04214732	杨含知	04014637	顾　驰	04214709
俞　涛	05114502	王少云	61013209	孙守泰	03014217
汪　栋	06A14233	石砚舟	07013317	崔　萱	07212104
张　芳	07013107	张　凯	04013139	马雪晴	07113104
刘晨东	61113115	高　阳	61113113	王　贺	61113119
徐　欣	61313126	郭若鸿	61313108	刘必扬	61313111

省（部、地区）级三等奖

陈炜珩	04013223	潘桂鑫	04013209	邓春燕	04013107
熊文琴	07013305	刘剑波	06113124	任逸哲	05113201
陈子聿	03014323	姚依辰	03014404	李明昊	61014223
陈继耘	07313128	王鑫鑫	07013320	侯国睿	08013413
张凯恒	61313112	宋　畅	61013112	徐孝宇	61313110
万逸铭	11A13209	华一唯	05313134	赵　毅	16013211
秦　阳	22013430	陈　宬	22013328	叶　菁	22013425
李嘉哲	22014212	王凯旋	22014217	邓玮雯	22014207
倪冬欣	06A13520	戴广立	09013312	袁　曦	22013408
黄启圣	61314117	田慕阳	61014117	方梦初	61314105

五、第十一届全国大学生交通科技大赛

国家级一等奖

叶美锡	21813102	陈润发	21813127	陈家威	21813119
杨俊达	21813118	杨杰能	61013116		

国家级二等奖

张梦轩	21112205	刘珊珊	21113216	龙　振	21113223
李　怡	21113103	徐姝祺	21112207		

六、首届中国"互联网＋"大学生创新创业大赛全国总决赛

国家级二等奖

薛紫霄	14513123	张伟栋	71113137

七、2015年中俄工科大学联盟创新能源设计大赛

国家级一等奖

石　睿	03A13309	黄砺泉	22013211	杨晨晓	03113612

国家级优秀奖

| 徐依钒 | 03013206 | 黄斯琪 | 03013204 | 董　顺 | 03012318 |

八、第二届卓越联盟高校"卓越杯"大学生化学实验竞赛（新实验设计赛）

国家级二等奖

| 白婧怡 | 19312101 | 曾颖浩 | 19312116 | 谭鄂川 | 19012316 |

国家级三等奖

| 黄天宇 | 19313110 | 房　地 | 19314116 | 骆季荣 | 19013118 |

九、第二届卓越联盟高校"卓越杯"大学生化学实验竞赛（实验技能赛）

国家级一等奖

钱　威　19113112

国家级二等奖

何　跃　19113209

国家级三等奖

王亚妹　19013213

十、2015年中国大学生程序设计竞赛

国家级三等奖

| 沈聿林 | 09014431 | 辛维钊 | 09012324 | 解曙方 | 09012436 |

十一、2015年第五届中国教育机器人大赛

国家级特等奖

杨淏翔　16013126

国家级一等奖

王　姗	09012201	李国锦	24313105	张仕超	22013427
文星翌	11214212	乔文超	04014435	赵　亮	02013119
严　画	16012107	张　恒	02012523	方　阳	22012320
石春凤	22013206	唐浩然	16012114		

十二、2015 年中国机器人大赛暨 RoboCup 公开赛

国家级一等奖

刘　川	02013120	陈　峥	08013210	程　威	61014114
陈泽森	08013109	陆馨杭	09013109	金　睿	71113101
冯博威	71113314	钟天辰	04013630	於泽邦	09014427
薛　烨	61313103	王彦然	08013124	王　安	04013536
庄伟嘉	10113125	张　琪	02013416	郭喜庆	02013405

国家级二等奖

陈　峥	08013210	刘　川	02013120	程　威	61014114
陈泽森	08013109	陆馨杭	09013109	金　睿	71113101
冯博威	71113314	王彦然	08013124	薛　烨	61313103
王　安	04013536	庄伟嘉	10113125	张　琪	02013416
郭喜庆	02013405				

十三、第四届全国大学生金相技能大赛

国家级一等奖

王志江　12012210

国家级二等奖

许光远　12013417　　郑　鑫　02012309

十四、2015 年第八届中国大学生计算机设计大赛

国家级一等奖

常　慧　71112106　　李延东　71112111

国家级二等奖

谢　楠	71113406	宁静珲	71113303	温　婧	71112101
常海潮	71112102	李明晴	71112201	孙佳慧	71112104
任　旸	71112108	王　烁	71112330	李度洋	04012116
徐　军	04012640	王东东	71112131	陈静雯	71Y12106
张湛秋	71112304	夏　薇	71112302	陈亮均	06A12130

国家级三等奖

王　康　01A11319　　唐　松　01111307　　张雨竹　01111207

朱彦雯	01113108	张祺媛	01113107	王　玥	01113104
赵壮文	71112125	刘　盾	71112335	李　前	71114123
李嘉文	71114124	李　超	02A14634	于　乐	08014227
黄文超	08014111	沈煜佳	08014203		

十五、第十四届全国大学生机器人大赛

国家级二等奖

秦博豪	02012115	方　阳	22012320	陈雪莲	02012102
金珊珊	02012103	陈春水	02012109	张　恒	02012523
文星翌	11214212	张　远	41114104	吴闫明	02014519
闫赛赛	02012126	陆兴悦	02012326	闫　晞	22012317
袁昌旺	22012316	万杭州	22012333	王开恺	22012329
黄华林	22012323	许奇梦	22012112	赵正寻	61012110
吕　晨	02612103	吕剑乔	02012104	叶　敏	22012131
徐　亮	04012441	袁璋诣	06012223	杨子超	08012410
石　珂	22012225	刘英杰	22012327	李树森	02012303
马超逸	22012132	甄庆熙	24112112	刘文俊	02A12410
华志超	08012422	冷明鑫	22012311	张维哲	06012119
方良骥	22012218	高小桐	61013219	朱麒文	06A12228
陈远志	02A12718	朱国振	02A12715	桑　旭	02013432
赵　亮	02013119	徐小童	21512108		

国家级三等奖

李　颖	02012208	杨　欣	61112104	朱成德	61112116
方振芳	02012110	王　沁	02A12204	赵富邦	61012312
林俊浩	61012307	梅王智汇	04012014	郭启炜	04012414
吕　涛	61012207	封　帆	04013609	汪玉杰	08012421
刘艺璇	61012304	孙宇涵	61013119	张海川	61112113
许炜涵	04012314	李沐阳	04012604	刘　正	61113124
金玉龙	61113107	张　睿	04212731		

省(部、地区)级三等奖

李彦博	61113120	蔡睿聪	04012229	蒋　雷	02A12633
徐　俊	08012319	黄林新	02012518	宋雨遥	61113123
吴成博	02A12612	蒋　琴	02A12503	张　恒	02012523
郭烈强	04012615	王　锴	03013016	陈远志	02A12718
黄志亮	08012317	蒋家旭	08012311	任东明	04012242

| 夏康立 | 61113118 | 金珊珊 | 02012103 | 陈雪莲 | 02012102 |
| 甄庆熙 | 24112112 | | | | |

十六、第十届"飞思卡尔"杯大学生智能汽车竞赛全国总决赛

国家级一等奖

| 李天助 | 04012639 | 黄志亮 | 08012317 | 杨天阳 | 08012203 |
| 曾　欣 | 22013325 | 郑　鹏 | 22013326 | | |

国家级二等奖

| 徐帮元 | 04212717 | 杨佳伟 | 04013210 | 祖剑君 | 04012635 |

十七、2015年江苏省暨全国大学生电子设计竞赛

国家级一等奖

张雯豪	04012443	张　苑	04012306	孙炜航	11212120
胡铭觐	16012517	姚　宇	16012628	詹惠瑜	16012507
朱志鸿	06013125	杨　阔	06213611	肖　丰	06313115
赵正宁	06A13324	田倍通	06A13319	刘文昭	06A13307
陈晓涛	08012122	俞　毅	08012121	陈　涛	08012217
朱诚诚	06A12225	方龙宇	12012326	王　沁	02A12204
张　帅	06A12314	袁璋诣	06012223	闫隆鑫	71112132
朱麒文	06A12228	戴　忱	43A12104	夏志鹏	06A12215
廖如天	04012237	胡尊丽	04012238	齐　济	16012429
刘　明	04012332	任东明	04012242	高璇璇	04012208

国家级二等奖

陈　鹏	16012123	樊安洁	16012104	唐浩然	16012114
冷明鑫	22012311	刘英杰	22012327	王　玲	08012204
印友进	04012540	卞　慧	04012101	李焕波	04012541
王亚露	11112157	杨　升	61012112	丁晨静	11212202
周　睿	61013128	郑亚君	08012205	杨杰能	61013116
贺陈锴	61013222	张从越	61013214	郝　翰	61013227
包天罡	06212618	罗　旺	06A12119	周　越	09012220
陈旭璇	08013201	孙海翔	16012120	王子峣	08013328

省(部、地区)级一等奖

| 刘鹏程 | 16012426 | 张馨月 | 61012102 | 崔　权 | 06013324 |

吴小溪	06A13405	陈垚鑫	06A13217	辛均浩	06113111
陈 鑫	61013225	段尚甫	61013224	高 越	61013208
曹政坤	06A13133	龚志鹏	06013114	宋依欣	04013102
宋文清	61013210	吴旭东	61013130	王 益	61013124
余开亮	16012424	刘亚斐	16012402	王武森	16012417
姜程程	06A12304	许华尧	06013126	翟 悦	06A12105
柏志恒	04213731	李政熠	04213711	杨嘉禾	04213733
张 翔	04013119	陈炜珩	04013223	于佳阳	04013138
卢长胜	08013218	陈宁宁	09012108	张冰鑫	06013329
徐 乐	61013123	杨宇尘	61013120	马文焱	61013136

省（部、地区）级二等奖

冯 炽	08012109	梅 俊	08012126	张 璞	08012108
杨 蒙	04012340	马文钰	04012305	黄谢田	04012637
李 享	04212727	赵清玄	04012610	黄文欢	04012507
万杭州	22012333	袁昌旺	22012316	彭培真	08012135
蒋光亚	06213626	刘雨桐	11213218	蔡子文	16013613
申 畅	61012309	王禹欣	61012303	徐宇辉	61312125
薛思达	04013523	景树森	04013527	薛 谦	04013540
徐 亮	04012441	李骁敏	04012404	秦顾正	04212732
王 璞	22012313	姚晨雨	22012310	邓 睿	22013319
李效君	04013231	王 媛	04013236	邵海雯	16013403

十八、第九届三菱电机杯全国大学生电气与自动化大赛暨电气自动化创新设计竞赛

国家级二等奖

霍铭心	03012429	沙 鹏	03012126	顾家辉	03012312

国家级三等奖

李平姣	03012102	周光灿	03012116

十九、第十届全国周培源大学生力学竞赛"理论设计与操作"团体赛

国家级优秀奖

王旭祥	05112120	姜 煜	05313132	张 竞	05313110
王伟立	21A13831	焦亚基	05112403		

二十、第十届全国周培源大学生力学竞赛"基础力学实验"团体赛

国家级一等奖

| 王风范 | 05112112 | 张　竞 | 05313110 | 蔺志一 | 05313115 |

二十一、第二届全国高校云计算应用创新大赛

国家级一等奖

谢　楠　71113406　　　王　琪　71113410　　　张悦心　71113203
钱　舟　71113436

二十二、第七届"北斗杯"全国青少年科技创新大赛

国家级一等奖

周　祺　22013323　　　翁铖铖　22013324　　　惠文珊　22013306
李嘉哲　22014212　　　安鹏宇　22013231　　　赵维政　22013113
赵世宬　22013216　　　张　姜　22013128　　　高　菊　22014106
尚　昊　22014118　　　王子静　22014111　　　陆　旭　22014219

国家级二等奖

陈一鸣　22013221　　　袁　嘉　22013223　　　王晓宇　22013217
徐　乐　61013123　　　支康仪　22012235　　　张　琦　22012206

国家级三等奖

张鹏程　22013228　　　贾孟璇　22013321　　　李　坤　22014209
邓　睿　22013319　　　左　潇　22013322　　　李宇杰　22014224

二十三、第七届全国高等医学院校大学生临床技能竞赛全国总决赛

国家级二等奖

宋佳磊　43211227　　　尹　清　43211210　　　韩丽飞　43211414
谢　健　43211128

二十四、2016RoboCup机器人中国赛

国家级一等奖

刘　川　02013120　　　陈　峥　08013210　　　程　威　61014114

| 王彦然 | 08013124 | 张　琪 | 02013416 | 庄伟嘉 | 10113125 |
| 郭喜庆 | 02013405 | 王　安 | 04013536 | 李嘉哲 | 22014212 |

国家级二等奖

张仕超　22013427

二十五、第九届全国大学生信息安全竞赛

国家级三等奖

华　远	04214732	徐春梅	04013309	李　前	71114123
卢长胜	08013218	张宇宸	06A14514	张梦娇	04013305
刘　祺	04214719	李　杨	04013312		

二十六、第三届全国虚拟仪器竞赛

国家级一等奖

| 索传哲 | 22013230 | 石春凤 | 22013206 | 刘延栋 | 04013233 |
| 刘兴成 | 09014217 | 侯国睿 | 08013413 | | |

二十七、2015中国机器人竞赛暨RoboCup公开赛篮球机器人分项赛

国家级二等奖

索传哲	22013230	石春凤	22013206	严仕林	06013312
王旭平	07213107	邵　鑫	22013331	华文奇	22013229
侯　赟	14514209	张婧怡	22014206		

二十八、2016年全国大学生英语竞赛

国家级特等奖

| 施惠文 | 01515119 | 叶加炜 | 43414116 | 黄天星 | 04013301 |
| 黄祺航 | 08015125 | 鞠　朵 | 21A15203 | | |

国家级一等奖

| 张筱萱 | 11A15202 | 康　瑜 | 41115110 | 罗龙钊 | 03013325 |
| 张雨诺 | 14314112 | 吕　呈 | 21A14230 | 石雪颖 | 17114203 |

国家级二等奖

王少哲　05215110　　卢　凝　61314106　　马伟国　21A15834

金 城	05112615	罗津宇	21114103	钟毅杰	05514101
周紫薇	03A15205	葛永瑞	01113322	石 可	05114407
徐若愚	08015113	洪欣乐	17113313	肖 婧	08015105
黄平璎	43215308	郭轩池	61015110	位广宇	08015321
周文棋	14C15116	孔 玉	01115201	陆依然	03A15503
王卓颖	11215113	李志强	05A15213	杨晓蕾	17114212
缪天润	22015112	解伟凡	06A15115		

国家级三等奖

袁冬宇	04215709	肖 哲	21A15224	孙志健	01114320
黄紫新	14Y13114	冯明月	13A13210	王奇睿	17214213
姜嘉玲	21014203	金洁珺	61315101	张悦浩	05715123
朱 宇	06A15531	倪 旖	13A15213	李一萌	08015103
张天舒	61315111	文智奕	71115316	杜婧仪	13A15118
施 维	21A15604	戴薛甜	14B15104	杨之琳	14414114
敖颖雪	01114202	汤永健	09013438	廖婧文	25015208
王仲衡	05113626	李子萱	17115104	李沁怡	10015204
金媛媛	17113201	周冬秦	21A15117	陈轶男	03A15104
王华玮	04013513	徐茹宁	08014304	张景舒	21313105
徐第开	03A15324	叶 聪	01515117	郑可文	17115215
谢佼宏	21014105	孔淑云	14Y14105	胡纯一	16014304
张婧媛	04014609	孙 羿	04013341	王文佳	21015101
张一清	16013401	吴 鹏	04014136	缪居正	11A15117
李伟晔	71112410	张诗瑶	43214512	孙 达	21A15832
许 旖	71114209	何思源	17215217	王雨桐	43415111

二十九、第十四届"挑战杯"中航工业全国大学生课外学术科技作品竞赛终审决赛

国家级特等奖

郭昊坤	03A13636	杨 帆	03013417	仲嘉茜	24313207
唐 宗	24A12125	邵静怡	03213707		

国家级一等奖

张少卿	04012228	林晨昊	42113221	杨辉军	42112118
朱显明	42113120	杨柳青	42213105	刘剀剀	42113113
赵心语	42213204	花薛芃	01212131	李文玥	01212119
钱 鑫	01212148				

国家级二等级

蒋雪霏	24012109	侍海峰	06012221	王广祯	06A12535
俞　毅	08012121	张　楠	07112114	刘力铨	08012328
梁　爽	19013120	赵万隆	19312106	王　烁	71112330
张　璞	08012108	张瑞晗	07212109	卓　宁	19213122
陈晓涛	08012122				

三十、第五届全国大学生物流设计大赛

国家级二等奖

吉　理	21213102	高　天	21A13502	王玉文	14813124
梁炜璇	14813115	吴冠鹤	21213131		

三十一、2015年"创青春"大学生创业大赛

国家级优秀奖

王晶宇	05212215	欧妍曼	24A12204	高晓琛	14212118
朱佳庆	05113301				

三十二、第八届全国大学生节能减排社会实践与科技竞赛

国家级二等奖

李　昕	03212722	李　想	03212719	葛芝含	03012403
徐依钒	03013206	黄斯琪	03013204	董　顺	03012318

国家级三等奖

凌　灏	12012223	邵博文	12012320	唐美玲	05212201
柯希玮	03012127	蒋永康	04012634	陈昕昀	14113114
罗亦芳	03012310	朱雨婷	22012207	郭　驭	05512101
刘　慧	08012406	张正华	03012215	蔡戎彧	03012229

三十三、第五届全国大学生电子商务"创新、创意及创业"挑战赛全国总决赛

国家级一等奖

梁焕用	14612126	徐鑫纯	14612127	李延东	71112111
范孟华	14612115	代晓靖	14612118		

三十四、第九届江苏省大学生力学竞赛基础力学实验团体赛

省(部、地区)级特等奖

张　竞　05313110	蔺志一　05313115	王凤范　05112112

省(部、地区)级一等奖

汪　珍　05313108	王旭祥　05112120	姜　煜　05313132

省(部、地区)级二等奖

李雪晨　05313101	张俊平　05113321	李玉鑫　05313143

三十五、第二十一届中国日报社"21世纪·可口可乐杯"全国英语演讲比赛江苏地区决赛

省(部、地区)级二等奖

张楚悦　17114114

三十六、江苏省第四届信息安全技能竞赛

省(部、地区)级二等奖

印明亮　07212113	钱　鑫　09013413	刘延栋　04013233

三十七、首届江苏省"互联网＋"大学生创新创业大赛

省(部、地区)级一等奖

薛紫霄　14513123	张伟栋　71113137	刘金晶　09012404

省(部、地区)级二等奖

曾成辉　14613128	刘丹阳　04013212	张　潇　14513224
孙向前　07013129	谢　天　04013624	陈　睿　14512133
陈阳天　11214220	钟集杏　11214201	吴豪杰　14C14103
蔡天一　11214216	汤丽娜　14C14310	许成韬　11214217

三十八、"外研社"杯全国大学生英语挑战赛(阅读、写作、演讲)江苏赛区比赛

省(部、地区)级一等奖

金媛媛　17113201	张　晨　17113111	潘佳惠　17113103
祝可星　17113117		

省（部、地区）级二等奖

张雪晴　13A14219　　　吴则希　01114321　　　郑奕贤　17113202

三十九、东南大学第十二届本科生物理及实验科技作品创新竞赛

省（部、地区）级一等奖

侍海峰　06012221　　　王黎明　06012219　　　曹梦迪　06013003
黄子文　10012206　　　张　真　10212116

省（部、地区）级二等奖

徐光照　10213124　　　苏浩亮　61013216　　　王泽敏　61013223
陈　瑶　10113103　　　章烨晖　10113116　　　肖屹彤　10213111

省（部、地区）级三等奖

田慕阳　61014117　　　肖贻杰　61014119　　　霍耀璞　22012117
冯玥滢　22013105　　　郭晓艺　22013406　　　安睿怡　10212103
赛　娜　10312102

四十、第九届江苏省大学生力学竞赛基础力学实验理论个人赛

省（部、地区）级特等奖

姜　煜　05313132　　　王旭祥　05112120

省（部、地区）级一等奖

王风范　05112112　　　张俊平　05113321　　　蔺志一　05313115

省（部、地区）级二等奖

张　竞　05313110　　　李玉鑫　05313143　　　汪　珍　05313108

省（部、地区）级三等奖

李雪晨　05313101

四十一、第九届中国制冷空调行业大学生科技竞赛

省（部、地区）级三等奖

钟勋平　03112626　　　余　禾　03112624　　　湛长丰　03112620
卢雅林　03112605　　　宋潞云　03112609　　　诸葛阳　03112608

四十二、2015 年第五届中国教育机器人大赛江苏赛区赛

省(部、地区)级特等奖

| 赵 亮 | 02013119 | 方 阳 | 22012320 | 张 恒 | 02012523 |
| 严 画 | 16012107 | 王 姗 | 09012201 | 唐浩然 | 16012114 |

省(部、地区)级一等奖

| 杨淏翔 | 16013126 | 张仕超 | 22013427 | 石春凤 | 22013206 |
| 乔文超 | 04014435 | | | | |

四十三、第十届"飞思卡尔"杯全国大学生智能汽车竞赛华东赛区

省(部、地区)级一等奖

徐帮元	04212717	杨佳伟	04013210	祖剑君	04012635
曾雨旻	04012608	董智杰	04013025	李鹏辉	22013129
刘丹阳	04013212				

省(部、地区)级二等奖

| 王子晔 | 10212119 | 杨天阳 | 08012203 | 王 岗 | 08012316 |
| 黄志亮 | 08012317 | 李天助 | 04012639 | 崔崇伦 | 06013113 |

四十四、电子商务创新、创意及创业挑战赛江苏赛区选拔赛

省(部、地区)级特等奖

| 郭 蕊 | 14113115 | 杨文彬 | 06013224 | 马 茜 | 14B13512 |
| 焦竹晗 | 14113102 | 巩柯含 | 06113127 | | |

省(部、地区)级一等奖

任 杰	04014647	徐云逸	04014624	王 聪	14514128
凡 皓	04214724	宁 琳	14514219	黄毅菱	14713111
尹海安	07113111	石砚舟	07013317	徐玉秋	14813112
江琳翊	14414110	张晨歆	14B14624	邵张建	04014421
安振露	14114111	周 明	09014419		

省(部、地区)级二等奖

| 赵洪娜 | 14913112 | 张楚悦 | 17114114 | 苏 航 | 14714102 |
| 邹 悦 | 71113307 | 吴智星 | 14714120 | 黄 星 | 02014105 |

| 田红娜 | 04014510 | 管永梅 | 14514213 | 杨雨杭 | 14113129 |
| 肖　蔚 | 14113107 | 曹　雪 | 14B13110 | 马思佳 | 14113109 |

省（部、地区）级三等奖

黄伟聪	71113204	肖　通	71113221	武雨田	71113202
张伟栋	71113137	王璐瑶	14113113	伍云飞	14113124
李斯琦	14113112	覃光强	14113125	梁艺馨	14B13214
曾　悦	14B13206	苏怡伟	14B13213	沈锋华	02012201
黄　春	14B13403	王　茜	14B13209	王箫笛	14113105
宋枭雄	14113122	张　璐	14B13210	邵书昕	14B13122
王　鹏	14713115	沙　宽	14B13429		

四十五、江苏省第四届信息安全技能竞赛

省（部、地区）级二等奖

| 印明亮 | 07212113 | 钱　鑫 | 09013413 | 刘延栋 | 04013233 |

四十六、第六届"浩辰杯"华东区大学生CAD应用技能竞赛

省（部、地区）级一等奖

吴远德	05315115	王嘉城	01112126	李小锐	02013321
林　玮	02013421	丁清源	02013323	郑宏伟	05113501
王　飞	02A13431	孙承栋	02013431	李　晨	02014324
闵　剑	02013422	田志强	02013218		

四十七、2016年中国大学生计算机设计大赛江苏赛

省（部、地区）级特等奖

窦　颢	09014436	庄文林	08014231	王　聪	08013122
陈陌信	71114433	陈建蓉	71113106	董林滔	08015124
李嘉文	71114124	庄亦舟	71Y14116	傅子源	24114113
丁　刚	08013111	张　霓	71Y13107	刘　宝	71113301
崔仁杰	08015215	姜　越	71114326	马　筱	09014408
丁哲通	08014108	周　敏	08013108	林天乙	71113125
魏远卓	71113211	胡斌雁	08015210	陈含璐	61014102

省（部、地区）级一等奖

| 程　唯 | 71113431 | 陈泽森 | 08013109 | 吕　炀 | 71114336 |

| 李 双 | 71113401 | 程 浩 | 08013110 | 李昌懋 | 71Y14125 |
| 耿宇豪 | 71113428 | 唐一鹏 | 08013121 | 陈雄辉 | 71114223 |

省(部、地区)级二等奖

| 黄依洋 | 19114209 | 李 超 | 02A14634 | 王宇晨 | 09015108 |
| 王海萍 | 71Y14106 | 焦 娇 | 24314114 | 杨东泽 | 17113218 |

省(部、地区)级三等奖

| 刘朝阳 | 71113121 | 王艺慧 | 04014303 | 陈 勇 | 16013224 |
| 马麒翔 | 71113139 | 黄骋志 | 71Y14122 | | |

四十八、第六届江苏省大学生机械创新设计大赛

省(部、地区)级一等奖

燕鹏飞	02A12626	郑晶莹	02012401	王亚明	02013317
王 希	02013607	刘 洋	02013628	高 峰	02013609
李嘉鹏	02013601	薛正艺	16013106	肖润华	21A15632
杨 磊	02013535	严佳园	02013525	吕 雪	02013501
宋雨遥	61113123	桑 旭	02013432	高小桐	61013219
闵 剑	02013422	宋文清	61013210	黄林新	02012518
张 乐	020123014	李宇峰	02012230	周 燕	24313201
程 泽	03013222				

省(部、地区)级二等奖

彭泽坤	02A13421	徐筱榛	02013305	王子昂	02A13419
蔡洋洋	02015102	柏 硕	02013221	王伟达	02013623
周 燕	24313201	程 泽	03013222	张 恒	02012523
黄林新	02012518	耿 闯	02013614	张剑秋	02013608
王珏鑫	02013324				

省(部、地区)级三等奖

| 马继超 | 02013613 | 刘 洋 | 02013628 | 李振杰 | 02013619 |
| 刘易鑫 | 02013629 | 张道富 | 02013612 | | |

四十九、2016江苏省大学生程序设计大赛

省(部、地区)级一等奖

| 沈聿林 | 09014431 | 朱 鑫 | 71115134 | 钱 鑫 | 09013413 |

省(部、地区)级二等奖

谈　正　04015129　　　钟凌潇　04015620　　　黄山松　04015328

省(部、地区)级三等奖

严晟嘉　09013119　　　许　亮　09013414　　　朴智新　09013125

五十、江苏省第十三届高等数学竞赛

省(部、地区)级一等奖

解伟凡	06A15115	朱　宇	06A15531	王武明	05A15317
王肖骏	05715125	陆煜翔	04015536	叶啸天	05715105
宋金凯	06A15422	范健华	05A15320	黄健飞	05A15329
练　强	05114614	郑　添	06A15132	吕佳峰	61315123
张敏学	09015128	王伟梁	08015216	崔可泽	08015317
江宛琪	21015205	李近川	12015117	胡正楠	06A15318
黎子建	61015229	邵睿文	61315110	钱宇辉	04014424
袁　亮	14C15723	程天霁	02015108	方　周	21015220
方　田	02015708	苗双双	61115107	曹天旸	04215718
胡欣毅	04014248	卢　毅	05715104	王　宝	21015215
夏智康	04015427	陈　健	21B15120	刘　杰	05715127
李星潼	14B15608	张　易	05215230		

省(部、地区)级二等奖

缪居正	11A15117	黄　洋	04015521	贾　燚	05715109
季钧一	21A15729	李正阳	04015414	倪天恒	04015336
唐俊逸	61315114	金洁珺	61315101	张　璐	71115332
印　航	02015611	傅　鸣	06014127	周宇昕	61114118
郑嘉琦	02015602	宫鹏飞	05115301	俞　涛	05114502
王旭东	03015110	张　驰	06A15331	游玉莹	12015307
曾智方	02015526	黄宇轩	43215122	周　熠	06A15130
岳　钒	42115214	杨　乾	05114424	曹可一	05A15311
戴荣时	08015416	倪　越	05A15305	顾　艺	04215722
陈雨铨	43215119	陈昊辉	05715130		

省(部、地区)级三等奖

徐睿妮	05715101	张泽强	06A15128	孙苏齐	08015419
窦　刚	06A15527	徐育晖	08015218	李　阳	02015717

谢 雪	12015410	周 航	05115509	胡佳鹏	16015524
袁冬宇	04215709	陈高丰	12015213	李 汉	22015220
陈科圻	08015127	张 钊	02015325	徐思源	08015223
张颖炜	06A15429	刘常浩	05715103	周辰辉	06A15530
吕文博	05715128	金 冬	04015539		

五十一、第七届全国高等医学院校大学生临床技能竞赛（华东赛区）

省（部、地区）级特等奖

宋佳磊	43211227	尹 清	43211210	韩丽飞	43211414
谢 健	43211128				

五十二、第三届"江苏省大学生工程管理创新、创业与实践竞赛"

省（部、地区）级一等奖

郭霁月	05212202	唐美玲	05212201	祁继武	05212213
景志卓	05212214	余 颖	05213107	刘丽斯	05213108
李 杰	05213124	宋 宸	21A13821		

省（部、地区）级二等奖

毕 玮	05213102	任逸哲	05113201	王 艳	05213103
杨雨杭	14113129	王艳青	05213201	贾斯佳	05211136
王晶宇	05212215	张 梦	05213205	朱佳庆	05113301
苏 菲	05213105	邵文城	05213109	赵曾军	05213122
王天桥	05213120				

省（部、地区）级三等奖

姚佳梦	05113206	陈营利	05313129	段斐然	05113425
鄢雨生	05113417	胡 阳	05113202		

省（部、地区）级优秀奖

尚 元	05112322	黄燕菲	14B13305	王 鹏	11312113
刘朝阳	71113121	王珺珂	24012124	樊梓阳	05213220
赵 超	05213208	李亚龙	05A13808	严茂茂	05213206
俸阳娇	05A13403	马天昊	05213123	苏子恒	05214227
萧圣达	05214128	周宸宇	05114508	翟清昊	05214120
玛衣拉·哈列里汗	05213104				

五十三、东南大学第 12 届 RoboCup 机器人竞赛【校机教〔2015〕29 号】

  校级一等奖   陶易成   71114315   等 5 人
  校级二等奖   申晓明   09014428   等 13 人
  校级三等奖   周　睿   04014236   等 20 人
  校级优秀奖   张梦璐   08014306   等 41 人

五十四、首届东南大学"互联网+"大学生创新创业大赛【校机教〔2015〕121 号】

  校级一等奖   陈阳天   11214220   等 7 人
  校级二等奖   吴悄然   21512105   等 10 人
  校级三等奖   张一弢   14313108   等 24 人
  校级优秀奖   罗诗然   14Y12121   等 27 人

五十五、东南大学第九届 PLD（可编程逻辑器件）设计竞赛【校机教〔2015〕161 号】

  校级一等奖   周星宇   06A13513   等 9 人
  校级二等奖   朱子锐   06A14214   等 18 人
  校级三等奖   王锐虹   06A13514   等 36 人
  校级优秀奖   许华尧   06013126   等 18 人

五十六、东南大学第六届信息安全竞赛【校机教〔2015〕158 号】

  校级一等奖   印明亮   07212113   等 3 人
  校级二等奖   曹聪聪   04013419   等 6 人
  校级三等奖   于　乐   08014227   等 12 人

五十七、第二届中兴通讯—东南大学卓越大赛【校机教〔2016〕1 号】

  校级一等奖   贾昊楠   71114301   等 3 人
  校级二等奖   朱君妍   04213705   等 6 人
  校级三等奖   唐中樑   08013226   等 12 人
  校级优秀奖   刘振浩   04213713   等 15 人

五十八、东南大学首届创客马拉松——48 小时创新大赛【校机教〔2016〕5 号】

  校级二等奖   刘兴成   09014217   等 4 人
  校级三等奖   徐云逸   04014624   等 6 人
  校级优秀奖   徐希庆   04014335   等 7 人

五十九、东南大学本科生第六届交通科技竞赛【校机教〔2016〕17 号】

  校级一等奖   张书睿   21713231   等 9 人
  校级二等奖   华　杰   61313122   等 18 人

| 校级三等奖 | 王　冰 | 21A13601 | 等19人 |
| 校级优秀奖 | 梁　爽 | 21113207 | 等26人 |

六十、东南大学第四届测绘实践技能竞赛【校机教〔2016〕28号】

校级一等奖	张正协	21313113	等1人
校级二等奖	陈　波	21B13212	等2人
校级三等奖	周　军	21313120	等3人
校级优秀奖	冯文婷	21313106	等2人

六十一、东南大学第八届中华赞经典诵读竞赛【校机教〔2016〕31号】

校级一等奖	龚姝珺	13A14302	等12人
校级二等奖	魏姝晴	21A15704	等27人
校级三等奖	韦莉娅	10015202	等40人
校级优秀奖	彭科霖	14814123	等56人

六十二、东南大学第二届本科生物流设计竞赛【校机教〔2016〕36号】

校级二等奖	吉　理	21213102	等10人
校级三等奖	尹仕鸿	21213132	等10人
校级优秀奖	叶欲宽	21214138	等15人

六十三、东南大学第八届节能减排社会实践与科技创新竞赛【校机教〔2016〕54号】

校级一等奖	汪　栋	06A14233	等15人
校级二等奖	任逸哲	05113201	等30人
校级三等奖	姚佳梦	05113206	等47人
校级优秀奖	姚宗伯	06A14331	等67人

六十四、东南大学第六届本科生创新体验竞赛【校机教〔2016〕55号】

校级一等奖	李一鸣	16014207	等41人
校级二等奖	李智豪	03A15214	等83人
校级三等奖	吴名俊	02A14515	等127人
校级优秀奖	焦　娇	24314114	等169人

六十五、东南大学第十届大学生智能车竞赛【校机教〔2016〕62号】

校级一等奖	周　翔	06013220	等16人
校级二等奖	王润东	04014543	等30人
校级三等奖	吴成均	06A14220	等54人
校级优秀奖	左　潇	22013322	等100人

六十六、东南大学第四届化学化工实验竞赛【校机教〔2016〕84号】

　　校级一等奖　　　　　卢莹炜　19314102　等5人
　　校级二等奖　　　　　黄文娣　11314108　等10人
　　校级三等奖　　　　　陈金财　19113117　等15人
　　校级优秀奖　　　　　李小恒　19013114　等10人

六十七、东南大学第五届"北斗杯"本科生科技创新大赛【校机教〔2016〕85号】

　　校级一等奖　　　　　许广富　22013332　等4人
　　校级二等奖　　　　　安鹏宇　22013231　等8人
　　校级三等奖　　　　　袁　嘉　22013223　等11人

六十八、东南大学第十四届机械创新设计竞赛暨第六届江苏省大学生机械创新设计大赛东南大学选拔赛【校机教〔2016〕105号】

　　校级一等奖　　　　　宋雨遥　61113123　等16人
　　校级二等奖　　　　　彭泽坤　02A13421　等21人
　　校级三等奖　　　　　赵周健　02013522　等32人

六十九、东南大学第九届IEEE标准电脑鼠走迷宫竞赛【校机教〔2016〕106号】

　　校级一等奖　　　　　赵子义　16013412　等6人
　　校级二等奖　　　　　谭韬涌　02015529　等10人
　　校级三等奖　　　　　刘洁帆　02614103　等24人
　　校级优秀奖　　　　　金鼎鑫　06A14436　等31人

七十、东南大学第十三届英威腾杯视觉制导机器人竞赛【校机教〔2016〕107号】

　　校级一等奖　　　　　周圣皓　02014302　等9人
　　校级二等奖　　　　　韩　涛　04015524　等18人
　　校级三等奖　　　　　朱清园　02A14617　等30人
　　校级优秀奖　　　　　史云婷　12015402　等54人

七十一、2016年东南大学大学生英语竞赛【校机教〔2016〕108号】

　　校级一等奖　　　　　张容晟　04013240　等20人
　　校级二等奖　　　　　龙雪莹　02615109　等56人
　　校级三等奖　　　　　杨　昀　10013114　等77人

七十二、东南大学2016年第十八届电子设计竞赛【校机教〔2016〕109号】

　　校级一等奖　　　　　车永越　06013215　等21人
　　校级二等奖　　　　　陈炜珩　04013223　等39人

校级三等奖	邵凯华	04014125	等 57 人
校级优秀奖	俞 峰	06A14319	等 81 人

七十三、东南大学第六届大学生 CAD 技术应用竞赛【校机教〔2016〕110 号】

校级一等奖	刘小暲	21712110	等 15 人
校级二等奖	李继桐	02A13434	等 30 人
校级三等奖	石艺兰	21A15702	等 45 人
校级优秀奖	杨 笛	16014501	等 35 人

七十四、东南大学第三届电子商务创新、创意及创业挑战赛【校机教〔2016〕117 号】

校级一等奖	王璐瑶	14113113	等 4 人
校级二等奖	黄毅菱	14713111	等 14 人
校级三等奖	江琳翙	14414110	等 18 人
校级优秀奖	杨雨杭	14113129	等 24 人

七十五、东南大学第九届嵌入式系统设计邀请赛【校机教〔2016〕120 号】

校级一等奖	车永越	06013215	等 9 人
校级二等奖	尤晨晖	06113123	等 15 人
校级三等奖	章 坚	06213620	等 25 人

七十六、第三届东南大学本科生混凝土知识竞赛【校机教〔2016〕157 号】

校级一等奖	何凌潇	12013332	等 3 人
校级二等奖	张 颖	05114618	等 6 人
校级三等奖	刘 涛	05113616	等 12 人
校级优秀奖	谭博文	12013232	等 13 人

七十七、东南大学第八届大学生计算机设计竞赛【校机教〔2016〕158 号】

校级一等奖	吕 炀	71114336	等 10 人
校级二等奖	董林滔	08015124	等 9 人
校级三等奖	王海萍	71Y14106	等 14 人
校级优秀奖	黄 杰	21A15532	等 26 人

七十八、东南大学第五届金相技能竞赛【校机教〔2016〕161 号】

校级一等奖	陈文宇	12014423	等 3 人
校级二等奖	刘 新	12014325	等 6 人
校级三等奖	蔡青松	43413122	等 14 人
校级优秀奖	张彦博	12013211	等 7 人

七十九、东南大学第十二届本科生物理实验研究论文竞赛【校机教〔2016〕162号】

校级一等奖	方梦初	61314105	等3人
校级二等奖	宋　乾	05114401	等7人
校级三等奖	朱志远	21014211	等17人
校级优秀奖	李孟超	04014415	等20人

八十、东南大学本科生第十届数学建模竞赛【校机教〔2016〕163号】

校级一等奖	廖　萌	22014303	等36人
校级二等奖	尚　昊	22014118	等75人
校级三等奖	张晶晶	22015108	等153人

八十一、东南大学第十五届结构创新竞赛【校机教〔2016〕174号】

校级一等奖	陈诗扬	05514112	等87人
校级二等奖	汪　锐	21014215	等177人
校级三等奖	张　倩	06A14102	等266人
校级优秀奖	罗海鹏	21814131	等348人

八十二、东南大学第八届英语演讲竞赛【校机教〔2016〕176号】

校级一等奖	张昕若	41115102	等2人
校级二等奖	汤文杰	17215118	等5人
校级三等奖	林汐妍	17115204	等8人

八十三、东南大学第二届"互联网＋"大学生创新创业大赛【校机教〔2016〕183号】

校级一等奖	陈阳天	11214220	等20人
校级二等奖	赵胤棋	06A14532	等26人
校级三等奖	于新涛	02614114	等36人

八十四、"华为杯"东南大学第十二届大学生程序设计竞赛【校机教〔2016〕184号】

校级三等奖	严晟嘉	09013119	等3人
校级优秀奖	何永东	09013123	等7人

八十五、东南大学第三届"大学生健康素养"竞赛【校机教〔2016〕185号】

校级一等奖	钱　楠	21714127	等70人
校级二等奖	胡　斐	71113412	等150人
校级三等奖	王嘉韵	22014427	等252人
校级优秀奖	吴德忠	42114219	等447人

八十六、东南大学第三届"向经典致敬"诵读竞赛【校机教〔2016〕186号】

　　校级一等奖　　　　　朱雯雯　14C15716　等13人
　　校级二等奖　　　　　矫文薇　07314101　等25人
　　校级三等奖　　　　　董惜杨　21714216　等37人
　　校级优秀奖　　　　　曾子轩　14714112　等51人

八十七、东南大学第七届信息安全竞赛【校机教〔2016〕187号】

　　校级一等奖　　　　　徐春梅　04013309　等8人
　　校级二等奖　　　　　陈俐源　04013544　等5人
　　校级三等奖　　　　　杨文彬　06013224　等2人

八十八、东南大学本科生2016年高等数学竞赛

　　校级一等奖　　　　　戴荣时　08015416　等18人
　　校级二等奖　　　　　夏智康　04015427　等29人
　　校级三等奖　　　　　王肖骏　05715125　等102人

八十九、2015年东南大学"华彩绽放"——第八届英语话剧大赛

　　校级一等奖　　　　　舒　鑫　14413177　等13人
　　校级二等奖　　　　　谢贝珊　17114202　等24人
　　校级三等奖　　　　　何奕希　14Y13101　等20人

九十、第四届东南大学医学院实验技能操作暨科研设计大赛

　　校级一等奖　　　　　周　蓉　43214309　等9人
　　校级二等奖　　　　　赵　珏　43513102　等11人
　　校级三等奖　　　　　陈思洁　43213105　等22人

九十一、东南大学第六届医学生临床技能竞赛

　　校级一等奖　　　　　周奕杉　43A11306　等4人
　　校级二等奖　　　　　刘雪婷　43211208　等8人
　　校级三等奖　　　　　黄金健　43211124　等10人
　　校级优秀奖　　　　　韦月灵　43111113　等28人

九十二、东南大学第八届嵌入式系统设计竞赛暨邀请赛

　　校级一等奖　　　　　刘兴成　09014217　等3人
　　校级二等奖　　　　　崔崇伦　06013113　等4人
　　校级三等奖　　　　　车永越　06013215　等15人

九十三、东南大学第三届工程管理创新、创业与实践竞赛

  校级一等奖   苏子恒 05214227 等 8 人
  校级二等奖   仇亚睿 05213101 等 18 人
  校级三等奖   王天桥 05213120 等 18 人
  校级优秀奖   倖阳娇 05A13403 等 3 人

九十四、东南大学 2015 年"创青春"大学生创业大赛

  校级一等奖   陈阳天 11214220 等 15 人
  校级二等奖   俞　倩 11A12212 等 22 人
  校级三等奖   曾成辉 14613128 等 37 人
  校级优秀奖   杜慧娟 14B12133 等 68 人

九十五、东南大学第二届云计算应用创新大赛暨第二届全国高校云计算应用创新大赛选拔赛

  院（系）级一等奖   谢　楠 71113406 等 4 人
  院（系）级二等奖   肖　通 71113221 等 8 人

九十六、东南大学第十二届挑战 CEO 之"职"上云霄大赛

  院（系）级一等奖   孙　简 06A13214 等 8 人
  院（系）级二等奖   慕　蓉 14Y13108 等 5 人

九十七、东南大学本科生第八届大学英语研究型课程优秀团队竞赛

  院（系）级一等奖   曹周利 43214107 等 46 人

九十八、东南大学医学院第三届本科生科研设计大赛

  院（系）级一等奖   徐沁梅 43A12105 等 5 人
  院（系）级二等奖   牛文浩 43212320 等 17 人

九十九、东南大学第五届可编程序控制器创意及设计竞赛

  院（系）级一等奖   戴中豪 03012216 等 3 人
  院（系）级二等奖   李平姣 03012102 等 4 人

一百、东南大学第二届大学生物理学术竞赛

  院（系）级一等奖   刘志鑫 10213120 等 4 人
  院（系）级二等奖   汪晓寒 21114213 等 4 人

一百〇一、东南大学第一届电气与自动化设计竞赛

  院（系）级一等奖   赵　毅 16013211 等 6 人

一百〇二、东南大学第二届制冷空调行业大学生科技竞赛

  院(系)级一等奖   陈博闻 03113615
  院(系)级二等奖   高飞翔 03013112 等2人

一百〇三、东南大学第二届电子装配竞赛

  院(系)级一等奖   李嘉鹏 02013601 等5人
  院(系)级二等奖   汪　栋 06A14233 等14人

一百〇四、东南大学方程式赛车车身设计大赛

  院(系)级一等奖   申皓月 24314203 等3人
  院(系)级一等奖   李　想 02015701 等3人

一百〇五、东南大学第三届"创美校园"校园艺术创新竞赛

  院(系)级一等奖   吴瑞卿 24A13324 等4人
  院(系)级二等奖   徐　鑫 24314222 等7人

一百〇六、东南大学第三届短码竞赛

  院(系)级一等奖   施超敏 71115212 等3人
  院(系)级二等奖   周　翀 71113408 等6人

一百〇七、第三届"制弓竞赛——反曲层压弓的设计与制作"

  院(系)级一等奖   陈誉亚 61014318 等6人
  院(系)级二等奖   周晓鹏 03114613 等27人

2016年度学习优秀生名单

正式学习优秀生名单(共173名)

建筑学院(8名)

01912103	宗袁月	01512111	张皓翔	01114311	徐　忆
01912113	沈　忱	01114110	刘　星	01214126	冯可欣
01113411	吕颖洁	01113502	余梓梁		

机械工程学院(6名)

02014407	陈明惠	02014510	汤玮韬	02013532	杨文彦
02014316	赵　恒	02014502	段福鑫	02013623	王伟达

能源与环境学院(9名)

03014323	陈子聿	03213701	叶　蓉	03014112	王　宇
03014404	姚依晨	03113602	张　艺	03114601	段梦凡
03313504	车泽南	03013414	郑伟佳	03013127	杨协和

信息科学与工程学院(7名)

04013543	徐　力	04014324	杨宇峰	04214719	刘　祺
04013539	王艺炜	04014146	黄梦宇	04014609	张婧媛
04014410	汪佳玮				

土木工程学院(15名)

05113624	刘　兴	05213202	姚舒阳	05114614	练　强
05313134	华一唯	05113403	陆维杰	05114407	石　可
05113630	孟　畅	05113317	李　剑	05114618	张　颖
05114424	杨　乾	05113603	方　超	05114616	王月峰
05514101	钟毅杰	05214122	马俊伟	05314108	邵世轩

电子科学与工程学院(7名)

06013214	陈垚鑫	06013219	周杨浩	06013226	曾庆翔
06113111	辛均浩	06213617	张翌晨	06313111	曹政坤
06014119	钱咨廷				

数学系(3名)

07114107	洪　韬	07314106	史云霞	07313111	孙　丽

自动化学院(1名)

08014430	朱毅成

计算机科学与工程学院(2名)

09013430	任杰文	09014222	王　铎

物理系(1名)

10314105	沈傅欢

生物科学与医学工程学院(3名)

11213121	陈　怡	11113101	李子劢	11114107	刘　锦

材料科学与工程学院(3名)

12014205　李文卓	12014107　王　菁	1201420　古震琦

人文学院(3名)

13314102　洪　琼	13414118　翟蕊晗	13614103　李昕璐

经济管理学院(6名)

14Y13116　刘诗雯	14713101　曾　悦	14914119　严　晗
14813117　张　峥	14Y14103　黄振妍	

电气工程学院(6名)

16013515　程天石	16014121　胡子健	16013114　李昊洋
16013603　徐　筝	16014510　许利通	16014320　郭昆健

外国语学院(2名)

17214116　张天琦	17114203　石雪颖

化学化工学院(1名)

19313108　韩　策

交通学院(11名)

21213106　钟敏儿	21813139　马盛南	21514108　李梦瑶
21313103　王　茹	21214113　任　萍	21014205　任隽丰
21013104　吴丽霞	21314117　朋子涵	21013212　殷宇翔
21013201　王　冰	21014115　杨名远	

仪器科学与工程学院(2名)

22014425　邵斌澄	22014209　李　坤

艺术学院(2名)

24214115　赵雨心	24314205　徐将依

法学院(1名)

25013215　王　祺

学习科学中心(1名)

26113105　李梦怡

公共卫生学院(1名)

42214108　龚　雪

医学院(8名)

43312101　孟祥盼	43513103　杨洁凤	43814115　付玉琪
43112112　周　铨	43214515　陈依然	43113213　马　楠
43212212　胡昕滢	43114122　旻　绛	

吴健雄学院(62名)

09013140　王文宇	06013003　曹梦迪	04013001　鞠炜煜
04013014　周　睿	09013143　陈石开	02013637　宋雨遥
04013018　李子园	04013021　陈　旭	03013013　凌　晨
04013005　朱宇潇	04013009　杨　逍	03013014　王　贺
09013142　段尚甫	06013005　杨杰能	61313122　华　杰
03013006　金玉龙	03013017　李　浩	61313102　黄灵莹
03013016　王　锴	03013005　唐炜洁	61313103　薛　烨
03013015　李彦博	04013010　林兴源	61313104　王　茜
61313113　岳晨涛	04013011　徐　乐	61313110　徐孝宇
04013016　马文焱	04013015　刘赐翀	09014140　陈含璐
04013025　董智杰	04013023　陈　鑫	04014007　阎志恒
04014023　葛荧萌	04014017　李迪威	04014033　张连炜
16014007　李明昊	04014035　李灵瑄	04014016　杜朝明
04014009　徐良缘	09014141　程　威	06014007　富楚轩
04014011　张天忆	04014014　叶子玮	03014008　周宇昕
04014034　李怡宁	04014041　石　丁	03014010　张宇峰
06014001　邓金易	16014009　胡　宇	03014012　刘家铭
06014008　杨　赟	06014009　洪剑龙	61314117　黄启圣
03014002　江志杰	03014003　邢天阳	61314116　李乐天
61314129　徐允昊	61314112　孙　凯	61314120　郭家琦
61313106　程　非	61313105　文君涵	

软件学院(2名)

71Y14115　陶　冶　　71113307　邹　悦

预选学习优秀生名单(共 242 名)

建筑学院(10 名)

01115226	秦　瑜	01115204	刘珂羽	01115218	周嘉鼎
01215123	李曼雪	01215124	陈乐琳	01515131	陈雪纯
01214208	黄　玲	01514114	张扬帆	01513124	高寒玉
01213221	刘　艺				

机械工程学院(12 名)

02015526	曾智方	02015505	姜开中	02015108	程天霁
02015311	施飞达	02015701	李　想	02615105	刘茵茵
02015609	陶邦明	02015611	印　航	02014112	赵天毁
02015716	王　众	02015717	李　阳	02614131	沙　杰

能源与环境学院(12 名)

03314520	杨　晟	03015218	刘　洋	03015208	陈　鹏
03214712	张庭秀	03015110	王旭东	03115613	陆依然
03014327	陈　克	03015115	王艺涵	03115602	李梦圆
03315502	曹尚义	03015234	郑　道	03215715	闵　卉

信息科学与工程学院(13 名)

04014121	钟捷成	04015115	杨济源	04015240	桂仁杰
04014542	赵　斌	04015238	徐　靖	04015617	李　俊
04014149	丁宁宁	04015521	黄　洋	04015645	曹天旸
04014428	沈天宇	04015414	李正阳	04015427	夏智康
04215709	袁冬宇				

土木工程学院(12 名)

05114502	俞　涛	05315106	王思瑾	05115609	刘常浩
05214203	徐雨晴	05515101	刘晓宇	05115623	王肖骏
05215216	刘　峰	05115610	卢　毅	05115601	范健华
05215103	康　蕊	05115509	周　航	05115611	叶啸天

电子科学与工程学院(10 名)

06014230	杨奕宁	06214601	李楚文	06A15301	徐洁微
06014106	聂子晴	06114124	陆亦诚	06A15217	寇梓黎
06314106	孟凡喆	06A15531	朱　宇	06A15522	邹少锋

06A15132　郑　添

数学系(4名)

07214102　张　嫱　　　07115121　周　晓　　　07315105　李　源
07115135　李彦清

自动化学院(8名)

08014211　胡鹏程　　　08015321　位广宇　　　08015105　肖　婧
08014130　郑宇柯　　　08015116　张　伟　　　08015409　边张行
08015306　韩紫婷　　　08015202　刁　丽

计算机科学与工程学院(9名)

09014105　杨　阳　　　09015131　郑云川　　　09015112　刘宗源
09014325　孙新凯　　　09015319　陈一赫　　　09015322　贺建安
09014102　王昭悦　　　09015422　陈一鸣　　　09015412　马浩宇

物理系(3名)

10114119　钱　骞　　　10315116　李　伦　　　10315110　陈　俊

生物科学与医学工程学院(6名)

11114109　盛蕾益　　　11A15117　缪居正　　　11215110　顾　承
11214204　牟思豫　　　11A15202　张筱萱　　　11A15222　吕乾韬

材料科学与工程学院(5名)

12015211　张振兴　　　12015425　文　韬　　　12015213　陈高丰
12015221　浦俊成　　　12015229　郝继鹏

人文学院(8名)

13114133　赵泽丰　　　13214107　王一璇　　　13415103　钟文琦
13615113　沈知聪　　　13415102　何丹丹　　　13315113　徐　俐
13415114　倪　旖　　　13215115　吴　宇

经济管理学院(20名)

14115130　赵宇轩　　　14615117　田　雨　　　14314114　张佳蕾
14215130　刘明辉　　　14715103　王冰玉　　　14414221　任婕妤
14315103　宋孟璐　　　14815119　步纤屿　　　14514115　邵涌怡
14415221　李星潼　　　14915103　宋嘉馨　　　14614103　蔡　轩
14415208　周　妮　　　14Y15119　谢天慈　　　14714101　陈可旺

| 14515111 | 王雪竹 | 14114109 | 朱茵 | 14814104 | 肖奕婷 |
| 14515108 | 杨帆 | 14214104 | 苏娅 | | |

电气工程学院(9名)

16014615	宁新福	16015312	魏松韬	16015406	包丽雯
16014111	孙琦润	16015607	庄文楠	16015214	庄文杰
16015128	郭潇	16015323	王旭东	16015311	孙宇幸

外国语学院(3名)

| 17215208 | 刘雨晗 | 17115104 | 李子萱 | 17115314 | 单婧 |

化学化工学院(6名)

| 19114204 | 尹林植 | 19115120 | 孟闻飞 | 19215119 | 顾铤威 |
| 19114202 | 林芝晔 | 19215114 | 张绍辉 | 19214102 | 李贞 |

交通学院(17名)

21014106	刘培	21015111	周冬秦	21015220	方周
21014101	魏薇	21015104	李玲慧	21715201	陈健
21014203	姜嘉玲	21015101	王文佳	21115111	王云珊
21014206	李树伟	21015110	彭铖	21015106	张珺玮
21414103	孟萍萍	21015102	陈英豪	21015215	王宝
21814129	李星圻	21015115	季钧一		

仪器科学与工程学院(5名)

| 22014426 | 厉叶 | 22015412 | 陈望隆 | 22015406 | 杨述焱 |
| 22015325 | 胡权 | 22015402 | 沈玥伶 | | |

艺术学院(3名)

| 24115107 | 朱丽罕 | 24315214 | 侯璐璐 | 24115106 | 姚晓 |

法学院(4名)

| 25014220 | 杨瓔绮 | 25014109 | 黄文青 | 25015204 | 范洁 |
| 25015209 | 潘豫皖 | | | | |

学习科学中心(2名)

| 26115110 | 周海函 | 26114115 | 刘秉鑫 |

医学院(9名)

43A15118 朱运霈	43A15128 倪维杰	43215112 蔡衬衬
43A15102 王 燕	43815121 汤秋义	43215401 范 锐
43A15315 朱笑笑	43215413 程飘玥	43215308 黄平璎

公共卫生学院(5名)

42215204 黄书奇	42115110 臧一腾	42115102 唐涵清
42114118 焦志刚	42113221 林晨昊	

吴健雄学院(37名)

04014042 张 澜	61015225 霍浩淼	61115101 金宇晖
16014001 陈 晨	61015117 李志昂	61115105 史章昆
16014008 徐 路	61015206 牟 星	61315101 金洁珺
09014142 阎雨田	61015219 马小松	61315105 苏 恬
03014007 周建伟	61015130 张 浩	61315110 邵睿文
02014542 王佳卓	61015220 马翌程	61315123 吕佳峰
61314110 凤 石	61015119 郭大众	61315102 马一凡
61015104 廖晓菲	61015125 蒋徐颢	61315103 完晓妍
61015215 许晨煜	61015217 李沙志远	61315112 魏 楷
61015123 夏骋宇	61015205 周爱君	61315108 姜 宁
61015229 黎子建	61015105 王天仪	61315111 张天舒
61015122 郭 兴	61115107 苗双双	61015110 郭轩池
61115109 秦宇枭		

软件学院(10名)

71114206 刘 畅	71114104 陈冬儿	71115221 龙鑫玮
71114440 汪进成	71115437 陈一雄	71115332 张 璐
71114102 牛钰茜	71115112 余泽晨	71Y15123 闫怀宇
71Y15119 林宜宁		

2017届推荐免试攻读硕士学位研究生名单

建筑学院(34名)

隋明明 01912104	唐 滢 01912101	单 路 01212135
王子睿 01112230	奚涵宇 01912115	边 博 01212145
宗袁月 01912103	王嘉城 01112126	王 旋 01212152

张博涵	01912102	龚稼琦	01912112	梁国杰	01212126
陈 诚	01912114	段一行	01112132	丛晓雨	01212110
程可昕	01912111	陈欣涛	01112323	王 慧	01212101
冷先强	01112328	夏晓瑜	01912107	吴佳怡	01212117
张亦然	01112219	刘宁琳	01112310	张皓翔	01512111
徐菁菁	01112108	王 伟	01212106	杨怡然	01512106
沈 祎	01112135	花薛芃	01212131	解文慧	01512105
张 立	01912106	丁金铭	01212112	周心怡	01512107
唐浩铭	01112324				

机械工程学院(41名)

闵 剑	02013422	郭喜庆	02013405	雷庆明	02013116
王伟达	02013623	李小锐	02013321	冯 超	02013436
耿 闯	02013614	花日馨	02013105	赵 斌	02013435
张 康	02013213	林 玮	02013421	陈 龙	02013212
许国树	02013424	王子昂	02013331	苏良威	02013433
王 希	02013607	钱逸程	02013122	李 洋	02013602
杨周宇	02013106	吕 雪	02013501	刘 洋	02013628
杨 磊	02013535	杨文彦	02013532	方振伍	02013504
陈 开	02013108	王 飞	02013319	王晓蓉	02013403
蔡道清	02013430	李嘉伟	02013227	柏 硕	02013221
彭泽坤	02013313	张道富	02013612	刘韵晗	02613103
李嘉鹏	02013601	严佳园	02013525	曹 璨	02613101
刘 川	02013120	孙承栋	02013431	张馨予	02613104
张 琪	02013416	田志强	02013218		

能源与环境学院(44名)

郑伟佳	03013414	周 娣	03013107	乔静宜	03113603
杨协和	03013127	赵文广	03013331	叶 蓉	03213701
葛 浩	03013404	郭昊坤	03013130	鲍梦蓉	03213706
赵圆圆	03013205	徐静文	03013310	杜浩然	03213728
黄怡婷	03013304	倪晓滨	03013218	董皓月	03213727
胡启龙	03013227	张周燕	03013103	高 欢	03213716
徐媛媛	03013421	魏 莉	03013108	黄静依	03213703
曹硕硕	03013126	杨 帆	03013417	郑成强	03213730
刘鑫雅	03013203	朱彦祺	03013315	高 磊	03213738
朱洁雯	03013202	孔志伟	03013318	车泽南	03313504
扈佳玮	03013410	郭慧欣	03013104	解立坤	03313512

唐海宇	03013114	常鸣华	03013326	杨　清	03313526
程笑宇	03013217	陈博闻	03113615	孙先亮	03313522
熊铭杰	03013431	张　艺	03113602	李雅君	03313502
王凯丽	03013207	成赛凤	03113606		

信息科学与工程学院（45 名）

刘延栋	04013233	张　翔	04013119	陈瑾钰	04013545
曹　凡	04013542	邱嘉伟	04013241	李　杨	04013312
刘　毅	04013442	王驭扬	04013239	宋　睿	04013237
齐浩政	04013228	陆　超	04013537	王　轩	04013340
陈炜珩	04013223	宋依欣	04013102	沈星欣	04013617
王　安	04013536	张梦娇	04013305	孟　帆	04013406
于佳阳	04013138	谢　天	04013624	董开兴	04013438
张嘉俊	04013222	顾志方	04013345	廖文婷	04013612
顾　鹏	04013238	曹聪聪	04013419	周新宇	04013621
吕　钱	04013401	高君慧	04013404	宗国文	04013432
陈　赟	04013409	陈柏霖	04013220	孙　羿	04013341
王　媛	04013236	袁　瑞	04013643	葛灵慧	04013435
潘桂鑫	04013209	薛　谦	04013540	巩鑫瑞	04013215
徐炜鸿	04013413	陈　秦	04013141	王小仟	04013508
宋浩川	04013417	徐春梅	04013309	矣咏燃	04013318

土木工程学院（63 名）

刘　兴	05113624	廖聿宸	05113515	毕　玮	05213102
朱熔清	05113622	郑宏伟	05113501	张　磊	05213222
孟　畅	05113630	罗保宏	05113219	陈铮一	05213114
陆维杰	05113403	鄢雨生	05113417	韩　兆	05213214
任逸哲	05113201	温　晓	05113303	赵　超	05213208
顾悦言	05113205	陈　实	05113617	宋　杰	05213209
鞠　丹	05113602	倪佳歆	05113309	华一唯	05313134
杨心怡	05113124	张　磊	05113212	蔺志一	05313115
魏笑尘	05113607	陈　熹	05113625	姜　煜	05313132
李　剑	05113317	李博文	05113530	冯　晶	05313123
章锦洋	05113103	司　怡	05113505	殷家宁	05313147
王仲衡	05113626	储长青	05113518	张　竞	05313110
朱　婷	05113404	刘治廷	05113116	范　晨	05313126
方　超	05113603	张俊平	05113321	汪　珍	05313108
王浩琛	05113430	李忠伟	05113109	范　黎	05313142

盛　伟	05113623	丛凡淇	05113319	姜逸菲	05313109
冯程程	05113601	翟王颖	05113408	贾晓蕊	05513112
王卫昌	05113609	姚舒阳	05213202	凌锦锋	05513126
丁润民	05113402	张　梦	05213205	王君娴	05513103
刘　涛	05113616	王艳青	05213201	崔世博	05513101
潘　杰	05113419	王　艳	05213103	王鸣宇	05513118

电子科学与工程学院(32名)

陈垚鑫	06013214	曾庆翔	06013226	林　娟	06013101
朱志鸿	06013125	刘文昭	06013305	吴小溪	06113104
周杨浩	06013219	叶　晨	06013138	辛均浩	06113111
侯国睿	06013327	何　倩	06013201	黄晓煜	06113103
杨文彬	06013224	周星宇	06013229	黄莹莹	06113101
龚志鹏	06013114	徐嘉铭	06013334	艾　鹭	06113108
车永越	06013215	李秀娟	06013103	肖　丰	06313115
顾　博	06013112	李晓敏	06013102	曹政坤	06313111
甘玉琪	06013206	李　帆	06013238	曾鹏源	06313127
王　凌	06013306	王鑫鑫	06013225	许　佳	06313101
王天鹏	06013319	杨文鑫	06013213		

数学系(15名)

辛云晨	07113110	杨斌斌	07113123	孙　丽	07313111
曾　程	07113119	于晓璇	07213105	陈志强	07313129
沈嘉琪	07113107	李　毅	07213115	尹天骄	07313116
石砚舟	07113125	王旭平	07213107	董亦涵	07313119
沈佳妮	07113105	古　祥	07313115	吴　格	07313105

自动化学院(27名)

王子峣	08013328	唐一鹏	08013121	高卓越	08013101
陈泽森	08013109	聂云聪	08013422	储颖君	08013401
王彦然	08013124	鲁瑜亮	08013317	董　宁	08013211
马哲文	08013420	韩　杰	08013214	秦　晨	08013220
刘昌鑫	08013315	陈旭璇	08013201	杜丽双	08013402
陈　峥	08013210	陶思羽	08013206	李春露	08013303
赵　伟	08013435	刘炽义	08013316	蒋　田	08013102
卢长胜	08013218	王　聪	08013122	黄威龙	08013338
宋　尧	08013205	陈天昊	08013209	华璧辰	08013312

计算机科学与工程学院(27 名)

徐威鸿	09013316	吴天然	09013101	焦晨航	09013124
周 婕	09013401	吴明优	09013237	廖胜兰	09013201
任杰文	09013430	孙清伟	09013235	刘恺铮	09013219
钱 鑫	09013413	陈 冷	09013318	张剑飞	09013321
许丹妮	09013306	江仲鸣	09013226	张晨妍	09013105
张莹莹	09013106	张 晖	09013308	赵蔓瑜	09013108
许 亮	09013414	朴智新	09013125	李 娜	09013405
史晓枫	09013329	郑馥薇	09013103	姜 笛	09013205
谭春阳	09013407	汪文涛	09013420	顾灵童	09013208

软件学院(21 名)

邹 悦	71113307	余 俊	71113328	耿宇豪	71113428
张妍雅	71113206	黄伟聪	71113204	鲍 悦	71113208
林天乙	71113125	杨运韬	71113223	方 乾	71113325
陈建蓉	71113106	孙照月	71113309	张琪琪	71113310
马麒翔	71113139	肖 通	71113221	徐子涵	71Y13105
钱 舟	71113436	程 唯	71113431	金 睿	71Y13101
丁劭华	71113435	李 双	71113401	李 丞	71Y13122

物理系(11 名)

章烨晖	10113116	姚甲甲	10113126	纪仲阳	10213110
王雅斓	10113108	徐光照	10213124	张 昂	10213123
查佳佳	10113120	刘志鑫	10213120	夏世城	10313106
李小宝	10113117	尚成林	10213106		

生物科学与医学工程学院(8 名)

耿云聪	11113102	娄国锋	11113113	李馥雨	11313104
郑 良	11113114	王月圆	11113107	陈 键	11313114
李子劢	11113101	韩婷玉	11313106		

材料科学与工程学院(20 名)

潘 浩	12013113	朱 玉	12013207	高 源	12013320
陆晋媛	12013233	祁 琪	12013209	陈飞阳	12013312
尹 蕾	12013405	狄思怡	12013303	鲁菁琳	12013408
崔丹钰	12013205	刘彦奇	12013133	端 羽	12013311
刘主豪	12013230	王潇猛	12013123	王泽曦	12013423

| 鲍 青 | 12013103 | 胡梦丹 | 12013302 | 蔡名娟 | 12013206 |
| 邵里良 | 12013214 | 关 怀 | 12013107 | | |

人文学院(26名)

李亚兰	13113107	唐佳奇	13213110	胡志远	13413131
冯明月	13113108	王 钰	13213112	赵一燊	13413114
毕占方	13113127	左恺仙	13213115	张梓烨	13413127
李梦娇	13113115	黄晓萍	13313113	许彧澜	13413126
刘玉洁	13113104	吴殷巧	13313116	谢一丹	13413102
胡 园	13113116	陈钰岚	13313117	王 桑	13413111
夏 雨	13213124	黄佳佳	13313102	王蒙蒙	13613110
蔡 倡	13213118	刺利青	13313110	祝 晓	13613101
李卓凡	13213107	顾一石	13313127		

经济管理学院(60名)

马思佳	14113109	孟 鹏	14413223	修 艺	14613111
曹 雪	14113101	步佳莹	14413116	马天舒	14613115
史郁洁	14113117	石 慧	14413110	张文杰	14613127
王璐瑶	14113113	李雪莹	14413209	蔡 晓	14613103
姚 伟	14113116	覃冠华	14413120	黄毅菱	14713111
王翠翠	14213106	张 潇	14513224	曾 悦	14713101
朱俊明	14213115	张玖瑜	14513101	苏怡伟	14713102
郁静怡	14213107	潘文青	14513116	张晓伟	14813125
高佳汇	14213114	贾 玥	14513221	谢俐萨	14813110
陈思贤	14213131	雷 蕾	14513214	申飞阳	14813116
顾徐鑫	14213124	陈越异	14513111	梁艺馨	14813103
张一癹	14313108	王蓓蓓	14513207	杨 森	14813129
郑 璐	14313107	王 姗	14513208	张嘉润	14913118
孙雨亭	14313110	朱大春	14513202	张思雨	14913113
郑漫兮	14313115	仝甜甜	14513125	赵洪娜	14913112
李建杏	14313113	蔡逸清	14513204	王亮平	14913109
张申宏	14413126	徐晨晨	14513223	袁晓楠	14913110
张 璐	14413114	姚冬琪	14513203	黄紫新	14Y13114
袁晓芸	14413107	何 映	14513220	邓荣霞	14Y13104
王 怡	14413212	韩静静	14613108	李梦瑶	14Y13106

电气工程学院(32名)

| 徐 筝 | 16013603 | 吕家乐 | 16013117 | 王宇辰 | 16013109 |

陆　迪	16013306	关　蕾	16013406	胡　杰	16013524
杨　硕	16013624	邵海雯	16013403	陶苏朦	16013208
张一清	16013401	蒋浩然	16013408	刘　艺	16013431
郭亚森	16013402	茅明明	16013329	高怡静	16013605
胡经纬	16013429	史文博	16013102	陈　勇	16013224
顾晨骁	16013616	曲俊先	16013225	彭晨宇	16013111
李俊杰	16013214	李昊洋	16013114	方国权	16013131
李渭娟	16013526	杨　权	16013119	籍　泠	16013316
史　豪	16013110	薛正艺	16013106	厉国舜	16013215
赵　毅	16013211	王志宇	16013222		

外国语学院(16名)

郑奕贤	17113202	洪欣乐	17113313	王　斐	17213215
祝可星	17113117	蒋晓露	17113108	夏　雨	17213102
陈秋宇	17113312	张　弦	17113315	陈　玲	17213206
田　元	17113303	王雪霞	17113210	吕秋晨	17213213
顾峥嵘	17113306	高　岑	17213211	李永芳	17213103
张亚楠	17113114				

化学化工学院(15名)

吴文婷	19113105	严　景	19113106	丁　婷	19213102
陈金财	19113117	朱明芸	19113206	安佩景	19213101
李小恒	19113102	高　真	19113218	谭继华	19213104
解霞飞	19113203	杨冲亚	19113202	杨宗超	19213115
程　品	19113122	黄美优	19113204	黄天宇	19313110

交通学院(70名)

赵鑫玮	21013103	吉　理	21213102	王伟立	21013215
董书洋	21113101	王　茹	21313103	韩雨钦	21713111
俞　俊	21013116	常晓宇	21313123	林子豪	21013209
吴丽霞	21013104	金俭俭	21313111	邓涵宇	21713229
李　怡	21113103	张正协	21313113	涂珊珊	21713108
王成晨	21113201	陈　波	21313119	薛佳悦	21713105
张　创	21113202	马梦頔	21413107	童巨声	21013213
綦　聪	21013112	谢亿秦	21413108	朱佳韵	21713210
柯泽冕	21013117	杨　莎	21413105	汤钧尧	21713241
姚东成	21013114	赵　铨	21413123	赵润民	21013207
孙卓群	21013111	李盼盼	21413117	苏　强	21013206

冒培培	21113204	李祥炜	21413130	肖　宏	21713240
刘雍翡	21013119	许碧华	21513101	卢桂林	21013217
吴运腾	21013115	梁　钰	21513112	谢　磊	21713140
袁诗琳	21013102	盛彩英	21513114	王　晨	21713120
刘珊珊	21113216	刘凯丽	21513106	叶美锡	21813102
秦　依	21113208	刘玉轩	21513102	陈润发	21813127
陈　坦	21113203	易新宇	21513121	陆　阳	21813131
郑启康	21013109	殷宇翔	21013212	梁孝东	21813120
张　燕	21213101	王　冰	21013201	马盛南	21813139
吴冠鹤	21213131	何　珂	21713101	刘宜昭	21813104
沈昱希	21213113	端木祥永	21013211	赵宇豪	21813123
王喆正	21213115	单彧诗	21713205	徐亚峰	21813107
虞　悦	21213107				

仪器科学与工程学院(19名)

张仕超	22013427	李　钒	22013424	焦　越	22013117
胡素芸	22013307	曾　欣	22013325	华文奇	22013229
许广富	22013332	索传哲	22013230	石春凤	22013206
郑冰清	22013209	郭晓艺	22013406	张鹏程	22013228
翟金凤	22013410	翁铖铖	22013324	邓　睿	22013319
惠文珊	22013306	秦　阳	22013430	赵琬婷	22013305
邵　鑫	22013331				

艺术学院(12名)

张　真	24113101	吴瑞卿	24313122	刘佳倩	24313210
庄婉仪	24113103	倪弘沣	24313113	仲嘉茜	24313207
陈阿曼	24113107	顾文婷	24313101	李国锦	24313105
李文心	24313112	刘　巍	24313116	翁雨昕	24313111

法学院(11名)

黄依畑	25013108	杨宇航	25013229	黄　菊	25013107
鲍怡婕	25013201	王　祺	25013215	顾译予	25013106
宋子耕	25013118	王　哲	25013226	刘　荣	25013112
项会云	25013120	马文博	25013225		

学习科学研究中心(3名)

李梦怡	26113105	张思慧	26113103	郝　佩	26113108

医学院(35 名)

胡慧祯	41113113	罗小菲	43112219	唐雪梅	43412107
李雪莹	41113107	冉　娇	43112218	王娅敏	43512101
贺韵遐	41113109	刘媛媛	43112216	张　姝	43512122
周　铨	43112112	韩　雨	43112205	周雨欣	43512111
孙琦清	43112213	王运荣	43112102	文　秀	43512103
刘清香	43112214	余文娟	43112212	周　希	43413108
伏　炎	43112234	孟祥盼	43312101	吴梦滢	43413101
张　莹	43112116	李惠明	43312110	张蓓蓓	43413104
乔　恩	43112133	徐沁梅	43312104	徐　睿	43413112
汪晓晨	43112110	金志成	43312119	杨洁凤	43513103
杨墨丹	43112204	肖　红	43312115	周　影	43513113
巨少龙	43112134	徐雪妮	43412105		

公共卫生学院(12 名)

倪　倩	42112203	黄凯萍	42112202	花田甜	42112106
杨辉军	42112118	陈振明	42112217	赵心语	42213204
纪双斌	42112216	史湘铃	42112204	杨柳青	42213105
姜　飞	42112208	范　扬	42112113	蔡孟蓉	42213101

吴健雄学院(48 名)

马文焱	04013016	宋　畅	04013004	孙一唯	61313101
段尚甫	09013142	王　凯	04013024	徐孝宇	61313110
贺陈锴	04013022	李　浩	03013017	汤宁兴	61313124
陈　鑫	04013023	宋雨遥	02013637	刘必扬	61313111
曹梦迪	06013003	金玉龙	03013006	陆　鼎	61313127
吴旭东	16013005	高　峥	03013012	蒋　伟	61313114
高天翔	04013026	唐炜洁	03013005	崔正阳	61313128
李子园	04013018	王　贺	03013014	郭若鸿	61313108
王　益	16013003	王　锴	03013016	陈国骏	61313123
杨　逍	04013009	凌　晨	03013013	封蔚鸿	61313120
陈石开	09013143	夏康立	02013635	徐　欣	61313126
张从越	16013010	徐青蓝	03013001	吴远兮	61313121
孙宇涵	04013008	张梦瑶	03013003	张凯恒	61313112
刘映辰	04013017	高　阳	03013010	任昱宁	61313130
汤海波	16013008	龙大凡	02013632	张而弛	61313125
孙　彧	06013012	刘明明	03013007	郭家梁	61313109

无锡分校(12名)

周少卿	04213701	阮　梦	04213709	章　坚	06213620
徐孟晖	04213730	王　康	04213723	严客雨	06213602
谭儒昕	04213737	陆旻熠	06213618	蒋光亚	06213626
李政熠	04213711	杨　阔	06213611	刘　立	06213604

2012级七年制生物医学工程专业本硕连读学生名单

序号	学号	学生姓名	指导老师
1	11212101	崔梦瑶	赵兴群
2	11212102	田　媛	夏　强
3	11212103	郭慕依	李志勇
4	11212104	季　璐	张　宇
5	11212105	段梦沁	陆祖宏
6	11212106	李　静	罗守华
7	11212107	孙晓梦	万遂人
8	11212108	顾笑晓	赵远锦
9	11212109	路一飞	徐　华
10	11212110	高　歌	吴富根
11	11212112	鲍琰雯	吴富根
12	11212114	张　熠	陈　强
13	11212115	陈　超	巴　龙
14	11212116	蒋逸飞	吉　民
15	11212117	王海兴	谢建明
16	11212118	杜逸昊	巴　龙
17	11212119	于云雷	周　平
18	11212120	孙炜航	汪　丰
19	11212121	曾昭煜	赵祥伟
20	11212122	邱睿奇	王雪梅
21	11212123	刘朝洺	黄宁平
22	11212125	张兆铭	黄宁平
23	11212127	张星星	孙　啸
24	11212128	杨　涛	汪　丰

(续　表)

序号	学号	学生姓名	指导老师
25	11212129	杨　升	顾　宁
26	11212201	姚心恪	李志勇
27	11212202	丁晨静	赵兴群
28	11212203	祝雅璇	陈　战
29	11212204	刘　浏	姜　晖
30	11212205	倪　莹	刘　宏
31	11212206	花　蕊	万遂人
32	11212208	廖　佩	何农跃
33	11212209	鞠寅晖	刘　宏
34	11212210	刘亚迪	朱纪军
35	11212211	周　玥	杨　芳
36	11212212	江苗苗	谢建明
37	11212213	徐　秋	王雪梅
38	11212214	郭士成	肖忠党
39	11212215	乔　祎	陆祖宏
40	11212217	于昊立	熊　非
41	11212218	张　男	韩晓峰
42	11212221	方壹乐	肖鹏峰
43	11212222	冯振强	杨　芳
44	11212223	李卓轩	张　宇
45	11212224	王泽远	陈　强
46	11212225	王云龙	吕晓迎
47	11212226	刘坤良	熊　非
48	11212227	谢嘉浩	刘宏德
49	11212228	林鑫翔	吕　华
50	11212229	刘窈窈	顾忠泽

2011级七年制临床医学专业本硕连读学生名单

序号	本科学号	姓名	性别	导师姓名
1	43211103	吴 航	女	孙子林
2	43211110	鲍晓玲	女	张亚男
3	43211112	祝如愿	女	蒋 犁
4	43211113	刘玉秋	女	张晓良
5	43211118	盛安康	男	熊 猛
6	43211121	史经纬	男	杨如松
7	43211125	孙佳锐	男	朱维铭
8	43211201	曹 玲	女	任利群
9	43211202	陈美丽	女	刘 琳
10	43211204	姚 羽	女	林 勇
11	43211205	张 玉	女	刘 琳
12	43211209	朱月琳	女	汤文浩
13	43211211	黄银银	女	熊 猛
14	43211213	李泽敏	女	沈 杨
15	43211216	李 甲	女	陈宝安
16	43211217	黄季晨	男	邱 勇
17	43211218	乔 木	男	吴小涛
18	43211220	徐 涛	男	陈 明
19	43211225	龚文斌	男	李俊生
20	43211227	宋佳磊	男	吴小涛
21	43211228	余 航	男	郭宏骞
22	43211302	金 雯	女	蒋 犁
23	43211304	姜 茜	女	金 晖
24	43211306	封逍遥	女	刘 琳
25	43211307	冒晨昱	女	蔡云朗
26	43211310	汪沐源	女	彭丹红
27	43211314	柏文华	女	蒋 犁
28	43211323	庞新岗	男	李永刚
29	43211325	鲁攀攀	男	芮云峰

（续　表）

序号	本科学号	姓名	性别	导师姓名
30	43211326	禹沛然	男	马根山
31	43211327	马浩鑫	男	李笑弓
32	43211328	徐孝新	男	陈　洪
33	43211329	黄亭亭	女	朱晓莉
34	43211404	储　霞	女	陈锦飞
35	43211405	解彤彤	女	钱晓萍
36	43211406	邵　雯	女	周怀君
37	43211407	倪　媛	女	马正良
38	43211408	胡阳波	女	宋　勇
39	43211412	朱霖泽惠	女	栾　洁
40	43211413	杨鸿盛	女	刘必成
41	43211415	左　朦	女	刘新峰
42	43211418	杨　腾	男	栾　洁
43	43211419	张永强	男	陆　军
44	43211420	徐　赫	男	陈　明
45	43211421	付　凯	男	曹红勇
46	43211422	王　轩	男	韩从辉
47	43211426	段晓宇	男	胡娅莉
48	43211428	喻　傲	男	薛　涛
49	43211101	许心怡	女	杨　毅
50	43211102	焦　娇	女	张志珺
51	43211104	许　露	女	朱晓莉
52	43211105	尤　鑫	女	徐庆祥
53	43211107	郭　丹	女	王少华
54	43211108	胡　君	女	彭丹红
55	43211109	周佳莹	女	居胜红
56	43211111	刘　畅	女	邱晓东
57	43211114	王晓月	女	邱晓东
58	43211115	刘向阳	女	施瑞华
59	43211116	刘晶华	女	栾　洁
60	43211117	蒋　颖	女	袁勇贵

（续　表）

序号	本科学号	姓名	性别	导师姓名
61	43211119	张　坡	男	王运涛
62	43211120	高尔德	男	周家华
63	43211122	谈　畅	男	柏　峰
64	43211123	孙　思	男	陈　明
65	43211124	黄金健	男	任建安
66	43211127	刁亦非	男	申　翼
67	43211128	谢　健	男	张志珺
68	43211203	林　欣	女	蔡云朗
69	43211206	钱秋萍	女	沈　杨
71	43211207	杨　洁	女	陈宝安
72	43211208	刘雪婷	女	张志珺
73	43211210	尹　清	女	刘必成
74	43211212	柴圆圆	女	王　飞
75	43211214	沈颖甜	女	滕皋军
76	43211215	杨　娇	女	王　尧
77	43211219	王晨飞	男	张亚男
78	43211221	陈　洲	男	施瑞华
79	43211223	牛雪龙	男	邱晓东
80	43211224	云天纬	男	张古田
81	43211226	杨文戈	男	郭金和
82	43211303	秦雨晗	女	汤成春
83	43211305	汤丽丽	女	沈　杨
84	43211308	李逸凡	女	智　宏
85	43211309	谭园园	女	王　尧
86	43211312	林红艳	女	王少华
87	43211316	冉雪梅	女	陈　洪
88	43211317	马常乐	男	汤成春
89	43211318	缪铭鸣	男	周家华
90	43211320	施　勇	男	彭丹红
91	43211322	姚健翔	男	贾瑞鹏
92	43211324	景启明	男	陈　鑫

（续　表）

序号	本科学号	姓名	性别	导师姓名
93	43211401	顾雨铖	女	徐　运
94	43211402	赵福英	女	袁勇贵
95	43211403	殷婷婷	女	冯文焕
96	43211409	曹格银	女	柏　峰
97	43211410	赵雨虹	女	张海军
98	43211411	桂玉琪	女	柏　峰
99	43211414	韩丽飞	女	张亚男
100	43211416	张丹晖	女	陈　洪
101	43211423	方　江	男	王汉东
102	43211424	刘钜川	男	汤成春
103	43211425	余晨曦	男	滕皋军
104	43211427	亓一鸣	男	芮云峰

2016年江苏省本科优秀毕业设计(论文)评选获奖情况

序号	院(系)	课题名称	学生姓名	指导教师姓名	获奖情况
1	信息科学与工程学院	面向第五代移动通信系统的D2D系统传输技术研究	王宇阳	金　石	一等奖
2	生物科学与医学工程学院	基于多位点锚定策略的细胞膜修饰技术	贾浩然	吴富根	一等奖
3	自动化学院	基于图像分析的道路检测方法研究	卢凯悦	夏思宇	一等奖
4	软件学院	基于网络编码和SDN的无线Mesh网络关键技术研究	蓝　翔	张三峰	一等奖
5	艺术学院	近未来沃尔沃大型通用挖掘机概念设计	黄超逸	李　鹏	一等奖
6	机械工程学院	基于18650锂离子动力电池模块结构设计	王　超	陈　南	一等奖
7	土木工程学院	福州文化活动中心结构设计	蒋丛笑	黄　镇	二等奖
8	电子科学与工程学院	光纤振动传感系统参数综合控制方法及实验研究	黄新锐	孙小菡	二等奖
9	经济管理学院	营改增、税收征管与上市公司盈余质量	徐雪飞	吴　斌	二等奖

(续表)

序号	院(系)	课题名称	学生姓名	指导教师姓名	获奖情况
10	建筑学院	波士顿新区音乐广场设计	马斯文	鲍莉	二等奖
11	学习科学研究中心	工作应激与神经内分泌的关联性	朱郭纯	邓慧华	三等奖
12	物理系	三维拓扑绝缘体掺杂过渡金属原子的研究	欧阳艺昕	王金兰	三等奖
13	建筑学院	传统界域·现代生活——西安城墙沿线地段更新发展规划	刘洋 梅佳欢 吉倩妘 万里 黄玮琳 宁昱西	王承慧 殷铭 孙世界	团队优秀毕业设计(论文)
14	建筑学院	建筑学专业视野下历史文化名城保护与发展研究——以云南大理北水库地区为例	孙柏 王玲平 倪晓筠 杨洋 唐时月 陈乐 李哲健 翁金鑫 练玲玲 包捷 倪贤彬 冯硕静	张彤 李飚 夏兵 朱渊	团队优秀毕业设计(论文)
15	建筑学院	New Bund——上海南外滩更新地块城市设计与综合体设计	包宇喆 丁岩 马驰 李竹汀	杨明 汪晓茜	团队优秀毕业设计(论文)

2016届校级优秀毕业设计(论文)名单

序号	院(系)	学号	学生	课题名称	指导教师
1	学习科学研究中心	26112115	王伟涛	等离子体活化水装置的开发与灭菌效果研究	刘定新 葛盛
2	建筑学院	01111128	唐蓉	后边界——深圳二线关沿线结构织补与空间弥合	夏兵
3	建筑学院	01111322	何若晖	德国宽创展览展示公司总部办公楼设计	张彧 宋照青
4	建筑学院	01211118	吴泽宇	更好的城市社区生活——重庆渝中区下半城片区城市更新规划	殷铭 巢耀明
5	建筑学院	01511116	束芸	城市污染场地的景观化改造、修复与再利用——上海老港郊野公园规划设计	杨凌晨 周聪惠
6	建筑学院	01911105	乔炯辰	后边界——深圳二线关沿线结构织补与空间弥合	朱渊

(续 表)

序号	院(系)	学号	学生	课题名称	指导教师
7	机械工程学院	02012324	冯 喆	中央空调风管清洁机器人设计	钱瑞明
8		02012401	郑晶莹	低成本微型粒子浓缩装置的设计与开发	项 楠
9		02012417	燕鹏飞	考虑驾驶员特性的轨迹跟踪鲁棒控制算法研究	王金湘 陈 南
10		02012514	陈远志	转向轴承下珠碗自动上料系统设计研究	韩 良
11		02012518	黄林新	基于Kinect面向残疾人的体感应用开发与界面设计	牛亚峰 薛澄岐
12		02012534	文 铁	汽车换挡器自动线生产管理系统研究与开发	幸 研
13	能源与环境学院	03012001	洪梦姣	生物防火林带遮挡林火辐射效能的研究	盛昌栋
14		03012113	冯 璇	磁感式LED灯双色面板液位计设计	朱小良
15		03012127	柯希玮	纳米颗粒流化床中聚团特性研究	刘道银
16		03012216	戴中豪	热工过程PID控制器在线评估与参数优化	李益国
17		03012313	陈 功	煤气化气弧光电离等离子反应研究	顾 璠
18		03112622	刘 文	基于特征识别的空调系统建模及其应用	梁彩华
19		03212721	李 通	氨氮负荷对青霉素废水处理MBR反应器运行稳定和菌群结构影响	曾 苏
20	信息科学与工程学院	04012016	杨 超	面向5G无线通信的SCMA算法与实现研究	张 川
21		04012019	陆倩云	波束成形馈电网络设计	余 超 陈继新
22		04012023	叶建宇	中频/射频记录与分析模块的设计与实现	赵洪新
23		04012029	陈同广	基于Gabor滤波器组的特征融合人脸表情识别研究	张毅锋
24		04012032	申怡飞	基于通用处理器架构的高效极化码算法与实现研究	张 川
25		04012140	陈 岩	K波段镜像抑制上变频器的研究	周健义
26		04012218	林宇星	智能电网无线通信方案研究	尤肖虎
27		04012242	任东明	超高速宽带无线MIMO传输技术研究与实现	黄永明
28		04012334	常天羽	基于SiGe工艺的E波段PA设计	黄风义
29		04012613	卢增全	基于时间调制技术的相控阵信号处理算法研究	蒋忠进

（续　表）

序号	院（系）	学号	学生	课题名称	指导教师
30	土木工程学院	05112116	张陆桓	单钢箱-预制混凝土板组合连续梁桥设计（跨径 40 m＋60 m＋40 m）	贺志启
31		05112306	李　雪	软土地区板柱结构地铁车站的地震响应分析	陶　津
32		05112408	杜　利	南京汽车集团有限公司厂房办公楼钢框架结构设计	范圣刚
33		05112409	姚程渊	中央扣对大跨度三塔连跨悬索桥抖振性能的影响	王　浩
34		05112506	沈　浩	拉夏贝尔服饰（太仓）有限公司 3 号宿舍楼结构设计	张　晋　唐伟伟
35		05212101	王怡心	基于治理理论的 PPP 项目公共利益保护机制设计	袁竞峰
36		05212103	吴洪樾	城市轨道交通 PPP 项目 VFM 定性评价研究	杜　静
37		05312122	王旻睿	复合材料搭接板常/高温振动防松性能研究	董萼良
38		05312128	李　峥	可展桁架非线性动力学分析程序设计	吴邵庆
39	电子科学与工程学院	06012009	王禹欣	新型光传感技术研究	孙小菌
40		06012222	喻国芳	机-机通信能量有效性的帧长度自适应算法设计	张　萌
41		06012223	袁璋诣	斑马鱼胚胎电学特性检测研究	朱　真
42		06112104	石晶晶	新型静电式振动能量收集器件设计	黄晓东
43		06112110	朱麒文	基于安卓系统的电容触摸屏多种触摸源识别技术研究	肖学军　汤勇明
44	数学系	07112116	周从根	货运代理运载能力合作博弈模型	王海燕　吴云建
45		07212109	张瑞晗	基于 MATLAB 编程的实用最优化与运筹学算法工具箱	殷　翔
46	自动化学院	08012105	李　艺	基于 PHP 的血吸虫病数字化监测预警系统网络管理平台的开发与实现	叶　桦
47		08012122	陈晓涛	基于 3G/Wi-Fi 的 PLC 远程程序监控系统的开发与实现	叶　桦
48		08012133	戴　忱	DC-AC 逆变器系统基于高阶滑模观测器的抗干扰控制设计	杨　俊
49		08012203	杨天阳	基于特征点集的目标跟踪算法研究	金立左
50	计算机科学与工程学院	09012203	李馥杉	求解多目标优化问题的粒子群优化算法的比较和评测	王岩冰

（续　表）

序号	院（系）	学号	学生	课题名称	指导教师
51	物理系	10312106	黄子文	李超代数相干态及其在BCS理论中的应用	郭昊
52		10112119	李缘	基于拓扑光子晶体的新型应用	侯净敏
53	生物科学与医学工程学院	11212110	高歌	水热法制备具有抗菌及细菌筛选能力的新型碳点	吴富根
54		11212119	于云雷	基于结构光的单目三维轮廓测量方法研究	周平
55		11212221	方壹乐	便携式病原体现场检测系统电路设计与驱动开发	王遵亮
56	材料科学与工程学院	12012223	凌灏	微生物自修复水泥基材料的护筋性及作用机理	钱春香
57		12012322	崔志强	燃料电池用高稳定性PtCu催化剂的制备与性能优化	曾宇乔
58		12012325	孙玉鑫	轧制、热处理和成分对釉化用钢组织性能的影响	朱鸣芳
59	人文学院	13112115	吴秋怡	城市社区公共服务评估主体的选择困境与出路——基于南京A社区和B社区的实证研究	季玉群
60		13212133	魏圆源	佛教临终关怀服务的实践过程和传播机制研究——以南京地区为例	张晶晶
61		13412123	过雨辰	万历本《明太祖文集》所增诗作辨伪	白朝晖
62	经济管理学院	14212114	何慧冬	出口贸易、技术进步与工资差距——基于中国制造业面板数据的实证研究	熊艳艳
63		14312104	陈静然	特殊信任对员工适应力的影响研究	吕鸿江
64		14412114	黄婉莹	高管人力资本特征对风险投资选择的影响	吴斌
65		14412216	王英	政府资产负债核算的理论基础研究	陈志斌
66		14512125	徐唯一	PE/VC联合投资网络、公司治理与盈余管理	杨勇
67		14512220	张小依	社区银行及其在中国的发展模式研究	朱涛
68		14612101	李林青	我国要素价格、政府行为与产能过剩研究	吴利华
69		14712107	李昕	制造企业与互联网融合度评价指标体系研究	张建军
70		14812122	王杰	MMFE价格预测机制下大宗商品采购策略研究	薛巍立
71		14912105	陈梦赞	中国股票市场的价值溢价与隐含股权久期研究	王宏
72		14Y12109	陈琪	专利国际化与产业创新水平的关系研究	何玉梅

（续　表）

序号	院（系）	学号	学生	课题名称	指导教师
73	电气工程学院	16012133	陈　琼	UPFC抑制电力系统强迫振荡研究	蒋　平
74		16012317	文宏辉	应用于混合动力汽车的双转子电机运动控制研究	程　明
75		16012419	黄　洋	超高功率密度AC-DC功率变换器的设计	张建忠
76		16012517	胡铭觐	六相磁通切换永磁电机容错控制策略与实验验证	花　为
77		16012521	姜子卿	考虑需求响应及分布式新能源的电力市场运行仿真研究	李　扬
78	外国语学院	17112208	文晓宇	基于语料库的雅思写作词汇分析	杨　敏
79		17112210	赵启眉	美剧幽默对白的字幕汉译——以《摩登家庭》为例	毛彩凤
80		17112211	姜雅雯	让人窒息的关爱——艾丽丝·门罗短篇小说集《逃离》中的关怀伦理研究	吴兰香
81	化学化工学院	19112101	薄雅楠	钼电极材料的电化学电容性能研究	谢一兵
82		19112201	王　婧	聚氯乙烯基炭小球的制备及其CO_2吸附性能	任丽丽
83	交通学院	21012115	吕　方	城市道路信号控制交叉口群时空资源优化及软件开发	过秀成
84		21012119	陈　全	快速路匝道合流区瓶颈特性观测与建模	王　昊
85		21012206	姚泽恒	基于微观测试技术的沥青材料抗水损性能研究	杨　军
86		21212101	刘子洋	南京市跨江多通道收费政策的优化设计研究	何　杰
87		21312108	赵　庆	我国北斗导航定位系统定位独特性研究	高成发
88		21512113	孟　欣	南京市基础教育设施空间分布特征分析	汤君友
89		21712111	王美懿	沥青混合料粘弹性参数对轨道结构响应的影响	陈先华
90		21712112	赵丹阳	下承式连续梁拱组合体系全钢结构桥梁计算与分析	黄　侨
91		21812102	魏煜坤	邻域卸载对运营隧道结构变形影响探讨	章定文
92	仪器科学与工程学院	22012311	冷明鑫	感知型机器人的触觉传感器设计及集成	宋爱国
93		22012317	闫　晰	基于FPGA和DSP的GPS/北斗软件接收机设计	陈熙源　陈　云
94		22012323	黄华林	多传感器人体运动类型识别集成学习方法研究	莫凌飞　范广林

(续　表)

序号	院(系)	学号	学生	课题名称	指导教师
95	艺术学院	24012135	廖芳艺	Free-scooter-个人短程便携式交通工具设计	李永春
96	法学院	25012109	王书愉	跨国代孕的国际私法问题研究	戴庆康
97		25012128	刘康乐	公民个人信息行政法保护研究	孟鸿志
98	公共卫生学院	42111119	洪翔	青年学生性健康教育模式及可行性研究	王蓓
99		42212215	王照光	江苏省城乡居民医保筹资水平与保障水平的比较研究	张晓
100	吴健雄学院	61312101	白岚	基于Android平台的内存取证方法的研究与实现	胡爱群
101		61312112	沈圣	宿迁教师进修学校综合楼消能减震设计	张志强
102		61312122	杨振宇	镇江实验中学综合楼结构设计	黄镇
103		61312127	庄浩宇	基于类语音调制的语音保密通信算法研究和实现	胡爱群
104	软件学院	71112111	李延东	基于深度学习的跨模态哈希研究	耿新
105		71112331	杨启凡	手势交互和立体灯阵显示平台设计与实现	张三峰
106		71Y12115	张欢欢	基于故障注入的云平台网络故障诊断系统的设计与实现	东方
107		71Y12126	陈冰阳	全站HTTPS统一接入层配置管理系统的设计与实现	宛斌
108	无锡分校	04212727	李享	基于USRPRIO的MIMO-OFDM无线传输上行链路设计与实现	金石
109		06212626	王沁	基于RRC的LED灯自动调光系统	李冰
110	医学院	41112106	聂唱	探究及定量分析人巨细胞病毒(HCMV)的耐药性	Prof. Thomas Mertens 沈艳飞

2015—2016学年三好研究生、优秀研究生干部、单项奖和先进班集体名单

三好研究生名单

建筑学院(43人)

140015　石刘睿恬　　140029　胡小雨　　140052　黄里达

140054	陈文强	140055	郭文成	140066	杨　兵
140067	张涵昱	140079	朱怡然	140086	韩晓瑾
140098	刘奕秋	140099	刘兆龙	140103	肖严航
140123	孔亦明	140127	李珍珍	140134	张军军
140147	刘一婷	140148	闻　雯	140151	周兆前
140158	华　琳	140187	雷　雨	149006	刘晋华
149282	成　实	150009	李哲健	150019	孙　柏
150020	唐时月	150028	虞　菲	150047	杨小剑
150048	杨　洋	150065	胡雪倩	150070	蔚　凤
150089	张　璐	150095	冯　捷	150096	顾兰雨
150100	刘晓薇	150109	徐培超	150122	施晓梅
150129	郑天乐	150156	仇婧妍	150171	朱　宁
150184	宗成灿	150191	刘田添	159004	韩雨晨
159622	董　嘉				

机械工程学院(39人)

140191	何　晖	140192	胡剑雄	140196	陆艮峰
140205	汪亚琴	140207	魏延宾	140216	朱均岭
140222	方春富	140226	李悠扬	140229	任晨曦
140230	王姗姗	140251	张　琪	140254	陈　辰
140255	沈贵彬	140258	刘　翔	140267	黄正斌
140296	汪瑞杰	149296	潘明辉	149297	钟天铖
150196	程龙飞	150199	顾　昊	150210	李成喜
150215	刘碧茜	150216	刘　歌	150223	石　勇
150226	唐　攀	150227	王登铭	150229	王先根
150238	殷　超	150260	邢嘉路	150291	闻　月
150294	徐　冰	150300	谌虹静	150307	李　祥
150313	倪晓俊	150319	孙润民	159013	鄢小安
159314	刘　鑫	159324	李　龙	159328	李　堃

能源与环境学院(50人)

130325	胡晓雨	130330	刘凌沁	130435	汤红铃
130436	张贺志	140351	朱小明	140363	张　方
140389	朱玲莉	140397	万小明	140402	周家豪
140434	吉　鸽	140435	梁之琦	140436	夏亚磊
140442	金　伟	140455	史雅娟	140457	朱一闻
140498	刘　骏	140500	宋　涛	140545	王俊杰
140548	郭艳敏	149019	吴　波	149024	李盼盼

149315	王璐璐	149316	于　燕	149339	张舒阳
150358	黄婷婷	150361	季佳圆	150381	苏成林
150397	张文静	150401	周心澄	150406	朱子龙
150422	王馥郁	150425	魏志伟	150441	吴　健
150453	马晓凡	150455	谢　腾	150472	李　莲
150498	付翰升	150499	江哲帆	150502	赵　越
150505	王晨平	150510	戴宝鑫	150526	陈　涛
150536	丁卫科	150539	刘道洁	150556	陈思远
150560	汪思宇	159026	王　佳	159340	于　磊
159345	叶　瑾	159348	王章鸿		

信息科学与工程学院(72人)

140554	胡　权	140567	马　武	140580	王　佳
140592	陈　飞	140596	翁圣晖	140604	熊佩颖
140616	郭　欢	140623	崔宇柯	140633	李　姝
140640	马梦云	140652	吴　凯	140657	杨俊梅
140676	姚广忠	140689	张　凡	140691	姜波儿
140692	廖树日	140699	叶日平	140706	黄玉洁
140715	苏敏华	140744	闵溪青	140750	赵　然
140779	谢良占	140782	赵杰裔	140785	周　雅
140791	郑健海	140793	吴俊文	140800	魏谨谦
140808	沈佳佳	140809	王双军	140815	李宇洁
140841	陆从乐	140859	祖俊婕	140870	陶志鹏
149039	黄保虎	149371	俞佳宝	149619	尹佳媛
150571	宋雯炼	150576	李雪松	150595	叶　璐
150598	张祥伍	150603	危　桑	150610	周　健
150617	邹珍珍	150648	梁　霄	150651	卢丽慧
150655	倪路遥	150666	杨　杰	150674	杨　阳
150693	金余概	150694	黄立新	150718	路　娟
150719	杨　堤	150721	汤　楠	150736	朱芳枚
150758	李晶琪	150762	张克落	150794	蔡　瑞
150807	张　静	150808	狄晓伟	150825	丁俊朋
150845	洪　涛	150847	赖　凡	150856	徐颖群
150860	侯　琪	150862	王越超	150863	陈玉红
150865	李卓青	150887	王玉婷	159048	丁兆明
159351	张雪雪	159354	廖一龙	159377	陈　晓

土木工程学院(61人)

120989	洪声望	140873	陶佳跃	140876	张瑾琳
140903	洪 曼	140904	黄灵宇	140909	孔 杰
140922	汪新丽	140952	莫 创	140953	史典鹏
140956	张鼎钧	140958	刘兴旺	140979	张 龙
140987	王宇翔	140996	李 洲	141013	李晨琦
141016	李梦南	141028	王凯辉	141029	王 磊
141032	谢 莉	141036	余亚男	141037	於 恒
141038	虞丽婷	141041	周 扬	141058	沈 榕
141074	周伟杰	141096	尤慧丰	141097	邓南彬
141114	孙文捷	141119	仲 冉	141124	赵超越
149056	邵新星	149381	王 冠	149386	杨 建
149393	曹宝雅	149398	杨玉立	150889	陶 楠
150893	朱 锐	150903	刘智欣	150913	何冰冰
150924	娄 凡	150935	王永标	150938	伍 艺
150964	张秦嘉	150967	周宇航	150975	张晓明
150990	许 涛	150998	付 顺	151011	周文韬
151023	崔常慧	151032	李小凡	151038	梅 方
151061	徐 秀	151064	杨 杨	151070	张莉亚
151072	张婉平	151076	赵 柔	151078	朱 峰
151094	夏塑杰	151124	陈娇娇	151125	黄慧敏
151133	王蓉蓉				

电子科学与工程学院(31人)

131202	倪 明	141132	栾华凯	141153	夏心怡
141154	张 恒	141172	邢宇菲	141191	刘 畅
141210	沈 兵	141211	王 刚	141213	吴 蕾
141227	封倩倩	141232	李兆奇	141237	苏 畅
141247	葛海峰	141258	马金凤	141262	杨 乐
141269	姚 芹	149078	韩居正	149402	郑 宇
151150	邓苏晓	151153	王 南	151156	郑鹏飞
151159	祁怡君	151190	周 朦	151216	黄泽宇
151223	丁远哲	151224	范 傲	151249	严 晖
151252	张 蓉	151275	杨恒山	151286	张 乐
151299	黄 银				

数学系(10人)

141288 骆　红	141301 任雪杰	149085 万　颖
149412 陈红委	151304 刘昌易	151313 白苗苗
151314 陈　超	151320 刘　超	151329 赵　亮
151332 谷　乐		

自动化学院(30人)

141321 方丽辉	141342 王　雷	141344 杨劲柯
141348 赵立伟	141351 汤兰兰	141365 栾梦云
141382 孔玮琦	141402 陈　超	141404 崔宏宇
141408 黄永升	141424 李　磊	141425 宋嘉冀
151344 蔡　敏	151347 崔佳威	151349 冯逸霏
151353 胡　悦	151354 黄旭舟	151362 马志伟
151366 阙宇翔	151371 陶　鹏	151378 吴　浩
151383 臧　凯	151393 姜蘅育	151398 张　超
151399 周　源	151426 万潇月	151431 徐　显
151438 彭　翔	159097 王　博	159442 姜胜芹

计算机科学与工程学院(31人)

121442 陈云卿	121448 沈如达	141452 杜晓静
141457 刘　诚	141460 潘培龙	141461 施仁立
141462 王　辰	141463 王　帅	141466 吴展鹏
141467 邢　超	141468 薛凌云	141474 郑承俊
141484 高建明	141495 卢　力	141553 郭一方
141558 徐文韬	151482 胡　静	151488 李京昊
151500 陶梦霞	151506 王　煜	151507 吴昊天
151518 钟　芳	151519 周鹏程	151521 董永娜
151531 吴嘉楠	151547 花　琪	151548 吕佳祺
151549 朱玲媛	151551 李　洁	151554 李小敏
151584 田腾飞		

物理系(12人)

141588 李雅斐	141590 陈　晶	141605 张　欣
141610 王美娟	149100 黎秋航	149102 韩　迪
149107 翁亚奎	151608 严振中	151611 王娟娟
151617 周荣青	151630 武文慧	151642 张　云

生物科学与医学工程学院(24人)

141621	刘　梅	141624	韩善颖	141629	王　超
141656	刘雪帆	143703	郭刘洋	143716	王　鹏
143728	管　锐	149452	宣红云	149457	王　洁
149689	商珞然	151649	陈　鹏	151656	胡　月
151659	李巳晴	151669	徐晓岚	151675	张明月
151677	朱　烨	151680	韩　微	153800	陈晓凯
153805	杨　越	153822	郑夏雯	153833	蔡国超
159141	付繁繁	159464	杨艳茹	159672	王　欢

材料科学与工程学院(17人)

141682	詹乐宇	141707	周　清	141750	沈园方
141765	李晨俊	149662	周　扬	151708	梁程瑶
151711	锁晓静	151712	汤倩玉	151713	唐云逸
151722	徐俊杰	151725	张　敏	151737	倪凯翔
151740	赵亚松	151745	张　越	151749	龚　飞
151797	石仁强	159481	黄羚惠		

经济管理学院(41人)

141784	沈梦姣	141789	程秋宜	141805	吕梦婷
141812	聂一欣	141819	刘清肇	141868	程震霞
141892	季　晶	141912	吴晓茹	141927	管艳茹
141930	王绪会	141934	俞　晴	141937	徐丽娜
149142	张　旭	149145	陈　旭	149476	施震凯
151812	李明坤	151823	严春蕾	151825	杨　阳
151827	姚晓雯	151841	张玉玲	151849	郑锦波
151854	戴巍巍	151858	潘　晴	151882	刘家薇
151885	汪　进	151890	宋　翡	151910	黄佳惠
151922	凌端新	151945	何媛媛	151947	黄　骏
151955	虞亚男	151965	段雨晴	151970	徐雪飞
151976	蒋　银	152115	盛怡婷	152120	钱　进
152132	吴　璇	159163	杨　光	159171	石广平
159486	黄送钦	159488	李松林		

电气工程学院(35人)

132075	张旭东	142101	陈潇鹏	142115	苏　晨
142118	吴奇珂	142143	王　凯	142147	杨钦臣

142166	秦　岭	142167	王　珺	142179	李　雪
142184	倪春花	142193	仲宙宇	142194	王学庆
142205	何旭鹏	142212	吴　枭	149160	邵凌云
149494	胡晓青	149669	冯　双	152137	曹晓峻
152139	陈　倩	152147	顾盼盼	152158	骆芳芳
152159	钱正国	152173	夏超鹏	152176	徐小涵
152204	孙一帆	152215	张天琪	152228	雷　蕾
152235	谭广颖	152239	王　宁	152242	徐　沛
152255	沈　政	159184	楼冠男	159186	胡　省
159501	佟明昊	159511	吴晨雨		

外国语学院(7人)

142236	韩　静	142244	周小琳	142248	戴艳萍
142255	逯芳芳	152274	丁　婕	152295	陆义莹
152308	年思慧				

体育系(1人)

| 142268 | 陶源青青 | | | | |

化学化工学院(36人)

142275	杜孟娟	142286	魏珍珍	142288	陆　迁
142300	吕冰婧	142307	吕星慧	142325	耿　怡
142329	周孖熹	142336	张红星	142345	公程程
142347	诸　伟	142365	刘梅花	142366	许杭慧
142368	李世伟	142376	王苑婷	142382	张　奥
142415	张伟霞	149175	李其乐	149180	蔡夫锋
149500	闫力强	152323	孙潘琴	152326	马梦瑶
152331	牧惜惜	152336	马小悦	152344	徐晓林
152362	柏茜茜	152364	陈　勇	152366	樊丽丹
152376	杨怡然	152377	钟　熙	152380	张雅雯
152387	陈冬冬	152414	孙玉玲	152419	刘　帅
152420	彭　景	152424	李智德	152435	高　燕

交通学院(49人)

132372	宋晓东	132451	严　钰	142432	方　浩
142444	左永辉	142447	王兆卫	142453	申佩佩
142471	何嘉晨	142485	周文章	142487	刘宜庆
142488	付保明	142502	林　芬	142509	孙庭源

142520	葛韩林	142521	贡 玮	142522	李中海
142524	邢淋丽	142556	刘梦淼	142561	施 炎
142566	杨偲偲	142587	廖南楠	149188	耿 威
149194	薛永超	149513	尤 佺	149521	郑玉冰
149531	李 烨	152464	顾素恩	152474	项 莲
152485	刘祁杰	152486	张 娴	152497	郭 奇
152531	俞志钢	152540	祝 蕾	152546	谌偲翔
152547	程蓝星	152554	马 羊	152557	孙培翔
152566	张雯靓	152588	毛剑东	152604	黄婧婧
152607	刘 亚	152612	伍 艺	152616	于乐乐
152617	岳 阳	152639	王书易	159205	翁佳兴
159212	石庄彬	159214	顾 欣	159221	高 旺
159556	李林超				

仪器科学与工程学院(23人)

142617	李晨阳	142624	孙文珺	142628	臧云歌
142635	李政和	142637	杨晓童	142644	陈 革
142647	王宁波	142669	俞 熠	142682	陆晗秀
142688	宋子墨	149546	陈大鹏	149551	陈 超
152676	戴雨彤	152695	吴 磊	152703	张 琪
152704	张俏薇	152710	范 振	152718	何赏赏
152725	朱丹丹	152728	王子卉	152732	周月华
152746	王 愚	159568	吕维维		

法学院(13人)

142713	李华思	142719	程 琳	142725	沈敏敏
142751	蒋 捷	142765	陈露露	142772	王也仆
152782	李乐齐	152791	张颂昀	152807	张梦圆
152817	李 杨	152827	胡玉阁	152833	姜 璐
152838	胡冰冰				

生命科学研究院(10人)

142803	杜加伟	142822	常 莹	142825	张彦秋
149227	宋 航	149230	夏淑婷	152851	蔡婷婷
152859	于笑笑	152881	李 伟	152887	王 果
159245	支灵通				

公共卫生学院(13人)

142837 徐　敏	142845 张程程	142851 姚文卓
142856 刘静静	142879 滕支梅	149681 李成云
152895 王崇旭	152901 吴楠楠	152907 张　颖
152914 洪伟伟	152926 丁　勤	152935 汪　岩
159582 卫兰兰		

医学院(32人)

142892 赵　静	142894 郭　玫	142895 马　洁
142911 田　赛	142919 高丽娟	142954 苑随霞
142956 李　丹	142970 彭红新	142977 刘　璇
149244 孙君君	149247 钱　成	149570 黄　嘉
149579 苏　凡	149683 白　莹	152958 李　菲
152963 杨惠泉	152965 杨佩颖	153009 曹小彤
153010 陈泓颖	153023 佟　腾	153045 王静静
153047 刘晶宝	153857 杨宇宏	153870 贾贝贝
153871 孙白云	153879 刘海雁	153891 卞荣荣
153932 左　蕾	159271 公卫刚	159272 叶　青
159275 陆　建	159279 李三红	

马克思主义学院(6人)

142994 陈　阳	142999 石　钰	153048 毕鸿昌
153054 刘　丽	153059 王若男	153064 李　洁

人文学院(22人)

143004 高　珊	143006 陈　琳	143018 朱佳倩
143026 张明珠	143029 高艳艳	143033 顾佳琪
143034 吴涵玉	143042 付蕙竹	143052 程荣波
153075 王　聪	153078 李姝峥	153083 龚文杰
153088 梁　露	153098 杨　韵	153100 范梦楠
153101 余梦静	153113 沈　晟	153129 杨　珊
153133 李　悦	153136 周　丽	153148 刘月婷
159611 朱　猛		

艺术学院(14人)

143104 童　彤	143115 刘竞阳	143121 程燕青
143137 张　园	143151 李永文	143155 张春玉

149597	杨光影	153178	汤舒逸	153181	吴　旭
153198	张　思	153209	胡　毓	153213	胡　蝶
153216	黄雨馨	159295	邓　珏		

苏州联合研究生院(19人)

153229	杨　捷	153231	吴嘉贤	153240	徐硕正
153243	张清风	153286	徐帝休	153290	王雨豪
153300	周　婕	153309	汪　昊	153310	严　洋
153325	付炳军	153342	刘晗潇	153352	付颖娜
153374	陈人杰	153382	姚　昱	153385	陈科宇
153389	潘龙玉	153400	李　嫱	153408	马　婧
153422	张馨予				

建筑研究所(3人)

| 143329 | 施鹏骅 | 143332 | 王　鑫 | 153427 | 唐朝璐 |

学习科学中心(6人)

| 143351 | 夏　敏 | 149599 | 宗　源 | 153435 | 江　露 |
| 153438 | 王　妍 | 153455 | 杨乔生 | 153462 | 丁梦媛 |

经济管理学院MBA中心(25人)

141942	程　熙	141949	高　超	141952	高姝珍
141963	贾　洁	141975	刘　杰	142006	万子维
142014	王　强	142018	王　鑫	142024	徐爱君
142029	薛夏乾	142048	张敏燕	142053	张思琴
142060	周　洁	152001	郭启萌	152002	韩国玲
152018	李　锋	152034	弹　娟	152039	庞雅菲
152043	任伟民	152050	汪　蓓	152053	王涣涣
152056	王　茂	152066	吴冰清	152074	谢小飞
152108	左晨玉				

软件学院(12人)

153475	王倩雯	153480	陈心怡	153490	余　媛
153547	张佐亮	153548	王　凌	153557	叶蓉蓉
153561	张梦易	153571	朱玉豆	153580	秦俊雪
153582	房惠宇	153587	查丹柯	153589	蔡磊磊

微电子学院(23人)

143542 周兴航	143552 华　超	143554 孔路平
143562 刘玉翠	143580 李　易	143586 李凤临
143608 刘鑫海	143638 徐春雪	143654 李宝烨
143657 田　缝	143661 钱圣宝	143681 张有志
153614 杨海平	153630 刘　欢	153632 王　春
153636 赵英相	153638 朱惠敏	153651 王庆贺
153659 刘　琦	153662 刘　俊	153696 翁子清
153714 曾小波	153717 胡　欢	

优秀研究生干部名单

建筑学院(21人)

140034 李家翔	140053 伍伟侨	140065 徐奕然
140076 谢启旭	140161 唐尧峰	149606 陈　月
150001 包宇喆	150003 陈　乐	150011 刘海芊
150024 肖　威	150064 何倩倩	150077 宁昱西
150090 刘海滨	150117 蔡陈翼	150141 窦　娜
150159 曾艺元	150180 李　琦	159002 刘　哲
159003 周子杰	159007 兰文龙	159303 窦瑞琪

机械工程学院(14人)

140198 尹奇峰	140201 单亚军	140234 朱智勇
140248 吕良超	150198 耿垭洲	150202 何崇伟
150203 何　苗	150221 钱智婷	150228 王赛君
150249 周　双	150258 温蒙蒙	150270 刘　鑫
159326 张　琦	159627 刘林波	

能源与环境学院(24人)

140344 孟　鑫	140352 赵　栗	140370 江承潮
140373 李　娇	140382 王　奔	140416 纪光菊
140429 安玉磊	140439 熊涌泉	140441 左　杰
140478 陆佳佳	140525 张　瑞	149021 孙　俊
149338 廖霈之	150359 黄喜军	150405 朱　晓
150429 钟振宇	150466 熊振峰	150485 吴　锵
150496 陈　新	150509 王　超	150558 陈月云

| 150559 | 周世娟 | 159022 | 蒋　川 | 159031 | 戴喆秦 |

信息科学与工程学院(35人)

140557	卢亚迪	140558	孙天慧	140587	张来团
140607	廖胜宝	140632	李静雪	140645	唐　敏
140659	尹浩浩	140679	邹媛媛	140730	刘　航
140732	胡冰冰	140751	朱　政	140755	窦建青
140783	郑伊翎	140797	郑黎丽	140843	王　杰
140856	郁俊伟	140858	郑　超	149049	林　艳
149694	闫　文	150586	郎　纾	150592	黄　菲
150652	卢欣桐	150667	张　弛	150704	高　强
150733	王子昕	150753	杨慧文	150765	杨　江
150766	姚　艳	150800	褚炜雯	150822	王佳才
150872	柳　旭	150878	徐　婧	159037	程国枭
159352	王晓羽	159361	董云扬		

土木工程学院(30人)

120900	赵　军	130889	孔祥羽	140885	季祥超
140895	卞　军	140911	连金龙	140931	徐鹏辉
140954	史泽清	140968	王玉斌	140992	闫春妮
140994	黄　珺	141002	吴嘉昊	141004	徐　敏
141006	曹　江	141027	戚鹏飞	141031	王晓雯
141039	张鹤然	141103	陈琪慧	141110	林　津
149388	江力强	150922	林　煜	150930	孙凯奇
150933	王辰熙	150942	晏　浩	150978	艾德豪
151000	芮玉菡	151046	陶轩洁	151056	吴青宇
151068	张楚楚	151084	王孟伟	151131	王晨迪

电子科学与工程学院(19人)

141151	杜锦华	141167	汪俊鑫	141185	孙　义
141190	廖振星	141208	聂健鑫	141230	金　月
141261	沈　乾	149692	闫　浩	151152	费嘉远
151155	张兰兰	151175	管孟文	151192	冯　程
151229	胡静洁	151230	胡子炎	151250	杨　丹
151259	郭欣格	151292	陈子逸	151294	仲　凯
159083	严嘉彬				

数学系(5人)

141313 任予旸	149082 周 楠	151305 吴 丹
151308 崔文凤	151339 白苗君	

自动化学院(14人)

141377 叶庆仕	141387 刘 历	141391 杨争辉
141405 崔洪博	141406 葛颖森	141423 匡琳琳
149089 冒建亮	149414 宗思恒	151356 李建宇
151372 汪 野	151385 张炜森	151419 潘 灏
151425 唐 路	151427 徐丽娜	

计算机科学与工程学院(16人)

131439 李春阳	131456 姚梦雪	141459 吕永涛
141465 吴程熙	141512 尹长昕	151471 陈后锦
151479 何展鹏	151480 洪婉坪	151495 石 珺
151496 时 鹏	151514 张倩汶	151515 张润环
151516 张心悦	151532 周佳欢	151539 周 敏
151565 刘 彤		

物理系(5人)

131549 罗正位	141601 童一龙	141603 高 滨
141606 朱明洁	151615 潘永强	

生物科学与医学工程学院(12人)

141662 赵永芳	143717 陈中思	143722 陈雷峰
143732 赵大地	149455 王德龙	143742 孙新晨
151650 陈 伟	151668 夏威夷	151670 杨 通
153838 付光彬	159463 易 欢	159467 张 迪

材料科学与工程学院(11人)

131637 孙 畅	141693 秦 龙	141735 谭 曦
151707 李 俊	151716 王立萍	151719 吴 叶
151728 曹瑞桦	151760 刘苏丽	151783 王大鹏
159147 贾子健	159152 李赛鹏	

经济管理学院(21人)

131756 吴洁莹	131862 汪 艳	141786 杨 扬

141798　崔耀丹	141802　赵　雯	141809　华　烨
141869　刘东威	141903　钱一帆	141924　叶　馨
149477　贾东峰	151829　周格旭	151837　赵　爽
151856　林　艳	151857　刘欢欢	151884　章　月
151887　曹　园	151897　刘　媛	151920　朱莎莉
151934　李明月	152116　孙巧悦	159491　许从宝

电气工程学院(17人)

142117　王　琛	142137　季媛媛	142138　江溯帆
142144　王培秀	142187　孙　帅	142211　吴健超
142219　潘志翔	149170　刘康礼	149493　王煜奇
152164　宋　杉	152179　张　潮	152196　王小虎
152199　卓　青	152226　焦　阳	152262　鲁　波
159180　蔡霁霖	159181　宋　梦	

外国语学院(3人)

142257　刘浪宇	152280　王　璐	152291　张可馨

体育系(1人)

142269　韦　扬	

化学化工学院(18人)

142330　李　璟	142339　郑　雨	142342　孔志能
142367　陈凌宇	142369　钱东尔	142384　秦一玮
142411　郭艳红	149497　徐　彤	152313　冯民昌
152342　林梦琪	152359　周　洁	152363　蔡志岚
152368　蒋　伟	152382　查贤君	152399　王中伟
152410　姬中祥	152438　邹晓悦	152451　耿富娟

交通学院(24人)

132452　尹婷婷	142464　闫天昊	142469　丁　京
142474　林　展	142493　韩　龙	142510　武丽佳
142531　胡鸿飞	142532　王　玥	142553　姜冬雪
142564　许映红	142578　刘子铭	142580　谢　永
149193　朱晟泽	149208　许明涛	152490　夏　峰
152492　陈文娇	152535　赵敏慧	152537　周　昊
152558　王家舒	152626　戴冠臣	152628　程玉琨
152634　刘　娟	152636　陆佳炜	159211　许　翔

仪器科学与工程学院(13人)

142618 李珊珊	142657 彭 璜	142667 刘 钰
142668 闫 晶	142686 郑楚婷	152689 乔 楠
152700 余玉卿	152722 张 攀	152738 魏宏明
152740 戴志勇	152744 冉琴琴	159228 聂洁妍
159230 邵思羽		

法学院(6人)

142714 袁 静	142766 王 榕	152786 王 倩
152790 于 琪	152799 梁锡祥	152825 梅 雪

生命科学研究院(5人)

142798 刘 娜	152854 刘文华	152856 张玉花
152862 吴红燕	159574 钱丹丹	

公共卫生学院(7人)

132802 陈 畅	142832 黄 灏	142872 朱航桦
152894 宋 玥	152904 汪 清	152927 曹卫鑫
159698 李太顺		

医学院(20人)

142917 杨一琼	142934 赵峰峰	142937 周包壹
142969 刘玉婷	142974 刘从兴	149249 王 琳
149580 潘 涛	152960 俞晓毓	152967 张圆圆
152972 陈佩佩	152973 罗二飞	152986 陈 曦
152997 徐 慧	153012 林丽华	153021 潘天帆
153860 徐 圣	153897 徐 琴	153935 鲁 荐
159259 闻 毅	159592 李慧娟	

马克思主义学院(3人)

142996 许 丽	153058 王雪雁	153065 张冠楠

人文学院(11人)

132943 叶 菁	153072 周世露	153079 徐 笑
153095 方燕玉	153112 程佰健	153119 金 钰
153121 石 婷	153127 傅莞乔	153131 何云梦
153173 邹 群	159621 隋婷婷	

艺术学院(7人)

123013	周　洲	143125	张　郁	143130	张　裕
143136	胡珈齐	153191	白　军	153208	朱　可
159293	刘　春				

苏州联合研究生院(9人)

153239	吴　越	153248	于　左	153295	袁梦瑢
153298	袁金明	153334	余云秀	153339	刘　丰
153355	刘子豪	153363	许晓慧	153388	田凯燕

学习科学中心(2人)

| 149600 | 张思启 | 153451 | 王怀永 |

经济管理学院 MBA 中心(12人)

142011	王　静	142042	余彩虹	142059	章阳阳
142063	周文龙	142066	朱　力	142071	訾体益
151996	丁桂琴	152007	胡名睿	152022	李　梦
152029	马晓慧	152037	潘　勇	152080	徐　润

软件学院(3人)

| 153564 | 皮思遥 | 153579 | 陈　阔 | 153595 | 章　云 |

微电子学院(12人)

143558	张馨月	143587	王晨昊	143611	马兵兵
143668	李　婷	143680	王晏清	153603	阎述昱
153607	卞方娟	153623	荆　璐	153637	赵玉星
153657	祁来莉	153697	俞向荣	153720	曹子轩

研会(17人)

130333	宋诚骁	132552	孙若斌	140343	刘　燮
140378	刘彦翔	141034	杨路远	142124	张静页
142205	何旭鹏	142271	王　慧	142521	贡　玮
143006	陈　琳	150921	梁　航	150989	薛荣乐
151012	朱　钰	152244	杨　奕	153197	奚　柯
169102	李　沛	169140	韩林原		

先进班集体名单

序号	院系名称	班级
1	信息科学与工程学院	2015级硕士微波九龙湖班
2	电子科学与工程学院	2015级硕士研究生MEMS班
3	物理系	2015级研究生班
4	经济管理学院	2015级硕士2班
5	电气工程学院	2015级硕士研究生1班
6	化学化工学院	2014级硕士3班
7	交通学院	2015级硕士1班
8	仪器科学与工程学院	2015级硕士2班
9	法学院	2015级法学硕士班
10	苏州联合研究生院	2015级软件工程2班
11	苏州联合研究生院	2015级工业设计工程

2016届第一批优秀硕士毕业生名单

建筑学院(3人)

130021 姚　远　　　130044 闫　楠　　　130069 熊伟婷

机械工程学院(1人)

133167 杨宝玲

能源与环境学院(2人)

130329 林博群　　　130338 余　帆

信息科学与工程学院(17人)

110513 祁　磊　　　130562 陈颜积　　　130566 丁文其
130570 蓝　骥　　　130577 徐　俊　　　130587 何沐昕
130599 邓　阳　　　130616 曹　磊　　　130632 李　峥
130649 陶于阳　　　130658 吴　宪　　　130667 张　俊
130671 赵锦程　　　130702 吴　昊　　　130776 王有东
130808 孔瑞溪　　　130758 樊子娟

土木工程学院(1人)

130899　祁永成

数学系(3人)

131270　丁程丹　　　131283　祝　云　　　131295　俞维嘉

计算机科学与工程学院(1人)

133130　曹　磊

生物科学与医学工程学院(1人)

133712　袁骏杰

材料科学与工程学院(1人)

111583　何　菲

经济管理学院(11人)

131745　汪文洁　　　131747　夏　霁　　　131748　谢婷婷
131769　刘　靖　　　131817　崔少东　　　131834　薛　梅
131874　周　洁　　　131885　王时杰　　　131861　施　瑶
131729　胡姚雨　　　131732　许　耀

电气工程学院(1人)

132040　陈　曦

化学化工学院(8人)

132249　马　昀　　　132254　杨晓青　　　132310　凌　洋
132350　李　强　　　132286　赵　硕　　　132300　付晓琴
132303　尚秋伟　　　132309　谢海姣

交通学院(6人)

132445　林　浩　　　132362　于博伟　　　132386　杨　祥
132499　王飓奇　　　133142　黄　迪　　　133149　徐广超

仪器科学与工程学院(1人)

132625　蔡志鹏

法学院(1人)

132661　任　玲

马克思主义学院(2人)

132897 金盈盈　　　132906 沈银平

人文学院(2人)

132946 杨 忆　　　132960 刘 颖

学习科学中心(1人)

133227 杨 情

软件学院(4人)

133263 刘梓良　　　133293 张雅青　　　133336 赵彩红
133354 秦 洋

集成电路学院(2人)

133486 姚克奇　　　133498 陈 帅

2016届第二批优秀硕士毕业生名单

建筑学院(11人)

130001 晁 阳　　　130004 黄 潇　　　130015 田梦晓
130020 杨佳蓉　　　130022 原 满　　　130042 王晓晨
130082 王雨晨　　　130060 郝凌佳　　　130061 孔 斌
130167 周予希　　　140108 邹建国

机械工程学院(4人)

130257 王震宇　　　130261 陈慧娟　　　130297 李健文
130266 王晓林

能源与环境学院(12人)

130337 杨 康　　　130341 赵 杰　　　130352 刘 剑
130353 唐志炳　　　130402 王 超　　　130427 李 建
130428 刘 腾　　　130434 吕 楠　　　130438 赵赛男
130470 韩致旭　　　130512 仇秋玲　　　130517 袁言言

信息科学与工程学院(8人)

130601 黄爱华　　　130624 范 利　　　130631 李 涛

| 130660 | 徐　凯 | 130774 | 万望桃 | 130785 | 阳　析 |
| 130842 | 钱　进 | 140831 | 邢月秀 | | |

土木工程学院(25人)

131084	陈恺文	131093	徐　鑫	131094	杨一帆
131096	方隆祥	131098	邱作舟	131100	张　磊
130976	李润青	130981	李奎鹏	130859	葛天媛
130867	胡昊容	131001	桂鹤阳	131041	王孝洋
120998	栗雨蒙	130984	陈　诚	130991	林　强
110859	周宇凌	120898	许德旺	130888	侯士通
130903	孙　岩	130904	索　思	130914	夏　晨
130916	邢　拓	130919	殷　茹	130940	孙文隽
130944	于　宙				

电子科学与工程学院(5人)

| 131195 | 黄　智 | 131220 | 黄　慧 | 131245 | 刘金岑 |
| 131110 | 沈学可 | 131113 | 樊　恺 | | |

数学系(1人)

141315　蒋丽怡

自动化学院(12人)

131312	吴　斌	131323	徐余慧	131342	周　义
131344	王小龙	131353	贺国睿	131354	黄洲荣
131356	李　超	131364	黄飞燕	131365	李　多
131372	虞金花	131375	周　卓	131423	律　帅

计算机科学与工程学院(10人)

131444	吕丹彦	131452	魏敏娜	131454	吴一娜
131478	章彬彬	131483	张成新	131498	曹　岑
131505	宋佩红	131520	李少芳	131534	司马强
131536	刘智勇				

物理系(2人)

| 131557 | 陶伟伟 | 131570 | 徐振宇 | | |

生物科学与医学工程学院(4人)

| 131587 | 李　玲 | 131617 | 王　乐 | 131629 | 张婉君 |

133729　郭　靖

经济管理学院(6人)

| 131825　朱　莹 | 131850　谢晨辉 | 141824　袁箐雯 |
| 142073　陈希云 | 142097　张凯丽 | 141834　黄俊超 |

电气工程学院(13人)

122078　苏嘉彬	132043　丁继为	132053　景无为
132058　马　天	132065　王文帝	132083　诸晓骏
132102　杨雪纯	132107　陆增洁	132119　蔡秀花
132123　胡洛瑄	132128　袁　飞	132146　张良杰
132152　祝卫霞		

外国语学院(3人)

| 122198　宋园园 | 132169　李　楠 | 122211　张　旸 |

化学化工学院(3人)

| 132229　耿　斌 | 132312　张兆杭 | 132264　王千里 |

交通学院(9人)

132404　孟凡奇	132407　王昊鹏	132421　张　勐
132431　于丰泉	132437　曹雪柠	132440　崔　莹
112311　吴义阳	132392　庄　敏	132488　陈倪雄

仪器科学与工程学院(4人)

| 132570　杨　茜 | 132590　李程程 | 132608　李　娜 |
| 142672　沈　飞 | | |

法学院(6人)

| 132702　陈　垚 | 132705　李奕廷 | 122693　李　昂 |
| 132646　安　宁 | 132647　方　豪 | 132650　杭懋燕 |

生命科学研究院(3人)

| 132725　宋　丹 | 132730　陶娜娜 | 132748　蔡秀秀 |

公共卫生学院(4人)

| 132778　杨碧漪 | 132783　应佳丽 | 132787　周　洋 |
| 132795　闫　丽 | | |

医学院(9人)

132809 刘宏翔	132823 赵纪益	132875 次 央
143752 裴 颖	143760 陈润哲	143799 张云鹏
143808 崔 晶	143836 李 坦	132864 陈旭辉

人文学院(7人)

132948 强大双	132949 彭健怡	132938 高 阳
132951 陈骏峰	132953 徐冠男	132932 张 硕
132941 汪楚红		

艺术学院(5人)

133021 王子乔	133023 朱艾琪	133012 宋艳玉
133006 郭婧文	133008 杨 洋	

苏州联合研究生院(3人)

143163 潘 丹	143168 夏王玉	143183 顾婷婷

情报科学技术研究所(1人)

133206 王 鑫

学习科学中心(2人)

133232 李晓萌	133233 朱婧宇

经济管理学院MBA中心(13人)

131905 顾爱峰	131921 江 静	131929 李金剑
131940 陆 斌	131942 罗嘉程	131943 马靖坤
131949 裴孟昌	131966 王 芳	131967 王 冠
131981 修宇昆	131997 张杏祥	131998 张 雪
131999 张燕萍		

软件学院(6人)

133296 朱燕燕	133337 赵丹丹	133360 张从谦
133380 冯 雪	133387 夏 骏	133394 王梓轩

集成电路学院(11人)

133418 张 远	133421 王超凡	133422 杜益成
133437 叶 然	133451 吴承恩	133455 王科迪

133471	张龙飞	133477	孟　楠	133509	许其罗
133512	顾春德	133530	卢致鹏		

2015—2016学年江苏省级三好学生、优秀学生干部和先进班集体名单

优秀学生干部(18人)

建筑学院(1人)

王奕阳

机械工程学院(2人)

许国树　耿　闯

能源与环境学院(1人)

董皓月

信息科学与工程学院(1人)

曹　凡

土木工程学院(2人)

孟　畅　王君娴

电子科学与工程学院(1人)

郭　钰

自动化学院(1人)

聂云聪

计算机科学与工程学院、软件学院(1人)

谢　楠

人文学院(1人)

赵一燊

经济管理学院(1人)

张　钒

电气工程学院(1人)

王志宇

化学化工学院(1人)

黄天宇

交通学院(2人)

赵鑫玮　林子豪

艺术学院(1人)

李文心

吴健雄学院(1人)

宋雨遥

三好学生(26人)

建筑学院(1人)

隋明明

机械工程学院(1人)

闵　剑

能源与环境学院(2人)

赵圆圆　张　艺

信息科学与工程学院(1人)

蔡雨君

土木工程学院(1人)

刘　兴

电子科学与工程学院(1人)

李晓敏

数学系(1人)

沈嘉琪

自动化学院(1人)

王子峣

计算机科学与工程学院、软件学院(1人)

吴天然

物理系(1人)

徐光照

生物科学与医学工程学院(1人)

陈卓玥

材料科学与工程学院(1人)

朱玉晗

人文学院(1人)

黄晓萍

经济管理学院(2人)

袁晓楠　张　潇

电气工程学院(1人)

林明明

外国语学院(1人)

蒋晓露

交通学院(1人)

涂珊珊

仪器科学与工程学院(1人)

张仕超

法学院(1人)

宋子耕

公共卫生学院(1人)

赵心语

医学院(3人)

季振军　刘清香　杨墨丹

吴健雄学院(1人)

黄灵莹

江苏省先进班集体

011135 班	020134 班	040136 班	040132 班	051132 班
051142 班	06A135 班	120133 班	131131 班	144142 班
160141 班	171123 班	217131 班	220133 班	433121 班
610142 班	2013 级茅以升班			

2015—2016 学年本科生先进班集体、三好学生标兵、优秀学生干部和三好学生名单

先进班集体(22 个)

011143 班	011153 班	020155 班	031146 班	032147 班
040145 班	051144 班	05A155 班	070142 班	100133 班
141141 班	144152 班	145151 班	160142 班	160153 班
171142 班	193141 班	210142 班	250152 班	421131 班
438131 班	613151 班			

三好学生标兵(33人)

建筑学院

陈乐琳

机械工程学院

段福鑫

能源与环境学院

陈子聿　段梦凡

信息科学与工程学院

黄梦宇　周子纯

土木工程学院

俞　涛　练　强

电子科学与工程学院

刘　荟　寇梓黎

数学系

洪　韬

自动化学院

朱毅成

物理系

陈　瑶

生物科学与医学工程学院

顾　承

材料科学与工程学院

刘继琦

人文学院

翟蕊晗

经济管理学院

张佳蕾　张　潇

电气工程学院

庄文楠

外国语学院

石雪颖

交通学院

刘　培　陈英豪

仪器科学与工程学院

胡　权

艺术学院

徐将依

法学院

丁金钰

学习科学研究中心

李梦怡

公共卫生学院

蔡孟蓉

医学院

周　铨　付玉琪

软件学院

陈一雄　陶　冶

吴健雄学院

许晨煜　富楚轩

优秀学生干部(128人)

建筑学院(7人)

王子睿　傅瑞盈　景林楷　李心恬　张　宁　秦群捷　杨宇欣

机械工程学院(7人)

花日馨　陈　开　闵　剑　邹雅琳　江　苏　戴　康　姜开中

能源与环境学院(7人)

黄怡婷　李佳辰　张晟源　蒋　铮　顾　聪　徐玉叶　解立坤

信息科学与工程学院(8人)

张 翔　沈星欣　安宁伟　吴 鹏　周 莉　郑 锐　李 克　王梦哲

土木工程学院(9人)

蒲森林　刘业伟　韩斯琪　范 熊　李谈词　唐 昆　张 颖　卢 毅　刘禾玥

三峡学院交流生(1人)

吴江鹏

电子科学与工程学院(6人)

李晓敏　邢佳斌　蔺文睿　韩 琨　赵雅茹　陈立军

数学系(3人)

曹琪琪　周莲芳　胡 慧

自动化学院(4人)

张娜威　吕思源　庄文林　王伟梁

计算机科学与工程、软件学院(8人)

王逸然　李文博　杨 浩　王亚宁　马浩宇　刘 畅　汪进成　时绍森

物理系(2人)

韩幸志　窦唯靖

生物科学与医学工程学院(3人)

王凯旋　谢晨曦　王卓颖

材料科学与工程学院(3人)

宋涵威　王 菁　刘 新

人文学院(4人)

郝 硕　王艳萍　薛 飞　周子菲

经济管理学院(10人)

肖 利　汪 洋　何雨寒　法靖雯　葛逸云　应佳玲　于 函　刘欣一　赵 昕　袁晓楠

电气工程学院(5人)

王 颖　许利通　焦 隆　杨龙飞　程 澍

外国语学院(3人)

卢晓徐　杨晓蕾　朱雨潇

化学化工学院(2人)

韩 策　房 地

交通学院(10人)

俞 俊　胡浩辰　周润瑄　柳雨豪　张一豪　吴曾晗　张家钰　孙旭升　赵宇豪　马盛南

仪器科学与工程学院(3人)

宋 茜　尚 昊　刘倩雯

艺术学院(2人)

邢 唯　吴世豪

法学院(2人)

杨宇航　罗时雨

学习科学研究中心(1人)

王 昭

公共卫生学院(3人)

钱依宁　赵文轩　王 杨

医学院(11人)

吴 飞　邱 寒　张雨嫣　易仁鑫　张梦洁　汪逸姮　孟祥盼　胡梓菡　曹周利　王 燕　耿知闻

吴健雄学院(4人)

张 睿　金宇晖　李依凡　杨孟儒

三好学生(1 229 人)

建筑学院(64 人)

江　珊　　陈加麒　　沈　祎　　郝子宏　　涂雨璇　　张　祺　　周　婷　　周星宇　　曹　慧
唐浩铭　　于佳欣　　王奕阳　　张　圆　　张雅楠　　邱　丰　　张　煜　　高　益　　刘　星
魏小糠　　乔润泽　　翟　盈　　施　旗　　高小涵　　管　菲　　徐　忆　　邵舒怡　　黄子睿
刘振鹏　　刘　璇　　王耀萱　　刘昌铭　　刘　淦　　周嘉鼎　　秦　瑜　　王佩瑶　　杜淦琰
陈　庆　　王　伟　　丁金铭　　吴佳怡　　单　路　　曹梦祺　　袁维婧　　孙瑞琪　　李伊格
潘昌伟　　冯可欣　　丁小雨　　袁莫涵　　吴淑筠　　段楚君　　李昊伦　　徐　能　　庄　琪
左亚男　　周心怡　　李　灏　　祝藜嘉　　徐　闻　　张扬帆　　郑世丰　　叶　聪　　施惠文
宗袁月

机械工程学院(62 人)

杨周宇　　钱逸程　　陈思瑶　　彭泽坤　　林　玮　　许国树　　赵　斌　　杨　磊　　李嘉鹏
王　希　　张道富　　王伟达　　罗俊文　　廖　阳　　范　鸣　　赵进超　　董林杰　　张祎霖
张嘉智　　陈　楠　　严文强　　张立然　　王学舟　　赵兴景　　侯红宇　　周圣皓　　罗伟强
赵　恒　　朱清园　　高　畅　　张卓然　　蒋天赐　　李　季　　雷世英　　吴闫明　　蔡洋洋
张培琪　　刘皓央　　林晓辉　　张　森　　吴重光　　贺小越　　王又婕　　张一涛　　徐亚辉
谭韬涌　　乔　煜　　况　攀　　贾乐松　　关　晟　　刘子昂　　李　想　　胡若愚　　宋泽文
刘韵晗　　张馨子　　沙　杰　　冷珊珊　　龙雪莹　　诸葛思懿　王一凡　　邓志强

能源与环境学院(65 人)

郭慧欣　　唐海宇　　敖　韬　　刘鑫雅　　赵圆圆　　胡启龙　　陈家颖　　徐静文　　孔志伟
张馨云　　徐媛媛　　熊铭杰　　陈子桥　　牟柯昱　　黄秉坤　　陈尚巧　　胡华军　　姜牧笛
陈怡睿　　杨　震　　吉珣碧　　姚依晨　　吴　钊　　王统伟　　鲍旭奇　　赵雨晨　　霍雅超
陈　鹏　　董华钊　　戴文韬　　王凤霞　　朱海军　　高佳伟　　王　瑄　　潘子杰　　宋雅梅
卢玥明　　成赛凤　　支　晓　　田植政　　张禾苗　　许婉婷　　陆依然　　严文韬　　叶　蓉
高　欢　　董皓月　　杜浩然　　李　凡　　张庭秀　　王丽坤　　汪　维　　杨诗月　　鲁沅青
闵　卉　　贺梦凡　　戴　文　　孙先亮　　王善普　　杨　晟　　黄恩和　　田培好　　曹尚义
刘祚人　　林悦楠

信息科学与工程学院(68 人)

张晨莹　　于佳阳　　张　凯　　张嘉俊　　陈炜珩　　齐浩政　　王　媛　　顾　鹏　　徐春梅
李　杨　　寿徐凯　　刘　毅　　王　安　　张　都　　薛　谦　　徐　力　　陈瑾钰　　钟天辰
丁宁宁　　陈子敏　　来萧桐　　周　睿　　陈　臻　　李泽坤　　吴　驰　　俞安澜　　易　凤
汪佳玮　　吉　超　　戴思宇　　肖朝昆　　赵博阳　　张婧媛　　宛超逸　　王　可　　张明辉

陈　鑫　　陶　安　　薛天昊　　郑奕飞　　朱文彧　　步兆军　　武　哲　　武　越　　胥文兴
倪天恒　　李正阳　　陈泽坤　　夏智康　　黄　洋　　蒋彬乾　　陈鹏宇　　贺港龙　　庞　旭
陈慕涵　　张　臻　　李　俊　　林泽鑫　　阮　梦　　谭儒昕　　申婷婷　　李　渊　　刘　祺
钟　凯　　周苗苗　　沈星汝　　吴启晨　　黄　健

土木工程学院(90人)

黄诗琳　　刘国安　　陈启阳　　罗德成　　陈　今　　华敏涵　　徐瑶函　　唐茂宏　　韩雪欣
杨声威　　林　夏　　谭荣球　　张承文　　闫泽宇　　邵天宇　　吴远德　　李　想　　李子洲
苏意然　　龙泽灵　　叶倩雯　　李牧狄　　李志强　　郑义明　　李　楠　　田　驰　　施彦博
苏　越　　吴宇同　　张震祺　　潘亚豪　　桂颖彬　　孙　悦　　徐雨晴　　丛凡淇　　章梦霞
王　宁　　朱嘉薇　　吕文博　　王志伟　　李柔萱　　于路港　　张　寒　　王卫昌　　孙　宁
居婷怡　　黄　旭　　王　艳　　郁　璐　　唐　笑　　熊小兵　　李正浩　　崔世博　　刘舒阳
周宸宇　　唐　林　　魏圣坤　　沈　鑫　　徐睿妮　　马俊伟　　张　竞　　吴谊文　　蓝旭塑
胡炎浩　　刘晓宇　　郑宏伟　　毕　玮　　王艳青　　杨　乾　　翟王颖　　王佳伟　　谢思聪
曾少儒　　刘　峰　　张昊辰　　王思瑾　　冯　晶　　章锦洋　　叶啸天　　任逸哲　　王仲衡
潘粮今　　苏慕杰　　钟毅杰　　刘常浩　　周　航　　邵世轩　　陆维杰　　王月峰　　朱熔清

三峡学院交流生(2人)

向琳琳　　杨莹莹

电子科学与工程学院(51人)

何　倩　　车永越　　周星宇　　李　帆　　王　凌　　朱赛娟　　崔静怡　　聂子晴　　肖如吉
董纪莹　　杨政晔　　王运琦　　钱咨廷　　周佳凯　　傅　鸣　　张鼎恒　　宋逸群　　吴亚楠
王旭亮　　冯子琛　　杨奕宁　　厉俏单　　何京苒　　王少朋　　陈　欣　　徐冰倩　　李梦潇
陆亦诚　　刘　立　　杨　阔　　李楚文　　俞彦卿　　肖　丰　　廖丹媛　　周　熠　　郑　添
陶　妍　　姜钰庭　　施淳信　　朱励轩　　徐洁微　　赵明虎　　纪　恩　　乔哲锋　　陈柳宏
杨　泰　　闵红旗　　王文彬　　赵　天　　邹少锋　　周辰辉

数学系(23人)

沈嘉琪　　林雨春　　张　屹　　周　豪　　车昱辰　　李佳明　　李彦清　　于晓璇　　邱敬怡
桂新平　　诸葛晓婷　曾俊豪　　吴　格　　孙　丽　　古　祥　　史云霞　　李君兰　　孙婉婧
安少坤　　李　源　　宋美晨　　王盛辉　　黎　俊

自动化学院(35人)

蒋　田　　程　浩　　唐一鹏　　陈旭璇　　陶思羽　　张阳阳　　胡啸天　　刘炽义　　王子峣
何晓宇　　胡　波　　蒋　琪　　李文慧　　郑宇柯　　左霆华　　许　桢　　胡鹏程　　胡传昊
张梦璐　　王琪善　　薛聚星　　李文健　　郑　峰　　朱　柠　　李一萌　　段彦卉　　张　伟
常雅晴　　张　明　　韩紫婷　　陆一洲　　高立洋　　俞柯伊　　庄集龙　　边张行

计算机科学与工程学院、软件学院(76人)

张晨妍	吴晓瑜	赵蔓瑜	陆馨杭	严晟嘉	姜　笛	杨　雪	顾灵童	王琦璇
任杰文	史津鑫	胡永康	赵　满	陈芸丽	魏　然	王　铎	潘东元	冯裕浩
刘云鹏	孙新凯	邢泽运	严一凡	杨明璇	高雨枫	程茜雅	叶　鑫	王宇晨
刘宗源	郑云川	陈小飞	郭文通	唐雪婷	莫景雯	陈一赫	叶橄强	张奕裕
刘丁玮	孙君校	雷仁昊	陈建蓉	黄伟聪	鲍　悦	邹　悦	张琪琪	李　双
王　琪	丁劲华	牛钰茜	陈冬儿	崔颖华	刘　畅	吴正凡	贾昊楠	包莹星
黄伟杰	陈星宇	白蔓菲	钱昊达	朱　鑫	张晓雯	杨兴才	张　璐	柳　旭
宁静珲	王海萍	江咏涵	刘月琦	庄亦舟	吴小宝	陈笑施	蔡健宇	吴碧伟
袁歆雨	林宜宁	余舰波	闫怀宇					

物理系(16人)

王雅斓	章烨晖	查佳佳	黄逸婧	孙慧敏	刘琬铃	李新新	薛丰铧	秦　鑫
郝佩佩	高　婷	曹雄辉	涂中豪	马眉扬	陈　俊	高柏植		

生物科学与医学工程学院(25人)

张艺馨	申云鹏	郭育新	胡慧怡	韩书彦	胡春景	丁　舟	杨　子	郁晨阳
张　运	陈　怡	王月桐	唐　健	徐　颖	邓　瑜	马　良	封雨潇	田　也
韩婷玉	杨　雪	缪居正	简柏樑	刘熠琳	汪　澍	董至诚		

材料科学与工程学院(31人)

鲍　青	严潇潇	潘　浩	邵里良	刘主豪	何茜雯	何凌潇	张嘉敏	关锡媚
韩宝玲	高　雪	喻世平	杜松林	张秋月	马锦雅	古震琦	李文卓	沈奕阳
颜子尧	俞晓涵	郭鹏业	尚真真	王亚利	刘智勇	王永超	李近川	耿子凡
王　纯	张振兴	刘　琪	文　韬					

人文学院(38人)

刘玉洁	李林燕	周蓝青	黄雅萱	胡辰璐	李知桧	杨　静	李冬梅	王一璇
崔玉娇	杨　舒	郑艳儒	张丽芳	李　静	刘思雨	剌利青	洪　琼	王　旭
张　阳	杜婧仪	冯泽琳	徐　俐	肖梦林	许彧澜	张梓烨	陈诗璇	常梦丹
何丹丹	钟文琦	孙文婷	罗　欢	杨晓婕	刘佳欣	苏牧晴	王文瀚	刘嘉伟
朱兆丰	樊铮炎							

经济管理学院(90人)

曹　雪	张　琴	王璐瑶	林　凯	侯鹏君	徐　鹏	陆佳晖	朱俊明	张　堃
侯泽晗	徐　越	郑　璐	乔海娇	卢晓航	薛梓茹	尹　超	张申宏	周　敏
杨　路	孟　鹏	吉轩帆	李佳卉	吕秋月	王佳旎	戴静宜	杜　雯	丁慧中

满雪颖 陈　希 冯栋琨 钟宁桐 周　妮 方子茹 陈钰影 施依菲 邱祉祎
李星潼 王紫宇 敬运来 张玖瑜 陈越异 刘凝菲 潘文青 邓舒文 王蓓蓓
雷　蕾 汤若冰 赵　育 邵涌怡 翟　玲 王　浩 周文棋 解慧新 王雪竹
濮丹蕾 陈心怡 李慧楠 朱雯雯 夏小禹 周路妍 蔡　晓 韩静静 修　艺
施　琪 盛　洁 徐忆谆 李雪娇 曾　悦 黄毅菱 陈可旺 吴智星 梁艺馨
谢俐萨 张　峥 俞　悦 肖奕婷 杨　艺 杨宏英 步纤屿 王亮平 毕江萍
文世航 宋嘉馨 曹　晶 范思齐 郭澎潮 王论意 黄紫新 高　玥 蔡　萌

三峡学院交流生(3人)

李艳飞　殷　菲　范钟玮

电气工程学院(44人)

王宇辰 吕家乐 武令君 陈　勇 王　彪 林明明 张一清 郭亚森 邵海雯
吴泽庆 胡　杰 李渭娟 徐　筝 顾晨骁 许　俊 胡　凯 程　煜 胡子健
吴　政 黄凌锋 罗首权 王　伟 郭昆健 蔡星浦 袁　泉 温从剑 仝凌云
阿迪雅 冷钊莹 宁新福 潘　姗 郭　潇 杨光辉 庄文杰 毛永恒 魏松韬
王旭东 刘鉴雯 包丽雯 顾佳磊 卫一诚 潘　登 李容冠 金家东

外国语学院(23人)

潘佳惠 徐　润 马思梦 顾峥嵘 杨　俣 沈晓雪 徐娅婷 李子萱 孙　乐
林汐妍 季培霖 薛润华 韦　唯 叶彦君 高　岑 吕秋晨 刘艳龄 张天琦
丁　煦 卢灵舢 李桥瑶 朱欣妍 任加勉

化学化工学院(20人)

王　壮 李婧祎 马榕蔚 林芝晔 尹林植 黄依洋 顾柳瑜 游　攀 邓　佳
郭　彤 潘梦梦 周小清 谈梦璐 尤腾叶 张绍辉 顾铤威 骆季荣 卢莹炜
潘　洁 贺　唱

交通学院(106人)

赵鑫玮 郑启康 姚东成 柯泽冕 朱雯青 赵润民 端木祥永 卢桂林 王　楠
杨沫枫 杨名远 张子墨 姜嘉玲 王锋锋 马柏杨 汪　锐 李　爽 董　理
王文佳 周琳婕 张珺玮 张可欣 戴昇宏 周冬秦 施佳男 朱毅然 季钧一
李维珍 黄梦雨 吴　阅 洪正强 谭俊宏 陈英杰 曹家铖 吴　帆 马恒益
刘　源 张　创 王　晰 牛竞宇 张婧钰 胡敏琦 王昱昊 孟祥赫 吴子馨
杨雪梅 任怡凤 刘英媛 高静雅 苗　迪 谭伊彬 张锦阳 诸　赛 姚虎林
张　燕 钟敏儿 吴冠鹤 吴思琦 任　萍 占昌文 康晋洁 金俭俭 刘永胜
董利银 胡　柯 余泽鸿 刘　琦 吴正勇 李盼盼 蒋　欢 孟萍萍 姚金悦
刘玉轩 梁　钰 易新宇 李梦瑶 陈　博 刘　璐 韩雨钦 蒋林笑 李东帅

邹震宇　朱佳韵　邓涵宇　王家豪　肖　宏　郑静怡　李　璐　王添令　钱　楠
刘佳玲　严佳玉　刘曼毓　王泽琛　刘星坤　陈　健　曹宏斌　高　源　刘宜昭
陈润发　盛　童　李　燚　何心缘　李星圻　徐为驰　单　杰

仪器科学与工程学院(28人)

熊利臣　赵维政　张书睿　郑冰清　惠文珊　陈　宬　翟金凤　李筱筠　高　菊
王子静　王昭东　宋　扬　李宇杰　郭雨辰　高　烨　卢世昕　李松涛　邵斌澄
张　昭　罗佳奕　柴川页　程靖越　李嘉杰　武国庆　黄之琛　沈玥伶　罗笑雪
陈望隆

艺术学院(21人)

张琪儿　王　珊　杨　柳　杨格格　夏　宇　罗　婷　袁娅婧　朱　楠　徐　慧
李文心　吴瑞卿　刘　弘　张　晓　金　琪　刘　莲　赵吕欣　夏文琪　陶书研
侯璐璐　吴文轩　刘本杨

法学院(16人)

李　默　平宇婷　朱　萌　丁心叶　勾健颖　李诗雯　沈童非　王晓雨　谢京桐
石语甜　陈家媛　曲　慧　朱佳雯　范　洁　廖婧文　潘豫皖

学习科学研究中心(5人)

郝　佩　黄馨雨　刘秉鑫　裴　聪　刁铭一

公共卫生学院(26人)

钱姝娅　花田甜　倪　倩　史湘铃　燕思雨　周　旭　林晨昊　高翔宇　陆　璇
龚怡静　张永欣　袁德富　瞿　靖　臧一腾　马睿吕　杨柳青　童　瑶　覃丽娜
宗婧清　龚　雪　王祖煜　刘亚倩　宋莉莉　陈寒赟　黄书奇　俞沁雯

医学院(98人)

钟超群　王鑫瑶　魏姝瑾　邢　乐　佘心宇　牟　杨　王运荣　汪晓晨　于　月
杨墨丹　刘清香　金心韫　徐梦游　马伟虎　杨　群　吴逸璐　马　楠　朱凯莉
付　钰　董　兵　章美琳　李洪林　李神怡　张有玉　吕　铖　刘红丽　蒋桂亚
王雅丽　王　倩　张田利　甄朋浩　石　秀　王雪莹　汤海霞　吕　妍　陶花逸
薛　玉　孙雨露　靳　浩　张倩男　仲之恒　祖　娟　魏　宁　查明明　张宁静
郭　敏　胡胜烨　敬吉波　张　忠　刘瑶瑶　张朔凡　周　青　张　璐　孙亚亚
陈依然　邢　婕　叶苏徽　曹牧珉　黄平璎　范　锐　董慧凝　程飘玥　汪沛漾
金志成　孟庆斌　陈建建　陈　琪　谢雁蓉　赵　珏　王马丽　刘锦强　徐雪妮
唐雪梅　李　悦　王向阳　丁　莹　纪玥玥　徐　艳　孙　青　潘雪影　杨洁凤
周冰莹　严湘川　杨　燕　雷思雨　陶金园　李明康　蔡祥铭　王雪娥　尹　钰

秦佳颖　余蓓蕾　倪维杰　夏梦琴　蔡雯雯　陆天予　陈凌雁　朱笑笑

吴健雄学院(103人)

龙大凡　沈　航　宋雨遥　李朋原　张梦瑶　付明月　唐炜洁　金玉龙　刘明明
高　峥　王　贺　王　锴　李　浩　江志杰　冯嘉伟　周建伟　周宇昕　万志伟
张宇峰　宋　畅　杨　逍　林兴源　徐　乐　周　睿　马文焱　刘映辰　李子园
董智杰　徐良缘　张一荻　方　恒　葛荧萌　张连炜　李怡宁　李灵瑄　印　航
石　丁　张　澜　吕逸如　曹梦迪　杨宇尘　宋文清　邓金易　田慕阳　杨　赞
洪剑龙　蒋东龙　许诗卉　汪越宇　陈含璐　胡春璇　王　益　吴旭东　肖诗蕾
高　越　汤海波　张从越　陈　晨　李明昊　胡　宇　叶升威　王心沅　汤正宜
李志昂　郭大众　郭　兴　蒋徐颢　张　浩　周爱君　牟　星　李玥珺　徐　菁
马小松　马翌程　霍浩森　王　彤　史章昆　孙一唯　黄灵莹　薛　烨　王　茜
郭若鸿　徐孝宇　刘必扬　岳晨涛　吴远今　汤宁兴　陆　鼎　凤　石　孙　凯
雷思杰　李乐天　黄启圣　郭家琦　马一凡　完晓妍　张雯惠　苏　恬　强筱婕
姜　宁　张天舒　魏　楷　陈　曦

2016届优秀本科毕业生名单

建筑学院(7人)

张宏宇　吴昌亮　唐　松　吴泽宇　金探花　郑振婷　乔炯辰

机械工程学院(10人)

陈春水　张　乐　王　昶　郑晶莹　柳友志　黄林新　张　恒　陈斯祺　王幼真
沈竹琦

能源与环境学院(11人)

冯　璇　柯希玮　戴中豪　蔡戎彧　许志康　刘　明　卢雅林　马昕宇　李　想
董方宇　辛佳磊

信息科学与工程学院(11人)

李蕊蔚　王志远　吴伏宝　高璇璇　陶　雷　李骁敏　徐　亮　王宇成　张凌晗
胡彦丰　黄谢田

土木工程学院(15人)

赵振宇　李　坤　王　伟　肖文超　陈　烨　杜　利　姚程渊　黄中泽　王嘉昌
卢　干　王怡心　樊舒舒　吴洪樾　王　凯　李　峥

电子科学与工程学院(8人)

翟 悦 姜程程 闫隆鑫 方龙宇 侍海峰 王 越 方天琦 王颖瀛

数学系(4人)

金臻涛 印明亮 温雅静 陈 旋

自动化学院(6人)

李 艺 陈晓涛 戴 忱 肖子豪 贾 凯 宋 潇

计算机科学与工程学院(4人)

张 辉 吴 俣 王凯健 邢思凯

物理系(3人)

刘 奇 郑 顺 黄子文

生物科学与医学工程学院(3人)

蒋 雯 高 歌 于云雷

材料科学与工程学院(5人)

孙 超 凌 灏 董承浩 孙玉鑫 董聪聪

人文学院(7人)

王 怡 吴秋怡 巫慧敏 刘 慧 冯 叶 王旭丹 张冠年

经济管理学院(18人)

刘雪羽 杨佳益 王 锐 陈静然 李牧原 王 英 王雨竹 刘 慧 徐唯一
郭文丹 李苏南 沈 月 蔡 晓 王 杰 吕一帆 陈 梦 陈 琪 石 煜

电气工程学院(8人)

李 晖 许 珊 文宏辉 游 帅 余开亮 崔文琪 刘梦佳 杨济如

外国语学院(4人)

邵韵芸 赵启眉 姜雅雯 何 淼

化学化工学院(3人)

杨海涌 王若柳 程 然

交通学院(15人)

李雪琪　吴姝悦　张　楠　季欣凯　吕　方　张宇丰　董夏鑫　姚泽恒　徐文胜
陈　忠　刘子洋　姜　宁　陈宏燕　赵丹阳　牟　聪

仪器科学与工程学院(4人)

张　琦　支康仪　孙　哲　袁昌旺

艺术学院(4人)

周　凝　高思妤　钱雨婕　刘芯驿

法学院(3人)

王书愉　唐佳俊　魏婧婷

公共卫生学院(4人)

高苏蒙　洪　翔　谢　意　王照光

医学院(12人)

景　丹　张伟韬　胡瑞玮　黄金健　谢　健　刘雪婷　尹　清　金　雯　曹格银
马源源　杨　霞　李文洁

吴健雄学院(13人)

白　岚　沈　圣　杨振宇　庄浩宇　文　轶　洪梦姣　杨　超　陆倩云　叶建宇
陈同广　申怡飞　王禹欣　陈　琼

软件学院(3人)

李延东　杨启凡　张欢欢

无锡分校(3人)

裴　璐　李　享　王　沁

2016届国防生表彰名单

机械工程学院(13名)

秦宛旭　廖子云　李　寅　杨　超　王思源　周　浩　王　洋　刘延灯　查伟浩
黄胜方　赵　通　杨　晨　于胜春

信息科学与工程学院(17名)

卢增全 李明轩 朱秋立 夏 志 徐略钧 彭光耀 任 权 杭 宸 朱鹏宇
汪 敏 朱 宇 徐 军 李俊杰 孙佳琛 殷从月 於 凌 奚晨婧

电子科学与工程学院(19名)

李雅棋 吴金澄 高江超 黄诗续 肖 洋 王 旭 胡浩明 欧阳博强 梁 创
李 潇 李 勋 邵炳玮 徐 睿 李诚鑫 王 潇 陈润琦 聂 立 张文骐
杜召洋

2015—2016学年东南大学获国家奖学金学生名单

序号	学生姓名	院系	专业	学号	性别	民族	入学年月
1	郁如意	建筑学院	建筑学	01112111	女	汉族	2012.08
2	王子睿	建筑学院	建筑学	01112230	男	回族	2011.08
3	谢 菲	建筑学院	建筑学	01113409	女	汉族	2013.08
4	庞月婷	建筑学院	建筑学	01113412	女	汉族	2013.08
5	张增鑫	建筑学院	建筑学	01114309	女	汉族	2014.08
6	徐 忆	建筑学院	建筑学	01114311	女	汉族	2014.08
7	刘博伦	建筑学院	建筑学	01114325	男	满族	2014.08
8	秦 瑜	建筑学院	建筑学	01115226	女	汉族	2014.08
9	袁维婧	建筑学院	城乡规划	01213103	女	汉族	2013.08
10	黄 玲	建筑学院	城乡规划	01214208	女	汉族	2014.08
11	李曼雪	建筑学院	城市规划	01215123	女	土家族	2014.08
12	张扬帆	建筑学院	风景园林	01514114	女	汉族	2014.08
13	陈雪纯	建筑学院	风景园林	01515131	女	汉族	2014.08
14	肖 岳	机械工程学院	机械工程	02013111	男	汉族	2013.08
15	周圣皓	机械工程学院	机械工程	02014302	男	汉族	2014.08
16	江 苏	机械工程学院	机械工程	02014303	男	汉族	2014.08
17	高 畅	机械工程学院	机械工程	02014401	女	汉族	2014.08
18	段福鑫	机械工程学院	机械工程	02014502	男	汉族	2014.08
19	潘 立	机械工程学院	机械工程及自动化	02015320	男	汉族	2015.08
20	姜开中	机械工程学院	机械工程及自动化	02015505	男	汉族	2015.08
21	乔 煜	机械工程学院	机械工程及自动化	02015601	女	汉族	2015.08

（续 表）

序号	学生姓名	院系	专业	学号	性别	民族	入学年月
22	刘子昂	机械工程学院	机械工程及自动化	02015619	男	汉族	2015.08
23	李 想	机械工程学院	机械工程及自动化	02015701	女	汉族	2015.08
24	胡若愚	机械工程学院	机械工程及自动化	02015702	女	汉族	2015.08
25	刘韵晗	机械工程学院	工业工程	02613013	女	苗族	2013.08
26	沙 杰	机械工程学院	工业工程	02614131	男	汉族	2014.08
27	赵圆圆	能源与环境学院	热能与动力工程	03013205	女	汉族	2013.08
28	胡启龙	能源与环境学院	热能与动力工程	03013227	男	汉族	2013.08
29	黄怡婷	能源与环境学院	热能与动力工程	03013304	女	汉族	2013.08
30	徐媛媛	能源与环境学院	热能与动力工程	03013421	女	汉族	2013.08
31	杨 震	能源与环境学院	能源与动力工程	03014326	男	彝族	2014.08
32	吉珣碧	能源与环境学院	能源与动力工程	03014402	女	汉族	2014.08
33	郑 道	能源与环境学院	能源动力类	03015234	男	汉族	2015.08
34	李梦圆	能源与环境学院	能源动力类	03115602	女	汉族	2015.08
35	陆依然	能源与环境学院	能源动力类	03115613	女	汉族	2015.08
36	张庭秀	能源与环境学院	环境工程	03214712	女	汉族	2014.08
37	闵 卉	能源与环境学院	环境工程	03215715	女	汉族	2015.08
38	靳 爽	能源与环境学院	核工程与核技术	03314513	男	汉族	2014.08
39	曹尚义	能源与环境学院	能源动力类	03315502	女	汉族	2015.08
40	张 翔	信息科学与工程学院	信息工程	04013119	男	汉族	2013.08
41	蔡雨君	信息科学与工程学院	信息工程	04013337	女	汉族	2013.08
42	吕 钱	信息科学与工程学院	信息工程	04013401	女	汉族	2013.08
43	宋浩川	信息科学与工程学院	信息工程	04013417	男	汉族	2013.08
44	吴 鹏	信息科学与工程学院	信息工程	04014136	男	汉族	2014.08
45	黄梦宇	信息科学与工程学院	信息工程	04014146	女	汉族	2014.08
46	丁宁宁	信息科学与工程学院	信息工程	04014149	女	汉族	2014.08
47	邓峰杰	信息科学与工程学院	信息工程	04014343	男	汉族	2014.08
48	吉 超	信息科学与工程学院	信息工程	04014447	男	汉族	2014.08
49	林沁琦	信息科学与工程学院	信息工程	04015203	女	汉族	2015.08
50	曹云琦	信息科学与工程学院	信息工程	04015206	女	汉族	2015.08
51	桂仁杰	信息科学与工程学院	信息工程	04015240	男	汉族	2015.08
52	夏智康	信息科学与工程学院	信息工程	04015427	男	汉族	2015.08

（续　表）

序号	学生姓名	院系	专业	学号	性别	民族	入学年月
53	蒋彬乾	信息科学与工程学院	信息工程	04015527	男	汉族	2015.08
54	章锦洋	土木工程学院	土木工程	05113103	男	汉族	2013.08
55	陆维杰	土木工程学院	土木工程	05113403	男	汉族	2013.08
56	俞　涛	土木工程学院	土木工程	05114502	男	汉族	2014.08
57	练　强	土木工程学院	土木工程	05114614	男	汉族	2014.08
58	李谈词	土木工程学院	土木工程	05114615	男	汉族	2014.08
59	张　颖	土木工程学院	土木工程	05114618	女	汉族	2014.08
60	张宸浩	土木工程学院	土木工程	05114631	男	汉族	2014.08
61	周　航	土木工程学院	土木工程	05115509	男	汉族	2015.08
62	卢　毅	土木工程学院	土木工程	05115610	男	汉族	2015.08
63	叶啸天	土木工程学院	土木工程	05115611	男	汉族	2015.08
64	王肖骏	土木工程学院	土木工程	05115623	男	汉族	2015.08
65	毕　玮	土木工程学院	工程管理	05213102	女	汉族	2013.08
66	刘　峰	土木工程学院	工程管理	05215216	男	汉族	2015.08
67	邵世轩	土木工程学院	工程力学	05314108	男	汉族	2014.08
68	王思瑾	土木工程学院	工程力学	05315106	女	汉族	2015.08
69	凌锦锋	土木工程学院	给排水科学与工程	05513126	男	汉族	2013.08
70	钟毅杰	土木工程学院	给排水科学与工程	05514101	男	汉族	2014.08
71	车永越	电子科学与工程学院	电子科学与技术	06013215	男	汉族	2013.08
72	聂子晴	电子科学与工程学院	电子科学与技术	06014106	女	汉族	2014.08
73	钱咨廷	电子科学与工程学院	电子科学与技术	06014119	男	汉族	2014.08
74	冯子琛	电子科学与工程学院	电子科学与技术	06014213	男	汉族	2014.08
75	厉俏单	电子科学与工程学院	电子科学与技术	06014305	女	汉族	2014.08
76	何京苒	电子科学与工程学院	电子科学与技术	06014308	女	汉族	2014.08
77	韩　琨	电子科学与工程学院	电子科学与技术	06014335	男	汉族	2014.08
78	徐洁微	电子科学与工程学院	电子科学与技术(类)	06A15301	女	汉族	2015.08
79	邹少锋	电子科学与工程学院	电子科学与技术(类)	06A15522	男	汉族	2015.08
80	朱　宇	电子科学与工程学院	电子科学与技术(类)	06A15531	男	汉族	2015.08
81	张　屹	数学系	数学与应用数学	07114108	男	汉族	2014.08
82	李彦清	数学系	数学与应用数学	07115135	男	汉族	2015.08
83	张　嫱	数学系	信息与计算科学	07214102	女	汉族	2014.08

(续 表)

序号	学生姓名	院系	专业	学号	性别	民族	入学年月
84	胡 慧	数学系	统计学	07314110	女	汉族	2014.08
85	李 源	数学系	统计学	07315105	女	汉族	2015.08
86	刘 静	自动化学院	自动化	08014103	女	汉族	2014.08
87	黄文超	自动化学院	自动化	08014111	男	汉族	2014.08
88	赵学宁	自动化学院	自动化	08014129	男	汉族	2014.08
89	肖 婧	自动化学院	自动化	08015105	女	汉族	2015.08
90	陈科圻	自动化学院	自动化	08015127	男	汉族	2015.08
91	王伟梁	自动化学院	自动化	08015216	男	汉族	2015.08
92	边张行	自动化学院	自动化	08015409	男	汉族	2015.08
93	杨 阳	计算机科学与工程学院	计算机科学与技术	09014105	女	汉族	2014.08
94	骆 颖	计算机科学与工程学院	计算机科学与技术	09014203	女	汉族	2014.08
95	葛丹薇	计算机科学与工程学院	计算机科学与技术	09014205	女	汉族	2014.08
96	孙 凯	计算机科学与工程学院	计算机科学与技术	09014321	男	汉族	2014.08
97	刘宗源	计算机科学与工程学院	计算机科学与技术	09015112	男	汉族	2015.08
98	郑云川	计算机科学与工程学院	计算机科学与技术	09015131	男	汉族	2015.08
99	陈一赫	计算机科学与工程学院	计算机科学与技术	09015319	男	汉族	2015.08
100	马浩宇	计算机科学与工程学院	计算机科学与技术	09015412	男	汉族	2015.08
101	汪进成	软件学院	软件工程	71114440	男	汉族	2014.08
102	陈一雄	软件学院	软件工程	71115437	男	汉族	2015.08
103	王海萍	软件学院	软件工程	71Y14106	女	汉族	2014.08
104	陶 冶	软件学院	软件工程	71Y14115	男	汉族	2014.08
105	吴小宝	软件学院	软件工程	71Y14123	男	汉族	2014.08
106	蔡建宇	软件学院	软件工程	71Y15106	男	汉族	2015.08
107	林宜宁	软件学院	软件工程	71Y15119	女	汉族	2015.08
108	闫怀宇	软件学院	软件工程	71Y15123	男	汉族	2015.08
109	查佳佳	物理系	应用物理学	10113120	男	汉族	2013.08
110	沈傅欢	物理系	物理学	10314105	男	汉族	2014.08
111	陈 俊	物理系	物理学	10315110	男	汉族	2015.08
112	耿云聪	生物科学与医学工程学院	生物医学工程(类)	11113102	女	汉族	2013.08
113	王凯旋	生物科学与医学工程学院	生物医学工程(本硕连读)	11213112	男	汉族	2013.08
114	顾 承	生物科学与医学工程学院	生物医学工程(本硕连读)	11215110	女	汉族	2015.08

（续 表）

序号	学生姓名	院系	专业	学号	性别	民族	入学年月
115	王卓颖	生物科学与医学工程学院	生物医学工程(本硕连读)	11215113	女	汉族	2015.08
116	缪居正	生物科学与医学工程学院	生物医学工程(类)	11A15117	男	汉族	2015.08
117	崔丹钰	材料科学与工程学院	材料科学与工程	12013205	女	汉族	2013.08
118	刘继琦	材料科学与工程学院	材料科学与工程	12013407	女	汉族	2013.08
119	古震琦	材料科学与工程学院	材料科学与工程	12014204	女	汉族	2014.08
120	俞晓涵	材料科学与工程学院	材料科学与工程	12014308	女	汉族	2014.08
121	耿子凡	材料科学与工程学院	材料科学与工程	12015135	男	汉族	2014.08
122	刘 琪	材料科学与工程学院	材料科学与工程	12015304	女	汉族	2015.08
123	王一璇	人文学院	社会学	13214107	女	回族	2014.08
124	吴 宇	人文学院	社会学	13215115	女	汉族	2015.08
125	陈 泱	人文学院	旅游管理	13313106	女	汉族	2013.08
126	洪 琼	人文学院	旅游管理	13314102	女	汉族	2014.08
127	徐 俐	人文学院	旅游管理	13315113	女	汉族	2015.08
128	陈诗璇	人文学院	汉语言文学	13414116	女	汉族	2014.08
129	何丹丹	人文学院	汉语言文学	13415102	女	汉族	2015.08
130	钟文琦	人文学院	汉语言文学	13415103	女	汉族	2015.08
131	曹 雪	经济管理学院	信息管理与信息系统	14113101	女	汉族	2013.08
132	张 堃	经济管理学院	国际经济与贸易	14214109	女	汉族	2014.08
133	张佳蕾	经济管理学院	工商管理	14314114	女	汉族	2014.08
134	何雨寒	经济管理学院	会计学	14413101	女	汉族	2013.08
135	王佳旎	经济管理学院	会计学	14414213	女	汉族	2014.08
136	方子茹	经济管理学院	会计学	14415212	女	汉族	2015.08
137	施依菲	经济管理学院	会计学	14415218	女	汉族	2015.08
138	李星潼	经济管理学院	会计学	14415221	女	汉族	2015.08
139	刘凝菲	经济管理学院	金融学	14513115	女	汉族	2013.08
140	张 潇	经济管理学院	金融学	14513224	女	汉族	2013.08
141	邵涌怡	经济管理学院	金融学	14514115	女	汉族	2014.08
142	王 浩	经济管理学院	金融学	14514223	男	汉族	2014.08
143	赵 昕	经济管理学院	经济学	14613121	女	汉族	2013.08
144	刘 莹	经济管理学院	经济学	14614106	女	汉族	2014.08
145	陈可旺	经济管理学院	电子商务	14714101	女	汉族	2014.08

(续　表)

序号	学生姓名	院系	专业	学号	性别	民族	入学年月
146	梁艺馨	经济管理学院	物流管理	14813103	女	汉族	2013.08
147	范思齐	经济管理学院	金融工程	14915120	男	汉族	2015.08
148	王论意	经济管理学院	金融工程	14915125	男	汉族	2015.08
149	庄文杰	电气工程学院	电气工程及其自动化	16015214	男	汉族	2015.08
150	庄文楠	电气工程学院	电气工程及其自动化	16015607	女	汉族	2015.08
151	孙琦润	电气工程学院	电气工程及其自动化	16014111	男	汉族	2014.08
152	陈逸涵	电气工程学院	电气工程及其自动化	16014205	女	汉族	2014.08
153	黄凌锋	电气工程学院	电气工程及其自动化	16014218	男	汉族	2014.08
154	徐阳	电气工程学院	电气工程及其自动化	16014229	男	汉族	2014.08
155	王伟	电气工程学院	电气工程及其自动化	16014314	男	汉族	2014.08
156	郭昆健	电气工程学院	电气工程及其自动化	16014320	男	汉族	2014.08
157	宁新福	电气工程学院	电气工程及其自动化	16014615	男	黎族	2014.08
158	石雪颖	外国语学院	英语	17114203	女	汉族	2014.08
159	李子萱	外国语学院	英语	17115104	女	汉族	2015.08
160	谈昕	外国语学院	英语	17114213	女	汉族	2014.08
161	张天琦	外国语学院	日语	17214116	女	汉族	2014.08
162	刘雨晗	外国语学院	日语	17215208	女	汉族	2015.08
163	程品	化学化工学院	化学工程与工艺	19113122	男	汉族	2013.08
164	林芝晔	化学化工学院	化学工程与工艺	19114202	女	汉族	2014.08
165	尹林植	化学化工学院	化学工程与工艺	19114204	女	汉族	2014.08
166	李先河	化学化工学院	化学工程与工艺	19114216	男	汉族	2014.08
167	郑姝婕	交通学院	交通工程	21014103	女	汉族	2014.08
168	刘培	交通学院	交通工程	21014106	女	汉族	2014.08
169	姜嘉玲	交通学院	道路桥梁与渡河工程	21014203	女	汉族	2014.08
170	任隽丰	交通学院	道路桥梁与渡河工程	21014205	男	汉族	2014.08
171	李树伟	交通学院	道路桥梁与渡河工程	21014206	男	汉族	2014.08
172	方周	交通学院	道路桥梁与渡河工程	21015220	男	汉族	2015.08
173	李婷	交通学院	交通工程	21114108	女	汉族	2014.08
174	郭昊旻	交通学院	交通工程	21114215	女	汉族	2014.08
175	任萍	交通学院	交通运输	21214113	女	汉族	2014.08
176	刘永胜	交通学院	测绘工程	21314107	男	汉族	2014.08

（续表）

序号	学生姓名	院系	专业	学号	性别	民族	入学年月
177	孟萍萍	交通学院	港口航道与海岸工程	21414103	女	汉族	2014.08
178	李梦瑶	交通学院	地理信息系统	21514108	女	汉族	2014.08
179	李星圻	交通学院	城市地下空间工程	21814129	男	汉族	2014.08
180	鲍心吟	交通学院	交通工程	21015105	女	汉族	2015.08
181	张珺玮	交通学院	交通工程	21015106	女	汉族	2015.08
182	周冬秦	交通学院	交通工程	21015111	男	汉族	2015.08
183	季钧一	交通学院	交通工程	21015115	男	汉族	2015.08
184	周润瑄	交通学院	交通工程	21015116	男	汉族	2015.08
185	王云珊	交通学院	交通工程	21115111	女	汉族	2015.08
186	李坤	仪器科学与工程学院	测控技术与仪器	22014209	男	汉族	2014.08
187	陆旭	仪器科学与工程学院	测控技术与仪器	22014219	男	汉族	2014.08
188	卢世昕	仪器科学与工程学院	测控技术与仪器	22014326	男	汉族	2014.08
189	刘倩雯	仪器科学与工程学院	测控技术与仪器	22015304	女	汉族	2015.08
190	武国庆	仪器科学与工程学院	测控技术与仪器	22015316	男	汉族	2015.08
191	罗笑雪	仪器科学与工程学院	测控技术与仪器	22015404	女	汉族	2015.08
192	吴瑞卿	艺术学院	产品设计	24313122	男	汉族	2013.08
193	徐将依	艺术学院	产品设计	24314205	女	汉族	2014.08
194	侯璐璐	艺术学院	艺术类	24A15302	女	汉族	2015.08
195	姚晓	艺术学院	艺术类	24A15310	女	汉族	2015.08
196	李诗雯	法学院	法学	25014113	女	汉族	2014.08
197	杨瑷绮	法学院	法学	25014220	女	汉族	2014.08
198	范洁	法学院	法学	25015204	女	汉族	2015.08
199	刘秉鑫	学习科学研究中心	科学教育	26114115	男	汉族	2014.08
200	黄凯萍	公共卫生学院	预防医学	42112202	女	汉族	2012.08
201	林晨昊	公共卫生学院	预防医学	42113221	男	汉族	2013.08
202	焦志刚	公共卫生学院	预防医学	42114118	男	汉族	2014.08
203	王杨	公共卫生学院	劳动与社会保障	42214208	女	汉族	2014.08
204	俞沁雯	公共卫生学院	劳动与社会保障	42215205	女	汉族	2015.08
205	汪晓晨	医学院	临床医学	43112110	女	汉族	2012.08
206	杨墨丹	医学院	临床医学	43112204	女	汉族	2012.08
207	马安然	医学院	临床医学	43113214	女	汉族	2013.08
208	王中旺	医学院	临床医学	43113330	男	汉族	2013.08
209	旻绛	医学院	临床医学	43114122	男	汉族	2014.08

(续 表)

序号	学生姓名	院系	专业	学号	性别	民族	入学年月
210	朱桂萍	医学院	临床医学	43114201	女	汉族	2014.08
211	石 秀	医学院	临床医学(本硕连读)	43212301	女	汉族	2012.08
212	汤海霞	医学院	临床医学(本硕连读)	43212403	女	汉族	2012.08
213	曹晨睿	医学院	临床医学(本硕连读)	43213306	女	汉族	2013.08
214	顾 楠	医学院	临床医学(本硕连读)	43213312	女	汉族	2013.08
215	祖 娟	医学院	临床医学(本硕连读)	43213416	女	汉族	2013.08
216	张 芮	医学院	临床医学(本硕连读)	43214303	女	汉族	2014.08
217	范 锐	医学院	临床医学(本硕连读)	43215401	女	汉族	2015.08
218	程飘玥	医学院	临床医学(本硕连读)	43215413	女	汉族	2015.08
219	关 爽	医学院	医学影像	43313107	女	满族	2013.08
220	马梦吟	医学院	医学检验	43414109	女	汉族	2014.08
221	严湘川	医学院	护理学	43515101	女	汉族	2015.08
222	付玉琪	医学院	临床医学(本硕博连读)	43814115	女	汉族	2014.08
223	倪维杰	医学院	临床医学与医学技术类	43A15128	男	汉族	2015.08
224	朱笑笑	医学院	临床医学与医学技术类	43A15315	女	汉族	2015.08
225	唐炜洁	吴健雄学院	机械动力类强化班	03013005	女	汉族	2013.08
226	周宇昕	吴健雄学院	机械动力类强化班	03014008	男	汉族	2014.08
227	马文焱	吴健雄学院	电类强化班	04013016	男	汉族	2013.08
228	杨 赟	吴健雄学院	电类强化班	06014008	男	汉族	2014.08
229	孙 凯	吴健雄学院	高等理工实验班	61314112	男	汉族	2014.08
230	李乐天	吴健雄学院	高等理工实验班	61314116	男	汉族	2014.08
231	苏 恬	吴健雄学院	高等理工实验班	61315105	女	汉族	2015.08

2015—2016学年校长奖学金表彰名单

建筑学院(7人)

学号	一卡通号	姓名	学号	一卡通号	姓名
01113113	213134108	傅瑞盈	01114110	213141870	刘 星
01114130	213132659	乔润泽	01212106	213112670	王 伟
01214101	213141919	李心恬	01214126	213131439	冯可欣
01515102	213150974	杨宇欣			

机械工程学院(6人)

学号	一卡通号	姓名	学号	一卡通号	姓名
02013313	213132799	彭泽坤	02013607	213132811	王　希
02014208	213141943	张嘉智	02014329	213140754	朱清园
02015513	213150445	张一涛	02015616	213153338	贾乐松

能源与环境学院(7人)

学号	一卡通号	姓名	学号	一卡通号	姓名
03013310	213133918	徐静文	03015417	213151773	潘子杰
03113604	213132557	宋雅梅	03114608	213140258	支　晓
03114626	213141972	顾　聪	03115601	213151115	张禾苗
03214706	213141953	李　凡			

信息科学与工程学院(8人)

学号	一卡通号	姓名	学号	一卡通号	姓名
04013223	213132309	陈炜珩	04015108	213151232	陶　安
04013228	213130540	齐浩政	04015322	213151235	武　越
04014403	213142813	俞安澜	04214730	213142190	钟　凯
04014532	213140991	郑　锐	04215701	213151622	沈星汝

土木工程学院(9人)

学号	一卡通号	姓名	学号	一卡通号	姓名
05113122	213122386	施彦博	05115608	213151009	唐　笑
05113203	213131415	蒲森林	05115616	213153223	李正浩
05114424	213143410	杨　乾	05215105	213150837	李柔萱
05114611	213140836	谢思聪	05313123	213132443	冯　晶
05114616	213142135	王月峰			

电子科学与工程学院(6人)

学号	一卡通号	姓名	学号	一卡通号	姓名
06013201	213132907	何　倩	06313115	213131525	肖　丰
06014102	213142070	朱赛娟	06A15132	213152095	郑　添
06014230	213142524	杨奕宁	06A15217	213152416	寇梓黎

数学系(2人)

学号	一卡通号	姓名	学号	一卡通号	姓名
07114129	213140264	王梓蘅	07115122	213153029	李佳明

自动化学院(4人)

学号	一卡通号	姓名	学号	一卡通号	姓名
08013208	213131616	张阳阳	08014427	213141661	郑 峰
08014130	213143245	郑宇柯	08015116	213151012	张 伟

计算机科学与工程学院(4人)

学号	一卡通号	姓名	学号	一卡通号	姓名
09013430	213131182	任杰文	09014222	213141298	王 铎
09014118	213142278	王逸然	09015118	213152336	杨 浩

软件学院(4人)

学号	一卡通号	姓名	学号	一卡通号	姓名
71113307	213131674	邹 悦	71114206	213143047	刘 畅
71114102	213141677	牛钰茜	71115332	213153026	张 璐

物理系(2人)

学号	一卡通号	姓名	学号	一卡通号	姓名
10314107	213140647	曹雄辉	10315112	213151333	高柏植

生物科学与医学工程学院(3人)

学号	一卡通号	姓名	学号	一卡通号	姓名
11114113	213140511	韩书彦	11A15117	213152107	缪居正
11213214	213133738	唐 健			

材料科学与工程学院(3人)

学号	一卡通号	姓名	学号	一卡通号	姓名
12013302	213131541	胡梦丹	12015211	213150166	张振兴
12014107	213142307	王 菁			

人文学院(4人)

学号	一卡通号	姓名	学号	一卡通号	姓名
13314107	213141768	王　旭	13413102	213131891	谢一丹
13315105	213152791	杜婧仪	13614112	213141772	薛　飞

经济管理学院(10人)

学号	一卡通号	姓名	学号	一卡通号	姓名
14114127	213142761	徐　鹏	14514220	213142349	葛逸云
14314113	213140219	卢晓航	14515111	213150966	王雪竹
14414107	213142329	法靖雯	14915103	213152886	宋嘉馨
14513111	213131930	陈越异	14915121	213152550	郭澎潮
14513122	213133562	邓舒文	14Y13114	213131939	黄紫新

电气工程学院(5人)

学号	一卡通号	姓名	学号	一卡通号	姓名
16013603	213132979	徐　筝	16015128	213143411	郭　潇
16014120	213143186	程　煜	16015509	213152981	程　澍
16014529	213142484	冷钊莹			

外国语学院(3人)

学号	一卡通号	姓名	学号	一卡通号	姓名
17115309	213153761	季培霖	17115111	213153762	孙　乐
17215218	213150009	任加勉			

化学化工学院(2人)

学号	一卡通号	姓名	学号	一卡通号	姓名
19113118	213133177	王　壮	19314108	213141390	韩　策

交通学院(10人)

学号	一卡通号	姓名	学号	一卡通号	姓名
21014115	213142464	杨名远	21114111	213143374	张婧钰
21014218	213142911	董　理	21114207	213142413	吴子馨
21015101	213151869	王文佳	21513121	213130976	易新宇
21015102	213151879	陈英豪	21713229	213131500	邓涵宇
21015107	213151305	张可欣	21813127	213133583	陈润发

仪器科学与工程学院(3人)

学号	一卡通号	姓名	学号	一卡通号	姓名
22013209	213131571	郑冰清	22015325	213150871	胡 权
22014425	213142480	邵斌澄			

艺术学院(2人)

学号	一卡通号	姓名	学号	一卡通号	姓名
24114108	213143062	杨格格	24214113	213140018	徐 慧

法学院(2人)

学号	一卡通号	姓名	学号	一卡通号	姓名
25014105	213141837	丁心叶	25014114	213143498	罗时雨

学习科学研究中心(1人)

学号	一卡通号	姓名	学号	一卡通号	姓名
26113112	213131427	黄馨雨			

公共卫生学院(2人)

学号	一卡通号	姓名	学号	一卡通号	姓名
42115110	213152262	臧一腾	42213204	213133214	赵心语

医学院(11人)

学号	一卡通号	姓名	学号	一卡通号	姓名
41114116	213141449	邢 乐	43215308	213150140	黄平璎
43113207	213134167	吴逸璐	43412107	213122402	唐雪梅
43113331	213133869	董 兵	43512120	213122629	孙 青
43212304	213122347	王雪莹	43813113	213132166	雷思雨
43213520	213131141	郭 敏	43A15102	213151466	王 燕
43214123	213143726	敬吉波			

吴健雄学院（9人）

学号	一卡通号	姓名	学号	一卡通号	姓名
04014023	213142233	葛荧萌	61015206	213152704	牟　星
06014004	213142207	田慕阳	61115101	213150483	金宇晖
09014140	213142060	陈含璐	61315102	213153289	马一凡
16014001	213140847	陈　晨	61315111	213151675	张天舒
16014007	213142360	李明昊			

2015—2016学年奖教金、奖学金获奖名单

顾冠群、章玉琴奖助学金（顾冠群、章玉琴家属设立）　基金15万元
获奖名单
　　徐孝宇　61313110　　　李朝华　71114220　　　孙　凯　09014321
　　李英昊　22014419　　　戴　康　02015420

齐康奖助基金（齐康院士设立）　基金100万元
建筑学院获奖教师名单
　　易　鑫
获奖学生名单
　　宗成灿　150184　　　陈韬鹏　143327　　　王　洲　133193
　　齐文举　140037　　　仇婧妍　150156　　　马　程　159299
　　范旭艳　153429　　　唐时月　150020

吕志涛院士奖励金（吕志涛院士、江苏苏尚工程技术有限公司设立）　基金10万元
土木工程学院教师获奖教师名单
　　黄　镇　朱　虹
获奖学生名单
　　姚刘镇　119178　　　袁晨迪　141068　　　李梦南　141016
　　张　磊　05113212　　刘禾玥　05A15301

何振亚、王孝书奖学金（何振亚、王孝书设立）　基金12万元
获奖名单
　　闫　东　140718

缪昌文奖学金（缪昌文院士设立）　基金20万元
获奖名单
　　杨　林　139449　　　王利利　141721　　　黄　冉　141738
　　李　炜　12012214　　李文鑫　12013130　　许光远　12013417
　　宋冠洲　12013429　　严潇潇　12013110

东南大学建筑设计与理论研究中心——程泰宁奖励基金(程泰宁院士设立)　基金65万元
获奖名单

史　宜	139015	郭文成	140055	马丹红	140012
金　欣	149001	曾从炜	150055	邱　衍	01113504
刘子彧	01114129	邱怡箐	01114408	杨浩辰	01113127
曾兰淳	01113507	孙铭阳	01114329	冷先强	01112328
雷　达	01113318	邱　丰	01113321	胡　蝶	01113410

孙伟院士奖学基金(孙伟院士设立)　基金50万元
获奖名单

余永志	139171	姚　瑶	119342	孙文培	141762
张　浩	141737	周立初	159149	张成明	141715
陈瑾梅	141741	许何婷	12012103	袁孟琪	12012402
祁　琪	12013209	韩宝玲	12013410	潘　东	12012123
霍柏如	12012403	宋延琨	12013318	楼浩然	12013425
方　辉	12012206	盛宁悦	12012425	张嘉敏	12013403
孙　凯	12013430	朱建峰	12012225	李　青	12013101
唐　佳	12013404	陈　成	12014118	曾　佳	12012303
潘文倩	12013104	尹　蕾	12013405	张洪瑄	12014126
秦紫筠	12012305	刘孟玮	12013109	鲁菁琳	12013408
郭　魏	12014417	白旭东	12012315		

张耀明院士奖学金(江苏中圣高科技产业有限公司设立)　基金6万元
获奖名单

王俊杰	140545	郭艳敏	140548	左　杰	140441
刘婷婷	140421	宋　鑫	03212725	葛　浩	03013404
刘天策	03112602	季建周	03114628	杨　晟	03314520

朱斐、孙绎奖助学金(朱斐、孙绎设立)　基金20万元
获奖名单

汪瑞杰	140296	任晨曦	140229	朱彦清	140210
高　超	140326	王学舟	02014227	王　希	02013607
何东泽	02014529	李嘉鹏	02013601	刘　洋	02013628

陆氏学生奖学金(陆新达、石卫平设立)　基金2万元
获奖名单

李　帅	21314122

周鹗奖学金(周鹗教授和夫人王慕藏教授及弟子设立)　基金16万元
获奖名单

苏　晨	142115	韩　鹏	129356	王　琦	139476
陶秋岑	16013507	郭　熙	16013328		

冯宇樵奖学金（冯绥安先生设立） 奖金总额 2 500 元
获奖名单
  陈子晗 03114619

陈圣勋奖学金（陈圣勋先生设立） 奖金总额 2 000 元
获奖名单
  施飞达 02015311

陈延年、王劲松奖学金（陈延年、王劲松设立） 奖金总额 3 万元
获奖名单
  罗 勉 119338 丁 聪 141754 马 彪 141752
  丁泽晨 12012216 孙 超 12012222

李元坤奖学金（徐元善先生设立） 奖金总额 2 000 元
获奖名单
  王雪竹 14C15212

陈达锋土木工程奖教金（陈达锋先生设立） 基金 10 万元
获奖土木工程学院教师名单
  张文明 欧晓星 陈 耀

韦博成奖学金（韦博成教授部分海内外学生设立） 奖金总额 1 万元
获奖名单
一等奖
  叶绪国 139399 兰睿东 07313126
二等奖
  郝红霞 149413 崔 晨 07313104

张秋交通工程奖学金（张秋先生设立） 基金 3.7 万元
获奖名单
  吴圆圆 122483 孙一哲 21414116

金宝桢奖教金、奖学金（南京栖霞建设股份有限公司设立） 基金 50 万元
教工获奖名单
  胥 明 土木工程学院 宁 延 土木工程学院
  刘 艳 土木工程学院 赵 阳 总务处
学生获奖名单
  刘智欣 150903 廖家男 151033 夏塑杰 151094
  周 浩 140357 方 江 43211423 唐 林 05114303
  黄 键 09014120 徐雨晴 05214203 魏远卓 71113211
  谢思聪 05114611 陈洪淋 05113117 李柔萱 05215105
  于嘉咏 13114119 徐小扣 05213203

丁大钧教育基金奖助学金（丁大钧教育基金会设立） 基金 96 万元
获奖名单
  王辰熙 150933 熊泽龙 151102 朱 峰 151078

| 栗雨蒙 | 120998 | 钱臻旭 | 05114601 | 李 楠 | 05A15102 |
| 肖定邦 | 05A15124 | 吴宇同 | 05A15308 | | |

蒋永生奖学金（蒋永生教授家属及学生设立）　基金20万元
获奖名单
　　郑宏伟　05113501　　　司　怡　05113505

陈荣生教授创新奖学金（陈荣生教授学生设立）　奖金总额1万元
获奖名单
　　郭　鹏　142470　　　王　慧　142462　　　祝谭雍　139506

维俊奖教金（南京盘龙广告传媒集团设立）　基金5万元
获奖名单
　　祖云霞　刘　利　邵　伟　雷　蕾　王学琴

洪范五奖教金、奖学金（南京盘龙广告传媒集团设立）　基金10万元
图书馆员工获奖名单
　　陈裕隆　夏　圆　刘丽娟　邵理家
学生获奖名单
　　张凌寒　143347

郝英立奖学基金（高嵩同志及沈锦华、郭金林、沙敏等校友设立）　基金19.2万元
　　获奖名单
　　施仁立　141461　　　潘丹萍　139047

言恭达奖教金、奖学金（言恭达先生设立）　基金50万元
艺术学院教师获奖名单
　　张志贤　沈亚丹　徐习文　宋　备　岳晓英　崔天剑　尹　文　马民华　汪小洋
　　羊笑亲
学生获奖名单
　　谢九生　159297　　　贾艳星　143134　　　章砚文　143126
　　朱小峻　153179　　　张琪儿　24113109　　金　琪　24314208
　　王雨妍　24A15201　　刘　畅　24313121　　夏文琪　24A15104
　　陶书研　24A15209

"张克恭"土力学奖学金（东南大学交通学院岩土工程研究所设立）　基金3万元
获奖名单
　　何　珂　21713101　　刘泓佚　21713124　　盛　伟　05113623

黄林、郭养滋奖学金（黄林、郭养滋伉俪设立）　基金10万元
获奖名单
　　赵维政　22013113　　石春凤　22013206　　匡振国　08013418
　　何增祥　08013438

朱庆麻奖助学金（朱世平校友设立）　基金10万元
获奖名单
　　孙俊阳　150382　　　郝子宏　01112136　　付明月　03013004

高金衡奖助学金(高明女士设立) 基金 10 万元
获奖名单

于晓璇	07213105	董亦涵	07313119	沈嘉琪	07113107
杨一行	07113109	李　毅	07213115	代　姚	07313127
郭园润	07113108	尹海安	07113111	王新鑫	07313102
陈继耘	07313128				

恽瑛奖助学金(恽瑛教授、潘天任、左韵芳设立) 基金 28 万元
获奖名单

韩　震	03213741	缪　洋	08013115	唐炜洁	03013005
马欣悦	16013504	章烨晖	10113116	邱梦婕	08013204
曹　玉	03314501	窦唯靖	10015232	廖　孜	04013002
陈冬儿	71114104	王梓鸣	16013426	刘月琦	71Y14111

程文瀼教授奖助学基金(程文瀼教授家属及其弟子设立) 基金 33 万元
获奖名单

陆　飞	140881	夏英豪	141073	李献勇	141020
张志浩	05512124	段兆林	05112114	张　蓓	05112607
刘敏洁	05112109	邹　洋	05112129		

施明恒奖学金(施明恒教授及其弟子设立) 基金 10 万元
获奖名单

梁修凡	140476	张明杰	140411	吴牧笛	03012201
王晨璐	03013423	王　宇	03014112		

徐百川 OVM 预应力奖学金、奖教金(柳州欧维姆机械股份有限公司设立) 奖金总额 5 万元
土木工程学院教师获奖名单
　　张爱芹　敬登虎
学生获奖名单

管东芝	149060	秦晓川	119171	黎　亮	140973
卓为顶	159072	张　璇	140963	李金飞	141054
周彬彬	129155	洪　曼	140903	朱冬平	141042

章春梅奖学金(章春梅教授家属及其弟子设立) 奖金总额 11.002 8 万元
获奖名单

李　阳	141742	李　辉	151801	刘乃东	12012227
郑志豪	12013319				

何德玶奖学金(何德玶教授家属设立) 基金 10.8 万元
获奖名单
　　崔丹钰　12013205

霞光奖助学金(程光蕴、许世霞夫妇设立) 基金 10 万元
获奖名单

高　婷	10314101	徐伟文	02014110	雷世英	02014518

王　飞	02013319	陈　开	02013108		

颜安教授奖教金（颜安教授设立）　基金 6 万元

获奖经济管理学院教师名单

　　赵　驰　韩　瑜　杨　悦　王逢凤

陆梓瑜奖助学金（陆虎进校友设立）　基金 100 万元

获奖名单

沈　月	14712114	黄毅菱	14713111	苏　航	14714102
杜嘉傲	14714122	蔡德勇	14712116	孙　颖	14713113
罗陈斌	14714107	周莉君	14812104	曾　悦	14713101
邵书昕	14713114	马秋庆	14714110	张　钒	14812127
苏怡伟	14713102	沙　宽	14713119	李田杰	14714114
王星灵	14813107	毛惠敏	14713103	陈可旺	14714101
杨泽宇	14714117	李瑞琪	14813108	胡雨林	14814107
李志雯	14814110	许　诺	14814112	桑嗣洋	14814121
徐玉秋	14813112	戈宏辉	14813122	王玉文	14813124
袁梓铭	14813130	俞　悦	14814102	吴　祥	14814126

轩铭奖学金（杨轩铭校友设立）　奖金 3 000 元

获奖名单

　　李宜洲　21413109

吴健雄·生医奖学金（东南大学生物科学与医学工程学院发展基金设立）　奖金总额 16 万元

获奖名单

研究生特等奖

贾浩然	153840	陈中思	143717	宗　源	149599

研究生奖

孔向晖	141625	许娇娇	141654	陈雷峰	143722
王　乐	131617	商珞然	149689	余筠如	153828
柯瑞昌	131626	张思启	149600	孙新晨	143742
张明月	151675	赵春秋	139605	李　旭	141664
程福东	143745	黄　朔	153834		

本科生特等奖

张　运	11213118	陈阳天	11214220	张思慧	26113103
韩书彦	11114113				

本科生奖

邹玉洁	11112102	丁晨静	11212202	牟思豫	11214204
陈思雨	11A15310	谢静怡	11112156	沈　睿	11213124
郭佳慧	11214210	裴　聪	26114117	俞　倩	11112163
唐　健	11213214	郑长坤	11214213	李子劢	11113101
崔梦瑶	11212101	邢鹤云	11213217	肖君彦	11A15218

| 金　静 | 11113104 | 鲍琰雯 | 11212112 | 李　毅 | 11214129 |
| 吕乾韬 | 11A15222 | 盛蕾益 | 11114109 | | |

东南大学陈珩教授奖励发展基金(陈珩教授的家属、学生及好友等设立)　基金 58 万元

获奖名单

孙　乐	139194	周　磊	129367	苏嘉彬	122078
任佳依	142112	李臣学	142217	徐敏姣	142191
张　丽	149163	宗鹏鹏	142130	王　维	149162
周晓飞	142151	高怡静	16013605	张一清	16013401
籍　泠	16013316	田鲁琦	16013103	杨淏翔	16013126
钱　骞	10114119	曹　炀	16013428	范薇薇	16013607
马　赛	16013615	张博望	16013209		

孙国雄奖学金(孙国雄教授及其研究生设立)　基金 20.076 2 万元

获奖名单

| 于红光 | 149129 | 孙　畅 | 131637 | 李　俊 | 151707 |
| 锁晓静 | 151711 | 汤倩玉 | 151712 | 唐云逸 | 151713 |

陈善年、佘颖禾核电安全与创新奖学金(陈善年、佘颖禾教授夫妇设立)　基金 100 万元

获奖名单

一等奖

| 车泽南 | 03313504 | 王善普 | 03314509 | | |

二等奖

| 蔡雯雯 | 03312504 | 解立坤 | 03313512 | 靳　爽 | 03314513 |

三等奖

| 吕　进 | 130400 | 王　超 | 130402 | 冯　璇 | 03012113 |
| 李泽青 | 03012333 | 赵　越 | 03312523 | | |

红光奖助学金(曹红光校友设立)　基金 45 万元

获奖名单

周兰兰	43511102	张　忠	43214225	冯　娴	43212117
朱运霈	43A15118	常　宁	11112150	周　青	43214407
高　晔	43212202	娄国锋	11113113	于　谦	43313127
曹雄辉	10314107	秦　怡	43213308	霍恩泽	11114120
黄季晨	43211217	高　歌	11212110	魏祥羽	43214201
郁晨阳	11114121	刘　旭	43111238	孙炜航	11212120
水恒涛	11213205	刘　洋	43113224	王运荣	43112102
曹熘炜	11213101	韦逸婷	43411105	高柏植	10015130
胡恩强	43214121	孙灵钰	11213120	于心望	11A15313
汤秋义	43815121	阿热孜古丽·卡地尔	43512128		
阿尔祖古丽·努尔麦麦提	43515117				

孟非奖助学金(孟非、南京龙瑞装饰设计工程公司、潘群、姜新设立)　基金100万元
获奖名单

智佳琦	07213102	姜华越	25013109	赵洪娜	14913112
王　丹	07113106	景　丹	43111114	朱　宇	06A15531
朱兆丰	13614118	董博文	01214119	韩幸志	10114122
张卓然	02014402	李梦怡	26113105	凌雨浩	17214118
沈傅欢	10314105	蒋嘉辉	02014403	周京鹏	04014145
谭　莹	43113301	王凯旋	11213112	李　双	71113401
杨　赟	61014215	方　周	21B15214	徐允昊	61314129
肖　利	14114108	李怡宁	61014302	李宜蔓	05214206
金探花	01211134	钱　舟	71113436	陈寒赟	42215112
邢　唯	24313212	梁国杰	01212126	陈尚巧	03014204
刘思豪	09014101	张宇峰	61114122	唐中樑	08013226
闻　贺	22014411	鲍晓涵	09014104	吴闫明	02014519
刘昌鑫	08013315	单婧雯	22014204	陈金财	19113117
缪　湘	17114211	王洁琳	13412113	王凯旋	22014217
李婧祎	19114102	王永超	12014420	王　桑	13413111
吴泽庆	16013523	陆　超	04013537	郑　超	43814129
宣城镇	06A14115	罗小林	16013614		

焦廷标奖学基金(南京华新有色金属有限公司设立)　基金500万元
教师获奖名单

牛亚峰	机械工程学院	汤　蓓	机械工程学院
邵起越	材料科学与工程学院	董寅生	材料科学与工程学院
杨　煜	人文学院	尹　洁	人文学院

学生获奖名单

邵灵芝	140286	刘　璐	143020	李　优	143044
孙明磊	139029	蒋　俊	141691	沈　杰	141744
王　辰	02014124	唐佳奇	13213110	杨若雨	13214127
刘主豪	12013230	邹雅琳	02014201	张雪晴	13214117
刘彦奇	12013133	俞晓涵	12014308	张立然	02014226

亿利达刘永龄奖学金(亿利达工业发展集团有限公司设立)　奖金总额2.5万元
获奖名单

吴志翔	71Y14128	谭春阳	09013407	谭儒昕	04213737
钱咨廷	06A14236	陈乐乐	04014204		

许尚龙光彩事业贫困学生奖助学金(南京21世纪投资集团设立)　基金50万元
获奖名单

符　为	41113108	杨万里	13112128	郭喜庆	02013405
景琬婷	17113323	刘佩鑫	01111116	刘玉洁	13113104

林 玮	02013421	康林峰	09015420	谢 添	43212323
何小敏	09015110	李陈陈	02013625	何江铃	71115410
李 丹	43413114	詹志文	05314125	乔 恩	43112133
李文强	71115423	花日馨	02013105	段尚甫	09013142
帅静茹	17113322	吴秋月	25015116		

隈利实国际奖助学金（国际科学技术文化振兴会设立） 奖金总额10万元

新增获奖学生名单

王 璐	152280	周 伟	150322	李 璟	142330
何 苗	150203	夏 萌	142241	陆义莹	152295
覃榴滨	150549	秦高强	150255	王 虎	140289
逯芳芳	142255	王延涛	150443	孙立平	143214
翟 晟	150330	刘鹏飞	150481	安佩景	19213101
卢晓徐	17113207	李小恒	19113102	梁 爽	19113110
张庭秀	03214712	金 默	03014215	严 景	19113106
何 跃	19113209				

唐仲英德育奖学金（唐仲英基金会（中国）设立） 奖金总额49.2万元

获奖名单

周嘉鼎	01115218	康 蕊	05215103	李新新	10015122
周润瑄	21A15831	王 成	02015309	张滕远	06A15219
顾 承	11215110	张晶晶	22015108	陈轶男	03A15104
诸葛晓婷	07015212	张 荣	13A15225	狄星豫	24A15208
胥文兴	04015327	韩紫婷	08015306	李 响	14B15118
周海函	26115110	沈星汝	04215701	冯 坤	09015333
朱雯雯	14C15716	于秀波	42115125	杜 霖	43815106
李玲慧	21A15509	蒲俊成	12015221	张国庆	16015552
李 壮	43815127	王天仪	61015105	张鹏举	12015417
彭惠民	42115204	徐婉琳	19015105	张志鹏	03A15427

叶晶奖学金（叶晶、刘芳夫妇设立） 奖金总额6万元

获奖名单

王志平	141571	刘 丽	159450	陈晓凯	153800
赵 越	150669	盛立伟	141544	顾帮忠	159448
陈 鹏	151649	尹浩浩	140659	徐添杰	141550
蒋翠翠	141486	蔡国超	153833	高 强	150704
王孟烽	151601	杨 江	150765	郭 靖	133729
董启宏	140740	郭林波	141563	杨文韬	143743
胡才彪	139433	蔡韫奇	150566	吕天翎	151524
王亚露	11112157	王卓颖	11215113	杨淑慈	11113103
冯丹妮	11114108	刘凌泽	11213203	刘熠琳	11A15305

大连东岗奖教金、奖学金（大连信恒康医药科技有限公司设立）　基金100万元
教师获奖名单

　　于晓明　医学院　　　　　周志浩　医学院
　　林奇志　医学院　　　　　罗　萍　医学院
　　孙金芳　公共卫生学院

学生获奖名单

闫　丽	132795	何灿灿	142920	刘宏翔	132809
栾成欣	122840	周包壹	142937	崔　晶	143808
李　坦	143836	张哲嘉	43214417	李淑君	43413111
王　萍	43113117	邱　寒	43113316	曹周利	43214107
邢　婕	43412109	鲍明阳	42114117	于　月	43112201
丁慧琳	42212101	施　勇	43211320	纪玥玥	43414113
盛安康	43211118	文　秀	43512103	张雨嫣	43A14206
赵心语	42213204	胡笑男	43212410	雷思雨	43813113
沈颖甜	43211214				

张志伟奖助学金（张志伟校友设立）　奖金总额30万元
获奖名单

徐慕蓉	01512109	蒋悟澄	13412101	宋　茜	22013311
陈　冷	09013318	孟庆斌	43312120	许彧澜	13413126
顾夕凯	16013621	马榕蔚	19114103	魏　宁	43213426
任宇田	06A14422	燕傲傲	26114110	齐浩政	04013228
管忆楠	43214509	何京苒	06A14504	张滕翔	21A15231
汪建雄	07113124	陈　旭	04013021	李　默	25013110
陈香玉	14914111	胡春景	11114114	连大帅	42111117
黄冬鸣	02013220	汪佳玮	04014410	张佳蕾	14314114
孙一唯	61313101	徐　润	17113105	陆馨杭	09013109
欧阳臻旭	12014123	刘必扬	61313111	周　舯	71113408
陈思瑶	02013303	刘　巍	24313116	王　伟	01212106
张皓月	05114208	余梓梁	01113502	秦　鑫	10015132
石　灵	08013222	惠文珊	22013306	洪天顺	03114625
赵　莹	71Y13106				

龙昌明奖教金（龙昌明校友设立）　基金10万元
经济管理学院教师获奖名单

　　杨　勇　孙胜楠　陈志斌

东南大学周远奖学金（中国科学院理化技术研究所设立）　奖金总额3万元
获奖名单

王钱超	03012125	高飞翔	03013112	刘伟珣	03014128
陈　克	03014327	王　晨	03012213	徐静文	03013310

李佳辰	03014220	孟华宁	03014430	肖鸣达	03012424
俞江峰	03013405				

煜平公卫奖学金(方煜平校友设立) 基金30万元

获奖名单

姚文卓	142851	曹卫鑫	152927	杨柳青	42213105
俞沁雯	42215205	陈振明	42112217	王 艺	42212208
白健丁	13613106	焦志刚	42114118		

东南大学"苏州工业园区奖学金"(苏州工业园区设立) 奖金总额15万元

获奖名单

苗意盎	131540	张名爱	141268	方 巧	131585
张 诚	140199	魏一豪	140927	甘 琦	141204
田 磊	143715	胡剑雄	140192	罗 浩	131495
黄永升	141408	刘 航	140730	刘静萍	140008
邓 川	141673	张文文	141761	李甜甜	143508
原 满	130022	刘 历	141387	虞丽婷	141038
孙 洋	143229	冯文华	140551	章 坚	06213620
于 怡	08013129	姚舒阳	05213202	刘延栋	04013233
章昊笛	01112110	黄 晟	08013313	张 晖	09013308
沈 忱	01912113	吴 俣	09012206	鲁瑜亮	08013317
严佳园	02013525	单 路	01212135	李卓倩	04012506
黄林新	02012518	纪德杰	02013620	刘 艺	01213221
王月桐	11213122	孙新凯	09014325	杨文彬	06013224
关锡媚	12013409				

太仓科教新城创新创业奖学金(太仓市科教新城管委会设立) 基金11万元

邓春燕	04013107	李旭帅	04013613	杨嘉禾	04213733
陈孝伟	04013218	王程田	04013115	黄进瑞	04013614
刘香君	04013208	郭子衡	04013331	林煜瀚	04013551
赵 爽	04213720				

东南大学教育基金会奖学金、奖教金、奖管金(东南大学教育基金会设立) 奖金总额17万元

教工获奖名单

王婧菲	信息学院	董萼良	土木学院
李玉祥	数学系	陈文彦	数学系
杨文星	物理系	付小鸥	电气工程学院
蔡旭东	外国语学院	杨 敏	外国语学院
郑颖平	化学化工学院	张子超	生命科学研究院
张慧丽	财务处	方娟娟	科研院

学生获奖名单

  任恩贝 Tuvshintur Erdenebat   蒙古
  黎德圆 Le Duc Vien   越南
  索 维 Stanojevic Savo   塞尔维亚
  迈 乐 Malla Tejsu   尼泊尔
  索文丽 Doung Soviriya   柬埔寨

殷刘钢	142242	郭　进	149140	卜星星	143035
杨惠泉	152963	于　婷	142243	李乐齐	152782
罗正位	131549	沈彦婷	149602	许　川	142989
叶　菁	132943	王旭平	07213107	张睿驰	13114103
焦建敏	19314111	田　元	17113303	尚成林	10213106
王　旭	13314107	王潘悦	17214113	杨晓蕾	17114212
张梓烨	13413127	杨斌斌	07113123		

宝钢教育奖（宝钢教育基金会设立）　奖金总额 11 万元

教师获奖名单

  周建华 数学系   徐康宁 经济管理学院
  陈 峻 交通学院   堵国樑 电工电子实验中心

学生获奖名单

宝钢优秀学生特等奖

  王志远 04012126

宝钢优秀学生奖

  游检卫 129103   郑付印 139156   陈宇辰 139276
  黄子文 10312106   陈怡林 21012203

光华奖学金（光华教育基金会设立）　奖金总额 40 万元

获奖名单

周　满	139098	厉　虹	129314	李　炜	129319
丁健翔	149460	蓝春波	149660	徐　鑫	131093
谷甜甜	141118	王若竹	130872	孙仲伟	140888
张悦洋	131060	谢　莉	141032	修洪亮	141033
於　恒	141037	邓南彬	141097	陈倩茹	140993
李　洲	140996	郭小军	130887	黄灵宇	140904
田永丁	140921	张鼎钧	140956	李晨俊	141765
项　桦	131656	韩林原	141689	邵　咪	141694
刘贤翠	141708	潘　利	141730	潘亚豪	05114602
阳　洋	05514120	鲍　青	12013103	邹思茗	12013401
石亚文	05312103	宋涵威	12013402	张　磊	05213222
王君娴	05513103	张承文	05314110	向文宇	12014119
刘　新	12014325	肖　雅	05212110	郭　晶	05113509

江　畅	05214102	王楚赫	12014304	钱希婕	05112108
陈启阳	05114513	向若兰	05513109	刘继琦	12013407
倪佳歆	05113309	华一唯	05313134	翟清昊	05214120
邵博文	12012320	陈佳熠	12012211	陈诗婷	12012102
陈虹宇	05114326	何凌潇	12013332	戴　璐	05313114
俞　杰	05113418	周星竹	12014328	杨靖娴	12014403
萧圣达	05214128	何祥平	05114201	罗保宏	05113219
吴烜弛	05313146	周宸宇	05114508	毕　玮	05213102
郭　驭	05512101	常栖晴	12013210	范　熊	05114527
卢　干	05112631	董承浩	12012323	胡羽辰	05114408
蓝旭翌	05114608	李羽西	12012304	马锦雅	12014203
张　楠	12012314	徐云翔	05114101	李亦婷	12012105
苏子恒	05214227				

南京安徽商会·同曦集团东南大学奖助学金（江苏同曦集团有限公司，南京安徽商会设立）　奖金总额20万元

获奖名单

A级奖助学金

王钱生	41114119	邹　磊	02014209	付立军	01114323
许　亮	09013414	李乐天	61314116	方　超	05113603
汪　翔	06013136	潘桂鑫	04013209	张　琦	22012206
李星圻	21814129				

B级奖助学金

黄博浩	01111303	严文强	02014225	顾朋鹏	04014318
程　然	19312111	孙慧敏	10114105	韩冰冰	71113409
尚文杰	09012420	郑　良	11113114	杨超虎	43212221
陈宇航	16014610	李　洋	02013602	邢永陈	08014124
王希涛	43212417	曾令超	03014313	陈俊兰	21114206
汪超翔	12014317	金洁珺	61315101	成　龙	22015422
曹明宇	01114225	李　梓	17114108	刘政伟	14513133
许广富	22013332	刘锦涛	13214130	徐　犇	71Y14129
李树仁	21014208	胡国庆	13313112	洪　韬	07114107
张　瑜	25015221	王旭亮	06A14136		

"自动化工程师"奖学金（戴先中教授设立）　基金10万元

获奖名单

杨天阳	08012203	陈晓涛	08012122	彭培真	08012135
陈　涛	08012217	戴　忱	08012133		

外语英才奖学金(李霄翔教授设立) 基金10万元

获奖名单

  张可馨　152291　　　　袁金明　153298　　　　张　晨　17113111
  于敏坤　17214115

东南大学工程管理英才奖学金(李启明教授设立) 基金20万元

获奖名单

  谭　凤　140999　　　　黄　珺　140994　　　　王艳青　05213201
  初　洵　05213216

励志成功奖学金(王志功教授设立) 基金10万元

获奖名单

  王　茜　61313104　　　　张　宇　04012142　　　　俞　峰　06A14319
  张筱萱　11A15202

文教羽翼奖学金(孙淼校友设立) 基金6 000元

获奖名单

  熊　喆　21713225

至善奖学金(东南大学总务处设立) 基金10万元

获奖名单

  唐晓荷　61314101　　　　徐　鹏　14114127　　　　张　旭　05114504
  李轶雪　04013502　　　　邓舒文　14513122　　　　曹则慈　13114127
  赵　婵　14813105　　　　周芳屹　14614105　　　　赵非凡　17113120
  赵祥璁　03014432　　　　李迪威　61014130　　　　石语甜　25014216

铭恩奖助学金(李翼成校友设立) 基金10万元

获奖名单

  姜　飞　42112208　　　　时倩雯　42113110　　　　李卓凡　13213107
  王祖煜　42214111　　　　乌勒汗·木勒达合麦提　42112209
  蒙沿鞣　42113112　　　　史　越　42214107　　　　徐　隽　42215203
  扎　桑　42112214　　　　李海洋　42115215

"生命科学"奖助学金(母亚雯、余诗奕、王洁、李敏、蔡秀秀、诸萍、李光辉同学设立) 奖金总额1.6万元

获奖名单

  宋　航　149227　　　　吉洪亮　152865　　　　赵　立　152891
  张玉花　152856

朴衡奖学金(沙永春、卞鹏萱设立) 奖金总额3.6万元

获奖名单

一等奖

  吴　林　142727　　　　杨宇航　25013229

二等奖

  于　琪　152790　　　　顾译予　25013106　　　　王　哲　25013226

三等奖
　　黄　菊　25013107　　　　刘　荣　25013112　　　　李诗雯　25014113
　　朱竹露　25014223

8480 奖学金（东南大学 80801、84802 班设立）　基金 10 万元
获奖名单
　　邓　睿　22013319　　　　翁铖铖　22013324　　　　李　坤　22014209

686 奖助学金（电子科学与工程学院 1986 级校友设立）　基金 12 万元
获奖学生名单
　　张　帅　06012217　　　　蔺文睿　06A14202　　　　辛均浩　06113111
　　邹少锋　06A15522　　　　耿　迪　06012323　　　　周佳凯　06A14323
　　郑　添　06A15132　　　　王天鹏　06013319

5187 级奖学金（1951、1987 级校友设立）　基金 11 万元
获奖名单
一等奖
　　金　城　05112615
二等奖
　　陈　实　05113617　　　　吴可书　05213115

71871 奖教金（71871 班校友设立）　基金 13 万元
数学系教师获奖名单
一等奖
　　张　鑫　沈　亮
二等奖
　　程全新　沈　斌　张小向　聂小兵

常州校友会龙城奖助学金、奖教金（东南大学常州校友会设立）　基金 35 万元
教师获奖名单
　　钱　华　能源与环境学院　　　　衡　伟　信息科学与工程学院
　　朱　敏　电子科学与工程学院　　林明耀　电气工程学院
　　李　清　档案馆
学生获奖名单
　　籍丹萍　142552　　　　周　妍　142333　　　　裴逸飞　149284
　　庄　雷　139459　　　　万潇月　151426　　　　俞　悦　24114110
　　戴　铃　21114210　　　　李　渊　04214707　　　　魏天一　14C15520
　　马常乐　43211317　　　　蔡天怡　01112306　　　　马　琳　01513101
　　孙宇涵　14514109　　　　吴思琦　21214111　　　　陈赫奕　43A14409
　　徐　意　24214107　　　　王上元　43A14121　　　　周　蓉　14B15304
　　刘振浩　04213713　　　　赵雪涵　24314206

仪科校友奖学(教)金(仪器科学与工程学院校友设立)　基金 5 万元

仪器科学与工程学院教师获奖名单

  梁金星　　丁小丽

学生获奖名单

  张　红　129459　　　　刘瑞琦　22014203

盐城校友会奖助学金(东南大学盐城校友会设立)　基金 8 万元

获奖名单

  张　磊　140832　　　梁圆圆　149333　　　周荣青　151617
  刘孝琪　43214113　　唐　诗　05212109　　蔡道清　02013430
  李心恬　01214101　　曾　丹　16013501　　薛　谦　04013540
  金　千　01112314

143991 班校友奖学金(143991 班校友设立)　基金 3 万元

获奖名单

  于佳越　14314104　　秦世宇　14313118　　张　健　14312118
  德吉央宗　14314110　陈静然　14312104

东南大学六系 1979 级校友奖助学金(东南大学六系 1979 级校友设立)　基金 16.8 万元

获奖名单

  任泊晓　141145　　　沈　乾　141261　　　胡路苹　143576
  张　恒　141154　　　李　浪　159653　　　周　峰　143646
  潘　晨　141165　　　刘　立　06213604　　金鼎鑫　06A14436
  董纪莹　06A14537　　田倍通　06013317　　王运琦　06A14120
  石晶晶　06112104　　龚子妍　06013308

251991 奖助学金(东南大学法学院 251991 班设立)　基金 5 万元

获奖名单

  李子安　25013126　　罗时雨　25014114

259991 奖助学金(东南大学法学院 259991 班设立)　基金 5 万元

获奖名单

  马文博　25013225　　金　婷　25014112

3180 诚信奖助学金(东南大学电气工程学院 3180 班设立)　奖金总额 5 万元

获奖名单

  沈　垚　16013430　　陈艺亭　16013505　　刘伟琦　16013118
  武令君　16013202　　刘　艺　16013431　　任佳婧　16013105
  朱　旭　16013121　　胥　鸣　16013207　　张　琳　16013502
  彭晨宇　16013111

5181 励志奖学金(东南大学 5181 级校友设立)　基金 20 万元

获奖名单

  谷一弘　05513122　　祁志远　05113531　　蔺志一　05313115
  顾悦言　05113205

22811 铸才奖励基金(东南大学 1981 级校友任京建、殷辉设立)　基金 30 万元
获奖学生名单

彭　丹	131680	金　晶	131686	秦　龙	141693
古震琦	12014204	何茜雯	12013307	朱传瑞	12013329
邵里良	12013214	李文卓	12014205	孙玉鑫	12012325

材料科学与工程学院获奖教师名单
　　戴　挺　方　峰

1990 级电子学院校友奖助学金(东南大学电子学院 1990 级校友设立)　基金 2.5 万元
获奖名单
科技创新奖
　　朱麒文　06112110
社会公益奖
　　周家驹　06012312

王飞云校友奖学金(王飞云校友设立)　奖金总额 1.2 万元
获奖名单

孙清伟	09013235	徐　犇	71Y14129	郑　锜	09014119
宁静珲	71Y13112				

职协笃行奖助学金[东南大学学生职业发展协会(SCDA)往届成员设立]　奖金总额 1.8 万元
获奖名单

顾祎敏	150063	陶轩洁	151046	杨　毅	140969
刘海芊	150011	高雯汐	01514105	姚金悦	21A15404
唐中楔	08013226	吴金莲	21114102		

160082 奖助学金(160082 班全体校友设立)　奖金总额 3 000 元
获奖名单
　　吴家旺　16015114

2195 励志奖学金(交通学院 1995 届校友设立)　基金 15 万元
获奖名单

张　彤	03213715	刘　蕊	21713208	刘　源	21113135
龙　振	21113223	陈　功	03214740	董利银	21314116
李梦瑶	21514108	孙旭升	21B15210	施　维	21A15604
王天舒	21A15630				

8091 校友奖助学金(自控 1991 级校友)　基金 10 万元
获奖名单

唐一鹏	08013121	邹湘宁	08013136	蒋　琪	08013416
岳元琛	08013130	刘炽义	08013316	莫瑜夫	08013421

动力 1991 级校友奖助学金(动力 1991 级校友设立)　基金 250 250 元
获奖名单

孙　俊	149021	邓梓龙	129584	吴　钊	03014407

吴文锐 03013125　　　杨　震 03014326　　　程　泽 03013222
石　田 03012316

飞利浦奖教金、奖学金(LG荷兰飞利浦显示公司设立)　奖金总额2.1万元
电子科学与工程学院教师获奖名单
　　王琦龙　王莉莉　杨益民
学生获奖名单
　　王　莹 139594　　　汪家喆 06A14320　　　甘玉琪 06013206
　　徐嘉铭 06013334

南瑞继保奖教金、奖学金(南京南瑞继保电气有限公司设立)　奖金总额6.6万元
教师获奖名单
　　朱小良　能源与环境学院　卢　毅　电气工程学院
学生获奖名单
　　刘传德 142197　　　张骏雪 131458　　　王青松 139469
　　徐　迅 142218　　　周　颖 131463　　　沈子婧 140483
　　刘博辰 142181　　　陈　斌 132038　　　陈廷欢 141188
　　温从剑 16014408　　李一鸣 16014207　　王　伟 16014314
　　程　煜 16014120　　桑林卫 16014217

"东大设计院"奖教金、奖学金(东南大学建筑设计研究院设立)　奖金总额8.25万元
土木工程学院教工获奖名单
　　张　华　孙泽阳　邓温妮　孙　越　何小元
学生获奖名单
　　张　镇 140880　　　阮杨捷 130900　　　栾　阳 140951
　　李雪峰 150896　　　徐鹏辉 140931　　　王　芳 151049
　　仝晓蕊 141122　　　李秋红 140991　　　陈金桥 05113519
　　章锦洋 05113103　　刘国安 05113221　　汤　澄 05114128
　　曹渐寒 05113125　　蒲思蓉 05A15104

鼎泰奖学金(江苏鼎泰工程材料有限公司设立)　基金2万元
获奖名单
　　李　燚 21814113

东南大学—英达奖学金(英达热再生有限公司设立)　奖金总额3万元
获奖名单
一等奖
　　杨迪云 21714130
二等奖
　　杨偲偲 142566　　　高峻凌 21714226
三等奖
　　闫天昊 142464　　　刘其东 142476　　　姜严旭 152510
　　刁志伟 152648　　　岳　阳 152617　　　董　鑫 21714112

刘泽浩	21714128	刘佳玲	21714209	范爱华	21714217

东南大学交通设计院奖学(教)金(东南大学建筑设计研究院交通分院设立)　基金 50 万元

交通学院教师获奖名单

汤君友　张宏斌　许映泉　谢逸仙

学生获奖名单

袁凌凤	140975	宋晓东	132372	陈　沁	152502
王　超	141060	陈　呈	142468	刘　为	139625
张正甫	142429	董少博	141052	许　翔	159211
谌偲翔	152546	于乐乐	152616	彭亚成	143260
吴　炜	142443	吕俊秀	152514	陈新奎	141091
华东升	143272	蒋林笑	21713118	徐昊鼎	05513123
孙　昱	05114625	王文佳	21A15106	陶天琪	21713213
罗紫婧	21413104	梁　钰	21513112	肖　哲	21A15224
张栩熔	21313107	孙卓群	21013111	曲俊蓉	21514101
刘珊珊	21113216	董书洋	21113101	高瑾瑶	21013118
孟令天	21813110	高文沁	05113208	李　怡	21113103
谭荣球	05314115	田泊航	21813113		

CASC 公益奖学金(中国航天科技集团公司设立)　奖金总额 5 万元

获奖名单

折晓会	129066	倪得晶	149677	孙天慧	140558
许丹凤	131131	朱统晶	143748	程　帆	142230
申怡飞	04012032	葛永瑞	01113322	王禹欣	06012009
甘庆雨	10312101				

金智奖教金、奖学金(江苏金智科技股份有限公司设立)　奖金总额 8 万元

教师获奖名单

张敏灵	计算机科学与工程学院	罗立民	计算机科学与工程学院
张文兰	计算机科学与工程学院	董永强	计算机科学与工程学院
张金望	电气工程学院	赵　欣	电气工程学院
王文佳	电气工程学院	曹　奕	电气工程学院

学生获奖名单

司马强	131534	蔡婷婷	142180	王万元	139138
马婷婷	142133	金　玉	09014404	王　颖	16013104
安　慰	16013314	李　娜	09013405	侯玉洁	16013602
印　月	16013301	顾灵童	09013208	陶　飞	09014219

江苏电力奖助学金(江苏省电力集团设立)　基金 100 万元

获奖名单

王　凡	132769	黄旭舟	151354	汪俊鑫	141167
景亚杰	150362	顾菲菲	133208	张景皓	142148

邹　升	129461	胡一非	133114	张凌峰	131459
徐怡悦	142120	潘　晴	151858	朱　政	140751
任雪杰	141301	刘修宇	152553	周世露	153072
辛泽昊	132448	任予旸	141313	李　磊	141424
李艳英	141589	查小波	150448	朱莎莉	151920
王飞霞	159656	蔡伟民	141583	张　璇	143022
皮　慧	140817	严湘川	43515101	汤玮韬	02014510
李伟祐	16013623	黄　颖	09013408	华璧辰	08013312
王璐瑶	14113113	李雅然	16013002	林芝晔	19114202
袁华茜	13414111	焦暄雅	71114103	沈天宇	04014428
谈　昕	17114213	曹政坤	06313111	王　凯	05312127
杨慕然	01114401	吴千乘	71Y14130	臧一腾	42115110
余印振	03014310	赵　恒	02014316	陈思维	22015213

联创国际奖学金(上海创联建筑设计有限公司设立)　奖金总额1万美元
获奖名单
　　赵芸婷　140020　　　　虞思靓　01911110

BSH奖学金[博西家用电器(中国)有限公司设立]　奖金总额4.8万元
获奖名单

刘　翔	140258	汤红健	149332	周　清	141707
赵　莉	141768	陆艮峰	140196	赵士林	149314
田小云	141716	冯子荣	141733		

雷克奖学金、奖教金(庄昆杰、范国平伉俪设立)　奖金总额4万元
信息科学与工程学院教师获奖名单
　　张　川　姜　禹　徐　建　史小红　贾　宁　程　强　魏　睿　李春国
学生获奖名单

徐　婧	150878	苏敏华	140715	陆　晨	140638
李静雪	140632	李沐阳	04012604	李泽成	04013118
刘　祺	04214719	陆予希	04015423		

会丰奖助学金(厦门会丰拍卖有限责任公司设立)　奖金总额7万元
获奖名单

陈　瑶	10113103	陶花逸	43213107	牛钰茜	71114102
赵楠楠	01113128	鞠炜煜	04013001	王　莹	04012402
王子静	22014111	史晓枫	09013329	李子园	04013018
朱赛娟	06A14138	薛　飞	13614112	鞠晓寒	14414206
蔡浩荻	43212319	黄　凯	02014406		

三菱电机奖学金[三菱电机机电(上海)有限公司设立]　奖金总额5万元
获奖名单
　　薛春林　140810　　　　郑健海　140791　　　　郑　超　140858

蒋 浩	140707	陈笑雷	140769	郑伊翎	140783
窦建青	140755	宋春雨	140569	程茹洁	140807
李晨枫	04012424	彭 潜	04012121	柯逸凡	04012239
王驭扬	04013239	黄 阳	04012425	吴颖真	04012201
陈柏霖	04013220	高君慧	04013404	王赵迪	04013133

威立雅水务奖学金（南京瀚略商贸有限公司设立） 奖金总额1万元

获奖名单

　　杨玉立　149398

东南大学中泰国立奖教金（江苏中泰集团有限公司设立） 奖金总额30万元

获奖教师名单

一等奖

　　成玉宁　建筑学院　　　　　　　　　肖　睿　能源与环境学院

　　程　明　电气工程学院

二等奖

　　顾成军　土木学院　　　　　　　　　韩　磊　电子科学与工程学院

　　孙志忠　数学系　　　　　　　　　　罗军舟　计算机科学与工程学院

　　周智勇　物理系　　　　　　　　　　王增梅　材料科学与工程学院

　　侯　岩　外国语学院　　　　　　　　郭玲香　化学化工学院

　　王禄生　法学院　　　　　　　　　　董　榕　医学院

三等奖

　　淳　庆　建筑学院　　　　　　　　　项　楠　机械工程学院

　　郭　力　土木学院　　　　　　　　　李骏扬　自动化学院

　　戎志丹　材料科学与工程学院　　　　刘　作　人文学院

　　陈　健　经济管理学院　　　　　　　黄允凯　电气工程学院

　　金　曙　外国语学院　　　　　　　　杨　敏　交通学院

　　张　宇　生物科学与医学工程学院　　赵立业　仪器科学与工程学院

　　史秋寅　医学院　　　　　　　　　　孔　璐　公共卫生学院

　　夏小俊　学习科学研究中心

四等奖

　　王立峰　电子科学与工程学院　　　　周德宇　计算机科学与工程学院

　　陈小喜　物理系　　　　　　　　　　张友法　材料科学与工程学院

　　高广旭　人文学院　　　　　　　　　徐宝国　仪器科学与工程学院

　　刘　桦　医学院

坚朗奖学金（广东坚朗五金制品股份有限公司设立） 奖金总额5万元

获奖名单

朱 宁	150171	蔡陈翼	150117	张军军	140134
吕一明	130011	窦瑞琪	159303	徐菁菁	01112108
王子睿	01112230	张 圆	01113212	花薛苊	01212131

| 乔意然 | 01112112 | 李文玥 | 01212119 | 戴金贝 | 01113301 |
| 秦 添 | 01213213 | 王嘉城 | 01112126 | 朱梦然 | 01113510 |

锦华装饰奖教金、奖学金（江苏锦华建筑装饰设计工程股份有限公司设立） 奖金总额6万元

土木工程学院教师获奖名单

　　陈　韵　王建梅　杨小丽　何厚全　龚维明

学生获奖名单

梁　琳	140912	张　凡	141069	沈　榕	141058
陈光冲	141126	杨路远	141034	王鸣宇	05513118
闫泽宇	05114211	李玉鑫	05313143	沈伶佳	05214202
丁润民	05113402	张　竟	05313110	黄　菊	05214107
黎泳薇	05A15304	陈守一	05113503	冯　晶	05313123

聚立科技奖教金、奖学金、奖管金（南京聚立工程技术公司设立） 奖金总额7万元

教工获奖名单

　　陈丽娟　电气工程学院　　　　　张剑楠　电气工程学院
　　王　伟　电气工程学院　　　　　曲小慧　电气工程学院
　　陈　绘　艺术学院　　　　　　　朱广宇　艺术学院
　　赵天为　艺术学院　　　　　　　唐泉泉　艺术学院
　　潘晓卉　成贤学院　　　　　　　姜宁光　成贤学院
　　柳　萍　档案馆　　　　　　　　李小男　党委宣传部
　　蔡钰萍　团委　　　　　　　　　李　昕　党委发展规划部
　　周　翔　网络信息中心

学生获奖名单

李　峰	142107	吴奇珂	142118	陆思远	142109
胡经纬	16013429	詹海亮	16013123	王旭瑞	16013221
孙久义	16013311	邵凤宣	16013517	常辉天	16013125

南京长江都市奖助学金（南京长江都市建筑设计股份有限公司设立） 奖金总额2.4万元

获奖名单

陈　龙	150954	王永标	150935	田　静	150932
冉　然	141113	陈竟峰	05113424	潘粮今	05114214
聂　涛	05113222	高一民	05113521	夏　梦	05313105

东大智能奖励金（南京东大智能化系统有限公司设立） 奖金总额3万元

艺术学院教师获奖名单

　　季　欣　李轶南　刘　江　周　缨　颜廷颂

学生获奖名单

| 黄焕焕 | 153182 | 吉炳坤 | 143144 | 罗羽岑 | 24213108 |
| 王丽坤 | 24214117 | | | | |

浙江永利奖教金、奖学金（浙江永利实业集团有限公司设立） 基金20万元

艺术学院教师获奖名单

  傅丽莉 李 牧 卢文超 许继峰 徐 进 薛 扬

学生获奖名单

徐娇娇	143106	朱 磊	149275	杨 赟	24113106
张溶强	24313219	吴文轩	24A15126	顾乃全	24A15324

亚东奖学金（南京亚东建设发展集团有限公司设立） 奖金总额5万元

获奖名单

蔡景明	149065	朱 钰	151012	桑蓉棋	150017
沈宇驰	130054	袁 杰	140078	解文慧	01512105
申浩雷	05113422	庞志宇	01113319	王雅琪	01214227
孙世浩	01111326	张宗凯	05113525	吴 韵	01513114
戴 斐	05215104	吕文博	05715128	王 喆	05114306
商琪然	01911113	郑东立	05215125	彭雨佳	01212109
叶 波	01114326	张 淦	01213223		

科远自动化奖学金（南京科远自动化集团股份有限公司设立） 奖金总额8万元

获奖名单

胡建强	139598	汪 野	151372	陆佳佳	140478
权学森	140396	余 乐	142709	李晨阳	142617
李 娟	140472	夏亚磊	140436	邓 星	139411
李珊珊	142618	刘彦翔	140378	董科枫	140341
康诗佳	03213711	李彦博	03013015	黄怡婷	03013304
翟金凤	22013410	王 聪	08013122	曹硕硕	03013126
李韧杰	03013327	张 赟	03113613	高 峰	03013012
陈家颖	03013231	华文奇	22013229	王 天	08013429

海拉奖学金、奖教金、奖管金［海拉（上海）汽车工业服务有限责任公司设立］ 奖金总额13万元

教师获奖名单

  吴 忠 电子科学与工程学院   张琳琳 医学院

  吴 涓 仪器科学与工程学院/教务处

学生获奖名单

尹奇峰	140198	刘 畅	141191	彭宁玥	140337
汤兰兰	141351	郇学东	140208	封倩倩	141227
杨冬萍	140290	葛颖森	141406	石志国	140209
苏 畅	141237	张 康	02013213	曾鹏源	06313127
赵 易	06013130	秦 豪	06213624	车永越	06013215
刘韵晗	02613103	王子昂	02013331	陆旻熠	06213618
韩 杰	08013214	周杨浩	06013219		

东南大学博世奖学金[博世(中国)投资有限公司设立]　奖金总额 11.5 万元
获奖名单

陈　鹏	129601	伍学惠	149421	刘子怡	139185
李　倩	130209	王震宇	130257	刘　剑	130352
陈飞翔	130361	包宏权	131257	魏敏娜	131452
姜雨晴	131503	冯士睿	142102	倪春花	142184
李　莎	143391	闵绘宇	143462	李昊洋	16013114
杨　阔	06213611	汤　豪	71Y13141	陈同广	04012029
戴　忱	08012133	程笑宇	03013217	高　正	09013317
史文瑾	14712104	江　苏	02014303		

创能电力奖学金、奖教金(南京创能电力科技开发有限公司设立)　基金 10 万元
能源与环境学院教师获奖名单
　　冷　杉
学生获奖名单

陈　婷	140473	张岚清	140507	秦　庆	140413
刘朝阳	140408	安玉磊	140429	石　岩	03012412
郭昊坤	03013130	顾　聪	03114626		

苏博特基金(江苏苏博特新材料股份有限公司设立)　奖金总额 38 万元
材料科学与工程学院教师获奖名单
　　蒋金洋
学生获奖名单

张太龙	129308	於孝牛	129644	王　超	149675
宋　立	139607	孙家书	129324	刘玉爽	141684
王凤娟	141686	薛　彬	141709	赵　军	120900
刘业伟	05113210	蔡名娟	12013206	陆远荣	12014414
韩斯琪	05114108	袁　钰	21014114	何嘉敏	12014407
张　蓓	12012424	朱　玉	12013207	于晓璇	07213105
彭　飞	12012307	马　超	12012130	金媛媛	17113201
陈　阳	12014213	杜洪沅	12013406	韦孝诚	12013128
沈佳妮	07113105	郑志鹏	12012213	杨正旺	21813130
张雪梅	12012302	陈　涛	12012228	赵中华	10313107

苏交科奖学金(江苏省交通科学研究院股份有限公司设立)　基金 50 万元
获奖名单

邹建国	140108	何嘉晨	142471	徐奥麟	140930
宋俊莹	142506	林　肆	141110	许映红	142564
沈　静	122437	孙尚珏	142508	邓涵宇	21713229
陈宇龙	01113506				

江苏交通院奖学(教)金(江苏省交通规划设计院股份有限公司设立) 基金50万元

教师获奖名单

  沈　旸　建筑学院　　　　徐宿东　交通学院
  于　斌　交通学院

学生获奖名单

韩晓瑾	140086	顾素恩	152464	武丽佳	142510
张　引	142517	高达文	142439	郭　奇	152497
韩　婧	142499	林　岩	159001	张　娴	152486
雷　雨	140187	李姝睿	01111130	彭　铖	21A15115
张皓翔	01512111	焦凤伟	21B15103	王　楠	21014102
徐为驰	21A15225	薛雯瑜	01514128	洪正强	21A15418
王锋锋	21014212	张婧钰	21114111	方浩宇	01911103
季钧一	21A15729	孟　嘉	21814132	邹沂娟	21114214
陈　诚	01912114	黄梦雨	21A15810	任怡凤	21A15103
乔润泽	01114130				

汉桑奖学金[汉桑(南京)科技有限公司设立] 奖金总额3万元

获奖名单

唐　敏	140645	吉　峰	140629	董　烨	130621
张云龙	120767	刘　旭	140714	郝培钧	04014122
杨济源	04015115	庄雨辰	04015319	郑　锐	04014532
周子纯	04015307				

汇鸿股份奖教金、奖学金(江苏汇鸿股份有限公司设立) 奖金总额10万元

经济管理学院教师获奖名单

  薛巍立　徐盈之　祝　虹　王亮亮　吕鸿江

学生获奖名单

苏　歆	141910	杨　阳	151825	董会敏	141815
华　烨	141809	邓　玲	141907	唐　琦	151818
艾　刚	141808	钱　锐	141792	沈梦姣	141784
李丹丹	151811	王颖明	14Y12115	邵　茜	14512113
周　妮	14B15210	方金伟	14C15321	黄紫新	14Y13114
陈子扬	14213121	徐　越	14313101	刘　乐	14C15714
杨翼飞	14Y14118	苏　娅	14214104		

江苏大秦奖学金(江苏大秦电气集团设立) 基金20万元

获奖名单

柳成林	152489	马　羊	152554	英　姿	152615
孙潇昊	159539	郑玉冰	149521	郭瑞琦	152631
张梦可	152619	贡　玮	142521	陈若男	142436
陶雨濛	142594	马帅之	21713127	莫　文	21113122

杨　雪	21513108	陈英豪	21A15204	吴其乐	21713202
陈　菲	21413103	高　源	21813101	张　沛	21A15719
康晋洁	21313104	谢亿秦	21413108		

宝供物流奖学金（宝供物流企业集团有限公司设立）　奖金总额 6 000 元

获奖名单

| 徐小玲 | 129333 | 曹佳敏 | 14812103 |

中交路桥建设奖学金、奖教金（中交路桥建设有限公司设立）　奖金总额 20 万元

交通学院教师获奖名单

　　张国柱　章定文

学生获奖名单

李　锐	142446	吴　凡	152522	伍　艺	152612
尹婷婷	132452	苏永姬	142478	龚明辉	149520
任　驰	21713102	郑　思	21112239	刘　培	21014106
鲁泰山	21814114	薛佳悦	21713105	吴　帆	21113104
李树伟	21014206	王　晰	21113230	卢　尧	21713201
张　创	21113202	董　理	21014218	罗玉洁	21114114
刘子姝	21713214	杨　莎	21413105	蒋永茂	21712121
张一豪	21114131	钱　楠	21714127	孟萍萍	21414103
王　侃	21513120	周亚倩	21114201	严佳玉	21714211
李雯婷	21013106	陈　博	21514115	郭昊旻	21114215
董彦锋	21313109	沈凯仁	21013214	肖　广	21813114
刘永胜	21314107	郑姝婕	21014103	张思源	21813126

江苏金陵科技集团公司奖教金、研究生奖学金（江苏金陵科技集团公司设立）　奖金总额 1 万元

计算机科学与工程学院教师获奖名单

　　李慧颖　吴文甲

学生获奖名单

| 陈修圣 | 131523 | 钱　唯 | 131448 |

创远微波奖学金（上海创远仪器技术股份有限公司设立）　奖金总额 10 万元

获奖名单

罗　清	149348	黄　晨	140572	王　健	139065
刘　超	140577	孙洪雷	149035	袁建超	140619
任凤朝	139063	潘云龙	149036	董昊逸	140571
张　猛	140597	齐宏业	129109	位静云	140582
张来团	140587	吴　伟	140584	高　平	159041
冯　明	140591	王海健	140609	谭仁超	140614
刘鹏飞	159042	冉烽力	140579	张　剑	140608
林维泉	140576	吴　鑫	140585		

科雄奖学金(南京科雄科技有限公司设立)　基金10万元
获奖名单

谢建强	142022	高　超	141949	徐爱君	142024
唐文焱	142003	丁希辰	141946	余彩虹	142042
高姝珍	141952				

罗德与施瓦茨研究生奖学金(罗德与施瓦茨公司设立)　奖金总额10万元
获奖名单

张若峤	149350	郎　纾	150586	黄丽华	140573
桑联佳	140595	尹佳媛	149619	黄　菲	150592
朱广豫	149038	孔方方	140574	刘兆栋	140578
王　晨	150589	张庆拙	140611	张浩驰	149622
赵　捷	149040	范湉湉	159039	栾　康	140600
靖宇坤	140602	陈　飞	140592	胡　俊	159045
王　佳	140580	郭　欢	140616	孟　凡	139059
占海涛	140605	熊佩颖	140604		

丹阳市飓风物流奖助学基金(丹阳市飓风物流有限公司设立)　奖金总额12万元
获奖名单

李姗姗	159161	耿娜娜	149209	刘梦森	142556
周　吉	141845	张晓伟	14813125	肖奕婷	14814104
虞　悦	21213107	钱子晨	21214133	杨　森	14813129
杨　艺	14814109	刘相麟	21213126	吴华杰	21214134

正保教育奖学金(北京东大正保科技有限公司设立)　奖金总额10万元
获奖名单
一等奖

刘康妮	06214606	廖如天	04012237	李　钒	22013424
陈　臻	04014319	王宇成	04012444	金玉龙	03013006
何伟梁	04014316	王　媛	04013236	李　溪	04012503
李　浩	03013017				

二等奖

陈　鑫	04013023	李宇杰	22014224	杜朝明	61014128
巩鑫瑞	04013215	庞宏俐	04013106	吴　彧	04014105
富楚轩	61014214	幸云晨	07113110	束　俊	04012240
吴昊峰	04014124	张连炜	61014301	江志杰	61114103
陶　禹	04012243	邓峰杰	04014343	阮　梦	04213709
苗双双	61115107	李　静	04012302	赵　斌	04014542
李　进	04213721	陈启航	04015315	朱文捷	04012339
陈含璐	61014102	顾　艺	04215722	李　丞	71Y13122
孙　丽	07313111				

东南大学建筑设计与理论研究中心·杭州中联筑境建筑设计有限公司基金(杭州中联筑境建筑设计有限公司设立)　基金20万元

获奖名单

一等奖

| 胡志超 | 140031 | 张　莹 | 140019 | | |

二等奖

| 周佳卿 | 150130 | 张　鹤 | 140144 | 胡逸飞 | 140030 |
| 郭一鸣 | 140028 | 曾　媛 | 150029 | | |

苏州中诚奖教金、奖学金(苏州市中诚工程建设造价事务所有限公司设立)　奖金总额3万元

土木工程学院教师获奖名单

　　张　琦　郑　磊

学生获奖名单

王玉斌	140968	陈琪慧	141103	王蓉蓉	151133
付　顺	150998	张岁寒	05113428	郑　凯	05114212
叶倩雯	05214104	郁　璐	05214208		

新蓝天钢结构奖学金(江苏新蓝天钢结构有限公司设立)　奖金总额6万元

获奖名单

李　然	129152	李明鸿	149630	孔祥羽	130889
张欣欣	130923	陈国强	140896	谯旭东	140918
张陆桓	05112116	杜　利	05112408	莫思阳	05113209
李耀升	05114328	朱　婷	05113404	魏圣坤	05114131

中南助学圆梦奖学金(中南控股集团有限公司设立)　奖金总额25万元

获奖名单

一等奖

陈　峥	08013210	关　蕾	16013406	曹蔚祎	01113508
蒲森林	05113203	宋逸群	06A14104	曹　凡	04013542
曹梦迪	06013003	柳雨豪	21A15524	胡素芸	22013307
张　琪	02013416				

二等奖

明　晶	19214101	熊文琴	07313110	苗艳艳	13213104
张　易	21A15725	杨　萌	14612109	段斐然	05113425
曹心成	09014116	郭倩茹	17114105	查佳佳	10113120
黄秉坤	03014129	刘　锦	11114107	梁　界	71Y13123
杨　逍	04013009	尚　昊	22014118	沈奕阳	12014211

三等奖

葛　政	06213625	陈晓倩	25013103	赵周健	02013522
杨　雨	05215107	张芸婷	10114102	林晨昊	42113221
张芸怡	02013524	徐将依	24314205	云　澍	21414107

孙锴宇	22015324	谭浩轩	06013105	顾峥嵘	17113306
刘 钰	43813114	刁铭一	26115101	邱嘉伟	04013241
宋嘉馨	14C15102	曹 迪	01211123	吴殷巧	13313116
郭悦彤	43113114	吴博伦	25013228		

东南大学森德兰舍奖学金（上海兰舍空气技术有限公司设立） 奖金总额 8 万元
获奖名单

霍晓东	03012112	李晨光	03013324	扈佳玮	03013410
乔静宜	03113603	戴中豪	03012216	王瑾芝	03312501
盛 溢	03112601	卢玥明	03113605	刘鑫雅	03013203
李雅君	03313502	诸葛阳	03112608	成赛凤	03113606

金智教育奖教金（江苏金智教育信息技术有限公司设立） 奖金总额 2.5 万元
获奖教师名单

杜新新　信息科学与工程学院　　　王薇薇　法学院
张爱凤　医学院　　　　　　　　　胡璞玉　吴健雄学院
虞　娟　学习科学研究中心

东大电子—德州仪器奖学金［德州仪器半导体技术（上海）有限公司设立］ 奖助总额 22.5 万元
获奖名单

宋依欣	04013102	聂子晴	06A14401	徐 璐	16013303
吴紫薇	04014201	高卓越	08013101	董一德	06113114
沈星欣	04013617	李泽坤	04014326	蒋 田	08013102
杨 陈	16013421	钟天辰	04013630	徐希庆	04014335
陈旭璇	08013201	刘家豪	16013514	涂 欣	04013637
何 倩	06013201	胡啸天	08013311	徐艺敏	16013527
钟捷成	04014121	孟 帆	04013406	肖 丰	06313115
李家庆	16013610	季 潋	04014143	赵 伟	08013435
潘雨晨	06A14337				

特高压奖学金（国家电网公益基金会设立） 奖金总额 10 万元
获奖名单

黎 蕙	16013606	陶苏朦	16013208	王志宇	16013222
茅明明	16013329	薛正艺	16013106	赵 毅	16013211
曲俊先	16013225	邵海雯	16013403	史 豪	16013110
李俊杰	16013214				

大连化物所奖学金（中国科学院大连化学物理研究所设立） 奖金总额 5 万元
获奖名单

卞 仙	12012308	潘 浩	12013113	端 羽	12013311
吴文婷	19113105	叶少雄	12012312	潘 超	12013120
王 婧	19112201	高 真	19113218	骆季荣	19313106

黄天宇　19313110

江苏软件奖学金（江苏软件产业人才发展基金会设立）　奖金总额12 000元
获奖名单

陈　坤	121492	申盼盼	71111301		

夏普奖学金（南京夏普电子有限公司设立）　奖金总额18 000元
获奖名单

王　迪	04014432	汪　其	02014423	廖文婷	04013612
王雅玫	17213210	范　鸣	02014118	张天琦	17214116

一卡通奖助学金（招商银行南京分行设立）　奖金总额10万元
获奖名单

郑正航	01114215	陈志强	07313129	朱兆辉	12014113
蒋永茂	21712121	罗俊文	02014108	郑　峰	08014427
袁朝凤	13414128	延　皓	22014208	杨　震	03014326
廖胜兰	09013201	乔海娇	14314106	刘亚倩	42214209
曹　凡	04013542	侯　睿	10114117	罗首权	16014220
王　浩	43212429	吴乾德	05114427	夏兴龙	11114119
钱　程	17213116	张　鹏	61114126	宋代伟	71113334
龚　杰	06A14129	欧阳玲珑	43112111	奴力吉克提	19114124
帕提麦木·喀地热	25012223				

矗龙奖学金（泗阳星美置业有限公司设立）　奖金总额13万元
交通学院教师获奖名单

朱宇昊　曲　栩

学生获奖名单

吉　星	142472	徐琪烽	152563	沙　迪	142560
王　握	142490	曹　屹	142458	付　旻	152507
赵圣娜	142495	林　芬	142502	孟祥成	21713236
杨沫枫	21014112	吴冠鹤	21213131	张霁扬	21114234
吴曾晗	21714221	杨玉娇	21513107	赵宇豪	21813123
杨　一	21A15920	朱　翊	21112234	陆　欣	21514107
孟凌宇	21114133	秦　梦	21B15207	戴　冰	21113118
王喆正	21213115	陶　楠	21114208	费　凡	21A15807

"协鑫奖"奖学金[协鑫（集团）控股有限公司设立]　奖金总额25万元
获奖名单

沈　飞	142672	吴　昊	149027	杨俊梅	140657
叶广宇	03212726	董　顺	03012318	胡启龙	03013227
叶　蓉	03213701	潘杭萍	03012402	杨　帆	03013417

东大能源奖学金、奖教金(南京东大能源环保科技有限公司设立)　奖金总额 3 万元
能源与环境学院教师获奖名单
　　葛仕福　陆剑敏　靳秋萍　樊昭群　周克毅　邵　云　张思群　吕锡武　顾晓洁
　　刘西陲
学生获奖名单

查　戎	03212710	李　凡	03214706	刘浩然	03114618
张绍卿	03213724	牟春霖	03313507		

东南大学—华为奖学金、奖教金(华为技术有限公司设立)　奖金总额 10 万元
教师获奖名单
　　王　斌　机械工程学院　　生沛文　校长办公室
　　孙莉玲　学生处　　王玲艳　学生处
学生获奖名单

樊继豪	129243	于　菲	131491	王晓雁	141149
祖俊婕	140859	李　鹏	140789	张春伟	129207
韩　雪	141373	黄文欢	04012507	侯国睿	06013327
葛丹薇	09014205	陈　俊	10015125		

华电光大奖教金、奖学金(北京华电光大环保技术有限公司设立)　奖金总额 5 万元
能源与环境学院教师获奖名单
　　邵应娟
学生获奖名单

汪青青	140502	张勉照	140531	赵伟强	140401
段文军	140353	钱晓颖	140480	卢慧霞	140537
李小乐	140377	李亚楠	140447	何成洋	140474
温涛源	140534	吴际萌	03214711	许志康	03012232
赵文广	03013331	李　晗	03014306	刘宗鑫	03012130
倪晓滨	03013218	刘　超	03014104	马　瑞	03014333

外运长江奖学金(中国外运长江有限公司设立)　奖金总额 2 万元
获奖名单

谷思梦	141849	禹梦雅	141860	刘　丽	14813113
申飞阳	14813116	张　峥	14813117	汤昌睿	14813123

正信光伏奖学金、奖教金(正信光伏有限公司设立)　基金 10 万元
能源与环境学院教师获奖名单
　　陆　勇　张小松　刘　倩
学生获奖名单

田　权	140527	饶义本	140514	倪瑜菲	140448
吴倩芸	140485	邴旖旎	140425	郭慧欣	03013104
宋潞云	03112609	支　晓	03114608	丁守一	03014114
范芳苏	03113607				

西门子中国奖学金（西门子电力自动化有限公司设立） 奖金总额2万元
获奖名单

姚新阳　142156	颜长鑫　142155	张超明　16013133
陈　勇　16013224		

联众奖学金（杭州联众医疗科技股份有限公司设立） 奖金总额3万元
获奖名单

付光彬　153838	王　超　141629	戚泽万　131606
王宏银　129613	李思雨　11112160	许成韬　11214217
缪居正　11A15117	王月圆　11113107	文星曌　11214212

谷歌优秀奖学金［谷歌信息技术（中国）有限公司设立］ 奖金总额2.7万元
获奖名单

曹　岑　131498	解曙方　09012436	姚逸云　71Y12111

德威奖学金（江苏德威新材料股份有限公司设立） 奖金总额50万元
获奖名单

徐　威　119412	张　超　132290	韩　策　19314108
邓　佳　19213107	骆季荣　19313106	卓　宁　19213122
吴文婷　19113105	严　景　19113106	李先河　19114216
王伯军　19213120	卢莹炜　19314102	黄芳芳　19114101

国微电子奖学金（深圳市国微电子股份有限公司设立） 奖金总额20万元
获奖名单

一等奖

姚　群　133436	吴承恩　133451	田　洋　133492
陈　帅　133498	顾春德　133512	畅灵库　133560
袁玉帛　133565	丁雨晨　143547	江　琦　143659
李文波　143678		

二等奖

邵国键　119220	戚志鹏　139592	黄倩倩　159077
严嘉彬　159083	潘江涌　149638	黄　博　149635
韩居正　149078	蔡虹宇　143546	史俊达　133507
王东鹏　131173	沈学可　131110	张有志　143681
唐豪杰　133447	王稼祎　131175	刘若琛　143620
房　颢　143549		

远景智慧奖学金／远景未来奖学金［远景能源（江苏）有限公司设立］ 奖金总额7.8万元

远景智慧奖学金获奖名单

司　伟　119048	张　虹　141412	吕丹彦　131444
陆　军　132056		

远景未来奖学金获奖名单

李　艺　08012105	张嘉智　02014208	高雨枫　09014416

"美达灌装机械"奖学金(彭山宏校友设立) 基金10.8万元
获奖名单

林乙蘅	150338	李伟强	150329	殷 超	150238
王佳珂	153416	张晓春	150312	赵天旻	02014112
朱清园	02014329	龙雪莹	02615109	李 想	02015701
陈 楠	02014210	李 季	02014517	肖梦涵	02014527

亚派科技奖助学金(南京亚派科技股份有限公司设立) 奖金总额4万元
获奖名单

许 喆	143458	宁秀芳	131446	李 莎	143391
赵小燕	143396	周立凤	131501	黄伟聪	71113204
范云龙	09012225	张欢欢	71Y12115	周芙蓉	71113108
罗 骞	09012107				

共进奖学金(深圳市共进电子股份有限公司设立) 奖金总额10万元
获奖名单

陈 辉	129598	饶 立	149650	吴 凯	140652
严客雨	06213602	应天裕	08013127	杨奕宁	06A14435
毕占方	13113127	徐 昊	04012442	柳贺冬靓	04012209
林 姝	13113124	赵广涵	08013434		

多伦科技奖学金(南京多伦科技股份有限公司设立) 奖金总额6.6万元
获奖名单

夏 峰	152490	项 莲	152474	王群慧	152671
邢淋丽	142524	林 展	142474	刘子铭	142578
程玉琨	152628	刘子豪	153355	李文贤	152483
刘 真	142605	张书睿	21713231	史天泽	21314109
刘雍翡	21013119	张凤尧	21813135	王家豪	21713237
李新妍	21113119	罗小康	21014110	潘东昊	21113231
刘曼毓	21714213	柯泽冕	21013117		

点米奖学金、奖教金(江苏点米网络科技股份有限公司设立) 基金30万元
获奖学生名单

汪 清	152904	王崇旭	152895	祁菲菲	149682
刘静静	142856	闫 丽	132795	夏 惠	149561
丁慧琳	42212101	施逸尘	07313109	陈 诺	42115107
焦 珉	42213201	郑 祎	42111222	张永欣	42114208
陈钰岚	13313117	王 杨	42214208	杨辉军	42112118

获奖公共卫生学院教师名单

孔房祥 崔梦晶 张 娟 栗建民

琢章奖学金、奖教金（南京壹千零壹号自动化科技有限公司设立） 奖金总额 7 万元
获奖学生名单

沈　婷	143103	张　思	153198	李小君	143132
张　郁	143125	杨格格	24114108	王雨情	24313120
汪雨笛	24314117	朱丽军	24A15311	张正浩	24213110
胡熙苑	24314116	侯璐璐	24A15302		

获奖艺术学院教师名单
　　田　清　程万里　凌继尧　徐子方　张　顺　李永春

三宝科技创新奖学金、奖教金（南京三宝科技集团有限公司设立） 奖金总额 7.1 万元
教师获奖名单
一等奖
　　王婧菲　信息科学与工程学院　　　陈爱华　人文学院
　　凤启龙　公共卫生学院
二等奖
　　张　琰　建筑学院　　　　　　　　钱怡君　能源与环境学院
　　李朝静　土木工程学院　　　　　　邱　峰　电子科学与工程学院
　　宋晓燕　电子科学与工程学院　　　曹海燕　数学系
　　吉　鑫　物理系　　　　　　　　　马　慧　材料科学与工程学院
　　彭　丽　人文学院　　　　　　　　陆　娟　化学化工学院
　　李奚溪　化学化工学院　　　　　　罗　磊　交通学院
　　陈　怡　交通学院　　　　　　　　纪　静　吴健雄学院
　　袁煜昶　纪委办公室（监察处）
三等奖
　　司风琪　能源与环境学院　　　　　金立左　自动化学院
　　张　力　仪器科学与工程学院
学生获奖名单
　　杨文燮　139641

ADI 创新奖学金[亚德诺半导体技术（上海）有限公司设立] 奖金总额 5 万元
　　获奖名单

褚炜雯	150800	吉　宇	149646	潘申欣	143544
卢亚迪	140557	郭金鹏	142103	程维昶	139119
任东明	04012242	赵正宁	06013322	崔　权	06013324
范莹莹	04013202	许华尧	06013126		

无线电系 1977、1978 级校友奖学基金（信息科学与工程学院 1977、1978 级校友设立） 基金 32.5 万元
获奖名单

孙天慧	140558	柳　颖	140636	王潍潍	140784
桑联佳	140595	刘　旭	140714	高孟川	140860

无线电系七八级同学国际交流生奖学金(无线电系 1978 级同学设立)　基金 500 万元

国际交流生获奖名单

陈凌蛟	61311125	陈翠琳	06012334	陈出新	02012206
贾　玥	14513221	白　岚	61312101	孙琦清	43112213
汤若冰	14513222	李昱洁	21013105	高绮文	09012106
夏　雨	13213124	苏安妮	14512203	李仲宇	04013225
刘石劢	22011231	马思佳	14113109	阮垚顼	13112111
王梓鸣	16013426	邱　秋	12011209	李　欣	14312102
许碧华	21513101	徐姝祺	21112207	李晓晨	12011211
卓一洲	41113110	王　井	17112218	杨　湛	61312128
黄路遥	09013429	黄倩然	17213110	李伊萌	13312110
苏浩亮	06013009				

金昇奖励基金(江苏金昇实业股份有限公司设立)　奖金总额 10.2 万元

出国交流生获奖名单

邵　帅	61311115	袁　晓	13213113	李瑞琪	14813108
富楚轩	61014214	李元雪	14511103	张　真	24113101
綦　聪	21013112	保　玉	21212102	张博闻	16011310
刘子曦	21014111	郭文欣	14513205	孙宇涵	04013008
陈睿敏	02612101	罗诗然	14Y12121	董亦洲	06013318
周仕铭	61014231	张馨月	16012134	赵鑫玮	21013103
申佳豪	13214115	袁　冶	05113621	吴　昊	12012106
孙宇涵	14514109	朱宇潇	04013005	鞠炜煜	04013001
张育臣	16011427	王　晰	21113230	黄灵莹	61313102
朱云鹏	21713130	肖鸣达	03012424		

2016 届到基层就业的本科生表彰名单

人文学院

夏怡婷　秦小红　陈　晨　程志华　张　盼　黄　荣　次仁吉措　索朗仁青
索南曲珍　桑旦曲珍　约日妮萨·巴柯　古丽加那提·牙生　陈思雨　孙梦琪

物理学院

陈恒坤　王利明　古再丽努尔·沙迪尔

机械工程学院

唐　苇　夏江浩

医学院

扎西园登

外国语学院

李　楠

材料科学与工程学院

向尼迪　彭　飞

计算机科学与工程学院

施东银

经济管理学院

云星月

艺术学院

刘芯驿

土木工程学院

唐俊凯

仪器科学与工程学院

王　瑞　张峻锋

法学院

蔡蓁蓁

能源与环境学院

陈　楠

交通学院

黄海燕

2016届最具影响力毕业生表彰名单

建筑学院

束　芸

信息科学与工程学院

孙佳琛

自动化学院

戴　忱

数学系

毕　成

医学院

景　丹　孙乐家

物理系

黄子文

仪器科学与工程学院

朱彦嘉

经济管理学院

张　钒

吴健雄学院

申怡飞

大 事 记

1月6日 美国凯斯西储大学副校长 Daniel M. Ducoff 教授率团来东南大学访问交流。东南大学副校长郑家茂在四牌楼校区会见了来访客人,国际合作处、教务处、仪器科学与工程学院、吴健雄学院、机械工程学院、化学化工学院、电子科学与工程学院、自动化学院的有关负责人参加了会谈。

1月13日 江苏省档案局和教育厅联合发文对全省高校档案工作先进单位和个人进行了表彰,东南大学获得了"江苏省高校档案工作先进集体"荣誉称号,档案馆李宇青同志获得了"江苏省高校档案工作先进个人"荣誉称号。

1月18日 国家卫生计生委公布了第七届"国家卫生计生突出贡献中青年专家"名单,包括东南大学附属中大医院神经内科专家、东南大学神经精神医学研究所所长张志珺教授在内的108位专家受到了表彰。

1月19日至20日 国家"973"计划项目"高效能电机系统可靠运行与智能控制基础研究"年度总结会议在东南大学四牌楼校区举行。

1月26日 东南大学经济管理学院副研究员赵驰承担的江苏省社科基金项目"江苏战略性新兴产业与小微企业发展研究"的主要成果——《加快江苏小微企业持续性成长的对策建议》获江苏省省长石泰峰同志批示。

1月28日 由国家卫生计生委指导、健康报社主办的"传递健康,传承希望——2015年医药卫生界生命英雄"推选活动颁奖典礼在北京举行。东南大学附属中大医院院长、著名介入医学专家滕皋军教授等4位对我国医药卫生事业做出杰出贡献的著名专家被授予了"突出贡献奖"。

2月3日 2015年度全国大学生"小平科技创新团队"入选团队名单公布,经东南大学团委推荐,电子科学与工程学院孙立涛教授指导的"东大纳皮米研究团队"成功入选,这也是东南大学首次获得此项殊荣。

2月11日至15日 中国工程院院士、东南大学建筑学院王建国教授、东南大学建筑学院院长韩冬青教授率团访问了美国麻省理工学院(MIT)建筑与城规学院和哈佛大学设计学院。

王建国院士应邀在哈佛大学做了以"当代城市设计"为内容的演讲,讲座由哈佛大学建筑系主任阿巴罗斯教授主持。

2月17日 下午,南京市委书记黄莉新、副市长刘以安、陈勇、黄澜,市委副秘书长祁豫玮在市委宣传部、发改委、科委等单位负责同志的陪同下到东大科技园·优客工场考察调研。

2月22日 在南京市鼓楼区政法委工作会议上,东南大学丁家桥校区荣获了该区2015年度综合治理暨平安建设先进单位称号。

2月26日 国家科技部重大专项办及财政部教科文司联合调研组来东南大学就学校承担的重大专项情况以及专项组织实施情况进行调研。调研组由科技部重大专项办主任徐建国率领,东南大学校长张广军、副校长王保平及江苏省科技厅副厅长蒋跃建等接待了调研组一行。

2月29日 电气电子工程师学会(The Institute of Electrical and Electronics Engineers,IEEE)计算机学会(Computer Society,IEEE CS)宣布了本年度的五位技术成就奖(IEEE CS Technical Achievement Award)获得者。东南大学杰出校友、计算机科学与工程学院兼职博导、微软亚洲研究院常务副院长芮勇博士因其在"多媒体分析与检索领域开创性的贡献"(For Pioneering Contributions to Multimedia Analysis and Retrieval)获此殊荣。

3月3日 中国工程院院士钱七虎应邀在东南大学"茅以升大讲堂"上做了首场演讲,为在场的师生做了题为"提升隧道建设信息化水平,促进安全高效上台阶"的精彩学术报告。

3月4日 东南大学与英国SERVOTEST公司、北京宝克测试系统有限公司签署了进口大型地震模拟振动台系统的技术协议。

3月11日 在庆祝第106个"三八"国际劳动妇女节之际,江苏省总工会表彰了一批为江苏经济建设和社会发展做出突出贡献的先进女职工集体和个人。东南大学人文学院马向真教授荣获了"江苏省五一巾帼标兵"荣誉称号。

3月11日 东南大学在四牌楼校区大礼堂举行2016级春季入学研究生开学典礼。

3月16日 在教育部直属高校信息公开测评中,东南大学的信息公开事项取得优异成绩,在111分的指标总分值中获得满分,排名75所教育部直属高校的第1位。

东南大学在九龙湖校区召开加强与政府及大型企业战略合作工作会议,会议由黄大卫副校长主持。

3月22日 英国赫瑞-瓦特大学副校长Ruth Moir女士与该校工学院院长、英国皇家工程院院士Stephen McLaughlin教授,传感器、信号与系统研究所副所长、东南大学客座教授王承祥教授等一行四人来东南大学访问交流。

3月22日 加拿大滑铁卢大学校长Hamdullahpur教授一行到东南大学访问。东南大学张广军校长与Hamdullahpur校长会谈,双方签署了两校科研合作备忘录。访问期间,两校还举办了首届联合学术研讨会。

3月26日 2016年"创青春"东南大学大学生创业大赛决赛在九龙湖校区人文讲座报告厅举行。三宝科技集团股份有限公司常务副总裁辛柯俊等五位企业界、创投界、学术界的嘉宾共同担任本次决赛评委。

3月29日至31日 东南大学校长助理、附属中大医院党委书记刘乃丰率领妇产科任慕兰教授、普外科石欣博士、重症医学科杨从山主任等专家一行5人,赴云南省楚雄州南华县人民医院开展对口支援帮扶指导工作,受到了南华县政府、县人民医院和当地群众的热烈欢迎。

3月31日 南京市江宁区委书记李世贵在副区长周勇、开发区管委会副主任祁明红等的陪同下到东南大学调研。东南大学党委书记易红、校长张广军会见了李世贵书记一行。江宁区科技局、区委办,东南大学党委办公室、校长办公室有关负责同志参加了会谈。

4月7日 东南大学有序物质科学研究中心在国际顶级学术期刊 Chemical Society Reviews 发表了题为"Symmetry breaking in molecular ferroelectrics"(分子铁电材料中的对称性破缺)的综述论文。

4月9日至10日 2016年中国(江苏)高校传媒联盟(简称苏媒联盟)年会在苏州大学举行。会上,东南大学大学生新闻社(简称东新社)成员、人文学院社会学系2014级朱文静同学当选为第八届苏媒联盟主席。

4月12日 由东南大学能源与环境学院牵头承担的"夏热冬冷地区建筑节能关键技术研究与示范"项目通过了由中国工程院院士王浚教授为主任委员、中国科学院院士邹志刚教授和合肥通用机械研究院原院长樊高定研究员为副主任委员的鉴定委员会鉴定。

4月16日 "'一带一路'背景下的国际产能合作:理论创新与政策研究"学术研讨会在东南大学举行。研讨会由中国社会科学院经济研究所、《经济研究》编辑部和东南大学经济管理学院联合主办,东南大学国际经济与贸易系和东南大学江苏全球化研究中心共同承办。

4月20日 电气电子工程师协会(The Institute of Electrical and Electronics Engineers,IEEE)工业应用学会(Industry Application Society,IEEE IAS)公布了本年度IAS学生学位论文竞赛评审结果。东南大学电气工程学院博士研究生杭俊的学位论文《永磁直驱风力发电机组故障诊断技术研究》(Fault Diagnosis Technology of Direct-driven Wind Turbine with Permanent Magnet Machine)获得博士组第一名。

4月21日 上午,中国航天科技集团公司第九研究院第十三研究所所长王巍院士一行访问东南大学,并与东南大学共同签署了战略合作协议。

4月22日至24日 第六届江苏省大学生机械创新设计大赛在中国人民解放军理工大学举行。东南大学的10件参赛作品获得了6个一等奖、2个二等奖和1个三等奖的优异成绩。东南大学还获得了大赛优秀组织奖。

4月28日 2016年江苏省劳动模范和先进工作者表彰大会在南京举行。会上,东南大学交通学院刘松玉教授获得了"江苏省先进工作者"荣誉称号。

4月29日 国际土木工程纤维增强复合材料(FRP)学会(IIFC)奖励评选委员会宣布授予东南大学土木工程学院吴智深教授学会奖章(IIFC Medal)。

5月3日 在教育部关心下一代工作委员会开展的全国教育系统关心下一代工作先进集体和先进个人评选中,东南大学关工委被评为先进集体,董本植老师被评为先进个人。

在"五四"青年节来临之际,东南大学土木工程学院2013级本科生孟畅和杰出校友、途牛旅游网总裁于敦德受到共青团中央表彰,分别获得了"全国优秀共青团员"和"全国向上向善好青年"荣誉称号。

5月6日 东南大学社会科学处收到了中国人民大学人文社会科学学术成果评价研究中心和中国人民大学书报资料中心的荣誉证书与贺信,祝贺东南大学成功入选"复印报刊资料重要转载来源机构(2015年版)",并在2015年度复印报刊资料转载指数排名中喜获佳绩。

5月8日 由中国工程院、茅以升科技教育基金会、北京交通大学共同主办的茅以升科技教育基金会第25届颁奖大会在北京交通大学举行。中国混凝土曲线梁桥和斜梁桥设计计算理论及工程研究的先行者、东南大学交通学院邵容光教授荣获了2015年度茅以升科学技术奖桥梁大奖。

5月16日 在教育部科技司、团中央学校部、中国科协青少年科技中心、中国卫星导航系统管理办公室主办的第七届"北斗杯"全国青少年科技创新大赛(BD-CASTIC)上,东南大学学生团队成绩优异,获得了大学组的3个一等奖、2个二等奖、2个三等奖和1个优秀奖,东南大学获得了优秀组织奖(大学组),仪器科学与工程学院陈熙源老师获得了十佳优秀科技教师奖(大学组)。

5月18日 东南大学在九龙湖校区召开"十三五"规划领导小组会议,专题讨论"十三五"规划六大支撑计划。

5月19日 教育部原副部长、东南大学原校长、中国工程院院士韦钰教授应邀做客"东南大学人文大讲堂",为东大学子做了一场题为"从AlphoGo看神经信息工程的发展——展望与回顾"的精彩演讲。此次活动是庆祝东南大学建校114周年系列活动之一,也是2016年东南大学学生科技节大师系列演讲之一。

5月24日 教育部科学技术委员会公布了第七届教育部科学技术委员会学部委员名单。东南大学共有9人入选,分别是顾宁教授(生物与医学学部)、吴智深教授(环境与土木水利学部)、缪昌文院士(材料学部)、尤肖虎教授(信息学部)、时龙兴教授(信息学部)、易红教授(先进制造学部)、黄庆安教授(先进制造学部)、王炜教授(能源与交通学部)、肖睿教授(能源与交通学部)。

5月24日 东南大学在四牌楼校区举行仪式,聘请诺贝尔生理学或医学奖获得者、美国加利福尼亚大学伯克利分校细胞生物学家兰迪·谢克曼教授为名誉教授。

5月27日 著名爱国慈善家、香港协成行集团主席方润华先生之女、协成行集团董事方兆怡女士一行专程来东南大学访问考察。东南大学党委书记易红在九龙湖校区亲切会见了方兆怡女士一行,发展委员会的有关负责人参加了会见。

5月28日 根据2016年5月发布的ESI学科排名,东南大学的药理学与毒理学首次进入世界前1%。截至目前,东南大学进入ESI学科排名的学科数增至9个,分别是工程学、计算机科学、材料科学、数学、物理学、化学、临床医学、生物学与生物化学和药理学与毒理学。

6月2日 由同济大学课题组联合上海国信社会服务评估院研制的"2015—2016年

度全国重点高校马克思主义学院学术水平指数"5月31日正式公布,东南大学马克思主义学院位列"全国重点高校马克思主义学院学术水平综合指数"第十位。

《人民日报》刊发了东南大学专家郭广银教授和袁久红教授撰写的题为《治国理政科学体系的丰富发展》的理论文章。该文全长约4 500字,《人民日报》在第1版显著位置对这篇文章专门作了通栏推介。

6月6日 东南大学校友总会各地校友会负责人会议暨第五届理事会六次会议在四牌楼校区举行。东南大学校长张广军出席会议并讲话,校友总会常务副会长、副校长浦跃朴,校友总会执行副会长、发展委员会常务副主任刘松玉,校友总会副会长杨树林、朱建设、庄宝杰、刘光荣,来自海内外38个地方校友会的40多位负责人参加了会议。

6月14日 东南大学数学系曹进德教授收到了欧洲科学院(Academia Europaea)院长Sierd Cloetingh教授发来的贺信,向曹进德教授因在其研究领域的突出成就而当选为欧洲科学院院士表示祝贺。曹进德教授在神经动力学与优化、复杂网络与复杂系统和多智能体系统等领域做出了系统而深入的研究,他在 *SIAM Journal on Applied Mathematics*、*IEEE Transactions on Magnetics*、*Nonlinearity*、*Physica D* 和 *Automatica* 等刊物发表论文数十篇,SCI他引超万次,H-指数为77。

上海航天技术研究院(航天八院)孟光副院长一行访问东南大学,并与东南大学共同签署战略合作协议。东南大学张广军校长、吴刚副校长,相关职能部门和院系负责人出席了签约仪式。

6月16日 国家国防科技工业局、教育部联合发文,确定我校为"十三五"期间"国防科工局—教育部共建高校"。

6月23日 国家科技支撑计划"织锦文化遗产数字化与文化景区旅游服务示范"项目验收会在东南大学国家大学科技园栖霞园区举行。会上,吴刚副校长在讲话中指出,该项目成果能够有效应用于文化遗产的保护和宣传,对文化旅游产业发展将起到积极的示范作用;同时,该项目有效整合了校企各类资源,以大学科技园牵头开展项目的合作和课题的研究是一次很好的尝试。

6月25日 东南大学-蒙纳士大学联合研究生院在苏州独墅湖高教区中大院二楼报告厅举行2016届硕士毕业典礼暨学位授予仪式。

6月25日至26日 中国法学会首届法治政府研究方阵举行成立大会暨2016年度"中国法治政府高端论坛"。东南大学法学院成功入选中国法学会首届"法治政府研究方阵"理事单位,成为全国五家理事单位之一。

6月29日 中组部"两学一做"学习教育协调小组督导二组副组长、教育部人事司副司长吕杰,督导组成员、教育部人事司干部一处处长朱保江,督导组成员、中组部党员教育和干部测评中心六处副调研员方永来一行3人来到东南大学,深入调研并实地督导学校"两学一做"学习教育工作。专题汇报会后,督导组一行来到研究生院,实地观摩调研研究生党支部"两学一做"学习教育特色活动展示。

7月6日 科技部高新司、教育部科技司专题调研组到东南大学国家大学科技园考察,了解国家大学科技园的发展情况,总结发展成效和经验,分析发展中存在的问题和困难。专题调研组一行首先参观了东南大学国家大学科技园展厅,听取了科技园建设发展情况的汇报,并实地考察了园内学生创业企业典型南京海善达信息科技有限公司和产学研合作企业代表南京康友医疗科技有限公司等两家重点扶持企业。

7月7日 美国田纳西大学常务副校长、教务长Susan Martin,副教务长Pia Wood,工学院副院长Masood Parang,孔子学院外方院长Shih-Lung Shaw来东南大学访问。

7月11日 国防科工局重大专项工程中心徐春荣副主任一行来东南大学访问交流。东南大学副校长吴刚,各相关院系负责人和专家教授等参加了交流座谈会。双方与会人员结合各自的技术优势与发展需求,进行了深入的交流与讨论,为今后的密切合作打下了良好基础。

7月18日 江苏省教育厅公布了省高校示范马克思主义学院(思想政治理论课教学科研机构)遴选结果,东南大学马克思主义学院等10个单位入选。开展全省高校示范马克思主义学院(思想政治理论课教学科研机构)遴选工作,是认真贯彻落实中央关于加强高校思想政治理论课建设的决策部署和中宣部、教育部关于加强马克思主义学院建设有关意见精神的重要举措。

7月22日 国家教育部公布了首批"国家级精品资源共享课"课程名单,共确定2 686门课程为首批"国家级精品资源共享课",其中本科课程1 767门。东南大学共有34门本科课程入选,入选总数位列全国高校第六位。

7月26日 东南大学在四牌楼校区举行仪式,聘请著名数学家、哈佛大学终身教授丘成桐为"名誉教授"。东南大学校长张广军院士为丘成桐教授颁发了聘书并佩戴校徽。仪式结束后,丘成桐教授在大礼堂为千余名东大师生做了一场题为"数学学科的神奇应用"的学术报告。

7月27日至28日 第七届全国大学生机械创新设计大赛(决赛)在山东交通学院举行,来自全国100多所高校的1 600余名师生参加了比赛。东南大学两支参赛队伍获得了一等奖、两支队伍获得了二等奖。

8月1日至4日 "天宇杯"第四届全国高等学校大学生测绘技能大赛在内蒙古农业大学举行,东南大学交通学院测绘工程系的6位同学取得了程序设计单项特等奖、二等水准单项一等奖、导线测量单项二等奖、数字测图单项一等奖以及团体总分特等奖的优异成绩,闻道秋老师获得了"优秀指导老师"称号。

8月9日 东南大学在四牌楼校区动力楼举行仪式,聘请美国国家工程院院士、亚利桑那州立大学教授Vijay Vittal为客座教授。东南大学副校长沈炯为Vijay Vittal教授颁发了聘书并佩戴校徽。

8月11日 上午,在里约奥运会女子200米蝶泳决赛中,中国选手、东南大学人文学院周羿霖同学以2分07秒37的成绩喜获第五名。

8月12日 2016年香港杰出青年领袖长三角研习营在东南大学举行。

8月17日 东南大学2016年大学生骨干研习营开营。东南大学党委副书记郑家茂出席开营仪式并讲话,全体参训营员参加了活动。大学生骨干研习营是"东南大学青年马克思主义者"培养工程的品牌活动。本次参训的240多位大学生骨干将在未来2个多月的时间里,通过参加研习营组织的理论学习、调研讨论、实践观摩、结业总结等数十场丰富多彩的活动增强本领,提高能力。

8月18日 2016年度国家社科基金规划项目立项结果公布,东南大学共获得22项年度项目和青年项目,其中重点项目2项、一般项目10项、青年项目10项。立项项目院系分布为,马克思主义学院6项,人文学院4项,经济管理学院4项,法学院3项,艺术学院、外国语学院、体育系、图书馆、海外教育学院各1项。立项项目涉及23个学科中的13个学科。

8月25日 在北京建筑大学举行的"苏博特"杯第四届全国大学生混凝土设计大赛上,东南大学的两支学生参赛团队喜获佳绩。其中,材料科学与工程学院何凌霄、陆晋媛、潘浩三位同学组成的团队获得了一等奖,土木工程学院唐林、朱熔清、刘兴三位同学组成的团队获得了优秀创意奖,武胜萍老师获得了"优秀指导教师"称号。

8月30日 中国航空工业集团公司第607研究所一行七人,在罗辉国副所长的带领下来东南大学洽谈合作。信息科学与工程学院陈继新教授介绍了信息学院及毫米波国家重点实验室的科研情况,并带领来宾参观了实验室。随后,双方开展了深入交流,达成了合作共识。

中国国学中心项目工程竣工验收仪式在北京奥林匹克公园核心区建设现场举行。

在华中科技大学举行的第三届全国高校软件定义网络(SDN)应用创新开发大赛上,东南大学代表队(计算机科学与工程学院研究生李芘、杨晓荣、徐晨、孙云晓、孙涛,指导老师:张三峰)荣获一等奖,徐晨获个人理论奖。

8月31日至9月1日 应中国高等院校香港校友会联合会(以下简称"高校联")的邀请,东南大学大学生艺术团舞蹈团在党委常务副书记刘波,港澳台办公室和艺术指导中心老师的带领下,赴香港参加纪念"高校联"成立20周年中国高校优秀艺术节目汇演活动,分别在开闭幕式表演了《戴天头》和《万山层林》两个舞蹈作品。

9月2日 黄大卫副校长率校办、科研院、总务处相关负责同志赴句容实地考察科技创新创业资源,并就推进校地合作进行交流。黄大卫副校长一行还实地考察了碧桂园华东科技新城、句容市开发区国家级科技孵化器省高创中心句容分中心等。

9月3日 美国第39任总统吉米·卡特先生日前分别向中国驻休斯敦总领馆和我校德克萨斯大学达拉斯分校孔子学院致函,向我校艺术学院教授、德克萨斯大学达拉斯分校孔子学院原中方院长张乾元教授致以感谢信并随附两份签名合影照片。

由中华中医药学会、诺贝尔奖得主国际科学交流协会、中国医师协会共同主办的第三届诺贝尔奖获得者医学峰会暨中美院士论坛在成都顺利闭幕。闭幕式前,峰会进行了每年一度压轴的"诺奖之星"颁奖。东南大学公共卫生学院陈瑞教授因在"基于肿瘤代谢与肿瘤微环境研究的肿瘤精准免疫治疗"研究方面的突出贡献而获评"诺奖之星"。

9月5日 东南大学党委学工部邀请航天技术专家——中国航天科技集团公司第八研究院第八设计部党委书记兼副主任谢维建,为正在接受军训的2016级新生们做了一场题为"传承航天精神,铸就不悔青春"的专题讲座。

9月6日 国际著名生物学杂志 *Cell* 子刊 *Cell Reports* 以封面文章形式发表东南大学"发育与疾病相关基因"教育部重点实验室陆巍教授课题组独立完成的研究成果《PKCι/λ和PKMζ分别在海马脑区相关LTP与记忆的起始与维持阶段发挥不同作用》(*Distinct roles of PKCι/λ and PKMζ in initiation and maintenance of hippocampal*

LTP and memory），该成果第一作者为东南大学生命科学研究院博士研究生王韶莉、盛涛。

瑞典乌普萨拉大学副校长 Kay Svensson 率代表团访问东南大学。副校长沈炯，校长助理、医学院院长刘乃丰会见了代表团一行。双方就未来的工作重点交换了意见，表示将尽快签订详细的联合培养合作协议，并商谈了医学院的具体合作形式及所涉专业。

9月9日 全国学生资助管理中心下发了《全国学生资助管理中心关于2016年高校学生资助诚信教育主题活动优秀单位和特色案例的通报》，东南大学被评为2016年全国学生资助诚信教育主题活动优秀单位，学校报送的《诚信，与青春同行——东南大学开展2016年诚信教育主题系列活动》被评为特色案例。

9月13日 东南大学物理系王金兰教授课题组在化学类顶级刊物 Angewandte Chemie International Edition 上发表题为"Light-Induced Ambient Degradation of Few-Layer Black Phosphorus：Mechanism and Protection"的论文。该成果首次从理论上给出了少数层黑磷在环境中发生降解的完整机制，并提出了利用完全氧化的黑磷来作为保护层的设想。此后王金兰教授课题组和燕山大学实验组合作，首次报道了通过掺杂碲减缓二维黑磷在环境中的降解从而大幅提高其稳定性的全新思路，此论文发表在材料类顶级刊物 Advanced Materials 上，题为"Te-Doped Black Phosphorus Field-Effect Transistor"。

9月15日 搭载着天宫二号空间实验室的长征二号FT2运载火箭在酒泉卫星发射中心发射成功。由东南大学专门为天宫二号飞行任务所研发的"航天员在轨操作力测量系统"随着天宫二号一起"飞天"。该系统用于测量航天员在乘坐神舟十一号到达天宫二号后在失重状态下各种操作力的信息。

9月18日 科技部火炬中心公示了第三批国家级众创空间名单，由江苏东大科技园发展有限公司为主建设运营的"九龙5G创业谷"入选国家级众创空间，被纳入国家级科技企业孵化器的管理服务体系。

9月18日 东南大学加入"一带一路"高校联盟。张广军校长做题为"担承时代使命，共谱发展新篇"的主旨发言。

9月21日至22日 首届全国玻璃钢/复合材料创新大赛在哈尔滨举行。东南大学土木工程学院吴智深教授、汪昕教授的博士研究生史健喆，汪昕教授的硕士研究生汤杰、Diana Salah，试验助理蒋丽娟和江苏绿材谷新材料科技发展有限公司的研发负责人朱中国等5人参加了此次竞赛，并斩获第一名，荣获一等奖。

9月24日 由东南大学牵头承担的国家重点研发计划项目"装配式混凝土工业化建筑技术基础理论"启动暨第一次工作会议在南京举行。

9月25日 有着"中国天眼"之称的500米口径球面射电望远镜（FAST）在贵州省平塘县的喀斯特洼坑中落成启用，开始接收来自宇宙深处的电磁波，这对我国在科学前沿实现重大原创突破、加快创新驱动发展具有重要意义。以东南大学国家预应力工程技术研究中心副主任、土木工程学院郭正兴教授为首的团队，承担了"中国天眼"反射面支承结构索网施工阶段的技术支撑，解决了若干关键技术问题。

9月29日 中国文物学会、中国建筑学会在北京联合公布了"首批中国20世纪建筑遗产"名录。南京中央大学旧址（东南大学四牌楼校区）和人民大会堂、民族文化宫、天津劝业场、上海外滩建筑群等98个项目入选。

9月30日 东南大学有序物质科学研究中心的研究者们发现,简单的高氯酸四乙基铵盐具有十二重极轴,是一例类陶瓷型分子铁电体。它的发现成功解决了困扰分子铁电材料应用的一大难题——单极轴瓶颈,标志着分子铁电体的应用迈出了革命性的一步。该研究成果已发表在国际化学类顶级期刊 *Journal of the American Chemical Society* 上。

9月30日 由建筑学院刘博敏教授、王建国院士悉心指导,硕士生周兆前、刘奕秋等完成的设计方案"宸院",在"北京小院儿的重生"——2016北京白塔寺院落更新国际方案征集活动中,从全球众多知名事务所、设计院参赛的近300份作品中脱颖而出,获得方案征集优胜奖。

10月9日 由东南大学牵头、东南大学土木工程学院吴智深教授担任首席科学家的国家"973计划"项目"应用FRP实现重大工程结构高性能与长寿命的基础研究"课题结题验收会在南京钟山宾馆顺利举行。

10月12日 东南大学聘任新加坡国立大学Prof. Willie Tan客座教授仪式暨学术报告会在四牌楼校区大礼堂二楼报告厅举行。Willie Tan教授对受聘为东南大学客座教授表示了感谢,表示今后将为加深两校合作交流、促进东大工程管理学科发展多做贡献。仪式结束后,Willie Tan教授做了题为"Messy Explanations"的精彩学术报告会,并与现场师生进行了交流。

10月14日 为贯彻国家加快能源创新发展、推进智慧能源建设等有关政策要求,顺应"互联网+"在发电行业的应用趋势,促进工业化与信息化深度融合,研究和建设国内首家智慧电厂示范工程,东南大学、中国大唐南京发电厂、科远股份、大唐电力科学研究院共同就智慧电厂关键技术与工程应用协同创新签署战略合作协议。

10月16日 2016年中加大学生游泳锦标赛在加拿大多伦多布鲁克大学落幕,东南大学游泳队员勇夺佳绩:人文学院的崔卜丹同学获得了女子100米混合泳、200米混合泳、200米自由泳、400米自由泳四个项目的冠军;能源与环境学院的王牧同学、体育系研究生孙岩同学分别获得了两个第六和一个第四。

10月19日 由江苏省委宣传部和省社科联主办、东南大学承办的江苏省社科界第十届学术大会暨首届江苏智库峰会在东南大学举行。江苏省委常委、宣传部长王燕文,国务院发展研究中心副主任隆国强,中央党校原副校长李君如,省人大副主任公丕祥,南京大学原党委书记洪银兴,东南大学校长张广军,东南大学原党委书记郭广银,东南大学副校长周佑勇等出席大会开幕式。开幕式由省社科联党组书记、常务副主席刘德海主持。

10月20日 在全国教育后勤协会思想文化建设与人力资源管理专业委员会2016年会上,东南大学获得全国"高校后勤文化建设先进院校"称号,全国仅17所高校获此殊荣。

10月25日 汤森路透(Thomson Reuters)公布了2016年全球高被引科学家名单(Highly Cited Researchers 2016)。东南大学数学系曹进德教授和虞文武教授入选,其中曹进德教授同时入选数学、计算机科学及工程学三个领域(同时入选三个领域的学者全国仅2人),虞文武教授入选工程学领域。

10月26日 国家外国专家局副局长周长奎在教科文卫专家司司长聂飙及江苏省外专局、省教育厅等有关负责同志的陪同下,到东南大学就高校国际化建设及引智工作进行考察调研。调研期间,周长奎副局长一行还参观了东南大学四牌楼校区六朝松、梅庵,现场考察了建筑学院的院史陈列室、国际化办学成果展、中德联合教学现场以及建筑运算实验室。

10月27日 由东南大学老干部处、东南大学关心下一代委员会以及东南大学离退休协会共同主办,江苏省老年书画研究会东南分会书画研究会承办,江苏省书画研究会和《现代家庭报》协办的"纪念红军长征胜利80周年"暨书画"进校园"、"进家庭"书画交流活动在四牌楼校区校友会堂举行。

10月29日 由东南大学牵头承担的国家重点研发计划"云端融合的自然交互设备和工具"项目启动暨第一次工作会议在南京举行。吴刚副校长在致辞中介绍了东南大学在"双一流"建设新形势下的人才培养和科研管理的相关制度规定与措施,并表示东南大学将按照科技部的相关要求,严格项目管理,对项目的实施给予大力支持。

10月30日 国内首个关于工业化建筑的全国性学术委员会——中国建筑学会工业化建筑学术委员会在北京成立。该委员会经中国建筑学会正式批准,由中国电子工程设计院联合东南大学等多家单位共同发起、筹备和组建,东南大学副校长吴刚教授当选为副理事长。

10月31日 2016年全国大中专学生志愿者暑期"三下乡"社会实践活动评比结果揭晓,东南大学团委荣获2016年"全国优秀单位",校团委实践部兼志工部部长叶菁获评2016年"全国优秀个人"。

11月1日 由东南大学牵头,北京中宇工程建设咨询公司、北京建筑大学、中国建筑设计研究院、福州大学等10余家单位共同参与,中国工程院院士、东南大学王建国教授任技术负责人的"十二五"国家科技支撑计划"传统古建聚落适应性保护及利用关键技术研究与示范"(2012BAJ14B00)项目,在南京顺利通过了由中国工程院院士常青教授任组长的科技部专家组验收。

11月2日 江苏省教育厅党组书记、省委教育工委书记葛道凯,在省教育厅高教处、研究生处、科技处和办公室有关领导的陪同下,专程来到东南大学调研。东南大学党委书记易红、校长张广军和副校长金保昇等校领导接待了葛道凯书记一行。

11月3日 东南大学国家发展与政策研究院揭牌仪式在九龙湖校区举行,著名经济学家、东南大学经济管理学院名誉院长华生教授担任研究院院长并出席揭牌仪式。仪式结束后,华生教授在润良报告厅为东大师生带来了一场主题为"发展与改革政策研究的若干问题"的学术讲座,这也是国家发展与政策研究院第一次学术报告会。

我国最大推力新一代运载火箭——长征五号在中国文昌航天发射场成功实现首飞。担任"01"指挥员的是东南大学校友、能源与环境学院1999级本科生胡旭东。

11月7日 马来西亚"郑和·朵云轩(马六甲)艺术馆"馆长黄文庆一行3人到东南大学访问。东南大学党委副书记、纪委书记任利剑、总会计师丁辉亲切会见了黄馆长一行。

2016年全国大学生数学建模竞赛成绩揭晓,东南大学代表队荣获最高奖——"高教社"杯。此外,东南大学另有3支代表队获得全国一等奖,6支代表队获得全国二等奖,竞赛成绩名列今年全国第一,创造本校大学生数学建模竞赛史上最好成绩。

11月13日 复旦版《2015年度中国最佳医院排行榜》和《2015年度中国医院最佳专科声誉排行榜》正式发布,全国100家最佳医院和37个最佳专科名单揭晓。东南大学附属中大医院排名由2015年榜单中的第89位,一跃上升到今年的第53位,成为上升幅度最大的三甲医院。

著名民法学家、中国人民大学常务副校长王利明兼职教授授聘仪式在四牌楼校区举行。校党委常务副书记刘波出席仪式并为王利明教授颁发聘书,仪式由副校长周佑勇主持。

11月14日 东南大学党委书记易红拜访了"陶欣伯助学基金会"创始人、百岁高龄的陶欣伯先生,并向陶先生赠送了由我校受助"陶学子"创作的以陶先生投资建设的新、老金陵饭店为主题的绘画作品。

东南大学在四牌楼校区举行仪式,聘任美国科学院院士、美国工程院院士、美国艺术与科学院院士、英国皇家化学会会士,哈佛大学David A. Weitz教授为东南大学客座教授。东南大学校长张广军院士亲切会见了Weitz教授并出席聘任仪式,为Weitz教授颁发聘书、佩戴校徽。仪式结束后,Weitz教授作了题为"Droplet Microfluidics for Singlecell Studies"的学术报告。

11月15日 2016年度江苏省社科基金项目正式公布,东南大学获得16项江苏省社会科学基金项目,其中重点项目3项,一般项目6项,青年项目7项,总项目数在全省排名第三。东南大学本年度计申报83项,立项率接近20%,超过全省平均立项率近一倍。

武汉大学副校长、中国科学院院士舒红兵教授在东南大学四牌楼校区作了一场题为"抗病毒天然免疫分子机制"的学术讲座。此次讲座是"东南大学医学前沿进展"系列活动的重要讲座之一。讲座贴近生命科学和医学学科前沿,拓宽了师生们关于抗DNA病毒的天然免疫方面的视野。

11月17日 国际无线标准化机构3GPP的RAN1(无线物理层)87次会议在美国拉斯维加斯召开,就5G短码方案进行讨论。中国华为公司领衔提出的Polar Code(极化码)方案,最终战胜美国团队和法国团队,成为5G控制信道eMBB场景编码最终方案。东南大学移动通信国家重点实验室是国内最早开展Polar Code研究的团队之一,并在这一领域取得了丰硕的研究成果。东南大学移动通信国家重点实验室还与华为公司进行了密切合作,所提出的极化码高效译码软件/硬件关键技术、极化码系统级的高效传输关键技术在华为创新研究计划——旗舰计划(Huawei Innovation Research Program—Flagship, HIRP—Flagship)的框架下成功应用于下一代移动通信系统的实验平台,助力5G移动通信技术发展。

11月17日 我国防护工程领域的著名专家、解放军理工大学方秦教授受聘为东南大学兼职教授,并为东南大学师生举行学术报告会。

11月21日 教育部发展规划司直属基本建设处代表、中国勘察设计协会高校分会秘书长孙光初教授会同华南理工大学建筑设计研究院评审专家组一行5人来到东南大学,对九龙湖校区游泳馆、桃园学生宿舍(9~10号)项目的可行性研究报告进行评估。评估专家针对可行性研究报告的项目背景、实施依据、必要性、可行性以及各专业设计内容进行了现场提问。经过分组讨论、意见汇总，会议形成最终评估意见，通过了项目评估。

11月23日 东南大学建筑学院副教授李海清承担的江苏省社科基金项目"中国本土性现代建筑艺术的江苏模式研究"（14YSB004，2014—2016）主要成果《促进江苏建筑文化特色化建设的对策建议》，获得了江苏省委书记李强同志批示。江苏省哲学社会科学规划办公室专门致函东南大学，对李海清副教授及其课题组成员给予通报表扬。

科技部公布了2016年度生物领域和医学领域国家重点实验室评估专家名单，东南大学生命科学研究院院长谢维教授入选临床医学与药学组专家；东南大学校友、华大基因研究院杨焕明院士入选基础医学组专家。

由东南大学牵头的国家重点研发计划"战略性先进电子材料"重点专项"新型显示视觉健康研究"，在北京理工大学国际交流中心召开了项目启动会。

11月24日 教育部和国家外专局正式公布了2017年新建高等学校学科创新引智计划（即"111计划"）评审结果，共有50所高校的学科创新引智基地获得立项，东南大学的器官芯片学科创新引智基地成功入选。

11月25日 在江苏省第十三次党代会胜利闭幕之际，为鼓励高校积极参与"聚力创新"，江苏省委副书记、南京市委书记吴政隆一行来到东南大学九龙湖校区调研。市委常委、江宁区委书记李世贵，市委常委杨学鹏，副市长谢志成，市发改委、市科委、市经信委、江宁开发区管委会等单位领导陪同调研，东南大学党委书记易红、常务副书记刘波、常务副校长王保平接待了吴政隆书记一行。

11月27日 由中国产学研合作促进会与浙江省人民政府共同主办的第十届中国产学研合作创新大会在杭州举办。此次大会对在产学研合作创新方面作出突出贡献的先进单位和个人进行了表彰。东南大学建筑学院张宏教授及其协同团队的"建筑工业化房屋设备开发与应用"荣获"中国产学研合作创新成果一等奖"。

11月29日 中国工程院院士、教育部原副部长、东南大学原校长韦钰教授在四牌楼校区逸夫建筑馆群贤楼三楼报告厅，为东大师生呈上了一场精彩的学术报告。报告围绕"人智能发展测试平台的建立和应用"展开。韦钰院士重点谈论了自2002年东南大学学习科学研究中心成立以来，一直致力于探索建立一个基于神经科学的、对人智能发展进行研究和测试的平台。

12月4日 江苏省教育厅、财政厅公布了"十三五"江苏省重点学科名单（苏教研〔2016〕9号），东南大学申报的17个"十三五"江苏省重点学科全部入选，其中哲学、应用经济学、法学、马克思主义理论、数学、物理学、生物学、力学、光学工程、仪器科学与技术、环境科学与工程、软件工程、网络空间安全、临床医学、公共卫生与预防医学、管理科学与工程等16个学科为一级学科省重点学科，统计学为一级学科省重点（培育）学科。

由东南大学图书馆、东南大学建筑学院举办的童寯画室开放揭幕暨东南大学客座教授（建筑学）授予仪式在四牌楼校区图书馆顺利举行。

12月6日 国际电子电气工程协会（IEEE）公布了2017年度IEEE会士名单，东南大学电气工程学院校友李方兴教授因在节点边际价格计算方面的杰出成就（For Locational Marginal Price Calculation），成功当选IEEE会士。

12月7日至8日 全国高校思想政治工作会议在北京召开。中共中央总书记、国家主席、中央军委主席习近平出席会议并发表重要讲话。他强调,要坚持把立德树人作为中心环节,把思想政治工作贯穿教育教学全过程,实现全程育人、全方位育人,努力开创我国高等教育事业发展新局面。我校党委书记易红、校长张广军作为直属高校党委书记和校长代表出席了会议。会后第一时间,东南大学有关党政学生工作一线、各基层党组织等纷纷以召开座谈会、自主学习与集中学习结合等形式,组织开展学习、交流心得体会,迅速掀起学习热潮。

12月12日 东南大学学生工作领导小组会议全体成员集中学习了习近平总书记在全国高校思想政治工作会议上的讲话精神。

12月13日 国际电子电气工程协会(IEEE)公布了2017年度IEEE会士名单,东南大学教育部"长江学者奖励计划"特聘教授、著名移动通信专家王江舟教授因在移动通信方面的杰出成就(For Contributions to Multiple Access and Resource Allocation in Wireless Mobile Communications)成功当选IEEE会士。

12月14日 由中国高校科技期刊研究会组织的2016年度中国高校杰出·百佳·优秀科技期刊遴选结果于日前揭晓,《东南大学学报(自然科学版)》和电子科学与工程学院主办的《传感技术学报》同时入选中国高校百佳科技期刊。

12月14日 中国航空工业集团公司(简称"中航工业")谭瑞松总经理、张新国副总经理在规划发展部、人力资源部、科技质量部等集团所属部门及单位负责人的陪同下访问东南大学,并与东南大学签署全面合作框架协议。会议由东南大学刘波常务副书记主持,张广军校长、吴刚副校长以及相关职能部门和院系负责人出席了签约仪式。

12月16日 由教育部、住房与城乡建设部高等土木工程专业指导委员会主办的2016年度"全国土木工程专业本科生优秀创新实践成果奖"评选结果揭晓,东南大学选送的3项学生创新成果共获得特等奖1项、二等奖2项。

江苏省科协公布了第十二届"江苏省优秀科技工作者"获奖名单。经单位推荐、省优秀科技工作者评审委员会评审和社会公示,东南大学能源与环境学院梁彩华研究员、公共卫生学院孙桂菊教授获此殊荣。

12月16日 江苏省富碳材料与器件工程实验室揭牌仪式暨技术委员会第一次会议在榴园宾馆一楼中大厅举行。东南大学副校长吴刚出席仪式并致辞,江苏省富碳材料与器件工程实验室成员、东南大学化学化工学院多位教师和研究生也参加了本次仪式。

12月17日 在南京举行的江苏省医院协会第十五届医院院长论坛暨2016年学术年会上,东南大学附属中大医院护理部主任、国内知名护理学专家李国宏主任护师等40位"2016年江苏省优秀医院管理工作者"受到了表彰。

12月20日 马来西亚马六甲州政府对华商务特使拿督颜天禄、马六甲郑和·朵云轩艺术馆馆长黄文庆等一行8人到东南大学访问。东南大学党委副书记任利剑会见了拿督颜天禄先生一行。

12月22日 2016年工程建设企业质量管理经验交流会在厦门召开。此次大会共评出2016—2017年度国家优质工程奖265项,由丁建明教授领衔的东南大学交通设计团队牵头设计的"南通市江海大道东段快速化改造工程"荣获"国家优质工程奖",该奖是我国工程建设质量方面的最高荣誉。

12月23日 孙颖浩院士工作站签约揭牌仪式暨中大医院首届外科周泌尿外科高峰论坛在中大医院新大楼学术报告厅隆重举行。中大医院院长滕皋军教授与著名泌尿外科专家、中国工程院院士、第二军医大学校长兼泌尿外科中心主任孙颖浩教授共同签署院士工作站协议书,孙颖浩院士与东南大学副校长吴刚教授共同为院士工作站揭牌。

12月24日 东南大学化学化工学院杨洪教授课题组在高分子仿生科学领域取得阶段性进展,科研团队研制了植物藤蔓仿生高分子材料,并可以通过光源的变化来调控仿生材料的运动模式。该研究成果论文已于近日发表在国际知名学术刊物《自然》杂志的子刊《自然通讯》上。

12月26日 由科技部、云南省政府举办的第三届科技入滇对接会在昆明召开,全国政协副主席、科技部部长万钢,云南省委书记陈豪,云南省委副书记、代省长阮成发出席会议。东南大学校长张广军院士,副校长吴刚,校办、科研院等部门负责人出席会议。

12月26日 东南大学智慧城市研究院玉溪基地授牌仪式在玉溪市举行。

12月28日 中国教育国际交流协会公布了"第二期来华留学英文授课品牌课程"评比结果,东南大学两门课程入选,这是东南大学继"第一期来华留学英文授课品牌课程"评选中获得两门品牌课程之后所取得的又一好成绩。

12月29日 东南大学崔兴然参与的华人团队入围有史以来最大医学竞赛——XPRIZE医疗大奖二选一冠军赛。

12月30日 住房和城乡建设部公布了第八批全国工程勘察设计大师名单,东南大学城市规划设计研究院副院长、总规划师段进教授,东南大学建筑结构工程专业(现土木工程专业)1988届校友、核国电力规划设计研究院副院长、中国核工业工程设计大师陈矛研究员分别获此殊荣。